David Schoenbaum

Die Violine

Eine Kulturgeschichte
des vielseitigsten Instruments der Welt

DAVID SCHOENBAUM

Die Violine

Eine Kulturgeschichte
des vielseitigsten Instruments der Welt

Aus dem Amerikanischen
von Angelika Legde

BÄRENREITER
METZLER

Für Yael, Natan, Charlotte und Louisa

Auch als eBook erhältlich
(epub: ISBN 978-3-7618-7039-6 ◆ epdf: ISBN 978-3-7618-7038-9)

Aufgrund der unterschiedlichen technischen Gestaltungsmöglichkeiten
von eBook und gedrucktem Buch ergeben sich für Abbildungen,
Notenbeispiele, Tabellen und ähnliche Elemente geringfügige Differenzen
bei der Seitenzuordnung.

Bibliografische Information der Deutschen Nationalbibliothek
Die Deutsche Nationalbibliothek verzeichnet diese Publikation
in der Deutschen Nationalbibliografie; detaillierte bibliografische Daten
sind im Internet über www.dnb.de abrufbar.

© 2021 Bärenreiter-Verlag Karl Vötterle GmbH & Co. KG, Kassel
Gemeinschaftsausgabe der Verlage Bärenreiter, Kassel,
und J. B. Metzler, Stuttgart und Weimar
Umschlaggestaltung: +CHRISTOWZIK SCHEUCH DESIGN
unter Verwendung eines Fotos von akg-images / De Agostini Picture Library
Lektorat: Sven Hiemke, Hamburg
Kolektorat und Korrektur: Daniel Lettgen, Köln
Innengestaltung und Satz: Dorothea Willerding
Druck und Bindung: Beltz Bad Langensalza GmbH, Bad Langensalza
ISBN 978-3-7618-2611-9 (Bärenreiter) ◆ ISBN 978-3-662-64598-7 (Metzler)
www.baerenreiter.com ◆ www.metzlerverlag.de

INHALT

EINLEITUNG
Das weltumspannende Instrument

Am 5. Oktober 1962 tauchte in der Londoner Wochenzeitschrift *The Spectator* zum ersten Mal in der englischsprachigen Literatur der Begriff »Globalisierung« auf.[1] Wer sich für die Violine interessierte, wusste allerdings, dass es dieses Phänomen spätestens seit der Mitte des 16. Jahrhunderts gab.[2] Schon 1768 äußerte Jean-Jaques Rousseau in seinem *Dictionnaire de musique* über die Violine: »Es gibt kein Instrument, das über ein solch reiches und umfassendes Ausdrucksvermögen verfügt.«[3] Zeitgenossen und Nachwelt hatten mit dem urteilsfreudigen und streitbaren Rousseau durchaus ihre Schwierigkeiten, doch an dieser Einschätzung gibt es bis heute nichts auszusetzen.

Am Anfang seiner Entwicklung waren die Bauweise und auch der Name des Instruments noch unklar: In Polen als »skrzypce« bekannt, wurde es in Wales »ffidil«, in Litauen »smuikas« und auf Java »biola« genannt. In Transsilvanien baute man es mit drei Saiten, in Südwest-Moldawien mit sieben. Im Südwesten Norwegens, der Heimat der »hardingfele«, wurden vier oder fünf Saiten hinzugefügt, die beim Streichen der vier Hauptsaiten im Gleichklang mitschwangen.[4] Portugiesische Händler brachten das Instrument nach Angola und Sumatra, Kelten verbreiteten es vom schottischen Hochland bis zu den Appalachen, und auch bei den Cajuns von Neufundland bis Louisiana war es sehr beliebt. »Im Iran«, so erklärt die englischsprachige Enzyklopädie *Grove's Dictionary of Music*, »ist die Violine das einzige westliche Instrument, das ohne Bedenken zur traditionellen Musik zugelassen wird, weil es möglich ist, das gesamte *kamanche* Repertoire darauf zu spielen.« Schon 1683 wurde berichtet, dass sich kein ungarischer Mann von Stand ohne einen Zigeunergeiger sehen ließ,[5] und im frühen 18. Jahrhundert begann für die Waraos im Orinoko Delta von Venezuela die Liebesgeschichte mit der Violine, als sie entdeckten, dass das von ihnen »sekeseke« genannte Instrument bei Fruchtbarkeitsfeiern ebenso einsetzbar war wie auf geselligen Zusammenkünften des Stammes.[6]

Abhängig vom Wo und Wann konnte die Geige mit Trommeln, Trompeten, Gongs, Dudelsäcken, Mandolinen, Kontrabässen, Akkordeons, Klavieren, Harfen und sogar mit Plattenspielern ergänzt werden. Doch gemessen an dem, was da kommen würde, gewannen ihr vielfältiger Gebrauch und ihre Verbreitung gerade erst an Gestalt.

Paradoxerweise kann niemand genau sagen, wann und wo die Geschichte der Violine beginnt. Gegen Ende des 20. Jahrhunderts war man sich darüber einig, dass sie irgendwann zwischen Columbus' erster Reise im Jahr 1492 und Shakespeares Geburt im Jahr 1564 auf der Weltbühne erschien. Dann scheint sie sich – ebenso wie die Kartoffel – schnell verbreitet zu haben, zuerst über ganz Europa, dann – nachdem Europa selbst sich ausbreitete – darüber hinaus. Doch während die Kartoffel eindeutig ein Produkt der Neuen Welt war, tauchte die Violine gleichsam aus dem Nichts auf.

Jean Benjamin de Laborde (1734–1794), ein Freund Rameaus und Hofkomponist von Louis XV., war der Erste, der auf moderne Weise nach den Ursprüngen der Violine suchte, als er an seinem vierbändigen *Essai sur la musique ancienne et moderne* arbeitete. Er bat Kollegen und Partner, ihre Archive zu durchforsten, und wartete dann geduldig – und vergeblich – ein ganzes Jahr. Am Ende fügte er sich seinem Verleger und ließ sein Buch 1780 ohne eine Antwort erscheinen. »Über etwas so wenig zu wissen, bedeutet nahezu, gar nichts zu wissen«,[7] gab er wehmütig zu. Die Violine war keine Erfindung, sondern entstand durch »ein Wachsen, ein Überleben des Stärkeren«, erklärte ein Jahrhundert später der britische Pfarrer und Geigenfreund H. R. Haweis.[8]

Spätestens seit dem 19. Jahrhundert wurden Prototypen, Verwandte und Vorläufer der Violine in Museen und Privatsammlungen von den großen europäischen Hauptstädten bis hin zum National Music Museum in Vermillion, South Dakota, ausgestellt. Ihre handwerkliche Qualität erstreckte sich von »herzzerreißend wunderbar« bis hin zu »das kann nicht ernst gemeint sein«; mal galt ihre Echtheit als bewiesen, mal war sie Gegenstand von Mutmaßungen

und Mythen. An der Schwelle des 21. Jahrhunderts wurden Spuren ihres Stammbaums von England bis Polen und gestalterische Verwandtschaften von den Alpen bis zum Po-Tal nachgewiesen. Doch eine eindeutige Beweiskette für ihre Entwicklung ist nach wie vor schwer zu erstellen.

Wo auch immer ihr Ursprung gewesen sein mag: Der Einfluss der Violine auf die westliche Kultur war auf eine gewisse Art ebenso radikal wie der von Druckerpresse und Dampfmaschine. Geigenbauer und -spieler, Komponisten und Sammler hatten sie innerhalb weniger Generationen als einen der großen Durchbrüche in der Kulturgeschichte, sogar der Technologie erkannt. Zum Ende des 17. Jahrhunderts hatte die Violine die Richtung im Instrumentenbau und die Art des Musizierens beeinflusst und eine Vielzahl musikalischer Formen und Ensembles hinterlassen – Sinfonien, Konzerte und Sonaten, Orchester und Streichquartette –, die die ganze Welt umspannte und die musikalische Landschaft bis heute prägt.

Ihre Schöpfer, wer auch immer sie gewesen sein mögen, hatten das, was Sir James Beament »die außerordentlichen Eigenschaften von Bäumen und Tierabfall, von Gehör und musikalischen Menschen« nannte, offensichtlich genutzt, es gut miteinander vermischt und einen Sieger geschaffen. Beament, Insektenphysiologe von Weltruf, Fellow der Royal Society, Amateur-Kontrabass-spieler und autodidaktischer Akustiker mit Geigenbauer-Ehefrau und -Sohn, staunte über ein »unmögliches Ding, das nicht bedeutend verändert wurde, seit es sich durch Ausprobieren entwickelte«.

Seine hilfreiche Einführung entmystifiziert die grundlegenden Materialien für den Geigenbau, Fichte und Ahorn, die schwingenden Saiten, die die Violine zum Klingen bringen, den Lack, der ihr Holz schützt, den Leim, der sie zusammenhält, sowie die Prozesse, die sie in den Köpfen von Spielern und Zuhörern anregt. Was übrig bleibt, ist, wie bei ihren Vorgängern von der Mongolei bis Ägypten, ein mit Luft gefüllter Holzkasten, dessen Sinn darin besteht, eine vibrierende Saite zu verstärken. Doch kein Kasten zuvor hatte sich als derart anpassungsfähig und begehrenswert für so viele Menschen erwiesen.[9]

Fünf Jahrhunderte nach ihrem Debüt ist die Violine eines der wenigen Objekte des Barock, das immer noch in täglichem Gebrauch ist.[10] 1983 geigte Don Haines, Musikprofessor an der Universität von Iowa, in wallendem Gewand und begleitet von der Blaskapelle der Universität während eines Football-Matchs Vittorio Montis unverwüstlichen Csárdás vor einer jubelnden Menge von fast 50000 Zuschauern. 2009 stattete Glenn Donnellan, ein Geiger der National Symphony in Washington, einen Baseballschläger, Modell Derek Jeter,

Władysław Trebunia in traditioneller Kleidung in Żywiec, Polen, 2006 mit Saiten, Steg, Wirbeln und elektronischer Verstärkung aus, und fiedelte *The Star-Spangled Banner* vor einer begeisterten Menge im Stadion und YouTube-Zuschauern auf der ganzen Welt.[11]

Das neue Instrument verband Gestaltung und Materialien, Wissenschaft, Kunst und Handwerk in einer dem Anschein nach im Himmel geschlossenen Ehe. Ebenso wie ein Baby konnte die Violine buchstäblich überall »gemacht« werden. Anders, als es die Legende will, schuf zwar der jüngere Giuseppe Guarneri (1698–1744), bekannt als »del Gesù«, im Gefängnis keine Violinen. Geoffrey Allison aber, ein Sanitäter der US-Armee, der Holz in den Irak mitnahm und weiteres direkt vom Schlachtfeld aus bestellte, baute 2005/06 während eines 13-monatigen Aufenthalts nebenher sechs Violinen.[12] Obwohl empirische Erfahrung Ahorn und Fichte als die besten Rohmaterialien für den Geigenbau ausweist, kamen zuweilen Walfischknochen, Streichhölzer und Aluminium ebenso in Frage. Clair Cline, ein amerikanischer Flieger, der im Zweiten Weltkrieg über Holland abgeschossen worden war und in deutsche Kriegsgefangenschaft geriet, baute eine Violine aus Bettlatten.[13]

Die Geige selbst war tragbar, robust und erstaunlich zäh. Ein Flugzeugabsturz im Jahr 1949 allerdings, der die Geigerin Ginette Neveu das Leben kostete, brachte auch ihre Stradivari zum Schweigen; ein Unfall im Jahr 1953, bei dem der Geiger Jacques Thibaud ums Leben kam, ließ auch sein Instrument verstummen; doch im selben Jahr überlebte die del Gesù von 1743, benannt nach dem britischen Geiger John Carrodus, einen Autounfall in New Mexico, bei dem ihr Besitzer, der aus Österreich stammende Amerikaner Ossy Renardy ums Leben kam.

Die Stradivari von 1732, bekannt als »Red Diamond«, wäre vor der Küste Kaliforniens beinahe ertrunken, als sie von einem überraschenden Sturm auf das Meer gefegt wurde, während ihr Besitzer Sascha Jacobsen, damals Konzertmeister der Los Angeles Philharmonic, mit ihr auf dem Heimweg war. Sie wurde am folgenden Tag drei Meilen weiter nördlich am Strand von einem musikbegeisterten Anwalt entdeckt, dessen Frau von dem Verlust im Radio gehört hatte. Beide brachten die vollgesogene Strad auf schnellstem Wege zu Hans Weisshaar, einem Schüler des legendären Restaurators Simone Fernando Sacconi und der einzige Weltklasse-Restaurator westlich von Chicago. Endlose Geduld und rund 700 Stunden Arbeit retteten die »Red Diamond« und machten auch Weisshaar zu einer Legende in seinem Fach.[14]

2008 rutschte der junge Deutsch-Amerikaner David Garrett im Londoner Barbican Centre auf einer Treppe aus und landete auf seiner Guadagnini von 1772. In diesem Fall wurde geschätzt, dass David Morris von John & Arthur Beare in London für eine Reparatur acht Monate und 60.000 englische Pfund brauchen würde. Doch trotz drei großer und mehrerer kleiner Risse gab es wenig Zweifel, dass die Guadagnini sich ebenfalls erholen würde.[15]

Unabhängig von ihrem Erbauer erlaubt die bundlose Bauweise der Violine eine ungehinderte Bewegung über ein vieroktaviges Kontinuum von Tonhöhen. Vier in Quinten gestimmte Saiten bringen die diatonische Tonleiter auf vier Fingern unter und erleichtern die Bewegung von Saite zu Saite. Wölbungen und Zargen – »beträchtlich überentwickelt, wie es so viele Dinge in der Vergangenheit zweckmäßigerweise waren«, wie Beament anmerkt –,[16] fangen den nach unten gerichteten Druck des Stegs auf. Bis 1840, dem Todesjahr von Paganini, hatten die Saitenspannungen ein Druckgewicht von 35 bis 44 Kilogramm erreicht. Dann verringerte es sich, erreichte aber immer noch 25 bis 30 Kilogramm, was dem Gewicht eines acht oder neun Jahre alten Kindes entspricht – auf einem Instrument, das einschließlich Wirbel, Steg, Saiten und Saitenhalter nur 450 bis 500 Gramm wiegt. Bei einem guten Instrument mit modernen Saiten und korrekter Ausrichtung seiner etwa 70 Teile zahlt sich dies in einem Ton aus, der so einschmeichelnd ist wie die Stimme des Gewissens oder die Schlange im Garten Eden und so komplex und individuell wie Wein, und der dennoch über großen Orchestern in so großen Räumen wie der Londoner Royal Albert Hall mit ihren 5 226 Sitzplätzen tragfähig und gut hörbar ist.

Dazu kommt der Bogen: Lang, kurz, gerade oder in beiden Richtungen gekrümmt, erlaubt er eine Bandbreite von Farbe und Artikulation, die für Kirchen, Theater, höfische Unterhaltung, Salon, Kneipe und Bauerndorf gleichermaßen geeignet und nur durch die Fantasie von Komponisten und Interpreten begrenzt ist. Ein halbes Jahrhundert vor Johann Sebastian Bachs richtungsweisenden Solosonaten und Partiten zeigte der Virtuose und Komponist Heinrich Ignaz Franz Biber dem musikalischen Salzburg, wie mit Geige und Bogen Akkorde und sogar mehrere Stimmen in jeder denkbaren und undenkbaren Tonart bewältigt werden konnten. Ein Jahrhundert später zeigten Paganini und unzählige Nachfolger einem überwältigten Publikum von den Hebriden bis nach St. Petersburg, wie sowohl die linke als auch die rechte Hand Saiten zupfen und damit sogar die Effekte von Laute und Harfe kombinieren konnte.

Wütend über Bundestruppen, die ihn von einem Stück Land vertreiben wollten, das den Osage-Indianern vorbehalten war, schulterte Charles Ingall – der Vater von Laura Ingall Wilder – in den 1870er-Jahren seine Fiedel und empfing die Truppen mit einer mitreißenden Version von *The Battle Cry of Freedom* (Der Schlachtruf der Freiheit).[17] Doch wäre seine Geige der Herausforderung ebenso gewachsen gewesen, hätte er sich für Gavotte, Walzer, Polka, Reel, Foxtrott, Mambo oder Raga entschieden. Eine Tonaufzeichnung des *Broken Bed Blues*[18] der Kansas City Blues Strummers aus dem Jahr 1926 – Produkt einer afroamerikanischen Tradition, die bis in die Sklaverei zurückreicht – liefert immer noch einen überzeugenden Beweis dafür, dass es mehr Dinge zwischen Himmel und Erde gibt, als sie von der europäischen Geigen-Schulweisheit erträumt werden.

Eine Violine konnte stehend oder sitzend, an guten und an schlechten Tagen, auf jedem Breiten- oder Längengrad, zu jeder Tageszeit, solo oder in Gruppen, von Königen oder Bauern, Künstlern oder Alleinunterhaltern, Amateuren oder Profis, Erwachsenen oder Kindern, Männern oder Frauen, amerikanischen Sklaven oder leibeigenen Russen gespielt werden. Rudolf Kolisch, Mitte des 20. Jahrhunderts ein Meister der Neuen Musik, hatte sich als Kind bei einem Unfall die linke Hand verletzt und spielte seitdem seitenverkehrt, d. h. mit der Geige in der rechten und dem Bogen in der linken Hand, ebenso Reinhard Goebel, Ende des 20. Jahrhunderts ein Meister der Alten Musik, der unter einem Karpaltunnelsyndrom litt.

Vor allem kann die Geige bis auf den heutigen Tag wie nichts sonst – mit Ausnahme der menschlichen Stimme – singen. »Ist es nicht seltsam, dass Schafdärme die Seele aus eines Menschen Leib ziehen können?«, bemerkt Shakespeares Benedick säuerlich während einer ausgedehnten Festlichkeit.[19] »Wie die Töne einer Geige hebt sie süß, süß die Stimmung und schmeichelt unseren Ohren«, sagt Macheath in der *Beggar's Opera*, dem Vorläufer der *Dreigroschenoper*, über das ewig Weibliche.[20] Eines der berühmtesten Fotos des

Eine Mariachi-Band spielt in einem Restaurant in Zapata, Texas

20. Jahrhunderts, *Le Violon d'Ingres* von Man Ray, zeigt einen nackten weiblichen Rücken mit aufgesetzten F-Löchern. Die Frau als Geige, die Geige als Frau – die Botschaft ist dieselbe: die Geige auf Flügeln des Gesanges.

Bereits 1540 wurden Violinen in einer Streichergruppe, die der englische König Henry VIII. zur Begleitung höfischer Tänze aus Italien mitgebracht hatte, professionell gespielt.[21] 1603 waren Geigen bei der Beerdigung von Queen Elizabeth I. zu hören.[22] Vier Jahre später setzte Claudio Monteverdi, geboren in Cremona und der größte Komponist seiner Zeit, zum ersten Mal ein Trio von Viole da braccio – als Vertreter der Geigenfamilie – ein, um einen dramatischen Punkt in *L'Orfeo*, der ersten großen Oper, zu unterstreichen, an dem die Titelfigur singt: »Ne temer Déi ché sopra un'aurea cetra / Sol di corde soavi armo le dita.« (»Fürchte dich nicht, edler Gott, denn ich bewaffne meine Finger nur mit den süßen Saiten auf einer goldenen Leier.«) Plötzlich war die Violine, die bis zu diesem Zeitpunkt höchstens mit Begriffen wie »lebendig, populär, aber nur für billige Tanzmusik«[23] in Verbindung gebracht wurde, der Schlüssel zu den Pforten der Hölle geworden. Bis zum Ende von Monteverdis Schaffen blieb sie eine feste Größe in seiner Orchestrierung, so wie in *Il ritorno d'Ulisse in patria* (1639/40), wo sie erneut die Siegerin ist, dieses Mal, wenn Odysseus mit seinem Bogen auf die Freier seiner Frau zielt.

Bis 1750 hatten die Geige und ihre Geschwister Bratsche und Cello alle Konkurrenten wie Gamben, Lauten und Leiern weitgehend auf Dachböden, in Museen und damit in die Vergessenheit getrieben, wo sie bis zur Neuentdeckung der Wiedergabe Alter Musik auf alten Instrumenten etwa 150 Jahre später verblieben. Schon zu Rousseaus' Zeit reichte die Verbreitung der Violine, die zuerst nur nützlich, dann jedoch für jedes Ensemble außer einer Militärkapelle unverzichtbar war, weit über Europas Grenzen hinaus. Unterdessen bildeten in St. Petersburg zugewanderte Italiener Einheimische dafür aus, italienische Musik auf italienischen Geigen zu spielen, während Thomas Jefferson und sein Bruder Randolph das Instrument im kolonialen Virginia erlernten.[24]

Zu den Stammkunden des angesehenen Londoner Geigenbauers William Forster (1739–1808) gehörten laut Brian Harvey Offiziere ebenso wie Ärzte, Rechtsanwälte und Geistliche.[25] Nicht von ungefähr ließ Patrick O'Brian, Autor einer Reihe hoch angesehener und akribisch recherchierter historischer Romane, die vor seinem Tod im Jahr 2000 20 Bände umfasste, seine Hauptfiguren Aubrey und Maturin ihre Instrumente und Duett-Noten mit an Bord nehmen, bevor sie Anker lichteten und Napoleon herausforderten.[26]

Doch was man gesät hatte, erntete man auch. Josh Antonia Emidy (oder Emidee), um 1770 in Westafrika geboren, zeigte auf seine Weise, wie sich der Kolonialismus rächen konnte. Nachdem er als Sklave nach Brasilien entführt worden war, brachte man ihn nach Portugal, wo er ein so guter Geiger wurde, dass er sich dem Orchester der Oper in Lissabon anschließen konnte. Offiziere und Besatzung der britischen Fregatte *Indefatigable,* auf Landgang in der portugiesischen Hauptstadt, waren von ihm so beeindruckt, dass sie ihn als ihren Schiffsgeiger entführten. Fünf Jahre später wurde es ihm endlich in Falmouth erlaubt, an Land zu gehen, wo er gespielt, gelehrt, dirigiert und komponiert und vor seinem Tod im Jahr 1835 einen dortigen Schüler zu glühendem Anti-Sklaverei-Aktivismus inspiriert haben soll.[27]

In Südindien wurde die Violine ab Mitte des 19. Jahrhunderts so erfolgreich in die karnatische Musik eingeführt,[28] dass Ende des 20. Jahrhunderts V. J. Jog, Indiens angesehenster klassischer Geiger, bedauernd einräumen musste, dass seine Geige einen Großteil der Verantwortung dafür trug, dass das einheimische Instrument Sarangi auszusterben drohte.[29]

Am Ende des 20. Jahrhunderts waren Karrieren, die ehemals ständisch, pittoresk und zufällig waren, längst so global wie Coca-Cola. Der New Yorker Leventritt-Wettbewerb hatte 1967 – zum ersten Mal seit seiner Gründung im Jahr 1939 – zwei Gewinner, von denen keiner amerikanisch oder europäisch war und die außerdem eine halbe Welt trennte. Der eine, Pinchas Zukerman, ein 18-Jähriger aus Tel Aviv und später der Welt als »Pinky« bekannt, gehörte bereits zur dritten Generation einer meist männlichen, russisch-jüdischen Gruppe von Musikern, die die Violinwelt des 20. Jahrhunderts für sich erobert hatte. Die andere, Kyung-wah Chung, eine 19-Jährige aus Seoul und von ihrem Lehrer Ivan Galamian »Cookie« genannt, wurde bald zur Gründungsmutter einer überwiegend weiblichen, ostasiatischen Gruppe, die auf dem Weg war, die Fackel, die jene russisch-jüdischen Männer durch das 20. Jahrhundert getragen hatten, im 21. Jahrhundert zu übernehmen.[30] Beide waren nach New York gekommen, um an der gleichen Schule – Juilliard – bei dem gleichen im Iran geborenen und russisch ausgebildeten Lehrer – Galamian – zu studieren, der vor der bolschewistischen Revolution nach Paris geflohen war, bevor er 1937 in die Vereinigten Staaten übersiedelte.

Würde es Rousseau überrascht haben, dass ein Instrument, das schon zu seinen Lebzeiten so vielfältig war wie kein anderes, nach seinem Tod noch universeller wurde? Wahrscheinlich nicht. Schon in der ersten Generation nach Rousseau waren Instrument und Bogen an die Bedürfnisse von Spielern, die mit größeren Orchestern größere Stücke in größeren Sälen spielten, angepasst worden: Praktisch jedes überlebende alte Instrument, bei dem es sich lohnte, wurde mit einem längeren, gekippten Hals und einem wesentlich schwereren Bassbalken ausgestattet, um eine erhöhte Saitenspannung zu ermöglichen und einen stärkeren und brillanteren Ton zu gewinnen.

Ende des 18. Jahrhunderts hatte sich der Geigenbau in ganz Europa verbreitet. Mit Beginn des 20. Jahrhunderts überfluteten elsässische, bayerische, sächsische und japanische Hersteller erst Osteuropa, dann Amerika und schließlich die ganze Welt mit erschwinglichen, fabrikmäßig hergestellten Instrumenten, die Amerikaner sogar per Versandhauskatalog erwerben konnten. Am Vorabend des 21. Jahrhunderts schließlich konnte man Anfängergeigen ebenso selbstverständlich in einem taoistischen Tempel in der ostchinesischen Metropole Suzhou erstehen wie im Musikgeschäft auf der Hauptstraße von Parma, der italienischen Stadt, in der Paganini begraben ist. Shar Products wiederum, ein armenisch-amerikanisches Familienunternehmen in Ann Arbor, Michigan, das zu einer Art Neckermann-Versandhaus für Streichinstrument-Zubehör wurde, verkaufte per Internet.

Die bekannten ökonomischen Multiplikatoren eines bürgerlichen Zeitalters – städtisches Wachstum, steigende Einkommen, soziale Mobilität, Professionalisierung, kultureller Snobismus, persönliche Weiterentwicklung, Einwanderung und koloniale Expansion – verstärkten die Vielfalt und Universalität der Violine noch. Neuer Reichtum und neue Städte schufen ein neues Publikum. Neue Orchester, Opern, Theater, Tanzlokale genauso wie Filme, schufen neue Arbeitsplätze für die Absolventen der neuen Konservatorien. Neue Einwanderer brachten Instrumente, Geschmack, Traditionen, Fähigkeiten und Ehrgeiz für ihre Kinder mit. Europäische Soldaten, Verwaltungsbeamte, Geschäftsleute, Ärzte, Lehrer und Missionare streuten ihre Währungen, Sprachen, Waffen, Bazillen, Lokomotiven, Religionen und ihre Musik über immer mehr außereuropäische Orte aus.

Der große deutsche Soziologe Max Weber konstatierte in einem Nachtrag zu seinem monumentalen Werk *Wirtschaft und Gesellschaft*, dass die westliche Musik das charakteristischste, ansprechendste und potenziell universellste aller europäischen Produkte sei. Er bezog sich dabei auf das Klavier, ein Industrieprodukt, das die temperierte diatonische Tonleiter auf der ganzen Welt so effizient verbreitete wie britische Webstühle und Lokomotiven den Zoll als Maßeinheit für Länge und die British Thermal Unit als Maßeinheit für Wärme. Der Leser kann nur bedauern, dass Weber starb, bevor er seine scharfsinnigen, allerdings nur andeutungsweise entwickelten Ideen in einem Buch ausformulieren konnte.[31] Die gleiche Dynamik, die das Klavier so populär gemacht hatte, begünstigte aber auch die im Grunde vorindustrielle Geige, die seit mehr als einem halben Jahrtausend in Europa und Nordamerika heimisch geworden war; sie verbreitete sich in Russland von St. Petersburg bis nach Odessa und Sibirien, in Lateinamerika von Mexiko bis Argentinien, in Ostasien von Korea bis nach Singapur, im Nahen Osten von Israel bis in die Türkei sowie im christlichen Armenien mit einer Diaspora, die sich von Teheran bis nach Kalifornien erstreckte.

An der Schwelle zum 21. Jahrhundert war die Geige mit Händlern und Geigenbauern in allen Kontinenten und mindestens 44 Ländern so allgegenwärtig wie McDonalds.[32] Arvel Bird, ein indianisch-keltischer Geiger, der von den Shivwit Paiute und den Schotten abstammte, bereiste Amerika mit seiner Band Many Tribes, One Fire (Viele Stämme, ein Feuer) von der Chesapeake

Bay über Virginia bis Portland und verkaufte zahllose CDs.[33] Auch im nicht-weißen Südafrika war mit dem Ende der Apartheid die Violine aufgetaucht, wo eine Gruppe engagierter Lehrer mit Hilfe von Sponsoren hart daran arbeitete, Soweto zum neuen Odessa zu machen.[34]

Für das Fehlen, die Ablehnung oder zumindest das seltene Vorkommen der Violine zwischen Bombay und dem Jordan gab es viele mögliche Gründe – finanzielle wie kulturelle. Aber es gab mindestens ebenso viele, die praktisch überall sonst dazu führten, dass sie willkommen geheißen und mit Erfolg und mit Gewinnern gleichgesetzt wurde. Sie hatte das Potenzial, heiratsfähigen Töchtern zu einem Mehrwert zu verhelfen, und eine vielgestaltige Anpassungs-fähigkeit, die ihr erlaubte, neben der usbekischen »ghijak« zu existieren und der kasachischen »qobyz« fast den Garaus zu machen.[35] Dazu kam die seit den 1870er-Jahren von Japan ausgehende allumfassende Modernisierungs-welle, die westliche Musik dort genauso heimisch werden ließ wie Baseball und schließlich die gesamte Region bis hin nach Südkorea und Malaysia erfasste.[36]

1997 rekrutierte die malaysische Ölgesellschaft Petronas ein neues Sinfonieorchester für den neuen Konzertsaal, der im Schatten der Petronas Towers in Kuala Lumpur, dem damals höchsten Gebäude der Welt, entstand. IMG in London, eine Managementfirma mit globaler Reichweite, wurde mit der Anwerbung der Musiker beauftragt. Dieses globale Management wiederum führte zur Einstellung eines britischen Intendanten und eines niederländischen Dirigenten und zur Gründung eines globalen Orchesters, in dem Malaysier kaum vertreten waren. Teilweise schien das neue Orchester eine Antwort auf das in Singapur zu sein,[37] teilweise aber auch ein weiterer Schritt innerhalb

einer nationalen Modernisierungsstrategie. Auf die Frage eines interessierten Interviewers räumte ein junger malaysischer Diplomat ein, dass er zum ersten Mal von dem Orchester höre. Er erinnerte sich aber daran, dass Mahathir Mohamad, der geschäftige Regierungschef des Landes, zehn Jahre zuvor ein Formel-Eins-Team und Jackie Stewart importiert hatte, bevor es überhaupt lokale Rennstrecken und Fahrer gab.[38]

Die Marktforschung allerdings verwies auf die traumhaften zukünftigen Publikumszahlen, sollte eine Konzerthalle gebaut und ein Orchester angestellt werden. Es war sogar vorstellbar, dass dort eines Tages einheimische Musiker spielen würden. Im Jahr 1915, der 34. Saison der selbstverständlich von

Das Orchester des National Music Camp auf den Stufen des State, War and Navy (heute: Eisenhower Executive Office) Building, Washington, DC, 1. März 1930. Präsident Herbert Hoover und Vizepräsident Charles Curtis auf dem Bürgersteig rechts

Europäern dirigierten Boston Symphony, waren nur acht ihrer Musiker in Amerika geboren, 1973 waren es die meisten der Orchestermitglieder, und ihr Dirigent war ein Japaner. Das Shanghai Municipal Orchestra, 1879 als Shanghai Municipal Public Band gegründet, nahm seinen ersten Chinesen als unbezahlten Freiwilligen im Jahr 1927 auf.[39] Die erst 1974 als ein überwiegend britisches Ensemble gegründete Hong Kong Philharmonic beschäftigte eine Generation später drei Chinesen als stellvertretende Konzertmeister und als Geiger fast ausschließlich Asiaten.

Trotz all der tektonischen Verwerfungen aber, die die musikalischen, kulturellen, sozialen und politischen Landschaften über fast fünf Jahrhunderte verwandelten, scheinen drei Leitsätze wie in Stein gemeißelt. Laut dem ersten tauchte die Violine spontan und schon in voller Blüte in Italien auf; der zweite behauptet, dass die besten Geigen in aufsteigender Qualität italienisch, in Italien vor 1800 gebaut und aus dem italienischen Cremona waren; gemäß dem dritten Leitsatz war es schon immer so und würde auch nie anders sein. Alle drei Thesen sind fragwürdig, unhistorisch und irreführend, aber sie haben etwas Positives gemeinsam: Sie verweisen auf die Fragen, woher die Geige kommt, wie es dazu kam, dass die italienische Geige als »die« Geige angesehen wurde, und wer und was sie wie kein anderes Instrument zu einem globalen Sammlerobjekt, einem Talisman und einem Symbol werden ließ.

BUCH I
Geigenbau

An Materialien über das, was der Musikwissenschaftler David Boyden die »faszinierende, geheimnisvolle und unergründliche Welt der Violine«[1] nannte, mangelt es nicht. Eine Suche nach dem Stichwort »Violine« im Online-Katalog der Library of Congress im Sommer 2002 ergab 9 976 Treffer und eine nachfolgende Suche im umfangreicheren Research Libraries Information Network 104 881 Titel. Eine Google-Recherche führte von A wie Alf bis zu Z wie Zygmuntowicz und zeigte damit jede nur vorstellbare Dimension des Einflusses, den das Instrument und die Menschen, die mit ihm verbunden sind, hatten und haben. Unter 855 Nennungen waren Geigenbauer, Geigenhändler und Bogenmacher jedweder Art und Qualität, Geiger mit einem Repertoire von Barock bis Bluegrass, Geigenlehrer für jedes Alter und Niveau, Zulieferer mit Waren wie Pferdehaar, aber auch Dienstleister mit Angeboten von Massage bis hin zu endoskopischer Operation, Museumssammlungen, Online-Auktionen, bildliche Darstellungen, Listen von Einspielungen, aber auch von gestohlenen Instrumenten, Letztere überwiegend mit Tonbeispielen, hochauflösenden Darstellungen und Links zu weiteren Webseiten, die meisten davon in englischer Sprache.

Auch jede ernst zu nehmende Forschungsbibliothek bietet Monografien, Handbücher, Methoden, Memoiren, medizinischen Rat und Kataloge an. Es gibt

Ratgeber-Literatur, von Dr. Suzuki »Twinkle, Twinkle« für Kleinkinder bis hin zu Heinrich Wilhelm Ernsts polyphonen Studien für die Violine – eine Abhandlung für die Olympiasieger und Wimbledon-Gewinner unter den Geigern. Es gibt Geschichten und Romane, von Lloyd Moss' *Zin! Zin! Zin! A Violin*[2] für Leser von vier bis acht Jahren bis hin zu schaurigen und nicht immer jugendfreien Geschichten. Es gibt Gerichtsakten und Preislisten, die mindestens bis ins 19. Jahrhundert und Geigerbiografien und Geigengeschichten, die bis ins 17. Jahrhundert zurückgehen. Wachszylinder-Aufnahmen von Joseph Joachim (1831–1907) und Maud Powell (1868–1920) sind auf CD und CD-ROM erhältlich und kurze musikalische Impressionen von Fritz Kreisler (1875–1962) und Eugène Ysaÿe (1858–1931) – gefilmt in der Ära von Rudolph Valentino – sowie *Das Kabinett des Dr. Caligari* auf VHS, DVD und YouTube. Die Ursprünge der Violine jedoch bleiben weiterhin so dunkel und vieldeutig, wie sie es für Laborde waren.

Trotz größter Bemühungen der jeweiligen Autoren können allerdings die wenigsten Titel zum Thema als zuverlässig gelten. Die Frage nach Ursprung und Entwicklung der Violine hat bahnbrechende Forscher – von François-Joseph Fétis, dem Universalgelehrten des 19. Jahrhunderts und Mitbegründer des Brüsseler Konservatoriums, bis zu Curt Sachs, dem Vater der modernen Instrumentenkunde ein Jahrhundert später – beschäftigt, fasziniert und verwirrt. Sie war für George Hart, den großen viktorianischen Experten und wichtigen Londoner Geigenhändler, ebenso von Interesse wie für Amateure wie Pfarrer H. R. Haweis und den Schriftsteller Charles Reade, der das Thema mit der gleichen Begeisterung verfolgte, die seine Zeitgenossen Thomas Henry Huxley und Bischof Samuel Wilberforce zum Artenursprung führte. Fétis in Brüssel und Joseph Joachim in Berlin sorgten dafür, dass die neuen Musikhochschulen Instrumente genauso selbstverständlich erwarben wie die neuen Museen Knochen, Fossilien und Gesteine. Konstantin Tretjakow, als Industrieller, Sammler und Philanthrop ein Vorreiter, stiftete dem Direktor des Moskauer Konservatoriums, Nikolai Rubinstein, nicht nur mehr als 30 alte italienische Instrumente, sondern gab bei den französischen Geigenbauern Georges Chanot und Auguste Bernardel auch neue in Auftrag.[3]

Im Jahr 1872 erschien ein großer Teil der achtbaren Bürger Englands in dem, was bald das Londoner Victoria and Albert Museum (V & A) werden sollte, um eine richtungsweisende Ausstellung über den europäischen Geigenbau vor 1800 zu sehen und dort gesehen zu werden. Das Organisationskomitee bestand aus 45 Honoratioren, darunter der zweite Sohn der Königin, der Herzog von Edinburgh, Jean-Baptiste Vuillaume, der große französische Geigenbauer, der Komponist Sir Arthur Sullivan und Ambroise Thomas, Direktor des Konservatoriums von Paris. Für diejenigen, die nicht dabei sein konnten, beauftragte die Abendzeitung *Pall Mall Gazette* Charles Reade, über das Ereignis so umfangreich zu berichten, dass seine Beschreibung später als Buch erschien. Ein Jahrhundert später kündigte das Museum an, seine Sammlung auf andere Museen zu verteilen oder dauerhaft auszulagern, um Platz für die wachsende Kostüm- und Modeabteilung des V & A zu schaffen.[4]

Der Ankauf der Violinen-Sammlung belegt das Ausmaß des öffentlichen Interesses im viktorianischen Zeitalter. Als Carl Engel, ein wohlhabender deutscher Kunstsammler und Amateur-Musikhistoriker, 1882 in London starb, hinterließ er 201 Instrumente, unter Ihnen Dudelsäcke aus Northumberland, eine spanische Bandurria, eine norwegische Hardanger-Fiedel, eine Sammlung von Violen, das, was man für eine deutsche Geige aus dem 16. Jahrhundert hielt,[5] sowie eine unveröffentlichte Studie über die Violine und ihre Vorläufer. Sein Nachlassverwalter und Neffe Carl Peters, dem es zwar nicht gelang, als Schwimmer den Ärmelkanal zu überwinden, der später aber mit einigem Erfolg in Ostafrika ein deutsches Kolonialreich aufbaute, sorgte dafür, dass die Studie publiziert wurde.[6] Dann verkaufte er »das Zeug«, wie der Geigenbauer, Restaurator und Historiker John Dilworth es einige Generationen später nennen sollte,[7] an das Victoria and Albert Museum. Für den Kaufpreis von 556 Pfund und 6 Schilling hätte man zu der Zeit eine Stradivari erwerben können.[8]

Noch 100 Jahre später war die Sammlung eine Herausforderung für die Wissenschaft. Die Quellen selbst waren nur eines der Probleme. Sie bestanden aus Instrumenten, Teilen von Instrumenten, einer Auswahl von Möbeln, Textverweisen in den verschiedensten Sprachen, Abbildungen in buchstäblich jedem Medium mit Ausnahme der Fotografie und waren über weite Teile Europas verstreut wie eiszeitliche Moränen. Ein weiteres Problem war die Qualifikation der Historiker. Seit Mitte des 19. Jahrhunderts hatten sich zwar alle möglichen Disziplinen professionalisiert: politische Geschichte, mittelalterliche Geschichte, Kunstgeschichte, Geologie, Paläontologie, Chemie; aber die Geschichte der Violinen, die seit dem späten 18. Jahrhundert die Domäne von Handwerkern und Händlern war, lag bis weit in das 20. Jahrhundert hinein immer noch in den Händen von Amateuren.

Die Verknüpfung von Werkbank-Perspektive und der Begeisterung von Amateuren hinterließ dauerhafte Spuren. Forschungspioniere, deren Lebensspanne vom Niedergang des Ancien Régime bis zum Erscheinen von Eisenbahn und Fernschreiber reichte, ließen sich von der Herrlichkeit einer immer noch frischen Cremoneser Vergangenheit und den Risiken und Chancen der turbulenten Pariser Gegenwart beflügeln und bereiteten den Weg zur Geschichte der Violine.

Der Hofbeamte Laborde, der 1794 ein Opfer der Guillotine wurde, stellte eine Anthologie über das bisher Bekannte zusammen. Sébastien-André Sibire, ein Geistlicher, der für die letzte Messe von König Louis XV. das notwendige liturgische Gerät besorgte und die französische Revolution überlebte,[9] veröffentlichte für ein Publikum, das die Wiederaufnahme einer Verbindung mit der großen italienischen Tradition mindestens genauso ernst nahm wie Napoleons

Siege, *La Chélonomie ou Le Parfait Luthier*,[10] einen Essay über den Geigenbau. Fétis, der die Musikwelt seiner Zeit in- und auswendig kannte, hinterließ Monografien über Paganini und Jean-Baptiste Vuillaume, den Superstar der Geigenbauer und -händler,[11] dessen dubioser Ruf ungefähr dem Bild entsprach, das Mason Locke Weems von George Washington oder William Herndon von seinem ehemaligen Kompagnon Abraham Lincoln hinterließen. Doch im Gegensatz zu diesem ersten Trio, das auf seine Weise Geschichte schrieb, war es ein zweites Trio, bestehend aus Ignazio Cozio di Salabue (1755–1840), Luigi Tarisio (ca. 1790–1854) und Vuillaume (1798–1875), das Geschichte machte.

Der junge Graf Cozio, Grundbesitzer im Piemont, erbte im Jahr 1771 von seinem Vater eine bemerkenswerte Kollektion klassischer Instrumente, ein Ereignis, das ihn zu einem der wichtigsten Sammler machte. Mit seinem lebhaften Interesse an Handel und Geschäften war er fest entschlossen, alles Wissenswerte über die großen Geigenbauer aus Cremona und ihre Werkstätten in Erfahrung zu bringen, solange es noch eine lebendige Erinnerung an sie gab.

Als Cozios Interesse im Jahr 1824 erlahmte, begann der gleichermaßen besessene Luigi Tarisio, der aus einer Familie stammte, die ebenso proletarisch war wie die von Cozio patrizisch, Stücke aus Cozios Sammlung zu erwerben. Diese und so viele weitere klassische Instrumente, wie er nur auftreiben konnte, brachte er von 1827 bis zu seinem Tod im Jahr 1854 auf den Pariser Markt.[12] Seine Strategie war zeitlos und einfach: Kaufe billig in Italien, wo die Instrumente wenig Wert haben, und verkaufe nördlich der Alpen teuer, wo Händler nicht genug von ihnen bekommen können. Was geschehen wäre, hätte sich Cozio direkt nach dem Besuch der Militärakademie der lokalen Geschichte des Piemont, die seine Altersleidenschaft wurde,[13] zugewandt oder wäre Tarisio unterwegs von Mailand nach Paris von einer Postkutsche überfahren worden, ist das Gegenstück der Violinwelt zu der Frage, was wohl geschehen wäre, hätten die Franzosen bei Waterloo oder die Südstaaten bei Gettysburg gewonnen.

Der Geigenbau war »vielleicht das einzige Handwerk auf der Welt, in dem das Alte durchgängiger bewundert wird als das Neue und die Instandhaltung schwieriger ist als der Bau«,[14] so zitierte Sibire den großen französischen Geigenbauer Nicolas Lupot (1758–1824). Seit Tarisio wurde die Geschichte der Violine, wie sie von ihm selbst und Cozio zusammengestellt und interpretiert wurde, zur Richtschnur und wie ein Familienalbum von Händler zu Händler und von Generation zu Generation weitergereicht. Ihre Vision spiegelte zwangsläufig ihr eigenes Zeitalter der einsamen Helden, der aufstrebenden Nationen und der ehrerbietigen Betrachtung des Italiens der Renaissance wider. Es sollte ein Jahrhundert vergehen, bevor diese Deutung ernsthaft in Frage gestellt wurde. Noch im Jahr 1984 schrieb der Herausgeber eines ansonsten ernst zu nehmenden Handbuchs die Erfindung der Geige einem »unbekannten italienischen Genie, irgendwo in der Nähe von Mailand« zu, das die erste Geige irgendwann »im frühen 16. Jahrhundert konzipierte und baute«,[15] und noch im Jahr 2002 zeigte eine von Google angegebene Webseite eine hochauflösende Ansicht der »berühmten Dom-Apsis im Geburtsort der Violine, Cremona«.[16]

In der Zwischenzeit kam durch neue Forschungen ein ganzes Aufgebot mutmaßlicher Erfinder hinzu – einige von ihnen berühmt, andere nicht. Unter ihnen befanden sich die Stammväter Gasparo Bertolotti, auch bekannt als da Salò (1540–1609) aus Brescia, Andrea Amati[17] (ca. 1505–1577) aus Cremona, Caspar Tieffenbrucker (1514–ca. 1571) aus Bayern (den Franzosen und Italienern als Gaspard Duiffoprugcar bekannt) und der Bretone Jean Kerlino, der vielleicht eine Erfindung von Vuillaume war.[18] Im frühen 20. Jahrhundert schrieb ein Kommentator dazu: »Besser überhaupt keine Fakten als fadenscheinige«.[19] Mit der Zeit folgten auf Cozio und Tarisio wirklich bedeutende Fachleute, auch wenn sie nicht Historiker von Beruf waren. Margaret Lindsay Murray, die gemeinsam mit ihrem Mann, Sir William Huggins, Pionierarbeit auf dem Gebiet der astronomischen Spektroskopie leistete, schrieb eine bahnbrechende Monografie über den Geigenbauer Giovanni Paolo Maggini (ca. 1580–ca. 1630) aus Brescia.[20]

Brian Harvey, Professor an der University of Birmingham und Verfasser des Standardtextes zum Auktionsrecht, legte – angeregt durch seine Begeisterung für ein geerbtes Cello – eine vorbildliche Sozialgeschichte der Violine in Großbritannien vor und war Mitautor eines Standardwerkes über Violinbetrug.[21] Ein ähnliches Interesse für sein eigenes Instrument führte Duane Rosengard, Kontrabassist im Philadelphia Orchestra, zur Entdeckung des Testaments des großen Antonio Stradivari und einer wegweisenden Biografie von Giovanni Battista Guadagnini (1711–1786).[22] Andere hingegen schrieben die Geschichte der Violine aus lokaler Sicht. Carlo Bonetti, ein pensionierter Armeeoffizier, grub archivalische Dokumente zu Stradivari aus, die seit 400 Jahren niemand gesehen hatte.[23] Bernhard Zoebisch, Zahnarzt in Markneukirchen, stellte eine vorbildliche Geschichte des Geigenbaus im Vogtland zusammen.[24]

Am Vorabend des 20. Jahrhunderts begründeten die drei Gebrüder Hill aus London, die herausragendsten Geigenhändler ihrer Zeit, mit einer Reihe liebevoll hergestellter und illustrierter Monografien über die Titanen der Zunft eine neue wissenschaftliche Epoche. Von dieser Serie, die direkt an Abonnenten verkauft wurde, waren noch ein Jahrhundert später Exemplare als Taschenbuch erhältlich, sie stehen heute im Bücherregal jedes ernst zu nehmenden Geigenbauers.[25] Damit wurde die mündliche Überlieferung zum ersten Mal durch eine Archivrecherche ersetzt, die überwiegend von eigens dazu angestellten Wissenschaftlern durchgeführt wurde. Ein weiteres Novum lag darin, dass die Hills ihre eigenen Verleger waren. Ihre Nachfolger machten die Gattung der Abonnenten-Monografien dann als Nachschlagewerke oder Sammelobjekte zum Standardinventar für Musikliebhaber.

Der erste Band der Hill-Reihe erschien 1892 und war an Lady Huggins als Autorin vergeben worden, deren dankbare Auftraggeber in Anerkennung ihrer Arbeit eine Stradivari von 1707 nach ihr benannten.[26] Die weiteren Bände schrieben die Gebrüder Hill selber, 1902 den Band zu Stradivari und 1931 den zu den Guarneris. Seit dem Bau der Instrumente wurde damit zum ersten Mal deren »wahlloser Missbrauch«, der »unglücklicherweise zu der Zeit der letzte Schrei war«, wie ein Italiener ein Jahrhundert später anmerkte, nicht nur bedauert, sondern auch dokumentiert.[27] Ein Band über die Amatis war offenbar geplant, ist aber nie erschienen.[28]

Der nächste Schritt, der an die Schwelle der akademischen Geschichtsschreibung führte, musste noch eine weitere Generation warten. Im Jahr 1965 veröffentlichte David Boyden, Musikwissenschaftler an der University of California, *The History of Violin Playing from Its Origins to 1761*, eine einfallsreich belegte, fantasievoll dargestellte und gewinnbringend geschriebene Übersicht über Violine, Bogen, Bauer, Spieler, Komponisten, Markt und Publikum, ein Buch, das sich über die dokumentierten frühesten Anfänge bis zur Einführung des modernen Bogens erstreckte und eine weitere Epoche einleitete. Eine weitere Generation später porträtierte Sylvette Milliot, eine Musikwissenschaftlerin, die unter dem Einfluss der französischen Annales-Schule für Geschichtswissenschaften ausgebildet worden war, mehrere Epochen der französischen Geschichte anhand von mehreren Generationen der Geigenbauerfamilie Chanot-Chardons.[29] Doch niemand machte es ihr nach.

Stattdessen – so bemerkte John Dilworth – blieb die Geschichte der Violine die Domäne von drei Gruppen, die auf unterschiedlichen Wegen zu je eigenen Ergebnissen gelangt waren und sich deshalb zwar ergänzten, in wesentlichen Punkten aber widersprachen.[30] Die erste und älteste dieser Richtungen, die sich von Vuillaume bis Charles Beare, einem Vorzeigehändler des späteren 20. Jahrhunderts, und Philip J. Kass, einem freiberuflichen Experten und Gutachter, der am Curtis Institute in Philadelphia unterrichtet, erstreckte, stammte direkt aus dem Handel. Die zweite bestand aus relativen Neulingen wie Dilworth und seinen englischen Zeitgenossen Roger Hargrave und Andrew Dipper, die alle Geigenbauer, Kopisten und Restauratoren sind. Die dritte Gruppe, von Fétis bis zu seinem unerschrockenen und urteilsfreudigen belgischen Nachfolger Karel Moens eineinhalb Jahrhunderte später, bestand aus Museumsleitern mit akademischer Qualifikation.

Alle drei Gruppen teilten das Interesse für Herkunft und Echtheit. Doch Dilworth zeigte bald auf, dass jede von ihnen die andere mit einem tiefen und erklärlichen Misstrauen betrachtete, denn sie arbeiteten auf unterschiedliche Ziele hin: Händler wollten ihre Ware verkaufen. Geigenbauer und Restauratoren wollten das Unbespielbare spielbar machen und glaubwürdige Alternativen zu den immer teurer werdenden Originalen schaffen. Kuratoren und Musikwissenschaftler wollten die Geschichte zurechtrücken und die Dinge so lassen, wie sie waren. Die Erfahrung, die Charles Beare in den späten 1990er-Jahren mit einer unrestaurierten Violine des Bologneser Carlo Tononi machen musste, zeigt, was geschehen kann, wenn berufsmäßige Skrupel mit den Erfordernissen der wirklichen Welt kollidieren. Als Geigenhändler der vierten Generation mit einem hochentwickelten Sinn für Geschichte und einem großen Respekt vor seiner Ware hätte Beare nichts lieber getan, als das Instrument – so, wie er es vorgefunden hatte – an einen aufstrebenden Geiger aus der Alte-Musik-Szene zu verkaufen. Doch derartige Kunden, so gab er bedauernd zu, sind meistens ein »finanziell minderbemittelter Bevölkerungsteil«, und er musste schließlich auch an seine eigene Miete, an die Gehälter seiner Angestellten und an Versicherung, Heizung und Strom denken. Nachdem er vergeblich auf einen Kunden gewartet hatte, tat er schließlich das, was Generationen von Vorgängern getan hatten: Er stattete die Tononi mit einer modernen Schnecke und ebensolchem Hals aus und verkaufte sie ohne Probleme. Doch im Gegensatz zu den meisten seiner Vorgänger legte er den ursprünglichen Hals für den Fall bei, dass ein künftiger Besitzer den Umbau einmal würde rückgängig machen wollen.[31]

Bei einem Symposium Anfang 2001 in Washington zeigten sich wieder einmal die Grenzen einer professionellen Synergie. Hier war es Thema und Ziel, die Verzierungen zu entschlüsseln, die eine kleine, aber bemerkenswerte Sammlung von Stradivaris, erbaut zwischen 1687 und 1722 und dem Smithsonian Museum of American History 1997 von dem Sammler und Mäzen Herbert R. Axelrod aus New Jersey überlassen, auszeichnen.[32] Zwar wusste es niemand genau, aber es schien gut möglich, dass eine solche Gruppe von Fachleuten zum ersten Mal zu diesem Zweck zusammenkam. Die Diskussionsteilnehmer, einschließlich Kuratoren, Händler, Kunsthistoriker und sogar eines Materialexperten, wurden aus Tokio, Chicago und Philadelphia zusammengerufen.

Für Gary Sturm, Instrumentenkurator in der Abteilung Kulturgeschichte des Smithsonian-Instituts, war die Antwort von besonderem Interesse, denn abgesehen von ein paar Zufallsfunden und einer ähnlichen Instrumentengruppe in Madrid ist die Sammlung nahezu einzigartig. Von den Hunderten von Streichinstrumenten, die Stradivari produzierte, hatten nur elf Verzierungen,[33] deren Motive bis zu dem Zeitpunkt ein Rätsel blieben, vielleicht weil sie für Stradivari und seine Zeitgenossen so selbstverständlich waren, dass eine Erklärung nicht nötig schien. Die Experten für Heraldik und Ornamentik entdeckten Hinweise, kamen aber zu keiner endgültigen Antwort. Die Händler kannten sich zwar mit Architektur und Anatomie von Stradivari-Instrumenten aus, wussten, durch wessen Hände sie gegangen waren, konnten ihre Echtheit bestätigen, ihren Zustand bewerten und natürlich ihren Marktwert schätzen, doch Dekorationen waren etwas, über das sie nicht besonders nachdachten oder das sie besonders interessierte. Deshalb war auch von ihnen keine Antwort zu bekommen.

Durch eine Finanzkrise, die das Smithsonian einige Wochen später traf, kam es nicht zu einer Nachfolge-Konferenz, und es sollten sechs Jahre vergehen, bevor Stewart Pollen, der an dem ersten Treffen nicht teilgenommen hatte, die Frage zumindest bis zu einem gewissen Grade beantwortete. Pollen, ehemals Kurator von Instrumenten des New Yorker Metropolitan Museums und jetzt selbstständiger Kundenberater, machte den Ursprung der Dekorationen in einer Sammlung von Stickereien und Schnittmustern im Venedig von 1567 aus.[34]

In der Zwischenzeit wurden neue Forschungen, die durch eine Hausse, einen Wandel im musikalischen Geschmack und eine immer gezieltere Neugier angetrieben wurden, belohnt wie nie zuvor. Seit dem 19. Jahrhundert hatten sich die Preise für alte Violinen eingependelt oder waren kontinuierlich gestiegen, seit den 1960er-Jahren sogar in dramatischer Weise. Auch das Interesse an der vor 1800 geschriebenen Musik war seit dem Zweiten Weltkrieg gewachsen[35] und ebenso der Wunsch, alte Violinen zu kaufen und zu spielen. Allerdings stand dieser zunehmenden Nachfrage ein begrenzter Vorrat gegenüber, und so wurde die Echtheit zunehmend von Belang und glaubwürdiges Wissen zu einem entscheidenden Wettbewerbsvorteil. Der Bedarf an Nachforschungen zu Leben, Methoden und Geschäftspraktiken der erst-, zweit- und drittrangigen alten Meister entstand aus dem äußerst pragmatischen Interesse daran, dass der Kunde auch das bekam, für das er immer mehr bezahlen musste. Der neue globale Markt, der alles überstieg, was sich die Gebrüder Hill jemals hatten vorstellen können, bestätigte nur, dass Wissen sowohl Geld als auch Macht bedeuten konnte, und Händler, Geigenbauer, Restauratoren und Kuratoren hatten gleichermaßen Grund, sich zu freuen.

Wo es alte Geigen gab, musste es auch Restaurierungen geben, denn alle Instrumente, die älter waren als ihre Erbauer und von Spielern herumgeschubst und beschwitzt, von Sammlern missbraucht und vernachlässigt, von Holzwürmern angefressen, von Feuchtigkeit und Oxidation und ihren eigenen Belastungen in Geiselhaft genommen und Opfer katastrophaler Reparaturen und sogenannter Verbesserungen geworden waren, bettelten geradezu um Aufmerksamkeit, seit Tarisio sie erstmals nach Paris gebracht hatte. Zum ersten Mal fiel die Nachfrage nach historisch fundierter Restaurierung mit realen Möglichkeiten zusammen, sie auch zu bekommen.[36]

Eine weitere Option waren sehr gute Kopien. Ob offen eingestanden oder verschleiert, gut, schlecht oder vom Fließband – seit italienische Instrumente zum Maßstab geworden waren, hatte es für sie ebenfalls einen Markt gegeben. Kopien von britischen Meistern wie Bernhard Simon Fendt (1800–1852), dem wunderbar schillernden John Lott (1804–1870) und der legendären Voller-Familie wurden um ihrer selbst willen geschätzt und die Kopien von Vuillaume, einst als unechte Stradivaris verachtet, nunmehr als echte Vuillaumes gewürdigt. Schon 1995 behauptete der New Yorker Geigenbauer Sam Zygmuntowicz, geboren 1956, dass zeitgenössische Geigenbauer wie er selbst und seine Kollegen Dilworth und Hargrave, die alle umfassend recherchierte, sorgfältig umgestaltete, vorzüglich reproduzierte und überzeugend antikisierte Kopien der Klassiker herstellten, die Vuillaumes der neuen Zeit seien, deren selbstgestelltes Programm im Wesentlichen aus vier Punkten bestand: erstens, die Nachfrage nach einem knappen Gut zu befriedigen, das auf seinem Weg durch unzählige Hände, Läden und Reparaturen bereits viel von seiner ursprünglichen Substanz verloren hatte; zweitens, sich mit historischen Techniken und modernen Materialien vertraut zu machen; drittens, die technischen Fähigkeiten zu verbessern, indem die Messlatte immer höher gelegt wird; und viertens, neue Instrumente in einer vertrauten Form zu bauen, um so ihre Akzeptanz zu erhöhen.[37]

Dass einige Musiker ein neues Interesse an Alter Musik entwickelten, machte die Sache noch spannender. Ende des 20. Jahrhunderts waren Verzeichnisse mit den Namen der Orchestermitglieder und den von ihnen gespielten Instrumenten etwa in Programmheften bei Aufführungen von Alter Musik weithin gang und gäbe geworden, und das Nebeneinander von »alten alten« und »neuen alten« Instrumenten – etwa eine Jacopo Brandini (Pisa 1793), eine David Rubio (Cambridge 1989), eine David Tecchler (Rom 1780), ein deutsches Instrument von 1750 (George Stoppani 1989)[38] – war häufig ebenso unterhaltsam wie die Aufführung selbst.

Museen aus Berlin, Brüssel, Paris, South Kensington und Wien, Moskau, Taipeh und Vermillion in South Dakota vervollständigten diesen »circulus virtuosus«, und Institutionen, einst zur Bewahrung von Geschichte geschaffen, waren nun Orte, an denen sie gemacht wurde. Dynamische und akademisch gebildete, aber unterbeschäftigte Spieler Alter Musik sahen sich dort nach Arbeit um und machten es sich zur Aufgabe, die ihnen anvertrauten Reliquien, Meisterwerke und unbestimmten Artefakte zu decodieren. Geigenbauer mit geschichtlichem Interesse, die nicht selten ihre Kollegen und Altersgenossen waren, wandten sich mit der Bitte um Beratung oder Materialien an sie. »Mein Bummel durch die vielen Etagen des Museums erinnerte mich an ein viktorianisches Fossil«, bemerkte Dilworth nach einer Führung durch das Brüsseler Museum. »Gehört diese Zarge hierhin, und ist dieser vorsintflutlich aussehende, mehrsaitige Klotz ein echter Vorfahr, eine evolutionäre Sackgasse oder eine plumpe Fälschung?«[39]

Über ihre Arbeit befragt, antwortet Annette Otterstedt, Kuratorin am Musikinstrumenten-Museum in Berlin: »Mein ganzes Leben ging es mir darum, diese wunderbaren Dinge aus ihren Kästen zu nehmen und sie verstehen zu lernen. [...] Deshalb bitte ich um genaueste Nachbildung, weil durch sie eine verlorene Fähigkeit zurückgewonnen werden kann, für die wir immer Verwendung haben werden, falls unsere Hände und Köpfe nicht verkümmern.«[40] Die Ergebnisse waren gewinnbringend widersprüchlich. Im Grenzbereich eines 500 Jahre alten Berufsstandes bauten zeitgenössische Geigenbauer jetzt alte Instrumente mit modernen Technologien, sogar Verbundwerkstoffen, und vermarkteten sie im Internet. Doch – geradeso wie bei der menschlichen Evolution – wurden die Ursprünge des Instrumentes und das von Generationen angesammelte Wissen nach und nach immer weiter in die Vergangenheit zurückgedrängt.

»Die Violine wurde nicht nur von einem Elternteil geboren, sondern im frühen 16. Jahrhundert von vielen Eltern entwickelt«, schrieb Boyden 1965,[41] und Otterstedt ergänzte eine Generation später: »Wir wissen jedenfalls, daß weder ein Maler noch ein genialer Erfinder die ›geheiligte Form der Geige erfunden‹ hat, sondern daß diese das Ergebnis eines jahrhundertelangen Prozesses ist, dessen Vielfalt wir begrüßen anstatt verdrängen sollten.[42]

Ein Stern geht auf

Die Suche nach den Ursprüngen der Violine führt in eine Welt von verworrenen Stammbäumen, sich entfaltender Architektur, alternativer Modelle und in eine Deponie, auf der Generationen von Lehrmeinungen begraben sind. Doch fast alle Wege führen zurück zum Sägewerk und der Seidenstraße. Das Sägewerk, schon zu Zeiten der Römer bekannt, war vor seiner allmählichen Wiederauferstehung im 12. Jahrhundert offenbar für fast ein Jahrtausend in Vergessenheit geraten. Doch seit dem 14. Jahrhundert scheint es sich ziemlich schnell wieder ausgebreitet zu haben, und weil bearbeitete Bretter und Bohlen nun allgemein verfügbar waren, blühte die holzverarbeitende Zunft auf[43] und brachte ganz neue Berufen, Kunsthandwerke und Berufszweige hervor, die sich in Gilden zusammenschlossen.

Ein praktisches Beispiel dafür ist der Bau von Möbeln, Schränken und Truhen,[44] aber auch der von Instrumenten, denn dieser war durch die traditionelle Verbindung zur Herstellung von Kisten und Kasten ein logischer Ableger. Das zeigte sich noch 1716 bei Giovanni Guidante, auch bekannt als Fiorino, der sich in einem Bologneser Gerichtsdokument als Hersteller von Geigen und Tabakdosen bezeichnete.[45] In einigen Orten wie zum Beispiel in Straßburg wurden Instrumentenbauer als Schreiner oder Kistenmacher anerkannt, in anderen wie Nürnberg setzten die Schreiner alles daran, sie von sich fernzuhalten. In wiederum anderen Orten wie Augsburg prallten die Stände aufeinander. Im Jahr 1559 wurde Anklage gegen einen Lautenmacher erhoben, der Aufträge annahm, die man mit der Herstellung von Kisten in Verbindung brachte. Drei Jahre später stand ein Geigenbauer vor Gericht, der einen Schreiner mit der Herstellung von Teilen einer Violine beauftragt hatte.[46] In Füssen, einem Zentrum des Lautenbaus am Rande der Alpen, bildeten Instrumentenbauer im gleichen Jahr ihre eigene Gilde, um sich vor der Konkurrenz und einem Wettbewerb zu schützen, den sie – zumindest teilweise – selbst hervorgerufen hatten.[47]

Auch die Seidenstraße, an der Schwelle des 21. Jahrhunderts als das Internet der Antike wiederentdeckt, reichte bis in die Römerzeit zurück und verband – bis zur Entdeckung der Neuen Welt rund 1500 Jahre später – China mit dem byzantinischen Konstantinopel, auch bekannt als das osmanische Istanbul. Über Zentralasien, das Kaspische Meer und den Persischen Golf traf sie auf ein anderes, überwiegend islamisches System von Handelsstraßen, das bis zum Atlantik reichte. Dieser Handelsverkehr begünstigte den Transfer von Waren aller Art, förderte aber auch den Austausch von immateriellen Gütern wie Kunst, fachlichem Können und Ideen, einschließlich der Musik. Noch heute sind entlang des Weges von Usbekistan bis zum New Yorker Stadtteil Queens verschiedene Zupf- und Streichinstrumente wie die Dombra, das Rebab und die persische Kamancheh – eine Stachelgeige – in Gebrauch.[48] Andere Instrumente wie Laute und Rebec tauchten im maurischen Spanien auf, wo sie neben der Vihuela, einem weiteren Importprodukt, das möglicherweise aus Frankreich oder Flandern stammte, vorhanden waren.[49] In Spanien fanden alle drei den Weg zu sephardischen Juden, von denen sie mitgenommen wurden, als diese 1492 aus Spanien vertrieben wurden und in die Lombardei, nach Venezien, nach Süddeutschland, in die Niederlande oder nach Großbritannien flüchteten.[50] Der Cembalist und Musikwissenschaftler Thurston Dart (1921–1971) vermutete, dass aus der gezupften Vihuela de mano und der gestrichenen Vielle zu dieser Zeit eine Kreuzung entstand – faktisch eine gestrichene Gitarre. Spanische Illustrationen bestätigen deren Herkunft. Nach Italien gelangte diese Kreuzung vielleicht durch Katalanen, die über Rom reisten, oder durch sephardische jüdische Flüchtlinge auf dem Weg nach Venedig oder Mailand.[51]

Die besten aller möglichen Quellen wären natürlich erhaltene Instrumente. Doch Karel Moens, Kurator in Antwerpen, dessen Untersuchungen ihn zum Racheengel der neuen Violingeschichte machten, stellte fest, dass bei den Gegebenheiten, unter denen Geigenbauer und Restauratoren alte Instrumente über Jahrhunderte verkleinert, neu lackiert, nachgehobelt und regelrecht ausgeschlachtet hatten, nur wenige überlebt hatten, geschweige denn unversehrt.[52] Eine seltene Ausnahme war ein authentisches und nahezu vollständig erhaltenes Ensemble aus dem 16. Jahrhundert in der restaurierten gotischen Kathedrale von Freiberg, einer sächsischen Stadt am Rande des Erzgebirges. Für Organologen war es so wertvoll, wie es ein perfekt erhaltener Brontosaurier für Paläontologen ist, denn es bestand aus einer kleinen dreisaitigen und einer großen viersaitigen Geige, einer Bratsche und einem kleinen und einem großen dreisaitigen Bass.[53] Die Bauweise stimmte mit den schlichten Modellen überein, die typisch für umherziehende Wandermusiker und Geigenbauer waren, unterschied sich aber deutlich von den Produkten aus Cremona, die zum Standard wurden, und blieb bis 1900 für billige deutsche Instrumente gebräuchlich.[54] Am anderen Ende der Echtheitsskala befinden sich ungefähr 20 Instrumente von

Cremonas Gründungsvater Andrea Amati (ca. 1505–1577), dessen eigenes Geburtsdatum nur vermutet werden kann. Im Jahr 2007 traf sich in Cremona eine Gruppe von Spezialisten, darunter ein Geigenbauer/-historiker, ein Kunsthistoriker, ein Instrumentenhistoriker, ein Elektrochemiker und ein Händler/Verleger, um des 500. Geburtstages von Amati zu gedenken. Die Experten waren sich darin einig, dass er ein rechtschaffener Bürger, begnadeter Handwerker und beispielhafter Geschäftsmann gewesen war. Alles Weitere war praktisch ungesichert, einschließlich einer einigermaßen akzeptablen Übersetzung eines offenbar programmatischen Spruches in lateinischer Sprache, der auf fünf der erhaltenen Instrumente aufgebracht war. Wer sie bestellt hatte und wann und wo sie bemalt wurden, blieb ein Rätsel.

Die andere bemerkenswerte Herausforderung war ein legendäres Ensemble von zwölf großen und zwölf kleinen Geigen, sechs Bratschen und acht Celli, zu dem wahrscheinlich noch acht weitere erhaltene Instrumente gehörten. Vermutlich für den Hof von Charles IX. von Frankreich (1550–1574) gekauft, führten sie von Sibire bis zu den Gebrüdern Hill – die dem Ashmolean Museum in Oxford eine Geige und eine Bratsche überließen, die wahrscheinlich aus dieser französischen Hofsammlung stammten – zu umfangreicher Literatur. Historisch brachte man die Instrumente mit der furchteinflößenden Caterina von Medici (1519–1589) in Verbindung, die ihre Heimatstadt Florenz im Alter von 14 Jahren verlassen hatte, um an den französischen Hof zu heiraten, wo sie die Ehefrau von König Henry II. und nach dessen Tod im Namen ihres zehnjährigen Sohnes Charles IX. Regentin wurde. Mit ihrer Leidenschaft für Tanz, Feste und allegorische Unterhaltung, die die Nachfrage nach Violinen und eine Vollbeschäftigung für Geiger sicherstellte,[55] hatte sie den französischen Hof Mitte des 16. Jahrhunderts erfolgreich in eine Kolonie italienischer Kultur verwandelt. Wie die Instrumente in Auftrag gegeben und bezahlt und wie viele gebaut und geliefert wurden, bleiben offene Fragen.

Moens und andere haben Zweifel an der Verbindung zu Cremona, der Größe der Bestellung und der Kapazität der Amati-Werkstatt geäußert. Aber auf diese Vorbehalte gibt es mehr oder weniger plausible Antworten. Im Jahr 1816 meldete Cozio Besitzansprüche auf eine dreisaitige Violine von Andrea Amati an, was einem Altersbeweis gleichkommt. Im Jahr 1898 hatte der angesehene italienische Geigenbauer Gaetano Sgarabotto (1878–1959) angeblich eine weitere Violine repariert, und zwischen 1562 und 1564 hinterließ eine königliche Tour de France eine Spur monumentaler Bögen und allegorischer Säulen, die den bildlichen Darstellungen auf den Amati zugeschriebenen Violinen entsprachen.[56] Aufzeichnungen bestätigen, dass im Jahr 1572 – als die Werkstatt von Amati immer noch die einzige bekannte in Cremona war – ein französischer Hofmusiker mit 50 Lire entsandt wurde, um eine Cremoneser Violine »für den Dienst des Königs« zu kaufen.[57] Zwischen 1555 und 1573 wuchs die

Liste von an den französischen Hof berufenen italienischen Geigern von fünf oder sechs auf dreißig, ein glaubwürdiger Beweis für die Nachfrage.[58] Durch mitarbeitende Familienmitglieder, Lehrlinge in verschiedenen Stadien der Ausbildung und zusätzlich eingestelltes Personal, die alle den Meister unterstützten, war es einer Werkstatt bei einer Bauzeit von einem Monat für eine Geige und drei Monaten für ein Cello durchaus möglich, einen Auftrag dieser Größenordnung innerhalb von zehn Jahren auszuführen.[59]

Ob die Amati zugeschriebenen Geigen, die immer noch in England, Italien und den Vereinigten Staaten ausgestellt werden, das sind, was sie vorgaben zu sein, war eine andere Frage. Moens stellte bei ihrer Untersuchung erhebliche strukturelle Unstimmigkeiten fest und fand heraus, dass sie alle immer wieder in hohem Maße und anonym auf- und umgearbeitet worden waren und zahllose Widersprüche zu Beschreibungen des 19. Jahrhunderts aufwiesen.[60] Vom Ergebnis abgesehen, könnte man immerhin ins Feld führen, dass die Debatte selbst einen Wert an sich hatte. Wenn die Instrumente von Charles IX. echt waren, umso besser, wenn nicht, bereicherte die Debatte zumindest den Forschungsstand.

Erhaltene Bilder und Texte sind für moderne Forscher zumindest eine hilfreiche Ergänzung zu erhaltenen Instrumenten. Durch einen glücklichen Zufall fallen die Ursprünge der Violine mit der Einführung des Buchdrucks zusammen. So liegt eine bestätigende Dokumentation zu Entstehung und Entwicklung der Violine in drei kanonischen Handbüchern vor. Das erste stammt von Martin Agricola (um 1486–1556), einem deutschen Protestanten, dessen Handbuch über den zeitgenössischen Instrumentengebrauch *Musica Instrumentalis Deudsch* zwischen 1529 und 1542 vier Auflagen erlebte, gefolgt von einer überarbeiteten Version im Jahr 1545. Von besonderem Interesse sind dabei Hinweise auf ein bundloses und in Quinten gestimmtes Instrument, eines in einer Gruppe von vieren, das sogar mit Vibrato gespielt werden kann. In der Erstausgabe zeigt ein Holzschnitt ein dreisaitiges polnisches Instrument, das dem auf einem zeitgenössischen Gemälde von Gaudenzio Ferrari aus Vercelli in Norditalien verblüffend ähnlich sieht.[61]

Das zweite Handbuch wurde von Philibert Jambe de Fer (1515–ca. 1566) verfasst, einem Protestanten aus Lyon, der Psalmen komponierte, die musikalischen Darbietungen für den Einzug des 14-jährigen Charles IX. in die Heimatstadt des Autors ausrichtete und mit seinem 1556 veröffentlichten Werk *Epitome musical des tons, sons et accordz, es voix humaines, fleustes d'Alleman, fleustes à neuf trois, violes & violons* einen Meilenstein in der Organologie legte. »Warum nennt man die eine Art von Instrument Gamben und die andere Geigen?«, fragt der Autor rhetorisch. »Gamben nennen wir solche, mit denen Herren, Kaufleute und andere tugendhafte Menschen ihre Zeit verbringen. [...] Die andere Art wird Violine genannt; sie wird üblicherweise und aus gutem Grund zum

Tanzen verwendet, denn sie ist viel einfacher zu stimmen«, heißt die Antwort. Das Instrument sei leicht zu tragen – »eine sehr notwendige Sache beim Anführen von Hochzeitsprozessionen oder Mummenschanz« –, werde aber außer von »denjenigen, die damit ihren Lebensunterhalt verdienen«, selten genutzt.[62]

Das dritte Handbuch ist ein Überblick über zeitgenössische Instrumente von Michael Praetorius (1571–1621), einem außerordentlich produktiven Komponisten und Vorreiter der Musikwissenschaft. In einer häufig zitierten Passage aus dem zweiten Band seines 1618 veröffentlichten vierbändigen Werks *De Organographia* merkt der Autor an: »Und da nun jeder die Geigenfamilie kennt, ist es unnötig, mehr darüber anzuzeigen oder zu schreiben.« Aus der Erfindung eines dreisaitigen Instrumentes, zuerst in Magdeburg und Vercelli gesichtet, war also innerhalb von drei Generationen eine allgemein anerkannte viersaitige Geige geworden. Die Auslese, die das Überleben gerade dieses Exemplars der Gattung begünstigte, und die Dynamik, die just diese Bautechnik überdauern ließ, bieten noch vier Jahrhunderte später Denkanstöße.

Zumindest ein Teil der Antwort war entwaffnend einfach. Auch in den Anfängen des neuzeitlichen Europa, in dem die meisten Menschen lebten und starben, ohne jemals die Welt außerhalb ihres Horizontes gesehen zu haben, in dem Städte innerhalb ihrer Mauern blieben und Unternehmertum jedweder Art den Einschränkungen einer feudalen Verfassung unterworfen war, breiteten sich Menschen, Gegenstände und Ideen aus. Netzwerke, die durch Kriege entstanden waren, brachten spanische, französische und österreichische Armeen nach Italien, durch Handel entstandene Netzwerke brachten Tiroler Instrumentenbauer aus dem Alpendorf Füssen nach Venedig, Padua und Rom,[63] und durch die Kunst entstandene Netzwerke brachten dem Komponisten Orlando di Lasso nacheinander Anstellungen in Mantua, Mailand, Palermo, Neapel, Rom, Antwerpen und München.[64]

Ein zweiter Faktor war der Übergang von der Chor- zur Instrumentalpolyphonie, die die Ausrichtung der europäischen Musik und damit sowohl die Violine als auch die Nachfrage nach ihr veränderte. Und auch wenn sich Ursache und Wirkung hier im Kreise drehen, gibt ein Vergleich des gut dokumentierten Hofes von Ferrara im letzten Viertel des 15. Jahrhunderts mit dem ebenso gut dokumentierten Hof von München ein Jahrhundert später einen Hinweis darauf, wie, wo und wann dieser Wandel eingetreten ist. Mit seiner anspruchsvollen Stadtplanung und komplizierten Außenpolitik verlieh Herzog Ercole I. Ferrara Bedeutung. Mit seiner altmodischen Frömmigkeit, seinen Hofmusikanten und dem hohen Stellenwert, den er der musikalischen Ausbildung seiner Kinder beimaß, verlieh er sich selber Ansehen. Seine Tochter und Nachfolgerin, Isabella d'Este, seit ihrem 16. Lebensjahr Marchesa von Mantua und eine der bemerkenswertesten Frauen der Renaissance in Italien, nahm Musik mindestens ebenso ernst wie er.[65]

Der Hof bot mit seinem mit liturgischen Feiern, Karneval und Turnieren, mit Pferderennen, akademischen Festakten und Empfängen für hohe Besucher gefüllten Kalender ausreichend Anlässe für Musik. Zwischen 1471 und 1478 führte das Verlangen nach staatlicher Selbstdarstellung zu einer Vergrößerung des Trompeterkorps von sechs auf zehn Spieler, zuzüglich vier neuen Holzbläsern und einem neuen Posaunisten. Dann kamen die Streicher, eine anerkannte Spezialität von Ferrara.[66] Ab 1490 berichtete Isabellas Mittelsmann vom Einsatz größerer Instrumente in Ensembles mit bis zu sechs Musikern.[67] Holman schätzt, dass ab 1511 in Ferrara ein Violinen-Konsortium existierte.[68]

In München wurden schon ab 1519 einige solistische Geiger mit deutschen Namen engagiert, während in den kosmopolitischeren Städten wie Nürnberg und Augsburg bereits ganze Ensembles gediehen. 40 Jahre später und damit zeitgleich mit dem Auftreten des großen Komponisten Orlando di Lasso fanden sich in München Solisten mit italienischen Namen zu Gruppen zusammen und spielten Motetten, Madrigale und Tanzmelodien nach Noten. In Hofdokumenten werden italienische Instrumente empfohlen, dies lässt italienische Verbindungen plausibel erscheinen. Dennoch stellen zeitgenössische Stiche immer noch Geiger mit Instrumenten dar, die an die professionell gebauten, aber deutlich nichtitalienischen Instrumente in Freiburg erinnern.[69] Als die höfischen Ensembles im Laufe des nächsten Jahrhunderts immer stärker wurden, erschienen Geiger auch im privaten Kreise, in erster Linie, um zum Tanz aufzuspielen. Französische, deutsche und niederländische Maler und Kupferstecher brachten die Geige allerdings mit Sex, Alkohol, Völlerei, Dummheit, Unehrlichkeit und Trägheit in Verbindung; Italiener hingegen verbanden sie weiterhin mit dem sozialen Ansehen von Hof, Theater und Kirche.[70]

Ein dritter Faktor für den Sieg der Geige war ein langsamer Wandel im Instrumentenbau. Höfische wie bürgerliche Anzeichen nördlich und südlich der Alpen weisen auf eine Nachfrage nach etwas Neuem und Besserem als der Ursuppe der existierenden Instrumente hin. Als die Geige dann endgültig die Bühne betrat, scheinen Berufsmusiker sie schnell geschätzt zu haben. Aber im Gegensatz zu Jambe de Fer spielten sie das neue Instrument anscheinend im Wechsel mit der Gambe. Solange beide Instrumente begehrt waren, stellten erst Tiroler Geigenbauer und dann Italiener sie deshalb abwechselnd her, doch kamen sie auf verschiedenen Wegen zu unterschiedlichen Lösungen. Denn niemand kann wirklich sagen, seit wann und wie lange Instrumente, die vor der Brust oder auf der Schulter gehalten wurden, wie ein kleines Boot oder Kanu aus einem einzigen Holzblock herausgeschält worden waren, während größere Instrumente aus mehreren Teilen gebaut wurden. Der Geigenbauer fügte dann den Hals, eine Decke und bei größeren Instrumenten einen Boden hinzu.[71]

In einer Zeit, in der Nägel und Leim ausschließlich von Mitgliedern der Gilde verwendet werden durften, lernten nicht angeschlossene Instrumentenbauer, die Stücke in Riefen zu schieben und ihre Erzeugnisse mit Zapfen und Dübeln zusammenzuhalten.[72] Moens verweist auf Spuren dieser Vergangenheit, die sich immer noch an den erweiterten Ecken zeigen, an denen sich die Zargen der Violine zusammenfügen, an der Art, wie Boden und Decke über die Zargen ragen, an ihren runden Schultern und der Art, wie sie mit dem Hals zusammenkommen. Obwohl Geigenbauer ihre Kunst zunehmend verfeinerten, scheint diese Technik nördlich der Alpen das Standardverfahren sowohl für Violen als auch für Geigen geblieben zu sein. Von dort gelangte sie von Tirol hinüber nach Italien, während die Technik, die Moens als »archaisch« bezeichnete, bis ins 20. Jahrhundert in Volksinstrumenten überlebte.[73] Durch größere Ensembles und größere Instrumente änderten sich die Verhältnisse. Es gab Orte, an denen der Handel durch die Nachfrage von Berufsmusikern aufblühte und verwandte Gilden nebeneinander existierten und sogar zusammenarbeiteten. Andernorts verbündeten sich Instrumentenbauer mit denjenigen, gegen die sie nicht konkurrieren konnten – beispielsweise mit den lokalen Schreinern. Es gab weitere Städte, in denen sie sich informell organisierten.

Dann war da noch Füssen, wo hochwertige Materialien mit qualifizierten Arbeitskräften zusammentrafen, die, saisonbedingt unterbeschäftigt, ihre Zeit mit Verhandlungen über die Umladung vom Straßen- auf den Wassertransport totschlugen. Füssen, strategisch auf einer großen Nord-Süd-Handelsstraße gelegen, war ein Lieblingsort des musikliebenden römischen Kaisers Maximilian I. Zwischen 1497 und seinem Tod im Jahr 1517 marschierte Maximilian zweimal in Italien ein und führte einen Koalitionskrieg gegen Venedig. Etwa gleichzeitig ließ sich ein Strom von süddeutschen Lautenmachern, die bevorzugten Zugang zu dem gleichen hochwertigen Tannen- und Ahornholz suchten, das auch zu hochwertigen bayerischen und Tiroler Möbeln[74] verarbeitet wurde, in Norditalien nieder. Um das Jahr 1500 wurde so eine Schar von Lautenmachern aus Füssen zum Stolz von Bologna.[75] Mitte des Jahrhunderts hatte die Familie Tieffenbrucker Werkstätten in Frankreich und Italien eröffnet. Innerhalb eines Jahrhunderts fanden italienische Techniken und Geigen im italienischen Stil, die von Praktikern – deren Handwerk in Frankreich und Italien immer noch als Lautenbau bezeichnet wird – wie Lauten um eine innere Form gebaut waren, ihren Weg zurück in den Norden.

Es gibt keine Beweise dafür, dass italienische Auszubildende den Lautenbau tatsächlich von zugezogenen deutschen Meistern lernten. Nach Elia Santoro, einem Journalisten und späteren Violinhistoriker, erreichte die neue Technik im 16. Jahrhundert über Venedig die Stadt Cremona und generell das untere Po-Tal.[76] Ebenso wenig gibt es Anzeichen dafür, dass italienische Lautenmacher die Technik umgehend auf Geigen anwandten. Ironischerweise beziehen sich die wenigen zeitgenössischen Hinweise auf italienische Geigen auf lokale Versionen der nördlichen Bauweise. Doch woher diese neue Technik auch immer kam: Sie wurde angenommen – mit Ergebnissen, die in einem Land und einer Kultur, in der die Violine Respekt und Status genoss, alle anderen verdrängten. Für die nächsten 250 Jahre bestand zwischen Italien und der Geige eine besondere Beziehung.[77]

Das Goldene Zeitalter

Die besondere Beziehung begann, wie so oft, mit der Geografie. Europa verzehrte sich nach Seide und Gewürzen, Italien führte Nachfrage und Angebot zusammen. Die kaufmännische Rolle wiederum verwandelte einen geradezu prädestinierten Umschlagplatz in einen eigenständigen Produzenten, der erstaunlicherweise sogar imstande war, seine Mängel in einen positiven Kreislauf zu bringen. Gerade während Italiens Herzogtümer, Stadtrepubliken und kleine Fürstentümer sich unauflösbar in die kämpferischen Ansprüche und Wünsche der römischen Päpste und deutschen Kaiser verstrickten, definierten die florierenden Städte der Halbinsel ihre Weltgewandtheit neu, erfanden die Diplomatie, trugen zu Umwälzungen in der Kriegskunst bei und gestalteten die zwischenstaatlichen Beziehungen um.[78] Menschen aus aller Herren Länder kamen, um zu beten, zu kämpfen, zu plündern, zu lernen, zu kaufen, zu verkaufen und den einheimischen Einfallsreichtum – von der Decke der Sixtinischen Kapelle bis hin zur Einführung der Gabel – in jeder Form zu bestaunen und auf diese Weise einen Blick in die Zukunft und gleichzeitig in die Vergangenheit zu werfen.[79]

Die Italiener begriffen bald, dass das Jahr 1492 – jenes Jahr, in dem Columbus eine neue Erdhälfte entdeckte, der gebürtige Spanier Rodrigo Borgia zum Papst in Rom gewählt wurde, Fernando von Aragon und Isabella von Kastilien in ihrer gemeinsamen Rolle als König und Königin von Spanien das Emirat Granada eroberten und Lorenzo Medici, auch Lorenzo der Prächtige genannt, in Florenz starb – auch für sie ein Wendepunkt war. Es dauerte allerdings eine Weile, bis diese Erkenntnis durchgesickert war. In der Zeitspanne, die sich vom 12. bis zum 16. Jahrhundert erstreckte und die die venezianischen Honoratioren doppelt so reich werden ließ wie ihre Kollegen in Amsterdam, führte eine kommerzialisierte Geldwirtschaft zu Kapitalbildung, realem Wachstum und frei verfügbarem Einkommen. Selbst die als »Condottieri« bekannten Söldner stellten sich als wirtschaftliche Multiplikatoren heraus, da sie mit Hilfe der dynamischen kleinen Höfe, von denen sie vertraglich für den Militärdienst verpflichtet wurden, kleinen Städten wie Urbino, Mantua und Ferrara zu Wohlstand verhalfen. Ebenso zahlten sich Handel, Fertigung, Bankwesen, Steuerpacht, Verkauf von Adelstiteln und Kirchenämtern, die Kriege anderer sowie der Landbesitz aus, Letzterer erst recht ab Mitte des 17. Jahrhunderts, als die norditalienische Fertigungs- und Dienstleistungswirtschaft in eine Abwärtsspirale geriet, die 200 Jahre andauern sollte.[80] Im Gegensatz zu vielen anderen Gegenden zogen es dortige Gutsbesitzer immer noch vor, in der Stadt zu leben, was dazu führte, dass ihr ländlicher Reichtum weiterhin in städtischen Händen verblieb.

Unterdessen wirkte der Krieg selbst wie ein Friedensbonus, zumal die Unterhaltungskosten von Söldnertruppen eine eher vorsichtige Kriegsführung ratsam erscheinen ließen.[81] Richard Goldthwaite, ein Experte für diese Periode, zeigt auf, wie spanische und päpstliche Truppen in der Lombardei eine militärische Infrastruktur aufbauten, was schon ein Gewinn war. Außerdem zahlten sie in Silber aus der Neuen Welt, ein zweiter Gewinn, und sie hielten den Bereich vergleichsweise stabil, indem sie andere Mächte aus Norditalien fernhielten – ein dritter Gewinn, nicht zuletzt in einer Zeit, in der Italiens Nachbarn nördlich der Alpen auf dem Weg in mehr als ein Jahrhundert religiöser Bürgerkriege waren.[82]

Am bemerkenswertesten jedoch war vielleicht, dass die Spanier sowie die Päpstlichen auch die Kosten für die Erhaltung und Verteidigung ihrer italienischen Protektorate trugen. In vielen Orten, darunter Brescia und Cremona, ging das Wirtschaftsleben im 16. Jahrhundert so weiter, als ob die neuen Herren gar nicht da wären, und das venezianische Establishment zahlte weniger Steuern, als es mit Darlehen verdiente. Zu anderen Zeiten und in anderen Ländern legte selbst der städtische Mittelstand sein Geld in Kapitalinvestitionen, Industrieentwicklung oder ausländischen Spekulationsgeschäften an. Doch dies setzte eine investorenfreundliche bürgerliche Ordnung, Massenproduktion, politischen Willen, bürokratische Initiative und technologische Raffinesse voraus – alles Dinge, die außerhalb der italienischen Möglichkeiten lagen. Stattdessen investierten wohlhabende Italiener in allerlei öffentliche oder private Kunst ebenso wie in schöne, gut gemachte und haltbare Dinge für den Hausgebrauch. Diese gehörten dann zur Mitgift der Tochter, wurden deren Kindern hinterlassen und schließlich an die Kindeskinder weitergegeben. Nutznießer waren Künstler und Handwerker, die Kirche und der Wohnungsbau. Ebenso wie der Ruhm der vielen Künste und Kunsthandwerke, in denen die Italiener brillierten, war der italienische Geigenbau in hohem Maße eine Antwort auf die Nachfrage einer Gesellschaft, in der ererbter Reichtum und verfügbares Einkommen auf beschränkte Investitionsmöglichkeiten trafen.

Die Einzigartigkeit von Brescia und mehr noch von Cremona, den lombardischen Städten, in denen die neue Geige vermutlich zuerst erblühte, hatte ihren Ursprung in der Einmaligkeit Italiens, doch war dies allenfalls der Ausgangspunkt. Hinzu kamen ihre geografische Lage zwischen den Alpen und der Po-Ebene und Ahorn und Fichte, die von den meisten Geigenbauern damals wie heute bevorzugten Grundmaterialien, die in beiden Städten leicht verfügbar waren.[83] Beide Städte hatten Zugang zu Wasserstraßen, was in einer Zeit, in der es 20 Mal mehr kosten konnte, eine bestimmte Last auf dem Land- statt auf dem Wasserwege zu transportieren, ein entscheidender Wettbewerbsvorteil war.[84] Obwohl Brescias Fluss, die Mella, heute als schiffbares Gewässer nur noch schwer vorstellbar ist, floss sie damals mit voller Kraft von den Alpen nach Süden. Cremona hatte den Po, Italiens Gegenstück zum Rhein oder dem Mississippi, der alle Punkte zwischen Turin und der Adria verband. Genauso wie Füssen war jede der beiden Städte ein natürliches Abfahrtsziel auf der Autobahn der Frühmoderne, die das reiche Süddeutschland mit dem reichen Norditalien verband. Ein Blick auf die Landkarte bestätigt, wo sich die Handelsachsen zu diesem historischen Zeitpunkt kreuzten, an dem Füssen Instrumente und Geigenbauer nach Norditalien schickte und Venedig den Lauf der Musikgeschichte änderte, während es sich selber zur »unangefochtenen Hauptstadt der Instrumentalmusik«[85] machte.

Die Geschichte folgte der Geografie. Zwischen dem 5. und 15. Jahrhundert erhoben nacheinander Attila der Hunne, Karl der Große, Kaiser Friedrich II., Heinrich VII. und die nahegelegenen Städte Verona und Mailand Anspruch auf Brescia, bis Filippo Visconti, der Vicomte von Mailand, es schlussendlich 1426 an Venedig verkaufte. Außer einer relativ kurzen französischen Präsenz zwischen 1512 und 1520 blieb die Stadt venezianisch, bis unter Napoleon erneut französische Truppen auftauchten. Die Einheimischen konnten sich zumindest damit trösten, dass ein Ort, der für andere so attraktiv ist, einige Dinge richtig gemacht haben musste – und dazu gehörte auch sein Musikleben. Im Jahr 1500 gab es in Brescia 14 identifizierbare Erbauer von Saiteninstrumenten, darunter mindestens einen Lieferanten an Isabellas Hof in Mantua. Die Instrumente wiederum waren Teil einer größeren Musikszene, zu der Hersteller von Blas-, Tasten- und Saiteninstrumenten gehörten, und die Spieler wurden so ernst genommen, dass die Aufzeichnungen des Stadtrats im Jahr 1508 eine Prüfungskommission erwähnen, die eingerichtet wurde, um deren Professionalität bescheinigen zu können.[86]

Der französische Überfall im Jahr 1512 verursachte Schäden, von denen sich die Stadt nie wieder erholte.[87] Der Instrumentenbau allerdings ging aus der Katastrophe offenbar mit einem raketenhaften Aufstieg hervor. Innerhalb einer halben Generation nach dem, was Lady Huggins als »eine schreckliche Belagerung und Plünderung« bezeichnete,[88] stellten die Geigenbauer in Brescia wieder Instrumente her, die für einen lokalen Schriftsteller von der Natur und nicht von menschlicher Hand geschaffen zu sein schienen.[89] Im Jahr 1527 gründete Zanetto Micheli ein Unternehmen, das sich über drei Generationen erstreckte und etwa 80 Jahre bestehen sollte. Etwas mehr als eine Generation später war Gasparo Bertolotti (1540–1609), ein Geigenbauer von Weltklasse und nach seiner Geburtsstadt als »da Salò« bekannt, auf der lokalen Bildfläche erschienen. Er war der Sohn und ein Neffe von Geigenbauern und reichte die Fackel an Giovanni Paolo Maggini (1580–ca. 1631), einen zweiten Geigenbauer von Weltklasse, der sogar noch besser war als er selber, weiter.

Im Jahr 1561 war Brescia eine Stadt mit über 41 000 Einwohnern[90] – Florenz hatte in dieser Zeit geschätzte 59 000 und Bologna 72 000 Einwohner –, in der aus jeder Kirche und jedem Kloster Musik zu hören war, Kirchen sich Orchester hielten und das Verhältnis zwischen Instrumentenbauern, Musikern und Komponisten manchmal so eng war wie das zwischen Vater und Sohn.[91] Unterdessen gab es bei der Begrifflichkeit eine aufschlussreiche Entwicklung: Mitte des 16. Jahrhunderts hatte sich für Saiteninstrumente, die mit einem Bogen gestrichen wurden, generell die Bezeichnung »Violino« durchgesetzt. Zwischen 1578 und 1600 wurde speziell Bertolotti mit Violinen in Verbindung gebracht, obwohl er auch Bratschen und Kontrabässe baute, die noch Jahrhunderte später sehr geschätzt wurden.[92]

In vielerlei Hinsicht war Paolo Maggini das Vorbild für einen Meister des frühen 17. Jahrhunderts. Magginis Vater war bei der Geburt seines Sohnes 62 Jahre alt und mit seiner Familie nach Brescia gezogen, weil ein älterer Sohn dort eine Schuhmacherwerkstatt eröffnete. Er blieb dort, bis Paolo in der Mitte seines zweiten Lebensjahrzehnts seine erste Geigenbauwerkstatt gründete. Ein Jahrzehnt später heiratete Paolo die Tochter eines Kürschners. Er zeugte zehn Kinder, von denen ihn nur vier überlebten. Seine Steuerbescheide für 1617 bis 1626 bezeugen nicht nur komfortable Erträge aus der Mitgift seiner Frau und aus Immobilien seines Vaters, sondern vor allem ein florierendes Geschäft mit Holz, Saiten und Instrumenten. Die Einkünfte ernährten nicht nur eine wachsende Familie und einen zweiten akkreditierten Meister als Vollzeitkraft, sondern ermöglichten auch Anschaffung und Unterhalt eines zweiten Hauses mit Werkstatt sowie von drei Bauernhöfen, und es blieb immer noch genug Geld übrig, um es zu einem Zins von 5 Prozent zu verleihen.[93] Dann schlug für Brescia das Schicksal erneut zu. Zwischen 1628 und 1630 suchten Krieg, Hunger und schließlich die Pest Norditalien heim, was nicht nur Maggini, sondern auch den Instrumentenhandel von Brescia das Leben kostete. Es vergingen mehr als 40 Jahre, bevor Giovanni Battista Rogeri – aus Cremona zugezogen – erneut eine Werkstatt in Brescia eröffnete, die von seinem Sohn weitergeführt wurde. Inzwischen war der historische Augenblick der Stadt vorüber. Maggini hinterließ einen sechsjährigen Sohn als Erben. Cremona büßte durch die Pest schätzungsweise zwei Drittel der Bevölkerung ein,[94] darunter Girolamo Amati, Andreas Sohn, zwei Amati-Töchter, einen Amati-Schwiegersohn und Girolamos Frau. Doch Nicolò (geboren 1596), jüngster der drei Söhne Girolamos und das neunte von zwölf Kindern, überlebte, wenn auch nur knapp. Sein Überleben wurde zum alles entscheidenden Ereignis.

Galileo Galilei, Wissenschaftler und selbst Sohn eines Musikers, trat einige Jahre nach Magginis Tod an einen venezianischen Freund mit der Bitte heran, sich bei einem Berufsmusiker zu erkundigen, wo man für seinen Neffen, der ein Mitglied des Orchesters am Hofe des Kurfürsten von Bayern war, eine

Violine aus Brescia finden könne. Der Freund wandte sich an den Komponisten Claudio Monteverdi, einen geborenen Cremoneser mit 50 Jahren Berufserfahrung, selber Spieler von Saiteninstrumenten und ein Vorreiter in der Orchestrierung. Monteverdi offenbarte ihm, dass Geigen aus Brescia zwar einfach zu bekommen wären und nur ein Drittel des Preises der Violinen aus Cremona kosteten, die Cremoneser aber unvergleichlich besser seien. Er bot an, sich der Sache persönlich anzunehmen.[95] Am Ende bekam Galilei für 15 Dukaten, Verpackung und Versand nicht inbegriffen, ein Instrument aus Cremona – ein »außerordentlich gelungenes«, wie ihm versichert wurde. Monteverdis Einschätzung einer Überlegenheit der Instrumente aus Cremona wurde bald im Berufsstand selbst und in ganz Italien für bare Münze genommen.

Ebenso wie in Brescia waren auch Lage und Standort von Cremona attraktiv und gefährlich zugleich. Außerhalb der Stadttore stürzte zuweilen der Hochwasser führende Po von den Alpen bis zur Adria hinab. Eine dortige Pontonbrücke verband Europas Norden mit Europas Süden. Doch eine so günstige Lage hatte ihren Preis. Die Stadt wurde im Zuge der Entstehungsgeschichte des römischen Reiches immer wieder durch einfallende Goten und Hunnen dem Erdboden gleichgemacht, und im sogenannten Hochmittelalter machte ihre Attraktivität sie für aufeinanderfolgende Hohenstaufenkaiser zu einem Spielball im endlosen Krieg zwischen Guelfen und Ghibellinen. Während Italiens interne Auseinandersetzungen zu europäischen Stellvertreterkriegen führten, wurde Cremona zu einem Dreh- und Angelpunkt zwischen den drei großen Mächten der neuen Zeit: Spanien, Österreich und Frankreich.

Die Gunst des Kaisers war ein weiteres zweifelhaftes Geschenk. Zwischen 1499 und 1535, einer für die Entwicklungsgeschichte der Violine wichtigen Zeit, wechselte die Stadt dreimal die Besitzer, und erst nach 65 Jahre währenden und für die Stadt verheerenden französisch-spanischen Auseinandersetzungen machte 1559 der Vertrag von Cateau-Cambrésis Cremona zu einem kulturellen Zentrum des spanisch dominierten Norditaliens.[96] Die spanische Vorherrschaft dauerte bis an die Schwelle des 18. Jahrhunderts – ein Zeitraum, der praktisch die gesamte Blüteperiode des klassischen Cremoneser Geigenbaus umschließt. Die für die Barockzeit typische Politik einer dynastischen Vorherrschaft nutzte dann den Tod eines kinderlosen Monarchen für einen Krieg um die spanische Erbfolge. Dieses Mal fand sich Cremona zwischen den Fronten Frankreichs, dessen König Louis XIV. die Stadt 1701 beschlagnahmte, und des kaiserlichen Österreichs wieder, das auf die Stadt 1706 de facto und 1713 de jure Anspruch erhob. 20 Jahre später kehrten die Franzosen mit Kriegsoperationen, die mit den Auseinandersetzungen um die polnische Erbfolge zusammenhingen, zurück. Im Gegensatz zu ihren napoleonischen Enkeln ungefähr 60 Jahre später waren ihre politischen Forderungen bescheiden. Cremona jedoch war im Vergleich mit dem, was es vor 150 Jahren gewesen war, um die Hälfte geschrumpft und nun eine Stadt mit 20 000 Einwohnern, deren lokale Ressourcen durch eine Garnison von 12 000 Soldaten – einem Fünftel der gesamten französischen Expeditionstruppen – zwangsläufig schwer belastet waren und in der die Preise deshalb sprunghaft anstiegen.[97]

Tatsächlich war die Stadt wohl für Gesetz und Ordnung der spanischen Herrschaft dankbar. Belagerung, Überschwemmungen, Hungersnot und Pest zum Trotz gedieh Cremonas Wirtschaft bis mindestens Mitte des 17. Jahrhunderts weiter. Die neuen Herren waren den bestehenden städtischen Einrichtungen gegenüber tolerant, denn sie waren bis zu einem gewissen Grade auf sie angewiesen.[98] Einheimische Unternehmer kauften Wolle und Baumwolle, die einheimische Webereien zu Textilien verarbeiteten und einheimische Händler exportierten. Einheimische Holzschnitzer, Tischler, Schreiner und Zimmerleute stellten aus den Materialien, die von den Alpen und der Adria kamen, Möbel und das beeindruckende Chorgestühl der örtlichen Kathedrale[99] her und lackierten sie dann mit dem, was Simone Sacconi für den gleichen Lack hielt, der später bei Amati-Geigen verwendet wurde.[100]

Wie überall in der Umgebung hatte Musik hier einen hohen Stellenwert. Organisierte Veranstaltungen in der örtlichen Kathedrale gingen zurück bis ins Jahr 1247. Spätestens seit 1427 stellte die Stadt Bläser – darunter auch Dudelsackspieler – nicht nur an, sie rekrutierte sie regelrecht wie Fußballspieler. Wie überall dort, wo Kunst und Handwerk zusammenlebten, erblühte und wuchs auch hier eine Kultur der Streicher und Instrumentenbauer. Galeazzo Sireni lernte von seinem Vater, wie man Kutschen und Sänften herstellte, brachte sich selber den Instrumentenbau bei und schrieb vierstimmige Lieder.[101] Das Eintreffen venezianischer Juden trug zweifellos zu dieser Melange in einer Stadt bei, die mit Fachleuten in der Holzverarbeitung, musikliebenden Bürgern und einer bereits vorhandenen Gemeinschaft jüdischer Musik- und Tanzlehrer, Textilkaufleuten, Trödelhändlern, Geldverleihern, Druckern, Buchhändlern und Juwelieren bevölkert war,[102] deren Vorgeschichte bis ins 13. Jahrhundert zurückreichte.

Es brauchte fast 400 Jahre und eine zufällige Entdeckung von Carlo Bonetti, um aufzuzeigen, wie diese Teile zusammengepasst haben könnten. Im Jahr 1526, in dem sich Cremona erneut Verwüstung und Plünderung ausgesetzt sah, reagierten städtische Beamte mit einer zügigen Erhebung der für den Wehrdienst verfügbaren Männer. Die dafür durchgeführte Zählung der Handwerker verzeichnet in der Nähe von Maggio Porta Perusia einen Io Giovanni Liunardo da Martinengo, 50 Jahre alt, sowie dessen Mitbewohner Andrea und Io Antonio, deren Familiennamen nicht verzeichnet sind. Martinengo wird als Lautenmacher und »Pater«, Andrea und Giovanni Antonio werden als »famey« bezeichnet.[103] Da »Pater« im lokalen Dialekt sowohl einen Schrotthändler – ein typisch jüdisches Metier – als auch einen Handwerksmeister bezeichnete, der in der Rolle eines Vormunds für seine Lehrlinge agiert, hat Martinengos Arbeitsplatzbeschreibung moderne Forscher verwirrt und die Frage aufgeworfen, wie ein so ungleiches Berufspaar unter einem Dach nebeneinander leben konnte. »Famey« wiederum weist auf ein Familienmitglied oder einen Angehörigen hin. Doch die jungen Männer scheinen Söhne des Meisters Gottardo Amati gewesen zu sein. Auch die Frage, worin Gottardo Meister war, ist unbeantwortet.[104] So oder so: Vieles scheint für »Pater« im Sinne von »Vormund« zu sprechen. Als assimilierter Sohn von Moise, einem der zugewanderten venezianischen Bankiers von 1499, kann Martinengo durchaus einen Familienbetrieb unterhalten haben, der Versteigerungen durch die Polizei ebenso einschloss wie Geldverleih. Als einziger Lautenmacher in einer vorindustriellen Stadt mit strenger Zunftordnung beschäftigte er Lehrlinge, die dadurch zu Unterhaltsberechtigten wurden.

Die Informationen über Andreas Herkunft, Ausbildung und berufliche Ahnentafel sind dürftig, reichen aber aus, um ihn »wahrscheinlich zu dem ersten, sicherlich dem ersten bekannten und wohl dem wichtigsten Cremoneser Geigenbauer« werden zu lassen, wie Hargrave anmerkt.[105] Reste notarieller Urkunden[106] und eine breite Streuung von Instrumenten – viele von ihnen stark verändert – lassen vermuten, dass er zwischen seiner Erwähnung im Militärzensus von 1526 und der Anmietung eines Hauses mit angeschlossener Werkstatt im Jahr 1538 als Ehemann, Vater und Meister endgültig sesshaft wurde. Als er 1577 starb, war er längst zu einem Vorbild und Stammvater geworden. Seine anerkannte Meisterschaft im Erwachsenenalter fiel mit Cremonas Rückkehr zu einer spanischen Verwaltung zusammen, die durch königliche Besuche in den Jahren 1541 und 1549 unterstrichen wurde. Als Folge dieser Besuche kam es zu zahlreichen Neubauten und -gründungen von Kirchen und Klöstern, zu einem Boom in den ornamentalen und musikalischen Künsten und damit zu einer vielversprechenden Zukunftsperspektive für das, was Denis Stevens die »gepflegte Vier-Zylinder-Maschine mit mehr Pferdestärken und sehr niedrigem Kolophoniumverbrauch«[107] nannte und das zur nachhaltigsten Leistung und dem Erbe der Amati-Familie werden sollte.

Der Wirtschaftshistoriker Carlo Cipolla, dem der Ausgang dieser Geschichte bekannt war, sollte später zu Recht Exportabhängigkeit, nicht wettbewerbsfähige Preise und strukturelle Engpässe als die Ursachen des Niedergangs identifizieren.[108] Aus der Perspektive der Wall Street von heute gesehen, hätte die Verbindung von der Vitalität italienischer Bürger mit spanischer Macht und Marktanteilen allerdings ebenso gut erfolgreich sein können. Die Kombination von ständischer Ordnung, Handwerkskunst und Familienunternehmen war für den Hersteller eine Stütze und stellte auch die Qualitätskontrolle für den Verbraucher sicher. Geld spielte für den anspruchsvollen Kundenkreis, der ein Instrument von Amati erwarb, keine Rolle, und die quasi globale Musikkultur, in deren Zentrum Italien stand, machte auch die Nachfrage potenziell global. Die Pax Hispanica verband Cremona nicht nur mit dem mächtigsten Hof der Welt mit Niederlassungen von Brüssel bis nach Peru, sondern auch mit dem römischen Papsttum, Zentrale eines anderen globalen Unternehmens. Nach Jahrzehnten der Verwüstung durch streitende Armeen hätte es für viele, und besonders für die städtischen Einrichtungen, wirklich schlimmer kommen können.[109]

Im Jahr 1576 registrierten Volkszähler einen Zuwachs der Einwohnerschaft auf 36 000 Menschen mit mehr als 50 Pfarreien, davon fünf mit Verbindungen zu Instrumentalisten, 40 Lehrern einschließlich Musik- und Tanzlehrern und einem Instrumentenbauer. 1583 waren Spieler von Saiteninstrumenten an den geistlichen Konzerten der Kathedrale beteiligt.[110] Andrea war gestorben, doch seine drei Töchter waren bestens versorgt und zwei Söhne bereit, dort weiterzumachen, wo er aufgehört hatte. In einem Schreiben von 1628 empfahl der Komponist Heinrich Schütz seinem Dienstherrn, dem Kurfürsten von Sachsen, den Kauf von zwei Violinen und drei Violen, wahrscheinlich von Andreas Sohn Girolamo – wobei er nicht versäumte, darauf hinzuweisen, dass »derogleichen instrumenta, wann itziger alte meister abgehen möchte, an keinem ort in solcher bonitet zu bekommen sein werden.«[111]

Eigentlich kam die Familie gerade erst in Schwung. Andreas Enkel und Urenkel sollten ebenfalls herausragende Geigenbauer werden. Weitere 500 Jahre später bereiten ihre Instrumente sowohl ihren Spielern als auch Zuhörern, Geigenbauern, Museumsbesuchern und erst recht dem Handel immer noch größte Freude. Und noch immer steigen die Preise unaufhörlich, während die Händler sich bemühen, aus einem Haufen verwirrender Archivalien herauszufinden, von wem ein bestimmtes Instrument stammt.

Girolamo und sein älterer Bruder Antonio, der Nachwelt als die Gebrüder Amati bekannt, könnten durchaus Halbbrüder mit einem Altersunterschied von 21 Jahren gewesen sein. Ihre Wege trennten sich 1588, elf Jahre nach dem Tod ihres Vaters. Wie so vieles in der Familiengeschichte bleibt die Ursache dieser Trennung ein Geheimnis, doch eine in lückenhaftem Latein verfasste Abmachung ist Gegenstand eines erhaltenen Aktendokumentes. Der Notar legte geschickt fest, dass der eine der Brüder die in Frage stehenden Sachwerte an einem bestimmten Donnerstag aufzuteilen hatte, am Freitag dann sollte der andere Bruder erscheinen und seinen Anteil auswählen. So musste Antonio am Ende den Anspruch seines Bruders auf die Hälfte des Hauses in der Nachbarschaft anerkennen, in dem Familie und Werkstatt untergebracht waren. Werkzeuge und Muster wurden unter ihnen aufgeteilt, was ein Hinweis darauf ist, dass beide die Absicht hatten, weiterhin Instrumente zu bauen. Dass für Zuwiderhandlungen finanzielle Sanktionen festgesetzt wurden, deutet auf Unmut und Missstimmung. Von diesem Zeitpunkt an scheinen die Brüder nicht mehr zusammengearbeitet zu haben, doch die gemeinsame Marke bestand bis zum Tod Girolamos im Jahr 1630.

Ob einzeln oder als Gespann: Die Gebrüder Amati hinterließen eine umfangreiche Sammlung von Instrumenten aller Art und Größen, deren Verarbeitung bis in das 18. Jahrhundert hinein renommierte und weniger renommierte Nachahmer inspirierte und bis heute Erstaunen und Bewunderung erregt. Doch die bei wachsendem Sachverstand und eskalierenden Preisen immer dringlicher werdende Frage war, wer was gebaut hatte. Ein wesentlicher Anhaltspunkt lag schon lange vor, doch die Informationen, die er bot, wurden erst zu Beginn des 19. Jahrhunderts und dann auch nur schrittweise entdeckt. Es handelt sich dabei um die »Stati d'anime«, ein 1563 durch das Konzil von Trient in Auftrag gegebenes Familienregister. Am Ostermontag jeden Jahres ging der Pfarrer von Tür zu Tür, um seine Gemeindemitglieder zu zählen und zu registrieren. Diese Praxis setzte sich bis in die napoleonische Zeit fort.

Die Eintragungen waren nicht einheitlich. Zusätzlich verkompliziert wurden die Dinge durch die sogenannte Isola, die dicht besiedelte Nachbarschaft, in der seit Jahrhunderten Holzarbeiter[112] in großer Zahl zusammenlebten und die in drei Gemeinden unterteilt war. Die erhaltenen Dokumente für San Matteo, die Gemeinde der Familie Stradivari, sind für ihre Unvollständigkeit bekannt, für San Faustino aber, die Pfarrei der Amati, sind sie beeindruckend umfangreich – trotz fehlender Daten für die entscheidenden Jahre nach der Pest (1630 bis 1641) und für 1670 bis 1679, in die die letzten Lebensjahre Nicolòs fallen. Es dauerte allerdings noch weitere 300 Jahre und erforderte viel Geduld, Einfallsreichtum und Energie, bis Kass, der zu der Zeit bei William Moennig & Son in Philadelphia tätig war, und der Mailänder Geigenbauer und Forscher Carlo Chiesa zeigen konnten, was mit all dem anzufangen war.

Das Ergebnis ist sowohl das Porträt eines Milieus als auch das einer Familie. Im Zentrum steht eine Reihe von 17 Häusern auf beiden Seiten der Straße, in der die Amatis, Stradivaris, Guarneris, Bergonzis, Rugeris, Storionis und Cerutis Tür an Tür lebten. In der Mitte der Häuserzeile steht die von Nicolòs Großvater und Vater geerbte Casa Amati mit mehreren Nebengebäuden, einer Werkstatt und einem Innenhof.[113] Um sie herum lebten Nachbarn, deren Namen sowohl in der gemeinsamen Geschichte als auch in der Stadtgeschichte als Vermieter und Mieter, als Zeugen bei Trauungen und in Rechtsangelegenheiten, als Paten und angeheiratete Verwandte, als Kollegen im Instrumentenbau, Musiker und Besitzer eines Volkstheaters immer wieder auftauchen. Dann kommen die Kernfamilie, Verwandte, Lehrlinge, Knechte und Tagelöhner. Über einen Zeitraum von 40 Jahren stieg die Anzahl der Bewohner der Casa Amati von fünf auf bis zu elf Personen an.

Dabei steht Nicolò, Familienoberhaupt der dritten Generation, der den Familienbesitz nach einer Zeit voller Katastrophen wiederhergestellt und umsichtig in Immobilien investiert hatte, an vorderster Front, gefolgt von einer älteren Halbschwester – vielleicht eine verwitwete Überlebende der Pest –, mit nachfolgenden Generationen aus ihrer eigenen Familie. Da ist Lucrezia Pagliari, die 26-jährige, die Nicolò mit 48 Jahren heiratete. Hinzu kommen neun Kinder, von denen sechs das Erwachsenenalter erreichten. Der Erstgeborene, Girolamo, starb mit drei Jahren; ein Jahr nach seinem Tod wurde ein weiterer Girolamo geboren, der Einzige, der in das Geschäft eintrat. Bekannt als Hieronymus II. starb er ohne männliche Erben im Alter von 91 Jahren. In einer Stadt, in der im frühen 17. Jahrhundert Priester, Mönche und Nonnen erstaunliche 10 Prozent der Bevölkerung ausmachten, traten drei der fünf Geschwister – genauso wie unzählige ihrer Altersgenossen aus den Familien Bergonzi und Stradivari – in einen religiösen Orden ein.

Zwei oder drei Diener, zum Teil nicht älter als zehn Jahre, standen der Familie zur Seite, daneben Tagelöhner, die vermutlich angeworben wurden, um einfaches, aber notwendiges Zubehör wie Wirbel, Griffbretter, Stege, Bassbalken und sogar Schnecken herzustellen,[114] sowie Lehrlinge von außerhalb der Familie. Über einen Zeitraum von 40 Jahren scheinen es bis zu 17 Auszubildende gewesen zu sein, die meist aus anderen Zentren des Instrumentenbaus wie Padua, Bologna, Mailand und Venedig kamen. Diejenigen, denen es möglich war, eröffneten später eine eigene Werkstatt, führten den Amati-Stil und sein Modell in anderen Städten ein und machten ihn so zu einem Weltstandard.

Drei Lehrlinge waren herausragend. Der erste von ihnen, Andrea Guarneri, eröffnete um 1650[115] die zweite Werkstatt in Cremona und begründete eine eigene Drei-Generationen-Dynastie. Ein zweiter, Giacomo Railich, wurde nach Cremona geschickt, um zum Nutzen eines angesehenen Familienunternehmens von Lautenmachern, das seinen Standort im Laufe der Zeit von Füssen nach Neapel, Padua, Brescia und Venedig verlegte,[116] neue Fertigkeiten im Geigenbau zu erlernen. Der vielversprechendste Lehrling aber hieß Antonio Stradivari – wenn er denn einer war: Seine frühen Instrumente zeigen zwar den Einfluss von Amati, doch der Amati-Stil hinterließ seine Prägung bei jedem. In der Volkszählung vom Ostermontag taucht Stradivari nicht auf. Da er jedoch aus einer lokalen Familie stammte, musste er nicht im Haus des Meisters wohnen. Außerdem gab es in Cremona neben San Faustino unzählige andere Gemeinden.

Biografen aus dem 19. Jahrhundert sowie Kollegen der Gebrüder Hill berichteten, dass Stradivari ein Amati-Lehrling gewesen sei, doch die Hills fanden keine Beweise dafür. Eine frühe Stradivari mit einem Zettel, der den Geigenbauer als Amati-Lehrling auswies, gab verständlicherweise Grund zu jubeln; doch auf einem ein Jahr später geschriebenen Zettel wird Amati nicht erwähnt, und weitere wurden nie gefunden.[117] Doch ist es wirklich vorstellbar, dass der größte Geigenbauer aller Zeiten Autodidakt war und als solcher eine Werkstatt innerhalb einer Zunft eröffnen konnte, die so hierarchisch war wie die Kirche? An wen hätte er sich angesichts der Möglichkeiten, die Cremona bot, gewandt, wenn nicht an die Werkstatt von Amati?

Stradivaris späteres Leben ist kaum weniger geheimnisvoll und kann auf vier bekannte Fakten reduziert werden. Er hatte ein langes und produktives Leben. Er baute für eine anspruchsvolle Kundschaft eine beeindruckende Anzahl außergewöhnlicher Instrumente. Er hinterließ eine große Familie und einen erheblichen Nachlass. Er konnte lesen und schreiben, was zu dieser Zeit nicht selbstverständlich war. Alles andere ist reine Spekulation.

Abgesehen von der offenkundigen Einigkeit über den Namen seines Vaters bleibt die Familiengeschichte Stradivaris weitgehend ein Rätsel. Bonetti und seine Mitautoren Agostino Cavalcabò und der Rechtshistoriker Ugo Gualazzini stellten fest, dass Auswärtige, die eine Werkstatt eröffnen wollten, unter Zeugen das Bürgerrecht beantragen mussten. Im Falle Stradivaris hat sich kein solcher Antrag gefunden.[118] Sogar sein Alter ist Gegenstand von Spekulationen: In den Volkszählungen zwischen 1668 und 1678 wurde er faktisch immer jünger.[119] Die Geburtsdaten der Ehefrauen Stradivaris wurden bei der Hochzeit ordnungsgemäß festgehalten, sein eigenes, das vermutlich zwischen 1644 und 1649 liegt, hingegen nicht. Warum nicht? Renzo Bacchetta vermutet, dass die für 1647 bis 1649 aussagekräftigen Statistiken verloren gingen, als neue kriegerische Auseinandersetzungen zwischen den Modenesen (die mit Frankreich verbündet waren) und den Milanesen (mit Spanien an ihrer Seite) einen Flüchtlingsstrom auslösten, zu dem auch Stradivaris Mutter gehörte.[120] »Diese Fragen, so fürchten wir, können nicht beantwortet werden«, konstatierten die Hills in Bezug auf Stradivaris Lehrzeit.[121]

Dass Stradivari seit dem Jahr 1667 Instrumente baute, ist bekannt, doch aus der Zeit vor 1680 sind nur wenige erhalten. Beare vermutet, dass es durchaus noch mehr gegeben haben könnte. Möglicherweise wurden sie von Berufsmusikern erworben, die noch nicht erkannt hatten, was es hieß, eine Strad zu besitzen; möglicherweise gingen sie an Besitzer, die sie um ein oder zwei Jahrzehnte zurückdatierten, um ihren Wert zu steigern.[122] Auch dies bleibt ein Geheimnis.

Bei seiner ersten Eheschließung im Jahr 1667 war Stradivari wohl noch sehr jung, vielleicht heiratete er sogar zu früh für einen jungen Künstler ohne Familie oder Besitz. Andrea Amati war über 30, als er zum ersten Mal heiratete. Sein Enkel Nicolò war nahezu 50. Wahr ist zwar auch, dass Pietro Guarneri mit 22 und Giuseppe Guarneri del Gesù mit 24 Jahren heirateten.[123] Im Gegensatz zu Stradivari aber hatten beide alteingesessene Väter. Ungewöhnlich war allerdings, dass Stradivaris erste Frau, Francesca Ferraboschi, vier oder neun Jahre älter war als er. Mit 27 Jahren war sie bereits Witwe, da ihr Bruder mit einer Armbrust ihren ersten Mann erschossen hatte – unter Umständen, die ihn ins Exil brachten. Später wurde ihm erlaubt, nach Cremona zurückzukehren. Dass die Volkszählung vom Ostermontag 1659 nur vier Häuser von der Casa der Familie Amati entfernt eine Familie Ferraboschi verzeichnet, könnte erklären, wie sie sich kennengelernt hatten.[124] Die Geburt des ersten Kindes fünf Monate nach der Hochzeit mag auf einen Grund für die Eheschließung hindeuten; auch die Rückgewinnung ihrer Mitgift könnte eine Rolle gespielt haben. Unterdessen klagte ihr Ex-Schwiegervater erfolgreich das Sorgerecht für die beiden jungen Enkelinnen aus ihrer früheren Ehe ein.[125]

All das war ein dramatischer Start, doch es gibt keine Hinweise darauf, dass es in den verbleibenden 70 Jahren von Stradivaris Leben jemals zu ähnlichen Erschütterungen kam. Im Gegenteil: Stradivari scheint seine Geschäfte auf nüchternste Weise geführt zu haben und wurde nach und nach zu einem erwachsenen, dann alten, dann sehr alten Meister. Die Geschäfte liefen offensichtlich gut. 1680 erwarb er mit einer Anzahlung von 2.000 Lire ein 7.000 Lire teures Haus und eine Werkstatt, die von Nachbarn seines eigenen Berufsstandes oder ihren Zulieferern umgeben war. Schon 1684 war das Anwesen vollständig bezahlt.[126] Zum Zeitpunkt seines Todes hatte er es mit hervorragenden Erzeugnissen, einer gehobenen Kundschaft und internationalem Ansehen zu einem beträchtlichen Vermögen gebracht. Seine Frau Francesca gebar in 31 Ehejahren zwei Töchter und vier Söhne, von denen vier das Erwachsenenalter erreichten, darunter zwei Söhne, die ihr Arbeitsleben im Familienunternehmen verbrachten. Nach ihrem Tod wurde sie mit einer Beerdigung und einer Prozession geehrt, deren detaillierte Rechnung den Pfarrer, einen Chorknaben, 36 Dominikanermönche, 16 Franziskaner, 31 Mönche von Sant'Angelo, 27 Mönche von San Luca, 21 Mönche von San Salvatore, 19 Mönche von San Francesco, eine nicht näher bezeichnete Anzahl von Bettlern und Waisen »mit Hut«, 16 Fackelträger, Glocken, Vorhangstoffe, Totengräber und die Kosten für die Verwaltung auflistet.

Ein gutes Jahr später heiratete Stradivari die 35-jährige Maria Antonia Zambelli, von der sonst nichts bekannt ist. Aus der zweiten Ehe gingen eine Tochter und vier weitere Söhne hervor, das letzte dieser Kinder wurde 1708 geboren, als Zambelli 44 und Stradivari zwischen 59 und 64 Jahre alt war. Beide starben im Jahr 1737, Zambelli im März und Stradivari neun Monate später. Sie wurden in einer Kapelle der Pfarrkirche San Domenico beigesetzt, in der Stradivari acht Jahre zuvor ein Grab von einer Cremoneser Adelsfamilie erworben hatte, deren Namen auf dem Grabstein er durch seinen eigenen ersetzen ließ.[127] Dieses Mal gibt es keine Aufzeichnungen von der Beerdigung.

Völlig unverhofft wurde 1995 von Chiesa und Rosengard, die nach Spuren von Stradivaris jüngerem Zeitgenossen Giuseppe Guarneri suchten, ein Testament aus dem Jahre 1729 gefunden.[128] Dieses Dokument, das längste eigenhändige Schriftstück eines der klassischen Geigenbauer, ist eine bunte Mischung aus Familienalbum, Unternehmens- und Sozialgeschichte. Als es niedergelegt wurde, gab es acht lebende Erben, Zambelli eingeschlossen. Stradivari war zwar um Gerechtigkeit bemüht, doch selbstverständlich innerhalb der Parameter einer patriarchalischen Gesellschaftsordnung, die bis weit in das

20. Jahrhundert hinein überlebte. Zambelli wurde als Erbin ihrer Kleidung, ihrer Bettwäsche und der Hälfte ihres Schmucks benannt. Ein späterer Nachtrag sprach ihr darüber hinaus Geld und Haushaltsgegenstände zu. Außerdem wurde ihr die Verantwortung für ihre beiden überlebenden Söhne zugewiesen. Im Falle einer Wiederverheiratung würde das Erbe verfallen, doch ihr Tod vor Stradivaris Ableben machte diesen Teil gegenstandslos.

Eine andere Erbenkategorie stellten die drei der sieben überlebenden Kinder dar, die religiösen Orden beigetreten waren. Für Francesca Maria, eine Nonne, die seit 1719 dem gleichen Kloster angehörte wie die Enkelin von Andrea Guarneri und seither von den Zinsen alimentiert wurde, die ihre Mitgift erbrachte, gab es eine Jahresrente. Für Alessandro, den Sohn aus erster Ehe und Priester, war das feste Einkommen aus einem Hypothekendarlehen an die jüngste Generation der Amatis vorgesehen. Giuseppe, Sohn aus der zweiten Ehe und ebenfalls Priester, erhielt ein festes Einkommen aus dem Besitz der Hälfte einer Bäckerei.

Annunziata Caterina, auch als Caterina Annunziata bekannt, unverheiratet und beim Tod ihres Vaters 63 Jahre alt, erbte Kleidung, Haushaltswäsche, Schmuck und den Ertrag aus zwei ziemlich umfangreichen Darlehen aus dem Jahre 1714. Das jüngste Kind, Paolo, als Partner bereits an einem Textilunternehmen beteiligt und beim Tod seines Vaters noch keine 30 Jahre alt, sollte für den Fall, dass er ein eigenes Geschäft eröffnen würde, die beträchtliche Barzahlung von 6.000 Lire, andernfalls einen gleichwertigen Betrag in bar sowie Hausrat und sechs vermutlich fertige Violinen erhalten.

Übrig blieben Francesco (geboren 1671) und Omobono (geboren 1679), die Söhne aus der ersten Ehe, die ihr Leben im Familienunternehmen zugebracht hatten. Der umtriebigere Omobono war mit 18 Jahren nach Neapel gegangen – zu dieser Zeit Italiens größte und nach London und Paris Europas drittgrößte Stadt. Sein Vater hatte ihn dort zweieinhalb Jahre finanziell unterstützt, obwohl er ihm anscheinend nie verzieh, dass er sein Zuhause verlassen hatte. 40 Jahre später stellte er Omobono die Kosten für seinen Unterhalt rückwirkend in Rechnung. Ebenso wie sein Halbbruder Paolo erbte Omobono sechs Geigen. Das war alles, was im Testament ausgewiesen ist. Der Rest des Vermögens einschließlich der Werkstätten mit ihrem guten Ruf, den fertiggestellten Instrumenten, Holz, Werkzeug und Muster sowie das Haus mit seinem Hausrat abzüglich vorzunehmender Auszahlungen ging an Francesco, den pflichtbewussten älteren Bruder und das älteste überlebende Kind, der auch als Testamentsvollstrecker seines Vaters benannt wurde.

Das Testament ist das einzige annähernde Porträt Stradivaris, das wir besitzen; nicht weniger interessant ist jedoch, was es über eine Familie, eine Kultur, eine Gesellschaft und sogar über Vergleichswerte und Größenordnungen aussagt. Die jeweiligen Jahresraten von 150 und 300 Lire an die beiden geistlichen Söhne sowie 170 Lire für Annunziata Caterina und 100 für Francesca zeigen, was es kostete, einen älteren und einen jüngeren Priester, eine Nonne und eine alternde, unverheiratete Tochter zu unterhalten. Die Bewertung der sechs Violinen mit insgesamt 1.000 Lire, etwas über 150 Lire pro Stück, sagt nicht nur etwas über den jährlichen Unterhalt eines Priesters in Relation zum zeitgenössischen Preis einer Strad, sondern auch über Stradivaris Einkommen aus. Die Gebrüder Hill schätzten, dass Stradivari, der mehr als 46 Jahre lang als unabhängiger Geigenbauer arbeitete, 1 116 Instrumente herstellte, darunter 960 Geigen.[129] Multipliziert mit 150 und dann durch 46 geteilt, entspricht dies einem Bruttojahreseinkommen von 3.130 Lire – Bratschen, Celli, Gamben, Lauten, Gitarren, Mandolinen, Harfen und was sonst noch in der Werkstatt entstanden war, nicht mitgerechnet. Wie nahezu alles, was wir über Stradivari wissen, beruht auch diese Zahl auf einer überschlägigen Kalkulation, doch zeigt sie nicht nur, wie erfolgreich er war, sondern auch, wie sehr er den Markt dominierte. Ebenso wie seine Kollegen investierte Stradivari später einen Teil des Ertrags in Darlehen, Immobilien und weitere Unternehmen.

Die für Paolo reservierten 6.000 Lire, ob nun in Geld- oder Sachwerten ausgezahlt, sagen viel über die Kosten einer Stradivari im Vergleich zu einer Unternehmensgründung aus. Vier Jahre nachdem Stradivari sein Testament aufgesetzt hatte, kaufte er seinem jüngsten Sohn für 25.000 Lire eine Juniorpartnerschaft in einem lokalen Textilunternehmen. Einen weiteren Hinweis auf das Vermögen des Vaters gibt Annunziata Caterinas Jahresrente, die indirekt aus den 5 Prozent Zinsen der Kredite stammte, die einige Jahre zuvor verlängert worden waren. 1680 erwarb Stradivari ein Haus für 7.000 Lire, 1714 verlieh er 12.000 Lire, eine Summe, die – auch unter Berücksichtigung einer leichten Inflation – den Wert seines Hauses deutlich überstieg.[130] Ein Jahr später musste sich Giuseppe Guarneri, rund 20 Jahre jünger als Stradivari und eigenständiger Geigenbauer, 1.000 Lire leihen. Mit der Rückzahlung kam er in Verzug.

Seit Stradivaris Tod kreist die Fantasie der Öffentlichkeit um die Geheimnisse seines Erfolges.[131] Die von ihm verwendeten Materialien – egal, ob sie naturbelassen, durch Lagerung,[132] Klima[133] oder Mineralisierung[134] verbessert, gebrannt oder chemisch manipuliert waren[135] – gehören seit Felix Savart, einem Vorreiter der Geigenakustik, zu den Hauptkandidaten, dicht gefolgt von vermeintlichen, auf Mathematik basierenden akustischen Prinzipien, die mündlich überliefert wurden und mit dem Aussterben der Gilde verloren gingen.[136] Doch wurde nichts gefunden, das irgendeine dieser Vermutungen bestätigt hätte.

Spätestens seit 1859, als ein direkter Nachkomme – Giacomo Stradivari – Vuillaume von einer Rezeptur berichtete, die einer verschwundenen Familienbibel entstammte, war der Lack ein Dauerbrenner.[137] Vuillaume bot an, die Rezeptur streng vertraulich zu erproben und über die Ergebnisse zu berichten. Danach fuhr er mit einem angeblichen Porträt des Meisters zurück nach Paris.

Über seine Tochter, an die er es weitergegeben hatte, gelangte es irgendwann zu den Gebrüdern Hill, die nach Rücksprache mit Lady Huggins zu dem Schluss kamen, dass es sich bei diesem Bildnis wahrscheinlich um ein Porträt des jungen Monteverdi handelte.[138]

Auch die große Jagd auf den Lack endete letztlich in einer Sackgasse. Viktorianer versuchten, durch direkten Kontakt mit Stradivaris Geist an die magische Essenz zu kommen.[139] Ein Jahrhundert später können ihre Nachfolger bis zu 600 Google-Einträge zum Thema finden; nach Aussage von Joseph Curtin aus Ann Arbor, Michigan, aber, der sich als Akustiker und Geigenbauer gleichermaßen auszeichnete, könnten sie ebenso gut nach Hammetts Malteser Falken oder Citizen Kanes Rosebud suchen. Das sogenannte Geheimnis bestand laut Curtin aus nichts weiter als Pflanzenöl und Baumharz und war bestenfalls eine Variante des Lackes, den Stradivaris Nachbarn und Konkurrenten verwendeten.[140] Zu diesem Ergebnis kam im Jahr 2009 auch eine aufwendige deutsch-französische Analyse winziger Lackfragmente von fünf Instrumenten im Pariser Musée de la Musique.[141] Dass das vermeintliche Geheimnis offenbar lediglich darin bestand, dass Stradivari dasselbe machte wie seine Kollegen und Zeitgenossen, nur einfach besser, war Jahre zuvor schon das Ergebnis von langwierigen Untersuchungen des Lackes und von praktischen Versuchen von Simone Fernando Sacconi gewesen.[142]

Dass seine Karriere ein Maßstab, ein Spätsommer, ein herrlicher Sonnenuntergang und eine Coda war, blieb stets unausgesprochen und wurde doch nie bezweifelt. Im Laufe seines wunderbar langen und produktiven Arbeitslebens gingen nach und nach die Bevölkerungszahlen und die Produktionsbasis in Cremona zurück, während Italien seine Exportmärkte und Wettbewerbsvorteile an seine dynamischeren und günstiger gelegenen nord- und westeuropäischen Nachbarn verlor.[143] Die nächste Generation der Stradivaris war buchstäblich eine Metapher für die Welt, die sie geerbt hatte. Zwei von ihnen waren bereits als mehr oder weniger junge Erwachsene ohne direkte Nachkommen gestorben, darunter die Tochter Giulia, die 1689 mit einer großzügigen Mitgift verheiratet worden war.[144] Von den sieben überlebenden Kindern traten drei – darunter zwei aus der ersten Ehe – in religiöse Ordensgemeinschaften ein und machten in der Kirche Karriere. Im katholischen Europa war der Hang zur Kirche selbst in diesem Ausmaß nichts Besonderes. Doch die drei nichtgeistlichen überlebenden Kinder aus der ersten Ehe waren ebenfalls unverheiratet und beim Tod ihres Vaters selbst schon im Rentenalter. Nur Paolo, der jüngste unter den vier nichtgeistlichen Kindern aus beiden Ehen, heiratete.

Zur selben Zeit folgte das Geigenbauangebot der Nachfrage anderer, neuer Musikzentren, während der Erfolg Stradivaris, wenn von diesem auch nicht beabsichtigt, seine lokalen Konkurrenten an den Rand des Ruins brachte.[145] Die Folgen zeigten sich in derselben Straße im Haus der Guarneri.

Ebenso wie sein Vater, der ältere Giuseppe filius Andreae, stand Bartolomeo Giuseppe Guarneri in seinem Berufsleben meist im Schatten Stradivaris. Er wurde 1698 in Cremona geboren und starb dort sieben Jahre nach Stradivari. Sein Onkel Pietro Guarneri, Geigenbauer und -spieler, war etwa 20 Jahre vor Giuseppes Geburt nach Mantua gezogen, wo er sich der Hofkapelle anschloss, relativ wenige, aber erstklassige Instrumente baute, das lokale Monopol als Lieferant von Saiten und Zubehör hielt und ein beträchtliches Vermögen hinterließ.[146] Eine Generation später folgte Giuseppes Bruder, ein zweiter Pietro Guarneri, dem Beispiel des Onkels und zog nach Venedig. Anders als ihre Kollegen aus Cremona konnten die venezianischen Geigenbauer, Musiker, Komponisten und Musikverlage kaum Schritt halten mit der Nachfrage von Kirchen, Theatern, Opernhäusern, Akademien, privaten Förderern, musiksüchtigen Amateuren sowie den Ospedali, den legendären Mädcheninternaten, die alle nach größeren Orchestern, mehr Konzerten, neuen Stücken, Noten und Instrumenten aller Art verlangten.[147] Bis 1725 hatte sich der jüngere Pietro in Venedig, wo er 1728 heiratete, einen Namen gemacht. Zwischen 1729 und 1743 zeugte er fünf Söhne und fünf Töchter, doch keines seiner Kinder übernahm das Geschäft. Als er 1762 starb, wurde er von seiner Witwe und mindestens einem Sohn, von dem weiter nichts bekannt ist, überlebt und hinterließ ein Erbe heiß begehrter Instrumente, darunter einige wunderbare Celli und eine mit 1734 datierte Violine, von der die Gebrüder Hill meinten, sie könne in Zusammenarbeit mit seinem in Cremona gebliebenen Bruder entstanden sein.[148]

Ob der jüngere Giuseppe Cremona jemals verließ, ist nicht bekannt, obwohl das Ahornholz, das er vornehmlich verarbeitete, auf einen venezianischen Lieferanten deutet.[149] Doch in Gestalt französischer Kunden und einer Ehefrau aus Wien, die – bemerkenswert für die Zeit – ebenfalls Geigenbauerin gewesen sein könnte, kam die Welt zu ihm.[150] Durch diese Verbindung von Frankreich und Österreich unter einem Dach wird das Cremona seiner Zeit treffend beschrieben. Ein einheimischer Geiger erinnerte sich, dass 1733 ein französischer Oberst aus Avignon unmittelbar nach seiner Ankunft versuchte, jene Stradivaris zu erwerben, die Paolo, der Sohn des Meisters, später dem spanischen Hof verkaufte. Aus dem Kauf wurde nichts, doch das Angebot bestätigt zumindest, dass sich die Besatzer völlig darüber im Klaren waren, dass Cremona mehr zu bieten hatte als nur seine strategische Lage.

Nach der Ankunft der Franzosen folgten bald Berufsmusiker und amtliche Besucher, die sich mit den lokalen Berufsmusikern zu etwas zusammentaten, was seit Generationen die erste derartige Vereinigung gewesen zu sein scheint. Da die meisten von ihnen Geiger mit guten Verbindungen zu lokalen Geigenbauern waren, scheint es plausibel, dass Guarneri, immer noch in den Dreißigern und mit Abstand der jüngste Geigenbauer der Stadt, kundenfreundliche Preise und Bedingungen bot.[151]

Das letzte Jahrzehnt seines Lebens scheint zumindest einige Erfolge gebracht zu haben, denn die erhaltenen Instrumente zeigen ihn auf der Höhe seiner Schaffenskraft. Die Gebrüder Hill, denen im Jahr 1931 147 Instrumente bekannt waren, schätzten, dass er in einer relativ kurzen Lebenszeit etwa 250 Geigen baute; Hinweise auf Bratschen oder Celli fehlen allerdings. 1998 waren dem Chicagoer Geigenhändler Robert Bein 132 Instrumente bekannt, darunter zwei, die kurz zuvor auf geheimnisvolle, ja geradezu erstaunliche Weise aus dem postsowjetischen Russland aufgetaucht waren – ohne einen Hinweis darauf, wo sie seit der Oktoberrevolution gewesen waren.[152]

In der Zwischenzeit waren im Metropolitan Museum in New York 25 von Guarneris Geigen aus der ganzen Welt ausgestellt worden, in Verbindung mit einem Symposium zum Gedenken des 250. Todestages. Den Initiatoren, Hargrave, Dilworth und Stewart Pollens, dem Instrumentenrestaurator des Metropolitan Museums, war die Idee bei einem Abendessen im Londoner Stadtteil Soho gekommen. Peter Biddulph, einer der großen Londoner Geigenhändler, ebnete ihnen den Weg ins Metropolitan. Hargrave und Dilworth, umgeben von Sicherheitskräften, mussten die Instrumente selber abholen, sie eigenhändig nach New York bringen und die Exponate für die Ausstellung vorbereiten, weil »wir diejenigen waren, die den Versicherungsschutz hatten«, wie Hargrave sich lebhaft erinnerte. Dann versammelte sich der Geigenhandel wie ein Kardinalskollegium zu einer Reihe von Galeriegesprächen, während ein Aufgebot von Weltklasse-Virtuosen zeigte, wozu diese Instrumente fähig waren.[153]

Für einen Geigenbauer, der zu seinen Lebzeiten kaum über die Stadtgrenzen hinaus bekannt war, war diese Veranstaltung wirklich bemerkenswert. Ebenso wie sein Bruder hinterließ auch Giuseppe weder eine Werkstatt, noch weiß man von Lehrlingen. Alleinige Erbin war offensichtlich seine Frau, die wieder heiratete, die Stadt verließ und aus der Geschichte verschwand. Es sollte bis zum Jahr 1776 dauern, bis ein Händler aus Cremona Cozio eine Guarneri mit einem Preisnachlass von 25 Prozent auf den Preis einer Giovanni Battista Guadagnini – Cozios damaligem Lieblingsobjekt – anbot. Als Tarisio 1827 zum ersten Mal in Paris auftauchte, waren sowohl Paganini als auch seine Guarneri von 1742 in ganz Europa berühmt. Doch es hatte mehr als zwei Generationen gedauert, bis irgendjemand von dem Erbauer des Instrumentes erfuhr, das Paganini »die Kanone« nannte. Erst in den 1850er-Jahren lagen Guarneri-Preise mit denen von Stradivaris gleichauf.[154]

Wegen des stilisierten Kreuzes und der frommen Buchstaben IHS, die nach 1733 auf seinen Zetteln erschienen, wurde Giuseppe jetzt als »del Gesù« bezeichnet, offenbar um ihn von seinem Vater unterscheiden zu können. Ob damit noch mehr beabsichtigt war, bleibt ein Geheimnis. Nebenbei entstand ein Mythos, der ihn zu einer Art Villon oder Cellini der Violine machte, weil er bei einer Schlägerei einen Kollegen getötet hatte und daraufhin inhaftiert wurde. Die Tochter des Kerkermeisters soll ihm dazu verholfen haben, auch hinter Gittern arbeiten zu können.[155]

Doch paradoxerweise brachten die Forschungen, die durch die Ausstellung im Metropolitan Museum angeregt worden waren, einen pflichtbewussten Sohn und soliden Bürger zum Vorschein, der sowohl in der nachbarschaftlichen Geschäftswelt als auch in sozialen und kirchlichen Netzwerken fest verankert war. Sein Grundproblem scheint schlicht ein Mangel an finanzieller Sicherheit gewesen zu sein – ein Problem, das schon zu Zeiten seines Vaters bestand und dessen Ursprünge letztlich in der lokalen Wirtschaft lagen. Die Söhne Guarneris, möglicherweise die letzte Gruppe, die auf traditionelle Cremoneser Art und Weise ausgebildet wurde, lernten das Familienhandwerk vermutlich von ihrem Vater, der außer dem Mietertrag aus seinem zweiten, von seiner Mutter ererbten Haus nichts besaß, womit er sie entlohnen konnte. Dennoch weisen die erhaltenen Spuren den jüngeren Giuseppe als einen respektablen und sogar geschäftstüchtigen jungen Mann aus. Er verließ sein Elternhaus als 24-Jähriger, heiratete, mietete im Alter von 30 Jahren ein Gasthaus, verkaufte den Mietvertrag mit einem kleinen Gewinn und eröffnete eine Geigenwerkstatt. Anfang 1732 stellte er sogar seinen Vater ein.

Um 1735 hatten sich die Dinge soweit gebessert, dass der ältere Guarneri die Zinszahlungen auf Darlehen, die er brauchte, um von seinem Bruder dessen Anteil am väterlichen Haus zu erwerben, wieder aufnehmen konnte. Dann kamen die Österreicher erneut nach Cremona und verhängten eine schmerzliche Steuer, um die lokale Garnison zu unterhalten. Abermals ging die Wirtschaft auf Talfahrt. Vater, Sohn und Schwiegertochter mussten einmal mehr in ein gemeinsames Haus ziehen. Von den 2.500 Lire Gewinn, die der Verkauf des Mietverhältnisses erbrachte, nutzte Guarneri 2.000 Lire zur Tilgung der väterlichen Darlehen, doch um die Beerdigung seiner Mutter bezahlen zu können, musste er selber einen Kredit aufnehmen. Bis zu seinem Tod im Jahr 1740 war der ältere Guarneri faktisch von seinem Sohn abhängig. Der jüngere Sohn Giuseppe verkaufte dann nach Absprache mit seinem Bruder in Venedig das Haus seines Großvaters und zog so den Schlussstrich unter ein Familienunternehmen, das bis zum Jahr 1653 zurückreichte. Aus dem Verkauf floss die Hälfte der 3.000 Lire Erlös in die Tilgung von Schulden. Den Rest teilten Giuseppe und sein Bruder untereinander auf.[156] Als Giuseppe ein paar Jahre später starb, waren ihm 1737 Stradivari, 1740 Girolamo Amati und 1742/43 die Stradivari-Söhne vorausgegangen. 1747 starb mit Carlo Bergonzi auch der letzte große Cremoneser Geigenbauer. In einer Gesellschaft und Wirtschaft, in der Immobilien der zuverlässigste Indikator für Reichtum waren, waren sie die letzten Cremoneser Geigenbauer mit Immobilienbesitz. Lorenzo Storioni (1744–1816) und ein ganzes Jahrhundert von Cerutis zeugen zwar davon, dass dies nicht das Ende des Cremoneser Geigenbaus war[157], das Ende einer

Ära aber war es gewiss. Enrico Ceruti war das letzte Bindeglied zur großen Tradition, der erste und letzte Cremoneser Geigenbauer, der der Nachwelt ein Foto-Porträt hinterließ: Es zeigt ihn 1883 auf seinem Sterbebett.

»Fahren Sie mich bitte zu dem Haus von Stradivari«, bat der viktorianische Geistliche und Geigenkenner H. R. Haweis den Taxifahrer nach seiner Ankunft in Cremona im Jahr 1880. »Von wem?«, fragte dieser. »Stradivari, der große Geigenbauer«, entgegnete Haweis. »Hier macht keiner mehr Geigen«, war die Antwort des Fahrers.[158] San Domenico, der Ort von Stradivaris Grab, war bereits zwischen 1868 und 1869 eingeebnet worden, als einige Hundert Arbeiter mit Spitzhacke und Schaufeln die Kirche abgetragen und aus dem Schutt einen Damm für den Fluss Po errichtet hatten. Die Wiederentdeckung des Grabes war gewissermaßen ein Abfallprodukt dieser Zerstörung und bemerkenswert genug, um in der Lokalzeitung erwähnt zu werden.[159] Wenigstens wurde der Grabstein geborgen, nach einigen Jahren in einem städtischen Lagerraum auf die Piazza Roma, einen am ehemaligen Begräbnisort angelegten Park, und schließlich in das örtliche Museum gebracht.[160]

Erst seit 1930, nachdem die Sammlung von Stradivari-Erinnerungsstücken durch viele Hände gegangen war, beherbergt das Museum Papiere und Holz-Modelle, Werkzeuge und sogar einen Stempel der Brüder Mantegazza zur Herstellung falscher Stradivari-Zettel. Schon damals bedurfte es der Hartnäckigkeit und Redegewandtheit des sechsten Besitzers, Giuseppe Fiorini, einem römischen Geigenbauer und Mentor von Sacconi, um das Museum dazu zu bewegen, die Sammlung anzunehmen.[161] Jahrzehnte später würden vermutlich nur wenige seiner Besucher mit der Beschreibung der Schriftstellerin Victoria Finlay hadern, hier »eines der langweiligsten Museen in ganz Europa zu einem interessanten Thema« vorzufinden.[162]

1925 waren die Casa Guarneri und ihre Umgebung noch soweit erhalten, dass die Gebrüder Hill sie fotografieren konnten.[163] Doch als 1937 eine lokale Initiative, die von Roberto Farinacci, dem faschistischen Oberhaupt der Stadt, mit viel Begeisterung ins Leben gerufen und von Mussolini gefördert und persönlich genehmigt worden war, zu einer internationalen Ausstellung anlässlich des 200. Todestages Stradivaris führte, waren auch sie verschwunden.[164] Von den 41 ausgestellten Strads hatte Sacconi alleine 15 aus New York geholt. Schätzungsweise 100 000 Besucher, ein Drittel davon aus dem Ausland, kamen, um die alten italienischen Meister zu sehen; etwa 35 000 Interessierte, die Hälfte davon aus dem Ausland, sahen sich auch die Arbeiten der 119 modernen italienischen Geigenbauer an.[165]

Dann verdunkelte sich die Szene wieder. Charles Beare, der im Jahr 1961 zu einem ersten ehrfürchtigen Besuch anreiste, fand dort, wo Stradivaris Haus gestanden hatte, eine Gedenktafel und eine Café-Bar, in die später ein Imbiss einzog. Es sollte bis 1962 dauern, bis die Stadt endlich eine eigene Strad – die

»Cremonese« von 1715 – für 17.000 Pfund von Hill's kaufte, um sie im Rathaus zu zeigen.[166] Es war dies eine der schätzungsweise 14 Geigen, die Joseph Joachim, dem großen Virtuosen des 19. Jahrhunderts, gehört hatten.

Theoretisch hätten die Verluste Cremonas zu Gewinnen Venedigs werden müssen. Die Venezianer bauten im 16. und 17. Jahrhundert viele elegante Gamben, Liras, Gitarren, Lauten und Theorben, doch der Geigenbau lief nur langsam an. Geigenbauer mit deutlich nichtitalienischen Namen wie Straub und Kaiser waren seit 1675 aufgetaucht, gefolgt von einem Tross begabter Italiener, von denen einige ihre Techniken der Holzverarbeitung an Holzschuhen ausprobiert hatten. Im Gegensatz zu den Cremoneser Geigenbauern waren in Venedig nahezu alle Vertreter dieses Berufsstandes Migranten, die Venedig genauso ansteuerten wie andere später Paris, Berlin oder Chicago.

Die venezianische Ära war zwar kurz, doch blieb sie unvergesslich. Im Jahr 1715 zählte die Gilde sechs Mitglieder, in einer Stadt mit etwa 40 000 Einwohnern eine beachtliche Zahl. Außerdem gab es noch drei große Geigenbauer, die nicht in der Gilde waren. Der erste war Mateo Goffriller, ein Tiroler, der die Gilde offenbar wegen ihrer Auflage, Instrumente mit Zetteln zu kennzeichnen, mied, um die Steuer zu umgehen. Der zweite, Domenico Montagnana, wurde 1733, als ein kleinerer Konkurrent starb, gebeten, dessen Hinterlassenschaft zu inventarisieren. Montagnana, dessen Werkstatt genug abwarf, um mindestens fünf Mitarbeiter einzustellen, und der genügend Vermögen hatte, um es zu 3,5 Prozent anzulegen und seinen Töchtern Wohnungen im Rialto-Viertel zu kaufen,[167] fand etwa 100 deutsche Geigen vor, die er auf einen Preis von eineinhalb Lire pro Stück schätzte. Aus dieser Geschichte kann man zweierlei ableiten: erstes eine generelle Nachfrage nach Violinen, einschließlich Billig-Importen, und zweitens eine Nachfrage nach guten, sogar sehr guten Violinen von Menschen, die es sich leisten konnten, sie zu erwerben.[168]

Ebenso wie in Cremona aber scheint die Sonne auch in Venedig bereits Mitte des Jahrhunderts untergegangen zu sein. Der dritte große Venezianer, Santo Serafino, stellte im Jahr 1744 aus ungeklärten Gründen die Arbeit ein. Sein Neffe Giorgio, der in die Montagnana-Werkstatt eingeheiratet hatte und dort sehr erfolgreich war,[169] starb 1775. Pietro Guarneri war der Letzte einer sowohl venezianischen als auch Cremoneser Linie. Als Napoleon 1793 in Venedig einfiel, gab es zwar 260 Gilden, doch die Gilde der Geigenbauer hatte nur noch ein einziges Mitglied.

Einer der Gründe für den Verfall des italienischen Geigenbaus lag wohl in den Nebenkosten eines Imperiums. In den Jahren 1740/41 verlor das kaiserliche Österreich Maria Theresias Schlesien an das machthungrige Königreich Preußen, und wie so häufig führten militärische Ausgaben zu wirtschaftlichen Reformen und damit zu höheren Steuern, zu Zwangsexporten und zu mehr

Macht für die Zentralregierung in Wien. Auf der Verliererseite standen italienische Handwerksunternehmen sowohl in Cremona als auch in Venedig sowie die Wohlhabenden, die ihre besten und treuesten Kunden gewesen waren.[170] Im Übrigen war der Niedergang des Geigenbaus keineswegs auf das österreichische Italien beschränkt.[171]

Ein zweiter Grund scheint in einer verringerten Nachfrage zu liegen. So baute der große Tiroler Geigenbauer Jakob Stainer im Jahr 1669 für die Kathedrale im mährischen Olmütz (heute Olomouc) vier Bratschen. Wann aber würde man wieder welche brauchen? Wer würde für seine Montagnana-, Santo-Serafino- oder Pietro-Guarneri-Geige Ersatz benötigen, solange er von Feuer, Hochwasser und Einbruch verschont blieb und ihn keine Kanonenkugel traf? Ein professioneller Geigenbauer konnte etwa 20 Violinen pro Jahr herstellen, 800 in seinem gesamten Berufsleben. Rene Vannes' Standardwerk *Dictionnaire universel des luthiers*[172] verzeichnet Mitte des 18. Jahrhunderts allein für Cremona 60 Geigenbauer. Einige wenige, darunter die frühen Amatis, Andrea Guarneris oder Stradivaris, konnten auf Vorbestellung arbeiten, an Sammler verkaufen und ihre eigenen Preise bestimmen. Aber in der unvermeidlichen Rücksicht auf ihren eigenen Lebensunterhalt und auf – wie Walter Kolneder taktvoll formulierte – »ihre nicht selten zahlreichen Familien«,[173] mussten die meisten von ihnen auf Vorrat produzieren. Die Frage war, wie viele italienische Geigen der Markt aufnehmen konnte und wie viel die Menschen bereit waren, für sie zu bezahlen.

Ein dritter Grund war vermutlich der Niedergang von Venedig selbst. Seit dem 15. Jahrhundert, als die Türken Konstantinopel überrannten und Kolumbus Amerika entdeckte, steuerte die Stadt auf eine Krise zu. Es folgten Krieg auf Krieg mit den Osmanen, herrliche Siege, künstlerische Triumphe, aber auch ein militärischer und wirtschaftlicher Niedergang, oligarchische Entropie und der schleichende Bedeutungsverlust einer Stadt, die ehemals eine Supermacht gewesen war. Als Napoleon 1797 mit dem Vertrag von Campo Formio die Stadt nach 1000 Jahren Unabhängigkeit an die Österreicher übergab, bedeutete dies auch für den Geigenbau das Ende einer Epoche, die niemand so sehr verkörperte wie Giovanni Battista Guadagnini, obwohl ungefähr 200 Jahre ins Land gehen sollten, bevor seine bemerkenswerte Karriere vollständig verstanden und gewürdigt wurde.[174] Das Geflecht von Mythos und Irrtum, das sich mit der Zeit um seinen Namen rankte, war nicht weniger bemerkenswert. In Wirklichkeit war er nicht – wie teilweise, und nicht selten mit seiner Zustimmung, angenommen wurde – der Sohn eines Geigenbauers, in Cremona geboren oder bei Stradivari in die Lehre gegangen. Ebenso wenig gab es zwei verschiedene Personen mit seinem Namen.

Die Tatsachen sind schillernd genug. Guadagnini wurde 1711 am Rand des Apennin in Bilegno geboren, einem auf der Landkarte kaum erkennbaren Örtchen an einem kleinen Nebenfluss des Po, oberhalb von Cremona. Wie schon bei vielen seiner Vorgänger liegen seine frühen Jahre im Dunkeln. Ein Indiz aber deutet auf einen handfesten Nachteil: Da er sein Leben lang Analphabet war, hatte er offensichtlich keine Schule besucht. In frühen Jahren zog er nach Piacenza, einer Stadt mit 27 000 Einwohnern am Zusammenfluss von Trebbia und Po und der Sitz des Hofes der Familie Farnese von Piacenza-Parma, einem Vasallen der spanischen Krone. Bis Mitte der 1730er-Jahre betrieb sein Vater nacheinander ein Gasthaus, eine Metzgerei und eine Bäckerei, doch keine Geigenwerkstatt. Guadagnini heiratete mit 27 Jahren.

Dass er im Jahr 1748 einer Holzarbeitergilde beitrat, war für Rosengard Grund genug, auf eine Tätigkeit als Schreiner zu schließen, doch baute er zu diesem Zeitpunkt schon seit mindestens zwei Jahren Geigen, und es gibt sogar Anhaltspunkte für eine noch frühere Berufstätigkeit. Das Gesetz schrieb für Geigenbauer eine vierjährige Lehrzeit vor; Hinweise aber, wo oder wann er eine Lehre abgeschlossen hat, sind nicht erhalten. In seinen späten Jahren ist eine Reihe von Strads, von denen er gelernt hatte, durch seine Hände gegangen. Die Zettel, die ihn als »Alumnus Antonii Stradivari« bezeichnen, sollte man nicht wörtlich nehmen – unabhängig davon, ob von ihm sie selbst stammen oder von jemand anderem.

Sein über 40 Jahre dauerndes Berufsleben war im Wesentlichen eine fantasievolle Variation über vier wiederkehrende Themen, von denen eines – wie üblich – die Familie war. Er stand in regelmäßigem Kontakt zu Berufsmusikern. Weit mehr als jeder andere große Geigenbauer wurde er durch Kriege, Verträge, dynastische Ehen und fürstliche Vermögen hin und her geschoben wie ein Bauer auf dem Schachbrett. Klarer und eindeutiger als bei jedem bisherigen Geigenbauer war sein Schicksal untrennbar mit der Zukunft des Marktes verbunden.

Auch der Zufall mag eine Rolle gespielt haben. Im Jahr 1740 scheinen Guadagnini und seine Frau ihre Wohnung mit einem Schreiner geteilt zu haben, der mit der Tochter eines Geigers verheiratet war. Innerhalb eines Jahres hatte er offenbar gesellschaftlichen Umgang mit lokalen Streichern und baute Geigen um eine innere Form herum. Dass die Ferrari-Brüder zu seinem Kreis gehörten, förderte offensichtlich das Geschäft. Von diesen Söhnen eines lokalen Käsehändlers war der eine Konzertmeister und der andere ein vielversprechender junger Cellist in der Hofkapelle. Nach 1743 scheint Guadagnini über den lokalen Bedarf hinaus produziert zu haben.

Der österreichische Erbfolgekrieg aber hatte für ihn zweischneidige Folgen. Einerseits führte die Belagerung durch die Spanier und ein kurzzeitiger Sieg Prinz Felipes – General und Geigenliebhaber – zu einer aufwendigen Siegesfeier, bei der die Farnese-Mutter des Prinzen und eine Anzahl berühmter Geiger, darunter einer aus Cremona, anwesend waren. Andererseits mag diese Belagerung zum Tod von Guadagninis Vater im Jahr 1746 beigetragen haben, sodass der Sohn nun nicht nur für seine Frau und drei Kinder, sondern auch für

seine Stiefmutter und seine Halbgeschwister sorgen musste. Nach der Rückkehr der Österreicher brach eine Epidemie aus, die Guadagninis Frau das Leben kostete. Kurz darauf heiratete Guadagnini die jüngere Schwester seines
früheren Nachbarn, die Tochter des Geigers, die selber mit 22 Jahren Witwe
geworden war und Kinder hatte. Sie starb fast unmittelbar nach der Hochzeit,
was im Jahr 1747 Guadagninis dritte Ehe zur Folge hatte, diesmal mit der
Tochter eines Apothekers.

1748 beendete der Vertrag von Aachen den österreichischen Erbfolgekrieg, und Piacenza fiel an Spanien zurück. Guadagnini, noch keine 40 und
zweimal innerhalb von zwei Jahren verwitwet, war nun der wichtigste Geigenbauer in der Po-Ebene und für sich selbst sowie für die Familien seines Vaters
und seiner zweiten Frau verantwortlich. Ein Jahr später zogen sie alle nach
Mailand, wo sich sein Freund Ferrari dem ausgezeichneten Orchester des
herzoglichen Hofes als Erster Cellist angeschlossen hatte. Hier erlebten Komponisten und Virtuosen eine Blütezeit, während Amateure aus der Mittel- und
Oberschicht, um Rosengard zu zitieren, eine »fast manische Begeisterung« für
Freizeit-Ensembles zeigten.[175]

Innerhalb weniger Jahre war die Werkstatt Guadagninis die am meisten
frequentierte, und das in einem Markt, der bereits etablierte Geigenbauer wie
die Brüder Testore und Landolfi sowie eine Anzahl kleinerer Konkurrenten
ernährte. In den folgenden neun Jahren, so Rosengards Schätzung, könnte
er sich mit der Herstellung von mindestens 100 Violinen – darunter etwa
ein Dutzend auf 1758 datiert und mit dem Zettel »Cremona« versehen – plus
mindestens einem halben Dutzend besonders benutzerfreundlicher Celli der
Gesamtproduktion aller anderer lokaler Geigenbauer angenähert haben.[176]

An diesem Punkt scheint wieder die Politik dazwischengekommen zu
sein. Der Friede von Aachen machte aus Felipe, dem geigenliebenden spanischen
Infanten, einen Herzog von Parma, und seine Eheschließung mit Louise Elisabeth, einer Tochter des französischen Königs Louis XV., verwandelte den Hof
in ein italienisches Versailles. Nachdem Felipe den Franzosen Guillaume de Tillot zum Generalintendanten ernannt hatte, wurde seine Hauptstadt mit ihren
32 000 Einwohnern zu einem Vorposten der Aufklärung, einem Nährboden für
die handwerkliche Industrie und einem Zentrum erst der französischen, dann der
italienischen Oper. Tillot, ein begabter Technokrat und Musikliebhaber, brauchte
für ein Orchester, dessen Musiker sogar aus Paris kamen, einen vorbildlichen
Handwerker und den besten verfügbaren Geigenbauer und Restaurator. Vermutlich auf Empfehlung der in den frühen 1750er-Jahren nach Parma gezogenen
Brüder Ferrari zog Guadagnini noch einmal um und gelangte 1759 nach Parma.

Ein besonderes Lockmittel könnte dabei eine Festanstellung mit einem
Jahresgehalt von 1.200 Lire gewesen sein, das etwa einem Fünftel der damaligen Orchestergehälter und dem Lohn eines Türstehers oder Schuhmachers

am Hofe entsprach – für einen Kunsthandwerker eine Seltenheit. Es sollte das sicherste Einkommen bleiben, das Guadagnini je hatte, ausreichend, um drei Töchter zu verheiraten, eine davon mit Tillots Kammerdiener. Doch da die französischen Subventionen der königlichen Extravaganz und dem verlorenen Krieg zum Opfer fielen, stand seine siebenköpfige Familie immer noch vor Geldproblemen. Durch den Tod des musikliebenden Herzogs Felipe ging der Titel an einen weniger kunstsinnigen Erben, und Tillot wurde 1771 entlassen. Die Folge war ein letzter Umzug, diesmal nach Turin. Rosengard schätzte die Umzugskosten auf bis zu 28.000 Lire; Guadagnini indes erhielt vom herzoglichen Hof eine Abfindung von nur 3.600 Lire. Drei Töchter und »viele Enkel« blieben in Parma zurück.[177]

Auf den ersten Blick war der neue Wohnort in der Hauptstadt eines Herzogtums, das durch den Vertrag von Utrecht zu einem winzigen Königreich geworden war, attraktiv, denn er lag angenehm nahe an Frankreich: ein traditioneller Markt für italienische Geigen. Außerdem war seine Regierung dank eines königlichen Staatsoberhauptes mit außenpolitischen Ambitionen unternehmerisch orientiert und seine Wirtschaft aktiv. Die Turiner Tradition des Geigenbaus reichte zurück bis 1647, als ein paar deutsche Emigranten eine Werkstatt gegründet und sie zum Erfolg geführt hatten.[178] Gaetano Pugnani, der amtierende Virtuose der Zeit und gebürtiger Turiner, war kurz zuvor aus London zurückgekehrt, um dem königlichen Orchester vorzustehen. Eine ernst zu nehmende Geigenwerkstatt als Konkurrenz gab es nicht.

Die entscheidende Beziehung scheint sich abermals einem reinen Glücksfall zu verdanken. 1773 trafen der 18-jährige Graf Cozio di Salabue und der 62 Jahre alte Guadagnini aufeinander. Verständlicherweise fühlte sich Cozio zu einem Mann hingezogen, den er für einen Kenner der Cremoneser Szene hielt. Guadagnini, der eine Verbindung zu Cremona für seinen Lebensunterhalt und seinen Ruf offenbar für entscheidend hielt, tat nichts, um ihn eines Besseren zu belehren. Selbst seine Familie glaubte die Geschichte, und Guadagnini beschwor ihren Wahrheitsgehalt unter Eid.

Die Beziehung war nicht einfach, aber bemerkenswert folgenreich. Innerhalb eines Jahres beschäftigte sich der junge Mann diskret, aber eifrig durch Mittelsmänner und Agenten mit dem An- und Verkauf sowie dem Sammeln alter Meisterviolinen, während er Guadagnini mit dem Bau neuer Meisterinstrumente beauftragte. Der ältere Mann vertrat den jüngeren als Bevollmächtigter und Berater bei zunehmend aufwendigen Transaktionen, wobei es keine Hinweise gibt, dass Cozio dabei auch Stradivari-Werkzeuge und -Modelle erwarb. Guadagnini ergänzte Cozios Käufe dann für den Weiterverkauf mit neuen Griffbrettern, Hälsen und Bassbalken.

Zwischen 1774 und 1776 baute Guadagnini monatlich eine Geige, zwei Bratschen und zwei oder drei Celli, was eine Jahresproduktion von mindestens

50 Geigen ergab. Dazu gehörten ein paar Instrumente mit den Zetteln »Guada-gnini Cremonen« und sogar »Dominus I[gnatius] A[Lessandro] Cotii«[179] – gleich Cozio –, die offenbar als Ware für Cozios Agenten Anselmi zum Weiterver-kauf gedacht waren. Dass aber nach Cozios Tod im Jahr 1840 immer noch 48 Guadagnini-Violinen, zwei Bratschen, zwei Celli und eine bunte Mischung von 17 Guarneris, Amatis, Bergonzis, Cappas, Rugeris und einer Stainer-Violine in seinem Besitz waren, beweist, dass dieser Plan nicht aufging.[180] Ende 1776 bat Cozio Guadagnini, seine Instrumente um Formen von Stradivari herum zu bauen. Doch Guadagnini war offensichtlich entschlossen, authentische Guada-gninis und nicht nachgemachte Strads herzustellen, und weigerte sich. Ein Jahr später endete die Beziehung unter Hinterlassung von Schuldzuweisungen, die nach und nach in Cozios Tagebüchern auftauchten.

Von 1777 bis zu seinem Tod im Jahr 1786 stellte Guadagnini als selbst-ständiger Geigenbauer weiterhin Violinen her. Er hinterließ eine große Fa-milie, eine kleine Wohnung und kein Testament. Das nachgelassene Inventar enthielt Bögen, Mandolinen, Gitarrenrosetten – Beweise für eine Mehrzweck-Werkstatt – sowie eine Matratze, die Guadagnini einmal von Cozio als Sach-leistung erhalten hatte.

Das darauffolgende Schicksal der Werkstatt war sowohl ein ausge-dehnter Epilog zu seiner eigenen Karriere als auch eine Art von Generationen-geschichte, die zu Romanen anregen würde. Seine Söhne machten sich trotz 14-jähriger französischer Besetzung, revolutionärer Zwangsmaßnahmen und einer entsprechenden Besteuerung, die ihre Stammkundschaft – die Theater und blaublütige Amateure – faktisch auslöschten, einen Namen als führende Gitarrenbauer in Turin. In der schweren Zeit nach dem französischen Rückzug übernahm ein Enkel, Gaetano II., im Alter von 20 Jahren das Unternehmen. Im Gegensatz zu Giovanni Battista war er belesen und gebildet. Er erschloss sich den alten Kundenkreis wieder, richtete seinen Handel mit neu gebau-ten oder reparierten Instrumenten an dessen Bedürfnissen aus, nahm kluge Geldanlagen vor und hinterließ nach seinem Tod im Alter von 57 Jahren ein beeindruckendes Inventar. Sein Sohn Antonio, ein ausgezeichneter Geigen-bauer, der ihm ebenfalls mit 20 Jahren in die Werkstatt folgte, machte sie noch einmal zur Brutstätte eines herausragenden lokalen Geigenbaus,[181] bevor er sie an die nächste Generation – an Giovanni Battistas Ururenkel Francesco, eben-falls ein angesehener Geigenbauer – weitergab. Erst etwa 200 Jahre nachdem der erste Guadagnini begonnen hatte, Geigen zu bauen, beendete der Verlust eines letzten Sohnes im Zweiten Weltkrieg endgültig die Geschichte dieses beispielhaften Familienunternehmens.[182]

Über die Berge und immer weiter

In der Zwischenzeit ging der Geigenbau an anderen Orten weiter, nicht zuletzt, weil er nie wirklich aufgegeben worden war. Um 1650 waren in Amsterdam Geigen nach italienischen Vorbildern aufgetaucht, und niederländische Zeitgenossen von Stradivari bauten in einer Zeitspanne von nur einer Generation niederländische Amatis mit derselben Unbekümmertheit, mit der der New Yorker Garment District drei Jahrhunderte später Dior-Kleider schneidern sollte. Nach Auskunft des Amsterdamer Händlers Fred Lindeman waren die Zettel nicht als Kundentäuschung, sondern als Ausdruck von Respekt gedacht. Die Idee war, so folgerte der Musikwissenschaftler Johan Giskes, sich durch die Schaffung von lokalen Versionen eines italienischen Designer-Modells einen Marktanteil zurückzuerobern.[183]

Eine bevorzugte Erklärung dafür, wie das alles möglich war, geht von einem direkten Einfluss aus. Ab 1660 tauchen italienische Violinen in Amsterdamer Versicherungsunterlagen auf, und in einem Auktionskatalog von 1671 finden sich Violinen aus Cremona.[184] Neueste Forschungen haben jedoch keine Spuren von italienischen Geigenbauern in Holland oder von aufstrebenden niederländischen Geigenbauern in Italien entdeckt. Vielleicht gab es aber einen indirekten Einfluss: Francis Lupo, ein Geigenspieler und -bauer aus einer jüdisch-sephardischen Familie, die von Italien nach England und dann zurück auf den Kontinent gezogen war, heiratete eine Witwe. Es ist gut möglich, dass ihr Sohn Cornelius Kleynman – ein sehr guter Geigenbauer – das Handwerk von seinem neuen Stiefvater erlernte.[185] Hendrik Jacobs, der bedeutendste niederländische Geigenbauer, wohnte in unmittelbarer Nähe, und seine frühen Instrumente ähneln denen von Kleynman. Auch er heiratete eine Witwe und kam so zu einem Stiefsohn, Pieter Rombouts, der der zweite bemerkenswerte niederländische Geigenbauer wurde. Seine Instrumente ähneln denen von Jacobs.

Die wahrscheinlichste Erklärung für den Beginn des Geigenbaus in Flandern aber liegt wohl eher in städtischen als familiären Wurzeln. Im späten 16. Jahrhundert war Amsterdam mit seinen 30 000 Einwohnern eines der wichtigen Handelszentren der Niederlande. 1670 hatte die Stadt bereits 200 000 Einwohner, während Brügge und Antwerpen zunehmend an Bedeutung verloren. Amsterdams Handelsnetze erstreckten sich von Indonesien bis nach Italien, und Einwanderer und Flüchtlinge kamen von weit her, sogar von der iberischen Halbinsel oder den Küsten der Ostsee. Geigenbauer waren nicht darunter, doch gab es sowohl unter den Einwohnern als auch unter den Besuchern zahlreiche Italiener und damit einen starken Einfluss der italienischen Kultur. Es überrascht nicht, dass das erste Goldene Zeitalter des holländischen Geigenbaus mehr oder weniger parallel zu den Geschicken der Stadt und der Kaufmanns-republik verlief, zu der er gehörte. Im Jahr 1600 gab es für eine Bevölkerung von etwa 50 000 Menschen sechs Hersteller von Saiteninstrumenten, nach 1622 waren es mindestens zehn für eine Bevölkerung von etwa 100 000, darunter einer, der sich ausdrücklich als »Geigenbauer« bezeichnete. Ab 1650 nannten sich nahezu alle Bauer von Saiteninstrumenten so, obwohl ihre Angebotspalette aus Lauten, Zithern, Harfen, Gamben, der Tanzmeistergeige im Taschenformat mit Namen »Pochette« und Cembali bestand.[186]

Unterdessen stieg das Instrument auf der sozialen Leiter empor – vom Fiedler über Berufsmusiker bis zu vornehmen Amateuren, die Stadthäuser bauten und ihre Familien von holländischen Meistern porträtieren ließen. Obwohl Geigenspiel und Geigenbau nach und nach getrennte Wege gingen, passten beide ihr Angebot an die Wünsche der Reichen und Armen, der Bauern und Bürger, der Amateurorchester und der Theaterleiter sowie an die Erfordernisse von Hausmusik und Kirchenkonzerten an. Um 1700 brachten lokale Verleger italienische Musik auf den Markt, noch bevor sie in Italien angeboten wurde,[187] und Malerei und Musik kamen sich immer näher, denn Musiker malten, Maler kauften Instrumente, und Söhne von Geigenbauern gingen in den Kunstbetrieb.[188]

Rombouts Tod im Jahr 1728 markiert das Ende des ersten Goldenen Zeitalters, als die niederländische Herstellung aus den gleichen Gründen wie in Italien aufgegeben wurde. Da die Nachfrage durch in- und ausländische Anbieter gesättigt war, war es für die nächste Generation nur natürlich, dass sie sich auf Handel und Reparatur konzentrierte. Doch in Den Haag, der zweiten Großstadt der Niederlande und einem Zentrum der Diplomatie, brach bald ein zweites Goldenes Zeitalter an, das stark von französischen Geigenbauern beeinflusst war. Dieses Mal entstand die Nachfrage in einer Stadt, in der italienische und deutsche Virtuosen regelmäßig auf ihrem Weg von oder nach England Halt machten, und kam von Freimaurerlogen, literarischen Kreisen, Reform- und politischen Vereinen und Musikgesellschaften.[189]

Johann Theodorus Cuypers, 1724 in einem deutschen Dorf kurz hinter der Grenze geboren, scheint aus dem Nichts gekommen zu sein. 1752 taucht er als Bürger von Den Haag auf.[190] Was er bis dahin getan hatte, ist nicht bekannt, doch hatte er irgendwo, vermutlich von einem französischen Gitarrenbauer mit Sitz in Den Haag, gelernt, Strad-Modelle von guter Qualität zu bauen. Er hinterließ drei Hinweise auf die Vergangenheit und unmittelbare Zukunft des Handels. Ohne eine offensichtliche Verbindung nach Italien war das italienische Modell mittlerweile zum Goldstandard des europäischen Geigenbaus geworden. Durch das Miteinander von Geigern, Lehrern und Geigenbauern hatte die Violine im bürgerlichen Leben einen festen Platz gewonnen. Und die Kombination aus französischem, kulturellem und unternehmerischem Einfluss hatte aus der französischen Violine mit ihrem verlängerten Hals und dem Bassbalken eine gutbürgerliche Version der italienischen Geige entstehen lassen.

England war hier, wie so oft, sowohl typisch als auch ein Fall für sich. Der englische Geigenbau wurde von einem wachsenden Bedarf an Geigenspielern und Instrumenten belebt, verband ausländische Inspiration mit eingewandertem und einheimischem Talent und schuf so ein Vermächtnis, das sowohl einen Vorrat an guten Instrumenten als auch einen Geigenhandel von Weltklasse einschloss. Da der Warenimport vom Kontinent teuer war und die königliche Familie eine Schwäche für das Instrument hatte, wurde der Bau von Celli in England zu einer Spezialität. Das früheste bekannte englische Cello tauchte im Jahr 1672 in Oxford auf.[191]

Während der englische Geigenhandel zum internationalen Standard wurde, waren die Instrumente – außer Celli und Bögen – kaum über Dover hinaus bekannt. Doch zu Hause wurden sie hoch geschätzt, wenn auch oft mit einem leicht defensiven Unterton. »Ohne in irgendeiner Weise von der wirklichen Güte der Instrumente von Wm. Forster ablenken zu wollen [...], können wir getrost behaupten, dass die großen Cremoneser Geigenbauer konkurrenzlos waren«, warnte ein viktorianischer Schriftsteller angehende Käufer. »Wm. Forsters Violoncelli stehen jedoch (in England jedenfalls) sowohl bei Berufsmusikern als auch bei Amateuren in hohem Ansehen und erzielen gute Preise.«[192]

Händler auf dem europäischen Festland wussten nichts von englischen Instrumenten, wie Arthur Hill im Jahr 1911 grimmig bemerkte, und taten alles, um ihre Erben ebenso unwissend zu halten, indem sie Zettel vertauschten, wo immer sie ihnen in die Hände fielen. Hill hatte dem legendären Fritz Kreisler gerade eine Violine von Daniel Parker, einem Londoner Geigenbauer, der in der ersten Hälfte des 18. Jahrhunderts lebte, verkauft. Der begeisterte Kreisler, der sie in der Nacht zuvor öffentlich gespielt hatte, fand sie so gut wie seine del Gesù. Aber auch er wollte das Etikett entfernt haben, sodass er sie nach seiner Rückkehr nach Deutschland als ein Produkt eines Meisters aus dem 18. Jahrhundert, Tomaso Balestrieri aus Mantua, ausgeben konnte.[193] 30 Jahre später zeigte er sie auf einer Party in New York stolz seinem Kollegen, dem großen Nathan Milstein. Die angebliche Balestrieri, erklärte er, war unterdessen zur »Parker Strad« geworden, denn »sie klingt so gut«.[194]

Zwischen den Höhepunkten gab es längere Zeiten der Stagnation, in denen die lokale Produktion einen Verlauf nahm, den Charles Beare »W-förmig« nannte.[195] Der erste Höhepunkt bestand an der Schwelle des 18. Jahrhunderts aus einer Gruppe begabter Geigenbauer. Der zweite umfasste Mitte des 19. Jahrhunderts eine Gruppe von ebenso begabten, häufig schillernderen und für die Nachwelt besser dokumentierten Kopisten. Es sollten etwa 150 Jahre vergehen, bevor das »W« im späten 20. Jahrhundert einen dritten Höhepunkt erreichte – in einer Gruppe von Restauratoren und genialen Kopisten, die sich von Bremen bis Minneapolis etabliert hatten und deren Fähigkeiten allgemein geschätzt wurden. Gemeinsamer Ahne aller drei Gruppen war ein Gambenensemble, das zunächst im Jahr 1495 in Mantua aufgetaucht und in England mit Begeisterung aufgenommen worden war. Um 1600 scheinen Violinen fest etabliert gewesen zu sein, obwohl sie durchaus gewöhnungsbedürftig waren. Thomas Mace, ein zeitgenössischer Lautenspieler und Komponist, beklagte sich über »ihren hochgeschätzten Lärm, der die Ohren eines Mannes zum Glühen bringen kann«. Doch noch vor seinem Tod war das, was für den einen Komponisten die »schimpfenden Geigen« waren, für den anderen die »fröhlichen Geigen«, deren »silberne Töne [...] so göttlich süß« waren, dass sie den Zuhörer dazu bringen konnten, sich »in Tränen und Gebeten zu Chloes Füßen aufzulösen.«[196]

Roger North, ein ungewöhnlich kluger und nachdenklicher Beobachter, schrieb den Erfolg der Geige dem »sehr guten Ton, über den dieses Instrument verfügt« und ihrer Fähigkeit zu, Halbtöne und sogar Doppelgriffe rein zu spielen. Außerdem verband er schnell das Potenzial des Instruments mit einem Spieler, der »etwas von der Leistungsfähigkeit und Dimension der Instrumente sowie der erforderlichen Geschicklichkeit, die zu ihnen gehört, versteht«.[197] Besonders beeindruckt war er von Nicola Matteis, einem Italiener, der über Deutschland nach London gekommen war und »die Gesellschaft mit einer Kraft und Vielfalt für mehr als eine Stunde in Bann schlug, dass es kaum ein Flüstern im Raum gab, obwohl er voll besetzt war«.[198]

Im Gegensatz zu Holland hatte England seit Langem eine direkte Verbindung nach Italien. Die ersten Spieler, die für das Streicherensemble von Henry VIII. aus Italien angeworben worden waren, brachten ihre Instrumente nicht nur mit, sondern könnten sie sogar selber gebaut haben. Zu Purcells Zeit waren aus dem Geigenspieler, der traditionell gleichzeitig Geigenbauer war, zwei nahezu autonome Berufe hervorgegangen. Doch die Wahrscheinlichkeit, dass die neueren Einwanderer englische Instrumente gespielt oder gar erworben haben, geht gegen Null. Man kann davon ausgehen, dass der junge Gasparo Visconti, ein gebürtiger Cremoneser, der Stradivari gekannt und sogar mit ihm gearbeitet hatte, eine Strad spielte, als er um 1700 nach London kam.

Das Orchester des Hofes führte bereits im Jahr 1637 Cremoneser Instrumente ein, als der lokale Geigenbauer John Woodrington eine »neue Cremonia Vyolin« gebaut hatte, offensichtlich in Anlehnung an ein importiertes Original. Ab Mitte des Jahrhunderts kaufte ein Spieler oder Gentleman, der es sich leisten konnte, entweder ein italienisches Instrument oder eine Stainer von dem großen, durch Amati beeinflussten Tiroler. Laut Beare führte dann die Beliebtheit von Stainer-Geigen dazu, dass sie häufig – und meistens schlecht und billig – kopiert wurden, was den britischen Geigenbau in ein Tief führte, das ein halbes Jahrhundert andauern sollte.[199]

Bereits 1704 wurde Stradivaris langer Schatten in der Arbeit von Barak Norman, einem der ersten wichtigen britischen Geigenbauer, sichtbar.[200] Erst um die Wende zum 19. Jahrhundert zeigten Superstars wie Giovanni Battista Viotti oder später Niccolò Paganini, zu was eine Strad oder del Gesù mit ihren erweiterten Griffbrettern und verstärkten Bassbalken fähig war. Von da an wich die Nachfrage nach im Inland hergestellten Stainers einer Vorliebe für im Inland hergestellte Strads – von Regalware bis zur Konzertqualität.[201]

Ebenso wie ein erstklassiges Geigenspiel hing ein hochqualifizierter Geigenbau stark von italienischen und deutschen Importen ab. Eine der ersten Violinen aus England stammte von Jacob Rayman, einem gebürtigen Füssener, der sich 1625 in London angesiedelt hatte.[202] Vincenzo Panormo, von Beare, Dilworth und Kass als der wichtigste englische Geigenbauer seiner Zeit angesehen, war eigentlich ein Sizilianer, der seit Jahrzehnten in Frankreich gearbeitet hatte, bevor er in seinem fünften Lebensjahrzehnt das revolutionäre Paris verließ, um sich in London niederzulassen.[203]

Die Frage ist allerdings, warum einheimische Talente so lange brauchten, um sichtbar zu werden. Bis Mitte des 16. Jahrhunderts gab es englische Gamben von beispielhafter Eleganz und technischer Raffinesse und Käufer, die bereit waren, für sie Spitzenpreise zu zahlen.[204] Doch es sollten fast anderthalb Jahrhunderte vergehen, bis inländische Violinen von vergleichbarer Eleganz und Raffinesse auf dem englischen Markt erschienen. Im Jahr 1726 deutet North zumindest eine mögliche Erklärung an, wenn er schreibt: »Der Einsatz der Violine war sehr gering, […] außer durch gewöhnliche Fiedler«.[205] Doch die Bevorzugung der Gambe durch die Oberschicht war in einer Gesellschaft, die selbst bei Cricket-Mannschaften bis weit ins 20. Jahrhundert zwischen Gentlemen und Spielern unterschied, nur eines der Hindernisse für einen ernst zu nehmenden Geigenbau, zu denen vermutlich auch der soziale Status des Handwerks gehörte. »Es ist eine bemerkenswerte Tatsache und zeigt die Unterschiede in Sitten und Gebräuchen der verschiedenen Länder«, seufzte Pearce, »dass sowohl Amati als auch Stradivari offenbar aus alten und ehrbaren Familien stammten und dennoch trotz ihrer Aufnahme einer Tätigkeit, die in England den guten Namen einer Familie befleckt hätte, von ihren Mitbürgern bis zu ihrem Tod respektiert und geehrt wurden.«[206]

Das puritanische Intermezzo scheint ein weiteres Hindernis gewesen zu sein. Die Puritaner geißelten ohnehin die feine Gesellschaft und waren Musikern und dem, was Mace ihre »Extravaganzen« nannte, wenig freundlich gesinnt. Harvey berichtet von einer Anzahl talentierter Möbeltischler aus Holland, Frankreich und Deutschland, deren von Italien und Tirol beeinflusste Fähigkeiten dem Geigenbau hätten zugutekommen können, wären sie nicht Calvinisten gewesen. Er dokumentiert auch eine zeitgenössische Violine aus Metall. Anscheinend war sie kein Einzelstück, wurde möglicherweise gespielt, und es ist nahezu sicher, dass sie dem Kesselflicker oder Metallarbeiter John Bunyan gehörte, bevor dieser Baptist wurde, zu predigen begann und seine Aufmerksamkeit seinem literarischen Meisterwerk *The Pilgrim's Progress* zuwandte. Dennoch, so behauptet North, zogen es viele vor, lieber »zu Hause zu fiedeln, als rauszugehen und Prügel zu beziehen«.[207] Während das Musizieren in der Öffentlichkeit stagnierte, scheint die Hausmusik tatsächlich erblüht zu sein. Die zurückweichenden Fluten der Revolution hinterließen eine Unmenge von Amateurgeigern, die ein gemeinsames Interesse an Lehrwerken, Handbüchern, Instrumenten und Noten verband. Doch paradoxerweise machten die gleichen Umstände, die das Aufkommen eines einheimischen Stradivari und einer eigenen Geigenindustrie verhindert hatten, Import und Handel zunehmend lohnend. Der Handel, ursprünglich aus einem vielschichtigen Netzwerk von Schutzgemeinschaften im Schatten der London Bridge entstanden, folgte der Stadtentwicklung nach Westen in die Welten von Defoe, Hogarth und Samuel Smiles, dem Propheten der frühen viktorianischen Selbsthilfe.

Inzwischen zogen angehende Geigenbauer wie die Familien Forster, Dodd, und Kennedy aus der Provinz in die große Stadt, wo sie und ihre Nachkommen über mehrere Generationen hinweg den Markt dominierten. Einige von ihnen waren überaus erfolgreich, so wie George Miller Hare, der 1725 als wohlhabender Besitzer einer Werkstatt in St. Paul's Church Yard starb. Im Jahr 1741, demselben Jahr, in dem Henry Fielding von seinem Verleger 183 Pfund für sein Buch *Joseph Andrews* erhielt – während ein Landpfarrer seine Frau und sechs Kinder von einem Jahreseinkommen von 23 Pfund ernährte –, versicherte Peter Wamsley seine Werkstatt in Piccadilly für 1.000 Pfund.[208] Bis zum Ende des Jahrhunderts hatte Richard Duke, der am meisten bewunderte Geigenbauer seiner Zeit, mit seiner florierenden Werkstatt eine besondere Beziehung zum Herzog von Gloucester aufgebaut und private Unterkünfte in Old Gloucester Street und Werkstätten in Gloucester Place errichtet. An der Schwelle des 19. Jahrhunderts beschäftigte John Betts, Geselle bei Duke und selber ein angesehener Geigenbauer, den noch angeseheneren Panormo sowie Henry Lockey Hill, dessen Enkel das Familiengeschäft zum Ritz des Violinhandels machen sollte.

Unzählige andere fielen Epidemien, Armut oder der Vergessenheit anheim. John Kennedy wurde wegen Schulden eingekerkert. Dasselbe geschah mit dem »schottischen Stradivari« Matthew Hardie, der vormals als Schreiner und Soldat gearbeitet hatte. Der Bogenmacher John Dodd trank sich zu Tode. Von den vier geigenbauenden Söhnen des begabten Bernhard Simon Fendt, einem Emigranten aus Füssen, erreichte nur Bernhard jr. ein mittleres Alter.

Wiederum andere, wie John Lott (1804–1870), führten ein unkonventionelles und buntes Leben. Als Sohn und Bruder von Geigenbauern hatte Lott das Handwerk von seinem Vater gelernt und führte es eine Zeit lang auch aus, bis »der Geigenhandel eine von diesen Erkältungen bekam, der alle modischen

Gewerbe unterliegen«, wie Charles Reade schrieb.[209] Lott überlebte – allerdings nur knapp – eine kurze, aber dramatische Karriere als Feuerwerkskünstler und eine weitere als Wanderschauspieler; er trat einem Theaterorchester bei, wo er seinen Bogen mit Seife einstrich, um beim Geigen gesehen, aber nicht gehört zu werden, und bereiste Europa und Amerika als Wächter eines temperamentvollen und am Ende gemeingefährlichen Zirkuselefanten.

Zwischen den Engagements lernte er, Buchenholz so zu bemalen, dass es wie Eiche, Ahorn oder Nussbaum aussah. Diese Kunst kam ihm ein paar Jahre später zustatten, da die Nachfrage nach hochwertigen Geigenkopien so anstieg wie der Kurs von Eisenbahnaktien. In den späten 1840er-Jahren kopierte Lott Geigen von Guarneri derart erfolgreich, dass die erste Frau von Yehudi Menuhin ihrem Mann ein Jahrhundert später eine als Original kaufte. Als Menuhin sie wesentlich später wieder verkaufen wollte, musste Beare ihm mitteilen, dass es sich um eine Kopie handelte. Damit, so erinnerte sich Beare bedauernd, endete eine langjährige Freundschaft.[210]

Lott selber hätte vermutlich den Voller-Brüdern William und Arthur und ihrem Vater Charles – einem Kutscher, der über Musikunterricht, den Parfümhandel und die Kriegsmarine zum Geigenbau gekommen war – applaudiert, die Mitte der 1880er-Jahre italienische Instrumente für den führenden Londoner Geigenhändler Hart & Son kopierten. 1899 bestätigte Meredith Morris, der später ein Verzeichnis britischer Geigenbauer erstellen sollte,[211] dass es fast unmöglich sei, eine del Gesù von Voller vom Original zu unterscheiden.[212] Kopien von Voller, die nicht unbedingt als solche identifiziert wurden, verkauften sich in Italien mittlerweile denkbar gut.

Die Voller-Brüder, die als selbstständige Heimarbeiter in immer bessere Wohngegenden zogen, vergaben die Anfertigung von Geigenzetteln für 6 Pence pro Stück an einen Nachbarssohn mit einer Begabung für Kalligrafie. Um den Rest der Arbeit – das nach Jahresringen richtige Holz, den Lack, Alterung, simulierte Risse, sogar raffiniert altertümliche Hinweise auf frühere Besitzer – kümmerten sie sich selber. So produzierten sie nach einer Schätzung etwa zehn Instrumente pro Jahr. Eine Londoner Reederei mit einem Nebenerwerb im Verkauf von Geigen lancierte um die Wende zum 20. Jahrhundert eine Voller als Strad, die in dieser Eigenschaft eine 60-jährige Karriere hatte.[213] Die in Deutschland bekanntesten Händler Hamma & Co. knüpften zu den Vollers eine Beziehung, die über den Ersten Weltkrieg hinaus andauerte. Seit 1920 machten sie auch mit Wurlitzer in New York Geschäfte.

Obwohl sie vor und nach dem Krieg unauffällig blieben, gerieten die Vollers nie völlig aus dem Blickfeld: Große Händler kauften ihre Produkte zu guten Preisen, und wichtige Geiger suchten sie für Reparaturaufträge auf. William, der 1933 mit 79 Jahren starb, hinterließ seiner Frau einen gutbürgerlichen Besitz. Die Nachwelt stellte den Charakter der Vollers in Frage – vielleicht zu

Unrecht –, an ihren Fähigkeiten jedoch zweifelte niemand. Es entbehrt nicht der Ironie, dass im Jahr 2002 ein Gedenksymposium für sie aus Mangel an ausleihbaren »Instrumenten erster Wahl, um eine erstklassige Ausstellung zu machen«, abgesagt werden musste.[214] Dass es zu wenig Eigentümer gab, ist unwahrscheinlich. Das Problem scheint eher ein Mangel an Eigentümern gewesen zu sein, die bereit waren, dies zuzugeben.

Walter Mayson (1835–1904), der sich im Alter von 39 Jahren nach dem Verlust seines Arbeitsplatzes bei einer Reederei in Manchester ausschließlich dem Geigenbau widmete, baute in einem Arbeitsleben, das nur halb so lang währte wie das Stradivaris, 810 Instrumente. Unter ihnen befanden sich 27 Bratschen und 21 Celli, einige davon mit patriotischen Hinweisen, zum Beispiel auf den Burenkrieg, einige weitere dazu mit als Flachreliefs gestalteten Böden. Nachdem seine erste Frau, um die er sechs Jahre geworben hatte, im Kindbett starb, heiratete Mayson erneut. Danach verbrachte er Jahre damit, die Hypothek auf ein Haus abzuzahlen, das er sich nicht leisten konnte und das schließlich mit Verlust verkauft wurde.

Um sein bescheidenes Einkommen aufzubessern, produzierte er nebenher einen steten Strom von Essays und Gedichten sowie einen Roman. 1888 gewann er einen australischen Wettbewerb, konnte aber die Goldmedaille nicht entgegennehmen, weil die Organisatoren in Konkurs gegangen waren. 1899 nahm er den Auftrag für eine Reihe von Artikeln für *The Strad* an, die gesammelt und in Buchform veröffentlicht wurden, aber finanziell nur Verluste einbrachten. Als lokale Bewunderer sich zusammentaten, um den königlichen Museen in Salford und London eine Sammlung seiner besten Arbeiten zu präsentieren, gelang es ihnen lediglich, ein einziges Instrument postum zu kaufen.[215]

Edward Heron-Allen (1861–1943), ein Edwardianer mit der Vielseitigkeit eines Michelangelo und von Geburt an mit besten Beziehungen ausgestattet, hatte ebenso viel Glück wie Mayson Pech. Er war noch ein Schuljunge im Harrow-Internat, als ihn sein Interesse am Londoner Stadtteil Soho, wo sein Vater als Anwalt tätig war, zu einem Interesse an den dortigen Geigenbauwerkstätten führte. Um eine informelle Lehre zu beginnen, für die er sogar selber bezahlte, suchte er sich Georges Chanot aus, den in London ansässigen Sohn einer Pariser Familie, die seit den 1820er-Jahren im Geigenhandel aktiv war.

Er baute mindestens zwei Instrumente. Doch noch in seinem zweiten Lebensjahrzehnt wurde er von Sir Richard Burton, einer noch schillernderen Figur als er selbst, ermutigt, stattdessen über die Violine zu schreiben. Eine Anleitung zu ihrem Bau erschien mit einer Widmung an den Herzog von Edinburgh in *Amateur Work Illustrated*, einer freiverkäuflichen Zeitschrift. Die Neuveröffentlichung als Buch ist noch 120 Jahre später im Handel erhältlich.[216] Nachdem er Edward Heron-Allen in seiner Schulbibliothek entdeckt hatte, ließ John Dilworth in den frühen 1970er-Jahren den Plan fallen, sich an der

Universität von Brighton einzuschreiben, und besuchte stattdessen die neu eröffnete Violinschule in Newark, in der Nähe von Nottingham. Die amerikanische Geigenbauerin Anne Cole nutzte das Buch ebenfalls zum Selbststudium, nachdem sie es an der Schwelle zum Teenageralter in Albuquerque, New Mexico, entdeckt hatte.[217]

Als Geigenbauer, Anwalt und Autor schrieb Heron-Allen mit besonderem Sachverstand über anhängige Rechtsstreitigkeiten, gab die *Violin Times* heraus und gehörte mit den Gebrüdern Hill, Reade und dem älteren Hart zu den anerkanntesten Experten Großbritanniens.[218] Außerdem bereiste er die Vereinigten Staaten, wo er Unterricht in der Handlesekunst erteilte, veröffentlichte Aufsätze über Meeresbiologie, ließ sich in die Royal Society und die Academy of St. Cecilia wählen, übersetzte die Klage des persischen Poeten Baba Tahir aus Farsi, war als Anwalt tätig, schrieb unter Pseudonym okkulte Romane und elegante Pornografie in limitierter Auflage, bildete Pfadfinder aus der Nachbarschaft für den Kriegsfall als Bürgerwehr aus, diente während des Ersten Weltkriegs als Nahost-Experte im Kriegsministerium, hielt in umfangreichen und faszinierenden Aufzeichnungen fest, wie der Krieg die Welt um ihn herum veränderte,[219] und entwickelte ein gesteigertes Interesse am Buddhismus.[220]

Doch während Londoner Händler und englische Gentlemen den geheimnisvollen Nimbus und den Markt des Instruments bestimmten, leiteten französische und deutsche Handwerker den Lauf seiner Geschichte um. Dieser Prozess reichte zurück bis ins 16. Jahrhundert, als Mirecourt in Lothringen und Mittenwald in Bayern begannen, Instrumente zu attraktiven Preisen für einen regionalen Markt herzustellen. Ein Jahrhundert später kam Markneukirchen in Sachsen dazu. Genauso wie Cremona waren alle drei Orte strategisch günstig gelegen, förderten eine Vielzahl von Kunsthandwerken, zählten Kirche und Staat zu ihren Kunden und beobachteten aufmerksam, was südlich der Alpen geschah.

Während der Nachschub aus Italien zurückging, sich die europäische Nachfrage aber erhöhte, wurden alle drei Städte, von denen keine mehr als ein paar Tausend Einwohner hatte, zu Zentren der Handwerksbetriebe. Dieser Wandel demokratisierte die Strad in ähnlicher Weise wie Henry Ford den Rolls-Royce. Im Prinzip strebte jede der Städte eine Produktpalette gewissermaßen vom Familienauto bis zum Kleinwagen an, und französischen Geigenbauern gelang es dabei schnell, sich auf Höhe des Mercedes einzureihen. Die Deutschen hingegen – vor allem in Markneukirchen – mussten sich, ob zu Recht oder zu Unrecht, mit dem bescheidenen Volkswagen, wenn auch dem Modell TS, zufrieden geben.

Am Vorabend des 20. Jahrhunderts rief sich Arthur Hill nahezu täglich ins Gedächtnis, dass »deutsch« ein Synonym für billig, inkompetent und betrügerisch war. Ein Jahrhundert später erklärte Joan Balter, eine Händlerin aus dem kalifornischen Berkeley chinesischen Eltern, die für ihre Tochter einkaufen wollten, geduldig, dass sie für einen italienischen Geigenzettel dreifach, für einen französischen doppelt, für einen aus Mittenwald dagegen nur einen einfachen Preis zahlen müssten, vorausgesetzt, er war handgemacht und alt genug.[221] Ein Kenner auf der Suche nach etwas Gleichwertigem aus Markneukirchen, konnte am Wochenende auf Flohmärkten fündig werden.[222]

Aber die Ähnlichkeiten waren größer als die Unterschiede. Der gemeinsame Wettbewerbsvorteil in allen drei Städten begann bereits mit den Rohstoffen. Sowohl französische als auch deutsche Geigenbauer schätzten den leichten Zugang zu hochwertiger Kiefer und Fichte. Im Jahr 1870 war mehr als ein Viertel von Bismarcks neuem Deutschland bewaldet – eine Fläche, die größer war als die Hälfte des Vereinigten Königreichs. Noch am Vorabend des Ersten Weltkriegs waren in den Wäldern in Deutschland mehr Menschen beschäftigt als bei seinem Schrittmacher, der chemischen Industrie. Frankreich war ebenso gesegnet, denn es verfügte nicht nur über ausgedehnte Gemeindewälder in den Alpen, den Vogesen, dem Jura und den Pyrenäen, sondern als Nebenprodukte seiner Kolonien auch über tropische Harthölzer wie Ebenholz und Pernambuco.[223]

Ebenfalls im Gegensatz zu Großbritannien blieb die Infrastruktur der Handwerker in allen drei Städten intakt und erkennbar, lange nachdem die Gilden offiziell abgeschafft waren. Ab 1850 waren drei von fünf Briten in der industriellen Fertigung und zwei Fünftel immer noch in der Landwirtschaft beschäftigt, viele von ihnen ohne eigenes Land. Eine Generation später lebten zwei Drittel ihrer französischen Nachbarn auf dem Land, 1911 waren es noch mehr als die Hälfte, rund 80 Prozent von ihnen als Kleinbauern.[224] In Bayern, Tirol und dem sächsischen Vogtland, wo umfangreiche Zusammenschlüsse von familiären Arbeitskräften für jede saisonale Beschäftigung dankbar waren, die die Briten zur Mitte des 19. Jahrhunderts längst hinter sich gelassen hatten, war die Situation im Wesentlichen die gleiche.

Mirecourt, eine herzogliche Residenzstadt in guter Lage, war in vielerlei Hinsicht charakteristisch. Doch zwei einander ergänzende Vorteile hätten sicher die Aufmerksamkeit eines Betriebswirts auf sich gezogen. Einer war die Komplementarität ihrer hauptsächlichen Geschäftszweige, der zweite ihr einfacher Zugang zu Paris.

In lokalen Handwerksbetrieben wurden Rüstungen, Lederwaren, Textilien und Spitze hergestellt – alles mit Unterstützung und unter dem Mäzenatentum der Herzöge von Lothringen, deren Nachfolger die Stadt auch nach den Verwüstungen des Dreißigjährigen Krieges vor einem Desaster bewahrten. Berichten zufolge gab es nach 1725 in Mirecourt zehn Geigenwerkstätten. Sieben Jahre später schafften es ihre Besitzer, dass »François, durch die Gnade Gottes Herzog von Lothringen und Bar, König von Jerusalem, etc.«, eine Gilde anerkannte.[225] Nach 1748 waren die zehn Geschäfte auf sechzig angewachsen.

Am Vorabend der Revolution beschäftigte ein von den Damen des Klosters Poussay betriebenes Spitzen- und Gardinenunternehmen in einer Stadt mit 7000 bis 8000 Einwohnern fast 1000 Frauen und unterstützte damit nebenbei den Instrumentenhandel. Die Verbindung ging mindestens bis 1629 zurück, als ein lokaler Händler mit dem prächtigen Namen Dieudonné Montfort auf die Idee kam, seine Produktpalette um gewebte Spitzen zu erweitern. Instrumenten- und Spitzenwirtschaft teilten sich Verkaufsgeschäfte und ein gemeinsames Verteilernetz und waren für die kommenden Jahrhunderte vereint. Neun Chanots bauten und verkauften Violinen in Frankreich und sieben weitere in England, bevor die Linie schließlich 1981 ausstarb.[226]

Die Revolutionszeit war ein weiterer Schlag für Mirecourt. 1806 beklagte Bürgermeister Jacques Lullier, dass die Blockade und der Seekrieg seine Stadt bis zu 500 exportabhängige Arbeitsplätze gekostet habe. Dennoch gehörten Bauern und Kleinhandwerkerfamilien langfristig zu den Gewinnern der Revolution. Bevor Mirecourts Ruhm endgültig verblasste, waren bis zu 80 Prozent der arbeitenden Bevölkerung im Geigenbau beschäftigt,[227] und ebenso wie in Italien hatte der Familienverbund auch hier einen maßgeblichen Anteil daran. Vannes führte in seinem 1932 erschienenen *Essai d'un dictionnaire universel des luthiers* 830 einheimische Geigenbauer auf, zu denen ab 1580 23 Jacquots und ab 1625 25 Vuillaumes gehörten. Zwischen 1620 und 1954 gab es acht Generationen von geigenbauenden Mangenots.[228]

Bemerkenswert ist die Stabilität dieses Berufsstandes.[229] Die 17 Artikel der Mirecourt-Charta, die als geltendes Recht verbindlich war, führten Privilegien, Pflichten, Verfahren, Ränge, Räumlichkeiten und vor allem Wettbewerbsbeschränkungen auf, die alle so systematisch und detailliert erfassten waren wie die Gesetze des Ancien Régime, allerdings weniger dauerhaft. In ihrer ursprünglichen Form überlebten sie bis 1776, als der königliche Finanzminister Anne-Robert-Jacques Turgot die Gilden einschließlich der Prüfer, die entschieden, wer qualifiziert genug war, um eine Werkstatt zu eröffnen, abschaffte. Turgot, Anhänger der neumodischen Lehre von der Deregulierung, verringerte auch die Gebühren für die Eröffnung eines Geschäfts um fast drei Viertel, zu denen Steuern, Zahlungen an die Gilde, Honorare für die Prüfer und den Gilde-Präsidenten sowie die Verwaltungskosten gehörten. Doch der lange Schatten des ständischen Regelwerkes fiel sogar noch 2002 auf den in England ausgebildeten Hargrave, einen der Versiertesten unter den zeitgenössischen Meistern, als die deutsche Geigenbauerzunft ihn verklagte, weil er ohne eine bei ihnen erworbene Lizenz behauptete, das zu sein, was er eben war.

So hierarchisch, patriarchalisch und leistungsorientiert, wie die Gilde immer noch war, stellte sie schon jetzt all das dar, gegen das die Revolution sich später richtete. Am unteren Ende der Rangordnung befand sich der Lehrling, ausschließlich männlich, in der Regel zwischen zwölf und fünfzehn Jahren alt. Erwachsene Lehrlinge waren selten, Ausländer ungewöhnlich. Ein Vertrag wurde von einem Notar erstellt. Die meisten Lehrlinge kamen aus bescheidenen Familien, die zumindest im 18. Jahrhundert Analphabeten waren: Bauern, Handwerker oder Ladenbesitzer. Diejenigen, die sich die jährlichen Kosten von 100 bis 500 Livres für sechs Jahre Lehrzeit mit Unterkunft und Verpflegung leisten konnten, zahlten die Hälfte davon sofort und den Rest über die verbleibenden Jahre ab. Von den Lehrlingen wurde erwartet, dass sie Kleidung, Bettzeug und Schuhe mitbrachten.

Gildevorschriften verlangten, dass Auszubildende mindestens vier Jahre Abstand voneinander hatten, sodass es in einem Geschäft nie mehr als zwei Lehrlinge gleichzeitig gab. Es wurde behauptet – und vielleicht ernsthaft geglaubt –, dass die Lehranfänger vier Jahre lang eins zu eins angeleitet werden mussten; doch das Gesetz war auch dazu gedacht, die erfolgreicheren Handwerker daran zu hindern, sich durch die Beschäftigung einer großen Anzahl von Lehrlingen einen Wettbewerbsvorteil zu verschaffen.

Familien, die das Lehrgeld nicht aufbringen konnten, überantworteten ihre Söhne zusätzlich als Haushaltshilfe. In einer Zeit ohne Elektrizität, fließendes Wasser und Zentralheizung arbeiteten die Jungen ihren Lehrvertrag mit Hausarbeit ab. Dazwischen erlernten sie an fünf Tagen der Woche zwölf bis fünfzehn Stunden das Handwerk, mit zwei 90-minütigen Essenspausen und einem weiteren Zehnstundentag am Samstag. Mit dem arbeitsfreien Sonntag, rund 30 kirchlichen Feiertagen und freien Samstagabenden kam das Arbeitsjahr auf etwa 240 sehr lange Tage. Mitte des 19. Jahrhunderts begannen die Unterkünfte sich deutlich zu verbessern, doch zu Beginn des 18. Jahrhunderts, so Sylvette Milliot, lebte der Lehrling in einem zur Straße hin geöffneten Laden mit einem zweiten Raum, der dem Meister und seiner Familie als Küche und Schlafzimmer diente, »im besten Fall auf dem Dachboden«.[230] Mit Ausnahmen für Schwiegersöhne oder die Söhne von Kollegen, bestand die Abschlussprüfung aus einem sogenannten Meisterstück, das oft etwas kleiner als ein Instrument in Originalgröße war. Unter der Annahme, dass es die Prüfer genehmigten, zahlte der neu qualifizierte Handwerker dann seine Registrierungsgebühr – 17 Livres im Jahr 1715, 18 Livres im Jahr 1730 – und nahm seinen Gesellenbrief in Empfang.

Wenn er in einer der erfolgreichen Werkstätten mit einem Entgelt von sechs Livres pro Tag – drei in bar, drei für Unterkunft und Verpflegung – eine Anstellung fand, durfte er darauf hoffen, die Kosten seiner Ausbildung innerhalb von zehn Jahren abbezahlt zu haben. Zumindest theoretisch hätte er dann eine eigene Werkstatt eröffnen können, doch das konnten sich nur wenige leisten. Der normale Lauf der Dinge war es, gegen Lohn in derselben oder in einer anderen Werkstatt zu arbeiten, in der vorausgesetzt wurde, dass er bei Bedarf auch jede andere Arbeit verrichten würde.

Der Meister konnte nun je nach Vorlieben und Volumen so viele dieser Mitarbeiter beschäftigen, wie er wollte, und unter der Voraussetzung, dass beide einverstanden waren, konnte ein Mitarbeiter auf unbestimmte Zeit bleiben. Wenn der Meister starb, heiratete der Geselle trotz eines manchmal erheblichen Altersunterschiedes häufig dessen Witwe, die oft die Geschäftsführerin war. Marie-Jeanne Zeltener, die nacheinander vier Gesellen heiratete, überlebte mindestens drei von ihnen, darunter Louis Guersan (um 1700–1770), der mit seiner Werkstatt – »in der Nähe der Comédie Française«, wie seine Etiketten betonen – der Hill des Paris des 18. Jahrhunderts war. Zeltener hinterließ einen Schrank mit 31 Kleidern und Unterröcken, deren Wert insgesamt auf 2.600 Livres geschätzt wurde.[231]

Der Schritt vom Kunsthandwerker zum Geschäftsinhaber war mit hohen Kosten für den Kauf, für Miete und Ausstattung der Räumlichkeiten sowie für die obligatorische Einweihungsfeier verbunden und somit sehr groß. Der Handwerker war jetzt zwar ein Kaufmann, doch die Verordnungen der Gilde gestatteten ihm nur einen einzigen Laden und verpflichteten ihn, dort ausschließlich selber zu verkaufen, sodass Verkäufe außerhalb von Ladengeschäften fahrenden Händlern überlassen waren. Auch der Erwerb von Holz und anderen Rohstoffen unterlag Überprüfungen, nicht zuletzt um sicherzustellen, dass niemand den Markt zu vorteilhaften Preisen aufkaufte, um dann die Ware mit einem Aufschlag weiterzuverkaufen. Der Wettbewerb war soweit wie möglich auf die Qualität des Produktes beschränkt. Besondere Arbeiten wie Vergoldung oder Intarsien wurden manchmal ausgelagert, obwohl manche Geigenbauer auch selber in der Lage waren, Schnecken anzufertigen, die in Gänseblümchen oder einer eleganten Muschel endeten.

Erfolg war die Summe aus handwerklichen Fähigkeiten, Geschäftssinn und dem Markt, wie Milliot feststellte. Der erstere Summand wurde bis zu einem gewissen Grad durch die Gilde kontrolliert. Der zweite war wie Mathematik, Sprachen, musikalische oder sportliche Fähigkeiten etwas, das einige Leute hatten und andere nicht. Der dritte lag wie das Wetter außerhalb jeder Kontrolle.

Dann war da aber auch noch das Glück. Die letzten Jahrzehnte des Ancien Régime verliefen für die französische Krone bekanntlich bemerkenswert schlecht, doch in Paris – und Potsdam und Parma – führten sie für den Geigenhandel zu einem Frühling. Zunächst stellten sich Berufsmusiker als Kunden ein, doch das war erst der Anfang, es folgten Kollegen und Schüler der Musiker, die Beamten, die deren Orchester und Instrumente verwalteten, nicht zuletzt Arbeitgeber wie Marie Leczinska, die Ehefrau von Louis XV., mit ihren drei Kammermusiken pro Woche und ihrem Tross von musikalisch begabten Kindern einschließlich des Dauphin und Madame Adelaide, beide begeisterte Geiger.

Guersan, zweites Kind eines früh verstorbenen Webers, der ihm nichts hinterlassen hatte, gab den Takt für gesellschaftliche Mobilität vor. Er war seit seinem 25. Lebensjahr in der Werkstatt tätig gewesen, zog aber bereits mit 30 Jahren in eine elegantere Nachbarschaft, in der der Virtuose Leclair, die Komponisten Guillemain und Rameau und der junge Prinz von Guémenée, ein ernst zu nehmender Amateurcellist, zu seinen Kunden zählten. 1754 wurde er zum »Geigenbauer von Monseigneur dem Dauphin«, dem späteren Louis XVI., ernannt.

Der Zusatz »in der Nähe der Comédie Française« auf seinem Zettel war ein Signal, das auf mehr als nur den Standort hinwies. Er hatte alles: persönlichen Charme, erstklassige gesellschaftliche Verbindungen, günstige Handels- und Kreditbedingungen, technische Fähigkeiten für Reparaturen und Restaurierung und repräsentative Räume für elegante Empfänge. Seine Spezialität war der Umbau von Gamben zu Celli. Der Prozess, der durch den Ersatz von kleinen durch große Bassbalken und von kurzen, geraden Griffbrettern durch längere, gewinkelte aus einer barocken Nachtigall die Art von Violine machte, die Paganini seine »Kanone« nannte, war damit Mitte des 18. Jahrhunderts auf einem guten Weg.

Von 1776 an, dem Jahr, in dem Turgot die Gilden abschaffte und die amerikanischen Kolonien ihre Unabhängigkeit erklärten, hätten Angebot und Nachfrage ebenso gut von Adam Smith geplant worden sein können, dessen *Wealth of Nations* im selben Jahr erschien. Eine wachsende Gemeinschaft von zunehmend qualifizierten Facharbeitern nutzte die Wettbewerbsvorteile durch Materialien und Marktzugang aus. Eine wachsende Zahl von Abnehmern aus der Mittel- und Oberklasse fand gute und sehr gute Instrumente zu erschwinglichen Preisen vor.

Wo ungelernte Arbeiter darum kämpften, ihren Lebensunterhalt mit 100 bis 300 Livres pro Jahr zu sichern – vergleichbar mit den niedrigsten Kosten einer Ausbildung zum Gesellen –, konnte ein staatlich geprüfter Arbeiter nunmehr mit über 700 Livres rechnen, dem Gegenwert des Gehaltes eines Lateinlehrers am Anfang seines Berufslebens und mindestens so viel oder sogar mehr als das, was Kollegen in anderen Handwerken nach Hause brachten. Ein unabhängiger Geigenbauer konnte zwischen 1.000 und 3.000 Livres im Jahr verdienen, das entsprach dem Gehalt eines Assistenzlehrers in einer Fürstenfamilie und war genug, um ohne Zimmervermietungen oder andere Zusatzeinkommen sorgenfrei leben zu können. Mit 3.000 Livres wurde das Leben ganz entschieden angenehm, 5.000 Livres waren der allgemein anerkannte Schwellenwert zu einem bürgerlichen Status. Einige der Geigenbauer verdienten bis zu 5.500 Livres, sodass sie wie ihre Kollegen in Cremona in Mietwohnungen investierten, ihre Sonntage mit dem Anbau von Obst und Gemüse in den großen Gärten ihrer Landhäuser verbringen und sich an Möbeln, Schränken, Gemälden, Bibliotheken und damit an einem sozialen Status erfreuen konnten, den ihre Eltern und Großeltern nie gekannt hatten.

Für einige der bedeutendsten Persönlichkeiten in der Branche scheint die Revolution sogar eher eine Unannehmlichkeit als ein großer Zusammenbruch gewesen zu sein. Im Jahr 1790 ersetzte Jean-Henri Naderman, ein weiterer »Geigenbauer der Königin«, sein Ladenschild durch eines, das ihm für eine Welt von Freiheit, Gleichheit und Brüderlichkeit geeigneter erschien. Auf dem neuen Schild war zu lesen: »An Apollo«, doch es hätte ebenso gut dort heißen können: »Vorsicht, Pragmatismus und Verlegertätigkeit«. Letzteres, seit 1777 Nadermans Nebenerwerb, wurde nun seine Haupttätigkeit, als er sein Warenverzeichnis, das zuerst auf Literatur für Harfe und Tasteninstrumente beschränkt war, um Musik für Blasorchester und eine achtteilige »Marche des Marseillois« erweiterte.[232]

Georges Cousineau fand es ratsam, seinen Titel »Geigenbauer der Königin« durch »Cousineau, Vater und Sohn, Geigenhändler, Paris« zu ersetzen. Doch trotz eines Lebenslaufes, in dem sein Sohn Jacques-Georges ausdrücklich als »Harfenlehrer der Königin« bezeichnet wird, beauftragte der Wohlfahrtsausschuss diesen, bei der Inventarisierung der von Auswanderern hinterlassenen Instrumente zu helfen. Inzwischen spekulierte Vater Cousineau mit beschlagnahmten Immobilien, vermarktete allerdings im Wettbewerb mit der harten Pariser Konkurrenz weiterhin Violinen bis nach Portugal.

Er starb im Jahr 1800 und hinterließ seinem Sohn nur eine Handvoll von Hypotheken. Jacques-Georges gelang es dennoch, 1805 zum »Geigenbauer Ihrer Majestät der Kaiserin« und zum »Berater für Harfe der Kaiserin Josephine« ernannt zu werden. Wenigstens überlebte der erste Titel die kaiserliche Scheidung und den Aufstieg der neuen Kaiserin Marie-Louise. Als der Wind aus Richtung Waterloo wehte und die zurückkehrenden Bourbonen mit sich brachte, gewann Besonnenheit erneut die Oberhand. Auf der Sterbeurkunde seiner Mutter im Jahr 1815 ist Cousineau als »Geigenbauer des Herrschers« und »Sohn des ehemaligen Geigenbauers der Königin« bezeichnet.

Eine bemerkenswerte Ausnahme war Léopold Renaudin, ein angesehener Geigenbauer, der Mirecourt im Alter von 16 Jahren Richtung Paris verließ und unzählige Kunden glücklich gemacht zu haben scheint, indem er ihre alten Instrumente auf moderne und benutzerfreundliche Größen brachte – ein Verfahren, das im folgenden Jahrhundert so etwas wie eine Pariser Spezialität werden sollte. Am Vorabend der Revolution war er gerade mal 40 Jahre alt und reparierte Bässe für die königliche Akademie, vermietete der Oper Gitarren und produzierte seine eigene Version der Strads, die bei Gastsolisten immer beliebter wurden. Ein Jahr später wurde er in den Bürgerrat seiner Wohngegend gewählt.

Von da an nahm seine Karriere eine Wende, die nicht nur im französischen Geigenbau sondern vermutlich auch in der Geschichte des Geigenhandels einzigartig ist. Im August 1793 wählten ihn seine Kollegen in den Stadtrat, wo er von Maximilien Robespierre, dem Anwalt, der zum Revolutionär wurde und der Welt das Konzept der »Terreur« gab, kooptiert wurde. Innerhalb weniger

Wochen ließen Robespierres Anforderungen an das Revolutionstribunal die Anzahl der Juroren von 16 auf 30 anwachsen.

Unter den neuen Juroren war Renaudin, der bald über so berühmte Angeklagte wie die Königin, die Girondins, Jacques Hébert, Georges-Jacques Danton und Camille Desmoulins zu urteilen hatte. »Er wollte nie jemanden freisprechen«, so zitierte ihn später ein Zeuge aus seinem eigenen Prozess. Ein neues Gesetz beschleunigte nur das Tempo des Tribunals. Zwischen dem 10. März 1793 und dem 10. Juni 1794 gab es 1 220 Hinrichtungen; in den folgenden sieben Wochen waren es 1 376. Am 27. Juli zogen in der Nationalversammlung Rebellen, die befürchteten, dass sie die Nächsten sein könnten, einen Schlussstrich und forderten Robespierre und seine Mitarbeiter zum Rücktritt auf. Renaudins Geschäft wurde versiegelt, und er selbst stellte sich der Polizei. Am nächsten Tag wurde Robespierre verurteilt und hingerichtet. Vier Tage später wurde Anklage gegen seinen Oberstaatsanwalt Fouquier-Tinville und weitere Offiziere des Tribunals erhoben.

Im März 1795 sagte Renaudin, der trotz mehrerer Eingaben seiner zunehmend mittellosen Frau immer noch ohne Anklage inhaftiert war, so umsichtig wie möglich als Zeuge zu seiner Beziehung zu Robespierre aus. Im Lauf des Verfahrensmarathons im März und April sprachen acht Zeugen zu seiner Verteidigung, darunter ein Arzt, ein Zahnarzt, ein Musiklehrer, ein Trio von Handwerkern und der Präsident seines Gemeinderats. Er selber, Renaudin, hielt sich an die Argumentation von Fouquier, der darauf bestand, nur Befehlen gefolgt zu sein. Unter Tränen, so ein Berichterstatter, erklärte er seine Liebe zu seiner Frau und wies auf seine väterlichen Pflichten hin. Das Gericht blieb ungerührt. Gefragt, ob die Angeklagten Verursacher oder nur Beteiligte einer fehlgeleiteten Justiz waren, befand die Jury nur Fouquier als Verursacher. Doch auf die Frage, ob 31 Mittäter mit bewusster Bosheit gehandelt hatten, befand das Gericht 16 von ihnen für schuldig und verurteilte sie zum Tod, darunter Renaudin.[233]

Selbst der Höhepunkt des Terrors konnte Nicolas Lupot, den »französischen Stradivari«, nicht davon abhalten, sich im Jahr 1794 in Paris niederzulassen und einen Laden zu eröffnen, in dem er – nach Beare und Milliot – nicht nur »den Maßstab schuf, an dem der Rest der großen französischen Schule gemessen wird«, sondern auch beispielhafte Standards für eine politische Steuerung setzte.[234] Im Jahr 1813, in dem sich Napoleon bereits ungebremst auf rutschiger Bahn befand, wurde Lupot zum Geigenbauer der kaiserlichen Kapelle ernannt. Nur drei Jahre später wurde er zum Geigenbauer der königlichen Musikschule berufen, aus der bald ein Konservatorium werden sollte.[235]

Der Goldregen ließ noch eine Generation auf sich warten, bis die Truppen aus Waterloo und die Bourbonen aus dem Exil zurückkehrten und sich der Staub der Geschichte gesetzt hatte. Doch das vor der Revolution geschaffene

Sach- und Humankapital, das in Immobilien, täglichen Reparaturen und pragmatischem Überleben versteckt worden war, machte sich nun bezahlt, und die Dinge verbesserten sich zusehends. Über Paris hatte sich bereits 1818 der Himmel aufgehellt, als J. B. Vuillaume im Alter von 20 Jahren mit sechs Livres in der Tasche in die Stadt kam. Später folgten ihm drei seiner Brüder, die mit ihm und ihren Altersgenossen Europa für mindestens drei Generationen in einer Weise dominierten, wie es Napoleon nie getan hatte. Ihre Schatten waren an der Schwelle zum 21. Jahrhundert immer noch auf der New Yorker West 54th Street zu spüren, wo René Morel und Gael Français weiterhin das taten, was ihre Vorfahren in Mirecourt ein Vierteljahrtausend zuvor begonnen hatten.

Das Prinzip hinter der neuen französischen Vorherrschaft war einfach. Seit den Zeiten von Andrea Amati zog es Violinen zur Macht und zum Geld. Vor und nach der Revolution zog es Macht und Geld nach Paris. Der dritte Schritt war einleuchtend, aber die Mechanismen, die ihn erfolgreich machen sollten, waren es nicht.

Der erste Synergieeffekt beruhte auf der Dynamik, die italienische Musiker und Instrumente – ebenso wie italienische Köche, Maler, Bildhauer, Tanzlehrer, Landschaftsarchitekten und praktisch jede andere Kunst und jedes Handwerk – spätestens seit den Medici nach Norden und französische Gelehrte, Künstler, Geistliche, Kaufleute und vor allem Soldaten spätestens seit Charles VIII. nach Süden zog. Diese Kombination machte es nahezu unvermeidlich, dass seit spätestens 1770 sowohl französische Musiker als auch Sammler unter den Ersten waren, die italienische Geigen entdeckten, kauften, enteigneten und begehrten und die in das Handwerk einheirateten und von italienischen Geigen – mit besonderem Augenmerk auf Strads – lernten.

Der zweite Synergieeffekt entstand aus dem Zusammenhang mit der Musik, die Paris zur Geigenhauptstadt machte, während Italien – mit viel indirekter Hilfe durch französische Staatsmänner und Generäle – langsam den Betrieb einstellte. London und Wien waren ebenfalls anziehend, doch keine der beiden Städte konnte es mit der sich selbst tragenden Infrastruktur der Amateur- und Profimusiker, Sammler, Lehrer, Konzertmanager und Gönner aufnehmen, die sich um das neu gegründete Pariser Konservatorium und seinen italienischen Leiter Luigi Cherubini – französischer Bürger seit den 1790er-Jahren – versammelten. Das Ausmaß des Bestands, die Vielfalt der Auswahl und des technischen Sachverstands, über die die ungefähr 30 Pariser Händler, 19 Instrumentenbauer, fünf Bogenmacher und fünf Saitenmacher an der Schwelle der 1830er-Jahre verfügten, waren ebenfalls unerreicht.[236]

Der dritte Synergieeffekt – gleichermaßen ein Erbe von Louis XIV., der Revolution und Napoleons – bestand aus der ganz eigenen französischen Mischung aus Konservatismus und Emanzipation, von Hauptstadt und Provinz, die ehrgeizige junge Geigenbauer zu Charakteren in einem Balzac-Roman machte, während sie die Wechselseitigkeit, mit der sich die Angebotsseite in Mirecourt und die Nachfrageseite in Paris ergänzten, zu einem nationalen Modell werden ließ. Paris wandte sich auf der Suche nach Instrumenten, Bögen und Zubehör sowie nach Mitarbeitern und Auszubildenden nach Mirecourt, Mirecourt wandte sich für Bestellungen nach Paris, und der Verkehr zwischen den beiden Städten lief ununterbrochen. Auf beiden Seiten fand eine strenge Arbeitsteilung statt, häufig mit der Hilfe von Familienmitgliedern.

Der exemplarische Mirecourter, ausnahmslos männlich, verließ die Stadt in seiner Jugend, um nach Paris zu gehen, wo er dann, beginnend um sieben Uhr morgens, vier Jahre lang Winter wie Sommer und für 4 Francs pro Tag an rund 300 Tagen ein Arbeitspensum von zehn bis zwölf Stunden absolvierte. Nach Abschluss seiner Ausbildung stieg seine Tageseinnahme auf 7 Francs – sofern er nicht Akkordarbeit verrichtete.[237] Zumindest im Prinzip war der Lohn dieses Elends eine unabhängige Existenz, ein Familienbetrieb und irgendwann die Rückkehr in einen angenehmen Ruhestand, oft genug in Mirecourt.

In der Schwerpunktsetzung gab es deutliche Unterschiede. Während ungefähr ein Dutzend Pariser Geigenbauer auf eine exklusive Kundschaft abzielte, strebte Mirecourt den Massenmarkt an. Wo die Pariser schätzungsweise 12 Prozent ihrer Produkte exportierten, waren es bei den Mirecourtern drei Viertel und mehr ihrer zahlenmäßig sowieso größeren Produktion. Im Jahr 1839 baute die Werkstatt von Charles Buthod in Mirecourt aus Gründen der Umsatzsteigerung etwa 900 Instrumente pro Jahr. Vuillaumes Werkstatt in Paris produzierte 150 Stück.[238]

Aber zu einem wirklichen Durchbruch kam es erst eine Generation später. 1857 trat der 24-jährige Louis Emile Jérôme Thibouville-Lamy, dessen Familie seit 1790 im Instrumentenbau tätig war, in das Unternehmen Husson-Bouthod & Thibouville ein. Er brauchte nur ein Jahrzehnt, um es als Alleininhaber zu übernehmen. Ein weiteres Jahrzehnt später hatte er die Produktion rationalisiert und mechanisiert, in Wien Violinen zu 5, 10 und 20 Francs zum Kauf angeboten und vier Fabriken gegründet, die insgesamt 420 Mitarbeiter beschäftigten. Allein die Jahresproduktion in Mirecourt betrug 25 000 bis 30 000 Instrumente, akribisch sortiert nach Stil und Materialkosten. Thibouvilles Katalog für das Jahr 1867 bot eine Auswahl von 28 Geigenbögen und 48 Violinen. Im Jahr 1900 hatte Drögemeyer, sein Konkurrent aus Mirecourt, die Auswahl auf 360 Modelle erweitert.[239]

Die Spitze des französischen Geigenbaus zeigt sich in zwei Geschichten, von denen die eine individuell, die andere kollektiv ist. Das Individuum ist Vuillaume »dieser Wal des Geigenhandels«, »dieser Rastignac«, wie Emanuel Jaeger ihn anlässlich seines 200. Geburtstages nannte.[240] Das Kollektiv ist die Familie Chanot, später Chanot-Chandon, in deren Generationen sich die Erfahrungen eines Handels, eines Berufes, einer Kultur, sogar einer Nation widerspiegeln – vom Niedergang des Ancien Régime bis zur Mitte des 20. Jahrhunderts.

Sie waren zeitlebens Konkurrenten, die einander respektierten, und beide gingen sie aus der Aufklärung des 18. Jahrhunderts hervor, die in der napoleonischen Zeit immer noch nachleuchtete. 1817 erfand Félix Savart, ein 20-jähriger Arzt, der mehr an Akustik als an Patienten interessiert war, eine trapezförmige Violine mit senkrechten, bleistiftähnlichen Schalllöchern, die entfernt an eine Balalaika erinnerte und es bis zur Serienproduktion durch Geigenbauer brachte, die ernsthaft davon überzeugt waren, dass die Geige zu einer noch größeren Vollkommenheit gebracht werden konnte als die, die ihr die von der Empirie geleiteten Cremoneser bereits verliehen hatten. Aber sie wurde kein Erfolg.[241]

Im selben Jahr, in dem Savart seine Trapezvioline präsentierte, erprobte die Musikabteilung der Académie Royale des Beaux Arts eine weitere Erfindung. Diesmal hatte das Instrument eine Gitarrenform mit einer Schnecke, die nicht in Richtung des Spielers, sondern von ihm weg wies. Ein paar Jahre später bewies sein Schöpfer, François Chanot, dass sein Instrument sogar Platz für eine fünfte Saite hatte und damit auch als Bratsche einsetzbar war.[242]

Ebenso wie Savart war Chanot ein Wissenschaftler und entschlossen, die theoretischen Voraussetzungen eines grundlegend auf Erfahrung und Eingebung beruhenden Handwerks aufzudecken. Geboren 1788, stammte er aus Mirecourt, wo schon sein Vater Geigen gebaut hatte. Es wurde eigentlich vorausgesetzt, dass er in das Familienunternehmen einsteigen würde. Stattdessen trat er mit 19 Jahren in ein Polytechnikum ein, machte einen Abschluss als Schiffsingenieur und arbeitete sich bis zum Kapitän und Konstrukteur eines Schiffes mit 74 Kanonen hoch.

Mit der Schlacht von Waterloo endete das halbe Jahrzehnt seines beeindruckenden Aufstiegs. Zum 1. Januar 1816 wurde er aus dem Dienst entlassen, denn man verdächtigte ihn bourbonenfeindlicher Ansichten. Sein Antrag auf Revision wurde abgelehnt, und mit einer Abfindung von 1.750 Francs verließ er Paris und ging mangels Alternativen zurück nach Mirecourt.

Seine Rückkehr nach Paris mit einem Prototyp und einem erläuternden Papier erbrachte ihm ein Zehnjahrespatent, und es schien sich eine vielversprechende zweite Karriere abzuzeichnen. Er hatte ein Streichquartett und einen Bass gebaut; brachte Pierre Baillot, den amtierenden König der französischen Geiger, dazu zu zeigen, was in seinem Instrument steckte, er gründete eine Firma in Mirecourt, um die Pariser Nachfrage befriedigen zu können und überzeugte sogar Nicholas-Antoine Lété, den orgelbauenden Sohn eines weiteren Mirecourt Clans, 20.000 Francs in sein Unternehmen zu investieren. Nach seiner Rehabilitation überließ er das Unternehmen seinen Partnern und kehrte in den Dienst der Marine zurück.

Seine vier Jahre im Violingeschäft waren vielversprechend, doch sie hatten erst begonnen, sich auszuzahlen. Chanots Instrumente, obwohl gut gemacht, von der Streicherfakultät des Konservatoriums mit Hochachtung angenommen und bei einem Preis von 300 Francs durchaus wettbewerbsfähig, wurden bald Kandidaten für das Instrumentenmuseum.[243] Dennoch hinterließ er ein doppeltes Erbe. Das eine war sein jüngerer Bruder Georges, der nach Paris geschickt wurde, um bei der Fürsorge für François' Kinder zu helfen. Das andere war Vuillaume, der Mirecourt verlassen hatte, um in der Pariser Werkstatt zu helfen.

Vuillaumes einzigartige Fähigkeit, sich von anderen abzugrenzen und erfolgreich zu sein, sollte ihn im kommenden halben Jahrhundert auszeichnen. Wie Millionen seiner Zeitgenossen verbrachte er sein Arbeitsleben auf einer der großen politischen Bruchlinien. Doch drei Revolutionen, ein zweiter napoleonischer Staatsstreich, eine preußische Belagerung und mindestens ein Bürgerkrieg scheinen ihm nichts Schlimmeres eingetragen zu haben als ein paar Unannehmlichkeiten während der Kommune von 1870, die es angeraten sein ließ, Paris zu verlassen und auf das Anwesen seiner Tochter zu ziehen.[244] Wie Millionen seiner Zeitgenossen verbrachte Vuillaume sein Arbeitsleben aber auch an der Schnittstelle zweier Epochen. Zu Beginn seiner Karriere wich die aufklärerische Wissenschaftsgläubigkeit, die ihn nach Paris gebracht hatte, der romantischen Leidenschaft für Geschichte. Rothschilds und Pereires rundeten ihre kurz zuvor erworbenen Antiquitätensammlungen mit makellos gestalteten Faksimiles ab.[245] Der Palast von Westminster, der Bahnhof Paddington, Neuschwanstein und das neue ungarische Parlamentsgebäude bezeugten auf je eigene Weise die Bewunderung der Vergangenheit. Doch nur wenigen gelang ein solcher Brückenschlag zwischen Innovation und historischem Bewusstsein wie Vuillaume.

»Werdet reich durch harte Arbeit, Sparsamkeit und Ehrlichkeit«, hatte König Louis-Philippes Premierminister François Guizot seiner normannischen Wählerschaft im Jahr 1841 empfohlen. Vuillaume setzte Guizots Rat 20 Jahre lang in die Praxis um. 1838 hatte er ein erstes Haus für 80.000 Francs, dann ein weiteres für 120.000 Francs gekauft. Wie alle solche Investitionen seit der von Nicolò Amati wurde das zweite Haus als Goldesel benutzt. 1843 kam für weitere 38.000 Francs ein Landhaus mit weitläufigen Gärten und Nebengebäuden hinzu, wohin er sich schließlich in den Ruhestand verabschiedete und damit nebenbei die Pariser Verbrauchssteuer auf importiertes Holz umging.[246] Ein paar Jahre später fügte er für 72.200 Francs ein drittes angrenzendes Stadthaus hinzu – zu einer Zeit, in der selbst die besten Strads immer noch für 5.000 bis 7.000 Francs zu haben waren.[247]

In Vuillaumes Augen war es schwerer, Geld zu behalten, als es zu verdienen, doch beherrschte er auch diese Kunstfertigkeit. Lange Zeit verweigerte er seiner Frau eine Kutsche, obwohl sie sich einen ganzen Fuhrpark hätten leisten können; er selbst war lieber auf Schusters Rappen unterwegs. Doch er verheiratete seine beiden Töchter mit einer Mitgift von jeweils 1.000 Francs plus einer Goldmünze – einen Écu –, die er bei seiner Ankunft in Paris im Jahr 1818 aus Mirecourt mitgebracht hatte.[248] Da er für den Immobilien- und Wertpapiermarkt ein ebenso feines Gespür hatte wie für die Qualität des Holzes in alten Chalets und selbst für die von in ihrer Rinde gelagerten Bäumen, diente er seinem Brüsseler Bruder auch als Anlageberater.[249]

In seinen Memoiren erinnert sich der Glasgower Geigenhändler David Laurie, der regelmäßig Geschäfte mit den Vuillaumes machte, an einen Donnerstag in deren Landhaus und Werkstatt, wo sich der alternde Jean-Baptiste einmal wöchentlich für eine offene Haus- und Bürostunde zur Verfügung stellte. Er fand den Besitzer, der bereits eine Legende war, dabei, seinen patentierten Lack in bester Stimmung an Geigenbauer zu verkaufen, die von ihm als Berühmtheit fasziniert waren. Selbstverständlich, so gab Vuillaume zu, nachdem die Besucher ihn verlassen hatten, war es nicht der Lack, den er selbst verwendete.[250]

Dennoch war es ihm um die Zufriedenheit seiner Kunden ebenso zu tun wie um die Qualität seines Produktes. Vuillaume war in beiderlei Hinsicht erfolgreich und exportierte schätzungsweise 75 Prozent seiner Produktion.[251] Beginnend mit Paganini, dessen Guarneri er in Gegenwart ihres entsetzten Besitzer öffnete,[252] arbeitete er mit und für die Großen der Zeit, darunter der norwegische Virtuose Ole Bull,[253] der belgische Virtuosen Charles-Auguste de Bériot und der eigene Schwiegersohn Jean-Delphin Alard, Professor am Konservatorium. 1851 präsentierte er auf der Weltausstellung in London neun Kopien und gewann die höchste Auszeichnung. Bei seiner Rückkehr in die Heimat wartete auf ihn die Rosette der Ehrenlegion.[254]

Den Grundstein für seinen Erfolg hatte er bereits wenige Monate nach seiner Ankunft in Paris gelegt. Ebenso wie Chanot und Savart war sich auch Vuillaume sicher, dass die Geige immer noch verbessert werden konnte, doch erkannte er auch, dass es ihre italienische Vergangenheit war, um die die Öffentlichkeit sich riss. Er machte es sich zur Aufgabe, ihr zu geben, was sie wünschte. Aber auch wenn Amateursammler manchmal drei oder vier alte italienische Instrumente auf einmal kauften, lag die eigentliche Herausforderung darin, Instrumente zu verkaufen, die sich auch die Spieler leisten konnten.

Seine Lösung war wunderbar einfach. Für diejenigen, die sie bezahlen konnten, gab es alte Italiener von alten Italienern. Für diejenigen, die das nicht konnten, gab es alte Italiener von Vuillaume ab 200 Francs. Aber auch das war nicht billig in einem Land, in dem von etwa 30 Millionen Einwohnern nur 200 000 pro Jahr die 200 Francs an direkten Steuern bezahlten, wodurch ihnen erlaubt wurde, ihr Wahlrecht auszuüben. Doch war es im Vergleich zu den üblichen Preisen für Strads immer noch günstig. Anlässlich eines Symposiums zu Vuillaumes 200-jährigem Jubiläum zitierte Morel den Geigenbauer: »Sehen Sie, Sie werden eine exakte Kopie einer Stradivari mit Lack, Ton usw. bekommen, niemand erkennt den Unterschied, meine Instrumente kosten aber nur 500 bis 800 Francs, also warum eine Strad kaufen, die Sie nicht für unter 6.000 bis 8.000 bekommen können?«[255] Und das meinte er genau so und verlangte für seine Kopien von Strads, Guarneris und Amatis fast das Dreifache dessen, was zu dieser Zeit für originale Mantegazzas, Balestrieris und Gragnanis verlangt wurde – und er bekam es offenbar auch.[256]

Als Vuillaume im Alter von 76 Jahren starb, hatte er etwa 3 000 Instrumente gebaut und alle zur Bestätigung seiner eigenen Rolle in ihrer Herstellung nummeriert und signiert. Allein zwischen 1842 und 1850 entstanden 464 Instrumente[257] – eine Anzahl, die sowohl im Durchschnitt als auch in der Gesamtsumme deutlich über derjenigen von Stradivari lag, der wesentlich länger arbeitete. Die Verstärkung kam dabei von unterstützenden Mitarbeitern, die Vuillaume angestellt hatte, um für ihn – den Pariser Stradivari mit zwei Töchtern, aber keinen Söhnen – die Rollen von Stradivaris Söhnen Francesco und Omobono zu übernehmen.

Mit Preisen, die er nach Materialkosten gestaffelt hatte, waren Vuillaumes Instrumente peinlichst gewissenhafte und zugleich kreative Kopien der wichtigsten italienischen Geigenbauer, künstlerisch neu geschaffen durch einen Mann, der sich ihnen in jeder Hinsicht gleichwertig fühlte. Seine besten Instrumente hatten Konzertqualität. Gemäß Millant machte Paganinis Schützling Camillo Sivori eine glänzende Karriere auf einer Vuillaume-Kopie von Paganinis berühmter Guarneri-»Kanone«, die aber nur eine von vielen war. Im Jahr 1946 spielte Fritz Kreisler auf ihr.[258] In den Zeiten ausgedehnter Seereisen ließen vorsichtige Europäer ihre Strads häufig lieber zu Hause und reisten mit einer Vuillaume durch die Vereinigten Staaten. Ein Jahrhundert später, so René Morel, kehrte Aaron Rosand den Vorgang um: Er ließ seine Guarneri zu Hause in Amerika und bereiste Europa und die Welt mit einer Guarneri von Vuillaume. Ruggiero Ricci reiste über neun Monate mit einer Maggini von Vuillaume (die Fritz Kreisler gehört hatte), während sich seine Guarneri in Morels Geschäft befand. Die Rezensionen, mit denen er nach New York zurückkehrte, waren voller Bewunderung für den großartigen Ton des Instruments.[259]

Derweil arbeitete Vuillaume an einem steten Strom von geistreichen Experimenten und patentierten Erfindungen. Unter ihnen war der Octobass: der »ultimative« Bass, der über 3,45 Meter hoch war und dessen C eine Oktave unter dem des Cellos lag; ein hohler Bogen aus Stahl, den de Bériot ausprobierte und den Paganini tatsächlich als »unendlich zu bevorzugen und denen aus Holz hoch überlegen« bezeichnete;[260] ein Bogen, der es einem Virtuosen auf Reisen erlaubte, ihn mit Hilfe eines vorgefertigten Mechanismus ohne professionelle Hilfe zu beziehen; eine Bratsche in tiefer Altlage; ein siebensaitiges Cello als

Klavierersatz namens Heptacord zur Begleitung von Rezitativen; eine automatische (d. h. durch das Kinn betriebene) Stummschaltung, die dem Spieler unbequeme Handbewegungen ersparte; und eine Fräse, die Violindecken und -böden für die preiswerteren Modelle seiner späteren Jahre ausformte.[261]

Nichts davon war ein kommerzieller Erfolg. Aber viele ehemalige Mitarbeiter gehörten zu den erfolgreichsten Adepten der Zunft – unter ihnen die Geigenbauer Hippolyte Silvestre, Honoré Derazey, Charles Buthod, Charles Adolphe Maucotel, Joseph Germain und Telesphore Barbe sowie die Bogenmacher Clement Eulry, J. P. M. Persoit, Dominique, François und Charles Peccatte, Joseph Fonclause, Nicolas Maline, Pierre Simon, F. N. Voirin und Hermann Richard Pfretzschner.[262] Diese Auszeichnung war hart verdient. Selbst bei den normalerweise üblichen vier Francs Tageslohn für die alltägliche Arbeit scheint Vuillaume ein außergewöhnlich geiziger Arbeitgeber gewesen zu sein. Da er sehr stolz auf seine eigenen bescheidenen Anfänge war, in denen er regelmäßig nur eine einzige gekochte Birne zu Mittag gegessen hatte, zahlte er seinen Angestellten anfangs nur drei Francs pro Tag und gab ihnen einen Abstellraum als Unterkunft. Doch dank Vuillaumes Werkstatt, so bemerkt Milliot ohne Ironie, wurde die französische Schule zu einer würdigen Nachfolgerin der italienischen, und Fétis konnte – vieldeutiger als vermutlich beabsichtigt – behaupten, dass Paris das Cremona des 19. Jahrhunderts war.[263]

Vuillaume war der Erste, der den Weg für die Mittelklasse-Strad und den modernen Markt bereitete, doch auch die Nachkommen von Joseph Chanot blieben nicht tatenlos. Sie belieferten die Mittelschicht mit Instrumenten und versuchten, zu ihr aufzuschließen. Das Tempo gab eindeutig der Ingenieur und Marineoffizier François an, dicht gefolgt von seinem Bruder Georges. Ebenso wie Stradivari war er bis ins hohe Alter aktiv, wurde jedenfalls alt genug, um sich darum Sorgen zu machen, ob sein Enkel, der 1870 geborene vierte Georges der Familie, das Abitur schaffen würde. Sein Tod im Jahr 1883 wurde von der Tageszeitung *Le Figaro* vermeldet.[264]

Wann der erste Georges in Paris eingetroffen war, ist ungewiss, doch eröffnete er 1821 in einer erst kurz zuvor erschlossenen Pariser Wohngegend sein erstes Geschäft. Zwei Jahre später, im Alter von 22 Jahren, gründete er mit der vier Jahre älteren Marie-Sophie Florentine Demolliens eine Familie. Mit der Geburt eines Sohnes, Auguste-Adolphe, im Jahr 1827 heiratete das Paar und legitimierte damit auch die vier Jahre zuvor geborene Tochter.

Eine Quittung aus dem Jahr 1828 über den Verkauf eines Guarneri-Cellos beweist, dass Georges wusste, wo gute Waren zu haben waren, dass er imstande war, ein italienisches Meisterinstrument als authentisch zu erkennen, und dass er Kunden hatte. Noch bemerkenswerter ist, dass eine auf der jährlichen Exposition des produits de l'industrie française ausgestellte Violine von 1827 bestätigt, dass seine Frau ebenfalls Geigenbauerin war. Als die einzige bekannte Geigenbauerin ihrer Zeit stellte sie mindestens drei Violinen her. Die erste, mit einer lateinischen Inschrift, emaillierten Darstellungen von Engeln und historischen Figuren, die vor einer gotischen Fassade auf alten Instrumenten und vor einem allegorischen Spielmann spielen, den ein Dämon verfolgt, wurde offenbar alsbald von einem unbekannten Pariser Geigenbauer erstanden. Dieses erste Projekt führte zu einem zweiten, das auf Anregung eines Schützlings von Viotti von einem englischen Amateur in Auftrag gegeben war.[265]

Erhaltene Aufzeichnungen belegen einen stetigen Handel sowohl mit Mirecourt als auch mit Pariser Lieferanten von Saiten, Etuis und Bögen zur Ergänzung von Chanots Kopien italienischer Instrumente. Ständig auf der Suche nach Käufern, investierte er sogar in Englisch- und Deutschunterricht. Dann machte er sich auf die Reise und überließ es seiner Frau, dem jungen Auguste und dem Dienstmädchen der Familie, Rose Chardon, sich um den Laden zu kümmern. 1841 fügte er Spanien und Portugal zu seiner Reiseroute hinzu.

Ein Besuch in London zahlte sich aus, weil Georges dort eine Verbindung zu Charles Reade herstellen konnte. Ein Besuch in Berlin führte ihn zum Konzertmeister des preußischen Königs, der Chanot seine Strad zur Reparatur gab, sowie zu einem lokalen Händler, der seine Strad-Kopie kaufte. Als der Händler nach Philadelphia weiterzog, folgte ihm eine 150 Kilogramm schwere Ladung von Chanot-Geigen, Etuis, Saiten und Noten. Nachdem er auf den französischen Industriemessen in den Jahren 1839, 1844 und 1849 Medaillen gewonnen hatte, ging Chanot nach St. Petersburg, wo er einem lokalen Händler drei Violinen verkaufte, bevor er über Dresden, Leipzig, Wien und Hamburg wieder nach Paris zurückreiste. Zwischen 1845 und 1858 war seine ausländische Kundschaft genauso zahlreich wie seine inländische, einschließlich der Stammkunden in Zürich, Berlin, St. Petersburg und Istanbul. Der Kundendienst ging so weit, dass der in London etablierte Maucotel, der ebenfalls aus Mirecourt stammte, Chanot nicht nur als einen Lieferanten betrachtete, sondern ihn über einen in London ansässigen französischen Kunden mit 3.000 Francs und dem Auftrag ausstattete, das Geld in sardische Eisenbahnaktien zu investieren.[266]

Nach drei Umzügen in 20 Jahren verlegte Georges Chanot die Werkstatt 1847 in neue Räumlichkeiten, in denen sie bis 1888 blieb, während die Familie vier zunehmend gut möblierte Räume im vierten Stock des gleichen Hauses bezog. Bis zur Einführung fließenden Wassers und der Einrichtung eines Badezimmers sollten etwa weitere 35 Jahre vergehen.[267] Aber auch die Tatsache, dass der Vermieter ein Comte de Labord, ein adeliger Parlamentsabgeordneter war, deutet darauf hin, dass der Umzug auch ein sozialer Aufstieg war.

Milliot weist auf drei Erfolgsfaktoren hin. Einer war ein lebhafter und freier Handel nicht nur mit alten italienischen Instrumenten, die beschädigt gewesen oder durch zahllose frühere Händler und Sammler ausgeschlachtet worden waren, sondern auch mit neu hergestellten Teilen, die für Restaurierungen benötigt wurden. Ein anderer war das Warenlager, darunter sechs Guarneris, vier Ruggeris, drei Landolfis, zwei Gaglianos und eine Maggini. Der dritte Faktor war ein Wertpapierbestand, unter anderem mit rumänischen, sardischen, piemontesischen und elsässischen Eisenbahnaktien. Zwischen 1847 und 1859 erwirtschaftete das Unternehmen schätzungsweise 5.000 Francs, eine Summe, die etwa dem Wert von einer oder zwei Strads entsprach. Zum Vergleich: Die Investitionen erbrachten Chanot schätzungsweise 9.800 Francs plus weitere 6.200 für Antoinette, die Schwester des Dienstmädchens.[268]

Doch obwohl die Geschäfte florierten, geriet die häusliche Lage in schweres Wetter. Im Jahr 1840 verlor Florentine ihren Verstand; sie war zeitweilig sogar gewalttätig, und man verlegte sie in ein Nebengebäude des Hauses einer Schwester in ihrem Heimatdorf. Zurück in Paris, gelang es der Familie, ohne sie auszukommen, so gut es ging. Chanot selber begleitete Auguste-Adolphe nach London, der dort von John Turner, einem angesehenen Händler und Stammkunden, das Handwerk erlernen sollte. Erhaltene Korrespondenzen bestätigen einen herzlichen Empfang, einen Arbeitstag von neun bis zehn Stunden und ausreichend Roastbeef, Kartoffeln und Bier, um den jungen Chanot vom Mittagessen bis zum Frühstück am nächsten Morgen bei Kräften zu halten. In einer Stadt, in der die Winter besonders lang und dunkel zu sein schienen und Auguste-Adolphe nur wenige Freunde hatte, sehnte er sich nach französischen Büchern. Ein branchenweites Liquiditätsproblem ließ ihn dann in das Geschäft seines Vaters zurückkehren, wo er sich als Bogenbauer und Restaurator hervortat. Die Machtübernahme von Napoleon III. im Jahr 1848 war für Auguste-Adolphe ein Schlag. Außerdem fantasierte er, der sich wie so viele junge Männer für das Theater begeisterte, von einem möglichen Erfolg als Bühnenautor. Er starb jedoch – auch hier wieder ein Vertreter seiner Zeit – mit 27 Jahren an Tuberkulose.

Georges II., Sohn des ersten Georges, war von anderem Kaliber. Da er zunächst zögerte, sich dem Geschäft überhaupt anzuschließen, erlernte er zuerst das Bogenmachen, zeigte während einer ersten Verkaufsreise nach London eine frühreife Begabung für den Handel und kehrte als ein noch schwierigerer Mann, als er es schon vorher gewesen war, nach Hause zurück. Als sich bei Maucotel eine Arbeitsstelle bot, schickte ihn sein dankbarer Vater zurück nach London, wo er schnell in eine Affäre mit einem Mädchen verwickelt und zum Duell gefordert wurde.

Hingerissen von einer anderen Engländerin, entschloss er sich, in London zu bleiben, zeugte Georges III. und eröffnete 1857/58 ein eigenes Geschäft. Ein Jahr später starb seine Mutter, und sein Vater heiratete Antoinette, die ihm inzwischen einen Sohn, Joseph Chardon, geboren hatte. Aus nicht mehr nachvollziehbaren Gründen wurde dieser nicht offiziell anerkannt, sondern es wurde vereinbart, dass er mit Beginn seines 18. Lebensjahrs nach und nach das Geschäft übernehmen und unter Aufsicht seiner Mutter am Besitz beteiligt sein sollte, während Georges I., nunmehr 60 Jahre alt, sich auf einen 6.000 Francs teuren Besitz in der Nähe einer Eisenbahnstation zwischen Paris und Versailles in den Ruhestand zurückzog.

1868 wurde die Werkstatt, die ein Fenster zur Straße hin hatte, offiziell in »Chanot-Chardon« umbenannt. Zwei Jahre später bekamen Joseph und eine Angestellte, die er nur einige Wochen später heiratete, einen weiteren Georges, diesmal Georges IV. Der Krieg mit Preußen, der kurz darauf ausbrach, brachte das Unternehmen für mehrere Monate zum Stillstand. George, der weder wie seine ersten beiden Kinder Republikaner, noch wie das dritte Bonapartist war, sah mit Entsetzen, wie Napoleon III. abgesetzt wurde, denn dessen Regime war zumindest für die Wirtschaft gut gewesen.

Es dauerte bis Juli 1871, bis die Pariser Werkstatt wieder eröffnet werden konnte, und während das Land die Kosten für Niederlage und Reparationen verkraften musste, liefen die Geschäfte erst nur langsam an, bevor sie wieder Fahrt aufnahmen. Als ein Jahr später die berühmte Gillott-Sammlung in London zur Versteigerung kam, war Joseph einer der wenigen Ausländer, die kauften, wenn auch – wegen des schwachen Francs – mit Vorsicht.

Nichtsdestoweniger scheinen die Geschäfte ertragreich genug gewesen sein. Zu den Kunden zählten unter anderem die belgischen Virtuosen Henri Vieuxtemps und Hubert Léonard, der Komponist Camille Saint-Saëns sowie unzählige Anwälte, Lehrer und Architekten, die sich an das Haus Chanot wegen seiner zuverlässigen Fachkenntnisse, kunstfertigen Restaurierungen und Ausstattungen wandten.

Inzwischen war eine neue Generation herangewachsen. Der ältere Sohn Frederick scheiterte mit dem Versuch, in dem heftig umkämpften Londoner Markt eine Werkstatt aufzubauen. Sein Bruder Georges-Adolphe hingegen war in Manchester erfolgreich, wo er ein Strad-Cello verkaufte, das Joseph ihm überlassen hatte. Dann rettete er die Familienehre, indem er auf der Londoner Ausstellung von 1885 mit einer Goldmedaille prämiiert wurde.

Nach seiner Rückkehr nach Paris konnte Joseph Georges IV., der als Erster in der Familie ein Gymnasium besucht hatte, für eine weitere Generation der Partnerschaft gewinnen. Die Firma, nun als Chardon & Fils bekannt, unterhielt Beziehungen zu einem treuen Kundenstamm von Lehrern, Orchestermusikern und Amateuren, der sich von der Insel Réunion bis nach Rostow am Don erstreckte. Doch auch wenn Restaurierungen und Begutachtungen immer noch zuverlässige Geldquellen waren, hatten sich die Stars schon lange aus der Kundenliste verabschiedet. Verkäufe alter italienischer Instrumente wurden seltener, und auch der Bau von Geigen war zurückgegangen.

Georges IV., am Vorabend des Ersten Weltkriegs ein 24 Jahre alter Quartiermeister, verbrachte die langen traurigen Kriegsjahre damit, 14 Violinen und vier Bratschen zu bauen und auf der Suche nach Schnäppchen um die

Markthalle zu streichen. Sein Sohn André, im Jahr 1914 ein Freiwilliger, wurde aufgrund seiner Begabungen als Cellist und eigenständiger Facharbeiter geschätzt. Er überlebte den Krieg und verwaltete das Orchester der 10. französischen Armee im besetzten Mainz. Später kehrte er in das Familienunternehmen nach Paris zurück.

Die Nachkriegsjahre brachten einen bescheidenen Wohlstand und ein Apartment mit einem Gaveau-Klavier und japanischen Vasen – etwas, das sich der Patriarch Georges niemals hätte vorstellen können. Die Kundschaft bestand jetzt aus Musikern aller Pariser Orchester sowie aus Konzertmeistern von Helsinki bis nach Istanbul und ausländischen Händlern, die selbst aus New York kamen. André war jetzt ein viel bewunderter Bogenmacher. Im Mai 1937, demselben Monat, in dem in Cremona die Strad-Ausstellung eröffnete, sammelte die französische Gilde einschließlich Georges ihre Kräfte für die Pariser Weltausstellung, nicht zuletzt mit freundlicher Unterstützung einer Bürokratie, die entschlossen war, »neue Instrumente zu präsentieren, die fähig sind, mit Hilfe unserer unvergleichlichen Handwerker im Geigenbau, um die die Welt uns beneidet, Amerika den Wert des französischen kreativen Genies zu zeigen«.[269]

In den Nachwehen eines weiteren unheilvollen Krieges erstand das Haus Chardon unter der Leitung von André und seiner Schwester Josephine noch einmal neu, doch war das sein Schwanengesang. André starb 1963 im Alter von 66 Jahren ohne andere Erben als Josephine, die auch bereits 62 Jahre alt und unverheiratet war. Als ein fernes Echo von Florentine hatte sie sich selbst beigebracht, Bögen zu beziehen und Instrumente einzurichten, führte kleinere Reparaturen durch und kaufte mit der Unterstützung von Kollegen Instrumente. Sie starb mit 80 Jahren, nachdem sie einen Kunden bedient hatte.

Die deutsche Szene war das, was Frankreich hätte werden können, hätte es nur aus Mirecourt bestanden. Zumindest bis zum Ende des 18. Jahrhunderts behielten deutsche Geigenbauer im In- und Ausland respektable Standards bei. Dann entschieden sie sich für die Massenproduktion. Doch selbst in Mittenwald und Markneukirchen, wo Geigen quasi am Fließband produziert wurden wie in Detroit Autos, gab es weiterhin gute, sogar sehr gute Geigenbauer.

Einige Jahrhunderte später, nach der deutschen Wende 1989, musste Dutzenden entsetzter ostdeutscher Besitzer so schonend wie möglich beigebracht werden, dass das, was sie für alte italienische Instrumente gehalten hatten, weder alt noch italienisch war.[270] Auch die DDR-Staatssammlung, die das westdeutsche Innenministerium 1990 erworben hatte, bestand fast ausschließlich aus Kopien.[271] Mit etwas Ironie könnte man die Geschichte als einen Qualitätsbeweis für deutsche Handwerker ansehen, deren Instrumente über Jahrzehnte alles das geliefert hatten, was die lokalen Konzertmeister, die selber Produkte einer der großen Orchesterkulturen der Welt waren, von ihnen verlangten.

Jakob Stainer, der einzige Deutsche, der in einem Atemzug mit den großen Italienern seiner Zeit genannt wird, ist wegen seiner Karriere, als Beispiel und als ein historiografisches Puzzle ebenso interessant wie Nicolò Amati und Stradivari. Doch im Gegensatz zu ihnen sind seine hinterlassenen Dokumente ungewöhnlich umfangreich. Briefe und Geschäftsunterlagen spiegeln eine Bildung wider, die weder für die Branche noch für die Zeit typisch war, zeigen aber auch eine schwierige Persönlichkeit. Gerichtsakten werfen darüber hinaus ein Licht auf die unruhigen Zeiten, die durch Stainers Hang zu undiplomatischen Meinungsäußerungen und heterodoxen Lesegewohnheiten noch unruhiger wurden.[272]

Zwangsläufig gibt es auch Leerstellen, beginnend mit dem Datum seiner Geburt in Absam, einem Tiroler Dorf, in dem es offenbar erst 30 Jahre nach Stainers Geburt einen ortsansässigen Priester gab, der Eintragungen in das Kirchenbuch vornahm. Die frühesten Zeugnisse von Stainers Existenz – ein dokumentierter Erbfall des Bruders einer Urgroßmutter mütterlicherseits – stammt aus dem Jahr 1623. Zu diesem Zeitpunkt, so Stainers Biografen, war er mindestens zwei, wahrscheinlich aber schon sechs Jahre alt, hineingeboren in eine Familie von bitterarmen Arbeitern und Bergleuten hoch über der großen Fernstraße zwischen Verona und Augsburg. Doch selbst in kleinen Tiroler Dörfern gab es Schulen, in denen Latein gelehrt wurde, und Kirchenmusik, die Bergleute und Chorknaben sangen. Zwischen 1624 und 1630 scheint Stainer selber Chorknabe gewesen zu sein, möglicherweise am Hof von Innsbruck. In einem Brief von 1669 bezeichnet er das Geigenspiel als eine nützliche Fähigkeit für Geigenbauer, er könnte also zumindest einige Unterrichtsstunden gehabt haben.

Wo er sein Handwerk lernte, ist ein weiteres Rätsel. Wenn die Verbindung zu Innsbruck stimmt, so könnte das für einen Bezug zu Italien sprechen. In Stainers Korrespondenz und in den Erinnerungen anderer Menschen an ihn finden sich Spuren der italienischen Sprache. Aber wohin er ging und wo er arbeitete, kann nur vermutet werden. Füssen wäre eine Möglichkeit, wenn es nicht in den Jahren, in denen Stainer Lehrling hätte sein können, unter der Pest, unter schwedischen Invasoren und dem Dreißigjährigen Krieg zu leiden gehabt hätte. Tirol und Innsbruck waren vor räuberischen Armeen vergleichsweise sicher, doch aus Mangel an einem dortigen Geigenbauer hätte er seine Ausbildung bei einem Tischler beginnen müssen.

Das an Amati orientierte Aussehen seiner Instrumente deutet auf eine Verbindung nach Cremona, ebenso wie ein Zettel aus Cremona von 1645, der 1910 in einer Geige entdeckt wurde, die auch mit »Brüder Amati« signiert war und unter dieser Herstellerangabe in den 1850er-Jahren von Vuillaume an einen Wiener Sammler verkauft wurde. Den Amati-Zettel kann man vergessen, denn beide Brüder waren 1645 schon lange gestorben. Doch als das Instrument 1892 geöffnet wurde,[273] fand man keinen Zettel von Stainer, und der

»silberne« Klang des Instruments, der Löwenkopf als Ersatz für die Schnecke sowie die deutsche Bauweise deuten ebenso auf Venedig hin wie auf Cremona, was wiederum nach Füssen und Tirol zurückführt.

Angesichts der Armut der Familie ist eine weitere offene Frage, wie Stainer oder sein Vater die Kosten für fünf bis sechs Jahre Unterkunft, Verpflegung und Lehrgeld bezahlen konnten. Die Regeln der Gilde sahen die Eheschließung mit der Tochter eines Geigenbaumeisters als Alternative zur Barzahlung vor, doch Stainers Frau scheint eine Bergmannstochter gewesen zu sein. Sie heirateten im Jahr 1645, etwa zehn Jahre nachdem seine Lehrzeit hätte beendet sein müssen.

Seine frühesten bekannten signierten Instrumente stammen von 1638, als Stainer um die 20 Jahre alt war.[274] Die ersten Dokumente über einen Verkauf an den Hof zu Salzburg stammen aus dem Jahr 1644. Im folgenden Jahr verkaufte er schon nach München, und wiederum ein Jahr später erhielt er einen Gesamtauftrag vom Innsbrucker Hof. Weil er aber längere Zeit abwesend war – vermutlich in Venedig auf der Suche nach Pigmentfarbstoffen –, musste ein Teil des Auftrags an Konkurrenten, darunter ein Cousin des Hofuhrmachers und des Hofgeigers, vergeben werden. In den frühen 1650er-Jahren machte es ihm die Kombination von familiären Zufällen, kommerziellem Erfolg und einer bescheidenen Erbschaft von seinem Schwiegervater möglich, sesshaft zu werden. In der Zwischenzeit hatte er sich erfolgreich um die Erteilung eines Wappens beworben – ein bescheidenes Statussymbol, das ihm erlaubte, ohne Eid als Zeuge vor Gericht aussagen zu können. Es zeigt eine Bergziege, die eine Geige hält, darunter die Buchstaben seines Namens.

Zunehmend war Stainer auch als Pate gefragt und so gut beleumundet, dass ihm ein ortsansässiger Kaufmann und später ein Richter 150 Gulden liehen, wahrscheinlich für den Kauf oder die Renovierung eines Hauses. Das Darlehen war das Fünffache dessen, was Stainer dem Bayerischen Kurfürsten für ein ungewöhnlich elegantes Instrument, das mit Ebenholz und Elfenbein verziert war, in Rechnung stellte. 1658 kam es zu einem Auftrag des spanischen Hofes, und im Lauf der Zeit sollten weitere Bestellungen aus Italien, aus Nürnberg, von großen Klöstern und vom Erzbischof von Olomouc (Olmütz) in Böhmen folgen, der ein ganzes Ensemble aus zwei Violinen, vier Bratschen, zwei Gamben und einem Bass wünschte. Der toskanische Großherzog Ferdinando de' Medici hatte zwei Stainers, der toskanische Virtuose und Komponist Antonio Veracini besaß – als Hälfte seiner Sammlung – zehn.[275]

1658 war auch das Jahr, in dem Stainer von Ferdinand Karl – dem Tiroler Erzherzog, legendären Mäzen und Ehemann einer Medici – zum Hoflieferanten ernannt wurde. Dieser Titel entsprach nicht ganz dem eines Hofgeigenbauers, doch erlaubte er ihm, Instrumente zu reparieren und sich bekannt zu machen, wenn reisende Virtuosen wie der englische Hofgambist William Young am Hof weilten. Mit dem Tod des Erzherzogs im Jahr 1662 verlor Stainer den Titel, doch gab es eine Wiedergutmachung, als der Kaiser sechs Jahre später eine ähnliche Ernennung vornahm.

1659 führte eine obskure Schlägerei mit ein paar Bauern zu Schadensersatzforderungen. Zwei Jahre später forderte ein anderes Gericht Stainer auf, eine von ihm angefochtene Rechnung von 50 Gulden zu zahlen. Das mutmaßliche Darlehen für sein Haus von 1657 war zehn Jahre später immer noch nicht getilgt. Von diesem Zeitpunkt an ging es nur noch bergab.

Das Österreich der Gegenreformation war in vielen Dingen tolerant, aber nicht, wenn es sich um Protestanten handelte. Stainer selbst war kein Protestant, wurde aber verdächtigt, einige zu kennen und mit ihnen zu sympathisieren. Laut einem Zeugen besaß und las er Bücher, die die katholische Kirche missbilligte, und redete über sie – noch dazu eloquent – mit Bekannten, zu denen ein Schneider, ein Kaufmann und ein Sägewerkbetreiber gehörten. Im Jahr 1668 wurde Stainer vor einen Ausschuss von Kirchenbeamten geladen, offenbar um sich einer Anklage der Verbreitung von Irrlehren zu stellen. Das ursprüngliche Urteil, das von den Beklagten verlangte, in Sackleinen und mit Kerzen zu erscheinen, ihrem Irrtum abzuschwören und sich erneut zum katholischen Glauben zu bekennen, wurde in die Aufforderung umgewandelt, ihre Bücher zu verbrennen. Stainer wurde außerdem inhaftiert, vielleicht, um seine Flucht zu verhindern. Nachdem er ins Feld führte, dass er vertraglich verpflichtet sei, Instrumente zu liefern, wurde er gegen Kaution freigelassen. Er wurde exkommuniziert, 1669 erneut verhaftet und erst entlassen, nachdem er versichert hatte, offiziell in der Kirche Buße zu tun.

Doch während all dies geschah, scheint das Geschäft geblüht zu haben – teilweise begünstigt durch seinen guten Ruf als Geigenbauer von Qualität, teilweise aber auch durch die wachsende Vorliebe für Instrumentalmusik. Doch Liquidität war ein Dauerproblem, denn der Erzherzog – selber überschuldet – zahlte seine Rechnungen nicht. Ferdinand Stickler, Dekan der Pfarrkirche in Meran, der 1678 eine Gambe bestellte, wollte in Wein bezahlen. Stainer erklärte sich bereit, für eine Barzahlung von 16 Talern (statt der üblichen Kosten von 20 bis 30 Taler) anstelle der Schnecke einen Löwenkopf draufzulegen und das Instrument zurückzunehmen, falls es Stickler nicht zusagte.

1679 zahlte der Münchner Hof 150 Gulden auf die Übersendung von Instrumenten an. Dieses Mal erschien die Nemesis in Gestalt fehlender seelischer Gesundheit, möglicherweise eine bipolare Erkrankung. Senn schätzt, dass Sticklers Instrument innerhalb eines Monats gebaut wurde, aber Berichten zufolge musste man Stainer dazu an die Werkbank ketten. Inzwischen fanden sich vermehrt gefälschte Stainers, und er selbst bekam es mit einer steigenden Flut von Schulden zu tun. 1682 versäumte er Zinszahlungen und wurde unter die Obhut eines gerichtlich angeordneten Vormunds gestellt. Ein Jahr später starb er. Nachdem die Schulden bezahlt waren, blieb von seinem Vermögen wenig übrig, und seine überlebenden Töchter fristeten bis zu ihrem Tod ihr Leben als Dienstboten im Haus eines verstorbenen Schwagers.

Doch Stainers Vermächtnis lag in so vielem mehr. Bevor sich über ein Jahrhundert später ein umfassender Wandel im Musikgeschmack abzeichnete und Viotti und die Strad auf der Bildfläche erschienen,[276] sollten Stainers »silbertönende« Geigen, die im In- und Ausland gleichermaßen bewundert wurden, für das Gewerbe der Goldstandard bleiben. »Die Geigen aus Cremona sind nur durch die von Stainer überflügelt worden [...], dessen Instrumente wegen eines vollen und durchdringenden Tones bemerkenswert sind«, berichtete der englische Musikwissenschaftler Sir John Hawkins in seiner fünfbändigen *General History of the Science and Practice of Music* (London 1776). In Deutschland, Italien und England konnten Kopisten die Nachfrage kaum befriedigen. Nachfolgende Geigenbauer von Augsburg bis Mittenwald und von Nürnberg bis Prag wurden von Stainers Beispiel beeinflusst und inspiriert.

In Füssen, einer Stadt mit 1 400 Einwohnern, in der der Bau von Geigen im italienischen Stil seit spätestens 1666 betrieben wurde, eröffneten im Laufe des 18. Jahrhunderts etwa 80 Meister eine Werkstatt, und unzählige Lehrlinge erlernten das Handwerk. 1752 beantragte Johann Anton Gedler als fünfzehnter Geigenbaumeister die Bürgerschaft. Kein Problem, erklärte der Stadtrat, setzte sich über die Gilde hinweg und genehmigte den Antrag mit der Begründung, dass die aktuelle Nachfrage aus Italien, Frankreich und vor allem Deutschland Hunderte Geigenbaumeister ernähren könne. Ortsansässige Gesellen hatten keine Probleme, Arbeit in Wien, Olmütz, Breslau oder Prag zu finden. 1769 bat ein Meister aus München – der einzige Geigenbaumeister in einer Stadt mit 40 000 Einwohnern – einen ihm bekannten Bäcker aus Füssen um Hilfe bei der Suche nach einem Lehrling.[277]

Leonhard Mausiell, gebürtiger Nürnberger, verkaufte nach Stainer-Vorbildern gebaute Geigen und Celli an die dortigen Kirchen, kirchlichen Schulen und sogar an das Rathaus. Allein der Nachlass eines lokalen Händlers verzeichnete 38 Mausiell-Violinen und weitere mit Mausiell-Zetteln.[278] Interessant wurde eine ansonsten ereignislose Geschichte mit der Ankunft von Leopold Widhalm, einem begabten Gesellen niederösterreichischer Herkunft, der Arbeit in der ersten Werkstatt der Stadt annahm und im Jahr 1745 mit der Tochter des Meisters ein Kind zeugte. Dieses Verfahren war der schnellste Weg zur Bürgerschaft und wurde so regelmäßig benutzt, dass der Stadtrat schließlich Beschlüsse fasste, die seinem Ärger über den häufigen Gebrauch sowohl von Protestanten als auch von Katholiken Ausdruck verliehen.[279] Jedenfalls wollten sich Mausiell und Michael Vogel, ein weiterer lokaler Geigenbauer, mit Widhalms Vorgehen nicht abfinden und brachten den Fall vor den Stadtrat. In einem derart abgeschotteten Markt, in dem Widhalm als katholischer Außenseiter im Begriff war, ein ernsthafter Konkurrent für den seit Jahrzehnten anerkannten protestantischen Fachmann Mausiell zu werden, standen die Geschäftsinteressen eindeutig im Vordergrund. Aber in einer Gesellschaft, der Status so viel bedeutete, dass sie die Adjektive in Todesanzeigen vorschrieb und die zulässige Zahl der Sargträger festsetzte, zählte auch der Rang.[280]

Die Lösung des Problems war überraschend einfach. Der Rat wies zunächst Widhalms Anspruch auf die Familienwerkstatt in Nürnberg zurück, gestattete dann aber dem Paar nicht nur, sich außerhalb der Stadtmauern in der passenderen Nachbarschaft von Soldaten, Prostituierten, Ausländern, religiösen Sektierern und anderen randständigen Handwerkern anzusiedeln, sondern erlaubte Widhalm auch, die Holzreserven seines Schwiegervaters mitzunehmen. Bis zu seinem Tod im Jahr 1776 restaurierte er über 30 Jahre lang Lauten, nahm Harfen in sein Angebot auf, verkaufte seine Produkte vermutlich auch an katholische Stiftungen und exportierte sie Berichten zufolge nach Spanien, Frankreich, Amerika und Russland. Er konnte sogar einen lokalen Verleger und einen kaiserlichen Postbeamten als Paten für seine Kinder gewinnen. Nach dem Tod seiner Frau, die fünf Jahre nach ihm starb, gingen Haus und Werkstatt an zwei Söhne über, die am Ende einen Besitz von geschätzt mehr als 20.000 Gulden hinterließen – ein respektables Vermögen in einer Branche, in der Stradivaris mit 125 Gulden, Stainers mit 75 bis 150 Gulden, Mausiells mit 21 bis 22 Gulden und Widhalms mit 21 bis 55 Gulden bewertet wurden.

Wenn Nürnberg ein Cremona war, wie es sich Wagners Meistersinger ausgedacht haben könnten, so war Mittenwald ein Absam ohne Stainer. Als ein weiterer Umschlagplatz in den Alpen hätte sich das Marktstädtchen ebenso gut auf die Herstellung von Kuckucksuhren und Krippen verlegen können. Dass das nicht geschah, ist Mathias Klotz, 1653 geboren, zu verdanken, der vermutlich eine Lehre bei dem Geigenbauer Giovanni Railich in Padua absolvierte und ein paar Jahre vor Stainers Tod in seine Heimatstadt zurückkehrte. Es gibt keine Hinweise auf eine Verbindung zu Stainer, aber seine Produkte bezeugen Stainers Einfluss.

Ab 1684 arbeitete Klotz in einer zusammengewürfelten Gruppe von mindestens drei Geigenbauern[281] und baute dort gute Instrumente, Geigen allerdings wohl erst dann, als sie einige Jahre später in Mode kamen. Die eigenen Instrumente und die seiner Kollegen vermarktete er mit Energie und Unternehmergeist. Am bemerkenswertesten ist jedoch, dass mit ihm eine sich über acht Generationen und bis in die Mitte des 20. Jahrhunderts erstreckende Dynastie von insgesamt 36 bodenständigen Geigenbauern begann. 1890, fast 150 Jahre nach seinem Tod, bedachte eine dankbare Gemeinde seine Leistung endlich mit einem Denkmal.

Was Mittenwald in der Zwischenzeit auszeichnete, war der allmählich eintretende Wandel vom Handwerk zur Heimindustrie. Dieser Prozess begann schon 1800, als Napoleons Kontinentalsperre den Weg nach England, ein bevorzugter Markt für Mittenwalder Erzeugnisse, blockierte. Zu dieser Zeit waren selbstständige Geigenbauer, die ihre Waren auf Messen anboten und an Klöster verkauften, durch eine Handvoll Zwischenhändler ersetzt worden, die in den Ballungszentren Geschäfte eröffneten, ihr Glück in so weit entfernten Ländern wie Russland oder Amerika suchten und dabei ihr Kapital riskierten.

Einzelhändler lieferten Materialien, schlossen Arbeitsverträge ab und vermarkteten die Erzeugnisse. Kiefernholz fand man vor Ort. Ahorn, der ursprünglich ebenfalls einheimisch war, kam nun immer aus Bosnien, der Herzegowina und der nördlichen Türkei. Ebenholz war natürlich tropisch. Darmsaiten wurden aus Rom, Neapel, Padua, sogar aus dem Mittenwald-Konkurrenten Markneukirchen und von Zulieferern importiert. Die Arbeit selbst war immer ausschließlich saisonal, zum Teil, weil eine kleinbäuerliche Bevölkerung Heu machen und Holz hacken musste, zum Teil, weil Alternativen wie eine Arbeit in der Forstwirtschaft, Kellnerarbeit, Pagendienste in einem örtlichen Hotel, sogar Arbeit als Treiber oder Wildhüter für den bayerischen Prinzregenten, den Großherzog von Luxemburg oder den deutschen Eisen- und Stahlbaron Gustav Krupp von Bohlen und Halbach besser bezahlt wurden. In einem Dorf mit ein paar Tausend Einwohnern unterhielten Vermittler für einen Wochenlohn von 15 bis 25 Mark einen Kader von rund 20 bis 40 regelmäßigen Mitarbeitern. Frauen arbeiteten unabhängig von der Jahreszeit nur beim Auftragen des Lackes. Für die Arbeit im Winter standen 200 bis 250 Männer zur Verfügung und verdienten an Arbeitstagen mit 12 bis 14 Stunden in etwa 8 bis 12 Mark in der Woche. Angesichts der Möglichkeit, in der Forstwirtschaft für 3 bis 4 Mark täglich zu arbeiten ist es einleuchtend, dass der Geigenbau jahreszeitlich bedingt war.[282] Dennoch beschäftigte Ludwig Neuner, der vor seiner Rückkehr in das Familienunternehmen im Jahr 1884 sechs Jahre bei Vuillaume verbracht hatte, bis zu 200 Gesellen, um für eine globale Kundschaft eine Angebotspalette zusammenzustellen, die er in Amerika zu Preisen von 2,45 Dollar für Einsteigermodelle bis zu 108 Dollar für ein im Großhandel im Dutzend angebotenes Spitzenmodell mit durch Perlenintarsien verziertem Boden anbot.

Warum die Gewinnspannen so eng waren, ist leicht zu erklären. Mittenwald produzierte am Vorabend des 20. Jahrhunderts 25 000 bis 30 000 Instrumente im Jahr. Ein Teil dieses Erfolges verdankte sich angelernten Arbeitskräften, dem sparsamen Einsatz von Materialien und einer sorgsamen Preisstruktur, die Transportkosten, Lebensmittelpreise und die Versicherung berücksichtigte. Doch der Angelpunkt waren Unternehmer, die bereit und in der Lage waren, ein paar Mark für örtliche Erzeugnisse zu zahlen, die schließlich für 5 bis 300 Mark, durchschnittlich zwischen 30 und 70 Mark, wiederverkauft werden konnten, die deutschen Kunden eine Zahlungsfrist von drei bis sechs Monaten einräumten und die sogar noch länger auf ihr Geld warten konnten, wenn es sich um Schecks aus Russland und Lateinamerika handelte.

Dass bei diesen Preisen das fachliche Können sank, ist kaum verwunderlich. In einem Verfahren, das die Herstellung auf vier Stufen reduzierte, bauten Stainers Nachfolger die Geigenkörper aus Boden, Decke, Zargen und geschnitztem Hals, lackierten das zusammengesetzte Ergebnis oder waren für die Einrichtung des Instrumentes zuständig. Mitte des 19. Jahrhunderts gab es beinahe niemanden mehr, der wusste, wie man eine komplette Violine baute.

Bayerns König Maximilian II., ein Liberaler mit einem Faible für Kunst und Wissenschaft, gründete 1858 eine Unterrichts- und Musterwerkstatt, in der ortsansässige 14- und 15-Jährige das Handwerk ihrer Väter erlernen konnten. Die Einrichtung sollte nach und nach zu einer der weltweit ältesten und renommiertesten Geigenbauschulen werden. Aber es waren die Zwischenhändler, die mit ihrem offensichtlichen Interesse am Erhalt des Status quo an der Schnittstelle von Angebot und Nachfrage die Schule finanzierten und Grundmaterialien zur Verfügung stellten.

Es dauerte bis 1888, bevor der Lehrplan endlich auf den Bau eines ganzen Instrumentes erweitert wurde, und bis 1901, bevor die Leitlinie darlegte: »Die Mittenwalder Geigenbauschule hat die Aufgabe, ihre Schüler in der Herstellung von Holzinstrumenten zu unterrichten, sodass sie aus den Grundmaterialien eine vollständige und marktfähige Violine bauen und eine alte Geige so reparieren können, dass sie wieder verwendet werden kann.«[283] Am Ende brachten die wirtschaftlichen Folgen des Ersten Weltkriegs die lokale Industrie zum Erliegen, obwohl die Nationalsozialisten im Jahr 1938 versuchten, den Ruhm von Mittenwald in der gleichen Weise und aus den gleichen Gründen wiederzubeleben, aus denen ihre italienischen Verbündeten 1937 versucht hatten, den Ruhm von Cremona wieder auferstehen zu lassen.[284]

Im selben Jahr wurden die Arbeitslosen von Markneukirchen zum Bau einer Straße verpflichtet, die später als »Geigenbauerkurve« bekannt wurde. In der Zwischenzeit begannen emsige Funktionäre, 21 unabhängige Gilden (sieben davon von Instrumentenbauern) unter einem gemeinsamen braunen Dach zu versammeln. Trotz schwacher Exportmärkte, einer steigenden Nachfrage nach qualifizierten Arbeitskräften und der Mobilisierung für den Zweiten Weltkrieg zählte die vereinigte Gilde im Jahr 1941 – dem Jahr, in dem Deutschland in die Sowjetunion einfiel und den Vereinigten Staaten den Krieg erklärte – immer noch 257 Mitglieder.[285]

Von nun an ging es bergab. Ein kommunistisches Nachkriegsregime erklärte Privatunternehmen den Krieg. Diejenigen, die in den Westen hatten fliehen können, ließen das Kombinat Musikinstrumente hinter sich – ein sozialisiertes Fließband mit allein rund 1 200 Mitarbeitern in der Produktion von Streichinstrumenten, das vor allem auf den sowjetischen Markt ausgerichtet war.[286] Dennoch gab es 1970 noch genug Privatinitiativen, um vor dem örtlichen Instrumentenmuseum ein dezentes, aber unmissverständliches Denkmal für den unbekannten Gildemeister zu errichten. Doch die kapitalistische Vergangenheit, die Markneukirchen einst zu einer der reichsten Gemeinden in Deutschland gemacht hatte, durfte praktisch nicht mehr erwähnt werden.[287]

Die Wurzeln des Erfolges von Markneukirchen lagen im 16. Jahrhundert, als leicht verfügbare Kiefer- und Ahornhölzer, ein Kupfer-Boom und ein sächsischer Hof mit einem Faible für Instrumentalmusik zu einem Aufstieg handwerklicher Unternehmen führten. Paradoxerweise trug derselbe Dreißigjährige Krieg, der Füssen verwüstet hatte, zum Erfolg von Markneukirchen bei. Der Strom österreichischer Flüchtlinge in das protestantische Böhmen, der durch die Gegenreformation ausgelöst worden war, setzte sich nach 1620 nach dem katholischen Sieg in der Schlacht am Weißen Berg erneut in Bewegung und floh in das benachbarte Sachsen. Die Vorzüge einer bürgerlichen Identität, eines Wochenmarktes und einer auf Mobilität basierenden Dienstleistungsgesellschaft wiesen nach Markneukirchen, das sogar über einen gewählten Richter und über Prozesse vor Schwurgerichten verfügte und wohin ein Dutzend böhmischer Geigenbauer zwischen 1648 und 1677 übersiedelte.[288]

1677 erkannte Herzog Moritz von Sachsen »die ehrenvolle Zunft der Neukirchener Geigenbauer« an. Von Kandidaten für den Meisterbrief wurde erwartet, dass sie eine Geige, eine Gambe und eine Zither vorlegten. Die Gilde ihrerseits übernahm es, die Prüfer mit Bier, Schnaps und »ein paar Brötchen« zu vergüten und erfolgreiche Prüflinge mit einem Abendessen zu ehren, zu dem »drei Kübel Bier« gehörten. Vier Jahre später tauchte der Geigenhändler Heinrich Götz im lokalen Steuerregister auf wie die erste Amsel im Frühjahr. Was als Nebenerwerb von Fuhrleuten begann, wurde durch Kunden, die so weit entfernt wie Warschau, Straßburg oder Skandinavien wohnten, bald zu einem einträglichen und eigenständigen Geschäftszweig. Ab 1700 arbeiteten in einer Stadt mit 6 000 Einwohnern 30 Geigenbauer, darunter vier (von ursprünglichen zwölf) aus Böhmen. 1713 erhielt Elias Pfretzschner als erster Händler einen Meisterbrief.[289] Mitte des 18. Jahrhunderts gingen die ersten Exporte der Stadt über Nürnberg nach Nordamerika.[290] Es waren jedoch der Zusammensturz der Gilde und der Aufstieg der Händler ein Jahrhundert später, die Markneukirchen so bedeutend und reich machen sollten.

Dieser Prozess begann lange vor der formellen Abschaffung der Gilde im Jahr 1861. Mit ihrem Verbot, Lehrlinge von außerhalb auszubilden, wurde sie als ein Bündnis mit Sperrvertrag angesehen, doch zumindest am Anfang zahlte sich dies in erweiterten Familienbetrieben und einem robusten Lokalpatriotismus aus. Vannes Verzeichnis listet über die Generationen hinweg 15 Gliers, 20 Dollingers, 26 Gläsels und Fickers und 37 Gütters auf – beeindruckende Zahlen, sogar nach den Standards von Mirecourt.[291]

Klingenthal, Markneukirchens unweit gelegener Wettbewerber, nahm auswärtige Lehrlinge an, verlangte jedoch, dass die Produktion vor Ort stattfand. Im Gegensatz dazu schwieg sich die Charta von Markneukirchen über Verträge mit Auswärtigen aus. 1828 rühmte sich Markneukirchen einer Gilde mit 52 Meistern, sechs Gesellen, zehn Lehrlingen und 40 mitarbeitenden Ehefrauen und Kindern. In Klingenthal waren 145 Meister, sieben Gesellen, elf Auszubildende und 17 Mädchen und Frauen beschäftigt. Jede der beiden Städte stellte rund 7000 Violinen im Jahr her. Aber während die Instrumente aus Klingenthal in traditionellen Werkstätten entstanden, erfolgte die Herstellung in Markneukirchen bereits in kleinen Fabriken, mit wachsendem Interesse am Umsatz, einem Standbein in Russland und einer gut entwickelten Arbeitsteilung. Diese ging bis 1710 zurück, als aus dem Geigenbau zusätzliche Handelszweige entstanden,[292] darunter die Einfuhr von Rohstoffen, Wirbeln, Kinnhaltern, Stegen, Hälsen und unfertigen Geigen – also von Einzelbauteilen – von Fachleuten aus umliegenden Städten; auch die unabhängige Bogen- und Saitenherstellung sollte globale Bekanntheit erreichen.

Der vielleicht bemerkenswerteste der neuen Berufe war der des Instrumentenhändlers, der zur entscheidenden Verbindung zwischen einem mitteleuropäischen Lieferanten und dem ersten weltumfassenden Massenmarkt wurde. Schon Ende des 18. Jahrhunderts stand diese Branche in voller Blüte. Das brachte um die Wende zum 20. Jahrhundert nicht nur ein US-Konsulat nach Markneukirchen, sondern auch eine pittoreske Ansammlung wilhelminischer Burgen und italienischer Villen auf den Hügeln oberhalb der Hauptstraße und verhalf einer Gruppe unternehmungslustiger Auswanderer – Hammig, Möller, Wurlitzer, Mönnig – zu Führungsrollen in Berlin, Amsterdam, Cincinnati, New York und Philadelphia.

Ein in Markneukirchen ansässiger Heimatforscher weist gerne darauf hin[293] – und das beispielhafte Ortsmuseum bestätigt es –, dass die respektable Handwerkskunst dort nie ausstarb und sogar an ihren Rändern eine Blütezeit erlebte. Ayke Agus, sowohl eine versierte Geigerin als auch Korrepetitorin des großen Jascha Heifetz, spielte eine Ernst-Heinrich-Roth-Geige von 1922. Die »alte deutsche Geige« mit »Teilen aus verschiedenen europäischen Werkstätten« und einer Storioni-Signatur, die von der Jazzmusikerin Regina Carter – MacArthur-»Genie« von 2006 – eindrucksvoll gespielt wurde, klingt ebenfalls sehr nach einem Produkt aus Markneukirchen.[294]

Doch Markneukirchen wollte nie ein sächsisches Cremona sein oder werden. Ab 1834 wurde die traditionelle Lehrausbildung durch eine Fachschule ergänzt, deren Absolventen die Stadt in ein weltweit anerkanntes Zentrum für Gitarren, Zithern, Mundharmonikas, Akkordeons und Geigen verwandeln sollten. Am Ende des 19. Jahrhunderts wurden 90 Prozent der in 22 Einzelbereichen produzierten Erzeugnisse exportiert.

Bereits 1870 wurden Griffbretter mit von Gas angetriebenen Fräsmaschinen geschnitten, und die neuen Maschinen zeigten so viel Potenzial, dass 1907 eine Aktiengesellschaft mit mehr als 50 Mitarbeitern gegründet wurde, um 52 000 Instrumentenkörper pro Jahr herzustellen. Das wäre auch gelungen, wenn nicht weniger mechanisierte Werkstätten ihre Preise und Profite so weit gesenkt hätten, dass sogar Maschinen nicht mehr mit ihnen konkurrieren konnten. Doch am Vorabend des Ersten Weltkriegs besaß Markneukirchen immer noch einen weltweiten Marktanteil von 52 Prozent für Streich- und Zupfinstrumente und von 96 Prozent für Saiten und hatte zehn Jahre nach Kriegsende diesen Marktanteil weitgehend zurückerobert. Sogar als es auf die Rutschbahn geriet, die von der Weltwirtschaftskrise und dem Aufstieg Hitlers zu 40 Jahren Kommunismus bis zum Fall der Berliner Mauer führen sollte, stellten in Markneukirchen 655 Mitarbeiter in 348 Werkstätten Streichinstrumente her. Mit zusätzlichen Subunternehmern und Spezialbetrieben wurde eine Anzahl von 4 247 Mitarbeitern in 1 779 Werkstätten erreicht, deren Lebensunterhalt weitestgehend von der Bereitschaft und Fähigkeit weit entfernt lebender Eltern abhängig war, ihren Kindern Musikunterricht angedeihen zu lassen.[295]

Zu diesen weit entfernten Orten gehörte Japan, wo derselbe Wunsch nach Modernisierung, der zu japanischen Kriegsschiffen und japanischem Baseball führte, auch mit sich brachte, dass Geigen populär wurden. Eine Vorreiterdelegation von Samurai, die im Zuge der Meiji-Restauration den Westen erkundete, kehrte tief beeindruckt von den einheitlichen Bogenstrichen der europäischen Orchestermusiker zurück. 1874 baten Hofmusiker das Marineministerium um eine westliche Ausbildung.

Etwa zur gleichen Zeit erschienen die ersten zaghaften Beispiele eines heimischen Geigenbaus. Die entscheidende Figur war dabei Masakichi Suzuki, geboren 1859 in Nagoya, heute eine bedeutende Industriestadt. Der Sohn eines Samurai wandte sich, nachdem der Kriegerstand abgeschafft worden war, Geschäften zu, nahm nach dem Scheitern des Familienunternehmens Musikunterricht und kopierte 1887 seine erste Violine. Zwei Jahre später zeigte er Rudolf Dittrich, dem ortsansässigen Deutschen am neu eröffneten japanischen Konservatorium, zögernd sein bestes Instrument. Ab 1890 verkauften Vertriebspartner in Osaka und Tokio Suzuki-Geigen für die Hälfte bis ein Drittel des Preises einer importierten Violine, obwohl dies immer noch die Hälfte bis ein Drittel des Monatslohns eines Berufsanfängers als Lehrer oder bei der Polizei betrug und damit keineswegs billig war. Ab 1897 stellten zehn Mitarbeiter 1 200 Violinen pro Jahr her, und ab 1907 produzierten etwa 100 Mitarbeiter mit von Suzuki entwickelten Maschinen Tausende von Violinen. Der wirkliche Durchbruch aber kam im Jahr 1914. Da Mirecourt, Mittenwald und Markneukirchen erst einmal unerreichbar waren, erhöhte eine Belegschaft von fast 1 000 Mitarbeitern die Jahresproduktion auf 150 000 Violinen und 500 000 Bögen.[296] Ihre Ähnlichkeit mit den Erzeugnissen aus Markneukirchen war kein Zufall.

Dass das eine oder andere Produkt Suzukis in der Zeit nach dem Krieg seinen Weg nach Deutschland fand, schloss den Kreis. 1923 schrieb sich Suzukis Sohn Shinichi für den Sommerkurs an der Berliner Musikhochschule ein und nahm Unterricht bei Karl Klingler, dem ehemaligen Zweiten Geiger des Joachim-Quartetts. In einem auf Englisch geschriebenen Brief informierte der ältere Suzuki vier Jahre später Georg Schünemann, den stellvertretenden Direktor des Konservatoriums, von seiner Absicht, »Ihnen in Zukunft jedes Jahr eine meiner guten Geigen in die Hand zu geben, für einen guten Schüler, der bei Ihnen seinen Abschluss gemacht hat, wenn Sie möchten, dass ich das tue«. Schünemann willigte ein. Im Januar 1928 wurden mehrere Suzuki-Violinen per Post aufgegeben, kamen im März zollfrei in Berlin an und wurden wunschgemäß an bedürftige Studenten weitergereicht.[297]

Gut 50 Jahre später gründete Soroku Murata in einem Land, in dem Nikon und Minolta längst mit Vogtländer und Zeiss, Sony mit Grundig und Telefunken und Toyota mit Volkswagen auf gleicher Höhe waren, eine Geigenbauschule in Tokio. Als ein Absolvent von Mittenwald, dessen Kopie der »Hellier«-Strad eine Goldmedaille der Violin Association of America gewann, war er erschüttert, dass zwar einerseits junge Japaner das Geigenspiel erlernen konnten, ohne ihre Heimat verlassen zu müssen, dass aber andererseits junge Japaner, die Geigen bauen oder restaurieren wollten, immer noch ins Ausland gehen mussten.

Für universitätsübliche Studiengebühren sowie einem zusätzlichen Drittel dieses Betrags für Werkzeuge konnten sich gleichzeitig acht bis zwölf Schüler für einen vierjährigen Kurs in Theorie und Praxis des Instrumentenbaus bei einem Lehrer einschreiben, der als »Oyakata« angesprochen wird – im europäischen Sinne ein Schreiner- oder Handwerksmeister, kein »Sensei«, wie der Lehrer, Führer oder Trainer im Judo, in der Kalligrafie, der Teezeremonie und dem Klavierspiel genannt wird. Obwohl japanische Musiker einheimische Violinen mit der gleichen Verachtung straften, die sie gegebenenfalls für japanischen Scotch[298] zeigten, überstiegen die Zulassungsanträge die Anzahl der verfügbaren Plätze bei Weitem.[299] 2006 jedoch setzte Murata sich zur Ruhe, und die Schule wurde geschlossen. Indessen baute Tetsuo Matsuda, ein 1945 in einem japanischen Bergdorf geborener Absolvent von Cremona, in seinem Haus in einem Vorort von Chicago weiterhin elegante Guarneri-Kopien und verkaufte sie über Bein & Fushi, einen der großen Händler der Welt, in der Michigan Avenue, einer der großen Straßen der Welt.[300]

Zu dieser Zeit kam über das ostchinesische Meer ein neuer Zyklus in Gang. Genauso wie das Christentum, indisches Opium und das Fahrrad erreichte die Geige China durch westliche Besucher. Mindestens ein chinesischer Geiger – Tan Shu-zhen – hatte in den frühen 1930er-Jahren den Weg in das Shanghai-Orchester geschafft,[301] und Sito Fu-Quan, Mitbegründer des Konservatoriums von Shanghai, hatte sich den Geigenbau mit Hilfe des Handbuchs von Heron-Allen, Robert Altons *Violin and Cello. Building and Repairing* (London 1923), und einer deutschen Wirtschaftsdelegation, die ihm erklärte, wie man Holz und Werkzeuge aus Markneukirchen bestellt, selbst beigebracht.

In den späten 1940er-Jahren gab es in Shanghai mindestens zehn westliche Musikgeschäfte. In demselben Jahr, in dem die Volksrepublik ausgerufen wurde – 1949 –, wurde auch eine Instrumentenfabrik »Neues China« gegründet. Ein Jahrzehnt später gab es schätzungsweise 50 verstaatlichte chinesische Geigenfabriken, deren ansteigende Produktionskurve, unbeirrt und sogar unterstützt von der vehementen antiwestlichen Haltung der Kulturrevolution, im Jahr 1977 mit nahezu 345 000 Instrumenten ihren Höhepunkt erreichte. Etwa die Hälfte davon war für den Export bestimmt. Tan, ebenfalls Gründungsmitglied des Konservatoriums, sorgte dafür, dass auch eine Werkstatt vorhanden war, in der Lehrer und Schüler kostenlos Instrumente und Reparaturen erhalten konnten. Mit Hilfe eines staatlichen Zuschusses erwarb er mongolische Baumstämme, rekrutierte einen Kader von Tischlern und Holzbildhauern, die italienische Modelle nach den Vorgaben von Heron-Allen kopieren sollten und organisierte in 15 Fabriken im ganzen Land Schnellkurse.

Tan tauchte 1978 aus den Verwüstungen der Kulturrevolution dort wieder auf, wo er aufgehört hatte. Mit 125.000 Dollar aus dem Kulturministerium, die er für gute Instrumente ausgeben konnte, wurde er zum Einkaufen sogar in die USA geschickt. Er kam mit drei Pressendas, einer Vuillaume und der Überzeugung zurück, dass die Ressourcen der Nation in einen langen Marsch hin zur inländischen Produktion investiert werden sollten. Das Ergebnis war ein Vier-Jahres-Curriculum in Geigenbau für eine Klasse mit zehn Schülern pro Jahrgang, von denen erwartet wurde, ebenso gut wie ihre Mitschüler zu spielen und während ihres Aufenthaltes sechs oder sieben Instrumente zu bauen. 1980 wurden zwei Studenten nach Mittenwald geschickt. 1983 wurde Zheng Quan, ein weiteres rehabilitiertes Opfer der Kulturrevolution, nach Cremona gesandt. Vier Jahre später kam er mit Unterstützung der chinesischen Botschaft in Rom mit einem Grundinventar an Büchern, Werkzeugen und Holz zurück und gründete das Forschungszentrum für Geigenbau des zentralen Musikkonservatoriums. Außerdem sollte er die Verfügbarkeit von für den Geigenbau nutzbarem Ahorn prüfen. 1991 belegte eine Zheng-Geige in einem Wettbewerb in Cremona den ersten Platz.[302] Indessen konnte die jüngste Version der Markneukirchener Strad – Modell spätes 20. Jahrhundert – sowohl in einem taoistischen Tempel in Suzhou als auch in der Hauptstraße von Parma (wo Paganini begraben ist) über den Ladentisch erworben werden.

Im frühen 21. Jahrhundert waren schätzungsweise 50 bis 80 Prozent der Schülervioolinen auf dem Markt chinesische Instrumente von respektabler Qualität und zu einem erschwinglichen Preis zu haben. Da die europäischen Geigenbauer mit chinesischen Lohnkosten nicht konkurrieren konnten, sahen sie sich entweder nach Maschinen um oder importierten unfertige Instrumente aus China, so wie Markneukirchen sie einst über die böhmische Grenze eingeführt hatte. Sie stellten sie fertig, fügten einen Zettel ein und vermarkteten sie im Internet, genauso wie Markneukirchen ehemals fertige importierte Geigen mit einem Zettel versehen und per Katalog über das Versandhaus Sears Roebuck, angeboten hatte. Schätzungsweise 60 Prozent der chinesisch-europäischen Importe hatten europäische Zettel. Der Rest war unverfälscht chinesisch; das Forschungszentrum des Geigenbaus im zentralen Musikkonservatorium und die Geigenbauabteilung der China Musical Instrument Association kündigten ihren ersten internationalen Wettbewerb im Frühjahr 2010 an, und westliche Händler fragten sich ohne Ironie, wie die chinesischen Geigenbauer so schnell so gut hatten werden können.[303]

Sackgassen

Die weltweite Verbreitung der italienischen Geige, in etwa vergleichbar mit der Verbreitung des Rades, des Alphabets sowie des Gebrauches von Messer und Gabel, ist eine der großen Erfolgsgeschichten. Doch die Geschichte *der* Violine ist mehr als die Geschichte *einer* Violine.

Zwischen 1957 und 1960 erregten zwei Ankäufe das Interesse von Olga Adelmann, der Restauratorin am Berliner Musikinstrumenten-Museum. Um die Geigen identifizieren, klassifizieren und – nach vielleicht Jahrzehnten oder sogar Generationen von Beschädigungen, schlechten Reparaturen und willkürlichen Veränderungen – in ihren ursprünglichen Zustand versetzen zu können, war besondere Aufmerksamkeit nötig. Wie war ihr ursprünglicher Zustand gewesen? Wie konnte Adelmann sie restaurieren, ohne zu wissen, wer sie besessen und gemacht hatte und wann und wo sie hergestellt wurden?

Bereits ihre Intarsien in Form von Herzen, Blumen und geometrischen Mustern machten die neuen Exemplare für jede Sammlung einzigartig. Singulär aber waren auch ihre breiten Griffbretter, seltsam verlängerte Schnecken und ihre gleichsam archaische Architektur, ihre hinausgezogenen Ecken, die Einheit von Oberklotz und Hals, ihre fast senkrechten F-Löcher und der aus dem Holz der Decke herausgearbeitete Bassbalken. Insgesamt schienen sie dem Bau von Möbeln verwandter als dem von Instrumenten. Bevor die italienische Methode über die Alpen kam, wurden Geigen allerdings allgemein auf diese Weise gebaut. Dennoch war die Handwerksarbeit der vorliegenden Instrumente weder absichtlich altertümlich noch primitiv zu nennen.

Adelmann war sofort klar, dass sie nicht nur durch zahlreiche Werkstätten gegangen waren, sondern dass auch Menschen, die ein Interesse daran hatten, sie als italienische Geigen zu verkaufen, wichtige Umarbeitungen vorgenommen hatten. Die Dekorationen ließen Brescia als den wahrscheinlichsten Herkunftsort vermuten. Eines der beiden Exemplare war mit einem offensichtlich falschen Zettel von Gasparo da Salò ausgestattet, das andere hatte keine erkennbare Identität. Bibliotheksquellen halfen nicht weiter. In den nächsten 30 Jahren verfolgte Adelmann in ihrer Freizeit und fast gänzlich auf eigene Kosten die Herkunft der Instrumente von der Schweiz über Kopenhagen bis nach Brüssel. Ihre Bemühungen förderten schließlich 21 Mitglieder derselben Violinfamilie sowie eine erhaltene Decke und einen erhaltenen Boden zutage.

Adelmann, die kaum als Sherlock Holmes und noch weniger als Javert vorstellbar war, war dennoch auf zweifache Weise geradezu einmalig qualifiziert für das Projekt, das sie in Gang gebracht hatte. Erstens, so bemerkte ihre Kollegin Annette Otterstedt nach ihrem Tod, verband sie eine aufrichtige Unschuld mit einer Hartnäckigkeit, die sie sich bis ins hohe Alter bewahrte, nachdem Fachleute und Kollegen einschließlich ihres Arbeitgebers sich vielleicht längst fragten, ob sich ihre Nachforschungen überhaupt lohnten.[304] Zweitens verfügte sie über außergewöhnliche technische Fähigkeiten, die sie durch ein glückliches Zusammentreffen von Umständen und natürlicher Begabung erworben hatte.

Ihre Ausbildung begann nach dem Schulabschluss in der Werkstatt von Otto Möckel, einem der besseren Geigenbauer von Berlin, wo sie 1913 als Tochter einer Malerin und eines Ingenieurs geboren worden war. Dort hatte ihre Beharrlichkeit Möckel so überzeugt, dass er einwilligte, ihr das Handwerk beizubringen. Während im Jahr 1940 die meisten männlichen Zeitgenossen in Uniform steckten oder mit anderen »kriegswichtigen« Aufgaben beschäftigt waren, wurde Adelmann die erste staatlich geprüfte deutsche Geigenbaumeisterin. Sie besuchte dann Cremona, wo sie auf Sacconi traf, dessen »Segreti« di Stradivari sie eines Tages übersetzen sollte. Nach ihrer Rückkehr nach Berlin machte sie sich bei ihrem Arbeitgeber derart unentbehrlich, dass dieser ihr Werkzeug beschlagnahmte, als sie sich anschickte, ihren Dienst zu quittieren und sich selbstständig zu machen. Diese Entscheidung war wieder einmal typisch – sowohl für die Zeit als auch für Adelmann selbst. Sie fuhr nach Markneukirchen, reiste notfalls auf dem Dach eines überfüllten Eisenbahnwaggons und kehrte mit den benötigten Werkzeugen und Materialien zurück.

Mit Hilfe eines Musikers der Berliner Philharmoniker, der ihr sogar Kollegen als Kunden schickte, eröffnete Adelmann schließlich eine eigene Werkstatt im vierten Stock einer Ruine im Berlin der Nachkriegszeit. Doch sie war schnell bankrott. »Meine Arbeit als Restauratorin im Musikinstrumenten-Museum Berlin war für mich die glücklichste Wendung in meinem Leben, nachdem ich in den schwierigen fünfziger Jahren als erste deutsche Geigenbaumeisterin aus Mangel an Geschäftserfahrung Schiffbruch erlitten hatte und danach – notgedrungen – bei einem Gitarrenbaumeister gearbeitet hatte, was mir nun zugutekam«, schrieb sie später.[305]

1990, als sie eine erste Ausgabe ihrer Monografie vorlegte, hatte Adelmann nicht nur die geheimnisvollen Ankäufe identifiziert, sondern damit gleichzeitig eine ausgestorbene Spezies entdeckt und benannt, die – nach den oberrheinischen Schnittpunkten von Schweiz, Baden und Elsass, wo die Instrumente entstanden waren – fortan als alemannisch bekannt wurde.

Im Jahr 1995 gab es einen wunderbaren Moment, als Choon-Jin Chang, der junge zweite Bratscher des Philadelphia Orchestra, mit seinem Instrument, einer Viola zweifelhafter Herkunft, erschien. Er hatte sie ein Jahr zuvor von der Firma Moennig gekauft, die sie wiederum von einem Amateur in Quebec erworben und sie als aus Brescia oder Venedig stammend zu einem beachtlichen »italienischen« Preis angeboten hatte. Auf einer Konzerttournee in Europa entdeckte Chang in einem Londoner Geschäft die Erstausgabe der Monografie von Adelmann. Da er sein Instrument mittlerweile lieber mochte als jede Amati oder Guadagnini in seinem Umfeld, wollte er verständlicherweise alles darüber herausfinden und machte bei seiner Ankunft in Berlin einen Abstecher zum Musikinstrumenten-Museum.

Für Adelmann und Otterstedt muss es in etwa so gewesen sein, als ob ein Besucher ein Wollhaarmammut an der Leine über die Schwelle führt. Obwohl Changs Bratsche starke Veränderungen aufwies, war sie eindeutig ein Mitglied der alemannischen Familie und wahrscheinlich im letzten Viertel des 17. Jahrhunderts von Frantz Straub erbaut worden. Als Chang die Bratsche für sie anspielte, bestätigte das zu ihrer Freude, dass ein alemannisches Instrument es mit den italienischen Instrumenten in den besten Orchestern der Welt aufnehmen konnte. Ein Jahr später war Adelmanns Datenbank auf 33 Exemplare angewachsen, darunter eine Bassvioline in Cellogröße, sechs Tenorviolinen und zwei Sopranviolinen; außerdem existierte ein Abendmahlstisch des Instrumentenbauers Hans Krouchdaler – bis 1889 in Gebrauch –, der die gemeinsamen Ursprünge beleuchtete.

Otterstedts Entschlüsselung ihrer gemeinsamen Botschaft war lehrreich und entwaffnend einfach: die Erbauer dieser Geigen waren weder reisende Musikanten, die ebenso wie ihre Kollegen von den Niederlanden bis Brescia ihre eigenen Instrumente herstellten, noch waren sie professionelle Lautenmacher wie ihre Kollegen in Füssen. Sie scheinen vielmehr solide Bürger vom Oberrhein gewesen zu sein, die zwischen der Mitte des 17. und dem frühen 18. Jahrhundert lebten, ihre Heimat nie verließen und ein Handwerk ausübten, das im Wesentlichen vom Möbelbau abgeleitet war. Straub, eine Ausnahme, scheint aus Füssen gekommen zu sein. Aber nichts an seinen Erzeugnissen deutet auf einen auswärtigen Einfluss hin.[306] Im Gegensatz zu Verwandten, die es nach Italien zog, scheint er zuhause gelernt und geheiratet zu haben, ließ sich nieder und wurde zum Vater einer Generation von Geigenbauern aus dem Schwarzwald. Den Maßstab setzte Krouchdaler, zu dessen Arbeiten nicht nur Instrumente jeder Größe gehörten, sondern – wiederum zur Freude von Otterstedt – auch der Abendmahlstisch von 1678, der die Nachbarschaft von Instrumenten- und Möbelbau und den Stellenwert bestätigt, den der Geigenbauer in der Kirche hatte.[307]

Otterstedt fügt hinzu, dass die Werkstatt von William Baker in Oxford zwischen 1669 und 1685 ebenso wie andere Werkstätten bis hinein nach Polen ähnliche Instrumente baute. Diese waren größtenteils für das interessant, was sie nicht waren: keine Gamben, aber auch nicht die wirklich archaischen Geigen, die Tanzmeister und Straßenmusikanten nutzten. Obwohl italienische Instrumente in London bereits gespielt und von Profis bewundert wurden, gibt es keinen Hinweis in Bakers Arbeit, dass in Italien eine wichtige Entwicklung stattfand.[308]

Bakers Instrumente scheinen dennoch der wachsenden Anzahl gehobener Amateurmusiker im post-puritanischen Oxford gefallen zu haben. Einem ähnlichen Kundenkreis – Katholiken und Protestanten – gefielen die auch alemannischen Instrumente. Nach 1688 hatte das Zisterzienserkloster St. Urban einen Instrumentensatz bei lokalen Geigenbauern erworben. Im Laufe des nächsten Jahrhunderts entdeckten calvinistische Schulen und ihre Schüler, wie viel Freude es machte, zum Vergnügen zu musizieren. »An Dilettanten, zum Teil ziemlich schwachen, fehlte es, besonders für die Streichinstrumente, nicht«, erklärte Eduard Wölfflin ein Jahrhundert später und begründete dieses Phänomen mit dem Umstand, dass dort »in so vielen vornehmen Häusern zahlreiche alte Violinen sich vorfinden«.[309]

Erhaltene Gemälde, Stiche und Bestandslisten zeigen, dass die Instrumente sich an populäre Tanzmusik ebenso anpassen konnten wie an die angenehm anspruchslose Amateur-Kammermusik, die in unzähligen europäischen Salons und Gesellschaftsräumen kultiviert wurde. 1997 prüfte ein Quartett – darunter Otterstedt und ihr Partner, der Instrumentenbauer Hans Reiners – eine Anzahl von alemannischen Instrumenten im Berliner Museum auf Herz und Nieren. Musikologisch sachkundige Aufführungen von Georg Muffat (1653–1704) und John Jenkins (1592–1678) vermittelten einen Eindruck davon, wie die alemannischen Vettern der Cremoneser Geigen klangen, bevor sie Ende des 18. Jahrhunderts für den raumfüllenden Klang umgerüstet wurden. Changs Bratsche bestätigte, dass die Alemannen nach einer Überholung auch für Beethoven, Tschaikowsky und Strawinsky eingesetzt werden konnten.

Unter diesen Umständen, so argumentiert Michael Fleming, hätte der Triumph und die allgemein anerkannte Überlegenheit der italienischen Modelle nach 1800 keineswegs selbstverständlich sein müssen.[310] Aber die Umstände änderten sich. Bis weit in das 18. Jahrhundert hinein spielten die italienischen Komponisten, Solisten und Orchester, die das musikalische Tempo bestimmten, auf italienischen Instrumenten. Alemannische Geigenbauer machten ebenfalls

gute Instrumente. Doch Italien bestimmte die Mode, und Frankreich und England wünschten und verkauften italienische Modelle.

Zu Beginn des 19. Jahrhunderts hatten Spieler, Komponisten, Händler und Sammler italienische Geigen zum universellen Marktstandard gemacht. Alemannische Instrumente verschwanden auf Dachböden und in Museen oder zirkulierten unter falschem Namen als Brescianer oder Venezianer. Da sie so erhalten blieben, wie sie gebaut worden waren, waren Adelmanns Entdeckungen eine nachträgliche Anerkennung der Welt, die sie geschaffen hatte.[311] Aber es war eine kleine Welt. Da die italienischen Modelle zunehmend dort gefragt waren, wo Geld war, und selbst Wertzölle bis zu 20 Prozent[312] von Importen nach Deutschland nicht abschreckten, gab es wenig Anreize, den alemannischen Versionen Aufmerksamkeit zu schenken, geschweige denn nach ihnen zu suchen und sie aufzuarbeiten.

Was blieb, war das Bedürfnis, das italienische Modell, das mit Unterbrechungen durch das 19. bis ins 20. Jahrhundert dominierend bleiben sollte, zu verbessern. So gab es Vorkämpfer mit jedem Grad an Genialität, praktischem Sinn und theoretischem Können, die der italienischen Perfektion skeptisch gegenüber standen und unbeirrt oder sogar inspiriert von den expansiven Träumen und gescheiterten Hoffnungen der Savart, Joseph Chanot und Vuillaume im ständigen Streben nach besser angepassten, besser spielbaren oder besser hörbaren Geige weiterhin bauten, gossen, schweißten, kreuzten und sogar selber Neues erfanden.

In den 1820er-Jahren baute der Wiener Johann Georg Stauffer, der auch eine »Arpeggione« genannte Art Streichgitarre geschaffen hatte, eine längliche Raute mit halbmondförmigen C-Löchern parallel zu den vorgesehenen Zargen, bekannt als Bügel. Ihre Eleganz mit Anklängen an Savart, Chanot und die Biedermeiermöbel aus jener Zeit sowie mit Andeutungen des Art déco ein Jahrhundert später beeindruckt noch heute. Ein Jahrzehnt später ließ Thomas Howell aus Bristol eine gitarrenförmige Violine mit langem Hals, kurzem Körper und abgestuften Zargen patentieren.[313] Doch trotz guter Absichten und Ideen führte der Weg vom Patentamt unweigerlich ins Museum, und die dortige Suche nach der Zukunft bestätigte nur, dass sie schon Vergangenheit war.

Das Museum der amerikanischen Geschichte der Smithsonian Institution, Hüter einer ausgezeichneten Sammlung von Amatis, Strads, Guarneris und Vuillaumes, beherbergt auch Schubladen voll mit frühen Amerikanern, zeitgenössischen Italienern, handelsüblichen Deutschen und Nebendarstellern aus Boston, Miami, Denver und Seattle, darunter Gustav Henning, dessen »tiefe, weiche und gefühlvolle« Erzeugnisse in Zeitschriften beworben und per Post vermarktet wurden, bis er in sein Heimatland Schweden zurückkehrte, wo er 1962 starb.

Zu den interessantesten und mit Sicherheit amerikanischen Besitztümern des Smithsonian gehört die »Hohlkreuz«- oder »Wiege der Harmonie«-Geige, die Willliam Sidney Mount 1852 patentieren ließ. Mount, bekannter als ein guter Genremaler, der mit seiner Kunst im Metropolitan Museum in New York zu Ehren kam, erfand vor seinem Tod im Jahr 1868 auch ein Dampfschiff-Schaufelrad, ein Segelboot mit Doppelhülle und ein Malatelier auf Rädern. Seine Geige mit ihrem trapezförmigen Rumpf und den bleistiftgeraden Schalllöchern schien fast ein Cousin ersten Grades, sogar ein Doppelgänger der Instrumente von Chanot und Savart zu sein. Aber es gibt keine Hinweise darauf, dass er direkt oder indirekt von ihnen beeinflusst worden war.

Michael Collins aus Chelsea, Massachusetts, reichte im Jahr 1872 beim US-Patentamt seine »Echo Viol«, eine kürbisförmige Kreation mit zwei Schallkammern, ein. 40 Jahre später erschien Charles R. Luscombe aus Washington, D. C., mit dem Muster einer »Fiedel«, deren 16 Saiten, von C bis d^1 gestimmt, sich über 16 Stege erstreckten. Die »Ukeline« von Oscar Schmidt, eine Mischform mit Bogen und Bedienungsanleitung, die er von Tür zu Tür verkaufte, wurde von 1926 bis 1964 hergestellt.

Das »Solophone« von 1893 von F. Bocker, war mit einem angesetzten Griffbrett und 40 Drucktasten ausgestattet, »um Tonhöhenänderungen ohne direkten Fingerkontakt zu den Saiten zu bewirken«. W. A. Tuebners undatierte Streichzither war wie eine Mandoline geformt. Aber solche Kreuzungen scheinen ihren Zenit im Jahr 1897 mit Franz Schwarzer erreicht zu haben, der 1828 im damals österreichischen Olmütz (heute Olomouc in Tschechien) geboren wurde. Er war nacheinander Möbelhersteller, Zitherbauer und Landwirt in Washington, Missouri. Schwarzer kehrte zum Instrumentenbau zurück, nachdem seine Zithern auf der Wiener Ausstellung 1873 drei Goldmedaillen gewannen. Seine Angebotspalette bestand aus Gitarren und Mandolinen sowie einer Konzertgeige »Modell Zither«, die auch mit Bratschenstimmung und in Form eines Cellos erhältlich war. Diese Instrumente wurden bis in die 1950er-Jahren verkauft – 30 Jahre, nachdem die Fabrik geschlossen worden war. Aber mit 196 dokumentierten Verkäufen der Geige und 14 des Cellomodells gehörten sie offenbar nicht zu seinen größten Erfolgen.

William Sidney Mount, Stony Brook, New York, 1852

Ebenso wie Kreuzungen beflügelten alternative Materialien konsequent die Fantasie. Alfred Springer aus Cincinnati war im Jahr 1891 der Erste, der ein Instrument aus Aluminium patentieren ließ, ein Material, das erst seit Kurzem zu erschwinglichen Preisen im Handel verfügbar war.[314] Anfang der 1890er-Jahre begann Neill Merrill von der New Yorker Aluminium-Musikinstrumenten-Gesellschaft, einteilige Aluminium-Zithern, -Banjos, -Gitarren, -Mandolinen und -Geigen mit Resonanzböden aus Fichtenholz auszustatten. 1911 erfand Felipe Fruman – in einem zeitgenössischen Zeitungsartikel als angesehener Friseur aus Morón, Argentinien, bezeichnet – ein Verfahren zur Herstellung von Geigen aus Bronze, Stahl, Nickel, Zinn und Kupfer. In den 1930er-Jahren begann Alcoa in Buffalo, New York, für Joseph Maddy, einen Musiklehrer und Leiter des National High School Orchestra Camps in Ann Arbor, Michigan (aus dem später das Interlochen Center for the Arts hervorgehen sollte), mit der Produktion von etwa 435 Geigen, die aus einem einzigen Stück Aluminium gepresst waren.

Klangverstärkung war ebenfalls ein beliebtes Thema. 1854 höhlte Sewall Short aus New London, Connecticut, den Hals einer Violine von Honoré Derazey aus und brachte am Wirbelkasten einen Schallbecher an. Ein halbes Jahrhundert später war die nach ihrem Erfinder John Matthias August Stroh benannte Kombination eines Bogeninstruments mit dem jüngst erfundenen Grammophon eine anspruchsvollere Variante, bei der Steg und Schalltrichter durch eine flexible Aluminiummembran miteinander verbunden waren. Erhältlich als »Heim«-, »Konzert«- und »Profi«-Modell, war das Instrument bis zum Zweiten Weltkrieg ein Favorit von Tanzorchestern. Ein Jahrhundert nach ihrer Erfindung wurde berichtet, dass Varianten der Stroh-Violine an transsilvanische Volksmusik und die einheimischen Vorlieben in Myanmar, dem ehemaligen Burma, angepasst worden waren und immer noch gebaut wurden.[315]

Doch nach 400 Jahren Versuch und Irrtum wurde die interessanteste Entdeckung an den Grenzen zur Wissenschaft gemacht. 1862 veröffentlichte Hermann von Helmholtz seine *Lehre von den Tonempfindungen*.[316] Bis 1877 wurde die Abhandlung regelmäßig aktualisiert und aktivierte, ja revolutionierte sogar die Untersuchungen zu Hören und Akustik. Dr. Alfred Stelzner, wahrscheinlich der erste Gestalter von Saiteninstrumenten mit einem akademischen Abschluss, ließ sich 1891 den Prototyp eines Verstärkers patentieren, der theoretisch für Violine, Viola, Cello, Kontrabass und Violotta verwendet werden konnte. Letztere, eine Oktave tiefer als die Geige gestimmt, war ein völlig neues Instrument und als Alternative oder Ergänzung zur Bratsche gedacht.

Über die Zahlenwerte der Ellipsen und Parabeln im Mittelpunkt seines Entwurfs blieb das Patent unspezifisch, doch die Idee war klar: Als Student sowohl der Physik als auch der Musik scheint Stelzner wirklich geglaubt zu haben, dass er nicht nur die Grundsätze, denen sich Generationen von Vor-

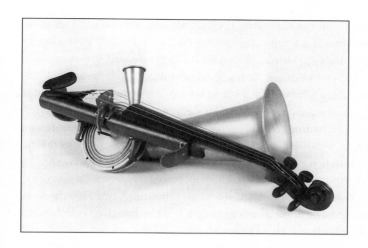

gängern durch Versuch und Irrtum genähert hatten, sondern nachgerade eine neue Welt entdeckt hatte. In Wiesbaden fand er einen bekannten Geigenbauer, der einen Prototyp baute, in Dresden Investoren für die Finanzierung und in Markneukirchen einen Geigenbauer, der das Instrument herstellen konnte.

Die Produktion verlangsamte sich später, war anfangs aber beeindruckend groß und zog ein lebhaftes öffentliches Interesse auf sich. Während sein Geigenbauer innerhalb von 28 Monaten 93 Instrumente ausschnitt, lackierte und dekorierte, predigte Stelzner über ihre Tugenden zu jedem Publikum, das ihn hören wollte, suchte die Aufmerksamkeit der Medien, wo immer sie zu haben war, und verschaffte sich sogar prominente Empfehlungen von den Topgeigern der Zeit – darunter Eugène Ysaÿe, Joseph Joachim, August Wilhelmj und Émile Sauret –, von dem Cellisten David Popper und dem Komponisten Jules Massenet. Unterdessen spielten professionelle Quartette auf Stelzners Instrumenten, zeitgenössische Komponisten von bescheidenem Ruf schrieben für sie Musik, und seine Vertreter in Hamburg, Brüssel, London und New York machten Werbung für sie.

Aber die Blüte verblasste in kurzer Zeit. Zwei Jahre, nachdem Stelzers Instrumente auf der Columbian-Ausstellung von 1892 in Chicago vorgestellt worden waren, wurde das Unternehmen zu einer Konkursanhörung vorgeladen. Ein Eilantrag erlaubte es zwar, die Produktion bis 1899 fortzusetzen, doch Bankrott und Schlimmeres sollten folgen. 1906 erschoss sich Stelzer im Alter von 54 Jahren.[317] Er hinterließ eine Handvoll Instrumente, die noch heute in Museen von Nürnberg bis South Dakota zu sehen sind, gelegentlich an seltsamen abgelegenen Orten zum Verkauf angeboten werden und manchmal Stoff für eine Sitzung bei einem musikwissenschaftlichen Kongress bieten.

Fehlende Qualität war die am wenigsten wahrscheinliche Erklärung für sein Versagen. Ebenso wie Adelmanns alemannische Geigen sind die von Stelzner gut gemacht und voll funktionsfähig, doch für sie eine Nachfrage zu schaffen, war eine große Herausforderung. Zwar wurde die Violotta wegen ihres Klanges sehr bewundert, doch war sie vom Boden bis zur Decke doppelt so dick wie eine übliche Bratsche – wirklich ein Arm voll. Unterstützung von besseren Komponisten hätte helfen können, doch selbst Haydn war seinerzeit außerstande gewesen, das Baryton, eine Kreuzung im Celloformat, das sowohl gezupft als auch gestrichen wurde, durchzusetzen, und auch Schubert konnte den Arpeggione nicht retten. So hätte es mehr gebraucht als den respektablen, aber längst vergessenen Felix Draeseke, um die Violotta vor dem Aussterben zu bewahren. Ihr Preis war ebenfalls nicht von Vorteil. Stelzners Instrumente waren zwar preiswert, doch war das alleine noch kein Grund, eines zu erwerben, wenn französische, sogar alte italienische Geigen von gleichwertiger oder höherer Qualität für den gleichen Preis zu haben waren.

Dennoch überlebte die Suche nach einem durch die Wissenschaft geprägten Instrument, wenn es auch mehr als eine Generation dauern sollte, bevor der Gedanke in Cambridge, Massachusetts, wieder auftauchte, wo Frederick A. Saunders, ein Pionier in der Atomspektroskopie, Mitglied der Nationalen Akademie der Wissenschaften und Leiter des Harvard-Fachbereichs Physik, zufällig auch Amateur-Geiger/Bratscher und Präsident der amerikanischen Gesellschaft für Akustik war. Seit den 1930er-Jahren experimentierte Saunders mit Geigen, maß, analysierte und verglich die Wirkungskurven bei Hunderten von Instrumenten, von Einsteigerkisten bis zur im Interesse der Wissenschaft ausgeliehenen und von ihm selbst gespielten Guarneri del Gesù von Jascha Heifetz.

1963 versammelten sich etwa 30 Physiker, Chemiker, Ingenieure, Instrumentenbauer, Berufsmusiker, Komponisten, Musikwissenschaftler und Förderer sowie interessierte Zuschauer um einen Ping-Pong-Tisch in seinem Garten und kamen überein, sich zur Catgut Acoustical Society zusammenzuschließen. Auch wenn der Name lustig sein sollte – die Organisation war seriös. Während der darauffolgenden 30 Jahre sollte sie mit einer weltweiten Mitgliedschaft und einer Fachzeitschrift auf in der langen Geschichte des Instrumentenbaus beispiellose Weise Innovationen fördern und zu einer festen Größe werden.[318]

Der Garten gehörte zwar Saunders, die Gärtnerin aber war Carleen Maley Hutchins, zu dieser Zeit 52 Jahre alt und auch 40 Jahre nach dem Gründungstreffen noch aktiv. 1911 als Tochter eines Steuerberaters und seiner 40-jährigen Frau in Springfield, Massachusetts, geboren, war Hutchins so kreativ, regsam und amerikanisch, wie Vuillaume kreativ, regsam und französisch gewesen war. Während Vuillaume aus einem Roman von Balzac hätte stammen können, schien Hutchins wie von einer mittelatlantischen Willa Cather erfunden. Von früher Kindheit an unabhängig, trompetete sie sich als Pfadfinderin durch Sommerlager und pflegte in der Schule eine für Mädchen seltene Vorliebe für Holzbearbeitung. Später studierte sie Biologie an der Cornell University, bevor ihr, wie den meisten Frauen ihrer Zeit, von einem Medizinstudium abgeraten wurde. Stattdessen entschied sie sich, was eher üblich war, für den naturwissenschaftlichen Unterricht an der Schule und heiratete nach dem Ende ihres Studiums.

Eine zufällige Begegnung mit Helen Rice, einer Kollegin an der New Yorker Brearley School, die später ein weltweites Verzeichnis von Amateur-Kammermusikspielern erstellen würde, gab ihrem Leben eine neue Richtung. Mittlerweile hatte sie von der Trompete auf die Bratsche gewechselt, ein eher traditioneller Einstieg für erwachsene Amateure. Mitte der 1940er-Jahre trat sie dem Kreis um Rice bei. Der nächste Schritt erfolgte 1947, als aus Hutchins, erst seit Kurzem Bratschistin, eine autodidaktische Geigenbauerin und Physikerin wurde, aus historischer Sicht eine bisher unbekannte Spezies. Da sie mit der Bratsche, die sie bei Wurlitzer, einem der führenden New Yorker Geigenhändler, gekauft hatte, unzufrieden war, beschloss sie, selber eine bessere zu bauen. Rice versicherte, sie würde ihren Hut essen, wenn dabei etwas herauskommen sollte. Zwei Jahre später servierte sie sich, Hutchins und 60 Freunden einen Kuchen in Form eines Hutes.

Hutchins sah diese Bratsche nicht nur als ihr erstes, sondern auch als ihr letztes Projekt an. Doch es war erst der Anfang. Die Verbindung zu Rice zahlte sich mehr als nur in Kuchen aus und führte zu einer spontan begonnenen sechsjährigen Lehrzeit bei Karl Berger, einem Schweizer Geigenbauer mit einer Werkstatt gegenüber der Carnegie Hall. Dann wurde sie Saunders vorgestellt, was zu Hutchins' Angebot führte, ihm die experimentellen Instrumente zu bauen, die er für seine Forschung benötigte.

In den folgenden Jahren arbeitete sich Hutchins von einer Gehilfin zur Mitarbeiterin und bis zur selbstständigen Forscherin empor, rüstete ihr Haus in Montclair, New Jersey, um, um im Keller ein akustisches Labor unterzubringen, und baute einen steten Strom von Instrumenten, darunter die experimentelle »Le Gruyère« mit 65 in die Zargen gestanzten Löchern, die in verschiedenen Kombinationen zugesteckt oder wieder geöffnet werden konnten, um die innere Resonanz zu prüfen.[319] 1959 gewann sie ein Guggenheim-Stipendium, eine weitere Premiere für einen Geigenbauer. Im Mai 1962 feierte das *Time Magazine* die »füllige Hausfrau aus Montclair, New Jersey«, die zwar »einige Jahre elektronischer Untersuchung« benötigt hatte, um ihre Messvorrichtung zu beherrschen, mittlerweile aber Profis wie Eugene Lehner, zu seiner Zeit Mitglied im legendären Kolisch-Quartett und jetzt in der Boston Symphony, zu ihren Kunden zählte. Ein paar Monate später veröffentlichte sie ihren ersten Artikel im *Scientific American*.[320] Inzwischen brachte sie in einem der oberen Zimmer der Wurlitzer-Werkstatt das Geigenbauer-Gegenstück zu einer Meisterarbeit bei Sacconi zu Ende. Während der vier Jahre dauernden Ausbildung erlaubte ihr Sacconi, seine Werkzeuge und Muster zu verwenden, und brachte ihr bei, in alten Chianti-Kisten Pappelholz für die Adern – die dekorativen Einlagen die eine Geigendecke einrahmen – und in alten Poloбällen Weidenholz für Eckblöcke zu entdecken. Er erlaubte ihr sogar, die Platten – d. h. die Decke und den Boden – der 1713er »Wirth«-Strad mit nach Hause zu nehmen, um ihre Verstärkerkennlinie in ihrem dortigen Labor zu messen.

Zu dieser Zeit war sie auf dem Weg zu ihrer bemerkenswertesten Leistung: ein Geigen-Oktett in abgestuften Größen, vom winzigen Sopranino bis zum Kontrabass. Die Idee stammte von Henry Brant, Professor am Bennington College, dessen Experimente mit räumlich getrennten Gruppen und Besetzungen von Klarinette, Klavier, Küchengeräten bis zu Blechpfeifen und Kammermusik-Ensembles Überlegungen zu Geigen aller möglichen Größen und in allen möglichen Stimmlagen anregten.[321] Viele der Instrumente, die er sich vorstellte, hatten in der Tat Vorläufer, die bis zu Bach und sogar bis zu Praetorius zurückreichten. Aber seit mindestens 200 Jahren hatte niemand solche Instrumente gesehen.

Sie neu zu erfinden, wurde zur Herausforderung für Hutchins, und über einen Zeitraum von nahezu einem Jahrzehnt sollte das Projekt bis zu 100 Wissenschaftler, Amateure und Berufsmusiker beschäftigen. Es sollte auch zur Wiederentdeckung von Fred L. Dautrich aus Torrington, Connecticut, führen, eine Art amerikanischem Stelzner, der schon in den Zwanziger- und Dreißigerjahren des 20. Jahrhunderts eine Alt-Vilonia, eine Tenor-Vilon und einen Bariton-Vilono erfunden hatte, die wie ein Cello zwischen den Knien gespielt wurden.

Hutchins Instrumente hatten ihr Debüt 1962 im Rahmen eines Programms von Brant vor einem Publikum der Guggenheim-Stiftung. Die Instrumentengruppe erstreckte sich von einer kleinen Sopranvioline – die mit einem in den 1960er-Jahren für die NASA entwickelten Draht bespannt war, der es wegen der hohen Spannung erforderlich machte, dass die Musiker Schutzbrillen trugen[322] – bis hin zu einer zwei Meter hohen Kontrabassvioline, die Töne produzieren konnte, die eine Oktave unter dem Cello lagen. Die Bratscherin Lillian Fuchs fand die Altvioline »aufregend, aber furchterregend«, und meinte das als Kompliment. Brant, der die Alt-, Tenor- und Baritonvioline in einem üblichen Quartett mit einer normalen Geige kombinierte, fand das Ensemble »ganz erstaunlich«. Drei Jahre später hatte das vollständige Ensemble seinen ersten öffentlichen Auftritt in der New Yorker Riverdale School und dem Saal im Christlichen Verein Junger Männer – YMCA – in der 92nd Street in New York in Anwesenheit des unverwüstlichen Leopold Stokowski, dessen Begeisterung für Neuerfindungen bis zum Philadelphia Orchestra 50 Jahre zuvor zurückging, und eines Kritikers der *New York Times*, der den Eindruck hatte, dass einige Instrumente vielversprechend waren.[323]

Mit der Zeit wurde die Altvioline von einigen Berufsbratschern für einen normalen, horizontalen Einsatz angepasst, auch wenn ihre Größe für jeden eine Herausforderung war, der nicht die Körpergröße eines Profi-Basketballspielers hatte. Der Cellist Yo-Yo Ma spielte sie für seine Aufnahme des Bratschenkonzerts von Bartók im Jahr 1994 vertikal.[324] Hutchins' Biograf, der Musikwissenschaftler und Interpret Alter Musik Paul Laird, hat sich für den Bariton als Barockcello ausgesprochen. Am Vorabend des 21. Jahrhunderts waren sechs Sätze dieser Instrumente zwischen San Diego und St. Petersburg[325] im Einsatz, während andere den mittlerweile vertrauten Weg in das Metropolitan Museum in New York, die Universität von Edinburgh, das Stockholmer Musikmuseum und das National Music Museum in Vermillion, South Dakota, gefunden hatten.

Sogar Hutchins, die das Oktett rund 200 Mal vorgeführt, Vorträge darüber gehalten und rund 100 Instrumente selbst gebaut oder ihren Bau überwacht hatte, bezweifelte, dass sie einen festeren Platz finden würden. Nachdrücklich geteilt wurden ihre Zweifel von John Schelleng, einem ehemaligen Forschungsleiter bei den Bell-Laboratorien, Autor eines klassischen Artikels über die Geige als Stromkreis,[326] Mitbegründer von Catgut und Amateurcellist. Das Problem sei nicht die Einführung neuer, sondern die Weiterentwicklung herkömmlicher Instrumente, schrieb er 1974 an Hutchins. »Ein Musiker sollte ein nahezu erstklassiges Instrument erwerben können, ohne dass sein Vater deswegen Haus und Hof verpfänden muss.« Publikumsinteresse allein bedeute aber noch gar nichts, betonte er. »Die Personen, die erreicht werden müssen [...], sind junge Spielerinnen und Spieler, die sich zu einem vernünftigen Preis ein erstklassiges Instrument wünschen, mit dem sie die Standardliteratur spielen [und] wenn möglich ihren Lebensunterhalt verdienen können.«[327]

Doch andere sahen weiter über den Tellerrand hinaus. Suzy Norris, Tochter eines Meeresbiologen, die das Handwerk von Paul Schuback, einem in Barbados geborenen und in Mittenwald ausgebildeten Geigenbauer in Portland, Oregon, gelernt hatte, war in den 1980er-Jahren in New York so beeindruckt von einem indischen Guru, dass sie die Suzalyne erfand, eine eigenwillige Mischung aus Violine und Viola mit Anklängen an die indische Esraj und die norwegische Hardanger-Fiedel, die oberhalb des Steges fünf Saiten mit acht darunterliegenden Resonanzsaiten kombinierte. »Ich mache auch normale Dinge«, erklärte Norris, »aber ich werde nie aufhören, auch die zu machen, die mir Spaß bereiten.«[328]

Ein paar Jahre später hatte David Rivinus, als Sohn einer amerikanischen Diplomatenfamilie in der Türkei geboren, Mitleid mit einem Freund, der unter anhaltenden Rückenschmerzen und einer Sehnenscheidenentzündung litt. Er bediente sich einiger Hinweise von Otto Erdesz, einem in Toronto ansässigen und herrlich eigenwilligen Ungarn, der die linke Seite der Bratsche neu gestaltete, um es seiner damaligen Frau, der israelischen Bratscherin Rivka Golani, leichter zu machen, die höheren Lagen zu erreichen.[329] Rivinus stattete das gesamte Instrument durch eine Verkürzung seiner Länge bei gleichzeitiger Maximierung der Resonanzkammer neu aus. Das Ergebnis nannte er »Pellegrina« – Pilgerin.

Margalit Fox schrieb in der New York Times,[330] das Instrument sehe aus »wie eine übergroße, auf der Diagonalen gestreckte Birne«; die sich selbst als Freestyle-Geigerin bezeichnende Darol Anger nannte es in der Fachzeitschrift Strings »eine Salvador Dali gemäße Achterbahnmischung aus mit LSD bestreutem Toffee«;[331] und Isaac Stern fragte scherzhaft, ob das Instrument zu lange in der Sonne gelegen habe. Als Michael Tilson Thomas, der Dirigent der San Francisco Symphony, es zum ersten Mal in den Händen seines zweiten Solobratschers Don Ehrlichs sah, fragte er sich, ob er vielleicht halluziniere. Doch obschon viele lachten, wenn Ehrlich sich mit seiner Bratsche niederließ, so war Rivinus' »Pellegrina« seit Andrea Amati doch einer der ersten Entwürfe, der sich Belastungsbeschwerden widmete, die geschätzte 65 bis 70 Prozent der professionellen Orchestermusiker an einem bestimmten Punkt in ihrer Karriere plagen. Ehrlichs Kollegen mochten den Klang ebenfalls. Mit Rücksicht auf einen Beruf, dessen Kleiderordnung sich seit dem Berliner Kongress (wenn nicht sogar seit dem Wiener Kongress) nicht geändert hatte, bediente Rivinus den der Profession angeborenen Konservatismus mit einem konventionellen Modell, das die Vorteile der »Pellegrina« dennoch beibehielt. »Ich bin der zögerlichste Revolutionär, den man sich vorstellen kann«, erklärte er Fox, »aber jemand kam mit einem Problem zu mir, und obwohl es mir ein wenig peinlich ist, ist es dies, was ich mir ausdachte.«[332]

An der Schwelle des sechsten Jahrhunderts der Violine stellte Todd French, Leiter einer neu geschaffenen Abteilung für Qualitätsinstrumente bei Butterfield & Butterfield, einem Auktionshaus in der Gegend von San Francisco, weitere zeitgenössische amerikanische Geigenbauer in Hollywood aus. Unter den gezeigten Objekten waren eine asymmetrische blaue Violine des New Yorker Geigenbauers und -händlers Christophe Landon und eine auf einer Guarneri basierende Art-déco-Violine mit einem Goldball als Kopf von Guy Rabut.

Landon, Sohn eines Tierarztes aus Fontainebleau, baute seine ersten asymmetrischen Geigen als Lehrling in Mirecourt in dem Rot-Weiß-Blau der französischen Revolution. Mitte der 1980er-Jahre machte er sich dann auf den Weg nach New York, wo er nebenbei lernte, Polo zu spielen, vermutlich eine weitere Premiere für einen Geigenbauer. Rabut, Sohn eines Künstlers und Illustrators aus Connecticut und ein ungefährer Zeitgenosse Landons, gelangte nach New York über einen Sommergitarrenkurs in Vermont und einen dreijährigen Lehrgang der neu eröffneten Violinschule von Amerika in Salt Lake City. Nach einem fünfjährigen Aufenthalt bei René Morel in dem Vorzeigegeschäft von Jacques Français auf der West 54th Street, eröffnete er auf der siebten Etage der Carnegie Hall seine eigene Werkstatt, in der er für eine dankbare Kundschaft Reparaturen und Restaurierungen durchführte, bevor er sich entschied, sich in einem Loft im 15. Stock in Lower Manhattan nur noch dem Geigenbau zu widmen. Aber obwohl er und Landon eine Leidenschaft für Neuerungen teilten, ließen sie keinen Zweifel daran aufkommen, dass ihre Erfindungen der ganz normalen Arbeit in gut eingeführten Werkstätten entstammten.

Die Ausstellung in Hollywood zeigte auch zwei Instrumente von Denny Ferrington, einem heimatvertriebenen Südstaatler und Gitarrenbauer aus Pacific Palisades, deren makellose und asymmetrische Tränenformen auf eine mögliche Massenproduktion und ein leichtes Erreichen der höheren Lagen angelegt waren.[333] »Wenn Stradivari und Guarneri jetzt aufwachen und zu einer Geigenkonferenz gehen würden, wären sie sauer!«, sagte Ferrington in einem Interview im Jahr 1996. »Mann, nach 300 Jahren macht ihr immer noch dieses Zeug?«[334]

Landon beobachtete diese Frustration beim Kronos Quartet, einem der experimentierfreudigsten Ensembles der Zeit, das sich »immer noch mit den üblichen alten Instrumenten abgeben« musste. Rivinus hatte zumindest den Kronos-Bratscher Hank Dutt überreden können, einen ernsthaften Blick auf eines seiner Instrumente zu werfen,[335] und beim Turtle Island String Quartet, der Welsh National Opera, dem Netherlands Radio Orchestra und der Boston Symphony Kunden gefunden. Rabuts geplantes Quartett blieb unerreichbar, und obwohl bekannte Spieler bereit waren, seine Art-déco-Geige auszuprobieren, blieb sie unverkauft.

Drei Jahre nach der Ausstellung in Hollywood war Butterfield & Butterfield selbst Geschichte, zumindest in der Gestalt, die Generationen gekannt hatten. 1999 wurde es von eBay und 2002 von Bonhams, einem Londoner Auktionshaus mit einer eigenen Instrumentenabteilung, erworben. Zu dieser Zeit spielte French wieder Cello in der Los Angeles Opera und vermarktete gleichzeitig verschiedene Produktlinien guter, aber durch und durch herkömmlicher Einstiegsinstrumente – viele von ihnen chinesischer Herkunft – mit unverbindlichen Namen auf unverbindlichen Zetteln. Fan Tao, Forschungsleiter bei D'Addario, einem der größten Hersteller von Saiten, erinnerte seine Kollegen daran, dass »das Einzige, für das die Menschen bereit sind zu bezahlen, Kopien alter Meister« seien, und chinesische Werkstätten wurden immer besser darin, diese zu Preisen anzubieten, die kein individueller Geigenbauer schlagen konnte.

In der Zwischenzeit verkomplizierten Umweltgesetze wie der Lacey Act in den USA das Leben in- und ausländischer Hersteller, indem sie sowohl die Einfuhr von so bedrohten Materialien wie Ebenholz, Palisander und bosnischem Ahorn als auch die Ausfuhr fertiger Produkte regulierten. Bei dem Gitarrenbauer Gibson führten die Bundesbehörden eine regelrechte Razzia durch. Zumindest theoretisch galten die Beschränkungen auch für Geigen.[336] Das, so betonte Tao, erfordere von den Geigenbauern, wenn sie überleben wollten, eine innovative Strategie. Doch müssten sie, so fügte er hinzu, »die kaufwillige Öffentlichkeit« auch dazu bringen, sie anzunehmen.[337]

Zurück in die Zukunft

Trotz allem aber versprach diese schlimmste Zeit seit Vuillaume vielleicht die beste seit Guadagnini zu werden, was sie teilweise der Wissenschaft, teilweise der Geschichte und zum Teil der klassischen Wirtschaftslehre verdankte. Nach beinahe einem Jahrhundert, in dem der professionelle Geigenbau als so museumsreif und irrelevant angesehen wurde wie das Schmiedehandwerk, waren die neuen Geigenbauer in vielfacher Weise außergewöhnlich.

Einer der Ersten mit Vorbildcharakter war der 1966 geborene Stefan-Peter Greiner. Nachdem ihn die ehrwürdige Violinschule in Mittenwald abgelehnt hatte – teilweise, so vermutete er, weil er weder Bayer noch Katholik war, teilweise, weil er schon im Alter von 14 Jahren an seiner ersten Geige gearbeitet hatte und daher nicht der blutige Anfänger war, den die Vorschriften verlangten –,[338] fand er sich mit einer Ad-hoc-Lehre bei einem schwedischen Geigenbauer in Bonn ab und studierte gleichzeitig Lackkunst und Musikwissenschaft an der Universität in Köln.

Obwohl erst gut 30 Jahre alt, trug er elegante rote Westen mit Jeans und kragenlose weiße Hemden, verkaufte Instrumente an die besten Musiker wie Christian Tetzlaff und das Alban Berg Quartett, war darum bemüht, dass die Wartezeit für seine Instrumente nicht mehr als vier Jahre betrug, und gab seinem Sohn den Vornamen Antonio. Zu seiner großen Freude schaffte er es sogar, dass ihn das Finanzamt als Künstler mit all den damit verbundenen Vorteilen und nicht als Geschäftsmann einstufte. Gregg Alf stand der Technik selbst zwar neutral gegenüber, hatte aber großen Respekt vor Hutchins, die nicht nur Physik und Geigenbau wie niemand zuvor miteinander verbunden, sondern auch Akustiker dazu gebracht hatte, sich von gesponserten Forschungen zum Aufspüren von U-Booten zu lösen und zu ihrem ursprünglichen Gebiet zurückzukehren.[339] Greiner arbeitete wie Curtin, Alfs ehemaliger Partner, regelmäßig mit einem Physiker zusammen.

Die neue Zukunft wandte sich aber auch der Geschichte zu, als die Kräfte des Marktes, angetrieben durch eine ständig wachsende Nachfrage nach Restaurierungen und Kopien, zu immer intensiveren Untersuchungen von alten Instrumenten und Recherchen in Archiven führten. Ohne Hilfe, geschweige denn Interesse der akademischen Welt wurde ein dynamischer Kreislauf in Gang gesetzt, zu dem Forschungen, Publikationen, Webseiten, Sommerakademien und Jahresversammlungen[340] gehörten und der zu mehr und besser, aber immer noch traditionell ausgebildeten Geigenbauern führte, die im Prinzip ebenfalls mehr und bessere, aber immer noch entschieden traditionelle Instrumente bauten.

Als Hutchins ihre Entscheidung traf, eine bessere Viola zu bauen, hatten traditionelle Instrumente einen hohen Stellenwert für sie. Wie die meisten Innovationen war auch das Oktett eine dem Meer übergebene Flaschenpost; erst die Zeit würde zeigen, ob sie die Nachwelt erreichte. Für das Hier und Jetzt sah sie Innovation als ein Mittel, nicht als Selbstzweck. »Für die Geigenbauer von heute ist es immer möglich, sehr gute Violinen herzustellen, wenn sie sich der in den letzten 30 Jahren zusammengetragenen technischen Informationen bedienen«, erklärte sie. »Es ist nicht nötig, Millionen von Dollar zu zahlen, um ein gutes Instrument zu bekommen.«[341]

Diese Nachricht verbreitete sie nicht nur von Montclair bis nach China, sondern sie nahm sie sich auch persönlich zu Herzen. 1957 bekannte sie während einer Jahrestagung der Amerikanischen Gesellschaft zur Förderung der Wissenschaften, dass sie ihrer Freundin Virginia Apgar, Professorin für Anästhesiologie an der Columbia University und Hobby-Geigenbauerin, die ein Auge auf ein perfekt abgelagertes Regalbrett aus Riegelahorn in der Telefonzelle des Presbyterian Hospitals geworfen hatte, zu Hilfe geeilt war, nachdem das Krankenhaus in der Sache keinerlei Entgegenkommen gezeigt hatte. Ihr Vorgehen erinnerte zur Hälfte an Charlie Chaplin und zur Hälfte an *Rififi*, den klassischen Film noir von Jules Dassin: Zuerst kopierte Hutchins das begehrte Regalbrett in einem anderen Material. Dann besetzte sie die Telefonzelle, während Apgar in ihrem weißen Kittel Wache stand und Hutchins daran erinnerte, jedes Mal, wenn ein Wachmann erschien, eine Münze in den Apparat zu stecken. Zu beider Entsetzen war die Kopie etwas zu lang. Hutchins jedoch, die nie um eine Idee verlegen war, hatte vorsorglich eine Säge mitgebracht. Damit bewaffnet zog sie sich mit Ersatzbrett und Säge in eine nahegelegene Damentoilette zurück. Eine vorbeikommende Krankenschwester, die die seltsamen Geräusche aus der Toilette verwirrten, wurde von Apgar abgelenkt und beruhigt, dass es sich nur um Handwerker handelte, die ausschließlich zu dieser Tageszeit dort arbeiten könnten. Dann nahm sie den Ahorn mit nach Hause und machte aus ihm den Boden einer Bratsche.[342]

1982 lud das chinesische Kulturministerium Hutchins dazu ein, die nach der Kulturrevolution und dem Besuch von Isaac Stern noch in den Kinderschuhen steckende Geigenindustrie zu beraten. Bis 1999, also über ein halbes Jahrhundert, nachdem sie mit ihrer Arbeit begonnen hatte, lag ihre Arbeitsleistung – zusätzlich zu rein experimentellen Entwürfen – bei schätzungsweise 75 Standardgeigen, 160 Bratschen und 12 Celli.[343]

Ihr Beispiel wirkte sowohl für die Öffentlichkeit als auch persönlich weit über ihre Werkstatt hinaus. Das Oberlin College und die Violin Society of America veranstalteten jetzt Sommer-Workshops, auf denen zeitgenössische Geigenbauer wie Dilworth und Zygmuntowicz die Teilnehmer über Werkzeuge, Lacke und den neuesten Stand des computergestützten Designs unterrichteten,[344] während

Curtin und Tao sie über die laufenden Entwicklungen in der Akustik informierten. 20 Jahre, nachdem Hutchins ihr Licht in China hatte leuchten lassen, schimmerte es nun sogar auf der Oxforder Webseite von David Ouvry durch, wo der ehemalige Lehrer und Cambridge-Absolvent mit Stolz auf den von ihm für die Suche nach Knotenpunkten benutzten Sinusgenerator und den Frequenzzähler hinwies, den er verwendete, wenn er bei der Fertigung von Holzbrettern, aus denen Boden und Decke einer Geige werden würden, die Tonhöhe maß.[345]

Die Methoden und Technologien von Ouvry waren nicht nur ein Maß für den seit William Baker, dem Fiedelbauer aus der Stuart-Restauration, zurückgelegten Weg, sondern auch für die Fortschritte seit dem Oxford der frühen 1960er-Jahre, als das, was in der Stadt einem Violinengeschäft am nächsten kam, eine antiquarische Buchhandlung war. Neben anderen lokalen Neuheiten gab es ein Trio von jungen Geigenbauern, ein Franzose, ein Kanadier und ein Amerikaner, dessen aus Berufsmusikern, Amateuren und Schülern bestehender Kundenkreis an den von Baker erinnerte. Doch ihre Elektrowerkzeuge waren nunmehr so selbstverständlich wie die Zentralheizung, und bei der Reinigung feinster Risse machten sie regelmäßig Gebrauch von einem binokularen Mikroskop.[346]

Hutchins Einfluss war sowohl direkt als auch indirekt. Zu unterrichten war für sie seit den 1930er-Jahren so selbstverständlich, wie mit Holz zu arbeiten. Saunders selbst gratulierte ihr 1953 zu ihrem ersten Geigenbaulehrling. Zwischen den späten 1960er- und den 1980er-Jahren brachte sie an ein oder zwei Wochenenden im Monat drei bis zehn Studenten gleichzeitig Geigenbau und Plattenabstimmung bei, bis die Zahl ihrer Schützlinge insgesamt auf rund 50 angewachsen war. Unter ihnen waren ein pensionierter Physikprofessor, ein Ingenieur im Ruhestand, ein ehemaliger Forschungsleiter bei Lockheed Electronics und ein Wirtschaftswissenschaftler aus Washington; unter ihnen waren ebenfalls Deena Zalkind und Robert Speer aus Ithaca, New York, die ursprünglich ein Medizinstudium bzw. eine Konzertkarriere anstrebten, sich dann aber entschieden, Instrumente zu bauen, die selbst noch den Ansprüchen des Cellisten Mstislaw Rostropowitsch genügten;[347] außerdem Gregg Alf und Joseph Curtin aus Ann Arbor, deren Instrumente gut genug für Yehudi Menuhin, Ruggiero Ricci und Elmar Oliveira waren;[348] schließlich eine Gruppe von Gitarrenbauern, ein Violabauer und Diana Gannett, als vielseitige Streicherin und Kontrabassvirtuosin eine Doppelbegabung, die während ihrer Unterrichtszeit in Yale den ersten von Hutchins' gebauten Kontrabass erstanden und zu lieben gelernt hatte und dann begann, sich für den Instrumentenbau zu interessieren.

Es war paradox genug, dass die Wiedergeburt eines der weltweit traditionsreichsten Handwerksberufe mit einer sozialen, politischen und kulturellen Rebellion zusammenfiel, wie sie seit 1848 nicht mehr erlebt worden war. Doch diesmal gingen die Generationenkonflikte mit handwerklicher Fortune einher.

Allein die Zahlen waren verblüffend. Robert Bein erinnerte sich eine Generation später, dass es 1976 in Chicago überhaupt keine Vollzeit-Geigenbauer mehr gab. Das *Strad-Verzeichnis* für das Jahr 2004 führte in der Stadt zehn, in den Vororten sieben und in 45 US-Bundesstaaten weitere Geigenbauer auf. In 48 Ländern aller Kontinente – außer der Antarktis – gab es noch mehr.[349] Allein in Berlin, wo Olga Adelmann einst für eine bezahlte Anstellung dankbar war, lebten 13. In Cremona, wo Stradivaris Zeitgenossen ein halbes Dutzend schon als Gedränge betrachtet hatten, waren es mindestens 54, die nunmehr eine große Anzahl von Frauen und Nichtitalienern sowie 120 Studenten und Auszubildende beschäftigten. Das am meisten bewunderte Geschäft in der Stadt war eine italienisch-kanadisch-amerikanische Koproduktion, die 1991 von Bruce Carlson gegründet wurde, einem ehemaligen Studenten der Meteorologie und früheren US-Marineoffizier, der auch Konservator der städtischen Sammlung geworden war.[350]

Doch der größte Entwicklungssprung wurde wohl bei der Qualität gemacht. Elmar Oliveira erklärte 1995: »Es gibt wahrscheinlich heutzutage mehr Geigenbauer als jemals zuvor, die gute Instrumente herstellen können.«[351] Oliveira, ein Arbeiterkind aus Connecticut ohne verlässliche Unterstützer oder Geldgeber, hatte beim Moskauer Tschaikowsky-Wettbewerb eine Goldmedaille gewonnen. Als jemand, der auf dem Weg zu seinen bevorzugten Konzertinstrumenten viele Geigen einschließlich der 1726 von Guarneri del Gesu gebauten »Lady Stretton« und ihrer Kopie von Alf und Curtin, 1993 gebaut, gespielt hatte, war er eine glaubwürdige Quelle.[352]

In der Tat war die Kunst nie ausgestorben. Seit 1978, dem Jahr des Moskauer Triumphes von Oliveira, waren Händler überall damit beschäftigt, sich den Arbeiten bisher wenig beachteter Geigenbauer des 19. und 20. Jahrhunderts zu widmen, darunter denen von Giuseppe Rocca (1807–1865) und Annibale Fagnola (1866–1939) aus Turin, von Ansaldo Poggi (1893–1984) aus Bologna und von Stefano Scarampella aus Mantua (1843–1925), die ihr Arbeitsleben im Schatten von Guadagnini und den Patriarchen aus Cremona verbracht hatten. Bis zum Ende des 20. Jahrhunderts feierte eine blühende monografische Literatur die regionalen Traditionen von der italienischen Provinz Ligurien bis nach Ungarn.[353] »Wenn sie Ihren Egotrip leid sind, sollten Sie einige Rocca- oder Fagnola Kopien versuchen«, bedeutete der Händler Adolf Primavera aus Philadelphia dem jungen Sam Zygmuntowicz, 1956 geboren, nachdem dieser ihm eine Strad-Kopie zur Prüfung gezeigt hatte.[354]

Im Rückblick gab Zygmuntowicz zu, jüngeren Vorläufern aus der Alten Welt wie dem in Frankreich geborenen Morel (1932–2011), der sein Werkzeug auf dieselbe Art und Weise handhabe wie große Spieler ihre Instrumente, Bewunderung und sogar Ehrfurcht entgegenzubringen.[355] Der gebürtige Brasilianer Luiz Bellini (geboren 1935), der mit Sacconi bei Wurlitzer gearbeitet hatte, und der in Italien geborene Sergio Peresson (1913–1991), der für Moennig

arbeitete, waren positive Vorbilder. Peresson baute, verkaufte und wartete Instrumente für die Spieler an den ersten Pulten des Philadelphia Orchestra. Ruggiero Ricci, ein lebenslanger Sammler, tourte mit einer Guarneri-Kopie, die ihm Bellini auf seine flehentliche Bitte hin verkauft hatte.[356] Beide Geigenbauer hatten die Bekanntheit der großen Werkstätten und die Unterstützung durch große Geschäfte genutzt, ein ganzes Arbeitsleben Restaurierungen und Reparaturen gewidmet und waren Tag und Nacht für ihre Kunden da. »Das habe ich mir gemerkt«, sagte Zygmuntowicz.[357]

Eigentlich war die Kunst des Geigenbaus keineswegs tot, doch es sollten Generationen vergehen, bevor irgendjemand mit dem Geigenbau seinen Lebensunterhalt verdienen konnte. Sacconi selbst, für seine Zeitgenossen längst ein Kultobjekt, baute in den 40 Jahren seines Arbeitslebens im Durchschnitt ein Instrument im Jahr, und Carl G. Becker hatte nahezu seit Menschengedenken Amerikas größte Annäherung an ein Cremoneser oder Mirecourt-Pariser Patriarchat geschaffen. Mit Beginn der 1920er-Jahre war er mit seinem Arbeitgeber

　　Der Geigenbauer Frank Eickmeyer bei der Arbeit in Bosa, Sardinien

William Lewis & Son aus Chicago vertraglich übereingekommen, dass er neun Monate im Jahr die klassischen Instrumente, die es in den in unmittelbarer Nähe seiner Werkstatt gelegenen Konzertsaal geschafft hatten, reparieren und restaurieren würde. In den verbleibenden drei Monaten baute er seine eigenen Instrumente, während er den Stab an seinen Sohn Carl F., der mit 16 Jahren mit der Arbeit begann, und an seine Enkelkinder Jennifer und Paul, die mit elf und fünfzehn Jahren im Metier anfingen, weiterreichte. Doch mit diesen Instrumenten, die zu Lebzeiten seiner Enkel als einige der besten aus amerikanischer Hand angesehen wurden, verdiente Becker nach einer Schätzung von Bein etwa einen Dollar pro Stunde.[358] Peresson, der erfolgreichste amerikanische Geigenbauer seiner Zeit, stand schon kurz vor dem Ruhestand, als er seine eigene Werkstatt eröffnete.

»Bei den Bemühungen, Informationen zum Lebenswerk einer Reihe zeitgenössischer amerikanischer Geigenbauer zu bekommen, kam der Herausgeber zwangsläufig mit dem alten Sprichwort ›Kunst ist bescheiden‹ nach Hause«, berichtete Alberto Bachmann 1925 in seiner *Encyclopedia of the Violin.* Von 92 Einträgen bestanden 76 nur aus einem Namen und der Heimatstadt. »Es ist schwer zu glauben, dass einige Befragte Informationen über ihre Arbeit sogar für enzyklopädische Zwecke verweigerten«, klagte er.[359] Fast 60 Jahre später war die Zahl der Ermittelten dank der enzyklopädischen Forschungsleidenschaft von Thomas Wenberg auf rund 3500 gewachsen, deren Gemeinsamkeit vornehmlich darin bestand, dass sie zwischen der Mitte des 19. und dem späten 20. Jahrhundert irgendwo in den Vereinigten Staaten eine Geige gebaut hatten. Gemeinsam war ihnen sonst allenfalls noch die verblüffende Vielfalt der auf nahezu jeder Seite seines einzigartigen *Violin Makers of the United States* erwähnten Brotberufe, beispielsweise »arbeitete als Bergmann«, »als Gerichtsreporter«, »als Gewerkschaftsvertreter«, »als Cowboy, Zimmermann und Bauunternehmer«, »stellte als Briefträger seine Lieferungen per Pferd zu«, arbeitete »als Tischler, Bürokaufmann, Schlachthofarbeiter, Trickcowboy, Lassowerfer, Zureiter wilder Pferde, Schäfer, Schmied und Brandmarker von Kühen«, war »von Beruf Maschinenbau-Ingenieur«, »ein Chiropraktiker von Beruf«, »betrieb das Ford-Autohaus«, »fertigte die Schneeschuhe an, die Admiral Byrd auf seiner Expedition zum Nordpol trug.«[360]

Von 26 zwischen 1902 und 1948 geborenen britischen Geigenbauern, die in Mary Anne Alburgers biografischer Sammlung von 1979 porträtiert werden, sind drei Frauen. Sechs der Porträtierten gelangten zum Geigenbau über Möbel und Holzarbeit, und zehn weitere kamen von der Musik einschließlich eines Studiums am Konservatorium und professionellem Orchesterspiel. Außerdem gab es einen ehemaligen Bankkaufmann, einen früheren Matrosen der Handelsmarine und einen ehemaligen Büromaschinentechniker. In einer Gesellschaft, die immer noch auffallend standesbewusst war, erstreckte sich die Herkunft ihrer Befragten von der Arbeiter- bis zur soliden Mittelklasse, einschließlich eines Geigenbauers und eines Händlers die jeweils Mitglied und zweiter Kommandeur des Ordens des britischen Empire waren. Eine andere Geigenbauerin war sowohl die Tochter als auch die Ehefrau bedeutender Akademiker, die alle zum Ritter geschlagen wurden und von denen einer Fellow der Royal Society war. Nur fünf von ihnen hatten mehr oder weniger traditionelle Lehrlingsausbildungen durchlaufen – einer als Möbelbauer, ein anderer als Zimmermann. Einschließlich der Absolventen der Violinschule, die unter den jüngsten waren, hatte nur etwa ein Drittel eine Ausbildung als Geigenbauer.

Obwohl die wirtschaftlichen Umstände keine ausreichende Erklärung für deren Berufswahl liefern, müssen sie berücksichtigt werden. Zwischen 1950 und 2000 stieg die Weltbevölkerung von 2,5 auf mehr als 6 Milliarden Menschen. Das durchschnittliche Pro-Kopf-Einkommen verdreifachte sich nahezu. Es war unvermeidlich, dass die wachsende Nachfrage die alten Instrumente irgendwann für alle außer den Superreichen unerschwinglich machen würde. Dieser Tag kam schon 1971, als die »Lady-Blunt«-Strad von 1721 bei Sotheby's in London die 200.000-Dollar-Schranke durchbrach. Von da an ging die Spirale nur noch aufwärts. Es gab praktisch keine direkte Verbindung zwischen dem Verkauf der »Lady Blunt« und der Aufbruchsstimmung, die nachträglich mit 1968 in Verbindung gebracht wird. Doch was Paul Berman als »das utopische Hochgefühl« bezeichnete, das »über das Universum der Studenten und ebenso über die Universen einiger Erwachsener fegte«,[361] sollte für die Wiederauferstehung des Geigenbaus eine ähnlich bedeutende Wasserscheide sein. Soweit man zurückdenken konnte, war es offenbar selbstverständlich, dass der Geigenbau ein ausschließlich männliches, meistens lokales, traditionelles und selbstbezügliches Handwerk war, das hauptsächlich von Kontinentaleuropäern im Kittel und mit Nickelbrille ausgeführt wurde. Nun aber schienen Vertreter der geburtenstarken Jahrgänge der Nachkriegszeit, die auf unterschiedliche Weise von Kunstschulen, Konservatorien, Gitarrenklassen oder Volksmusikfesten geprägt waren, den Geigenbau nicht nur als eine berufliche Option, sondern sogar als eine schöne neue Welt entdeckt zu haben.

Zum ersten Mal seit über 400 Jahren sah sich eine Subkultur, deren berufliche Identität und sogar ihre Familienverbindungen Jahrhunderte zurückreichte, einer Klasse von Einsteigern gegenüber, die kaum unterschiedlicher hätten sein können. Sie waren Amerikaner und Briten, Frauen, Juden und Studienabbrecher, und ihre Eltern Professoren, Lehrer, Künstler, Fotografen, Tierärzte, Winzer, Holocaust-Überlebende und spanische Bürgerkriegsveteranen. Insgesamt erschienen sie wie eine Mischung aus dem jungen Marx auf der Flucht vor kapitalistischer Entfremdung und Benjamin Braddock, der Titelfigur in dem zu jener Zeit symbolträchtigen Film *Die Reifeprüfung*, auf der Flucht vor einer Karriere in der Kunststoffindustrie.

»Nichts an dem, was unsere Generation bei dem Versuch antrieb, großartig aussehende und klingende Geigen zu bauen, hatte mit finanziellen Interessen zu tun«, erläuterte Carla Shapreau, eine Geigenbauerin aus San Francisco, die später Rechtsanwältin wurde.[362] Für Anne Cole, Tochter eines Chirurgen und einer expressionistischen Malerin und schon wegen ihres Geschlechts

Frank Eickmeyer, Geigenbauer in Sardinien und Köln, beim Ausarbeiten einer Geigendecke, 2005 eine Seltenheit in der Branche, war es »die Hippie-Sache«.[363] Die Eltern von Zygmuntowicz waren zwar über den Berufswunsch ihres Sohnes verwundert, aber entschlossen, ihm beizustehen, und suchten ihm eine Lehrstelle bei der Schreinergewerkschaft.[364]

Weder von ihrem Temperament noch von ihren Biografien her hatten die Neulinge viele Gemeinsamkeiten. Doch außer dem gelegentlichen Pragmatiker Curtin, der Luft für das natürliche Medium eines Geigenbauers hielt und Materialien in erster Linie als Mittel zum Zweck ansah,[365] hatten sie alle »ein Faible für Holz«,[366] konnten mit physischer und sozialer Distanz umgehen, hatten eine Abneigung gegen Hierarchien und verfügten über eine unbefangene Risikobereitschaft. Eine Generation später war Rabut mäßig amüsiert davon, dass die Nachwuchsgeneration ihn und seine Zeitgenossen bereits als »die ältere Generation« wahrnahm, und blickte wehmütig auf die kollektive Gleichgültigkeit seiner Generation gegenüber den Kreditkarten und MBA-Abschlüssen, die ihnen ein positiver Arbeitsmarkt erlaubt hätte.[367]

Vor allem aber teilten sie eine gemeinsame Leidenschaft für die Kunst selbst, die sich in einem nahezu ehrfurchtsvollen Respekt vor den von Alf als »Ikonen der Zivilisation« bezeichneten Werken ausdrückte, die die alten Meister geschaffen hatten. »Als ich lernte, eine Schnecke zu schnitzen, hätte niemand gedacht, dass ich auch ein gewitzter Geschäftsmann werden musste«, seufzte er.[368] Andrew Dipper, ein junger Engländer, der nach Japan wollte, fand sich in Cremona wieder, wo er schließlich Sacconi übersetzte. »Geigenbau«, so erklärte er, »ist eine Haltung, kein Beruf.«[369]

Der dritte Impuls kam vom Handel selbst. Im Prinzip bedeuteten gute Zeiten für Händler auch gute Zeiten für Reparaturabteilungen und ein Goldenes Zeitalter für die Restauratoren, die in der Lage waren, alte Instrumente vom Zahn der Zeit, von Kunstfehlern und von durch unisolierte Dachböden entstandenen Schäden zu befreien. Aber die vorhandenen Arbeitskräfte, viele davon noch in der Vorkriegszeit ausgebildet, wurden rasch weniger, und traditionelle Schulungen vor Ort waren in den erfolgreichen Volkswirtschaften und Arbeitsmärkten, die sich jetzt von München bis nach San Diego erstreckten, unerschwinglich geworden.[370] Sowohl Mittenwald, die Gründung aus dem 19. Jahrhundert mit einem dreijährigen Lehrplan, als auch Cremona, ein weiteres Sacconi-Vermächtnis mit einer drei- bis fünfjährigen Ausbildung, konnte jedes Jahr eine Anzahl von Absolventen vorweisen, doch keiner der beiden Städte gelang es, die Nachfrage in London, dem traditionellen Zentrum des Handels, und in den Vereinigten Staaten, seinem neuen Schwerpunkt, zu befriedigen.

Die Lösung lag in einer bis heute einzigartigen Welle des Aufbaus von Institutionen. 1972 unterstützten David Hill, ein Erbe der legendären Londoner Händlerfamilie, Charles Beare, ein Absolvent von Mittenwald, dessen Familienunternehmen bald zum Nachfolger der Hills werden sollte, und der Geigen-

bauer Wilfred Saunders die Gründung von Newark, der ersten britischen Geigenbauerschule, die später auch John Dilworth besuchen sollte. Sie bot einen dreijährigen Kurs mit »einem guten Niveau von Fähigkeiten im Holzhandwerk« für eine Jahresklasse von zwölf Schülern an.[371] Im selben Jahr gründete der in Schlesien geborene Peter Paul Prier, Absolvent von Mittenwald, die Violin-Making School of America in Salt Lake City, die – eine weitere Premiere – zum ersten Mal einen Vier-Jahres-Kurs anbot, dessen Teilnehmerzahl von anfänglich vier auf bis zu 20 anwuchs.

Eine Generation später war sie mit ihren sorgfältig ausgearbeiteten Studienplänen, einer jährlichen Abschlussklasse von etwa 100 Studenten und überall in der Welt zu findenden Absolventen eine fest etablierte Organisation geworden. In den folgenden Jahren sollten ähnliche Schulen in Chicago, Boston, Leeds, Tokio, Wales, Schweden, Argentinien und an der Indiana University ihre Tore öffnen – während andere schließen mussten, weil sie paradoxerweise Opfer der erfolgreichen Antwort der neuen Schulen auf die Nachfrage wurden, aus der sie entstanden waren.

Noch an der Schwelle ihres dritten Jahrzehnts nahm man in der Schule in Newark einen Anteil ausländische, aber auch örtliche Bewerber auf, die eine zweite, wenn nicht dritte Karriere anstrebten. Doch die Vorgehensweise war bewusst konservativ. »Es ist unsere Philosophie, die besten Instrumente, die jemals gemacht wurden – die Strads und die Guarneris –, als Modelle für unsere Schüler zu benutzen«, sagte der Leiter in einem Interview. »Wenn man uns fragen würde, wo wir in zehn Jahren gerne stehen möchten, würden wir sagen, wir wollen das Gleiche tun wie bisher, nur besser«, fügte ein älterer Kollege

Frank Eickmeyer lackiert seine Instrumente gern in Sardinien, denn das warme trockene Klima wirkt sich sehr günstig auf das Ergebnis aus, 2012 hinzu.[372] Das »Fiedel-Rennen«, in dem vierköpfige Teams darum konkurrierten, in drei Acht-Stunden-Tagen eine spielbare, unlackierte Violine zu produzieren,[373] war eine Neuerung, die die Amatis wohl mit Verwunderung betrachtet hätten. Aber das Fehlen von Elektrowerkzeugen – in Newark ein Grundsatz – hätte sich angefühlt wie zu Hause.

In Cremona bot ein siebenköpfiges Kollegium aus erfahrenen Lehrern im Geigenbau seinen ungefähr 100 eingeschriebenen Studenten mit sieben bis vierzehn Stunden pro Woche Unterricht einen umfangreicheren Lehrplan, der Kunst- und Musikgeschichte ebenso einschloss wie Handelsrecht, Buchführung, Italienisch für die Schüler aus mindestens 39 Ländern und allen Kontinenten, Englisch für Nicht-Muttersprachler, Akustik und Sport. Für Holzarbeit und Design bestand ein alternativer Lehrplan. Im Gegensatz zu Newark war Cremona mit elektronischen Messinstrumenten ausgestattet. Das Kollegium in Salt Lake City, bestehend aus vier Lehrern – zwei Geigenbauern, einem Künstler und einem Geigenlehrer –, zielte auf die Grundlagenausbildung, darunter Instrumententheorie, Geschichte, Bau, Reparatur und Einrichtung einer Geige, mechanische und künstlerische Zeichnung, Akustik, Musikunterricht und Orchesterspiel. Nach drei Jahren mit jeweils 35 Stunden Unterricht pro Woche zu einer Jahresgebühr, die in etwa den Studiengebühren einer staatlichen Universität entsprachen, wurde von den Kandidaten erwartet, eine unlackierte Violine fertiggestellt zu haben, eine technische und eine künstlerische Zeichnung vorzulegen, eine mündliche Prüfung zu bestehen und auf dem von ihnen gebauten Instrument vorzuspielen.

Hätte man sie zu einem Klassenfoto versammelt, so wären in Mittenwald die sechs Frauen unter den 35 männlichen Studenten ihres Jahrgangs aufgefallen – unter ihnen Ingeborg Behnke und Rena Makowski Weisshaar. In Salt Lake City war Joan Balter die einzige Studentin. Ingeborg Behnke machte eine bemerkenswerte Karriere als ausgewiesene Problemlöserin, ja sogar Wundertäterin für die Streicher der Berliner Philharmoniker, während Weisshaar sich in Los Angeles niederließ und bei den Jahrestagungen der Violin Society of America sowohl als Mitbewerberin als auch als Jurorin zu hohem Ansehen gelangte.[374] Balters Sommerstudio beim Aspen Music Festival war für einige der besten Geiger der Welt ein unerlässlicher Betreuungsort geworden. Im Jahr 2004 führte die Entente internationale des maîtres luthiers et archetiers, das Kardinalskollegium des Geigenhandels, immer noch lediglich 15 Frauen unter 164 Männern auf. Verglichen mit 1967, als es nur ein weibliches Mitglied gab, war das immerhin eine bemerkenswerte Wachstumsrate.[375]

Im Gegensatz zu den Gründungsvätern aus Cremona haben die modernen Geigenbauer auch öffentliche Gesichter, viele von ihnen auf Webseiten von beeindruckender Vielfalt und Raffinesse. Die Aufmerksamkeit der Print- und Rundfunk-Medien ist selbstverständlich. Als Druckbeitrag sind die

Werdegang einer Geige in der Werkstatt von Arthur Bay, 2015

Geschichten häufiger in den Rubriken Lifestyle oder Features zu finden als in Kunst oder Wirtschaft. Als Sendungen tauchen sie in Radio- und Fernsehzeitschriften auf. Unabhängig vom Medium liegt der Tenor meistens auf dem Erstaunen, dass ein Handwerk, das reflexartig mit toten Italienern in Verbindung gebracht wird, nicht nur wieder modern und angesagt, sondern auch hochtechnologisch geworden ist.

Die neuen Geigenbauer – häufig belesen und ausnahmslos wortgewandt, sogar eloquent – sehen sich tendenziell als selbstständige Fachleute, die sich im Internet ebenso zu Hause fühlen wie im Supermarkt, und sie verhalten sich auch so. Aber ihre Begeisterung für Handwerk, Werkzeuge und Materialien, ihre Zusammenarbeit mit den Geigern und die Entschlossenheit einiger, Handel, Restaurierungen und Reparaturen anderen zu überlassen und ihr Leben ausschließlich dem Geigenbau zu widmen, rückt sie eher in die Nähe der Welt von Amati als der von Chanot.

Obwohl sie in Historiker und Wissenschaftler unterteilt werden können, sind beide Gruppen wechselseitig offen und schließen einander nicht aus. Die Historiker nehmen sich die Geschichte nicht nur zum Vorbild; eine Handvoll, darunter Dilworth, Dipper und Hargrave, eifern ihr nach und schreiben selbst Geschichte. Wissenschaftler wie George Bissinger und Martin Schleske glauben grundsätzlich daran, dass ein Instrument, das sowohl den Geigenbauer als auch die Spieler zufriedenstellt, durchaus nach einer computergenerierten »virtuellen Strad« gebaut werden kann.

Das gemeinsame Ziel, so sah es Hargrave, war eine sowohl einzigartige als auch eine »im-Stile-von«-Geige, die die Menschen eines Tages ebenso um ihrer selbst willen schätzen würden, wie Generationen vor ihnen ihre Lotts und Vuillaumes. Im Dorotheum, Wiens historischem Auktionshaus, kam es 1992 fast zu einem Skandal, als ein lokal bekannter Geigenschlepper die Kopie einer Guarneri filius Andreae von Hargrave eingeliefert hatte, die als Original angeboten wurde. Jacob Saunders, ein nach Österreich umgesiedelter Freund und Studienkollege von Hargrave aus Newark, entdeckte dies und wies die Direktion darauf hin. Hargrave wurde einbestellt, um die Identifizierung zu bestätigen, die lokalen Medien machten das Beste aus der Geschichte,[376] und auf paradoxe Weise konnte Hargrave den Vorfall als einen Beweis für seinen Erfolg ansehen.

Während die Historiker in den Archiven von Cremona und Venedig nach Vorbildern und Hinweisen suchten, gingen die Wissenschaftler – viele von ihnen Catgut-Absolventen und direkt oder indirekt von Hutchins beeinflusst – in Labore wie das von Bissinger in North Carolina, wo sie sich Strads ausliehen, Stege schnitten, 3-D-Laserscanner einsetzten und Daten durchkämmten.[377] Martin Schleske, ein Absolvent von Mittenwald mit anschließender jahrelanger

Laborerfahrung, behauptete, dass die Violine nicht nur eine Holz-, sondern auch eine Resonanzskulptur sei. Die Beweise dafür lieferte er mit einer Reihe von anspruchsvollen wissenschaftlich-technischen Veröffentlichungen und farbcodierten Computersimulationen, die die Ansprache eines Instruments und die auditive Wahrnehmung des Zuhörers maßen und darstellten.[378]

Stefan Greiner, obwohl selbst kein Physiker, hatte früh gelernt, wofür Wissenschaft gut war. Ein gemeinsames Interesse an der Geige und der Auftrag, an der Universität zu Köln eine Akustikklasse zu unterrichten, führte ihn zu Heinrich Dünnwald, Physiker von Beruf und Catgut-Veteran. 1997 begannen die beiden, im Tandem zu arbeiten, machten eine Jugendstil-Villa im grünen Süden Bonns zu einer gesuchten Adresse, und Greiner selbst wurde zum ersten Geigenbauer, der von einem praktizierenden Wissenschaftler beraten und von einer Künstleragentur vertreten wurde.[379]

Eine Autostunde von Detroit entfernt kopierten Curtin und Alf für einen Kunden aus Los Angeles eine Strad von 1728 mit Hilfe von Antihaft-Gummiformen, Epoxidharz-Gussteilen und einem Mitarbeiter, der bei General Motors gelernt hatte, wie man beides einsetzt. Von dort wandten sie sich 3-D-Laserscannern zu, die in der Lage waren, selbst diesen kaum wahrnehmbaren Kontakt mit ihrem Modell auf einen Lichtstrahl zu reduzieren.[380]

Curtin, ein Schützling von Erdesz und Hutchins, der voll der »Unruhe am Ende des Jahrtausends« war und es über hatte, sich trotz der neuen Technologien wie ein ewiger Teilnehmer an einem Bürgerkriegsspektakel zu fühlen, ging seinen eigenen Weg. Er orientierte sich an Gabriel Weinreich, einem pensionierten Physiker der University of Michigan, und an Charles Besnainou, einem in Ägypten geborenen Ingenieur am Laboratoire d'Acoustique Musicale in Paris. Weinreichs Beitrag war der reziproke Bogen, eine geniale Verbindung von Computer, Verstärker, Lautsprecher und Tonabnehmer, die die Beurteilung eines Instrumentes erlaubten, ohne dass dazu ein lebendiger und unweigerlich eigenwilliger Spieler nötig war.[381] Diese Experimente von Besnainou brachten bei Versuchen mit Kohlefaser und Mischinstrumenten einen Durchbruch.

Curtin fragte sich, ob »das eine Richtung war, der ich mit meinem eigenen Geigenbau folgen könnte«. Für ihn lag die Antwort auf der Hand, und seine Augen glänzten noch stärker, als die John D. and Catherine MacArthur Foundation ihn zu einem der 25 »Genies« des Jahres kürte und 500.000 Dollar Fördermittel bewilligte, die er in den kommenden fünf Jahre nach eigenen Vorstellungen ausgeben konnte.[382] Er war nicht der erste Geigenbauer, der zum Genie erklärt wurde, doch hatte es keiner jemals auf diese Höhen geschafft.

Bedeutete dies nun, dass die 400 Jahre alte Vorherrschaft der toten italienischen Männer ihrem Ende zuging und die Welt für lebende Geigenbauer jetzt wieder zu einem sicheren Ort wurde? Letztendlich konnte das niemand wirklich beantworten. Aber es gab nun Spielraum für Optimismus und durch

Verkäufe an große Orchestermusiker, an hochkarätige Ensembles wie das Alban Berg Quartett oder das Emerson Quartet und an Solisten wie Oliveira und Tetzlaff Anlass zu Hoffnung.

»Neue Instrumente sind immer zu meiden: Wenn sie einen guten Ton haben, ist fast sicher, dass er sich verschlechtern wird«, berichtete ein britisches Händlerhandbuch im Jahr 1834.[383] Viele Spieler und Dirigenten teilten das Gefühl immer noch. Auf der Suche nach Dirigenten, die er befragen konnte, fand ein Autor unter sieben Dirigenten nur einen einzigen, der – selber Blechbläser – überhaupt bereit war, über dieses Thema zu sprechen.[384] Alf schätzte, dass er bis zu 7,5 Prozent seines steuerpflichtigen Jahreseinkommens für Werbung und Verkaufsaktionen aufwenden musste, die nötig waren, um den trägen Ahnenkult eines Marktes zu überwinden, auf dem der Verkauf einer einzigen alten italienischen Geige mehr erbrachte, als Alf in einem Jahr mit neu gebauten verdiente.[385]

Doch gleichzeitig war derselbe Markt sein Verbündeter. Die Auftriebskraft, die den Rest des Marktes wie einen Schwanz hinter dem immer höher fliegenden Drachen aus Cremona herzog, ermöglichte es Alf und seinen Kollegen, aufstrebenden Berufsmusikern hochwertige und für ihre Karriere taugliche Instrumente für die Hälfte bis ein Drittel des Preises der bescheidensten alten italienischen anzubieten. Eine oder zwei Generationen früher konnte ein junger Geiger im New Yorker Orchester auf eine Wohnung in der Upper West Side von Manhattan und eine Gagliano-Geige hoffen, jetzt musste er sich für eines davon entscheiden. »Ich kann nicht in meiner Bratsche wohnen«, sagte ein junger Musiker, Besitzer von zwei Rabuts, zu ihrem Erbauer.[386] Währungspolitische Schluckaufs wie der Kurssturz 1997 in Asien, der schlagartig die Kaufkraft der 92 jungen Südkoreaner im Baltimore Peabody Conservatory halbierte,[387] waren für zeitgenössische Geigenbauer ein unerwarteter Bonus.

Die Alte-Musik-Szene war sowieso schon sehr im Fluss. Als ein Wachstumssektor des späten 20. Jahrhunderts innerhalb von »spätindustriellen« Institutionen des 19. Jahrhunderts brachte sie Arbeitsplätze hervor, Musiker und eine Nachfrage bis hin nach Tokio. Nach 200 Jahren der Modernisierung waren alte Instrumente, die es wert waren, gekauft zu werden, für die häufig jungen, enthusiastischen, aber meistens unterfinanzierten Spieler unerreichbar. Neue alte Instrumente hingegen waren sowohl erschwinglich als auch historisch exakter als alles, was man bisher kannte. Im Jahr 2004 spielten fünf von zehn Geigern und zwei von drei Cellisten im San Francisco Philharmonia Baroque Orchestra Barockinstrumente, die nach 1987 gebaut worden waren.[388] Im gleichen Jahr gab die Londoner Becket Collection bei führenden zeitgenössischen Geigenbauern die Durchführung eines Vivaldi-Projekts mit dem Bau von neun venezianischen Violinen, zwei Bratschen, zwei Celli und einem Bass in Auftrag. »Wir möchten das Erlebnis eines Konzerts im Venedig des 18. Jahrhunderts für

Publikum und Spieler neu erschaffen«, sagte Elise Becket Smith, die Gründerin der Sammlung. »Es ist wichtig, dass die nächste Generation von Studenten historischer Aufführungspraxis auf geeigneten Instrumenten spielen kann.«[389]

Dass Geigenbauer wie Alexander Rabinowitsch in St. Petersburg auftauchten, um für ein Ensemble wie die Musica Petropolitana zu arbeiten, war an sich schon ein Glücksfall. Alte Musik kam in Westeuropa vor dem Ersten Weltkrieg selten genug zur Aufführung und war im zaristischen Russland so gut wie unbekannt. Doch während sie im Westen mit zunehmender Kompetenz und Leidenschaft verfolgt wurde,[390] blieb sie in der Sowjetunion weiterhin eine Rarität. In einer Gesellschaft, in der die Ausübung von Musik ebenso politisiert wurde wie alles andere, war in den späten 1980er-Jahren ihre Entdeckung durch Rabinowitsch und eine Handvoll von Studenten des Konservatoriums in Leningrad lebendige Perestroika.

Rabinowitsch, Sohn eines Marineoffiziers mit einem Faible für praktische Erfindungen, hatte sich den Geigenbau vom Vater eines Klassenkameraden abgeschaut und machte mit Hilfe von allem, was er in Museen und Bibliotheken finden konnte, alleine weiter. Dennoch kamen privater Geigenbau oder Instrumentenhandel nicht in Frage, und er verwischte seine Spuren von 1962 bis zur Gorbatschow-Ära durch etwa 49 Anstellungen, unter anderem als Seenotretter und Reparateur von Holzblasinstrumenten. Nebenbei suchte er in baufälligen Gebäuden (an denen kein Mangel war) nach Holz. 1989 packte Rabinowitsch ein paar Instrumente ein, reiste nach London, ging in das Royal Opera House und schaffte es innerhalb weniger Tage, in der London Symphony einen Kunden zu finden. Dann kehrte er nach Hause zurück und suchte sich weitere Kunden. Dass er sich selber in das Strad Directory eintrug, sagt ebenfalls viel über die Zeit wie den Ort aus, doch vermied er eine genaue Ortsangabe, zum einen aus Angst, die Aufmerksamkeit von Steuerbeamten zu erregen, die vermutlich bis zu 105 Prozent seines Jahresumsatzes eingefordert hätten, zum anderen, um nicht die Aufmerksamkeit rücksichtsloser bewaffneter Räuber auf sich zu ziehen, die noch mehr verlangt hätten.[391]

Die postkommunistische Wandlung von Dmitri Badjarow war noch bemerkenswerter. Als Sohn eines Hornisten und einer pädagogisch begabten Mutter 1969 in Naltschik, einer Provinzhauptstadt am Nordrand des Kaukasus, geboren, stürzte er sich im Alter von sieben Jahren auf die Bearbeitung von Holz, traf mit acht Jahren auf einen begabten jüdischen Geigenlehrer und mit elf auf einen charismatischen Volkskundler. Der Geigenlehrer lotste ihn an das Leningrader Konservatorium, wo er Barockinstrumente entdeckte und sein Studium mit einem Diplom abschloss. Die Ermutigung des Volkskundlers, in Leningrad einen Geigenbauer zu suchen, der bereit war, ihn in dem Handwerk zu unterrichten, führte zu Badjarows erster Werkstatt. Dort machte er, wie alle um ihn herum, Geschäfte per Barzahlung, hielt einen großen dressierten Hund, installierte eine kugelsichere Tür und elektronische Sicherheitssysteme und zeichnete alle eingehenden Anrufe auf, um sie nach Fremden zu durchforsten.[392]

Inzwischen schrieb man das Jahr 1994. Badjarows nächste Schritte waren ein Studium bei dem Barockgeiger Sigiswald Kuijken, der Erwerb eines zweiten Diploms und die Eröffnung einer weiteren Werkstatt, diesmal in Brüssel, einem viel einfacheren Ort für Geschäfte, wo er Instrumente für Kuijkens Petite Bande baute. Er heiratete eine Klassenkameradin, eine japanische Flötistin, spielte selber in Mito Arco, einem japanischen Quartett für Alte Musik, und machte seine Website zu einem weltweiten Forschungsseminar über Ikonografie, Stil und Geigenbau im Barock.

Zwölf Jahre später teilte er seiner Kundschaft über seine Website mit, dass er sich freue, nach Japan zu gehen, um an einer Geigenschule in Tokio zu unterrichten, sich um die Barock-Instrumente einer Firma in Nagoya zu kümmern und damit zumindest in den Genuss eines Klimas zu kommen, das ihn mehr an Cremona erinnerte als das in Brüssel.[393] Doch als er 2011 nach Holland und in ein besseres Klima für Alte Musik zurückkehrte, eröffnete er ein Geschäft in Den Haag, zufällig an demselben Tag, an dem Japan von einem Super-Tsunami und einem Erdbeben heimgesucht wurde. Ja, er habe einen langen Weg zurückgelegt, bekannte Badjarow, und das war seinen Eltern durchaus recht, die vor 1992 bewusst unpolitisch und auch später skeptisch gewesen waren, was seine Chancen im postkommunistischen Russland anbelangte. »Was könnte man denn auch sonst glauben, wenn man nicht in der Partei war und in Naltschik lebte?«, fragte er.[394]

Im Vergleich dazu war der postkommunistische Wandel im Land der samtenen Revolution nicht mehr – aber auch nicht weniger – als eine Rückkehr zur Normalität. Die Werkstatt von Otakar Špidlen in Prag, die bereits in zweiter Generation in einer der großen Musik-Hauptstädte als erstes Haus am Platze galt, wurde nach dem Staatsstreich 1948 von den Kommunisten enteignet und erst nach dem Zusammenbruch des Regimes im Jahr 1989 an Otakars Sohn Premsyl zurückgegeben. In der Zeit dazwischen aber hatte stets ein Hauch von Normalität vorgeherrscht. Freiberufliche Handwerker arbeiteten und vermarkteten ihre Produkte weiterhin für Devisen über die staatliche Exportagentur Artia, während Premsyl Preise gewann und als Juror bei Wettbewerben von Cremona bis Salt Lake City verpflichtet wurde, wo seine Gastgeber selbstverständlich seine Reisekosten zahlten. Ausnahmsweise wurde es sogar Premsyls Sohn Jan gestattet, in Mittenwald zu studieren. Es überrascht nicht, dass er unmittelbar nach den Ereignissen von 1989 Beares Geschäft in London ansteuerte.

Zu dieser Zeit gab es keinen tschechischen Markt im herkömmlichen Sinne mehr. Vor dem Zweiten Weltkrieg hatte sich die Tschechoslowakei einer Anzahl von etwa 500 Geigenbauern gerühmt. Ein halbes Jahrhundert später waren es schätzungsweise 30. Während des 40-jährigen kommunistischen

Interregnums reisten tschechische Geiger – ein weiteres Exportprodukt – nach Möglichkeit mit zwei Instrumenten aus und kehrten mit einem zurück. Diejenigen, die immer noch gute Instrumente hatten, verkauften sie nur ungern. Wer keine hatte, musste ohne sie auskommen, obwohl gute Instrumente des 19. Jahrhunderts zu einem Bruchteil der westlichen Preise zu haben waren. Doch nur wenige Jahre später hatten eine harte Währung und Fremdwährungskonten, ausländische Aufträge und eine deutliche Senkung der Exportsteuer Prag wieder zu einer mitteleuropäischen Stadt gemacht, in der Jan Špidlen, Geigenbauer in vierter Generation, mit seinem Vater wieder ein mitteleuropäisches Familienunternehmen betrieb.[395]

Kurz hinter der Grenze in Markneukirchen, wo eine Anzahl junger deutscher Geigenbauer ihre gemeinsame Vergangenheit wiederentdeckte, fassten die Erfahrungen von Udo Kretzschmann vor und nach 1989 praktisch die moderne Geschichte der Stadt zusammen. Zwischen 1716 und 1890 waren mindestens acht seiner direkten und zehn seiner indirekten Vorfahren Geigenbauer gewesen. Kretzschmann selbst, ein Kind des Ostdeutschlands der Zeit nach dem Zweiten Weltkrieg, hätte gerne Mathematik an der Universität studiert. Aber die Bindung seiner Familie an die evangelische Kirche, hartnäckigste Gegnerin des Regimes, verstellte ihm diesen Weg.

Der Amateurgeiger versuchte stattdessen, sich als angehender Geigenbauer – genauer gesagt: als Geigenmonteur – an der Handelsschule einzuschreiben, mit dem Ziel, seinen Abschluss als Seiteneinstieg in die Hochschule zu nutzen. Es war dann der lange Marsch durch die vorgeschriebenen Kurse in Akustik, Ästhetik und Marxismus-Leninismus, der ihm deutlich machte, dass er wirklich Geigen bauen wollte. Diese Lösung war wieder einmal ein Produkt von Zeit und Ort. Wie Generationen vor ihm setzte er in der örtlichen Fabrik, die vor dem Fall der Berliner Mauer 1 100 und 15 Jahre später weniger als 50 Mitarbeiter beschäftigte, Geigen zusammen; nach der Arbeit ließ er sich bei einem der wenigen privaten Geigenbauer nebenberuflich ausbilden.

Gemeinsam mit dem ostdeutschen Geigenbauer-Verband fuhr er 1980 nach Moskau zu einem Besuch der sowjetischen Staatssammlung, die die Delegation 15 Minuten lang bewundern und prüfen durfte. Ein paar Jahre später wurde er staatlich geprüfter Geigenbauer, und nachdem er beschlossen hatte, dass er lieber in Akkordarbeit echte Instrumente bauen wollte, als bei der Montage von Instrumententeilen in der Fabrik mehr zu verdienen, durfte er sogar zu Hause arbeiten.

Dann kam das historische Jahr 1989. Kretzschmann verließ seine Familie und holte Jahrzehnte verlorener Zeit und Reisen nach, indem er sich in Werkstätten in West-Berlin, Hamburg und Basel als Ad-hoc-Geselle zur Verfügung stellte. Fünf Jahre später kehrte er zurück und eröffnete in einer Stadt mit 7 500 Einwohnern seine eigene Werkstatt, umgeben von bis zu

15 jüngeren Geigenbauern, die entschlossen waren, es genauso zu machen, darunter zwei unmittelbare Nachbarn.

Nach einem Jahrzehnt der Selbstständigkeit hatte er erworben, was im Postkommunismus lebensnotwendig war, unter anderem einen Computer, ein westliches Auto und Grundkenntnisse in Englisch. Seine Angebotspalette umfasste Geigen, Bratschen und Gamben, außerdem kümmerte er sich um Aufbau und Pflege einer zweisprachigen Website. Seine Arbeiten beinhalteten Reparaturen und Restaurierungen von Schulinstrumenten, Ausstellungen in einer Stadt, die für Touristen zunehmend attraktiv wurde, und gelegentliche Aufträge von Berufsmusikern und ambitionierten Amateuren, die auf Schnäppchen hofften.

Zwar träumte er davon, sich eine anspruchsvollere Kundschaft zu erschließen, doch waren gute italienische Modelle, wie sie den von ihm aus der Ferne bewunderten Hargrave, Dilworth, Zygmuntowicz und anderen zeitgenössischen Größen vertraut und verfügbar waren, in der sächsischen Kleinstadt schwer zu bekommen. Der immer länger werdende Schatten, den China warf,[396] aber auch der lange Schatten der lokalen Geschichte, in der Markneukirchen überwiegend ein anderes Wort für billig war, machten die Sache nicht einfacher. Wenn sich jedoch die chinesische Qualität innerhalb einer Generation drastisch verbessern konnte, so dachte man, gab es keinen Grund, warum in Markneukirchen nicht das Gleiche gelingen sollte.

Vorerst produziert Markneukirchen wieder solide, unprätentiöse und erschwingliche Instrumente – wenn auch nicht länger zu DDR-Preisen, die immer sein Wettbewerbsvorteil gewesen waren.[397] Kretzschmann konnte sich nicht vorstellen, jemals wieder etwas anderes zu machen, auch wenn die neuen Geigenbauer nun ihre Erzeugnisse selbst vermarkten mussten. In einer witzigen Abwandlung des Satzes aus dem Römerbrief (12, 12) beschrieb er sich selbst als »fröhlich in der Hoffnung auf Kunden, geduldig mit der Konkurrenz, beharrlich an der Werkbank«.[398]

Zu guter Letzt

Die Geschichte ist wohl erfunden, könnte aber ebenso gut wahr sein: Ein begeisterter Bewunderer nähert sich nach einem Konzert dem unnahbaren Jascha Heifetz und schwärmt: »Oh, Herr Heifetz, ihre Geige klingt so wundervoll.« Heifetz blickt nachdenklich auf seine Guarneri del Gesù und antwortet: »Ich höre nichts.« Offensichtlich ist der wahre Held der Spieler, erst dann kommt die Violine, in diskretem Abstand gefolgt von ihrem schemenhaften Erbauer. Der Bogen, ein entscheidendes Accessoire, kommt allerdings kaum vor.

Dabei ist es – wie jeder Lehrer lehrt und jeder Spieler weiß – in der Tat der Bogen, der das Instrument zum Sprechen und Singen bringt. Ohne ihn wäre nicht einmal ein Heifetz ein Heifetz, und eine Guarneri könnte genauso gut eine viersaitige Gitarre sein. »Streichen Sie, oder spielen Sie gar nicht«, erklärte schon 1676 Thomas Mace in seinem *Musick's Monument*. Dennoch, so versicherte im Jahr 1922 ein Autor glaubwürdig zum Thema, haben von 20 Geigern, die sich einiger Geigenkenntnisse rühmen, »kaum drei ein vergleichbares Interesse am Bogen«, und er fuhr fort: »Was die Wahrnehmung der Eigenschaften eines Bogens als Kunstwerk betrifft, die bei wahren Geigenkennern normal ist, so gibt es sie außerhalb eines kleinen Kreises von Bogenbauern überhaupt nicht.«[399]

Im selben Jahr 1922 schickten die Gebrüder Hill den 14-jährigen Lehrling Arthur Bultitude trotz seiner lebhaften Proteste in die Bogenabteilung. Zumindest nach mündlicher Überlieferung gab es die Abteilung seit 1892, als Samuel Allen, der einzige Bogenmacher der Werkstatt, diese wegen einer Meinungsverschiedenheit über die innere Autonomie für Irland mit seinem Arbeitgeber Alfred Hill verließ. Hill ersetzte ihn durch William Retford und William Napier aus der Geigenkastenabteilung. Keiner der beiden hatte Erfahrung in der Herstellung von Bögen, doch sie konnten sich damit trösten, dass sie deshalb auch nichts verlernen konnten, und fanden für sich eine Arbeitsteilung, die bis 1985 bestand. Verschiedene Angestellte waren für verschiedene Teile verantwortlich, die dann zusammengefügt wurden. Im Ersten Weltkrieg wurden ältere Mitarbeitende durch Jugendliche ersetzt, die – frisch von der Schule kommend – verfügbar, billig und zu jung waren, um eingezogen zu werden. 1920 wurde beschlossen, ihre Arbeiten zu nummerieren und das jeweilige Erzeugnis entsprechend zu kennzeichnen.[400]

In den 39 Jahren zwischen seinem Eintritt in die Firma und 1961, als er sie verließ, um einen eigenen Laden zu eröffnen, sollte Bultitude Tausende von Bögen mit dem Stempel »W. E. Hill & Sons« herstellen, eine Nachfolgegeneration englischer Bogenbauer ausbilden und unter seinen Kollegen zu einer Legende werden. Unter seinem eigenen Namen stellte er dann ein paar Tausend weitere Bögen her und verkaufte sie auch, wie er sich in einem Interview erinnerte. »Ich nehme an [...], ich zeigte eine gewisse Eignung für die Detailarbeit und vielleicht ein eher ungewöhnliches Maß an Geduld.«[401] Für seine Verdienste um den Handel wurde er Mitglied des Most Excellent Order of the British Empire. Das war zwar die niedrigste der fünf Klassen des Ordens, doch immerhin teilte er diese Ehre mit dem Geigenbauer William Luff, einem Kollegen bei Hill's, und den Beatles.[402]

Zu den Kandidaten für die sprichwörtlichen 15 Minuten Ruhm gehörte der sogenannte Bach-Bogen. Emil Telmányi, ein in Dänemark lebender Schützling des ungarischen Meisters Jenő Hubay und Schwiegersohn des Komponisten Carl Nielsen, hatte den dänischen Bogenbauer Kurt Vestergaard um die Anfertigung eines Bogens gebeten, der mit einer konvexen, 10 Zentimeter über den Haaren liegenden Stange und einem durch den Daumen bedienbaren Hebel versehen war, der es erlaubte, die Spannung zu verändern, je nachdem, ob man auf einer, drei oder vier Saiten spielen wollte. Bewaffnet mit Vestergaards Schöpfung spielte Telmányi dann Bachs Solosonaten und Partiten für Violine ein. Die Idee ging auf Albert Schweitzer und Arnold Schering zurück, zwei Musikologen des frühen 20. Jahrhunderts, die annahmen, dass Bach, der für Violine sowohl akkordisch als auch polyphon komponierte, über einen Steg gespannte Saiten gewiss begrüßt hätte. Die Wirkung war, wie Jeremy Eichler beschrieb, die von mehreren Geigern oder einer »dunkel eingefärbten und geheimnisvollen« Orgel. Einige Zuhörer fühlten sich an ein Akkordeon erinnert. Aber es hatte mit nichts zu tun, das Bach jemals selbst gehört hatte. Telmányis Bach-Bogen war – wiewohl im Namen der Werktreue entworfen – im Grunde eine Verbindung von Fantasie und wörtlicher Auslegung und mehr oder weniger so authentisch wie Bach auf dem Synthesizer oder in einer Bearbeitung der Swingle Singers.[403]

Während die Violine Generationen von guten und großartigen Dichtern als Motiv und Metapher diente und die Bratsche für unzählige Witze gut war, blieben der Bogen und seine Hersteller Dornröschen ohne einen Prinzen. Der Roman *Der magische Bogen* von Manuel Komroff (1940) und dessen Verfilmung (1947)[404] waren zwar in dieser Hinsicht eine seltene und außergewöhnliche Einladung, kamen aber kaum über den Titel hinaus, ehe das Drehbuch den Bogen verschwinden ließ. Stewart Granger spielte Paganini. Paganini spielte eine Strad. Der Bogen spielte wie üblich die zweite Geige. »Ich kam zu der Erkenntnis, dass ich von dem einen Händler in der 75. Straße einen Bogen kaufen und ihn gegenüber mit Gewinn an einen anderen wieder verkaufen konnte«, erinnerte sich Paul Childs an seine New Yorker Studienzeit in den späten 1960er-Jahren. Aus solchen Zitronen machte Childs Limonade, indem er zum angesehensten Experten für Bogenbau und für Bogenbauer seiner Zeit wurde.[405] Es dauerte bis weit in das 20. Jahrhundert hinein, bis die Preise für französische Bögen des 18. und 19. Jahrhunderts so anstiegen wie die für italienische Violinen. So gewannen die Bögen zumindest etwas Respekt.

In der allgemeinen Geringschätzung lag weder Gerechtigkeit noch Logik. Der Bogen mit seiner logarithmischen Kurve,[406] der eleganten Wölbung, der Feinmechanik und Juwelierskunst seiner Fertigung war ein Wunder an funktionalem Design, und seine Hersteller verfügten über Fähigkeiten, um die sie sogar ein Geigenbauer beneiden konnte. Bultitude erklärte dazu mit der für ihn charakteristischen Untertreibung: »Es ist eine schöne Arbeit, und sie ist vielseitig, da sie mehr als nur ein Medium umfasst. Sie müssen auch ein wenig Silber- oder Goldschmied sein, in Schildpatt und Ebenholz arbeiten und natürlich die Hauptsache, die Stange, herstellen.«[407] Retford, der Gründungsvater der Bogenabteilung bei Hill's, brachte in diese Mischung noch die Fähigkeiten eines Tischlers, Werkzeugmachers, Ingenieurs und sogar eines Musikers ein.[408] Henryk Kaston hatte Wanda Landowskas Cembalo gestimmt, war aus dem von Deutschen besetzten Frankreich entkommen, musizierte mit Albert Einstein im Quartett, spielte 35 Jahre im Orchester der Metropolitan Opera und entwarf Schmuck für den Vatikan, das Smithsonian und das Metropolitan Museum, während er Bögen für solche Größen wie Heifetz, Isaac Stern und Shlomo Mintz machte. Er fand ebenfalls die Zeit, Mitautor einer bahnbrechenden Monografie über François Tourte, unter den Bogenmachern das Gegenstück zu Stradivari, zu werden.[409]

Der Nachlass des älteren Pietro Guarneri enthielt 16 fertige und unfertige Bögen. Ein Brief an Tarisio von Paolo Stradivari und Entwürfe, die unter den Papieren seines Vaters gefunden wurden, lassen vermuten, dass Stradivari ebenfalls Bögen herstellte. Dies blieb jedoch von seinen Zeitgenossen unbemerkt, und für die Gebrüder Hill war die Existenz der Zeichnungen eine Überraschung.[410] Es sollte noch ein Jahrhundert vergehen, bis französische und englische Bauer Bögen herstellten, die nunmehr als gleichwertig mit den frühesten Amatis angesehen wurden, ihre Erzeugnisse signierten und damit ein eigenständiges Handwerk schufen.

Die dazwischenliegenden Jahre sind ebenso geheimnisvoll wie die Vorgeschichte der Violine. Boydens Maßstäbe setzender Klassiker endet mit Absicht im Jahr 1761, jenem Jahr, in dem Joseph-Barnabé Saint-Sevin, in Fachkreisen als L'Abbé le Fils bekannt, in Paris seine *Principes du violon* veröffentlichte. Sevins Handbuch sollte nicht nur die alte italienische von der neuen französischen Schule des Geigenspiels abgrenzen, sondern auch den neuen Bogen vorstellen, der alle Vorgänger noch schneller hinwegfegen sollte, als es die Violine getan hatte.[411]

»Unser Wissen über den Bogen des 16. Jahrhunderts ist vollkommen von der Ikonografie abhängig«,[412] kommentiert Boyden das Fehlen echter Beispiele, und das gilt mit einiger Berechtigung auch für den Bogen des 17. und 18. Jahrhunderts. Auf französischen, britischen, deutschen, italienischen und niederländischen Abbildungen sind Erzeugnisse zu sehen, deren Entwicklung im Fluss zu sein scheint. Obwohl Materialien aus den Tropen – wie Schlangenholz – bewundert wurden, blieben einheimische Materialien im allgemeinen Gebrauch. Die Stangen waren mal gerillt, mal geriffelt, und obwohl sie in der Regel konvex waren, konnten Bögen auch gerade oder gelegentlich sogar konkav sein. Ihre Länge erstreckte sich von 50 bis 80 Zentimetern, und sie wurden mit Griffarten geführt, die von einer geballten Faust bis zu gelenkigen Fingern reichten. Obwohl so entworfen, dass die Hand oberhalb der Stange lag, konnte ein Bogen auch nach Gambenart mit der Hand darunter geführt werden, so wie man heute noch den Kontrabass spielt. Eine Vielzahl von Vorrichtungen, aber nicht zuletzt auch der Daumen hielt die Haare in Position und modifizierte ihre Spannung am Frosch, einem kleinen Kasten am unteren Bogenende zwischen Haaren und Stange, der in der Regel aus Ebenholz, gelegentlich aus Elfenbein und sehr selten aus Schildpatt bestand. Die Haare befestigte man an der Spitze mit einer Schleife, einem Knoten oder einem Keil, der in einen verzapften Kopf gestoßen wurde.[413]

Grafische Darstellungen und Handbücher von den großen Spielern und führenden Lehrern – Corelli, Veracini, Locatelli, Tartini, Geminiani, Leclair, Leopold Mozart – belegen, wie ein Bogen aussehen und was er leisten sollte und wie er zu halten war, wie Gewicht, Balance, Länge, Stärke, Flexibilität und Druckreaktion ausfallen sollten und welche Rolle dabei Fingern, Handgelenken, Armen, Ellbogen und Schultern zukam. Doch der einzige gemeinsame Nenner war eigentlich, dass es keinen gab. Bis weit in das 18. Jahrhundert hinein ruhten französische Daumen demonstrativ auf dem Haar und italienische Daumen auf der Unterseite der Stange. Ein makelloses Legato, ein kräftiger Ansatz und der Wechsel des Bogens zwischen Auf- und Abstrich, wie sie seit dem 19. Jahrhundert weltweit gelehrt und als gegebene Tatsachen angesehen wurden – bis neue Musikwissenschaftler die Alte Musik entdeckten –, lagen immer noch jenseits des Horizonts.[414]

Doch war es keine Frage, dass sich der Bogen ebenso veränderte wie die Geige selbst. Nach dem Handbuch des Abbé le Fils von 1761 war auch Michel Woldemars *Méthode pour le violon* von ca. 1798 ein Meilenstein. Woldemar hinterließ der Nachwelt eine Illustration von vier zeitgenössischen Bögen, angeblich aus seiner eigenen Sammlung. Zusammen dokumentieren sie eine Entwicklung, die seit Woldemars Geburt im Jahr 1750 stattgefunden hatte, und alle hatten eine Verbindung zu prominenten Spielern, drei von ihnen zu prominenten Komponisten.

Der erste, kurze Bogen wurde Arcangelo Corelli, gestorben 1713, zugeschrieben und war Mitte des Jahrhunderts immer noch in Gebrauch. Mit einer Länge von maximal 61 Zentimetern war er wirklich kurz, mit einem Gewicht zwischen 37 und 42 Gramm auch leicht, und an der Spitze hatte er eine leichte aufwärts zeigende Auswölbung. Doch seit etwa 1720 gab es auch schon einen langen Bogen von 69 bis 72 Zentimetern, der angeblich von Giuseppe Tartini beeinflusst worden war. Mit 45 bis 56 Gramm war er entsprechend schwerer und im Jahr 1800 immer noch in Gebrauch.

Zu diesem Zeitpunkt konnte man die Zukunft zumindest erahnen. Das neue Modell hatte nun in etwa die Länge des langen Bogens, war aber etwas höher und schwerer. Die Stange war gerade oder leicht konkav. Im Profil glichen Kopf oder Spitze einem Beil. Für diejenigen, die es sich leisten konnten, gab es möglicherweise auch einen eleganten, aber zerbrechlichen Frosch aus Elfenbein mit einer Vertiefung am hinteren und vorderen Ende, dort, wo der Daumen des Musikers lag.

Später, als er sich überlebt hatte, sollte er als »Übergangsbogen« in die Geschichte eingehen. Unterdessen wurde er mit Wilhelm Cramer (1746–1799) in Verbindung gebracht, einem Spieler in zweiter Generation und Wunderkind aus Mannheim, der sich dem Orchester seines Vaters, dem am meisten bewunderten Ensemble seiner Zeit, in erstaunlich frühem Alter angeschlossen hatte, bevor er seine Heimat für eine Solokarriere in Stuttgart verließ. Als nächstes ging er nach Paris und danach – mit einer warmen Empfehlung von Johann Christian Bach – für 20 Jahre nach London. Aber der »Cramer«-Bogen hatte mit Cramer wenig zu tun. Er wurde zuerst um 1760 in Italien gesichtet, bald auch in Wien, Paris und London, wo man ihn vielfach kopierte. Seine Beliebtheit erreichte zwischen 1772 und 1792 ihren Höhepunkt, doch das berühmte Bleistiftporträt von Ingres im Louvre bestätigt, dass Paganini den »Cramer«-Bogen noch 1819 verwendete.

Doch die Zukunft des Bogens hatte schon begonnen. »Etwa um 1785«, so schrieb Werner Bachmann später, »gelang es François Tourte (1747–1835) in Paris, einen so bemerkenswert zufriedenstellenden Bogen zu machen, dass dieser zu seiner Zeit zum beliebtesten Modell wurde und es – mit ein paar Änderungen im Detail – bis heute blieb.«[415] Mit seiner Gesamtlänge von 74 bis 75 Zentimetern und einem durchschnittlichen Gewicht von 56 Gramm war er der vierte und damit letzte der von Woldemar abgebildeten Bögen. Fétis, ein gebildeter und interessierter Zeitgenosse – wenn auch selten die zuverlässigste Quelle –, schrieb ihn außerdem Viotti zu, dessen sensationelles Debüt in Paris im Jahr 1782 auch die Strad zum weltweiten Standard machte. Ob Viotti tatsächlich den Tourte-Bogen benutzte oder ein ähnliches Modell, das fast zur selben Zeit von Thomas Dodd in London entwickelt worden war, ist zwar nicht sicher,[416] aber die technischen Voraussetzungen in den 31 Violinkonzerten, die Viotti ausnahmslos für sich selbst komponierte, sowie eine (Fragment gebliebene) Schrift zu Methoden des Geigenspiels, die auszugsweise 1840 veröffentlicht wurde, legen erstere Vermutung nahe. Seine Nachfolger und Schützlinge – Rodolphe Kreutzer, Pierre Rode und Pierre Gaviniès – verankerten Viottis Technik in ihren Etüden, die genau wie der Tourte-Bogen zum weltweiten Maßstab geworden sind.[417]

Ebenso wie bei der Geige gab es kein wirkliches Aha-Erlebnis, doch zunehmende Veränderungen hatten diesmal in Paris zu einem kritischen Bewusstsein geführt, mit dem die Menschen sowohl bei Dienstleistungen als auch bei Waren nach Qualität verlangten. Diese Veränderungen betrafen musikalische Moden, Technologie, Rohstoffe und die gesellschaftliche und sogar politische Organisation. Italien war zu einem wichtigen Exporteur von Geigen und Geigern geworden. Straßen, die einst nach Brescia und Cremona geführt hatten, führten nun nach London, das stets an reisenden Superstars interessiert war, und in ein vorrevolutionäres Paris, in dem vielleicht mehr Streicher als in jeder anderen Stadt der Zeit angestellt waren.[418]

Ein neuer, klassischer Stil, ein neuer Standard bei der Virtuosität, eine neue Art von Orchesterspiel, das mehr und mehr Disziplin von mehr und mehr

Spielern verlangte, sowie ein großstädtisches Publikum, das in größeren Sälen einen größeren Ton wünschte: All dies führte dazu, dass der lange dem kurzen Bogen vorgezogen wurde,[419] und wies auch die Richtung zu einem noch neueren Bogen, der springen, unmittelbar auf den Kontakt mit der Saite reagieren und den Ton wie ein Sänger halten konnte. Das importierte brasilianische Hartholz Pernambuco war widerstandsfähiger, flexibler, belastbarer und erschwinglicher als alles, was bisher zur Verfügung gestanden hatte.[420] Innovationen in der Metallurgie und Mechanik führten zur Erfindung der Zwinge, eines halbkreisförmigen Rings, der 175 bis 250 sorgfältig aufeinander abgestimmte Pferdehaare zu einem breiten, glatten Band zusammenfasste, und zu einem umgerüsteten Frosch, der es Spielern an schlechten Bogenhaar-Tagen erlaubte, deren Spannung mit dem Drehen einer Schraube auszugleichen.[421] Die Zuwahl ihrer Gilde in den 1770er-Jahren zu den »éventaillistes« und »tabletiers« (den Herstellern von Fächern und Intarsien) ebnete Bogenmachern den Weg zu bisher unzugänglichen Metall- und Holzverarbeitungstechniken und eröffnete ihnen die Möglichkeit, ihre Erzeugnisse durch die Einarbeitung von Gold, Silber, Schildpatt und Perlmutt zu Sammlerstücken werden zu lassen.[422]

Der Prophet des neuen Bogens, François-Xavier Tourte, wurde in eine Bogenmacher-Familie und in den Geist der Zeit hineingeboren. Er war wohl weniger ein Erfinder als ein genialer Generator von Verbesserungen, die bereits in der Familienwerkstatt ausgeführt wurden. Aber er entwickelte ein neues Verfahren zum Reinigen von Bogenhaaren mit Seife und Kleiewasser und zeigte, dass Pernambuco nicht geschnitten werden musste, sondern erhitzt und in Form gebogen werden konnte, wodurch die Fasern über die Länge der Stange bewahrt wurden.[423]

John Dodd (1752–1839), ein Londoner Zeitgenosse, scheint ein paar Jahre später zu einer ähnlichen Lösung gekommen zu sein. Doch mit Tourte sollte man sich an einen Meister erinnern, der in bester Lage in der Nähe der Pont Neuf arbeitete, dessen Name schon durch seinen Vater anerkannt war, der einen Laden besaß, der durch natürliches Licht beleuchtet war und den so erlesene Kunden wie Viotti aufsuchten, die erwartungsvoll die fünf Stockwerke zu ihm hinaufstiegen.[424] An Dodd würde man sich als einen trinkfesten Spinner und Analphabeten erinnern, der Gewehrschlösser und Geldwaagen herstellte, Geld für Austernschalen erbettelte, »sehr regelmäßig in seinen unregelmäßigen Gewohnheiten« war, gelegentlich silberne Löffel mitgehen ließ und – vermutlich mittellos – im Armenhaus von Richmond endete.[425]

Tourte lebte und arbeitete nur wenige Gehminuten von der Guillotine im Epizentrum von einigen der ereignisreichsten Jahrzehnte der Geschichte; die einzigen eindeutigen Spuren der revolutionären Zeit aber finden sich paradoxerweise in der Karriere seines Sohnes. Als sei er entschlossen, Tocquevilles Vision von der Französischen Revolution als Triumph des öffentlichen Sektors auszuleben, schrieb sich Louis-François Tourte im Jahr 1797 in der Celloklasse des neu gegründeten Konservatoriums ein. Von 1805 bis 1809 diente er dann im Musikkorps der kaiserlichen Garde, spielte ab 1812 im Orchester der Opéra, bis er sich aus gesundheitlichen Gründen im Alter von 52 Jahren und damit drei Jahre nach dem Tod seines Vaters in den Ruhestand begab.[426]

Fétis erwähnt Tourtes Leidenschaft für das Angeln, vermutlich in der Seine, die vor seiner Haustür floss. Neben Bogenmachen scheint das sein einziges Interesse gewesen zu sein. Sibires Einschätzung, Louis-François Tourte sei der »Stradivari des Genres«[427] gewesen, ist vermutlich umfassender, als der Autor vorausgesehen oder gemeint hat. Tourte, der zehn Jahre nach Stradivaris Tod geboren wurde, führte wie dieser ein beeindruckend langes Leben und war dabei mit geschätzten 2 000 hergestellten Bögen außergewöhnlich produktiv.

Ebenso wie bei Stradivari gibt es auch bei ihm keine Dokumente über eine abgeschlossene Lehre. Dass er ein gebürtiger Pariser war und als Sohn eines Gildemeisters zu Hause lebte, erklärt vielleicht, warum er von der Prüfung befreit war. Es könnte auch sein, dass er – wie Fétis behauptet – zunächst das Uhrmacherhandwerk erlernte, eine mit den Waagen und Schlössern von Dodd verwandte Disziplin und eine mögliche Vorbereitung für das Bogenmachen, und dann in die Familienwerkstatt zurückkehrte.[428] Währenddessen stieg zwischen 1758 und 1776 allein im winzigen, waldigen Mirecourt die Anzahl von Bögen herstellenden Unternehmen von fünf auf elf.[429] Ebenso wie Stradivari hinterließ Tourte nachhaltige Spuren in einem Handwerk, das bereits in voller Blüte stand.

Das Material könnte ein Problem gewesen sein. »Während er arbeitete, lagen wir im ständigen Krieg mit Frankreich, in dessen Folge sein Seehandel von unseren Schiffen gejagt wurde«, erklärte Alfred Hill einem amerikanischen Laienmusiker.[430] Doch auf die Kunden traf das nicht zu. Zu ihnen gehörten Pierre Baillot, Kreutzer, Rode und der deutsche Virtuose Louis Spohr, der die moderne Geigenpädagogik auf dem von ihm erfundenen Bogen aufbaute, ebenso wie solche Sammler, die eine Strad nicht nur besaßen, sondern ihr auch ihren Namen verliehen.[431] Eine Anerkennung in einem Ausmaß, wie sie vorher noch keinem anderen Bogenmacher zuteilgeworden war, folgte kurz darauf. An der Wende zum 19. Jahrhundert sah Sibire Tourte als bahnbrechend an. Im Jahr 1818 erreichte er sogar eine Unsterblichkeit, die Stradivari nie zuteilwurde, als sein Porträt in einer Sammlung von Stichen Seite an Seite mit Lupot, einem Fantasie-Abbild von Tieffenbrucker und einer weiteren Ruhmesgalerie der großen Geiger der Zeit von Leclair bis Paganini erschien.[432] Eine postume Aufnahme in Fétis' *Biographie universelle des musiciens* (Paris 1835–1844) und sogar in seine Stradivari-Biografie von 1856 erfolgten praktisch zwangsläufig.

Die französische Vorherrschaft auf dem Gebiet des Bogenbaus war ab Mitte des 18. bis mindestens an die Schwelle des 20. Jahrhunderts ebenso unangefochten, wie es die von Italien für die Violine gewesen war. Im Jahr

1770 gab es in Frankreich vierundzwanzig bekannte Bogenmacher, in England zwei und in Deutschland gar keinen. 1810 waren die entsprechenden Zahlen achtzehn, sechs und drei; im Jahr 1850 zweiundzwanzig, drei und zwanzig. 1830 gab es in Mirecourt und Markneukirchen genauso viele Bogenmacher wie in ganz England. Erst 1870 schloss Deutschland im Bogenbau so auf wie in der industriellen Entwicklung. Das England des Freihandels, in dem die Herstellung billiger Bögen nicht mit den zollfrei eingeführten Importen[433] konkurrieren konnte und wertvolle Bögen im Wesentlichen in einem Familienunternehmen in London gemacht wurden, lag weit zurück.[434]

Zum Teil lag der französische Wettbewerbsvorteil sicher in zugänglichem und erschwinglichem Material. Pernambuco, seit dem 16. Jahrhundert als wichtigste Quelle für die Herstellung roter und violetter Farbstoffe für Textilien, Lacke, Kosmetik, Zahnpasta und Ostereier gleichermaßen begehrt[435] und geeignet, wurde von portugiesischen, niederländischen und französischen Händlern eingeführt. Von der Mitte des 18. Jahrhunderts an war das Holz wegen der ihm eigenen Widerstandskraft, Belastbarkeit und Verfügbarkeit zum bevorzugten Material französischer Bogenmacher geworden. Arbeitsteilige Massenproduktion trug zum Erfolg des Gewerbes – mit seinen Schwerpunkten in Mirecourt und Paris – bei. Ab Mitte der 1840er-Jahre lieferten Nicolas Maire und eine fünfzehnköpfige Belegschaft in Mirecourt jährlich 4 000 Bögen an Pariser Kunden.[436]

Die Ausbildung von Lehrlingen erweiterte – absichtlich oder nicht – den Horizont dessen, was in vielerlei Hinsicht ein Zusammenschluss von Familienunternehmen war. Zwischen 1730 und 1970 absolvierten 80 Prozent der bekannten französischen Lehrlinge ihre Ausbildung insgesamt oder in Teilen außerhalb des Unternehmens ihrer eigenen Familie, im Vergleich zu 48 Prozent ihrer englischen und 45 Prozent ihrer deutschen Altersgenossen.[437] Um ihren Horizont zu erweitern, gab es für angehende Bogenmacher kaum einen besseren Ort als Paris mit seinen reisenden Virtuosen, ansässigen Berufsspielern, Armeen von Studenten und gutsituierten Amateuren.

Die praktisch gleichlautenden Geschichten der Tubbs', Pfretzschners, Kittels und Peccattes sagen relativ wenig über die von ihnen hergestellten Bögen aus. Aber sie beleuchten die Erfahrung und den Zustand der Subkultur, aus der sie hervorgegangen waren ebenso wie die nationalen Unterschiede, die weit über das Handwerk hinausgehen.

In Großbritannien, wo die Gildenkultur früh verkümmerte, lebten fünf Generationen der Tubbs' in einer Welt, wie sie Dickens beschrieben hatte und in der das Handwerk vom Vater auf die Söhne überging. Sogar James (1835–1921), der bedeutendste, der schätzungsweise 5 000 Bögen herstellte, produzierte einen guten Teil davon anonym für Händler. 1862 gewann ein Tubbs-Bogen für W. E. Hill eine Goldmedaille auf der Weltausstellung. James war beinahe 30 Jahre alt, verheiratet und Vater eines Sohnes, als er sich mit den Hills über-

warf und seine erste eigene Werkstatt eröffnete. Er zeugte weitere elf Kinder und war ebenso wie Dodd ein legendärer Trinker.[438] Dies und Schwarzarbeit könnten Gründe für das Zerwürfnis gewesen sein. Tubbs brauchte sicherlich dringend jeden Pfennig, den er bekommen konnte.

Die 1880er-Jahre waren ein gutes Jahrzehnt für ihn; möglicherweise war er das erste Mitglied der Familie, das in dem Gewerbe tatsächlich Geld verdiente. Seine Kunden waren der in London lebende deutsche Virtuose August Wilhelmj und Alfredo Piatti, der größte Cellist seiner Zeit. Die wachsende Kundschaft für alte italienische Geigen wandte sich an ihn, um Bögen zu erwerben, mit denen man sie spielen konnte. Der Herzog von Edinburgh machte ihn per königlichem Dekret zu seinem Bogenmacher. Die Erfinderausstellung von 1885 verlieh ihm eine Goldmedaille, doch gibt es keinerlei Hinweise auf einen sozialen Aufstieg oder auf die Gründung weiterer Werkstätten noch eine Todesanzeige in der Londoner *Times*, in der üblicherweise das Ableben eines bemerkenswerten Zeitgenossen angezeigt wurde. Ein Foto aus seinen letzten Lebensjahren, das aufgenommen wurde, nachdem die Ehefrau und der Sohn, der das Geschäft übernommen hatte, bereits gestorben waren, zeigt einen müden, alten Mann, der in Hut und Mantel an einer kümmerlich geordneten Werkbank arbeitet.

Bogenmacher James Tubbs, London, ca. 1917

In Deutschland, wo ein unternehmerischer Kapitalismus neben einer unzerstörbaren Gildenkultur existierte wie nirgendwo sonst, übergab Carl Richard Pfretzschner aus Markneukirchen das Handwerk an seinen Sohn Hermann Richard. Knapp drei Jahre nach dem Französisch-deutschen Krieg ging Hermann Richard für zwei Jahre zu Vuillaume nach Paris. Bei seiner Rückkehr setzte er das Gelernte in die Praxis um und gründete ein Unternehmen, das noch fünf Generationen später in Betrieb war. 1901 wurde Pfretzschner zum königlich-sächsischen Hoflieferanten ernannt, ein Jahrzehnt später zum Lieferanten des großherzoglichen Hofes von Sachsen-Weimar, was ihn wahrscheinlich zum ersten Bogenmacher mit diesen beiden Auszeichnungen machte. Etwa ein Jahrhundert nach Tourte war er Beispiel und zugleich Vorbild für das, was ein Bogenmacher erreichen konnte.

Es ist nicht ohne Ironie, dass Russlands Antwort auf Pfretzschner ein Deutscher aus Markneukirchen oder der unmittelbaren Umgebung war: Nikolaus (Nicolaus) Ferder Kittel. Er war angeblich jüdischer Abstammung und gründete mit kaum 30 Jahren in den 1820er-Jahren eine bescheidene Werkstatt in St. Petersburg. Juden waren im Bogenbau praktisch unbekannt, und St. Petersburg verwehrte ihnen den legalen Aufenthalt. Doch deutsche Händler gehörten ebenso zur Landschaft wie die Pariser Mode. Nikolaus I., seit 1825 Zar, ernannte Kittel zum Instrumentenbauer des Hofes. Henri Vieuxtemps, 1846 zum Sologeiger an den Hof bestellt, war von Kittels Bögen so begeistert, dass bald ganz St. Petersburg sie haben wollte. Nach Kittels Tod im Jahr 1868 übernahm sein Sohn Nicolai die Werkstatt in den gleichen bescheidenen Räumlichkeiten, wurde ebenfalls zum Hofbogenmacher ernannt und beauftragt, das kaiserliche Orchester mit Instrumenten und Bögen zu versorgen.[439]

Die Werkstatt wurde – wie ihre Pendants im Westen – vor allem wegen der Fähigkeiten ihrer Mitarbeiter bewundert, von denen die meisten Deutsche waren und alle, wie Heinrich Knopf, der später nach Berlin zurückkehrte und dort Kittel-Bögen herstellte, deutsch sprachen. Dass das Bogenmachen meistens von Mitarbeitern ausgeführt wurde, spielte kaum eine Rolle, denn gut war eben gut. Leopold Auer traf mit zwei Kittel-Bögen in Amerika ein. Einer von ihnen, den er seinem brillantesten Schützling vermachte, wurde der Favorit von Heifetz.[440] Selten war aber auch selten. In den 1960er-Jahren wurde geschätzt, dass nur 250 bis 500 bekannte Kittel-Bögen im Umlauf waren, drei Viertel davon in den Vereinigten Staaten. 1999 wurde ein mit Gold- und Schildpatt montierter Kittel-Bogen bei Sotheby's mit einem Startpreis von 10.000 bis 15.000 Pfund angeboten und für 51.000 Pfund verkauft.[441]

Es war jedoch in Frankreich, wo die vorindustrielle Tradition fast nahtlos mit bürgerlicher Tugend verschmolz, sodass der revolutionäre Bogen den durchweg bürgerlichen Bogenmacher schuf. Die Generationen von Peccatte sind genauso repräsentativ für ihre Zeit und ihren Ort wie die Generationen der

Guarneris. Dominique, als ältester Sohn 1810 in Mirecourt geboren, wurde 1826 von François Vuillaume angestellt, um seinen Bruder Jean-Baptiste in Paris zu unterstützen. Vuillaume senior setzte ihn sofort an die Herstellung von mit »Vuillaume à Paris« gestempelten Bögen. Seine Befreiung vom Militärdienst vier Jahre später legt nahe, dass Vuillaume, der Geld sehr ernst nahm, seine Dienste genug schätzte, um für ihn einen Ersatzmann zu kaufen. Bei Peccattes Hochzeit im Jahr 1835 waren die Trauzeugen Vuillaume und Georges Chanot. Bevor er das 30. Lebensjahr erreicht hatte, wurden seine Bögen schon mit Preisen ausgezeichnet.

Mitte der 1840er-Jahre kehrte er nach Mirecourt zurück, um seine eigenen Bögen zu machen, kaufte das Familienhaus und den dazugehörigen Weinberg und zahlte seinen Bruder mit den Erträgen des von ihm zu 5 Prozent Zinsen verliehenen Geldes aus. 1996, in dem Jahr, in dem Childs' Biografie erschien, wurde das Haus, das Peccatte für 3.850 alte Francs gekauft hatte, für 150.000 neue Francs verkauft. Seine Bögen kosteten mittlerweile bis zu 300.000 neue Francs. Seine Töchter heirateten mit einer Mitgift von jeweils 4.000 Francs, die eine einen Händler aus Épinal und die andere einen Neffen von Vuillaume. Als Peccatte 1874 starb, war allein schon der Markt Zeuge für die Wertschätzung, die seine Erzeugnisse genossen.

Angesehene Kollegen wie Nicolas Maire verkauften ihre Bögen an Chanot für 6 bis 9 Francs pro Stück. 1869 wurde ein Bogen von Joseph Henry für 25 Francs verkauft. Die letzten beiden von Peccatte, postum von seiner Witwe auf den Markt gegeben, brachten jeweils 41 Francs. Trotz einer Rezession von 1859 bis 1862 und den wirtschaftlichen Folgen der Reparationszahlungen nach dem Deutsch-französischen Krieg dokumentierte Peccattes achtseitiges Nachlassverzeichnis ein Vermögen von 33.939 Francs, ein guter Teil davon buchstäblich liquide in Form von 1232 Litern Wein des Jahrgangs 1871, 264 Liter des Jahrgangs 1872 und 520 Liter von 1873.

Sein jüngerer Bruder François trat zunächst in seine Fußstapfen, schlug dann aber seinen eigenen Weg ein. 1821 geboren, ging auch er nach Paris und wurde 1841 vom Militärdienst befreit. Ende 1842 kehrte er nach Mirecourt zurück, heiratete in eine lokale Gitarrenbauer-Familie ein und vergab Arbeiten nach außen an vier Mitarbeiter. Minimale Lese- und Schreibkenntnisse, die sich in einem von ihm diktierten Antrag an den örtlichen Präfekten auf Berücksichtigung als Teilnehmer am jährlichen gewerblichen Wettbewerb widerspiegeln, waren für ihn offenbar kein Hindernis. Der Umsatz betrug im ersten vollständigen Geschäftsjahr knapp 13.000 Francs, und die Aufwendungen lagen etwa bei 6.000. Seine Erzeugnisse wurden – nach Qualität sortiert – für 1 bis zu 50 Francs angeboten und lagen damit ein bis zwei Stufen unter den Preisen seines Konkurrenten Etienne Pajeot, 30 Jahre älter als er, der seine Bögen für 15 bis 100 Francs anbot. Als François Peccatte in den frühen 1850er-Jahren nach Paris zurückkehrte, war die Nachfrage immer noch so groß, dass er sich für ansehnliche 3.500 Francs ein Haus kaufen konnte. Dort starb er im Alter von 34 Jahren und hinterließ fünf Kinder.

Charles Peccatte, der Letzte von ihnen, war erst fünf, als sein Vater starb. In Mirecourt geboren, sollte er von den bogenmachenden Peccattes am längsten leben, sehr wahrscheinlich als Erster eine Schule besuchen, der Letzte sein, der in das Familienunternehmen einstieg, sowie der dritte, der für den Militärdienst abgelehnt wurde. Aus den Militärakten geht hervor, dass er lesen und schreiben konnte, 1,73 Meter groß war und – selbst im Paris des Kriegsjahres 1870 – wegen eines Leistenbruchs bei der zur Musterung gehörenden medizinischen Untersuchung durchfiel. Als Handwerker war er fähig genug, um seine Bögen an Vuillaume zu verkaufen. Er heiratete 1872, gründete 1881 seine eigene Werkstatt, gewann innerhalb der nächsten zehn Jahre Preise in Antwerpen und Paris und eröffnete 1885 ein Geschäft in der eleganten Rue de Valois. Er starb 20 Tage vor dem Waffenstillstand im Jahr 1918 und hinterließ ein bescheidenes Erbe.

Das war zwar das Ende eines Kapitels, aber nicht eines Zeitalters. Alfred Hill erinnerte sich Jahrzehnte später, dass er mit den Erzeugnissen aus dem kontinentalen Europa »keineswegs unzufrieden«, aber dennoch »abgeneigt« war, »Ausländer zu beschäftigen«. Deshalb sah er sich »nach einem guten Handwerker britischer Herkunft« um und erneuerte die Bogenabteilung, die zu einer der Säulen des Unternehmens werden sollte. »Ich habe immer darauf bestanden, unsere Leute von Jugend an in unseren eigenen Werkstätten auszubilden, eine Regel, für die es keine Ausnahme gab«, erklärte er einem amerikanischen Kunden, der ein paar Hill-Bögen kaufen wollte.[442]

Retford, in seinem 95 Jahre währenden Leben zur Legende geworden, verkörperte Kontinuität. Als er im Jahr 1893 als 18-Jähriger davon gelangweilt war, täglich zehn Bögen zur Auslieferung am selben Tag beziehen zu müssen, begann er, Stöcke abzuhobeln, der erste Schritt zur Bogenherstellung. 1956 war er immer noch bei Hill's tätig. Dann setzte er die Arbeit weitere zwölf Jahre zu Hause fort und fertigte Bögen für Freunde und für Kollegen in der Ealing Symphony.[443]

Als Bultitude die zwölfköpfige Abteilung 1922 bei Hill's als neues Mitglied ergänzte, war Retford längst schon ihr Leiter. Was sich aber inzwischen verändert hatte, war der Handel mit deutschen Bögen. 1910, so erinnerte sich Retford, verkaufte Hill, der sie zollfrei erst für 10, dann für 21 Schilling erworben hatte – fast die Hälfte von Retfords Wochenlohn –, jährlich etwa 200 davon. Von 1914 bis Mitte der 1920er-Jahre kauften Hills Kunden englische oder französische Bögen – auf keinen Fall aber deutsche.

Für französische Bogenmacher waren die wirtschaftlichen Auswirkungen des Friedens zumindest erträglich, da die Nachfrage aus dem Inland und den Kolonien sich erholte und internationale Kunden aus der Vorkriegszeit aus so weit entfernten Gegenden wie Japan und Australien wieder auftauchten. Im Jahr 1910 waren in Frankreich nachweislich 48 Bogenmacher beschäftigt, unter ihnen 18 in Mirecourt und 26 – darunter Charles Peccatte – in Paris. 1930, kurz nach dem Höhepunkt des Aufschwungs der Nachkriegsjahre, war die Zahl auf 50 angestiegen.[444] In Paris machte André Chardon, erst der zweite Bogenmacher in der Geschichte einer Fünf-Generationen-Familie, in der Werkstatt seines Vaters elegante Bögen für den gehobenen Markt. In Mirecourt setzten 800 Lohn- und Akkordarbeiter für einen Großhandel, der aus dem Zusammenschluss von drei Vorkriegsunternehmen hervorgegangen war, Bögen für das untere Ende der Preisskala zusammen, die über den Ladentisch verkauft wurden.[445] Nach einer Pause für einen zweiten Krieg und eine vierjährige Besatzung wurde die Produktion trotz eines immer düstereren Geschäftshimmels bis in die 1960er-Jahre fortgeführt.

In Deutschland, wo es 1910 nachweislich 66 Bogenmacher gegeben hatte, waren 1930 nur noch 40 beschäftigt. Allein in Markneukirchen war die Anzahl trotz des Aufschwungs der Nachkriegszeit und sogar so etwas wie einer kleinen Hausse von 51 auf 32 geschrumpft. Sicher waren unter den Mannschaften, die ein paar Jahre später im Norden der Stadt die »Geigenbauerkurve« bauen sollten, auch arbeitslose Bogenmacher. Aber außer durch einen weiteren Krieg, der zu einer anderen Besatzung führen würde, wäre es unwahrscheinlich gewesen, dass sich das Leben für etablierte Bogenmacher wie die Nürnbergers und Pfretzschners verändert hätte. Die Nürnbergers, ein weiteres Vier-Generationen-Unternehmen, erfreuten sich einer besonderen Beziehung zu Wurlitzer in Cincinnati und verkauften ein Erzeugnis, das auch Virtuosen wie Ysaÿe, Kreisler und Oistrach sehr schätzten.[446] Die eigentliche Wende kam erst später, als zum Beispiel im Jahr 1958 die aktuelle Generation der Pfretzschners sich der Verstaatlichung nach Art der DDR unterwarf.

Etwa zehn Jahre später wurde die westdeutsche Produktion wieder aufgenommen – beflügelt durch steigende Preise, die Wiederentdeckung der Alten Musik und das Streben nach Glück, das auch den Geigenbau veränderte. Noch immer war ein Bogenmacher ein unwahrscheinlicher Kandidat für die Lifestyle-Seiten der Zeitungen oder ein TV-Magazin, doch zeigte er – und zunehmend auch sie – genug Potenzial für einen Aufstieg in die Mittelklasse. Eine repräsentative Figur war etwa Andreas Grütter, ein in Deutschland geborener Sohn eines Psychoanalytikers mit einem Studio in Amsterdam und einer Schwäche für Fragen, die mit »Warum« beginnen, und auch Hans Reiners, der zwischen seiner Leidenschaft für Alte Musik und seinem Job als Chefdolmetscher der britischen Garnison in Berlin jonglierte, bevor er einen Laden eröffnete, der auf alte Flöten und Prä-Tourte-Bögen spezialisiert war. Der gebürtige Norweger Ole Kanestrøm auf der Olympia-Halbinsel im amerikanischen Bundesstaat Washington war Ingenieur mit dem Fachgebiet Marine- und Industrieelektronik und veranstaltete geführte Touren für Sportangler, bevor er im Alter von 41 Jahren mit dem Bogenbau begann. Elizabeth Vander Veer Shaak schuf sich ihren Himmel voller Geigen zwischen den Fassaden von Kirchen und chinesischen Imbissen auf Philadelphias German Avenue, nachdem sie im Hochschul-Studiengang Audiologie die Freuden des Bogenmachens entdeckt hatte.[447]

Doch ebenso wie bei den Geigenbauern war die Dimension des Zurück-in-die-Zukunft nur schwer zu übersehen. 1969 wurde Bernard Ouchard von Etienne Vatelot gebeten, einen Bogenmacherkurs an der École Nationale de Lutherie einzurichten, die dem Lycée Jean-Baptiste Vuillaume in Mirecourt angeschlossen war. Während Tausende Ostdeutsche wenige Wochen vor dem Fall der Berliner Mauer über die ungarische Grenze nach Westen strömten, nahm ein zweiter Hermann Richard Pfretzschner in Markneukirchen seine Firma und Familie und zog nach Bad Endorf, ca. 100 Kilometer von Mittenwald entfernt.

Die Wende eines anderen Jahrhunderts verschlug ganze Kohorten von neuen Bogenmachern in noch angenehmere Orte wie Oxford mit seiner alten Universität und verschwundenen Autoindustrie und nach Port Townsend auf Washingtons Olympia-Halbinsel, wo 8334 Bewohner von den Fenstern ihrer liebevoll konservierten viktorianischen Häuser aus Wale sehen konnten. Weder hier noch dort hatte jemand jemals damit gerechnet, einem professionellen Bogenbauer zu begegnen, bis das Internetzeitalter beide Orte zu virtuellen Mirecourts machte und mit einer weltweiten Gilde von geschätzten 200 Mitgliedern verband.[448]

Die neuen Herausforderungen lagen weder in den Fähigkeiten noch in der Nachfrage, sondern betrafen die Grundlage des Handwerks selber: Pernambuco-Holz war ehemals massenhaft über fast die gesamte Länge der brasilianischen Küste und bis zu 150 Kilometer ins Landesinnere vorhanden, Berichten zufolge so reichhaltig, dass zu Tourtes Zeiten Pernambuco-Stämme 168 Hektar im Zentrum von Paris bedeckten.[449] Am Vorabend des 21. Jahrhunderts wurde auf einer Tagung zu einem Abkommen über den internationalen Handel mit gefährdeten Arten (CITES) ernsthaft erwogen, Sanktionen gegen die weitere Verwendung von Pernambuco zu verhängen, weil festgestellt worden war, dass die Reserven auf 5 bis 10 Prozent ihres präkolumbianischen Umfangs geschrumpft waren.

Die in der Geschichte des Metiers beispiellose Antwort bestand in der Internationalen Initiative zum Erhalt von Pernambuco (IPCI). Als ein Ad-hoc-Konsortium besorgter Bogenmacher wurde es von Marco Ciambelli, dem in Paris ansässigen Gründer der Nichtregierungsorganisation Confédération des métiers et des utilisateurs des ressources de la nature (Comurnat), mobilisiert und geleitet, um Handwerker aus vielen Bereichen zusammenzubringen, die beim Erhalt der natürlichen Materialien, von denen sie abhängig waren, helfen sollten.

Von 2001 an widmete sich IPCI dem Bau von Brunnen und Bewässerungssystemen, um bis zu 2 000 Pernambuco-Setzlinge zu retten.[450] Der nächste Schritt war die Suche nach Verbündeten, unter ihnen die Kakaobauern von Bahia, deren schattenliebende Produkte, so hoffte man, vom Zusammenleben mit Pernambuco profitieren würden, unter ihnen auch die Nationalstiftung für Pau-Brasil (Funbrasil), eine lokale NGO, die seit 1970 bereits drei Millionen Jungpflanzen verteilt hatte. Bis zum Jahr 2003 hatten die Bogenmacher Abkommen unterzeichnet mit der Comissão executiva do plano da lavoura cacaueira (Ceplac), einem Kakao-orientierten und vom brasilianischen Landwirtschaftsministerium unterstützten Forschungsinstitut, und der Deutschen Gesellschaft für Technische Zusammenarbeit, die ihren Glauben an die Initiative dadurch zeigte, dass sie die von IPCI zugesagten 100.000 Euro verdoppelte.[451] »Wir alle – Musiker, Bogenmacher, Instrumentenbauer und Musikliebhaber – haben über Jahrhunderte von dem Holz Pernambuco profitiert«, sagte Klaus Grünke, Sohn und Bruder von Bogenmachern und selber Bogenmacher, vor dem Publikum eines Benefizkonzertes im Jahr 2002 in Wien. »Es ist Zeit, der Natur etwas zurückzugeben.«[452]

Da die Pflanzen erst 30 Jahre später ausgewachsen sein würden, suchten ernsthafte Bogenmacher und sogar Spieler nach Alternativen – nicht zum ersten Mal. Schon im zeitlichen Vorfeld des Zweiten Weltkriegs hatte die Firma James Heddon's Sons, Inc., aus Dowagiac, Michigan, Erzeuger von Angelruten, Golfschlägern und Skistöcken, eine Kollektion Geigenbögen aus stranggepresstem Stahl mit Spitzen aus Gussaluminium vorgestellt, die sich so lange verkauften, bis Mitte der 1950er-Jahre wieder deutsche Bögen auf den Markt kamen. 1962 stellte ein Familienunternehmen aus der New Yorker Bronx eine Variante aus Glasfaser vor. Doch keiner dieser Bögen war für den Konzertgebrauch bestimmt.[453]

Vielversprechender war Kohlefaser, eine preiswerte, anpassungsfähige, nahezu unzerbrechliche und wetter- und krümmungsfeste Mischung mit Graphit-Anteilen in einer Epoxidharz-Matrix.[454] In fast gleicher Weise, in der die Acushnet Company den Golfspieler Tiger Woods dazu brachte, ihre Titleist-Schläger und -bälle zu benutzen und populär zu machen, engagierte Japans Yamaha Corporation den Geiger Pinchas Zukerman, um einen Kohlefaserbogen mit einem Frosch aus Schildpatt-Imitat mit vergoldeten Beschlägen zu kreieren und zu empfehlen. Ein paar Jahre später wurden immer neue Designs und Materialien einschließlich Kevlar von so bekannten Spielern wie Christian Tetzlaff, Jaime Laredo und Isabelle Faust benutzt.[455] Die Idee war etwas gewöhnungsbedürftig. Doch das galt auch für Baseballschläger aus Aluminium.

BUCH II
Der Geigenhandel

Inzwischen ging der Handel seine eigenen Wege. »Nur der geborene Geigenhändler ist wirklich ein Geigenhändler«, konstatierte Albert Berr im Rückblick
auf sein erfahrungsreiches Leben in der Branche.[1] Zwar gab es von Tarisio bis
zu Robert Bein und Geoffrey Fushi bemerkenswerte Ausnahmen. Doch war es
zumindest von Vorteil, als ein Chanot, Hill, Hamma oder Beare geboren worden
zu sein. Allerdings lässt sich Berrs Aussage auf alle möglichen Kompetenzen
und Talente beziehen, beispielsweise auf eine Begabung für Mathematik,
für Sprachen oder gar für Musik, die jeder unabhängig von seiner Abstammung mitbringen konnte. George Hart hatte diese Begabung, ebenso William
Ebsworth Hill, trotz seines Hangs zu dem, was Haweis als eine »seltsame Art
von innerem Anderswo-Sein« bezeichnete,[2] und was für den Patrizier Hart
unvorstellbar war.[3] Aber auch David Laurie, ein ehemaliger Seemann, Händler
in galvanisierten Artikeln und Vater von 18 Kindern, hatte dieses gewisse
Etwas. Seine Tochter erinnerte sich, dass er einen erfolgreichen Handel mit
Erdöl aufgab, um eine »viel interessantere, wenn auch weniger einträgliche«
Karriere in der »Fiedeljagd« zu verfolgen.[4]

Laurie, als Großhändler ein Selfmademan, war »in keiner Weise durch
Tradition mit unserem Beruf verbunden«[5], wie die Söhne der Gebrüder Hill

kühl über einen Mann schrieben, den sie in den frühen 1890er-Jahren sogar vor Gericht zogen.[6] Doch sogar sie gestanden Laurie den »ausgeprägten Geschäfts- sinn und die außerordentliche Energie« zu, die zu dessen »Einführung in einige der besten Beispiele von Stradivaris Genie« führten.[7] Ein Jahrhundert später erstreckte sich das Händlerspektrum von Absolventen britischer Eliteanstalten bis zu amerikanischen Studienabbrechern. Darunter gab es auch Frauen, eine Neuerung, die auf ihre Weise ebenso sensationell war wie die Zulassung von Frauen zu Militärakademien.

Die besten von ihnen verfügten über die Geduld eines Zen-Meisters, das Durchhaltevermögen eines Langstreckenläufers, die Nerven eines Kasino- Hasardeurs und das Verhandlungsgeschick eines Henry Kissinger. Giovanni Morelli, ein Pionier in der Kunstgeschichte, konnte die Kopie eines Gemäldes von Botticelli anhand der Neigung eines Ohrläppchens oder der Drehung eines Fingernagels vom Original unterscheiden.[8] Ein geborener Geigenhändler konnte ein Strad-Original und seine Kopie anhand einer nur ganz geringfügig differie- renden Krümmung eines F-Loches oder einer Ecke auseinanderhalten und sich Instrumente in derselben Weise merken wie Politiker Gesichter.

Politisches Geschick war ein weiterer Teil des Pakets. Je nach Zeit und Ort konnten Händler ihre Kunden als Künstler, Investoren, angehende Gön- ner – »ziemlich seltsame Menschen, die denken, es wäre nett, eine Strad zu erwerben, nachdem sie plötzlich reich geworden sind«[9] – oder als leichte Beute ansehen. Sie konnten die Geigenlehrer, die ihnen zwar zu Geschäften verhalfen, dafür aber auch Provisionen erwarteten, für erfolgreiche Geschäftsleute oder für Schakale halten. Sie konnten in ihren Konkurrenten Schurken und Schar- latane sehen und den Markt als einen Krieg aller gegen alle empfinden. Der Drang zum souveränen Alleingang lag in ständigem Widerstreit zur Unver- meidlichkeit von Zweckbündnissen. »Politik ist kein Kinderspiel«, sagte Finley Peter Dunnes legendärer Kneipenwirt Mr. Dooley in Chicago.[10] Der Handel mit Violinen war es ebenso wenig. Dennoch war jemand, der nicht über die »einzig- artige Liebe zu einer Geige um ihrer selbst willen, als ein Gegenstand von Schönheit, Wunder, Geheimnis« verfügte, die Haweis W. E. Hill zugeschrieben hatte, schwerlich als bedeutender Händler vorstellbar.[11]

Außenstehende waren davon ebenso geblendet wie verwirrt. Haweis, der englische Pfarrer, der die Violine kannte und liebte wie kaum ein anderer seiner Zeit, machte sich über den Handel keine Illusionen und hielt Händler für »eine Spezies von Menschen, die von Natur aus geldgierig sind«.[12] »Nach langen Jah- ren«, so schrieb er, »bin ich zu dem Schluss gekommen, dass es drei Dinge gibt, bei denen ein durchschnittlich ehrlicher Mann überhaupt keine Skrupel kennt – das erste ist ein Pferd, das zweite ein Regenschirm und das dritte eine Geige.«[13] Für historisch Interessierte ähnelte der Handel nichts so sehr wie dem Heiligen Römischen Reich. Mit den bedeutenden Händlern und Auktionshäusern hatte er seinen Adel, mit den Familienunternehmen sein Bürgertum und den Dritten Stand mit Beratern, Zwischenhändlern und Orchestermusikern, die als Nebenbeschäftigung die Ware aus dem Kofferraum ihres Autos heraus anboten. Seit dem Ende des 20. Jahrhunderts tauchen Geigen sogar bei eBay auf.

Ebenso wie das Reich war die Branche gleichzeitig hierarchisch, anarchisch und expansiv und hatte mit Vuillaume, den Gebrüdern Hill, Rembert Wurlitzer und Charles Beare ihre Kaiser, deren Bescheinigungen eine nahezu päpstliche Unfehlbarkeit genossen. Ihre Kurfürsten kamen aus einer Handvoll von Geschäften, die mit Spitzeninstrumenten handelten und zunehmend in der ganzen Welt präsent waren. Sie hatte ihr Parlament in der Entente internationale des maîtres luthiers et archetiers d'art, die in den 1950er-Jahren von einer Gruppe von Geigenbauern und -händlern als Reaktion auf eine Serie von Skandalen gegründet wurde. Sie hatte ihre Welfen und Staufer, die in einer andauernden und unerbittlichen Rivalität ineinander verbissen waren, sowie ihre De-facto-Zusammenschlüsse von größeren und kleineren Unternehmen. Sie hatte sogar ihre eigene Version von »cuius regio, eius religio«. Arthur Bultitude, der legendäre Bogenmacher der Hills, erinnerte sich am Ende seiner bemerkenswerten Karriere an sein Vorstellungsgespräch bei Alfred Hill im Jahr 1922. War sein Vater ehrlich, nüchtern und fleißig – so wurde der 14-jährige Bultitude gefragt? Gehörte die Familie der Church of England an?[14] Einige Generationen später umrahmte Geoffrey Fushi seinen Schreibtisch sowohl mit den Monografien der Hills als auch dem Gesamtwerk von L. Ron Hubbard, betonte häufig und gern, wie die von Hubbard gegründete Church of Scientology zu seinem Erfolg und dem seines Partners Robert Bein beigetragen hatte,[15] und legte ihre Werte neuen Mitarbeitern ans Herz.

Niemand konnte voraussagen, ob der Geigenhandel wie das Heilige Römische Reich 1 000 Jahre fortbestehen würde. Bein, der im Reich der Violine sicherlich zu den Kurfürsten zu zählen war, sah das Endspiel bereits im Jahr 2001 voraus, zumindest dort, wo das Spiel als die Jagd nach alten italienischen Instrumenten verstanden wurde, die den Handel seit dem frühen 19. Jahrhundert beherrscht hatte.[16] Aber trotz Problemen mit seiner Glaubwürdigkeit und mit dem Pernambukholz versprach der seit fast 500 Jahren bestehende Handel, zumindest das Weströmische Reich (31 v. Chr. bis 476 n. Chr.) einzuholen.

Statik und Dynamik des Geigenhandels waren so kompliziert wie seine Verfassung. Je nachdem konnte man perfekten wie imperfekten Wettbewerb, Oligopol, Grenznutzen und sogar vernünftige Erwartungen erkennen, aber auch eine Geschichte von Praktiken, in denen der deutsche Kritiker Arnold Ehrlich bereits im Jahr 1899 »eine frappante Aehnlichkeit mit Betrug« erkannte,[17] als er gegenüber den bescheidenen Preisen für neue Instrumente einen starken Kursanstieg für alte Violinen feststellte. Tatsächlich waren viele davon keineswegs italienische, sondern gute deutsche Kopien, und es gab keinerlei Hinweise darauf, dass Kritiker oder Publikum einen Unterschied hörten. Selbstverständlich achteten Spieler auf den Ton, doch waren es Sammler, nicht Spieler, die den Ton angaben. Was zählte, war die Echtheit, erst dann kamen Aussehen und Erhaltungszustand, während der Ton kaum eine Rolle spielte.[18] 1932 beschied der Händler Alfred Hill einem amerikanischen Kunden: »Ein Instrument, das zwar erstklassige Klangqualität besitzt, jedoch bei der Schönheit der Form Mängel an Holz oder Lack aufweist, verkauft sich unendlich schwieriger als eines mit einem attraktiven Aussehen.«[19] »Ich habe gesehen, dass sich Sammler eine Strad, die sie kaufen wollten, stundenlang ansahen«, erinnerte sich der Geiger Henri Temianka in den 1970er-Jahren, »aber nie darum baten, sie zu hören«.[20]

Stradivari und der jüngere Giuseppe Guarneri waren der magnetische Nordpol des Handels. Seit dem frühen 19. Jahrhundert wurden besonders Strad-Modelle weithin mit derselben Unbekümmertheit kopiert, mit der Chinesen eine Epoche später Apple, Starbucks und Kentucky Fried Chicken kopieren würden. Der Katalog des amerikanischen Versandhauses Sears Roebuck bot 1902 »eines unserer original Stradivari-Violinen Modelle«, komplett mit Randeinlagen, für 8 Dollar an. Das »besonders hochwertige original Stradivari-Modell« war für 20 Dollar zu haben.[21] Ein Jahrhundert später tauchten die Nachwirkungen immer noch auf der Website des National Music Museum in Vermillion, South Dakota, auf, wo ein steter Strom von Besuchern hoffnungsvoll wissen wollte, ob die Geige mit dem Stradivari-Zettel, die sie soeben unter ihrem Bett oder auf dem Dachboden entdeckt hatten, vielleicht doch eine Strad sei.[22] Die Antwort war stets taktvoll, aber selten ermutigend.

In der Zwischenzeit waren die Instrumente der beiden Meister seit zweieinhalb Jahrhunderten durch die Hände von Virtuosen von Spanien bis zum Schwarzen Meer, französischer Adeliger »de l'épée«, »de la robe« und »parvenue«, des englischen Adels des 18. und der oberen Mittelschicht des 19. Jahrhunderts, russischer Großfürsten und mitteleuropäischer Bildungsbürger gegangen. Die kommunistischen Regime in Polen, der Tschechoslowakei und Ungarn waren begierig, ihre knappen Reserven in harter Währung in eine Strad zu investieren, wenn es dazu verhelfen würde, einen einheimischen Spieler im internationalen Wettbewerb nach vorn zu bringen.[23] Im Jahr 1995 versammelte das Metropolitan Museum in New York für eine Ausstellung 25 Guarneris unter einem Dach. Unter ihren Besitzern waren zwei der großen Künstler des Jahrhunderts, der Erbe eines mexikanischen Stahlvermögens, ein Vizepräsident von Microsoft, ein Investor und Sammler aus Chicago, ein Gewinner des Lasker-Preises – eines der renommiertesten medizinischen Forschungspreise der Welt –, der Vorsitzende der nationalen Kommission für Arthritis, Museen in San Francisco und Taipeh und eine japanische Stiftung, deren Gründer im Zweiten Weltkrieg dabei geholfen hatte, die Mandschurei zu kolonialisieren, nach dem Krieg drei Jahre als Kriegsverbrecher der A-Klasse im Gefängnis saß und dann mit Motorboot-Rennen ein neues Vermögen machte.[24] Der Weg zum Erwerb dieser Instrumente konnte so lässig sein wie eine Fahrt zum Supermarkt oder so aufwendig wie eine dynastische Hochzeit. Gelegentlich nahm er auch die Form einer Schießerei an, zu der sich mehrere Verkäufer mit jeweils einer Strad in der Hand versammelten. Der Vorteil lag hier ausnahmsweise bei dem voraussichtlichen Käufer, und der Verkauf wurde mit dem Händler abgeschlossen, der als Letzter noch aufrecht stand.

Dietmar Machold war besonders stolz auf einen Verkauf, der mit dem Anruf einer angeblichen Speditionsfirma in West-Berlin begann, die ihm mitteilte, dass die Demokratische Volksrepublik Korea (Nordkorea) sich nach einer Strad umsah. Unbeeindruckt von der Wahrscheinlichkeit, dass westliche Geheimdienste sein ungesichertes Telefon abhörten, versprach er, zur festgesetzten Zeit am vereinbarten Ort mit einer Strad und Roger Hargrave – zu dieser Zeit sein Restaurator – zu erscheinen. Eine große schwarze Limousine holte die beiden am berühmten Checkpoint Charlie ab und brachte sie auf die andere Seite der Mauer. Bei ihrer Ankunft in der nordkoreanischen Botschaft stellten sie fest, dass sieben Mitbewerber und der Konzertmeister des Philharmonischen Orchesters Pjöngjang schon da waren. Aber es war Machold, der den Zuschlag erhielt und bar bezahlt wurde, da die Koreaner anscheinend entschieden hatten, dass Beare – sein Konkurrent aus London – zu wenig verlangte. Ein paar Jahre später, als Tausende von Nordkoreanern hungerten und die Preise für Geigen weltweit in die Höhe schossen, weigerte sich der Staat immer noch zu verkaufen und schickte seine Strad weiterhin zu Machold in Tokio zur planmäßigen Wartung.[25] Sollte die CIA damals tatsächlich mitgehört haben, gab es offenbar keinen Unmut, als Machold Mitte der 1990er-Jahre ein Geschäft in New York eröffnete.

Im Jahr 2006 zog Beare gleich, als Jerry Kohl, ein Amateurgitarrist, der sein Vermögen mit Lederwaren der Luxusklasse gemacht hatte, entschied, dass er statt des Gemäldes von Mark Rothko, das seiner Tochter so gut gefiel, lieber eine Strad besitzen wollte. Nach dreimonatigen Recherchen und Anfragen lud er Vertreter von Beare, Bein & Fushi und Machold ein, ihm zu zeigen, was sie hatten. Sie brachten ihm insgesamt acht Geigen. Kohl selbst fügte noch eine neunte hinzu, die dem Komiker Jack Benny gehört hatte und erst vor Kurzem auf den Markt gekommen war. Dann arrangierte er, dass die Konzertmeister des Los Angeles Philharmonic Orchestra und des Los Angeles Chamber Orchestra die Instrumente über acht Stunden in der neuen Disney Hall eines nach dem anderen vorspielten. In die engere Wahl kamen die »Maria Teresa« von 1712, die fast ein halbes Jahrhundert lang im Besitz der Familie des großen Nathan Milstein gewesen und dann zu Beare gelangt war, und die »Herzog von Alba« von 1719, die Bein & Fushi anvertraut worden war. Am Ende gewann Beare, angeblich mit einem Festpreis von acht Millionen Dollar. »Meine Kinder besitzen nun einen Teil der Geschichte«, äußerte Kohl zufrieden in einem Interview.[26]

Bei derartigen Verhandlungen sind Provisionen oder Beratergebühren nicht ungewöhnlich, wobei Beare anmerkt, dass in Geschäften mit Japanern aus den üblichen zwei oder drei Kiebitzen leicht zehn werden können.[27] Doch sind auch Geschäfte ohne Vermittlung bekannt. Emil Herrmann, vor und nach dem Zweiten Weltkrieg ein großer Händler in New York, verkaufte die »Bayerische« Strad von 1720 praktisch über den Ladentisch an eine New Yorker Bankierstochter, die das Geigenspiel erlernen wollte und dachte, dass eine Strad hierfür ganz nett wäre.[28] Einige Jahre später machte Hargrave, der in Bremen für Machold arbeitete, eine ähnliche Erfahrung, als ein Bestatter aus Nashville in seinem Laden vorbeikam, nach einer Strad fragte, auf ihr »The Orange Blossom Special« herunterfiedelte und mit dem, was er hörte, zufrieden war. Dann öffnete er einen Koffer voll mit Dollarnoten, bezahlte seinen Kauf in bar und erkundigte sich nach einem preiswerten Hotel.[29]

Unabhängig davon, ob der Verkauf nun einfach oder seltsam war, galt es doch als eine Tatsache, wie Beares Mitarbeiterin Frances Gillham anmerkte, dass der Preis für eine del Gesù im Vergleich zu Kunstobjekten in Sammlerqualität »Spucke im Wind« war.[30] Doch ist eine Strad immer noch in erster Linie ein Werkzeug, das im Prinzip gleichwertig mit einem Hammer oder einem Traktor ist und ebenso anfällig für Verschleiß. Was sie, trotz ihrer Wurzeln als Gebrauchsgegenstand, zu einem Kunstobjekt werden ließ, waren Geschick, Handwerkskunst und eine Beziehung zur Kultur, die zusammen ausreichten, sie auf das Preisniveau eines Spitzen-Rennpferdes oder einer Seite mit einer ersten Skizze von Beethovens Neunter zu bringen.[31] Das war immer noch deutlich weniger als ein Mantegna für 28,5 Millionen Dollar, ganz zu schweigen von Edvard Munchs *Der Schrei* für 119,9 Millionen.[32] Doch in der Welt privater Gegenstände und Besitztümer gab es nichts, das sich mit einer Stradivari-Geige messen konnte, außer einem noch selteneren Strad-Cello oder – am seltensten von allen – einer Strad-Bratsche.

Zugegeben: Ein Preisvergleich ist immer problematisch. Aber das Verhältnis von Strads zum aktuellen Immobilienwert gibt zumindest einen brauchbaren Maßstab an die Hand. Nach seinem Tod im Jahr 1737 hinterließ Stradivari zweien seiner Söhne jeweils einen Satz von sechs Violinen, von denen jeder mit 1.000 Lire – also etwa 170 Lire pro Instrument – bewertet wurde. Ein halbes Jahrhundert zuvor hatte Stradivaris Haus 7.000 Lire gekostet.[33] Da keinerlei Hinweise auf eine signifikante Inflation in den dazwischenliegenden Jahren vorliegen, ergibt dies ein Verhältnis von Haus zu Violine von etwa 1 zu 42. Vuillaume bezahlte 1843 den Preis von 38.000 Francs für die Immobilie in einem Vorort von Paris, die er schließlich im Ruhestand bezog und die aus einem dreistöckigen Haus mit einem Ladengeschäft, Pförtnerloge, Stall und einem Garten mit einem kleinen Häuschen bestand. Ein Jahr später verkaufte sein Konkurrent Gand dem Geiger und Tänzer Arthur Saint-Léon eine Strad für 2.600 Francs, was einem Verhältnis von Haus zu Violine von etwas weniger als 1 zu 15 entspricht.[34] Der Baseball-Profi Derek Jeter, von 1996 bis 2014 eine Stütze der New Yorker Yankees, baute an der Tampa Bay in Florida ein Haus mit sieben Zimmern für geschätzte 7,7 Millionen Dollar.[35] Zu dieser Zeit hatte Kohl für seine Strad 8 Millionen bezahlt.

Doch auch 1 zu 1 blieb eine veränderliche Größe. Als die »Lady Blunt« innerhalb von knapp 40 Jahren zum dritten Mal versteigert wurde, zahlte ein anonymer Käufer im Juni 2011 15,9 Millionen Dollar – ein neuer Rekord. Die auf 6 Millionen Dollar geschätzte »La Pucelle«, die ihre Verkäuferin Huguette Clark – Tochter des Senators William Andrews Clark aus Montana und seiner Frau, der Sammlerin Anna Clark – als Geschenk zum 50. Geburtstag bekommen hatte, ging indessen an den Sammler Dave Fulton. Als Clark 2011 im Alter von 104 Jahren starb und ihre Wohnung verkauft werden sollte, stand damit in Manhattan zum ersten Mal seit 1925 ein Apartment im zwölften Stock zum Verkauf. Mit seinem fürstlichen Blick über den Central Park wurde erwartet, dass es bis zu 25 Millionen Dollar erbringen würde.[36]

Ältere Orchestermusiker, die das Glück hatten, Mitte des 20. Jahrhunderts alte Instrumente gekauft zu haben, und sich am Markt des späten 20. Jahrhunderts erfreuen konnten, wandelten im Ruhestand ihre Instrumente in Eigentumswohnungen in Florida um. Ihre Nachfolger, die sich um Geld oder Kredite bemühen mussten, um das zu erwerben, was ihre Vorgänger zu Geld gemacht hatten, erbaten die Hilfe ihrer Eltern, die daraufhin zweite Hypotheken auf ihre Häuser aufnahmen.[37]

Von einer »Alchemie aus Form, Ton und italienischer Abstammung, in der sich Dichtung und Wahrheit auf eine köstliche Weise vermischen und die zu gleichen Teilen von einem florierenden Handel und dem unschuldigen und unerschöpflichen Wunsch des Zuhörers, zu träumen, getragen wird«[38], sprach Marie-France Calas, Direktorin des Pariser Musée de la Musique im Jahr 1998 aus Anlass der Ausstellung, mit der an den 200. Jahrestag der Geburt von Vuillaume, dem Vater des modernen Geigenhandels, erinnert werden sollte. Sie war nicht die Erste, die diese Verbindungen entdeckte, doch brauchte es offenbar eine gebildete französische Außenseiterin, um es so elegant in Worte zu fassen.

Der Preis

Die zugrunde liegende Logik kann man in jedem Lehrbuch der Wirtschaftswissenschaften finden: Angebot und Nachfrage treffen sich in der Mitte der Ladentheke, tauschen bedeutungsvolle Blicke und verbinden sich zu einer heiligen Allianz. Berr, ein Veteran in der Beobachtung des Geigenhandels, erinnerte sich an ein bemerkenswertes Gespräch irgendwann vor 1915 zwischen dem

Regensburger Händler Franz Xaver Kerschsteiner und einem Kunden, der eines Tages mit einer Geige, die er gerade für 600 Mark gekauft hatte, in seinem Geschäft auftauchte. Der Kaufpreis entsprach dem, was zu dieser Zeit ein durchschnittlicher Preuße im Jahr verdiente.[39] Der Kunde wollte wissen, was das Instrument wert sei. Kerschsteiner antwortete ihm, die Geige sei das wert, was ein Kunde bereit ist, dafür zu zahlen.

Wie dies auf höchstem Niveau funktionierte, lässt sich an den Ursprüngen und der Entwicklung des Marktes für Stradivari-Geigen – beginnend in der Lebenszeit ihres Erbauers – ablesen. Elena Ferrari Bassazi liefert starke Argumente dafür, dass die Nachfrage nach Strads der musikgeschichtlichen Entwicklung gefolgt sei, doch sie liefert mindestens ebenso deutliche Hinweise darauf, dass sie auch dem Geld, der Macht und dem sich verändernden Profil der gesellschaftlichen Oberschicht folgte.[40] Im Laufe der Zeit sollte das Streben nach Strads ebenso demokratisiert und globalisiert werden wie das Streben nach Reichtum. Aber in einer Welt, in der der Geschmack der Zeit das Schöne und Beständige, Kirche und Höfe Prunk und Musik bevorzugten und eine Epoche der weltlichen Entdeckungen das Sammeln von buchstäblich allem begünstigte, was man sammeln konnte, wurden drei Wahrheiten sehr früh offensichtlich. Erstens: Einige Geigen waren mehr wert als andere. Zweitens: Einige Leute waren nicht nur bereit, sondern nachgerade darauf erpicht, die Differenz zu zahlen. Drittens: Die wenigsten von ihnen waren professionelle Spieler. In dem Zeitraum, der zwischen der Regentschaft von Isabella von Kastilien am Vorabend des 16. Jahrhunderts und der von Felipe II. am Vorabend des 17. Jahrhunderts lag, wuchs der königlich-spanische Bestand von knapp 20 Instrumenten – viele davon ramponiert oder angeschlagen – auf 191, vermutlich neu und blitzblank, 44 davon waren Saiteninstrumente. Ernst zu nehmende Privatsammlungen von Padua bis Portugal und hinauf in den Norden erlebten ab dem 17. Jahrhundert eine Blütezeit.

Im Jahr 1998 zeigte die Rekonstruktion einer typischen niederländischen Schatzkammer in der Nationalgalerie in Washington ein Gemälde von Frans Francken dem Jüngeren und Jan Brueghel dem Jüngeren, in dessen Mitte Erzherzog Albrecht von Österreich und seine Frau Isabella, Infantin von Spanien, zu sehen sind. Sie umgibt ein metaphorisches Universum von Hunden und Affen, Früchten, Blumen, Muscheln und Mineralien, mehreren Weltkugeln, einer Sammlung von Glasgegenständen, klassischen Skulpturen in verschiedenen Größen, zeitgenössischen Gemälden, Schwertern, Möbeln, Münzen und Medaillen, gedruckten Büchern, die demonstrativ geöffnet auf einem Tisch liegen, sowie einer Laute, einer Blockflöte und in einem offenen Schrank im Hintergrund zwei Gamben. Um das Gemälde herum finden sich Darstellungen der Trophäen aus der Privatsammlung des nominellen Eigentümers, darunter ein Tisch-Spinett, eine kunstvoll mit Elfenbein und Schildpatt eingelegte Gitarre, ein Cornetto und eine Blockflöte aus Elfenbein, eine Pochette, ein italienischer Chitarrino mit aufwendig geschnitzten Figuren und Laubblättern und eine Stainer-Viola von 1678, komplett mit einem Löwenkopf. Wo es eine solche Nachfrage gab, waren die Angebote nicht weit. Ob die Instrumente zum Spielen gedacht waren, ist eine andere Frage.

Mitte des 17. Jahrhunderts galten dekorative Extravaganzen zunehmend als veraltet. Dennoch versah Nicolò Amati (dessen Geigen ganz sicher zum Spielen gedacht waren) mindestens zwei Exemplare mit kleinen Edelsteinen und heraldischen Lilien, und auch Stradivari baute im Laufe seines Arbeitslebens mindestens zehn verzierte Geigen. Unter den Käufern waren Fürst Ferdinando, ein Sohn des Cosimo de' Medici, Großherzog der Toskana, der ein Quintett in Auftrag gab, und Kardinal Orsini, der spätere Papst Benedikt XIII. Ein dritter Endnutzer war Don Carlos, Infant von Spanien, der künftige König Carlos IV., der auf indirektem Wege zu seinem Quintett kam. Angeblich plante Stradivari 1702, die Instrumente anlässlich des Besuches des spanischen Königs Felipe V. in Cremona persönlich vorzustellen. Doch daraus wurde nichts, möglicherweise weil es nicht ratsam schien, sich bei einem Bourbonen einzuschmeicheln, bevor der Spanische Erbfolgekrieg endgültig entschieden war.[41] Als Stradivari 35 Jahre später starb, befanden sich die Instrumente immer noch in seiner Werkstatt, und es sollten weitere 75 Jahre vergehen, bevor sie endlich mit Hilfe eines in Spanien ansässigen Geistlichen aus Cremona – vermutlich ein königlicher Bevollmächtigter, der sie von Stradivaris Sohn Paolo kaufte – ihren Weg nach Madrid fanden.[42]

Der Marchese Vincenzo Carbonelli aus Mantua, ein Sammler des 18. Jahrhunderts, kaufte (vermutlich für sein Hausorchester) 22 Violinen, neun Bratschen und drei Celli, darunter zehn Strads und eine Auswahl Amatis, Guarneris, Tononis und Stainers.[43] Obwohl Hauskonzerte bis zum Zweiten Weltkrieg bestanden und ein halbes Jahrhundert später sogar wieder aufgenommen werden sollten, als wohlhabende Gönner Cremoneser Instrumente als Leihgaben für verdienstvolle junge Spieler kauften, die sich vertraglich verpflichteten, die Instrumente für die Gäste des Besitzers zu spielen, tauchte die Verknüpfung von zeitgenössischen Instrumenten mit zeitgenössischer Musik nicht wieder auf, bis Saxofon und E-Gitarre auf der Bildfläche erschienen.[44]

Carbonelli starb im Jahr 1740. Ein Jahrhundert später war die Szene immer noch dieselbe: Cremona stach Brescia weiterhin aus, und obwohl Stradivari und Giuseppe Guarneri ebenfalls die frühen Amatis und Stainers übertrumpft hatten, war das Auffinden alter, meist italienischer Instrumente immer noch das vorrangige Ziel. Doch Instrumente, die noch bis vor Kurzem als neu gehandelt worden waren, wurden jetzt als Antiquitäten bezeichnet, und es wurde als selbstverständlich vorausgesetzt, dass sie weder in der Vergangenheit noch in der Zukunft übertroffen werden konnten.

Auf den ersten Blick blieben die Regeln weitgehend unverändert. Von Paganini wird vermutet, dass er irgendwann elf Strads, zwei nicht näher beschriebene Amatis und vier Guarneris besaß – darunter seine berühmte del Gesù »Kanone«.[45] Im Laufe der Karriere von Joseph Joachim gingen immerhin 14 Strad-Violinen und eine Strad-Viola durch seine Hände.[46] Dennoch bestimmten wie zu Carbonellis Zeiten weiterhin Sammler den Markt. Was die neuen Sammler auszeichnete – unabhängig davon, ob sie privat, öffentlich, unternehmerisch oder philanthropisch waren –, war die wachsende Vielfalt ihrer Herkunft, ihrer Ansichten und ihrer Vermögenswerte. Die 1919 gegründete sowjetische Staatssammlung war dafür ein besonders drastisches Beispiel. Mit ihren 15 Instrumenten von Stradivari, neun von unterschiedlichen Guarneris und vier von verschiedenen Amatis, wurde die Sammlung überwiegend durch die Enteignung von Besitzern bestückt, die verstorben oder ins Exil gegangen waren. Als sie 1992 an ein wiedergeschaffenes Russland übergeben wurde, war sie auf mehr als 350 Ausstellungsstücke angewachsen.[47]

Ein Maß für die soziale Distanz, die innerhalb von 20 Jahren zurückgelegt werden konnte, lässt sich an einer einzelnen Strad-Geige von 1690 ablesen. Ihr Besitzer, Fürst Felix Jussupow, einer der reichsten Männer in Russland, ließ sie Ende 1917 zusammen mit weiteren 183 Instrumenten zurück,[48] als er aus der kaiserlichen Hauptstadt floh, nachdem er ein Jahr zuvor dabei geholfen hatte, den Mönch Grigori Rasputin umzubringen, dessen unheilvoller Einfluss auf die Zarin als ein wichtiger Faktor bei Russlands katastrophalem Schicksal im Krieg gesehen wurde. Paradoxerweise sollte ihm dieser Anschlag Jahre später wieder zu einem Vermögen verhelfen, als er in einer erfolgreichen Klage behauptete, dass MGM im Film von 1932 *Rasputin, der Dämon Russlands* seine Frau verleumdet habe.[49] Indessen war die Jussupow-Strad an David Oistrach verliehen, der einer der größten Geiger des 20. Jahrhunderts werden sollte. Im Jahr 1937, als er bereits ein internationaler Preisträger war, nahm Oistrach die Geige mit nach Brüssel,[50] wo er eine Gruppe junger Sowjet-Geiger anführte, die beim ersten Königin-Elisabeth-Wettbewerb fünf von sechs Preisen gewannen.

Die Erfahrungen im Westen waren zwar weniger drastisch, aber kaum weniger farbig. Die Namen, die nun mit den einzelnen Strads und del Gesùs in Verbindung gebracht wurden, hatten Anklänge an die Welt des alten Geldes und der alten Titel, die so häufig damit in Verbindung stand. So war beispielsweise der Herzog von Cambridge, dem fünf Strads gehörten, die vermutlich für ihn von Viotti gekauft wurden,[51] der siebte Sohn von König George III. Der Herzog von Edinburgh, ein regelmäßiger Kunde bei Hill und Schirmherr der berühmten South-Kensington-Violinenausstellung, war der zweite Sohn von Königin Victoria. Doch die Wirklichkeit hinter den immer zahlreicher werdenden Sammlungen war der Stoff eines zeitgenössischen Romans, in dem harte Zeiten mit großen Erwartungen einhergingen.

Die Häufigkeit von französischen und insbesondere britischen Namen und Titeln ist nicht nur ein Hinweis auf die Verkehrswege, sondern auch auf gesellschaftliche Prozesse, die an unerwarteten Orten neues Geld unaufhaltsam in Sammlungen alter italienischer Instrumente verwandelten. Henri de Greffulhe, ein mögliches Vorbild für Prousts Duc de Guermantes, stammte aus einer Bankiersfamilie. Seine Frau, ein mögliches Vorbild für Prousts Herzogin von Guermantes, war eine Prinzessin von Caraman-Chimay, Konzertveranstalterin für »tout Paris« und Parteigängerin des Hauptmanns Dreyfus. 1882 erwarb Greffulhe eine Stradivari-Geige von 1709, die nach ihm benannt wurde.[52] Marie Joseph Anatole Elie, der eher mittellose Fürst von Caraman-Chimay, war ein belgischer Parlamentarier, der im Alter von 42 Jahren Frankreich als Fechter bei der Olympiade im Jahr 1900 vertrat. Seine Frau Clara Ward, die Tochter eines der ersten Millionäre des Bundesstaates Michigan, brannte später mit einem Zigeunergeiger durch. In den 1890er-Jahren erwarb der Fürst das Stradivari-Cello, das nach Adrien-François Servais benannt worden war, den Berlioz für den Paganini der Cellisten hielt. Mehr als 100 Jahre später wurden beide Instrumente an der Smithsonian Institution in Washington wieder vereint.

Die Beinamen – viele von ihnen von den Hills erstellt – halfen dabei, die Spur der verschiedenen Instrumente ein und desselben Geigenbauers zu verfolgen, die häufig, gelegentlich sogar mehrmals, für einen Wiederverkauf zu den Hills zurückkamen. Für zukünftige Käufer stellten die Namen einen Mehrwert dar, doch ein großer Teil ihres Charmes lag in der Unsterblichkeit, die sie den Vorbesitzern verliehen, von denen einige zu ihren Lebzeiten illustre Figuren waren wie Lady Anne Blunt, eine Enkelin von Lord Byron, autodidaktische Arabistin, Züchterin arabischer Pferde, Mathematikerin und Schachspielerin, die angeblich mindestens sechs Sprachen fließend sprach und außerdem eine begabte Amateurgeigerin war.[53] Andere, wie Richard Bennett, ein Textilfabrikant aus Lancashire, der seltene Bücher, chinesisches Porzellan und außerdem einige der weltweit begehrtesten Geigen sammelte, waren sogar für ihre Zeitgenossen praktisch unsichtbar. Ihnen allen gemeinsam war eine Leidenschaft, die ab 1832 – dem Jahr, in dem das britische Unterhaus den First Reform Act verabschiedete – ernsthaften Veränderungen unterlag. In der Vergangenheit hatten barocke Sammler mit alten Titeln wie Carbonelli oder Cozio altes Geld für neue Instrumente bezahlt. Doch in der Gegenwart und nahen Zukunft – so lange, bis Institutionen mit weitaus größerer Schlagkraft auf dem Spielfeld erschienen – gaben Nachfolger wie der Duc de Camposelice, Baron Knoop und Joseph Gillott mit neuen oder gar keinen Titeln immer mehr neues Geld für alte und sehr alte Instrumente aus.

Bei genauerem Hinsehen war der Duc de Camposelice eigentlich Victor Ruebsaet, dem eine bescheiden erfolgreiche Karriere als Geiger und Tenor zu einer einträglichen Ehe verhalf. Seine Gattin Isabella Eugenie Boyer war zuvor die Letzte in einer Reihe von zwei Ehefrauen und drei Lebensgefährtinnen von Amerikas superreichem Nähmaschinenhersteller Isaac M. Singer gewesen und die Mutter von sechs von dessen 24 Kindern. Singer starb im Jahr 1875. Obwohl Boyer eine von nicht weniger als 60 Erben war, war sie vier Jahre später so ausreichend mit Geld ausgestattet, dass ihr Anteil den Grundstein zu ihrer Ehe mit Ruebsaet darstellte.

Im Jahr 1881 erwarb Ruebsaet die italienische Staatsangehörigkeit und von einem Onkel einen dubiosen Titel, der vom König selbst verliehen wurde. Dass das billig zu haben war, ist äußerst unwahrscheinlich. Der belgische Virtuose Henri Vieuxtemps widmete dem »Mr le Duc de Camposelice« eine neue Caprice. Die Widmung führt sowohl zu einer del Gesù aus dem Jahre 1731, die der neue Herzog spielen konnte, als auch zu einer musikalischen Gala vor 400 Gästen, auf der sowohl die Herzogin als auch der Herzog sangen und Letzterer Wieniawskis *Légende* – ein beliebtes Zugabestück – zu Gehör brachte. Während der folgenden fünf Jahre zahlte das Ehepaar für zwei komplette Quartette von Strads (darunter eine Violine, die Vieuxtemps gehört hatte) Rekordpreise und lud die führenden Interpreten der Stadt ein, die Instrumente jede Woche auf dem »Grand Salon« der Camposelices zu spielen. Im Jahr 1887 starb der Herzog, nachdem er zuvor noch eine letzte Strad zu dem damals atemberaubenden Preis von 30.000 Francs gekauft hatte. Ein paar Jahre später nahm die Herzogin, inzwischen deutlich ärmer als zu der Zeit ihrer Eheschließung mit Ruebsaet, Kontakt zu den führenden Händlern auf und begann, die Sammlung zu liquidieren.

Das Vermögen von Knoop stieg zur selben Zeit wie das der Duchesse de Camposelice, doch als das ihre zu schwinden begann, schoss das seine weiter in die Höhe. Der Stammvater der Familie, Ludwig Knoop, im Jahr 1821 ohne einen Titel geboren, verließ Bremen früh, um in der Familienfirma in Manchester die Textilverarbeitung zu erlernen. 1846 wurde ein erster Sohn Johann geboren. Ein Jahr später schickte das Knoop'sche Unternehmen Ludwig nach Russland, um einen Investor aus Moskau dabei zu unterstützen, die erste Textilfabrik des Kaiserreiches zu errichten. In den folgenden 20 Jahren hatte er maßgeblichen Anteil am Aufbau der russischen Industrie, gründete in jenem Teil Russlands, der später Estland sein sollte, seine eigene Fabrik – eine der größten in Europa – und schuf ein Finanzimperium, das aus zwei Banken und drei Versicherungen bestand. Im Jahr 1877 verlieh ihm Zar Alexander II. den Titel eines Barons.[54] Auf dem 40 Hektar großen Anwesen, das Ludwig Knoop inzwischen in der Nähe von Bremen erworben hatte, baute er ein Landhaus im Tudorstil, das Platz genug für seine sechs Kinder, die Schwiegersöhne und das Hauspersonal bot, während sein Sohn Johann, der der zweite Baron werden sollte und nach dem Tod seines Vaters 1894 das Familienunternehmen übernahm, begann, Instrumente zu kaufen. Als Johann Knoop 1918 starb, waren nicht weniger als 29 Geigen, Bratschen und Celli durch die Familiensammlung gegangen, wobei sich unter seinen 18 Geigen zehn Strads und vier del Gesù befanden. Verblüffenderweise waren vier seiner sieben Bratschen ebenfalls Strads – 40 Prozent aller bekannten und vollständig überlieferten Bratschen von Stradivari.

Als Paradebeispiele für moderne Sammler sind allerdings zwei eher unscheinbare Männer aus dem Norden Englands bestens geeignet: John Rutson, ein aktiver Förderer und Vorstandsmitglied der beiden führenden Londoner Konservatorien, und Joseph Gillott, ein Industrieller aus Birmingham. Rutson, Junggeselle und in Cambridge ausgebildet, der von den Erträgen einiger Landgüter gelebt zu haben scheint, unterstützte Schüler auf ihrem Weg durch die Royal Academy of Music und lieh oder schenkte ihnen sogar Instrumente aus seiner eigenen Sammlung. Im Jahr 1890 stiftete er zehn davon auf direktem Wege der Academy, darunter vier Strads und drei Amatis. Wenig mehr als ein Jahrhundert später war Rutsons Grundstock mit Hilfe mehrerer Vermächtnisse und der unauffälligen, aber beachtlich ausgestatteten Fridart-Stiftung von Dr. David Josefowitz auf rund 200 Instrumente angewachsen, etwa die Hälfte davon Geigen, wahrscheinlich die größte Sammlung dieser Art weltweit.[55]

Im Gegensatz zu Rutson scheint Gillott sowohl zum Vergnügen als auch wegen des Gewinns gesammelt zu haben. Er wurde im Jahr 1799 in Sheffield geboren und folgte seinem Vater in den Besteckhandel, wo er sich von Messern bis zu Schnallen und Ketten hocharbeitete. Seine Weiterentwicklung von Pressen, die Millionen von stählernen Federspitzen spalten und formen konnten, brachte ihm ein Vermögen ein.[56] Den Erlös steckte er – beginnend mit mehr als 60 europäischen Meistern – in die möglicherweise größte Kunstsammlung Großbritanniens. Er gehörte zu den ersten, die den in Birmingham lebenden J. M. W. Turner entdeckten, und weitete seine Käufe später auf zeitgenössische britische Künstler aus.[57] Als der Schriftsteller Edwin Atherstone ihm anbot, drei Gemälde – darunter ein Porträt von Rembrandt – gegen »gute Fiedeln« einzutauschen, wechselte Gillott vom Kunst- zum Geigensammler. Atherstone versicherte ihm: »Violinen sind oft von außergewöhnlichem Wert, wie Kunstwerke«. Obwohl dies Gillott ganz neu war, war er einverstanden. Einige Monate später begannen sich in seiner Bildergalerie Instrumente in Einzel- und Doppeletuis zu stapeln, darunter neun, die er über einen komplizierten Handel mit John Thomas Hart, dem Londoner Geigenbauer und -händler, erworben hatte, der sie gelegentlich von dem Schriftsteller Reade kaufte, der sich wiederum häufig mit Tarisio traf.[58] Bis zu den 1850er-Jahren hatte Gillott »mehr als 500 Instrumente« zusammengetragen, möglicherweise die größte Privatsammlung, die jemals eine einzelne Person besessen hat. Er starb im Jahr 1872.[59]

Als George Hart, der Sohn von John Thomas und zu dieser Zeit der führende Experte, von Gillots Testamentsvollstreckern gebeten wurde, die Sammlung zu katalogisieren, machte ihn als Erstes das Geräusch des schwergängigen Schlüssels beim Öffnen des Türschlosses stutzig – ein unmissverständliches

Zeichen dafür, dass der Raum nur selten betreten worden war. Die darauffolgende Szene muss so etwas gewesen sein wie die Entdeckung des Grabes von Tutanchamun durch Carter: In der Mitte des Raumes waren auf einem Tisch mehr als 70 Geigen und Bratschen in allen nur vorstellbaren Graden der Reparaturbedürftigkeit übereinandergestapelt und auf dem Boden Bögen ausgelegt. Als Hart willkürlich in den Haufen griff, zog er eine Guarneri-filius-Andreae-Bratsche hervor. Doch das war erst der Anfang. Seine Frage nach Celli wurde von der Aufsichtsperson nicht verstanden, doch die nach »großen Geigen« traf ins Schwarze und führte in eine Lagerhalle, in der in einem Haufen von »ungenutzten Holzlatten, Statuen, antiken Klavieren, Maschinenteilen, Bildern und Bilderrahmen« 50 Celli fein säuberlich in fünf Reihen auslagen. Und in Gillotts Schlafzimmer gab es noch mehr. Am Ende des Tages bestand alleine die Summe aller Violinen aus sieben Strads, zwei Guarneris, einer Bergonzi, zwei Amatis und fünf weiteren »von hoher Klasse«.[60]

Am 29. April 1872 wurden die Instrumente zur Versteigerung zu Christie's gegeben. Auch wenn Vuillaume, der geplant hatte, dabei zu sein, den Termin verpasste und einen Tag zu spät ankam, zeigten sich die Fürsten des Londoner Geigenhandels in ihrer ganzen Stärke, unter ihnen die Familie Hill, Edward Withers und Hart, der für sich selber eine Strad kaufte. Auch Amateure waren anwesend, einschließlich Reade und dem Earl of Harrington, der mit einer Geige sowie einem Cello von Andrea Guarneri nach Hause ging, die später seinen Namen tragen sollten.[61] Als der letzte Hammer fiel, lagen die Tageseinnahmen bei 4.195 Pfund – dies in einer Zeit, als Nicolò-Amati-Instrumente immer noch für 100 Pfund zu haben waren und das durchschnittliche Jahreseinkommen einer Arbeiterfamilie bei etwa 80 Pfund lag.[62] Die Strad, die als »Gillott« bekannt werden sollte, brachte 295 Pfund, die anderen sechs bis zu 200 Pfund. Eine del Gesù von 1732 wurde für 275 Pfund zugeschlagen, und eine Guarneri von 1741, die für 156 Pfund an den älteren Hart verkauft wurde, sollte später zur »Vieuxtemps« del Gesù werden.

Im Rückblick stuften die Gebrüder Hill die Preise für die Epoche als durchschnittlich ein. Binnen einer Generation aber hatten sich die europäische Kohleproduktion und der monetäre Goldbestand mehr als verdoppelt, der Welthandel mehr als verdreifacht und die registrierte europäische Dampfertonnage mehr als vervierfacht. Sowohl Deutschland als auch Amerika wurden zu globalen Wirtschaftsmächten, während sich die Werte für Strads verdoppelten, verdreifachten und sogar vervierfachten. In dieser Zeit erwarb der unscheinbare Richard Bennett die legendäre Toskanische und die Messias-Geige sowie 14 weitere Stradivari-Geigen und neun del Gesù – darunter fünf der 25, die 1995 im Metropolitan Museum in New York ausgestellt wurden. Ein Jahrhundert später stellte Robert Bein voller Respekt fest, dass es eine Sammlung gewesen sei, die nicht mehr zu überbieten war, »außer, man würde Museen und Institutionen ausrauben«.[63] Doch waren – wie die Hills zur selben Zeit anmerkten – nur die sehr Reichen wie die Gebrüder von Mendelssohn mit einem und die sehr, sehr Reichen wie Knoop mit dreien noch im Besitz kompletter Stradivari-Quartette,[64] und sie alle waren Deutsche. Die Realität beim Sammeln von Violinen war, dass auch hier die unbestrittene britische Vorherrschaft ebenso wie in der Stahlproduktion, dem Schiffsbau und den Anteilen am Weltmarkt entweder schon gebrochen war oder sich auf dem besten Wege dazu befand. An ihre Stelle war ein exklusiver internationaler Club getreten, neu, aber nicht *zu* begütert, dessen Mitglieder unabhängig von ihrer Nationalität alle desselben Geschlechts waren und sich in Ansichten, Kleidung und Kultur im Grunde ähnelten.

Der Kreis war zwar immer noch in erster Linie britisch, doch da Deutsche wie Knoop und die Mendelssohns bereits eine feste Größe waren, die Franzosen an Boden verloren, die Russen aufstiegen und die Italiener in dem Spiel kaum noch zählten, wurde er zunehmend offener. Zum ersten Mal gab es sogar Amerikaner wie den mit dem überschwänglichen Namen ausgestatteten Royal De Forest Hawley aus Hartford, Connecticut, der als »Händler in Haushalts- und Eisenwaren, Futtermitteln und allgemeinen landwirtschaftlichen Produkten […] ein beträchtliches Vermögen angehäuft hatte«, bevor er im Alter von 50 Jahren lernte, Noten zu lesen. Hawley, seit seiner Kindheit ein Amateurgeiger, war Stammkunde von Hart und liebte es, Geigenkollegen einzuladen, darunter so bedeutende Interpreten wie August Wilhelmj und Eduard Reményi. Ein Freund erinnerte sich gerne daran: »Also los, Jungs, forderte R. D. seine Gäste auf und sehr bald sollten die Wände von Liedern wie ›Money Musk‹, ›Hull's Victory‹ usw. widerhallen.«[65] Zwischen 1876 und seinem Tod im Jahr 1893 waren sechs Stradivaris und zwei del-Gesù-Violinen Teil seiner Sammlung geworden, die seine Frau später der Connecticut Historical Society überlassen sollte. Doch dazu kam es nicht. Stattdessen gingen die Instrumente an Ralph M. Granger, »einen reichen Minenbesitzer aus Kalifornien«, der »in seinem Haus in San Diego einen speziellen Musiksaal errichtete […] und einen Geiger als Kurator engagierte.«[66]

Zu diesem Zeitpunkt wurde die Fackel an Dwight Partello weitergereicht, einen US-Konsul und späteren Beamten im Finanzministerium, der als Gast von Hawley vom Geigenfieber befallen wurde. Zwischen 1892 und 1893 konnte die ganze Welt in der Columbian Exposition in Chicago seine stetig wachsende Sammlung bewundern. Da er bis zu seinem Tod im Jahr 1920 von Gemeinsinn geleitet war, hinterließ er dem Smithsonian testamentarisch weitere Instrumente, darunter vier Strads, drei Nicolò Amatis, eine del Gesù und eine Bergonzi, mit der Auflage, dass sie »in einem separaten Gehäuse platziert, in geeigneter Weise als die ›Sammlung Partello‹ gekennzeichnet werden und als Dauerausstellung zu sehen sind«. Seine weniger gemeinnützig gestimmten Töchter fochten das Testament jedoch erfolgreich an. Danach gingen die Instrumente zuerst zu Lyon & Healy, dem Händler aus Chicago, und dann an die nächste Sammlergeneration.[67]

Unabhängig vom Ort scheinen die Sammler eine beeindruckende Menge ihrer Lebenszeit und einen erheblichen Teil ihres Vermögens für die Suche nach Instrumenten verwendet zu haben, die aber nur von den wenigsten von ihnen gespielt wurden. Gelegentlich tauschten sie sogar direkt oder kauften häufig voneinander Instrumente. Doch in der Regel wurde der Verkauf durch einen Händler vermittelt, der aus einem noch kleineren Kreis von Kollegen und Konkurrenten kam und von dem sie sich ebenso beraten ließen wie von ihren Anwälten und Bankern. Den Erschütterungen und Nachbeben des Ersten Weltkriegs, die europäische Vermögenswerte über den Atlantik fegten, Russland verwüsteten und Mitteleuropa verarmen lassen sollten, war dieser Kreis allerdings nicht gewachsen. Der Krieg, der Zusammenbruch der deutschen Mark, die kurzlebige Wiedereinführung des Goldstandards, die globale Wirtschaftskrise und der Aufstieg der Nazis ließen Sammlungen wie die von Knoop zusammenschmelzen, solche wie die von Bennett anwachsen und führten bei den großen Violinsammlern zu Umschichtungen wie nie zuvor seit dem Erscheinen von Tarisio.

Selbst nach den Maßstäben von Hawley kann man sich schwerlich einen volkstümlicheren Sammler als Frank Miles Yount aus Beaumont, Texas, vorstellen. Geboren in Arkansas, verließ er mit 15 Jahren die Schule und wechselte mit Mitte 30 entlang der Küste des Golfes von Mexiko vom Bohren nach Wasser zum Bohren nach Öl. Seine Bemühungen zahlten sich im Jahr 1925 durch einen der größten Funde der Epoche aus. Während der nächsten acht Jahre machte Younts Spindletop-Feld aus seinem Unternehmen eine der größten unabhängigen Ölfirmen der Zeit,[68] Beaumont zu einer Stadt mit 80.000 Einwohnern und Yount selber zu einem autodidaktischen Kenner und Sammler von Violinen und zu einem Mitglied des Verwaltungsrats an der University of Texas. Im folgenden Jahr – überall ein schlechtes Jahr für den Verkauf von Strads – erwarb er mit der Hilfe von Ernest Doring, damals bei Wurlitzer in New York tätig und der Star-Verkäufer seiner Zeit, zwei davon. Eine der Violinen war offenbar für seine Tochter Mildred gedacht, eine weitere für ihren Lehrer reserviert.

Im März 1931 kam bei Yount in Beaumont eine Sendung von Wurlitzer in der Begleitung von Paul Kochanski an, einem der herausragendsten Geiger der Zeit und Professor an der Juilliard School, der gebeten wurde, die Instrumente der Familie, Freunden und geladenen Gästen vorzuführen.[69] Das Programm verband ein Buffet von Instrumenten mit einem Menü aus Kreisler-Arrangements und Kochanskis eigenem Stück *Flight*, das er Charles Lindbergh[70] gewidmet hatte, dessen Nonstop-Alleinflug von New York nach Paris vier Jahre zuvor überall die Fantasie beflügelt hatte. Younts Sammlung umfasste schließlich eine Stainer, eine Guadagnini, Guarneris von Andrea und seinem Sohn Giuseppe und eine Montagnana. Wäre er nicht schon im Alter von 53 Jahren gestorben, hätten es noch mehr sein können,[71] aber seine Frau Pansy widmete sich fortan ihren Rennpferden, und die Geigen kamen wieder auf den Markt.

Nach einer längeren Unterbrechung während des Zweiten Weltkriegs ermöglichte es der Nachkriegsdollar dem New Yorker Investmentbanker Henry Hottinger, Dinge zu tun, die in britischen Pfund, Francs oder Mark nicht mehr möglich und in Rubel unvorstellbar waren. Hottinger, bereits 1927 Mitbegründer von Wertheim & Co., begann seine Sammlung 1935 mit einer Strad. Es sollten weitere 34 Geigen folgen, die meisten von ihnen nach dem Zweiten Weltkrieg angekauft. Unter ihnen waren 15 Strads – eine von Francesco – und acht Guarneris, einschließlich del Gesù, die zuvor im Besitz von Viotti, Paganini, Joachim, Ysaÿe und Kreisler gewesen waren. Es gab auch eine Stainer und eine Amati, von der behauptet wurde, sie stamme aus der legendären Sammlung von Frankreichs König Charles IX.

Doch in jedem Fall waren die Nutznießer all dieser Veränderungen die Institutionen – wohin auch immer das führte. Sowohl das deutsche Außenministerium als auch das Ministerium für Propaganda wurden Kunden von Philipp Hammig, einem der wichtigsten Berliner Händler der Vorkriegszeit.[72] Außenminister Joachim von Ribbentrop war ein Amateurgeiger,[73] dessen Auftrag vielleicht privater Natur war, doch das Propagandaministerium mit seinen Bestrebungen nach größtmöglichen Einfluss im deutschen Kulturleben war eindeutig von Amts wegen dort. Nach Schätzungen aus der Nachkriegszeit erwarb es bis zu 40 Instrumente, die es demonstrativ an junge deutsche Künstler und ihre Lehrer bzw. Professoren am Konservatorium verlieh. Entwürfe für Zertifikate von 1941 dokumentieren die Leihgabe und geben dem Wunsch Ausdruck, dass »das Instrument immer zur Ehre der deutschen Kunst erklingen« und »Scharen von Deutschen die Ehre der meisterlichen deutschen Künstler, die auf ihnen spielen, verkünden« soll. Es gab keinerlei Anhaltspunkte, woher die Instrumente stammten. Doch in einem Land, in dem jüdisches Leben und jüdische Lebensgrundlagen systematisch zerstört, jüdisches Eigentum systematisch »arisiert« wurde und Hunderttausende von Juden verzweifelt auswandern mussten, scheint eine Quelle zumindest auf der Hand zu liegen.

Ob direkt oder indirekt – diese Enteignungspolitik blieb bis mindestens Dezember 1943 die Regel. Zu dieser Zeit wurde in den besetzten Ländern Frankreich und Belgien eine einfache Beschlagnahme erwogen, jedoch von der Musikabteilung des Ministeriums abgelehnt. Es gab einen aufschlussreichen, aber ergebnislosen Austausch darüber, den von Deutschen betriebenen Rundfunksender Radio-Paris zu ermächtigen, über eine im deutschen Besitz befindliche französische Firma die Waren der Pariser Händler einschließlich Harfen und Klaviere aufzukaufen. Stattdessen wurden 1,25 Millionen Mark für eine Bestellung von deutschen Käufern bereitgestellt, zu denen Fridolin Hamma gehörte, dessen Stuttgarter Familie einst reguläre Geschäftsbeziehungen zu den

Hills unterhalten hatte. Hamma scheint in der Tat als persönlicher Einkäufer für Ribbentrop, der eine Strad wünschte, nach Frankreich gekommen zu sein, vielleicht sogar mehr als einmal. Laut einer immer noch in der Gilde umlaufenden Geschichte, die nach dem Krieg wiederholt und gerne in Beares Gegenwart erzählt wurde, lud Hamma seine Pariser Kollegen jedoch zu einem erstklassigen Mittagessen auf Ribbentrops Kosten ein und informierte ihn dann, dass keine Strad verfügbar sei. Nach Hammas Bericht an das Propagandaministerium waren ihm aber einige interessante Instrumente angeboten worden. Im Mai und Juni 1944 war er damit beschäftigt, das Bruckner-Orchester in Linz – der Stadt, die Hitler am Herzen lag – auszustatten. Ob dort irgendeine der Pariser Geigen ankam oder überhaupt irgendetwas bei der Verbindung zu Frankreich herauskam, ist unbekannt, und Hammas Leugnen, dass er jemals ernsthafte Anstrengungen zur Erfüllung seiner Mission unternommen habe, kann weder bestätigt noch widerlegt werden.[74]

Inzwischen machte eine unvergleichlich freundlichere Zuwendung der Familie Hill das älteste öffentliche Museum Großbritanniens, das Ashmolean in Oxford, am Vorabend des Zweiten Weltkriegs zu einem bedeutenden Sammler ganz anderer Art. Der Nachlass der Hills war – mit einer bemerkenswerten Ausnahme aus dem 18. Jahrhundert – auf das 16. und 17. Jahrhundert beschränkt und reichte zurück bis zu einer Violine und einer Viola von Gasparo da Salò und einer Violine und einer Viola von Andrea Amati, von der die Hills glaubten, dass sie aus der Sammlung von Charles IX. stammten. Die Ausnahme – in einem eigenen Glaskasten aufbewahrt – ist die Strad von 1716, bekannt als die »Messias« und vermutlich die berühmteste Geige der Welt. Die Sammlung kam mit der eisernen Auflage, dass die Instrumente gesehen, aber nicht gehört werden durften und dass die Familie Hill die Kontrolle darüber behielt, wem es erlaubt sein würde, sie in die Hand zu nehmen.[75]

In Washington ging philanthropisches Sammeln einen deutlich anderen Weg. Zwischen 1924 und 1946 nahm sich eine Gruppe weiblicher Mäzene – eine weitere Neuheit – vor, aus einer bescheidenen politischen Hauptstadt eine Stradivari-Hauptstadt zu machen. Sie sorgte auch dafür, dass die Instrumente gespielt wurden, mit der US-Regierung als unverhofftem Treuhänder. Der Prozess begann, als eine Leidenschaft für Kammermusik auf ein Vermögen aus dem Lebensmittelgroßhandel traf. Am 23. Oktober 1924 teilte Elizabeth Sprague Coolidge – eine Erbin aus Chicago und begabte Amateurpianistin – dem Librarian of Congress ihre Absicht mit, der Bibliothek ein Auditorium für Kammerkonzerte zu bauen und dafür einen Treuhandfonds zu stiften. Der Kongress benötigte nur drei Monate, um dem Bau des Auditoriums zuzustimmen. Für den Treuhandfonds (für den es im öffentlichen Recht keinen Präzedenzfall gab) brauchte er weitere fünf Wochen. Am 3. März 1925 unterschrieb Präsident Coolidge – nicht verwandt mit der Stifterin – das Gesetz zur Durchführung. Ein

Jahr und fünf Tage nach der Absichtserklärung wurde das Auditorium seinem Zweck mit einer Reihe von fünf Konzerten übergeben, und die Konzerte in der Library of Congress entwickelten sich bald zu einer lokalen Institution.[76]

Ein Jahrzehnt später folgten die Instrumente. Dieses Mal wurde die Leidenschaft für Kammermusik durch das Vermögen einer Teppichfabrik aus Worcester, Massachusetts, beflügelt. Gertrude Clarke Whittall, aus Omaha, Nebraska, gebürtig und seit 1926 verwitwet, ließ sich 1934 in Washington nieder und lernte durch ihre Hausmusikveranstaltungen den Geiger Louis Krasner kennen, der ihr dann beim Auffinden eines Quartetts von Strads sowie einer dritten Stradivari-Violine und von fünf Tourte-Bögen behilflich war. Im Jahr 1935 gingen diese an die Library of Congress in Verbindung mit einer weiteren Schenkung, diesmal für den Bau eines Pavillons neben dem Coolidge-Auditorium, wo die Instrumente bewundert werden konnten, sowie mit einem unterstützenden Fonds, der ihre Nutzung durch ein »Residenz-Quartett« gewährleisten sollte. Seit 1936 wurden die Whittall-Konzerte in Washington zu einer Institution, die auch während des Zweiten Weltkrieges fortbestand, obwohl die Instrumente in dieser Zeit an die Denison University in Granville, Ohio, ausgelagert waren.[77] Für Edward N. Waters, den langjährigen stellvertretenden Leiter der Musikabteilung der Bibliothek, waren Betreuung und Handhabung von Mrs. Whittall zeitweilig so anspruchsvoll wie die Betreuung und Handhabung der Instrumente und des Pavillons, doch die Wohltaten blieben nie aus.[78]

Zwei Jahre später fügte die Witwe von Robert Somers Brookings, dem Gründer der Brookings-Institution, Washingtons erster Denkfabrik, und Erbe eines Vermögens aus St. Louis, seine Nicolò Amati von 1654 der Sammlung der Bibliothek hinzu. Fritz Kreisler, einer der führenden Künstler des 20. Jahrhunderts und seit 1943 eingebürgerter Amerikaner, übertrumpfte sie 1952 mit der Spende seiner del Gesù von 1733 und dem, was sich – obwohl als Tourte präsentiert – als ein Bogen von Hill erwies.[79]

Die dritte der verwitweten Gönnerinnen war Mrs. Anna E. Clark, die zweite Frau von William Andrews Clark, dessen Wahl in den US-Senat durch das Landesparlament von Montana im Jahr 1899 und erneut im Jahr 1901 ein starkes Argument für die 17. Verfassungsänderung und die Wahl von Senatoren durch das Volk statt durch leicht bestechliche Landesparlamentarier lieferte.[80] Der vor Kurzem verwitwete Clark – frankophil, Kunstsammler und 39 Jahre älter als sie – nahm sie in den 1890er-Jahren als jugendlichen Schützling auf, schickte sie zuerst zum Mädchenseminar in Deer Lodge und dann zum Studium der Harfe auf das Konservatorium in Paris. Sie heirateten im Jahr 1904, die Urkunde wurde aber auf 1901 zurückdatiert, um zwei inzwischen geborene Kinder zu legitimieren. Danach ließ sich das Paar in Clarks Palais mit 121 Zimmern auf der Fifth Avenue, Ecke 77. Straße, nieder, in dem sie bis zu seinem Tod 1925 im Alter von 86 Jahren blieben. Etwas über 20 Jahre später trafen

Mrs. Clark und Stradivari rund 20 Blocks weiter südlich aufeinander. Seit dem Tod von Clark war sie in eine etwas bescheidenere Wohnung mit Blick auf den Central Park, Dienstmädchen, Köchin, Sekretär und uniformiertem Chauffeur gezogen. Da sie dafür bekannt war, täglich zwei oder sogar drei Konzerte in der Town Hall oder der Carnegie Hall zu besuchen, freundete sie sich auch mit dem belgischen Cellisten Robert Maas an, der nach seiner Trennung vom viel bewunderten Pro-Arte-Quartett am Vorabend des Zweiten Weltkriegs erneut nach New York gekommen war. Maas führte sie zu Emil Herrmann, dem führenden Händler in der Stadt.

Herrmann war seit einem Vierteljahrhundert auf der Suche nach einem Quartett von Strads, das einst Paganini gehört hatte. Ein Jahrhundert zuvor hatte Paganinis Sohn Achille die Instrumente an Vuillaume in Kommission gegeben, der sie wegen der Marktverhältnisse zwar ungern, aber doch Stück für Stück verkaufte.[81] Es wurde April 1946, bevor Herrmann sie schließlich wieder als Quartett zusammenbrachte. Unter ihnen war eine Geige von 1724, die Cozio von Paolo Stradivari gekauft hatte, und die Viola, die Hector Berlioz zu seiner Quasi-Sinfonie *Harold in Italien* inspiriert hatte. Er brachte dann die Instrumente mit Spielern und die Spieler mit Mrs. Clark zusammen, die einen Scheck über 156.550 Dollar ausschrieb.[82] Während der folgenden 20 Jahre gingen Maas und seine Kollegen als Paganini-Quartett auf Tournee. 1949 kaufte Mrs. Clark ein zweites Quartett, diesmal von Nicolò Amati, das zuerst das Claremont Quartet und dann das Tokyo Quartet, das im Jahr 1969 von vier jungen japanischen Studenten an der Juilliard School in New York gegründet wurde, spielte.

Im Jahr 1966 gab das Paganini Quartett sein letztes Konzert. Am Tag danach brachte sein Erster Geiger Henri Temianka die Instrumente nach Washington und übergab sie der Corcoran Gallery, die nur einen Häuserblock westlich des Weißen Hauses liegt und als Museum schon einen Clark-Anbau hatte, der – 1928 erbaut – mehr als 700 Objekte aus der Kunstsammlung des verstorbenen Senators beherbergte. Mrs. Clark wünschte, dass die Instrumente ebenso wie die des Amati-Quartetts, die jetzt auch im Museum waren, aktiven Musikern zur Verfügung standen.[83] Sie legte ebenfalls fest, dass sie nicht getrennt werden durften. Die Musikkommission des Museums – allen voran ihr Vorsitzender David Lloyd Kreeger, der selbst Kunstsammler und Besitzer einer Strad war[84] – tat ihr Bestes, um diese Anforderungen zu erfüllen, und fügte als eigene Bedingung hinzu, dass die erfolgreichen Bewerber um das Spielen der Instrumente sich regelmäßig in Washington zeigen mussten, um die Instrumente in der Corcoran Gallery zu spielen. 1967 vergab sie die Instrumente an das Fakultät-Quartett der Universität von Iowa, das aus aktiven Musikern mit regulären Gehältern bestand und von einer etablierten Institution getragen wurde, die gewillt war, die Kosten für Wartung und Versicherung zu tragen.[85] Im Jahr 1973 wurden die Instrumente den Streichern an den ersten Pulten des Washingtoner National Symphony Orchestra zugewiesen und Mitte der 1980er-Jahre erneut vergeben, diesmal an das Cleveland Quartet, das bis zu seiner Auflösung am Ende der Saison 1994/95 mit ihnen auf Tournee ging und Einspielungen machte. Im September 1995 verkaufte die Corcoran Gallery die Instrumente für 15 Millionen US-Dollar an die Nippon Music Foundation, die sie dann für die Dauer seiner Existenz an das Tokyo Quartet verlieh, das immer noch in New York war, aber nur noch zwei Spieler aus Japan hatte,[86] ab 2013 dann an das deutsche Hagen Quartett. Zwischen 1995 und 2002 erweiterte die Stiftung ihre Sammlung um weitere elf Stradivari- und zwei del-Gesù-Violinen sowie ein zweites Stradivari-Cello.

Ebenso wie der preisgekrönte asiatische Geiger war jetzt auch der asiatische Sammler keine Neuheit mehr. Robin Loh, ein chinesischer Ölhändler und Projektentwickler aus Singapur, der bereits drei Strads besaß, überbot am 3. Juni 1971 bei Sotheby's den Rest der Welt für eine vierte, die »Lady Blunt«, die einst Bennett, Knoop, Vuillaume und Cozio sowie Lady Blunt selber gehört hatte. Der Verkäufer war Sam Bloomfield, ein pensionierter Luftfahrtingenieur, Flugzeugbauer und Erfinder aus Wichita, Kansas, der jetzt in Kalifornien lebte. Der Preis von 200.000 Dollar war ein neuer Orientierungswert. C. M. Sin, ein Industrieller aus Hongkong, der Berichten zufolge nach einer vergleichenden Studie des Sammlermarktes zu der Erkenntnis kam, dass Geigen weit hinter chinesischem Porzellan rangierten, begann 1968 vorsichtig mit einer Stainer und stieg dann bis zu Strads auf. 1972 gab es bereits sieben Strads mit dem Beinamen Sin. Zwei Jahre später erwarb Sin eine del Gesù für 175.000 Dollar, für ihn nur eine weitere Trophäe, im Leben des Chicagoer Verkäufers Geoffrey Fushi freilich – gerade 30 Jahre alt und an der Schwelle zu einer bemerkenswerten Karriere – ein Wendepunkt. Bevor Sin seine Sammlung in den 1990er-Jahren auflöste und von Hongkong auf die Isle of Wight zog, hatte er schätzungsweise 20 Strads gekauft und bis zu 16 gleichzeitig besessen.[87]

An der Schwelle des 21. Jahrhunderts kam weder Sin noch sonst jemand auf den Gedanken, Strads seien unterbewertet, und für das Sammeln waren neue Maßstäbe gesetzt worden. Preismacher waren jetzt Asiaten oder Amerikaner, und einer von ihnen, die Nippon Music Foundation, war eine Institution. Nicht nur gab es für immer mehr Geld immer weniger – und manchmal sogar gar nichts mehr. Wie David Fulton, der wichtigste Sammler der neuen Zeit bemerkte, waren Leonardos für kein Geld der Welt mehr zu haben.[88] Dennoch war Fulton, auch im historischen Vergleich, bemerkenswert erfolgreich. Wie so viele Sammler hatte er schon in seiner Schulzeit mit dem Geigenspiel begonnen, doch anders als die meisten von ihnen war er auch gut genug, um halbprofessionell zu spielen. Der Moment der Wahrheit kam in seinen College-Tagen. Als Konzertmeister des Studentenorchesters an der Universität von Chicago wurde ihm erlaubt, eine Testore von 1743 zu spielen, die Jahre zuvor von einem dankbaren Alumnus gestiftet worden war. Er brachte sie für eine Schätzung zu Henry Lewis, zu der Zeit der führende Händler in Chicago, und durfte eine Guadagnini und eine Strad ausprobieren. Ein paar Jahrzehnte später war er davon immer noch begeistert, als ein früherer Klassenkamerad, der auf dem Weg nach Chicago war, um eine Strad abzuholen, ihn einlud, ihn zu begleiten. Fulton kam mit einer Pietro Guarneri aus Mantua zurück, deren Preis den seines Hauses überstieg.

Was die Szene bald darauf grundlegend verändern sollte, war ein seit den 1920er-Jahren nicht mehr gesehener Marktboom, der von einem technologischen Durchbruch wie keinem seit der Erfindung des Telegrafen begünstigt wurde. Nach dem College, wo Fulton Mathematik studierte, ließ er sich als Versicherungsmathematiker ausbilden und wurde dann Statistiker und Informatiker mit einer ordentlichen Professur an der Ohio Bowling Green State University. Jetzt wandte er sich mit einem Gespür für Zeit, Ort und Markt, das an Gillott erinnerte, dem Unternehmertum zu. Seine Beratungstätigkeit führte zu einem Vertrag mit Fox-Software und einem Joint Venture mit Namen »Fox Holdings«. Diese Neugründung Mitte der 1980er-Jahre mit sechs Mitarbeitern war 1992 zu einem Unternehmen mit einer Belegschaft von 300 geworden. Nachdem es dann Microsoft kaufte, wurde Fulton einer der Vizepräsidenten. Im Jahr 1994 zog er sich mit 49 Jahren zurück, und die Bezahlung der Pietro Guarneri war überhaupt kein Problem mehr.

Von da an hatte er größere Kandidaten im Auge, darunter Pietros Neffen – ein Guarneri der dritten Generation –, der seine Instrumente als Giuseppe del Gesù signierte. Fultons Strategie war klassisch einfach: Streben nach dem Besten des Besten, das mit bombensicheren Zertifikaten und Gutachten bestätigt war. Ein Jahrzehnt nach der Übernahme durch Microsoft besaß er ein halbes Dutzend Strads und ein halbes Dutzend del-Gesù-Geigen, Bratschen von Andrea Guarneri und Gasparo da Salò, Celli von Stradivari und Pietro Guarneri aus Venedig sowie eine gewaltige Sammlung von Tourte- und Peccatte-Bögen. Inzwischen hatte er sich den Respekt der weltweit führenden Geigenhändler einschließlich Beare erworben, und weltberühmte Geiger begegneten ihm mit freundlichem Interesse, zuweilen sogar mit spontaner Freundschaft. Eine Einladung zum Mitmusizieren in seinem Wohnzimmer wurde selten abgelehnt.

Im Jahr 2001 wurde Beare gebeten, den Verkauf der Strad von 1709 zu vermitteln, deren Jungfräulichkeit Vuillaume mit der von Jeanne d'Arc verglichen und der er den Namen »La Pucelle« verliehen hatte. Die Verkäuferin war die 94-jährige Huguette Clark, Tochter des verstorbenen Senators, deren Mutter Anna sie ihr geschenkt hatte, als Huguette 50 geworden war. Beare dachte sofort an Fulton, der das Instrument ungesehen für den verlangten Preis von sechs Millionen Dollar erwarb. Fulton wies eine Vertraulichkeitsvereinbarung zurück, die nicht nur verlangte, dass der Name des Verkäufers nicht preisgegeben werde, sondern auch, dass er das Instrument niemals in der Gegenwart von anderen spielen würde. Beare, der im Lastenaufzug und unter Aufsicht in Clarks Apartment an der Fifth Avenue gebracht wurde, hat die Verkäuferin nie gesehen.[89]

Der schottische Schauspieler und Schriftsteller William C. Honeyman skizzierte zur Zeit des Anstiegs der großen viktorianischen Geigenkurve in einem 1893 erstmals erschienenen kleinen Handbuch für den wissbegierigen Geigenkäufer die drei Perspektiven für das Sammeln. Er fand Haweis »mehr sentimental als solide«, weil er in Sammlern Menschen sah, die »unvergleichliche Edelsteine vor dem Verschleiß durch dauernden Gebrauch« bewahren. Er erkannte die liberale Mittelposition Heron-Allens an, der zufolge die Menschen das Recht haben, ihr Geld so auszugeben, wie es ihnen gefällt. Er räumte sogar ein, »dass alle Violinensammler, die ich getroffen habe, einzigartig liebenswürdige und zuvorkommende Männer waren«, fügte allerdings hinzu, dass diese ausnahmslos auch Spieler gewesen seien. Dennoch betrachtete er Sammler als einen »Fluch der Violinspieler«, deren Egoismus und Torheit den Markt mit restaurierten italienischen Wracks zu lächerlichen Preisen fütterten und damit große Instrumente selbst für die besten Spieler unerreichbar machten.[90]

Obwohl er für sich selbst sprach – und es dennoch so klang, als spreche er um ein Jahrhundert versetzt mit Honeyman –, nahm Fulton eine weitsichtigere Position ein. »Ich persönlich habe meine Geigensammlung immer als reines Privatvergnügen angesehen«, sagte er. Er hatte seine Instrumente erworben, um sie zu spielen und zu bewahren, und ohne die Absicht, einen Mehrwert zu realisieren. Als die Zeit kam, freute er sich darauf, für seine Besten der Besten ein institutionelles Zuhause zu finden, wo sie gespielt und vor allem in geeigneter Weise gepflegt werden würden. Der Rest würde letztlich wieder auf den Markt zurückkehren. Die Auflösung seiner Sammlung würde nach seiner Schätzung zehn bis zwanzig Jahre dauern. In der Zwischenzeit würden seine Kinder, von denen keines Geige spielt, lernen müssen, geduldig zu sein.[91]

Brennpunkt Frankreich

»Hätte es nicht dieses ›Fieber‹ nach Stradivari-Geigen gegeben«, so bemerkte Santoro im Jahr 1973, »wäre es kaum zu den Forschungen über die Cremoneser Schule und die Kunst des Geigenbaus gekommen, die seit dem frühen 16. Jahrhundert in Cremona blühte.«[92] Diese Argumentation war sowohl originell als auch zutreffend, galt aber auch umgekehrt: Ohne die Forschung, die von Stradivari inspiriert wurde, und nicht zuletzt die eigene von Santoro, wüssten wir kaum etwas über das »Fieber« und seinen Einfluss auf den modernen Violinenmarkt.

Die zweite Geschichte beginnt dort, wo die erste Geschichte aufhört. Gemäß den Angaben Santoros standen die Geigenbauer bis zu Stradivari auf der Angebots- und die lokalen Spieler – viele von ihnen in den drei Akademien oder Musikvereinen Cremonas organisiert – auf der Nachfrageseite. Nach Stradivaris Tod begannen sich die Dinge zu ändern. »Nachahmer, Spekulanten, Profiteure, Sammler und Forscher«[93] wurden nun zu den Hauptakteuren in der Geschichte. Das betraf sowohl die Österreicher als auch die lokale Geigengemeinde, die die großen Werkstätten gekannt hatten, bevor sie geschlossen wurden. Ihr kollektiver Einfluss sollte sich bald zu einer nahezu unverwüstlichen mündlichen Überlieferungstradition verfestigen.

Der Einfluss Wiens kann dabei kaum überschätzt werden. Im Jahr 1736 vertrieb Österreich die Franko-Piemonteser aus Cremona. 1738 annektierte es Parma und dominierte Norditalien – zumindest bis zur Schaffung eines italienischen Königreichs mehr als ein Jahrhundert später – in derselben Weise wie vorher Spanien. Lokale Gesichtspunkte waren ebenfalls wichtig. Als die legendären Läden geschlossen wurden, die Bestände zurückgingen und die lokale Wirtschaft sich verschlechterte, sahen Spieler und Lehrer ihre Chance. Es waren die Violinen, die die Stadt Cremona auf die Landkarte gebracht hatten, und Besucher, die von so weit her wie England kamen, waren begierig, sie in die Finger zu bekommen. Was lag da näher als eine zweite Karriere als Berater, Gutachter oder Bevollmächtigter? Und wer war für ein Produkt, das so »begehrt war wie Brot«, besser geeignet als der zunehmend klamme Paolo Stradivari, jüngster Sohn des großen Antonio, und sein gleichermaßen klammer Sohn Antonio II.?[94]

Paolo, der 1771 63 Jahre alt und Teilhaber in einem zwar gut gelegenen, aber zunehmend unsicheren Textiliengeschäft war, fand diese Anreize unwiderstehlich. Seine Kunden, darunter die österreichische Armee und der örtliche Landadel, bezahlten ihre Rechnungen entweder spät oder gar nicht; er war bereits gebrechlich, bekam keine Kredite mehr, und unter seinen Kindern waren ein Mönch, eine Nonne und eine weitere Tochter, deren Mitgift von 12.000 Lire zur Hälfte in den Familienbetrieb investiert worden war. Die Auflösung aller Vermögenswerte bis hin zur Werkstatt seines Vaters muss ihm als letzte Hoffnung erschienen sein. Die Anreize waren aber ebenso für Antonio II., Paolos zweiten, 1738 geborenen Sohn, verlockend, der bis zu seinem Tod im Jahr 1789 sechs Kinder zeugte. Es ist nicht bekannt, dass er im Alter von 33 Jahren einen Beruf ausübte. Ein Zusatz zu Paolos Testament schloss ihn als Erbe sowohl aus dem Familienunternehmen als auch aus dem Nachlass seines Vaters und der Wohnung in einem Haus aus, das einmal seinem Großvater gehört hatte und Mieteinnahmen erhoffen ließ. Da die Werkstatt sechs bis acht Jahre nach dem Tod von Stradivari weiterbetrieben wurde, gab es dort wahrscheinlich noch Inventar, das verkauft werden konnte. Der vergleichsweise unregulierte Zustand des Berufs erlaubte es Geigenbauern, die ein Geschäft besaßen, nicht nur ihre eigenen

Arbeiten, sondern auch die Produkte anderer Geigenbauer unter einer Hausmarke zu verkaufen, deren Fortbestand für die Dauer der Existenz der Werkstatt gesetzlich gewährleistet war. Santoro vermutet, dass beide Bedingungen den Handel mit unverkauften und unfertigen Strads nach Mustern von Antonio (von postumen ganz abgesehen) begünstigten. Cozio, einer der bevorzugten Adressaten für Angebote aus ganz Europa, stellte seit spätestens 1750 einen Anstieg bei legalen und illegalen Amati- und Stradivari-Kopien fest.[95] Mehr als drei Jahrzehnte später waren es sein Wunsch nach echten Strads und seine zufällige Verbindung zu dem alternden Paolo, die den Weg zum modernen Markt ebneten.

Um 1772 verhandelte Paolo über den Verkauf des Quintetts, das sein Vater einst Spaniens König Felipe V. persönlich hatte vorstellen wollen. Erhaltene Dokumente belegen die Genehmigung zur Bezahlung in spanischer Währung für das verzierte Quintett plus zwei Stradivari-Geigen, verbürgen die Echtheit der Instrumente, bestätigen die Vermittlungsleistungen durch einen Bruder Domenico und einen Bruder Francesco aus Madrid und bestätigen den 24-jährigen Prinz Carlos als Endnutzer.[96] Der jugendliche Graf Cozio machte inzwischen Paolo wie ein ehrgeiziger Almaviva mit Hilfe mehrerer Figaros den Hof. Zu den Figaros zählten Giovanni Anselmi, ein Turiner Kurzwarenhändler und Cozios bevorzugter Mitarbeiter und Vermittler; die geigenbauenden Mantegazzas aus Mailand; Guadagnini, der denkbar beste technische Ratgeber und Francesco Diana (»Spagnoletto«), Cremonas amtierender Virtuose. Unter der Voraussetzung, dass sie echt waren, wollte er alle Strads und Amatis haben, die er nur bekommen konnte, teilweise um ihrer selbst willen, teilweise, um sie nachzubauen und bis hin nach Wien und London anzubieten.[97] Es sollten allerdings mehr als 200 Jahre ins Land gehen, bevor die großzügigen Dimensionen seines Geschäftsmodells vollständig erkannt wurden.[98] Die Verhandlungen mit Paolo gingen bis zu dessen Tod im Jahr 1775 weiter und wurden dann mit Antonio II. fortgesetzt. 1801 gab es sogar eine kurze Wiederauflage, da die Nachricht, dass Antonio seit zwölf Jahren verstorben war, Cozio nicht erreicht hatte.[99]

In der Korrespondenz von Paolo ist vage von fast 100 unverkauften Instrumenten die Rede, darunter einige Bratschen und Celli, die sich immer noch in Paolos Gewahrsam befanden. Santoro hält diese Zahl allerdings für völlig überhöht. Am Ende bekam Cozio wohl zehn bis zwölf Geigen, möglicherweise einschließlich der Strad von 1716, die Vuillaumes Schwiegersohn Alard später die »Messias« nennen würde.[100] Verständlicherweise verteidigte Paolo die Urheberschaft seines Vaters. Als er aber aufgefordert wurde, eine eidesstattliche Erklärung vorzulegen, umging er eine notarielle Beglaubigung der Echtheit, indem er erklärte, nur Instrumente seines Vaters und seines Halbbruders Francesco zu verkaufen.[101] Antonio II., der beim Tod seines Großvaters noch nicht einmal geboren und erst sieben Jahre alt war, als die Werkstatt für immer schloss, wurde ebenfalls befragt, doch war er kaum dazu qualifiziert, ihre Echtheit zu verbürgen.

Landgüter müssen verwaltet werden. Österreichische Reformen, gefolgt von der österreichischen Reaktion, erschwerten diese Aufgabe noch. Im Jahr 1796 stürzten sich französische Truppen erneut auf Norditalien, diesmal in revolutionärem Rot-Weiß-Blau geschmückt und von einem General angeführt, der seinen hungrigen Soldaten versicherte, sie in »die fruchtbarsten Ebenen der Welt« zu führen, wo sie nichts als Ehre, Ruhm und Reichtum erlangen würden.[102] Cozio arrangierte klugerweise, dass seine Instrumente bei Carlo Carli, einem Mailänder Freund, Bankier und Amateurmusiker, verbleiben konnten. Eine Generation später scheint sich seine jugendliche Leidenschaft auf ein bleibendes Interesse abgekühlt zu haben. Mit der Hilfe eines Angestellten und dessen Tochter begann er 1819, die Notizen und Korrespondenzen zum Cremoneser Geigenbau zu sortieren, die 150 Jahre später wie der Stein von Rosetta geprüft werden sollten.[103] Doch das zu diesem Komplex geplante Handbuch erschien nie, obwohl Cozio 85 Jahre alt wurde.[104]

Aus dem Plan, zur Wiederbelebung des Ruhmes der Stadt die vollständige Sammlung an reiche Cremoneser zu verkaufen, wurde nichts,[105] vermutlich, weil es sie, ähnlich wie die großen Cremoneser Geigenbauer, nicht mehr gab. Stattdessen wurde Carli autorisiert, die Sammlung nach und nach aufzulösen. Im Sommer 1817 kaufte Paganini eine Strad von 1724; möglicherweise spielte er sie ein Jahr später in Cremona.[106] Im Jahr 1824 tauchte am Beginn seiner eigenen bemerkenswerten Karriere Tarisio auf und blieb ein treuer Kunde, solange es etwas zu kaufen und weiterzuverkaufen gab. Enrico Ceruti, ein damaliger Cremoneser Geigenbauer, suchte gemeinsam mit einer Handvoll von Orchestermusikern aus Cremona hinter jedem Busch nach alten Violinen. Sie nahmen alles, dessen sie nur habhaft werden konnten, und dominierten den lokalen Markt bis mindestens 1870.[107]

Das Geheimnis von Tarisios Erfolg scheint eine seltene Mischung aus kaufmännischem Genie und selbst erworbenem Wissen gewesen zu sein, die offenbar von einer derart intensiven und zielstrebigen Leidenschaft gespeist wurde, dass für alles andere kein Platz blieb. Zeitgenossen, die an einem Ende eines großen Raumes Instrumente hochhielten, beobachteten ehrfürchtig, wie Tarisio diese vom anderen Ende des Raumes aus identifizierte, obwohl es Jahrzehnte her war, dass er sie zuletzt gesehen hatte. »Die ganze Seele des Mannes gehörte den Geigen«, berichtet Reade bewundernd.[108] Tarisio wurde ein halbes Jahrhundert nach dem Niedergang von Cremona vermutlich zum Zimmermann ausgebildet und brachte sich das Geigenspiel selber bei. Seine frühen Jahre verbrachte er offenbar als Wandergeselle in Norditalien, reparierte Möbel, spielte als Bezahlung für eine Übernachtung mit Frühstück auf der Geige und arbeitete sich bis zum Neulackierer der Instrumente von Wandergesellen hoch. Diese Instrumente tauschte er dann mit Dorfbewohnern und Landpfarrern gegen deren alte, die diese für wertlos hielten, und restaurierte sie in seinem Dachzimmer im vierten Stock eines heruntergekommenen Mailänder Hotels mit dem unwahrscheinlichen Namen »Hôtel des Delices«. Doch wie auch immer er sein Geschäft erlernt hatte: Als er mit Mitte 30 bei Carli auftauchte, verstand er etwas davon. Offenbar machte er auch einen glaubwürdigen Eindruck, denn es war nur schwer vorstellbar, dass Cozio oder sein Stellvertreter jemandem, den der Pariser Händler Etienne Vatelot später als einen »kleinen Geizhals auf der Suche nach was auch immer« bezeichnete, die Tür geöffnet oder gar eine Geige verkauft hätten.[109]

Der Wendepunkt war dem Vernehmen nach ein zufälliges Gespräch in Mailand mit einem Verkäufer und Sammlerkollegen, der vor Kurzem aus Paris zurückgekehrt war, von dort berichtete, dass alte italienische Instrumente sowohl selten als auch sehr gesucht seien, und fragte, ob Tarisio nicht ebenfalls hinfahren möchte, um den Pariser Händlern einiges von dem, was er hatte, zu zeigen. Tarisio, von der Idee begeistert, machte sich mit sechs Violinen auf den Weg. Wie üblich reiste er zu Fuß, spielte in Gasthäusern und Tavernen und schlief in Scheunen. Es dauerte einen Monat, bevor er das Haus des Geigenbauers und -händlers Jean-François Aldric, seines ersten Interessenten, erreichte. Geld und Instrumente wechselten ihre Besitzer, doch Tarisio war von den Preisen enttäuscht. Hart vermutete, dass er erst noch lernen musste, selbst für eine Nachfrage zu sorgen.[110] Als Tarisio das nächste Mal in Paris erschien, legte er Wert darauf, in einer Kutsche vorzufahren und anständig gekleidet zu sein. Er machte auch den Konkurrenten von Aldric (einschließlich Thibaud, Chanot und Vuillaume) seine Aufwartung. Von da an stieg die Preiskurve erfreulich nach oben. Mit einem Hilfstrupp von lokalen Vermittlern, die auf Provisionsbasis arbeiteten, durchkämmte er das Piemont und die nördliche Toskana nach allem, was er nach Paris und später nach London bringen konnte. Über die nächsten 30 Jahre sollte die Gesamtsumme allein für verkaufte Geigen bei mehr als 1 000 liegen.[111]

Tarisios Strategie zur Umgehung von Einfuhrzöllen war ebenso einfach wie effektiv. Vor einem Grenzübertritt montierte er Saiten, Wirbel, Stege und Griffbretter ab und stopfte die zerlegten Instrumente in Taschen. Bei der Ankunft in Paris suchte er sich ein Hotel wie das in Mailand, wo er sich für zwei Tage verkriechen konnte, um die Instrumente wieder zusammenzusetzen. Dann nahm er Kontakt mit seinen Kunden auf, die buchstäblich nicht genug bekommen konnten. Vuillaumes Ruf als Virtuose der Holzbearbeitung scheint eindeutig mit Tarisio in Verbindung zu stehen, der ihm regelmäßig Anlässe bot, seine Kunst zu perfektionieren. Laut Morel war eine Strad-Viola einmal so stark beschädigt, dass Vuillaume den Boden ersetzen musste. Eine Wertsteigerung durch Etiketten von einem anderen Luthier scheint eine weitere von Tarisios Dienstleistungen gewesen zu sein.[112]

Obwohl das Ende der Fahnenstange immer greifbarer wurde, reiste Tarisio weiterhin etwa alle sechs Monate nach Paris. Ein Jahr vor seinem Tod

1854 räumte er selber ein, mit »Gemüse« zu handeln, und Chanot merkte in einem Brief an seinen Sohn Adolphe an, dass mindestens zwei der wichtigsten Pariser Händler – darunter Thibout, der Geigenbauer der Opéra und des ehemaligen Königs Louis Philippe – seine Instrumente nicht mehr in Kommission nahmen. Trotzdem war Tarisio noch für eine letzte Überraschung gut. Im Januar 1855 erfuhr Vuillaume von einem durchreisenden Mailänder Seidenhändler, dass Tarisio gestorben sei. Er nahm stillschweigend seine Koffer und 100.000 Francs und machte sich mit der höchsten Geschwindigkeit, die eine Kutsche in einem transalpinen Winter aufbringen konnte, auf den Weg zum Hôtel des Delices. Bei seiner Ankunft in Mailand vier Tage später bestätigten ihm die Nachbarn, dass Tarisio seit Tagen nicht mehr gesehen worden war.

Sonderlich glaubhaft ist die Geschichte allerdings nicht. Wenn Vuillaume vier Tage für seine Reise brauchte, so galt das ebenso für seinen Seidenhändler-Informanten. Seit Tarisios Tod mussten also mindestens acht Tage vergangen sein. Wenn dem Seidenhändler Tarisios Ableben bekannt war, ist es seltsam, dass niemand sonst davon wusste. Doch nach Vuillaume – wie so oft die einzige Quelle – war in der Zwischenzeit nichts geschehen. Auf jeden Fall wurde die Polizei gerufen, die Tür aufgebrochen und – wiederum nach Vuillaume –

Jean-Baptiste Vuillaume, Geigenbauer und Händler, Paris, Mitte des 19. Jahrhunderts

Tarisio im Bett gefunden, gestorben an einem Herzinfarkt und mit einer Geige in seinen Armen. Vuillaume, entschlossen wie stets, ergriff die Initiative. Er stellte sich als Geschäftspartner vor, und es wurde ihm gestattet, sich um alles zu kümmern. Das Zimmer war ein einziges Durcheinander aus einem Berg von Instrumenten, unter dem sich ein Bass von Gaspar da Salò und eine Reihe von Stradivari-Geigen befanden. Eine von ihnen lag in der untersten Schublade einer klapprigen Kommode: Es war die »Messias«, die Vuillaume zeit seines Lebens behielt. Neben ihr lag die del Gesù, die später nach seinem Schwiegersohn Delphin Alard benannt wurde.[113]

Der nächste Schritt für Vuillaume war es, sich eine Option auf den Rest zu sichern. Von Tarisios Schwester begleitet, ging Vuillaume auf den Bauernhof, auf dem Tarisio zehn Jahre zuvor ihre Söhne untergebracht hatte – »seine tölpelhaften Neffen«, um Chanot zu zitieren. Nach der offiziellen Lesart hatten sie keine Ahnung von dem, was sie für das Gerümpel ihres Onkels hielten, waren an schnellem Geld interessiert und gaben sich schnell mit einem Verkaufspreis von 80.000 Francs zufrieden – und das in einer Epoche, in der man für 2.000 bis 2.500 Francs eine Strad bekommen konnte. Chanot, der sowohl etwas von Bauern als auch von Violinen verstand, schätzte die gesamte Hinterlassenschaft einschließlich des gesamten Besitzes, Bargeld und Liegenschaften sowie Instrumenten auf rund 140.000 Francs.[114] Es war in jedem Fall ausreichend, um Tarisio, dem Jungen vom Lande aus Fontanetto d'Agogna, das Recht auf eine Nische in der Ruhmeshalle der Geigenhändler zu sichern. Inzwischen kehrte Vuillaume, der Junge vom Lande aus Mirecourt, der sich ihm später in der Ruhmeshalle der Geigenhändler zugesellen würde, mit 144 bis 246 Instrumenten – darunter nicht weniger als 24 Strads – nach Hause zurück.[115]

Sein Abenteuer, das mit einem Gewinn belohnt wurde, der in Vergangenheit und Gegenwart ohne Beispiel war, sorgte dafür, dass sogar ein so qualifizierter und geschäftstüchtiger Konkurrent wie sein alter Freund und Landsmann aus Mirecourt – Chanot – nur noch die zweite Geige spielte. Milliot berichtet, dass Chanot selbst eine Gänsehaut bekam, als Nicholas Vuillaume seinen großen Bruder mitbrachte, um eine Guarneri und eine Stradivari zu inspizieren, die Chanot ihm verkaufen wollte, wohl wissend, dass J.-B. »bis auf das, was er selbst verkaufte, nichts perfekt fand«. Vuillaume, so erinnerte sich Chanot, sah sich die Instrumente durch seine Brille sehr genau an und ließ nichts verlauten, was den Handel hätte verderben können. Die drei Herren gingen dann zum Abendessen – auch ein halbes Jahrhundert später bei großen Geigenverkäufen immer noch ein üblicher Brauch –, und Nicholas kehrte beglückt nach Brüssel zurück. Chanot war über die 3.500 Francs für den Verkauf ebenfalls beglückt, doch er war auch sichtlich erleichtert, dass sein Fachwissen der Musterung durch »seinen Kollegen, der zugleich sein Freund war«, standgehalten hatte.[116]

Der Handel hatte allen Grund, sich an einen Vuillaume zu erinnern, der in jeder Hinsicht mit den Superstars und Professoren der Konservatorien, die sein Geschäft immer noch stürmten, mithalten konnte. Flankiert von Gallionsfiguren wie Beare und Morel erinnerte der alte Löwe Vatelot auf der Hundertjahrfeier an ihn als einen Mann, der »zuweilen mit einer leicht ironisch angehauchten Fröhlichkeit« aufmerksam zuhörte, die »etwas unterwürfige Gefälligkeit, die viele Händler im Gespräch mit ihren Kunden zeigen«, vermied und die Kunden dazu brachte, Dinge über sich selbst zu erzählen, ohne dass er selber etwas von sich preisgab. Dennoch verließen sie ihn glücklich und zufrieden.[117]

Ein gutes Beispiel hierfür bietet Achille Paganini. Er entstammte der kurzlebigen Verbindung seines Vaters mit Antonia Bianchi, einer venezianischen Opernsängerin, und war 15 Jahre alt, als sein Vater starb und ihm als einzigem Erben ein Vermögen von geschätzten zwei Millionen Francs hinterließ. Unter den Aktiva waren Schmuck, Möbel, ein Titel als Baron, ein Berg von Briefen, ein Stapel von Musikautografen, eine feine Instrumentensammlung (von der das Stradivari-Quartett nur ein Teil war) sowie die Adresse von Vuillaume. Sechs Jahre später entschied er sich, Letzteren darum zu bitten, das Quartett zu verkaufen, das später seinen Weg nach New York, Washington, Iowa City und schließlich in japanischem Besitz zurück nach New York fand. Die Verkaufsverhandlungen zeigten einen Meister der Branche in Bestform. Sie zogen sich über fünf Jahre hin, und es sollten fünf weitere vergehen, bevor das letzte Instrument endlich verkauft war. Der Verkaufsprozess begann im Spätherbst 1846. Achille, der das Quartett offenbar zu Reparaturzwecken bei Vuillaume gelassen hatte, schrieb ihm von seinem Haus in Genua aus und schlug einen Zielpreis von 20.000 Francs mit einer Händlerprovision von 15 Prozent vor. Vuillaume antwortete, dass der Preis angesichts des Zustands der Instrumente recht hoch sei, er aber sein Möglichstes getan habe, um sie wieder in ihren ursprünglichen Zustand zu versetzen. Er legte eine Rechnung über 160 Francs für die Reparaturen bei, versicherte, mögliche Angebote an Achille weiterzuleiten, und bat ihn um eine Ermächtigung, Anzeigen in den großen Zeitungen aufzugeben.

Von Achilles Preisvorstellung war nie wieder die Rede. Etwa drei Jahre später war das Quartett immer noch nicht verkauft. Stattdessen – und dies konnte nur auf einer Anfrage von Achille beruhen – berichtete Vuillaume ihm, dass er für ihn nicht nur einen erstklassigen Akkordeon-Techniker gefunden, sondern in einem wunderbaren Kauf auch ein Vier-Oktaven-Klavier für 200 Francs erworben habe, das er im Begriff war, über Marseille an ihn zu verschiffen. Sechs Wochen später – offenbar ein zusätzlicher Kundenservice – kündigte er den Versand von 12,5 Metern Seidenmaterial zu 168,75 Francs sowie eines Mantels aus Samt, Seide und Wollspitze zu 150 Francs an. Die Instrumente waren immer noch nicht verkauft.

Im Dezember 1850 – über vier Jahre nach Beginn der Verhandlungen – lieferte Vuillaume einen weiteren Beweis seiner Kundenfreundlichkeit. Er hatte mit dem Herausgeber der Paganini-Biografie von Fétis, Schonenberger, gesprochen der bereit war, 6.000 Francs für eine Reihe unveröffentlichter Kompositionen von Paganini zu bezahlen. Achille indes wollte 10.000. Vuillaume schlug vor, dass sich Achille und Schonenberger die Differenz teilten, und fügte hinzu, dass er auf dem Weg zur Weltausstellung in London war, auf der er Achilles Quartett anbieten wollte. Doch 20.000 Francs waren eine Menge Geld, und – verkauft oder nicht – Großbritannien erhob 15 Prozent Zoll auf eingeführte Geigen. Er riet Achille erneut, seinen Preis zu senken.

Drei Monate später, als die Handschriften für 6.750 Francs verkauft worden waren und Achille den Preis für das Quartett auf 14.000 reduziert hatte, gab es offenbar schon ein Angebot über 12.000 Francs. Vuillaume schlug vor, es anzunehmen und auf seine Kommission und die für Anzeigen und Reparaturen bereits ausgegeben 232 Francs zu verzichten. Alternativ dazu könne ihn Achille als der Eigentümer des Quartetts nach London begleiten und so beim Zoll Kosten sparen. Als Achille dies ablehnte, standen sie erneut vor der Frage, wie sie die Instrumente deklarieren sollten. Vuillaume warnte, dass, wenn die Instrumente so gut wären, wie Achille glaubte, er sie schon vor Jahren einzeln zu Achilles Preis verkauft haben würde. Aber nur die Bratsche war erstklassig. Das Cello hatte zumindest Seltenheitswert. Die Geigen waren in Ordnung, doch fehlte ihnen die »Pracht des Lackes und der Adel des Holzes«, für die die Kenner zahlten. Als er erneut aus London schrieb, bedauerte Vuillaume abermals, dass Achille sich geweigert hatte mitzukommen. Zwei Händler zeigten zwar Interesse, boten aber weit unter Achilles Preis. Er bat um einen Rat. Der weitere Ablauf kann aus einem Liefervertrag vom 10. September 1851 abgeleitet werden. Achille erlaubte Vuillaume, die Instrumente einzeln zu verkaufen – für jeweils 2.500 Francs für die Violinen und die Viola sowie 5.000 für das Cello. Ein oder zwei Jahre später verkaufte Vuillaume die Violinen an interessierte französische Amateure weiter. Obwohl keine Preise genannt werden, ist es schwer vorstellbar, dass er dabei einen Verlust machte. Im Jahr 1856, so sagt Lebet, ging das Cello für 6.000 Francs an einen deutschen Amateur, und die Viola – Teil eines Gesamtverkaufs von 9.000 Francs, in dem das Piatti-Strad-Cello von 1736 und eine Vuillaume-Violine enthalten waren – an einen englischen Amateur.[118] Auch hier bleibt die Marge unbekannt, doch es kann von einem respektablen Gewinn ausgegangen werden.

Die Karriere von Chanot war ein Gegenpol zu denen seiner alten Freunde und Konkurrenten. Er war mit denselben eher bäuerlichen Tugenden wie gesunder Menschenverstand, Geduld, Arbeitsmoral und Sparsamkeit ausgestattet, pflegte den Kontakt zu gutsituierten Amateuren, entwickelte seine eigenen besonderen Beziehungen zur Diaspora der französischen Geigenbauer und brachte seine Söhne in Londoner Geschäften unter. Wenn Vuillaume ihn necken wollte und ihn aufforderte, einmal in seinem Geschäft vorbeizukommen – nach Milliot eine verschlüsselte Aufforderung »zu sehen, was ich gerade von Tarisio bekommen habe« –, konnte Chanot durchaus gleichziehen. Bei einer Auktion in Douai trieb er mit seinen Geboten den Preis für ein Instrument dramatisch in die Höhe und stieg dann aus, sodass Vuillaume den überhöhten Preis zahlen musste.[119] Dennoch standen gegenseitige Höflichkeit und Respekt nie zur Disposition, und Vuillaume stellte die Frage: »Wer wird etwas von alten italienischen Instrumenten verstehen, wenn Chanot und ich nicht mehr leben?«[120]

Ebenso wie Vuillaume entschied sich Chanot für die obere Preislage des Handels. »Glaub mir«, riet er seinem Sohn Adolphe, »außer mit dem Alten und Schönen ist in diesem Geschäft kein Geld zu machen.« Er schlug drei Leitlinien vor. Die erste Regel war, das Netz weit zu spannen – zum Beispiel durch Aufträge und Kontakte in London. Die zweite Regel war, ein Inventar und eine Reserve an guter Ware anzulegen, auch wenn sie teuer war und vielleicht Zeit brauchte, um verkauft werden zu können. Die dritte Regel war, den Markt zu beobachten und kennenzulernen – im Klartext: Folge den Strads. Ein Londoner Kollege sagte im Jahr 1852 zu Chanot, dass die lokalen Sammler italienische Geigen bevorzugten. Die meisten davon befanden sich nun in England. Wo so viele echte verfügbar waren, gab es wenig Anlass, über Kopien nachzudenken.[121]

Das Ritz der Geigenwelt

Von 1838 bis in die 1970er-Jahre hinein war das von William Ebsworth Hill mitten in London gegründete Geschäft die Antwort der Geigenwelt auf das berühmte Hotel, das César Ritz mitten in Paris gegründet hatte. Wahrscheinlich gab es in jeder größeren Stadt ein Geschäft, in dem man eine Geige kaufen konnte, genauso wie es wahrscheinlich war, dass es ein Hotel gegenüber vom Bahnhof gab, wo man ein Zimmer, ein Abendessen und ein Bier bekommen konnte. Aber »in dem ›Wie‹ liegt der Unterschied«, hätten die Hills – wie die Marschallin von Strauss und Hofmannsthal – sagen können.

»Da gibt es kein da«, lautet der berühmte Ausspruch von Gertrude Stein nach einem Besuch in Oakland, Kalifornien, wo sie ihre Jugendjahre verbracht hatte. Während der Belle Époque, der Zeit zwischen den 1890er-Jahren und dem Ersten Weltkrieg, war Hill (ebenso wie das Ritz) ungefähr so »da«, wie man nur sein konnte. Gewöhnliche Händler waren damals froh, innerhalb eines Jahres oder sogar während ihres ganzen Lebens ein paar Stradivari-Geigen zu verkaufen. Den meisten von ihnen gelang das allerdings nie. Im März 1891 verkaufte Hill binnen einer einzigen Woche drei davon. Ein Jahr später erwarb das Geschäft an einem einzigen Tag eine Strad-Violine, eine Strad-Viola und ein Strad-Cello. Im Jahr 1893 besuchten Joachim und Piatti, der führende Geiger und der führende Cellist der Zeit, das Geschäft, um sich drei Strad-Violinen, eine Strad-Bratsche und ein Strad-Cello anzusehen, die sich alle gleichzeitig im Geschäft befanden. Im Jahr 1894 wurde das Geschäft zur Nobelherberge von drei Strad-Celli.[122] Obwohl zum Ende des 19. Jahrhunderts Hunderte von Strad-Violinen in Umlauf waren, waren drei auf einmal am selben Ort zumindest bemerkenswert. Doch mit möglicherweise nur noch 50 erhaltenen Strad-Celli im Umlauf, konnte man den gleichzeitigen Besitz von dreien davon als Wunder betrachten.[123]

Im Laufe der Zeit lernten sowohl der Geigenhändler Hill als auch der Hotelier Ritz, den Vergleich mit neueren Unternehmen – Herrmann und Wurlitzer, dem Adlon und dem Waldorf – in dynamischeren Orten wie Berlin und New York hinzunehmen, doch im Prinzip machte es ihnen wenig aus. Der Handel war schon immer Geld und Macht gefolgt, und der Geigenhandel erlebte immer dort einen Boom, wo das Bruttosozialprodukt und die Mittelschicht wuchsen. Es stimmte zwar, dass Hill und seine Söhne eine Mischung aus technischen Fähigkeiten, Organisationsdisziplin und unternehmerischer Dynamik mitbrachten, doch war ihr Produkt auch am richtigen Ort zur richtigen Zeit. In einem sowohl für Konzertbesuche als auch für das Pound Sterling Goldenen Zeitalter konnte sich mit der Violine als transportablem, erschwinglichem und sammelbarem Instrument kein anderes messen. Reisende Superstars taten das, was sie seit der Restauration getan hatten und trugen dazu bei, den Anreiz der Violine zu erhöhen. Paganini, der fast 50 war, als er zum ersten Mal in London auftrat, machte die Geige aufregend. Joachim, bei seinem ersten Auftritt in London kaum 13 Jahre alt, verhalf ihr zu Ansehen. In der mitternächtlichen Privatheit seines Tagebuchs drosch Arthur Hill unparteiisch auf Franzosen, Italiener, Spanier, Amerikaner, Australier, auf seine Mitbürger und mit besonderer Leidenschaft auf Juden und Deutsche ein. Nur Joachim begegnete er stets voller Respekt.

Doch die Einflüsse, die die Regeln tatsächlich verändern sollten, waren unpersönlicher Natur, unter ihnen die industrielle Revolution, die die Briten reich werden ließ, und der freie Handel, durch den gute, sogar großartige italienische Violinen für Menschen erreichbar wurden, die sich nie hätten träumen lassen, ein solches Instrument zu besitzen. Walter Willson Cobbett, der sein Vermögen mit Förderbändern und Bremsbelägen machen würde, begann im Alter von neun auf einer Guadagnini zu spielen, die sein Vater für 28 Pfund gekauft hatte. Im Laufe eines Lebens, das praktisch das Goldene Zeitalter von Hill umspannte, probierte er ein Dutzend Strads aus, bevor er mit fast 90 Jahren als Besitzer einer del Gesù starb.[124]

Die industrielle Revolution schuf vor allem neuen Wohlstand. London, am Vorabend des 19. Jahrhunderts die erste Millionenstadt, war auf mehr als sechseinhalb Millionen zunehmend wohlhabende Einwohner angewachsen. In dem halben Jahrhundert zwischen den 1830er-Jahren, als W. E. Hill sein Geschäft im bunten, aber vom Modischen weit abgelegenen Stadtviertel Soho eröffnete, und den 1880er-Jahren, als seine Söhne eine Filiale in der überaus eleganten Bond Street eröffneten, wurde die britische Handelsschifffahrt so groß, dass es vernünftig schien, die globale Zeit am Längengrad in Greenwich – flussabwärts von London gelegen – zu messen. 1890, in dem Jahr, in dem der neu ernannte Violinprofessor an der Royal Academy of Music Emile Sauret »eine umfassende Begeisterung für das Erlernen der Geige« feststellte,[125] waren 20 Prozent des gesamten Welthandels britisch, und das britische Handelsaufkommen war größer als das von Frankreich und Deutschland zusammen. Zwischen 1860 und 1900 stiegen die Reallöhne um geschätzte 75 Prozent, etwa ein Viertel davon im letzten Jahrzehnt des Jahrhunderts. In Deutschland stieg das jährliche Pro-Kopf-Einkommen zwischen 1876 und 1900 von 24 auf 32 Pfund, in Großbritannien von 28 auf 51 Pfund.[126]

Durch den freien Handel wurde Wohlstand gewonnen, aber auch umverteilt. Wie Vuillaume auf dem Weg zur Weltausstellung in London feststellen musste, wurden importierte französische Violinen mit 15 Prozent besteuert. Zwei Jahre später senkte der Cobden-Chevalier-Vertrag den Zolltarif auf Null.[127] Es gab zwar Behauptungen, dass der freie Handel auf britische Geigenbauer eine ebenso vernichtende Wirkung hatte wie auf die britische Landwirtschaft. Dennoch hatte die McKinley-Zollverordnung von 1890, eine der steilsten Handelsbarrieren der Welt, auf heimatliche Amatis keine sichtbare Auswirkung, die weiterhin amerikanische Fiedeln jeder Art und Qualität produzierten, und auch nicht auf Geigen aus Mirecourt und Markneukirchen, die bald in jedem Katalog des Versandhauses Sears Roebuck erscheinen sollten.[128]

Was auch immer seine Konsequenzen für britische Geigenbauer gewesen sein mag, für britische Händler und Kunden zahlte sich der freie Handel direkt und indirekt aus. Der direkte Effekt spiegelte die Lehren des schottischen Begründers der klassischen Nationalökonomie Adam Smith im wahren Leben wider: mehr Auswahl zu niedrigeren Preisen für ein ausländisches Produkt, das von den Einheimischen verlangt wurde. In den frühen 1880er-Jahren konnte Hill seinen wohlhabenden Kunden praktisch alles, was italienisch war, zu zwei- bis vierstelligen Preisen anbieten. Aber er führte auch anständige französische Geigen zu 5 Pfund, 15 Schilling und Anfängerinstrumente zu 1 Pfund, 1 Schilling, verglichen mit den Kaufpreisen für Trompeten zu 5 Pfund, Klarinetten zu 2 Pfund, 14 Schilling und Flöten zu 1 Pfund, 14 Schilling.[129]

Die indirekte Auswirkung war genauso bedeutend, aber weniger offensichtlich. Als unter dem Gewicht der Übersee-Importe die Preise für inländisches

Getreide um die Hälfte sanken, fanden die angesammelten Schätze der Verlierer des freien Handels – Gemälde, Tapisserien, Teppiche, Möbel, Porzellan und Sammlerstücke aller Art – ihren Weg von den großen Landhäusern in die Auktionshäuser, wo die durch Handel und Industrie wohlhabend gewordenen neuen Reichen nur darauf warteten, sie zu erwerben. Mit der unbeabsichtigten Unterstützung deutscher Truppen, die Frankreich überrannten und 1870 und 1871 Paris einkesselten, wurde London bald – und sollte es bleiben – der weltweit führende Umschlagplatz für Kunst.[130] Doch obwohl der Gillott-Verkauf ein großer Tag für Christie's war, machte ihn der Abstand zwischen Kunst- und Instrumentenpreisen zu einer Eintagsfliege. Es sollte ein Jahrhundert vergehen, bevor die Auktionshäuser Anlass hatten, dies zu überdenken.

Die offensichtlichen Gewinner waren die Händler. Einige, wie die Gebrüder Hill und Hart & Son, waren die anerkannten Aristokraten des Handels. Aber das ließ durchaus noch viel Platz für andere, darunter – wie Arthur Hill mit der ihm eigenen Generosität anmerkte – »Mr. Vaughan, der Kaffeehausbesitzer und Dilettant in Geigen, der nach Boston ging«; »dieser schlaue Amateurhändler Curtis aus Blandford«; »Mr. Peat aus Alfreton, der einer der unternehmungslustigsten Händler mit Instrumenten der billigen und schlechten Sorte ist«; »Mr. Crompton, der Chemikalienhändler, der sich vor einigen Jahren als Fiedelhändler in Manchester niederließ«; »Mr. J. Williams, Zahnarzt und Geigenhändler aus Walsall«; und »Mr. Rhodos, der piratenhafte Händler aus Sheffield«.[131] Eltern gehörten ebenfalls zu den Gewinnern, unter ihnen Jacob Bright, dessen Bratsche spielende Tochter mit den Schützlingen von Joseph Joachim verkehrte und sich nach einer Amati, möglicherweise sogar nach einer Strad sehnte.

Bright war ein Parlamentsabgeordneter für Manchester gewesen, ebenso wie sein Bruder John, der sich als Prophet des freien Handels auf ewig mit seinem Kollegen Richard Cobden verband. Für diejenigen, die solche Querverbindungen genossen, hatte die Union zwischen den Brights, Violinen und Manchester ihre eigene Logik. 1853 beheimatete die Stadt 108 Baumwollfabriken, war 60 Jahre später immer noch Weiterverarbeiter von 65 Prozent der Baumwolle der Welt[132] und damit nicht nur der Vatikan des freien Handels, sondern auch die Wahlheimat einer bedeutenden deutschen Diaspora. Wo Geld war, folgte – wie üblich – die Kultur. Charles Hallé (Karl Halle) gründete im Jahr 1857 Großbritanniens erstes vollprofessionelles Ensemble, das ein Jahr später einen emblematischen öffentlichen Saal der Stadt, die Free Trade Hall, zu seinem Stammsitz wählte. Im Jahr 1879 eröffnete Georges-Adolphe Chanot in der Hauptstadt des industriellen Großbritannien den ersten ernst zu nehmenden Geigenladen.

Derselbe Wohlstand, der Massenmärkte für Seife,[133] Tee und Zeitungen schuf, erzeugte auch einen Markt für Musik, Geiger und Geigen. Im Jahr 1893 gab es allein in London rund 50 Konzerte in der Woche und in Manchester,

Liverpool und Bournemouth weitere Berufsorchester. Die Orchester nahmen an Größe und Zahl zu; in den 1790er-Jahren stellte Johann Peter Salomon ein Gala-Orchester von 40 Musikern – darunter 16 Violinen – zusammen, um Haydn zu spielen. Ein Jahrhundert später benötigte Richard Strauss ein Orchester von mindestens 100 – darunter 32 Violinen –, um Strauss zu spielen. Auch Konzertsäle, Theater, Hotels und Restaurants beschäftigten Geiger, und der Markt für Tanzveranstaltungen war und blieb stabil. Für das Jahr 1890 zählt das Berufsverzeichnis in London 255 Vollzeitgeiger und -bratscher; bis 1900 war diese Zahl auf 929 angewachsen, und sie stieg weiterhin leicht an, bis sie im Jahr 1920 mit 1 319 Musikern ihren Höhepunkt erreicht hatte.[134]

Am hingebungsvollsten von allen – von der Mittelklasse bis zur Oberschicht – waren die Amateure. Sie hatten Konzertabonnements, verehrten die Quartette, strebten nach italienischen Geigen auf dieselbe Weise, in der sie nach Chinoiserien und persischen Teppichen strebten, schwelgten in Musicals und Hausmusik, schickten ihre Kinder auf die neuen Konservatorien und auf private Musikschulen und machten das Verlags- und Instrumentenwesen zu einer gewinnbringenden Sache wie nie zuvor oder danach. Das Phänomen war europäisch, und Großbritannien war dabei keine Ausnahme: Auch dort war die Wachstumsrate Weltklasse. Musik sei »ganz und gar abwertend für einen Mann in seiner sozialen Stellung«, ließ ein aufgebrachter Dekan von Christ Church, einem der allervornehmsten Oxforder Colleges, den Komponisten und Musiktheoretiker Sir Frederick Ouseley im Jahr 1846 wissen, und Hochwürden Edmund Fellowes wurde 43 Jahre später bei seiner eigenen Immatrikulation von seinen Onkeln mitgeteilt, dass Herren von Stand die Klassiker und Mathematik studierten.[135] Doch innerhalb von zehn Jahren gab es in dem berühmten Eliteinternat Marlborough ein Schulorchester und in Eton einen Geigenlehrer, der seine jungen Herrschaften zu Hill's brachte, um eine Ruggeri und eine Montagnana auszuprobieren.[136]

Wo es Herren von Stand gab, gab es auch Damen. Mitte des Jahrhunderts waren die Chancen, eine von ihnen mit einem Geigenkasten zu sehen, in etwa so gut wie die Chancen, eine mit einem Poloschläger anzutreffen. Es wurde behauptet, dass Schotten diese Vorstellung ganz besonders abschreckend fanden.[137] Doch zum Ende des Jahrhunderts besuchten Frauen schottische Universitäten, schrieben sich in Oxford ein, erhielten in Cambridge in den Klassikern und der Mathematik die höchsten Auszeichnungen,[138] fuhren Fahrräder und spielten Tennis. Es war schwerlich einzusehen, warum sie nicht wie Jacob Brights Tochter als Amateurinnen Geige spielen oder wie die aus Böhmen stammende Wilma Neruda, jetzt Lady Hallé, versiertere Profis werden sollten. Auch wenn das Wahlrecht noch einige Jahrzehnte entfernt war, so zeugen die Einträge in Arthur Hills Tagebuch doch von der Chancengleichheit in seinem Unternehmen:

»Mrs. H. Brassey und ihre Tochter besuchten uns wegen einer besseren Geige.«

»Mr. Muir MacKenzie besuchte uns, um eine gute Geige [...] für seine Nichte zu finden.«

»Ein Dr. Crew aus Higham Ferrers besuchte uns mit seiner Tochter, die in Berlin studiert hat, und einer Geige zur Beurteilung.«

»Viotti Collins besuchte uns mit seiner Schülerin, Miss Cheetham und ihrem Vater. Sie wählten den Peccattebogen mit Goldmontierung.«[139]

Taunton, die Heimatstadt der Cheethams, lag einige Jahrzehnte dichter an Jane Austen als an Cobden und Bright, doch war Miss Cheetham schon Besitzerin eines Tourte, einer Guadagnini und einer Strad. Doch auch für Mädchen, die weder eine Strad noch eine Guadagnini besaßen, war ein ernsthaftes Studium nichts Neues mehr und eine Ausbildung am Konservatorium durchaus möglich. Das Studio von Joseph Joachim in Berlin wurde zu einem beliebten Reiseziel. Das galt auch für das neu eröffnete Royal College of Music, wo sich Arthur Hill energisch und erfolgreich dafür einsetzte, dass Enrique Fernández Arbós auf die vakante Professur für Violine berufen wurde, nachdem der bisherige Amtsinhaber wegen sexueller Belästigung einer Schülerin entlassen worden war.[140]

Hill selbst war inzwischen aufgefordert worden, der Worshipful Company of Musicians beizutreten, einer wiederbelebten Gilde in der City of London, die nach harten Jahrzehnten, in denen sie nur die Anwerbung von Nicht-Musikern vor dem Aus bewahrt hatte, zu neuem Leben erwacht war. Seit 1870 hatte sie selbst diese davon überzeugen können, dass für eine Mitgliedschaft mehr sprach als nur das jährliche Festessen. Hills Sponsoren, Sir John Stainer, Musikprofessor in Oxford und viele Jahren Organist der St. Paul's Cathedral, und Frederick Bridge, der Organist der Westminster Abbey, waren weitere Beweise dafür, dass es der Geigenhandel inzwischen weit gebracht hatte.

Mit seinen nahezu täglichen Eintragungen über Kommen und Gehen und Angebot und Nachfrage ist Hills Tagebuch für die Epoche so repräsentativ wie *Mrs. Beeton's Book of Cookery and Household Management*. Die Familiengeschichte steht dabei im Mittelpunkt.[141] Arthur, der als der zweite von vier Söhnen das Familienunternehmen in die Moderne steuerte, kultivierte eine historische Vergangenheit, die aus seiner Sicht mindestens bis zum Großen Brand von London im Jahr 1666 zurückging. 1891 gab Hill in einer Werbeanzeige in geradezu barock archaischen Sätzen Folgendes bekannt:

»W. EBSWORTH HILL & SONS, Geigenbauer und Verkäufer Ihrer Violen in Nr. 38, New Bond Street, London, liefert allerlei verschiedene Dinge für Saiteninstrumente, insbesondere Bögen & dazugehörige Etuis, sorgfältig gefertigt und in exzellenter Verarbeitung. Alle sind in den eigenen Werkstätten, die nahe den Feldern von Hanwell liegen, hergestellt und die besten im europäischen Kontinent. Dort wohnt Meister William Ebsworth Hill mit seiner Familie und überwacht die Arbeit mit Hilfe seiner vier Söhne William, Arthur, Alfred und Walter.«[142]

Ein Anspruch auf Abstammung von einem »Mr. Hill, dem Instrumentenmacher«, den Samuel Pepys, der ehemalige Marinebeamte und Parlamentsabgeordnete, in seinem als klassische Quelle zum 17. Jahrhundert betrachteten Tagebuch[143] erwähnt, stellte sich als Sackgasse heraus.[144] Aber die Verbindung vom 18. bis ins 20. Jahrhundert hinein war unanfechtbar. Joseph Hill (1715–1784) baute Geigen, die in den 1990er-Jahren immer noch hoch geschätzt wurden. Das gilt auch für seinen Sohn Henry Lockey (1774–1835), »einen hervorragenden Handwerker, der seine Kinder anständig aufwachsen ließ, aber außer seiner Handwerkskunst kein Erbe hinterließ«, wie sein Enkel Alfred sich erinnerte.[145] Von seinen Kindern scheint Henry (1808–1856) der Erste in einer langen Reihe von bedeutenden englischen Bratschern gewesen zu sein. Henrys Sohn William Ebsworth (1817–1895), der die Schule mit 14 Jahren verließ, eröffnete sieben Jahre später seinen ersten Laden in der Wardour Street, wo er arbeitete und eine Familie gründete. Es sollten weitere vier Jahrzehnte vergehen, bevor das Geschäft noch einmal umzog. Als es das tat, schrieb es damit Violingeschichte.

Seit dem 17. Jahrhundert hatte der Wind des sozialen Wandels das Handwerk von der London Bridge in Richtung Westen nach Soho und St. Paul's geweht. Der nächste Umzug verhalf Hill's zu einer der gefragtesten Adressen in einer der begehrtesten Städte auf dem Erdball. Der neue Firmensitz war fußläufig nur wenige Minuten von der Wardour Street entfernt, doch in Bezug auf das Geschäft war es eine andere Welt. Am Ende musste der Laden, der sich zunächst in Nr. 30 und dann in Nr. 145 New Bond Street befand und von 1887 bis 1974 bestand, den steigenden Mietpreisen weichen.

Wenn man dem geigenliebenden Rev. H. R. Haweis Glauben schenkt, könnte der Gründungsvater William Ebsworth Hill ein Charakter aus einem Roman von George Eliot gewesen sein. Er verfügte zwar weder über Elektrizität noch über familiäre Unterstützung, so erinnerte sich Haweis, doch wurde »jeder von ihm mit derselben milden und toleranten Unaufmerksamkeit empfangen«. Mindestens einmal zerlegte er vor ihrem erstaunten Besitzer eine Strad, die schlecht behandelt worden war, und schlenderte dann weg, als habe er bereits das Interesse verloren. Doch als der Kunde zurückkam, war sie nicht nur wiederhergestellt, sondern vermutlich in einem besseren Zustand als zuvor. Vor Hill »war alles Metzgerei«, sagt Charles Beare, ein glaubwürdiger Zeuge. Mit ihm war England zum gelobten Land des Restaurierens von Streichinstrumenten geworden und ist es seitdem geblieben.

Um wiederum nach den aufeinanderfolgenden Tagebucheinträgen zu urteilen, kamen die Restaurierungsfähigkeiten nicht einen Moment zu früh.

»Wir haben heute Mr. Ward aus Notting Hill seine Joseph-Guarneri-Violine zurückgeschickt. Das Herstellungsjahr der Violine von Mr. Ward ist 1735. Mr. Ward ließ die Geige vor kurzer Zeit fallen, und der Fuß des Stegs wurde durch die Decke gedrückt.«

»Ein Brief von Partello, in dem er mitteilt, dass eine Ecke von der Amati abgeschlagen wurde […], und als sie aus dem Kasten fiel, trat ein Besucher auf sie.«

»Frau Ogilvy ist damit einverstanden, dass ihre Strad-Geige restauriert wird, und sie berichtet uns die Ursache dafür, dass die Violine unter dem Steg einen Sprung hat. Es scheint, als habe eine Dame nicht bemerkt, dass sie auf einem Sofa lag, und sich daraufgesetzt.«[146]

Angesichts solcher Horrorszenarien, die sich im Shop mit alarmierender Regelmäßigkeit zeigten, überrascht es nicht, dass »unsere guten«, »unsere besten«, »unsere hübschen«, »unsere schönen« Geigenkästen ein weiteres wiederkehrendes Motiv sind und »dazugehörige Etuis, sorgfältig gefertigt«, zu einem wichtigen Zubehör geworden waren, begleitet von Empfehlungsschreiben zufriedener Kunden, darunter Joseph Joachim, Neruda und Willy Hess, der in Hallés Orchester in Manchester Konzertmeister war.[147]

Hills zweiter Anspruch auf Rang und Namen beruhte auf seinem Ruf als »einer der wenigen Männer, deren Urteil über eine Geige keine Revision brauchte und dem man vertrauen konnte, dass er eine ehrliche Meinung abgab«. Diese Eigenschaft wurde auf seine Söhne übertragen und ging in das kollektive Selbstbild ein. In einem Tagebucheintrag von Hill wird die Äußerung eines Herrn Gustav Lewie aus Prag über das Geschäft festgehalten, dem ein befreundeter Professor in Wien mitteilte, »dass wir für Geigen die ehrlichsten Menschen sind«. Eine Kundin aus Fife erschien mit ihrer Tochter im Schlepptau auf Empfehlung eines alten Hill-Kunden, den sie in Kairo getroffen hatte, der »Mrs. Haig gegenüber erwähnte, dass wir von allen Händlern die einzigen ehrlichen waren«.[148] Darin lag natürlich auch ein wenig die Eitelkeit eines mitternächtlichen Tagebuchschreibers, aber dennoch war es mehr als nur Einbildung. Paradoxerweise scheint selbst die scheinbare Gleichgültigkeit des Gründers hinsichtlich des Kassenbestandes und der Buchführung eine wesentliche Rolle in der Entwicklung der Firma gespielt zu haben. Zwar führte sie dazu, dass Hill senior, wie Haweis berichtete, »rechts und links betrogen wurde«,[149] doch bewirkte sie bei seinen Söhnen auch ein exemplarisches Gespür für das Geschäft. Das Ergebnis war die erste effektive Arbeitsteilung in einer Branche, die bisher hauptsächlich aus Einzelunternehmen bestanden hatte.

Der Eintritt der Hill-Söhne in das Geschäft schien so selbstverständlich zu sein wie der Flug der Wildgänse im Herbst. William Ebsworth sorgte dafür, dass seine Nachkommen die Schule zum frühesten Zeitpunkt verließen, den das Gesetz erlaubte. »Mr. Alfred« und »Mr. William«, wie sie von den Mitarbeitern angeredet werden mussten,[150] wurden nach Mirecourt geschickt, um dort den Handel zu erlernen. »Mr. Arthur« blieb zu Hause, »behielt alles im Auge« und »ließ keine Gelegenheit aus«, um »eine neue Information oder eine Fiedel zu erwerben«, wie Haweis anmerkte.[151] Walter, der jüngste Bruder, starb relativ jung im Jahr 1905. Doch die älteren Brüder William, Alfred und Arthur erreichten ebenso wie ihr Vater ein hohes Alter und wurden 70 bzw. 78 und 79 Jahre alt.

Das Geschäft, mit dem sie sich ein Denkmal setzten, war das erste seiner Art. Mit Ausnahme von Versicherungen war hier praktisch alles unter einem Dach zu haben, was ein Kunde eventuell wünschen konnte. Die Hills kauften, verkauften, reparierten, restaurierten, bewerteten und zertifizierten die gesamte Violinfamilie einschließlich Bögen, von Einsteigermodellen bis zur Spitzenklasse, von einer Guinea (21 Schilling) bis zu Instrumenten für 1.500 Pfund und mehr.[152] Die Hills baute auch Instrumente und fertigte Bögen, die unter einer Hausmarke verkauft wurden, und stellte Geigenkästen und Zubehör her. Als sich ein neues Interesse für Alte Musik abzeichnete, entwickelten sie ein geschäftstüchtiges Interesse an alten Instrumenten. Sie beauftragten Archivforschungen in Cremona und Brescia und gewannen Abonnenten für ihre maßgeblichen Monografien, die noch ein Jahrhundert später gedruckt wurden.[153]

In der Firma waren die Brüder gleichgestellt, bei der praktischen Arbeit und der Verwaltung der Werkstätten aber, in denen die Bögen, Instrumente, Etuis und Zubehöre hergestellt wurden, scheint William gleicher als seine Brüder gewesen zu sein. Alfred, der mit alten Damen plauderte, über Auktionskatalogen brütete, regelmäßig ländliche Antiquitätenläden besuchte und die Flohmärkte auf dem Kontinent auskundschaftete, kam dem Rest des Handels mit der Camposelice-Sammlung zuvor.[154] Arthur kümmerte sich um Geschäftsangelegenheiten und erledigte die Post. In den Jahren zwischen 1890 und 1894 erhielten sie normalerweise 60 bis 100 Briefe täglich.[155] Die Post kam aus Nord- und Südamerika, Jamaika, Neuseeland, Südafrika, Australien, häufig aus Europa und der Rest aus Großbritannien und beeindruckte auch durch ihren Umfang. Unterdessen drängten sich die Kunden durch die Tür: An einem einzigen Tag im Jahr 1890 waren es 18, darunter ein Ehepaar, Vertreter des Royal College und des British Museum sowie ein Geschäftspartner, der einen der Brüder zum Mittagessen abholte.[156]

Abgesehen von gelegentlichen Erwähnungen eines Konzertmeisters kommen Musiker von Berufsorchestern in Hills mitternächtlichen Betrachtungen kaum vor, und dies in einer Stadt, die 1910 mehr als 1 000 aktive Geiger und Bratscher sowie fast 250 aktive Cellisten verzeichnete.[157] Geld ist dafür die einleuchtendste Erklärung. Laut der damaligen Fachzeitschrift *British Bandsman* reichten Wochenlöhne von 2 bis 6 Pfund aus, um den Lebensunterhalt eines Berufsmusikers zu sichern.[158] Es war jedoch unwahrscheinlich, dass damit eine Testore für 50 Pfund, eine Rota für 40 Pfund oder eine Gagliano für 30 Pfund aus dem bevorzugten Inventar von Hill's erworben werden konnten. Im Laufe eines beliebigen Arbeitstages begegnete Arthur Hill Vertretern des musikalischen Adels wie Ysaÿe, Joachim, Sarasate und »Edward Elgar, dem Komponisten aus Malvern«; Konzertmeistern wie Hess und J. T. Carrodus (1836–1895), der seinen Namen einer del Gesù verlieh;[159] auffällig vielen aktiven Offizieren, Diplomaten und Kirchenmännern; ebenso den Kindern von Familien aus dem Geschäfts- oder Berufsleben; gelegentlich auch Vertretern der Stadt; einem repräsentativen Querschnitt aus *Burke's Peerage* und dem *Almanach de Gotha*, darunter mindestens einem Baron Rothschild; Briten aus allen Ecken Englands; Briten aus der Diaspora, die aus den entferntesten Gebieten des Empire kamen und mindestens ein »liebenswürdiges Schreiben« von den Philippinen mit einer Anfrage mitbrachten; einem Sortiment von Kontinentaleuropäern von so weit östlich wie St. Petersburg; einem Repertoiretheater von Amerikanern, die an Figuren in einem Roman von Henry James denken ließen; Nachlassverwaltern; seinen eigenen Rechtsanwälten und denen seiner Kunden; einer fortlaufenden Prozession von Händlern aus dem In- und Ausland und gelegentlichen Auktionatoren. Hinzu kamen Gastauftritte von Zollbeamten und Gesetzesvertretern. Seine Anmerkungen zur eigenen Person belegen zweifelsfrei, dass es seit den Tagen, in denen sein Vater die Bücher aus den Augen verloren hatte, zu einigen wesentlichen Veränderungen gekommen war:

> »Lord Dunmore suchte uns auf und war damit einverstanden, eine feine Rocca-Geige zu übernehmen, doch zum Thema der Bezahlung musste ich ein paar klare Worte an ihn richten. Als er uns verließ, versprach er, im Carlton Club eine Anzahlung von 70 Pfund zu hinterlegen.«
>
> »Eine Miss Darcy aus Dublin suchte uns auf, und – nachdem sie einen Teil unserer Zeit beansprucht hatte – lehnte sie es ab, ihren Kauf bar zu bezahlen. Ich war also zu meinem Bedauern nicht in der Lage, ein Geschäft mit ihr zu machen.«
>
> »Charles Fletcher war für etwa drei Stunden hier, ich verkaufte ihm eine feine Lupot-Violine für 85 Pfund unter der Bedingung, dass er bar bezahlt. Er war einverstanden damit, dieses aus dem Verkaufserlös einiger amerikanischer Aktien zu tun.«[160]

In der Wardour Street hatte es all das nie gegeben. Und es war den Kunden auch nie zuvor eine solches Spektrum an Dienstleistungen angeboten worden, zu dem es unter anderem gehörte, Lehrer oder Versicherungsagenten zu empfehlen; für das Quartett eines Kunden einen Bratscher zu finden; einem Spieler für sein Debüt ein geeignetes Instrument zu leihen; das Talent des Kindes eines Kunden (vermutlich mit gebotener Vorsicht) zu bewerten; einem Kunden einen großzügigen Rabatt beim Kauf eines Klaviers zu gewähren; sich wegen eines Falles von angefochtenen Eigentumsverhältnissen mit Rechtsanwälten zusammenzusetzen; sich mit den Managern eines talentierten jungen Cellisten zusammenzutun, um potenzielle Geldgeber davon zu überzeugen, ihm ein Instrument zu kaufen; Kunden persönlich von den Bahnhöfen Paddington und Liverpool Street abzuholen; dafür Sorge zu tragen, wie die neue Strad-Viola von Robert von Mendelssohn sicher nach Berlin gebracht werden konnte; und sogar mit »zwei netten amerikanischen Damen« im St. James's Park spazieren zu gehen.

Doch aus betriebswirtschaftlicher Perspektive gibt es dabei relativ wenig Interessantes. Die Erinnerungen von Mitarbeitern belegen einen viktorianischen Management-Stil, der viel Wert auf Haarschnitte, Abstinenz und Kirchenbesuche legte. Die Mitarbeiter durften nicht aus ihrer jeweiligen Fachnische heraus, um zu verhindern, dass sie sich privat abwerben ließen. Noch in den 1960er-Jahren, dem Goldenen Zeitalter des Swinging London, bekam die zwanzigköpfige Belegschaft etwas zu hören, wenn jemand bei der Anrede eines Vorgesetzten das »Mr.« vergaß, und Erinnerungen an das Leben in den Werkstätten auf dem Gelände des familiären Anwesens im Vorort Hanwell lassen häufig an die Komödien der Ealing-Studios der Zeit denken.[161]

Das übliche Klassengefälle mag erklären, warum in Arthurs Tagebuch die eigentliche Betriebsführung praktisch unerwähnt blieb, obwohl Volumen und Umsatz der Waren und Dienstleistungen seit den alten Tagen in der Wardour Street einen dramatischen Anstieg von Personal und Lohnkosten erfahren hatten. In den frühen 1890er-Jahren scheinen zwei Schwestern sowie die vier Brüder in der Werkstatt gearbeitet zu haben. Dann kam weiteres Personal von außerhalb der Familie hinzu: zwei für den Versand (einschließlich eines Boten, der in voller Livree zu den Zügen ging), vier Mitarbeiter für die Herstellung von Etuis und weitere acht in der Violinenabteilung, darunter drei Auszubildende. Die Preise wurden zwar regelmäßig verzeichnet, blieben am Ende aber so diskret unerwähnt wie Sex. Obwohl es sich von außen gesehen um ein florierendes Unternehmen handelte, stellte Arthur Hill 1892 mit verständlicher Sorge fest, dass die Gewinne von 20 auf 12 Prozent gefallen waren.[162] Dass die Gewinnmargen bei den preiswerteren Instrumenten minimal waren, versteht sich von selbst. Doch auch im oberen Bereich der Preisskala wurde es eng, und die Kundennachfrage trieb die Preise deutlich in die Höhe. Ein für 1.500 Pfund gekauftes Strad-Cello ließ sich für 1.600 Pfund verkaufen, wobei die Differenz mit Zwischenhändlern, die den Verkauf vermittelt hatten, geteilt werden musste.[163] »Mit einer Geige, die für 300 bis 500 Pfund sofort zu verkaufen ist, kann ein cleverer Händler einen ansehnlichen Gewinn machen, darüber hinaus werden die Gewinne nach und nach kleiner«, stellte Heron-Allen in der *Violin Times* fest. »Die Verantwortung für diese Situation liegt bei den großen Spielern; solange [sie] darauf bestehen, nur auf den Geigen von Stradivari zu spielen, werden die Preise für Cremona-Violinen so bleiben und sogar noch ansteigen; und der moderne Geigenbauer wird hungern.«[164]

Die Behauptung über den modernen Geigenbauer war allerdings fragwürdig. Wie in den 1990ern hätten die steigenden Preise für alte Instrumente auch in den 1890er-Jahren die Herstellung von guten neuen begünstigen müssen. Aber einem Strad-Aspiranten ausgerechnet zur Hochzeit seiner Sammelwut eine neue Geige anzupreisen, war in etwa mit dem Versuch vergleichbar, einen Löwen von den Vorteilen einer vegetarischen Diät zu überzeugen. Die hauchdünnen Gewinnmargen beim Verkauf von Guarneris und Strads erklären teilweise Hills Interesse an Instrumenten in mittlerer Preislage, sein Zögern beim Gewähren von Krediten und die Stürme mitternächtlicher Empörung, die ihn immer überkamen, wenn er an die Provisionen dachte, die Dritte jeder Art verlangten, erwarteten, ja quasi erpressten.[165]

Dennoch lässt der Lebensstil der Familie wenig Zweifel daran aufkommen, dass das Glas immer mindestens halb voll war. Im Gegensatz zu seinem introvertierten Vater lebte Alfred Hill in Heath Lodge, einem großen Haus in Hanwell, wo er als Friedensrichter diente, der Hanwell Orchestral Society vorstand und den Vorsitz in der nachbarschaftlichen Conservative Association hatte.[166] Arthur Hill, der als Hobby das Fliegenfischen pflegte, spielte Tennis, versuchte Schlittschuh zu laufen und besuchte gelegentlich ein Konzert, die Oper oder das Theater. Er reiste sogar ins Ausland, wo er das Angenehme mit dem geschäftlich Nützlichen verband. Seine Beschreibungen von Deutschland – zu denen die eines gemeinsamen Urlaubs mit dem Stuttgarter Händler Fridolin Hamma, einem regelmäßigen Geschäftspartner, gehören – strotzen nur so vor Bildern aus der Touristik von Thomas Cook: Biergärten, Militärkapellen und majestätische Ausblicke – ganz zu schweigen von Hamma selbst, der in einem Jagdhaus, das er für 16 Pfund im Jahr gemietet hatte, zwar sinnlos, aber durchaus zerstörerisch um sich schoss.[167]

Selbst ein Jahrhundert später erscheint vieles von jener Welt noch überraschend vertraut. Die alte italienische Vormachtstellung blieb unangefochten bestehen. Der Reiz der Violine als Werkzeug, Kunst- und Sammlerobjekt hatte zwar abgenommen, war aber noch immer vorhanden. Trotz zwei Weltkriegen und dem Verlust eines Empires blieb London die Welthauptstadt der Violine. Robert Bein, dem Instrumentenhändler aus Chicago, der regelmäßig Instrumente kaufte und verkaufte die auch Hills Geschäft durchlaufen hatten, waren dessen Frustrationen – provisionshungrige Lehrer, allgemein verbreitete Fehl- und Falschdarstellungen von Geigenbauern und Instrumenten sowie die Fantasiepreise, die Menschen seinen Konkurrenten zu zahlen bereit waren – sofort vertraut.[168] Gleichwohl geriet Hills Welt in den frühen 1890er-Jahren ins Wanken. Er brauchte nur seine Post zu öffnen: Da erbat ein Dr. Green aus Houston, Texas, Informationen »über die Preise unserer neuen Instrumente«; da erkundigte sich Dr. Brimmer aus Minneapolis in einem »weitschweifigen Brief« nach einer »guten Geige von der idealen Sorte«, hatte aber kaum Geld; da ging es um eine Amati für Dr. und Mrs. Bureell aus Boston und um Mr. Ginn, einen dortigen Herausgeber, der auf Empfehlung von Joseph Joachim aus Berlin nach »einer feinen Strad« für seine Frau suchte. Außerdem gab es da noch die »sehr reiche amerikanische« Studentin am Berliner Konservatorium, die meinte, bei einem lokalen Händler eine Strad in erstklassigem Zustand erworben zu haben. Tatsächlich war das Instrument schon durch viele Hände gegangen, auch durch diejenigen von Hill, der wusste, dass es sich um eine Rocca handelte. »Es tut mir leid, wenn jemand so hereingelegt wird«, gab er vor sich selber zu, »aber solange es sich nur um einen Deutschen oder einen Amerikaner handelt, habe ich nichts dagegen.«[169]

Hills Tagebuch kann mit seinen Andeutungen von Yankee-teutonischer Gier, Unwissenheit, Misstrauen und List auch als eine Frühwarnung vor drohendem Glatteis gelesen werden. »Thurlow Weed Barnes [Partner bei Houghton Mifflin Publishers, Boston], so erfuhren wir, ist der Käufer der Jupiter Strad«, stellte Hill fest, »dies wird unseres Wissens die erste herrliche Strad-Geige sein, die in die Staaten geht, und wir bedauern ihren Weggang, abgesehen von der ärgerlichen Tatsache, dass der Yankee sie auch noch so billig bekommen hat.«[170]

Hills Verhältnis zu Hamma & Co., seinem Pendant in Stuttgart, war ähnlich warmherzig. Hammas Geschäft, das im Vergleich relativ jung war, ging auf das Jahr 1864 zurück, als seinem Begründer Fridolin, einem Musiklehrer, von einem Schüler eine Strad vorgestellt wurde, die dieser vor kurzem erworben hatte. Fridolin war davon so tief beeindruckt, dass er beschloss, in den Geigenhandel einzusteigen. Ein Jahr später entdeckte er Italien. Während sich ein Sohn zu Hause um das Geschäft kümmerte, reisten zwei andere nach Neapel und weiter in den Süden. Hier fanden die Hammas im Laufe der folgenden Jahrzehnte etwa 8.000 Instrumente, teilweise mit Originalbögen und -kästen. Im Rückblick war ein weiterer Fridolin über das, was sein Großvater, sein Vater und ihre lokalen Partner in Italien und Spanien erreicht hatten, ebenso sprachlos wie über den deutschen Markt, der so unentwickelt war, dass er praktisch nicht erkennen konnte, was Hamma & Co. anzubieten hatten. Deshalb fand er es nicht verwunderlich, dass die meisten Instrumente an Händler in Frankreich und England verkauft wurden.[171]

Aber das war damals. Mittlerweile war auch der deutsche Markt (ebenso wie Japan und Korea ein Jahrhundert später) in Bewegung geraten, mit einer steil ansteigenden Lern- und Nachfragekurve und dem nötigen Geld, um mitmischen zu können. »Habe an Hamma die perfekte Strad aus der Spätperiode geschickt«, schrieb Hill im Jahr 1891. »Ich mag es nicht, wenn solche Geigen das Land verlassen, und hoffe daher, dass ihr Verkauf nicht zustande kommt.«[172] Dennoch: Geschäft war Geschäft, und die Hills stellten sich unbeirrt der Herausforderung. Glaubte Hamma, sechs Strads verkaufen zu können? Hill war selbstverständlich bereit, die Ware zu liefern, allerdings mit einem guten Gespür dafür, was der Handel vertragen konnte. »Keiner der Händler in Deutschland ist als Experte gut genug, um zu entdecken, dass die Zargen nicht von Stradivari sind, und Deutschland ist der einzige Ort für solche Instrumente«, berichtete er kurz nach einer Transaktion. »Ich könnte eine solche Geige unseren englischen Käufern nicht empfehlen.«[173] Das stimmte zwar, war aber zunehmend irrelevant. Deutschland kam ebenso spät zu einem Konzertleben, zu Ausbildungsgängen an Konservatorien und ernsthaften Sammlern wie zu einer modernen nationalen Identität. Aber ähnlich wie das Nationalgefühl standen alle drei im frühen 20. Jahrhundert in voller Blüte. Besonders Berlin strotzte dabei vor potenziellen Käufern – Berufs- und Amateurmusikern – die Instrumente haben wollten und sie sich leisten konnten.

Bis zum frühen 20. Jahrhundert waren sowohl die großen amerikanischen Orchester und Vermögen als auch ein Publikum zur Stelle, das verrückt nach Geigen und Geigern war. Wie üblich kam das Angebot aus dem In- und Ausland der Nachfrage entgegen. Victor Flechter in New York, der erste Händler am Platz, bekam bald regelmäßige Einträge in Hills Tagebuch, den ersten im Jahr 1890, als er seine Fühler nach einem Hill-Kunden ausstreckte. Auch wenn das Schimpfwort »niederträchtig« nach seinem ersten Auftritt eher typisch für die Wortwahl Hills ist, erscheint die Weiterentwicklung – Lügner, Betrüger, »dieser Jude von einem Händler«, Versager, Schurke, Landstreicher, »dieser trickreiche Spitzbube« – selbst für ihn bemerkenswert. Dies hinderte ihn freilich nicht daran, mit einem Bevollmächtigten von Flechter ein Geschäft zu machen, als 1898 die »Jupiter«-Strad wieder auf dem Markt auftauchte.[174] Innerhalb einer Generation war der komparative Vorteil der Hills bei der Vermittlung von Violinen zwar noch nicht völlig in den Schatten gestellt, aber ebenso im Niedergang begriffen wie der komparative Vorteil des industriellen Englands in der Eisen-, Schiffsbau- und Textilindustrie. Der Erste Weltkrieg führte allerdings fast zum K. O. Dennoch hatte Großbritannien nicht nur überlebt, sondern den Feind auch besiegt. Die Hills gaben sich alle Mühe, da weiterzumachen, wo sie im Jahr 1914 aufgehört hatten, und Alfred Hill war immer noch weltweit als Experte der Experten anerkannt. Mit der Zeit würde die Sonne natürlich auch für die Hills untergehen. Die letzten ernsthaften Neueinstellungen wurden um 1922 vorgenommen.[175]

Der Prozess vollzog sich ganz allmählich und in gewisser Hinsicht auf paradoxe Weise. Im Jahr 1925 setzte die neu gewählte konservative Regierung als Anzahlung auf das, was Amerikas erster Nachkriegspräsident Warren

G. Harding »eine Rückkehr zur Normalität« nannte, das britische Pfund wieder mit seiner Vorkriegsrate von 4,86 Dollar fest. Die Hills – konservativ bis in die Haarspitzen – applaudierten, ohne dabei zu sehen oder sehen zu wollen, welch verheerende Wirkung dies auf die Exporte und die Wettbewerbsfähigkeit Großbritanniens haben sollte (was auch ihre Vorkriegskundschaft verringerte). Daraus war nicht unbedingt zu schließen, dass dies schlecht für die Hills oder für die Londoner Kunst- und Antiquitätenhändler, die Auktionshäuser und die restaurativen Künste sein musste, die auf dieselbe Kundschaft abzielten. Die Rückkehr zum Goldstandard war praktisch eine Garantie dafür, dass vornehme Strad-Besitzer, die bereits mit Nachkriegs- und Erbschaftsteuern zu kämpfen hatten, unter immer mehr Druck gerieten, ihre Instrumente an jene verkauften, die sich diese eher leisten konnten.[176] Zwischen Waterloo und 1914 hatten die Briten den weltweit größten Bestand an alten italienischen Geigen erworben, jetzt hatten sie den größten Bestand zu verkaufen.

Wenn der Zenit der viktorianischen Zeit – mit gelegentlichen Wolken – in Arthur Hills Tagebuch nachleuchtet, so wird ihr Sonnenuntergang in dessen Korrespondenz deutlich, beginnend im Jahr 1923 mit Harrison Bowne Smith, einem Herrn im dreiteiligen Anzug und hohem Kragen, der in vierter Generation aus West Virginia stammte und dessen George Washington Insurance Company sich in Charleston befand. Er besaß bereits eine Lupot und eine Albani von Hill, die Alfred als »sehr nett« bezeichnete. In den folgenden 14 Jahren sollte er seiner Sammlung eine weitere Strad und eine Pietro Guarneri für sich selbst, für seinen kleinen Sohn eine Christian Hopf in Kindergröße, die Alfred Hill persönlich ausgesucht hatte, und eine Auswahl von Hill-Bögen hinzufügen. »Wenn Sie meinen Rat haben wollen, werden Sie sich nicht um einen Tourte bemühen, es sei denn, Sie haben viel Geld übrig, denn die Hill-Reproduktionen sind gleich gut«, teilte ihm Alfred Hill mit,[177] der außerdem Zubehör einschließlich der Hausmarke von Kolophonium, Hill-Stimmwirbel (obschon die unlängst eingeführten Smoot-Hawley-Zölle deren Preis verdoppelt hatten) und eine Kopie der von den Hills soeben veröffentlichten Monografie über Guarneri mitlieferte. Zu den weiteren Anschaffungen Smiths gehörte eine gebrauchte Ausgabe der *Readiana*,[178] einer Sammlung von Artikeln, deren Themen von Stradivari bis zur Judenverfolgung durch Zar Alexander III. reichten und die kurz vor dem Tod des Autors veröffentlicht worden war. Möglicherweise kam auch noch eine Reihe von Drucken mit Jagdszenen hinzu. Alfred Hill, der ebenso auf kundenfreundliche Dienstleistungen achtete wie Vuillaume, hatte sie auf Smiths Wunsch in einem benachbarten Geschäft gefunden. Er besitze selber einige ähnliche, fügte Hill hinzu. Inzwischen verkaufte er ein Stainer- und ein Goffriller-Cello an Smiths Bruder, einen Amateur-Cellisten.

Smith, ein leidenschaftlicher Zeitgenosse, der danach gierte, mehr über die Großen wie Kreisler und Heifetz von jemandem zu erfahren, der sie tatsächlich kannte, war auch ein aktiver Amateur, der Familie und Freunde zu einem Abend mit Brahms-Sextetten einlud, wann immer dies nur möglich war. Vor allem war er sehr amerikanisch. Er war ein aufmerksamer Leser von Geigenkatalogen, aber auch von *Kiplinger's Letter*, einem 1923 erstmalig herausgegebenen Vorläufer der Business-Newsletter. Mit der Zeit fanden sowohl die Kataloge als auch die *Kiplinger's* ihren Weg zu Hill, zudem einzelne Ausgaben von *National Geographic, Readers Digest*, Kinderfotos, Fotos von Smiths Nachbarschaftsensemble und sogar Lieder, die der Vater von Smith komponiert hatte. Alfred Hill, stets zuvorkommend gegenüber seinen Kunden, erklärte, dass er die Fotos mit nach Hause genommen habe, um sie seiner Familie zu zeigen, und die Lieder an seine Schwestern weitergegeben habe, die »recht gute Amateursängerinnen« seien. Jeder sähe in den Kindern und ihren Freunden »gute, gesunde kleine Exemplare der Menschheit«, berichtete Hill, und auch seinen Schwestern würden die Lieder gefallen.[179] Er bezeichnete die nüchterne Anlageberatung im *Kiplinger's* als »schwungvoll« und begrüßte die »ernste amerikanische Violinliteratur, denn ihre Durchsicht sei oft aufschlussreich und führe gelegentlich »zu herzlichem Gelächter«.

Zumindest zu Anfang erschien Smith ein bisschen aufdringlich, und Hill reagierte kühl, sachlich und so wenig entgegenkommend wie möglich. Den Gedanken, es gebe in Deutschland oder Frankreich aufgrund der finanziellen Erschütterungen des vergangenen Jahres bessere Angebote, könne er sich aus dem Kopf schlagen, schrieb er im Januar 1924; »dieser Trugschluss hat es skrupellosen Verkäufern auf dem Kontinent ermöglicht, dem unvorsichtigen Käufer eine Reihe schlechter Instrumente zu lächerlich hohen Preisen unterzujubeln.«[180] Der Moment der Wahrheit kam Anfang Juli 1927, als Hill Smith darüber informierte, dass »auf meine Bitte hin der Besitzer der ›Stradivari‹ von 1690 das Instrument für eine kurze Zeit hier lassen wird, sodass sie es – sollte es Ihnen gefallen, nach London zu kommen – ansehen können.« Das Instrument, das einst Leopold Auer gehört hatte, war dann von einem von Auers Schülern erworben worden, der »das Instrument zufällig in Paris bei sich hatte, als in seinem Heimatland die Revolution ausbrach, und sich durch seine dadurch veränderte Vermögenslage [...] gezwungen sah, sich von der Geige zu trennen.«[181] Über einen namenlosen Pariser Laden hatte die Geige dann ihren Weg zu Richard Bennett in London gefunden, der sie Hill zeigte und ein Geschäft vorschlug. Im Laufe der Zeit gelangte sie dann an ein anonymes Mitglied der Stradivari Society von Bein & Fushi, die sie 1973 langfristig an den in der Sowjetunion geborenen und in Lettland, Russland, Israel und New York ausgebildeten Virtuosen Vadim Gluzman verlieh.[182]

Smith scheint bei dem nächsten verfügbaren Linienschiff an Bord gegangen und später nach Hause zurückgekehrt zu sein, um nachzudenken. Mitte August feuerte Hill aus London: »Kabeln Sie mir das eine Wort: ›Ja‹ oder ›Nein‹«, und in der folgenden Depesche vom 30. August heißt es: »Ich gratuliere Ihnen dazu, der Eigentümer der ›Stradivari‹ von 1690 zu werden.«

Von da an erinnerte Hills Rolle abwechselnd an die eines Hausarztes, Rechtsanwalts und Finanzberaters. Smith, der so etwas wie ein Hypochonder der Violine war, wollte etwas über kleine Flecken auf seiner neuen Trophäe erfahren. »Spuren von Kolophonium, die wir leicht entfernen können«, antwortete Hill beruhigend und fügte hinzu: »In der Tat hoffe ich, dass sie eines Tages die Geige wieder zu uns bringen werden, denn es ist gut, dass wir sie hin und wieder in der gleichen Weise sehen, in der Sie zum Zahnarzt gehen.«[183]

Konnte Smith sich eine Strad leisten? »Ich bewundere Ihre Entschlossenheit, das Richtige zu tun«, meinte Hill, »denn eine Geige, so schön sie auch sein mag, kann nicht Frau und Kinder ersetzen, die in jedem Fall an erster Stelle stehen sollten! Gleichzeitig versichere ich Ihnen, dass Sie mit dem Kauf der oben bezeichneten Geige eine gute Investition getätigt haben.«[184] Sollte Smith seine aktuelle Strad gegen eine andere, aus einer vermeintlich goldeneren Periode tauschen? Nein, antwortete Hill, denn »ein schönes Beispiel aus der frühen Zeit kann ein wertvollerer Besitz sein, als ein mittelmäßiges späteres Exemplar.« Erst nachdem Smith sein Vermögen verdient haben würde – »heutzutage nicht leicht« –, würde man weitersehen. Bis dahin, so wurde ihm gesagt, sollte er mit dem glücklich sein, was er habe.[185]

In einer Zeit, in der Regierungen kamen und gingen, Währungen stiegen und fielen und selbst der große Kreisler gewisse Abnutzungserscheinungen zeigte, blickten die Briefeschreiber mit dem einen Auge zum Himmel und dem anderen auf die Wirtschaftsseiten. Am Vorabend der britischen Parlamentswahl von 1931 sah Hill zuversichtlich dem (wenig überraschenden) Sieg des von den Konservativen dominierten National Government entgegen. Doch in den zarten Anfängen des New Deal waren sowohl Hill als auch Smith gleichermaßen verblüfft über einen neuen US-Präsidenten, der »sich in keiner Weise um die wahre Wirtschaftslehre kümmert«, und entsetzt über die »verschwenderischen Ausgaben« der neuen Regierung.[186] Hill warnte vor süd- und westafrikanischen Goldaktien, schickte Smith, der für ihn einige Coupons auf seine US-Anleihen einlösen sollte, nach Charleston und bot als Gegenleistung einen Kontakt zu einem zuverlässigen Börsenmakler in London an. Es bestand transatlantischer Konsens darüber, dass auf Kunst und Musik harte Zeiten zukamen. »Ich habe schon lange das Gefühl, dass es überhaupt nur eine einzige gute politische Allianz gibt, von der die ganze Welt profitieren wird, und das ist der Zusammenschluss aller englischsprachigen Völker«, bestätigte Hill trotz der ihm angeborenen Skepsis, ob dies tatsächlich zu erreichen sei.

Sein Bruder, der bislang keine gesundheitlichen Probleme gekannt hatte, musste nun mit solchen kämpfen, berichtete Hill 1935 in einem längeren Brief, der sich im Übrigen Kinnstützen, der Verwendung der von dem kurz zuvor verstorbenen Paul Kochanski hinterlassenen Violinen und dem schnellsten Weg, auf dem Smith Hill die Dividende aus seinen US-Anleihen zukommen lassen konnte, widmete. »Ich bin, Gott sei Dank, soweit in Ordnung und werde im Rahmen der menschlichen Möglichkeiten weitermachen, denn ich glaube fest an das alte Sprichwort: ›Gott hilft denen, die sich selbst helfen!‹«, fügte er hinzu.

Von der Moderne zur Postmoderne

Im Rückblick auf seine lange und bewegte Karriere hätte Emil Herrmann das Gleiche sagen können. Als zweiter Sohn eines erfolgreichen Frankfurter Händlers wurde er wie unzählige Kollegen und Konkurrenten in den Handel hineingeboren. Sein Vater, der 1890 eine Werkstatt gegründet und acht der besten Geigenbauer Deutschlands angestellt hatte, um ein Modell zu bauen, das er als »Herrmanns Neue Solo-Violine« auf den Markt brachte, nahm seine Söhne, bevor sie zehn Jahre alt waren, in die Pflicht, brachte ihnen über deutsche und französische Violinen die italienischen nahe und sorgte dafür, dass sie das Geigenspiel erlernten. Im Jahr 1902 zogen Geschäft und Familie nach Berlin, um sich vor allem auf alte Instrumente zu konzentrieren. Drei Jahre später stieg der 17-jährige Emil als Partner in die Firma ein und begab sich in Cutaway und Zylinder auf die Reise. Zur Freude seines Vaters verkaufte er nach einem Jahr seine erste Nicolò Amati für 21.000 Mark. 1913 eröffnete er sein eigenes Geschäft, und im darauffolgenden Jahr verkaufte er an Reuven Heifetz die Tononi, die dabei half, dessen erstaunlichen Sohn Jascha 1917 nach seiner Ankunft in New York augenblicklich zu einer Berühmtheit zu machen.[187] Sieben Jahre später veräußerte er an Reuven Heifetz unter dramatisch anderen Umständen die del Gesù »Ferdinand David« von 1742, die Heifetz für den Rest seiner Karriere spielte.

Dazwischen kam der Krieg. Zwischen März und August 1915 wurde Herrmann eingezogen, an die Ostfront geschickt und von den Russen gefangen genommen. Wochen später fand er sich als Konzertmeister des Lagerorchesters und Geigenlehrer seiner Mitgefangenen in Sibirien wieder. Dann kamen die Revolution und die Bolschewisten, die ihn in Konzerten und Caféhäusern spielen ließen. Merkwürdigerweise heiratete er die dritte Tochter eines russischen Oberst, und es wurde ihm erlaubt, auf eigene Gefahr und mit dem wenigen Geld, das er verdient und gespart hatte, das Land zu verlassen. Das junge Paar fand, zusammen mit einem Pianisten und einem ehemaligen Mithäftling als Manager, den Weg in die Mandschurei, dann nach China, wo es im ehemals deutschen Tsingtau eine bescheidene Konzertreihe initiierte. Diesmal deckten die Einkünfte die Kosten für die Passage auf einem japanischen Dampfer nach Hamburg, und fünf Jahre, nachdem er Berlin verlassen hatte, war Herrmann wieder zu Hause – nach einer Odyssee, die weder die Hills noch die Chanots sich hätten vorstellen, geschweige denn überbieten können.

In der Zwischenzeit war aus einem reichen, selbstbewussten Deutschland ein tief gespaltenes und verstörtes Land geworden. Herrmanns älterer Bruder war im Krieg gefallen, und sein Vater betrachtete seine neue Schwiegertochter als feindliche Ausländerin. Als Herrmann sich 1922 wieder selbstständig machte, war der größte Posten in seinem Inventar eine einzelne Guadagnini, aber aus den Ruinen der Reichsmark entsprang eine Art neues Glück. Nachdem ihm angetragen worden war, eine del Gesù und eine Strad für echtes Geld zu verkaufen, machte er sich auf den Weg nach London und Amsterdam und kehrte triumphierend zurück. Der nächste Schritt – im Rückblick nur logisch – war Amerika. Im Jahr 1923 schätzte Herrmann, dass es in den gesamten Vereinigten Staaten etwa 15 Strads gab. 30 Jahre später waren rund 250 Strads und vielleicht die Hälfte der fünf- bis sechstausend Instrumente, die von Händlern als »wichtig« bezeichnet wurden, auf einen Markt ausgewandert, auf dem die Eigentumsverhältnisse wesentlich schneller wechselten als in Europa. In dem Bewusstsein, dass Geigen – wie stets – dem Geld folgen, stellte Herrmann nicht nur sicher, dass er es war, der sie fand, sondern er sorgte dank seiner einzigartigen Verbindung zu erst kürzlich verarmten russischen und deutschen Verkäufern auch dafür, dass die Geigen dorthin gelangten, wo das Geld war. Während sich die große Nachkriegsinflation ihrem Höhepunkt näherte, brach er mit einer Kollektion, die eine Strad und ein Cello von Nicolò Amati enthielt, nach New York, Rochester und Chicago auf. Als er mit 15.000 Dollar nach Hause zurückkehrte, war die Mark von einem Kurs von 400 pro Dollar am 1. Juli 1922 Mitte November 1923 auf 4,2 Milliarden abgestürzt.[188] Die mitgebrachte Summe reichte aus, um seinen Mitarbeitern fünf Dollar pro Woche zu zahlen. Unter den gegebenen Umständen war dies ein Vermögen – vorausgesetzt, sie tauschten nur einen Dollar auf einmal.

Die Erfahrung war so vielversprechend, dass Herrmann, nachdem die Inflation nachgelassen hatte, beschloss, in Amerika zu bleiben. Zu seinem Glück waren deutsche Einwanderer am wenigsten von den neuen Einwanderungsgesetzen betroffen. Er tat sich mit einem deutschen Partner zusammen und eröffnete so nah wie möglich an der Carnegie Hall einen Brückenkopf. Das neue Geschäft, das möglicherweise das erste seiner Art auf der 57. Straße war, machte ihn zu dem ersten bekannten Händler, der gleichzeitig auf zwei Kontinenten agierte. Einige Jahre später lieh er dem 13-jährigen Yehudi Menuhin für einen Konzertvortrag in der Carnegie Hall die »Fürst-Khevenhüller«-Strad von 1733. Henry Goldman aus der Bankiersfamilie Goldman-Sachs war hingerissen von dem was er hörte, und erwarb das Instrument für Menuhin.[189] Seit dem Frühjahr 1929 war das Geschäft so gut gelaufen, dass Herrmann weitere Brückenköpfe in Chicago und San Francisco eröffnete. Dann kam der Absturz.

Ganz so wie im Jahr 1923 war es ein günstiger Zeitpunkt, um zu kaufen. Aber sein Kapital steckte in den neuen Geschäften, die er jetzt schließen musste. Während der nächsten Jahre stand alles auf der Kippe. Später erzählte er dem Schriftsteller Joseph Wechsberg, dass er sogar das Familiensilber verpfänden musste. Doch als Henry Hottinger im Jahr 1935 seine erste Strad kaufte, wandte er sich an Herrmann. Im Februar 1936 gab sich ein Olymp der großen Spieler der Zeit in einer ganzseitigen Anzeige auf der Rückseite des damals viel gelesenen *Musical America* mit 30 Fotos als Kunden von Herrmann zu erkennen.

Im Jahr 1937 zog das Geschäft in zweistöckige kathedralartige Räume mit einem Kellergewölbe für 110 Instrumente auf der anderen Straßenseite. Herrmann war jetzt der herausragendste Händler mit der besten Lage in der Stadt, die inzwischen auf dem Weg war, die Musik- und Finanzhauptstadt der Welt zu werden. Im Jahr 1938 erwarb er in Connecticut ein Bauernhaus und Liegenschaften. In den frühen 1950er-Jahren hatten sich Herrmanns Einkäufe um ein 120 Hektar großes Anwesen namens Fiddledale mit einer Werkstatt, einem Kammermusikpavillon, einem Swimmingpool, ein paar natürlichen Seen, einer Cocktailterrasse, einer Grillterrasse, Stellplätzen für 20 Autos und einem bombensicheren Tresor mit angrenzendem Büro und Arbeitszimmer erweitert, wo er jahrelang an einer Amati-Biografie arbeitete, die seine Frau nach seinem Tod ohne Quittung oder Sicherheitskopie an einen Wiener Verlag gab und die spurlos verschwand, als der Verlag sein Geschäft aufgeben musste.[190]

Als 1951 die Geschäftskosten in die Höhe schossen, in Korea ein Krieg tobte, die beiden Supermächte mit Atomwaffen aufrüsteten und Manhattan vermutlich ganz oben auf der sowjetischen Liste von Angriffszielen stand, zog Herrmann mit ein paar Hundert ausgewählten Instrumenten und einigen russischen Verwandten seiner Frau für immer nach Connecticut. Zu einer Zeit, als sich die Dollarpreise für Strads noch immer im fünfstelligen Bereich bewegten, schätzte er, dass er seit 1925 für mehr als 5 Millionen Dollar seltene Instrumente verkauft hatte.[191]

Die Party ging auch ohne ihn weiter. Simone Sacconi und Dario d'Attili, beide aus Rom stammend, Restauratoren mit legendären Fähigkeiten und Stützpfeiler von Herrmanns Erfolgen, zogen mit dessen Zustimmung zu Wurlitzer an der 54. Straße West. Ihre Ankunft machte aus einer relativ neuen Einrichtung mit einem glanzvollen Stammbaum das Harvard der Geigenrestaurierung und die bedeutendste Geigenwerkstatt von Amerika. Die Wurlitzers, Einwanderer aus Sachsen, hatten sich in Cincinnati niedergelassen, einer Stadt, die für sie durch das jährliche Chorfest, zwei Konservatorien und eine Konzerthalle von grandiosem Ausmaß in einem Stadtviertel, das auch heute noch als »Over the Rhine« bekannt ist, zu einer Art Düsseldorf am Fluss Ohio geworden war. Der Familienvorstand und Gründervater des Unternehmens, Rudolph, war innerhalb eines Jahrzehnts vom Importeur deutscher zum Hersteller amerikanischer

Instrumente aufgestiegen, und zu seiner Kundschaft gehörte während des amerikanischen Bürgerkrieges das Heer der Nordstaaten. Nach dem Krieg ging er mit seinem Bruder in Chicago in den Klavierbau, wo zwei Söhne ihre Aufmerksamkeit automatisierten Instrumenten zuwandten, von denen eines Tages die als »Mighty Wurlitzer« bekannte Theaterorgel auf den Markt kam. Ein dritter Sohn, der ebenfalls Rudolph hieß, ging nach Berlin und studierte dort bei einem Mitglied des Joachim-Quartetts Violine, beim Kurator der Sammlung des neuen Berliner Konservatoriums Geigenbau und beim späteren Nobelpreisträger Hermann von Helmholtz Physik. Nach seiner Rückkehr baute er eine Geigenabteilung auf und warb dem in Chicago ansässigen Unternehmen Lyon & Healy – der einzigen ernst zu nehmenden Konkurrenz innerhalb der Vereinigten Staaten – den zu dieser Zeit führenden amerikanischen Geigenexperten Jay Freeman ab. Henry Ford, der Mitte der 1920er-Jahre von dem Wunsch gepackt wurde, das Fiedeln in der Country-Musik wieder zu beleben, bat Herrmann nach Detroit, um sich von ihm eine Auswahl von Strads und del Gesù zeigen zu lassen. Er kaufte am Ende zwei Strads, die heute noch in seinem Dearborn Museum ausgestellt sind.[192] Aber er kaufte sie von Wurlitzer.

Zu diesem Zeitpunkt reichte Rudolph die Fackel an seinen Sohn Rembert weiter, der schon während seiner Schulzeit begonnen hatte, das Handwerk zu erlernen. Im Jahr 1924 verließ Rembert mit Zustimmung seiner Familie die Universität von Princeton ohne Abschluss und reiste nach Europa. Während der folgenden zwei Jahre traf er die Hills in London, Caressa in Paris und Hamma in Stuttgart, ging bei Amédée Dieudonné in die Lehre, verhandelte mit den lokalen Geigenbauern in Mirecourt, besuchte Italien und Deutschland – natürlich auch Markneukirchen – und untersuchte Geigen, deren Qualitätsspektrum vom Erhabenen bis zum Lächerlichen reichte.[193] Als er als Vizepräsident des Unternehmens nach Cincinnati zurückkehrte, war er voller Ideen, darunter auch die, eine Reparaturwerkstatt in der Qualität von der der Hills zu eröffnen, um Kunden in das Familiengeschäft in New York zu locken. Im Jahr 1937 verlegte er die Geigenabteilung nach New York; 1949 erklärte er deren unternehmerische Unabhängigkeit.[194] »Die meisten Gauner in der Branche sind nicht absichtlich so, sondern einfach nur ignorant«, schrieb er im Alter von 21 Jahren aus Mirecourt an seine Familie. Für solche Menschen seien die Hills eine Geißel, berichtete er. Er hoffe, dass seine eigene Familie das Gleiche in New York werden würde und sich »eine Reputation für echtes Wissen und Können« aufbauen könne.[195] Das Urteil von Charles Beare, dass Wurlitzers Zertifikate »weltweit akzeptiert« würden, kam so nah an eine Seligsprechung heran, wie es im Handel nur möglich war.[196] 1963 war Wurlitzers früher Tod sowohl der *New York Times* als auch dem *Time Magazine* eine Nachricht wert.[197] Mit dem Erwerb der Sammlung Hottinger im Jahr 1965 war die Firma unter der Leitung seiner Frau weiterhin erfolgreich. Sie wurde erst nach Sacconis Tod im Jahr 1974 geschlossen.

Diesmal wurde die Verantwortung an Jacques Français – einen weiteren Zugereisten – übergeben, der unmittelbar nach dem Zweiten Weltkrieg begonnen hatte, bei Wurlitzer zu arbeiten. Mit familiären Wurzeln, die in den Pariser Handel des vorigen Jahrhunderts zurückreichten, und handwerklichen Kenntnissen, die er in der Vorkriegszeit in Mirecourt und Mittenwald erworben hatte, war er 1948 mit einem One-Way-Ticket, 50 Dollar in bar und einer Fracht von 20 Violinen, vier Celli und 24 Bögen im Gepäck zurückgekommen. 20 Jahre später und ohne das »ç«, war er in Robert Beins Worten »der unangefochtene große Händler im Big Apple«, der sich durch seine Verkäufe und Kundenlisten, seine kraftvolle Persönlichkeit und durch die Unterstützung seines Landsmannes aus Mirecourt, dem Sacconi-Zögling Réné Morel,[198] der auch neun Jahre bei Wurlitzer gearbeitet hatte, für den »inneren Kreis der Geigenhändler-Walhalla«[199] qualifizierte. 1971 stellte er französische Geigen aus, die seit 1900 in Frankreich nicht mehr in der Öffentlichkeit gesehen worden waren. In den 1980er- und 1990er-Jahren arbeitete er in Herrmanns alten Räumlichkeiten mit dessen Unterlagen und einem achtköpfigen Stab und verkaufte in dieser Zeit sechs bis zehn Strads und del Gesùs im Jahr, ein geschätzter Marktanteil von bis zur Hälfte des weltweiten Umsatzes.[200] Ebenso wie bei Herrmann aber wurde auch sein Wissen nicht von allen Kollegen anerkannt. In New York kam es im Jahr 1995 während der Maßstäbe setzenden del-Gesù-Ausstellung im Metropolitan Museum zu diskretem Schmunzeln, als Francais eine del Gesù als echt identifizierte, deren Echtheit zuvor von keinem Geringeren als Charles Beare in Frage gestellt worden war. Eine Untersuchung der Jahresringe des Holzes bewies, dass Francais recht hatte.

Während die Söhne und Enkel der großen Tradition auch ihre Brückenköpfe gründeten, ihre Flaggen zeigten und ihr Vermögen in Midtown Manhattan machten, änderte sich der Markt innerhalb einer Generation grundlegend. Ein Londoner Orchestermusiker, der 1960 ein Jahresgehalt von 1.000 Pfund hatte, konnte für 2.000 Pfund eine Guadagnini erwerben, bemerkte Beare im Jahr 1997 während eines Mittagessens.[201] Der Nachfolger eines solchen Musikers, der 35.000 Pfund pro Jahr verdiente, konnte mit viel Glück eine für 350.000 Pfund finden. Einige Jahre später gelang es David Juritz, dem Konzertmeister der London Mozart Players, in einer seltenen Transaktion und ohne die Hilfe eines Händlers eine Guadagnini für 250.000 Pfund zu erwerben. Doch selbst dafür brauchte er einen Lotteriegewinn, einen guten Preis für seine Gagliano, die er Jahre zuvor für 25.000 Pfund gekauft hatte und von der er hoffte, dass er sie über Beare für 100.000 Pfund wiederverkaufen konnte, und die Bereitschaft seiner Frau, eine zweite Hypothek auf das Haus aufzunehmen.[202]

Am 3. Juni 1971 kam es bei einer Auktion vor vollem Haus bei Sotheby's zu einem bedeutungsvollen Moment. Protagonisten des Geschehens waren ein asiatischer Käufer und die »Lady-Blunt«-Strad von 1721. Das erfolgreiche Gebot bestand – abhängig von der benannten Währung – aus fünf oder sechs Ziffern und schlug damit den bisherigen Rekord, der drei Jahre zuvor aufgestellt worden war, fast um das Vierfache.[203] Die *New York Times* hatte ihren leitenden Musikredakteur Harold C. Schonberg zu der Auktion entsandt. Sein Bericht (einschließlich der Abbildung eines falschen Stradivari-Porträts) ging über vier Spalten. Bei der Londoner *Times* schaffte es die Geschichte auf die Titelseite.[204]

Die neue Epoche war allerdings schon seit Mitte der 1940er-Jahre im Entstehen begriffen, als das Bretton-Woods-Abkommen den Dollar zum Eckstein eines neuen internationalen Währungssystems machte und seinen Kurs auf einen Wert zwischen dem erstarrten Goldstandard aus der Zeit vor dem Ersten Weltkrieg und der Raubrittermentalität und Anarchie der Nachkriegszeit festlegte. Im April 1948 verpflichtete der European Recovery Act (der Marshall-Plan) die Vereinigten Staaten zum Wiederaufbau Europas, allerdings unter der Bedingung, dass die Europäer sich auch selber halfen. Inzwischen beschleunigten die Revolution in China und der Korea-Krieg den Wiederaufbau eines entmilitarisierten Japans, das sich in einer offenen Allianz mit den Vereinigten Staaten befand. Das Ende der europäischen Imperien führte zur Liberalisierung des Handels und zu einer Öffnung der amerikanischen Märkte, um den seit Kurzem unabhängigen asiatischen Raum zu integrieren. Im Jahr 1953 wurden die Weltexporte mit 78 Milliarden, 1973 mit 574 Milliarden und 1982 mit 1.845 Milliarden Dollar bewertet.[205]

Der Aufschwung in Europa und der Aufstieg des asiatischen Raumes von Südkorea bis Singapur fiel mit einem dritten Entwicklungsstrang zusammen: Amerikas verzögerte Entdeckung des Wohlfahrtsstaates und der Einsatz von einer halben Million Soldaten in Vietnam stürzten Handelsbilanz und Staatshaushalt in die roten Zahlen und überschwemmten die Welt mit US-Dollars. 1945 war die Hälfte der Weltproduktion amerikanisch gewesen, 1953 war ihr Anteil auf geschätzte 44,7 Prozent und 1980 auf 31,5 Prozent gesunken. Ab 1960 hatte die aus sechs Nationen bestehende Europäische Wirtschaftsgemeinschaft im Handel mit den Vereinigten Staaten gleichgezogen.[206] Zwischen 1960 und 1980 verdoppelte sich der Anteil, den Japan daran hatte, und sein Pro-Kopf-Bruttosozialprodukt näherte sich demjenigen in Amerika an. Im August 1971 setzten die USA die Gold-Konvertibilität aus, und der Dollar hörte auf, allmächtig zu sein.

Während der Dollar auf Geldmarktsätze sank und die Weltwirtschaft wuchs, wurden die drei früheren Szenarien in einem vierten zusammengefasst. Zwischen 1950 und 1970 stieg die Autoproduktion weltweit fast um das Dreifache, in Europa fast um das Zehnfache und in Japan ungefähr um das Eintausendfünfhundertfache.[207] Pan American Airways begann 1958 mit regelmäßigen Flügen zwischen New York und Paris. Die zunehmende Nachfrage nach Autos, Flugreisen und ein generelles Wachstum führten zu einem erhöhten Verbrauch an Energie, vor allem an Öl. Während die globale Bevölkerungszahl pro Jahr um 1,9 Prozent anstieg, wuchs allein in den 1960er-Jahren der weltweite Energieverbrauch um 5,6 Prozent, und während der Anteil von Kohle an der Herstellung von Energie von fast 70 auf 45 Prozent fiel, stieg der des Öls von 20 auf 40 Prozent an.[208] Die dabei aufkommenden Nebenkosten bestanden in einer Abhängigkeit vom Nahen Osten, der etwa zwei Drittel der weltweit nachgewiesenen Ölreserven und eine einzigartige Fähigkeit zur Einbeziehung des Restes der Welt in seine vielfältigen Konflikte besaß. Im Jahr 1960 gründeten fünf Ölstaaten die Organisation Erdöl exportierender Länder (OPEC), die Preise und Produktion koordinieren sollte. Im Jahr 1973 führten eine syrisch-ägyptische Kriegserklärung an Israel sowie tiefe regionale Frustration mit den Industrieländern, die es gewöhnt waren, ihr Öl billig einzukaufen und ihre Produkte teuer zu verkaufen, zu Vergeltungsmaßnahmen. Arabische Ölerzeuger erklärten ein Embargo gegen die Endnutzer, die sie als Freunde Israels sahen, und setzten gemeinsam die Preise so hoch fest, wie es der Handelsverkehr hergab. Wenn man das Jahr 1970 als Grundlinie mit 100 Prozent annimmt, lagen die Weltölexportpreise 1973 bei 169. Ein Jahr später standen sie bei 456. Die iranische Revolution gegen Ende des Jahrzehnts, gefolgt von dem Ausbruch des Iran-Irak-Krieges, verschärften sie zu immer neuen Höhen auf 782 im Jahr 1979 und 1 179 im Jahr 1981. Im Frühjahr 1974 betrug die jährliche Inflationsrate in den Industrieländern 15 Prozent und lag Ende des Jahrzehnts immer noch bei 8 Prozent.[209]

Die Auswirkungen auf den Geigenhandel waren diffus und global und gestalteten ihn um. Während die Europäer wieder auf den Markt zurückkehrten und Asiaten ihn entdeckten, wurden in einem immer größer werdenden Pool von Währungen Preise genannt und Schecks akzeptiert. Bestenfalls blieb das Angebot konstant, die Nachfrage jedoch war potenziell unbegrenzt. Mit ihren starken Anreizen dafür, Sachwerte zu erwerben, trieb die Inflation die Preise immer höher. Nutznießer waren die Verkäufer: Auf der einen Seite gab es eine neue Generation von Händlern, denen ein zunehmendes Desinteresse an der Geschichte gemeinsam war, auf der anderen die großen Londoner Auktionshäuser, deren Geschichte und einzigartige Lage sie dazu prädestinierte, ihre Chancen zu erkennen. Was die eine von der anderen Branche unterschied, war nicht zuletzt das Fachwissen. Vor allem aber war es die bemerkenswerte Fähigkeit der Auktionshäuser (und gerade derjenigen in London), hochwertige Sammlerstücke zu schnellem Geld zu machen und gleichzeitig dem Käufer zu mehr Selbstwertgefühl zu verhelfen. Belebt durch Todesfälle, Schulden und Scheidungen und angetrieben von Vermögensumschichtungen war die Branche in jeder europäischen Großstadt nützlich und attraktiv. Aber keine konnte es mit London aufnehmen, deren historische, kulturelle, sprachliche und sogar physische Nähe zu der zunehmend größeren und reicheren Macht auf der anderen Seite des Atlantiks die britische Hauptstadt noch immer zu einem besonders begünstigten Jagdrevier machte.

Die Geschichte der großen Auktionshäuser war auf ihre Weise ein Spiegel der Weltgeschichte seit 1789. Verzweifelte französische Aristokraten luden ihre Sammlerstücke – direkt oder indirekt – bei Bonhams und Phillips ab. Sotheby's versteigerte die Bibliothek, die Napoleon nach St. Helena mitnahm, verhandelte ein Jahrhundert später mit jüdischen Bankiers aus Mitteleuropa sowie Kommissaren aus der Sowjetunion und kaufte die erstaunlichen Sammlungen von Ägyptens verjagtem König Farouk auf, während Großbritannien in den 1950er-Jahren den eigenen Rückzug aus Kairo vorbereitete.[210] Aber es war die nach dem Zweiten Weltkrieg ansteigende Welle von neuem Wohlstand und die charismatische Führung von Peter Wilson, die Sotheby's und seine Konkurrenten für praktisch jedes bekannte Sammelobjekt zu einer globalen Adresse machten. Gleichsam ein armer kleiner Junge aus reicher Familie, hatte Wilson ein tiefes Verständnis für das, was seine Alters- und Standesgenossen wollten, brauchten und fürchteten. So wurden Violinen auch vor einem geladenen Publikum in Abendgarderobe angeboten.

Es war das erste Mal seit Jahrzehnten, dass jemand Geigen zur Kenntnis nahm. Versteigerungen für Violinen waren nicht unbekannt; die Firmenchroniken aber ließen eher darauf schließen, dass es solche Instrumente gar nicht gab. Sotheby's ordnete sie bei den Möbeln ein, Bonhams bei der Stammeskunst.[211] Händler erinnerten sich an den Gillott-Verkauf als einen Höhepunkt in der Geschichte des Handels. Christie's erinnerte sich, dass Gillotts Instrumente an einem Tag 4.195 Pfund und seine Bilder – darunter eine spektakuläre Sammlung von Turners – in derselben Zeit über 165.000 englische Pfund einbrachten. Drei Jahre bevor der Verkauf der »Lady Blunt« den Himmel aufhellte, näherte sich bei Sotheby's der Umsatz bei den Instrumenten den 25.000 Pfund an. Im selben Jahr brachte ein einzelner Verkauf von Kunst in Florenz 300.000 Pfund ein.

Der Durchbruch kam 1969, als ein kanadischer Kunde eine große Sammlung von Instrumenten zu Sotheby's brachte, die sich später als Fälschungen herausstellen sollten. Kurz danach traf Graham Wells ein. Als Holzbläser war er ein interessierter Amateur, der es zuvor mit mäßigem Erfolg mit Patentrecht und Papierhandel versucht hatte. Danach schloss er sich Sotheby's in der Einstiegsposition eines Administrators an. Ein Kollege, der dort für die Instrumente verantwortlich war, fand diese aber so langweilig, dass Wells, dem das nicht so ging, sich für seine Stelle anbot und die erste Instrumentenabteilung bei Sotheby's aufbaute, während er nebenbei das Geschäft von Händlern erlernte, die er beobachtete und mit denen er Gespräche führte. Als er in den Ruhestand ging, schätzte er, dass er es mit ungefähr 80 Strads zu tun gehabt hatte, von denen einige – unter ihnen die »Lady Blunt« – zweimal dabei gewesen waren.[212]

30 Jahre nach ihrer Gründung erreichte die Abteilung einen Jahresumsatz von 4 bis 5 Millionen Pfund, verglichen mit 8 Millionen Pfund an ihrem aufregenden Höhepunkt, als Sotheby's 600 bis 700 Lose auf einmal verkaufte.[213] Doch war das nur ein bescheidener Bruchteil von den 128.315.600 Dollar, die das Unternehmen im Mai 1999 mit dem Einzelverkauf der Kunstwerke einnahm, die John Hay Whitney, einem ehemaligen amerikanischen Botschafter in Großbritannien, gehört hatten.[214] Während Sotheby's sich weiter vergrößerte, reichten derartige Summen noch nicht einmal aus, um die Abteilung im Haupthaus zu halten. Doch sie reichten aus, um ihre Existenz zu rechtfertigen und drei Mal im Jahr einen großen Raum mit Kunden zu füllen, die in unterschiedlichen Währungen ihre Gebote machten.

Dieser Erfolg regte zur Nachahmung an. Peter Horner, Sohn eines Künstlerpaars und Kunststudent, fing ebenfalls als Administrator in der Instrumentenabteilung bei Sotheby's an, wechselte nach drei Jahren zu dem großen Londoner Händler Peter Biddulph und nach drei weiteren Jahren zu Bein & Fushi in Chicago. Nach insgesamt sieben Jahren – der Dauer einer klassischen Lehrausbildung – kehrte Horner nach London zurück, wo er Bonhams davon überzeugen konnte, dass sie in ihren Angeboten über Instrumente verfügten, mit denen man tatsächlich Geld verdienen könnte. Wie Wells vor ihm sah Horner seine Chance. Er schuf eine Instrumentenabteilung, die Berufsmusikern Vorzugsbedingungen anbot und es Spielern erlaubte, ein Instrument drei Tage lang auszuprobieren. Beides waren Neuheiten, geschaffen in der Absicht, in einem Handel, in dem man auf chronisch unterfinanzierte Musiker in der Regel zumindest mit Vorsicht blickte und ausgeliehene Instrumente selten und dann nur für einige Stunden zum Spielen aus dem Haus gab, eine Marktnische zu besetzen.[215]

Die Eigentümlichkeiten bei der Entdeckung von Instrumenten konnten vermutlich am besten bei Christie's beobachtet werden, als das Unternehmen im Januar 1979 die junge und agile Frances Gillham einstellte, die zwar nicht über konventionelle Qualifikationen verfügte, aber einen Oxford-Abschluss in Musikwissenschaft hatte. Die Tochter von professionellen Flötisten bestritt entschieden – allerdings nicht ganz wahrheitsgemäß –, Schreibmaschine schreiben zu können. In der zweiköpfigen Instrumentenabteilung wurde sie daraufhin erst zur stellvertretenden Leiterin und bald darauf zur Leiterin bestellt.[216] Schon im Alter von gut 30 Jahren überwand sie die gläserne Decke im Sturm und forderte die Konventionen heraus, als sie das jüngste Vorstandsmitglied mit Boni und Aktienoptionen wurde. Ihre Expertise in Bezug auf Strads wurde 1995 anerkennend im *Cigar Aficionado* zitiert.[217] Während ihrer 17 Jahre bei Christie's lernte es Gillham, die Beziehungen zu Händlern als potenziellen Kunden und Experten zu kultivieren. Sie lernte, Nachlässe zu beobachten, um sicherzustellen, dass ihre Reserven – das Minimalgebot für ein allfälliges Objekt – weder zu hoch noch zu niedrig ausfielen. Sie lernte auch, dass sie Personaltreffen, Beratungen und die Fixierung auf die Untergrenze nicht mochte und dass es ihr wirklich Spaß machte, Dinge zu verkaufen.[218] Doch so sehr sie es auch versuchte, konnte sie die Chefetage nicht dazu bringen, Instrumente ernst zu nehmen. Der Moment der Wahrheit kam Mitte der 1990er-Jahre, als ihre Abteilung aus dem Hauptgebäude in der King Street – dem angestammten Ort für Möbel, Silber, Schmuck und bildende Kunst – zu den Briefmarkensammlungen und Oldtimer-Motorrädern nach South Kensington verlegt wurde. Gillham lehnte diesen Umzug ab und wechselte zu Beare's, wo sie bald Geschäftsführerin wurde.

Der Übergang bei Christie's hätte kaum nahtloser vor sich gehen können. Gillhams Nachfolger Jonathan Stone hatte ebenfalls ein Kunststudium abgeschlossen. Ebenso wie Gillham war er Autodidakt, obwohl er als Sohn eines der Konzertmeister von Yehudi Menuhin die Musikersprache beim familiären Abendbrot erlernt hatte. Und ebenso wie Gillham beobachtete er die Konkurrenz, um seine Preise wettbewerbsfähig zu halten, und brachte erstklassige Instrumente, wenn sie in den Verkauf kamen, zur Überholung zu Beare's. Seine Verkaufsergebnisse waren mindestens so erfreulich, wie ihre es gewesen waren. Trotz einer asiatischen Währungspanik rechnete Stone damit, zwischen 75 und 85 Prozent seiner Lose verkaufen zu können. Am 1. April 1998 verkaufte er die 1727er »Kreutzer«-Strad – zu deren Vorbesitzern Vuillaume, Laurie, Hill, Hamma, Wurlitzer, James H. Cecil Hozier (MP), Senator William Andrews Clark und George Kress, ein Papierfabrikant, Segler und Hobbygeiger aus Green Bay, Wisconsin, gehörten – für 947.500 Pfund Sterling, umgerechnet 1.560.000 Dollar. 30 Jahre zuvor war sie für 24.000 Dollar verkauft worden, genug, um davon ein Haus zu erwerben, wie ein verwirrter Nachbar aus Wisconsin damals Kress gegenüber anmerkte. Der Verkauf erzeugte bei den Medien als ein neuer Auktionshausrekord zumindest ein Flimmern an Aufmerksamkeit.[219] Wie so oft war der Bieter ein Strohmann, doch innerhalb weniger Minuten wurde bekannt, dass der neue Besitzer Maxim Vengerov war, der umwerfende junge Superstar aus Nowosibirsk, der sich drei Jahre lang mit einer von einem amerikanischen Mäzen ausgeliehenen Strad begnügen musste.

Stone war sowohl offen als auch bescheiden, wenn es um das Grundrezept für Christie's ging. Eine gut dokumentierte Strad mit einem Wurlitzer-Zertifikat und einem Steg von Sacconi war für den Anfang genau das Richtige. Hungrige Kunden waren ebenfalls hilfreich; in diesem Fall waren es Testamentsvollstrecker, die begierig darauf waren, den Nachlass von Kress mit höchster Effizienz, Transparenz und bei schnellster Abwicklung zu Geld zu machen. Dazu kamen der weltweite Bekanntheitsgrad und das Kundennetzwerk von Christie's, eine eigene Zeitschrift, mit der 50.000 Haushalte erreicht wurden, eine hochprofessionelle Homepage und zwei bis drei Monate Vorlaufzeit, um den Verkauf anzukündigen.[220] Bald darauf verließ Stone die Instrumentenabteilung wegen eines besseren Jobs bei einem japanischen Wettbewerber. Doch zehn Jahre später kehrte er zurück und erzielte erneut Rekorde als internationaler Geschäftsleiter für asiatische Kunst in Hongkong, mittlerweile nach London und New York die Nummer drei der weltweit wichtigsten Orte für Kunstauktionen.[221] Der nächste große Sieg gehörte Sotheby's. Am 1. November 2005 verkündeten sie den Verkauf einer Carlo Bergonzi von 1720 an Maxim Viktorov, Vorsitzender der in Moskau ansässigen Stiftung »Kunst der Violine« mit nachweislichen Verbindungen zu einem halben Dutzend erstklassiger Museen und kulturellen Institutionen, einem eigenen Paganini-Wettbewerb und einer Sammlung von bereits 15 Instrumenten – darunter eine Gagliano und eine Tononi.[222] Mit den 568.000 Pfund bzw. 1.050.000 Dollar und einem Zertifikat von Vuillaume, dass das Instrument einst Paganini gehört habe, setzte der Verkauf für den Handel und für Bergonzi einen neuen und halbwegs interessanten Maßstab. Dass die Geige zuvor John Corigliano, dem langjährigen Konzertmeister der New Yorker Philharmoniker, gehört hatte (dessen Sohn die Musik zu dem Film *Die rote Violine* komponierte und dafür einen Oscar bekam), war ebenfalls von mäßigem Interesse.[223]

Doch war es nicht der Kauf, der die Aufmerksamkeit der Redakteure von Al Jazeera in Katar bis zur *China Post* in Taiwan erregte, sondern der Käufer. Ein Foto von Viktorov zeigt einen elegant gekleideten, gut frisierten jungen Herrn mit Designerbrille im adretten Polohemd mit Reißverschluss, der am Schreibtisch vor einer Sammlung bibliophiler Lederbände steht, von denen einer deutlich erkennbar den kaiserlich-russischen Doppeladler zeigt. Seine Legal Intelligence Group, eine »nicht-kommerzielle Partnerschaft«, war 1995 gegründet worden, unterhielt Büros in Moskau, St. Petersburg, Dubai, Peking und London und realisierte »Projekte im Bereich des Brennstoff- und Energiekomplexes sowie der Wahltechnologie«.[224] Er war Berater von Lukoil und BP und hatte zuvor als Vizepräsident der Russischen Brennstoffunion[225] und Sekretär des Bankenrats für das Büro des Gouverneurs der Region Moskau gearbeitet. Die Violinstiftung, deren Gründer und Mäzen er war, vertrat er kraft seines Amtes.

Der Nachfolger von Wells, Tim Ingles, räumte ein, dass er den Verkauf der Bergonzi – selbst nach den Maßstäben der Instrumentenabteilung – im Vergleich zu der Summe von einer Million Dollar, die ein post-sowjetischer Milliardär im Jahr 2002 gespendet hatte, um ein Bild von Malewitsch in Russland zu halten, oder den 100 Millionen Dollar, die ein anderer im Jahr 2004 in Fabergé-Eier investierte, als relativ bescheiden ansah.[226] Dennoch war Viktorov der erste Russe seit der Revolution, der privat ein solches Instrument bei Sotheby's kaufte, und die Wahrscheinlichkeit war groß, dass es zu weiteren Ankäufen kommen würde.

Wie erwartet kehrte Viktorov zurück, als der Dollar aufgrund der US-Haushaltskrise und der Rekordpreise des Öls im Februar 2008 sank. Dieses Mal nahm er eine privat vermittelte del Gesù von 1743 mit nach Hause. Der Preis, so wurde berichtet, lag deutlich über 3,5 Millionen Dollar und betrug vielleicht sogar fast das Doppelte. Damit stellte er einen weiteren neuen Auktionshausrekord dar. Nachdem Viktorov die Neuerwerbung mit seiner Frau am Klavier ausprobiert hatte, lud er ein paar Wochen später 160 Gäste zu einem Privatkonzert ins Paschkow-Haus, einer elegant restaurierten Neo-Palladio-Villa, die in der Regel an ausgesuchte Firmenkunden für 100.000 Dollar pro Abend vermietet wurde. Dort sollte Pinchas Zukerman, begleitet vom Orchester des Bolschoi-Theaters, zeigen, was in der Geige steckte. »Im modernen Russland geht es nicht nur um Öl und Gas«, erklärte der neue Eigentümer, »es geht auch um Kultur.«[227]

Auf lange Sicht war es dennoch denkbar, dass die Auktionshäuser erneut das Interesse verlieren würden. Der Boom, der zum Verkauf der »Lady Blunt« und zu den »Kreutzer«-Verkäufen geführt hatte, höhlte auch die großen Privatkollektionen aus. Die wenigen verbleibenden großen Sammler hatten vermutlich besondere Beziehungen zu den wenigen verbleibenden Top-Händlern. Die Besteuerung auf Einkommen, Erbschaft, Kapitalgewinn und alles, was einem einfallsreichen Gesetzgeber oder Finanzminister gegebenenfalls sonst noch in den Sinn kam, konnte sie, ihre Erben oder ihre Testamentsvollstrecker ebenso leicht veranlassen, ihre Sammlung einem Orchester, einem Museum, einer Stiftung oder einer Hochschule zu vermachen, wie sie zu einem Auktionshaus zu bringen.[228]

Dann kamen die neuen Händler, die die Geigen um ihrer selbst willen schätzten und so lange im Geschäft bleiben wollten wie möglich. Darüber wurde die Ähnlichkeit mit ihren legendären Vorgängern immer geringer. Nach eineinhalb Jahrhunderten atlantischer Vorherrschaft wiesen sogar ihre bevorzugten Veranstaltungsorte – Chicago, Dallas, Wien, Niederlassungen in Zürich, Seattle und dem asiatischen Raum – auf neue Grenzen hin. Arthur Hill hätte sich vermutlich über ihren Respekt für die Leistungen und das Erbe seiner Familie gefreut und wohl auch ihren Unternehmergeist, ihren Fleiß und erst recht ihre Archivforschungen anerkannt. Aber angesichts seiner ungeteilten, lebenslangen und sichtlich herzlichen Verachtung für Deutsche, Juden, Italiener, Amerikaner, für die meisten seiner Händlerkollegen und einen großen Teil der menschlichen Rasse, der er auf Seite über Seite seiner Tagebücher Ausdruck verlieh, ist ein kollegialer Respekt schwer vorstellbar. Auch Charles Beare, der einem direkten Erben vielleicht noch am nächsten kam, wäre von Hill vermutlich ambivalent beurteilt worden. Mit dem Respekt für Beares Handelspartner und Berufsgenossen konnte es deshalb nur bergab gehen.

Im Gegensatz zu seiner exemplarischen Verachtung für andere war Hills Ambivalenz Beare gegenüber direkt und persönlich und reichte bis in das Jahr 1865 zurück, als John Beare, ein Freund von Sir Edward Elgar und gelegentlicher Musikverleger, in London mit dem Instrumentenhandel begann. 1892 gründete er mit seinem jüngeren Sohn Arthur, der frisch von einem Violin-studium in Leipzig zurückkam, ein Geschäft in Soho. 1929 folgte auf die beiden Arthur Hills Sohn William, der frisch von einer zweijährigen Ausbildung aus Mirecourt kam. 1961 wurde Williams Stiefsohn Charles zu seinem Nachfolger, der frisch von Wurlitzers und aus Mittenwald kam. Charles, ein Beare der vierten Generation, kaufte von den Hills der vierten Generation zusammen mit einem Trio von Händlerkollegen in London und Chicago die Tagebücher von Arthur Hill für 67.000 englische Pfund.[229] Für sie alle war der darin enthaltene Austausch eine Investition in geistiges Kapital. Aber für Beare war auch die Symbolik kaum zu übersehen. Von 1890 an lag es in der Natur des Handels, dass sich die Wege der Beares und der Hills kreuzten. Wie fast alles, was im Laufe eines Arbeitstages passierte, hat Arthur diese Überschneidungen in laufenden Kommentaren im Tagebuch festgehalten. Seine Einträge waren selten wohl-wollend und niemals schmeichelhaft. Der Kauf bestätigte zugleich, dass die Geschichte ganz anders verlaufen war, als sie sich die beiden Familien vorge-stellt hatten. In demselben Jahr, in dem die Tagebücher ihren Besitzer wech-selten, implodierte der letzte der Läden von Hill in Hanwell, während der von J. & A. Beare in Soho sein hundertjähriges Bestehen feierte. Charles Beare, Ab-solvent eines Privatinternats und Commander des Order of the British Empire, war inzwischen der erste Händler, der auf einer der zweimal im Jahr verkün-deten Ehrenlisten erschien, und sein Sohn Peter, der der fünften Generation Beare angehörte, war in das Geschäft eingetreten.

Die Erben von John Beare zogen erst an der Schwelle zu einem weiteren neuen Jahrhundert nach Westen, aber das in einem Rahmen, der über allem lag, was sich die Hills hätten erträumen können. Die neuen Räumlichkeiten in der Queen Anne Street waren erheblich größer, besser beleuchtet und lagen verkehrsgünstig zwischen der Wigmore Hall, dem Royal College of Music und der U-Bahnstation Bond Street. Auch in Übersee – in Dallas und New York – gab es Niederlassungen; daneben natürlich die Präsenz im Internet einschließlich einer Homepage in koreanischer Sprache.[230] Anlässlich des offiziellen Geburts-tags der Königin im Jahr 2008, erhielt J. & A. Beare mit 45 Millionen Pfund Auslandsumsatz in den letzten drei Jahren eine Auszeichnung der Königin für Unternehmen, Schulter an Schulter mit der BT Group plc, Land Rover und l'Anson Brothers North Yorkshire, dem Entwickler und Hersteller eines paten-tierten Pferdefutters.[231]

Eigentlich kam Beare, von seiner Abstammung abgesehen, zum Handel fast so natürlich wie die Hills. Ebenso wie Alfred Hill war er sowohl Geigen-bauer als auch Händler und hatte in einem Geschäft gelernt, in dem es mehr zu sehen gab als in jedem anderen – allein 110 Strads und 57 Guarneris in seiner Zeit bei Wurlitzer.[232] Und ebenso wie Alfred Hill und der patriarchalische W. E. konnte er sich an nahezu alle Instrumente erinnern, die durch seine Hände gegangen waren. Dass viele davon zuvor von den Hills gesehen, zertifiziert, häufig überarbeitet und verkauft worden waren – einige sogar mehrfach –, war ebenfalls ganz natürlich. Als Nachfolger von Hill und Wurlitzer schätzte er, dass er durchschnittlich drei oder vier Strads in einem Jahr verkaufte. Doch nach seiner Schätzung machte der Verkauf von Instrumenten nur 20 Prozent seines Geschäfts aus.[233] Seine Forschungen über Cremoneser und venezianische Geigenbauer knüpften dort an, wo die Hills aufgehört hatten.[234] Das schloss sogar die Worshipful Company ein, die die Hills vor der antiquarischen Vergessenheit durch die Gilde bewahrt hatten.

Auch wenn andere vielleicht Beares Umsatz überschritten oder es mit seiner Gelehrsamkeit aufnehmen konnten: Seine Sachkenntnis stellte niemand in Frage. Er hatte seinen Vater einmal gefragt, wie lange es dauern würde, um zum Experten zu werden. »Zehn Jahre«, lautete die Antwort.[235] Dann fragte er, wie lange es gedauert hatte, bis die Menschen das Fachwissen seines Vaters anerkannt hatten. Die Antwort war wieder: »Zehn Jahre.« Spätestens Anfang der 1980er-Jahre hatte eine Expertise von Charles Beare die Autorität einer Entscheidung des Obersten Gerichtshofes, und seine Zertifikate galten weltweit als Goldstandard. Selbst in seiner Abwesenheit konnte man seine Gegenwart spüren wie die Sonne hinter den Wolken. Mitte November 1998 verkaufte das Kölner Auktionshaus Bongartz eine als Stradivari bezeichnete Geige an den niederländischen Unterhaltungskünstler André Rieu, der sein Gebot per Telefon aus Paris abgab.[236] Es verlautete, dass der Zuschlagspreis 2 Millionen Mark betrug, zu dieser Zeit etwa 1,2 Millionen Dollar. Innerhalb einer Stunde wurde Rieu angeblich von einem Amsterdamer Geigenbauer und einem Händler aus Basel darüber informiert, dass seine gerade erworbene Strad eine zusammengesetzte Geige mit einer französischen Decke aus dem 19. Jahrhundert war.[237]

Christophe Landon, der letzte französische Geigenbauer und -händler, der sich in New York niedergelassen hatte, war von der Geschichte begeistert. »Es beweist, dass es Geigen gibt, die wie Strads klingen, aber es geschieht doch alles in den Köpfen der Menschen«, sagte er in einem Interview.[238] Etwa einen Monat später hatte immer noch kein Geld den Besitzer gewechselt, und Rieu gab das Instrument zurück an Bongartz. Angeblich hatte es Pierre Vidoudez, ein Geigenbauer und -händler aus Genf, dem das Instrument einst gehört hatte, seinem früheren deutsch-jüdischen Besitzer veruntreut, dann als sein eigenes zertifiziert und verkauft.[239] In Wahrheit aber war der letzte Besitzer ein ungenannter europäischer Solist, der das Instrument mit einem Vidoudez-Zertifikat von Vidoudez gekauft und es kurz vor seinem Ruhestand dem Händler Francais für sechs Monate mit einer Preisvorstellung von 2,5 Millionen Dollar zum Verkauf überlassen hatte. Als sich in New York kein Abnehmer fand, wandte sich der Eigentümer nach Europa. Aber niemand war bereit, Vidoudez' Zuschreibung zu bestätigen. An dieser Stelle wandte sich der Eigentümer an Bongartz.[240]

Beare bestritt, bei der darauffolgenden Entdeckung der französischen Decke des Instrumentes irgendeine Rolle gespielt zu haben. Doch seine Bedenken wurden von Vatelot in Paris – einem weiteren Kardinal in der Kurie der Violine – geteilt und schließlich durch eine dendrochronologische Untersuchung bestätigt, die das Holz der Decke auf ca. 1832 datierte.[241] In der winzig kleinen Welt der Beobachter des Violinhandels forderten die nun schon vorhandenen Hinweise laut und deutlich dazu auf, miteinander verbunden zu werden. Matthieu Besseling, der Tippgeber aus Amsterdam, der als Erster mit der Neuigkeit zu Rieu kam, war eng befreundet mit Michel Samson, dem europäischen Vertreter von Bein & Fushi, die – wie jeder wusste – eine besondere Beziehung zu Beare hatten. In der Tat bestand Beare darauf, dass er das Instrument als französisch identifiziert habe, als er es vor 30 Jahren zum ersten Mal bei Vidoudez sah. Vidoudez hatte es dennoch als eine Strad verkauft. »Zu der Zeit war ich offenbar nicht wichtig genug, um zur Kenntnis genommen zu werden«, meinte Beare.[242] Er war dennoch darüber entrüstet, dass Bongartz die Unmöglichkeit, das Instrument zu verkaufen, auf Vidoudez schob, der 1994 mit 87 Jahren gestorben war[243] und sich nicht mehr verteidigen konnte, statt sein Gewissen durch einen präventiven Vorbehalt zu erleichtern, der die ganze Peinlichkeit erspart hätte. Am Ende wurde das Instrument privat unter dem Auktionspreis verkauft, und Rieu fand eine andere Strad. Doch dieses Mal behielt er die Details für sich.[244]

Wie in einem Film der Nouvelle Vague gab der Ausgang der Geschichte zu den verschiedensten Interpretationen Anlass. Die erste Frage war: Ton oder Zettel? Das fragliche Instrument war jahrzehntelang von so hervorragenden Geigern wie Mischa Elman ohne einen Widerspruch oder eine Beschwerde gespielt worden. Auch Rieu gefiel die Geige offenbar. Lässt sich daraus folgern, dass eine Strad auch dann schön klingen kann, wenn sie nur teilweise »echt« ist? Vielleicht. Aber offensichtlich – bei dem Preis, den er dafür bezahlt hatte – nicht für Rieu. Die nächste Frage war: Wieviel ist ausreichend? Hellmut Stern, ein langjähriges Mitglied der Berliner Philharmoniker und selber ehemaliger Eigentümer einer Strad, pflegte zu sagen, dass es eine schlechte Strad ebenso wenig gebe wie Schlechtes von Mozart. Aber einige sind besser als andere, und dies auf eine Art und Weise, die wahrscheinlich ihren Preis beeinflusst. Die »Wieviel«-Frage war allerdings dann von besonderer Relevanz, wenn die Geige – wie in diesem Fall – aus Teilen einer Strad bestand. Rieus erfolgreiches Gebot war die Hälfte oder weniger von dem, was der Besitzer gehofft hatte, in New York zu bekommen, und ein Drittel bis ein Viertel dessen, was Menschen in Chicago und London für eine Strad mit Sammlerwert ausgaben. Hätte Rieu also eigentlich ein Schnäppchen gemacht?

Die Hills waren einmal in einen solchen Fall verwickelt gewesen. In einer Branche, die ihre Erinnerungen häufig auf der Zunge trägt, war es merkwürdig, dass niemand eine entsprechende Andeutung machte. Im Jahr 1883 verkaufte

Laurie an James Johnstone, einen Fisch-Großhändler und Geigensammler aus Glasgow, eine zusammengesetzte Strad, die in Paris aus wiederverwendeten Teilen von noch weniger perfekten Verbund-Strads, die die Hills gekauft hatten, montiert worden war. Sechs Jahre später erfuhr er durch einen Lapsus der Hills, was Laurie ihm da verkauft hatte. Die Hills sagten für die Anklage aus, und zu ihrer tiefen Befriedigung war Laurie der Verlierer.[245] Doch die Hills selber waren von der glückhaften Vereinigung eines Montagnana-Bodens mit einer Decke von Guarneri und Zargen von Silvestre, die Hippolyte Chrétien Silvestre – ein weiterer Pariser Geigenbauer – ihnen vor Kurzem angeboten hatte, ausgesprochen begeistert. Arthur Hill nannte sie »eine schöne Violine für einen Künstler«.[246]

Der Fall Bongartz führte zu einer dritten Frage: Was passiert, wenn ein Händler es mit einem Auktionshaus aufnimmt? Händler gingen aus dem gleichen Grund zu Auktionen, aus dem sie Todesanzeigen lasen. Auktionshäuser vergaben die Expertise an Händler, um die Gehälter für Angestellte zu sparen. Beide spielten ihre Spielchen. Händler waren sich darüber einig, einander bei Angeboten, an denen sie alle interessiert waren, nicht zu überbieten, und klärten die Sache unter sich, nachdem einer von ihnen ein Gebot erfolgreich platziert hatte. Auktionatoren schauten gen Himmel, wenn sich auf dem Parkett nichts bewegte, und nahmen Gebote von den Kronleuchtern an. Dennoch war jede Seite für die andere nützlich – und wusste das.

Der Verkauf der »Lady Blunt« markierte 1971 einen Wendepunkt; seither waren Händler und Auktionshäuser direkte Konkurrenten. Expertise, die schon immer der Wettbewerbsvorteil der Händler gewesen war, war auch nun ihre »force de frappe«. Aber wessen Expertise? Als Willem Bouman, der Dekan der niederländischen Händler, einem Besucher die Dynamik des Schusswechsels bei Bongartz erklärte, betonte er, dass Vidoudez ebenfalls ein Experte war. Doch Vidoudez, so betonte auch Beare, war tot, einige Händler und einige Strads waren zumindest gleicher als andere, und im Prinzip war jeder lebende Experte im Vorteil, selbst einem Hill gegenüber. Also führten am Ende alle Wege von Köln zu Beare, dem Händler der Händler und Experten der Experten, über den sein einstiger Schützling Peter Biddulph in einem weit zurückliegenden Interview aus dem Jahre 1991 sagte: »Charles Beares Meinung ist – abgesehen von meiner eigenen – die einzige, die ich suchen würde.« Er räumte ein, dass Bein ebenfalls gut war. Doch keiner der beiden würde den anderen um Rat fragen, sondern jeder von ihnen würde sich an Beare wenden.[247]

Wenn Beare in den Handel hineingeboren war, könnte man von Biddulph, dem zweiten der großen Händler des späten 20. Jahrhunderts, sagen, dass er sich ihm schon anschloss, als er noch ein Schuljunge in Oundle, einer Privatschule in Nordengland, war. Im Alter von 14 Jahren begann er mit dem Cellospiel, um auf diese Weise das Internat so schnell wie möglich verlassen zu können. Drei Jahre später wurde er sowohl an der Royal Academy als auch am Royal College of Music angenommen, er entschied sich für Letzteres, vor allem weil so viele seiner talentierteren Mitstudenten die Academy wählten, wie er später erklärte.

Der erste Schritt zur Selbstfindung war der Verkauf seines Cellos, ein Instrument, das sein Vater für ihn bei Beare für 180 Pfund erstanden hatte. Nachdem ihm nach einer schlechten Nacht beim Kartenspiel 30 Pfund fehlten – zu dieser Zeit die Lebenshaltungskosten für einen Monat –, machte er einen Gewinn von 70 Pfund mit dem Verkauf des Cellos. Der nächste Schritt war der Verkauf dessen Nachfolgers, und nach eigenen Angaben folgten in seinem letzten Studienjahr die Verkäufe weiterer sieben Instrumente. Mittlerweile, so sagte er, hatte er mit Hilfe seines zunehmend gereizten Lehrers Anthony Pini ein paar grundlegende Wahrheiten über sich selbst gelernt, darunter die, dass das Geschäftsleben der einzige Bereich war, in dem Stress bei ihm nicht Probleme auslöste. Ein zufälliger Kontakt führte zu sechs Jahren bei Beare, wo Biddulph offiziell hinter dem Ladentisch arbeitete und dabei von Beare so lernte, wie Beare einst von Sacconi gelernt hatte. Dann brach er selber auf und »zog herum«, wie er es selbst später beschrieb, um »in den Geschäften anderer Leute Dinge zu kaufen und sie dann als das zu verkaufen, was sie wirklich waren«.[248]

Er bewies bald, dass die neue Globalisierung, die um ihn herum Gestalt annahm, für einen Geigenhändler genauso günstig war wie die große Globalisierung des 19. Jahrhunderts, die mit dem Jahr 1914 geendet hatte. London war immer noch ein Knotenpunkt. Aber dieses Mal floss der Handel von Großbritannien weg und nicht mehr darauf zu. Da der japanische Markt zu Beginn der 1970er-Jahre immer noch eine Goldgrube war, die ihrer Entdeckung harrte, wandte sich Biddulph aus demselben Grund nach Asien, den der berühmte Panzerknacker Willie Sutton für seine Überfälle anführte: »Weil da das Geld ist.« Außerdem entdeckte auch er Amerika. Im Rückblick auf die 1980er-Jahre schätzte Biddulph, dass er fast 100 Mal mit der Concorde geflogen sei. Für einen Tag nach Singapur zu fliegen, machte ihm mit dem Überschallflug nichts aus. Und nachdem er gehört hatte, wie Daniel Barenboim darüber fantasierte, in London, New York und Los Angeles zwischen Frühstück und dem Schlafengehen zu dirigieren, setzte er sich zum Ziel, an einem einzigen Tag Geschäfte in New York, Philadelphia, Chicago und Los Angeles abzuwickeln – und schaffte es auch.[249]

Biddulph reiste so regelmäßig und in einem solchen Ausmaß, dass er als die »Fliegende Fiedel« bekannt wurde, wobei in der britischen Umgangssprache dem Begriff »Fiedel« auch ein Schatten von »Bluff« anhängt. Es war egal, wo er landete – denn er brachte stets ein Paket von Vorzügen mit, dem nur wenige Kollegen in seinem Fach etwas entgegensetzen konnten. Darunter waren sein Verständnis für und seine Lust an Risiken, eine großzügige Portion dessen, was Alix Kirsta als »die Energie eines Tausendsassas und einen scheuen Charme« bezeichnete, sowie Augen, die Dinge erspähten, die seine Konkurrenten übersehen hätten, noch dazu an Orten, zu denen die meisten vermutlich nie gegangen wären. Nach rund 200 Jahren der Rasterfahndung waren unentdeckte Strads[250] etwa so häufig wie unentdeckte Rembrandts, Gutenberg-Bibeln oder Folianten von Shakespeare. Doch Biddulph schaffte es nicht nur, im globalen Heuhaufen alte meisterhafte Nadeln zu finden – darunter unentdeckte Strads –, er verwandelte auch regelmäßig etwas, das anderen als Blech erschien, in Gold.

Zu Anfang seiner Karriere tat er sich mit dem deutsch-amerikanischen Geigenbauer und -restaurator Peter Moes zusammen, bis beide sich einvernehmlich trennten. Daraufhin war er findig genug zu behaupten, dass Restaurierungen ohnehin überschätzt würden. Als er eine Tätigkeit als Berater bei Sotheby's annahm, erklärte er entwaffnend: »Wir bieten das Beste in seiner Art an, aber nicht unbedingt im besten Zustand.« Darüber, was jeder Vertragspartner vom anderen erwartete, gab es offenbar keine Einigung. »Ich brauchte sie für eine Art Status, und sie brauchten mich, weil sie einen Experten wollten«, bestätigte Biddulph.[251] Wie zu erwarten, berührte ein möglicher Interessenkonflikt zwischen Biddulph, dem Berater, und Biddulph, dem Händler, einen wunden Punkt im Verhältnis zu einigen Mitarbeitern und Händlern. Erstaunlicherweise wurde dies von den Anwälten und der Firmenleitung von Sotheby's hingenommen.

Es ist nicht überraschend, dass die Erinnerungen von Biddulph und diejenigen der Mitarbeiter an seine Zeit bei Sotheby's deutlich voneinander abweichen. Der Berater Biddulph sträubte sich gegen »die neue aggressive Politik bei Sotheby's« und gegen den »Druck, ohne Ansehen des Instrumentes das Beste über einen alten Hund sagen zu müssen«. Der Händler Biddulph sträubte sich gegen die »rabiateren Elemente der Branche«, die die Preise kritisierten, die er für seine Einkäufe gezahlt hatte. Bei seinen stets vorsichtigen Zuschreibungen bestand er darauf, nur das unabhängige Urteil abzugeben, für das Sotheby's ihn eingestellt hatte. In Bezug auf die Großzügigkeit seiner Preise fügte er hinzu, dass er einen aktiven Markt voraussehe und auf ihn reagiere. Die kleineren Händler scheinen ihm ihrerseits vorgeworfen zu haben, auszuscheren und die Preise in unerreichbare Höhen zu treiben. Die Mitarbeiter hingegen lehnten sowohl die Zuschreibungen und Schätzungen ab, die ihre eigenen übertrumpften, als auch einen Berater, der viel mehr als sie bei etwas verdiente, das für sie nach viel weniger Arbeit aussah. In ihren Augen war es schlimm genug, dass der Händler Biddulph auf so durchsichtige Weise von den Schätzungen und Zuschreibungen des Beraters Biddulph profitierte. Es kam hinzu, dass diese ihm darüber hinaus auch noch zu einem Anteil an dem Gewinn verhalfen, den die Abteilung insgesamt machte. »Irgendwann«, so erinnerte er sich, »wurde ich nicht mehr gerufen, wenn eine große Geige hereingekommen war.«

Durch die Ankündigung eines Verkaufs von vier Strads im Jahr 1985 kulminierten die Auseinandersetzungen, und Biddulph zog sich in ein eigenes Geschäft auf der anderen Seite der St. George Street zurück. Dort wechselte er erneut den Kurs, indem er einige der besten Restauratoren der Branche für seine Werkstatt engagierte. Im Jahr 1989 produzierte er mit Hilfe von Eric Wen, einem ehemaligen Redakteur der Zeitschrift *The Strad*, für eine CD-Reihe seines Hauses eine kleine Zusammenstellung von historischen Aufführungen und veröffentlichte zehn Jahre später (wie vor ihm die Hills) eine Serie von hervorragenden Strad- und del-Gesù-Monografien mit Produktionswerten, die dem Stand der Wissenschaft entsprachen.

Ein immer dicker werdendes Adressbuch bezeugte die vorbildliche Beziehung zu seinen Kunden, darunter so prominente Künstler wie Yehudi Menuhin, Pinchas Zukerman und Nigel Kennedy. Doch auch Zeitgenossen mit wenig oder gar keinem Profil wie Gerald Segelman konnten durchaus interessant sein. Segelman – in eine Familie jüdischer Einwanderer aus dem habsburgischen Österreich hineingeboren – war klein, genügsam, zunehmend eigenbrötlerisch, manchmal streitsüchtig, sehr reich und seit seiner Kindheit von der Violine verzaubert. Zwischen den 1920er-Jahren, als er und seine Brüder ihre geschäftliche Tätigkeit begannen, und 1956, als er an die Rank Organization verkaufte, hatte er sein Vermögen während des Goldenen Zeitalters, das dem Fernsehen vorausging, durch Kinobesucher verdient. Gleichzeitig wandte er zwischen 1942 und 1966 Geld und Leidenschaft für eine Sammlung auf, die Instrumente mit Preisen zwischen 10 und 8.000 Pfund enthielt, darunter einige der größten Strads und del Gesùs. Am Ende des Zweiten Weltkriegs hatte er bereits 37 wichtige Instrumente gesammelt, was ihn zu Hills letztem großem Kunden und dem wahrscheinlich letzten großen Privatsammler Großbritanniens machte.[252]

Er erschien ausschließlich auf Geigenauktionen – mythisch und unnahbar und immer in Schwarz gekleidet. »Alle von uns wussten, dass Gerald Segelman eine bedeutende Sammlung aufgebaut hatte«, sagte später eine Mitarbeiterin von Sotheby's.[253] Doch außer seiner Lebensgefährtin und früheren Buchhalterin war kaum jemandem auch nur die Hälfte davon bekannt – mit einer Ausnahme. Sowohl Biddulph als auch Segelman liebten Violinen und den Handel mit ihnen über alles und kamen in den 1970er-Jahren trotz eines Altersunterschiedes von mehr als 40 Jahren in näheren Kontakt. Während der letzten 20 Jahre von Segelmans Leben scheint Biddulph so etwas wie ein Freund der Familie geworden zu sein. Aber so gut Biddulph auch im Einzelhandel war: In den Beziehungen von Händler zu Händler – in der Branche als Großhandel bekannt – war er vermutlich noch besser. »Seit Jahren habe ich den Großteil meiner Lagerbestände immer zu den großen Händlern in Amerika und Japan gebracht«, erinnerte er sich Jahre später an sein Geschäft in der St. George Street, und fügte hinzu: »Wenn eine gute Geige reinkam, verkaufte ich sie zur Hälfte an einen Kollegen im Austausch dafür, dass ich sie in Ordnung brachte.« In der Regel hassten sie das, erzählte er einem Interviewer. Sie kauften dennoch.[254]

Ebenso wie Duveen, der legendäre Kunsthändler zu Beginn des 20. Jahrhunderts, der die statushungrigen Millionäre Amerikas mit Europas geldhungrigen Aristokraten zusammenführte, verband Biddulph Angebot und Nachfrage auf höchstem Niveau.[255] Ein ehemaliger Angestellter von Sotheby's erinnerte sich, dass Biddulph häufig äußerte, er sehe in Duveen sein Vorbild.[256] Aber für das Ende des 20. Jahrhunderts nahm er einige Korrekturen vor, von denen die erste die Einbeziehung immer breiterer Streifen des asiatischen Raumes war. Eine zweite war die Wiederentdeckung der besonderen Tugenden und Vorteile des Fachhandels. Im Kunsthandel hatten die besseren Ressourcen und die globale Reichweite der Auktionshäuser die Händler längst an den Rand gedrängt. Doch die Violine – unabhängig davon, ob ihr Preis vier- oder achtstellig war – blieb weiterhin ein Instrument, dessen Handel sich vom Kunsthandel sowohl in der Art als auch im Umfang unterschied. Selbst als sie in Institutionen wie Taiwans Chi Mei Foundation und Japans Nippon Music Foundation, der Deutschen Bank, der Dresdner Bank und der Österreichischen Nationalbank und Museen wie dem Washingtoner Smithsonian und der Library of Congress auftauchte, war sie dafür gedacht, gespielt zu werden, und die Fähigkeiten, die nötig waren, um mit ihr zu handeln wurden weder in kunstgeschichtlichen Seminaren vermittelt noch in Auktionshäusern erworben oder kultiviert.

Ein weiterer Unterschied bestand im Verkaufsprozess. Die Mitarbeiter eines Auktionshauses waren so bereitwillig wie nur irgendjemand, Verkäufern jederzeit und überall auf die Spur zu kommen. Doch bis ins Zeitalter von Smartphones und Internet waren die Bieter zumeist den räumlichen und zeitlichen Beschränkungen unterworfen, die zum Auktionsprozess dazugehören. Die schöne neue Welt der asiatischen Tiger, schwankender Wechselkurse und Überschallflugreisen bot Möglichkeiten, die alles seit Laurie übertrafen. Die Grundausstattung bestand aus Kenntnis über und Leidenschaft für das Instrument, aber ebenso aus Energie, Fantasie, Geduld, Ausdauer und Nerven. Ebenfalls unabdingbar waren Verbindungen und Bargeldreserven oder zumindest ein Kreditrahmen, der solide genug war, um die vielen Möglichkeiten, nach denen die neuen Händler ständig suchten und die sie auch häufig fanden, ins Visier zu nehmen. Für Händler wie Biddulph, die in den Handel als Spieler kamen, war der Zugang zu Mitarbeitern mit einschlägigen Fachkenntnissen genauso wichtig wie der Zugang zu einem großen internationalen Flughafen. Internetverbindung und Mobiltelefon kamen später.

Aber um Angebot und Nachfrage in einer größeren Welt mit einem Minimum an Bewegungsaufwand zusammenzuführen, war noch eine dritte Anpassung notwendig. Duveen pendelte unter Volldampf zwischen Angebot und Nachfrage hin und her. Er brauchte allerdings ein Unterstützungssystem einschließlich bestechlicher Angestellter, die ihn wissen ließen, wo er am besten zufällig auf ihren Arbeitgeber treffen konnte, er brauchte Anwälte, die die unangenehmen Folgen allzu optimistischer Zuschreibungen dämpfen konnten, und den jungen Bernard Berenson, der schon damals der Alfred Hill für die

Kunst der Renaissance war. Aber meistens war sein Kundenkreis sehr klein und sehr reich, und seine Mitglieder waren in ihren eleganten New Yorker Stadthäusern oder ihren Sommerpalästen in Newport, die sie als Häuschen bezeichneten, gut erreichbar. Die Hills hatten es sogar noch einfacher. Zu besonderen Kunden schickten sie einen uniformierten Angestellten, der die Ware persönlich überbrachte. An sehr besondere Kunden lieferten die Brüder die Ware selber aus. Doch die meisten Kunden kamen auch sehr gerne zu ihnen.

Ein Jahrhundert später war es schwieriger geworden, einen Einkauf an nur einer einzigen Anlaufstelle zu tätigen. Es gab immer weniger Angebote. Die Nachfrage stieg weltweit an. Die Konkurrenz war hart. Informationen waren in Lichtgeschwindigkeit verfügbar. Verkäufer, Instrumente und Käufer konnten sich praktisch überall befinden. Sechs- und siebenstellige Transaktionen erstreckten sich über zwei oder mehr Kontinente. Wechselkurse stiegen und fielen wie die Termingeschäfte für Sojabohnen. Sogar Händler benötigten Händler. Flexibilität, Vermittlung, sogar Schlichtung waren so heiß begehrt, wie Laurie und Duveen es sich nicht hätten vorstellen können. Ein Händler, der morgen schon in Tokio sein konnte, war seinem hervorragenden Konkurrenten, der dort erst nach einer Woche einzutreffen vermochte, schon voraus.

Im Jahr 1974 kreuzten sich die Wege von Robert Bein und Geoffrey Fushi, die Alte Welt traf in einer Weise auf die Neue, die Duveen genossen haben könnte, und die Kondensstreifen begannen sich über dem Michigan-See zu schneiden. Weder Bein noch Fushi waren »ein in Chicago geborener Amerikaner« wie Saul Bellows Augie March. Bein war der Sohn von Berufsmusikern und in einer Universitätsstadt in Ohio geboren, Fushi in North Carolina, wo sein Vater während des Zweiten Weltkriegs diente. Doch Kollegen, Kunden oder zufällige Besucher, die sahen, wie sie miteinander umgingen, konnten sich beide leicht als Charaktere in einem Roman von Saul Bellow vorstellen. War dies tatsächlich eine im Himmel geschlossene Ehe? »Mehr eine in der Hölle geschlossene«, folgerte ein Sammler, der ihre Beziehung über Jahrzehnte beobachtet hatte. Doch selbst er hielt es für möglich, dass sie sich mochten.

So oder so: Es funktionierte. Wie jede langjährige Verbindung schien sie ihre Kraft aus einem Reservoir von Geistesverwandtschaft, gegenseitiger Ergänzung und aus der Tatsache zu ziehen, dass jeder den anderen brauchte. Beide Partner hatten eine noch nicht allzu weit zurückliegende Einwanderung als familiären Hintergrund, beide waren eindeutig Babyboomer und außerdem Universitätsabbrecher. Beide waren unverkennbar amerikanisch, vielleicht vor allem in ihrem Geschäftsansatz. Beide bekannten sich – sogar in ihrer Werbung – offen zu ihrem tiefen und praktischen Engagement für die Scientology-Kirche.[257]

Wenn man die beiden bei der Arbeit beobachtete und sah, wer was am besten konnte, ergab sich eine ziemlich klare Arbeitsteilung der Partner nach Art der Fernsehserie *Ein seltsames Paar* mit dem peniblen Felix und dem temperamentvollen Oscar. Bein dabei zuzusehen, die handwerklichen Fingerabdrücke eines zweit- oder drittrangigen Geigenbauers aus Cremona zu bestimmen, war so, wie Ranke – den Vater der modernen Geschichtsschreibung – ein Manuskript untersuchen zu sehen oder Virchow – den Vater der modernen Pathologie – ein erkranktes Organ. Fushi dabei zuzuhören, wenn er über seine neuesten Abenteuer mit der Hi-Fi-Tontechnik berichtete, über Linda Lampenius, die das Konservatorium in Helsinki besucht hatte und als Linda Brava im Jahr 1998 auf der Titelseite des *Playboy* erschien[258] oder über Verhandlungen mit den Eigentümern des in Las Vegas neu eröffneten Bellagio-Casinos, war so, wie einer Lesung von Cervantes aus *Don Quichotte* oder Laurence Sterne aus *Tristram Shandy* beizuwohnen. Ab und zu wurde eine Bein-Zuschreibung erfolgreich angefochten. Aus dem Geschäft mit Lampenius/Brava und Bellagio wurde nichts. Aber das spielte kaum eine Rolle. Der Besucher bezweifelte nie, dass er sich in Gesellschaft von Meistern befand.

So ähnlich die Biografien von Fushi und Bein waren, so verschieden war ihre physische Präsenz. Der hochgewachsene, leutselige und adrette Bein war einst (wie Biddulph) ausgezogen, um Cellist zu werden. Dann aber nahmen ihn die Instrumente mehr und mehr gefangen, und die Entdeckung eines Dominique-Peccatte-Bogens wurde für ihn zum Moment der Wahrheit. Er begann, kaum 20 Jahre alt, in einem kleinen Geigengeschäft in Cincinnati zu arbeiten, wo ihm genug Zeit blieb, um sich in die klassischen Monografien und Kataloge über historische Instrumente zu vertiefen und gelegentlich Chicago zu besuchen. Der kleine und redselige Fushi mit der Statur eines Buddha war fünf Jahre älter und kam aus einer italienischen Familie (die sich einmal Fusci geschrieben hatte) im Arbeiterviertel Chicago Heights. Als Schülergeiger sah er sich während eines Orchestercamps der Universität von Illinois neben einem Klassenkameraden mit einer Geige aus dem Jahre 1694 sitzend. Niemand hatte ihm je gesagt, dass es solche Dinge gab. Diese Erfahrung war für Fushi das, was der Bogen für Bein gewesen war. Mit noch nicht ganz 30 Jahren fand er sich als Verkäufer bei William Lewis wieder, dem ehrwürdigen Unternehmen in Chicago, dessen eingewanderter englischer Gründer Amerikas erste große Geigerin Maud Powell unterrichtet hatte, als sie neun Jahre alt war.

Aber die Firma Lewis war längst in weit größeren Nachfolgeunternehmen aufgegangen, und Violinen, die möglicherweise ein halbes Prozent des Jahresumsatzes von 100 Millionen Dollar ausmachten, waren zu einem Nischenobjekt geworden. Während sich das Unternehmen nach und nach aus Chicagos historischem Geschäftsviertel – dem Loop – zurückzog und in die Vororte ging, befand sich das ebenso historische und bekannte Unternehmen Lyon & Healy ebenfalls in einer Übergangsphase. Aber als Folge des jüngsten israelisch-arabischen Krieges galt das genauso für große Teile der Welt. Während die Petrodollars auf der Suche nach neuen Heimstätten und Anlagemöglichkeiten um die ganze Welt strömten, verkaufte ein begeisterter Fushi seine erste del Gesù für 175.000 Dollar an C. M. Sin, den Sammler aus Hongkong. Im selben Jahr und nachdem ihn ein gemeinsamer Freund mit Bein bekannt gemacht hatte, taten die beiden ihre Ressourcen zusammen, kauften eine Strad, die erst kürzlich auf den Markt gekommen war, und machten sich auf den Weg nach Japan, wo sie zufällig auf Biddulph trafen. Noch im selben Jahr nahm Biddulph Bein mit in Segelmans Wohnung, damit er dessen Sammlung bewundern konnte. »Es war ein wundervolles Leben«, sagte Bein später zu einem Reporter aus Chicago, »wir aßen in besseren Restaurants, wir tranken teurere Weine, und wir hatten wunderbare Kollegen«.[259]

Nachdem sie ihren Brückenkopf im Schatten des Kaku – einem lokalen Handelshaus, das mit Zigarren, Kakteen, Gitarren, elektrischen Orgeln und alten Violinen handelte – etabliert hatten, zogen Bein und Fushi in ein Kaufhaus an der Ginza um. Sehr bald verkauften sie Instrumente in großen Mengen von bis zu 500 auf einmal an eine Klientel – Bein nannte sie »Menschen ohne Großväter« –, die so verrückt nach Geigen war wie viktorianische Engländer, aber über keine vergleichbaren Reserven verfügte, die in den Schränken und unter den Betten der Nation nur darauf warteten, neuer Verwendung zugeführt zu werden. »Damals hätten die Japaner alles gekauft«, erinnerte sich Biddulph.[260] Von Japan zogen sie nach Korea, wo Bein mit Interesse feststellte, dass 49 von 50 Instrumenten für Töchter der Mittel- oder Oberklasse gekauft wurden und Geigenlehrer zu den bestbezahlten Profis der Nation gehörten.[261] Sie sollten stets acht oder neun Mal im Jahr nach Korea zurückkommen.

Zurück in Chicago eröffneten sie am 1. April 1976 ihr eigenes Geschäft. Als Gebäude hatten sie sich das Fine Arts Building, das bahnbrechende Hochhaus an der South Michigan Avenue ausgesucht, in dem L. Frank Baum und sein Illustrator William Wallace Denslow einst an *Der Zauberer von Oz* gearbeitet hatten. Dies war ein verheißungsvoller Ort und für zwei junge Händler mit einer Leidenschaft für Violinen, die nur noch durch ihre Leidenschaft für den Violinhandel übertroffen wurde, auch eine verheißungsvolle Zeit. Nebenan befand sich der Chicagoer Musiksaal von Sullivan and Adler – ein weiterer Meilenstein in der modernen Architektur. Das Carson-Pirie-Scott-Gebäude lag praktisch um die Ecke, und das Chicago Art Institute, eines der Spitzenmuseen der Welt, war von Fushis Fenster aus zu sehen. Die Orchestra Hall, voller schon auf den Ruhestand bedachter Streicher, die nur darauf warteten, ihre Instrumente nach der Pensionierung in Eigentumswohnungen in Florida umzuwandeln, lag ein paar Hundert Meter weiter am unteren Ende der Straße.

Vielleicht war die Stadt selbst längst nicht mehr das, was Carl Sandburg 1916 mit seinem berühmten Hinweis auf den »Schweinemetzger der Welt« umschrieb. Doch war sie nach wie vor die Stadt der breiten Schultern, wie eh und je voll mit den neuzeitlichen Fricks, Huntingtons und Mellons, die nur auf einen neuzeitlichen Duveen warteten. In einem Expertenbericht, den er 2001 beim High Court of Justice in England vorlegte, präsentierte der Bostoner Händler Christopher Reuning eine Liste der sechs weltweit aktivsten Sammler des Jahres 1992. Drei von ihnen lebten in oder in der Nähe von Chicago. Fünf lebten überwiegend in den Vereinigten Staaten. Mindestens fünf von ihnen waren Kunden von Bein & Fushi.[262] An der Schwelle zum 21. Jahrhundert schätzte Beare – eine glaubwürdige Quelle –, dass es im gesamten Vereinigten Königreich nur noch etwa 30 Strads gab. Bein, ebenso glaubwürdig, schätzte, dass es in einem Achtzig-Kilometer-Umkreis von Bein & Fushi mindestens ebenso viele gab.[263]

In den späten 1980er-Jahren hatte der Umsatz 15 bis 18 Millionen Dollar erreicht. In den 1990er-Jahren war er, mit einem durchschnittlichen Verkauf von drei bis sechs Strads und del Gesùs pro Jahr, auf 20 Millionen gestiegen. Im Jahr 2007, in dem Bein im Alter von 57 Jahren starb, gab es Schätzungen, dass die Firma über 100 Strads verkauft und seit 1976 mehr als 300 Millionen Dollar Umsatz gemacht hatte.[264] Sie unterhielt einen Stab von 20 Mitarbeitern und hatte einen Repräsentanten in Amsterdam. Ihr Ableger, die Stradivari Society, war ein Zusammenschluss von Eigentümern, die Instrumente an junge Spieler ausliehen und sogar einen Zweitwohnsitz in Paris unterhielten. Im Jahr 2012, in dem Fushi im Alter von 68 Jahren starb, hatte das Unternehmen als Erbe des Vermächtnisses von Vuillaume, Hill, Herrmann und Wurlitzer all seine Vorläufer und Konkurrenten überlebt.

Für Geigenhändler gab es keine Fortune-500-Liste, die bestätigen würde, dass Bein & Fushi das weltweit größte Geigenunternehmen war. Aber Fushi war sicher, dass seine Geschäftskosten – Personal, Telefon, Miete, Nebenkosten, Versicherung, Sicherheit, Werbung und Öffentlichkeitsarbeit – es zum teuersten der Welt gemacht hatten. Anderswo hielten Konkurrenten mit weniger Geschäftskosten vielleicht Instrumente zurück, verzögerten ihre Steuerzahlungen und warteten auf den Markt. Bein & Fushi, so erklärte Fushi mit Nachdruck, zog es immer vor, am Wettbewerb teilzunehmen, zu verkaufen und zu liefern. Die Konkurrenz murrte, dass Bein & Fushi Geigen verkaufe, als seien sie Gebrauchtwagen. Der Verleih einer Bergonzi an Kristin Castillo, Miss Illinois des Jahres 2001, um sie zur Endausscheidung der Wahlen zur Miss America mitzunehmen, war eine für Bein & Fushi charakteristische Antwort.

Ehemalige Mitarbeiter klagten während der Zeit ihrer Anstellung über Burn-out und konnten sich an schriftliche Ermahnungen erinnern, den Druck auf »Meinungsführer« aufrecht zu erhalten – womit Lehrer gemeint waren –, und auch an die Pflicht zur Teilnahme am »Fangen«-Spiel, bei dem ein Kollege hereinstürmte, während ein Kunde gerade ein Instrument ausprobierte, um mit der Dringlichkeit eines Feueralarms zu berichten, dass ein Anrufer im Nebenraum in der Leitung sei, der lebhaft an dem Instrument interessiert war, das der Kunde gerade in Händen hielt. Dennoch, wo das Beste vom Besten durchweg auf Lager war und es westlich von Philadelphia keine bessere Alternative gab, kamen die Kunden weiterhin.

Fushi hatte in der Mitte der 1980er-Jahre die Idee zur Stradivari Society. Ihre Vorgeschichte fußt auf einer Standardsituation in Violingeschäften. Dylana Jensen, ein Schützling von Joseph Gingold und Nathan Milstein und Silbermedaillengewinnerin im Tschaikowsky-Wettbewerb, brauchte kurzfristig ein Instrument. Fushi rief seine Kundin Mary Galvin an, die als Kind Geige gespielt hatte und seit Langem mit Robert Galvin, dem Geschäftsführer der Motorola Corporation, verheiratet war. Als sie als Erwachsene wieder mit dem Geigenspiel begann, erwarb sie die »Ruby«-Strad von 1708. Das Instrument ruhte nun in einem Schrank. Sie war mit einer Ad-hoc-Leihgabe einverstanden.

Der Durchbruch kam im Jahr 1985. Mary Galvin hatte in der Zwischenzeit die »David«-del-Gesù von 1735 und eine Nicolò Amati aus der Spätperiode gekauft, die der »Ruby« Gesellschaft leisten sollten. Dieses Mal war die ausgewählte Begünstigte Midori Goto, zu der Zeit ein Schützling von Dorothy Delay. Fushi nahm sie mit in das Haus der Galvins, wo sie für Mary Galvin ein bisschen Paganini und die d-Moll-Chaconne von Bach spielte. Diese bot ihr auf der Stelle die Nutzung der »David«-del-Gesù an, und dann steckten sie und Fushi die Köpfe zusammen. Was dabei herauskam, war ein Konsortium von Mäzenen ohne Beispiel – abgesehen von der Beziehung zwischen Rennpferd, Rennpferdebesitzer und Jockey, eine von Bein bevorzugte Metapher. Die Mitglieder der neu gegründeten Stradivari-Gesellschaft, die wichtige Instrumente besaßen (und sie zum Teil bei Bein & Fushi gekauft hatten), verpflichteten sich, sie an junge Spieler zu verleihen, die mit ihnen umzugehen wussten. Die Spieler erklärten sich bereit, die von Fushi ausgehandelten jährlichen Versicherungskosten von mehreren Tausend Dollar zu decken, die Instrumente drei Mal pro Jahr zu John Becker, dem Kurator der Gesellschaft, zur Inspektion zu bringen und im Jahr drei Konzerte für die Besitzer/Mäzene zu spielen. Ebenso wie die Gewinner der »Genie«-Auszeichnungen der MacArthur-Stiftung konnten die Kandidaten im Prinzip von jedermann nominiert werden. Aber Bein und Fushi trafen eine Vorauswahl. Wenn das erste Jahr gut lief, konnte die Leihgabe bis zu weiteren fünf Jahren verlängert werden.

Zwangsläufig war nicht alles Sonnenschein. Die Beziehung zwischen Verkäufer und Käufer, die dem einen Gewinn brachte und dem anderen zumindest die Möglichkeit eines Gewinnes versprach, schloss gesetzlich anerkannte Gemeinnützigkeit aus. Die Besitzer klagten regelmäßig über arrogante Kinder, die ihre Instrumente wie Mietwagen behandelten oder mit ihnen umgingen, als hätten sie einen Anspruch auf sie. Spieler klagten regelmäßig über Mäzene, die sie wie Küchenhilfen behandelten und drohten, ihr Instrument am Vorabend wichtiger Konzerte oder Aufnahmetermine zurückzuziehen. Fushi pendelte zwischen beiden Seiten hin und her und schmeichelte, besänftigte, verhandelte und drohte wie eine Mischung aus einem Eheberater und Figaro, dem Barbier von Sevilla. Aber auch ohne die steuerliche Abschreibung, die der Status der Gemeinnützigkeit ermöglicht hätte, kam die Stradivari Society mit rund 25 Instrumenten im Umlauf der himmlischen Stadt von Spieltheoretikern, in der jeder gewinnt, ziemlich nahe. Die Besitzer hatten sich in einen dreifachen Vorteil eingekauft: den Besitz von etwas Altem und Feinen mit Geschichte, das Vergnügen eines Fans, bei der Schaffung einer Karriere dabei zu sein, und das Versprechen eines zukünftigen Kapitalgewinns. Die Spieler hingegen hatten für längere Zeit gute, manchmal sogar ausgezeichnete Instrumente zur Verfügung, die sich vermutlich die wenigsten von ihnen hätten leisten können. Durch die regelmäßige und fachmännische Wartung konnte das Instrument zeigen, was in ihm steckte.

Sei es als Vermittler, Salon oder Geldmacher, das Geschäft von Bein und Fushi erfüllte auf eine Weise seinen Zweck, die einen Vuillaume beeindruckt haben könnte. In den späten 1980er-Jahren verhalf die Gesellschaft Leila Josefowicz, einem zehnjährigen Wunderkind und späterem MacArthur-»Genie«, zu einer Guarneri. Als unverhofftes Nebenprodukt verhalf ihr Vater, ein Physiker, Robert Galvin, dem Generaldirektor von Motorola und zumindest angeheirateten Familienmitglied der Stradivari-Gesellschaft, zu einer für beide Seiten vorteilhaften Beziehung mit seiner Firma Hughes Aircraft. Motorola war mittlerweile intensiv damit beschäftigt, in China einen Markt für Mobiltelefone zu schaffen,[265] während Fushi in die Pflege zukünftiger chinesischer Superstars investierte. Im September 2002 bereiste er China mit seinem Sohn Alec, dem heranwachsenden Wunderkind Siqing Lu, der Geschäftsführerin der Stradivari-Gesellschaft Li Ling, drei Strads, der Wieniawski del Gesù von 1742, einer Nicolò Amati und Mary Galvin. Auf ihrem Reiseplan standen unter anderem Tianjin, die Zentrale von Motorola in China, und ein Empfang durch Jiang Zemin, zu der Zeit der Präsident der Volksrepublik China. Fushi merkte stolz an, dass im Laufe von 20 Jahren kein chinesischer Staatspräsident je einen Chef von Motorola empfangen habe, Fushi mit Mrs. Galvin samt einer mitgebrachten del Gesù aber gleich Zutritt bekamen. Einen Monat später begrüßte Richard C. Daley, der Bürgermeister von Chicago, Jiang anlässlich seines Staatsbesuches in den USA in Gegenwart von Fushi, den Galvins, Chinas Botschafter in den Vereinigten Staaten und dem Vorstandsvorsitzenden von Motorola China.[266]

Während Fushi in Chicago China willkommen hieß, begann Dietmar Machold, das neueste Mitglied in dem immer kleiner werdenden Club der neuen Händler, gerade damit, an mindestens sechs Orten seinen Spaß zu haben. Seine anglophonen Kollegen neigten dazu, ihn als Eindringling zu betrachten, und sicher war das insoweit richtig, als sein Lebenslauf in gewisser Weise weniger traditionell war als der von Biddulph, Bein und Fushi. Doch auf anderen Ebenen, beispielsweise bei seiner Garderobe, war er so konservativ wie Beare, sein Vater war ebenso Händler gewesen, und einer seiner Söhne wurde gerade dazu ausgebildet.

Das Geschäft begann in Markneukirchen, wo sein Vater Heinz Joachim vor dem Zweiten Weltkrieg sein Handwerk erlernt hatte. Nachdem er an der Ostfront überlebt hatte, floh er wie viele Tausende seiner Zeitgenossen aus der sowjetisch besetzten Zone nach Westen. 1951 eröffnete Machold in den Ruinen von Bremen – einem hanseatischen Stadtstaat, in dem sich das Wirtschaftswunder schon ankündigte – eine kunsthandwerkliche und auf vertraute Weise deutsche Geigenbauwerkstatt, die aus den gleichen Ruinen auferstand wie die Bundesrepublik selbst und in der er sowohl Berufsmusikern als auch Amateuren dieser gutbürgerlichen deutschen Provinzhauptstadt zu Diensten stand. Seine Mitarbeiter, die aus nicht weniger als neun verschiedenen Ländern stammten, verhalfen der Werkstatt – nicht zuletzt durch ihre sorgfältigen Archivrecherchen und die auf beruflichen Reisen gewonnenen Erkenntnisse – zu einem Ruf als Ort für geschickte Reparaturen und fachgerechte Restaurierung.[267] Viele Menschen dachten in Bezug auf Reparaturen und Restaurierungen an England, wo ein Großteil von Macholds Mitarbeitern tatsächlich ausgebildet worden war. Der junge Dietmar Machold dachte jedoch an die Vereinigten Staaten, wo eingewanderte Genies wie Sacconi, Hans Weisshaar und Vahakn Nigogosian aus seiner Sicht zu Ruhm und Ehre gekommen waren, indem sie von britischen Händlern überteuerte Trophäen erworben und wiederhergestellt hatten.[268]

In einem Land, wo der Stern von Hamma & Co. – der einzigen Firma, die man als international bezeichnen konnte – im Sinken begriffen war, entdeckte Machold sen. Auktionen und begann zunehmend mit guten und besseren Instrumenten zu handeln. Seine Belegschaft wies ihn darauf hin, dass Menschen, die für sich selbst Strads kauften, auch gute französische Instrumente in Dreiviertel-Größe für ihre Kinder erwarben. Er nahm sich die Botschaft zu Herzen, doch zu diesem Zeitpunkt wurde das Geschäft schon mehr und mehr zu dem seines Sohnes. Dietmar – selbst weder Geigenspieler noch Geigenbauer[269] – hatte auf Wunsch seines Vaters Jura studiert. Händler mit Universitätsdiplom waren selten genug, doch auch wenn er nie wirklich als Jurist praktizierte, konnte sich niemand an einen großen Händler von derartigen Instrumenten vor Machold mit Juraabschluss erinnern.

Obwohl er behauptete, dass bereits bei der Prüfung eines Instrumentes vor seinem inneren Auge Dias erschienen, und die Datenbanken und das Fotoarchiv des Unternehmens auf Hart, die Hills und die Hamas zurückgingen, hielt die Branche wenig von seinem Fachwissen.[270] Aber Fachwissen konnte von außen eingekauft werden, zum Beispiel von Biddulph und gelegentlich – wenn auch zögerlich – sogar von Beare. Auf der anderen Seite hatte Dietmar Machold ein Händchen für Menschen und Geld. Dass er einer Studentengeneration entstammte, deren Schwäche für Angela-Davis-Poster und Che-

Guevara-T-Shirts eine tiefe Sehnsucht nach abgesicherten Arbeitsplätzen im öffentlichen Dienst versteckte, machte seinen Appetit auf das Privatunternehmertum umso bemerkenswerter.

Im Jahr 1993 gehörten acht deutsche Firmen, darunter Daimler-Benz, Volkswagen, VEBA, Siemens, Thyssen sowie alle drei Nachfolger der IG-Farben zu den weltweit größten Unternehmen.[271] Keines von ihnen war jünger als das Wirtschaftswunder nach 1945; vielmehr reichten ihre Wurzeln mindestens bis in die 1930er-Jahre zurück. In gewisser Weise galt dies auch für die Geigenbau Machold GmbH. Doch als die Nachkriegswirtschaft sich schon längst stabilisiert hatte, begann das Unternehmen erst richtig abzuheben. 1977 übernahm Dietmar Machold in Bremen die Verantwortung. 1987 eröffnete er ein zweites Geschäft in Zürich. Ein paar Jahre später gründete er ein drittes in Wien in unmittelbarer Nähe der Staatsoper und ein viertes mit Blick auf den Ruhestand von Jacques Francais am Broadway in New York direkt gegenüber dem Lincoln Center. Im Jahr 2004 eröffnete er in einer Etage unterhalb von Bein & Fushi eine Dependance in Chicago. Da er auch eine Niederlassung an der amerikanischen Westküste in Seattle hatte, teilte er einem Interviewer von *Entrepreneurs and Innovators*, einer gemeinsam von der University of Washington Business School, der *Seattle Times* und den Seattle Community Colleges gesponserten Fernsehserie,[272] mit, dass er mittlerweile über weitere Dependancen einschließlich einer auf dem asiatischen Festland nachdachte. Im Sommer 2005 eröffnete sein Geschäft »Rare Violins Korea« in Seoul. Offensichtlich war als Nächstes der Gang nach China geplant.

Auch die Chanots, die Hills und Herrmann waren auf ihre Weise internationale Händler gewesen. Aber einen wirklich globalen Händler wie Machold gab es noch nie. Ein bewundernder Angestellter erinnerte sich an ihn mit den Worten: »Dietmar hatte erstens die Eier und zweitens den Schneid, selbst wenn das bedeutete, Kredite von einer Bank aufzunehmen, mit denen er den Kredit bei einer anderen deckte.« Am Vorabend des Jahres 2003 brachten die Herausgeber von *The Economist* die Leser, allerdings mit einem deutlichen Augenzwinkern, auf den neuesten Stand in Bezug auf die gefürchtete Felicity Foresight, »eine brillante, aber weitgehend unbekannte« amerikanische Investorin, die seit ihrer Geburt im Jahr 1900 immer wieder vorausgesehen hatte, wo Geld gemacht werden konnte. Ihre gewissenhaften Eltern hatten ihre Ankunft durch die Investition eines Dollars in einem Aktienkorb in ihrem Namen begrüßt. Doch Felicity stellte bald fest, dass sie das viel besser machen konnte. Unter Umgehung von gut gemeinten Hinweisen und Heiratsanträgen von Henry Hindsight – einer alten Flamme, die nie etwas richtig machte – verließ sie sich zu Recht auf US-Aktien, die sich während des vergangenen Jahrhunderts einem durchschnittlichen Jahresgewinn von 10 Prozent genähert hatten. Im Vergleich dazu hatten Staatsanleihen weniger als die Hälfte davon eingebracht und Gold weniger als ein Drittel. Im Laufe der letzten zehn Jahre hatte sie auch bei Londoner Wohnimmobilien mit einem durchschnittlichen Jahresgewinn von 16 Prozent gut abgeschnitten, aber die Kunst hatte in letzter Zeit eher zu den Verlierern gehört.[273]

Doch die Preise für Violinen entgingen ihrem periskopischen Blick. 1999 verglich Kristin Suess, eine MBA-Kandidatin an der Universität von Cincinnati, den Wertzuwachs bei italienischen Violinen des 16. bis 20. Jahrhunderts mit dem Dow Jones Industrial Average, dem Standard and Poor Index und zehnjährigen Staatsanleihen seit 1960. Sie berichtete, dass von ihren 43 Geigenbauer-Beispielen – von Amati bis Ventipane – es nur Maggini mit 8,51 Prozent Jahressteigerung versäumt hatte, der Rendite von US-Aktien zu entsprechen. Der Rest hatte einen Durchschnittsgewinn von fast 12 Prozent erbracht.[274] Der Handel nahm verständlicherweise diese Zahlen von Suess und machte sich mit ihnen davon.

Sieben Jahre später wurden Suess' Ergebnisse einer heftigen Kritik durch Philip E. Margolis unterworfen, einem in der Schweiz ansässigen amerikanischen Marktbeobachter, mit dessen Website die Welt einer umfassenden Datenbank der weltweiten Sammlerviolinen bisher am nächsten gekommen war. Margolis ging dabei bis auf die 1850er-Jahre und die Anfänge des modernen Marktes zurück und berücksichtigte die Inflation, schwankende Wechselkurse, Transaktionskosten und zweifelhafte Quellen. Sein Ergebnis war deutlich bescheidener als das von Suess: ein Realgewinn von 2 Prozent über 153 Jahre, der um 1970 3,5 Prozent erreicht hatte und danach auf etwa 0,5 Prozent gesunken war. Margolis scheute sich, diese Entwicklung mit den gestiegenen Käuferprovisionen der Auktionshäuser in Verbindung zu bringen, räumte aber ein, dass Investitionen in Instrumente weniger riskant als die meisten anderen gewesen und – nicht überraschend – die üblichen Verdächtigen, Stradivari und Guarneri del Gesù, schneller im Wert gestiegen waren als ihre weniger begehrten Zeitgenossen und Konkurrenten.[275]

In der Zwischenzeit war das Versehen von Foresight für Machold zu einem Gewinn geworden. »Willie berichtet Schlechtes aus Wien hinsichtlich ihres Geigenbestandes«, schrieb Arthur Hill im September 1892 nach der Rückkehr seines Bruders aus der österreichischen Hauptstadt; »all die guten [Instrumente] haben das Land verlassen«.[276] Etwas weniger als ein Jahrhundert später machte sich die Österreichische Nationalbank mit Macholds Hilfe auf, die verlorene Zeit wieder aufzuholen. Im Jahr 1989 ließ sie eine Goldmünze der Wiener Philharmoniker mit einer Feinunze (31,003 Gramm) Gewicht zum Verkauf an globale Sammler prägen.[277] Der Erlös floss in den Kauf von Instrumenten als Leihgaben für die Konzertmeister der Philharmoniker, führende Kammermusiker und die hoffnungsträchtigsten Jungtalente der Nation. Im gleichen Jahr verkaufte Machold der Bank ihre erste Strad – die »Chaconne« von 1725 – für 6 Millionen Schweizer Franken, zu dieser Zeit etwa 1,3 Millionen Dollar.[278] »Interessanterweise scheint er viel besser darin zu sein, an Banken oder andere Institutionen zu verkaufen [...] als an Musiker«, merkte ein ehemaliger Angestellter an.

Ein paar Jahre später hatte sich die Sammlung auf 27 Instrumente vergrößert, von denen 20 – im Wert von rund 25 Millionen Dollar – von Machold stammten. In ganz Österreich, so seine Schätzung, gab es neun Strads. Die Bank besaß sieben davon, außerdem drei del Gesù. Da ein Ritterschlag nicht mehr zu Gebote stand, ernannte ihn die dankbare Republik zum Professor, immer noch einer der beliebtesten Titel in Mitteleuropa. Machold ließ Bremen immer weiter hinter sich und erwarb Schloss Eichbüchl, ein kleines weißes Anwesen in Niederösterreich, brachte dessen Fundamente aus dem 14. Jahrhunderts auf das Niveau der biothermischen Effizienz des 21. Jahrhunderts[279] und machte es zu seinem Dauerwohnsitz und einem Ort für gesponserte musikalische Aufführungen. Im Jahr 2005 zeichnete ihn der Landeshauptmann von Niederösterreich mit dem Großen Goldenen Ehrenzeichen für Verdienste um das Bundesland aus und erklärte ihn zum Weltbürger.[280]

Im Jahr 2001 punktete Machold erneut mit einem Modell, das Nigel Brown einige Jahre zuvor entdeckt und ausprobiert hatte. Brown, Anlageberater aus Cambridge mit einem Abschluss in mittelalterlicher Geschichte und einem Faible für Jeu de Paume, einen archaischen Vorläufer des Tennis, hatte nach dem Verkauf der »Lady Blunt« in den 1970er-Jahren in seinen Mittagspausen seine eigene Leidenschaft für alte italienische Geigen bei Sotheby's gepflegt.[281] 1986 zahlte sich diese Leidenschaft auf unerwartete Weise aus, als Brown gebeten wurde, bei dem Kauf einer Strad für den jungen Nigel Kennedy zu helfen. In dieser ersten von rund 20 weiteren solcher Transaktionen rief Brown ein Käuferkonsortium zusammen, das sich darüber verständigte, dass Kennedy das Instrument nach einem bestimmten Zeitraum kaufen werde oder die Mitglieder sich nach einem Wiederverkauf des Instruments den zu erwartenden Gewinn teilen würden.[282]

Doch im Gegensatz zu Machold, dem es eindeutig um Gewinn zu tun war, ging es Brown vornehmlich um den Spaß, garniert mit einem Spritzer staatsbürgerlicher Zufriedenheit darüber, dass auf diese Weise eine Reserve wertvoller Instrumente in England geblieben war. Tagsüber öffnete er Cambridge der Informationstechnologie und beriet die Regierung von Singapur. Tatsächlich, so räumte er ein, hatte selbst Spaß seine Grenzen. Es war zeitaufwendig, Käufer zu finden. Sammler, die bereit waren, mehrere Millionen für ein Gemälde zu versenken, konnten nicht einsehen, warum sie einen Bruchteil dieser Millionen in ein Objekt investieren sollten, das Brown als gleichwertig mit der Decke der Sixtinischen Kapelle ansah. Auch seine Geschäftspartner waren schwer zu überzeugen.[283]

In den späten 1990er-Jahren sah Machold ebenfalls seine Chance. Robert McDuffie, ein Schützling von Dorothy DeLay, wünschte sich die »Ladenburg«-

del-Gesù von 1735. Sie war nach den Ladenburgs, einer Familie deutsch-jüdischer Bankiers, benannt, angeblich von Paganini und seinem großen deutschen Zeitgenossen Louis Spohr gespielt worden und gehörte den Stettenheims, einer Familie süddeutsch-jüdischer Berufsmusiker und Geschäftsleute. Im Jahr 1939 war sie von Henry Werro aus Bern bei Hamma gekauft worden. Es gibt keinen Hinweis darauf, wann und wie Hamma zu dem Instrument kam oder warum der Eigentümer sich davon getrennt hatte, doch der Verkauf fand nur ein paar Monate nach der sogenannten Kristallnacht im November 1938 statt, die zu einer faktischen Enteignung dessen führte, was von jüdischem Eigentum noch übrig war. Im Jahr 1942 verkaufte Werro die Geige zurück an Hamma, der ein zuverlässiger Lieferant und gelegentlicher Agent der Musikabteilung des Propagandaministeriums geworden war[284] und die Geige bald an die Goebbels-Stiftung[285] – einen Fonds des Ministeriums – verkaufte. Von dort fand sie ihren Weg zu Walter Stross, Professor für Violine an der Musikhochschule München und Erster Geiger in einem Quartett, das auch 20 Jahre nach Kriegsende noch aktiv war. Zu den Nachkriegsbesitzern gehörten der Schokoladenfabrikant Bernhard Sprengel aus Hannover, Emil Herrmann und der Argentinier Ricardo Odnoposoff, Konzertmeister der Wiener Philharmoniker, der im legendären Königin-Elisabeth-Wettbewerb des Jahres 1937 den zweiten Platz nach David Oistrach belegt hatte. 1989 kaufte Machold das Instrument von einem unbekannten Besitzer für 1,2 Millionen Dollar und verkaufte es für einen nicht näher bezeichneten Preis an Herbert Axelrod, den Sammler, Philanthropen und (durch den Verkauf von Tierbedarf) Millionär aus New Jersey.[286] Ein paar Jahre später, als Axelrod an der Schwelle zum Ruhestand war, ging die Violine zurück an Machold und kam wieder auf den Markt. Doch was konnte selbst ein anerkannter Spieler Mitte 40 bei einem Preis von 3,5 Millionen Dollar tun?

Trotz einer herzlichen Familienverbindung zu McDuffies Ehefrau und Vermögenswerten in zwölfstelliger Höhe ließ sich Sun Trust, eine der größten Banken in Atlanta, Georgia, nicht interessieren. Der Versuch, ein Darlehen zu 6 Prozent von 18 Partnern zu bekommen, die jeweils eine Zahlung von 10.000 Dollar pro Jahr leisten sollten, scheiterte ebenfalls. McDuffies nächste Idee war eine langfristige Anmietung und eine Kommanditgesellschaft, die allerdings Partner voraussetzte. Anfang 1999 begann er, sie mit Macholds Unterstützung auf einer Reihe von Abendveranstaltungen nur für geladene Gäste von Atlanta bis Manhattan anzuwerben. Zu den Gastgebern gehörte Paul Tagliabue, Bevollmächtigter der National Football League. Unter den Gästen waren der ehemalige Senator Sam Nunn, der Eigentümer der Atlanta Falcons Taylor Smith und Mike Mills, ein Jugendfreund von McDuffie, der jetzt in der Rockband R. E. M. Bass spielte.

Die Botschaft war auf jeder der Veranstaltungen dieselbe, die Machold gleichzeitig seinem Publikum in Singapur überbrachte: Große Instrumente lagen außerhalb der Reichweite von bedürftigen jungen Spielern, boten aber privaten und gewerblichen Investoren die einmalige Chance, sie zu kaufen und dann als Leihgaben weiterzugeben. Da es nie genug Instrumente geben würde, um die Nachfrage zu befriedigen, musste einfach jeder dabei gewinnen. »Vielleicht ist eine derartige Geldanlage für Investoren, die der Flüchtigkeit des Aktienmarktes müde sind, Musik in den Ohren«, sinnierte ein Reporter aus Singapur.[287] In Lower Manhattan schien das jedenfalls zu klappen. Zwischen September 2000 und Januar 2001 fiel der NASDAQ um fast 46 Prozent. Am 5. Februar 2001 trafen sich 16 Interessenten, darunter McDuffie, in einer Kanzlei in der Wall-Street, um gemeinsam Partner der »1735 del Gesù Partners LP« zu werden. Die Anteile wurden für jeweils 100.000 Dollar verkauft. Ein anonymer Freund von Tagliabue steuerte eine weitere Million bei. Machold selbst kaufte dreieinhalb Anteile.

Der Mietvertrag, rückwirkend ab 1998 datiert, lief über 25 Jahre. McDuffie verpflichtete sich, das Instrument spielen, warten und zu einem geschätzten Jahressatz von 15.000 bis 20.000 Dollar versichern zu lassen. Die Partner würden dann das Instrument zurückfordern und es zu einem unvorstellbaren Preis verkaufen. Aber Machold versicherte ihnen: Wenn aus der geschichtlichen Entwicklung etwas zu lernen war, dann dass es langfristig erhebliche Kapitalgewinne zu erwarten gab. Bis dahin konnten sich die Partner auf zwei private Konzerte pro Jahr durch McDuffie und einen Jahresausflug zu Macholds Schloss in Niederösterreich freuen.[288]

Vier Jahre später fand Felicity Foresight in ihrem Briefkasten einen Prospekt der Long Term Capital Company aus Westport, Connecticut, die die Gründung des Machold Rare Musical Instrument Fund mit einem Kapital von 100 Millionen Dollar ankündigte. Entworfen, um alte italienische Saiteninstrumente »zu kaufen, zu verwalten und zu verkaufen«, sollte der Fonds »später« als ein eingetragener, geschlossener Investmentfonds auch für die Öffentlichkeit zugänglich gemacht werden. Machold Rare Instruments würde nicht nur den Fonds beraten, sondern hatte den Organisatoren auch erlaubt, seinen Namen zu nutzen, weil sie »dachten, dies werde die Glaubwürdigkeit in der Welt der Musik verstärken und die Marketing-Reichweite des Konzepts erweitern«.[289] Der Plan war, dass das Verleihen von Instrumenten an junge Wettbewerbsgewinner, die die Instrumente für ihre Eigentümer spielen würden und die die Eigner auf diese Weise in Sicht- und Hörweite behielten, »Anlegern, Musikern und der Öffentlichkeit zugute kam«.

Die Idee zu dem Rare Musical Instrument Fund war John Vornle, dem Präsidenten von Long Term Capital, gekommen, nachdem er die Fußnoten des Jahresberichts der Österreichischen Nationalbank gelesen hatte.[290] Er schloss daraus, dass die Bankmanager als Mitbürger einer Stadt, die der Welt solche großartigen Wirtschaftswissenschaftler des Formats von Schumpeter, Drucker und Hayek geschenkt hatte, sicherlich das eine oder andere über langfristige

Werte wussten. Ihre Investition von mehr als 32 Millionen Euro (zum Tageskurs 38 Millionen Dollar) in 23 Violinen, zwei Bratschen und vier Violoncelli als »real bewegliche Vermögenswerte« bezeugte ein Grundvertrauen in den »bleibenden Wert« der seltenen Saiteninstrumente – so informierte Vornle die Leser seines Verkaufsprospekts.[291]

Auf der Basis ihrer historischen Erfahrung lehnte Felicity Foresight ab, und zwar aus drei Gründen. Der erste war Liquidität, denn auch wenn große Geigen weit mehr wert waren als ihr Gewicht in Gold,[292] war es nicht einfach, sie zu schnellem Geld zu machen. Der zweite war Leidenschaft: Mit einer del Gesù hielt man zwar ein Kunstwerk und ein bisschen Geschichte in der Hand, das spürbar, hörbar und zu sehen war – was auf eine gestückelte Aktie nicht zutraf; ein Preis dafür war aber nur schwer zu ermitteln. Das dritte Problem war, dass man schon mit einem Eintrittspreis von mindestens einer Million Dollar rechnen musste, um überhaupt mitspielen zu können.

Auf der Jahrestagung des American College of Trust and Estate Counsel (ACTEC) 2005 in Orlando, Florida, wurden Kollegen und Freunde eingeladen, auf ein Wochenende in Macholds Schloss einschließlich einem »persönlichen Konzert, gespielt auf einer Stradivari-Geige« zu bieten. Der Gesamterlös dieser Auktion sollte der ACTEC-Stiftung zugutekommen.[293] Wieder entschied sich Foresight dagegen. Aber sie verfolgte mit Interesse, wie Claire Givens, Charles Avsharian und Christopher Reuning kühn Wege beschritten, die Machold, Vuillaume und Hill zuvor nicht gegangen waren.

Abgesehen von ihrem Geschlecht und einem dokumentierten Engagement für Transparenz schien Givens auf den ersten Blick kaum eine Erneuerin zu sein. Aber in einer Branche, in der weibliche Händler so selten waren wie weibliche Geigenbauer und Transparenz so selten wie Bratschen von Stradivari, waren es gerade diese Qualitäten, die sie bemerkenswert machten. Givens, die in der Familie eines musikalischen Rechtsanwalts im Westen von Minnesota aufgewachsen war, hatte (wie Biddulph und Bein) das Cellospiel erlernt und setzte dieses Studium in Florenz fort. So kam sie dazu, sich für Italien und eine Karriere mit Instrumenten zu entscheiden. 1977 kehrte sie mit sieben Instrumenten in die Twin Cities Minneapolis und St. Paul zurück und war überrascht, in dieser Metropole mit zwei großen Orchestern und einem ambitionierten Schulmusikprogramm weder Geigenbauer noch entsprechende Geschäfte vorzufinden. Sie überredete ihren Vater, mit ihr gemeinsam ein Darlehen über 50.000 Dollar aufzunehmen, fand für ihre Werkstatt Räumlichkeiten in beneidenswerter Lage in der Innenstadt, nur einen Häuserblock von dem neu erbauten städtischen Konzerthaus entfernt, und rekrutierte einen begabten Abgänger von Mittenwald als Mitarbeiter.

Aber selbst in der Innenstadt von Minneapolis erinnerten ihr Inventar und ihre Kunden ebenso wie ihre Ehe eher an das 18. Jahrhundert und die zweitrangigen Werkstätten eines Widhalm oder Rugeri. Die von ihr angebotenen Instrumente einschließlich der von lokalen und modernen italienischen Geigenbauern galten als gut gemacht, sorgfältig ausgewählt und immer noch erschwinglich. Die Nachfrage kam von Spielern, fortgeschrittenen Studenten, ambitionierten Amateuren und lokalen Berufsmusikern. An teureren Instrumenten, die bis zu 100.000 Dollar kosteten, gab es vielleicht eines im Jahr, da Givens es vorzog, nur das zu verkaufen, was ihr gehörte – eine weitere natürliche Einschränkung.[294] Wenn es um Expertise ging, kaufte sie sie von Fall zu Fall von bewährten Händlern wie Beare oder Kenneth Warren in Chicago.

Im Jahr 1990 heiratete Givens Andrew Dipper, der in Cremona unterrichtet und Sacconi ins Englische übersetzt hatte und seit seinem zwölften Lebensjahr an Instrumenten arbeitete. Mit dem Dazukommen von Dipper und seinem persönlichen Ableger Dipper Restorations kam auch ein bisschen Londoner Flair in die Innenstadt von Minneapolis und in die Werkstatt, zu deren Inventar jederzeit möglicherweise eine Violino piccolo von Joseph Hill aus der Mitte des 18. Jahrhunderts oder eine Viola d'amore von Dipper selbst aus dem Jahre 1999 gehören konnte. Zu diesem Zeitpunkt war die Belegschaft – einschließlich der Inhaber – auf sechs Mitarbeiter in Verkauf und Leitung, fünf in der Reparatur, zwei in der Restaurierung sowie den Spaniel Lupot als »Sicherheitschef« angestiegen.[295]

Eine immer komplexere Website verhalf dem Geschäft zu immer mehr Reichweite. Websites gab es nun branchenweit, doch die Versicherung, dass ihre Besucher nicht durch Cookies identifiziert wurden, war neu. Noch neuer war, dass Givens die alte, aber zweifelhafte Praxis in Frage stellte, die von Geigenlehrern lange als das Gegenstück zum feudalen »Recht der ersten Nacht« angesehen worden war. Die Praxis war etwas, über das die Leute nicht gerne redeten, und sowohl Lehrer als auch Geigenbauer-Verbände vermieden es, sich offiziell dazu zu äußern,[296] doch war sie vermutlich so alt wie der Handel. Die Lehrer schickten Schüler. Die Schüler kauften Instrumente. Der Händler schrieb dem Lehrer einen Scheck und fügte dessen Provision als uneingestandenen Aufschlag dem Verkaufspreis hinzu. Doch diese Zeiten waren – zumindest bei Givens Violins Inc. – vorbei, erklärte die Inhaberin gleich zu Anfang. Obwohl es für Lehrer, die ihre Schüler zu ihrem Laden brachten, unter Umständen übertragbare Gutscheine von 25 bis 250 Dollar gab, würde es keine versteckten Provisionen mehr geben. Ein paar andere Läden folgten ihrem Beispiel. Aber sie waren etwa so häufig wie linkshändige Geiger.[297]

Wenn das Geschäftsmodell von Claire Givens Cremona dem Land von Honeywell und Eis-Angeln anpasste, so passte Avsharian es dem Land der Versandhäuser wie Sears Roebuck und L. L. Bean an. Charles Avsharian, ein Kind aus der armenischen Diaspora – die bei weitem am häufigsten übersehene Volksgruppe in der Welt der Violine –, kam in Ann Arbor, der Heimat der University of Michigan, zum Instrument. »Wenn du in Amerika keinen Doktortitel hast, wärest du gut beraten, einen besseren Cheeseburger zu erfinden«, überlegte er.[298] Sein Vater, der eine Werkstatt und einen Ersatzteilhandel für Autos betrieben hatte, bevor er in Ann Arbor die Trockenreinigung-in-drei-Stunden einführte, war dafür ebenso ein allfälliges Beispiel wie sein älterer Bruder Michael, der vor ihm mit dem Geigenspiel begonnen hatte, und Elizabeth A. H. Green, die hoch angesehene Geigenlehrerin aus Ann Arbor und Schützling des gefürchteten Ivan Galamian, die ein örtliches High-School-Musikprogramm zu einem nationalen Vorbild werden ließ.[299]

Green, ständig auf Talentsuche, entdeckte Charles ebenso, wie sie vorher seinen Bruder entdeckt hatte. Ein paar Jahre später fand er sich in Meadowmount in den Adirondacks wieder, Ivan Galamians legendärem Ausbildungslager für die Besten und Begabtesten in der Welt der Saiten, und übte täglich fünf Stunden. Er kehrte nach Hause und zur High School zurück, spielte die Kleine Trommel und sagte sich: »Ich bin aus Ann Arbor, ich bin ein Amerikaner.«

Ein folgenloses Studentenintermezzo brachte ihn trotzdem zu seinem Bruder Michael zurück, der jetzt Professor für Violine an der Universität von Oklahoma war. Von dort aus führten ihn eineinhalb Jahre intensiven Übens wieder zurück zu Galamian und zu vier Jahren im Curtis, dem Konservatorium, das vielleicht von allen amerikanischen Musikhochschulen am stolzesten auf seine Exklusivität war. Über das Curtis kam er zum Sommerfestival in Marlboro, Vermont, was in der Welt der Violinen das Gegenstück zu einer Referendarstelle bei einem Richter am Obersten Gerichtshof ist. Inzwischen war er gut genug, um an der Universität von Michigan zu unterrichten, eine Arbeit die ihm viel Freude machte. In Dallas wurde ihm sogar die Stelle eines Konzertmeisters angeboten. Auf der anderen Seite, so dachte er, war er kein neuer Heifetz oder Perlman. Außerdem verspürte er keinerlei Neigung, sein Leben als Freiberufler in New York oder an einem hinteren Pult im Orchester der Met oder Philharmonic zu verbringen, denn er liebte das Risiko und träumte immer noch davon, ein amerikanischer Kapitalist zu werden.

Die Lösung lag direkt vor ihm. In seinen Tagen im Curtis hatte er bei Wurlitzer in New York Saiten zu Großhandelspreisen eingekauft und sie in Philadelphia an Orchesterspieler weiterverkauft. Moennig, der Händler in Philadelphia, räumte Profimusikern einen Rabatt von 20 Prozent ein, Avsharian bot 30 Prozent. Sein Vater, der in der Zwischenzeit die Familienreinigung verkauft hatte und in der Stadt war, um ihn zu besuchen, verfolgte diese Geschäftspraktik mit Interesse. Dann fiel ihnen ein, dass Avsharian senior doch das tun konnte, was Avsharian junior von Ann Arbor aus tat.

Beginnend mit dem Jahr 1962 bestellte Avsharian senior Saiten direkt aus Österreich, tippte einen Katalog, fügte eine Reihe von Notenausgaben hinzu und gründete Shar Products. Später sollten im Katalog Bücher, Kassetten, CDs,

DVDs und Videos, Suzuki Lehrmaterialien, Sets von Einstiegsinstrumenten, die an Sears Roebuck erinnerten, und Zubehör aller Art wie Wirbelseife, Geigenkästen und Notenständer enthalten sein. 1964 stieg Michael, jetzt Professor an der University of North Texas, in die Firma ein. Charles folgte ihm 1969 und wurde damit wohl der versierteste Spieler, der als Vollzeit-Händler in den Geigenhandel ging. Im Jahr 1975 leistete die Interstate Commerce Commission ihren eigenen zufälligen Beitrag, indem sie dem United Parcel Service (UPS) erlaubte, mit der US-Post zu konkurrieren.[300] Im Jahr 1967 wurden US-Versandhandel und Katalogverkauf auf 2,6 Milliarden Dollar[301] und zu Beginn des 21. Jahrhunderts auf rund 130 Milliarden Dollar geschätzt. Da der Verkauf von Yachten, Lamas und Gourmet-Käse aus dem Katalog möglich war, folgte Shar diesem Weg und führte ihn sogar mit einer Belegschaft von fast 100 Mitarbeitern, Kunden in rund 60 Ländern und einem Jahresumsatz von über 20 Millionen Dollar an.

Die bemerkenswerteste Innovation des späten 20. Jahrhunderts kann aber ebenso gut Tarisio gewesen sein, die 1999 gegründete Antwort der Violinwelt auf eBay. Der Name wurde wegen seiner historischen Resonanz gewählt. Doch das Unternehmen hatte in seiner sprichwörtlichen Garage etwas von der Spontaneität eines Bill Hewlett und Dave Packard oder den frühen Tagen von Microsoft. Einer seiner drei Gründerväter, der Bostoner Händler Chris Reuning, hatte früh angefangen. Er war das Kind von Suzuki-Lehrern, deren Suche nach einem zuverlässigen Vorrat an respektablen Instrumenten für Anfänger sie dazu veranlasste, in ihrer Wohnung in Ithaka, New York, einen Laden zu eröffnen. Als ein weiterer verhinderter Cellist begann er im Alter von sieben Jahren zu spielen und entdeckte dann mit zwölf Jahren den Geigenbau. Nach einer Lehrzeit bei Primavera in Philadelphia und Virgilio Capellini in Cremona kaufte er 1984 das Geschäft seiner Eltern. Zehn Jahre später zog er nach Boston.

Wie die meisten Händler war Reuning ein Besucher von Auktionen. Das galt ebenso für seinen Mitschüler Dmitri Gindin, einen berufsmäßigen Jäger von Geigen und Gutachter mit wachsender Expertise und internationaler Erfahrung. Beide stellten fest, dass bei den Auktionen in London nur wenige Amerikaner anwesend und dass Auktionen von ähnlicher Wichtigkeit in den Vereinigten Staaten noch seltener waren.[302] Das Internet schien der Weg zu sein, um das Gleichgewicht wieder herzustellen. Doch mit minderwertigen Grafiken, kaum vorhandenen Fachwissen und der Zugänglichkeit für Gauner wie für Ehrenmänner[303] war eBay dafür nicht geeignet.

Die Lösung lag in einer Verbindung der Wettbewerbsvorteile. Die Händler Reuning und Gindin forderten Kommissionsware an und stellten deren Echtheit und Qualität sicher. Die Verantwortung für den Rest ging an den dritten Partner, Jason Price, der schon als Schüler für Reuning gearbeitet hatte und zwischen seinem Ausstieg aus dem Williams College und dem späteren Wiedereinstieg eine Ausbildung als Geigenbauer in Parma eingeschoben hatte.[304]

Price, der nach dem Studium einen Job brauchte, kümmerte sich um die Kundenbeziehungen, die Produktion des Katalogs und die tägliche Führung des Unternehmens. Das Startkapital betrug 9.000 Dollar, ein Drittel kam dabei von jedem Partner. Da die Geschäftskosten minimal waren, konnten sie ihre Ware um 7,5 bis 17,5 Prozent preiswerter als ihre Londoner Konkurrenten anbieten. Eine Verbindung von beispielhafter Grafik, ungewöhnlich präziser Beschreibung der angebotenen Instrumente und Seiten mit leicht verständlichen Bedingungen und Bestimmungen definierte, was der Bieter bekommen würde und worauf er sich einließ. Aber es gab auch die Möglichkeit, die Instrumente während Besichtigungsterminen vor den Auktionen (die sich ab Sommer 2011 auf zehn große Städte, davon zwei in Europa und vier in Asien[305] erstreckten) persönlich zu sehen und auszuprobieren. Die Anmeldung stand jedem offen, der bereit war, einen Dollar für ein Passwort zu bezahlen und Kontaktdaten wie Nummern von Reisepass, Kreditkarte oder Führerschein preiszugeben. Die Auktion selbst, die sich über eine Woche oder mehr erstrecken konnte, war demonstrativ benutzerfreundlich und zu jeder Zeit und überall zugänglich, wenn der Bieter sich einloggte, mit der Möglichkeit für Angebote durch Stellvertreter und der Sicherheit, dass der Mindestpreis die niedrige Schätzung nie überschreiten würde.[306]

Zur Freude der Gründer funktionierte das alles so gut, dass Price am Ende des ersten Jahrzehnts die Anteile seiner Partner aufkaufte. Beim ersten Versuch im November 1999 hatte es rund 200 Lose gegeben, darunter eine klassische neapolitanische Geige aus dem 18. Jahrhundert von Fernando Gagliano und eine moderne Turiner Geige aus dem 20. Jahrhundert von Carlo Oddoni, dessen Instrumente ihre Preise seit den 1980er-Jahren auf Auktionen verzehnfacht hatten.[307] Der zweite Versuch – ein halbes Jahr später – förderte eine Bratsche der Brüder Amati zutage, die erneut für die Hälfte ihrer oberen Schätzung ersteigert wurde, und eine Violine von Guadagnini. Bis 2002 hatten die ins Netz gestellten Verkäufe einen Umsatz von 4 Millionen Dollar erreicht.[308]

Im Mai 2003 konnte Tarisio das in weniger als einer Woche noch überbieten, als sie 164 Lose von Instrumenten und Erinnerungsstücken aus dem Nachlass von Isaac Stern anboten, der im September 2001 im Alter von 81 Jahren gestorben war. Im Laufe eines langen und bemerkenswerten Berufslebens hatte Stern rund 20 Cremoneser Instrumente besessen, gekauft, verkauft, verliehen und getauscht.[309] Unter den Instrumenten, die nun zum Verkauf kamen, waren die »Kubelik«-Strad von 1687 und die Kopie von Zygmuntowicz der »Panette« del Gesù von 1737. Nach den Angaben von Price gab es über 600 Bieter aus 28 Ländern. Als der letzte virtuelle Hammer bei dem fiel, was sich als die zweitgrößte Violinenauktion in der Geschichte herausstellte, waren 92 Prozent der Lose verkauft und die Bruttoeinnahmen hatten 3.350.000 Dollar erreicht. Allein die »Kubelik« erbrachte 949.500 Dollar, den bis dahin höchsten Preis für eine

Strad von vor 1700; und die Zygmuntowicz erbrachte 130.000 Dollar, den höchsten Preis, der jemals für ein Instrument eines noch lebenden Geigenbauers gezahlt wurde. Ein Tourte-Bogen mit einem in Schildpatt und Gold gefassten Frosch von Henryk Kaston erbrachte 102.500 Dollar, ein weiterer Rekord.[310]

Es vergingen eineinhalb Jahre, bevor weltweit bekannt und peinlich klar wurde, dass die Auktion für Tarisio zwar eine gute, für die Kinder von Isaac Stern aber eine schlechte Sache gewesen war. Michael Stern, ein Dirigent, hatte von der Auktion erst durch ein Mitglied des Philadelphia Orchestra erfahren. Gemeinsam mit seinem Bruder und seiner Schwester verklagte er daraufhin den Testamentsvollstrecker seines Vaters auf 2 Millionen Dollar.

Bald wurde deutlich, dass Tod, Schulden oder Scheidung – die klassischen Treibstoffe des Auktionswesens – alle ihre Rolle in der anhängigen Klage gespielt hatten. Fünf Jahre vor seinem Tod hatte Stern, der schon einmal geschieden war, sich nach 45 Ehejahren von seiner zweiten Frau scheiden lassen und eine wesentlich jüngere Frau geheiratet. Trotz der Proteste seiner Kinder und entgegen dem, was in seinem Testament stand, übertrug er seiner neuen, dritten Frau nur wenige Wochen vor seinem Tod eine Wohnung in Manhattan, die auf 3,7 Millionen Dollar geschätzt wurde. Aber der Testamentsvollstrecker William Moorhead III., ein bekannter Anwalt aus Washington und Freund von Ehefrau Nummer drei, hatte das Apartment und andere persönliche Gegenstände nicht in die Aktiva des Nachlasses aufgenommen, sondern verwendete es als sein eigenes Büro für eine Monatsmiete von 8.000 Dollar, die er aus dem Nachlass bezahlte und an die neue Mrs. Stern weiterreichte. Die Kläger stellten nun in Rechnung, dass Moorheads Versäumnis, die Wohnung mit einzubeziehen, dazu geführt hatte, dass er den Nachlass für zahlungsunfähig erklärte. Der mutmaßliche Fehlbetrag hatte dann als eine Quelle schnellen Geldes zu Tarisio geführt – ein »verherrlichter eBay-Trödelmarkt«, wie Michael Stern es nannte –, um ausstehende Schulden einschließlich einer Million Dollar, die sein Vater einem engen Freund schuldete, zu decken. Im Mai 2005 ordnete der Richter an, dass Moorhead 312.000 Dollar an eigenen Gebühren, die er an sich selbst bezahlt hatte, sowie 250.000 Dollar an unnötigen Kosten zurückerstatten musste. »Ein Vermächtnis wurde verschleudert«, sagte der Anwalt der Kinder. Der Richter, der von einem »unschätzbaren persönlichen Verlust« sprach, pflichtete dem bei.[311]

Es war einfach genug, den Schmerz und die Verletzung der Familie zu verstehen, während ein Testamentsvollstrecker, der ihrer Stiefmutter nahestand, das verhökerte und verteilte, was sie als ihr Erbe ansah. Aber es gab weder eine Möglichkeit, die Verkäufe rückgängig zu machen, noch jemanden, der – zumindest öffentlich – Tarisio haftbar machen wollte. »Ich habe mehrere Instrumente und Bögen von Tarisio gekauft und habe immer gefunden, dass sie dort ehrlich, ehrenhaft und hilfreich sind«, berichtet ein zufriedener Kunde.

»Tarisio hat ein paar Dinge in der Auktionsszene verändert, indem sie die Dinge sehr spielerfreundlich machten«, bestätigte ein anderer. Gemessen an den Standards von Geschichten wie »Mann beißt Hund« hatten solche Bekenntnisse kaum Neuigkeitswert.[312] Aber bezogen auf eine Geigenwelt mit einer Entwicklungsgeschichte voller faulem Zauber und Schlimmerem, die bis ins 16. Jahrhundert zurückreicht, und auf eine Auktionshauswelt, deren führende Manager in New York und London vor Kurzem wegen kartellartiger Preisabsprachen zu 20,4 Millionen Dollar Geldstrafe verurteilt und unter Hausarrest gestellt wurden,[313] können sie zumindest als bemerkenswert gelten.

»Fiedel, N. Eine Fälschung, Orig. USA«[314]

So wie die Geige Geld und Macht gefolgt war, folgten das Gesetz, Zivilprozesse, Strafverfolgung und gelegentlich sogar Gewalt der Geige. Bereits 1579 wurde Giovanni dai Liuti, ein Instrumentenbauer aus Bologna, von Banditen ermordet, doch dass es sich hierbei um Raubmord handelte, wurde erst bekannt, als die Banditen wegen einer weiteren Straftat angeklagt wurden, die sie ein paar Tage später begangen hatten.[315]

Ironischerweise ist der berühmteste Mord wahrscheinlich einer, der nie stattgefunden hatte. Auf der Suche nach dem jüngeren Giuseppe Guarneri durchforsteten Rosengard und Chiesa – die Entdecker von Stradivaris Testament – die Archive von Cremona und Mailand nach Spuren der ebenso verbreiteten wie fragwürdigen Legende, dass Guarneri, wegen Mordes eingesperrt, hinter Gittern del Gesùs produzierte. Die Geschichte ging möglicherweise auf die Mantegazza-Brüder zurück, die Guarneri allerdings nie kennengelernt hatten. Ungeachtet der Quelle erreichte sie Tarisio, der seine Pariser Kunden nicht nur mit Geigen, sondern auch mit Geschichten belieferte.

Tatsächlich hatte jemand mit den Namensinitialen GG einen Mann getötet. Aber es war ein anderer GG, und beide – Mörder und Opfer – stammten aus Mailand. Der Täter war der 71-jährige Giovanni Battista Grancino, ein angesehener Mailänder Geigenbauer, der im Herbst 1708 mit Antonio Maria Lavazza, einem 46 Jahre jüngeren Nachbarn und Kollegen, aneinandergeraten war. Die Gründe sind unbekannt, waren aber sicher merkwürdig. Anscheinend hatte Lavazza zuerst zugeschlagen und den älteren Mann mit seinem Schwert schwer verletzt. Nachdem er nach ein paar Tagen noch immer nicht verhaftet worden war, erschien er wieder in Grancinos Werkstatt, und der Streit entflammte erneut. Dieses Mal stach Grancino auf Lavazza ein, der bald darauf starb. Grancino gelang es kurzzeitig, sich einer Festnahme zu entziehen. Aber in seiner Abwesenheit wurde sein beträchtlicher Familienbesitz beschlagnahmt. Er wurde schließlich angeklagt und im darauffolgenden Mai hingerichtet.[316]

Im Jahr 1713 wurde der zusammengeschlagene Körper von Carlo Rugeri, einem der vier Söhne von Francesco und Alleinerbe des Geschäfts seines Vaters, etwas außerhalb der Stadtmauer von Cremona tot aufgefunden.[317] Sein Mörder wurde nie gefasst – und Guarneri war zu der Zeit erst 15 Jahre alt. Gegen Ende des Jahrhunderts sperrte man – offenbar wegen eines schweren Vergehens – einen weiteren Geigenbauer aus Mailand ein, doch Guarneri, der lange tot war, hatte offensichtlich auch damit nichts zu tun.[318]

Im Jahr 1989 wurde Max Möller, in dritter Generation Händler in Amsterdam, von Einbrechern getötet, die von einem ehemaligen Handwerker den Hinweis erhalten hatten, dass es sich lohnen würde, Möllers Haus auszurauben. Möller, der versuchte sich zu wehren, wurde erschossen. Die Polizei brauchte etwa zehn Tage, um die Täter – junge Männer im Alter zwischen 20 und Anfang 30 und einige von ihnen schwer drogenabhängig – dingfest zu machen. Ihre Verhaftung führte nebenbei zur Aufklärung von rund 120 weiteren Raubüberfällen. Die Verdächtigen waren geständig und zeigten sogar Reue. Das Delikt wurde als Totschlag erkannt, mit der Höchststrafe von zwölf Jahren belegt und der eigentliche Mörder, der bereits wegen einer früheren Straftat zu fünf Jahren verurteilt worden war, etwa 15 Monate nach Möllers Tod zu weiteren sieben Jahren Haft und anschließender Sicherheitsverwahrung verurteilt. Der ehemalige Handwerker bekam drei Jahre Haft.[319]

Im Jahr 1996 wurde Maria Grevesmühl, eine 60-jährige Professorin für Violine an der Musikhochschule Bremen, Präsidentin der European String Teachers Association und Besitzerin der »Muir-McKenzie«-Strad von 1694, gegen neun Uhr abends eine Treppe hinuntergestoßen, als sie den Bahnhof eines Vorortes von Bremen verließ. Sie starb innerhalb weniger Minuten an einem Schädelbruch. Die Polizei fand ihren Schmuck und ihren Geldbeutel unversehrt. Aber die Geige war verschwunden.[320] Ihr Tod scheint eine Folge der guten Taten gewesen zu sein, von denen es heißt, dass sie nie ungestraft bleiben: Grevesmühl hatte einen 17-jährigen talentierten Straßenmusiker namens Vasile Darnea, der als Instrument eine billige Amati-Imitation besaß, unter ihre Fittiche genommen und es auch geschafft, ihn – einen illegalen Einwanderer und Asylbewerber – am Konservatorium einzuschreiben. Über Darnea erfuhr Marin Boaca, ein 31-jähriger Rumäne mit einem Register von Raubstraftaten, von Grevesmühls Strad. Die Polizei fasste ihn innerhalb von zwei Tagen nach der Tat, er scheint den Raub widerstandslos zugegeben zu haben, behauptete aber, dass Darnea ihn dazu angestiftet hatte. Die Geige hatte er einem Verwandten angeboten, der, wissend, dass die Versicherung von Grevesmühl eine Belohnung von 60.000 DM ausgesetzt hatte, der Polizei einen Tipp gab.[321] Am Ende wurde Boaca zu 13 Jahren Haft verurteilt, allerdings erst nach einem erfolgreichen Ausbruch aus dem Gefängnis und seiner Auslieferung durch die Behörden in Brüssel. Darnea, der als Verdächtiger 13 Wochen inhaftiert war, wurde im November 1998 freigesprochen.[322] Vier Jahre später war er immer noch in Bremen und spielte Tangos mit einem Palästinenser, einem Chilenen und einem Deutschen.[323] Bis 2005 war er als Mitglied des Bremer Immigranten-Orchesters mit Kollegen aus Mexiko, Ghana, Iran, China, Chile, der Türkei und der Slowakei bis zur Weltmusik vorgedrungen. Wenigstens war er von der Straße.[324] Die Strad von Grevesmühl hatte inzwischen ihren Weg zu Machold gefunden.

Erstklassige Violinen waren – mit oder ohne Mord – immer schon begehrt, weil leicht zu verstecken und schnell zu Geld zu machen. Paradoxerweise waren es gerade jene Qualitäten, die sie so unwiderstehlich für Diebe machen, die es dem Großvater von Sonia Simmenauer, einem Gründer und Schirmherrn der Hamburger Philharmonischen Gesellschaft, ermöglichten, dem Diebstahl eines Quartetts der Brüder Amati durch die Nationalsozialisten, das er vor seiner Emigration im Jahr 1938 erworben hatte, zuvorzukommen. Da die Instrumente nicht neu waren und Zollbeamte keine Experten für Violinen sind, durfte er sie mit über die belgische Grenze nehmen. Sie wurden dann zusammen mit anderem jüdischem Eigentum im Keller eines Brüsseler Museums verstaut, wo sie neben einem Munitionsdepot lagerten und fünf Jahre deutsche Besatzung überlebten.[325]

Doch war der Fall eine Ausnahme. Bereits im November 1940 berichtete das in Chicago von Ernest Doring herausgegebene Mitteilungsblatt *Violins and Violinists*, dass die Deutschen auf dem Weg nach Paris die Werkstatt und Privatsammlung von Marc Laberte, einem prominenten Geigenbauer aus Mirecourt, geplündert hatten. Anschließend versteigerten sie Mobiliar und Hausrat von Deportierten, packten Güterwagen voll mit geplünderten Klavieren und Harfen sowie mit Kunst jeder Art und führten Uhren, Schmuck, Kleidung, Haare, Goldzähne, Prothesen und Musikinstrumente von Millionen von Opfern der Todeslager einer neuen Verwendung zu.[326] Wie in Nazi-Deutschland üblich stritten sich mehrere Institutionen um die Beute. Von Fall zu Fall kamen auch Einzelpersonen hinzu, so zum Beispiel der Röntgentechniker der SS, der irgendwie zu einer Strad kam, die dem Warschauer Nationalmuseum am Vorabend des Krieges von »einem gewissen Herrn Grohmann in Lodz« vererbt worden war.[327]

Auch die Legende von der gestohlenen Stradivari, die vielleicht nicht einmal eine war, ist eine solche deutsche Geschichte. Mit der Abdankung des Herrscherhauses nach dem Ersten Weltkrieg wurde eine Violine, die einer Prinzessin Schwarzburg-Sondershausen gehörte, zunächst zu Volkseigentum erklärt, dann aber zurückerstattet und der Tochter eines ehemaligen Hofbeamten vererbt. Nach dem Zweiten Weltkrieg wurde sie wieder enteignet, als ein angebliches Geschenk des ersten Präsidenten der kommunistischen Tschechoslowakei, Klement Gottwald, an Wilhelm Pieck, den ersten Präsidenten des kommunistischen Ostdeutschlands, ausgegeben und landete schließlich im Blasorchester des DDR-Innenministeriums. Dort verblieb sie solange, bis die

Mauer fiel und das westdeutsche Innenministerium eine DDR-Sammlung von 22 verstaatlichten Instrumenten – überwiegend von pensionierten Konzertmeistern erworben – erbte. Zwischen 1997 und 2000 klagte der frühere Eigentümer auf Rückgabe der Ex-Sondershausen-Violine und gewann. Aber was hatte er da gewonnen? Das Instrument hatte keine Papiere. Bis zur Klärung der Eigentumsverhältnisse hatte die Bundesregierung keine Authentifizierung des strittigen Objekts angestrebt. Charles Beare erinnerte sich nur entfernt an eine Anfrage des Besitzers und an ein Foto. Aber es war nie jemand bei ihm erschienen, um ihm das Instrument zu zeigen.[328]

In einer Welt nach dem Kalten Krieg, in der sowohl europäische Kunstdiebstähle als auch post-sowjetische nukleare Sicherheit Herausforderungen in Milliardenhöhe darstellten,[329] mutet der Diebstahl einer Grancino, einer Testore sowie von ein paar Amati und Stainer aus dem Musikinstrumenten-Museum in Prag im Herbst 1990 fast schon banal an. Doch sind Geigendiebe nur selten Geigenexperten, und es überrascht deshalb nicht, dass der Hinweis eines Händlers, dem die Instrumente angeboten worden waren, die Polizei über ein halbes Jahr nach dem Diebstahl in ein Hotelzimmer in München führte.[330]

Geigenbauer und -händler sind aus naheliegenden Gründen seit den Anfängen des Instruments besonders gefährdet. Im Jahr 1695 zeigte Giovanni Tononi den Diebstahl von zwei neuen Instrumenten aus einem Lagerraum über seiner Werkstatt an.[331] Im April 2002 brachte der New Yorker Geigenbauer und -händler Christophe Landon den Diebstahl der »Le-Maurien«-Strad von 1714 zur Anzeige, die an dem Morgen aus seinem Laden in der Nähe des Lincoln Center verschwunden war, an dem sein Kunde – ein Orchestermusiker – sie ausprobiert hatte. Landon hatte die Geige vor ein paar Jahren bei einer Auktion in Paris gefunden und für eine Restaurierung mitgenommen, die ihren Wert effektiv verdoppelt hatte. Ihr Besitzer war nun die Cremona Society Ltd., eine in Dallas ansässige philanthropische Organisation, deren Gründer Barrett Wissmann vom Pianisten zum Risikokapital-Anleger geworden war, einen Abschluss in Wirtschaftswissenschaften von der Yale-Universität und eine russische Cellistin als Ehefrau hatte und demonstrativ unauffällig bleiben wollte. Nachdem weder Hypnose noch freiwillige Lügendetektor-Tests und eine ausgesetzte Belohnung von 100.000 Dollar zu einer tragfähigen Anklage führten, klagte die Gesellschaft auf 3,5 Millionen Dollar Schadenersatz wegen Vertragsbruch. Ein paar Monate später einigten sich die Parteien darauf, dass die Rechte auf das Instrument auf den Versicherer übergehen würden, falls das Instrument gefunden würde. Bis 2014 war das aber nicht geschehen.[332] Inzwischen aber war infolge einer gesellschaftsrechtlichen Umstrukturierung der Bundesstaat Illinois der Rechtsnachfolger geworden.

Dass sich Polizei und Gerichte immer wieder an Geigenbauer und -händler als Zeugen und Sachverständige gewandt haben, ist nur natürlich. Zwei Jahre nach dem Diebstahl bei Tononi senior trat sein Sohn Carlo in einem Prozess um ein anderswo gestohlenes Instrument als Zeuge auf und behauptete, es repariert zu haben.[333]

Neuzeitliche Spielarten der Geschichte hätten wahrscheinlich keinen der Tononi überrascht. Im Januar 1994 brachte ein Musiker und Lehrer aus der Gegend von San Francisco ein Schülerinstrument zu Joseph Grubaugh und Sigrun Seifert in Petaluma, Kalifornien, zur Reparatur. Grubaugh, ein anerkannter Experte, hatte bald den Verdacht, dass diese Strad – im Gegensatz zu vielen anderen, die in seine Werkstatt gebracht worden waren – nicht in der Tschechoslowakei gebaut worden war. Eine Anhäufung von Hinweisen, einschließlich Zettel, Schnecke und Randeinlagen, führte über ein Foto in der Ikonografie von Goodkind, die als Standardwerk gilt, sowie dem Register verschollener Instrumente der American Federation of Violin and Bow Makers[334] zur Universität von Kalifornien in Los Angeles, die das fragliche Instrument in den frühen 1960er-Jahren von einem Spender bekommen hatte. Es war als »Herzog von Alcantara« bekannt, 1732 gebaut worden und seit etwa einem Vierteljahrhundert verschwunden, nachdem es einem Mitglied des Fakultätsquartetts verloren ging, der es auf dem Dach seines Autos abgelegt hatte und versehentlich losfuhr.

Wenn es einen ernst zu nehmenden Experten brauchte, um die Geige zu identifizieren, so brauchte es auch einen ernst zu nehmenden Anwalt, um sie zurückzugewinnen. Diebstahl setzt einen Dieb voraus. Die aktuelle Besitzerin, die als Teil einer Scheidungsvereinbarung in gutem Glauben zu dem Instrument gekommen war, war keiner. Ihr früherer Ehemann hatte es von einer verstorbenen Tante, die behauptete, es neben dem LA Freeway gefunden zu haben. Carla Shapreau, als Rechtsanwältin und zugleich ausgebildete Geigenbauerin ein Unikum, konnte das Gericht dazu überreden, das Instrument bis zu einer Übereinkunft für beide Parteien unzugänglich aufzubewahren. Sie argumentierte dann, dass die Universität den Verlust innerhalb der in Kalifornien gesetzlich vorgeschriebenen Frist angezeigt habe, während die Beklagte weder beweisen konnte, dass das Instrument an einem anderen Ort gestohlen worden war, noch, dass die Tante ihres Exmannes versucht hatte, den rechtmäßigen Besitzer zu finden. Im Dezember 1995 wurde der Fall außergerichtlich mit einer Zahlung von 11.500 Dollar beendet, und die Universität erhielt das Instrument, dessen aktueller Wert mittlerweile auf zwischen 800.000 und 2 Millionen Dollar geschätzt wurde, zurück.[335]

Auch der Geigenhändler Chip Averwater aus Memphis, Tennessee, war skeptisch, als 1999 zwei Brüder mit einem Instrument aus Marrkneukirchen aus dem 18. Jahrhundert in seinem Geschäft erschienen, von denen der eine behauptete, dass die Geige sich seit Generationen in Familienbesitz befand, und der andere versicherte, sie auf einem Flohmarkt gekauft zu haben. Auf die Frage nach der Diskrepanz erklärte der erste, dass das Instrument von einem Flohmarkt stamme, der Kauf aber schon vor Generationen erfolgt sei. Während der örtliche Gutachter die Geige schätzte, benachrichtigte Averwater die Polizei. Er half dann den Brüdern, ein Formular zu ihrer Verkaufsabsicht auszufüllen. Als der Streifenwagen eintraf, verschwanden sie, wandten sich dann aber selber an die Polizei.

Die Polizei gab Averwater weniger als einen Tag Zeit, um den Eigentümer zu finden, den man benötigte, um einen Diebstahl zu bestätigen. Anrufe bei örtlichen Spielern, Lehrern, Schulen, Universitäten und der Musikergewerkschaft verliefen ergebnislos. Aber eine Internet-Suche nach dem Geigenbauer förderte einen zwei Jahre alten Informationsaustausch auf einem Schwarzen Brett mit einem dankbaren vietnamesisch-amerikanischen Medizindoktoranden in Nashville zutage, der Averwater berichtete, dass er – am Boden zerstört wegen des Verlustes des Geschenks seiner Eltern, auf dem er während seiner Schul- und Universitätszeit gespielt hatte – nicht mehr damit gerechnet habe, seine Geige je wiederzusehen.[336]

Aber für ernsthafte Diebe scheinen dann doch hochkarätige Spieler wie Louis Spohr, Eugène Ysaÿe, Bronislaw Huberman, Roman Totenberg, Erica Morini sowie die Crossover-Virtuosin Vanessa-Mae aus Singapur besonders interessant gewesen zu sein.

Im Jahr 1804 erwarb ein entzückter Spohr während einer Tournee in St. Petersburg an seinem 20. Geburtstag eine nicht näher bezeichnete Guarneri. Ein paar Monate später will Spohr nach Göttingen reisen, muss jedoch die Entdeckung machen, dass ihm die Geige vom Rücksitz seiner (leider nach hinten fensterlosen) Mietkutsche gestohlen worden war.[337] 1907 wurde die »Hercules«-Strad von Ysaÿe in seiner Garderobe in St. Petersburg aus einem Doppelkasten entwendet, während er auf der Bühne auf seiner del Gesù spielte.[338] Kurz vor ihrem Tod, im Alter von 91 Jahren, wurde Erica Morini 1996 ihre »Davidov«-Strad von 1727, die auf 3,5 Millionen Dollar geschätzt war, von jemandem gestohlen, der einen Schlüssel zu ihrer New Yorker Wohnung und für den Schrank hatte, in dem die Geige aufbewahrt wurde. Ein Freund, den sie geschickt hatte, um nach dem Instrument zu sehen, fand einen leeren Kasten, doch keine Anzeichen von gewaltsamem Eindringen oder Verlassen der Wohnung.

Einige Instrumente wurden wiedergefunden, andere nicht. In einem klassischen Fall wurde der New Yorker Händler Flechter 1895 angeklagt, von einem älteren Einwanderer, der früher Konzertmeister der berühmten Hofkapelle des Herzogtums Sachsen-Meiningen gewesen war, die »Herzog-von-Cambridge«-Strad von 1725 gestohlen zu haben. Sowohl Verteidigung als auch Staatsanwaltschaft boten ganze Bataillone von Geigenbauern und Handschriftenexperten auf. Mit glasigen Augen ob der Informationsflut zog sich die Jury mit der Expertise des 81-jährigen August Gemunder – dem ersten großen Geigenbauer in Amerika – zurück. Nach einer Beratung, die die ganze Nacht dauerte, kam sie mit einem Schuldspruch wieder. Trotz seines anhaltenden Protests wurde Flechter zu einem Jahr Gefängnis verurteilt, aber nach einem Einspruch nach drei Wochen freigelassen.

Fünf Jahre nach dem Prozess entdeckte ein ehemaliger Angestellter die verschwundene Violine. Der Dieb hatte sie innerhalb einer Stunde nach dem Diebstahl ins Pfandhaus gebracht. Der Pfandleiher hatte sie für 30 Dollar an die Frau eines Schneiders in Brooklyn verkauft, deren Sohn Geigenunterricht nahm. Flechter benachrichtigte die Polizei, der Käufer aus Brooklyn verzichtete auf alle Ansprüche, und die Violine, die schließlich von der New York Philharmonic erworben werden sollte, wurde der Witwe des Besitzers zurückgegeben.[339]

In einer noch reizvolleren Geschichte wurde die »Gibson«-Strad von 1713 Bronislaw Huberman nicht nur zweimal gestohlen, sondern auch zweimal wiedergefunden. Der erste Diebstahl scheint direkt aus einem Polizei-Lehrbuch zu stammen: Im Jahr 1919 verschaffte sich ein Einbrecher Zutritt zu Hubermans Wiener Hotelzimmer. Dieser benachrichtigte die Polizei. Ein paar Stunden später wurde der Dieb mit der Violine bei einem Händler erwischt, angeklagt und zu drei Jahren Haft verurteilt.

Der zweite Diebstahl dagegen, in dem die »Gibson« eine Rolle spielte, hatte mit seinen skurrilen Hauptfiguren und einer Handlung, die teilweise aus *Rashomon*, teilweise aus *Der Schatz der Sierra Madre* zu stammen schien, das Potenzial für einen Spielfilm. Im Februar 1936 war Huberman während eines Gastspiels in der Carnegie Hall mit seiner del Gesù und einem Kammerorchester von 41 Musikern auf die Bühne gegangen. Seine Strad blieb – wie bei Ysaÿe – unbeaufsichtigt im Doppelkasten zurück. Seine Sekretärin entdeckte den Diebstahl und benachrichtigte ihn kurz nach der Pause. Der unerschütterliche Huberman bat sie, die Polizei zu rufen, und kehrte auf die Bühne zurück. Die Detektive waren noch vor Ende des Konzerts vor Ort. Der Künstler war der Meinung, dass ein Dieb, der einen teuren Kasten und sechs wertvolle Bögen zurückließ, kein Musiker sein konnte. Am nächsten Morgen erschien in der *New York Times* zusammen mit der Besprechung des Konzertes auf derselben Seite eine Nachricht über den Diebstahl.[340] Huberman meldete den Schaden zu gegebener Zeit seinem Versicherer, Lloyd's of London, der ihm 8.000 Pfund zahlte, zu dieser Zeit über 30.000 Dollar.

Itzhak Perlman erlebte im Alter von 18 Jahren etwas ähnliches, als ein Einbrecher hinter der Bühne die Guarneri stahl, auf der er gerade zuvor als Teilnehmer des Leventritt-Wettbewerbs in der Carnegie Hall gespielt hatte. Was es noch schlimmer machte, war, dass das Instrument der Juilliard School gehörte, an der Perlman studierte. Glücklicherweise konnte es am nächsten Tag in einem Pfandhaus, das 5 bis 10 Dollar dafür gegeben hatte – »und das nur, weil Bögen dabei waren«, wie Perlman hinzufügte –, sichergestellt werden.[341]

Das Wiederauftauchen der »Gibson« im Jahr 1985 – 38 Jahre nach dem Tod von Huberman – war ebenfalls eine große Nachricht. Charles Beare, der von Rachel Goodkind, der Tochter des Strad-Ikonografen, alarmiert worden war, arrangierte in Begleitung von Anwälten der gegnerischen Parteien ein Treffen mit Marcelle M. Hall, der Witwe von Julian Altman, einem Gelegenheitsgeiger in New York und Washington, der kurz zuvor im Gefängnis gestorben war, nachdem Hall ihn wegen Belästigung einer ihrer Enkelinnen hatte festnehmen lassen. Als sie ankamen, fanden sie bereits eine Party-Gesellschaft vor, zu der auch eine Crew von NBC News gehörte. Beare identifizierte die Violine, die Sektkorken knallten, und die Anwälte arbeiteten eine Vereinbarung aus. Ein paar Monate danach erschien die Huberman-Violine, gründlich gereinigt und restauriert, erstmals wieder öffentlich auf der Ausstellung zum 200-jährigen Jubiläum von Stradivari in Cremona, die auch von Hall besucht wurde.[342] Im Austausch für die Violine bekam Hall einen Finderlohn von 263.475,75 Dollar, 25 Prozent des Schätzwertes. Norbert Brainin, der Erste Geiger des Amadeus Quartet, kaufte sie 1988 für 1,2 Millionen Dollar.

Bis zur Fortsetzung der Geschichte vergingen Jahre. 1991 verklagte Sherry Altman Schoenwetter, eine Tochter Altmans aus einer früheren Ehe, Hall beim Nachlassgericht. Sie beschuldigte ihre Stiefmutter, als Altmans Nachlassverwalterin Vermögenswerte zurückgehalten zu haben. Das Gericht entschied zu ihren Gunsten. Es wurden nicht nur die Geige und der Anspruch auf Finderlohn als Teil von Altmans Nachlass festgestellt, sondern Hall wurde auch angewiesen, für die Jahre, in denen sie über den Finderlohn verfügt hatte, 10 Prozent Jahreszins zu zahlen. 1995/96 wurde die Entscheidung bestätigt, zunächst im Connecticut Superior Court, dann mit einer Vier-zu-eins-Abstimmung im Obersten Gerichtshof des Bundesstaates.

Weiterhin unklar blieb die Rolle, die Altman bei dem Diebstahl gespielt hatte. Hatte er – wie Hall Lloyd's und den Medien 1987 erzählt hatte – Hubermans Strad von ihrem Dieb für 100 Dollar gekauft? Oder hatte er sie selbst gestohlen, wie Hall später den Richtern erzählte? In den Monaten vor seinem Tod, so Halls Zeugenaussage, führte Altman sie zu der Violine, die er zur Sicherheit bei einem befreundeten Mechaniker in Aufbewahrung gegeben hatte, zeigte ihr Zeitungsberichte über den Diebstahl, die unter dem Bezug des Geigenkastens versteckt waren, und gestand, das im Kasten befindliche Instrument – die verschwundene »Gibson« – gestohlen zu haben.

Nach dieser Version war der Diebstahl ein gemeinsames Unternehmen mit Altmans Mutter gewesen. Es war geplant, einem ausländischen Geiger mit zwei Violinen zuerst eine davon zu stehlen und sich dann darauf zu verlassen, dass der danach entstehende hohe Ermittlungsdruck sich legen würde, nachdem er das Land verlassen hatte. Die Beschreibung traf auf Huberman zu. Am Abend des Konzerts machte Altman von seinem Job in einem Zigeunerorchester im Russian Bear, einem Café ganz in der Nähe der Carnegie Hall, eine kurze Pause. Da er den Mitarbeitern als regelmäßiger Spieler im Jugendorchester bekannt war, hatte er keine Probleme, am Bühneneingang eingelassen zu werden. Eine Handvoll Zigarren genügte offenbar, um einen oder beide Türsteher und einen Wachmann der Carnegie Hall abzulenken, die die Treppe zu Hubermans Garderobe im Auge behalten sollten. Altman stahl dann die Strad, wartete solange, bis Huberman und das Orchester die Bühne verlassen hatten, schlüpfte aus einem Seiteneingang hinaus, nahm ein Taxi nach Hause, übergab seiner Mutter die Violine und ging dann zurück zur Arbeit, die ganze Zeit über anscheinend in der russischen Tracht, die zu seinem Job gehörte.

Mehr als ein halbes Jahrhundert später gibt die Geschichte immer noch Rätsel auf. Mit oder ohne Zigarren: Es ist schwer vorstellbar, dass ein jugendlicher Geiger in einem russischen Bauernkostüm unbemerkt an einem Türsteher, der ihn schon kannte, vorbeischlüpfen konnte. Angesichts einer laufenden strafrechtlichen Ermittlung, einer drohenden Strafe als Peitsche oder einer möglichen Belohnung als Zuckerbrot, ist dessen Stillschweigen zumindest seltsam.

Die Glaubwürdigkeit von Hall ist ebenfalls ein Rätselspiel. Sie hatte seit 1970 mit Altman zusammengelebt, heiratete ihn aber erst im Jahr 1985, zwei Tage bevor er verurteilt wurde und nur wenige Monate, bevor er starb. Damit war sie jetzt seine Frau und Erbin und ihre Zeugenaussage wohl kaum uneigennützig. Wenn er ein Dieb war, hatte die Hinterbliebene keinen Anspruch auf den Finderlohn. Also hatte sie in den Verhandlungen mit Lloyd's guten Grund zu behaupten, Erbin eines rechtmäßigen Besitzers zu sein. Als sie sich gezwungen sah, sich gegen die Forderung von Altmans Tochter zur Wehr zu setzen, scheint sie wiederum davon ausgegangen zu sein, dass es in ihrem Interesse läge so zu argumentieren, dass sie als Erbin eines Diebes nicht verpflichtet sei, den Finderlohn mit seiner Tochter zu teilen.

Ein Richter nach dem anderen blieb davon unbeeindruckt. Hall könne »nicht einen einzigen Fall in der ganzen Welt nennen, in dem der zweite Dieb mehr Rechte hatte als der erste Dieb«, erklärte ein Richter, als er Altmans Erben das Recht zusprach, Hall auf Wiederherstellung des Finderlohns zu verklagen. Bis 1997 schuldete Hall den Erben eine halbe Million Dollar in Kapital und Zinsen, von denen sie nie etwas gesehen haben.[343] Inzwischen ging die Geige ihren eigenen Weg. Wenige Monate, nachdem Hall im Jahr 2001 gestorben war, gab Joshua Bell, einer der jungen Stars einer neuen Generation, seine frühere Strad für 2 Millionen Dollar in Zahlung und kaufte die »Gibson« für angeblich 4 Millionen Dollar.[344]

Diebstahl und Wiederauffinden der »Kochanski«-Strad von 1717, die Pierre Amoyal gehörte, hatten ebenfalls Filmpotenzial. Aber dieses Mal hätte das Drehbuch eine eigenwillige Mischung aus Jules Dassins *Rififi* und den Scherzen des seltsamen Paars Dean Martin und Jerry Lewis sein können. Im Gegensatz zu Huberman wurde Amoyals Instrument wenigstens wiedergefunden, als er immer noch jung genug war, es zu spielen. Obwohl er Bereitschaft gezeigt hatte, mit den Dieben so zu verhandeln, als handele es sich um Entführer, kam am Ende doch das Gesetz zu seinem Recht. Paradoxerweise war es Amoyals Porsche, nicht seine Strad, hinter dem der Dieb her war. Dieser – ein Profi von internationalem Ruf – schnappte sich den Schlüssel, während Amoyal aus seinem norditalienischen Hotel auscheckte, und war innerhalb von Sekunden verschwunden. Das Auto wurde kurze Zeit später wiedergefunden.

In den folgenden vier Jahren mobilisierte Amoyal Polizei und Medien und musste eine überraschende Vielfalt von Verrückten und Gaunern abwehren. Er stellte einen Schweizer Detektiv an, der seinerseits in Turin einen etwas zweideutigen, aber kenntnisreichen Partner engagierte. Er konsultierte einen vorbildlichen italienischen Richter. Er machte mit seiner Versicherung unangenehme Erfahrungen, lief Marathons und stritt mit seiner Frau.

Doch für die nächsten fast zwei Jahre blieb die Geige in Turin. Als der Dieb dringend Geld benötigte, versuchte er sich als Freelancer im Drogenhandel und wurde vom örtlichen Syndikat erschossen. Inzwischen hatte er die Kochanski billig an einen lokalen Antiquitätenhändler verkauft, der bald darauf eines natürlichen Todes starb. Dessen Erben verscherbelten sie weiter an einen Sammler aus der Unterwelt, der durch ein Inserat von Amoyal in der Lokalpresse wusste, dass es einen seriösen privaten Käufer gab, der bereit war, für das Instrument richtiges Geld zu bezahlen. Andere Bieter, die verloren hatten, willigten ein, mit der Polizei zu kooperieren. Ein Undercover-Einsatz ging zu Amoyals Verzweiflung schief. Aber ein vorgeschlagenes zweites Treffen in einer Turiner Kirche verlief besser. Die obligatorische Verfolgungsjagd endete damit, dass der mutmaßliche Verkäufer zwischen der Polizei und einem Wäschereifahrzeug eingeklemmt war. Nach einer Pressekonferenz und einem Prozess gab es Haftstrafen.[345]

Ungeachtet der Schockwellen von gelegentlichem Totschlag und der anhaltenden Hintergrundgeräusche von Diebstählen kollidierten Violinen und das Gesetz wahrscheinlich am häufigsten an der Kreuzung, an der Käufer und Verkäufer sich trafen. Belastende Dokumente gehen bis mindestens 1685 zurück. In diesem Jahr hatte Tomaso Vitali, ein mit dem Hof von Modena verbundener Geiger, eine Petition an den Herzog gerichtet, nachdem er unter dem sichtbaren Zettel in seinem neuen Instrument das Original entdeckt hatte, aus dem für ihn hervorging, dass die »Amati«, die ihm ein Händler vor Kurzem für 12 Pistolen verkauft hatte, in Wirklichkeit eine Rugeri war, die zu der Zeit nur 3 Pistolen wert war.[346] Von derlei Eingaben würde es in Zukunft mehr und mehr geben, da eine Generation auf die andere und ein Fall auf den anderen folgten. Die Zeitschrift *The Strad* berichtete zwischen Mai und September 1890 in Fortsetzungen auf drei- und vierspaltigen Seiten, wie der Verkäufer Laurie die Aufforderung erhalten hatte, dem Käufer James Johnstone sein Geld zu erstatten, das Verbundinstrument, das er als Strad verkauft hatte, zurückzunehmen und Gerichtskosten von erheblicher Höhe zu zahlen.

Die redaktionelle Fackel wurde dann an Edward Heron-Allen weitergereicht, der nicht nur über Laurie und einen ähnlichen Fall in Bayern viel zu sagen hatte, sondern auch über den Prozess eines freiberuflichen Händlers namens Henry Hodges gegen den jüngeren Georges Chanot.[347] Es ging um eine »zweifelhafte Violine« mit einem Etikett von Bergonzi, die Chanot von einem Pariser Kunsthändler für 18 Pfund Sterling gekauft und an Hodges für 55 Pfund verkauft hatte. Auf Hodges' Bitte hin schrieb er dann eine Quittung über 75 Pfund – ein sicherer Hinweis, dass Hodges die Differenz dem nächsten Käufer in Rechnung stellen wollte. Die beiden Männer, zufrieden mit dem Geschäft und mit sich selbst, teilten sich dann eine Flasche Champagner und gingen zum Abendessen.

Erst als Hodges das Instrument für 150 Pfund weiterverkauft hatte und der neue Käufer es Hill zeigte, gingen die Dinge schief. Hill hatte ihm wohl erzählt, dass die Bergonzi keine war. Der Kunde brachte sie offenbar zu Hodges zurück, der seinerseits seine 75 Pfund von Chanot zurückverlangte. Chanot erwiderte, dass ein Geschäft ein Geschäft sei und riet ihm, die Violine selber weiterzuverkaufen. Er forderte von Hodges sogar die Erstattung der 5 Schilling, die er bezahlt hatte, um das Instrument für den Transport zu versichern. Hodges verklagte ihn und bekam Recht. Er schlug dann einen Vergleich vor: Rückgabe seiner 55 Pfund und Teilung der Prozesskosten. Aber Chanot lehnte dies ebenfalls ab, nachdem ihm George Hart Anlass gegeben hatte, anzunehmen, dass er unter Umständen tatsächlich eine Bergonzi hatte, wenn vielleicht nicht von Carlo, dann zumindest von einem seiner Nachkommen.

Als der Fall wieder vor Gericht kam, erklärte W. E. Hill die Bergonzi zu einer Pressenda im Wert von 25 bis 30 Pfund. »Aber zu welchem Preis würden Sie sie verkaufen?«, fragte ihn Chanots Anwalt. »Das kommt auf den Kunden an«, antwortete Hill ungeniert, während der Gerichtssaal in Gelächter ausbrach. Chanot gab den Bergonzi-Zettel zu, bestritt aber, die Geige als eine Bergonzi verkauft zu haben. Davon unbeeindruckt ordnete die Jury an, dass er 55 Pfund plus 15 Pfund Schadensersatz und die Gerichtskosten zu zahlen hatte – insgesamt eine Strafe von fast 215 Pfund und damit etwa das Doppelte von dem, was die Hills für eine Bergonzi verlangten und das Zweieinhalbfache dessen, was ein Bergmann in einem Jahr verdiente.[348]

Am nächsten Tag stellten Presseberichte die Echtheit aller in Großbritannien verkauften französischen Waren in Frage. In einer Karikatur der Zeitung *Fun* befragte ein Gast den Kellner zu einer Flasche Champagner: »Ist es auch wirklich Pommery?« »Ja, Sir«, antwortete der Kellner, »ich habe das

Etikett selber auf die Flasche geklebt.« Im Windschatten des Prozesses verkaufte Chanot das umstrittene Instrument für 50 Pfund an seinen Sohn Georges-Adolphe in Manchester, der es als »eine Bergonzi zugeschriebene und sehr attraktive Violine« in die Auktion von Puttick and Simpson gab. Sie wurde sofort für 55 Pfund von Charles Fowler aus Torquay ergattert, der durch die Fachpresse wissen ließ, dass er stolz darauf sei, sie seiner Sammlung hinzuzufügen.[349]

Laurie erholte sich ebenfalls. Weniger als zwei Jahre nach seiner Niederlage in Glasgow hatte er die Verbundvioline, die heute als die »Court«-Strad bekannt ist, für 500 Pfund weiterverkauft – für 40 Pfund mehr also, als er von Johnstone bekommen hatte. Der Käufer, anfangs nur als »ein adeliger Kenner« bezeichnet, stellte sich als Baron Knoop heraus.[350] Hill wusste, dass Lauries Geldknappheit zum Verkauf der »König-Joseph«-del Gesù – einer der weltweit begehrtesten Geigen – geführt hatte. Er wusste auch, dass der Käufer derselbe war, der die »Court«-Strad gekauft hatte. Aber er weigerte sich zu glauben, dass es sich dabei um Knoop handelte, weil er sich sagte: »Es ist absurd, ihn als einen ›Kenner‹ zu bezeichnen.« Ein paar Monate später erklärte Knoop, wie Laurie es zur Bedingung gemacht hatte, dass er beim Kauf der Guarneri auch die Verbundvioline abnahm.[351]

Arthur Hill vertraute nach seiner Zeugenaussage im Prozess seinem Tagebuch an: »… hörte, wie Laurie sein Kreuzverhör durchführte, habe gelogen und wich allem auf die schönste Art und Weise aus.« Am nächsten Tag fügte er hinzu: »Schotten sind wahrhaftig schlau.«[352] Als er ein paar Jahre später von Chanots Tod erfuhr, gab Hill zu, dass dieser viel gewusst und gute Arbeit geleistet habe. Aber, so fügte er hinzu, »er brachte erhebliche Schande über den Handel« und »besaß genau die Eigenschaften, die dazu führen, dass Gebrauchtwarenhändlern so viel Misstrauen entgegengebracht wird«.[353]

Kurz nach dem Sieg über Laurie stellte Arthur Hill eine Liste der Fehler einer als Amati bezeichneten Geige zusammen, die gerade mit einer Studentin von Joachim aus Berlin angekommen war. Die Echtheit des Instruments musste erst noch festgestellt werden: Kopf und Körper passten nicht zusammen. Der Zettel war eine Fälschung. Der Händler schilderte äußerst zurückhaltend, wie er zu dem Instrument gekommen war. Selbst wenn es in gutem Glauben war, hielt Hill den verlangten Preis für Wucher. Einige Tage später lieh er der Besitzerin eine Rugeri und nahm sie beiseite für »ein langes Gespräch, um sie auf die Schwierigkeiten beim Kauf einer guten Geige und einige Fallstricke, die es zu vermeiden gilt, hinzuweisen«. Eine Woche später berichtete sie, dass ein Freund eine »dubiose« Amati in höchsten Tönen lobte, die von John Kruse, einem weiteren Schützling von Joachim und Professor an der Berliner Musikhochschule, zum Kauf angeboten worden war.[354] Hill half über Freunde dabei, für sie eine Alternative in Paris zu finden. Aber er drängte sie auch, sich ohne Aufsehen mit ihrem Händler in Berlin zu einigen und gestand sich selber im Tagebuch ein: »Die Deutschen sind schon jetzt in Musikkreisen so mächtig, das wir [...] es uns nicht leisten können, uns noch mehr von ihnen zu Feinden zu machen.«[355]

Heron-Allen war bei Händlern völlig unsentimental und bekam auch bei Sammlern keine feuchten Augen. »Sammler« war für ihn ein Synonym für »Amateurhändler«, und – so fügte er keineswegs augenzwinkernd hinzu – Johnstone war ein Schotte. Auf jeden Fall waren alle alten Instrumente bearbeitet, und Laurie hatte Johnstone ein gutes Geschäft angeboten. Heron-Allen allerdings dachte, dass der Richter zumindest die Kosten hätte aufteilen können. Seine Meinung von Hodges und Chanot war ebenfalls unparteiisch und unvoreingenommen. Natürlich hatte Chanot der »Bergonzi« ein falsches Etikett verpasst. Doch Hodges, der keineswegs neu im Geschäft war, wurde nur dann aktiv, wenn seine eigenen Kunden ihn herausforderten. Aus der Sicht von Heron-Allen war es Chanots eigentlicher Fehler gewesen, vor Gericht über Praktiken, von denen jeder wusste, offen zu sprechen.

Als es im Jahr 1937 in Cremona für die Ausstellung zur Zweihundertjahrfeier keine Stradivaris gab, appellierten die Organisatoren an Eigentümer und sogar an die Öffentlichkeit, ihnen Instrumente als Exponate zur Verfügung zu stellen. Von den 128 zur Prüfung zugelassenen Instrumenten wurden acht für echt befunden.[356]

Nach dem Zweiten Weltkrieg ging die Geschichte im Jahr 1952 in der Schweiz weiter. Giovanni Iviglia, ein 52-jähriger Mailänder Geigenbauer und -kopist, der als Autor einer Monografie über Celeste Farotti, von Einführungen zu den Tagebüchern von Cozio und dem Handbuch der Geigenbauer von Vannes auch publizistisch hervortrat, war unterdessen Generalsekretär der Italienischen Handelskammer in Zürich. Henry Werro, 56 Jahre alt und ein international anerkannter Händler in Bern, der 1932 das Geschäft seines Vaters übernommen hatte, war kurz im Gefängnis gewesen und sah sich immer noch zivil- und strafrechtlich relevanter Anschuldigungen und Untersuchungen wegen Betruges und der Fälschung von Geigenzetteln ausgesetzt, die mindestens bis auf das Jahr 1947 zurückgingen. Iviglia, der die Verteidigung der Ehre italienischer Geigen als Teil seines offiziellen Mandats betrachtete und jedes persönliche Interesse an dem Geschäft abstritt, hatte die Italienische Handelskammer zu einer alternativen Quelle von Fachwissen erklärt.

Es sollten weitere sechs Jahre vergehen, bevor der Fall Werro schließlich vor einer Jury in Bern vor Gericht landete, wobei Iviglia, der als Sammler begonnen und dann intensiv die Geigenliteratur studiert hatte, als Zeuge der Anklage auftrat. Nach seiner Aussage hatte Werro ihm 1951 angeboten, seine Sammlung unter der Bedingung zu kaufen, dass er seine Unterlagen vernichte und aufhöre, über Werros zwielichtige Praktiken zu berichten. Werro gab zu, dass sie miteinander gesprochen hatten, bestand aber darauf, das vorgeschlagene Quidproquo Iviglias Idee gewesen war.[357]

246

Iviglia, der für den nunmehr 62 Jahre alten Moby Dick Werro so etwas wie ein Ahab war, sah den Ursprung aller Fälschungen grundsätzlich in der Bereitschaft der Behörden, die Händler sich selbst zu überlassen. Er sah nur zwei Lösungen: ein Archiv mit öffentlich zugänglichen Fotos und Maßangaben, zusammengestellt von einer Gruppe unabhängiger Experten, und die rigorose Verfolgung von Straftätern.[358]

Im Gegensatz zu anderen, die seine Bedenken durchaus teilten, hatte Iviglia tatsächlich versucht, etwas zu tun. Zunächst rekrutierte er einen Ausschuss von Schweizer Geigenbauern als seine öffentlichen Experten. Dann zog er Max Frei-Sülzer hinzu, den Leiter der Abteilung für forensische Wissenschaft der Zürcher Polizei. Im Laufe der vierwöchigen Prozessdauer mobilisierte Werro Kollegen und Stars des Handels wie Emil Herrmann, Albert Philips-Hill und Fridolin Hamma, die ihm helfen sollten. Iviglia seinerseits konterte mit Frei, drei lokalen Geigenbauern und dem Direktor der Farben- und Lackabteilung des Schweizer Eichamts.

Über den Prozess wurde ausführlich in der *Neuen Zürcher Zeitung*, der schweizerischsten aller Schweizer Zeitungen, berichtet.[359] Keine der beiden Seiten hatte Anlass, auf ihn als eine Sternstunde zurückzublicken. Für die Dauer von fast fünf Wochen forderte ein Experte den anderen heraus, und eine Behauptung jagte die andere in allen möglichen Kombinationen, während eine Schlange von Werro-Kunden in den verschiedensten Zuständen des Unglücklichseins im Zeugenstand erschien. Fast jeder von ihnen legte von Praktiken Zeugnis ab, die im Handel offenbar üblich waren, aber nur selten in öffentlichen Gerichtsverhandlungen zugegeben wurden. Bis vor Kurzem, so erinnerte sich ein Zeuge, hatte Werro hochwertige Faksimile-Zettel aus Markneukirchen bestellt. Er räumte ein, dass er es versäumt hatte, sie in seinen Gutachten zu erwähnen, da sie für ihn keine Bedeutung hatten. »Wohl aber für die Käufer«, bemerkte der Richter.[360]

Aber auch Werros Löwen, alle nicht mehr jung, waren wenig berauschend. Dass sich die streitenden Experten nicht einigten, war zu erwarten gewesen. Aber je nach dem in Frage stehenden Instrument schien es eine bemerkenswerte Distanz zwischen Hill und Hamma und eine noch größere zwischen Hill und Herrmann zu geben. Nachdem das Gericht ihn vom Zeugen zum Experten befördert hatte, bezichtigte die Staatsanwaltschaft Herrmann sogar des Meineids.[361] In mindestens einem Fall, in dem Werro beschuldigt wurde, aus einer Cappa in eher mittlerer Preislage eine durch und durch hochwertige Andrea Guarneri gemacht zu haben, gab es sogar eine beachtliche Entfernung zwischen Hill und Werro selber.[362]

Doch die Schweizer Geigenbauer überwarfen sich wegen einer angefochtenen Strad auch mit Frei und einem von Iviglia beigebrachten italienischen Berater.[363] Aufgefordert, ihre Differenzen mit Hill über ein anderes angefochtenes Instrument zu erklären, führten sie als ihren Vergleichsstandard unverblümt Instrumente an, die von den Hills oder von Herrmann zertifiziert worden waren. Einer von ihnen – mit »schockierender Offenheit«, wie die *Neue Zürcher Zeitung* hinzufügte – erhob sogar Einspruch bei den Behörden gegen das Material, das er bei Werro gesehen hatte. Angesichts der aktuellen Verwirrungen fragte sich der Reporter, ob eine verlässliche Zuordnung überhaupt möglich war.[364]

Das Gericht beschränkte sich weise auf Fragen, in denen es sich für besser qualifiziert hielt. Seit 1952 waren 14 Anklagefälle wegen Verjährung niedergeschlagen worden. In seiner Schlussrede plädierte der Staatsanwalt für eine Verurteilung in den 18 anderen Fällen. Er forderte außerdem eine zweijährige Gefängnisstrafe, eine Geldstrafe von 5.000 Franken – was dem aktuellen Preis eines modernen französischen Cellos entsprach – und die Aussetzung der Bürgerrechte für drei Jahre für Werro. Die Anwälte der Zivilkläger verlangten Schadenersatz und Erstattung der Gerichtskosten. Die Verteidigung – wenig überraschend – forderte Freispruch.[365]

Das Gericht teilte die Differenz auf, wies 20 Anklagen wegen Betruges ab und ließ zwei zu: den Verkauf eines modernen französischen Cellos als ein vermeintlich wesentlich wertvolleres italienisches und den Verkauf der Cappa als eine Guarneri. In zwölf weiteren Fällen befand es Werro der Fälschung von Zetteln schuldig sowie des Ausübens von Druck auf Werbeträger einer Fachzeitschrift, falls sie sich weigern sollten, seine Antwort auf einen vor Kurzem erschienenen und wenig schmeichelhaften Artikel zu veröffentlichen. Am Ende erhielt Werro eine Gefängnisstrafe von einem Jahr mit vier Jahren Bewährung, wurde zur Zahlung von 5.000 Franken verurteilt und aufgefordert, die falsch dargestellten Instrumente zurückzunehmen, ihren Besitzern Schadenersatz plus Zinsen zu leisten und drei Viertel der Gerichtskosten zu tragen. Das war zwar kaum ein One-Way-Ticket auf die Teufelsinsel. Aber es war auch kein Freispruch, selbst wenn der Handel es vorzog, das Urteil in der Erinnerung so zu nennen.

Im Sommer 2000 gab das Auftauchen einer Verbundvioline in Kalifornien Anlass, auf den Fall Johnstone versus Laurie zurückzukommen – diesmal in den Redwoods. Streitpunkt war der Verkauf einer Guadagnini durch Raymond A. Russell, Treuhänder eines Familienbesitzes, und George Woodall an Kristina Lee Anderson. Anderson verpflichtete sich, ein Fünftel der Kaufsumme von 260.000 Dollar an- und die Differenz über zwei Jahre abzubezahlen. Als die Zahlung sich verzögerte, reichten die Eigentümer eine Schadenersatzklage ein. Anderson, die ihre Zahlungen trotz Abweichung vom Vertrag fortsetzte, blieb stur.

Als Anderson entdeckte, dass Beare die Echtheit des Instruments glücklicherweise schon vor ihrem Kauf angezweifelt hatte, reichte sie eine Gegenklage auf Schadenersatz ein. Als der Fall vor den Santa Cruz County Superior Court kam, geriet er schnell zu einem Expertenstreit. Russell zog Harry Duffy hinzu, der 20 Jahre bei Wurlitzer gearbeitet hatte, und Anderson Reuning, der sich auf Beare berief. Russells Anwalt beanstandete, dass die Stellungnahme von Beare auf reinem Hörensagen beruhe. Richter Samuel L. Stevens ließ den Einwand zu und entschied: »Das Gericht stellt aufgrund zahlreicher Beweise fest, dass die Geige eine original Guadagnini ist, obwohl sie repariert wurde und keine Sammlerqualität hat.« Da Anderson keine Schäden erlitten hatte, konnte sie auch keine geltend machen. Aber auch Russell wurde kein erlittener Schaden zugestanden. Am Ende bekam – ganz wie am Anfang – Russell sein Geld und Anderson ihre Geige, nur nicht ganz diejenige, die sie dachte gekauft zu haben.[366] Die Entscheidung war in etwa dieselbe, die Heron-Allen im Fall Johnstone für angemessen gehalten hatte.

Moralische Entrüstung war immer einfach und sicherlich oft berechtigt. Aber die spezifischen Interessenkonflikte für ein Produkt, das schwer definierbar und nicht zu ersetzen ist, und der erbitterte, aber überwiegend stümperhafte Wettbewerb eines kleinen Oligopols bargen Risiken und Gefahren, die dem Handel eigen sind – von der (in Haweis' Worten) schwierigen Beziehung des Durchschnittsbürgers zu Pferden, Regenschirmen und Geigen ganz abgesehen.

In der Praxis unterliegt auch die beste Expertise einer Ungewissheit, die sich selbst der große Physiker Werner Heisenberg (der Ungewissheit zu einem Prinzip erklärte) nicht hätte vorstellen können. Violinen sind bekanntermaßen leicht zu verändern, sie können mit falschen Zetteln versehen werden und – legitim oder nicht – mit verblüffender Präzision kopiert werden. Im Prinzip kann jeder Profi eine begründete Vermutung zu Alter und ungefährer Herkunft eines bestimmten Instruments haben und die meisten Kopien und Fälschungen erkennen. Aber eine detaillierte, klare Expertise, die erforderlich ist, um eine Strad oder eine del Gesù unter über 100 Instrumenten aus derselben Zeit nach bis zu 300 Jahren von immer wieder neuen Besitzern, Reparaturen, Veränderungen und häufig auch Missbrauch zu erkennen und ihre Echtheit zu verbürgen, wird damit natürlich nicht erreicht.

Kunstexperten erwerben ihre Fähigkeiten auf Hochschulen oder in Museen und üben ihr Handwerk meist als Professoren und Kuratoren aus. Geigenexperten erwerben ihre Kenntnisse in den paar Geschäften, in denen das Spektrum von unterschiedlichen Instrumenten für Reparaturen, zur Begutachtung oder zum Verkauf am größten ist. In der Regel machen sie sich danach selbstständig, meistens als Geigenbauer oder -händler. Der Kunstmarkt ist ebenfalls kaum fälschungssicher. Die Vollers kommen noch nicht einmal in die Nähe des niederländischen Betrügers Han van Meegeren, der im Zweiten Weltkrieg als Vermeer-Fälscher zu einem Nationalhelden aufstieg, oder von Wolfgang Beltracchi, dem Anführer einer Fälscherbande in der niederrheinischen Stadt Krefeld, der ab 1990 zehn Jahre lang mit beeindruckendem Erfolg Expressionisten fälschte.[367] Auf der anderen Seite gibt es spätestens seit Mitte des 19. Jahrhunderts eine vom Handel unabhängige Kunstexpertise. 1968 finanzierten die niederländischen Steuerzahler die Kosten für ein Rembrandt-Forschungsprojekt mit einem Stab von wissenschaftlichen Experten. Und als es beendet wurde, begann ein von der Mellon Foundation in New York finanziertes Nachfolgeprojekt mit einer Datensammlung.[368] Der Geigenwelt fehlte eine vergleichbare Einrichtung. Mehr noch: Sie war nicht einmal vorstellbar. Von den Anfängen bis heute waren der Geigenhändler und der Gutachter in der Regel ein und dieselbe Person.

Rechtsstreitigkeiten und Strafverfolgungen über mehrere Jahrhunderte hinweg erstrecken sich über eine wundersame Vielfalt von Tonarten und Tempi. Doch in den meisten Fällen ging es am Ende um eine relativ bescheidene Auswahl von Themen wie »Würden Sie von diesem Mann eine gebrauchte Geige kaufen?« und »Als was können wir sie verkaufen« bis zu »Wie viel kann der Handel vertragen?«.

Nach 1990 lieferte die deutsche Vereinigung nicht nur einen kleinen Kurs in Verfassungsrecht und Sprachentwicklung, sondern auch eine Lektion in Violingeschichte. Zwischen 1961 und 1989, als nur die privilegiertesten und politisch zuverlässigsten Ostdeutschen in den Westen reisen durften, wurde die Begutachtung der DDR-Staatssammlung Willi Lindorfer anvertraut, einem Geigenbauer aus Weimar mit besonderen Beziehungen zum Innenministerium der DDR und keiner bekannten Beziehung zu der Welt von Beare, Bein & Fushi oder Vatelot.

Im Zuge der Wiedervereinigung brachten ostdeutsche Spieler und das westdeutsche Innenministerium ihre Instrumente zu Ingeborg Behnke, einer Mittenwald-Absolventin, die für Beare und Vatelot gearbeitet hatte und dann in ihrer Heimatstadt West-Berlin erst Restauratorin und später Chefrestauratorin der Berliner Philharmoniker geworden war. Sie hatte sich bewusst dafür entschieden, keine Händlerin zu werden. Aber sie bekam regelmäßig alte italienische Instrumente zu Gesicht und bearbeitete sie. Während der Status der Sammlung neu verhandelt wurde, protestierte das alte ostdeutsche Establishment dagegen, dass sie währenddessen nicht zugänglich war. Im Oktober 1998 wurde ein neuer Innenminister zu den Klängen von vermeintlichen alten Meistern begrüßt.[369] Aber die meisten von ihnen stellten sich als Kopien heraus.[370]

Im Jahr 2005 überzeugte eine Kombination aus maltechnischer Beurteilung, Röntgen- und Pigmentanalyse sowie Dendrochronologie sowohl Ernst van de Wetering vom Rembrandt-Forschungsprojekt als auch George Wachter von Sotheby's davon, dass es sich bei einem Rembrandt, der zuletzt im Jahr 1915 als solcher katalogisiert, nach 1931 aus den Katalogen gestrichen und 1971 als echt verkauft worden war, wirklich um einen Rembrandt handelte.[371] Die Bedeutung dieser Verfahren für den Geigenhandel lag auf der Hand.

Die Ergebnisse waren sowohl vielversprechend als auch problematisch. Die erfreuliche Nachricht war, dass der Computer es jetzt den Menschen ermöglichte, Verwandtschaften und Muster in Stunden recherchieren und erkennen zu können, die ihnen einst über Monate, Jahre oder während ihrer gesamten Berufslaufbahn entgangen waren. Im Jahr 1988 unterzog Dr. Steven Sirr, ein Radiologe aus Minneapolis, aus Neugier auf das Ergebnis seine eigene und einige weitere Geigen einem CAT-Scan. Zwei Jahrzehnte später begann Bruno Fröhlich, ein Forschungsanthropologe am National Museum of Natural History in Washington, dasselbe mit den Sammlungen der Smithsonian Institution und der Library of Congress zu tun. »Zu was ist ein Baby gut?«, fragte der große Physiker Michael Faraday, wobei er eigentlich Benjamin Franklin zitierte.[372] Dies führte zur Entdeckung von vorausgegangenen Reparaturen, zu Messungen von Holzdichte und Luftmenge und zu jener Art von Profil, das bei einer polizeilichen Gegenüberstellung nützlich ist. Die Kosten eines Eine-Million-Dollar-Apparats und von Scans für 1.000 Dollar pro Stück sorgten allerdings dafür, dass sich dessen Einsatz auf besondere Einsatzorte, Instrumente und Anlässe beschränkte.[373]

Dann kam die unerfreuliche Nachricht. Dass der Gang der Wissenschaft auch die Summe menschlicher Irrtümer in die Höhe treiben konnte, war für jemanden, der sich an den Fall Werro erinnerte, keineswegs neu. Gewiss ließ sich das Ergebnis schwerlich als ein Sieg für Werro verbuchen; ebenso schwierig aber war es, es als Sieg für Iviglias Kammer von Experten zu deuten – vor allem für Frei, den Polizeikommissar im weißen Laborkittel. Eine halbe Generation nach dem Verfahren schätzte Frei 1972, dass seine Experten in jedem Jahr mehr als 1 000 Geigen begutachtet hatten. Die meisten schienen aus benachbarten deutschsprachigen Ländern zu stammen.[374] Obwohl die Gebühren zwischen 100 Schweizer Franken für ein Gutachten von einer Seite Länge und 750 Franken für ein Heft mit Farbfotos betrugen, wurden alle Einsendungen der gleichen Prüfung und den gleichen Tests unterworfen. Frei schätzte, dass bis zu 20 Prozent nicht das waren, was sie zu sein behaupteten.[375]

Es gab nur zwei Probleme. Das erste war eine fehlende Bereitschaft – besonders bei den britischen und amerikanischen Händlern, die mittlerweile beim Verkauf der meisten italienischen Instrumente führend waren –, die Schweizer Erkenntnisse zu akzeptieren. Das zweite war eine ganze Reihe von Fehlern, die nicht nur ihre Skepsis zu rechtfertigen schien, sondern sogar schweizerische Kollegen dazu veranlasste, Frei und seine Geigenbauergefährten als Dick und Doof der Geigenwelt abzutun.

Alle verstanden, dass die Bestimmung von Echtheit eine heikle Sache war und dass Zweifel von Experten durchaus in gutem Glauben erfolgen konnte. Aber es war schwer erklärbar, dass die Kammer für dieselbe Grancino drei Zertifikate ausstellen konnte, die sie einmal als echt, einmal als zusammengesetzt und einmal als gefälscht auswiesen; oder wie eine vermeintliche Santo Serafino entstanden sein konnte, während ihr angeblicher Schöpfer noch in Windeln lag; oder wie eine vermeintliche Tonino 20 bis 30 Jahre nach dem Tod ihres Erbauers datiert werden konnte.[376]

Frei geriet sichtlich unter Beschuss und trat Ende 1973 zurück. Die Experten aber machten unbeeindruckt davon weiter. Anfang 1978 fasste der Schweizer Geigenbauer-Verband sein Fachwissen in einer achtbändigen Serie mit kommentierten Beschreibungen, Messungen und Fotos bei natürlichem und UV-Licht zusammen, die alle wichtigen italienischen und ausländischen Schulen berücksichtigte.[377]

Ihre Zertifikate gingen inzwischen ihre eigenen Wege. Im Jahr 1999 versuchte ein japanischer Geiger, der sich von seinem Lehrer 25 Jahre zuvor betrogen gefühlt hatte, im Auftrag einer Frau, die er als Leidensgenossin betrachtete, vergeblich, einen japanischen Gerichtshof dazu zu bringen, ein Zertifikat von Beare anzuerkennen. Sie hatte einige Jahre zuvor einem Händler aus Tokio 250.000 Dollar für eine angebliche Strad von Omobono, dem zweiten Sohn aus der ersten Ehe, gezahlt, deren Echtheit von den Schweizer Experten bestätigt worden war. Nach Beares Auffassung handelte es sich um ein Verbundinstrument, vermutlich aus Tirol. Er schätzte seinen Wert auf 4.500 Pfund, damals etwa 7.000 Dollar. Ein Ad-hoc-Konsortium japanischer Händler unterstützte jedoch die Behauptung ihres Kollegen, dass die Schweizer Expertise schwerer wog als die von Beare. Das Gericht bestätigte diese Ansicht. »Jetzt weiß ich, dass nicht die Violine selbst uns betrügt, sondern die Menschen die Violinen betrügen«, ließ Beares Berichterstatter bedauernd wissen.[378]

Die andere unerfreuliche Nachricht war – wie der in den Niederlanden ansässige amerikanische Rembrandt-Forscher Gary Schwarz nachdenklich anmerkte –, dass der Marsch der Wissenschaft Fragen aufgeworfen hatte, die keiner bisher gedacht, geschweige denn gestellt hatte. Sein Kollege Thomas Wessel, ein ortsansässiger Kunsthistoriker bei der AXA Art Insurance und Versicherer von großen Sammlungen in Museen oder Privathand, gab zu, dass die neue Technik faszinierend war. Doch er bezweifelte verständlicherweise, dass sich die Auktionshäuser für etwas erwärmen würden, das »das Bewusstsein dafür schärft, wie viele Fälschungen sie wohl verkauft hatten«.[379]

Die Geige vor Gericht

In Zweifelsfällen bestand das älteste und am häufigsten praktizierte Verfahren zur Entscheidungsfindung aus genauer Beobachtung und analytischen Vergleichen, das als Textkritik bekannt ist. Es wurde zu den Zeiten von Vuillaume und den Gebrüdern Hill in deutschen Universitäten perfektioniert und brachte wissenschaftliche Genauigkeit in eine Welt, die bisher nur aus Legenden, Hörensagen und Familienklatsch bestanden hatte. Was in Rankes Geschichtsseminar anwendbar war, so schien es, konnte ebenso gut für die Geigenwerkstatt gelten, und ein Jahrhundert später schworen Händler/Experten wie Beare und Bein immer noch darauf.

Ebenso wie die Hills stellten sie Forscher ein, die Pfarrarchive nach Familien- und Geschäftsbeziehungen und vergessenen Geigenbauern durchforsteten, und unterstützten sie dabei, das Goldene Zeitalter Cremonas in derselben Weise zu rekonstruieren, wie es Archäologen mit Pompeji gelungen war. Die von einer Handvoll engagierter Amateurhistoriker zusammengestellten Ergebnisse hätten einen Theodor Mommsen oder Sherlock Holmes vermutlich beeindruckt.

All dies war zwar nötig, aber noch nicht genug. Roger Hargrave, als Geigenbauer mit jahrzehntelanger Erfahrung ein begnadeter Hersteller von Kopien, meint, dass eine Expertise im Wesentlichen ein visueller Prozess sei, den fast jeder mit ein wenig Aufwand, Zeit und Glück meistern könne. Allerdings solle jeder, so setzt er hinzu, der ihn um des Geldes statt um des Vergnügens willen durchführt, das »Potenzial kennen, das er für Angst, Kummer und Ruin« in sich birgt.[380] Selbst Franz Beckenbauer – der Vuillaume, Beare und Alfred Hill der Liberos – leistete sich ab und zu einen Fehlpass; auch schoss er gelegentlich ein Eigentor.

Drei umstrittene Instrumente veranschaulichen in ihrer Gesamtheit nicht nur ein paar Jahrhunderte Branchengeschichte, sondern auch die Nützlichkeit sowie die Grenzen der Kunst, der Wissenschaft und der menschlichen Natur. Erwartungsgemäß waren zwei davon Strads – oder behaupteten zumindest, solche zu sein. Das dritte, mit derselben Qualifikation war – oder auch nicht – eine del Gesù.

Das erste, die »Balfour«-Strad, war für die Welt der Violine das Gegenstück zum Piltdown-Mensch, dem gefälschten »fossilen Hominiden«, der dem Instrument auch zeitlich ziemlich nahe kam.[381] Beworben als »ein wunderbares Beispiel von Antonio Stradivaris einzigartiger Handwerkskunst«, hatte die Geige ihr Debüt im Juni 1901 in einer Ausgabe der Zeitschrift *The Strad*, in der ein Schifffahrtsunternehmen namens Balfour im Finanzviertel von London sie für 1.000 Pfund Barzahlung zum Verkauf anbot. Tatsächlich handelte es sich um eine von der Familie Voller hergestellte Kopie und war auch rechtlich einwandfrei als eine solche bezeichnet, als diese sie für 45 Pfund an Balfour verkaufte. Nachdem ein Monat vergangen war, ohne dass sich ein Interessent gemeldet hätte, bot Balfour die Geige erneut für 2.000 Pfund an, wieder erfolglos. Sie gaben die Geige dann, mit angeblichen Echtheitszertifikaten von Beare & Sons, den Chanots aus London und Manchester und zusätzlich vier Pariser Händlern zur Versteigerung.

Bemerkenswerterweise gab es diesmal einen privaten Käufer, der sogar 2.500 Pfund zahlte, bevor er dazu überredet wurde, den Kauf zu überdenken und Balfour vor Gericht zu ziehen. Balfour protestierte. Aber als der Käufer eine eidesstattliche Erklärung von einem der Vollers vorlegte, in der dieser bestätigte, dass er der Geigenbauer war, brach die Verteidigung zusammen. Der Verkauf wurde in einer außergerichtlichen Einigung für nichtig erklärt, und ein gutes Jahr nachdem die vermeintliche Strad das erste Mal auf den Markt gekommen war, meldete Balfour Insolvenz an.[382]

Die Episode hinterließ ein ganzes Bündel an offenen Fragen. Warum waren die Vollers nicht früher mit der Wahrheit herausgerückt? Warum hatte ein Auktionssaal voller schnäppchenhungriger Händler kein Gebot erbracht? Woher kamen die Echtheitszertifikate? Doch die Violine erwies sich als schwieriger zu töten als Dracula. In den 1960er-Jahren tauchte sie mit authentischen Stradivari-Zargen wieder auf. Im Jahr 1964 wurde sie von einer späteren Generation von Hills für 1.000 im Kurs sehr verminderte Pfund gekauft und aus dem Verkehr gezogen. Doch nach 1992, als das Vermögen nach dem letzten Bruch in der Familie aufgeteilt und die Balfour-Violine an Biddulph verkauft wurde, war sie auf einmal wieder da. Von dort – so vermuteten sowohl Beare als auch Bein – ging sie nach Japan.[383] Das zweite Instrument, mit oder ohne Argwohn als Sainton bekannt, war eine del Gesù, die gegen die Überzeugung von Charles Beare, dass es sich um eine Lott handelte, schlussendlich für echt anerkannt wurde.[384]

Nach einem Jahrhundert von Erfahrungen war es auch allgemein bekannt, dass Blindtests des Geigentons ungefähr so zuverlässig waren wie Weinproben. In einer denkwürdigen Sendung der BBC im Jahr 1977 spielte Manoug Parikian – auf der Höhe seines Berufslebens Konzertmeister im Philharmonia Orchestra und langjähriger Professor an der Londoner Royal Academy – hinter einer Abschirmung Passagen von Bruch und Bach erst auf einer Strad, dann auf einer del Gesù, einer Vuillaume und schließlich auf einer Ronald Praill, die dessen Geigenbau-Werkstatt erst ein Jahr zuvor verlassen hatte. Aufgefordert, die Instrumente zu benennen, hätten die honorigen Zuhörer Isaac Stern, Pinchas Zukerman und Charles Beare ebenso gut eine Münze werfen können. Stern und Beare waren am erfolgreichsten und identifizierten zwei von vier Instrumenten richtig. Der eine oder andere der Diskussionsteilnehmer hielt die Praill entweder für eine Strad oder für eine del Gesù. Alle drei äußerten heftige Zweifel an dem Testverfahren.[385]

Die Ergebnisse waren dieselben wie die eines weit aufwendigeren Doppelblindversuchs, der von Claudia Fritz, einer Akustik-Physikerin am französischen Nationalen Zentrum für Wissenschaftliche Forschung, während des internationalen Geigenwettbewerbs von Indianapolis im Jahr 2010 entwickelt worden war. Damals spielte sich ein Aufgebot von überwiegend Berufsgeigern im Alter von 20 bis 65 Jahren mit Schweißerbrillen in einem abgedunkelten Hotelzimmer nach und nach durch drei renommierte, gut erhaltene, wertvolle und ausdrücklich anonyme alte Geigen – zwei Stradivaris und eine del Gesù – und drei zeitgenössische Violinen, die weder sie noch das Publikum sehen oder gar riechen konnten.

»Über die Jahre habe ich viele Tausende von Dollar für Forschungsgeräte ausgegeben – nichts davon war genauso effektiv wie ein Brillenpaar für 6 Dollar«, berichtete der Geigenbauer Joseph Curtin, der das Experiment zusammen mit Fritz entwickelt hatte. Obwohl sie sich dessen nicht bewusst waren, hatte jeder die Gelegenheit, jeweils ein Paar eines alten und eines neuen Instrumentes zweimal zu spielen. Die Spieler wurden dann gebeten, ihre Vorlieben zu benennen und die Instrumente je nach Ansprache, Ton und Leichtigkeit des Spiels von »schlecht« bis »gut« einzuordnen. Die Ergebnisse waren praktisch zufällig. Curtin berichtete, dass von 17 Teilnehmern, die die Frage beantworten sollten, ob sie die alten italienischen Instrumente identifizieren konnten, es sieben gar nicht erst versuchten, sieben falsch antworteten und nur drei richtig lagen.[386]

Vier Jahre später erschienen die Ergebnisse eines zweiten Anlaufs. Diesmal war die Versuchsanordnung noch raffinierter und aufwendiger. Zehn Solisten, die meisten von ihnen Preisträger, wurden zunächst aufgefordert, ein Instrument auszusuchen, das sie bei ihrer nächsten Tournee als Ersatz für das eigene mitnehmen würden. Zur Wahl standen sechs alte und sechs neue Geigen (Letztere wurden sogar antikisiert), und wie beim ersten Mal wurden die Teilnehmer wieder mit Brillen ausgestattet. Die Spieler bekamen pro Instrument jeweils 75 Minuten in einem privaten Musikzimmer und einem Pariser Konzertsaal. Sie durften spielen, was sie wollten, Pianisten sowie befreundete Zuhörer einladen und die Instrumente nach Vorlieben ordnen. Das Gesamtergebnis war im Wesentlichen unverändert. Die Mehrheit (einschließlich Strad-Spielern) gab einem neuen Instrument den Vorzug, und die Ergebnisse des Ratespiels »Alt oder Neu« waren wieder einmal zufällig.

Norman Pickering, der vielseitig gebildete Musiker und Toningenieur, der genauso viel wie jeder andere Zeitgenosse getan hatte, um die Mechanik der Violine zu entmystifizieren, führte schon 1994 in einem Vortrag auf der Tagung der Southern California Association of Violin Makers dasselbe Argument an. Er berichtete, wie Zukerman eine Reihe von Geigen gespielt hatte, von denen Pickering aus Labormessungen wusste, dass sie grundverschieden waren. Aber sie klangen nicht verschieden. Dann wurde ihm klar, dass ein so guter Spieler wie Zukerman unterschiedliche Instrumente allein durch seine Spielweise gleich klingen lassen konnte.[387]

Die Geschichte der Besitzverhältnisse der Instrumente zu eruieren war ein klein wenig vielversprechender, doch war sie zu unvollständig überliefert, und es wurde zu spät mit ihrer Erforschung begonnen. Anders als Stradivari, der schon zu seinen Lebzeiten Kultstatus erlangt hatte, wurde Guarneri erst ein Jahrhundert nach seinem Tod entdeckt. Stradivari verkaufte seine Artikel an die Großen und Guten, Guarneri verkaufte seine an die nicht so Großen und nicht so Guten. Die Dokumentation aller erhaltenen Strads reichte bis in die Zeiten von Cremona zurück. Eine Dokumentation der del Gesùs musste bis zu

Lott und Vuillaume warten. Dass stilistische Vergleiche bei der Bestimmung eines Instrumentes helfen würden, war kaum wahrscheinlicher. Das Arbeitsleben von Guarneri war kurz und seine Produktion unregelmäßig. Die Sainton war im besten Falle ein Mischprodukt, das einigen del Gesùs ähnelte und von anderen abwich.

Obwohl die Ausstellung in New York eine einmalige Gelegenheit war, die umstrittene Sainton mit 25 beglaubigten Exemplaren und einem Blick auf das zu vergleichen, was eine del Gesù zur del Gesù machte, verging bis zum Moment der Wahrheit noch fast ein Jahrzehnt. Aber das Warten sollte sich lohnen.

Der Durchbruch kam mit der Dendrochronologie, die in Geigenwerkstätten und kunsthistorischen Seminaren gleichermaßen anerkannt war. Sowohl als Technik als auch als eine eigenständige Wissenschaft ging sie auf das Jahr 1901 zurück, als dem Astronomen Andrew Ellicott Douglass bewusst wurde, dass es einen Zusammenhang zwischen den Jahresringen von Bäumen und dem Sonnenfleckenzyklus gab. Zwischen 1914 und 1929 widmete er sich der Datierung von Pueblos im amerikanischen Südwesten. Archäologie war das erste Erfolgsgebiet für die Dendrochronologie, doch sollten noch viele folgen – darunter Klimatologie, Feuer- und Insektenökologie, Hydrologie und Geomorphologie.[388] Architekturhistoriker lernten, sie bei der Datierung so unterschiedlicher Objekte wie dem Geburtshaus von Abraham Lincoln und der Bodleian Library oder bei der Erforschung der Kulturgeschichte des antiken Nahen Ostens einzusetzen, und seit dem Jahr 1958 lernten auch Instrumentenhistoriker, sie zu nutzen.[389]

Software und statistische Analysen der Daten wurden immer weiter entwickelt, doch das Prinzip blieb im Wesentlichen simpel: Je nach Wetterlage spiegelt sich das Wachstum von Bäumen in der Amplitude ihrer Jahresringe wider. Wenn diese Ringe von außen – dem jüngsten Ring – nach innen bis zum ältesten Ring zurückverfolgt werden, erlaubt das Ergebnis für einen Baum oder eine bestimmte Reihe von Bäumen den Aufbau einer Datenbank. Die sogenannte Referenz-Chronologie kann dann als Messstandard verwendet und mit einer Violine abgeglichen werden.

Im Jahr 2003 wurde John Topham – als Dendrochronologe ein Autodidakt mit einem Diplom in Naturwissenschaften von der britischen Open University und ebenfalls ein in Mittenwald ausgebildeter Gitarrenbauer und ehemaliger Präsident der britischen Vereinigung der Geigenbauer – gebeten, die zweiteilige Fichtendecke der Sainton zu untersuchen. Topham erklärte daraufhin, dass ihre Sopranseite, d. h. die rechte Seite, von 1728 datierte, ihre Bassseite hingegen von 1731. Er entdeckte auch, dass die Bassseite der Sainton der Sopranseite zweier unbestrittener del Gesù entsprach. Obwohl die Sainton seither erst an Biddulph, dann an Machold weitergewandert war, galt die Ehrenrunde Jacques Francais, der ihre Echtheit nie angezweifelt hatte.

Aber zu diesem Zeitpunkt waren alle Augen auf das Hauptereignis, den Fall der »Messias«-Strad gerichtet. Seit dem 19. Jahrhundert waren Strads der Maßstab für Violinen gewesen und so intensiv und umfassend erforscht worden wie die Französische Revolution. Seit Vuillaume war die »Messias« auch als »Le Messie« bekannt und ihrerseits der Maßstab für Strads. Die Hills nannten sie »dieses einzigartige Exemplar«.[390] Seit ihrem Auftauchen im Ashmolean Museum nach dem Zweiten Weltkrieg, begegneten Besucher ihr so ehrfürchtig wie die Besucher des Louvre der Mona Lisa. Sollte sich der Handel in diesem Fall geirrt haben, so hatte er sich vermutlich auch bei vielen anderen Dingen geirrt.

Die dokumentierte Skepsis führte zurück bis zu Vuillaume. Warum sah die »Messias« so verdächtig neu aus? Und wer konnte bestätigen, dass Vuillaume, der ein eindeutiges Interesse an der Echtheit des Instrumentes hatte, eine glaubwürdige Quelle war? Tatsächlich gab es mindestens ebenso viel Argumente für wie gegen ihre Echtheit. Während des überwiegenden Teils ihrer Existenz war sie immer nur gesehen, aber nicht gehört worden. In der Tat sah sie neu aus, weil sie neu war. »Wäre sie nur acht Tage statt hundertachtzig Jahre alt, könnte sie kein frischeres Aussehen zeigen« verkündeten die Hills.[391] Der große Turiner Geigenbauer Giuseppe Rocca scheint sie schon zu Beginn der 1840er-Jahre als Modell benutzt zu haben, obwohl sie zu diesem Zeitpunkt immer noch Tarisio gehörte und es noch Jahre dauern sollte, bevor Vuillaume sie zu sehen bekam.[392] Dann kamen die Hills, die wahrscheinlich mit Ausnahme von Antonio und seiner Söhne mehr Strads gesehen hatten als jeder andere. Wenn aber nicht einmal die Hills eine Strad identifizieren konnten, wer dann?

1997 wurde Stewart Pollens von Biddulph und David Hill gebeten, die »Messias« für die von Rosengard und Chiesa geplante Monografie über Stradivaris neu entdecktes Testament zu fotografieren. Pollens hatte als Konservator von Musikinstrumenten im Metropolitan Museum in New York – einer von zwei derartigen Vollzeit-Profis in den Vereinigten Staaten[393] – seit der Ausstellung in Cremona vor zehn Jahren Materialien von und über Stradivari fotografiert und kurz zuvor ein Buch über Stradivaris Formbretter veröffentlicht.[394] Vor allem aber hatte er die Welt der Violine mit den im Jahr 1994 im Metropolitan Museum ausgestellten Fotos der del Gesù beeindruckt. David Hill und sein Bruder Andrew waren die letzten Familienmitglieder, die noch im Handel aktiv waren. Als Großneffen der Stifter waren sie auch die Wächter über die »Messias«, ein Detail, das in den folgenden Monaten, in denen die Frage des Zugangs zu dem Instrument eine Angelegenheit von globalem Interesse wurde, von Bedeutung sein sollte.[395]

Der Fototermin stellte sich auf eine Weise als interessant heraus, die weder Hill noch Pollens erwartet hatten. Ein Jahr später hielt Pollens auf der Jahrestagung der Violin Society of America einen Vortrag, dessen bescheidener Titel »Le Messie« kaum auf das vorbereitete, was folgen sollte. Er wurde ein Jahr später in der Fachzeitschrift der Society veröffentlicht.[396]

Bereit, das Beste aus einer einmaligen Chance zu machen, las Pollens alles, was er in die Finger bekam, bevor er seine Lichtausrüstung und seine Mittelformatkamera einpackte und ein Flugzeug bestieg. Zu seiner Ausrüstung gehörten auch ein Zahnarztspiegel und Miniatur-Halogenlampen, die es ihm erlauben sollten, die »Messias« von innen zu betrachten – falls Hill mitspielte. Hill war einverstanden, und Pollens durfte in das Instrument hineinsehen. In Cozios umfangreichen, aber schwer zu lesenden Notizbüchern wurde eine Strad von 1716 mit zwei Unterfütterungen beschrieben, einer über dem Stimmstock, die andere von Guadagnini hinzugefügt, um einen Riss zu schließen. Davon aber war in dem Instrument, das er in Händen hielt, nichts zu sehen. Hill räumte ein, dass auch er keine Unterfütterungen gesehen habe, noch waren welche vorhanden gewesen, als das Instrument Jahre zuvor geröntgt worden war.[397] Pollens fiel auf, dass die Großonkel von Hill bei der Beschreibung des Instruments im Jahr 1891 ebenfalls keine Unterfütterungen erwähnten. Sie bemerkten auch, dass Details wie F-Löcher, Ränder und Ecken sich von allen Strads unterschieden, die sie bisher gesehen hatten.[398]

Pollens suchte weiter. Cozio verwies auf einen soliden Knoten oder einen Kolophoniumeinschluss auf einem Instrument von Francesco. In keinem seiner drei Verweise auf eine Geige von Antonio von 1716 wurde ein solches Phänomen erwähnt, doch befand sich eines auf dem Instrument, das Pollens in Händen hielt. Dann war da noch das geheimnisvolle »G« im Wirbelkasten. Stradivari hatte im Laufe seines Lebens sieben Vorlagen oder Muster entwickelt. Die »Messias« entsprach dem Muster, das Stradivari »PG« nannte.[399] Die Hills hatten sieben Strads mit Originalhals gesehen und fanden in sechs von ihnen ein »PG« in den Wirbelkästen eingeschrieben. Aber die »Messias« trug überhaupt keine Inschrift, auch nicht, als sie um das Jahr 1980 fotografiert worden war. Also wie und wann war das »G« dorthin gekommen, und wer hatte sich geirrt?

Die stilistischen Unterschiede ließen Pollens Gedanken in Richtung der Herkunft der Geige gehen. Cozio bezog sich dreimal auf eine »wunderschöne und große« Strad von 1716. Er machte sogar selber ihr Aufmaß. Aber seine Beschreibungen konnten auf bis zu neun Strads von 1716 gepasst haben, und sein Messsystem war so eigenwillig, dass niemand mit Sicherheit sagen konnte, was genau er eigentlich gemessen hatte. In jedem Fall gehörte das von ihm vermessene Instrument nicht zu denen, die Tarisio nach Cozios Tod gekauft hatte, und weder er noch Cozio hinterließen einen Hinweis auf einen früheren Verkauf. Beide Persönlichkeiten galten als legendär und Ehrfurcht gebietend, doch war seit den 1930er-Jahren bekannt, dass Cozio auch im Handel tätig war[400] und dass sowohl er selbst als auch Tarisio bei Etiketten, Kopien und Verbundinstrumenten eher pragmatisch dachten. Ebenfalls allgemein bekannt war, dass Stradivaris Werkstatt ihn um einige Jahre überlebt hatte und dass seine Werkzeuge und Vorlagen und selbst seine Materialien in Gebrauch blieben.

Diese Gedanken führten Pollens zu Peter Klein, Professor für Holzbiologie an der Universität Hamburg und ein anerkannter Experte in Dendrochronologie. Der Spezialist für frühe Tafelbilder hatte sowohl Geigen für Museen in Deutschland, Österreich und Belgien datiert als auch die im Jahr 1994 im Metropolitan Museum ausgestellten del Gesù. Pollens schickte ihm – ohne den Gegenstand zu identifizieren – einen Abzug der Aufnahme von der Decke der »Messiah« in Originalgröße und bat um eine Datierung. In seinem Bericht informierte Klein ihn, dass der letzte datierbare Ring von 1738 stammte, ein Jahr nach dem Tod von Stradivari. Eine Wiederholung der Untersuchung erbrachte dasselbe Ergebnis. Pollens wandte sich daraufhin an Peter Ian Kuniholm, Professor für Kunstgeschichte und Archäologie an der Cornell Universität und ein weiterer Spezialist für Dendrochronologie. Kuniholm kam indes zu demselben Ergebnis wie Klein.[401] Alsbald entwickelte sich das durch Pollens Vortrag erzeugte Flattern zu einem gewaltigen Flügelschlag.[402]

Allerdings basierten die Ergebnisse sowohl Kleins als auch Kuniholms auf der Grundlage eines Fotos. Beare und Andrew Hill reagierten darauf, indem sie Topham und Derek McCormick – einen Krebsforscher aus Belfast und Amateur-Geigenbauer – mobilisierten, mit der »Messias« selbst zu arbeiten. Sie fanden keine zeitliche Abfolge als Referenz-Chronologie, die auf die »Messias« passte. Aber sie fanden zwei Strads von 1717, durch die die »Messias« zumindest mit der Stradivari-Werkstatt in Verbindung gebracht werden konnte. Der nächste Schritt war es, zeitgenössische Instrumente zu vermessen und zu Vergleichen heranzuziehen – am Ende insgesamt 33, darunter 20 Strads – und eine undatierte Sequenz zu erstellen, die als schwimmende Chronologie bekannt ist. Diese glichen sie dann mit einer Chronologie der Meister aus den Alpen ab, schrieben ihre Besetzungen, Methoden, Daten und Erkenntnisse auf und schickten sie zur Begutachtung an eine Zeitschrift. Der Artikel erschien im Jahr 2000 und berichtete, dass der jüngste Wachstumsring im Holz der »Messias« dem Jahr 1682 entsprach.[403]

Klein, der bereits die Daten der »Messias« gesehen und sie in Hamburg mit Topham diskutiert hatte, hatte Pollens inzwischen mitgeteilt, dass er weder Tophams noch seine eigenen Ergebnisse länger aufrechterhalten konnte. Dennoch war er für einen weiteren Versuch offen, diesmal an der »Messias« selber. Im November 1999 traf er Topham im Ashmolean, wo laut dessen Schilderung alles schief ging, was nur schiefgehen konnte. Kleins Befürchtung, dass die von ihm bevorzugte Juwelierlupe den Lack der »Messiah« womöglich beschädigen könnte, zwang ihn zur Verwendung der Ausrüstung von Topham und dessen Software, die dieser selbst für schwierig in der Anwendung befunden hatte. Eine gemeinsame Veröffentlichung scheiterte an der Frage, wer Hauptautor sein sollte. Die Alternative war eine getrennte Publikation. Aber Topham fürchtete, ausgestochen zu werden, und wenig schmeichelhafte Hinweise auf der Website von Pollens und seiner Frau, der Geigerin Stephanie Chase, förderten nicht gerade seine Bereitschaft, Klein den Zugang zu seinen Daten zu gewähren.[404]

Die Geschichte war schon lange in Publikationen erschienen, deren Leser potenzielle Strad-Käufer waren. Zu der Zeit, als Tophams Artikel veröffentlicht wurde,[405] bettelten sowohl Spieler als auch Zuschauer um ein Rückspiel. Zwei Jahre nach Pollens' Attacke brachte sich die Opposition in einem Raum mit dem unwahrscheinlichen Namen House of Tudor im Drawbridge Estate Inn in Fort Mitchell, Kentucky, in Stellung, um das Feuer zu erwidern. Der Anlass war erneut die Jahrestagung der Violin Society of America. Albert Mell, Herausgeber des Vereinsblatts, verkündete in froher Erwartung der Nachmittagssitzung: »Ich denke, ich werde Eintritt verlangen.«

Bei der Fortsetzung des Treffens nach dem Mittagessen hatte die Präsidentin der Society, Helen Hayes, Mells Platz eingenommen. Sie erinnerte an die große Debatte in der Nationalen Akademie der Wissenschaften, wo die Astronomen Herbert Curtis und Harlow Shapley im Jahr 1920 bis zu einem Unentschieden über »das Ausmaß des Universums« gestritten hatten. Vier Jahre später beendete Edwin Hubble die Debatte, als er entdeckte, dass sich das Universum in Wirklichkeit ausbreitete. »Ich bin sicher, dass Ihnen die Analogie nicht entgangen ist«, sagte Hayes zum Publikum, als sie die Sitzung eröffnete.[406] Es gab wenig Hinweise darauf, dass so strittige Fragen wie Stil und Herkunft des Instruments, Cozios verborgene Motive, ob und wie häufig die Hills das Instrument gesehen und beschrieben hatten und die Bedeutung des geheimnisvollen »G.« bei irgendjemandem zu einem Sinneswandel geführt hatten.[407] Doch waren sich praktisch alle darüber einig, dass das dendrochronologische Feuergefecht wesentlich war.

Der Meinungsaustausch hatte am Vortag mit einem Vortrag von Henri Grissino-Mayer, Assistenzprofessor für Geowissenschaften an der Universität von Tennessee, begonnen. Sein angekündigter Titel »Ein vertrauter Ring: Eine Einführung in die Datierung von Jahresringen« war ein Wortspiel der englischen Sprache, das sowohl auf »ring« als vertrauten Klang als auch auf »Jahresring« anspielte. Er hätte ebenso gut lauten können: »Alles, was Sie schon immer über Dendrochronologie wissen wollten, aber nie zu fragen wagten«. Einen Tag später begegneten sich Pollens und Topham nun persönlich. »Haben Sie meinen Beitrag gelesen«, fragte Topham. »Ja, habe ich«, entgegnete Pollens. »Haben Sie ihn verstanden?«, fragte Topham weiter. »Nein«, sagte Pollen.[408] Nur einer der Disputanten glänzte mit Abwesenheit: Obwohl eingeladen und im Vereinsblatt der Gesellschaft angekündigt, schickte Klein mit Bedauern eine Absage. »Ich habe freundliche Dinge über Mr. Klein als Person gehört, aber nach meinen Erfahrungen ist er wie ›Le Messie‹ selbst: Oft angekündigt, aber nie erschienen«, erklärte Hayes zur allgemeinen Heiterkeit.[409]

Die Lösung war ebenso naheliegend wie effektiv. Hayes hatte Grissino-Mayer zu dem Treffen eingeladen und bat ihn nun, eine dritte Prüfung vorzunehmen. Gemeinsam mit zwei Kollegen machte er sich mit mehr als 100 Kilo Ausrüstung einschließlich eines transportablen Messtisches, der bis auf 0,001 Millimeter präzise war, und einem digitalen bildgebenden System auf den Weg nach Oxford. Jeder von ihnen untersuchte unabhängig voneinander über eine Woche lang in Oxford die »Messias«. Anschließend vermaßen sie – wie vor ihnen Topham – Beispiele anderer zeitgenössischer Instrumente, darunter vier Strads und eine Rugeri und stießen – wiederum wie Topham – auf Probleme, die »Messias« direkt mit einer Referenz-Chronologie für alpine Fichte abzugleichen. Doch die Rettung nahte, als sie sie erneut mit Strads verglichen: Die »Messias« stimmte mit zwei Strads überein, die bestens in die übliche Referenz-Chronologie passten. Zur Freude der drei Forscher deckten sich ihre Ergebnisse mit denjenigen Tophams.

Nach seiner Rückkehr erstattete Grissino der Violin Society of America Bericht, und die Ergebnisse wurden nach und nach in *The Strad*, dem *Journal of the Violin Society of America* und dem *Journal of Archaeological Science*[410] publiziert. Endergebnis: Zwei unveröffentlichte und nahezu nicht verfügbare dendrochronologische Studien votierten für 1738 – gegenüber fünf begutachteten und veröffentlichten, die für 1682 plädierten. Während Pollens nach wie vor Zweifel hegte, war der Kurator des Ashmolean, Jon Whiteley, davon überzeugt, dass er zumindest der Öffentlichkeit einen Dienst erwiesen hatte, indem er die Leute zum Nachdenken brachte.[411]

Was das für die »Messias« bedeutete, blieb allerdings unklar. »Dendrochronologie kann zwar die Jahresringe von Bäumen bestimmen, aber nicht den Bauer einer Violine«,[412] betonte Grissino. Pollens' andere Warnsignale – die verworrene Herkunft, die fehlenden Unterfütterungen, das »G«, das Dilworth taktvoll als »interessant, aber nicht unbedingt schwerwiegend«[413] bezeichnet hatte, das Rätsel, warum ein ikonisches Meisterwerk nahezu 60 Jahre lang nicht verkauft wurde – blieben unbeantwortet. Nach der sachkundigen Meinung von Philip Kass war die »Messias« wirklich eine Strad, allerdings eine überbewertete und möglicherweise die erste, die Spuren von Giovanni Battista zeigte. Der erste Sohn aus der zweiten Ehe Stradivaris starb 1726 im Alter von 23 Jahren. Im vermutlichen Entstehungsjahr der »Messias« war er also 13 Jahre alt und damit an der Schwelle zu einer ernsthaften Mitarbeit in der Werkstatt seines Vaters. Wenn das stimmen sollte, könnte er auch die Ursache für die mangelnden Übereinstimmungen mit der Arbeit seines Vaters gewesen sein.[414]

Die Berühmtheit der Geige konnte fast ausschließlich auf geschichtliche Umstände zurückgeführt werden. Weil sie erst nicht auf den Markt gebracht worden war und dann zwar gesehen, aber nie gespielt wurde, war sie einzigartig gut erhalten. Unter der Annahme, dass sie über Cozio, Tarisio, Vuillaume und den Hills direkt von der Quelle kam, entwickelte sie sich nach und nach zu einem verbindenden Element in der Familiengeschichte des Geigenhandels, einem Sinnbild für seine patriarchalische Erbfolge und zu einem nationalen Symbol. Und nachdem sie von Kontinentaleuropäern, Skeptikern und Verschwörungstheoretikern angegriffen und ihre Echtheit angezweifelt worden war, wurde sie mit sowohl patriotischer als auch zünftiger Leidenschaft von den Nachfolgern und Nachkommen der Hills verteidigt.

Jedenfalls waren nun das belegbare Alter des Holzes und seine Verbindung zur Werkstatt von Stradivari ausreichend klar. Noch eindeutiger war der große Zugewinn beim Entwicklungsstand – sogar die Transparenz – in dem halben Jahrhundert seit dem Werro-Prozess, ganz zu schweigen von den über 100 Jahren, die seit Johnstone versus Laurie vergangen waren. Wenn auch keine der beiden Seiten einen K. O.-Sieg landete, so konnte die Verteidigung doch zumindest behaupten, einen Sieg nach Punkten errungen zu haben. Die Geige »Messias« war wieder in ihrem Glaskasten verschlossen und der Fall »Messias« war, soweit man sehen konnte, nunmehr beendet.

Aber es gab auch andere Fälle. Viele von ihnen betrafen Japan, was sowohl ein Zeugnis für die Globalisierung der Nachfrage als auch für Japans dynamische Wirtschaft war. Seit längerer Zeit hatte Yuko Kanda, ein führender Händler, Instrumente in mittlerer Preislage von den angesehensten Lehrern erworben und sie dann mit der Empfehlung dieser Lehrer und gefälschten Gutachten von Wurlitzer als hochwertige italienische Instrumente weiterverkauft. Der warnende Hinweis kam durch Kandas Schadensmeldung bei seiner Versicherung wegen des Diebstahls von fünf Instrumenten aus einer Musikschule. Obwohl es für ihn allen Anlass zur Vorsicht gab, hatte Kanda Fehler im Text der Echtheitszertifikate übersehen. In einem Land, in dem Englisch weithin gelehrt, aber nur mit gemischtem Erfolg gelernt wurde, war es ebenfalls bemerkenswert, dass sie durch die Polizei entdeckt wurden.

Dass die Untersuchung zu Yoshio Unno, einem der führenden japanischen Geiger führte, war weniger bemerkenswert. Er war zu der Zeit etwas über 40 Jahre alt, hatte international Karriere gemacht, besaß eine Strad von 1698 und war seit 1972 Professor an der National University of Fine Arts in Tokio, wo er in einer Zwanzig-Stunden-Woche 30 Schüler unterrichtete. Hinzu kamen weitere zehn Privatschüler.[415]

Die Beziehung zwischen Lehrer und Händler, die im Mittelpunkt des Skandals stand, war so alt wie der Handel selbst. Obwohl sie sich jedes Mal darüber beschwerten, hatten die Hills Provisionen von 5 bis zu 25 Prozent gezahlt und auch in dieser Hinsicht vermutlich einen Maßstab für den Handel gesetzt. Im Jahr 1953, als eine Guarneri filius Andreae immer noch für 5.000 Dollar zu haben war, boten William Lewis & Son aus Chicago in einem Katalog, der »ausschließlich für den professionellen Vertrieb« erstellt worden war, Provisionen von 20 Prozent auf die ersten 1.000 Dollar, 15 Prozent für die nächsten 2.500 Dollar und 10 Prozent bei Verkäufen von über 3.500 Dollar an.

Viele in der Branche schauten nicht hin oder hielten sich die Nase zu. Doch Fritz Reuter gehörte nicht dazu. Der in den Niederlanden geborene Absolvent von Mittenwald hatte bei Lewis gearbeitet, bevor er 1964 sein eigenes Geschäft in Chicago eröffnete,[416] doch war er wegen seiner Ansichten und seiner Website weitaus bekannter als dieser – sogar weltberühmt.[417] Für einige war er ein Don Quijote, von dem man nicht erwartet hätte, dass er in Gestalt eines Geigenhändlers in einem Vorort von Chicago wiederauferstehen würde. Für andere war er ein Mann, der sich den Aphorismus des Dichters und Philosophen Giacomo Leopardi zu Herzen genommen hatte, dem gemäß die Welt ein Bund von Schurken gegen Menschen guten Willens ist,[418] und der es sich zur Aufgabe machte, sich dagegen zu wehren.

Wie die meisten ihrer Kollegen zahlten auch Bein und Fushi Provisionen an Instrumentallehrer. 1988 verklagte Reuter sie wegen Bestechung. Sie antworteten darauf mit einer Gegenklage auf Verleumdung. Der Prozess zog sich über vier Jahre hin und kostete laut Fushi bis zu 1,5 Millionen Dollar an Einkommensverlusten, von einem katastrophalen Missverhältnis zwischen Anwaltskosten und zugesprochenem Schadensersatz ganz zu schweigen. Dennoch erklärte das Kreisgericht von Cook County Reuters Anschuldigungen schließlich für falsch und irreführend und sprach Reuter selbst der Handelsverleumdung schuldig. Es entschied ebenfalls, dass Provisionen keine Bestechung seien, und ordnete an, dass Reuter in Zukunft solche Beschuldigungen zu unterlassen habe.[419] Aber Japan war nicht Chicago. Unno wurde verhaftet und Kanda im April 1982 wegen Bestechung, Fälschung und Betrug angeklagt.[420]

Aber das war nur die halbe Geschichte. Wie Geraldine Norman, die allseits respektierte Berichterstatterin der *London Times* für Verkäufe und Auktionen, einen Monat nach Kandas Anklage berichtete, hatte die Geschichte eigentlich in London begonnen, wo Sotheby's einen Satz Holzstempel verkauft hatte, die es dem Besitzer erlaubten, gute Faksimiles von berühmten Cremoneser Zetteln zu drucken. Die Entente – der Verband der Händler – hatte gehofft, sie für 15 bis 25 Pfund Sterling zu bekommen. Stattdessen machten sich ein paar japanische Bieter mit ihnen für 700 Pfund davon. Nachdem ein peinlich berührtes Sotheby's sich mit der Entente zusammentat, um sie zurückzukaufen, hatten die Zettel nicht nur metastasiert, sondern ein weiterer Händler aus Tokio hatte ebenfalls eine verfängliche Menge leerer Zertifikate erworben. Eine Untersuchung durch Interpol führte zu Adolf Primavera, dem Inhaber von zwei Werkstätten in einem der ältesten und elegantesten Viertel von Philadelphia. Als er von einem Bundesgericht wegen Meineids und Behinderung der Justiz angeklagt wurde, bekannte er sich schuldig und wurde zu drei Jahren auf Bewährung plus 200 Stunden gemeinnütziger Arbeit verurteilt.[421]

Von 2004 an gab es Primavera nicht mehr. Aber der lange Schatten der Scheinzertifikate fiel unwahrscheinlicherweise auf den Angestellten für beschlagnahmtes Beweismaterial bei der New Yorker Polizei. Zehn Jahre zuvor hatte der japanische Sammler Sojiro Okada in New York eine echte Rocca und eine Strad mit einem Zertifikat von Francais für einen möglichen Verkauf übergeben. Im Juli 1994 teilte Francais Okadas Händler mit, dass das Zertifikat gefälscht und die Strad eine Kopie war.[422] Einen Tag später wurden beide Instrumente aus dem Auto des Händlers gestohlen. Im November desselben Jahres wurden die Violinen einem verdeckten Ermittler angeboten. Der Verkäufer wurde verhaftet, hinterlegte eine Kaution und verschwand. Okada forderte seine Instrumente zurück, um die Rocca verkaufen und den Hersteller der gefälschten Strad strafrechtlich verfolgen lassen zu können. Aber die Behörden bestanden darauf, die Instrumente als Beweismittel zu behalten, falls der flüchtige Verdächtige zurückkehren, ein weiterer Kläger erscheinen oder der Händler, von dem sie gestohlen wurden, einen Versicherungsschaden melden würde. Okada starb im Jahr 1999. Drei Jahre später beantragte sein Sohn die Rückgabe der Instrumente seines Vaters, denn von den erwarteten oder vermuteten Ereignissen war keines eingetreten. Die Polizei hielt jedoch an ihnen fest. Da hier die Regeln und Gesetze der Stadt New York anscheinend im Widerspruch zu dem Gesetz des Staates New York standen, wurde der Fall schließlich an das Oberlandesgericht verwiesen, das seine Entscheidung im Frühjahr 2004 veröffentlichte.[423]

Die Richter befanden, dass die Rocca im Gegensatz zur Strad echt war, also gab es auch das Problem des versuchten Versicherungsbetrugs nicht. Auch hatte Okadas Sohn seine Eigentümerschaft nachgewiesen und besaß ein Anrecht auf die Rocca seines Vaters. Ungeklärt war noch, was mit der falschen Strad seines Vaters geschehen sollte. Da Japan Japan war, war zumindest klar, dass eine Schar von Bankern, Fachleuten, Beratern, stillen Gesellschaftern und Ad-hoc-Experten von der Größe einer Fußballmannschaft sehr gut auch am ursprünglichen Verkauf an Okada hätte beteiligt sein können. Doch dank des US-Rechtes waren sie paradoxerweise alle außer Gefahr.[424]

Mit Angebot anstelle von Nachfrage und Amerika anstelle von Japan war die traurige kleine Geschichte von Keith Bearden ein Gegenpol zu der traurig-ironischen kleinen Geschichte der Okadas. Bearden, ein Enkel, Sohn und Neffe angesehener lokaler Geigenhändler, hatte das Kerngeschäft auf traditionelle Weise im Familienbetrieb erlernt. Mit 34 Jahren eröffnete er sein erstes eigenes Geschäft neben der Powell Hall, dem Stammhaus des St. Louis Symphony Orchestra. Kurz darauf verkaufte er seine erste Strad mit einer Provision von 7 Prozent. Die drei Tage dauernde Transaktion brachte ihm 50.000 Dollar ein, mehr als er zuvor in einem Jahr verdient hatte. Es war ein aufregendes Erlebnis. Im Alter von 42 Jahren war er ein national anerkannter

Bogenmacher, saß im Vorstand der American Federation of Violin and Bow Makers und hatte einen Kundenkreis, zu dem ortsansässige Spieler, Mitglieder des St. Louis Symphony Orchestra sowie die Erben des Präsidenten des Orchesters gehörten. Später würde ein Zeuge nach dem anderen aussagen, dass jeder ihn mochte. Einige streckten ihm sogar Geld vor.

Dann brach alles zusammen. Wie ein Spieler, der mit immer höheren Einsätzen spielt, um seine Verluste wettzumachen, war er der Sache nicht mehr gewachsen. Er war zwar ein umgänglicher Betrüger, der nicht nein sagen oder Mitarbeiter entlassen konnte, doch unter den Pitbulls war er eher ein Cockerspaniel. Anfang des Jahres 1997 berichtete die Zeitung *St. Louis Post-Dispatch* in einer Exklusiv-Story, dass er vor dem FBI und einer Untersuchung durch ein Geschworenengericht des Bundes nach Japan geflohen war.[425] Für die darauffolgenden Monate unterrichtete er Bogenbau und eröffnete einen kleinen Laden in Tokio. Zu diesem Zeitpunkt waren Umsatzsteuer und weitere Rechnungen, die sich seit dem vergangenen Sommer angesammelt hatten, unbezahlt geblieben. Ein Scheck, den er ausstellte, um ein Jugendorchester aus Cincinnati nach St. Louis zu bringen, platzte.[426] Eine Rechnung war bereits beim Gericht für Bagatellverfahren gelandet.

Verständlicherweise machten sich Kunden, die Bearden ihre Waren in Kommission gegeben hatten, zunehmend Sorgen um ihre Instrumente und ihr Geld. Im Januar 1997 erwirkte ein Arzt aus Los Angeles, dessen Instrument mit Bearden verschwunden war, ein Urteil über 200.000 Dollar Schadenersatz.[427] Die Frage war, wie die Summe eingetrieben werden konnte. Anrufe bei Beardens Telefonnummer in Tokio blieben unbeantwortet. Ein halbes Jahr später wurde er kurz vor einem Flug nach Korea verhaftet und wegen 14 Einzeltatbeständen von Betrug bei elektronischen und postalischen Überweisungen angeklagt. Man erwartete seine Auslieferung. Michael Becker, ehemaliger Präsident des Verbandes, dessen Sekretär Bearden gewesen war, konnte sich nicht erinnern, einen solchen Vorfall jemals erlebt zu haben. Er sagte einem Reporter, dass er zwar schon von Betrug mit einzelnen Instrumenten gehört habe, doch noch nie von einem Fall, der 45 betraf.

Als Bearden nach St. Louis zurückkehrte, war er mit bis zu 70 Jahren Gefängnis und einer Geldstrafe von 3,5 Millionen Dollar konfrontiert. Sein Geständnis der Betrügereien mit elektronischen und postalischen Überweisungen reduzierte die Gefängnisstrafe auf zwei Jahre, deren größter Teil in einer Einrichtung mit nur minimalen Sicherheitsvorkehrungen, Tennisplätzen, einem Fitnessraum und ohne Gitter abgeleistet werden konnte. Die Richterin Carol E. Jackson war zwar streng, aber realistisch, als sie Bearden bei der Urteilsverkündung sagte: »Man kann sich aus einer Verschuldung nicht herausstehlen.«[428]

Die restlichen Forderungen beliefen sich auf etwa 1,7 Millionen Dollar,[429] und Vermögenswerte zu ihrer Deckung zu finden, war natürlich nicht einfach. Eine mit 250.000 Dollar bewertete Reserve an Pernambukholz war bereits auf dem Wege einer Zivilklage beschlagnahmt worden. Dank eines Bundesgesetzes, das Wiedergutmachung für Straftaten vorschrieb, die am oder nach dem 24. April 1996 begangen worden waren, hatten 13 der 34 Kläger, die wegen Betruges geklagt hatten – darunter die Versicherung der St. Louis Symphony – zumindest Anspruch auf Rückerstattung. Insgesamt beliefen sich die Verpflichtungen auf 763.300 Dollar, abzahlbar über 20 Jahre mit monatlich 3.181 Dollar, nachdem Bearden seine Strafe abgesessen haben würde. Theoretisch konnten auch die verbleibenden 21 Geschädigten eine Zivilklage einreichen, obwohl ihre Chancen – abgesehen von einem Verkäufermarkt für Bögen – nicht gut standen.

Als die Zeitung *Post-Dispatch* Listen des FBI veröffentlichte, in denen Datum und Verlust jedes seiner Kunden einzeln aufgeführt waren, versicherte Bearden aus dem Gefängnis heraus, dass er alles bezahlen würde, was er schuldete, wie lange auch immer das dauern würde.[430] »Ich kann nicht oft genug sagen, wie leid es mir tut«, sagte er zu dem Berichterstatter der Zeitung. Es war sogar die Rede von einem Buch, doch hörte man nie wieder davon.[431] Aber der lange Marsch zur Restitution begann direkt nach seiner Entlassung, als er einen Job bei Machold annahm, um mit Bögen zu arbeiten. Auf diese Weise tat er nun nicht nur das wieder, was er am besten konnte, es wurde auch allgemein vermutet, dass er damit einen seiner größten Gläubiger auszahlte.

Als die Zeit von Beardens sprichwörtlichem 15-Minuten-Ruhm ablief, zeigten zwei weit größere und schrillere Fälle das Potenzial für eine wesentlich längere Spielzeit. Im ersten ging es um den Nachlass von Gerald Segelman, der 1992 im Alter von 93 Jahren gestorben war und es seinen Nachlassverwaltern überlassen hatte, sich der vermutlich letzten großen Privatsammlung in Großbritannien zu entledigen. Der zweite Fall betraf die Sammlung von Herbert Axelrod, einem Millionär aus New Jersey, der in seinem siebten Lebensjahrzehnt immer noch energisch und aktiv war und beschlossen hatte, seine Sammlung eigenhändig aufzulösen.

Die Dimensionen beider Geschichten und ihrer Hauptfiguren hätten das Herz von Charles Reade erwärmt. Hier wie dort kamen Händler mit bekannten Namen und Instrumente mit alten Stammbäumen vor, und in beiden Fällen waren Sammler beteiligt, die von der Welt der Lady Blunt freilich allesamt gleich weit entfernt waren. Auch wurde in beiden Fällen die achtstellige Barriere in Dollar, Euro und sogar Pfund Sterling durchbrochen – eine Premiere für den Violinenmarkt –, und jeder sollte ganze Legionen von Anwälten auf beiden Seiten des Atlantiks zu Strategien inspirieren, die so gewunden waren wie eine Geigenschnecke, verbunden mit Rechtsfragen,[432] die von dem Normalverbraucher so weit entfernt waren wie die String-Theorie. Und obwohl jeder

der beiden Fälle im Zeitalter der globalen Medien eine eigene globale Geschichte hatte, gerieten sie irgendwann durch einen lokalen Zusammenhang in den Blick der Öffentlichkeit.

Selbstverständlich war dieser Zusammenhang nicht ausschließlich lokal. Gwen Freed, Kulturredakteurin bei der Zeitung *Minneapolis Star-Tribune* und selber Absolvent eines Konservatoriums, war mit einem Musiker aus dem Minnesota Orchestra verheiratet, deren besorgte Kollegen befürchteten, dass sie von Händlern in London und Chicago verdächtige Ware gekauft hatten. Wie sich herausstellte, gab es keinen Grund zur Besorgnis und daher auch keinen Grund für einen weiteren Artikel in Minneapolis, als ein Jahr später der Fall Segelman in London vor Gericht kam. Doch zu diesem Zeitpunkt war Freeds Geschichte,[433] die den Ball ins Rollen brachte, bereits um die ganze Welt gegangen.

Schon der Aufmacher hätte eine Hitchcock-Szene sein können. Biddulph, der einzige Händler, dem Segelman vertraute, war 1992 während des Finales im Herren-Einzel in Wimbledon ans Telefon gerufen worden. Die Anruferin war eine hörbar verstörte Vera Farnsworth, 82 Jahre alt, die rund 65 Jahre lang Segelmans Partnerin und Buchhalterin gewesen war. Sie berichtete, dass Segelman gerade verstorben war und bat Biddulph, so schnell wie möglich in ihre Wohnung zu kommen. Drei Tage später erschien Biddulph im Büro von Segelmans Anwalt Timothy White und präsentierte eine Liste mit 52 Instrumenten, darunter drei Strads, zwei del Gesùs und verschiedene Amatis, Bergonzis und Guadagninis.[434] Er erklärte seine Beziehung zu Segelman und stellte sich den Testamentsvollstreckern zur Verfügung, wohl wissend, wie wenig sie von der Welt der Violine und ihrem Markt verstanden.[435]

Auch wenn die Angelegenheit erst durch Segelmans Tod in Gang kam, war es doch sein Leben, das die wirkliche Handlung lieferte. Segelman repräsentierte seine Zeit ebenso wie die Buddenbrooks die ihre und war der Violine seit seiner Kindheit verfallen, als seine Mutter ihn für ein Stundenhonorar von sechs Pence auf einem Produkt von Mittenwald oder Markneukirchen unterrichten ließ. Als er und seine Brüder den ersten von später 15 Kinopalästen in der Provinz kauften, war er gut 20 Jahre alt. Von den 1940er- und 1950er-Jahren an hatte er dann genug Vermögen, um seine Fantasien auszuleben und das Beste zu kaufen, was die Hills zu Sparpreisen anbieten konnten. Howard Reich und Williams Gaines von der Zeitung *The Chicago Tribune* geben 1946/47 für Strads einen Wert von 18.000 bis 19.000 Dollar an, und was noch erstaunlicher ist, im Jahr 1949 für die »Mary-Portman«-del-Gesù 3.360 Dollar.[436] Als das Fernsehen kurz vor Segelmans Rückzug in den Ruhestand seinen unaufhaltsamen Aufstieg nahm, verkaufte Segelman seine Unternehmen und lebte von seinen Investitionen.

Für den Rest seines langen Lebens blieb seine Sammlung seine Haupt- und einzig sichtbare Leidenschaft. Soweit man wusste, spielte oder verlieh er seine Trophäen nicht oder stellte sie gar aus. Die Freude lag allein darin, sie aufzuspüren und zu besitzen. Aber natürlich wurde auch er nicht jünger. Bereits Mitte der 1980er-Jahre begann er, seine Sammlung zu Preisen aufzulösen, die Bein als realistisch bezeichnete, und machte zwangsläufig riesige Kapitalgewinne.[437]

Abgesehen von den Violinen waren seine Vorlieben, Gewohnheiten und seine Wohnung demonstrativ bescheiden und sein Lebensstil zurückgezogen bis hin zur Exzentrizität. Er gab vor,»Mr. Black« zu heißen und kleidete sich entsprechend. Man glaubte, dass er sogar seinen Anwalt – Timothy Whites Onkel Jack – angeheuert hatte, weil ihm die Verbindung von Schwarz und Weiß Freude machte – eine Reminiszenz an ein Black-and-White-Café, das er einmal besessen hatte. Auf Auktionen, auf denen er eine so vertraute wie geheimnisvolle Erscheinung war, genoss er (mit Farnsworth an seinem Arm) große Anerkennung. Aber nur Biddulph, der den Umgang mit ihm seit den 1970er-Jahren kultiviert hatte und ihn gelegentlich bei Laune hielt, indem er Dinge zu Segelmans Preisen kaufte,[438] die er nicht brauchte oder wollte, hatte eine ernsthafte Vorstellung von dem, was dieser besaß. Zu Beginn sowohl seiner eigenen Karriere als auch derjenigen von Bein nahm er Bein zu einem Treffen mit Segelman mit. Im Vorgriff auf das, was vor ihm lag, verbrachte Bein den Abend zuvor mit den *Meistern italienischer Geigenbaukunst*, der klassischen Fotosammlung von Walter Hamma. Bei seiner Ankunft forderte Segelman ihn auf, die einzelnen Instrumente quer über den Raum hinweg zu identifizieren. Es war kein Wunder, dass Bein die Prüfung mit summa cum laude bestand, worauf ihm erlaubt wurde, zur Betrachtung näher heranzutreten.

Doch es sollten fast 20 Jahre vergehen, bevor auch Biddulph merkte, wie viel tatsächlich im Besitz von Segelman war. »Ich habe jetzt sein gesamtes Inventar gesehen«, schrieb er im Jahr 1991 an einen japanischen Händler, »aber er überrascht mich immer wieder mit anderen Geigen.«[439] In der Tat sollten noch mehr Überraschungen folgen. Praktisch bis zum Ende erfuhr Biddulph von Verstecken und Instrumenten, die Segelman nie erwähnt hatte. »Anno domini, anno domini« – frei übersetzt: »das Ende ist nah« –, bedeutete ihm der alte Mann nur wenige Wochen vor seinem Tod. Dann bat er Biddulph, auf einen Anruf von Farnsworth zu warten und sich die Sammlung anzusehen, wenn der Moment gekommen sei. Es war das letzte Mal, dass er und Biddulph sich sahen.

Segelman, der bis zum Ende Mr. Black blieb, hatte die Violinen in seinem Testament nicht erwähnt. Doch auch ohne sie waren sowohl die Veräußerung als auch der Umfang seines Nachlasses mit einem Schätzwert »von mehr als 12 Millionen Pfund«[440] im Jahr 1998 eine Sensation. Segelman hatte zwei seiner Neffen jeweils 20.000 und Farnsworth 200.000 Pfund hinterlassen. Für die folgenden 21 Jahre war der Rest für eine gemeinnützige Stiftung reserviert, deren Begünstigte – wie die Treuhänder festgelegt hatten – »arme und bedürftige« Verwandte Segelmans waren. Danach sollten die Zahlungen an verschiedene jüdische Wohltätigkeitsorganisationen gehen.

In einer eidesstattlichen Erklärung, die er sieben Jahre später an den Gerichtshof von Chicago schickte, äußerte Timothy White: »Mein Onkel war der Überzeugung, dass Herr Segelman wohlhabend war, kannte aber das Ausmaß nicht, das nach seinem Tod ans Licht kam. Er wusste auch, dass Herr Segelman Interesse an alten Geigen hatte und einige davon besaß oder besessen hatte, doch er hatte keine Ahnung vom vollen Umfang oder Wert der Sammlung«.[441] Biddulph war von dem, was jetzt unter dem Bett, aus dem Safe in Segelmans Wohnung und verschiedenen Banktresoren hervorkam, hingerissen. Die verzierte »Rode«-Strad von 1722 war ein praktisches Beispiel. Die Sammlung, die vom Nachlassgericht Mitte des Jahres 1992 mit 2,54 Millionen Pfund Sterling (circa 4.780.000 Dollar) bewertet wurde, sollte schließlich Anfang 2001 zwischen 11 und 15 Millionen Pfund (etwa 16,5 bis 22,5 Millionen Dollar) wert sein.

Seit Gillott hatte es dergleichen nicht mehr gegeben. Aber Biddulph war nicht Hart. Diesmal war der Experte nicht bereit, auszusteigen. Seine Begründung, dass der Nachlass »viel bessere Preise erzielen würde, wenn die Instrumente einzeln durch ihn verkauft würden, als wenn man sie einem der großen Auktionshäuser überlassen würde«,[442] war zu überzeugend, als dass man sie hätte ablehnen können. White war dafür empfänglich, sogar dankbar. Er bot 5 Prozent Provision auf die vollständige Sammlung und wünschte nur einen geeigneten unabhängigen Sachverständigen, der zu den von Biddulph vorgeschlagenen Preisen eine zweite Meinung abgeben sollte. Biddulph schlug James Warren von Kenneth Warren & Sons in Chicago vor, und White war einverstanden. Von da an bis zu dem Zeitpunkt, an dem zwölf Jahre später endlich das Kriegsbeil begraben wurde, war einer der wenigen Punkte, auf den die Parteien sich einigen konnten, der, dass Biddulph damit beauftragt war, die Sammlung einzeln zu verkaufen.

Nach Aussage von White begannen die Probleme kurz danach. Mit Unterstützung von verschiedenen Segelmans, von Biddulph und zumindest indirekt von Bein erhob Farnsworth Anspruch auf eine zunehmende Zahl von Instrumenten, während verärgerte Neffen und Nichten das Testament anfochten. Zusätzlich gab es Auseinandersetzungen mit den Behörden über die Erbschaftssteuer und mit der Familie, die sich darüber ärgerte, dass das Vermögen für wohltätige Zwecke bestimmt war. Fast jeder Fall wurde zugunsten der Erben entschieden. Unterdessen waren rund vier Jahre vergangen und Farnsworth, die zuletzt für unzurechnungsfähig erklärt worden war, gestorben.

Doch die Hauptsorge von White war Biddulph, vor allem nachdem er im August 1996 erfuhr, dass dieser ein Instrument an Beare verkauft hatte. Nach Whites Auffassung sah die Übereinkunft vor, dass Biddulph direkt an Spieler und Sammler zu Einzelhandelspreisen – d.h. maximalen Preisen – verkaufen musste, sofern nicht anders verabredet. Geld als solches war offensichtlich von Interesse für ihn. Aber es gab auch eine rechtliche Dimension. White war als Treuhänder sowohl dem Vermögen als auch den Erben gegenüber verantwortlich,[443] wozu eine jährliche Abrechnung gehörte, die öffentlich einsehbar sein musste. Dies wiederum machte ihn dem Generalstaatsanwalt gegenüber im Falle von Unterschlagungen verantwortlich.

Was White noch mehr beunruhigte, war Biddulphs undurchsichtige Dokumentation, mit der sich kaum feststellen ließ, wer was für wieviel gekauft hatte, und noch weniger, wo das Geld war. Auch hatte er den Eindruck, dass Zahlungen einbehalten worden waren. Im März 1997 beantragte er mit Erfolg einen Beschluss, der Biddulph zwang, ohne vorherige Ankündigung sein Geschäft durchsuchen und seine Aufzeichnungen einsehen zu lassen, wollte er nicht eine Klage wegen Missachtung des Gerichts riskieren.[444] Einige Tage später wurde sein Vermögen eingefroren und was von der Sammlung gegenüber bei Sotheby's noch übrig war, beschlagnahmt. Dann kamen die Ermittler.

Für White bestätigten die Aufzeichnungen seine schlimmsten Befürchtungen: Biddulph, den er angeheuert hatte, um den Nachlass zu verwalten, hatte von beiden Seiten Provisionen bekommen; er hatte Instrumente an Warren, den vermeintlich unabhängigen Experten, zu Preisen verkauft, die dieser selbst als legitim bestätigt hatte, und er hatte seit spätestens 1991 mit Instrumenten von Segelman mit Bein, Warren und Howard Gottlieb, einem Chicagoer Sammler und Mitglied des Vorstandes der Chicago Symphony, gehandelt.[445] Andere Instrumente waren von Biddulph offenbar nicht einmal erwähnt worden, wiederum andere hatte er als Eigentum von Farnsworth verkauft und deren Erlös an sie, an zwei Neffen von Segelman und sich selbst weitergeleitet. Im Februar 1998 verklagte White Biddulph in London. Im März 1999 reichte er Klage gegen Bein & Fushi, Gottlieb und Warren in Chicago ein.[446]

Biddulph räumte ein, dass ihm aus Unaufmerksamkeit und Zerstreutheit Fehler unterlaufen sein könnten. Den überwiegenden Teil der Jahre 1993/94 hatte er mit der Planung der Guarneri-Ausstellung in New York verbracht. In der gleichen Zeit waren seine Eltern gestorben, eine langjährige Beziehung zerbrochen und ein Umzug erfolgt. Er habe weitgehend unter persönlichem Stress gestanden. Im Übrigen seien »Kontenführung und Papierkram nicht seine Stärke«,[447] und ein fassungsloser White entdeckte, dass Biddulph noch nicht einmal ein Inventarverzeichnis hatte.[448] Was er laut Justice Hart, dem Richter, der seine umfangreiche eidesstattliche Erklärung anhörte,[449] »heftig« abstritt, war eine betrügerische Absicht. Besonders enttäuschend fand er Whites Weigerung, »die schwierige Natur der Kunst des Handelns in dem engen und hochspezialisierten Markt für edle Geigen« verstehen zu wollen. Von dieser Haltung war er auch nicht mehr abzubringen. Schriftliche Verträge waren selten, ein Handschlag normal, Bewertungen durch Versicherungen stets höher als die

Marktpreise und ein Verkauf an einen anderen Händler oft der einzige Weg, um an die Sammler zu kommen, die seine Kunden waren.

Reuning, der als sachverständiger Zeuge für Biddulph gerufen wurde, legte die Grundwahrheiten des Geigenmarktes in einer Erklärung von seltener Kürze, Klarheit und Offenheit dar. Für Instrumente wie die von Segelman gab es auf der Welt nur eine Handvoll von Kunden. Eine erstaunliche Anzahl von ihnen waren Kunden von Bein. Biddulph war, ob in Chicago oder Japan, stets besser als jeder andere darin, das richtige Instrument mit dem richtigen Händler zusammenzubringen. Es stimmte, dass der Händler es dann zu einem Preis weitergab, den Reuning als »Super-Einzelhandel« bezeichnete. Aber Biddulphs Provision, so Reuning, konnte es immer noch mit jedem Preis aufnehmen, den ein Auktionshaus anbot.

Bewertung an sich unterlag natürlich Veränderungen in einem engen Markt, in dem Insiderwissen Trumpf und die Kunden eigenwillig waren und sowohl Währungen und Volksvermögen sanken oder ins Schwimmen kamen. Unter diesen Umständen wurde auch der Preis zu einer variablen Größe. Das Instrument – seine Herkunft, Echtheit und sein Zustand – war nur ein Teil dieser Zusammenhänge. Mit erstklassigen, 360 bis 540 Quadratmeter großen Geschäftsräumen, drei bis zehn Restauratoren mit Gehältern zwischen 50.000 und 200.000 Dollar, Verkaufspersonal, das bis zu 200.000 Dollar verdienen konnte, zig Millionen plus Versicherungskosten für ein Inventar, das sich nur langsam verkaufte, waren die Betriebskosten als solche ein wichtiger Punkt. Margen von 40 bis 50 Prozent auf geschäftseigene und Provisionen von 10 bis 20 Prozent auf Instrumente in Kommission waren Standard. Hinzu kamen Zertifizierungen, Versicherungsgutachten, Reparatur, Saiten, Kolophonium sowie das Neubeziehen von Bögen. Der Gewinn konnte bei drei Prozent liegen.

Für ein Gericht, das eine solche Erklärung brauchte, war diejenige von Reuning ein Kurzlehrgang wie niemals zuvor und wohl auch nicht danach. Doch war dies kaum ein Beweis dafür, dass Biddulphs Verhalten der üblichen Praxis entsprach, geschweige denn ein Gewohnheitsrecht war, als sich die streitenden Parteien achteinhalb Jahre nach dem Tod von Segelman schließlich in einem Londoner Gerichtssaal trafen. Für den Prozess wurde eine Dauer von einem Monat angesetzt. Er war aber innerhalb einer Woche vorüber.

Die Kläger begannen mit einer furiosen Rede über Biddulphs Umgang mit den Händlern aus Chicago. Im Juni 1991 hatte der dortige Sammler Gottlieb Biddulph 1,2 Millionen Pfund Sterling – zu der Zeit etwa 2 Millionen Dollar – vorgestreckt, um die del Gesù »Lord Coke« und »Mary Portman« von Segelman zu kaufen. Biddulph verkaufte sie dann zum selben Preis für eine Restaurierung bei Bein & Fushi an Gottlieb zurück.[450] Im Herbst desselben Jahres verkaufte Bein & Fushi das erste der beiden Instrumente für 2,3 Millionen Dollar an einen anonymen Förderer, damit sie von dem in London ansässigen japanischen Geiger Joji Hattori gespielt werden konnte. Einige Monate später verkauften sie die zweite Geige für 2 Millionen Dollar an Clement Arrison, einen Investor und Geschäftsmann aus Buffalo, New York, der sie über die Stradivari Society an Adele Anthony, das tasmanische Wunderkind und die Ehefrau von Gil Shaham, dem israelisch-amerikanischen Virtuosen, verlieh.[451] Damit hatte eine Investition von 2 Millionen Dollar in etwas mehr als einem Jahr nach Biddulphs Kauf eine Rendite von 115 Prozent erbracht. Die Erlöse wurden zwischen Gottlieb, Bein & Fushi und Biddulph aufgeteilt.[452]

Drei Tage lang schickte sich Whites Anwalt an, aufzuzeigen, wie sehr die jüngste Vergangenheit ein Prolog war. Der nächste Fall wartete schon. Im Dezember 1992 kaufte Gottlieb für 2,7 Millionen Dollar fünf von Segelmans Instrumenten, darunter zwei Strads, Biddulph stellte ihm für die Versicherung ein Bewertungsgutachten über 4,5 Millionen Dollar aus, und Gottlieb zahlte ihm 500.000 Dollar Beraterhonorar.[453] Der Clou war eine Viola von Maggini, die Biddulph 1992 bewertet und dann für 200.000 Pfund an Warren verkauft hatte. Warren bewertete sie daraufhin mit 1 Million Dollar und gab sie an Bein & Fushi in Kommission, die sie drei Monate später für 750.000 Pfund verkauften.

Am vierten Tag und unter ständigem Beschuss durch das, was die Kläger als geheime Provisionen, Insiderhandel und inoffizielle Joint Ventures bezeichneten, stimmte Biddulph einem Vergleich in Höhe von 8 Millionen Pfund zu, obwohl er noch Jahre später darauf bestand, dass er noch weiter gekämpft hätte, wäre der Aufwand an Zeit und Geld nicht untragbar geworden. Am Ende gaben die Kläger seiner Erklärung, dass ihm durch den Vergleich der Konkurs drohe, nach, einigten sich auf eine Senkung auf 3 Millionen Pfund und akzeptierten Ratenzahlungen über zwei Jahre mit Biddulphs Vermögenswerten als Sicherheit. Dieser neue Vergleich, auf dessen Veröffentlichung die Kläger bestanden,[454] zwang Biddulph zu verkaufen, obwohl er weiter tätig blieb und sein Vermieter ihm erlaubte, in den Geschäftsräumen zu bleiben. Erst Ende 2005 fand er wieder zu zwar gemeinsam genutzten, aber regulären Räumlichkeiten zurück – paradoxerweise in der zweiten Etage eines Ladens, der ihm in den 1990er-Jahren gehört hatte.[455] Die Verwandtschaft von Segelman, die in dem Fall mitangeklagt gewesen war, verglich sich ebenfalls. Es vergingen Tage, bevor die Medien auf den Vergleich aufmerksam wurden und fast ein halbes Jahr, bis die Kollegen in Chicago die lokale Dimension erkannten und auf sie reagierten.[456] Aber auch ohne Verstärkung durch die Medien umrundete die Nachricht den Planet der Violine mit der Geschwindigkeit eines Tsunami.

Die wichtigsten Ereignisse verlagerten sich nun nach Chicago, wo im Gegensatz zu England Zivilstreitigkeiten vor Jurys verhandelt werden. Aber was in London mit einem Knall begonnen hatte, endete nach und nach in leisen Tönen. Biddulph hatte zwei Jahre, nachdem er von dem größten Schadenersatzanspruch in der Geschichte der Violine getroffen worden war, die geplanten Zahlungen vollständig geleistet, und in der Zwischenzeit hatten sich erst Gottlieb, dann Bein mit wasserdichten Vertraulichkeitsvereinbarungen verglichen. Im Dezember 2004 zwang die unmittelbare Gefahr einer geplanten Anklage Warren ebenfalls zu einem Vergleich. Ein paar Wochen später wurde der Fall offiziell abgewiesen.[457]

Da die Vergleichsvereinbarungen vertraulich waren und die Instrumente unter Verschluss gehalten wurden, konnten nur die jeweiligen Parteien und die Erben mit einiger Berechtigung die Frage beantworten, welche Lehren aus all dem gezogen worden waren. Doch mindestens eine Antwort kam auch von Herbert Axelrod, einem Unternehmer, Philanthrop und leidenschaftlichen Geigenliebhaber aus New Jersey, der seine eigene Sammlung loswerden wollte. Mit dem Fall Segelman vor Augen als Beispiel dafür, was passieren könnte, wenn er es nicht selber tat, beschloss Axelrod, seine Sammlung selber aufzulösen.[458]

Tatsächlich hatte sich Axelrod spätestens seit 1997, als er die TFH Publications, Inc. – die Haustierpflege-Firma, die er als die größte der Welt bezeichnete – für 70 Millionen Dollar in Bar und einen Kredit von 10 Millionen Dollar verkauft hatte, mit diesem Gedanken getragen. Über einen Zeitraum von zwei Jahre machte er die beiden Strads, die 1986 mit 5 Millionen Dollar bewertet worden waren und die er seit 1987 dem Smithsonian als Leihgaben überlassen hatte, zu Schenkungen. Mitte September 1997 wurden sie auf 25 Millionen und kaum drei Monate später auf 30 Millionen Dollar geschätzt. Ende des Jahres bescheinigte Machold der Sammlung Axelrod einen Wert von 50 Millionen. Fushi nannte die Zahl absurd, doch absurd oder nicht: Es war eine der größten Spenden in der Geschichte des Smithsonian, ohne die Berücksichtigung von mindestens 13 weiteren Instrumenten, die Axelrod gestiftet hatte, darunter die Quartette von Stainer und Vuillaume.[459]

Die Geschichte, ein amerikanisches Gegenstück zu der von Segelman, begann in Bayonne, New Jersey, einer Stadt mit Hafenvierteln, Öl-Raffinerien und wenig Romantik, wo Axelrod im Jahr 1927 als Sohn russisch-jüdischer Einwanderer geboren wurde. Seine Mutter arbeitete beim Beschaffungsamt der Kriegsmarine und sein Vater, Mathematiklehrer an einer Oberschule, der auch als privater Geigenlehrer zu 25 Cent pro Unterrichtsstunde tätig war, brachte seine Schützlinge zusammen, um abends Quartette zu spielen. »Als ich ein Kind war, hatten wir zu Hause zwei Violinen«, erinnerte sich Axelrod Jahrzehnte später. Die eine, erworben für 10 Dollar, wurde als Strad bezeichnet, die andere, Kaufpreis 12 Dollar, als Amati. Seine Hoffnung, professionell zu spielen, wenn er älter geworden war, musste er schon im Alter von 13 Jahren begraben, als sein Vater ihn zu Efrem Zimbalist, Direktor des Curtis Institute und selber ein ehemaliges Wunderkind, brachte. Zwei Minuten Vorspiel waren genug. Dann gingen die Axelrods nach Hause, um die Berufung des jungen Herbert noch einmal zu überdenken.[460]

Vier Jahre später verpflichtete er sich vorzeitig bei der Armee, diente und überlebte im Krieg in Korea und fand schließlich im Zuge eines Gesetzes zur Unterstützung von Kriegsveteranen den Weg zur New York University, wo er sich als 25-jähriger Doktorand in Biometrie einschrieb. Ein Gelegenheitsjob als Laborant in einem Forschungsprojekt zur Genetik tropischer Fische brachte ihn ins American Museum of Natural History, wo er ein Ausbildungshandbuch erstellte, das in den folgenden 20 Jahren in vier Auflagen erschien, mit dem er 100.000 Dollar Lizenzgebühren verdiente und das die Basis des Unternehmens werden sollte, das ihn reich machte.

Ob das die reine Wahrheit war, blieb fraglich. Aber das galt für vieles, was er sagte. Der große amerikanische Restaurator Bruce Carlson berichtete nach einem Treffen mit ihm: »Er schien sehr stolz auf die Dinge zu sein, die er in seinem Leben getan hatte. [...] Was ich eigentlich sagen möchte, ist, dass er nicht bescheiden war«.[461] Das war sicherlich wahr, doch gab es für das Kind eines Mathematiklehrers aus Bayonne genug Gründe, um unbescheiden zu werden. Er hatte Aquarien, Fischzucht, gefriergetrocknete Würmer und Nylabone – ein in Großbritannien eingekaufter Kunststoff für Hundespielzeuge – zu Gold gemacht. Während der Existenz seines Unternehmens zog sein Buch *Tropical Fish as a Hobby* rund 400 weitere Titel nach sich, bei denen er als Mitverfasser fungierte und von denen viele noch Jahre später erhältlich waren. Allein *Dr. Axelrods Mini-Atlas of Freshwater Aquarium Fishes* brachte es zwischen 1986 und 1995 zu zehn Auflagen. Der Verband der britischen Aquatic Societies ehrte ihn mit einer Vizepräsidentschaft. Mindestens elf, tatsächlich aber wohl bis zu 40 neu entdeckte Arten wurden nach ihm benannt.[462]

Seine Leidenschaft für Geschäfte unterstützte seine Leidenschaft für Violinen und umgekehrt. Nach Axelrods eigener Darstellung war es für ihn Liebe auf den ersten Blick, als Moennig ihm im Jahr 1970 eine Strad zeigte. Als er es ein paar Wochen später nicht ertragen konnte, sie zurückzugeben, zog seine Frau einen Diamantring von ihrem Finger, und Axelrod schrieb Moennig einen Scheck über 90.000 Dollar aus. Als er kurz darauf feststellte, dass er so viel übte, dass sein Geschäft darunter litt, tauschte er seine Strad gegen eine andere Strad plus 150.000 Dollar aus. Es wird berichtet, dass seine Frau ihn aufforderte: »Hol mir meinen Diamanten zurück und nimm dann das, was Dir geblieben ist und spiele damit, indem Du Fiedeln kaufst und verkaufst.«

Da er dafür bekannt war, dass er den Pfennig zweimal umdrehte und eine Nase für schwer absetzbare Erbstücke hatte, hatte er es auf Eigentümer abgesehen, die kurzfristig Geld brauchten, um die Erbschaftssteuer zu bezahlen. »Wenn jemand hunderttausend verlangte, bot ich ihm zehn oder zwölf an«, sagte er in einem Interview, »er würde dann mit zwanzig als Vorschlag zurückkommen.«[463] Marktbeobachter waren sich darin einig, dass viele seiner Ankäufe weniger darstellten, als sie auf den ersten Blick zu sein schienen, doch gaben sie zu, dass es darunter auch gute Dinge gab. Im Gegensatz zu Segelman stellte er sie auch Spielern zur Verfügung, schwelgte in seiner Schirmherrschaft und rühmte sich seiner Menschenliebe.

Seine Liebe zum Spiel mit Geigen ließ jedenfalls keine Zweifel aufkommen. Seine Begeisterung führte auch zu einem Ableger, einem Verlag mit Namen Paganiniana, der eine Reihe von illustrierten Monografien publizierte. Mehrere waren aus dem Polnischen und Russischen übersetzt und befassten sich mit den Leben und den Karrieren klassischer Geiger von Tartini bis Enesco. Es gab auch ein mit Stolz als unautorisiert bezeichnetes und gelegentlich nützliches Sammelalbum von Erinnerungsstücken an Heifetz, das trotz dessen Drohung, die Veröffentlichung untersagen zu wollen,[464] drei Auflagen erleben sollte, und eine vierzehnbändige Sammlung von Fotos, Interviews, kommentierten Partituren und technischen Tipps in *The Way to Play* von Samuel Applebaum, einem weiteren Schüler von Auer.

Mitte der 1980er-Jahre gab Paganiniana *The Dr. Herbert Axelrod Stradivari-Quartet* heraus, eine kleine Monografie mit einem Vorwort von Francais, ganzseitigen Farbfotos der verzierten Strads, Auszügen von Zitaten aus der Hill-Monografie von vor 84 Jahren und ganzseitigen Reproduktionen von Instrumentenzetteln. Im Jahr 2002 erschien eine Fortsetzung unter dem Titel *The Evelyn and Herbert Axelrod Stringed Instrument Collection*. Stefan Hersh, ein in Minneapolis und Chicago tätiger Orchestermusiker und Berater für Kaufaspiranten, stellte in seiner aus 1 754 Wörtern bestehenden Besprechung fest: »Es gibt einige feine Instrumente in dem Katalog, zusammen mit einigen guten Informationen, aber die Fehler, offensichtlichen Auslassungen, überhöhten Bewertungen, aufgebauschten Herkunftsbestimmungen und zweifelhaften Zuschreibungen in dem Buch sind ungeheuerlich und zu zahlreich, um sie hier vollständig darzulegen.«[465]

Als sich Axelrod seinem siebten Lebensjahrzehnt näherte, konnte er im Prinzip seine Instrumente immer noch Stück für Stück dem Händler seiner Wahl in Kommission geben. Stattdessen machten die Axelrods aber zur Mitte der Saison 2001/02 – dem Winter des Missvergnügens sowohl für Biddulph als auch für das New Jersey Symphony Orchestra – dem Präsidenten des Orchesters, Lawrence Tamburri, ein Angebot, das seine Direktoren nicht ablehnen konnten. Die vier Celli, zwei Bratschen, und 24 Geigen – darunter drei del Gesùs und elf Strads – wurden später als Axelrods Golden-Age-Sammlung bekannt. Sie war auf 50 Millionen Dollar geschätzt, eine Summe, die Machold bestätigt und möglicherweise sogar vorgeschlagen hatte.[466] Aber das Orchester, so sagte er Tamburri, könne sie für die Hälfte erwerben, falls es das Geld bis zum 30. Juni 2002 zusammen bekäme.

Für ein Ensemble mit knappen finanziellen Mitteln, das zwischen dem New York Philharmonic Orchestra und dem Philadelphia Orchestra angesiedelt und erst seit den 1960er-Jahren nur aus Berufsspielern bestand, war ein solches

Angebot schlechthin berauschend.[467] Während rundherum das städtische New Jersey verfiel, waren die Musiker jahrelang zwischen elf verschiedenen Veranstaltungsorten hin- und hergependelt. Im Jahr 1997 verschwanden die Wolken vorübergehend, als die Innenstadt von Newark zu neuem Leben erweckt wurde und das Orchester seinen Hauptspielort in dem glänzenden neuen Performing Arts Center der Stadt aufnahm, aber wegen Auflagen in seiner Satzung auch Tourneen absolvieren musste. Dann kam im Jahr 2000 der Börsenkrach, ein Jahr später gefolgt von der Zerstörung des World Trade Center, die von dem auf der anderen Seite des Hudson River gelegenen Newark aus gut sichtbar war. Ein Vorstandsmitglied erinnerte sich ein oder zwei Jahre später: »Hier sind wir also, uns wird die Möglichkeit gegeben, den Heiligen Gral zu bekommen.«[468] Doch wie er und Tamburri von Amts wegen wussten – und auch Axelrod als ein großer Mäzen wusste dies gewiss –, hatte das Orchester bereits ein Budgetloch von einer Million Dollar. Sein Gesamtbudget lag 40 Prozent unter Axelrods genanntem Vorzugspreis.[469]

In einem nachträglichen Bericht wurde später festgestellt, dass Tamburri nichts weniger als offen mit seinem Vorstand gewesen war. Aber es war auch klar, dass er sich kaum Widerständen gegenüber sah. Er bestand darauf, dass die Instrumente eine Investition in die Zukunft des Orchesters seien und eine große Anziehungskraft für potenzielle Spieler, Dirigenten, Spender, Abonnenten und Besucher des Bundesstaates New Jersey haben würden.[470]

Es war Scott Kobler, ein Anwalt aus Newark, Finanzspezialist und Vorstandsmitglied, dessen langjährige Erfahrung mit Krankenhaus- und Wohnprojekten dem Orchestervorstand nun zugute kam und der den Schlüssel zur Geldfrage fand. Er überredete seine Kollegen, die Instrumente als Sicherheiten anzugeben. Seine Idee funktionierte, doch einige strategisch platzierte Hinweise von Axelrod, dass das New York Philharmonic, die Wiener Philharmoniker und die Österreichische Nationalbank kurz davor waren, Schecks über 55 Millionen Dollar zu schreiben, waren vermutlich ebenfalls hilfreich.[471]

Es brauchte trotzdem noch mehr als ein Jahr, rund 500 Stunden kostenlose Beratung durch bis zu 25 Rechtsanwälte, mehrere Fristverlängerungen und ein paar große Zugeständnisse, um den Handel abzuschließen.[472] Bevor die Prudential Foundation, eine gemeinnützige Einrichtung aus Newark, die der Prudential Financial, Inc., dem zweitgrößten US-Lebensversicherer und einem der Schirmherren des Orchesters, angegliedert war, die ersten 5 Millionen Dollar aufbrachte, hatten fünf Banken bereits abgelehnt. Die Commerce Bank, das größte Finanzinstitut im Bundesstaat, folgte mit weiteren 9 Millionen Dollar. Dann beantragte das Orchester bei der staatlichen Wirtschaftsförderung steuerfreie Anleihen, um die Kredite zu einem niedrigeren Zinssatz zu refinanzieren. Hinzu kamen vier Bürgen, von denen zwei Vorstandsmitglieder waren. Der Vorsitzende Victor Parsonnet, ein Herzchirurg und persönlicher Freund von

Axelrod, versuchte ihn zu überreden, seinen Preis zu senken. Es gab sogar einen direkten Anruf von New Jerseys Gouverneur James McGreevey, der an Axelrod appellierte, die Instrumente für seinen Geburtsstaat zu retten.

Am Ende reduzierte Axelrod seinen Preis auf 17 Millionen Dollar, indem er die verbleibenden 4 Millionen selbst als Kredit zur Verfügung stellte und auf eine weitere Million verzichtete.[473] Das Geschäft wurde am Valentinstag 2003 abgeschlossen. Ein paar Tage später wurde der Ankauf im Gebäude der Prudential mit einer Pressekonferenz öffentlich bekannt gegeben, auf der auch fünf kleine Suzuki-Geigenkinder aus einem vom Orchester geförderten Schulprogramm spielten und Orchestermitglieder die Instrumente und ihre Geschichte vorstellten.[474] Zwei Monate später kamen rund 250 Gäste in Abendgarderobe zu einem Eintrittspreis von 2.500 Dollar pro Kopf für den Symphony Palace Ball zusammen. Veranstaltungsort war ein umfunktionierter Bahnhof im Liberty State Park, einem ehemaligen Industriegebiet am Wasser mit einer Fährverbindung zur Freiheitsstatue. Er war mit hauchdünnen Behängen, Renaissance-Bannern und Arrangements aus Zitrus- und Gardenienblüten in der Mitte der Tische dekoriert sowie mit einer über vier Meter hohen Eisskulptur, die Stradivari darstellen sollte. Die Gäste, darunter auch drei ehemalige Gouverneure, der Bürgermeister von Cremona und die Axelrods, wurden am Eingang von einem jungen Mann in Rüschenbluse und Brokatweste empfangen, der sich kunstvoll verneigte und sie mit »Buona sera, signore e signori« begrüßte. Die musikalischen Darbietungen aus Werken von Respighi, Mozart und Tschaikowsky – offenbar ausgewählt, um die Instrumente vorzuführen – wurden mit Applausstürmen quittiert. Die Bruttoeinnahmen des Abends beliefen sich auf geschätzte 700.000 Dollar. Die 32 Millionen der Axelrods – der Schätzpreis von Machold abzüglich des vom Orchester gezahlten Kaufpreises – kamen auf Platz 31 der jährlichen Liste der 60 größten Spenden des *Chronicle of Philanthropy*.[475]

Ein Jahr später wurde Axelrod wegen Steuerunterschlagung angeklagt, die sich auf den Verkauf seines Unternehmens im Jahr 1997, Abfindungszahlungen an einen ehemaligen Mitarbeiter, die auf einem Schweizer Bankkonto gelandet waren, und Beihilfe zu einer falschen Steuererklärung bezog. Aber statt zur Anklageverlesung zu erscheinen, tauchte er in Kuba auf, wo seine Yacht in der Marina Hemingway, einem Vier-Sterne-Urlaubsort, gesichtet wurde. Danach wurde er, versehen mit einem österreichischen Pass, aber aus der Schweiz kommend, bei seiner Ankunft am Berliner Flughafen Tegel in Gewahrsam genommen.[476] Obwohl die Festnahme in keinerlei Verbindung mit seiner Geigensammlung stand, lenkte der Pass natürlich die Aufmerksamkeit auf sie. Die Staatsbürgerschaft war Axelrod von einer dankbaren Republik Österreich im vorvergangenen Dezember in Anerkennung seines Geschenks eines Stainer-Quartett und der Dauerleihgabe zweier Strads und einer Guarneri an das Kunsthistorische Museum in Wien verliehen worden.[477] Macholds enge Verbindungen sowohl zu Axelrod als auch zum politischen Establishment schürten weitere Spekulationen über die Quelle von Axelrods nützlichem zweitem Pass.

Unterdessen sorgte sich das von Spendern abhängige Smithsonian in Washington immer ernsthafter wegen des Interesses, das das FBI und der Finanzausschuss des Senats für die Zahlen zeigten, die Machold den Spenden von Axelrod zugeordnet hatte. Auch die New Jersey Symphony wurde nervös. Die panische Angst, dass ihr Eigentumsrecht angezweifelt werden könnte, legte sich zwar schnell, doch die Frage, ob sie das bekommen hatten, wofür bezahlt worden war, blieb. Die Direktoren, die sich erst an Charles Beare gewandt und dann einen Rückzieher gemacht hatten, engagierten drei unauffällige, aber angesehene New Yorker Berater. Diese waren Macholds Zuschreibungen gegenüber mindestens ebenso skeptisch und kamen kaum an seine Zahlen heran. Ihre höchste Schätzung der Sammlung von Axelrod lag mit 26,4 Millionen Dollar knapp über der Hälfte von Macholds Werten. Die Unterhändler waren noch nicht einmal bereit, die 15,3 Millionen Dollar anzuführen, die die niedrigste Schätzung ihrer Berater war. Ein beispielhafter Artikel von 11.000 Wörtern, den Mark Müller für die Newarker Tageszeitung *Star-Ledger* verfasst hatte,[478] bestätigte nur, dass die Gegenangebote, von denen Axelrod gesprochen hatte, Potemkinsche Dörfer gewesen waren. Schon im Sommer 2003 hatte der Intendant der New York Philharmonic, Zarin Mehta, bestritten, dass Axelrod ihn in der Sache auch nur angesprochen hatte. Wolfgang Schuster, der Pressesprecher der Wiener Philharmoniker, bestätigte, dass Axelrod bei der Österreichischen Nationalbank angefragt hatte. Aber man war sich darüber einig, dass seine Preisvorstellung inakzeptabel war und die Instrumente dem ohnehin schon legendären Ton des Orchesters nicht zugute kommen würden.[479]

Sieben Monate nach Axelrods Flucht nach Kuba einigten sich das deutsche und das amerikanische Justizministerium auf die Auslieferungsbedingungen, und Axelrod kehrte in die Vereinigten Staaten zurück. Das deutsche Recht schützte ihn zwar gegen eine Auslieferung wegen Anklagepunkten, die im deutschen Recht nicht vorgesehen waren – beispielsweise eine Verschwörung, um die amerikanische Steuerbehörde zu betrügen –, doch blieben immer noch die geringeren Vorwürfe wie Beihilfe zu einer falschen Steuererklärung. Als er im November zur Anklageerhebung erschien, zwinkerte er, winkte Freunden zu, tat so, als ob er eine kubanische Zigarre rauche, und plädierte auf nicht schuldig. Bei seinem Prozess drei Wochen später wirkte er erheblich kleinlauter. Diesmal erschien er mit Fesseln und in Anstaltskleidung und ruderte in seiner Aussage zurück. Im darauffolgenden März wurde er unter Anrechnung der deutschen Haft zu 18 Monaten Gefängnis verurteilt. »Es war immer mein Ziel, als herausragender Philanthrop in Erinnerung zu bleiben«, sagte er dem Richter, »stattdessen wird man sich an mich als jemanden erinnern, der das Gesetz und diesen Gerichtshof missachtete.«[480]

Für diejenigen, die sich für die Theorie und Praxis des Geigenmarktes interessierten, waren Axelrods Gerichtsverhandlung ebenso wie Warrens Vergleich eine verpasste Gelegenheit. Es wäre hilfreich gewesen zu sehen, wie sich Warren gegen die Anschuldigungen von White vor einer Jury in Chicago verteidigte. Es wäre ein Bildungserlebnis gewesen zu sehen, wie Machold in der öffentlichen Sitzung die Bewertungen für New Jersey und das Smithsonian verteidigte, die er weiterhin gegen alle Einwände aufrechterhielt. Rechtswissenschaftler bedauerten, dass es keine Überprüfung des Tatbestandes der ungerechtfertigten Bereicherung geben würde, ein Konzept im Zivilrecht, nach dem eine Partei, die auf Kosten einer anderen einen großen Gewinn gemacht hat, auf Erstattung verklagt werden kann.[481] Aber laut Axelrods Anwalt waren auch die Strads des Smithsonian durch das Schuldgeständnis abgedeckt; der Verkauf in New Jersey stand nicht zur Debatte, da Axelrod für 2003 keine Steuererklärung abgegeben hatte.[482]

Doch durch die Hartnäckigkeit des *Star-Ledger* wurde zumindest ein Licht auf das geworfen, was wirklich erworben worden war. In einem nachträglichen Bericht bestätigte sogar das Orchester, dass an der Behauptung der Zeitung, dass bis zu fünf seiner Käufe vertauschte Instrumente seien, eine angebliche del Gesù weitgehend das Werk des Vaters des Geigenbauers war und dass einige der Strads Verbundinstrumente waren, etwas Wahrheit stecken könnte. Doch – so wurde befunden – hatte es keine Betrugsabsicht seitens des eigenen Managements gegeben, und sowohl Management als auch Spieler glaubten immer noch, dass das Orchester auf seine Kosten gekommen, wenn nicht sogar am Ende des Regenbogens auf einen Topf voller Gold gestoßen war.[483]

Sogar eine Haushaltskrise, die versprach, die schlimmste aller Zeiten zu werden, entwickelte sich zum Besten. Das Orchester – im Jahr 2002 glühend vor Euphorie – betrachtete die Instrumente von Axelrod als Wettbewerbsvorteil, der an ein göttliches Eingreifen grenzte. 2007 mit einem Jahresdefizit von 14 Millionen Dollar konfrontiert, davon rund 10 Millionen Schulden bei Axelrod, sah es die Instrumente jetzt als seine letzte Hoffnung an. Durch eine glückliche Fügung hatte sich Stewart Pollens nach 30 Jahren am Metropolitan Museum vor Kurzem mit dem von ihm gegründeten Ein-Mann-Unternehmen Violin Advisor für den Privatsektor entschieden. Das Orchester engagierte ihn, um seine Sammlung zu verkaufen.

Pollens begann seine Arbeit mit einem Prospekt, den er an alle erdenklichen Orchester und Stiftungen verschickte.[484] Es gab Interesse an einzelnen Instrumenten, aber nur zwei Bieter waren an der ganzen Sammlung interessiert. Ein Liebeswerben von neun Monaten einschließlich einiger Unterrichtsstunden bei der Geigerin Stephanie Chase, Pollens' Ehefrau, zahlte sich aus. Die Instrumente gingen für einen vermeldeten Preis von 20 Millionen Dollar sowie einen nicht spezifizierten Teil der Erlöse eines eventuellen Weiterverkaufs, an eine nicht näher bezeichnete »Gruppe von Investoren«, an deren Spitze die 37-jähri-gen eineiigen Zwillinge und Amateurgeiger Brook und Seth Taube standen. Sie besaßen Harvard-Abschlüsse und waren Experten für im Kurs gefallene Geld-anlagen. Es wurde ebenfalls vereinbart, dass das Orchester die Instrumente weiter spielen konnte, zumindest für die kommenden fünf Jahre. »Das ist das Beste, was wir bekommen konnten, und wir freuen uns darüber«, hörte man den Vorstandsvorsitzenden des Orchesters sagen.[485]

Er hatte allen Grund dazu, und die Taube-Brüder ebenfalls. Nur ein paar Monate später platzte eine enorm aufgepumpte amerikanische Immobilien-blase und riss den überwiegenden Teil der Wall Street und die Weltwirtschaft mit sich. Doch sogar zur Überraschung von Jason Price, Generaldirektor von Tarisio, lief der Markt für Geigen weiter wie »Ol' Man River«. Während die Einnahmen von Tarisio in New York von rund 9 Millionen Dollar im Jahr 2007 auf etwas weniger als 7,5 Millionen Dollar im Jahr 2009 fielen – ein Rückgang um etwa 17 Prozent –, stiegen die Einnahmen in London im gleichen Zeitraum sogar um ein Viertel von etwa 1,2 auf etwas mehr als 1,5 Millionen Pfund Ster-ling.[486] Im Vergleich dazu waren das Nettovermögen amerikanischer Familien von geschätzten 64,4 Milliarden Dollar im zweiten Quartal des Jahres 2007 bis November 2008 um mehr als ein Viertel, die Immobilienpreise um ein Drittel und der Index von Standard & Poor um 45 Prozent gefallen.[487]

In einer Unternehmenslandschaft, die reich an Kapitalanlagen mit sin-kendem Wert war, bestätigten ein paar emblematische Transaktionen das, was sie immer bestätigt hatten: nämlich dass derjenige – Geduld natürlich voraus-gesetzt – der in Strads und del Gesùs investierte, sich um den Verfall seines Geldes keine Sorgen machen musste. Selbst in einem Markt, der in der Vorkriegszeit schon klein war und durch die Große Depression von 1930 noch kleiner wurde, hatten sie ihren Wert behalten oder schnell wieder zurückgewonnen. In dem wirklich globalen Markt des späten 20. und frühen 21. Jahrhundert stieg er nur immer weiter an. Der höchste Preis hatte sich seit dem Jahrzehnt, in dem David Fulton die »Lord-Wilton«-del-Gesù aus dem Nachlass von Yehudi Menuhin für einen angegebenen Preis von 6 Millionen Dollar erworben hatte, nahezu ver-doppelt. Es war noch gar nicht so lange her, dass Robin Loh im Jahr 1971 die Geigenwelt in seinen Bann geschlagen hatte, als er 200.000 Dollar – ein wenig mehr als eine Million in US-Dollar des Jahres 2009 – für die »Lady Blunt« bezahlt hatte. 2007 erbrachte ihr angegebener Weiterverkauf an die Nippon Foundation eine Summe, die angeblich bei 10 Millionen Dollar lag. Sotheby's verkaufte zwischen 2004 und 2009 neun Strads und fünf del Gesùs freihändig, also für Preise, die weit über dem lagen, was in einer Auktion verlangt wurde.

Ende 2009 kaufte ein ungenannter russischer Milliardär für angegebene 8 Millionen Dollar die »General-Kyd«-Strad von ihrem taiwanesischen Besit-zer, der sie nur ein oder zwei Jahre zuvor für 5,5 Millionen Dollar erworben hatte. Eine Woche später zahlte er 10 Millionen Dollar für die »Kochanski«-del-Gesù von 1741, benannt nach dem ausgezeichneten polnischen Geiger, der die Geigenabteilung des Juilliard-Konservatoriums von Mitte der 1920er-Jahre bis zu seinem Tod im Jahr 1934 geleitet hatte. Sie war einst im Besitz von Richard Bennett gewesen und danach zu den Hills gelangt, die sie an Kochanski verkauften. Seine Witwe, die sie nur ungern veräußern wollte, ließ sie für die nächsten 25 Jahre bei Wurlitzer. Die jeweiligen Tagespreise bewerteten sie – Feinunze für Feinunze – etwa fünfhundert Mal höher als den Goldpreis.

Selbst in einer tiefen Rezession hätte der Preis keinen Rekord bedeuten müssen. Aber Käufer, Verkäufer, Makler und die Transaktion selbst waren – unabhängig vom Preis – gleichermaßen von Interesse. Der Verkäufer, Aaron Rosand, war weit über das Ruhestandsalter hinaus. Als altgedienter Konzertgeiger und langjähriges Mitglied der Fakultät für Violine am Curtis Institute von Philadelphia hatte er die »Kochanski« im Jahr 1958 gekauft, als der Nachkriegsdollar noch allmächtig und erstklassige Instrumente für Spieler gerade noch erschwinglich waren. Dennoch brauchte er zehn Jahre, um die Darlehen abzuzahlen. In einem Interview gab er zu, dass die Trennung von dem Instrument nach mehr als einem gemeinsamen halben Jahrhundert für ihn wie der Verlust eines Körperteils sei. Aber er war jetzt über 80, und es wurde Zeit, ein Ende zu machen und die Gelegenheit zu ergreifen, vom Gesamterlös von 1,5 Millionen Dollar Curtis etwas zugutekommen zu lassen. »Wohin der Geigenmarkt gehen wird, bleibt abzuwarten«, sagte er, »aber ich denke, dass sich Sammler ihm zuwenden werden, weil sie den Banken und dem Markt nicht mehr vertrauen können.«[488]

Der Käufer, wer auch immer er sein mochte, schien einer von schätzungsweise 35 postsowjetischen Milliardären zu sein, die die globale Kernschmelze der Rohstoffpreise überlebt hatten. Nur ein Jahr zuvor waren sie noch 101 gewesen, genug, um *Gridskipper* – einen lustigen internationalen Reise-Blog – dazu zu bringen, einen bemerkenswerten London-Führer für diese neueste Garnitur von Neureichen zusammenzustellen.[489] Zum größten Teil waren sie so sagenhaft reich durch Öl, Gas und Mineralien geworden. Einige kauften Kunst, andere französische Weinberge, Londoner Stadthäuser, britische Medien, Yachten mit einer Crew von 65 Mann, Lear-Jets und englische Fußballclubs. Dass neureiche Käufer aus aller Welt sich nach Geigen umsahen, war an sich kaum beachtenswert, sie waren seit den Amatis – von den Hills ganz zu schweigen – treue Kunden gewesen. Was aber neureiche Russen beachtenswert machte, war ihr Wiedererscheinen nach einer Abwesenheit, die bis zum Beginn des Ersten Weltkrieges zurückreichte und mit der Auflösung der Sowjetunion endete. Auch der Leiter der Instrumentenabteilung bei Sotheby's, Tim Ingles, bestätigte, dass die neue Preisstaffelung »aufregend« war.[490] Doch gegen das große geopolitische Panorama betrachtet, das sich von dem Attentat in Sarajevo bis zum

Fall der Berliner Mauer erstreckte, konnte der Verkauf der »Kochanski« auch als eine Rückkehr zur Normalität gesehen werden.

Der interessanteste der drei Akteure beim Verkauf war eigentlich der Vermittler, der Käufer und Verkäufer zusammenbrachte. Im Jahr 2001 hätte man meinen können, dass Peter Biddulph durch seine Niederlage im Gerichtssaal einen irreparablen Schaden erlitten hatte. Das vermeintliche Ende stellte sich aber bald als neuer Anfang heraus. Schon wegen der immensen Auflagen, die das Gericht gegen ihn verhängt hatte, musste er weiterhin Geld verdienen. Niemand hatte ein Interesse daran, dass Biddulph ausstieg. Nun war er an den Rand des Londoner Garment District gezogen, wo er sowohl in sozialer als auch räumlicher Hinsicht von seinem ehemaligen Geschäft gegenüber von Sotheby's merklich entfernt war. Auf seiner Website hieß es »Geöffnet von Montag bis Freitag nur nach Vereinbarung«. Dennoch hat er nie damit aufgehört, Geschäfte zu machen.

War die Geschäftslage überhaupt entscheidend? Die vernünftigste Antwort war wahrscheinlich ein »Ja, aber«. Seit der Geburt des modernen Handels waren Generationen von Händlern in Paris, Stuttgart, Berlin, Wien, Amsterdam, New York, Boston, Philadelphia und Chicago geschäftlich erfolgreich gewesen. Dan Daley, als Experte für Barock-Instrumente und die Familie Amati weitgehend ein Autodidakt, hatte daraus sogar an der kleinen Kreuzung in DeWitt, Iowa, etwas Gutes gemacht. Die großen Sammlungen der Welt waren bereits nach Ostasien ausgewandert. Früher oder später würde die Mehrheit der Geiger der Welt vermutlich ebenfalls dort leben. Doch auch bis weit in ein zweites und sogar drittes Jahrhundert hinein war es immer noch schwer, London als Ort des Geigenhandels zu schlagen.

Andererseits war der Erfolg von Biddulph immer weitgehend unabhängig vom Standort gewesen. Sein Unternehmungsgeist, sein Wissen und sein Weltklassetalent für die Verbindung von Nachfrage und Angebot waren nicht nur höchst agil, sondern geradezu sein Kapital. Nun kamen ihm sogar der Verlust seines Geschäftes und die Senkrechtstarts der Preise zugute. Im Jahr 2001 war die Behauptung, er könne sein Geschäft bei einer Kommission von nur 5 Prozent nicht halten, ein wichtiger Teil seiner Verteidigung. Die neue Geschäftslage weitab von Regent Street und das verkleinerte Geschäft mit den beliebigen Öffnungszeiten verminderten die Betriebskosten. Unterdessen erlaubte ihm der Preisanstieg, der die »General Kyd« auf 8 Millionen und die »Kochanski« auf 10 Millionen Dollar brachte, Kommissionen, die offensichtlich keiner seiner Konkurrenten unterbieten konnte. Acht Jahre nach einem vermeintlichen Schiffbruch ging es ihm offenbar bestens.

Der Verkauf der »Kochanski«, der unmittelbar auf den der »General Kyd« folgte, war ebenso wie der Verkauf der Sammlung Axelrod der spieltheoretische Himmel, wo nicht nur alle Beteiligten, sondern auch einige Unbeteiligte gewinnen konnten. Rosand konnte sich mit einem Rekordverkauf trösten. Das Curtis Institute, das Geld mehr als nötig hatte, war um 1,5 Millionen Dollar reicher. Der Käufer konnte zwei Trophäen vorweisen, wenn er in sein postsowjetisches Oligarchistan zurückkehrte. Falls noch jemand daran gezweifelt hatte: Biddulph war aus dem Sibirien der Geigenhändler zurückgekehrt. Auch die Konkurrenz durfte für zwei Knüller-Verkäufe, die den gesamten Markt emporhoben, dankbar sein.

»In diesem Markt bewegen sich Zahlen ziemlich schnell«, bemerkte Ingles in der Folge des »Kochanski«-Verkaufs. Das war keine Übertreibung. Als Biddulph Rosand und seinen Käufer zusammenführte, wandte sich Ian Stoutzker, ein pensionierter Londoner Investmentbanker, Kunstmäzen und Zeitgenosse von Rosand, an Bein & Fushi. Seit Jahrzehnten hatte Stoutzker die »Vieuxtemps«-del-Gesù von 1741 besessen und geliebt. Jetzt wollte er sie mit einer Preisvorstellung von 18 Millionen Dollar in Kommission geben. »Können Sie sich vorstellen, dass wir in zehn Jahren über Geigen im Wert von 40 Millionen Dollar sprechen werden?«, fragte Ingles.[491]

Früher oder später würde die Antwort wahrscheinlich »ja« sein. Die Zukunft war schon im Frühjahr 2014 in Sicht, als die neu gegründete Firma Ingles and Hayday eine der möglicherweise zehn existierenden Bratschen von Stradivari in Hongkong, Paris und New York mit einem Startpreis von 45 Millionen Dollar ausstellte. Währenddessen stiegen Chinas Wachstumsraten von der globalen Rezession ebenso unbeeindruckt wie der Geigenmarkt, und die Entdeckung der Freuden eines Strad-Besitzes stand 1,3 Milliarden Festlandchinesen noch bevor. Robert Bein hatte Jahre vor seinem Tod bereits ein Endspiel vorhergesagt, da die Preise außerhalb der Reichweite selbst der reichsten Privatsammler in die Höhe schnellten und die Kultinstrumente, die dem Handel mindestens 300 Jahre als Magnet gedient hatten, für wer weiß wie lange in Banktresoren oder in Glasvitrinen verschwanden.

Voraussagen waren keinesfalls leichter zu machen als zuvor. Aber es war klar, dass das gängige Modell eines führenden Geigengeschäfts – seit Vuillaume im Handel eine feste Größe – seit Jahren ebenso auf dem Rückzug war wie das Kaufhaus in der Innenstadt oder eine familieneigene Lokalzeitung. Das Internet beschleunigte den Prozess noch. Als die Dollar-Preise für del Gesùs achtstellig wurden, verschwand ein weiterer der großen alten Verkäufer, als Moennig – in Philadelphia seit 1909 eine Institution wie die Hills, Wurlitzer, Hamma und auf etwas andere Weise Machold – den Laden zumachte.[492]

Nur ein Jahr nachdem Machold sein Büro in Seoul eröffnet hatte, schloss er das Geschäft in New York und sah sich als Opfer der unbezahlbaren Mietpreise. Es dauerte nicht lange, bis auch Chicago, sein neuer nordamerikanischer Vorzeigeladen,[493] schloss und es für ihn immer enger wurde. Als Kunden, die Instrumente in Kommission gegeben hatten, von verschwundenen Instrumenten berichteten und Sammler Kredite ablehnten, folgten andere Außenposten des Imperiums, bis nur noch Bremen übrigblieb.

Ende 2007 berichtete Carsten Holm, Redakteur beim *Spiegel*, wie Renata Koeckert, eine Münchner Händlerin und eine der wenigen Frauen in der Branche, eine del Gesù erworben hatte, die bei Bein & Fushi in Kommission gewesen war. Sie verkaufte sie dann an Machold, der einen Käufer hatte. Aber Machold zahlte, offenkundig in Liquiditätsproblemen, nur äußerst langsam. Koeckert, die sich einer Klage von Fushi gegenübersah, befand sich am Rande der Insolvenz, bevor der Handel schließlich abgewickelt wurde.[494] »Ich mache seit dieser Geschichte keine Geschäfte mehr mit Machold«, erklärte Geoffrey Fushi, und Koeckert fügte hinzu:»Solche Risiken gehe ich mit Machold nicht mehr ein.«

Im November 2010 meldete Machold in Wien Konkurs an.[495] Monate später war er nach einer Auslieferung durch die Schweiz zurück in Österreich, wo er sich mit Konkursforderungen in zweistelliger Millionenhöhe und Anklagen wegen Betrugs, Veruntreuung von Eigentum und Verschleierung von Vermögenswerten konfrontiert sah. Zwei Jahre nach dem Wiener Konkurs wurde er vom Wiener Kriminalgericht zu sechs Jahren Haft verurteilt.»Es ist eine sehr traurige Geschichte für den gesamten Handel«, meinte Biddulph.»Er hat es nicht anders verdient«, sagte Axelrod.[496]

Wo einst Riesen gestanden hatten, gab es jetzt eine ganze Familie von neuen Geschäftsmodellen. Anlageberater wie Pollens, Philip Kass in Philadelphia (früher bei Moennig) und Staffan Borseman in Kopenhagen (früher im Royal Swedish Chamber Orchestra) geleiteten angehende Sammler durch die geheimnisvolle Landschaft des Handels, und die Emigrant Bank Fine Art Finance in New York akzeptierte Streichinstrumente mit Freude als Sicherheit.

Als ein Novum in einem Beruf, der historisch von Geigenbauern dominiert worden war, konnten ehemalige Berufsspieler wie Sean Bishop in London oder Bruno Price und Ziv Arazi in New York ihren Kunden zeigen, dass sie ein Gefühl für ihre Anforderungen und Eigenheiten hatten. Die Brüder Julian und Stefan Hersh, Cellist bzw. Geiger, schlossen sich – im obersten Stockwerk eines historischen Chicagoer Hochhauses und umgeben von so unterschiedlichen musikalischen Unternehmen wie einem Konzertsaal, Unterrichtsstudios und einem Instrumentenverleih – dem Geigenbauer Michael Darnton in einem Joint Venture an, das horizontal angelegt war, um dem Schüler-, Amateur- und Profi-Spieler alles unter einem Dach anbieten zu können.

Sogar das Geschäft von Florian Leonhard, das dem alten Modell noch am nächsten kommt und gemütlich in einer grünen Wohngegend recht weit entfernt von der Londoner Stadtmitte im Norden liegt, könnte neokonservativ genannt werden. Im Gegensatz zu den üblichen abgewetzten persischen Teppichen und historischen Autogrammen, die das klassische Geigengeschäft zierten, wurde der Shop mit echter Kunst ausgestattet, manche aus der Hand von

Leonhards Vater. Geschäfts- und Wohnräume werden in einer Weise gemeinsam genutzt, die an die Gemeinde von S. Domenico erinnert – oder vielleicht erinnern könnte, wenn die Cremoneser Stammväter ihre Häuser auf moderne, helle, skandinavische Weise und mit einer Mini-Bar neben dem Esszimmer eingerichtet und dort wie Leonhardt und eine kleine Gruppe von Kollegen regelmäßig rund um einen Tisch, um den sie jeder Firmenvorstand beneiden könnte, Seminare über noch unentdeckte Meister des 19. und 20. Jahrhundert abgehalten hätten.

Seit fast 200 Jahren waren Vorzeigegeschäfte wie Hill's und Wurlitzer die Elite-Ausbildungsstätten des Berufsstandes gewesen, in deren Werkstätten Generationen von angehenden Geigenbauern gelernt hatten, Instrumente zu identifizieren, sie zu vergleichen und die großen italienischen Geigenbauer von dem Strom der alten und nicht so alten Instrumente, die über ihren Arbeitstisch gingen, zu unterscheiden. Wo würden ihre Nachfolger erlernen, dasselbe zu tun, und woher würden die zukünftigen Experten kommen, wenn die Art von Geschäften wie Vuillaume, Hill's und Wurlitzer genauso enden würde wie die Schreibmaschine und die Tageszeitung? Julian Hersh erzählte, dass er sich als Kind Fotos aus alten Katalogen von Lyon & Healy ins Gedächtnis eingeprägt habe. Jason Price konstatierte, es gebe wunderbare digitale Fotos.[497]

BUCH III
Das Geigenspiel

Ungeachtet all der Anreize, die Violinen bieten, sie zu bauen, zu verkaufen, zu sammeln oder auch zu stehlen, und ungeachtet der Befriedigung, die es bringt, sie zu besitzen, auszustellen, zu stiften oder in sie zu investieren: Vor allem sind Geigen zum Spielen gemacht. Mehrere hundert Jahre hatten sie gebraucht, um ihre Vorgänger – die Rebec, die Vihuela, die Lira da gamba und da braccio – zu verdrängen, doch es bleibt bemerkenswert, wie viele Anlässe sich schon lange vor dem 18. Jahrhundert fanden, sie zu spielen – in Palästen, Siedlungs- und Blockhäusern, in Holzfällerlagern und Gehöften, auf dem Lande und in der Stadt, an Straßenecken, am Straßenrand oder auf Ozeanreisen, gut oder schlecht, aus Liebhaberei oder für Geld, einzeln oder in Gruppen.

Die Anzahl und Vielfalt der Menschen, die sich von dem Instrument angezogen fühlten, war selbst ein Wunder. Im frühen 18. Jahrhundert war die »Accademia«, in der sich lokale Herrschaften mit lokalen Berufsmusikern trafen, nicht nur in Bologna, Mantua und Cremona, sondern in jeder italienischen Stadt, die etwas auf sich hielt, eine feste Größe.[1] In England, wo die Tätigkeit von Berufsmusikern herablassend als ein Gewerbe, das Musizieren von Amateurspielern hingegen als soziale Errungenschaft angesehen wurde, holten die Gutbetuchten – einschließlich Mitgliedern der Königsfamilie –

Italiener in ihr Land, die »während der Winterszeit jeden Morgen von Haus zu Haus trabten, um für zwei Guineen ein Dutzend Unterrichtsstunden zu geben«.[2] An der Wende zum 19. Jahrhundert hatte die Welle Wien erreicht, wo ein paar Tausend Amateure ganz zufrieden damit waren, in der Nähe ihres Wohnortes zu bleiben, alles zu spielen, was ihnen Komponisten und Verlage zukommen ließen, und sich aus den Schwierigkeiten mit den Behörden grundsätzlich herauszuhalten.

Bereits 1766 bestätigte Stephen Philpot, ein relativ ungewöhnlicher Londoner Berufsmusiker, dass Geigenunterricht »der Jugend zum Nutzen« gereiche und eine gesunde Alternative zu »Glücksspiel, Trinken oder anderem teuren Zeitvertreib« sei. 80 Jahre später führte J. F. Hanks in einem Handbuch für Amerikaner dieselben Gründe an. »Während der Zeit des Vagabundierens, die andere junge Männer in Spelunken oder am Spieltisch verbringen oder in törichter Weise mit Zerstreuung und Müßiggang verschwenden, können Sie mit Ausdauer und Fleiß eine saubere und ansprechende Leistung auf der Violine in allen Dur- und Molltonarten und in drei oder vier Positionen der Hand kultivieren.«[3] An der Wende zum 20. Jahrhundert waren Aufführungen durch Amateure im Allgemeinen und das Streichquartett im Besonderen für ein bürgerliches Leben so typisch wie der sonntägliche Kirchgang und die Lektüre von *Die Gartenlaube*.

Würde das himmlische Bürgerorchester im Jenseits Stimmführer- und Konzertmeisterposten nach Dienstalter vergeben, könnten der Maler Thomas Gainsborough (geboren 1727), der Astronom William Herschel (geboren 1738) und der dritte Präsident der Vereinigten Staaten Thomas Jefferson (geboren 1743) zweifellos Ansprüche auf eine Vorrangstellung geltend machen. Der langjährige österreichische Kanzler Klemens Fürst von Metternich (geboren 1773) wäre ein aussichtsreicher Kandidat, um sie zu beerben. Nach Harry Angelo, Fechtmeister der Londoner Gesellschaft und ein glaubwürdiger Zeuge, konnte Gainsborough, der ein leidenschaftlicher Liebhaber und begeisterter Sammler von Geigen war, »einen langsamen Cembalosatz auf der Geige wie auch auf der Flöte mit viel Geschmack und Gefühl begleiten«.[4] Herschel, der Sohn eines Hannoveraner Militärmusikers, war Konzertmeister und Solist in Newcastle, bevor ihn sein Interesse an der Astronomie zur Entdeckung des Planeten Uranus führte. Jefferson war, so wie viele Herren in Virginia, ein ernst zu nehmender Amateurmusiker. Er brachte Sonaten von Corelli, Vivaldi und Geminiani aus Paris mit nach Hause, sorgte dafür, dass sein Neffe Geigenunterricht und auch seine Töchter und Enkelinnen Musikunterricht erhielten.[5] Metternich nahm seine Geige schon während seiner Zeit als junger Diplomat mit nach Rastatt, wo er Konzerte veranstaltete, das Orchester dirigierte und Quartette spielte, wenn er nicht gerade mit Napoleon über die Ansprüche des westfälischen Adels verhandelte. Zwei Jahrzehnte später nahm er als Kanzler sein Instrument bei einem Besuch wieder mit nach Rom, wo es Paganini zur Verfügung stand, der eingeladen war, einmal vorbeizukommen und sich vorzustellen.[6]

Weitere Künstler, Wissenschaftler und Persönlichkeiten des öffentlichen Lebens reihten sich hinter ihnen ein. Der Künstler Jean-Auguste-Dominique Ingres war ein so passionierter Amateurmusiker, dass er nur wenige Wochen, bevor er im Jahr 1867 im Alter von 80 Jahren starb, in einem Haydn-Quartett immer noch seinen Mann stand und der Terminus »le violon d'Ingres« zum Synonym für jedes ernsthafte Hobby wurde. Paul Klee, Sohn eines Musiklehrers und einer Sängerin, spielte gut genug, um sich noch während seiner Schulzeit dem Orchester in Bern anschließen zu können und damit später als Kunststudent seinen Lebensunterhalt zu verdienen.[7] Henri Matisse, der als Kind Geige spielte, nahm dies im Alter von fast 50 Jahren ernsthaft wieder auf, zumindest zum Teil aus Angst, dass er sein Augenlicht verlieren könne und seine Familie durch Straßenmusik würde ernähren müssen.[8]

Wo Künstler vorangingen, folgten Ärzte ihnen nach. Salomon (oder möglicherweise Samuel) Severin Kreisler, ein Wiener Arzt und ernst zu nehmender Amateurmusiker, ließ seinen Sohn Fritz im Alter von vier Jahren mit dem beginnen, was einmal eine der großen Geigenkarrieren werden sollte.[9] Theodor Billroth, als Chirurg der Erste, der ein Rektumkarzinom entfernte, eine Resektion der Speiseröhre vornahm und eine Laryngektomie durchführte, war auch der erste Geiger, der die A-Dur-Sonate seines großen Freundes Johannes Brahms zu sehen bekam und spielte.[10] Dr. William Sunderman aus Philadelphia, der eine Methode zur Messung von Blutzucker erfand und den Weg für den Einsatz von Insulin bahnte, um Patienten aus einem diabetischen Koma zu holen, spielte von seinem fünften Lebensjahr bis zu seinem Tod im Alter von 104 Jahren. Auch sein Sohn wurde nach seinem Vorbild ein Arzt-Geiger.[11] Henry Temianka würdigte im Rückblick auf vier Jahrzehnte als Konzertmeister, Solist und Kammermusiker der ersten Klasse das Engagement, die Begeisterung und gelegentlich sogar die Fähigkeiten der bis zu 70 Streicher, die aus allen medizinischen Spezialgebieten einschließlich der Veterinärmedizin stammten und von ihm an jedem Dienstagabend in Los Angeles in den Jahren nach dem Zweiten Weltkrieg dirigiert wurden.[12]

Dann kamen die Wissenschaftler. Simon Ramo, ein Vorreiter in der Mikrowellenforschung, der an der Entwicklung sowohl des Elektronen-Mikroskops als auch der Interkontinentalrakete Atlas beteiligt war, übte Bogenstrich und Fingersatz ebenso methodisch, wie er seine Geschäfte führte. Martin Kamen, der Entdecker des radioaktiven Kohlenstoffs war als Geiger nicht nur gut genug, um zum Vergnügen mit seinem Freund Isaac Stern zu spielen, sondern auch, um sich bei einem Quartett von Bartók, einer olympischen Herausforderung für die meisten Amateure, zu bewähren.[13] Albert Einstein – der größte von ihnen allen –, der im Alter von fünf Jahren mit dem Unterricht begann und

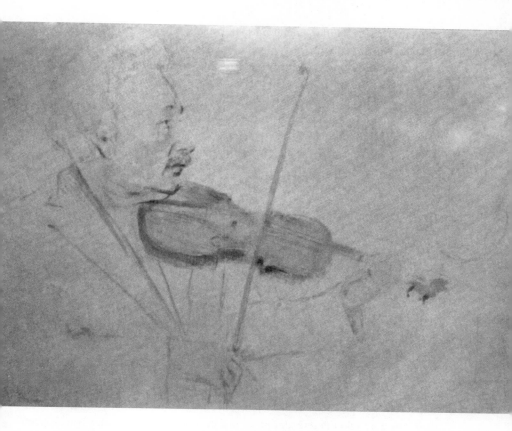

mit 13 die Mozart-Sonaten entdeckte, spielte später mit Kollegen am California Institute of Technology, mit Königin Elisabeth von Belgien und im Jahr 1952 sogar mit dem Juilliard Quartet anlässlich ihres Besuchs in Princeton.[14]

Andere Personen des öffentlichen Lebens rangierten zwangsläufig ein oder zwei Stufen unter Thomas Jefferson. Farblos waren sie deshalb allerdings nicht. Zu dem entsprechenden Kontingent an Geigern zählten das dienstälteste Mitglied des US-Senats Robert Byrd aus West Virginia, der im Jahr 1977 ein Album für die Library of Congress aufnahm,[15] und der ikonenhafte Industrielle Henry Ford, der sich stundenlang seiner Leidenschaft für seine Stradivaris hingab, die er später dem Dearborn Museum hinterließ.[16] Dazu gehörten ferner ein Sprecher des Repräsentantenhauses, ein Richter am Obersten Gerichtshof und sogar der 37. Präsident der Vereinigten Staaten, der in der Nixon Presidential Library auf einer Studiofotografie als Halbwüchsiger mit Violine, Fliege und dem Gleich-kommt-das-Vögelchen-Lächeln zu sehen ist.[17] Nicholas Longworth, ein Patrizier und Republikanischer Abgeordneter aus Cincinnati, der 28 Jahre im Repräsentantenhaus – davon sechs als dessen Sprecher – diente, spielte gut genug, um den Geiger Paul Kochanski und den Dirigenten Leopold Stokowski

Albert Einstein, Skizze von Henry B. Goode

zu beeindrucken.[18] Eine Generation später spielte Abe Fortas, so sehr Demokrat wie Longworth Republikaner, Washington-Insider, Vertrauter des Präsidenten Lyndon B. Johnson und Richter am Obersten Gerichtshof, an Sonntagabenden Quartett mit Freunden, zu denen Isaac Stern, Alexander Schneider und der Bratscher Walter Trampler gehörten.[19]

Unterdessen fand das Instrument seinen Weg in sehr verschiedene öffentliche Hände. Eugenio Pacelli, der spätere Papst Pius XII., war ein begeisterter Amateurgeiger. Michail Nikolajewitsch Tuchatschewski – der im Jahr 1918 den Bolschewiki beitrat, sich im Bürgerkrieg von 1919 bis 1920 auszeichnete, 1921 Stabschef der Roten Armee, 1935 Marschall der Sowjetunion und 1937 in den stalinistischen Säuberungen liquidiert wurde – war sowohl ein Hobby-Geigenbauer als auch ein ernst zu nehmender Spieler und ein Freund des jungen Dmitri Schostakowitsch.[20]

SS-General Reinhard Heydrich, der bei der Wannsee-Konferenz im Januar 1942, aus der die Richtlinien für die Ermordung der europäischen Juden hervorgingen, den Vorsitz führte, wurde von der Frau seines früheren Vorgesetzten, Admiral Wilhelm Canaris, dem späteren Chef der Abwehr, des militärischen Geheimdienstes der Wehrmacht, regelmäßig zu Quartettabenden eingeladen. Später hörte man, dass Heydrich beim Spielen sogar Anzeichen von menschlichen Zügen gezeigt habe.[21]

E. Millicent Sowerby, eine Expertin für seltene Bücher bei Sotheby's, erinnerte sich an Hitlers späteren Außenminister Joachim von Ribbentrop als einen »eifrigen und begabten« 16-jährigen Jungen, der darauf bestand, dass sich Sowerby ein Cello mietete, damit sie mit ihm und seinem Bruder Trios spielen konnte.[22] Während er auf seine Hinrichtung wartete, sollte Ribbentrop später schreiben: »Mein ganzes Leben hat mich meine Geige begleitet, und anders als so viele Menschen hat sie mich nie enttäuscht.«[23] Auch Benito Mussolini – nach 1936 als »Seine Exzellenz, Regierungschef, Duce des Faschismus, Gründer des Reiches« bekannt – war ein Geiger. Er selbst sagte über sich: »Ich war kein As, aber für einen mittelmäßigen Amateur gar nicht so schlecht.«[24] Als die Frau von Fritz Kreisler die verräterische Hautabschürfung an seinem Hals als Geigerfleck identifizierte, verneigte er sich vor ihrem detektivischen Spürsinn. Im Jahr 1931 wurde Kreisler von einem Reporter gefragt, wer der bessere Geiger sei – Mussolini oder Einstein. Kreisler vermied eine Antwort mit einem vergnügten Lachen.[25]

Auch Unterhaltungskünstler waren dabei. Charlie Chaplin, der linkshändig spielte und behauptete, vier bis sechs Stunden am Tag zu üben (obwohl er keine Noten lesen konnte), nahm in einer urkomisch anarchischen Szene mit zwei Geigen und Buster Keaton am Klavier seinen Abschied vom Film.[26] Jack Benny, der eigentlich Benjamin Kubelsky hieß und schon in seiner Zeit als Vaudeville-Darsteller gezwungen wurde, seinen Namen zu ändern, um Verwechslungen mit dem großen tschechischen Geiger Jan Kubelik zu vermeiden, war im wirklichen Leben ein respektabler Spieler.[27] Henny Youngman machte seine »Stradivaricose« (Stradivari-Krampfadern) während seiner über sechs Jahrzehnte andauernden Karriere als »König der Einzeiler« zu einem Running Gag,[28] und Marlene Dietrich spielte so lange, bis sie in ihrer späten Jugend durch eine Handgelenkverletzung gezwungen wurde, die Violine zugunsten der singenden Säge aufzugeben.[29]

Sogar noch mehr Geiger gab es in der Welt der Literatur. Honoré Balzac fiedelte als Kind mit Begeisterung – auch wenn sich seine Familie nie ganz sicher war, was er da eigentlich spielte.[30] Dass der gutbürgerliche Sohn Thomas Mann das Spielen erlernte, war nur selbstverständlich. Das galt auch für Arnold Gingrich, den Gründer und langjährigen Herausgeber der Zeitschrift *Esquire*. Der große amerikanische Literaturkritiker Alfred Kazin war nach eigenen Worten während seines 83-jährigen Lebens stets ein »armseliger, aber wild entschlossener Geiger«.[31] Bei dem großen britischen Literaturkritiker Frank Kermode, der während seiner Zeit bei der Royal Navy mit dem Geigenspiel begann, führte dies zumindest zu einem »größeren Respekt vor der Technik derjenigen Menschen, die wirklich spielen konnten«.[32] Thomas Hardy, der aus einer musikalischen Familie stammte, begann in jungen Jahren regelmäßig zu spielen und kaufte bei Hill's eine Violine, die »während seines langen Lebens seine ständige Begleiterin war«.[33] Die Kriminalroman-Autorin Dorothy Sayers, die das Geigenspiel mit sechs Jahren bei ihrem Vater erlernte, erwog später eine Karriere als Berufsmusikerin.[34] Laurie Lee, dessen Memoiren *Cider with Rosie*[35] sechs Millionen Mal verkauft wurden, erfiedelte sich seinen Weg von den Cotswolds nach London und durch das Spanien am Vorabend des Bürgerkriegs als Straßenmusiker, all das dank seiner Mutter, die sechs Pence – 2,5 Prozent der wöchentlichen Überweisung ihres Mannes von einem Pfund – investierte, um seinen Geigenunterricht zu bezahlen.

Während die meisten Laien eher der Auffassung von G. K. Chesterton zuneigten, dass jede Sache, die es wert sei, getan zu werden, es auch wert sei, schlecht getan zu werden, machten es zur selben Zeit literarische Zeugnisse und ein kollektives Gedächtnis, das bis ins 19. Jahrhundert zurückreichte, glaubhaft, dass die Menschen nicht schlecht spielen mussten, um Spaß zu haben. Edmund Fellowes, der 1870 ins gehobene viktorianische Bürgertum hineingeboren wurde, nahm ab dem Alter von sechs Jahren drei Stunden Geigenunterricht pro Woche, und seine Familie lieh sich in einer Zeit, in der für 25 Pfund ein 100 Hektar großes Anwesen in Australien zu haben war,[36] 100 Pfund, um bei Hill's eine Nicolò Amati zu kaufen. In Oxford spielte er gelegentlich mit Berufsmusikern, fand zwischen den Bootsrennen Zeit zum Proben und ging mit einem College-Chor auf Tour. »Ich hatte eine Technik erworben, die für die Bedürfnisse eines Amateurgeigers ausreichte«, sagte er vorsichtig. Offensichtlich war das genug. Im Jahr 1900 half Fellowes dabei, in London den Oxford & Cambridge Musical Club ins Leben zu rufen, der seine Mitgliedschaft auf »Männer, die an der Universität studiert hatten«, begrenzte und bis 1940 bestand. In seinen Memoiren schätzte er, dass er in »fünf- oder sechshundert« Konzerten mitgespielt hatte, von denen die meisten vor 1920 stattgefunden hatten.[37]

Eine Generation später begann Catherine Drinker Bowen, ein weiblicher Fellowes aus den vornehmen Vororten von Philadelphia, im Alter von sieben Jahren das Geigenspiel zu erlernen, um mit einem älteren Bruder Beethovens *Kreutzer-Sonate* spielen zu können. Ihr Vater erlaubte ihr sogar, das Peabody Conservatory in Baltimore und das Institute of Musical Art, das später zur Juilliard School werden sollte, zu besuchen. Sie sollte nur nicht vergessen, so mahnte er allerdings, »dass Musik bei uns eine Errungenschaft und kein Beruf ist«. Es ist kaum verwunderlich, dass ihr erstes Buch, die Erinnerungen einer Amateurin, auf eine frühreife, sogar einzigartige Weise Einsichten in die Interaktion von Laienkunst und dem wirklichen Leben an der Schnittstelle zwischen der weißen, meist protestantischen amerikanischen Oberschicht und den jüdischen Profis aus der osteuropäischen Immigration liefert. Umgeben von »blassen schwarzhaarigen Jugendlichen« fühlte sich Bowen unbehaglich, und sie erkannte, dass diese – im Gegensatz zu ihr selbst – buchstäblich um ihr Leben spielten. Sie stritt mit einer Freundin, die sich Sorgen machte, dass ihre Tochter ihren Unterricht so ernst nahm wie ihr Lehrer, den sie Izzy nannte. Reiche Leute, »vor allem reiche Frauen, kapieren gar nichts«, erklärte eine verständige Tante. »Deshalb können sie die Izzies nicht respektieren.«[38]

Allzu respektvoll lernte Bowen selbst zu üben, während der Kuchen im Ofen war, das Baby schlief – sogar in Gegenwart eines ungemachten Bettes. Die Bratsche und deren Geist einer »unbeugsamen, selbstachtenden Unterordnung« empfahl sie als »ein hervorragendes Instrument für Ehefrauen«.[39] Aber sie wies auch auf die »ernsthaft musikalische Gattin« hin, deren Ehe, wie ihre eigene, in einer Scheidung endete. »Lassen Sie mich mein wahres Gesicht zeigen«, erklärte sie, gegenteiligen Meinungen zuvorkommend. »Für zwei Notenzeilen aus Beethovens op. 132 würde ich fünfzig Ehefrauen und sechzig Ehemänner an einem Baum aufknüpfen.«[40]

Wayne Booth, der während seiner 30-jährigen Karriere an der Universität von Chicago als Literaturkritiker ebenso ikonenhaft wie Frank Kermode wurde, konnte nur zustimmen. Im Zweiten Weltkrieg verlor er als Soldat seinen mormonischen Glauben, doch ein Stipendium der Ford Foundation, das ihm im Erwachsenenalter den Cellounterricht finanzierte, verhalf ihm zu einem neuen Glauben sowie zu einer Frau, die eine versierte Amateurgeigerin war. Sie spielten sogar mit Bowen, und dies brachte sie auch mit Bowens Bruder Henry Drinker in Verbindung, der das junge Paar zu Musikabenden im großen Musikzimmer der Familie einlud. Hunderte Unterrichtsstunden, Coaching-Sitzungen, Sommerseminare und spontane Quartettabende später äußerte Booth in seinen liebenswert eigenwilligen Memoiren: »Die Geschichte der Kulturen zeigt, dass das Leben aller, die nicht buchstäblich verhungern, zumindest teilweise durch das Lied des Amateurs erlöst werden kann.«[41]

1947 war Leonard Strauss – Fabrikant von Verbrennungsanlagen in Indianapolis, Musikmäzen und als Geschäftsmann viel unterwegs – nach zu vielen Abenden mit seiner Geige allein in einem Hotelzimmer zu demselben Ergebnis gekommen. In Zusammenarbeit mit Helen Rice, einer verwandten Seele, die an der Brearley School auf Manhattans Upper East Side unterrichtet hatte, entwarf er das Konzept für die Amateur Chamber Music Players (ACMP), bei denen jeder herzlich willkommen war. Von der Konzeption bis zu ihrem Tod im Jahr 1980 verwaltete Rice von ihrer Wohnung aus die Adressenliste und kümmerte sich sogar um den Rundbrief.

Für alle anderen war das Joch sanft und die Last leicht. Personen, die sich einschreiben wollten, stuften sich anhand eines großzügigen Systems nach Instrument und Fähigkeiten ein. Clinton B. Ford, der als Astronom und Geiger ein Amateur, als Investor aber hoch professionell war, hinterließ nach seinem Tod im Jahr 1992 dem American Institute of Physics, der American Association of Variable Star Observers und den ACMP, die ihn 64 Jahre zuvor als ihr jüngstes Mitglied aufgenommen hatten, erhebliche Vermächtnisse. Zehn Jahre später unterstützten die ACMP aus dem Legat Gemeindemusikschulen und Jugendorchester mit Zuschüssen von insgesamt 2,2 Millionen Dollar.[42] Inzwischen musste man sich zwar um die Zukunft Gedanken machen, doch die Mitgliederzahlen, die im Jahr 1965 etwa 6 000 in 50 Bundesstaaten und 61 Ländern, im Jahr 2008 etwa 5 000 in 50 Bundesstaaten und 58 Ländern betrugen, deuteten zumindest nicht auf einen jähen Rückgang.[43]

Amateure jeden Alters und jeder Herkunft erkannten sich vermutlich in den Seiten des Buches *Das stillvergnügte Streichquartett* wieder, einer charmanten Anleitung des lokalen Rundfunkredakteurs Bruno Aulich und des Verlegers Ernst Heimeran, die 1936 in München erschien.[44] Als 1938 die englischsprachige Version herauskam (*The Well-Tempered String Quartet*), waren von der Originalausgabe bereits 12 000 Exemplare verkauft worden. Die 21. Auflage war im Jahr 2006 immer noch bei Amazon erhältlich.

Die amerikanische Fortsetzung von Lester Chafetz (*The Ill-Tempered String Quartet*) fuhr da fort, wo Aulich und Heimeran aufgehört hatten.[45] Chafetz, nach vielen Jahren in Forschung und Entwicklung für die Privatwirtschaft im Ruhestand, blickte als Autor zurück auf einen autodidaktischen Geiger-Vater, eine große erweiterte Familie, die sich kein Klavier leisten konnte, eine Strad »made in Czechoslovakia«, die vom Dachboden eines Verwandten geborgen wurde, und auf Erfahrungen in einem Schulorchester als »zweiter verstimmter Ton von rechts«. Wie viele seiner Kollegen nahm er als Erwachsener das Spielen wieder auf. In der Tat, so räumte er ein, habe sein Quartett aus ihm selbst und drei weiteren bestanden, die aus einer Liste mit 20 Spielern gerade verfügbar waren. »Eines der Unterscheidungsmerkmale in allen Bereichen zwischen einem Amateur und einem Profi ist, dass der Amateur innerhalb eines weit umfangreicheren Spektrums unbeständig ist«, bemerkte er mit der Glaubwürdigkeit eines Menschen, der beide Seiten kennt, und fügte hinzu: »*Lassen Sie sich niemals von einem Profi spielen hören, es sei denn, er oder sie wird von Ihnen bezahlt!* Eine Zuwiderhandlung gegen dieses Prinzip kann zu ersthaften Schädigungen des Ego führen.« Die kursive Hervorhebung stammt von ihm selbst.

Doch niemand sagte es besser als Walter Willson Cobbett, dessen 89 Jahre dauerndes Leben zwischen 1847 und 1937 zwei produktive Leben und fast ein Jahrhundert von ereignisreicher Musikgeschichte umspannte. Als Mitbegründer der Scandinavia Belting machte er in seinem ersten Leben sein Vermögen damit, ein verbessertes Material für Bremsbeläge und Förderbänder auf den Markt zu bringen.[46] Im zweiten investierte er sein Vermögen und seine Leidenschaft in Preise für Kompositionen und Aufführungen von Kammermusik, in eine Sammlung von erstklassigen Instrumenten, die er an verdiente Spieler verlieh, in eine freie Bibliothek für Kammermusik und in eine wunderbar unterhaltsame zweibändige *Cyclopedic Survey of Chamber Music*.[47]

Die Beiträge kamen von den besten und klügsten Autoren ihrer Zeit, doch den Artikel über die Geige behielt er sich selber vor. Während nach Meinung von Cobbett Pianisten mit ihrer umfangreichen und eigenständigen Literatur im Alleingang agieren konnten, hatte er »ein Instrument an sein Herz gedrückt, dessen Unvollständigkeit der der menschlichen Stimme entspricht«. Cobbett dachte lange über ein mögliches Credo des Amateurs nach. »Sie [die Violine] hat mich zu einem geselligen Musiker gemacht, der in der Gesellschaft seiner Gefährten Befriedigung findet, kein besseres Schicksal kann einem Menschen, der nicht ein geborener Zyniker ist, während der kurzen Laufzeit seines irdischen Daseins widerfahren.«[48]

Carl Flesch, ein großer Lehrer und guter Schriftsteller, dem Ironie nicht fremd war, sah in Amateuren die beneidenswertesten aller Spieler, die den vollen Respekt von Berufsmusikern verdienten, nicht zuletzt, weil der Konzertbetrieb ohne sie bankrottgehen würde. Er bat sie nur darum, ihre Grenzen zu erkennen und jedem Gedanken daran, Berufsmusiker zu werden, zu entraten.[49]

Damit blieb immer noch Raum für einen respektvollen Umgang miteinander. Auch Flesch und Joachim zeigten sich von Zeit zu Zeit bei einem Abend mit Amateuren. »Professionelle Musiker werden zu einer musikalischen Einladung kommen, wenn es dort eine Fülle von gutem Essen und Trinken gibt und wenn sie wissen, dass sie ihre Freunde treffen werden, oder wenn sie im Programm eine inoffizielle Rolle einnehmen sollen«, berichtete Bowen Mitte der 1930er-Jahre aus diesem Bereich.[50] »Also, was ist dabei für Dich drin?«, fragte ein neugieriger Amateur den Konzertmeister der London Mozart Players, David

Juritz, etwa 60 Jahre später. Juritz antwortete, dass er gerne Gespräche mit Erwachsenen führe; er genieße es, Musik zu spielen, die er normalerweise nicht spielen würde, und ganz besonders, die Noten einfach nur durchzuspielen. Die Dinge würden nur dann unangenehm, wenn die Amateure auch proben wollten. »Wenn ich proben will«, sagte er, »dann nicht mit euch.«

Das Erlernen

Von einem Denkmal für den ersten Geigenlehrer ist nichts bekannt. Aber dokumentierte Belege für ein formelles Lehren reichen bis mindestens in das 16. Jahrhundert zurück. Bereits 1558 wurde in dem Entwurf eines Lehrvertrags für John Hogg, einen Musiker aus Colchester, festgelegt, dass sein neuer Lehrling in den »Vial & Viallyn […] unterwiesen, kundig gemacht und gelehrt« werden müsse. Welche Instrumente damit gemeint waren, ist nicht ganz klar – jedenfalls handelte es sich um Streichinstrumente, die mit einem Bogen gespielt wurden. Ein paar Jahre später tauchten Geigen in aristokratischer Haushaltsbuchführung und den Inventarlisten mit Hinweisen auf, dass von den Profis, die angestellt waren, um sie zu spielen, auch erwartet wurde, die Kinder ihres Dienstherrn zu unterrichten.[51] Die Aufwertung bürgerlicher Berufsbezeichnungen um die gleiche Zeit weist jenseits des Kanals auf eine zweckgerichtete Lehre hin. Seit dem 14. Jahrhundert wurde praktisch jeder arbeitende Musiker zwischen Nordsee und Oberrhein allgemein als »Spielmann« bezeichnet. Doch dieser Begriff galt ebenso für herumziehende Jongleure und Zauberkünstler. Nun aber, an der Schwelle zum 17. Jahrhundert, begann man im offiziellen Gebrauch zunehmend zwischen dem »Spielmann«, der zu Hochzeiten, Tänzen und in Tavernen nach Gehör spielte, und dem Profi, der aus Noten in der Kirche, bei Hofe und zu bürgerlichen Anlässen spielte, zu unterscheiden. Der Erstere – real und gegenwärtig wie seit jeher – wurde als umherziehend, auf einen Massenmarkt ausgerichtet und mehr oder weniger anrüchig angesehen, trotz der Reichsgesetze von 1548 und 1566, die ihn zur Mitgliedschaft in der Gilde berechtigten. Der Zweite, verschiedentlich als »Musicant«, »Instrumentist« oder auch »Kunstgeiger« bezeichnet, war ordnungsgemäß angestellt, häufig ein Gildenmitglied mit allem was dazu gehörte, einschließlich einem beglaubigten Fähigkeitsnachweis und einer sechsjährigen Lehrzeit, und wurde als solider Bürger angesehen.[52]

Für viele spätere Berufsmusiker war die bevorzugte Schule die Familie, auch wenn diese Entscheidung häufig von Eltern oder Verwandten getroffen wurde. Wie ihre Altersgenossen, die heranwachsenden Metzger, Bäcker und Kerzenmacher, lernten auch die Orchestermusiker ihren Beruf oft von ihren Vätern, Brüdern und Onkeln, die ihre ersten – und nicht selten einzigen – Lehrer waren.[53] Anstellungen wurden von Generation zu Generation weitergegeben. In

London spielten Mitglieder der Familie Lupo von 1540 bis mindestens zum Englischen Bürgerkrieg ein Jahrhundert später im Consort des Hofes.[54] In Deutschland erlernte Johann Sebastian Bach, der aus einer Mehrgenerationen-Familie von Musikern kam, die einzigartig und zugleich repräsentativ war, das ABC des Saitenspiels vermutlich von seinem Vater, einem Streicher, Stadtpfeifer und Hoftrompeter, der starb, als sein Sohn zehn Jahre alt war. Wahrscheinlich hatte auch Antonio Vivaldi sein Handwerk von seinem Vater gelernt: Dieser hatte es vom Friseur zum Orchesterspieler in der Markuskirche in Venedig gebracht und wurde später Kollege, Reisebegleiter und Kopist seines Sohnes.[55]

Für junge Talente aus weniger bemerkenswerten Familien gab es ebenfalls Möglichkeiten. Meister der Gilde – sogenannte »Ehrenhandwerker« – waren auf der Basis dieses Titels qualifiziert, zu unterrichten. Dasselbe galt für Geistliche, wie in den 1650er-Jahren für den Priester aus Faenza, der vermutlich der erste Lehrer des jungen Arcangelo Corelli war, und die örtlichen Profis, die zwischen 1666 und 1670 seine Ausbildung in der monumentalen Basilika San Petronio vervollständigten, die im Zentrum von Bolognas gefeierter Musikkultur stand. Kirchenschulen wie das Augsburger Jesuitengymnasium San Salvator gab es in erster Linie, um Priester auszubilden, doch konnten sie auch einen Leopold Mozart hervorbringen.[56]

Weder Corelli noch Mozart stammten aus einer Musikerfamilie, doch sollten beide eigenständige und beispielhafte Karrieren als Lehrer machen. Corellis Methode wurde nie systematisch erfasst, doch wurde sie zumindest von einer Brigade von in- und ausländischen Schülern weitergegeben, die für die nächste Generation die italienische Szene dominierten und ihren Weg bis hin nach Großbritannien fanden; ebenso kann sie aus einer Sammlung von Solosonaten abgeleitet werden, die noch 300 Jahre später gedruckt wurde. Im Gegensatz dazu konnte Mozarts Methode dank der Musikverlage, die im Zeitalter der Aufklärung eine Art Gegenstück zum Video-Streaming waren, ab 1756 gekauft, gelesen und auch praktiziert werden.

In der Tat hatte die Druckerpresse seit dem frühen 16. Jahrhundert, als venezianische Madrigalisten ihre Möglichkeiten entdeckt hatten, das musikalische Angebot mit der Nachfrage durch Amateure verbunden.[57] Zur Mitte des 17. Jahrhunderts weiteten deutsche und englische Verlage ihr Potenzial auf den europäischen Markt aus. Angehende Profis bezahlten zwar weiterhin für den direkten Unterricht bei Meistern, die geneigt waren, ihre Geheimnisse bei sich zu behalten. Doch Amateure, die alle Hilfe brauchten, die sie bekommen konnten, waren froh, ihre Anweisungen nun über den Ladentisch erwerben zu können.

Obwohl mindestens ein frühes Handbuch es dem Spieler überlässt, wie er Instrument und Bogen halten möchte, wurde ihm – gelegentlich auch ihr – in frühen Büchern mit Titeln wie *Compendium Musicae Instrumentalis Chelicae*, *The Self-Instructor on the Violin* oder – am besten von allen – *Nolens Volens or You shall learn to Play on the Violin whether you will or no* wenigstens gezeigt, wie man ein paar einfache Melodien mit Variationen und Verzierungen spielen und sogar die Lagen wechseln kann. Sie boten auch Lehrstoff für die Nachwelt, denn durch ihre Existenz bestätigten sie, dass die Geige auf dem Vormarsch war, während zugleich die Distanz zwischen Amateuren und Profis wuchs.[58]

Doch auch wenn sich diejenigen, die aus Liebe spielten und die, die wegen des Geldes spielten, in verschiedene Richtungen entwickelten, brauchten und wünschten sowohl Profis als auch Amateure Unterweisung. Da die Nachfrage stieg, folgte ihr das Angebot auf dem Fuße, und das, was als ein spekulatives Rinnsal begonnen hatte, war bis zur Mitte des 18. Jahrhunderts bereits zu einem Bach geworden.

Der Eisbrecher – Francesco Geminianis *The Art of Playing on the Violin* – erschien 1751 in London. Sein Autor, ein italienischer Auswanderer, der von Corelli sicherlich beeinflusst und möglicherweise sogar von ihm unterrichtet worden war, lebte schon seit fast vier Jahrzehnten als Interpret, Komponist, Impresario, Musikverleger und auch Kunsthändler in Großbritannien. Das Buch, das die erste Publikation war, die sich an den angehenden Berufsmusiker auf praktisch jedem Leistungsniveau wandte, veröffentlichte der Autor auf eigene Kosten. Aber es wurde bald zitiert, kopiert, ins Französische und Deutsche – wenn auch nicht ins Italienische – übersetzt und bis nach Boston nachgedruckt, wo ein lokaler Verlag ein *Abstract of Geminiani's Art of Playing on the Violin* ohne die Zeichnungen und Musikbeispiele erstellte, das er dort, wo er es für hilfreich hielt, mit Untertiteln versah.[59]

Obwohl selbst der engagierteste Autodidakt wahrscheinlich die Hilfe eines Lehrers vor Ort benötigte, war das Konzept des Buches ebenso praktisch wie anspruchsvoll. Fast 50 der 71 Seiten sind für Übungen und Übungsstücke reserviert, die vermutlich in Unterrichtsstunden entwickelt worden waren, um dem Leser vom Meeresgrund der Grundtheorie auf die alpinen Höhen zeitgenössischer Technik – Arpeggien, Verzierungen, höhere Lagen und Doppelgriffe – zu verhelfen.[60]

Fünf Jahre später erschien Leopold Mozarts *Versuch einer gründlichen Violinschule* in Salzburg. Ebenso wie Geminiani gab auch dieser Autor sein Buch selber heraus. Bevor er 1787 starb, war es bereits zu einer zweiten und dritten Auflage gekommen; eine postume Ausgabe erfolgte 1800. Zwei Jahrhunderte später erschienen immer noch neue Editionen, in der Zwischenzeit war es ins Niederländische und – vermutlich nicht autorisiert – ins Französische und Russische übersetzt worden und galt Zeitgenossen wie Goethes Freund Carl Friedrich Zelter als Klassiker.

Schon die häufig reproduzierten Zeichnungen im Buch, die einen Spieler, der es richtig macht, einem Spieler gegenüberstellen, der es falsch macht, waren ein Pluspunkt, erst recht der intelligente, wortgewandte und unerbittlich praktische Text. »Hier sind die Stücke zur Übung«, heißt es an einer charakteristischen Stelle, »je unschmackhafter man sie findet, je mehr vergnügt es mich: also gedachte ich es nämlich zu machen.«[61]

Aufeinander aufbauende Kapitel – Notenlesen, Pausenwerte und Tempobezeichnungen, Bogenführung und Fingersätze für das gleichzeitige Spielen von ein, zwei oder drei Noten, wann und wie man Lagen wechselt, der richtige und falsche Weg im Umgang mit Verzierungen – lassen keinen Zweifel daran, dass der Autor sich mit den Bäumen und Blättern bestens auskennt, aber insgesamt zwölf Kapitel und mehr als 275 Seiten Text machen ebenso deutlich, dass seine Hauptsorge einem Wald gilt, den zu wenig Menschen gemeinsam gleichgestimmt betreten und in dem sie Tonarten und Tempoangaben beachten, die Absichten des Komponisten respektieren und – soweit möglich – so spielen sollen, wie ein Sänger singt.

Ein dritter Beitrag zu diesem Kanon erschien – diesmal in Französisch – im Jahr 1761 in Paris von einem Autor, der sowohl mit Geminiani als auch mit Mozart bekannt war.[62] Geboren als Joseph-Barnabé Saint-Sevin, wurde er als Monsieur L'Abbé le Fils – der Sohn – bekannt, weil sein Vater und sein Onkel, beides anerkannte Cellisten, als l'Abbé l'aîné und l'Abbé le cadet – der ältere und der jüngere – im Priesterkragen als Kirchenmusiker spielten.

Seine eigene Karriere und sein Lebensstil freilich hätten kaum weniger klerikal gewesen sein können. Als ein weiteres Wunderkind, das bei seinem Vater das Geigespielen gelernt hatte, begann er im Alter von elf Jahren professionell zu musizieren, nachdem sein Vorspiel für das Orchester der Comédie-Française einen solchen Eindruck gemacht hatte, dass der große Jean-Marie Leclair ihn als Schüler und Schützling annahm. Zwei Jahre später führte der pubertierende Abbé mit seinem virtuosen Mitstudenten Pierre Gaviniès im Concert spirituel – der Carnegie Hall des vorrevolutionären Paris – ein Leclair-Duett auf. Kurz danach brach er den Kleiderschrank seines Vaters auf, nahm dessen Ersparnisse an sich und machte sich mit der nächsten Postkutsche auf den Weg nach Bordeaux. Sein Vater, der verständlicherweise aufgebracht war, ließ ihn verfolgen und auf Befehl des Comte de Maurepas, des Staatssekretärs für den königlichen Haushalt, einsperren. Aber schon bald überlegte er es sich anders und appellierte an den Kardinal de Fleury, der praktisch Ministerpräsident war, den jungen Mann freizulassen, damit dieser »seine Übungen fortsetzen könne«.

Die familiäre Unterhaltung nach Rückkehr des Sohnes nach Paris kann man sich unschwer vorstellen, doch mit 16 Jahren erspielte sich der junge Abbé einen Platz im Orchester der Opéra, und seine Karriere begann. Während der folgenden zehn Jahre trat er im Concert spirituel häufig als Solist in zeitgenössischen Stücken auf, darunter auch der »Frühling« aus Vivaldis *Vier Jahreszeiten*. Inzwischen produzierte er einen steten Strom eigener Musik, die kultivierten Amateuren und Gönnern gewidmet war.[63]

Als sein Buch erschien, war er immer noch erst Mitte 30 und hatte mehr als 20 Jahre Berufsspiel hinter sich. Abgesehen von der obligatorischen Widmung klingt der Text wie eine Bedienungsanleitung: »Die Geige sollte auf dem Schlüsselbein in einer Weise ruhen, dass das Kinn sich neben der vierten Saite befindet.« Auf den ersten Blick scheint der Satz selbstverständlich. Dann aber erkennt der Leser, dass es sich hier um die erste bekannte Anweisung dafür handelt, wie die Violine bis heute gehalten wird. Die Beschreibung der Bogenhaltung, die Nutzung der zehn Lagen und dessen, was heute als Halblagen bekannt ist, und die Diskussion der Flageolett-Töne – sowohl der natürlichen als auch der künstlichen – öffnen ebenfalls neue Perspektiven.[64] Zeitgenossen hielten die Abhandlung bereits für einen Klassiker, und Boyden sah in ihr zwei Jahrhunderte später im Rückblick einen doppelten Wendepunkt, nicht nur von dem alten zum dem modernen Bogen, sondern auch von der italienischen Vergangenheit zur französisch-globalen Zukunft.[65]

Angesichts der Breite und Tiefe des italienischen Einflusses, der Allgegenwart und Prominenz italienischer Spieler und Instrumente und des langen Schattens von Giuseppe Tartini – einem Musiker von solcher Berühmtheit, dass er praktisch eine Station auf der Grand Tour war[66] – war es höchst rätselhaft, dass es zu dem Buch des Monsieur L'Abbé le Fils keine italienische Entsprechung gab. Tartini, ein Virtuose, Komponist und Lehrer, schrieb allerdings eine Menge, darunter ein Manuskript in Buchlänge. Dessen französischer Titel *Traité des Agrémens* (Abhandlung über Verzierungen) ist nicht gerade falsch, doch der italienische Titel *Regole per ben suonar il Violino* (Regeln, um gut die Geige zu spielen) kommt dem, was der Autor im Sinn hatte, deutlich näher. Nach der Einschätzung von Boyden könnte es Tartini irgendwann zwischen 1728 und 1754 geschrieben haben.[67]

Die Frage ist, was mit der Abhandlung geschah und warum sie unveröffentlicht blieb. Boyden vermutet, dass zumindest ein Teil ihres Scheiterns eine Abneigung widerspiegelt, professionelle Tatsachen in einer Kultur auszuplaudern, in der die Beziehung zwischen Lehrer und Schüler als ebenso privilegiert angesehen wurde, wie die zwischen dem Priester und dem Teilnehmer am Abendmahl. Lehrmethoden galten offenbar als ein Gegenstück zu Geschäftsgeheimnissen. Doch auch wechselnde Moden spielten eine Rolle. Um die Wende zum 19. Jahrhundert war ein Bogen von Tourte in, und Tartini war out, und dass niemand seine Handschriften fand, lag vermutlich daran, dass niemand nach ihnen suchte. Doch genau das taten Zeitgenossen, die sie kennenlernen wollten. 1756 hatte Leopold Mozart mit einer großen Verneigung vor »einem großen italienischen Meister« bereits ein Stück von Tartini in sein eigenes Buch aufgenommen. 1771, im Jahr nach Tartinis Tod, erschien eine vollständige französische Ausgabe, vermutlich die Übersetzung einer Handschrift, die ein französischer Schüler mit nach Paris gebracht hatte.[68]

Acht Jahre später erschien in London eine weitere Handschrift von Tartini: »Ein Brief des verstorbenen Signor Tartini an Signora Maddalena Lombardini (jetzt Signora Sirmen), veröffentlicht als eine wichtige Lektion an Künstler auf der Violine«, in einer zweisprachigen Ausgabe.[69] Sie war nur ein paar Seiten lang. Ihr Übersetzer, Charles Burney, war im georgianischen England der beliebteste Kommentator musikalischer Themen. Der Text ist auf das Jahr 1760 datiert und nominell an nur einen Leser gerichtet, doch scheint er der Öffentlichkeit bereits seit einiger Zeit zugänglich gewesen zu sein.

Auf welchem Weg er nach England gelangte, kann man wieder nur vermuten. Aber er scheint Tartinis Antwort auf die Anfrage einer begabten 15-Jährigen zu sein, was und wie sie üben sollte, die erpicht darauf war, eine andere Einrichtung in Padua zu besuchen und bei dem 68-jährigen Meister zu lernen, sobald die Leiter und der Direktor ihrer venezianischen Internatsschule sie – natürlich nur in Begleitung – gehen lassen würden. Eine annähernde Parallele dazu wäre die Anfrage eines begabten Gymnasiasten in Newark an Albert Einstein am Institute for Advanced Study in Princeton, wie man ein Physikstudium angehen sollte. Tartinis Antwort ist auf die schönste Weise klassisch, doch was er sagt, ist immer noch lehrreich, und wie er es sagt, ist vorbildlich. Lehrer haben es sich damals wie heute zur vorrangigen Aufgabe gemacht, den Bogen zu beherrschen, doch nur wenige taten dies mit einer solchen Anmut, Präzision und Sparsamkeit oder mit einer Entschuldigung dafür, nicht früher geantwortet zu haben und dem Angebot, sich mit weiteren Fragen gerne wieder an ihn zu wenden.

Do it yourself, ca. 1854, und noch 1878 nachgedruckt und für 75 Cents zu erwerben

Am Ende des 19. Jahrhunderts erreichte die pädagogische Literatur, die als Rinnsal begonnen hatte, die Ausmaße der mächtigen Wolga. Eine ausgewählte Liste von Schulen, Methoden, Studien, Etüden, Anleitungen, Übungen und Capricen schloss 30 bahnbrechende Titel ein, die zwischen 1751 und 1895 in London, Augsburg, Paris, Rom, Wien, Berlin, Mailand, Leipzig und Prag herausgegeben worden waren.[70] Mit den Raubdrucken, Plagiaten und sorgfältig auf die Kundenwünsche zugeschnittenen Kopien kamen weitere 166 hinzu.[71] Zu ihren Autoren und Herausgebern zwischen 1769 und 1905 gehörten Elias Howe, ein autodidaktischer Geiger, Musikverleger, Lieferant von Trommeln an die Armee der Nordstaaten im Amerikanischen Bürgerkrieg und Inhaber des erfolgreichsten Musikgeschäftes in Boston; Septimus Winner, Geigenbauersohn aus Philadelphia sowie Musikverleger und Komponist der beliebten »Ten Little Injuns«, und Ureli Corelli Hill, der erste Präsident der New York Philharmonic Society.

Bis 1986 hatte der Pas de deux von Angebot und Nachfrage zu mindestens 16 weiteren Original-Violinschulen geführt, verlegt in Paris, Berlin, London sowie in Englewood Cliffs und in Princeton. Zu Beginn des 21. Jahrhunderts können Klassen und Massen, Amateure vom Einsteiger bis zum Fortgeschrittenen, Reiche und Arme, Weltliche und Göttliche, dreijährige Anfänger und Asiaten von Südkorea bis Singapur, die sich der modernen Welt anschließen wollten, aus einem Buffet von Druckerzeugnissen, CDs, DVDs, Bandaufnahmen, Filmen, YouTube-Clips und Streaming-Videos auswählen.

Praktisch überall tendierte die populäre Musikerziehung dazu, ein Kompromiss zwischen Nutzen und bürgerlichem Fortschritt zu sein. Aber die ernst zu nehmenden Experimente dazu begannen wie so oft in Frankreich. Die grundlegende Frage, ob Musik eine Kunstform, eine Wissenschaft oder eine Sprache sei, geht bis in die Reformationszeit, wenn nicht sogar bis zu den Griechen zurück.[72] Doch wie in so vielen Bereichen des nationalen Lebens wurde die Theorie durch eine Revolution zur Praxis. So, wie die ursprüngliche Frage unter Philosophen, Literaten, Mathematikern, Essayisten und Polemikern diskutiert wurde, konnte sie eigentlich nur den Herausgebern von Enzyklopädien gefallen.[73] Andererseits waren die politischen Erörterungen so einfach wie »Allons, enfants de la patrie«: Eine große Nation, die an Importe und Einwanderer gewöhnt war, musste einfach ihren eigenen nationalen Stil und ebensolche Musik und Musiker haben. Die Hauptstadt des revolutionären Frankreichs brauchte eine Oper, die nicht italienisch war. Die geplanten nationalen Festivitäten, die als Religion mit anderen Mitteln angesehen wurden, brauchten Melodien, die der frischgebackene Citoyen singen konnte – idealerweise »con amore« –, und eine musikalische Miliz, die sie spielte. Zwar verloren die Pläne für ein landesweites Programm zur musikalischen Erziehung (einschließlich acht geplanten

Musikschulen) ebenso wie die Festivitäten selbst bald ihren Glanz. Für die Opernentwürfe galt dasselbe. Doch lange, nachdem alles andere schon untergegangen war, existierte der Schlussstein der Reform, das einzigartige Konservatorium mit seiner quasi päpstlichen Ermächtigung zur Ausbildung von Komponisten und Interpreten, darunter Geiger ab dem neunten Lebensjahr, immer noch.[74] Kaum 200 Jahre später sollte Chinas Kulturrevolution dort weitermachen, wo Frankreich aufgehört hatte, und mit einem ziemlich ähnlichen Ergebnis zu Ende gehen.

Die Briten gingen wie üblich ihren eigenen Weg. Schon im Jahr 1839 kam es am Birkbeck Mechanics Institute in London zu einer Mischung aus Handel, selbstständiger Weiterbildung und paternalistischem Gruppenunterricht, wie er von Leipzig her bekannt war. Seit den 1880er-Jahren wurde allein aus Birmingham von rund 200 angemeldeten Erwachsenen berichtet, die in Klassen mit je 40 Violinen Unterricht nahmen. Das Projekt war so erfolgreich, dass Privatlehrer ihre Existenz gefährdet sahen.

1897 erkannte dies die J. G. Murdoch Company, eine in London ansässige Firma, die Musik verlegte, Instrumente herstellte und nun ihre Chance gekommen sah, durch gute Taten gute Geschäfte zu machen.[75] Einem Hinweis ihres Musikberaters T. Mee Pattison folgend, richtete sie die nach einer Stadt in Kent benannte Maidstone School Orchestra Association ein, deren All Saints National School die erste von rund 3 000 war, die sich registrierte. Ihre Schüler wurden mit Murdoch-Lehrmaterialien ausgestattet, von Lehrern unterrichtet, die Murdoch ausgesucht hatte, und mit Murdoch-Instrumenten ausgerüstet, die sie in Raten zu einem Schilling pro Woche über einen Zeitraum von 30 Wochen erwerben konnten. Sie waren berechtigt, an Murdoch-Festivals teilzunehmen, und hatten einen Anspruch auf Urkunden, Medaillen und sogar Stipendien, wenn sie nur lange und gut genug gearbeitet hatten. Auf dem Höhepunkt des Programms waren rund 400 000 Schüler, 10 Prozent der gesamten britischen Anmeldungen in öffentlichen oder privaten Schulen, eingeschrieben.[76] Das Programm dauerte bis 1939, als die Schulen aufgelöst und die Lehrer eingezogen wurden. 1943 ging das Unternehmen selbst bankrott, doch als der Krieg vorüber war, wurde der Unterricht wieder aufgenommen, jetzt allerdings unter der Leitung des Bildungsministeriums.

Doch es war in Amerika, wo Maidstone dauerhafte Spuren hinterließ. Eigentlich gingen Streicher-Klassen dort zurück bis in die 1840er-Jahre, als der geschäftstüchtige New Yorker Gesangslehrer Lewis Benjamin und sein Sohn ihr Angebot für zahlreiche Akademien und Geigenschulen bis hin nach Pittsburgh mit Instrumentalunterricht ergänzten, während sie ihr Geld mit Büchern und Instrumenten machten. Ein halbes Jahrhundert später organisierte Benjamin sogenannte Kinderkarnevals, die mit ihren Hunderten von Orchestern und Tausenden von Chören ein großes Publikum in Brooklyn, Philadelphia und anderen großen Städten anzogen. An der Wende zum 20. Jahrhundert hatten sich Schulorchester bis nach Los Angeles hin ausgebreitet.

Doch es sollte bis 1908 dauern, bevor Charles H. Farnsworth, Professor für Musikpädagogik am Columbia Teachers College, während einer Europareise Maidstone entdeckte und die Zukunft ernsthaft begann. Unmittelbar nach seiner Rückkehr berichtete Farnsworth auf der Jahrestagung des Musiklehrerverbandes von seiner Entdeckung. Albert G. Mitchell, stellvertretender Musikdirektor für die öffentlichen Schulen in Boston, wurde von dem, was er hörte, so angeregt, dass er auszog, um sich die britische Szene selber anzusehen. Nach seiner Rückkehr im Jahr 1911 erlaubte ihm die Schulbehörde, vor oder nach dem Schulunterricht Kurse anzubieten. Drei Jahre später hatten es Mitchells Klassen in den regulären Lehrplan und von dort an Schulen im ganzen Land geschafft. 1918 überredete Joseph Maddy, der erste von der Schulbehörde in Rochster, New York, ernannte Fachbereichsleiter für Instrumentalmusik, George Eastman – der für Kameras das war, was Henry Ford für Autos war – den Schulen Instrumente im Wert von 10.000 Dollar zu spenden.[77] Eine Generation später war Medicine Lodge in Kansas, ein Städtchen von 4000 Einwohnern, mit fünf Geigenlehrern und 400 Oberschülern einschließlich Dorothy DeLay so stolz auf sein Schulorchester, dass man Kuchen buk, Autos wusch und Rasen mähte, damit es zur Teilnahme am jährlichen Sommerkurs von Philip Greeley Clapp an der Universität von Iowa fahren konnte.[78]

In der Zwischenzeit nahm ein völlig anderes Musikbildungsprogramm in der Sowjetunion Gestalt an, dem vermeintlichen Vaterland der Arbeiterklasse. Es war als unerwartetes Nebenprodukt einer Revolution, die sich in jeder Hinsicht als Erbe der französischen betrachtete, ebenso elitär, leistungsorientiert und von Natur aus konservativ wie alles, was im napoleonischen Paris entstanden war – vom kaiserlichen St. Petersburg ganz zu schweigen. Im Jahr 1932 wurde es auf Initiative des Klavierprofessors Alexander Golden 15 begabten Kindern erlaubt, Unterricht am Moskauer Konservatorium zu erhalten. Mit Unterstützung der Violinprofessoren Lev Zeitlin und Abram Jampolski entwickelte sich das Programm innerhalb weniger Jahre von einer »Sonderkindergruppe« zu einer Zentralen Musikschule, die mit der Zeit als Vorbild für weitere 23 im ganzen Land dienen sollte. Bis 1962 hatten sich die Anmeldungen bei 390 eingependelt, davon rund 200 aus Moskau selbst. Zu den Absolventen gehörten viele der größten Talente nicht nur aus der Sowjetunion, sondern aus der ganzen Welt. Auffällig viele Immatrikulierte waren Kinder von Absolventen.[79] Doch dasselbe galt auch für die Juilliard School, Yale, Harvard und jedes College in Oxford.

Obwohl die Einrichtung selbst neu war, enthielten Curriculum und Pädagogik keine besonderen Neuerungen. Ziel war schlicht und einfach eine Professionalität auf höchstem Niveau. Ab und zu gab es Wunderkinder, aber um die Förderung von Wunderkindern ging es eigentlich nicht. Die Ausbildung war langfristig angelegt. Die Zulassung begann (nach einem Vorspiel) im Alter von sieben Jahren in Klassen von nicht mehr als 20 Schülern mit Kursen in Allgemeinbildung und Musik. Von fünf Antragstellern wurde schätzungsweise nur einer zugelassen wurde. Die Abbruchquote während des elf Jahre dauernden Studiums war in etwa dieselbe. Diejenigen, die die Qualifikationsprüfungen nach dem ersten, vierten und achten Jahr bestanden, würden vermutlich eines der Konservatorien besuchen und sich anschließend als das musikalische Gegenstück zum Olympia-Athleten als Weltklasse-Profis und Künstler des Volkes hervortun – bereit, ihr Glück bei regionalen, nationalen und internationalen Wettbewerben zu versuchen. Im Prinzip konnte jeder Absolvent eine reguläre Beschäftigung und ein angemessenes Einkommen erwarten. Wettbewerbssieger wurden in die Obhut des staatlichen Konzertmonopols genommen, durften gegebenenfalls ins Ausland reisen und konnten einer Zukunft als Lehrer der nächsten Generation entgegensehen.[80]

Yehudi Menuhin, eines der größten Wunderkinder des 20. Jahrhunderts, kehrte tief beeindruckt von dem, was er in Moskau gesehen hatte, nach England zurück und gründete mit privaten Finanzmitteln in Surrey seine eigene Schule für etwa 60 Teilnehmer im Alter von 8 bis 18 Jahren.[81] Großbritannien war in der Welt nicht als gelobtes Land für frühkindliche Musikpädagogik bekannt, doch Elite-Bildungseinrichtungen waren kein Novum. Eine Generation später gelten Nigel Kennedy, Daniel Hope, Tasmin Little, Nicola Benedetti und Chloe Hanslip und Alexander Sitkowetski, die alle direkt oder indirekt mit der Menuhin-Schule verbunden waren, als erste britische Violinschule, die es international mit britischen Fußballmannschaften und Rockbands aufnehmen konnte. Drei von ihnen waren allerdings ebenso wie Menuhin selbst entweder Einwanderer oder stammten aus Immigrantenfamilien.

Jahrzehnte vergingen, bis jemand auf die Idee kam, dass es vielleicht andere Möglichkeiten geben könnte, Geiger über das Einstiegslevel hinaus und auf Trab zu bringen. Wieder einmal begann die Innovation mit einer nationalen Revolution. Dieses Mal war es aber in Japan, wo eine kritische Masse von ausländischen Herausforderungen und inländischen Antworten schon in den 1860er-Jahren eine Kettenreaktion modernisierender Reformen in Gang gesetzt hatte, die zunehmend in der ganzen Welt spürbar wurde.

Unter den unmittelbar Betroffenen war Masaharu Suzuki, einer von fast zwei Millionen angestammter Krieger-Bürokraten mit Namen Samurai, die sich unerwartet vom Aussterben bedroht sahen. Seine Strategie war gleichzeitig modern, traditionell und genial. Suzuki erlernte den Bau von Shamisen, einer einheimischen Art des Banjos. Später übertrug er das Geschäft seinem Sohn Masakichi, der die englische Sprache lernte, die Produktion auf Geigen umstellte, sieben Söhne und fünf Töchter zeugte und reich wurde. 1908 wurde

Suzuki in die Nationalversammlung gewählt. 1910 verbrachte er fünf Monate in Großbritannien und Europa, wo er unter Umständen von Maidstone gehört haben könnte und möglicherweise weniger von Markneukirchen sah, als er sich gewünscht hatte.[82] Im Jahr 1917 ehrte ihn der Kaiser mit dem Orden der Aufgehenden Sonne.

Inzwischen war 1898 Suzukis dritter Sohn Shinichi geboren, spielte in seiner Schulmannschaft Baseball, verinnerlichte Tolstoi, studierte Zen und entdeckte, während er Mischa Elmans Spiel von Schuberts *Ave Maria* auf dem Victrola der Familie zuhörte, dass das, was er für Maschinen zum Geldverdienen gehalten hatte, auch Musik machen konnte.[83] Jahrzehnte später berichtete er in einer Denkschrift, dass diese Erfahrung sein Leben verändert habe.[84] Er versuchte zunächst, sich das Geigenspiel selber beizubringen. Eine glückliche Verbindung zu Nobu Koda, die im Jahr 1896 die Japan-Premiere des Mendelssohn-Konzerts spielte, führte dann zu Unterricht bei deren Schwester Ko Ando, die als erste japanische Geigerin in Berlin studiert hatte.[85]

Eine Einladung, sich der Weltreise eines Familienfreundes und Mäzens anzuschließen, brachte Shinichi Suzuki im Jahr 1920 nach Berlin, wo er Karl Klingler, einen Schüler von Joachim und Professor an der Berliner Hochschule, zu Privatunterricht überredete. Als ein Mann, der während der NS-Zeit einen ungewöhnlich aufrechten Charakter zeigen sollte, war dieser offensichtlich kein Rassist. Die Herausforderung, die ein 22-jähriger Anfänger vom anderen Ende der Welt darstellte, könnte ihm reizvoll erscheinen sein. Aber gerade in einem Land, dessen Währung bereits im freien Fall und auf dem Weg zu einer Rekordinflation war, ist zu vermuten, dass auch die Bezahlung in echtem Geld ihren Reiz hatte.

Der Gewinn für Suzuki lag auf der Hand. Während der folgenden vier Jahre scheint er Tonleitern und Etüden gespielt zu haben.[86] Im Frühjahr 1923 bewarb er sich um eine Zulassung zur Hochschule. Von den 44 Kandidaten wurden 12 angenommen, darunter eine junge Jüdin aus Tiflis, doch der nicht mehr ganz so junge Mann aus Nagoya war – obwohl dicht dran – nicht unter ihnen.[87] Dennoch machte er bis 1928 mit Klingler weiter, um danach mit einer deutschen Frau sowie mit einer Vuillaume-Violine nach Hause zurückzukehren, die er ein Jahr später verkaufen musste, nachdem sein Vater ein Opfer des Wall-Street-Crashs geworden war.

Die nächsten 15 Jahre verwendete er darauf, zu überleben und gleichzeitig das, was zur neuen Schule der Pädagogik werden sollte, zur Reife zu bringen. Er gab Konzerte. Er schloss sich mit seinen Brüdern zu einem Streichquartett zusammen, das vielleicht das erste des Landes war und im Radio auftrat. Er nahm Studenten an. Er stimmte zu, an der kaiserlichen Music School in Tokio zu unterrichten. Außerdem musste er sich auch noch mit dem Krieg und mit der Aufforderung seines Bruders befassen, der Familie bei der Herstellung von Pontons für Wasserflugzeuge zu helfen. Aber worauf es wirklich ankam, waren seine Gedanken über die frühkindliche Erziehung, die auf die Jahre in Berlin zurückgingen.

Was Suzuki selbst »Talent-Ausbildung« nannte und der Rest der Welt bald die Suzuki-Methode nennen sollte, war eine kluge Improvisation über den Spracherwerb: Kinder sollten das Geigenspiel ebenso frühzeitig lernen wie das Sprechen und in gestaffelten Klassen auswendig spielen. In ihren Unterricht und ihre Übungseinheiten sollte ein Elternteil einbezogen sein. Der Unterricht bestand im Wesentlichen aus Nachahmung. Die Kinder lernten Noten lesen erst, nachdem sie zu spielen gelernt hatten. Dann kam eine Folge von Übungen, die schließlich auf zehn Bücher anwuchs und mit Melodien begann, von denen viele jedem deutschen Dreijährigen vertraut waren und die auf bestimmte Punkte in der Technik abzielten. Im Jahr 1963 äußerte Suzuki vor der International Society for Music Education: »Die Talent-Ausbildung überträgt lediglich die Methode des Erlernens der Muttersprache auf die musikalische Erziehung oder auf ein anderes Gebiet.«[88]

1955 wurde ein Suzuki-Konzert in Tokio von den nationalen Medien, Mitgliedern der kaiserlichen Familie und allerlei Botschaftspersonal gebührend wahrgenommen. Von den frühen 1960er-Jahren an schenkten so hochrangige Besucher wie der große spanische Cellist Pablo Casals und der belgische Virtuose Arthur Grumiaux Suzuki-Aufführungen ihre Aufmerksamkeit. Im März 1964 schließlich erreichte eine kleine Welle dessen, was ein Jahrhundert zuvor zwischen Tokio und Kyoto begonnen hatte, den Großen Ballsaal des Sheraton-Hotels in Philadelphia, als während der Music Educators National Conference eine Suzuki-Demonstration durch eine Gruppe von zehn Schülern im Alter von 6 bis 13 Jahren zu einer Sensation wurde. Die *Newsweek* berichtete: »Die Jugendlichen, die ohne einen Dirigenten und eine Partitur spielten, waren ein lebendiger Beweis für die Gültigkeit der unorthodoxen Lehrmethode von Suzuki«, und Ivan Galamian von der Juilliard School, der in der Kirche der Geigenlehrer einem Papst am nächsten kam, erklärte: »Das ist wirklich erstaunlich.«[89] Ein paar Jahre später notierte Henri Temianka in seinen Memoiren: »Ein neues Phänomen im Unterrichten ist in den letzten Jahren aufgetaucht. Man munkelt, dass Suzuki demnächst schwangere Hausfrauen aufnehmen wird, damit nicht ein Moment verschwendet werden muss, wenn ein Baby geboren ist.«[90]

Es war nicht ohne Ironie, dass Länder, die ehemals musikalische Infrastruktur exportiert hatten, sie nun ebenso aus Japan importierten wie Autos und Unterhaltungselektronik. Aber es war genauso paradox, dass gerade der amerikanische Durchbruch den Propheten in seinem eigenen Land schließlich zu Ehren brachte. Mitte der 1950er-Jahre gab es schätzungsweise um die 1 000 kleine Suzuki-Geiger in Japan. Im Jahr 1960 waren es bereits 3 000. Nach Angaben von Akio Mizuno, dem Direktor des Suzuki-Büros in Tokio, gab es davon ab den

frühen 1990er-Jahren, als die Wirtschaftsblase begann, Luft zu verlieren, 15 000 im Alter von 3 bis 15 Jahren und außerdem um die 15 000 Suzuki-Pianisten, 600 ebensolcher Cellisten und 200 Flötisten.[91] Ein Farbfoto an einer Wand von Mizunos Büro zeigt den Meister und seine Frau mit dem Kaiser, der Kaiserin und dem ehemaligen Vorstandsvorsitzenden der Sony Corporation.

Als Suzuki 1998 starb, waren sein Leben und seine Karriere selbst zu einer Lehrstunde geworden. Er hatte die höchste Auszeichnung der Bundesrepublik Deutschland erhalten, war vom Kaiser von Japan zum Nationalerbe erklärt worden und wurde mit zehn weiteren Japanern (darunter der Filmemacher Akira Kurosawa, der Industrielle Eiji Toyoda, General Hideki Tojo und Admiral Isoroku Yamamoto) auf der Liste der 1 000 »Macher des 20. Jahrhunderts« geführt. Etwa 8 000 Lehrer, die bei Suzuki ausgebildet worden waren, unterrichteten Suzuki-Schüler in bis zu 40 Ländern.[92]

An Paradebeispielen für Absolventen mangelt es nicht. Takako Nishizaki (Jahrgang 1944), die mit drei Jahren in Nagoya angefangen hatte, schaffte es mit 18 Jahren in die New Yorker Juilliard School, wo sie mit Klassenkameraden wie Itzhak Perlman und Pinchas Zukerman um Preise konkurrierte. Dann machte sie eine Karriere, die ihren Ehemann Klaus Heymann zur Gründung von Naxos Records, einem der erfolgreichsten Unternehmen des späten 20. Jahrhunderts, inspirierte.[93] William Preucil Jr. aus Iowa City erhielt im Alter von fünf Jahren Unterricht von seiner Mutter, die selbst Absolventin des Eastman Konservatoriums, Geigenlehrerin in mindestens dritter Generation sowie eine Suzuki-Vorreiterin war. Dann wuchs er zum Ersten Geiger des Cleveland Quartet und zum Konzertmeister des Cleveland Orchestra heran.

Doch die Ziele von Suzuki reichten immer weit über die Musik hinaus. Donald Becker, der Direktor des Suzuki-Instituts in Boston, der in den 1980er-Jahren drei Jahre mit Suzuki verbracht hatte, erinnerte sich, dass er Suzuki nur zwei Mal wütend gesehen hatte: einmal, als auch Becker es in einem Land, in dem Trinkgeld unüblich ist, versäumte, einem Taxifahrer ein Trinkgeld zu geben; das andere Mal, als Suzuki beschrieb, wie der Krieg Kinder und Familien versehrt.[94] 1973 schrieb er in einem Essay: »Ohne gute Menschen können Sie keine guten Nationen haben.«[95] Mizuno, Direktor der Niederlassung in Tokio, war stolz auf die Bataillone von Suzuki-Absolventen, die jetzt große Orchester bevölkerten und häufig führten. Aber eigentlich, so betonte er, gehe es um gute Menschen.

Als demografische Gruppe sind gute Menschen nicht leicht aufzuspüren. In Tokio meinte man sie unter den Kindern von Aufsteigern zu finden, etwa 70 Prozent davon Mädchen, deren Väter Angestellte waren und von denen ein Drittel in großen Unternehmen arbeitete. Auf der anderen Seite des Ozeans, in Boston, wo Becker 1977 zu unterrichten begann, fand man sie in Roxbury, einem Viertel mit einer afroamerikanischen Mehrheit und einer wachsenden hispanischen Minderheit. Nach seiner Rückkehr aus Japan begann er, dort weiterzumachen, wo er aufgehört hatte, arbeitete acht Stunden pro Woche bei einem Sicherheitsdienst während er nebenbei Privatschüler wie den Bostoner Anwalt Martin Himmelfarb, dessen achtjährigen Sohn und den 82-jährigen Vater unterrichtete.[96] Bis 2008 hatte sich sein Kreis auf 120 Kinder aus Bostons haitianischer Gemeinde und den Harvard-Paläontologen und Baseballfan Stephen Jay Gould ausgedehnt, und zu seinen Absolventen gehörten eine Opernsängerin, ein Student der Juilliard School, ein Basketball-Trainer sowie ein Angeklagter, der wegen eines Drogendelikts einer lebenslangen Haftstrafe entgegensah.[97]

Roberta Guaspari, Arbeiterkind aus Rome, New York, und geschiedene Mutter von zwei Kindern, hatte nie einen Privatlehrer gehabt, bevor sie sich an der Syracuse University einschrieb. 1981 begründete sie an drei Magnetschulen in East Harlem ein Suzuki-Programm für die Erst- und Zweitklässler. Die Aufnahme wurde per Los vergeben, mit drei Mal mehr Bewerbern als Plätzen. Dank des Erfolgs ihres Programms war Guaspari innerhalb von ein paar Jahren zu einem Leuchtfeuer geworden. Durch ein Unglück wurde sie dann zu einer Heldin. Im Jahr 1991 strich das New York Board of Education die Finanzierung. Guaspari überzeugte das Board, sie mit ihrer eigenen Finanzierung weitermachen zu lassen. Ihr Aufruf zur Unterstützung zog eine solche Aufmerksamkeit der Medien auf sich, dass sie ein Präsidentschaftskandidat darum hätte beneiden können. Itzhak Perlman, der Guaspari im Fernsehen gesehen hatte, befand: »Roberta bringt Kinder nicht nur bei, Geige zu spielen. Sie bringt ihnen bei, wie man Träume haben und Arzt oder Anwalt werden kann.« Er bot ihr seine Hilfe an.

Zwei Jahre später erschien ein großer Teil der New Yorker Geigengemeinde – Perlman, Isaac Stern, Midori, die Schwestern Kavafian, Arnold Steinhardt und Michael Baum vom Guarneri Quartet, die Jazz-Spieler Diane Monroe und Karen Briggs und der Fiedler Mark O'Connor – beim »Fiddlefest«, einem Benefiz-Empfang in der Carnegie Hall für Guasparis Projekt mit Konzert und Abendessen zu 1.000 Dollar pro Gedeck.[98] »Das Ergrauen unseres heutigen Publikum ist in aller Munde«, sagte Steinhardt, »also gab es nicht einen Musiker, der nicht zusagte.« In der Zwischenzeit änderte Guaspari mit Unterstützung der Petra Foundation, die nur ein paar Jahre zuvor in Erinnerung an eine deutsch-amerikanische Bürgerrechtlerin gegründet worden war, um unbesungene Helden zu ehren, ihr Programm in »Opus 118 Harlem School of Education«. 1996 überstand Opus 118 ein Desaster, als ein Unwetter die Instrumentensammlung ruinierte. Aber als sie Anfang 2009 nach Washington eingeladen wurden, um am Kinderball anlässlich des Amtsantritts des neuen Präsidenten Obama zu spielen, lernten sie auch den Erfolg kennen.[99]

Im Oktober 2010 verlieh die John D. and Catherine T. MacArthur Foundation Sebastian Ruth, dem Gründer von Community MusicWorks aus Providence, Rhode Island, eines ihrer Fünf-Jahres-»Genius«-Stipendien. Nachdem es einige Wochen später zum Gewinner des National Arts and Humanities Youth Award erklärt worden war, schaffte es das Projekt ins Weiße Haus. Ebenso wie Guasparis Initiative bot Ruth für Kinder Unterricht auf Saiteninstrumenten in einer Stadt an, in der das Schulsystem ihn schon lange aufgegeben hatte. Aber im Gegensatz zu Guasparis Projekt führte Ruths Quartett, seine Mitarbeiter und deren Schüler auch Musik für eine Bevölkerungsgruppe auf, die von ihrer Musik bisher praktisch unberührt geblieben war, und boten eine zusätzliche Auswahl aus Blues, Hip-Hop, Diskussionen an Freitagabenden, gelegentliche Ausflüge zu Konzerten im Umkreis und Spaghetti-Abendessen an. »Wir sind nicht auf der Suche nach Genies«, sagte Ruth zu Alex Ross vom *New Yorker*, »wir verbinden das Musizieren mit Gemeinschaft.«[100]

Die Idee war Ruth in seinen Anfangstagen als Musik- und Pädagogikstudent an der Brown University gekommen. Mit gut 30 Jahren hatte er dann aus einem Zuschuss von 10.000 Dollar ein Jahresbudget von 750.000 Dollar, einen Stab von 13 Mitarbeitern mit zwei Ladenlokalen gemacht, eines für das Büro, das andere als Probenraum. Auf dem Weg zum Weißen Haus bestand seine Anhängerschaft aus 115 Menschen – davon 51 Prozent Latinos, 16 Prozent

Afroamerikaner im Alter von 17 bis 18 Jahren. Die Warteliste war ein wenig länger.[101] Ruth befürchtete, dass die Wohngegend sich möglicherweise an der Schwelle zur Gentrifizierung befand. Aber er wusste auch den scheinbaren Widerspruch zu schätzen, den ihm die Mutter eines Kollegen unabsichtlich lieferte, als sie feststellte, sie liebe sein Programm, weil die klassische Musik, die er spiele, etwas für Leute sei, die »Klasse«, also den Drang nach Höherem hätten. Eigentlich war Klasse in diesem Sinne genau das, was er vermeiden wollte, doch er setzte hoffnungsvoll hinzu: »Wir bewegen uns beide in die gleiche Richtung, beide in Richtung Violine«.[102]

Rosemary Nalden, eine renommierte Londoner Bratscherin, bewies, dass das, was in Boston klappte, auch in Soweto möglich war. 1992 hörte sie über die BBC von einer Schule für Saiteninstrumente in einem überwiegend schwarzen Vorort von Johannesburg, die ums Überleben kämpfen musste. Als Erstes mobilisierte sie 120 Kollegen, die in 16 Londoner Bahnhöfen spielten und anschließend den Hut herumgehen ließen. Dann flog sie nach Südafrika, um den Erlös von 6.000 Pfund zu überreichen. Damit hätte es sein Bewenden haben sollen, doch das, was sie bei ihrer Ankunft erwartete, ließ sie noch einmal neu überlegen. Später sagte sie: »Nach all den Jahren des Sitzens in einer Bratschergruppe entdeckte ich etwas in mir, das der Chef werden musste.«[103]

Sie pendelte einige Jahre zwischen London und Johannesburg und zog am Ende ganz nach Südafrika. Das Buskaid Soweto String Project wurde 1997 ins Leben gerufen, um westliche klassische Musik mit einer verbindenden Beimischung des lokalen Idioms zu unterrichten. Aber in einer Ecke der Welt, in der praktisch jedes Kind AIDS oder Gewalt erlebt oder miterlebt und Nalden selbst zweimal überfallen wurde, ging es auch darum, einen Kader von etwa 80 begeisterten, begabten, gefährdeten und hungrigen Kindern im Alter zwischen vier und Anfang 20 von einigen der gefährlichsten Straßen der Welt zu bekommen. »Ich denke, es gibt einige Jugendliche, die – so würde ich riskieren zu sagen – ohne Buskaid vielleicht nicht mehr am Leben wären«, äußerte Nalden im Jahr 2010 in einem Interview.[104] Ältere Kinder unterrichteten jüngere Kinder. Fest angestellte Lehrer unterrichteten angehende Lehrer. Unzählige Bewerber wurden aus Mangel an Geld und Personal abgewiesen.

Bis zum Ende der ersten zehn Jahre seiner Existenz war Buskaid in Südafrika und Großbritannien eine eingetragene Wohltätigkeitsorganisation mit Sponsoren aus der Geschäftswelt wie der internationalen Diamantenfirma De Beers und privaten Sponsoren wie der Schauspielerin Gillian Anderson. Es war auf dem Weg zu einem Stiftungsvermögen, das es autark machen würde, und genoss die Aufmerksamkeit internationaler Medien.[105] Zu diesem Zeitpunkt waren Nalden und ihre jungen Spieler vor Queen Elizabeth II. und ihrem eigenen ehemaligen Präsidenten Nelson Mandela aufgetreten. Sie hatten unter Naldens altem Chef, dem Dirigenten John Eliot Gardiner, auf den Londoner

Proms gespielt. Sie waren durch Amerika von New York nach Los Angeles gereist, wo Nalden Anschuldigungen des Eurozentrismus abwehrte und fragte: »Sagen die Leute, dass Schwarze nicht klassisch spielen sollten? [...] Wenn das der Fall ist, sollten sie vielleicht auch nicht Cricket spielen, in Mobiltelefone sprechen oder Anzüge tragen.«[106] Ihr Projekt hatte zu einer Vielzahl anderer städtischer Musikprojekte geführt. Es hatte sogar zwei seiner Mitglieder zum Studium am Royal Northern Conservatory of Music in Manchester entsenden können.

Am bemerkenswertesten von allen aber ist Venezuela, ein Land mit 26 Millionen Einwohnern, einer Geschichte voller Widersprüche und riesigen Ölreserven. Nach Einschätzung des Büros der Vereinten Nationen für Drogen- und Verbrechensbekämpfung ist es einer der großen Drogenumschlagplätze,[107] sein Einkommensgefälle und seine politische Instabilität sind selbst für latein-amerikanische Verhältnisse bemerkenswert. Die Mordrate in der Hauptstadt Caracas entspricht mindestens derjenigen von Mogadischu und Ciudad Juárez. Doch ist Venezuela auch das Heimatland der Fundación del Estado para el Sistema Nacional de las Orquestas Juveniles e Infantiles de Venezuela, einem bundesweiten Musik-Bildungsprogramm, das allgemein als El Sistema bezeich-net wird und weltweit seinesgleichen sucht. Das musikpädagogische Gegen-stück eines Gesundheitswesens dient mit seinen zahlreichen Agenturen, Dienst-leistungen und Anbietern für einen Großteil von Lateinamerika als Vorbild. Ein Großteil der Welt ließ sich von ihm inspirieren, und sein Umfang und seine Qualität rührten Besucher zu Tränen.

Suzuki war dezentralisierte Privatwirtschaft. Projekt 118, Buskaid und Community MusicWorks, waren Inseln von Privatunternehmen im Meer eines öffentlichen Sektors, der seinen Verpflichtungen nicht nachkam, da die Schulen die Musikerziehung entweder als Ballast über Bord geworfen oder gänzlich ignoriert hatten. El Sistema, 1975 entstanden, begann in einem Parkhaus in Ca-racas. Bis 2010 war aus einer zusammengewürfelten Gruppe mit elf Mitgliedern ein landesweites Programm mit einem nationalen Kinderorchester von 337 Kin-dern, einem Netzwerk von 184 sogenannten Kernen, knapp 1000 Mitarbeitern und einem Heer von 368 000 Lehrern und Teilnehmern geworden. Nur zwei Jahre zuvor waren es lediglich 265.000 gewesen. Tatsächlich, so teilte sein Schöp-fer der zweitgrößten Tageszeitung Spaniens mit, strebe es eine Million an.[108]

Sir Simon Rattle, der Direktor der Berliner Philharmoniker, der als Teen-ager selber im britischen National Youth Orchestra gespielt hatte, erklärte das Projekt zu dem »Wichtigsten, das irgendwo auf der Welt in der Musik passiert«.[109] Ausländische Musiker vom Baltimore Symphony Orchestra, den Berliner Phil-harmonikern und dem Leipziger Gewandhaus kamen, um es sich anzusehen und es zu fördern. Aber Angebote für eine dauerhafte institutionelle Präsenz wurden höflich abgelehnt. Im Gegenteil, El Sistema hatte vor, seine Botschaft selbst zu exportieren.

Im Jahr 2009 wurde ein nationales Zentrum für ein El Sistema USA am New England Conservatory in Boston gegründet, dessen Stipendiaten El Sistema im Rahmen eines einjährigen Programms sowohl zu Hause als auch vor Ort kennenlernen und nach ihrer Rückkehr das umsetzen sollten, was sie in Venezuela gelernt hatten. Innerhalb von zwei Jahren waren überall in den Vereinigten Staaten – in Atlanta, Philadelphia, Durham und Juneau – Programme eingerichtet, obwohl das New England Conservatory aus Angst vor einer schleichenden Ausweitung vor allem des Budgets auf Kosten seiner traditionellen Prioritäten, seine weitere Verbindung zum nationalen Zentrum aufkündigte.[110]

El Sistema, das sich in schwer zu fassende und mehrdeutige Aphorismen wie »tocar y luchar« (spielen/berühren und kämpfen) oder »ser no ser todavía« (trotz allem sein und nicht sein) hüllte, die an die Zen-Philosophie erinnern, war einem Außenstehenden nicht einfach zu erklären. Auch ein Vergleich mit Suzuki, Opus 118, Buskaid und Community MusicWorks war nur bis zu einem gewissen Punkt hilfreich. Für sie alle war Musik im Wesentlichen ein Mehrwert, ein Mittel zum Zweck. Wie bei Suzuki konnte man bei El Sistema Anklänge an die Aufklärung, an Friedrich Schiller und Wilhelm von Humboldt, an Mozarts Sarastro-Tempel und auch an Platons Staat ausmachen, wo die Kunsterziehung zur staatsbürgerlichen Erziehung gehörte und die Verbindung zwischen großartiger Musik und menschlicher Tugend eine selbstverständliche Wahrheit war. El Sistema richtete sich, ebenso wie Opus 118, Buskaid und Community MusicWorks, an die Ausgegrenzten und Unterversorgten. Ebenso wie Suzuki und Buskaid verdankte es einen großen Teil seiner Daseinsberechtigung und seines Erfolges zu Hause der Bewertung durch Gönner und Publikum im Ausland, eine hochkarätige Aufmerksamkeit globaler Medien wie *The Times* aus London, der *Financial Times*, der *New York Times*, von BBC und CBS, und dem Erfolg von Absolventen wie dem Bassisten Edicson Ruiz, der als 19-Jähriger erfolgreich bei den Berliner Philharmonikern vorgespielt hatte, und Gustavo Dudamel, einem ehemaligen Geiger, der im Alter von 26 Jahren zum Dirigenten der Los Angeles Philharmonic bestellt wurde. Die irdischen Löhne waren ebenfalls vertraut. Niemand brauchte einen Sherlock Holmes, um Suzuki-Absolventen unter den Erstsemestern von Harvard zu entdecken. Die Behauptung, dass unter Altersgenossen El-Sistema-Teilnehmer eher die Schule abschließen, selbst dass sie 75 Prozent der venezolanischen Medizinstudenten ausmachten, war glaubwürdig. Die Inter-Amerikanische Entwicklungsbank berechnete, dass sie für jeden von ihr in El Sistema investierten US-Dollar eine soziale Dividende von 1,68 Dollar zurückbekäme.[111]

Wer El Sistema möglich gemacht hatte, stand zu keinem Zeitpunkt in Frage. José Antonio Abreu (in drei Silben ausgesprochen), 1939 geboren, promovierte im Alter von 22 Jahren im Fach Erdölwirtschaft. Drei Jahre danach machte er am National-Konservatorium seinen Abschluss als Tasteninstrumentalist. Anschließend diente er mehrere Jahre lang als Mitglied im venezolanischen Kongress, bevor er in die Akademie zurückkehrte, um Wirtschaft und Planung zu unterrichten. Im Jahr 1983 fungierte er kurzzeitig als Kulturminister. El Sistema war eindeutig sein Lebenswerk. So asketisch wie ein Porträt von El Greco, versicherte er seinen ersten Spielern, dass sie die Welt verändern würden. Eine Generation später war aus einer Eichel der Anerkennung eine mächtige Eiche von Ehrungen geworden, die aus Schweden, Japan, Kanada, Italien, den Vereinigten Staaten, dem Vereinigten Königreich, Deutschland und der jüdischen Gemeinde in Venezuela sowie von der UNESCO, dem Weltwirtschaftsforum und TED (Technology, Entertainment, Design) kamen, einer internationalen Serie von Konferenzen, deren 18-minütige Präsentationen durch ausgewählte Visionäre, Abreu eingeschlossen, ein Internet-Schlager waren.

Eine glückliche Verbindung zwischen Künstler und Material schien ein wesentlicher Teil seines Erfolges zu sein. Nationalismus, Hochkultur, Ölreichtum und einheimische Armut sind in vielen Ländern zu finden, doch in nur wenigen kommen alle vier Faktoren so zusammen wie in Venezuela. Das Genie von Abreu bestand darin, diesen Umstand als Chance zu begreifen. Berichten zufolge hatte sich die Zahl der legendären elf Mitglieder, die bei der Entstehung im Jahr 1975 anwesend waren, innerhalb weniger Tage verdoppelt und verdreifacht. Innerhalb eines Monats führte Abreu sie stolz bei Würdenträgern vor, und innerhalb eines Jahres nahm er sie mit auf Reisen. Es ist schwer vorstellbar, dass seine parlamentarische Karriere ein größeres Ziel hatte, als Freunde und Unterstützung für El Sistema zu gewinnen. Noch Jahrzehnte später wies er in einem Interview mit einem russischen Musikwissenschaftler auf gesetzlich und sogar verfassungsmäßig verankerte Garantien einer musikalischen Bildung für die Jugend der Nation hin.[112] Innerhalb von zwei Jahren nach seiner Entstehung kehrte sein Jugendorchester triumphierend von einem Wettbewerb in Schottland zurück. Von da an sollte El Sistema volle öffentliche Finanzierung genießen.

Dass das Geld nicht aus dem Kulturministerium, in dem er selbst kurz als Minister gedient hatte, sondern aus dem Ministerium für soziale Wohlfahrt kam, war ein weiterer Beweis für seine politische Virtuosität. Dasselbe galt für einen 1982 von der UNESCO gewährten Zuschuss, der scharfsinnig in sieben auszubildende Geigenbauer investiert wurde, die fünf Jahre später soweit waren, selber weitere Lehrlinge auszubilden. Als Hugo Chávez, ein ehemaliger Offizier der Fallschirmjäger, nach 1998 die Präsidentschaft einer neuen – »fünften« – Republik antrat, hatte El Sistema nicht nur überlebt, sondern war auch unter mehreren Regimen von rechts bis links erfolgreich gewesen. Als Abreus Orchester im Jahr 2007 von einer begeisterten Aufnahme in der Londoner Royal Albert Hall zurückkam, ließ Chávez verlauten, dass für Venezuela nun ein

Goldenes Zeitalter von Kunst und Kultur beginne. Er erhöhte die finanzielle Unterstützung auf 29 Millionen Dollar – etwas über 100 Dollar pro Teilnehmer, und dies in einem ölreichen Land, in dem ein Drittel der Bevölkerung unterhalb der Armutsgrenze lebte.[113]

Laut dem amerikanischen Kunsterzieher Eric Booth, der El Sistema mit sachkundiger Faszination beobachtete, beginnen die Teilnehmer schon im Kleinkindalter in Ensembles zu singen und zu spielen und treffen sich an fünf bis sieben Tagen in der Woche für vier Stunden zu gemeinsamen Proben oder zu Gruppen- und Einzelunterricht. Die Programme sind für jeden kostenfrei, und fortgeschrittene Studenten bekommen sogar ein kleines Stipendium als Beihilfe zu den Lebenshaltungskosten der Familie. Wie überall gibt es auch hier Studienabbrecher. Aber niemand, der teilnehmen möchte, wird abgewiesen, und motivierte Spieler können in einem Netzwerk von 60 Kinderorchestern, 200 Jugendorchestern und 30 Orchestern von Erwachsenen vorankommen und zu Spitzenleistungen im Simón Bolívar Youth Orchestra aufsteigen.

Dudamel, der in Los Angeles wie ein Rockstar empfangen wurde, übernahm die Verantwortung für drei Orchester einschließlich des Bolivar und des Youth Orchestra of Los Angeles sowie für eine Mahler-Reihe. Unterdessen war er mit den Los Angeles Philharmonikern landesweit auf HD-Leinwänden in Theatern zu sehen und zu hören. Würde das im Süden von Los Angeles mit seinen 80 Prozent Hispanics und 20 Prozent Afroamerikanern ebenso gelingen wie in Caracas? Wenn sie es dort schafften, könnten sie es dann überall schaffen? Wenn nicht, hätte es sicherlich nicht an einem Mangel an Engagement gelegen. »Man sollte die Sache beobachten!«, war eine weise Antwort.

Es ist eine der kleinen Ironien der Geschichte, dass auch das Konservatorium, die klassische Institution der Musikhochschulbildung, als eine Ehe zwischen Nützlichkeit und bürgerlichem Fortschritt begann. Es ist ebenfalls ironisch, dass der Urauftrag nichts über Musik sagte. Die Einrichtung geht auf das 16. Jahrhundert zurück, als in Neapel und Venedig eine ganz neue Klasse wohltätiger Stiftungen geschaffen wurde. Weil sie Waisen und Findelkinder aufnahmen, waren sie als Konservatorien bekannt, zu deren Mission es gehörte, Kinder aus bedürftigen Familien in Lesen, Religion und nützlichen Berufen auszubilden. Zwar wurde unter »nützlich« in den meisten Fällen etwas Handwerkliches verstanden. Doch war von Anfang an klar, dass die Musik ein nützliches Zubehör bei Gottesdiensten und – in mindestens einem dokumentierten Fall – beim Einwerben von Geldmitteln für die Einrichtung war.[114]

In einer Kultur, in der es Dutzende von kirchlichen Feiertagen und Hunderte von staatlichen Feiertagen gab, fanden die Konservatorien ihren Schutzwall gegen eine Flut von Betriebskosten in der Nachfrage nach Musikern durch Kapellen, Bruderschaften, private Akademien und die Oper. Von da an gewann der Musikunterricht ein Eigenleben. Ab Mitte des 17. Jahrhunderts hatten sich vier neapolitanische Stiftungen aus eigener Kraft von Heimen für Findelkinder und Waisen in Musikschulen verwandelt.

Die venezianischen Institutionen waren in vielerlei Hinsicht ähnlich, in anderen aber auch radikal anders. Venedig war als ein Zusammenfluss von Rom, Byzanz und der klassischen Antike eine Republik mit einem starken Gefühl der Identität und einer gut entwickelten Zivilgesellschaft. Auf die eine oder andere Weise waren die Ospedali, wie sie offiziell genannt wurden, Symbole all dieser Faktoren. Sie waren zentral gelegen und errichtet, um bemerkt zu werden, waren aufwendig organisiert, wurden von einer Bürgervertretung regiert und zudem aus einer Vielzahl von Quellen einschließlich Lotterien, Banken und sogar Gondel-Einnahmen großzügig finanziert. Genauso wie in Neapel trafen auch hier in den Ospedali Musik und Katholizismus aufeinander, doch bestand der Chor aus Mädchen, die vor Ort und nicht in anderen Kirchen sangen. Mit 20 bis 40 Gedenkmessen pro Tag plus fast täglichen Konzerten gab es genug Nachfrage, um sie beschäftigt zu halten.[115]

Neapel wurde unterdessen zu einem Markenzeichen, und die Ospedali von Venedig zu einem der beliebtesten Touristenziele. Im Jahr 1703 stellte die Pietà, die die Instrumentalmusik besonders ernst nahm, den 25-jährigen Antonio Vivaldi als Geigenlehrer mit gleichzeitiger Verantwortung für Instrumentenkauf und -wartung ein. Als er 1716 zum Musikdirektor ernannt wurde, war er zu einer europäischen Berühmtheit und die Pietà allgemein bekannt geworden. Jahrzehnte später, als die Sonne im Begriff war, über 600 Jahren einer glorreichen Stadtgeschichte unterzugehen, konnte die Pietà weiterhin ein Orchester von 56 Musikern, darunter 16 Geiger, ins Feld führen, und 1807 – zehn Jahre nach dem Sonnenuntergang – war sie mit sechs Geigern, drei Bratschern, dreizehn Violin-Studenten und sechs Cellisten zwar kleiner geworden, aber immer noch erkennbar.[116]

Das Ospedale dei Mendicanti, zunächst gegründet als Diözesanhaus für Aussätzige und Bettler, ging auf das Jahr 1182 zurück. Im 15. Jahrhundert wurde es privatisiert und im 16. Jahrhundert umgebaut, um 400 Erwachsene, darunter Waisen, Witwen und Alte, Bettler sowie die bisherigen medizinischen Fälle und 100 Kinder unterzubringen. An der Schwelle zum 17. Jahrhundert wuchs der vierstimmige Chor auf 12 und schließlich auf 60 Stimmen an. Eine 1740 getroffene Entscheidung, ihn auf 70 Stimmen zu erweitern, öffnete die Tür für die junge Maddalena Lombardini.

Sie wurde 1745 in eine venezianische Familie der Unter- oder Mittelklasse hineingeboren und sang schon im Alter von sieben Jahren einer 33-köpfigen Kommission vor. Mit einem Abstimmungsergebnis von 18 zu 15 wurde sie unter 30 Kandidaten als die vierte von insgesamt vieren zugelassen. In den nächsten acht Jahren lernte sie, vom Blatt zu singen und die Instrumente aus der Sammlung der Schule zu spielen, nahm bei einigen der angesehensten Musikern der Stadt Unterricht in Gehörbildung, Aufführungspraxis und Komposition und studierte bei einem ortsansässigen kirchlichen Kollegium Griechisch, Latein, Französisch, Grammatik, Logik, Poesie und Geschichte. Ebenso wie ihre Klassenkameraden erhielt sie eine einheitliche Uniform und einen Spitzenkragen, der bei Auftritten zu tragen war. Vor Konzerten gab es eine Extraportion Fleisch und Fisch. Den Eltern war – natürlich unter Aufsicht – ein Besuch im Monat erlaubt. Einmal im Jahr wurden die Mädchen zu einem Picknick auf eine Insel ausgeführt.

1760 beschloss das Direktorium, dass es im Interesse aller liege, Lombardini zwei Monate bei Tartini in Padua ausbilden zu lassen, wo sie bei einer Tante und einem Onkel wohnen konnte. Es übernahm sogar die Kosten für eine sie begleitende Aufpasserin. Im Jahr 1764 durfte sie erneut reisen, obwohl es drei Sitzungen brauchte, um zu einer Entscheidung zu kommen, und es unklar war, wer die Reise bezahlte. Als sie ein Jahr später schon auf dem Weg zu einer Karriere war, die sie bis nach London und Dresden führen und ihr ein langes und interessantes Leben als Sängerin, Komponistin und Geigerin bescheren sollte, wurde sie in einem lokalen Tagebuch als beste Geigerin der Institution und Schützling von Tartini erwähnt.[117]

Tartinis berühmter Brief war nicht nur wegen seiner Zweckmäßigkeit bemerkenswert, sondern auch wegen seiner Grüße an Lombardinis Lehrer und den Leiter des Mendicanti, was auf fast beiläufige Weise hieß: Sieh an: Was bisher privat, unterwürfig, ehrerbietig und ein Dienstleistungsberuf wie Hauslehrer oder Kindermädchen war, ist jetzt zu einer festen Einrichtung geworden. Jetzt sind wir Profis.

Tartinis Institution bestand tatsächlich aus ihm selber. Präsident, Propst und Dozent in einer Person, war er immer noch erst Mitte 30, als er von einem vierjährigen Aufenthalt in Prag als Angestellter einer der ältesten Fürstenfamilien des Habsburgerreiches zurückkehrte, die Schule gründete, die bis zu seinem Tod im Jahr 1770 seine Haupteinkommensquelle sein sollte und in der er über 40 Jahre lang an zehn Monaten im Jahr täglich zehn Stunden unterrichtete. Vor Tartini gingen die Lehrer zu ihren Schülern. Jetzt kamen die Schüler zum Teil aus beträchtlichen Entfernungen zum Lehrer für einen Kurs von Geigen- und Kompositionsunterricht, der zwei Jahre dauerte und den manchmal bis zu zehn Schüler gleichzeitig belegten. Weil die Teilnehmer aus Italien, Deutschland und Frankreich kamen – und später in so weit entfernten Ländern wie Schweden und Russland bedeutende Karriere machen sollten –, war seine Akademie inoffiziell als die Schule der Nationen bekannt. Aber es gab auch Spieler aus der lokalen Basilica di Sant'Antonio, wo er viele Jahre als Konzertmeister gedient hatte, sowie hohe Herrschaften, Pagen von Botschaftern – und Maddalena Lombardini, die Adressatin seines berühmten Briefes.[118]

Die Idee des Konservatoriums war wie so viele, die aus Italien kamen, innerhalb einer Generation nach Tartinis Tod auf dem Weg über die Alpen, wo sie zu einem Teil der öffentlichen Politik gemacht wurde. Wie so oft begann der Boom in Paris, und das ausgerechnet im Jahr 1792, dem Jahr der Schlacht von Valmy und der *Marseillaise*. Der Gründer des späteren Conservatoire, Bernard Sarrette, war Hauptmann in der Nationalgarde und plante das Institut als eine Einrichtung sowohl für die politische Bildung als auch für die musikalische Ausbildung der Musikkorps der neuen Republik. Mit der Zeit sollten in Metropolen von St. Petersburg bis San Francisco Institute nach seinem Modell entstehen. Aber kein anderes verdankte seine Entstehung auf so direkte Weise einer Revolution. Zwei Jahre später war Sarettes Institut zu *dem* Konservatorium geworden, obwohl sich der Name laut Auskunft von Emanuel Hondré eher Einfallslosigkeit als einer bestimmten Absicht verdankte.[119] Immer noch mit Blick auf eine Mehrzwecknutzung, nur eine andere, sollte es nun einer Musikszene, die von italienischen Sängern, deutschen Instrumentalisten und britischen und deutschen Instrumentenbauern abhängig war, inländische Talente liefern.

Als im Jahr 1797 eine Restauration, eine ausländische Intervention und neuer Terror gleichermaßen unwahrscheinlich waren und Frieden zumindest theoretisch möglich schien, stellte man den ersten Geigenlehrer ein. Sechs Jahre später wurde der Prix de Rome geschaffen, der es den besten und begabtesten französischen Talenten ermöglichen sollte, ihre Künste in deren nun französisch dominierter Heimat zu erlernen. Im Jahr 1812, dem Jahr des Russlandfeldzuges, überarbeitete der große Geiger Pierre Baillot das Leitbild noch einmal, damit es auch die Theater von Paris, die Orchester der neu geschaffenen Departements, die Armeen – wo immer sie sich auch gerade befanden – und die musikalische Bildung im Kaiserreich einschloss. Ein paar Jahre später, als das Kaiserreich verschwunden und die Monarchie zurückgekehrt war, führte das Konservatorium Kirchen- und Orchestermusik ein und wurde für seine strenge Aufnahmeprüfung berühmt. Mittlerweile war ein Kollegium aus renommierten Lehrern bereits dabei, das Konservatorium zum Goldstandard eines fortgeschrittenen Violinstudiums zu machen, das es bis weit in das 19. Jahrhundert bleiben sollte. Zugleich schufen sie eine Unterrichtsliteratur, die so kanonisch war wie der Code Napoléon und auch zwei Jahrhunderte später immer noch verwendet wird.

Als ein ganz anderes Nebenprodukt der revolutionären Zeiten wurde im Jahr 1808 in Wien die Einrichtung eines Konservatoriums angeregt – ein Jahr, bevor Wien von den Franzosen besetzt wurde. Aber in der vermutlich musikalischsten Stadt der Welt dauerte es bis 1817, bevor der Vorschlag schließlich umgesetzt, das Konservatorium als private Stiftung mit einer fragilen finanziellen Basis gegründet wurde und sich 14 Registranten für einen Vier-Jahres-Kurs einschrieben. Weitere zwei Jahre dauerte es, um mit Joseph Böhm, der Uraufführungen von Beethoven und Schubert spielte, einen ersten Geigenlehrer anzustellen. 1827 schließlich wurde der ursprüngliche Vier-Jahres-Kurs für Studenten mit Solisten-Potenzial um zwei zusätzliche Jahre erweitert. Im November 1848, als die örtliche Revolution kaum unter Kontrolle und Ungarn in offener Rebellion war, wurde der Unterricht vollständig aufgegeben. Und es wurde 1851, bis Böhms Nachfolger Joseph Hellmesberger eine neue Ära der Professionalisierung einläutete; 1854 ließ die Schule die ersten Frauen als Violinstudenten zu, 1896 wurde die Lehrerausbildung in den Lehrplan aufgenommen, und 1909 schließlich wurde das Konservatorium als die Königlich-Kaiserliche Akademie für Musik und Darstellende Kunst verstaatlicht.

Doch im Vergleich mit Großbritannien wirkte Wien nahezu zielgerichtet. 1728 schlug der Schriftsteller Daniel Defoe vor, das Christ's Hospital, eine Londoner Stiftung mit ungefähr der gleichen Funktion und im gleichen Alter des Ospedaletto in Venedig oder der Pietà in Neapel, um eine Musikschule zu erweitern. In der Absicht, ausländische Spieler durch einheimische zu ersetzen, schlugen Burney und der Komponist Guardini im Jahr 1774 etwas Ähnliches am Foundling Hospital vor, einer relativ neuen Stiftung für »die Erziehung und Pflege von ausgesetzten und verlassenen Kindern«.[120]

Rund 40 Jahre später kam der Earl of Westmorland, ein begeisterter Amateurgeiger, während seiner Zeit als General-Adjutant in Sizilien auf den Gedanken, nach seiner Rückkehr in London die Royal Academy of Music zu gründen.[121] Die Akademie sollte, ebenso wie in Wien, durch private Spenden und Abonnements finanziert werden; jeweils 4 Jungen und Mädchen sollten ständig dort wohnen. Als sie im Jahr 1823 ihre Pforten öffnete, tauchten 21 Zehn- bis Fünfzehnjährige auf. Vier Jahre später war das Geld so knapp, dass die Akademie fast wieder schließen musste. François-Joseph Fétis, der sich die Szene im Jahr 1829 mit Pariser Augen ansah, bemerkte kühl, die bestehende Fakultät für Violine sei »unfähig, gute Schüler auszubilden«. Nach mehr als 40 Jahren Betrieb gab es nur drei Geigenstudenten; in den drei größten Londoner Orchestern waren höchstens 20 Prozent akademische Absolventen, und selbst dort lag ihre Zahl tendenziell unter derjenigen ausländischer Spieler.[122]

Doch innerhalb einer Generation hatte sich alles geändert. Einer der führenden Konzertspieler der Epoche war ab 1890 der in Frankreich geborene Emile Sauret, der älteste Professor an der Akademie und ein regelmäßiger Kunde bei Hill's. Studenten der Akademie waren dort ebenfalls Stammkunden. Dank ihres Gönners John Rutson besaß die Akademie eigene Instrumente. Wenn die Versicherungsprämie fällig wurde, baten sie Arthur Hill um eine Schätzung. Gelegentlich kam sogar der Sekretär der Akademie in der Old Bond Street vorbei, um Tipps zum Fundraising zu bekommen. Die im Jahr 1880 gegründete Guildhall School, die erste Schule ihrer Art unter kommunaler Verwaltung, wandelte sich unterdessen von einer Teilzeit-Akademie für junge weibliche Amateure aus dem Mittelstand zu einem zweiten Konservatorium.

1883 öffnete ein drittes Konservatorium – das Royal College of Music – seine Pforten, und damit begannen noch mehr gute Dinge zu geschehen. Acht Jahre später erinnerte sich George Bernard Shaw, inzwischen 35 Jahre alt, dass ihn in seiner Kindheit »der Anblick eines Fiedelkastens in einem Salon mit Schrecken« erfüllt hatte, bis Paganinis Schützling Sivori ihn davon überzeugte, dass das Instrument tatsächlich gespielt werden konnte. Doch nun beeindruckte ihn regelmäßig »eine Gilde junger Geiger« von der Hochschule mit »ihrer Kraft und ihrem Geschick«. Tatsächlich, so erzählte der Bruder von Joseph Joachim Arthur Hill im Jahr 1894, hatte sich der Prinz von Wales wegen einer Tätigkeit am Royal College an Joachim gewandt, doch das Angebot kam zwei Wochen zu spät.[123] Stattdessen ging die Stelle an Henry Holmes, einen gebürtigen Londoner, der bei seinem Vater studiert und mit acht Jahren im Haymarket Theatre debütiert hatte. Wenn jemand für Shaws erstaunliche junge Geiger verantwortlich war, so vermutlich Holmes. Aber seine Karriere an der Hochschule endete abrupt im Jahr 1894, als er wegen sexueller Belästigung entlassen wurde.

Während sich Holmes nach San Francisco davonmachte, zog die Hochschule in ein prächtiges neues Quartier im Schatten der Royal Albert Hall. Zur Einweihung erschienen der Prinz von Wales, zahlreiche Mitglieder der Königsfamilie, der US-Botschafter und »fast alle Mitglieder des Kabinetts und des Diplomatischen Corps«. Selbst der *New York Times* galt das Ereignis als berichtenswert.[124] Bald darauf übernahm der in Spanien geborene Enrique Fernández Arbós, ein ehemaliger Konzertmeister bei den Berliner Philharmonikern und der Boston Symphony und ein Schützling von Joachim, die Nachfolge von Holmes. Joachim empfahl ihn aufs Höchste, ebenso seinen spanischen Landsmann Pablo de Sarasate. Auch Arthur Hill, der die Geschäftsmöglichkeiten durch Arbós begrüßte, setzte sich energisch für ihn ein. Joachim und der ebenso legendäre Eugène Ysaÿe waren einverstanden, als Prüfer zu fungieren.

Hinsichtlich der Gründung und des Überlebens der Royal Academy blieb das musikliebende Großbritannien unentschlossen. In Leipzig indes war die Idee eines Konservatoriums dank Felix Mendelssohn Bartholdy, der seit 1835 Dirigent des Gewandhausorchesters war, seit 1840 im Gespräch. Allerdings wäre er ebenso froh gewesen, ein Konservatorium in seiner Heimatstadt Berlin zu gründen, wo selbst der König von Preußen und sein Kultusminister begierig darauf waren, ihn zu bekommen. Schlechterdings konnten die Berliner sich nicht darauf einigen, was er dort tun sollte. Währenddessen führten einheimische Nachfrage und der Glücksfall einer Spende zu handfesten Plänen in Leipzig. Mendelssohn sah seine Chance. 1842 eilte er nach Dresden, um sich mit dem König von Sachsen zu beraten. Ein Jahr später öffnete das neue Institut als erstes deutsches Konservatorium seine Tore. Gemäß Mendelssohns Entwurf sollte es eine neue Art von Akademie sein, wo Studenten, die bereits spielten, nicht nur eine fortgeschrittene Ausbildung, sondern auch ein Diplom als Bestätigung dafür bekamen, dass sie das gelernt hatten, dessentwegen sie gekommen waren. Auch die besondere Beziehung zwischen Konservatorium und Gewandhausorchester wurde in der Satzung festgeschrieben.

Präsident des neuen Instituts sollte Mendelssohn sein. Ferdinand David, der Konzertmeister des Orchesters, war als Professor für Violine mit der Verantwortung für fortgeschrittene und mittlere Studenten vorgesehen. Vorstandsmitglieder des Orchesters sollten gleichzeitig Vorstandsmitglieder im Konservatorium werden. Im Prinzip sollten Orchestermusiker ihre Instrumente unterrichten, doch für den Augenblick war die Geige das einzige Orchesterinstrument im Lehrprogramm, gefolgt von der Viola im Jahr 1848 und dem Cello im Jahr 1853. Trotz der Verbindung zum Gewandhaus, die den Zugang zum Konzertsaal und zur Bibliothek einschloss, war das Orchester hinter der Kammermusik sekundär.

Die Schule, weder eine Berufsschule noch ein Trainingslager für angehende Virtuosen, kam einem Gymnasium am nächsten, dessen Curriculum darauf ausgerichtet war, eine liberale Erziehung zu vermitteln. Ebenso war die Musikerziehung eine Aufgabe der Gewandhauskonzerte. Ein halbes Jahrhundert später kam nahezu die Hälfte der Studenten des Konservatoriums aus dem Ausland, über die Hälfte davon waren Frauen.[125]

Anton Rubinstein war ebenso wie Mendelssohn als Jude geboren, mit über 50 Familienmitgliedern assimiliert und schon in früher Jugend ein Ausnahmetalent, das in den westlichen Hauptstädten den üblichen Prominenten, darunter Mendelssohn selbst,[126] vorgeführt wurde. Er wurde sogar von Königin Victoria empfangen. Wie Mendelssohn strebte auch er danach, ein Konservatorium zu gründen, doch ebenso wie in Deutschland war das nicht leicht umzusetzen. Was in Leipzig mit seiner alten Universität, der historischen Handelsmesse und den Jahrhunderten bürgerlichen Musizierens vergleichsweise leicht zustande kam, war in St. Petersburg keineswegs natürlich. Russland war ein anderes Land, auch eine andere Welt, in der die Aristokratie westliche Musik konsumierte, westliche Sänger und Spieler für Aufführungen importierte, aber ein Bürgertum im westlichen Sinne kaum vorhanden war.

Genauso wie mit der neuen und demonstrativ westlichen Hauptstadt und mit der Etablierung eines dort ansässigen Bildungsbürgertums machte man mit westlicher Musik im Wesentlichen eine politische Aussage. Seit der Gründung von St. Petersburg im Jahr 1703 war die Kunst wichtig. In den 1720er-Jahren hatten sich ein weltliches Theater und italienische Sänger angesiedelt. Ein Jahrzehnt später folgte der in Padua geborene Domenico Dall'Oglio als der Erste in einer Reihe von italienischen, dann französischen, dann mitteleuropäischen Geigern, die mit der Zeit russisch ausgebildete Geiger ebenso wie russisch ausgebildete Schachspieler und Mathematiker zu einem globalen Goldstandard machten. Die in Deutschland geborene und französisch erzogene

Katharina die Große, seit 1762 Kaiserin, machte für Höflinge den Besuch der Hauskonzerte zur Pflicht. Mitte des Jahrhunderts gab es öffentliche Konzerte. Am Vorabend des 19. Jahrhunderts war Russlands erster authentischer Geigenvirtuose Iwan Jewstafjewitsch Chandoschkin, der von Leibeigenen abstammte und von dem obligatorischen italienischen Geigenlehrer des Hofes unterrichtet worden war, schon Geschichte, und die Stadt gehörte mit ihrem eigenen Orchester und ihrem Konzertleben, ihren Musikvereinen, Salons und Gönnern zum europäischen Kulturzirkel.[127]

Die musikalischen Energien, die in der neuen Hauptstadt entfesselt wurden, waren in Moskau in gleicher Weise transformativ. 1731 gelangte über den polnischen Hof die italienische Oper dorthin. Ein Findelhaus brachte Opern auf die Bühne und unterrichtete Musik. Die Familie Kerzelli, ein Clan tschechischer Komponisten, Dirigenten, Lehrer und Impresarios, eröffnete eine Musikhochschule mit einer besonderen Abteilung für »den hochwohlgeborenen Adel, Bürger und Leibeigene« und anschließend eine Schule, die sich speziell der Ausbildung von leibeigenen Musikern widmete. 1825 eröffnete das Bolschoi-Theater. Ab Mitte des 19. Jahrhunderts war Moskau ebenfalls eine Kulturstadt von internationaler Bedeutung.[128]

Rubinstein, vielversprechend und noch keine 20 Jahre alt, kehrte nach acht Jahren im Ausland in einen Palast in St. Petersburg zurück, wo seine Gönnerin, die Großfürstin Jelena Pawlowna von Russland, geboren als Prinzessin Friederike Charlotte Marie von Württemberg, die Schwägerin des Zaren, residierte. Als quasi fest angestellter Artist-in-Residence und auch ein bisschen wie ein Haustier war Rubinstein engagiert, um, häufig in Anwesenheit der kaiserlichen Familie, auf ihren Festen zu spielen. Die Beziehung war respektvoll und produktiv, doch in einer Gesellschaft, in der der begabteste Pianist, den das Land bisher hervorgebracht hatte, keinen anderen Rechtsstatus besaß als den eines »Sohns eines Kaufmanns der zweiten Gilde« und seine Gönnerin immer erwarten konnte, ihren Willen durchzusetzen, kaum gleichwertig.

Als er sich seinem 25. Lebensjahr näherte, reiste er wieder durch Europa, wo das einstige Wunderkind jetzt als Star empfangen wurde. Doch im Winter 1856/57 traf er die Großherzogin in ihrem Haus am Mittelmeer, wo Gönnerin und Schützling lange und ernsthaft über eine grundlegende Reform der Musikerziehung sprachen. Ziel war es, in einem Land, in dem der Staat an Musik desinteressiert war und einige der begabtesten Musiker die Ideen eines assimilierten jüdischen Pianisten und einer eingewanderten deutschen Prinzessin als Bedrohung ihrer ureigensten Kreativität und Originalität ansahen, einen heimischen und gesetzlich anerkannten Berufsstand zu entwickeln.[129]

Die Gründung der Russischen Musikgesellschaft im Jahr 1859 mit Zustimmung des Neffen von Jelena Pawlowna, des neuen Zaren Alexander II., war ein wichtiger erster Schritt. Die Gesellschaft, die gleichzeitig Initiator, Propagator und Lobbyist für eine Institution und einen Berufsstand war, schlug vor, das lokale Konzertpublikum sowohl mit westlichen als auch mit lokalen Meistern bekannt zu machen. Wenn nötig, war sie auch bereit, alle interessierten Neulinge im Petersburger Palast von Jelena Pawlowna und dem Moskauer Haus von Nikolai, dem gleichermaßen begabten Bruder von Rubinstein, zu unterrichten. In einem Land, dessen professionelle Musiker bisher Leibeigene oder Ausländer gewesen waren, war die Aufhebung der Leibeigenschaft im Jahr 1861 ein wichtiger zweiter Schritt. Ein Jahr später nahm das Petersburger Konservatorium seinen Betrieb auf, mit dem gut 30-jährigen Anton Rubinstein als Gründungsdirektor und seinem gelegentlichen Konzertpartner, dem großen polnischen Geiger Henryk Wieniawski, immer noch in der Mitte seiner Zwanzigerjahre, als Professor für Violine. 1866 eröffnete der 31-jährige Nikolai das neue Konservatorium in Moskau mit Peter Iljitsch Tschaikowsky, ebenfalls erst Mitte 20, als Professor für Theorie und Harmonie. Die Zugangsvoraussetzungen waren bescheiden und die Lehrpläne auf eine Dauer von fünf bis neun Jahren ausgelegt. Nach Jahrzehnten der bürokratischen Grabenkämpfe wurde vereinbart, dass die Absolventen nicht nur ein Diplom erlangen sollten, das ihnen zu einer bevorzugten Anstellung, einem Status als höherer Beamter und einer Rente verhelfen konnte, sondern auch ein Zertifikat als »freier Künstler« erwarben, das ihnen den rechtlichen Status eines »Ehrenbürgers« verlieh, der seinen Besitzer von Kopfsteuer und Militärdienst befreite und Juden erlaubte, außerhalb des Ansiedlungsrayons zu leben. Der Eintritt stand im Prinzip jedem, der älter war als 14 Jahre, offen. Ohne die Förderung durch eine staatliche Unterstützung konnten die Studiengebühren durchaus ein paar Monatseinkommen betragen. Aber es dauerte nicht lange, bis die Moskauer Stadtverwaltung und die Kaufmannschaft einsprangen, um zu helfen, und es Stipendien für Bewerber in selteneren Sparten wie den Blasinstrumenten gab.

Wie überall kam es zwischen den angehenden Profis und den kunstliebenden Laien zu einer erheblichen sozialen Distanz, und man nahm es für gegeben hin, dass diejenigen, die Klavier, Geige und Operngesang studierten, gleicher waren als andere. Die nicht-russische Multikulturalität bestand zum größten Teil aus den nationalen Minderheiten des Reiches, mit den Juden als den prominentesten unter ihnen. Frauen machten 60 Prozent der Studentenschaft aus. Ob das mit einer diskriminierenden Hochschulzulassung zusammenhing, mit einem gesellschaftlichen Konsens, dass junge Damen an Klaviere gehörten, oder mit Vätern, die reich genug waren, ihren Töchtern Klaviere zu kaufen und ihre Studiengebühren zu bezahlen, blieb unklar.

Doch was immer auch der Grund war, es stand außer Frage, dass das neue Konservatorium ab 1900 westliche Standards erfüllte. Weitere Konservatorien waren in der Zwischenzeit bis hin zum weit entfernten Kaukasus aus dem Boden geschossen; in Odessa stand der Violinunterricht in voller Blüte, und allein in Moskau unterrichtete eine Fakultät von 100 Mitarbeitern rund 2000 Studenten. Zu diesem Zeitpunkt waren Arbeitsplätze in Orchestern derart attraktiv geworden, dass viele Studenten vor dem Erreichen des Diploms ihr Studium abbrachen. Doch eine erhebliche Anzahl von ihnen ließ sich wenigstens als »freie Künstler« zertifizieren.[130]

Dank eines anerkannten Virtuosen und der Frau eines preußischen Ministers sollte auch Berlin endlich sein staatliches Konservatorium bekommen. Doch schrieb man nun schon das Jahr 1869, es lag bereits eine Generation zurück, dass Mendelssohn die Stadt frustriert verlassen hatte. Am Vorabend eines Jahrzehnts des Wandels war Berlin immer noch eine Provinzhauptstadt mit weniger als einer halben Million Einwohnern und einer Musikszene, die in einem Jahr etwa so viele Konzerte hervorbrachte wie – nach Mosers Schätzung – im Jahr 1910 in zwei Wochen.[131] Bis dahin füllte der private Sektor den Platz aus und bediente die Nachfrage.

Wie in weiten Teilen Kontinentaleuropas gingen im Jahr 1848 auch deutsche Liberale auf die Barrikaden. Sie forderten unter anderem eine öffentliche Unterstützung der Kunst und ein Konservatorium, strebten aber mehr an, als zu haben war, obschon zumindest das Stern'sche Konservatorium ein Beweis dafür wurde, dass sich ihre Mühe gelohnt hatte. Diese 1850 gegründete Privatstiftung befand sich in einem neobarocken Gebäude um die Ecke vom Anhalter Bahnhof und in unmittelbarer Nähe des Ortes, der im Berlin des Kalten Krieges der berühmte Checkpoint Charlie werden sollte. Zustande gekommen war es durch eine Verbindung der Kräfte von Universitätsmusikdirektor und Beethoven-Biograf Adolf Bernhard Marx, dem Klavierlehrer der preußischen Prinzen und Prinzessinnen Theodor Kullak und Julius Stern, dem Sohn eines Lotteriebetreibers in Breslau, dessen Talent ihn Mitte der 1840er-Jahre nach Paris geführt hatte, wo er die Bekanntschaft der Komponisten Berlioz und Meyerbeer machte. Innerhalb von drei Jahren bot die Schule in einer Stadt, die noch Jahre davon entfernt war, ein erstklassiges Orchester zu haben, eine Orchesterklasse an. Zwei Jahre später traten Hans von Bülow und Ferdinand Laub – beide damals noch Anfang 20, der eine später Leiter der Berliner Philharmoniker, der andere Professor am neu gegründeten Moskauer Konservatorium – der Fakultät bei. Rund 60 Jahre danach erinnerte sich Bruno Walter, dass sich das Konservatorium, in dem er sich im Alter von neun Jahren immatrikulierte, in einer Stadt, die mittlerweile voll von Angeboten für Musikunterricht war, mit relativ erschwinglichen Studiengebühren behaupten konnte.[132] Vor dem Ersten Weltkrieg war die Zahl der registrierten Studenten auf 1334 angewachsen, etwa 30 Prozent davon einheimisch und 30 Prozent ausländisch, die Hälfte davon aus Russland.[133]

Die Berliner Hochschule dagegen war sowohl direkt als auch indirekt ein Nebenprodukt von 1864 und 1866. Große Hauptstädte wie London, Paris, Wien und St. Petersburg und sogar Metropolen aus der zweiten Reihe wie München und Dresden verfügten bereits über große Konservatorien. Der Sieg über Österreich und die Konföderation mit den norddeutschen Verbündeten Preußens machte auch Berlin zu einer großen Hauptstadt. Dietmar Schenk formulierte elegant: »Im Jahr 1869 gegründet und in der Folgezeit großzügig ausgebaut, ist die Hochschule eine in die Form der Schule gegossene Schlussfolgerung der preußischen Regierung aus dem politisch-militärischen Machtgewinn.«[134]

Zugleich war der Erfolg von Berlin eine Konsequenz aus einem Misserfolg in Hannover. Seit seiner Ernennung im Jahr 1862 hatte der preußische Kultusminister Heinrich von Mühler von Amts wegen über das Defizit in der musikalischen Infrastruktur nachgedacht, das Berlin nicht nur gegenüber München und Dresden, sondern selbst gegenüber dem kleinen thüringischen Fürstentum Schwarzburg-Sondershausen wettbewerbsunfähig machte. Im April 1869 kam er auf die Idee, dass der Tod des ehrwürdigen Wilhelm August Bach, der Direktor des Königlichen Instituts für Kirchenmusik und fast 40 Jahre ein Gralshüter des musikalischen Status Quo gewesen war, vielleicht Gelegenheit für eine lange schon überfällige Initiative bot. Seiner Frau war unterdessen eingefallen, dass Joseph Joachim in Berlin lebte.

Joachim, der zu der Zeit seinen Lebensunterhalt als freiberuflicher Virtuose bestritt, war ein paar Jahre zuvor demonstrativ als Musikdirektor am Hof von Hannover zurückgetreten, weil ein diskriminierendes Gesetz Jakob Grün, einen jungen jüdischen Kollegen und späteren Professor am Konservatorium in Wien, von einer Festanstellung ausschloss. Nach einiger Zeit wurde die Affäre mit einem Kompromiss beigelegt, mit dem das Gesicht gewahrt wurde. Dann kam der Krieg von 1866. Hannover unterstützte Österreich. Preußen annektierte Hannover. Selbst wenn Joachim hätte zurückkehren wollen, gab es jetzt keinen Hof mehr, an den er hätte zurückkehren können. Doch war das für ihn kein Problem. Seine Konzertkarriere boomte, seine Berliner Verbindungen reichten zurück bis in die frühen 1850er-Jahre, und obwohl er in Ungarn als Untertan der österreichischen Krone und als Jude geboren worden war, war er bereits ein eingeschriebener Lutheraner und auf dem besten Wege, ein Unterstützer Otto von Bismarcks, des deutschen Kanzlers und preußischen Ministerpräsidenten, zu werden. »Ein Segen, daß ein Mensch wie Bismarck unsre Politik leitet«, schrieb Joachim im folgenden Jahr an seine Frau, und er fügte hinzu: »Ich fühle mich als Deutscher, nicht als Österreicher. [...] Vor dem Ende habe ich nicht Angst; das Recht und der Glaube an der Deutschen Mission, ihre Kultur zu verbreiten, halten mich aufrecht.«[135]

Sein Glaube an diese deutsche Mission, die mit einem wachsenden Konservativismus und einer Haltung einherging, die »Anti-Wagner« und »Pro-Bismarck« war, wird das Interesse des Ministers nur verstärkt haben. Eine weitere Anstellung als Musikdirektor sei nicht genug, sagte er zu von Mühlers

Frau, als sie sich ihm vorsichtig mit Vorschlägen für ein Konzertprojekt näherte. Er wolle »den Sinn für die höchste Kunst in einer Anzahl jugendlicher Gemüther« erwecken und schärfen, »die durch Ausübung und Lehre die Pflege der Kunst im Volk verbreiten könnten«. Die Möglichkeit einer königlichen Schirmherrschaft gefiel ihm, weil sie es ihm erlauben würde, über die Kunst nachzudenken, ohne sich um Geld sorgen zu müssen.[136] Frau von Mühler ging nach Hause und berichtete von dem Gespräch.

Von Mühlers Antwort, das erste Dokument in dem, was bald Joachims Personalakte im Konservatorium werden sollte, ist ein bürokratischer Klassiker. »Es ist indessen zu wünschen, dass die Ausgestaltung […] nicht hinausgezögert wird und nicht zu lange dauert, damit von anderer Seite gar nicht erst Gedanken und Vorschläge auftauchen, deren Bekämpfung wieder neue Schwierigkeiten verursachen«, warnte er. »Doch mit dem Ableben eines Mitgliedes der musikalischen Abtheilung, Musikdirector Bach, ist ein Moment hinzugeraten, dass ich beachten und nutzen muss.«[137] Falls Joachim freie Zeit für Reisen oder andere Projekte brauchen sollte, nun gut, sie würden eine Lösung finden.

Das Angebot des Ministers war eines, das ein Mann, den die Konzerttätigkeit schon krank machte, kaum verweigern konnte. Es schloss drei Monate Pause im Winter, eineinhalb Monate im Sommer plus ein auf Lebenszeit festes Einkommen, auch im Falle einer Arbeitsunfähigkeit, ein. Seinem Bruder in England teilte Joachim überglücklich mit, dass sich eine Konzerttournee nicht ansatzweise damit messen konnte. Von Mühler informierte seine Kabinettskollegen mit strategischen Verweisen auf die gescheiterten Verhandlungen mit Mendelssohn eine Generation zuvor und auf »die Verherrlichung Gottes«, obwohl dieser Teil in dem Entwurf einer später verfassten Charta noch fehlte. Im Juni kam Joachim in das Haus des Ministers, um mit von Mühlers Tochter einen Abend mit Mozart- und Beethoven-Sonaten zu verbringen. Er berichtete später seiner Frau, dass die Tochter zwar talentiert sei, aber von Beethoven keine Ahnung habe.[138]

Im Herbst eröffnete die Hochschule mit drei Lehrern: einem Pianisten, einem Cellisten und Joachim. Von 19 eingeschriebenen Studenten kamen 14, um Violine zu studieren. Drei waren Frauen, eine davon eine Schumann-Tochter, die das Instrument ihrer Mutter – das Klavier – erlernen wollte. Doch als während der folgenden drei Jahre neue Instrumente und Kurse hinzukamen, gab es ein exponentielles Wachstum. 1876 waren aus den drei Lehrern 38 und den 19 Schülern 249 geworden.[139]

Es gab immer noch unzählige institutionelle und administrative Dinge zu erledigen. Doch nur eines davon vermochte die Vorstellungskraft späterer Generationen beflügeln, die der Gründerzeit entwachsen waren und völlig andere Vorstellungen davon hatten, wofür Konservatorien gut waren und was sie bewirken konnten. Der Streitpunkt war, von wem der Lehrkörper ernannt wurde. Sowohl Joachim als auch der Minister hatten ein verstärktes Interesse daran, wenngleich aus unterschiedlichen Gründen. Als der unvermeidliche Moment der Wahrheit kam und von Mühler gegen Joachims Wahl eines Pianisten ein Veto einlegte, griff Joachim auf eine Strategie zurück, die sich schon in Hannover bewährt hatte, und reichte beim König seinen Rücktritt zum 1. Januar 1871 ein. Da Joachim und von Mühler nicht mehr miteinander sprachen, musste eine Vermittlung notwendigerweise indirekt erfolgen. Da sie erfolglos blieb, wurde die Angelegenheit direkt an den König verwiesen, obwohl dieser sich weder in Berlin noch in Potsdam, sondern in Versailles aufhielt, wo die deutschen Truppen Paris belagerten. Der König hörte sich pflichtbewusst die Argumente an und entschied zu Joachims Gunsten.

Als Joachim ein Jahr später das erste Orchesterkonzert der Hochschule leitete, war die königliche Familie ebenso demonstrativ anwesend wie Feldmarschall von Moltke, der Held des Krieges mit Frankreich. Als von Mühler 1872 zum Rücktritt gezwungen wurde, gaben die Lokalzeitungen Extraausgaben heraus, und bei einem Konzertabend jubelte man Joachim zu. 30 Jahre später bezog die mittlerweile weltberühmte Hochschule in der Berliner Hardenbergstraße Räumlichkeiten im Stil der Neo-Renaissance mit einem Konzertsaal von 1044 Plätzen. Wieder war die königliche Familie anwesend, ebenso wie leitende Beamte der preußischen und kaiserlichen Regierungen, Abordnungen der Hochschulen und Vertreter von in- und ausländischen Konservatorien.[140] Das Gebäude wurde im Zweiten Weltkrieg zerstört, doch sein Nachfolger am selben Standort erbaut.

Gegen Ende des 19. Jahrhunderts richtete man auch in den Vereinigten Staaten Konservatorien ein, zumindest östlich des Mississippi und nördlich des Ohio. Obwohl der eigentliche Betrieb erst ein Jahrzehnt später begann, war das Peabody Institute in Baltimore, das im Jahr 1857 gegründet wurde, technisch gesehen ein Vorläufer von St. Petersburg und Berlin. Das Oberlin-Konservatorium in Ohio, 1865 gegründet, ist das älteste Konservatorium in Amerika im Dauerbetrieb und schloss sich zwei Jahre später mit dem Oberlin College zusammen. Im selben Jahr eröffneten im anspruchsvollen Boston zwei Konservatorien. Ab 1878 hatte auch Cincinnati zwei.

Wie so oft ähnelte die amerikanische Szene der europäischen und war doch ganz anders. Die Berliner Logik, dass große Städte große Konservatorien benötigten, traf auch auf Amerika zu. Aber weder Großfürstinnen noch unternehmungslustige Virtuosen, geschweige denn Kultusministerien waren in Sicht. Ein paar Jahre nach dem Bürgerkrieg kehrte Jeannette Thurber Meyers, die Tochter eines eingewanderten dänischen Geigers, vom Violinstudium in Paris mit der Absicht zurück, ein »Conservatoire à l'américaine« zu erschaffen. Mit Unterstützung des im Lebensmittelhandel erworbenen Vermögens ihres Ehemannes[141] und gemeinsam mit einem Kader der Geschäfts- und Finanzaristokratie der Stadt – darunter Andrew Carnegie als Vorstandsmitglied – tat sie im Jahr 1885 den ersten Schritt mit der Gründung des National Conservatory of Music of America in der East 17th Street von New York, das allen qualifizierten Interessenten unabhängig von Geschlecht und Rasse offenstand. Als Jean Sibelius, ihr erster Wunschkandidat für die Leitung, nicht verfügbar war, begnügte sie sich mit Antonin Dvořák; er erhielt ein Jahresgehalt von 15.000 Dollar in einer Zeit, in der ein durchschnittlicher Fertigungsarbeiter etwas mehr als 400 Dollar im Jahr verdiente.[142] Aber die treibende Kraft war sie selbst.[143]

1888 stellte sie den Antrag, der Kongress möge für ein neues Institut 200.000 Dollar bereitstellen. Jeder Abgeordnete sollte dann einen Kandidaten aus seinem Bundesland oder Wahlkreis für einen gebührenfreien Studienzugang benennen, vorbehaltlich einer strengen Aufnahmeprüfung und der Zustimmung des Direktoriums des Konservatoriums.[144] Im Jahr eines hart umkämpften Präsidentschaftswahlkampfs gab es dafür keine Befürworter. Doch drei Jahre später beschloss der Kongress, ein kostenneutrales »nationales Musikkonservatorium im District of Columbia« zu gründen. 1921 wurde das Projekt noch einmal bestätigt – und verschwand dann auf Nimmerwiedersehen.

Doch auch der Privatinitiative konnte man beibringen, das zu kultivieren, was Thurber als »nationalen musikalischen Geist« bezeichnete. Mit der Zeit sollten andere das Gleiche tun, selbst als Thurbers Konservatorium zusammen mit ihrem Vermögen und ihrer Energie zu verschwinden begann. Zwischen 1918 und seinem Tod im Jahr 1932 investierte George Eastman 20 Millionen Dollar in die Eastman School of Music der Universität von Rochester. Zwischen 1917 und 1928 investierte Mary Louise Curtis Bok, deren Vater die beliebte *Saturday Evening Post* und deren Mann das ebenso beliebte *Ladies Home Journal* herausgaben, mindestens 12 Millionen Dollar in Philadelphias Curtis Institute of Music. Inspiriert von John Grolle, einem niederländischen Einwanderer und ehemaligen Geiger im Philadelphia Orchestra, war der nächste Schritt ein Vollstipendium-Konservatorium für eine sorgfältig ausgewählte Klasse von 203 Studenten und demonstrativ gut bezahlten Lehrern, darunter Josef Hofmann mit 72.500 Dollar pro Jahr und die Sopranistin Marcella Sembrich mit 40.000 Dollar. Carl Flesch, auf Empfehlung von Grolle als emblematischer Geigenlehrer der Ära importiert, verdiente 25.000 Dollar pro Jahr für dreieinhalb Monate Arbeit.[145] Unter Zugrundelegung eines 50-Wochen-Arbeitsjahres verdiente ein gewerkschaftlich organisierter New Yorker Klempner zu dieser Zeit etwa 3.000 Dollar. Für Arbeitsplätze in der Produktion wurden etwa 1.200 Dollar gezahlt.[146]

Dennoch waren es zwei sehr unterschiedliche amerikanische Stiftungen, die das globale Tempo zunehmend bestimmten. Juilliard, als Lehrerseminar mit Sitz in Manhattan im Jahr der ersten russischen Revolution konzipiert, sollte sich im Laufe des neuen Jahrhunderts mit 810 Studenten und 1998 einem Budget von 39 Millionen Dollar in das Harvard der Konservatorien verwandeln. Indiana, ein der Universität angeschlossenes Institut etwa 80 Kilometer von Indianapolis, sollte sich in demselben Jahrhundert zu einem eigenständigen Imperium mit über 1 700 Diplom-Kandidaten, fast die Hälfte von ihnen graduierte Studenten, und einem Jahresbudget von über 30 Millionen Dollar entwickeln.[147]

Juilliard, das ironischerweise den Namen eines Mannes trug, der die nach ihm benannte Schule weder kannte noch jemals betreten hatte, hatte den Standortvorteil, in New York zu sein. In dieser Stadt mit ihren im Jahr 1900 rund 3,5 Millionen Einwohnern, einem etablierten öffentlichen Schulmusikprogramm und privaten Lehrern für jede vorstellbare musikalische Kunst, waren schon alleine die fünf neu konsolidierten Bezirke ein Reservoir für Nachfrage und Talente, das nur darauf wartete, entwickelt zu werden. Doch Mrs. Thurbers National Conservatory war Beweis genug dafür, dass es mehr bedurfte als eine günstige Lage, um in New York erfolgreich zu sein.

Andererseits waren die Anwesenheit von Frank Damrosch und James Loeb absolut von Vorteil. Damrosch, Sonntagsorganist an Felix Adlers Society for Ethical Culture, sozial engagierter Chorleiter an der Cooper Union und seit 1897 Musikverantwortlicher für die öffentlichen Schulen in New York, wollte eine Schule, die nicht nur Spieler und Sänger unterrichtete, sondern auch vielseitige Musiker und Musiklehrer hervorbrachte. Loeb, ein Altphilologe und Cellist sowie eine Stütze des New Yorker deutsch-jüdischen Establishments und ein eher widerwilliger Teilhaber im familiären Bankgeschäft, war glücklich, helfen zu können.

Mit einer Stiftung von einer halben Million Dollar von Loeb und seinen Freunden stellte Damrosch einen Lehrkörper ein und beantragte beim New York Board of Regents die Akkreditierung. Sein mit der U-Bahn erreichbares Institute of Musical Art zählte bei der Eröffnung im Oktober 1905 281 Studenten, einige von ihnen Abiturienten. Woodrow Wilson, zu dieser Zeit Präsident der Universität Princeton, sprach bei der Eröffnungsfeier. In Damroschs Institut, das für seinen soliden Lehrplan, seine professionellen Dozenten und seine gute Anbindung an die öffentliche Konzertszene Anerkennung gefunden hatte, gab es auch 20 Jahre später immer noch rund 1 000 Anmeldungen, davon etwa zwei Drittel Frauen, ein Viertel Juden und sogar ein paar Afroamerikaner.

Doch gab es auch Konkurrenz um Dozenten, Studenten, Räumlichkeiten und Ressourcen. Das war der Moment, an dem Augustus D. Juilliard, ein kinderloser Textilmillionär aus New York, die Szene betrat. In seinem Testament, das zwei Monate nach seinem Tod im Jahr 1919 eröffnet wurde, hinterließ er der Juilliard Musical Foundation geschätzte 12,5 bis 13,5 Millionen Dollar mit der Auflage, die Ausbildung von qualifizierten Studierenden zu fördern, öffentliche Aufführungen zu garantieren und die Metropolitan Opera zu unterstützen.[148] Sein Neffe Frederic, ein Bewunderer von Präsident Warren G. Harding, der sein Amt Anfang 1921 mit dem Versprechen angetreten hatte, die »Normalität« wieder herzustellen, engagierte den Methodistenprediger und ehemaligen College-Präsidenten Eugene A. Noble als Direktor der Stiftung. Noble, ein Mann mit nativistischer Disposition, zutiefst konservativen Neigungen, keinerlei bekannten musikalischen Errungenschaften und einem orakelhaften Verwaltungsstil, machte dann ein ehemaliges Vanderbilt-Gästehaus in Midtown Manhattan zu seinem eigenen Zuhause und dem der Stiftung.

Schließlich wählte er im Jahr 1924 100 weiße, in den USA gebürtige Kandidaten für den fortgeschrittenen Unterricht aus, trat an ein Dutzend hochkarätige Interpreten und Lehrer heran – darunter die Geiger César Thomson, Paul Kochanski und Georges Enesco – und kündigte die Gründung einer sogenannten Juilliard Graduate School an, obwohl nur wenige der Schüler-Kandidaten überhaupt einen Abschluss hatten und es keine erkennbaren Pläne für ein Zertifikat oder gar einen Lehrplan gab. Inzwischen befand sich sein Direktorium in offener Rebellion. Doch auch der Vorstand von Damrosch war zu einigen Erkenntnissen gelangt, unter anderem die, dass das Geld von Juilliard ein starkes Argument war, auch wenn Noble selber schwieg. Mit 15 zu 5 stimmten sie dafür, sich mit dem, was sie nicht schlagen konnten, zu verbinden, ihre Vermögenswerte an die Juilliard Foundation weiterzugeben und ihr Institute of Musical Art in einer neuen, kombinierten Schule zusammenzuführen.

Was folgte, war nicht gerade eine feindliche Übernahme, aber Aschenputtel und der Prinz war es auch nicht. Das, was die Damrosch-Loeb School of Music hätte werden können, war jetzt die Juilliard School of Music, de facto eine Konföderation, die sich ohne Liebe unter einem gemeinsamen Dach zusammenfand. Weder Damrosch noch Loeb wurden gebeten, dem neuen Vorstand beizutreten. Doch das galt auch für Frederic Juilliard, und Nobles Vertrag wurde nicht verlängert.[149]

Das neue Team war ein Vorbild an respektabler Glaubwürdigkeit. Der Dekan und spätere Präsident Ernest Hutcheson – weiß, männlich und Mitglied der Episkopalkirche – hatte als Kind bei Liszt gelernt, am Stern-Konservatorium gelehrt, in einem Konzert mit dem New York Symphony Orchestra drei Beethoven-Konzerte gespielt, eine Liste von ausgezeichneten Schülerinnen und Schülern vorzuweisen und sogar George Gershwin vor Bewunderern geschützt, während dieser das *Konzert in F* komponierte. Der Präsident John Erskine hatte nicht nur einen Doktortitel von der Columbia Universität, sondern war auch ein beliebter Professor für englische Literatur, Pianist und Autor eines Romans, der 1927 verfilmt wurde.[150]

Im Gegensatz zu Thurbers Modell funktionierte dieses. Ein neuer Professor für Dirigieren führte ein weithin bewundertes Orchester- und Opernprogramm ein, das in einem neuen Gebäude untergebracht wurde. Das neue Management passte auf das Geld auf, sorgte für die Aufmerksamkeit der Medien und pflegte das notwendige soziale Netzwerk. Neue Fakultätsmitglieder wie

Louis Persinger, der die Wunderkinder Yehudi Menuhin und Ruggiero Ricci in San Francisco unterrichtet hatte, lockten nun die besten jungen Geiger in die Morningside Heights. Eine immer größer werdende Liste namhafter Studienabgänger zog mehr und mehr talentierte Bewerber an. Selbst im schwarzen Jahr 1935 erhielt ein Vermittlungsbüro vor Ort 2 500 unaufgeforderte Anfragen nach Lehrern und Künstlern. Und im schwarzen Jahr 1938 fanden 489 Studienabgänger und Studenten Arbeitsstellen als Lehrer und Konzertmusiker. Es war sogar Geld übrig für eine Violine, eine Viola und ein Cello aus dem 18. Jahrhundert und für das, was bis zum Beginn des 21. Jahrhunderts zu einer Sammlung mit rund 30 Bögen und 100 weiteren Instrumenten von Sammlerqualität werden sollte, darunter eine Amati-, zwei Testore-, zwei Vuillaume-, zwei Stradivari-, drei Bergonzi-, vier Gagliano-, fünf Guarneri-, vier del-Gesù- und sechs Guadagnini-Geigen.[151]

Alles was Juilliard brauchte, um Weltniveau zu erreichen, waren heimkehrende Kriegsveteranen, der Konjunkturaufschwung der Nachkriegszeit, Amerikas Aufstieg zur Weltmacht und New Yorks Aufstieg zur Welthauptstadt. Unter William Schuman, dem ersten jüdischen und in den USA gebürtigen Rektor, wurde die alte Trennung zwischen Juilliard und Damrosch überwunden. Der institutionelle Auftrag richtete sich neu auf Aufführungen aus. Für die nächsten sechs Jahrzehnte etablierten sich Ivan Galamian und Dorothy DeLay weltweit als die angesagtesten Geigenlehrer. Das Juilliard String Quartet repräsentierte die Schule überall in der Welt. Als Schuman 1962 von den Morningside Heights herabstieg, um Präsident des neuen Lincoln Center in der Stadt, die niemals schläft, zu werden, schien es keine Frage, wer »king of the hill« war.

Doch es gab auch Indiana, die Musikschule einer öffentlichen Universität mit einem Lehrkörper, dessen Größe und Qualität demjenigen von Juilliard vergleichbar war und der in einer Stadt mit 30 000 Einwohnern (einschließlich Studenten) Klassen von Juilliard-Ausmaßen und in einer Juilliard-ähnlichen Vielfalt unterrichtete. In einem Bundesstaat mit unter 5 Millionen Einwohnern unterhielt die Schule fünf Orchester und produzierte sieben bis neun Opern pro Saison – eine Zahl, die nur noch von der Met übertroffen wurde. Sie vergab mindestens vier unterschiedliche Bachelor-Grade, vier unterschiedliche Master-Abschlüsse, drei unterschiedliche Doktorgrade und ein Künstler-Diplom.

Gegründet worden war die Musikschule schon im Jahr 1910. Als die Abteilung 1919 zu einer Schule mit direkter Verbindung zum Präsidenten erklärt wurde, war das ein Riesenschritt, und ein neuer Dekan, der in Berlin bei Joachim und Moser studiert hatte, erklärte, dass Musik »im Staat Indiana und in jeder seiner Städte wirtschaftsfördernd« sei.[152] 30 Jahre später begannen ein neuer Präsident und ein neuer Dekan mit dem Nachweis, dass dies der Wahrheit entsprach.

Der neue Präsident Herman B Wells – dessen B wie das S in Harry S Truman weder auf einen Namen noch auf einen Ort hinwies – war in Indiana geboren, hatte sein Diplom in Indiana erworben und war ein ausgebildeter Ökonom, der Horn und Baritonhorn spielte und es mit dem Cello versucht hatte. Als Angestellter in einer lokalen Bank hatte er für den staatlichen Bankiersverband den Staat bereist und war noch vor seinem 30. Lebensjahr beratend für das Staatsparlament tätig gewesen. Mit 35 Jahren wurde er zum Präsidenten der Universität ernannt, eine Position, die er bis 1962 behielt. Erst danach wurde klar, dass seine musikalische Begeisterung in einer Musikschule mit keinerlei Anziehungskraft für die besten Schulgeiger, die verzweifelt nach einem »angesehenen Violinlehrer« suchten, wie Katzenminze wirkten.[153]

Im Jahr 1947 verwandelte eine unerwartete Vakanz im Amt des Dekans die Aschenbrödel-Musikschule in eine Prinzessin. Wells, der die Suche leitete, kam mit Wilfred Bain, dem in Kanada geborenen 39-jährigen Sohn eines Methodistenpredigers zurück, der schon das hässliche Entlein einer Musikschule am North Texas State Teachers College in einen regionalen Schwan verwandelt hatte.

Bain war entsetzt von der lokalen Szene, in der seine Frau Orchestermusiker an der Kasse des Supermarkts anwerben musste. Hilfreich war deshalb, dass er einen so leichten Zugang zum Büro des Präsidenten hatte wie sonst nur der Sexualforscher Alfred Kinsey.[154] Mit Unterstützung von Wells machte sich Bain daran, für einen Aufschwung zu sorgen. Ein erstklassiger Dirigent und Operndirektor zogen erstklassige Künstler an, die wiederum dem Orchester, das für ein erstklassiges Opernhaus nötig war, erstklassige Studenten verschafften. Oper war sowohl für das Publikum als auch für die Medien attraktiv. Mittlerweile gingen Ensembles aus Indiana bis nach Brüssel, Japan, Korea und auf die New Yorker Weltausstellung auf Tournee, und Bain kam trotz vergleichsweise bescheidener Gagen mit Trophäen wie Janos Starker, Solocellist des Chicago Symphony Orchestra, und Joseph Gingold, Konzertmeister des Cleveland Orchestra, zurück. Starker war dankbar, von den Zwängen eines Orchesterspielplans befreit zu sein. Gingold, der das Unterrichten liebte, kam für das gleiche Entgelt, das Cleveland ihm zuvor bezahlt hatte. Tatsächlich durfte jeder, der konzertieren konnte, dies tun, sofern die Unterrichtsstunden nachgeholt wurden. Hinzu kam der psychologische Mehrwert von guten Kollegen, guten Studenten und der Anbindung an ein erstklassiges Team. In einem Beruf, der nicht gerade für dauerhafte Beschäftigung und sichere Arbeitsplätze bekannt ist, gab es – zumindest für eine Weile – den Komfort eines regelmäßigen Einkommens.

Am Ende tat Bain wie Schuman das, dessentwegen er gekommen war. Wo er einst gehofft hatte, 500 Studierende zu gewinnen, empfahl er nun eine Obergrenze von 1 500. Er hinterließ einen Ruf, der zum Markenzeichen wurde und sogar ein neues Zuhause, vor allem aber einen Lehrkörper, der global wahrgenommen wurde,[155] beginnend mit den Violinprofessoren, die seit der Gründung des Pariser Konservatoriums ihre Institutionen verkörpert hatten und deren Anstellung selbst für die Tagespresse berichtenswert war.

Ihre Geschichte begann, wie solche Geschichten es meistens tun, in Paris, wo der 18-jährige Pierre Rode sein sensationelles Debüt kurz vor Beginn der Schreckensherrschaft machte. Seither wurde er als einer der höchstrangigen Geiger in Paris angesehen – »was etwas heißen will«, setzte sein Biograf hinzu, »denn in solcher Zahl und Pracht wimmelte es wie nie zuvor von hervorragenden Geigern.«[156] Drei Jahre später wurde er für eine Professur am neu gegründeten Konservatorium nominiert. Im Jahr 1803 machte er sich mit seinem Kollegen Pierre Baillot auf den Weg nach St. Petersburg, wo Geld zu verdienen war. Während ihrer Abwesenheit stellte der etwas ältere Rodolphe Kreutzer die offizielle *Méthode* zusammen und veröffentlichte sie.

1812 kehrten Rode und Baillot nach Paris zurück, wo der Fürst von Chimay, ein Adjutant Napoleons und Amateurgeiger, sie für ein »Elite-Orchester« engagierte, »an dem die berühmtesten Künstler, ganz so wie in seinem Salon, stets an immer demselben Wochentag anwesend waren«.[157] Darüber hinaus nahmen sie ihre normale Routine als Künstler und Lehrer wieder auf. Ganze Regale voller Konzerte und Gebrauchsstücke, die sie für sich selbst komponiert hatten, waren schon zu ihren Lebzeiten veraltet. Doch von sechs klassischen Etüdensammlungen, die zwischen 1796 und 1835 herausgegeben und auch einige Jahrhunderte später noch gedruckt wurden, waren vier von Professoren des Konservatoriums, darunter Kreutzer, Baillot und Rode.

Baillot, der langlebigste von ihnen, machte mit Amateurfreunden und Berufskollegen weiterhin Kammermusik. Mit über 154 Abonnementkonzerten zwischen 1814 und 1840 führte er das Pariser Publikum in die Quartette von Boccherini, Haydn, Mozart und Beethoven ein, und noch im Alter von 62 Jahren unternahm er eine Abschiedstournee in Italien und der Schweiz.

Seine *L'Art du Violon* – Gebrauchsanweisung, Bestandsaufnahme, Memoiren und Testament in einem – erschien ein Jahr später. Baillot erinnerte sich, dass es für ihn und seine Kollegen anfangs nur wenige Anknüpfungspunkte gab. Über den Zeitraum von einigen Jahren hatten sie durch praktisches Ausprobieren versucht, »jene Prozesse, die als Geheimnisse der Kunst bekannt sind«, zu ergründen. Im Rückblick war er davon beeindruckt, wie alle großen Spieler seit Corelli die Geige an ihre Bedürfnisse angepasst hatten. Dazu gehörte »Herr Paganini«, dessen Herangehensweise sie zu einem Instrument gemacht hatte, das so einzigartig war wie der Künstler selbst. Seine eigenen 24 Etüden, die als Ergänzung zu seiner Violinschule veröffentlicht wurden, waren selber ein Indiz dafür, wie weit sich die Dinge in 30 Jahren entwickelt hatten. Baillot sagte, dass es nicht der Zweck des Konservatoriums sei, Grenzen zu setzen, sondern eine Grundlage zu schaffen.[158]

Ohne dass es ihm bewusst war, nahm sich der kleine Charles Dancla um 1823 vor, zu beweisen, dass Baillot recht hatte. Mit sechs Jahren war er bereit für das örtliche Theaterorchester. Mit acht Jahren spielte er auf einer Wohltätigkeitsveranstaltung in seiner kleinen Heimatstadt am Rande der Pyrenäen unter anderem Konzerte von Rode und Kreutzer und ein Trio von Baillot. Dann fuhr sein Vater mit ihm nach Bordeaux zu einem Vorspiel bei Rode, der ihn an Baillot weiterempfahl. Mit neun Jahren wurde er im Konservatorium aufgenommen. Ein Jahr später, so betonte er in seinen Memoiren, hatte er gelernt, »ohne Zittern« in der Öffentlichkeit zu spielen.[159] Mit 18 Jahren war er Sologeiger an der Opéra.

Von ihren Anfängen in der tiefsten Provinz bis zu seinem Tod im Alter von 90 Jahren spiegelt seine Karriere eine Ära wider, die sich von der Restauration bis hin zur Dreyfus-Affäre erstreckte. Und sogar 60 Jahre, nachdem er sie gehört hatte, verdaute er immer noch die unheimliche Präzision von Paganinis Dezimen und Fingersatzoktaven. Während ihm Beethoven immer noch »zu modern« war, spielte er mit seinen Brüdern Haydn- und Mozart-Quartette und überlebte die große Cholera-Epidemie von 1832. Im Jahr 1848 wurde ihm eine Anstellung als Assistenzdirigent an der Opéra Comique angeboten. Er lehnte höflich ab und zog es vor, die Revolution als Postmeister in Cholet auszusitzen, einer kleinen Stadt weit westlich von Paris, schon fast an der Atlantikküste.[160] Nach seiner Rückkehr in die Hauptstadt ereilte ihn ein Einberufungsbefehl mit der Aufforderung, sich mit einer Klarinette bei der Miliz zu melden. Mit Unterstützung von Adolphe Adam, eigentlich ein Ballettkomponist, zu dieser Zeit aber Militärkapellmeister, schaffte er es stattdessen, das tonikale »uhm« und dominante »pah-pah« zu meistern, das seine Stimme erforderte, und auf das zweite Horn zu wechseln.

Sein Erlebnis im Konservatorium hatte das Potenzial für eine Operette. Als Baillots Professur am Konservatorium 1842 vakant wurde und der belgische Virtuose Charles de Bériot den Ruf ablehnte, schlug der Leiter des Orchesters des Konservatoriums, Habeneck, seinen Schüler Jean-Delphin Alard und Dancla vor. Dann kam Jean-Baptiste Teste, der Minister für öffentliche Arbeiten, mit einem dritten Kandidaten heraus: dem belgischen Virtuosen Lambert Joseph Massart, einem Schüler von Kreutzer. Alard und Massart, die beide schwergewichtige Gönner hatten, kamen in die engere Wahl. »Was mich betrifft«, so berichtete Dancla, »hatte ich nur den glorreichen Titel eines Baillot-Schülers, und das war nicht genug.« Der Fairness halber sollte hinzugefügt werden, dass Massart, der den Ruf erhielt, der berühmteste Lehrer seiner Zeit wurde, nachdem er Kreisler, Ysaÿe und Wieniawski unterrichtet hatte.

Der zweite Akt begann 14 Jahre später bei einer gesellschaftlichen Feier, auf der der Gastgeber, Achille Fould, der langjährige Finanzminister in der Regierung von Napoleon III., Dancla fragte, ob er in seiner Klasse gute Schüler habe. »Aber Herr Minister«, antwortete Dancla, »ich bin kein Professor am Konservatorium.« Fould ging direkt zu Camille Doucet, dem Direktor der Staatstheater. Einige Tage später wurde Dancla eine Position am Konservatorium angeboten.

Bis er zum Professor ernannt wurde, sollten allerdings noch weitere fünf Jahre vergehen. Nach 34 Jahren wurde er 1892 gezwungen, im Alter von 75 Jahren in Rente zu gehen. Dancla protestierte, weil Massart 47 Jahre lang unterrichtet hatte und bis zum Alter von 79 Jahren bleiben durfte. Es half nichts.[161]

Nachfolgende Generationen erinnerten sich an das Konservatorium mit einer Mischung aus Ironie, bedingtem Respekt und Zuneigung. Der Trikoloren-Elan der Gründungsväter war bereits Jahrzehnte zuvor deutlich verblasst. Carl Flesch, der 1890 aus Wien angekommen war, erinnerte sich an einen Lehrkörper mit dem Durchschnittsalter von 75 Jahren.[162] Henri Temianka, der über Rotterdam und Berlin in den 1920er-Jahren dort ankam, erinnerte sich, dass »eine der berühmtesten Musikinstitutionen der Welt« auch »eine der schäbigsten« war.[163] John Sidgwick, der nach dem Zweiten Weltkrieg aus England kam, erinnerte sich an einen Ort, wo Menschen so darin unterrichtet wurden, die Geige zu spielen, wie sie vielleicht gelehrt wurden, einen Stuhl zu polstern, aber dank Lucien Capet, dessen Klassiker *La Technique supérieure de l'archet* mitten im Ersten Weltkrieg erschien, trotzdem lernen konnten, ein authentisches Détaché und Martelé zu spielen.[164]

Unterdessen spielte die Musik längst woanders – in St. Petersburg, Moskau und New York, vor allem aber in Berlin. »Was Paris einst für die reisenden Virtuosen gewesen, das ist jetzt Berlin«, bemerkte Heinrich Ehrlich 1895.[165] Im Jahr 1909 kam es dem Klavierhändler Richard Stern in den Sinn, dass man mit einem Verzeichnis der musikalischen Ressourcen der Stadt ernsthaft Geld verdienen könnte. Sein Erfolg konnte ihn nur wünschen lassen, damit schon viel früher begonnen zu haben. Das Verzeichnis erschien jährlich bis zum Juli 1914, als andere Prioritäten gesetzt wurden.

Allein sein Umfang – 178 Seiten in der ersten Ausgabe – hatte sich sechs Jahre später nahezu verdoppelt. Einschließlich der 50 Anzeigenseiten war praktisch alles verzeichnet, was mit Musik zu tun hatte: private Lautenlehrer, Atemübungen, Operndirigate, rhythmische Gymnastik, das Konservatorium und zwölf private Musikschulen, die Musikwissenschaftler der Universität, Militärkapellen und Organisten an Dutzenden von Kirchen und fünf Synagogen. Es gab ein vollständiges Korps von Musiklehrern der 79 Schulen der Stadt, 72 Musikjournalisten bei 33 Zeitungen von konservativ bis sozialistisch, 20 Konzertsäle, 12 Veranstalter, 17 Musikverlage und sogar forensische Experten, die bereit waren, zur Authentizität von Instrumenten oder zur Verletzung von Urheberrechten Stellung zu nehmen. Private Zimmervermieter und Pensionen warben mit ihren Vorzügen wie Sprachkenntnissen und Zeiten für Übungsmöglichkeiten. Allein die Violinlehrer, darunter der Nachfolger von Joachim Henri Marteau, sein Schützling Andreas Moser, der große Fritz Kreisler und Carl Flesch, der emblematische Lehrer der nächsten Generation, füllten neun Seiten einschließlich ihrer Methoden, Sprachen und Stundensätze in Schritten absteigend von

25 Mark – das Doppelte des Preises für einen Logenplatz in der Königlichen Oper – bis 6 Mark. Für 1914 bis 1915 war Flesch bereits ausgebucht.[166]

Obwohl Joachim selbst nicht aufgeführt war, fiel sein langer Schatten auf praktisch jeden und alles. Zwangsläufig war seine geistige Präsenz an der Hochschule am spürbarsten, wo eine nach seinem Abbild geschaffene Geigenfakultät während seiner 38-jährigen Amtszeit von drei auf acht Lehrer angewachsen war und seine Marmorbüste von einem im Jahr 1913 enthüllten Denkmal auf die Nachwelt blickte. Doch sein Vermächtnis reichte im Prinzip bis überall dort, wo Menschen Bach und Beethoven auf der Geige hören oder spielen wollten.

Die Verehrung war real, die Zuneigung ebenso. Mit seiner patriarchalischen Großzügigkeit, seiner aufrichtigen Kollegialität, seinen unanfechtbaren Verdiensten und seinem ernsthaften Bemühen, aus den richtigen Gründen das Richtige zu tun, verkörperte er vieles, was an der guten alten Zeit wirklich gut war. Flesch, der zu den klügsten Bewohnern des Planeten Violine gehörte, hatte seine Bedenken über die Art und Weise, in der Joachim spielte und lehrte, aber keine über seine Bedeutung oder seinen Charakter. Voller Respekt merkte er an, dass Joachim schon sehr früh damit begonnen hatte, seine Zuhörer zu bilden, ja sogar zu erheben. Er konnte ihm nur dafür danken, dass er Virtuosität von einem Selbstzweck auf die untergeordnete Rolle verwiesen hatte, die sie verdiente, und stattdessen die Musik herausstellte.[167]

Leopold Auer, der nächste pädagogische Superstar, der bei Joachim in Hannover studiert hatte, als dieser noch Hofgeiger beim König war, erinnerte sich an einen Lehrer, der nicht nur manchmal mit ihm gemeinsam auftrat, sondern auch dafür sorgte, dass ihm ein Hofbeamter gelegentlich einen Umschlag mit zusätzlichem Bargeld zusteckte. Waldemar Meyer wurde in Joachims erster Klasse in Berlin mit einem Vollstipendium angenommen. Theodore Spiering, ein Deutsch-Amerikaner aus St. Louis, der später Gustav Mahlers Konzertmeister bei der New York Philharmonic wurde, erinnerte sich an einen Lehrer, der seinen Schülern auch dann noch mit Anstellungen und Empfehlungen half, wenn sie seine Klasse schon lange verlassen hatten.[168] In Arthur Hills Tagebuch wird Auer häufig erwähnt, weil er Einkäufe für den einen oder anderen seiner Schüler tätigte.

Moser, sein Schützling und Biograf, berichtet von ironischen Bemerkungen im Unterricht, die in den meisten pädagogischen Seminaren nur ein Stirnrunzeln hervorrufen würden. So sagte Joachim zu einem ernsthaften, aber etwas fantasielosen Studenten aus Königsberg, der Heimatstadt des Philosophen Immanuel Kant: »Es gibt keine Notwendigkeit, sich dafür zu entschuldigen, dass sie aus der Stadt der reinen Vernunft kommen, aber Sie müssen es nicht so offensichtlich machen, wenn Sie spielen«. Zu einem anderen Schüler, der einen Triller übertrieb, sagte er: »Das soll doch eine Girlande vorstellen, an der Blüten hängen, nicht aber Kartoffeln.«[169] Doch selbst nach dem Scheitern seiner Ehe, das seine engsten Freunde bestürzte, scheint er in einer Branche, die vollgestopft mit großen Egos war, und einer Kultur, in der sich der Neid gegenüber den anderen sechs Todsünden durchaus behaupten konnte, stets gute Gefühle erweckt zu haben.

Moser selbst räumte ein, dass Joachim ein unkonventioneller Lehrer war, der in der Mitte des Raumes auf einem kleinen Podest saß und durch Vorspielen unterrichtete. Auer, der Joachim verehrte wie jeder andere auch, erinnerte sich daran, dass ein von einem aufmunternden Lächeln begleitetes »So müssen Sie es spielen« üblicherweise das war, was einer Erklärung am nächsten kam.[170] Flesch sah in ihm weder einen Theoretiker noch einen Analytiker, sondern beobachtete, dass Joachim das, was er auf keinem anderen Wege analysieren oder vermitteln konnte, vorführte. Es stand außer Frage, dass er den Unterricht ernst nahm. Mit einem respektablen Gehalt und einer florierenden Konzertkarriere in der damaligen Musikhauptstadt konnte er annehmen, wen er wollte – was fünf oder sechs fortgeschrittene Studenten pro Jahr in über fünf Jahrzehnten Lehrtätigkeit bedeutete. Das 60. Jubiläum des Meisters als Konzertgeiger fiel in die Saison 1898/99, und Moser organisierte zu seinen Ehren ein Alumni-Orchester. Mit jeweils 44 Ersten und Zweiten Geigen, 32 Bratschen, 24 Celli und 20 Bässen, alle nach dem Alphabet gesetzt, waren so viele ehemalige Studenten gekommen, dass die Sitzreihen im Saal um acht reduziert wurden und das Konservatorium eine zusätzliche Dreitages-Police abschloss, um die Versicherung der Instrumente zu gewährleisten. Regimente und Brigaden von ehemaligen Studenten spielten jetzt in führenden Ensembles, dienten als Konzertmeister in führenden Orchestern, unterrichteten in Konservatorien oder machten Solokarrieren. Doch nach mehr als 40 Jahren war man sich weitgehend darin einig, dass aus keinem von ihnen solch ein Weltklasse-Spieler geworden war wie ihr Lehrer.[171]

Eine eindeutige Erklärung gab es dafür nicht, jedoch hatte Flesch ernsthafte Einwände gegen Joachims Nachfolger. Seiner Meinung nach hatten erst sie die eigenwillige Bogenführung des Meisters zu einer Schule gemacht. Anschließend machten sie aus Schülern »geigerische Krüppel«. Doch war das kaum der Fehler von Joachim. Lag das Problem im Fehlen einer Joachim-eigenen Methode? Unwahrscheinlich, meinte Enzo Porta, ein ehemaliger Konzertmeister des Teatro Comunale in Bologna mit einer akademischen Leidenschaft für die Geschichte des Geigenunterrichts.[172] Im Gegensatz zu der traditionellen Meinung über Joachim als dem Meister des Lernens anhand praktischer Beispiele war Porta davon beeindruckt, wie er in seiner dreibändigen Violinschule, die er gemeinsam mit Moser verfasst hatte, Technik und Musik von Grund auf verband und am Ende zu erstaunlich wortgewandten Anweisungen in Aufsatzlänge kam, die darlegten, wie das Mendelssohn- oder Brahms-Konzert zu spielen sei.[173] So wie Hillel dazu aufforderte, die Thora zu erklären, während man auf einem Fuß

stand, konnte Joachim im Jahr 1904 in einem Brief an den neunjährigen Franz von Vecsey seine Methode sogar auf 135 Wörter reduzieren: »Höre Dir beim Üben genau zu, kein Ton gehe unbeachtet vorüber. Sei Dein eigner Lehrmeister!« »Beim Lagenwechsel rutsche nicht mit den Fingern auf der Saite, dass es heult und weint«. »Hebe Deine Finger nicht zu hoch, aber lasse sie auch bei den schnellsten Läufen fest auf die Saiten fallen.« »Gewöhne Dir das übermäßige Vibrieren und langsame Gewackel mit den Fingern in der Kantilene ab, welches eigentlich von einer Schwäche der Finger herrührt und an eine Wehklage alter Weiber erinnert.« »Tremoliere nur dann, wenn Du einen besonderen Nachdruck auf eine Note legen willst, den Dir die Empfindung eingibt.« »Sei streng in Bezug auf die Intonation; Du hast ein gutes Gehör, benütze es!« »Stark spielen und schnell spielen allein tut's nicht, es blendet höchstens Unverständige aus dem Publikum. Schön spielen und deutlich spielen, darauf kommt es an.«[174]

Auf der anderen Seite, so berichtete Flesch, sind große Persönlichkeiten, die zu Lehrern werden, häufig Vampire, die die Individualität ihrer Schüler aufsaugen. Ebenso wie in dem Pianisten Ferruccio Busoni sah er in Joachim und Ysaÿe Giganten – und genau aus diesem Grund warnende Beispiele.[175] Dies scheint eine einleuchtende Erklärung für Schüler zu sein, die zwar befähigt und respektiert, jedoch bald vergessen waren. Paganini hatte nur einen Schüler unterrichtet – den sechsjährigen Camillo Sivori – und ihn regelmäßig zum Weinen gebracht.[176] Flesch war vor dem Geiger Heifetz in Ehrfurcht erstarrt, doch selbst der großartige Flesch zweifelte an Heifetz als Lehrer, von dem anlässlich seines 80. Geburtstags gesagt wurde: »Er denkt daran, weiter zu unterrichten, doch gibt es nur sehr wenig Schüler, weil er so einschüchternd ist.«[177]

Joseph Joachim und der junge Franz von Vecsey, Berlin, 1903

Doch der Präzedenzfall eines anderen großen Lehrers, der bereits auf dem Weg gen Osten war, ließ erwarten, dass andere Faktoren, einschließlich Glück, die Ergebnisse ebenso beeinflussen können wie eine beliebige Methode. Ebenso wie Joachim wurde Leopold Auer als Jude auf der ungarischen Seite der österreichisch-ungarischen Grenze geboren, begann sein Berufsleben als Wunderkind und wurde für seine weitere musikalische Ausbildung nach Wien verfrachtet. Wiederum wie Joachim startete er seine Erwachsenenkarriere als Konzertmeister und Konzertspieler, bevor er, während er seine rege Konzerttätigkeit fortsetzte, eine Stelle in einem neu gegründeten Konservatorium annahm. Beide leiteten Quartette mit einer geradezu ehrfürchtigen Anhängerschaft. Beide waren Widmungsträger klassischer Violinkonzerte, auch wenn Auer, der während der Entstehung des Tschaikowsky-Konzerts nicht zu Rate gezogen wurde und überzeugt davon war, dass es weitere Arbeit erforderte, die Widmung ablehnte, die deshalb bekanntlich an Adolf Brodsky ging.[178]

Im Jahr 1868 wurde der 23-jährige Auer nach London eingeladen, um Beethovens *Erzherzog*-Trio mit Anton Rubinstein und Alfredo Piatti, dem führenden Cellisten der Zeit, zu spielen. Danach fuhr er für einen Urlaub in den Schwarzwald, wo er einem Zeitungsausschnitt aus Köln, den ein Kollege aus Brüssel an ihn weitergeleitet hatte, entnahm, dass in einem Musikgeschäft in der pfälzischen Kleinstadt Bad Kreuznach eine Nachricht auf ihn wartete. Bei der Ankunft fand er einen Vertrag vor. Henryk Wieniawski, ein echter Superstar und erster Professor am neu gegründeten Konservatorium von St. Petersburg, war zurückgetreten, um hauptberuflich seine Konzerttätigkeit wieder aufzunehmen. Rubinstein schlug Auer für die Position vor. Dieser war sich nicht sicher, ob es ihm gefallen würde und unterschrieb für drei Jahre. Er blieb indessen 49 Jahre und wäre als weltweit berühmtester Geigenlehrer wohl noch länger geblieben, hätte ihn der Erste Weltkrieg nicht nach Norwegen verschlagen und hätten nicht aufeinanderfolgende Revolutionen in St. Petersburg das alte Regime zerstört, das ihn stets unterstützt hatte. So zog er es vor, wie er in seinen Memoiren schrieb, zwei Überseekoffer und seine Strad zu packen[179] und seinen brillantesten Studenten nach Amerika zu folgen, wo er Einspielungen machte, in der Carnegie Hall spielte und unter Studien-Bewerbern auswählte, die von der Möglichkeit beflügelt waren, als »Auer-Schüler« durchs Leben zu gehen. Obwohl er jetzt 80 Jahre alt war, waren sowohl das Damrosch-Institut als auch das Curtis von Mrs. Bok hocherfreut, ihn für einen späten pädagogischen Nachsommer zu engagieren.

Die Jahrzehnte später veröffentlichten Memoiren von Schülern sind eine bunte, aber sehr selektive Aufzeichnung dessen, wie Auers Unterricht gestaltet war. Mischa Elman, der in seiner frühen Jugend 16 Monate mit ihm verbracht hatte, erinnerte sich an einen Lehrer, der »der Individualität seiner Schüler viel überließ«[180] und mit der Kraft der Persönlichkeit unterrichtete. Heifetz, der sechs Jahre mit ihm verbrachte, berichtete, im Unterricht zwar Konzertrepertoire, aber nie irgendeine technische Übung gespielt zu haben, und sah sich außerstande, irgendetwas als »Auer-Methode« zu identifizieren.[181] Nathan Milstein, der vergleichsweise spät zu Auer kam, betonte, dass dieser im Gegensatz zu Joachim selten etwas vorführte; als er es dennoch tat, war er nicht mehr in seiner besten Form. Milstein fügte hinzu, dass wohlberechnete Wutanfälle eine wirksame Abschreckung für Nichtsnutze oder Faulpelze waren.[182] Efrem Zimbalist erinnerte sich an zwei zweistündige Meisterklassen pro Woche, an Auers unvollkommenes Russisch, an eine Debüt-Stunde, in der Auer einen Notenständer in den Flur hinauswarf, und an eine Sitzung, in der Auer von dem, was er gerade von dem kleinen Mischa Elman gehört hatte, so überwältigt war, dass er von seinem Stuhl sprang und den Jungen unabsichtlich umstieß. Nach einer schnellen Überprüfung von Elmans geliehener Amati wurde der Unterricht fortgesetzt.[183]

Sowohl Schwarz als auch Porta sind der festen Überzeugung, dass Auers Intelligenz, sein Empirismus, sein gesunder Menschenverstand und seine Disziplin ihn überall hätten außergewöhnlich werden lassen. Er selbst war ein sehr guter Spieler und erwartete das Gleiche von seinen Schülern. Doch bei solchen Formsachen wie etwa hohem oder tiefem Ellenbogen, welcher Finger wo auf dem Bogen liegen sollte, oder selbst dem neumodischen Dauervibrato, das er verabscheute, aber sich mit ihm arrangierte, war seine Vorgangsweise stets pragmatisch.[184] Talent war natürlich eine notwendige Vorbedingung, aber alleine nicht ausreichend. Von den Schülern wurde erwartet, den Unterricht regelmäßig und pünktlich zu besuchen, sich für den Anlass angemessen zu kleiden und etwas vorweisen zu können. Die Unterrichtsstunden wurden immer in Anwesenheit von Kollegen und häufig bedeutenden Besuchern gehalten und waren so anspruchsvoll wie Konzertaufführungen,[185] und auch nach dem Ende seine Karriere um 1900 blieb er seinen gut ausgebildeten, beruflich erfolgreichen und im Grunde vergesslichen Schülern in guter Erinnerung.

Was Auer nicht nur von Joachim, sondern letztlich auch von allen anderen westlichen Zeitgenossen unterschied, hing mit Fähigkeiten zusammen, die weniger mit der Violine als vielmehr mit der Einzigartigkeit Russlands zu tun hatten. Angesichts seiner eigenen Herkunft war es bemerkenswert, dass Auer sie offenbar fast zufällig entdeckt und entwickelt hatte. Auch mehr als ein Jahrhundert später ist seine Darstellung von diesem Wendepunkt immer noch eindrucksvoll. Während einer Tournee in der Ukraine war er auf ein vertrautes Phänomen gestoßen: einen Vater, der seinen elfjährigen Sohn für ein Genie hielt. In diesem Fall jedoch war das Genie nicht nur echt, es wies auch dort auf ein Reservoir an potenziellen Talenten von Weltklasse hin, wo noch niemand auf die Idee gekommen war, sie zu suchen. Wolle man Auers Leistung als Lehrer objektiv beurteilen, so bemerkte Flesch Jahrzehnte später, so müsse man die Qualität seiner Rohstoffe berücksichtigen. Von ungefähr 40 Bewerbern am Berliner Konservatorium waren geschätzte 10 Prozent überdurchschnittlich. In St. Petersburg lag diese Zahl bei annähernd 95 Prozent.[186]

Auer, der zu gelangweilt und zu müde war, um den Jungen selbst anzuhören, lagerte das Vorspiel an einen ehemaligen Schüler aus, der bestätigte, dass der Vater des Jungen nicht übertrieben hatte. Von da an ging alles sehr schnell. Auer telegrafierte mit seinem Kollegen Alexander Glasunow in St. Petersburg wegen eines Stipendiums. Wie gesetzlich vorgeschrieben, nahm er dann Verhandlungen mit dem zutiefst antisemitischen Innenminister Wjatscheslaw von Plehwe auf und bat ihn um die Erlaubnis, den Vater des Jungen nach St. Petersburg zu bringen. Plehwe, der über die ausländische Berichterstattung über den vor Kurzem stattgefundenen Kischinewer Pogrom entrüstet war, mauerte zunächst. Der Tiebreak war ein privates Vorspiel nicht nur vor von Plehwe, sondern vor dem gesamten Kabinett, und eine symbolische Anstellung für Saul Elman, den Vater von Mischa, als Butler im Hause eines wohlwollenden Musikmäzens.[187]

Als mehr und mehr solcher Talente auftauchten, wurden Auers Hartnäckigkeit und sein Verhandlungsgeschick geschärft, und die beruflichen Herausforderungen nahmen weiter zu. Allein die Eigentümlichkeiten der russischen Szene sorgten dafür, dass die Aufgaben wuchsen und das Berufsbild des Geigenlehrers neue Welten erschloss. Angefangen mit Elman brachte Auer seine zumeist aus verarmten und provinziellen Familien stammenden, aber brillant begabten Schützlinge mit den richtigen Leuten zusammen. Er sorgte dafür, dass sie mit guten Instrumenten ausgestattet wurden. Er achtete darauf, dass sie soziale Fähigkeiten erwarben, Tischmanieren und Sprachen erlernten. Er stellte sicher, dass sie für ihre Debüts in Berlin und London bestens vorbereitet und angemessen gekleidet waren. Als sich die Zeitungen dieser Geschichte widmeten, war das der Beginn seiner eigenen internationalen Karriere sowie derjenigen von Elman. Von 1906 bis 1911 hielt er in London und später in einem Vorort von Dresden einen Sommerkurs ab und begann, ausländische Schüler anzunehmen. Die Botschaft war schwerlich zu übersehen. Großartige Lehrer produzieren großartige Schüler. Es galt aber auch umgekehrt.

Flesch, ein weiterer deutschsprachiger Jude von der ungarischen Seite der österreichisch-ungarischen Grenze, war in mehrerer Hinsicht Auers Kontrapunkt. Beide betreuten ganze Truppen von aufstrebenden jüdischen Studenten. Beide hatten in Wien und Paris studiert. Beide waren Orchesterspieler, aus denen freiberufliche Konzertspieler auf dem Weg zu hervorragenden Karrieren in Konservatorien auf zwei Kontinenten wurden. Als Kinder und Nutznießer eines liberalen Zeitalters sahen beide die Titanic untergehen, zumindest metaphorisch. Dank eines Bootes voll mit erfolgreichen Schülern, die ihm ein Seil zuwarfen, kam Auer wenigstens auf das Rettungsboot Amerika und zu einem privaten Studio auf der New Yorker West Side, wo der Preis für eine Unterrichtsstunde anfänglich bei 30 Dollar, in den späten 1920er-Jahren aber bei fürstlichen 100 Dollar lag.[188] Flesch, dessen beeindruckender IQ mit miserablem Glück und katastrophaler politischer Urteilskraft einherging, verlor zweimal innerhalb eines Jahrzehnts seine Ersparnisse, das erste Mal 1923 im Feuersturm der deutschen Inflation, und dann noch einmal im Wall-Street-Crash von 1929, wo seine Verluste durch überdimensionierte Darlehen entstanden waren, die er in erfolglose Aktien investiert hatte. Sein Interesse an Geld, das nicht nur in seinen Memoiren, sondern auch in den Erinnerungen seiner Schüler eine herausragende Rolle spielt, ist in der Literatur einzigartig. Als ein DAX des Berufsstandes und als eine nützliche soziale Maßeinheit sagt es viel darüber aus, wo Geigenlehrer sowohl im Hinblick auf andere Berufe als auch untereinander standen. Aber es spiegelt auch echte Sorge um den Lebensunterhalt und die Unterstützung einer Familie in schwierigen Zeiten wider.[189] Nach dem ersten Bankrott wurde Flesch durch die Großzügigkeit von Mrs. Bok in ähnlicher Weise vor dem Ruin bewahrt wie das Nachkriegsdeutschland durch kurzfristige Kredite von amerikanischen Banken. Doch nach dem zweiten Bankrott war die einzige Lösung, seine Strad an seinen Freund, Banker und Wohnzimmerquartett-Kollegen Franz von Mendelssohn zu verkaufen.

Als ob es nicht gereicht hätte, all sein Geld zu verlieren, setzte Flesch manchmal geradezu sein Leben aufs Spiel. Als der vermutlich bestverdienende Geigenlehrer seiner Zeit verließ er Philadelphia und ging, als die Weimarer Republik ihren irreversiblen Sprung in den Abgrund begann, nach Berlin. Als er danach als Flüchtling in Großbritannien erneut sicher war, verlor er seine Chance auf ein erstes Asyl, indem er am Vorabend der deutschen Invasion die sichere, wenn auch nicht einträgliche Stelle als Privatlehrer in London aufgab und eine Anstellung am Konservatorium in Amsterdam annahm. Im von Deutschland besetzten Holland staatenlos, verlor er eine weitere Chance auf die Gewährung von Asyl, als er die Anfrage einer amerikanischen Universität mit der Begründung ablehnte, sie versuche, ihn billig einzukaufen.[190] Am Ende waren es die Interventionen von Kollegen, unter anderem des Komponisten Ernst von Dohnányi und des Dirigenten Wilhelm Furtwängler, die ihm, der immer noch ungarischer Staatsbürger war, zu dem Visum verhalfen, das er zum Transit durch Deutschland benötigte, um seine letzte Anstellung in einem neuen Konservatorium in Luzern anzutreten. Dort starb er 1944.[191]

Nach Fleschs eigenen Angaben war sein beruflicher Moment der Wahrheit die Entdeckung, dass der Kern des Übens nicht im Wieviel, sondern im Wie lag. Sein Schützling und Assistent Max Rostal merkte an, dass Flesch sich selber gerne als einen Doktor des Violinspiels bezeichnete. Ida Haendel, mit nur fünf Jahren noch zu jung, um seine Originalität schätzen zu können, erinnert sich an seine Unterrichtsstunden als an eine Art Konzerte, nur einschüchternder. Seine Studenten und seine Familie berichteten einstimmig und glaubwürdig, dass Flesch großzügig, aufgeschlossen, charmant und lustig sein konnte, diese Eigenschaften während der Arbeitszeit aber auf Eis legte. Seine Art zu unterrichten setzte so etwas wie einen Gesellschaftsvertrag voraus. Die Schüler hatten zu tun, was er ihnen sagte. Im Gegenzug würden sie das erhalten, dessentwegen sie gekommen waren.

Mit den Ergebnissen konnte man kaum hadern. 1935 organisierte Polen einen internationalen Wettbewerb – den ersten von vielen –, um den 100. Geburtstag von Wieniawski zu ehren. Die Gewinnerin des ersten Preises, Ginette Neveu, der Drittplatzierte Temianka und Ida Haendel, die – noch ein Kind – einen Sonderpreis für polnische Teilnehmer gewonnen hatte, waren alle Schüler von Flesch. Ricardo Odnoposoff, ebenfalls ein Schüler von Flesch, wurde der erste nicht-sowjetische Preisträger, als er 1937 im Königin-Elisabeth-Wettbewerb in Brüssel den zweiten Preis erhielt.

Wie so viele vor ihm fasste Flesch seine Erfahrungen, Beobachtungen, Reflexionen und mit erfrischender Deutlichkeit formulierten Ansichten in den 1920er-Jahren zu einem Buch zusammen. *Die Kunst des Violinspiels* wurde nicht von ungefähr zu einem Klassiker. Bereits seine Diskussion der Technik im Allgemeinen und ihrer Anwendungsarten im Besonderen lieferte gewinnbringende Denkanstöße. Der dritte Teil aber mit seinen praxiserprobten Vorschlägen für den Umgang mit Schwitzen, Konzertkleidung und menschenverachtenden Dirigenten, seine Gedanken über ethnische Zugehörigkeit, besonders jüdische, und sein scharfsichtiger Überblick über den Planeten Violine vom Künstler bis zum Amateur, führte in eine gänzlich neue Richtung. »Der Lehrer, dieser musikalische Seelsorger, der wie kein anderer die Verantwortung für die nahtlose Kontinuität in seiner Kunst trägt, ist das unverzichtbarste Mitglied der Violinen-Hierarchie«,[192] schrieb er von seiner Gilde. Dieser Satz könnte noch heute mit Gewinn an der Tür eines jeden Unterrichtsraumes stehen.

An Vorbildern mangelte es nicht. Allein in Amerika fanden sich innerhalb einer Generation gleich drei von ihnen. Ihre Schüler sollten die großen Orchester und Konzertbühnen des nächsten halben Jahrhunderts bevölkern. Dass es sich bei zweien von ihnen um Einwanderer handelte, die sich schon in frühen Jahren ihres Platzes in der nahtlosen Kontinuität ihrer Kunst bewusst waren und von sehr großen historischen Kräften zu fernen Gestaden getrieben wurden, hätte Flesch nicht überrascht.

Der erste, Ivan Galamian, war Armenier, obwohl ihn armenische Landsleute kaum als einen der Ihren betrachteten. Er wurde 1903 in Täbris im damals ost-aserbaidschanischen Persien (jetzt Iran) geboren und ab seinem zweiten Lebensjahr in Moskau aufgezogen und ausgebildet. Seine langjährige Mitarbeiterin Dorothy DeLay hielt ihn verständlicherweise für einen Russen. 1916 war er zu seinem Glück noch zu jung für den Militärdienst und trat in die Klasse von Konstantin Mostras ein, der selber noch keine 30 Jahre alt und ein Schüler von

Auer war. Mostras sollte mit der Zeit einen prägenden Einfluss als Vater einer einheimischen sowjetischen Schule des Geigenunterrichts gewinnen. Nach seinem Abschluss im Jahr 1919 spielte Galamian einige öffentliche Konzerte und trat dann in das Orchester des Bolschoi-Theaters ein. Dies war für niemanden – armenisch oder nicht – ein guter Zeitpunkt, ein junger Bürger in Moskau zu sein. Dass die Bolschewiki den Familienbesitz beschlagnahmten, war schlimm genug. Aber es hätte noch schlimmer kommen können, wenn nicht Anatoli Lunatscharski, zu dieser Zeit als Bildungskommissar für die neu-sowjetisierten Theater verantwortlich, rechtzeitig eingegriffen hätte. Im Jahr 1922 ging Galamian nach Paris, angeblich mit einer del Gesù, die er für 2.000 Dollar gekauft hatte und nominell als Berufswerkzeug mitnehmen durfte, die tatsächlich aber sein Startkapital war. Wie er all das bewerkstelligte, ist ein Rätsel.

Von nun an ist die Geschichte besser dokumentiert. Es gab zwei Jahre bei Lucien Capet, dem Meister der Bogentechnik. Es gab Konzerte in Deutschland, Frankreich und Holland. Vor allem aber gab es erste Erfolge im Unterrichten. Das Pilotmodell war Paul Makanowitzky, der ebenso wie Galamian später an der Juilliard School, dem Curtis Institute und in Meadowmount – Galamians Acht-Wochen-Sommercamp in den Adirondacks – unterrichtete. Galamian entschied sich 1930, immer noch im zweiten Lebensjahrzehnt, hauptberuflich am Russischen Konservatorium in Paris zu unterrichten. Dort wurde Amerika allmählich auf ihn aufmerksam. Es begann mit Roland Gundry und Veda Reynolds, zwei ungemein begabten Kindern französisch-amerikanischer Eltern im Alter von elf bzw. neun Jahren. Gundry sollte später eine amerikanische Konzertkarriere machen; Reynolds wurde das erste weibliche Mitglied des Philadelphia Orchestra und Professorin an der Universität in Washington. Galamian pendelte einige Jahre im Halbjahresrhythmus zwischen Paris und New York hin und her. Als sich 1937 der Zweite Weltkrieg am Horizont abzeichnete, packte er endgültig seine Sachen und zog nach New York, wo sein Name schnell zu einem Begriff wurde. Im Jahr 1944 machte ihm Efrem Zimbalist, ein Schützling von Auer und jetzt Direktor des Curtis sowie Ehemann von Mrs. Bok, ein Angebot, das er nicht ablehnen konnte. Im gleichen Jahr eröffnete er Meadowmount. Zum Teil wollte er auf diese Weise für fortgeschrittene Spieler aus aller Welt zugänglich sein. Er träumte zudem von einer eigenen Talentschmiede wie der von Piotr Stolyarsky in Odessa, in der Brigaden von hochbegabten Kindern das »Üben, Üben, Üben« beigebracht wurde – dies übrigens von einem Mann, der nach Ansicht seiner früheren Schülerin Rosa Fain höchstens für eine Orchesterstelle in Oberhausen qualifiziert war und eine Schwäche für Metaphern hatte. So forderte er beispielsweise »eine Note, die wie fetter Borschtsch, oder ein Spiel, das wie ein Bauch voller Melone« klingen sollte.[193]

Als Galamian 1981 starb, war in Meadowmount aus einem Ad-hoc-Sommercamp mit etwa 30 Anmeldungen eine eigenständige Institution mit einer Truppe von hervorragenden Assistenten wie DeLay und Sally Thomas und einer Truppe von exzellenten Korrepetitoren geworden. Freunde und Kollegen wie Joseph Gingold und Isaac Stern hielten Meisterklassen ab und machten Kammermusik. Interpreten wie Zeno Francescatti und Joseph Szigeti machten Stippvisiten.

Die Auswahl der Schüler war streng. Der Tag begann um 7 Uhr mit dem Frühstück, ab 8 Uhr wurde gearbeitet. Für Mittagessen und Erholung vor dem Abendessen gab es jeweils eine Stunde Pause. Der Übe-Plan sah Einheiten von jeweils 50 Minuten plus 10 Minuten Pause vor. Vier bis fünf Stunden täglichen Übens waren die Regel. Der Meister selbst arbeitete als Vorbild für alle acht bis zehn Stunden ohne irgendeine Pause und patrouillierte zwischen den Unterrichtsstunden auf dem Gelände, um verdächtige Stille auszumachen. Im Prinzip war ab 22 Uhr Nachtruhe, doch Mutige schlichen sich manchmal fort zu den bescheidenen Nachtlokalen in der Nachbarschaft. Selbst Leser der *Times* wussten allerdings, dass man das Schicksal herausforderte, wenn man »in den Büschen« – so Galamians bevorzugter Ausdruck – erwischt wurde.[194] Arnold Steinhardt, der es zu einer langen und erfolgreichen Karriere als mehrfacher Preisträger, Konzertmeister des Cleveland Orchestra und Primarius des Guarneri Quartet bringen sollte, verglich die Institution mit einem »Gefangenenlager in einem Nationalpark«.[195] Besucher wiederum erlebten hier sommerliche Wochenenden am See.

Vom Ort abgesehen, verlief der Rest des Jahres ähnlich. In Galamians Kalender gab es keine Wochenenden, und der Arbeitstag endete zehn Stunden nach seinem Beginn. Im Laufe einer allfälligen Woche oder eines Monats strömten bis zu 100 Studenten, die meisten von Curtis und Juilliard – wo er seit 1946 unterrichtet hatte – in seine Wohnung an der Upper West Side in New York, um Unterricht mit legendärer Strenge und Pünktlichkeit zu erhalten. Gelegentlich lebte sogar der eine oder andere von ihnen dort. Später erinnerte man sich an Galamian wegen seiner Hingabe an seine Hunde und daran, dass er ein Tischtennis-As war, Kriminalromane mochte und im Lösen von Schachproblemen recht gut war. Persönliche Probleme hingegen, so mutmaßte sein Schüler Robert Zimansky, waren seine Sache nicht, zumal wenn sie seinen Zeitplan störten.[196] Seine Welt war real und ernsthaft, ein wettbewerbsintensiver und im Grunde unbarmherziger Ort. Das Angebot war in einem ungleichen Spiel mit der Nachfrage verbunden, und Galamian sah seine Aufgabe darin, einem klugen Schüler Überlebensfähigkeiten beizubringen, die dieser dadurch erlernte, dass er tat, was der Meister ihm sagte. »Ich kann nicht allen Schülern eine große Konzertkarriere versprechen, aber ich kann garantieren, dass jeder von ihnen in der Lage sein wird, mit seinem Instrument einen menschenwürdigen Lebensunterhalt zu verdienen«, sagte er, und dafür sprach wirklich vieles.[197]

Von Zeit zu Zeit entdeckten einzelne Schüler einen Galamian, der für ihre Kollegen in der Regel unsichtbar blieb. Da gab es den erfinderischen

Galamian, der einen israelischen Schüler dazu brachte, seine Violine auf einer vorgegebenen Höhe zu halten, indem er drei Zentimeter unter seinen linken Ellenbogen ein brennendes Feuerzeug hielt. Da gab es den großzügigen Galamian, der bei der 13-jährigen Margaret Batjer, die später Konzertmeisterin des Los Angeles Chamber Orchestra werden sollte, genug Talent erkannte, um ihre technischen Defizite außer Acht zu lassen, sie zu einem persönlichen Projekt zu machen und sie zum Curtis statt nach Hause zu schicken, was sie eigentlich erwartet hatte. Es gab sogar einen lustigen Galamian, der einer Schülerin, die zu einem Konzert in der Carnegie Hall mit einem kahlköpfigen Freund erschien, riet, ihren Freund (beau = bow) neu beziehen (rehair) zu lassen.

Praktisch alle seine Schüler erinnerten sich – wenn auch wahrscheinlich übertrieben[198] – an einen einheitlichen Ansatz für die Grundtechnik; das Programm von zunehmend herausfordernderen Übungen, das er verschrieb, um diese zu erwerben; seine Sparsamkeit mit Worten, mit Lob, sogar mit Lächeln; und vor allem an den Blick – so starr, dass er den Blick eines Gorgonen geradezu freundlich erscheinen ließ –, wenn er den Eindruck hatte, dass jemand nicht ernsthaft bei der Sache oder nachlässig war.[199] »Football ist wie das Leben – er verlangt Ausdauer, Selbstverleugnung, harte Arbeit, Opferbereitschaft, Hingabe und Respekt vor Autorität«, sagte Vince Lombardi, der Ivan Galamian unter den amerikanischen Football-Trainern, mit Überzeugung und mit einem Nachdruck, der den Schülern von Galamian sicherlich vertraut geklungen haben würde. »Gewinnen ist nicht alles, sondern das Einzige«, war Lombardis berühmter Nachsatz, worauf Galamian, der Lombardi unter den Geigenlehrern, geantwortet haben könnte: »27 meiner Schüler gewannen Preise bei 15 internationalen Wettbewerben einschließlich dem Leventritt, Tschaikowsky, Königin Elisabeth, Wieniawski, Paganini und Indianapolis.«[200]

Doch unterdessen bewiesen zwei seiner engsten Mitarbeiter, dass auch nette Leute Sieger werden können. Es darf zwar angenommen werden, dass die prägenden Erfahrungen von Josef Gingold, ebenso wie die von Galamian, für einen sonnigen Blick auf die menschliche Natur nicht förderlich waren. Im Gegensatz zu Galamian schien Gingold jedoch mit einem Gen geboren, das aus Zitronen Limonade machen konnte. Als Jude im russisch-polnischen Grenzgebiet geboren zu werden, war an sich schon ein unheilvoller Start. Mit dem Ausbruch des Krieges im Jahr 1914 befand sich Gingolds Familie zwischen den deutschen und russischen Linien. Als der Krieg vier Jahre später endete, befanden sie sich in einem neuen, unabhängigen und stramm antisemitischen Polen. Zu diesem Zeitpunkt schien es den Gingolds eine gute Idee, in andere Gegenden fortzugehen.

Das erste Jahr der Auswanderung bedeutete Armut in Paris. Das zweite bedeutete Armut in New York – und es bedeutete die öffentliche Schule im Land der Freien, wo ein Geschichtslehrer den jungen Josef Gingold trotz eines perfekten Testergebnisses durchfallen ließ, ein Schulleiter seinen Klassenkameraden befahl, aufzuhören, ihm für seine Leistung in der Schulversammlung zu applaudieren, und ein Kunstlehrer seinen Erfolg mit einem Schlag über seine linke Handfläche beantwortete, der seine Karriere hätte beenden können, bevor sie begann.[201] Sogar Lichtblicke wie sein Unterricht bei Vladimir Graffman, einem Assistenten von Auer, und drei Jahre mit Eugène Ysaÿe waren von Wolken verdunkelt. Bei seiner Rückkehr nach New York im Oktober 1929 kam er gleichzeitig mit der Wirtschaftskrise an. Bevor er glücklich eine feste Anstellung als Konzertmeister in einer Reihe von Broadway-Orchestern fand, entschied sich der angehende Solist erst einmal für einen Job im Ritz-Carlton-Hotel, wo er mit den von einer Supermarktkette gesponserten A & P Gypsies spielte. Im Jahr 1937 hellte sich die Situation etwas auf, als er erfolgreich im All-Star-Orchester vorspielte, das die National Broadcasting Company für Arturo Toscanini organisierte. Nebenbei wurde er eingeladen, einem bemerkenswerten Quartett mit seinen Kollegen Oscar Shumsky, William Primrose und Harvey Shapiro beizutreten. 1944 verließ er die NBC und wurde Konzertmeister in Detroit. Drei Jahre später zog er nach Cleveland, wo er George Szell half, das regionale Ensemble zu einem Weltklasse-Orchester zu machen, und in einem Gemeindezentrum zu unterrichten begann. Durch seine persönlichen Erfahrungen mit mindestens zwei Generationen großer Spieler und durch seine eigenen Karrieren als Stehgeiger, Orchesterspieler, Kammermusiker und Konzertmeister in erstklassigen Häusern besaß er offensichtlich viel Lehrmaterial und eine so umfassende und tiefe professionelle Glaubwürdigkeit, wie sie nur wenige Lehrer aufweisen konnten. 1954 engagierte Galamian ihn, um in Meadowmount Kammermusik zu unterrichten. Für eine Zusage gab es viele Gründe, unter anderem, so vertraute Gingold Jahrzehnte später einem Interviewer an, dass er so die Chance bekam, Galamians Zauber aus nächster Nähe zu beobachten. 1959, als Bain ihm eine Position in Indiana anbot, gab es abermals viele Gründe für eine Zusage, darunter eine Festanstellung und den nicht zu unterschätzenden Anreiz eines akademischen Ruhegehaltes. »Ich fühlte mich sofort wie zu Hause«, gab er auf Nachfrage zu. »Ich hatte mehr künstlerische Freiheit als je zuvor in meinem Leben.«[202]

»Lehrer zu sein ist eine Mitzwa, eine Verpflichtung«, sagte Gingold in einem Interview und meinte das auch. Bis zu seinem Tod 35 Jahre später machte er weiterhin das, was er am liebsten tat. Meisterklassen, Seminareinladungen und Teilnahmen an Jurys führten ihn rund um die Welt. In der Überzeugung, dass Amerika einen Wettbewerb von olympischer Qualität haben sollte, gründete er 1982 den Internationalen Violinwettbewerb von Indianapolis, dessen rumänische, japanische, russische, kanadische, isländische, ungarische und deutsche Gewinner buchstäblich von überall herkamen außer aus dem Heimatland des Wettbewerbs.[203]

Ebenso wie die Schüler von Galamian wuchsen auch diejenigen von Gingold zu Preisträgern und Konzertmeistern heran. Aber es brauchte nicht mehr als einen Besuch in Gingolds Studio, um zu sehen, dass es alternative Wege gab, um dies zu erreichen. Alle Schüler von Galamian hatten sich vermutlich die Geschichte von dem Schüler zu Herzen genommen, der regelmäßig schlecht vorbereitet auftauchte. Galamian ließ ihn zuerst all seine Übungen zu eisigem Schweigen spielen, dann nahm er seinen Stuhl und warf ihn an die Wand.[204] In der Gingold'schen Variante, so berichtete Mary Budd Horozaniecki, wurde der Korrepetitor mit einem höflichen »Danke für ihr heutiges Kommen; bitte übermitteln Sie ihrem Lehrer meine besten Grüße« entschuldigt. Mit einem onkelhaften Schmunzeln gratulierte Gingold dann der verängstigten Schülerin für ihr Spielen vom Blatt. »Von da an übte ich täglich fünf Stunden«, erinnerte sie sich.[205]

So wie Galamian und Gingold lebte Dorothy DeLay, als dritter Titan, für den Geigenunterricht. Bis ins hohe Alter hielt sie ein Arbeitspensum aufrecht, das einen Gewerkschaftssekretär hätte erblassen lassen. Eine unvollständige Liste ihrer Schüler, die es ins Profigeschäft geschafft hatten, umfasst 231 Namen, darunter ganze Ensembles aktiver Solisten, Kammermusiker und Konzertmeister der weltweit führenden Orchester. DeLays Verbindung zu Galamian ging zurück auf das Jahr 1946, als ein Vorstellungsgespräch zu einem halben Dutzend Geigenstunden und einem regelmäßigen gemeinsamen Essen an jedem Montagabend geführt hatte. Im selben Jahr bat Juilliard sie in das Kollegium seiner Aufbauschule. 1948 lud Galamian sie ein, ihn in Meadowmount zu unterstützen. Für die nächsten 22 Jahre wechselten sich die Sommer in Meadowmount mit gemeinsamen Aufgaben in Ausschüssen und einer zunehmend angespannten Kollegialität an der Juilliard School ab. Dann erklärte sie ihre Unabhängigkeit. Im Jahr 1970 rief DeLay Galamian an und teilte ihm mit, dass sie eine Sommer-Einladung der Aspen Music School in Colorado angenommen hatte. Galamian legte wortlos auf, verlangte ihre Entlassung und sprach nie wieder mit ihr. Dann rief er die etwa ein Dutzend Schüler zusammen, die bei ihnen beiden lernten und forderte sie auf, ihre Wahl zu treffen. Die meisten blieben bei DeLay.

DeLays Beziehung zu Gingold ging vermutlich auf Meadowmount zurück, wo Gingold fast so lange wie sie aktiv war. Zahllose Schüler hatten bei ihnen beiden gelernt. Doch wären sie auch ohne Meadowmount durch Affinitäten im Temperament und die gildeartige Natur des Berufsstandes aufeinander aufmerksam geworden. Gäbe es einen Nobelpreis für Positive Verstärkung, wären beide gewichtige Kandidaten gewesen.

Doch waren es gerade die Unterschiede, die DeLay so einzigartig machten. Soweit man sich erinnern konnte, war der Berufsstand immer europäisch und männlich gewesen. Jetzt gab es zum ersten Mal nicht nur eine amerikanische

Frau unter den ersten Geigenlehrern, sondern buchstäblich eine Dorothy aus Kansas. In einem IQ-Test für Kinder hatte sie 180 Punkte erreicht. In ihr achtes Lebensjahrzehnt fuhr sie mit dem Elan eines Rennfahrers. Souverän in ihrer Missachtung von Pünktlichkeit und einer Vorliebe für chinesischen Take-away war sie gleichzeitig königlich und republikanisch, in jeder Hinsicht eine stattliche Präsenz.

Es war das Beispiel von Galamian, das sie ans Unterrichten denken ließ. Dann gaben ihr Einladungen von der Manhattan Henry Street Settlement School und dem Sarah Lawrence College die Gelegenheit, es zu auszuprobieren. Zu ihrer eigenen Überraschung entdeckte DeLay, die von Generationen von Lehrern und Predigern abstammte, dass sie gut im Unterrichten war und dass es ihr gefiel.

Sie bei der Arbeit zu beobachten war ein Bildungserlebnis für sich. Anastasia Khitruk erinnerte sich, dass sie gelegentlich etwas mit ihrer elegant manikürten rechten Hand vorführte, aber nie mit ihrer ebenso elegant manikürten linken. Sie konnte Dinge grandios erklären. Das Prinzip war im Grunde einfach. Geige und Bogen waren jeweils eine Achse. Wenn etwas nicht so klang, wie es sollte, bedeutete das, dass die eine oder andere Achse mehr Aufmerksamkeit benötigte.[206]

Es war schwer, einen ganzen Tag hinter ihr herzutrotten, ohne zu merken, wie viele Dinge sie wirklich wusste, beispielsweise über Motivation, die politischen und wirtschaftlichen Hintergründe des Konzertmanagements, die Psychologie von Jugendlichen, die Pflege und Betreuung von Eltern, die Dynamik des Arbeitsmarktes, den Verfall der öffentlichen Tugenden, wem Rot gut steht und wo man einen Verhaltens-Coach für junge Koreanerinnen finden konnte, sowie über Musiktheorie, musikalische Formen und die Stil-Unterschiede zwischen Heifetz und Perlman beim Lagenwechsel auf dem Griffbrett. »Sagen Sie mir, was Sie mit diesem Stück tun möchten«, fragte sie freundlich einen jungen Russen mit Intonationsproblemen. »An welche Sünden denken Sie dabei?«, fragte sie gütig einen jungen und erkennbar verängstigten chinesischen Schüler, der wissen wollte, welchen Standpunkt sie zu der Meinung einnahm, dass »Jesus für unsere Sünden gestorben ist«. Ihr Unterricht sei eine Mischung aus sokratischem Dialog und John Dewey, dem amerikanischen Bildungsreformer des frühen 20. Jahrhunderts, merkte ein Besucher bewundernd an. Niemand hatte ihr das jemals gesagt, antwortete sie sichtbar gerührt. Dewey war ein Held ihres Vaters.[207]

Wenn DeLay so normal – und so amerikanisch – wie ein Marsch von Sousa war, so war Zakhar Bron so sowjetisch wie die Spezialschule, deren Absolventen – so wie ihre Kollegen bei den Schach- und Hockeyspielern – zu den wenigen wettbewerbsfähigen Exportprodukten der Sowjetunion gehörten. In Kasachstan geboren, lernte er in Odessa an der Schule, die nach ihrem Gründungsvater Piotr Stoljarski benannt war. Der nächste Schritt brachte ihn nach

Moskau, wo ihn Boris Goldstein und Igor Oistrach, ihrerseits Spitzenkräfte, zu einem international preiswürdigen Glanz aufpolierten. Der weitere Verlauf hätte normalerweise in eine staatlich verwaltete Konzertkarriere geführt. Stattdessen nahm er in Nowosibirsk, einer nur mäßig charmanten Industriestadt mit mehr als einer Million Einwohnern und fast vier Zeitzonen östlich von Moskau gelegen, eine Anstellung an der Spezialmusikschule für Kinder an.

Während der folgenden 14 Jahre wurde Bron in dem, was selbst die Russen kaum als Kulturzentrum ansahen, zu einer Reminiszenz von Auer und Stoljarski. Mit 40 hatte er viel von der Welt gesehen, ohne die Sowjetunion je verlassen zu haben. Dann begann die Vielfliegerei erst recht. Zuerst trugen ihn die Winde der sowjetischen Reform und eine Einladung des umtriebigen Pianisten Justus Frantz, dessen Schleswig-Holstein-Festival schnell zu einer norddeutschen Institution wurde, nach Westen. Seine Unterrichtssprache, eine eigenwillige Mischung aus muttersprachlichem Russisch, kuriosem Deutsch und rudimentärem Englisch, schien kein Problem darzustellen.[208] Innerhalb weniger Jahre wurde Bron zu DeLays Antipode und in vielerlei Hinsicht auch zu dem von Galamian, zuerst in Lübeck, dann in Köln, Rotterdam und Madrid, mit Kurzauftritten, Meisterklassen und Jury-Verpflichtungen praktisch überall dort, wo man sich ihn leisten konnte.

Seine Unterrichtsstunden sind – wie diejenigen von DeLay – für Schüler und Zuschauer ein Bildungserlebnis. Aber die dahinterstehende Logik mit ihrem Grundmenü von Tonleitern, Kreutzer, Rode und einem À-la-carte-Konzertrepertoire sind denkbar klassisch.[209] Die grundlegenden Rohstoffe sind Disziplin und Talent, sowohl seine eigenen als auch – im Idealfall – die des Schülers. Ein Unterrichtstag von zehn Stunden ist Standard. Auf eine entsprechende Frage antwortete er, dass er Professionalität unterrichte.

Ungewöhnlich an dieser kraushaarigen und pummeligen Naturgewalt ist die Unmittelbarkeit und auch die Dringlichkeit der Botschaft, die sie übermittelt. Um seine Ansicht zu unterstreichen, kann Bron aufstampfen, tanzen oder ein Stück selber vorspielen. »Er schien uns auf sehr unterschiedliche Arten zu begeistern – entweder durch Demonstration oder durch Anschreien –, und jeder von uns erhielt eine wirklich individuelle Behandlung«, sagte der Sowjet-Israeli-Amerikaner Vadim Gluzman fröhlich in einem Interview.[210] Bron scheint nie den Namen eines Schülers zu vergessen und schwingt seine Geige, gelegentlich auch sein Mobiltelefon, herum, als sei sie nur ein weiteres Körperglied. »Du beherrschst das Vibrato. Das ist eine gute Sache. Aber wenn du es unentwegt tust, ist das eine schlechte Sache«, konnte er das Kind eines deutsch-japanischen Paares warnen, während er darum kämpfte, über einen Satz von Lalo etwas Struktur zu legen. »Du warst faul. Wirklich, ehrlich gesagt, das kann man nicht machen«, konnte er einen post-sowjetischen Teenager auf einer »eher traurigen als verärgerten« Weise ermahnen, dessen Wieniawski so klang, wie das Zimmer eines jugendlichen Zeitgenossen aussehen könnte. Ein koreanisches Mädchen sah verblüfft drein, als Bron die Variationen von Paganinis Caprice Nr. 24 mit Kaleidoskopen und Labyrinthen verglich. Doch sie, und jeder Zuschauer, würde sich wahrscheinlich ebenso gut daran erinnern, wie er sie – vermutlich zum ersten Mal in ihrem Leben – dazu gebracht hatte, Fingersatzoktaven zu greifen.

Ohnehin war es mittlerweile zu einem glaubwürdigen Maßstab für einen guten Geigenlehrer geworden, ob er einen unter Kulturschock stehenden Koreaner erreichen konnte. Seit 1983 hatte Kurt Sassmannshaus, ein Schützling von DeLay, genau das angestrebt, während er sein Studio in Cincinnati in aller Ruhe zu einer Brutstätte machte, die so produktiv wie Bloomington, Indiana, und Novosibirsk wurde. Sein eigener Ursprungsort lag mehr oder weniger dazwischen. In Deutschland geboren und ausgebildet, war er in das Familiengeschäft eingestiegen. Sein Vater Egon, ein Nachkriegs-Autodidakt, hatte unorthodoxe Startbedingungen zu einer angesehenen und respektablen Karriere als Orchestergeiger, Privatlehrer, Leiter der öffentlichen Musikschule in Würzburg und Erfinder einer innovativen Unterrichtsmethode für Vier- bis Sechsjährige ausgebaut. Sassmannshaus' Sohn wiederum studierte als Nutznießer normalerer Umstände bei Igor Ozim, einem internationalen Preisträger, der sich jetzt bequem mit einer Professur in Köln niedergelassen hatte. Abgesehen von Jahr und Bestimmungsort hätte er für ein Studium ebenso gut zu Flesch oder sogar zu Joachim gehen können.

Dann kam eine Serie von Glücksfällen, die im Goldenen Zeitalter der Berliner Hochschule unbekannt waren. Ein Fulbright-Stipendium brachte Kurt Sassmannshaus nach Juilliard und zu DeLay, einer Persönlichkeit, die in Amerika selten genug und in Deutschland kaum vorstellbar war. In Aspen war er von dem spielerischen Standard, der zu der Zeit in Deutschland ebenfalls unbekannt war, so beeindruckt, dass er sich dafür entschied, nicht zu einer konventionell respektablen deutschen Karriere als Konzertmeister zurückzukehren, sondern in Amerika zu bleiben.[211] Am Vorabend seiner Abreise führte ein Anruf von DeLay zu einem Unterrichtsjob auf Eingangsniveau am Sarah Lawrence College und veränderte damit sein Leben. Ein paar Jahre später nahm er einen Job am College Conservatory of Music der Universität von Cincinnati an, dem Zusammenschluss von zwei Stiftungen des 19. Jahrhunderts, der ihm erlaubte, in einer Weise unternehmungsfreudig zu sein, die an deutschen Konservatorien undenkbar gewesen wäre.

Um die Maschinerie in Schwung zu bringen, bedurfte es nur noch eines weiteren glücklichen Zufalls. 1919 schloss Dorothy Richard Starling ihr Studium am Konservatorium von Cincinnati mit einem Zertifikat als Lehrerin und mit den wärmsten Empfehlungen ihres Violinprofessors ab. 1920 fügte sie ein Diplom mit Auszeichnung hinzu. Im Jahr 1969 gründete ihr Witwer Frank M.

Starling eine kleine Stiftung zur Finanzierung von Geigenunterricht zu ihrem Gedenken in Houston, Texas. 1987 nutzte Sassmannshaus ein Starling-Stipendium für eine Gastprofessur von DeLay und ein Wochenend-Kammerorchester für begabte Jugendliche, die aus so weit entfernten Orten wie St. Louis, Missouri, Chattanooga, Tennessee, und Portland, Oregon, kamen.[212]

Inzwischen ergab sich aus der Verbindung mit DeLay ein eigener großer Sprung nach vorn. 1972 hatten Präsident Richard Nixon und Außenminister Henry Kissinger nach 23 Jahren der Nicht-Anerkennung das chinesische Festland wiederentdeckt. 1979 normalisierte die Regierung Carter die Beziehungen zur Volksrepublik. Im gleichen Jahr bereiste Isaac Stern, seit den 1950er-Jahren ein erfahrener Eisbrecher in geopolitischen Kulturangelegenheiten, China mit einem Filmteam im Schlepptau.[213] Bald darauf begann ein wachsender Strom von jungen chinesischen Talenten zu fließen, zuerst in DeLays Studio, dann in das von Sassmannshaus.

Bis 2009 war das Starling-Projekt zu einem Netzwerk von großen Orchestermusikern und anderen beruflich aktiven Absolventen angewachsen, das sich von London bis nach Taipeh erstreckte. Die Verbindung nach China hatte zu einem Ableger, der Great Wall Academy, geführt, in der Sassmannshaus einige von Chinas besten und hellsten Köpfe für Sommerkurse und Meisterklassen mit sich selbst und Kollegen aus Cincinnati, Peking und Shanghai zusammenbrachte. Ein Zubringerprogramm namens Sassmannshaus Tradition erweiterte die Angebote seines Studios auf Anfänger von vier Jahren und älter. Eine Website (www.violinmasterclass.com) verbreitete es kostenlos auf der ganzen Welt. »Toto«, sagt Judy Garland in der Film-Version von Frank Baums Kultroman, »ich habe das Gefühl, dass wir nicht mehr in Kansas sind.« Auch nicht in Padua, Paris, Wien, Berlin, St. Petersburg oder auch Juilliard, hätte Sassmannshaus hinzufügen können.

Spieler im Allgemeinen

Und nun? Für den Herzog von Edinburgh, die Brüder von Mendelssohn, Walter Willson Cobbett oder Catherine Drinker Bowen war das eine weitgehend theoretische Frage. Doch für Generationen von weniger begünstigten, aber begabteren Spielern war sie seit mindestens dem 16. Jahrhundert sehr ernst und sehr real.

Heinrich Ehrlich hatte seit 1862 als Berufspianist, Komponist und Lehrer in Berlin gelebt und sieben Jahrzehnte epochaler mitteleuropäischer Musikgeschichte persönlich erlebt, vier von ihnen als politischer und musikalischer Korrespondent für angesehene Zeitungen aus so weit entfernten Orten wie St. Petersburg.[214] Innerhalb einer Generation hatte er beobachtet, wie sich seine Heimatstadt vom hässlichen Entlein zum Schwan wandelte und auf dem besten Weg war, die musikalischste Stadt im musikalischsten Land der Welt zu werden. Doch ganz glücklich war er mit dem, was er sah, nicht.

Ehrlich schätzte 1895, dass es allein in Berlin etwa 112 Musikschulen gab. In Wien gab es mehr als 60 und in anderen deutschen Städten weitere 125. Dies allein entsprach schon rund 15 000 Musikschülern, die Schulen in Budapest, Prag und dem Rest des österreichischen Kaiserreiches nicht einmal mitgerechnet. Von Aachen bis nach Königsberg und Czernowitz hatte buchstäblich jede Stadt mit einem Bahnhof auch ein Theater, eine Oper und ein Orchester. Lebende Komponisten wie Gustav Mahler und Richard Strauss waren in einem Ausmaß prominent, das ein Jahrhundert später undenkbar war. Die Nachfrage nach Musikern stieg ebenso wie die Nachfrage nach Kohle, Eisen und Stahl. Dass die Nachfrage aber mit dem Angebot Schritt halten konnte, war kaum vorstellbar. 1890 schätzte Ehrlich, der von der Annahme ausging, dass die Ausbildung drei Jahre dauerte und 30 Prozent der Absolventen eine Stelle als Berufsspieler anstrebten, dass es allein in Deutschland 18 000 heranwachsende Profis gab. Er fügte nüchtern hinzu, dass Eltern zumindest wissen sollten, was auf ihre Söhne und erst recht auf ihre Töchter zukam, wenn diese beschlossen, Musiker zu werden.[215]

Ein Jahrhundert später erscheint seine Warnung umso dringlicher. So berichtete Norman Lebrecht im Jahr 2007, dass allein die vier Londoner Konservatorien jährlich 90 bis 100 umfassend qualifizierte junge Streicher hervorbringen.[216] Am Vorabend der Hundertjahrfeier für die Juilliard School im Jahr 2005 fragte Daniel Wakin, ein Reporter der *New York Times*, nach, was aus den immer noch jungen Berufsmusikern geworden war, die das Konservatorium elf Jahre zuvor verlassen hatten. Die Ergebnisse glichen den Erkenntnissen von Ehrlich. Acht der 44 Instrumentalisten waren aus der Datei der Ehemaligen völlig verschwunden. Von den restlichen 36 betrachteten sich drei als Solisten, vier waren Freiberufler, die ihr Haupteinkommen aus der Lehre bezogen, fünf Vollzeit-Freiberufler, und elf hatten Arbeitsplätze in Orchestern von Radio Niederlande bis nach Singapur. Damit arbeiteten 13 gelernte Instrumentalisten nunmehr in so unterschiedlichen Branchen wie Steuerberatung und Diamantenhandel.[217]

Für diejenigen mit einem Sinn für Abenteuer und einer Bereitschaft zum Risiko gibt es sicherlich Vorbilder. An der Schwelle des 19. Jahrhunderts entschied sich der große G. B. Viotti für eine zweite Karriere als Theaterunternehmer, bevor er zu einer dritten in den Weinhandel und einer vierten als Direktor an die Pariser Oper wechselte. Mitte des 20. Jahrhunderts fand Joseph Wechsberg über einen tschechischen Juraabschluss, das Pariser Konservatorium, Gelegenheitsauftritte in zwielichtigen Pariser Nachtclubs und an Bord französischer Kreuzfahrtschiffe, freien Journalismus, die Mitarbeit bei einem tschechischen Parlamentarier, ein Offizierspatent von der tschechischen Armee und die Mitarbeit in der Latrinentruppe der amerikanischen Armee seinen Weg in den Mitarbeiterstab der Zeitschrift *The New Yorker*.[218] Das war nicht der leichteste Karriereverlauf, doch brachte er ihm eine »Mittelklasse-Strad« von Emil Herrmann ein. Yeou-Cheng Ma, eine Geigerin und die älteste Schwester von Yo-Yo Ma, entschied sich für die medizinische Fakultät, eine Vier-Tage-Woche als Fachärztin für Pädiatrie am Albert Einstein College of Medicine der Yeshiva University und eine Sieben-Tage-Woche als Geschäftsführerin der Children's Orchestra Society in New York.[219] George Lang (geboren als György Deutsch) kam zu seiner Strad über die Franz-Liszt-Akademie, ein jüdisches Arbeitslager in der Kriegs- und ein Volksgericht in der Nachkriegszeit in seiner ungarischen Heimat, gefolgt von einer Karriere in New York, die ihn von einem Gelegenheits-Primas einer Zigeunerkapelle, einem Notenblattwender in der Carnegie Hall und einem Ersatzmann der NBC Symphony zum berühmten Eigentümer des Café des Artistes in Midtown Manhattan machte.[220]

Historisch gesehen lassen für diejenigen, die durchhielten, weder Angebot noch Nachfrage langfristige Prognosen zu. Die Parameter von Hausse und Baisse zeigen sich in aufeinanderfolgenden Ausgaben eines Londoner Verzeichnisses innerhalb des Zeitraums eines Arbeitslebens. Die Anzahl der aufgeführten Geiger bzw. Bratscher stieg zwischen 1890 und 1900 von 255 auf 929. Weitere zehn Jahre später war sie – langsamer, aber immer noch beeindruckend – auf 1017 gewachsen. Bis 1920 stieg sie auf 1319, möglicherweise gestützt durch einen kurzlebigen Boom der Nachkriegszeit. Mit einem Rückgang des Nationaleinkommens seit 1929 um mehr als 13 Prozent fiel sie dann bis zum Jahr 1931 um etwa 60 Prozent auf 529.[221]

Die Beherrschung der Technik einschließlich des Vom-Blatt-Spiels war zwar eine Grundvoraussetzung, jedoch nur das Startkapital. Derjenige Spieler, der am wahrscheinlichsten Erfolg haben würde, suchte ständig nach Gelegenheiten, um zu spielen: in Kirchen und Restaurants, bei Tanztees oder privaten Festlichkeiten. In einer Stadt, die für ihren häufigen Einsatz von Aushilfsspielern bekannt war, musste der ehrgeizige Anfänger sich wo immer möglich vernetzen und Kontakt zu den Vermittlern von »Muggen« – von musikalischen Gelegenheitsjobs – halten. Es war ein Plus, an einem Ort und zu einer Zeit zu leben, in der Live-Musik immer noch durch nichts Bedrohlicheres als die Spieldose in Frage gestellt wurde; mehr und mehr Menschen wollten mehr und mehr Beethoven, und Orchester, die für Wagner, Mahler und Richard Strauss umgerüstet worden waren, brauchten mehr und mehr Streicher.

Das Geschlecht bestimmte in der Branche immer noch das Schicksal. Weibliche Anfängerspieler hatten hart zu kämpfen – unabhängig davon, wie gut sie vorbereitet oder vernetzt waren. Ernst Rudorff, Klavierlehrer an der Berliner Hochschule, beklagte sich 1881 bei seinem Kollegen Joseph Joachim: »Das Hineinpfuschen der Frauen in alle möglichen Gebiete, in die sie nicht hineingehören, ist schon genug an der Tagesordnung; die Musik haben sie schon fast in allen Teilen in Beschlag genommen; man sollte wenigstens dafür Sorge tragen, dass nicht in Zukunft unsere Orchester gar aus Männern und Weibern zusammengesetzt werden.«[222]

Es gab entfernte Anzeichen dafür, dass sich dies ändern könnte. Im Jahr 1883 bewarben sich 185 junge Frauen am Royal College of Music um ein Klavierstipendium, hingegen nur 16 um Stipendien für Violine. Nur eine schaffte es.[223] 1910 stellten Frauen 16 Prozent der im Profi-Verzeichnis aufgeführten Geiger. Drei Jahre später stellte Sir Henry Wood, Erfinder der Prom-Konzerte, sechs Frauen für das Queen's Hall Orchestra ein. Frauen mit außerordentlichem Talent wie Wilma Neruda oder Marie Hall schafften es, Solistinnen zu werden. Es gab sogar einige wenige Frauen-Quartette. Doch noch immer hatte der Dirigent Sir Thomas Beecham die Lacher auf seiner Seite, wenn er den Orchestermusiker zitierte, der zu ihm sagte: »Wenn sie attraktiv ist, kann ich nicht mit ihr spielen; wenn sie es nicht ist, will ich nicht.« Das Verzeichnis von 1921 bestätigte die vorgezeichnete Alternative. Von 21 000 Musiklehrern in England und 2 000 in Schottland waren 76 Prozent Frauen.[224]

Auch Rasse, ethnische Herkunft und Nationalität konnten das Schicksal auf dem Arbeitsmarkt bestimmen. In Amerika waren zuweilen schwarze Streicherkapellen in dem erfolgreich, was die Branche »Rassen-Schallplatten« nannte.[225] In Ungarn, Rumänien und Russland konnten es Zigeunergeiger in Restaurants oder als angeheuerte Unterhalter zu etwas bringen.[226] In Zentral- und Osteuropa, wo viele Orchester Staatsunternehmen und einige, wie die Berliner und die Wiener Philharmoniker, Genossenschaften waren, verteidigten einheimische Spieler ihr Revier. Jobs für Juden wie Jakob Grün in Hannover spiegelten den aktuellen Stand der jüdischen Emanzipation wider.[227] Asien lebte immer noch hinter dem Mond. Japans erstes 1927 gebildetes ständiges Orchester, heute das NHK, hatte wenigstens Stellenangebote für japanische Instrumentalisten.[228] Im gleichen Jahr erlaubte das stark russische und jüdische Shanghai Municipal Orchestra dem 20-jährigen Tan Shuzhen, sein erster chinesischer Spieler zu werden, wenn auch sein italienischer Dirigent ihm mitteilte, dass er »natürlich« nicht bezahlt werde.[229]

In Großbritannien zählten solche Dinge nur am Rande. Ausländische Spieler, seit dem 16. Jahrhundert eine Stapelware des britischen Musiklebens, machten bis 1866 in mehreren großen Londoner Orchestern immer noch ein Viertel bis die Hälfte aus. Wie man sich vorstellen kann, zogen deutsche Spieler – »und ihre Zahl war Legion« – 1914 fort, und dies, so erinnerte sich Eugene Goossens Jahrzehnte später »zur großen Freude vieler britischer Künstler, die dadurch für sich mehr Arbeit und deutlich verbesserte Chancen zum Verdienen ihres Lebensunterhalts vorfanden«.[230] Berichten zufolge setzten normalerweise tolerante einheimische Spieler selbst Italienern und Juden zu. Obwohl

Vorschriften der Gewerkschaft Amerikaner vom britischen Arbeitsmarkt für Musiker ausschlossen, scheint in der Nachkriegszeit die Vorliebe für Jazz eine Rassen-Panik hervorgerufen zu haben. Doch die in den Zwischenkriegsjahren in Londons schicksten Restaurants, Teestuben und Palmenhöfen blühenden Karrieren des in England geborenen David de Groot, des in Rom geborenen Alfredo Campoli, des in Magenta geborenen Emilio Colombo, des in Venedig geborenen Annunzio Mantovani und des auf Mauritius geborenen Jean Pougnet lassen vermuten, dass zum Ende des Krieges das eintrat, was der US-Präsident Harding »Normalität« nannte.[231]

Die technologische Entwicklung hatte ebenfalls Konsequenzen. Allein in Großbritannien schuf das Aufkommen des Stummfilms in den Lichtspielhäusern geschätzte 12 000 Arbeitsplätze – genug, um 75 bis 80 Prozent der nationalen Musiker zu beschäftigen, in einem Job, in dem der Musikdirektor ihre Fähigkeiten, vom Blatt zu spielen, auf die Probe stellte, nachdem er den wöchentlichen Spielfilm ausgesucht hatte. Im Jahr 1926 beschäftigten die amerikanischen Kinos 22 000 Mitarbeiter. Drei Jahre später waren es noch 19 000, die bis zu 60 Dollar pro Woche verdienten, das Doppelte des Realeinkommens eines qualifizierten Industriearbeiters.[232] Dann kam der Tonfilm, und die Orchester, die noch drei Jahre zuvor ihre Spieler nicht dazu bewegen konnten, sie auch nur wahrzunehmen, erhielten auf jede Vakanz 20 Bewerbungen.[233] Das Aufkommen des Tonfilms schuf auch in Hollywood Studiojobs, die bis zu 500 Dollar pro Woche einbrachten, doch gab es davon nur ein paar Hundert.[234] Der Geiger Louis Kaufmann, den Ernst Lubitsch 1934 für die MGM-Verfilmung der *Lustigen Witwe* engagiert hatte, verdiente 275 Dollar am Tag, das Doppelte des Gewerkschaftstarifs, und am Tiefpunkt der Weltwirtschaftskrise 1.500 Dollar pro Woche. Mittlerweile verdiente der Konzertmeister der Chicago Symphony in der Orchestra Hall 250 Dollar pro Woche. 20 Jahre später beschäftigten die sieben großen Hollywood-Studios 303 Vollzeit-Musiker, während weitere 4 000 Teilzeitkräfte durchschnittlich 300 Dollar pro Jahr verdienten, ein wenig mehr als der durchschnittliche Monatslohn.[235]

Nach seinen bescheidenen Anfängen in lokalen Studios bot auch das Radio seine Möglichkeiten, einschließlich der Schaffung von vom Sender finanzierten Orchestern in New York, London, Manchester, Glasgow und Cardiff, in Paris, Rom, Turin, Mailand und Neapel. Unter allem möglichen Trara schuf die NBC im Jahr 1937 ein eigenes Orchester, und die Bundesrepublik Deutschland der Nachkriegszeit gründete innerhalb weniger Monate nach der Nazi-Kapitulation mit der begeisterten Unterstützung und Beteiligung der Besatzungsbehörden acht Rundfunkorchester.[236] Nach der Einführung des Fernsehens und nach dem Ableben ihres legendären Dirigenten Arturo Toscanini löste die NBC 1954 ihr Orchester auf. Doch dank der in den meisten Fällen gesicherten öffentlichen Zuschüsse spielten die europäischen Orchester weiter.

Nach dem Zweiten Weltkrieg gründete der geniale Plattenproduzent Walter Legge das Philharmonia Orchestra für EMI, den Inhaber der berühmten Abbey Road Studios. Wie die meisten Orchester gab das Philharmonia öffentliche Konzerte. Aber von der Idee her war es seine primäre Aufgabe, unter einer Reihe von virtuosen Dirigenten Einspielungen zu machen.[237] Zwischen den frühen 1950er-Jahren und dem Ende des 20. Jahrhunderts waren Innovationen in der Schallplattenindustrie wie die Langspielplatte und die CD Goldgruben für andere große Orchester wie das Philadelphia, dessen Diskografie allein unter Eugene Ormandy fast 400 Einspielungen erreichte,[238] und vielleicht am hervorstechendsten für die Berliner Philharmoniker unter Herbert von Karajan, der für eine einzelne Aufnahme bis zu 65.000 Pfund forderte – und bekam.[239]

Die Verbreitung des Internets indes markierte erneut Ende und Anfang eines Zeitalters. Mit der CD ging es nun bergab. Es gab sehnsüchtige Hoffnungen auf attraktive und sogar von Künstlern selbst geleitete Produktionen und Online-Verkäufe über direkte Downloads vom Internet zum iPod. Doch war dies nicht mehr ein Zeitalter, in dem eine Sammlung von Caruso, Kreisler, Rachmaninow und Powell ebenso Teil eines Mittelklasse-Haushaltes war wie ein Neckermann-Katalog, außerdem konnten jetzt ganze Opernproduktionen kostenlos von YouTube heruntergeladen werden.[240]

Zuweilen gelang es der Angebotsseite, sich einen Vorsprung zu verschaffen. Seit dem 16. Jahrhundert war die wachsende Bedeutung der Violine in der westlichen Musik ein Arbeitsbeschaffer. Paris brauchte Geigen zum Tanzen, Venedig für Oper und Oratorien und München, Dresden und Mannheim für ihre Hausorchester, ganz zu schweigen von melodiesüchtigen Großgrundbesitzern wie Haydns Gönner Fürst Nikolaus Esterházy.

Demografie, wirtschaftliche Entwicklung, Gehaltserhöhungen, zunehmende Urbanisierung, soziale Vielfalt, Geschmacksänderungen, bürgerliche Eitelkeit, demonstrativer Konsum aus Prestigegründen, unternehmerische Dynamik und musikalisches Genie leisteten ebenfalls ihren Beitrag. Eine 1887 im *British Bandsman* veröffentlichte Tour d'horizon zeigte auf, wie der Beruf dazu gekommen war, sich über eine immer breitere soziale Landschaft zu erstrecken. Da gab es den ernsthaften Spieler in Konzerten, in Opern und Oratorien, der nebenbei unterrichtete. Da waren die gut vernetzten Lieferanten von Musik als Meterware für Bälle und private Empfänge, vor allem diejenigen, die bereit waren, in ungarischer Tracht zu spielen, die aktuell groß in Mode war. Da gab es die Arbeitsbienen, die ihren Lebensunterhalt im Theater verdienten und im Schauspiel, in der Opera buffa und in Burlesken spielten. Am unteren Ende der Skala gab es die Mannschaft im Maschinenraum, die vier Stunden pro Nacht im Varietétheater spielte. Obwohl es dazu manchmal eine lange Woche brauchte, kam ab 1925 eine ziemlich große Anzahl von Musikern in Reichweite eines höheren Verdienstes als das eines Briefträgers. Ab Mitte der 1960er-Jahre hatte Joseph Szigeti, der nachdenklichste und einfühlsamste Konzertkünstler seiner Zeit, den Eindruck, dass es in den Vereinigten Staaten, in Großbritannien, Frankreich und Deutschland mehr Arbeitsplätze in Orchestern gab als qualifizierte Spieler, die sie ausfüllen konnten.[241]

Dennoch war es im Berufsleben eine Tatsache, dass die Nachfrage nie für selbstverständlich genommen werden konnte, und auch nicht alle Arbeitsplätze gleich waren. So wie das Vom-Blatt-Spiel wurden die Fähigkeiten, gleichzeitig mehrere Aufgaben zu erledigen oder sich immer wieder neu zu erfinden, häufig überlebenswichtig. Im Jahr 1779 wurde in London berichtet, dass eine gewisse Signora Rossi »auf dem gespannten Seil höchst überraschende Kunststücke und auch Kapriolen und Hebungen mit großer Geschicklichkeit, Anstand und Eleganz« zur Aufführung brachte, darunter Violinstücke »in sechs verschiedenen Positionen, recht neu und angenehm«.[242] 2004 machten sich fünf Princeton-Studenten mit einer gemeinsamen Schwäche für Davie Bowie und Béla Bartók in bei eBay erstandenen Raumanzügen und mit Mandoline, Bass, Cello, Geige und Schlagzeug bewaffnet daran, der Welt das vorzustellen, was sie als orchestralen Space-Pop bezeichneten.[243] 2008 wurde aus New York berichtet, dass Caleb Burhans, der an der Eastman School of Music Violine studiert hatte, sowohl als Countertenor im Chor der Trinity Church als auch in einem Pop-Theaterstück sang und spielte, mit mehreren Neue-Musik-Ensembles auftrat und mit seinem Ambientrock-Duo »itsnotyouitsme« konzertierte. Gleichzeitig arbeitete er für die Gruppe Sound the Alarm an einem Stück mit dem Namen »Oh ihr Kleingläubigen (wisst ihr, wo eure Kinder sind?)«, in dem er ebenfalls mitspielte.[244] Für die Autoren von Titeln wie *Making Your Living as a String Player* und *Beyond Talent: Creating a Successful Career in Music*[245] konnte seine Karriere sowohl als Vorbild als auch als warnendes Beispiel gelten.

Während die Violine es ihren Spielern erlaubte, für mehr Menschen mehr zu bedeuten als jedes andere Instrument abgesehen von der menschlichen Stimme, verliefen die Geschichte des Berufsstandes und die des Orchesters mehr oder weniger parallel. Beide fingen klein an. Musikalische Kleriker erfreuten sich häufig steiler Karrieren, Musiker hingegen eher selten. Barden, Troubadoure und Trompeter genossen einen gewissen Respekt. Geiger befanden sich andererseits auf der sozialen Skala ganz unten, und Trompeter, die auf einer Hochzeit in Frankfurt doppelt so viel einnahmen wie die Lautenisten, verdienten vier Mal so viel wie Geiger und Dudelsackspieler.

In einer Ständegesellschaft, die praktisch jedem einen rechtlichen Status – wie restriktiv auch immer – verlieh, bekamen Musiker wenig oder gar nichts davon. Der Wandermusiker war für den Militärdienst und als Zeuge vor Gericht untauglich; Schwert und Rüstung zu tragen wurde ihm verweigert, und Banditen galt er als Freiwild. In Goslar waren seine Kinder von einer Erbschaft ausgeschlossen. Für diejenigen, die ausreichend Glück oder Geschick hatten, lag die vorläufige Lösung darin, einen Förderer zu gewinnen, der seine Wertschätzung vielleicht durch einen Ring, ein Pferd, durch Unterkunft und Verpflegung, durch Kleidung (die sonst nicht gebraucht wurde) oder sogar durch Immobilien zeigte. Einen Musiker bar zu bezahlen wurde generell als Ausdruck von Geringschätzung verstanden.[246]

Bevor es besser wurde, wurde es schlimmer. In den rumänischen und ungarischen Provinzen des Osmanischen Reiches gehörten Zigeuner-Musiker zu den angesehensten Sklaven, oder umgekehrt: Zigeuner-Sklaven gehörten zu den populärsten Musikern, die von türkischen Paschas, der ungarischen Aristokratie und von Geistlichen rumänischer Klöster verkauft, verliehen und an Tavernen, Mühlen und Wirtshäuser vermietet wurden. Im Russland des frühen 19. Jahrhunderts begegneten vornehme Musikliebhaber dem Defizit an Spielern, indem sie sich aus der leibeigenen Bevölkerung bedienten. Diese Initiative erreichte ihren Höhepunkt in den Jahren vor 1812, in denen es nach einer Schätzung bis zu 310 aus Leibeigenen bestehende Orchester gab. Einige davon waren schrecklich. Andere waren überraschend gut, und sicherlich gut genug, um gekauft, verkauft und den Nachbarn vorgeführt zu werden, während ihre bankrotten Besitzer ausländische Lehrer und Dirigenten anstellten, um sie auszubilden. Mindestens ein Magnat des 18. Jahrhunderts spielte gemeinsam mit seinen Leibeigenen unter der Leitung ihres leibeigenen Dirigenten.[247] Ein anderer schickte seinen Leibeigenen auf das Pariser Konservatorium.[248]

Bereits in den 1690er-Jahren wurden auch im kolonialen Virginia die Sklaven-Musiker geschätzt, mit der Violine als bevorzugtem Instrument. Während ihre Besitzer im Salon als Amateure Unterhaltungsmusik machten, waren die »Sklaven-Musiker«, wie sie sich selbst nannten, tatsächlich Profis, die für eine erfolgreiche Festlichkeit oder Tanzveranstaltung genauso unerlässlich waren wie die Punsch-Bowle. Während der Saison wurden sie an Urlaubsorte ausgeliehen und auch in einfachen Gasthöfen eingesetzt, um die Gäste nach einem anstrengenden Reisetag zu unterhalten, und üblicherweise wurde ihre Arbeit als zusätzliche Geldquelle geschätzt. Gelegentlich machte es ein Besitzer seinen russischen Pendants nach und verhalf seinem menschlichen Kapital durch den Kauf von Instrumenten und die Einstellung von Lehrern zu einem Mehrwert.[249]

Kommunale Beschäftigungsmöglichkeiten, die in Deutschland schon im 14. Jahrhundert geschaffen wurden, waren ein erster Schritt hin zu Arbeitsplatzsicherheit und sozialer Anerkennung. Im Jahr 1685 hörte ein Amtsgericht in Flensburg die Beschwerde der Frau eines lokalen Geschäftsmannes, die sich darüber empörte, dass die Frau des Stadtmusikers vor ihr die Kirche betreten hatte.[250] Aber bis die Position eines Stadtmusikers schließlich mit der allgemeinen post-napoleonischen Abschaffung der Stände und Zünfte verschwand, war sie so viel wert, dass man bereit war, gelegentliche Zurücksetzungen in Kauf zu nehmen, denn sie ging üblicherweise mit einem Ehrentitel sowie einem

regelmäßigen Gehalt einher. Zum ersten Mal erhielten Musiker so den zivil-
rechtlichen Status eines Handwerkers und Bürgers und die Erlaubnis, den
Rechtsweg zu beschreiten, und das Recht, Waffen zu tragen. Die Position eröffnete die Möglichkeit, bei Hofe beschäftigt zu werden, der besser bezahlte (auch
wenn es ein gewisses Risiko gab, in harten Zeiten entlassen zu werden), ließ
Raum für freiberufliche Beschäftigung auf Festlichkeiten und Hochzeiten und
bot gleichzeitig Schutz – zumindest bis zu einem gewissen Punkt – gegen Ausländer und Gelegenheitsspieler, die die nicht gewerkschaftlich organisierten
Arbeiter der Zeit waren.

Leipzig, eine Stadt mit etwa 20 000 Einwohnern, in der Kirche, Stadt und
Universität zusammenspielten, war ein guter Ort, um zu beobachten, wie die
neue Welt Gestalt annahm. Bereits seit dem 16. Jahrhundert beschäftigte die Stadt
vier Pfeifer genannte Bläser für zwei tägliche Fanfaren vom Rathausturm sowie
für Prozessionen und besondere öffentliche Anlässe. Sie fügte dann drei Streicher hinzu – die als Kunst-Geiger bekannt waren, weil sie von niedergeschriebe-
nen Noten spielten –, die auf Tanzveranstaltungen und in Konzertsälen auftraten. Ihre Gehälter entsprachen denen von Zimmerleuten oder Lehrern und
waren bescheiden. Aber jeder von ihnen bekam eine Wohnung, ein Instrument,
eine lebenslange Anstellung, eine Art Rente und ein Monopol auf gelegentliche
Auftritte bei Hochzeiten, städtischen Banketten und Universitätsfeiern.[251]

An Sonn- und Feiertagen bündelten die Spieler ihre Kräfte in den beiden
Hauptkirchen. 1653 taten sie sich außerdem zu einer Gilde zusammen. Aber
zehn Jahre später machten die Streicher eine Eingabe mit der Bitte um offizielle
Hilfe gegen Übergriffe auf das Hochzeitsgeschäft, nicht nur von den Bläsern,
sondern von Fiedlern, die nebenher schwarzarbeiteten, unter ihnen ein Metzger
und ein Schuhmacher. Die Lösung wurde in einer Übereinkunft mit 13 Punkten
niedergelegt, deren Verhandlung zwei Jahre gedauert hatte und die bereits
am Ende des folgenden Jahrzehnts schon wieder Makulatur war. Es wurde
vereinbart, dass Pfeifer für eine Hochzeit auf die drei Taler eines Geigers fünf
bekommen sollten. Es war ebenfalls klar, dass der Status quo in einer Stadt,
deren Bevölkerung in den kommenden 30 Jahren um die Hälfte wachsen sollte,
in den letzten Zügen lag.[252] 1698 bekamen ein unternehmerischer Geiger namens Christoph Stephan Scheinhardt und seine Kapelle mit Geigen, Oboen,
Trompeten, Pauken und französischen Schalmeien (den Vorgängern der Oboe)
den Auftrag, während eines Mittagessens für den russischen Zaren, der die
Stadt besuchte, zu spielen. 1712 legitimierte der Rat der Stadt sein Ensemble
als ihre dritte offizielle musikalische Organisation. Doch 1750, in dem Jahr, in
dem Bach starb, war jeder Gedanke an eine Monopolstellung lokaler Spieler
schon wieder Geschichte.

Ein paar Geiger, die dort pragmatisch waren, wo Flexibilität angezeigt
war, verbanden sich mit denen, die sie nicht schlagen konnten, und wurden zu

Pfeifern befördert. Andere fügten ihrem Repertoire den Geigenbau hinzu, und einige Instrumente waren anscheinend gut genug, um Bach zu beeindrucken. Eine Anstellung bei Hofe – insbesondere eine königliche – war für diejenigen, die außergewöhnlich gute Künstler waren oder beste Verbindungen hatten, nicht nur besser als jede andere Arbeit bei der Stadt, sondern tatsächlich die bestmögliche Position. Im 16. Jahrhundert waren Kapellen jedweder Art, die bei Hofe, staatsbürgerlichen oder sogar privaten Veranstaltungen und Festlichkeiten eingesetzt wurden, in weiten Teilen West- und Mitteleuropas Mode geworden. Die meisten gemischten Consorts aus Instrumentalisten und Sängern waren sich im Wesentlichen ähnlich, doch die Streichergruppe, die dem französischen Hof angeschlossen war, galt frühzeitig als die beste, die es gab.[253]

Diese Elitegruppe begann während der Regierungszeit von François I. als ein Stab von sechs musikalischen Alleskönnern auf der Gehaltsliste der königlichen Stallungen. Aber im Jahr 1589 wurden die königlichen Streicher mit Herrschaftsbeginn der den Tanz liebenden Bourbonen zu unmittelbarem Personal des Königs befördert. Von da an wurden sie von der Sonne beschienen. Bereits 1609 gab es 22 von ihnen. Fünf Jahre später waren es 24, die als Les Vingt-quatre Violons du Roi berühmt wurden, ein Markenzeichen, das ihnen – trotz des Hinzukommens eines Dirigenten als 25. Mitglied – bis 1761 das institutionelle Überleben und für immer einen Eintrag in den Geschichtsbüchern sicherte.

Trotz ihres Namens waren sie eigentlich eine Gruppe von sechs Violinen und sechs Celli, mit vier Bratschen als Mittelstimmen. Ihr Auftrag schloss das Spielen bei Hofbällen, großen Empfängen, Staatsbanketten und kirchlichen Prozessionen ein. Ihre Spezialität war das höfische Ballett, zu dem sie, auf ihren Instrumenten spielend, in den Saal einzogen und dann auf einem für sie reservierten Podium Platz nahmen. Gleichzeitig behielten die Spieler eigenständige Identitäten als Mitglieder der Bruderschaft von Saint-Julien, der Pariser Gilde, die es einzelnen Musikern erlaubte, an öffentlichen Konzerten teilzunehmen und der ganzen Gruppe, sich für gelegentliche private Engagements verpflichten zu lassen.

Mit der Ankunft des in Italien geborenen Jean-Baptiste Lully und dem Aufstieg des Komödienautors Molière weitete sich der Auftrag Mitte des 17. Jahrhunderts auf Theater und Oper aus, und die Mittelstimmen wurden zugunsten von mehr Geigen und Celli ausgedünnt. Die Arbeitsbedingungen blieben durchweg gut. Als faktisch fest angestellte Beamte hatten die königlichen Spieler ein Anrecht auf Spesen für Verpflegung und Transport und konnten mit gelegentlichen zusätzlichen Sachleistungen rechnen. Wegen der begrenzten Saison am Hof wurden sie wesentlich geringer bezahlt als ihre Sänger-, Cembalisten- und Lautenisten-Kollegen, doch wenn sie nicht in Versailles waren, konnten sie in Paris leben, freiberuflich tätig sein und unterrichten. Sie erhielten auch immaterielle Belohnungen wie einen regelmäßigen Kontakt zu

König und Hof, Ehrentitel wie »homme honorable« und »bourgeois de Paris« und das Recht zum Tragen eines Schwertes.[254]

Im Ancien Régime, in dem Ämter gekauft und verkauft werden konnten, waren freiberufliche Tätigkeiten von mehr als nur beiläufigem Interesse. Das offizielle Jahresgehalt lag bei 365 Livres. Der Grundpreis für ein Amt betrug 2.000 bis 3.000, doch kamen zusätzliche Ausgaben hinzu – etwa eine Kleinigkeit für die Frau des Verkäufers, Gebühren für den Notar und den Beamten, der dem Verkauf zustimmte, und ein schickes Abendessen für die 23 neuen Kollegen des Käufers. Zusammengenommen konnten diese Extras noch einmal die Hälfte des Preises der Position kosten.

Die Frage der Qualität liegt auf der Hand: Wie talentiert waren diese Spieler? Obwohl sich der Hof ein Vetorecht vorbehielt, scheint niemand davon Gebrauch gemacht zu haben. Wahrscheinlich kamen die meisten Neulinge aus Spielerfamilien oder waren mit ihren Kollegen bereits als Ersatzspieler oder Statisten vertraut. Lully, Tänzer, Komponist und persönlicher Favorit des Königs und seit dem Eintritt in dessen Dienste im Jahr 1651 unermüdlich aktiv, wurde »über ihre Unwissenheit und ihr routinemäßiges Spiel wütend.«[255] Seit einigen Jahren gab es im Schatten der ersten eine zweite Gruppe, offenbar für den persönlichen Gebrauch von Louis XIV. geschaffen und als »Les Petits Violons« bekannt. Was an ihr »petit« war, ist unklar, da sie schlussendlich aus 25 Spielern bestand. Doch anders als die Gruppe der 24 wohnte sie am Hofe, reiste mit dem König und enthielt eine kleine Ergänzung durch Bläser. Ihre Mitglieder verdienten gegenüber den 350 der Vingt-quatre 600 Livres im Jahr, ein deutlicher Hinweis darauf, dass sie starke Spieler waren. Sie wurden zu Lullys erster Wahl.

Zu besonderen Anlässen wurden die Ensembles für eine maximale Wirkung kombiniert. Am zweiten Tag einer mehrtägigen Darbietung namens *Les Plaisirs de l'isle enchantée* wurden neben Elefanten und Kamelen 34 Streicher aufgeboten, 20 davon von den Vingt-quatre und 14 von den Petits. Das Wasserballett am dritten Tag erhöhte die Gesamtzahl auf 39 Streicher. 1681 mobilisierte ein Ballett mit Namen *Le Triomphe de l'Amour* 76 Instrumentalisten, darunter 46 Streicher, vermutlich sämtliche Mitglieder beider Ensembles.

Im Jahr 1669 handelten der Dichter Pierre Perrin und der Komponist Robert Cambert eine königliche Charta aus, die ihnen Exklusivrechte auf Sänger, Schauspieler, Inszenierung und Kostüme sicherte, und gründeten eine Académie royale de musique, um sowohl französische als auch italienische Opern zu produzieren. Aber Lully, seit 1661 Musikmeister des Königs, behielt die Leitung der Hoforchester. Drei Jahre später sah Lully seine Chance, die bisherigen Eigentümer auszukaufen, ihre Vorrechte zu erwerben und auf die Hoforchester zu übertragen. Als De-facto-Direktor der Oper, der einzigen Institution in Frankreich, der es erlaubt war, »mehr als sechs Violinen oder andere Instrumentalisten zu beschäftigen«,[256] organisierte er Europas erstes großes stehendes Orchester, mit 25 durch Vorspiel geprüften Streichern. Er erwartete von ihnen, dass sie probten. Er war dafür bekannt, Spieler, die seine Erwartungen nicht erfüllten, mit Violinen zu schlagen und ihnen wegen versäumter Proben Strafen aufzuerlegen, bezahlte aber gut, versöhnte sich nach Streitigkeiten wieder mit ihnen, wahrte ihre Interessen und verschaffte ihnen sogar zusätzliche Engagements, sofern sie nicht für die Konkurrenz arbeiteten.[257]

Als Lully 1687 starb, hatten sich die Dinge zweifellos verbessert. Nach Leipzig gelangten italienische Neuerungen aus zweiter Hand durch Johann Georg Pisendel, einen bayerischen Jurastudenten, der von ausgewanderten Italienern gelernt hatte.[258] In Rom organisierte und leitete Corelli ein Mehrzweck-Orchester, das er aus einem Netzwerk der besten Musiker der Stadt speiste, einschließlich Rekruten, die auf den Gehaltslisten von Kirchen und privaten Haushalten standen.[259]

Inzwischen waren die Auftritte der Vingt-quatre auf acht oder neun Dienste bei Hofe gesunken. Viele der Spieler hatten aus mehreren Ämtern mehrere Einkommen; andere arbeiteten die meiste Zeit des Jahres freiberuflich. Mitte des 18. Jahrhunderts schafften es die gewaltigen Kosten des königlichen Haushalts und des Siebenjährigen Krieges endgültig, dem den Garaus zu machen, das beinahe 200 Jahre bestanden hatte. Es wurde beschlossen, dass die Orchester des Hofes verkleinert und ihre fest angestellten Spieler ausgekauft werden sollten.

Aber zu dieser Zeit spielte das kaum noch eine Rolle. Die Theater, die Oper und das Concert spiruel, ihr Ableger zur Fastenzeit, waren beglückt darüber, sie zu haben. Das Gleiche galt für unzählige Fürsten, Grafen und Herzöge. Das Concert spirituel entlohnte Hofgeiger mit einem respektablen Mittelklassegehalt von 1.000 bis 1.500 Livres im Jahr, was dem Einkommen eines Hochschullehrers oder Hofbibliothekars entsprach.[260] Der königliche Steuerpächter und berühmte Mäzen Alexandre Riche de La Pouplinière alleine beschäftigte ein 15-köpfiges Hausorchester; nur ein Drittel der Spieler waren junge französische Senkrechtstarter, die aus den Provinzen importiert waren, der Rest deutsche und italienische Berufsmusiker.

In London, im Jahr 1600 noch eine hinterherhinkende Hauptstadt, die aber für große Dinge bestimmt war, tauchten zu Beginn der Tudor-Ära Musiker auf den Gehaltslisten des Hofes auf. Wie so viele britische Dinge scheint die Einstellungspolitik auf einer Kombination aus Pragmatismus und Präjudiz gefußt zu haben. Ein direktes Gesuch war ebenso eine Möglichkeit wie die Empfehlung durch einen Höfling, einen dienenden Musiker oder einen Diplomaten. Heinrich VIII., 1539 mal wieder in Heiratsstimmung, war begierig darauf, die besten verfügbaren Talente anzuwerben, und betraute Edmund Harvel, Englands Mann in Venedig, mit der Suche. Harvel, der sich der Situation gewachsen zeigte, fand nicht nur vier Bassano-Brüder mit besten Empfehlungen, die das Angebot beglückt annahmen, sondern ein Jahr später weitere sechs Spieler.

»Und weil diese Männer arm sind« und sich die Reise nicht leisten konnten, so berichtete er über die erste Gruppe, gewährte er ihnen »sechs Kronen von Gold und versorgte sie dazu mit Reisekreditbriefen«, um sie an ihr Ziel zu bringen.[261] Vier Generationen von Lupos und noch mehr Bassanos sollten beweisen, dass gute Verbindungen hilfreich waren und es nicht von Nachteil war, als eingewanderter italienischer Jude nach Großbritannien zu kommen. Beginnend im Jahr 1545 bestätigen offizielle Dokumente ebenfalls, dass im neu eingestellten königlichen Ensemble Geigen eine Rolle spielten.

Allem Anschein zum Trotz war die Anstellung eines Geigers auf eine Position, die offiziell als die eines Dudelsack- oder Lautenspielers angesehen wurde, nur eine bürokratische Bequemlichkeit. Die Stellenbeschreibung war symbolisch. Der Geiger war real. Die bei Hof gezahlten Löhne waren nicht nur besser als die Arbeitsentgelte außerhalb des Hofes, sondern schlossen auch solche Vergünstigungen wie eine Livree, den Titel »Gentleman«, mannigfaltige Etatposten für einen einzelnen Spieler, freie Verpflegung, Steuerbefreiung, Befreiung von bestimmten Arten von Gefängnisstrafen und Sachleistungen von Lautensaiten bis zu Mietverträgen ein.[262]

Das Ensemble, das dem königlichen Diner, vor allem aber der Tanzmusik zugeordnet war, spielte während aufeinanderfolgender Regentschaften, wobei die Geige schrittweise auf das Territorium übergriff, das bisher von den Gamben besetzt gewesen war. Ab 1560 tauchten Violinen im Inventar aristokratischer Haushalte auf. 20 Jahre später hatte die Geige auch ihren Weg in die Lehrpläne an Orten gefunden, an denen kleine englische Jungen ausgebildet wurden wie neapolitanische Knaben und venezianische Mädchen: um Profis zu werden.

An diesem Punkt erscheinen zunehmend englische und französische Namen auf den Dienstplänen des Hofes. Die Geiger nahmen mit ihren Hofmusiker-Kollegen an der Trauerprozession für Königin Elizabeth teil. Sie zeigten sich mehr und mehr als Beiwerk bei Maskenspielen, der stilisierten Belustigung am Hof deren Nachfolgers James I. Als 1660 die Monarchie wiederhergestellt wurde, wurden auch die Geiger zurückgeholt, dieses Mal – aus ziemlich naheliegenden Gründen – als The Twenty-four Violins bezeichnet, auch wenn die Zahl wohl nicht allzu wörtlich zu nehmen war. Die meisten wurden aus eigenen Mitteln des Königs bezahlt, andere, ohne ein erkennbares System, aus der königlichen Staatskasse. Es gibt Hinweise, dass die dazwischenliegenden puritanischen Jahre nicht einfach waren. Aber das galt ebenso für die Jahre der Restauration, in denen das Parlament den königlichen Haushalt kontrollierte. Im November 1666 reichten 22 königliche Geiger beim König ein Gesuch um ihre Löhne ein, die schon fast fünf Jahre im Rückstand waren. Einige von ihnen hatten ihre Häuser beim großen Feuer im vorangegangenen Juli verloren.[263] Im Jahr 1673 sollten einige weitere ihre Arbeitsstellen durch den Test-Act verlieren, der Katholiken von einer Beschäftigung bei Hofe ausschloss.[264]

Doch die Masques florierten, und das Theater der Restauration, vom König persönlich favorisiert, schaffte Arbeitsmöglichkeiten, die vor dem Bürgerkrieg unvorstellbar gewesen waren. 1661 spielten die Twenty-Four Violins zur Krönung von Charles II., dessen Vorlieben bei der Tanz- und Tafelmusik sie voll beschäftigte und dessen Kirchenmusik-Geschmack für neue Arbeitsplätze in der Chapel Royal sorgte. Am Ende seiner Regierungszeit gab es bei den Twenty-Four Violins 34 Arbeitsplätze. 1685 spielten sie zur Krönung von James II., dessen Himmel aber nicht mehr voller Geigen hing. Als es dem König drei Jahre später erlaubt wurde, nach Frankreich zu exilieren, schuldete er dem gesamten Ensemble noch ausstehende Löhne.[265]

William und Mary, das neue Königspaar, brachten Enthaltsamkeit und eine Vorliebe für Blaskapellen. Die Gruppe, jetzt als The King's Band of Musick bekannt, war auf 24 Musiker beschränkt, die 40 englische Pfund pro Jahr für einen schrumpfenden Plan jährlicher Dienstleistungen bekamen. Da ein Gesetz von 1701 Arbeitsplätze im öffentlichen Dienst Einheimischen vorbehielt, waren sie auch alle Engländer. Einzelne Posten im Etat überlebten bis zum Ersten Weltkrieg; insgesamt aber verlor sich das Ensemble nach und nach in der Bedeutungslosigkeit, da das Hofzeremoniell und das britische Musikleben andere Richtungen einschlugen.

Doch dass die Möglichkeiten, bei Hofe aufzutreten, schwanden, spielte kaum noch eine Rolle, da London sich mit einer Bevölkerung von rund 600 000, einer blühenden Privatwirtschaft und einem Hof, dessen Zeitplan reichlich Möglichkeiten für Nebentätigkeiten ließ, zur Hauptstadt eines globalen Imperiums wandelte. 1672 war John Banister, ein ehemaliger Hofgeiger, der Erste, der Platz in einer Zeitung kaufte, um darin für ein öffentliches Konzert zu werben.[266] Sechs Jahre später verwandelte Thomas Britton, »der kleine Kohlenmann«, das obere Stockwerk seines Hauses und Unternehmens in einen Aufführungsraum, der für an jedem Donnerstag stattfindende Konzerte über eine Leiter aus dem Hof zugänglich war.[267]

Da »die umfangreichen Ströme junger Reisender – von der besten Qualität und im Besitz von Ländereien – hinüber nach Italien gingen« und sie »in Rom und Venedig [...] die beste Musik hörten und von den besten Meistern lernten«, sah Roger North eine Zukunft, die viel zu versprechen schien. Er stellte als Spieler, Zuhörer und Amateurkomponist sowie als gelegentlicher Verleger, Theoretiker, Groupie und Autobiograf fest, dass »die Violine so allgemein umworben und die besten Exemplare von ihr so gesucht sind, dass einige sagen, England habe Italien von Violinen entvölkert«.[268] Wieder zu Hause und berauscht von Corelli, sahen die »jungen Adligen und Edelleute« in dem von »gewöhnlichen Fiedlern« bevorzugten Instrument »das beste Werkzeug Apollos«.[269]

North beobachtete, wie ortsansässige Musiklehrer wie die beiden, die sein Vater beschäftigte, denjenigen Vorrang gewährten, die »jeden Morgen von

Haus zu Haus trabten, um für die Dauer des Winters für zwei Guineen ein Dutzend Unterrichtsstunden zu geben«.[270] Hausensembles, so berichtete er, seien öffentlichen Konzerten durch Virtuosen wie den Neapolitaner Nicola Matteis gewichen, der »ein Publikum, aus dem nicht ein Flüstern zu hören war, länger als üblich fesseln konnte«.[271]

Als North 1734 starb, zahlte eine Subkultur von Londoner Gentleman-Amateuren gerne zwei Guineen im Jahr, um in der Castle-Taverne gemeinsam mit Berufsmusikern zu spielen oder in öffentlichen Räumen die »besten Meister« aus den Theaterorchestern zu hören. Eine Generation später zog Carl Friedrich Abel gemeinsam mit Johann Sebastian Bachs Sohn Johann Christian 500 bis 600 gut betuchte und gesellschaftlich exklusive Zuhörer zu Orchesterkonzerten in die Hanover Square Rooms, den Prototyp für einen zweckgebundenen Konzertsaal. Am Ende des Jahrhunderts ertrank London in Orchestern, und Johann Peter Salomon, ein weiterer hergereister Deutscher und angesehener Geiger, übertrumpfte die Konkurrenz durch die Verpflichtung von Orchestern mit bis zu 40 Spielern – darunter 16 Geiger –, um zwölf Sinfonien uraufzuführen, die Joseph Haydn für diesen Anlass komponiert hatte.[272] Ein einziges Konzert, das zwei Monate nach Haydns Ankunft gespielt wurde, brachte 350 Pfund ein, das Doppelte von Salomons ursprünglicher Garantie.[273]

Von 1730 an stand das Konzertleben auch auf der anderen Seite des Kanals in voller Blüte. Die Pariser Antwort auf den Londoner Impresario war die Art von Gönnern, dessen Name mit »Prince« oder »Duc« begann, doch auch der englische Gesandte konnte die Position ausfüllen, ebenso Jeanne-Agnès Berthelot de Pléneuf, Maitresse des Duc de Bourbon, des wichtigsten Ministers des Königs, dessen kurzlebiges, aber mondänes Concert italien für eine Reihe von zweimal wöchentlich stattfindenden Konzerten im Louvre 60 Subskribenten zu der Hälfte bis zwei Drittel dessen gewinnen konnte, was ein qualifizierter Handwerker in einem Jahr verdiente.

Pikanterweise war der Gewinner dieser Ära allenfalls durch Beziehungen hochwohlgeboren. Benannt nach seinem Patenonkel, dem Duc Anne de Moailles, war Anne Danican Philidor tatsächlich ein Mann – und Oboist in der Chapelle royale, Mitglied der Petits Violons und Musikbibliothekar des Königs.[274] Es waren Philidors Eingebung und sein Anspruch auf einen Platz in der Musikgeschichte, die ihn das Verbot von Konzerten und Opern in der Fastenzeit mit einer Serie namens Concerts spirituels umgehen ließen. Der Hof stellte die Salle des Cent-Suisses, ausgeschmückt mit Blattgold und zwölf riesigen Kronleuchtern, für bis zu 60 Spieler und Sänger mietfrei zur Verfügung. Das Orchester, das zuletzt 24 Geiger beschäftigte, bestand unter anderem aus einem starken Aufgebot an Spielern der Oper, die sich an ansonsten unbezahlten freien Tagen gerne anstellen ließen.

Philidor starb 1728, drei Jahre nach der Gründung. Seine Konzertserie wurde bis 1790 fortgesetzt, war jedoch mit der Zeit immer weniger geistlich und zunehmend populär.[275] Zeitgenossen waren regelmäßig von Größe, Repertoire und Professionalität des Orchesters beeindruckt. Aber die echte Neuheit war der Auftritt – und die große Anzahl – von Solisten, mit einem besonderen Schwerpunkt auf Sängern und auf Geigern wie Jean-Marie Leclair, der schon 1729 im vierten Jahr der Concerts spirituels auftrat.[276]

Die Concerts spirituels wiederum riefen weitere Orchester und Konzertserien ins Leben, darunter das Concert des amateurs von François-Joseph Gossec und das Concert de la Loge Olympique. Bei Gossec bezahlten die vom Direktor sorgfältig ausgesuchten Amateure unter den Herren der Stadt nicht nur, um zuzuhören, sondern auch dafür, zwischen Dezember und März in wöchentlichen Konzerten bei den besten Berufsmusikern der Stadt mitzuspielen. An der Olympic, einer der exklusivsten Freimaurerlogen der Stadt, bezahlten 363 Abonnenten 120 Livres im Jahr, um zwölf Konzerte eines 65-köpfigen Ensembles zu hören, das als eines der besten in Europa galt. Ihre 40 Geiger erschienen in bestickter Konzertkleidung und in Spitzenmanschetten und trugen Schwerter an der Seite. 1785 führten sie sogar sechs in Auftrag gegebene Sinfonien von Haydn auf.[277]

Obwohl er auf dem Weg zu internationaler Berühmtheit war, blieb Haydn in Esterháza, dem Möchtegern-Versailles mit 126 Zimmern, in dem er seit fast 30 Jahren ansässig war. Als Komponist, Dirigent, Musikdirektor und Orchestermanager des Fürsten Nikolaus Esterházy war er für einen umfassenden Musikbetrieb verantwortlich, der im Organigramm des Haushaltes auf der gleichen Stufe rangierte wie Küche, Stallungen und Gärtnereien. In seinem Vertrag war festgelegt, dass er »als ein Mitglied des Haushalts behandelt und betrachtet« wurde und als der »ehrenwerte Beamte eines Fürstenhauses« galt.[278] Im Gegenzug zu einem respektablen Gehalt plus Vergünstigungen und ergänzenden Sachleistungen wurde von ihm erwartet, dass er das Essen mit seinesgleichen einnahm und seinen dienstlichen Verpflichtungen in einer hübschen blauen Uniform nachkam.

Während Haydns Amtszeit wuchs das Orchester von 14 auf 24 Mitglieder an und genoss einen offiziellen Status mit Gehältern, die auf einer Stufe mit denen niedrigerer Regierungsbeamter lagen. Die Spieler aßen und lebten zusammen und erhielten Möbel, Bettwäsche, Kaminholz, Kerzen- und Zimmerservice sowie Instrumente, Uniformen, medizinische Versorgung und Ruhegelder. Im Gegenzug wurde von ihnen erwartet, jederzeit auf Anforderung zu spielen und über längere Zeiträume getrennt von ihren Familien zu leben. Unerlaubte Abwesenheit wurde streng bestraft, und in mindestens einem Fall wurde eine Heiratserlaubnis mit der Begründung verweigert, dass die Unterkünfte für Verheiratete alle belegt seien.

Esterházas Musikbetrieb war ungewöhnlich groß und auf einzigartige Weise mit dem geistigen Klima verbunden, das an diesem Ort herrschte. In einem Deutschland mit etwa 300 mehr oder weniger souveränen Territorien gab es viele mit weniger Spielraum und geringerer Strahlkraft. Musiker, die ebenso ein Teil des fürstlichen Haushaltes waren wie die Köche und Gärtner (deren Arbeitsplätze sie gelegentlich teilten), galten als Handwerker, die Musik so herstellten wie ihre Kollegen Brote oder Hufeisen. Die meisten kamen aus dem Ort, waren häufig untereinander verwandt und im Grunde konservativ und mäßig gebildet.[279] Die Nachfrage nach ihren Dienstleistungen war, wie die Nachfrage nach den meisten Dingen, nur durch die verfügbaren Ressourcen, den Grad der fürstlichen Eitelkeit und, zumindest am Rande, die Nähe zu Frankreich eingeschränkt.

Stuttgart, die Hauptstadt des Herzogtums Württemberg, war ein Beispiel von musealer Qualität dafür, wie weit fürstliche Eitelkeit gehen konnte. Erste Spuren einer Hofkapelle reichen bis zum Jahr 1683 zurück, als eine französische Streichergruppe engagiert wurde, um für den Tanzunterricht des siebenjährigen Herzogs Eberhard Ludwig aufzuspielen. Als dieser 16 Jahre alt wurde, wandelte er sie in ein Ensemble von etwa 20 Mitgliedern um, mit doppelten Violinen und Bratschen und einer Frau an der Trompete. Zugleich machte er das Jagdschloss Ludwigsburg zu einem weiteren Mini-Versailles mit entsprechendem Personal, Hofstaat und Defizit. Zwischen 1693 und 1718 stiegen die Familienzulagen um 63 Prozent, die Gehälter am Hof um 71 Prozent, die Kosten für Jagd und Stallungen um 136 Prozent und die Gehälter der Musiker um 576 Prozent. Unterdessen wuchs das Defizit des Herzogtums allein zwischen 1716 und 1717 um fast 30 Prozent und erreichte ein Jahr später mehrere Millionen von Gulden. 1731 gab es dennoch 30 Musiker auf der Gehaltsliste, teilweise, weil Komponisten größere Ensembles verlangten, und teilweise, weil die Nachbarn ein ebenso zahlreiches musikalisches Personal hatten.

Der nächste Herzog, Carl Alexander, schloss die Bauprojekte, die italienische Oper und das französische Theater und drohte, auch das Orchester aufzulösen. Sein Nachfolger, Carl Eugen, geblendet von den Höfen von Louis XV. und Friedrich dem Großen, machte eine Kehrtwende und fuhr zurück nach Stuttgart, wo er sich als Alleinherrscher mit eiserner Hand, aber auch als Förderer der Künste hervortat. Er stellte einen französischen Architekten ein, schuf ein Theater und ein Ballett, baute ein italienisches Opernhaus, das 4000 Gästen Platz bot, und stellte italienische Superstar-Geiger ein wie spätere Autokraten Superstar-Torhüter und -Stürmer. 1764 hatte das Orchester 41 Musiker, und die Gehälter hatten sich verfünffacht.

Der Herzog, so kreativ wie verzweifelt, verkaufte Ämter. Er erfand eine Lotterie und zwang die Menschen, Lose zu kaufen. Er brachte Hofbeamte dazu, ihm Geld zu leihen und verpfändete Immobilien an jeden – einschließlich

Voltaire –, der bereit war, sie zu nehmen. Er besteuerte Immobilien, Erbschaften, Juden und Durchreisen und erhob Geldstrafen für alle möglichen Übertretungen und Gebühren auf alle möglichen Dienstleistungen. Er schuf eine effiziente Finanzbehörde, um sicherzustellen, dass diese Kredite, Steuern, Geldstrafen und Gebühren auch eingetrieben wurden. Gegen einen angemessenen Zuschuss überstellte er Louis XV. 3 000 Soldaten, eine für ihn im Grundsatz erfreuliche Übereinkunft, bis er sich gezwungen sah, sich auf der französisch-österreichischen Seite dem Siebenjährigen Krieg anzuschließen und das Geld in die Kriegsaufwendungen zu stecken. Der Krieg führte zu einigen kurzlebigen Einsparungen, und 1776 war das Orchester auf 14 Mitglieder geschrumpft. Doch seit 1780 war es wieder das, was es vorher gewesen war.[280]

Wenn Stuttgart ein gepflegter weißer Elefant war, so war Mannheim ein Leuchtturm und Vorreiter, bekannt für Disziplin, Flexibilität und eine einheitliche Bogenführung. Karl Philipp, der Kurfürst von der Pfalz, machte Mannheim 1720 zu seinem Regierungssitz. Innerhalb von drei Jahren hatte er 52 Musiker angestellt, darunter zwölf Geiger. Bevor sein Neffe und Nachfolger Carl Theodor 1778 als neuer Kurfürst von Bayern nach München zog, war das Orchester auf 72 Musiker, einschließlich 25 Geigern, angewachsen und hatte das kleine Mannheim auf eine Stufe mit weit größeren Städten wie Paris und Neapel gehoben. Im Gegenzug zu Premiumgehältern und sogar Ruhegeldern spielten Carl Theodors Musiker zu Mahlzeiten, in Kapelle und Oper, dem Theater, zu Ballett und Maskenbällen, machten Kammermusik mit dem Kurfürsten selbst und gaben zweimal wöchentlich Konzerte, die offenbar eine doppelte Funktion als Tee- und Kartenspielgesellschaften hatten.[281] Viele seiner Musiker waren Hausbesitzer. Anders als Carl Eugen und Fürst Nikolaus Esterházy bezahlte Carl Theodor pünktlich und erlaubte seinen Spielern zu reisen, denn er glaubte zu Recht, dass ihre Auftritte außerhalb der Stadt gute Werbung waren.

Karl Philipp hätte sogar Mozart engagieren können, nachdem dieser Salzburg verlassen hatte und im Oktober 1777 auf der Suche nach einer Anstellung in Mannheim erschien. Zunächst sahen die Dinge vielversprechend aus. Mozart wurde gebeten, die Kinder des Kurfürsten zu unterrichten. Ihre Gouvernante legte ein gutes Wort für ihn ein. Dem Kurfürsten, der im Dezember zu einer Unterrichtsstunde anwesend war, schien zu gefallen, was er hörte.[282] Aber es wurde nichts daraus. Ein paar Monate später war Karl Philipp nach München und Mozart nach Paris gezogen, und das Mannheimer Orchester wurde aufgelöst.

In Leipzig, wo Stadt, Kirche und Musikschüler ungewöhnlich gut zusammenspielten, nahm die Zukunft unmerklich Gestalt an. 1743 stellten 15 lokale Einrichtungen 16 Musiker für eine Reihe von Hauskonzerten an. Ihre Entdeckung von Johann Adam Hiller im Jahr 1762 war ein erster Glücksfall. Hiller war ein genialer Organisator, Orchesterausbilder, Gründer einer Schule für junge Sängerinnen und Sänger, Musikdirektor an mehreren Kirchen der

Stadt und Problemlöser gleichzeitig. Ein zweiter Glücksfall führte im Jahr 1780 zur Renovierung des Gewandhauses, eines Zeughauses aus dem 15. Jahrhundert und nun die Heimat des Orchesters mit der Stadt als Schirmherr.

Als Dirigent des Gewandhausorchesters handelte Hiller einen Vertrag aus, der aus seinen Musikern – etwa die Hälfte von der Universität, ein Viertel aus der Gilde, ein Viertel Selbstständige – das machte, was bis dahin einem selbstständigen professionellen Orchester, das die Struktur einer Kooperative hatte, am nächsten kam. Bei einem Durchschnittsalter von 32 Jahren konnten die Spieler nicht nur von ihren Einkommen leben, sondern sie waren auch in der Lage, mit den Strafgeldern, die pflichtvergessenen Kollegen auferlegt worden waren, Pauken anzuschaffen, aus Mitgliedsbeiträgen und den Einnahmen aus Benefizkonzerten einen Pensionsfonds zu schaffen und diese Gelder zu 3 Prozent anzulegen.[283]

Das 19. Jahrhundert brachte Mendelssohn und sein e-Moll-Konzert, Ferdinand David, seinen Konzertmeister und Widmungsträger des Konzertes, die Gründung eines Konservatoriums und ein neues Zuhause im Neuen Gewandhaus. Das 20. Jahrhundert brachte zwei Weltkriege, die Nazis und 1944 einen Luftangriff, durch den ein großer Teil der Innenstadt und das Neue Gewandhaus zerstört wurden. Das danach folgende kommunistische Regime ersetzte es 1981 durch ein neues Neues Gewandhaus. Acht Jahre später verhinderte die Intervention des Dirigenten Kurt Masur bei Parteifunktionären ein potenzielles Massaker, als sich Tausende von Demonstranten als Teilnehmer an der ersten friedlichen, demokratischen und erfolgreichen Revolution in der deutschen Geschichte dem Haupteingang näherten.

Das war eine Menge Geschichte in einem relativ kleinen Ort. Doch das Orchester, jetzt auf 185 Mitglieder angewachsen, überlebte nicht nur das; im Jahr 2009 wurde »Gewandhaus« zusammen mit Tesa-Film, Tempo-Taschentüchern und Nivea-Creme durch die Deutsche Markenvereinigung zu einer Handelsmarke des Jahrhunderts erklärt.

Es sollten Jahrzehnte vergehen, bevor es so etwas wie das Gewandhausorchester anderswo zu sehen gab. 1813 tat sich eine Gruppe von Londons angesehensten Berufsmusikern zur Philharmonic Society zusammen, mit der Absicht, Orchester- und Instrumentalmusik auf höchstem Niveau aufzuführen. Ein Jahrhundert später wurde sie zur Royal Philharmonic Society erklärt, die auch zwei Weltkriege hindurch nicht zu spielen aufhörte und am Vorabend ihres dritten Jahrhunderts immer noch sehr lebendig ist. Aber unterdessen wurde sie allmählich zu einer privaten Wohltätigkeitseinrichtung, die Stipendien, Vorträge und Konzerte finanzierte und das Spielen anderen überließ.

Das Vorhandensein von Gönnern und Mäzenen war eine notwendige Grundbedingung; im Grunde aber ging man von Anfang an davon aus, dass die Musiker, unter ihnen einige der besten Freiberufler der Stadt, den Laden schon schmeißen würden. Zu den Unterzeichnern der Absichtserklärung gehörten einige der größten Namen des musikalischen London. 300 Abonnenten warben einander an und zahlten jeder 4 Guineen, die Hälfte des Monatslohns eines qualifizierten Handwerkers, um die erste Saison mit acht Konzerten zu sichern. Sieben der Stars der Stadt, darunter fünf Geiger, willigten sogar ein, kostenlos zu spielen. Aber das geschah nur ein einziges Mal. Im Jahr 1818 wurde der Geiger Felicks Yaniewicz zurückgewiesen, als er um eine Garantie für zwei Konzerte bat, damit er die Kosten für seine Rückkehr von einem Engagement in Edinburgh nach London decken konnte.[284]

Die Anfänge der Philharmonic Society erwiesen sich als eine Art Blaupause für eine Londoner Orchesterkultur, die bis ins 20. Jahrhundert hineinreichte. Im Laufe der Zeit wurde die Gesellschaft von sehr unterschiedlichen Orchestern verdrängt: die im Jahr 1904 als Großbritanniens Antwort auf die kontinentalen Spieler-Genossenschaften gegründete London Symphony Orchestra; das Royal und das London Philharmonic Orchestra, die der Dirigenten Sir Thomas Beecham, Erbe eines pharmazeutischen Vermögens und Amateur-Genie, für sich selbst erfunden hatte; das BBC Symphony Orchestra, das erste, das eine Saison von 52 Wochen, vier Wochen Urlaub, bezahlte Krankheitstage und Drei-Jahres-Verträge für Stimmführer garantierte;[285] und das nach dem Zweiten Weltkrieg für Schallplattenaufzeichnungen der EMI gegründete Philharmonia Orchestra. Doch das Vermächtnis der Society war in allen von ihnen sicht- und hörbar.

Wie sich schon in ihrer ersten Spielzeit zeigte, war die Geschichte der Society eine Saga von hohen Ansprüchen, hochwohlgeborenen Förderern, zeitweiliger Vortrefflichkeit, wackeliger Qualitätskontrolle, unaufhörlicher Personalfluktuation und endlosem Krisenmanagement. 1817 versuchte die Society, bei Beethoven zwei Sinfonien in Auftrag zu geben, und scheiterte. Eingeladen wurden Dirigenten, die später zur Prominenz gehören sollten, von Mendelssohn über Berlioz, Wagner und Tschaikowsky bis zu Richter und Nikisch, und es kamen ebenso wie prominente Geiger einschließlich Viotti, Spohr, Ernst, »ein Junge mit dem Namen Joachim«,[286] Sarasate, Ysaÿe, Kreisler und Zimbalist. 1845 gelang es der Society, die als die kleinen Milanollo-Schwestern bekannten Wunderkinder zu gewinnen. Zwischen 1876 und 1877 war Berichten zufolge Wilma Neruda die einzige Geigensolistin der Saison, der es gelang, »einen apathischen Dirigenten aufzuwecken und eine Darbietung zu allgemeiner Zufriedenheit und Begeisterung hervorzurufen.« 1893 spielte Gabriella Wietrowitz, Schützling des verehrten Joachim, das Brahms-Konzert, bereits ein Gipfelwerk des Repertoires. Eine Generation später erhielten Frauen das Wahlrecht.

Von 1860 an wuchs mit der Nachfrage nach Konzerten auch das Angebot an Orchestern und das Reservoir an Musikern. Das Ergebnis war ein harter Wettbewerb zu niedrigeren Löhnen. Die Probezeit wurde häufig gekürzt, um

Geld zu sparen. 1879 wurde Brahms' *Ein deutsches Requiem* nahezu ungeprobt innerhalb eines Konzertprogramms vorgestellt, das auch eine Mendelssohn-Ouvertüre, zwei Violinkonzerte und Beethovens Zweite Sinfonie umfasste. Joachim, der regelmäßig mit dem Orchester auftrat, riet Brahms von einem Auftritt beim Philharmonic ab. Clara Wieck-Schumann, die gebeten wurde, ein Stück, das sowohl ihr als auch dem Orchester angenehm vertraut war, ohne Probe zu spielen, lehnte höflich ab.

Streichergruppen mit starken Konzertmeistern wurden wegen ständiger Geldnot bis zum letzten Pult immer schwächer. Das so genannte Stellvertreter-System, das bis in die 1920er-Jahre ein Teil der Londoner Szene war, trug wenig dazu bei, die Qualität zu heben. Ein beliebter Witz lautete:»A, den Sie eigentlich wollen, unterschreibt, schickt aber B, gegen den Sie nichts haben, zur ersten Probe. B jedoch, ohne ihr Wissen oder ihre Zustimmung, schickt C in die zweite Probe, der aber im Konzert nicht spielen kann. Also schickt er D, dem Sie fünf Schilling dafür bezahlt haben würden, wegzubleiben.«[287] Wie nicht anders zu erwarten, wurde »Schnelligkeit beim Vom-Blatt-Lesen von Neuheiten« sehr geschätzt.[288]

Details über das musikalische Paris des 19. Jahrhunderts sind Berlioz' *Soirées avec l'orchestre* zu entnehmen. In einem der lustigsten Bücher, die je über Musik geschrieben wurden, erzählen sich der Autor und verschiedene Mitglieder des Opéra-Orchesters während katatonischer Routineaufführungen eines lähmend mittelmäßigen Repertoires Geschichten. Unterdessen hält ein pflichtbewusster Schlagzeuger an der großen Trommel den Takt. Carl Flesch, der sich etwa ein halbes Jahrhundert später zu 20 Francs pro Stunde für Privatunterricht bei dem großen Martin Marsick einschrieb, bezahlte mit den 25 Francs, die er jede Woche für drei bis vier Proben und ein Sonntagskonzert mit dem Lamoureux-Orchester verdiente. Seiner Erfahrung nach hatten »die französischen Kapellmeister die Proklamation der Menschenrechte von 1789 nicht auf die Orchestermusiker ausgedehnt«.[289]

Bis zum Ende des 19. Jahrhunderts war das Orchester dennoch zu einem so wichtigen Teil des Stadtbildes geworden wie der Louvre und Notre-Dame. Das Conservatoire, eine Institution, der London nichts entgegenzusetzen hatte, brachte einen Jahrgang nach dem anderen von zuverlässigen Profis hervor. Seither stellten aufeinanderfolgende Generationen von dynamischen Unternehmern sie in quasi firmeneigenen Orchestern auf, die Frankreich zu einem verlässlichen Ort für Beethoven-Aufführungen machten.

Die Reihe der Orchestergründungen begann im Jahr 1828 mit François-Antoine Habeneck, dessen aus 76 Streichern und 26 Bläsern bestehendes Orchestre de la Société des Concerts du Conservatoire bis 1967 überlebte, als es mit Unterstützung von André Malraux, Frankreichs Allzweck-Intellektuellem und Kulturminister, zum Orchestre de Paris umgeformt wurde. Von Habeneck wurde die Fackel an Jules-Etienne Pasdeloup weitergereicht, einem ehemaligen

Professor am Konservatorium, der zum halboffiziellen Impresario des Kaisers Napoleon III. avancierte und dessen 110-köpfiges Orchester sogar während der preußischen Belagerung von Paris konzertierte. Von dort ging sie an Charles Lamoureux, der reich geheiratet hatte und in die Ehrenlegion aufgenommen wurde, und weiter an Edouard Colonne, einen ehemaligen Konzertmeister der Oper. Mit direkten und indirekten Subventionen zogen beide ein Publikum von zwei- oder dreitausend Menschen an, die Orchester anhörte, die im 21. Jahrhundert immer noch ihre Namen tragen und aktiv sind.

In Wien waren Konzerte in- und ausländischer Profi- und Amateurspieler bestens bekannt, Orchester aber nicht. Erst 1841 warb die Gesellschaft der Musikfreunde, die exklusivsten Förderer in der Stadt, für ein Ensemble, das Beethovens Fünfte Sinfonie spielen sollte. Ein Jahr später forderten der Musikwissenschaftler Alfred Julius Becher und August Schmidt, der Herausgeber der *Wiener Allgemeinen Musik-Zeitung*, dass Otto Nicolai, der Musikdirektor der Hofoper, eine Reihe von philharmonischen Konzerten dirigieren solle, um die großen Komponisten der Stadt vorzustellen und gleichzeitig ein kleines Zubrot für sein Orchester zu gewinnen. Spieler aus anderen Theatern der Stadt verdoppelten die Streichergruppe. Statt der üblichen ein oder zwei waren acht Proben nötig, um das gewichtige Programm vorzubereiten, das Beethovens Siebte Sinfonie, die zweite *Leonoren-Ouvertüre*, die Arie »O perfido«, sowie zwei Mozart-Konzertarien und ein Duett aus Cherubinis *Medea* enthielt. Das Orchester wählte dann einen Vorstand und ständige Kommissionen und mietete einen Saal. Unter den ersten Solisten waren Antonio Bazzini und Henri Vieuxtemps, zwei der prominentesten Virtuosen der Ära.

Obwohl die Kartenverkäufe hinter denjenigen für Publikumslieblinge wie die Milanollo-Schwestern und die Tänzerin Fanny Elßler zurückblieben, war das Publikum erfreulich zahlreich, und es gab finanzielle Mittel für die häufig unterbezahlten Musiker von außerhalb des Opernorchesters, die zusätzlich angeheuert wurden. Es war sogar die Rede von einem gewählten Dirigenten und einem Orchester, das sich selbst verwalten sollte.[290] Aber die Dinge gingen schlecht aus. Ende 1848 wurde Becher im Alter von 45 Jahren wegen revolutionärer Aktivität hingerichtet. Im Frühjahr 1849 starb Nicolai 38-jährig an einem Schlaganfall.

Doch wie so viele Anliegen von 1848 war auch das Orchester nur scheinbar verloren. 1860 begannen Abonnementkonzerte, Statuten wurden entworfen, und das Orchester brauchte nur zwei weitere Jahre, um sich als die Wiener Philharmoniker, einen selbstverwalteten privaten Ableger des Orchesters der Oper mit einem gewählten Lenkungsausschuss, zu gründen. Seine Mitglieder, allesamt Musiker der Oper, rekrutierten und kooptierten einander, arrangierten ihre eigenen Konzerte, luden Dirigenten und Solisten ein, schlossen Verträge mit Plattenfirmen, führten Festivals durch, organisierten

Tourneen, als diese zu einer Option wurden, und fügten dem ohnehin schon vollen Arbeitsplan eine zusätzliche Konzertsaison hinzu.[291]

Das Berlin in der Mitte des 19. Jahrhunderts hätte mit seinem eigenen Hof, der Hofoper und ihrem Orchester denselben Weg einschlagen können. Stattdessen installierte es ein Philharmonisches Orchester, das ebenso demonstrativ eigenständig war wie das von Wien. Seine Gründung kam allerdings nur durch Zufall zustande. Benjamin Bilse, ein begabter Geiger und Unternehmer im Stil von Pasdeloup, Colonne oder Lamoureux, begann als Stadtmusiker in seiner schlesischen Heimatstadt, studierte in Wien und spielte mit Johann Strauß senior, bevor er nach Hause zurückkehrte. Dann rief er ein firmeneigenes Orchester ins Leben, das Tourneen bis nach St. Petersburg und Riga unternahm. Nach einem Streit mit dem Rat seiner Heimatstadt Mitte der 1860er-Jahre zog er nach Berlin, wo seine Konzerte zu einer geschätzten Institution wurden: Der junge Eugène Ysaÿe unterschrieb als Konzertmeister, und Richard Wagner trat als Gastdirigent auf.

Eine eher zufällige Abfolge von Ereignissen im Jahr 1882 führte zu Bilses größter Errungenschaft. Ein Auftritt des Meininger Hoforchesters unter Hans von Bülow erinnerte Berlins Musikliebhaber an das Orchester, das sie sich wünschten, aber bisher noch nicht hatten. Ein paar Monate danach erinnerte ein geplantes Engagement in Warschau Bilses Musiker an die Löhne und Arbeitsbedingungen, die sie sich wünschten, aber noch nicht hatten. Später wurden die Bahnfahrkarten vierter Klasse, die ihnen ausgegeben wurden, oft als Ursache dessen angesehen, was nun folgte. Unzufriedenheit mit Fahrkarten aber waren vermutlich nur nebensächlich. Der wahre Grund lag in Bilses Vertrag, der von seinen Musikern – die meisten von ihnen unter 30 Jahren – verlangte, ihre Familien in Berlin zu unterhalten, während sie sich auf ihrer ausgedehnten Tournee selber zu verpflegen hatten (wobei für sie der Wechselkurs gerade in Warschau äußerst nachteilig war). Innerhalb einer 24-Stunden-Frist, in der sie sich entscheiden mussten, akzeptierten fünf Spieler die Bedingungen (darunter Bilses Bruder); 54 der 70 Musiker jedoch brachen nicht nur die Tournee ab, sondern gingen für immer.

Bilse sagte das Engagement ab und machte sich daran, ein neues Orchester anzuwerben.[292] Aber eine Gruppe der Sezessionisten marschierte zu einem Notar, ließ ein neues Orchester registrieren, wählte einen dreiköpfigen Vorstand, stellte Kollegen ein und zielte auf den lokalen Nischenmarkt. Innerhalb weniger Monate arbeiteten sie mit den besten Chorvereinigungen der Stadt. Vom Sommer an waren sie auf Tournee in Norddeutschland. Im Oktober gaben sie als das Philharmonische Orchester ihr erstes dreistündiges Konzert. Ab Anfang 1883 hatten sie bedeutende Beziehungen zu Joseph Joachim, dem musikalischen Papst der Stadt, und zum 37-jährigen Hermann Wolff, dessen Konzertagentur für das nächste halbe Jahrhundert das europäische Konzertleben dominieren sollte.

Die frühen Jahre des jungen Orchesters waren durch eine Reihe von Nahtod-Erfahrungen gekennzeichnet. Wolff hatte eine Rollschuhbahn gefunden und instand gesetzt, die dem Orchester als Zuhause diente, bis 1944 die Bomben fielen. Inzwischen brachte Joachim das Kulturministerium dazu, das Orchester als Nebenzweig der Hochschule, dem neu gegründeten Konservatorium der Stadt, zu subventionieren, und als die Finanzierung endete, überzeugte er das neue niederländische Seebad in Scheveningen, das Orchester für den Sommer zu engagieren. 1886 brachte ein Feuer das Orchester um die meisten seiner Instrumente. Die niederländische Verbindung sollte aber bis 1911 halten. Indem sie noch tiefer in ihre Taschen griff, überzeugte die Familie Mendelssohn die Stadt, Käufern von Konzertkarten freie Straßenbahnfahrten zu gewähren.

1887 übernahm der charismatische Hans von Bülow die Führung, und die Dinge wandelten sich zum Besseren. Während der nächsten 120 Jahre sollte er nur sechs Nachfolger haben. Um die Wende zum 20. Jahrhundert bereiste das Orchester den Kontinent von Portugal bis Russland, wurde zu einem unverzichtbaren Teil der musikalischen Landschaft und war auch bereit, sich von angehenden Solisten in der Heimat buchen zu lassen. Im Jahr 1903 wurden seine Spieler als Aktionäre mit jeweils einer Einlage von 600 Mark aufgenommen. Die neuen Mitglieder bekamen ihre Anteile wie ein Darlehen oder eine Hypothek vorgestreckt, die sie zum aktuellen Zinssatz tilgten. Die Agentur Wolff zahlte ihre Gehälter und schüttete die Dividende aus. Das Orchester, entstanden als eine kleine Republik in einer konstitutionellen Monarchie, war nun zu einer Aktiengesellschaft geworden, deren königinnenhafte Geschäftsführerin Wolffs Witwe war. 1912 stimmte der Berliner Stadtrat einer mühsam ausgehandelten Vereinbarung zu, die die Verpflichtungen in Scheveningen durch sechs unentgeltliche Schulkonzerte und 40 Nachbarschaftskonzerte für ein einkommensschwaches Publikum zu reduzierten Preisen ersetzte.[293]

Die Kriegs- und Nachkriegsjahre waren für das Orchester genauso schwierig wie für den Rest Deutschlands. Die Inflation ließ die Konzerteinahmen schrumpfen, doch war es riskant, die Preise zu erhöhen. Der Veranstalter war verpflichtet, Solisten auch dann zu bezahlen, wenn »Krieg, Epidemien oder Krankheiten« zu Absagen führten.[294] Doch die kommunalen Zuschüsse waren zumindest mit der Würde und Satzung der kleinen Republik vereinbar. Die Weltwirtschaftskrise, die Implosion der Weimarer Republik und der Aufstieg der Nazis unterwarfen das Orchester Belastungen, auf die es ebenso wenig vorbereitet war wie das Land selbst. Während der zwölf Jahre dauernden Nazi-Herrschaft verlor es seine Unabhängigkeit an das Propagandaministerium und seinen Saal durch die Bomben; es verlor seine wenigen jüdischen Spieler und sogar die Sekretärin seines Dirigenten[295] und sah zu, wie sich sein im Grunde wohlmeinender Dirigent Wilhelm Furtwängler auf verschiedenste kompromittierende Weise benutzen ließ.[296] Doch innerhalb von drei Wochen nach Deutschlands Kapitulation kehrte die kleine Republik zurück zur Arbeit, beginnend mit Mendelssohns Ouvertüre zum *Sommernachtstraum*, die in Deutschland seit 1933 nicht mehr gehört worden war. Ein Jahrzehnt später bereiste es die Vereinigten Staaten unter Herbert von Karajan, der vom Orchester zu Furtwänglers Nachfolger gewählt worden war.

Es war nicht einfach, mit dem herrischen, unermüdlich geschäftigen und charismatischen Karajan zu arbeiten.[297] Aber in der verkleinerten westlichen Hälfte der ehemaligen Metropole schien er wie geschaffen, um einen Anspruch musikalischer Weltgeltung noch aufrechtzuerhalten. In den 1960er-Jahren hatte sich das Orchester an eine betriebsame, künstlerisch produktive und einträgliche Zwölf-Monats-Routine gewöhnt, zu der Konzerte, Festivals, Tourneen, TV-Specials und Aufnahmen für Schallplatten und jedes ihr folgende Medium gehörten. Hans Scharouns innovative Philharmonie, das neue Konzertgebäude, das in einer Einöde unmittelbar an der Berliner Mauer errichtet und 1963 eröffnet wurde, inspirierte Architekten auf der ganzen Welt. Der Regierungsapparat des Orchesters, der neu konfiguriert worden war, um gemeinnütziges öffentliches Eigentum, eine hoch profitable freie unternehmerische Körperschaft und eine voll partizipative Spielerdemokratie unter einen Hut zu bringen, beschäftigte die Fantasie von Industrieingenieuren und Systemanalytikern. Im Jahr 2000 traf auf bemerkenswerte Weise das eine wilhelminische Vermächtnis mit einem anderen auf dem Campus von Harvard zusammen. Dort lud das Harvard Center for European Studies, untergebracht in einem neoteutonischen Ungetüm, das einst nach dem Stifter Adolphus Busch von der Brauerei-Familie in St. Louis benannt worden war, die gewählten Vertreter des Orchesters zu einer auf Fallstudien fußenden Diskussion im Stil der Business School mit fortgeschrittenen Studenten der Musik, der Betriebswirtschaft und der Politik ein. Es war nicht das erste Mal, dass Boston sich auf der Suche nach Inspiration nach Mitteleuropa wandte. Aber es war sicherlich das erste Mal, dass es nach Berlin – oder sonst wohin – wegen eines Modells für die Selbstverwaltung eines Orchesters blickte.

Es gab Ironien genug, die die Runde machten. 1882 hatten 54 Orchestermusiker in der preußischen Hauptstadt – im Land von Blut und Eisen –, wo ein Hohenzollernkönig erst kürzlich Kaiser eines vereinten Deutschland geworden war und die Einsetzung einer parlamentarischen Regierung immer noch fast 40 Jahre auf sich warten lassen sollte, eine Republik geschaffen. Ein Jahr zuvor hatte Henry Lee Higginson, Investmentbanker in Boston, leidenschaftlicher Gegner der Sklaverei, Bürgerkriegsveteran, aufgeklärter Menschenfreund und paternalistischer Autokrat, in der Wiege der Amerikanischen Revolution und dem Land der Freien eine absolutistische musikalische Monarchie geschaffen. Ab 1900 hatte Higginsons Schöpfung, die nahezu ausschließlich aus europäischen Spielern bestand, ihr Zuhause in einer Bostoner Version des

Leipziger Gewandhauses gefunden, das nach Higginsons Vorgaben von der renommierten Firma McKim, Mead and White entworfen worden war.[298] Erst 1918 waren knapp die Hälfte der 100 Mitglieder des Orchesters US-Bürger, nur 17 von ihnen von Geburt an.[299] Seinen ersten amerikanischen Musikdirektor ernannte das Orchester 2001.

Gleichsam von Kaiser zu Kaiser verhandelte Higginson im Jahr 1912 mit Wilhelm II., um es Karl Muck, dem Musikdirektor der Berliner Königlichen Hofoper, zu gestatten, die Saison 1906/07 in Boston zu dirigieren. Wilhelm II. stimmte unter der Bedingung zu, dass Muck am Ende des Jahres zurückkehren würde. Higginson, der noch vor Ablauf des ersten Jahres sehr an einer Verlängerung interessiert war, bot dem deutschen Dirigenten eine Festanstellung an, und Muck sagte zu.[300]

Anders als in Berlin, wo die Philharmoniker Teilhaber waren, waren Higginsons Spieler Angestellte. Ein Konzertmeister konnte 5.000 bis 10.000 Dollar im Jahr verdienen, in etwa gleichwertig mit dem, was sein gut bezahlter Nachfolger ein Jahrhundert später einnahm, und noch mehr wert durch die Prominenz, die sich mit zusätzlichen privaten Schülern auszahlte.[301] Aber ebenso wie ein Mitglied der Red Sox, der örtlichen Baseball-Mannschaft, unterzeichnete ein Orchestermusiker einen kurzfristigen Vertrag, den er individuell mit dem Eigentümer ausgehandelt hatte. In Berlin wählten die Spieler ihren Dirigenten, ließen als Kollektiv Stellenbewerber vorspielen und entschieden gemeinsam über Festanstellungen. In Boston waren die Personalentscheidungen Higginson vorbehalten, der auch die beträchtlichen Defizite des Orchesters abdeckte und die Symphony Hall von einem Privatunternehmen mietete.[302] Nach seinem Tod im Jahr 1919 wurde die Inhaberschaft auf einen neunköpfigen Vorstand übertragen. Erst 1934 erlaubte es eine private Zuwendung dem Orchester, die Symphony Hall zu erwerben.

Das autokratische Modell überdauerte mehr als ein Jahrhundert des Aufbaus amerikanischer Orchester, der 1842 mit der New York Philharmonic begonnen hatte. Eine Ausnahme war das 1972 gegründete Orpheus Chamber Orchestra, das keinen Dirigenten hatte. Geleitet und verwaltet durch seine etwa 30 Spieler, überlebte und gedieh es nicht nur und machte Einspielungen und Tourneen, sondern wurde 2007 durch WorldBlu Inc., eine in Austin, Texas, ansässige Nichtregierungsorganisation, als »Most Democratic Workplace« benannt. Mit etwa 18 über zwölf Monate verteilten Konzerten pro Jahr war es für Elitespieler, die in der Gegend von Boston oder New York Tagesjobs hatten, nur ein Teilzeit-Arbeitgeber. Der gemeinnützige, körperschaftliche, kapitalistische Rahmen bleibt weiterhin das normale amerikanische Geschäftsmodell.[303] Selbstverwaltungsorchester, wie es sie in Denver, New Orleans und Tulsa gibt, entstanden aus den Ruinen herkömmlicher Ensembles, die pleitegegangen oder aus anderen Gründen aufgelöst worden waren.[304]

Ob in London oder Leipzig, Wien oder Bologna: Der Betrieb von Orchestern war im Wesentlichen der Gleiche,[305] auch wenn die Parameter der Berufserfahrung innerhalb einer beträchtlichen lokalen und kulturellen Vielfalt divergierten. Ein modernes freies Unternehmertum konkurrierte und koexistierte mit feudalen Überresten und lange vergessenen königlichen Initiativen. In London ebenso wie in Esterháza spielten Orchester Haydn-Sinfonien. Aber die Spieler in Esterháza waren immer noch einem aufgeklärten Dienstherrn verpflichtet, während die Spieler in London – viele von ihnen Einwanderer – im Zeitalter von Adam Smith bereits freie Akteure waren. In der Emilia Romagna versuchten Spieler mit unterschiedlichem Erfolg, als Gilde zusammenzuarbeiten. Instrumentalisten in Leipzig, die für ein Drittel bis ein Sechstel dessen arbeiteten, was ihre Kollegen in Esterháza verdienten, klammerten sich an ihre exklusiven, aber anachronistischen Rechte, auf Hochzeiten, Taufen, Banketten, Hochschulfestlichkeiten und Theateraufführungen auf der Frühjahrsmesse zu spielen. Bach stellte, trotz Protesten, Studenten für seine Leipziger Kirchenorchester zu Marktpreisen ein.

Spieler in Esterháza hielten sich zu jeder Stunde auf Abruf bereit, weil ihr Arbeitgeber es so wünschte. Spieler in London, Wien, Leipzig und der Emilia Romagna waren zu jeder Stunde auf Abruf, weil sie mehrere Arbeitsstellen hatten, um ihre Familien zu ernähren, und sich mit ihrem Vermittler gutstellen wollten, der häufig ein älteres Familienmitglied war. Das Wiener Burgtheater zahlte Löhne, die denen in Esterháza entsprachen, allerdings für weniger Arbeit und weniger Leistungen und mit mehr freier Zeit. Städte stellten für ihre Spieler weder Konzertkleidung noch Unterkunft und Verpflegung bereit und versorgten sie auch nicht mit Kerzen und Brennholz und schon gar nicht mit Sachleistungen wie medizinischer Betreuung, Ruhegehältern und Hinterbliebenenrenten, die es in Esterháza gab. Andererseits erlaubten sie ihren Spielern, sich nach allfälligen zusätzlichen Auftritten, Tanzveranstaltungen und kirchlichen Feierlichkeiten umzusehen – eine Option, die Spielern in Esterháza durch eine Sperrklausel verwehrt war.

Für viele Spieler waren die Risiken des Schuldnergefängnisses, der Emigration und der Altersarmut durchaus real, wie gut dokumentiert ist. Selbst das Erbe einer lokalen Größe wie Giacomo Conti, in den 1790er-Jahren Konzertmeister am Burgtheater, wurde geringer als ein Jahresgehalt bewertet. Wie Julia Moore in einer Dissertation der University of Illinois ermittelte,[306] hinterließen zwei Drittel der Instrumentalisten 100 Gulden oder weniger, vieles davon in Form von Möbeln und von Kleidung, die wahrscheinlich berufsbezogen war, und dies, obwohl die Löhne in den zweitrangigen Theatern Wiens bei 150 Gulden im Jahr begannen und bis auf 400 Gulden steigen konnten. Das vergleichsweise häufige Erscheinen von Stand- und Taschenuhren deutet auf eine Welt, in der schon damals Zeit wichtig war. Andererseits lässt das Fehlen von Instrumenten bei zwei Dritteln der Beispielnachlässe vermuten, dass ihre Besitzer sie schon verkauft hatten.

Andererseits konnte der Berufsstand im 18. Jahrhundert durchaus mit einem bürgerlichen Lebensstil aufwarten. In London konnte ein Spieler in Salomons Orchester in einer Nacht nicht nur drei Mal mehr verdienen als ein Schriftsetzer an einem Tag und seine Ersparnisse in zusätzlichen Geschäften wie Immobilien und Investitionen einsetzen.[307] So verschieden lokale Standards auch gewesen sein mögen, so gehörten Spieler doch überall in die Kategorie eines qualifizierten Handwerkers, Lehrers oder Regierungsangestellten.

Für einen Spieler mit ausreichenden Fähigkeiten, Verbindungen und günstigem Standort war soziale Mobilität zumindest möglich. Praktisch überall nördlich der Alpen und westlich der Karpaten jagte die Nachfrage nach qualifizierten Spielern dem Angebot hinterher. In Italien, wo das Ancien Régime auf dem Rückzug war und die moderne Welt noch lange Zeit auf sich warten ließ, waren lokale Arbeitsmöglichkeiten begrenzt, sodass Orchestermusiker ihre jeweilige Provinz abgrasen oder ihre Chance im Ausland ergreifen mussten. Doch der italienische Markt war nicht dasselbe wie der Markt für Italiener. Felice Giardini, der Turin verließ, um nach London zu gehen, wurde eingeladen, dem Noblemen's and Gentlemen's Catch Club beizutreten und auf zwanglosen Hauskonzerten großbürgerlicher Amateure, bekannt als »bread and butter parties«, zu spielen. Auch einheimische Spieler – ebenso wie ein paar Jahrhunderte später Golfprofis oder Personal Trainers – konnten mit ihren Gönnern gesellschaftlich verkehren.[308] Sogar in Wien, wo der Lohntarif deutlich niedriger lag und Spieler aus sehr einfachen Familien sehr einfach lebten, verbrüderten sich die Stadler-Brüder, zwei Klarinettisten, in den Freimaurerlogen mit den wichtigen Persönlichkeiten der Stadt.

Italien hingegen, wo anderer Leute Kriege und politische Fliehkräfte, die Entdeckung der Neuen Welt und eine stagnierende einheimische Wirtschaft aus einem kulturellen Schrittmacher längst ein barockes Disneyland und das europäische Schlusslicht gemacht hatten, blieb ein Sonderfall. Doch auch ohne Dampfkraft glich die italienische Opernszene den frühen Phasen der Industriellen Revolution. Impresarios produzierten neue Partituren ähnlich voreilig, wie Hollywood später Filme und TV-Serien. Orchestermusiker drängelten sich, wie jeder andere auch, um Wettbewerbsvorteile und eine verlässliche Beschäftigung. Rosselli berichtet, dass dies vermutlich bedeutete, in der einen Stadt zu arbeiten, während man in einer zweiten einen Prozess um ausstehende Zahlungen führte, in einer dritten über die kommende Saison verhandelte und in einer vierten und fünften über zukünftige Spielzeiten spekulierte. Bei Partituren konnte die Tinte noch wenige Minuten, bevor sich der Vorhang hob, nass sein, und eine gute Arbeitsstelle konnte auch bedeuten, in einem unbeheizten Theater bis 3 Uhr morgens Noten vom Blatt zu spielen und dann vier oder fünf Aufführungen pro Woche aus Stimmen zu spielen, die vielleicht mit der Partitur übereinstimmten, vielleicht aber auch nicht. Die Geschäftsführung lebte immer am Rande des Abgrunds. Die Arbeiterschaft setzte verständlicherweise alles daran, ihren Marktwert zu verteidigen.[309]

Nördlich der Alpen machten die neuen Konservatorien aus einem Handwerk einen Beruf: Demografie, sozialer Wandel, der Telegraf und Eisenbahnen leisteten ihren Beitrag dazu, die Branche zu einem Geschäft werden zu lassen. Mitte des 19. Jahrhunderts hielten achtbare Briten – trotz der gelegentlichen Erhebung in den Adelsstand von Musikern wie Sir Arthur Sullivan, der Sinfonien sowie *The Mikado* komponierte, oder Charles Hallé (Karl Halle), der 1858 Englands erstes ständiges Orchester mit Berufsmusikern gründete – zwei Ansichten über den Berufsstand aufrecht. Einerseits konnte ein Musiker laut William Henry Byerly Thomson – einem Anwalt, der ein Handbuch über die beruflichen Möglichkeiten eines aufstrebenden jungen Mannes veröffentlicht hatte – »ein Wandergeiger und von niedrigster gesellschaftlicher Klasse« sein. Andererseits räumte Thompson ein, dass ein Musiker auch »ein Mann der höchsten Errungenschaften, der sich in den exklusivsten Kreisen bewegt«, sein konnte.[310] Der Volkszählungsbericht sah das auch so und rechnete Musiker zu den »Literaten, Künstlern, Schauspielern, Lehrern und Männern der Wissenschaft«.

Reverend H. R. Haweis fügte eine Generation später hinzu, dass »bis auf eine große Anzahl von Ausländern von sehr niedriger Klasse mit ausländischen Gewohnheiten und sehr ausländischer Moral, [die] leider ihren Wohnsitz in England genommen haben«, die meisten Musiker die Tugend in Person seien. Auch Herbert Spencer, der Prophet des Überlebens des Stärkeren, ließ wissen, dass Musiker »die Gefühle erheben und so das Leben verbessern«.[311]

War das genug, um die Miete zu zahlen und die Kinder zu ernähren? »Musiker stehen an der Kreuzung des Proletariats und der freien Berufe«, schrieb 1923 der Schweizer Journalist William Martin, der Studienleiter an der neu gegründeten Internationalen Arbeitsorganisation ILO geworden war, in der vermutlich ersten grenzüberschreitenden Erhebung zu diesem Berufsstand. Martin setzte Café- und Theatermusiker gleich mit Handwerkern. Orchestermusiker waren andererseits Facharbeiter mit Instrumenten als Maschinen. Die Nationalität machte die Dinge wieder schwieriger: Französische Musiker, die deutlich besser bezahlt wurden als ihre deutschen Kollegen, sahen sich als Künstler. Deutsche Musiker, die unter proletarischen Bedingungen arbeiteten, betrachteten sich selber als Arbeiter.[312]

Aus dem Graben der monumentalen neuen Wiener Hofoper gesehen, war die Neuerfindung des Orchesters als Philharmonie vor allem ein riesiger Fortschritt in den betrieblichen Verhältnissen. In der Saison 1862/63 wurden 19 Mitglieder der neu konstituierten Philharmoniker, einschließlich neu hinzugekommener Stimmführer, Spieler bei den Zweiten Geigen und Bratschen sowie am letzten Pult der Kontrabässe, auf einer Stufe mit den Bühnen- und Lichtarbeitern bezahlt. Nachdem das neue Haus 1860 in Gegenwart von Kaiser

Franz-Josef und Kaiserin Elisabeth eröffnet worden war, stieg der Umsatz bis 1869 um 60 Prozent, und die neue Geschäftsordnung sah die Zahlung von Krankengeld vor. Selbst wenn man den doppelten oder dreifachen Anteil für den Dirigenten in Rechnung stellt, brachten die Konzerte der Philharmoniker einem Spieler zu seinem Operngehalt eine willkommene Zulage von durchschnittlich 30 Prozent.[313] An der Schwelle zum 20. Jahrhundert gab es eine aufschlussreiche Aufregung, als der Musikdirektor der Oper, Gustav Mahler, acht neuen Blechbläsern, die er für die Wagner-Produktion haben wollte, die Mitgliedschaft bei den Philharmonikern versprach. Erbost darüber, dass ihr Musikdirektor acht neue Essensmarken auf ihre Kosten herausgegeben hatte, erhoben die Philharmoniker Protest. Die Krise wurde durch eine Satzungsänderung beigelegt. Die Mitgliederzahl der Philharmoniker verblieb weiterhin bei 108. Neue Spieler sollten nach und nach eingeführt werden, wenn aktuelle Mitglieder in Pension gingen oder zurücktraten.[314]

In Berlin, wo die Philharmoniker ausschließlich von Konzerten lebten, lag die Lösung von Anfang an in einem erweiterten Terminplan, der eine zwölfmonatige Saison vorwegnahm. Dank Joachim gab es die Sommersaison in Scheveningen, die auf die übliche Berliner Saison folgte. Dank der Errungenschaften des modernen Reiseverkehrs brachte das Wunder Eisenbahn das Orchester mit Tickets in der vierten Klasse zu jedem Engagement, das Wolff buchen konnte, um die restlichen freien Tage zu füllen. Als Gegenleistung für eine Tournee mit 50 Konzerten in 28 Städten in 47 Tagen oder für eine Konzertreise durch Deutschland, Frankreich, Spanien, Portugal und die Schweiz in 30 Tagen, darunter fünf auf der Durchreise und nur zwei frei, erhielten die Spieler genug Gage, um sich Eigenheime im grünen Südwesten Berlins zu kaufen, wo das neue U-Bahn-System bis in die neuen Vororte der Stadt reichte.

Mit der Schaffung seiner Pop-Saalkonzerte und Esplanade-Freiluftkonzerte im Jahr 1885 bot die Boston Symphony einen ähnlichen Kompromiss. Higginson und seine Nachfolger hielten ihre Spieler an der kurzen Leine, doch stellten sie sicher, dass diese gut bezahlt wurden und Zugang zu bezahlbaren Hypotheken und Kreditkonten bei Filenes Kaufhaus hatten.[315]

Cyril Ehrlich erwähnt unter anderem den Fall eines Theatergeigers im Londoner Stadtteil Walthamstow, der das Spielen von seinem Bruder lernte. Er war verheiratet, Vater von zwei Kindern und brachte ein Bruttoeinkommen nach Hause, das in etwa dem nationalen Durchschnitt für angelernte Arbeitskräfte entsprach. Bis zur Hälfte davon schien für Miete und Transport wegzugehen. Unterricht zu geben, war in seiner Arbeiter-Nachbarschaft keine Option, denn es hätte fast nichts eingebracht und außerdem spätabends durchgeführt werden müssen.

Ein anderer Theatergeiger mit einer dreijährigen Ausbildung an der Royal Academy verdiente mehr Geld und kletterte ein paar Sprossen höher. Trotz

Matinee-Zuschlägen, Beförderung zum Stimmführer, Unterrichtshonoraren und einem halben Dutzend Auftritten in Oratorien hinkte er immer noch hinter dem Anfängeranwalt oder -zahnarzt hinterher. Doch er verdiente beinahe so viel wie ein Facharbeiter, und als Mehrwert konnte er sich an einem seelischen Wohlgefühl erfreuen, das mit einer Beschäftigung als Angestellter in einer Gesellschaft mit sorgfältig getrennten Schichten einherging.

Noch eine weitere Sprosse höher gestiegen war Eugene Goossens, der gerade das Royal College abgeschlossen hatte und hocherfreut war, als Erster Geiger im Queen's Hall Orchestra von Sir Henry Wood aufgenommen worden zu sein. Der Drei-Pfund-Wochenlohn, den die Stelle einbrachte, war nicht nur das Dreifache des Wochenverdienstes eines Kutschenwäschers und 40 Prozent mehr als der eines Lieferboten, sondern auch genug, um eine große Familie wie die seines Pultnachbarn zu ernähren.[316]

Einige Spieler schnitten besser ab als andere, und die ständig wachsende Menge neuer Absolventen des Konservatoriums bot durchaus Anlass, sich zu fragen, was aus ihnen werden würde, wenn die Anzahl noch weiter wüchse. Selbst in Britannien, dem sprichwörtlichen »Land ohne Musik«, zeigten die Daten der Volkszählung zwischen 1840 und 1930 eine siebenfache Steigerung der Zahl der aktiven Musiker, während sich die Bevölkerung kaum verdoppelt hatte. Innerhalb des halben Jahrhunderts zwischen 1861 und 1911 verdreifachte sich die Anzahl der Musiklehrer. 1896 berichtete der *British Musician*, dass es für eine Arbeitsstelle im Opernorchester 50 inländische Bewerber gab, während die Verwaltung ein halbes Jahrhundert früher darum hatte kämpfen müssen, ausländische Kandidaten anzuwerben.[317]

Nicht einmal eine Katastrophe wie der Erste Weltkrieg und seine Folgen schien die Nachfrage nach Musikern merklich zu verringern. In Amerika, dem klaren Sieger des Krieges, entstanden trotz gelegentlicher Rückschläge, bei denen titanische Erwartungen mit lokalen Eisbergen kollidierten, neue Orchester wie 1918 das von Cleveland und 1919 das von Los Angeles. In Deutschland, dem größten Verlierer des Krieges, wo die Niederlage bis an den Rand eines Bürgerkriegs führte und die Inflation die Mark von 4,2 auf 4,2 Billionen pro Dollar aufblähte, verließen Instrumente und Musiker wenn möglich das Land. Doch auch während der Weimarer Republik blieb Berlin die Musikhauptstadt der Welt, und Jahrzehnte später sollte man sich an diese Zeit als Maßstab für innovative Aufführungen und Kreativität erinnern.

In Italien, wo sogar der Sieg an den Rand eines Bürgerkriegs geführt hatte, war die heimische Szene düster und die Perspektiven im Ausland noch düsterer. Traditionsgemäß konnte der italienische Spieler sein Glück immerhin im Ausland versuchen. Aber die Rezession der Nachkriegszeit und die bolschewistische Revolution verhinderten auch diese Option. Dennoch schaffte es Roms Augusteo, das einzige ständige Sinfonieorchester des Landes, eine

Südamerika-Tournee durchzuführen. In Mailand hielt der ebenso berühmte wie anspruchsvolle Arturo Toscanini das Orchester der Scala mit 103 Mitarbeitern mit Drei-Jahres-Verträgen für eine achtmonatige Opernsaison auf Trab, gefolgt von einer zusätzlichen Konzertreihe im Juni. An allen sieben Wochentagen gab es entweder zwei Proben oder eine Probe und eine Aufführung. Die Spieler erzielten ein kleines zusätzliches Einkommen mit Schallplatteneinspielungen.[318]

Im frankophonen Belgien, der Heimat einer weltweit anerkannten Violinkultur, verdienten Professoren am Konservatorium nominell das Doppelte dessen, was sie vor dem Krieg eingenommen hatten, jedoch war die Kaufkraft um die Hälfte zurückgegangen. Derselbe Inflationsprozess bewirkte, dass Orchestermusiker in Brüssel streikten und damit das Konzertleben lahmlegten. Wo immer möglich, nahmen Orchestermusiker Jobs in Theatern und Kinos an und suchten sich Stellvertreter, wenn sie wegen eines Konzerts angefragt waren. Es wurde praktisch davon ausgegangen, dass viele von den 36 Studenten, die jährlich in Liège ihren Abschluss machten, oder von den 600, die sich am Konservatorium in Brüssel immatrikulierten, vor dem Krieg nicht zugelassen worden wären. Aber sie zahlten Studiengebühren.[319]

In Paris spielten die vier Orchester der Stadt zwar weiter wie zuvor, jedoch als mehr oder weniger austauschbare Genossenschaften, die sich aus einem Fundus von bis zu 300 oder 400 Spielern speisten, die in drei Schichten spielten: die erste am Nachmittag mit dem Colonne, dem Konservatorium oder dem Lamoureux-Orchester, die zweite am Abend in der Oper, der Opéra-Comique oder in einem der großen Lichtspielhäuser und die dritte dann in einem Café, einem Kabarett oder einem Nachtclub, bevor sie sich für die Nacht zurückzogen. Auf der einen Seite machte ein an sich konservatives Musik-Establishment Paris mit 3 000 bis 4 000 regelmäßigen Konzertbesuchern zum Zentrum der Neuen Musik. Andererseits, so bemerkte Martin, hinderte einen Spieler nichts daran, einen privaten Auftritt anzunehmen, sofern er einen finden konnte.[320]

Unter der Asche eines gescheiterten Nachkriegsbooms, der durch den Crash an der Wall Street angerichteten Verwüstung und der noch unklaren Chancen und Herausforderungen durch Radio und Plattenindustrie war die Musiklandschaft zwar düster, aber nicht gänzlich hoffnungslos und immer noch erkennbar. In Philadelphia wurden die Löhne schweren Herzens um 10 Prozent gekürzt. In San Francisco wendete eine von den Wählern abgesegnete Steuer von einem halben Cent eine Katastrophe ab.[321] In Boston tauschte der junge Harry Ellis Dickson seinen Arbeitsplatz als Gründer und Dirigent eines mit Bundesmitteln finanzierten Orchesters für arbeitslose Musiker freudig gegen eine reguläre Anstellung in der Violinengruppe des Boston Symphony Orchestra. Mit 70 Dollar pro Woche für eine 40-Wochen-Saison betrug der Lohn immer noch fast halb so viel wie der durchschnittliche US-Lohn im Jahr

1938.[322] In Berlin brachten die Zulagen für Wohnungs- und Lebenshaltungs-kosten das Grundgehalt der Philharmoniker auf nahezu das 2,5-fache des Ein-kommens eines Facharbeiters in der Metallindustrie. Doch das Arbeitspensum war beträchtlich: drei Dienste, d. h. Proben, Konzerte oder beides, bis zu acht-einhalb Stunden täglich und bis zu 40 pro Monat und 500 bis 600 im Jahr, zusätzlich sechzehn 17-tägige Tourneen, die es erforderlich machten, bis zu 100 Stunden in Eisenbahnabteilen der dritten Klasse zu reisen.[323]

In einem Amerika, das wieder im Krieg war, implodierte das Ancien Régime von Boston endgültig – was seit Jahrzehnten vorausgesehen worden war. Seit 1917 konkurrierten verschiedene Gewerkschaften darum, die Spieler in den meisten amerikanischen Orchestern mit Ausnahme der Boston Symphony zu vertreten. Wie auch an anderen Stellen in der Arbeiterbewegung kämpften die Teilnehmer sowohl untereinander als auch mit den Arbeitgebern in einem darwinistischen Gerangel, zu dem Schlägereien, Bomben, Überfälle, Leibwäch-ter und kugelsichere Autos gehörten. Sieger wurde die American Federation of Musicians (AFM). James Caesar Petrillo, der 1940 gewählte Präsident, zielte in erster Linie auf die Schallplattenindustrie, deren Produkte es Rundfunksendern ermöglichten, Live-Musiker abzubauen. Doch zunächst musste er zwei weitere Gegner, die ihm im Wege waren, erledigen.

Der erste, die American Guild of Musical Artists (AGMA), strebte an, Soloinstrumentalisten und ihre Begleiter und Dirigenten zu organisieren. Aber das verlor an Fahrt, als die Gerichte sich weigerten, den Anspruch der AFM auf Zuständigkeit anzufechten, und die AFM drohte, AGMA-Künstler daran zu hindern, mit Orchestern aufzutreten, die sich der AFM angeschlossen hatten. Im Februar 1942 stimmte die AGMA einer würdevollen Kapitulation zu.[324]

Das Boston Symphony Orchestra, das letzte nicht gewerkschaftliche Orchester, hatte seit seiner Gründung Spieler aus dem Ausland beschäftigt. Seit Higginsons Tod im Jahr 1920 hatte sich das Orchester mehr und mehr auf Tourneen, Rundfunksendungen und Aufnahmen als Einnahmequellen ver-lassen. Manager, Rundfunksprecher und Schallplattenfirmen hatten Arme, und Petrillo wusste, wie man sie umdreht. Die Friedensbedingungen wurden schließlich bei einem Gipfeltreffen in den Berkshires ausgehandelt, wo der Dirigent des Orchesters, Serge Koussevitzky, sein Sommerhaus hatte. Aus der Sicht eines Spielers lag die Notwendigkeit dafür, sich gewerkschaftlich zu organisieren, auf der Hand. Spieler in gewerkschaftlichen Orchestern wurden besser bezahlt und bekamen bessere Angebote für Einspielungen.[325] Der Vor-stand musste noch überzeugt werden, doch er lenkte ein. Koussevitzky sagte zu einem freien Mitarbeiter der *New York Times* in Rochester, wo das Orchester ein Gastspiel gab, dass Petrillo »ein sehr fähiger Mann in seiner Branche« sei und das Orchester aus sehr intelligenten Menschen bestehe, deren aktives Interesse auch für die Gewerkschaft gut sei.[326]

Wenn das stimmte, war es in einer 1955 veröffentlichten Übersicht im *Juilliard Review* – dem Hausorgan einer Institution, die allen Anlass hatte, das Thema ernst zu nehmen – kaum noch erkennbar.[327] Der Autor, S. Stephenson Smith, hatte davor für fünf Jahre als Forschungsdirektor der AFM gedient und schrieb, dass die Geschichte, zumindest die amerikanische Geschichte, dabei war, sich zu wiederholen. Das war nicht als gute Nachricht gemeint. Obwohl Filme, Radio- und voraussehbare Fernsehproduktionen Unmengen von Musik benötigten, hatte jedes dieser Medien Tausende von Arbeitsplätzen vernichtet und sie bestenfalls durch Hunderte ersetzt. Schallplatten hätten theoretisch den Unterschied ausgleichen können, doch das Urheberrecht war gesetzlich nicht verankert, und ein Bundesgericht entschied im Jahr 1940, dass das Gewohnheitsrecht auf Copyright dann endete, wenn eine Schallplatte verkauft wurde, was bedeutete, dass sie ohne eine Verpflichtung gegenüber dem Urheber in einer Radiosendung gespielt werden konnte. Gegen das Urteil wurde Berufung eingelegt, aber der Oberste Gerichtshof lehnte eine Anhörung ab.[328]

»Heutzutage wird die einzige auf den großen Radio-Stationen gehörte ernste Musik von den hochgebildeten musikwissenschaftlichen Ansagern der Nachtschicht gespielt, die von Mitternacht bis 6 oder 7 Uhr morgens ihres Amtes walten«, bemerkte Smith ahnungsvoll. Ein halbes Jahrhundert später stimmte das immer noch. Womöglich arbeiteten 1 500 Musiker in Theaterhäusern weiterhin für etwa die Hälfte dessen, was das Bureau of Labor Statistics als ein Einkommen an der Armutsgrenze definierte. Etwa 1 000, einige von ihnen wohl Geiger, arbeiteten in Varietés nach wie vor für noch weniger. Weitere 145 Musiker, einige wenige von ihnen vermutlich ebenfalls Geiger, arbeiteten nach wie vor in dem, was von der Burleske übrig geblieben war, d. h. in Stripshows.

Obwohl das Ballet und die Schallplattenverkäufe boomten und die Frühjahrstourneen der Metropolitan Opera ausverkauft waren, reiste nur die Met mit einem kompletten Orchester; andere Ensembles rekrutierten Spieler in den Städten, in denen sie auftraten – nicht selten unter Schwierigkeiten. Dem Bureau of the Census zufolge lag im Jahr 1955 ein mittleres Familieneinkommen bei 4.400 Dollar.[329] Ein Spieler der Boston Symphony verdiente nun für eine Saison von 48 Wochen mindestens 5.000 Dollar, ein Spieler der New York Philharmonic – genauso wie ein Klempner – vielleicht 6.000 Dollar.[330] 24 große Orchester beschäftigten 3 200 Menschen für Spielzeiten von durchschnittlich 22 Wochen und zahlten im Durchschnitt unter 2.000 Dollar, also weniger als die Hälfte des aktuellen Einkommens an der Armutsgrenze für eine vierköpfige Familie. Tatsächlich war es sogar noch weniger, da vier der 24 Orchester, darunter Boston mit seiner längeren Spielzeit, den Durchschnitt in die Höhe trieb, da dort deutlich mehr gezahlt wurde. Nach den Daten der Volkszählung von 1960 lagen die Einkommen von Musikern und Musiklehrern um 30 Prozent hinter denen aller anderen Berufsstände zurück. Alles in allem stellte die Musik offenbar etwas mehr als 13 000 Vollzeit-Arbeitsplätze bereit, wo eine Generation zuvor alleine die Kinos 22 000 Musiker beschäftigt hatten.

Dass die Amerikaner die europäische Art der staatlichen Unterstützung von Kunst übernehmen würden, war damals wie heute ebenso wahrscheinlich wie deren Übernahme von europäischen Krankenversicherungen oder Waffenkontrollen. Aber es gab auch Alternativen. 1962, 20 Jahre, nachdem sich Boston gewerkschaftlich organisiert hatte, wählte eine Gruppe von Spielern der Chicago Symphony Petrillo von der lokalen Präsidentschaft ab, die er 40 Jahre lang wie ein Lehen innegehabt hatte. Dann riefen sie eine Sitzung zusammen, um Verträge, Löhne und Arbeitsbedingungen zu diskutieren. Auf einem Folgetreffen ein paar Monate später in Cleveland – wo der Konzertmeister des Cleveland Orchestra, Daniel Majeske, in der Nebensaison von Tür zu Tür ging und Bürsten verkaufte[331] – gründeten die Vertreter von zwölf der wichtigsten Orchester die International Conference of Symphony and Orchestra Musicians (ICSOM), die den Auftrag hatte, zu so fundamentalen Themenkomplexen wie Rechtsberatung, wirksamer Interessenvertretung, gemeinsamen Tarifverhandlungen, einer zuverlässigen Altersvorsorge und geregelten Arbeitszeiten einen Konsens zu erreichen.

Von der AFM, die eine Abspaltung fürchtete, und von den Anhängern von McCarthy, die dunkel über eine kommunistische Machtübernahme spekulierten, gab es Prognosen einer Götterdämmerung.[332] Stattdessen aber kam es zu einem unverhofften Sonnenaufgang. Drei Jahre später kündigte die Ford Foundation nach einem achtjährigen Reifungsprozess eine Spende an, die so groß war, dass die Geschichte in einer einzigen Ausgabe der *New York Times* als Nachricht auf der Titelseite, als Kommentar und auch als Porträt des Initiators des Projekts erschien. Es war die größte Kunstsubvention in der Geschichte der amerikanischen Philanthropie: 80 Millionen Dollar zuzüglich 77 Millionen in Kofinanzierung, nach Anpassung an die Inflation 40 Jahre später 800 Millionen.

Das Geld, das dafür vorgesehen war, rund 60 Orchestern im ganzen Land so viel Gutes wie möglich zu tun, ihre Spielzeiten auszudehnen und das Einkommen der Spieler zu verbessern, kam in zwei Tranchen. Etwa ein Viertel wurde direkt ausbezahlt. Der Rest wurde als Schenkung zurückgehalten und in einem Treuhandfonds angelegt. Über zehn Jahre sollten die jährlichen Einnahmen aus dem Treuhandfonds an die teilnehmenden Orchester gehen. Anschließend sollte der Fonds aufgelöst und das Kapital verteilt werden.[333]

Es funktionierte. 1960 war ein Vollzeitarbeitsplatz im Orchester mit zwölfmonatiger Auslastung selbst in Boston, Philadelphia, New York und Chicago – den sogenannten Big Four – völlig unbekannt. Ein Jahrzehnt später gab es sechs Orchester mit 52 Wochen Arbeitszeit und weitere fünf mit Verträgen zu 45 Wochen oder mehr. Zwischen 1962 und 1972 stiegen die Gehälter der

Spieler inflationsbereinigt in Chicago um 60 Prozent, in Cleveland um 75 Prozent, in Detroit um 88 Prozent, in Minneapolis um 103 Prozent und in San Francisco um 147 Prozent.[334]

An der Schwelle zum 21. Jahrhundert gab es 18 Orchester mit Spielzeiten von 52 Wochen. Auch unter Zugrundelegung einer Inflationsrate von etwa 4,5 Prozent pro Jahr waren die Budgets dramatisch gestiegen, in New York von 2 auf 34 Millionen, in Boston von 2 auf 55 Millionen Dollar. Zum ersten Mal konnten Musiker, zumindest in der oberen Liga, das Gehalt, die Arbeitsplatzsicherheit und den Lebensstil eines qualifizierten Berufstätigen der mittleren und oberen Mittelklasse erwarten. Im Jahr 2003 lag das durchschnittliche Einkommen eines amerikanischen Haushalts etwas über 40.000 Dollar. Cleveland, unbestritten auf einer Stufe mit den Big Four, lag mit einem Grundgehalt von 100.620 Dollar im Vergleich zu den 113.360 Dollar der New York Philharmonic etwas hintan. Allerdings war die Auszahlung von mindestens doppelten Prämien für Stimmführer und von Dreifachprämien für Konzertmeister überall gängige Praxis.[335]

Diejenigen, die wussten, wo Arbeit zu finden war, konnten auch in Europa gutes Geld machen. In einem geteilten Deutschland mit 76 Orchestern im Osten und 89 im Westen verdienten Mitglieder des Berliner Sinfonie-Orchesters, des besten Orchesters in Ost-Berlin, ein Viertel des Lohnes ihrer Philharmoniker-Kollegen westlich der Mauer. Zur gleichen Zeit verdiente ein sonstiger ostdeutscher Orchesterspieler 40 Prozent von dem Gehalt seines westlichen Pendants. Dazu bot Ostdeutschland mit 76 Orchestern – nur 13 weniger, als Westdeutschland für seine Bevölkerung von 62 Millionen bereitstellte – bei einer Bevölkerung von 16 Millionen zumindest die Tröstungen von Vollbeschäftigung und Arbeitsplatzsicherheit, medizinischer Versorgung und einer bescheidenen Rente. Die in Ostdeutschland überreichlich vorhandenen Orchester waren ebenso wie dessen Dinosaurier-Industrien nach der Vereinigung 1989 unvermeidliche Kandidaten für den Abbau von Arbeitsplätzen. Aber das geeinte Land investierte von seinem Bruttosozialprodukt immer noch 50 Prozent mehr in die Kunst als Großbritannien und zehn Mal so viel wie die Vereinigten Staaten; in 26 Rundfunkorchestern spielten weiterhin 1700 Musiker, während 133 staatlich unterstützte Orchester nach wie vor ca. 10000 Spieler beschäftigten, die sich ihre Stellen in Konkurrenz mit anderen erspielt hatten und mit Beamten gleichgestellt waren.[336]

London, seit mindestens dem 17. Jahrhundert für die Musik ein Eldorado des freien Unternehmertums, blieb auch an der Schwelle zum 21. Jahrhundert eine Reise wert. Nach David Juritz, dem Konzertmeister der London Mozart Players, konnte – wenigstens für einige – eine Position mit einem festen Gehalt für 100 Tage pro Jahr und einem Arbeitspensum, das für acht oder neun Monate die Möglichkeit zusätzlicher freier Tätigkeit bot, zu einem Bruttoeinkommen führen, das nahezu drei Mal so hoch war wie das mittlere Haushaltseinkommen im Land. Kollegen, die bereit waren, jeden Auftritt anzunehmen, der des Weges kam – zu denen Juritz nicht gehörte –, konnten diese Summe nahezu verdoppeln. Doch selbst in London war der Orchesterveteran mit 21-jähriger Berufserfahrung, der weniger verdiente, als sein Instrument wert war, und der wie geschätzte 86 Prozent seiner Kollegen einen Zweitjob hatte, eher der Normalfall. So führte die Bezahlung der gewöhnlichen Spieler laut Roger Chase, der als geachteter Veteran der Londoner Szene seine Sachen gepackt hatte und in die Vereinigten Staaten gezogen war, allzu oft zu einem »halbtoten Musiker, der Musik verabscheut«.[337]

In vielerlei Hinsicht waren die Chancen, es in die Spitzenklasse der Musik zu schaffen, etwa so groß wie die, es in die Major League des Baseball, die britische Premier League oder in Deutschlands Bundesliga zu schaffen. Juritz schätzte, dass fünf von 70 Bewerbern auf eine der 14 Positionen für Violine bei den London Mozart Players zum Vorspiel eingeladen würden.[338] Bernd Gellermann, ein langjähriges Mitglied der Berliner Philharmoniker, erinnerte sich daran, wie er und seine Kollegen für Bewerbungen auf eine freie Geigenstelle 60 Lebensläufe zu sichten hatten, um 40 Kandidaten einzuladen. Von diesen baten 20 um Vorspiele, doch erschienen nur zehn davon, und drei kamen in die engere Wahl. Am Ende wurde niemand eingestellt.[339]

Im Jahr 1990 fiel es Jutta Allmendinger, einer musikliebenden deutschen Soziologin, die Karriereverläufe erforschte, und J. Richard Hackman, einem musikliebenden Sozialpsychologen aus Harvard, der Führungsverhalten erforschte, auf, dass das Labortier ihrer Träume nicht weiter entfernt war als die Symphony Hall. Orchester, ob in Boston, Berlin oder Peking, hatten in etwa die gleiche Größe, existierten für den gleichen Zweck und spielten ungefähr das gleiche Repertoire. Sie beschäftigten in etwa die gleiche Mischung von ähnlich ausgebildeten und sozialisierten Spielern. Wo alles ähnlich war, so schlussfolgerten sie, sollten Unterschiede der nationalen Kultur, des Führungsstils und besonders des Geschlechts wie Palmen in einem Maisfeld herausragen.[340] Die Harvard Business School und das Max-Planck-Institut für Bildungsforschung verpflichteten sich zur Finanzierung des Projekts.

In den nächsten fünf Jahren fragten Allmendinger und Hackman bei 81 Orchestern an und nahmen zu 78 von ihnen Kontakt auf; sie sprachen mit Vorstandsmitgliedern, mit Geschäftsführern und gelegentlich mit Dirigenten in Großbritannien und den Vereinigten Staaten sowie in beiden vor Kurzem vereinigten Teilen Deutschlands und befragten und interviewten Spieler. Sie vertieften sich in deren Geschichten, Dienstpläne, Finanz- und Besucherzahlen. Wo immer möglich nahmen sie an Proben und Konzerten teil und hatten ein Auge darauf, wie Spieler rekrutiert und in ihrem Arbeitsplatz gehalten wurden und wie Führungskräfte, Dirigenten und Vertreter der Spieler interagierten.

Ihre Untersuchungsergebnisse fanden beizeiten Eingang in Hackmans preisgekrönten Aufsatz zur Theorie und Praxis der Teamarbeit.[341] Für jeden, der an Musik als einem Geschäft und einer Berufung Interesse hatte, waren die Ergebnisse als solche schon ein Gewinn. Bemerkenswerterweise schienen alle Spieler glücklich zu sein, obwohl die Ostdeutschen trotz Einschränkungen und Mängel, die ihre westlichen Kollegen veranlasst hätten, die Gewerkschaft einzuschalten oder Valium zu nehmen, wider Erwarten offenbar glücklicher waren als andere.

Unglücklich war jede Orchesterfamilie auf ihre eigene Weise. Britische Orchester waren über die Finanzausstattung fast ebenso unglücklich wie ihre ostdeutschen Kollegen; noch unglücklicher als diese waren Mitglieder regionaler Orchester außerhalb Londons und ohne die Sicherheitsdecke der Unterstützung durch die BBC. Nirgendwo waren Spieler besonders glücklich über die Möglichkeiten ihrer Mitbestimmung. Doch Spieler bei der BBC, ausgestattet mit einem regelmäßigen Einkommen und mit Sozialleistungen, waren deutlich weniger glücklich als ihre Kollegen, während die Zufriedenheit in ostdeutschen Orchestern trotz einer streng hierarchischen Bürokratie nur noch von derjenigen im London Philharmonic, Royal Philharmonic und Philharmonia Orchestra und in der spielereigenen London Symphony am Themse-Ufer übertroffen wurde.

Auf die Frage, ob sie mit sich selber zufrieden waren, wenn sie gut gespielt hatten, und unzufrieden, wenn sie es nicht getan hatten, antworteten die Spieler aller Orchester mit donnernder Einstimmigkeit. Mit 6,2 von 7 möglichen Punkten fiel ihre innere Motivation sehr viel besser aus als die von zwölf anderen Berufsgruppen – von Teams in der Gesundheitspflege bis hin zu Amateurtheatergruppen.

Auch bei der allgemeinen Arbeitszufriedenheit gab es einen Konsens. Professionelle Streichquartette und das Personal von Flugzeugcockpits lagen mit überragenden 6,5 Punkten ganz weit vorn, Orchestermusiker kamen mit 5,4 Punkten auf den siebten Platz. Bei der Frage, ob ihre Arbeit zu persönlicher Weiterentwicklung geführt hatte, erreichten Quartettspieler immer noch den ersten Platz, doch Orchestermusiker fielen auf Platz neun zurück und lagen damit vor den OP-Schwestern, aber hinter den Wärtern in Bundesgefängnissen. Fast alle befragten Musiker waren sich darin einig, dass die Leistung auf ihrem Arbeitsgebiet anerkannt wurde, doch am stärksten kam diese Bestätigung von den Londoner Orchester-Kooperativen, gefolgt von den Ostdeutschen, deren Stimmführer nur wenig mehr als der Rest der Spieler verdienten.[342] Fast alle Befragten bejahten, dass ihre Orchester von mehr Geld profitieren würden. Amerikaner waren zufriedener als die meisten anderen, und britische Spieler wiederum waren unzufriedener als ihre ostdeutschen Kollegen.

Glücklichsein war für Erfolg nebensächlich, schlussfolgerte Hackman, aber Geld war es nicht. Gute Orchester waren diejenigen, deren Vorstände und Geschäftsführer ihren Chefdirigenten Ziele und Standards setzten und die Spieler ihre Arbeit machen ließen.[343] »Jemand muss dafür sorgen, dass die Dinge laufen, und derjenige muss die Aufmerksamkeit der Musiker haben«, bestätigte Robert Levine, Solobratscher des Milwaukee Symphony Orchestra. Aber Leistungsfähigkeit hatte ihren Preis. So bot zum Beispiel das letzte der 34 Jahre, die Herbert von Karajan mit den Berliner Philharmonikern verbrachte, eine extreme, aber lehrreiche Unterrichtsstunde zu den Abwägungen, die im 17. Kapitel von Machiavellis *Der Fürst* (1541) dargelegt sind. Machiavelli kam zu dem Schluss, dass es besser ist, gefürchtet als geliebt zu werden, sofern man nicht verhasst ist. Karajan, brillant, herrisch und bis zum letzten Moment aufs Geschäft fixiert, als er während eines Telefongesprächs mit den Führungskräften von SONY starb, machte sein Orchester reich, während er es in eine offene Rebellion trieb. In einer Pressemitteilung erklärte er, Orchestermusiker könnten ohnehin undankbar sein, aber die Berliner Philharmoniker seien Meister darin. »Sie wollen alles, im Idealfall meinen Kopf.«[344]

Die Autorität des Dirigenten entstammt dem Mythos, dass er mehr wisse als das Orchester, erklärte Levine in einem Artikel, den sein Vater, ein anerkannter Neuroendokrinologe, mitverfasst hatte. Wo psychische und physische Zerbrechlichkeit, gemeinsame Berufserfahrung und akkumulierte Fähigkeiten bei etwa 100 bestens ausgebildeten Profis zusammenflössen, die außerdem viele Dirigenten erlebt und zwangsläufig ihre eigenen Ansichten hätten, seien »chronischer Stress, Unzufriedenheit mit dem Arbeitsplatz und Rückfall in kindliche Verhaltensmuster« geradezu vorprogrammiert.[345]

Lampenfieber war ein weithin bekanntes Berufsrisiko, das keineswegs auf Solisten beschränkt blieb und mit dem Alter häufig zunahm. Wenn Stimmführer befürchteten, ihr Solo zu verpatzen, wogen Spieler in den einzelnen Instrumentengruppen die drückende Anonymität gegen eine unterschwellige Angst ab, zu früh oder zu spät einzusetzen. Unabhängig davon, wo sie in der Hierarchie saßen, waren besonders Violin- und Violaspieler anfällig für Nacken- und Schulterprobleme.[346]

Zu den Bewältigungsstrategien gehörten Alkohol und Betablocker. Weitere Möglichkeiten waren Hobbies wie Kochen, Gartenarbeit, Schreiben und Heimwerken. Auch Guerillakriege gegen Dirigenten als bevorzugte Gegner boten eine Option. Barbara Fraser, eine langjährige Geigerin im Chicago Symphony Orchestra, erinnerte sich, wie ihr Dirigent, Sir George Solti, eines Tages mit Sir Edward Heath, dem ehemaligen britischen Premierminister und Kirchenorganisten, erschien. Heath hatte eine Leidenschaft für Elgars Konzertouvertüre *Cockaigne*. Wie brave Kinder ließ das Orchester Heath dirigieren, bis er es wegen eines missglückten Einsatzes tadelte. Von da an nahmen die Spieler ihre Einsätze vom Konzertmeister ab, als ob Heath gar nicht da wäre. Hellmut Stern, seit vielen Jahren als Geiger bei den Berliner Philharmonikern, entsann sich, wie sich die Stimmführer der Streicher zu einer Gipfelkonferenz rund um das Podium versammelten und einen jungen Gastdirigenten überredeten, den schwierigen Einsatz zur Coda von Beethovens dritter *Leonoren-Ouvertüre* – presto, alla breve und zwischen zwei Taktschlägen – nicht zu geben. Das Orchester bewältigte den Einstieg dann ohne ihn.

Eine vierte Option waren gewerkschaftliche Kampfmaßnahmen. Streicher behaupteten gelegentlich, dass ihre Instrumente – die wesentlich teurer sind als Blech- oder Holzblasinstrumente – ihnen das Recht auf erhöhte Rücksichtnahme gab. Im Jahr 2004 lachte die Musikwelt laut auf, als 16 Geiger des Orchesters der Beethovenhalle in Bonn mit einer Klage drohten, falls das Management ihre Forderung nach einer Zulage für das Spielen von mehr Noten ablehnen würde.[347] 1966, kurz vor der epochalen Spende der Ford Foundation, eröffnete das Philadelphia Orchestra, die weltweit schon längst die meisten Einspielungen verzeichnete, die neue Spielzeit mit einem Streik über 58 Tage, seinem vierten seit 1954.[348] 30 Jahre später streikte es nach einem einstimmigen Beschluss erneut, nachdem es seinen Plattenvertrag mit EMI verloren hatte,[349] dieses Mal 64 Tage lang. Im gleichen Jahr streikten die Sinfonieorchester von Atlanta, Oregon und San Francisco, letzteres über neun Wochen. Zwei Jahre später blieb die Montreal Symphony für drei Wochen im Ausstand.

1992 wurde das Publikum bei seiner Ankunft im Teatro Comunale von Bologna für die Aufführung der *Götterdämmerung* an der Tür von Orchestermusikern und Chorsängern empfangen, die Speere und gehörnte Helme trugen. Sie legten ihre Position in Bezug auf drohende Budgetkürzungen dar. Im Januar 2005 führte ein Gehalts-Katzenjammer in St. Louis zu einer 45-tägigen Arbeitsniederlegung, die das Orchester eine Aussperrung und die Geschäftsstelle des National Labor Relations Board illegal nannte, bevor sich die Parteien mit der Unterstützung eines Bundesvermittlers, des Bürgermeisters und des Präsidenten des Greater St. Louis Labor Council auf Bedingungen einigten, die weit über dem ursprünglichen Paket lagen.[350] Ein paar Monate später marschierten Montreals Spieler zu der Melodie von »When the Saints Go Marching In« vom Podium und forderten Parität mit den Kollegen in Toronto. Es vergingen fünf Monate, bis sie zurückkehrten – nach allgemeiner Einschätzung als Verlierer.

Am Vorabend des Jahres 2010, als die US- und Weltwirtschaft in das zweite Jahr der schwersten Rezession seit den 1930er-Jahren gingen, wendete Chicagos Lyric Opera einen Streik mit einer in letzter Minute geschlossenen Übereinkunft über ein Grundgehalt von 91.624 Dollar für 27 Wochen mit je 20 Stunden ab. Das Cleveland Orchestra wurde durch ein einvernehmliches Einfrieren der Gehälter zum augenblicklichen Mittelwert von 140.200 Dollar bei zehn Wochen bezahltem Urlaub und 26 Tagen Krankengeld vom Abgrund zurückgerissen. Mitglieder der Seattle Symphony stimmten einer Kürzung von 5 Prozent ihres aktuellen Basisgehalts von 78.750 Dollar zu. »Gott sei Dank«, so kommentierte ein Orchesterveteran und spielte damit diskret darauf an, dass seine Kollegen sich in einer Stadt, in der die offizielle Arbeitslosigkeit von 10 Prozent eine öffentliche Unterstützung effektiv ausschloss, so verhielten, als ob ihre Gehälter garantiert wären.[351] Im Jahr 2011 beantragte das große Philadelphia Orchestra Gläubigerschutz.[352]

Waren dies die besten oder die schlechtesten Zeiten? Für Orchester und ihre Musiker waren sie wohl beides. Die Orchestermusik gehörte mit Blue Jeans, Coca-Cola und Basketball zu den begehrtesten Exportartikeln der westlichen Welt. Wo an der Schwelle zum 20. Jahrhundert überhaupt keine Orchester existiert hatten, gab es ein Jahrhundert später gute und sogar große. Kuala Lumpur wünschte sich ein Orchester – nicht zuletzt, um mit Singapur und Hongkong mithalten zu können – und bekam eines, unter anderem für den Konzertsaal mit 885 Plätzen, der als Accessoire der Petronas Towers, den zwischen 1998 und 2004 höchsten Gebäuden der Welt, gebaut worden war.[353] 2008 zählte ein internationales Gremium das japanische Saito Kinen Orchestra zu den 20 besten der Welt.[354]

Für Vorspiel-Kandidaten galten nun Standards, die in früheren Generationen unvorstellbar gewesen wären. Bei einem Konzert im Jahr 1941, etwas mehr als ein Jahrhundert nach dem Tod von Paganini, spielten die Ersten Geigen des New York Philharmonic Orchestra einen Satz, den zu seinen Lebzeiten nur dieser selbst hatte spielen können.[355] 1878 sagte Leopold Auer bei seiner ersten Begegnung mit dem Violinkonzert, das Tschaikowsky ihm zueignen wollte, es sei praktisch unspielbar. Willem Blokbergen, der in den Niederlanden geborene und am Curtis Institute ausgebildete Konzertmeister des Teatro Comunale in Bologna, wurde 1997 von einem Freund nach den Mindestanforderungen zum Erlangen eines ordentlichen Orchesterjobs gefragt und erwiderte: »Wenn du nicht vor einem Orchester stehen und das Tschaikowsky-Konzert spielen kannst, vergiss es.«[356]

Argumente für die besten oder schlechtesten Zeiten fanden sich vor allem in den USA, wo einerseits Ausgaben der öffentlichen Hand für die Kunst in etwa so beliebt waren wie Entwicklungshilfe, andererseits das Zusammenspiel von Steuervergünstigungen und lokaler Tatkraft Musikmaschinen von bemerkenswerter Flexibilität und Virtuosität hervorgebracht hatte. Auf der Liste der 20 besten Orchester der Welt waren 2008 ein tschechisches, ein niederländisches, ein britisches, ein ungarisches, ein österreichisches, ein japanisches, drei russische, vier deutsche und sieben amerikanische.

Unterdessen hatten Jahre des Erfolgs die Orchester reich und ihre Spieler reicher gemacht. Der Pharao, so deutete Joseph im Kapitel 41 des Buchs Genesis, träumte von sieben fetten Jahren. Von den 1960er-Jahren bis zur Wall-Street-Kernschmelze von 2008 konnten sich sowohl amerikanische als auch westeuropäische Spieler mit nur gelegentlichen Unterbrechungen an 50 guten Jahren erfreuen. Diese Fülle machte natürlich am Eisernen Vorhang halt, und als nach 1989 die Unterstützungssysteme quer durch Zentral- und Osteuropa zusammenbrachen, kam es zu einigen schwierigen Jahren. Doch selbst während des Kommunismus bewiesen Russen, Ostdeutsche und Tschechen, wie sich die Gunst der Obrigkeit, die Attraktivität einer leistungsorientierten (und meistens unpolitischen) Berufsklasse sowie die Chance, ins Ausland zu reisen, in beruflichen Spitzenleistungen und persönlicher Erfüllung auszahlen konnten.

Höchstrangige Orchesterspieler konnten es sich jetzt leisten, in der gleichen Straße mit Ärzten, Rechtsanwälten und pensionierten Diplomaten zu wohnen. Wo einst eine Unterwürfigkeit herrschte, die sich von derjenigen, die bei Kurfürst Karl Philipp in Mannheim oder beim Salzburger Erzbischof Colloredo herrschte, kaum unterschied, besaßen sie nun eine Arbeitsplatzsicherheit, die mit der eines Universitätsprofessors oder eines deutschen Beamten vergleichbar war. Sie konnten ihr Glück auch als Freiberufler versuchen. Vakanzen wurden öffentlich ausgeschrieben. Der kaiserliche Dirigent, Vorstandsvorsitzende und Geschäftsführer war wie der Fürst von Gottes Gnaden ausgestorben. Ebenso wie in der Wissenschaft war eine Anstellung einer Begutachtung durch Kollegen unterworfen.

Sogar unter Siegern gewinnen natürlich einige mehr als andere. In der Saison 2010/11 standen die Berliner Philharmoniker an der Spitze, deren Arbeitswoche im Lauf eines Jahres mit 45 bis 46 Wochen aus etwa 10 Stunden Proben, einer Generalprobe und drei bis vier Konzerten bestand. Ihre Gehälter fingen bei 90.000 Euro an, plus 15 Prozent für Stimmführer. Im Vergleich dazu verdienten ihre Kollegen an der Metropolitan Opera in New York in der Saison 2012/13 im Durchschnitt 202.000 Dollar (etwa 150.000 Euro). Sie litten jedoch nicht nur darunter, dass sie zum Beispiel immer noch in einer *Parsifal*-Aufführung saßen, während ihre Kollegen von der New York Philharmonic mit einer Mahler-Sinfonie längst fertig waren, sondern sie mussten auch hinnehmen, dass ihre Lebenshaltungskosten das Berliner Niveau um etwa 30 Prozent überstiegen.[357]

Als Vergleichsmaßstab kann der Fußballverein Bayern München gelten, dessen Spieler im Durchschnitt etwa 4 Millionen Euro verdienten, oder die New York Yankees, die ihren Spielern in der Saison 2011 im Durchschnitt etwa 4,7 Millionen Euro zahlten. Selbst diese Zahlen sind noch bescheiden gegenüber den 33 Millionen Euro, die ein Spitzenspieler wie Lionel Messi verdiente. Doch im Gegensatz zu den Sportlern können die Musiker bis hinein in ihr siebtes Lebensjahrzehnt spielen. Sie kommen in den Genuss einer Festanstellung. Sie sind nicht die halbe Saison auf Reisen. Die Gehälter eines Konzertmeisters oder gar eines Dirigenten bieten noch einen weiteren Vergleichsmaßstab. In der Spielzeit 2011 verdiente Glenn Dicterow, der Konzertmeister der New York Philharmonic, etwa 524.000 Dollar, der Dirigent Charles Dutoit vom Philadelphia Orchestra dagegen mehr als 1,8 Millionen. Im Vergleich mit der Lohntabelle des

FC Barcelona, wo Messi gegenüber seinen Mannschaftskameraden einen Vorteil von 4 zu 1 hat, waren die Reih-und-Glied-Mitglieder des Philadelphia Orchestra ihrem Dirigenten gegenüber um etwa 1 zu 11 benachteiligt. Gemessen an dem Verhältnis von 331 zu 1 zwischen einem amerikanischen Generaldirektor und einem durchschnittlichen amerikanischen Angestellten oder Arbeiter im Jahr 2013 allerdings erschien selbst dies noch nahezu egalitär.[358]

Zu den bemerkenswertesten Durchbrüchen gehörte die Einführung eines chancengleichen Orchesters. Die Erkenntnis, dass sogar schwangere Frauen so gut spielen können wie Männer, war in gewisser Weise vergleichbar mit der Wahl der ersten Frau zum Fellow am Balliol College im rein männlichen Oxford im Jahr 1973. Hochrangige Orchester wie diejenigen in Philadelphia oder Chicago nahmen sich, als sie 1942 zahlreiche Spieler an den Wehrdienst verloren, die legendäre »We Can Do It!«-Figur von J. Howard Miller zum Vorbild. Aber dann endete der Krieg. Drei Jahre später waren die meisten Frauen entweder nach Hause gegangen oder wieder zu ihren traditionell vorgegebenen Positionen unter den Amateuren und Semi-Profis zurückgekehrt.

Dennoch bewegte sich etwas. Die Orientierungswerte der Generationen spiegelten die sich wandelnden Zeiten wider. 1948 verzeichneten die Dienstpläne von Amerikas Vollzeit-Berufsorchestern 109 Frauen. Gut 20 Jahre später stellte ein Reporter des Milwaukee Journal fest, dass große Orchester mit bescheidenen Budgets wie denen in Atlanta oder Milwaukee bereits zu einem Drittel oder mehr mit Frauen besetzt waren, bei der St. Louis Symphony und der Cincinnati Symphony hingegen lag die Zahl immer noch unter 20 Prozent und in den Big Four in Chicago, Philadelphia, Boston und New York nahezu bei null. Barbara Fraser, die nach Tourneen mit der Houston Symphony und Amsterdams Concertgebouw der Milwaukee Symphony beigetreten war, sagte voraus, dass sich innerhalb von 20 Jahren auch diese Zahlen verschieben würden.[359]

1980 stellten Frauen nahezu 30 Prozent der 44 der ICSOM angeschlossenen Orchester, und Fraser, die 1974 zur Chicago Symphony weitergezogen war, zeigte einem Besucher der Orchestra Hall stolz den allerersten Umkleideraum für Frauen. Einer Schätzung zufolge stellten 1976 Frauen 10 Prozent der Spieler in Amerikas Spitzenorchestern; bis 1999 war diese Zahl auf 25 Prozent angewachsen. 1977 waren 10 der 97 Musiker der Metropolitan Opera weiblich, 1999 waren 36 Frauen unter den 95 Instrumentalisten.[360]

Im Jahr 1979 erklärte der Manager der Berliner Philharmoniker, dass eine gesetzliche Regelung, die werdenden Müttern zu ihrem Schutz verwehrte, Nachtschichten zu spielen, es dem Orchester unmöglich mache, Frauen einzustellen. 1983 befand sich das Orchester am Rande eines Krieges, als sein gebieterischer Dirigent von Karajan die hochbegabte 23-jährige Klarinettistin Sabine Meyer einstellte. Doch beinahe unbemerkt war eine 26-jährige Schweizer Geigerin, Madeleine Carruzzo, ein Jahr zuvor zum Eisbrecher geworden, als sie für eine vakante Position zwölf männliche Kandidaten aus dem Feld schlug.[361] Zur Saison 2009/10 gab es unter den 128 Mitgliedern des Orchesters 16 Frauen, davon 12 Geigerinnen einschließlich Carruzzo, die immer noch aktiv war. In Amsterdams Concertgebouw waren 11 der 20 Ersten Geigen, 11 der 17 Zweiten Geigen und 4 der 15 Bratschen Frauen; bei der London Symphony waren die entsprechenden Zahlen 7 der 18 Ersten Geigen, 5 der 15 Zweiten Geigen, 4 der 12 Bratschen und 6 der 11 Celli.

Wien, stets traditionell ausgerichtet, lag zurück. Rainer Küchl, der Konzertmeister der Philharmoniker, bestand noch 1997 darauf, dass Frauen nicht schlechter, aber anders spielen. Angesichts der problematischen Personalausstattung sowohl der Staatsoper als auch des Philharmonischen Orchesters war er dankbar für jeden Kollegen, der nicht schwanger wurde.[362] Doch ab 2009 hatte sogar Wien begonnen, Frauen einzustellen. Unter den mehr als 120 Mitgliedern der Philharmoniker gab es neben der obligatorischen Harfenistin nur zwei Frauen.[363] Aber unter den 149 Orchestermitgliedern der Staatsoper, aus denen sich die an sich souveränen Philharmoniker rekrutieren, gab es derer sieben, und an die bulgarische Geigerin Albena Danailova war sogar ein Festanstellungsvertrag für eine der vier Konzertmeisterpositionen vergeben worden.

Die Behandlung von weiblichen Orchestermitgliedern wandelte sich mit der Zeit. Hackman und Allmendinger waren darüber verwundert, wie einheitlich die Antworten aus ansonsten unterschiedlichen Orchestern über mehrere Ländergrenzen hinweg waren. Weibliche Eisbrecher berichteten übereinstimmend, dass sie auf einen kollegialen, sogar herzlichen Empfang getroffen waren.[364] Als die Anzahl der Frauen sich erhöhte, wendeten sich die Dinge zum Schlechteren. Erst als sich das Geschlechterverhältnis einer Gleichheit annäherte, verbesserten sich die Beziehungen wieder.

Nicolai Biro-Hubert, altgedient in vielen Orchestern in vielen Ländern, hielt einen Geschlechterkampf für praktisch unvermeidlich. In seinen umfangreichen Memoiren zum Orchesterleben von 1920 bis 1960 behauptete er, dass Frauen die Dominanz durch meisterliche Dirigenten nicht nur tolerierten, sondern sogar begrüßten. Sie nahmen unbezahlte Überstunden hin. Sie rechneten mit schlechterer Bezahlung. Biro-Hubert bestand darauf, dass das Gefühl, unfähig zu sein, zum Job gehörte. Fügsame Frauen machten ihre männlichen Kollegen nur aufmerksamer darauf.[365] Doch sogar er prognostizierte, dass es wohl nicht mehr lange dauern würde, bis auch Frauen so wie in Delacroix' Gemälde *Die Freiheit auf den Barrikaden*, ihren Platz in Spielerausschüssen gefunden haben würden.

Hackman und Allmendinger merkten an, dass amerikanische regionale Orchester bereits Ende des 20. Jahrhunderts die Trendwende erreicht hatten. Nur wenige Jahre nachdem ihre Arbeit erschienen war, bestätigten die Ökonomen Claudia Goldin und Cecilia Rouse, dass das neue geschlechtsneutrale

Modell des Vorspiels mit Wandschirmen und mit Teppichen, die das Geräusch von Absätzen dämpften, eine wirksame Maßnahme gegen Geschlechtervorurteile sei.[366] Im Jahr 1990 spielten Frauen, wie die meisten neuen Mitarbeiter, buchstäblich die zweite Geige.[367] 20 Jahre später taten das in der 17-köpfigen Abteilung der Zweiten Violinen der Chicago Symphony immer noch 13 Frauen. Allerdings besetzten Frauen in Boston und Cleveland 11 der 16 Plätze der Ersten Geigen und bei der New York Philharmonic 12 von 18. In Philadelphia, Cleveland und New York besetzten Frauen die ersten Pulte. In Seattle waren beide Konzertmeister Frauen. 2005 erhob ein gekränkter Geiger Vorwürfe von Diskriminierung gegen die New York Philharmonic, indem er behauptete, dass mindestens sieben Frauen befördert worden waren, während er selbst für eine Festanstellung übergangen worden sei. Zwei Jahre später endete der Prozess mit einem Vergleich, dessen Details nicht bekannt wurden.[368]

Doch gerade, als sich Löhne und Arbeitsbedingungen verbesserten, blickten Orchester und diejenigen, die sie schätzten, mit wachsender Besorgnis auf Kennziffern, die sich wie die Schrift an der Wand lasen. Seit den Tagen von Haydn und Mozart hatte sich das Sinfonieorchester auf eine regelmäßige Versorgung mit qualifizierten und motivierten Spielern, auf ein ständig wachsendes Repertoire, ein stetig wachsendes Stammpublikum von Konzertbesuchern aus der Mittelklasse und auf ein Reservoir an sowohl öffentlichen als auch privaten Förderern verlassen. Nur die erste Annahme von diesen vier war immer noch einigermaßen zuverlässig.

Paradoxerweise führten eine riesige Spende von Ford und Schenkungen großzügiger Gönner zu beispiellosen Ausgaben. Eine Spielzeit von zwölf Monaten, Dirigentengagen in Millionenhöhe und sechsstellige Gehälter erforderten ein großes Barvermögen und dieses wiederum eine umfangreiche Infrastruktur einschließlich Geschwadern von Vizepräsidenten für Planung, Finanzen und Öffentlichkeitsarbeit, ausgedehnter Personalabteilungen, Teams von Audio-, Medien-, IT- und Marketingspezialisten; und eine Truppe von professionellen Fundraisern. Die Infrastruktur benötigte immer mehr Barmittel.

»Der Boden unter uns verschiebt sich – hat sich bereits verschoben – auf grundlegende Weise«, berichtete Lowell Noteboom, Ko-Vorsitzender des Ausschusses für strategische Planung der American Symphony Orchestra League im Jahr 2006, und das war nicht übertrieben. 40 Jahre nach dem »Beinahe-Wunder« des Zuschusses von Ford waren aus Amerikas wichtigsten Orchestern große Unternehmen geworden, die seit zwei Generationen darauf programmiert waren, »Größeres, Größeres, Größeres, mehr, mehr, mehr« zu liefern, und sich nun einem Publikum gegenübersahen, das kleiner, kleiner, kleiner wurde und weniger, weniger, weniger bevorzugte.[369]

Es war nicht nur verlockend, sondern auch einleuchtend, die Gründe für die Herausforderung in den globalen Erschütterungen und tektonischen

Veränderungen zu suchen, die von der Welt der Musik weit entfernt waren. Der lange Schatten des 11. September 2001, des Höllendienstags, an dem die Zwillingstürme des New Yorker World Trade Center und das Pentagon von gekaperten Flugzeugen getroffen wurden, fiel ebenso auf Amerikas Konzerthallen wie auf so vieles in der Welt. Zwei Wochen danach zeigte eine Karikatur von George Booth, die selbst nach dem anspruchsvollen Maßstab des *New Yorker* ein kleines Meisterwerk war, Mrs. Ritterhouse, die unter normalen Umständen der unerschütterliche Anker ihres Nachbarschaft-Orchesters war, tief unglücklich mit dem Rücken zu ihrem Notenständer auf einem Klavierhocker sitzend, mit ihrer Geige stumm neben ihr auf dem Teppich. Ihr Hund, genauso unglücklich, liegt auf dem Boden und bedeckt die Augen mit seinen Pfoten.[370]

»In den ersten Monaten nach diesem tragischen Ereignis ging die Teilnahme an allen öffentlichen Veranstaltungen stark zurück und philanthropische Prioritäten verschoben sich dramatisch«, bemerkte Noteboom. Doch »im Rückblick sehen wir jetzt, dass das Phänomen von 2001 tatsächlich ein großer Sturz in einen Abwärtstrend war.« Sieben Jahre später brachte die Kernschmelze an der Wall Street für nahezu jeden die härtesten Zeiten seit 1929, ohne dass ein Ende in Sicht schien.

Aber das Problem lag tiefer. Die Fundamente, auf die Noteboom zu Recht hinwies, hatten sich verschoben. Historisch gesehen war das Orchester städtisch. Die Stadt aber war seit beinahe einem halben Jahrhundert im Niedergang begriffen. Zwischen Mitte des 20. und der ersten Dekade des 21. Jahrhunderts hatten St. Louis, Cleveland, Pittsburgh und Detroit, einst stolze und blühende Gemeinden mit stolzen und blühenden Orchestern, die Hälfte ihrer Bevölkerung an die Vororte verloren, die immer weiter von Konzertsälen und Stadtzentren entfernt waren. Ihre Wohngegenden hatten sich inzwischen verändert oder waren einfach verschwunden. »Wenn Sie sich von der Innenstadt her der Severance Hall nähern, fahren sie über mehrere Meilen durch Gegenden städtischen Verfalls und nur lückenhafter Erneuerung«, schrieb Charles Michener über Cleveland. »Die Herausforderung ist es, ein Weltklasse-Orchester in einer – höchstens – drittklassigen Wirtschaftslage zu halten«, sagte ihm der Vorstandsvorsitzende des Orchesters.[371] Fünf von zehn Top-Sponsoren, die bisher das Orchester immer gerne unterstützt hatten, waren aus der Stadt fortgezogen.

In Detroit, einem noch schwierigeren Fall als Cleveland, wo das kollektive Gedächtnis bis 1987 zurückreichte, als das Orchester zwölf Wochen lang gestreikt hatte, schlug das Management für die Spielzeit 2010/11 nicht nur eine 30-prozentige Gehaltskürzung vor, sondern auch eine neue Arbeitsplatzbeschreibung, die Schulkonzerte, Lehraufträge und sogar Büroarbeit einschloss. Die Spieler lehnten ab.[372]

Das Problem war nicht ausschließlich amerikanisch. Im Jahr 2005, sieben Jahre nachdem die Vorschriften der National Insurance geändert worden waren, sahen sich acht britische Orchester mit Jahresbudgets von rund 10 Millionen Pfund Steuerforderungen von mindestens 33 Millionen Pfund plus den aus Rückzahlungen an Freiberufler stammenden Zinsen gegenüber. Nach der Wiedervereinigung entdeckten die Westdeutschen, die ihre eigenen Orchester unterhalten mussten, dass sie einen weiteren Organismus hinter der Mauer geerbt hatten, wo ihre ostdeutschen Pendants ebenso überdimensionierte Orchester errichtet hatten wie Japan Hotels und Büroflächen. Berlin, seit dem Ende des Zweiten Weltkriegs stark von Subventionen abhängig, hatte nun eine Gesamtbevölkerung von rund 3,5 Millionen mit drei Opernhäusern und mindestens vier Orchestern, die aus einem öffentlichen Haushalt bezahlt werden mussten, der bereits ein Milliardenloch aufwies.

Aufgrund der Entwicklungen in der Musikerziehung und den Schulorchestern gehörte die Zukunft des Streicher-Pools zu den Gläsern, die halb leer waren. Sie hatten spätestens seit den 1950er-Jahren Anlass zu Besorgnis gegeben. Doch aus der Sorge war schon lange ein nachhaltiges Gejammer geworden, vor allem in den alten Kernstädten Amerikas.[373] Die gute Nachricht für eine historisch gesehen europäische Kunstform und ein Reservoir an Förderern waren die Immigranten, für die Amerika wie immer ein besonderes Gespür hatte. Ab der Spielzeit 2009/10 besetzten Asiaten oder aus Asien stammende Amerikaner 6 der 16 Plätze in den Ersten Geigen der Boston Symphony, 7 der 16 des Cleveland Orchestra, 7 der 16 der Chicago Symphony und 7 der 18 des New York Philharmonic. Zwei der Konzertmeister des Philadelphia, sein erster Bratscher und sein erster Cellist, waren Asiaten oder asiatischstämmige Amerikaner. Da das Glas also zumindest für die Orchester des Westens halb voll war, strebten angeblich allein in China 10 Millionen junge Geiger professionelle Karrieren an.[374]

Für diejenigen mit dem technischen Rüstzeug und genügend Ausdauer, um es an die Spitze zu schaffen, gab es auch Brutkästen wie die New World Symphony in Miami Beach, wo Michael Tilson Thomas als Musikdirektor des San Francisco Symphony Orchestra einem Ausbildungsorchester vorstand, das von Ted Arison, einem israelisch-amerikanischen Milliardär, der einst davon geträumt hatte, Pianist zu werden, geschaffen worden war. Eine Zulassungsquote von 3 Prozent ließ Harvard im Vergleich dazu großzügig erscheinen. Spieler – Fellows genannt – lebten für drei bis vier Jahre mietfrei und von bescheidenen Stipendien, spielten fast 70 Konzerte pro Saison, kamen in den Genuss von Coaching durch einige der großen Profis der Welt und lernten bei simulierten Vorspielen, in denen Elemente von Trainingslagern der Bundesliga und der Grundausbildung eines US-Marineinfanteristen kombiniert wurden, mit den Wechselfällen des wahren Lebens umzugehen.[375]

Doch jedes Anzeichen bestätigte, dass die größere Gefahr weniger in einem Mangel an Spielern als in einem drohenden Mangel an Publikum lag. Zwischen 1982 und 2008 fiel der Anteil von Amerikanern, die Konzerte besuchten, um 29 Prozent. Allein zwischen 2002 und 2008 lag der Rückgang bei 20 Prozent. Noch in den 1990er-Jahren waren für die Saison-Konzerte der Chicago Symphony unverkaufte Tickets eine Seltenheit. Ab dem Jahr 2005 blieben fast 20 Prozent der Plätze leer, und das Philadelphia Orchestra meldete, dass seine Abonnementverkäufe jährlich um 5 Prozent zurückgingen. Die Bewohner der Vorstädte zögerten immer mehr, wegen Konzerttickets in die Stadt zu fahren, die so viel kosten konnten wie ein Abendessen für einen Hochzeitstag oder ein Abend in der Stadt mit einem auswärtigen Besucher. Die ältere Bevölkerung war außerdem beunruhigt darüber, nachts in der Nachbarschaft von St. Louis' Powell Hall oder im so malerisch benannten Problemviertel »Over the Rhine« in Cincinnati parken zu müssen.

Seit den Tagen von Haydn und Mozart hatte sich die Anziehungskraft des Konzertsaals durch die auf Wohnzimmermaß reduzierten Klavierauszüge des Orchesterrepertoires, durch Schallplattenaufnahmen, Radiosendungen und sogar durch das Fernsehen stets verstärkt. Bis weit in das 20. Jahrhundert hinein waren die Menschen gekommen, um neue Musik zu hören, doch auch diese Erwartungen begannen zu verblassen. Dirigenten führten immer noch neue Stücke auf. Aber sie spielten sie selten zwei Mal und platzierten sie wohlweislich zwischen kugelsichere Schlager und einen hochkarätigen Solisten, um zu verhindern, dass die Leute frühzeitig nach Hause gingen. Nach Aussage des General Managers von Sony Masterworks, Nachfolgerin der einstmals stolzen Columbia, machten Einspielungen klassischer Musik, die seit Caruso und Kreisler ein Goldesel und Karrieremacher gewesen waren, in den frühen Jahren des 21. Jahrhunderts nur noch etwa 3 Prozent des Gesamtverkaufs aus.[376]

Obwohl 26 Prozent der erwachsenen Amerikaner angaben, Klassik und Kammermusik zu mögen, hörten nur 18 Prozent entsprechende Radiosendungen oder Schallplatten, und nur 9 Prozent – seit 2002 ein Rückgang um 3 Prozent – besuchten Konzerte. Im Durchschnitt nahmen sie an drei Aufführungen teil. Konzertbesucher waren eher älter denn jünger als 45 Jahre, und 20 Prozent waren 65 und älter. Trostlose 15 Prozent der Befragten hörten »häufig« klassische Musik, obwohl die Aussichten für Jazz noch trostloser waren: 50 Prozent der Teilnehmer der Erhebung hörten ihn »so gut wie nie« oder »nie«.[377] In der Altersgruppe 65 Jahre und älter gaben 23 Prozent an, »häufig« klassische Musik zu hören, in der Altersgruppe 50 bis 64 waren dies 15 Prozent und in der Gruppe von 30 bis 49 Jahren 12 Prozent. Von den Befragten zwischen 16 und 29 Jahren gaben 14 Prozent an, häufig klassische Musik zu hören.[378]

Am besorgniserregendsten aber war, dass sich der Bestand der Konzertbesucher nicht von innen heraus erneuerte. Sein Durchschnittsalter, das 1982 bei 40 Jahren gelegen hatte, war bis 2008 auf 49 Jahre gestiegen. Im gleichen Zeitraum war das Durchschnittsalter der Gesamtbevölkerung von 39 auf 45 Jahre gestiegen, ein Phänomen, das auch in Europa beobachtet werden konnte. Das französische Konzertpublikum mit einem Durchschnittsalter von 55 Jahren gegenüber dem der Gesamtbevölkerung von 39,4 Jahren alterte sogar noch schneller.[379]

Allan Kozinn von der *New York Times* schwamm energisch gegen den Strom und bestand darauf, dass Todesanzeigen, die das Hinscheiden der klassischen Musik verkündeten, verfrüht waren. Im Internet gab es viel zu hören. Hörer luden sich klassische Musik herunter, selbst wenn sie keine CDs mehr kauften. Die Saison für Aufführungen dauerte jetzt das ganze Jahr, was sie in dem sogenannten Goldenen Zeitalter, als NBC an Samstagabenden Toscanini und CBS an Sonntagnachmittagen die New York Philharmonic übertrug, nie getan hatte. An New Yorks Metropolitan Opera standen die Dinge nicht schlechter als in den Jahren zwischen dem Börsencrash an der Wall Street und dem Zweiten Weltkrieg. In Nashville, Los Angeles, Toronto, Miami und Kansas City wurde das Standardrepertoire nun in derselben Weise vermarktet, wie es das Cineplex mit Filmen und Langnese mit Eiscreme machte. Das New Yorker Menü erstreckte sich von Guillaume de Machaut bis zu Minimal Music.

»Was ist denn mit der ganzen großen Welt außerhalb von New York?«, fragte der Kritiker Greg Sandow verständlicherweise.[380] Doch auch dort gab es zumindest Anzeichen von Feuer unter der Asche. Nach Auskunft der American Symphony Orchestra League gaben von 2005 bis 2006 nicht weniger als 1800 amerikanische Orchester (davon 350 Berufsorchester) 36000 Konzerte, seit 1994 ein Anstieg von 30 Prozent. Als die BBC im Jahr 2005 Downloads der Beethoven-Sinfonien kostenlos zur Verfügung stellte, gab es 1,4 Millionen Abrufe, davon 50000 in den Niederlanden und 17000 in Vietnam.[381] Ungeachtet der Rezession stieg die Zahl der Konzertbesucher im Londoner Barbican Centre zwischen 2008 und 2009 um 4 und die der Ticketverkäufe um 11,2 Prozent. 2009 berichtete die International Federation of the Phonographic Industry, dass eine von sechs legal gehandelten Aufnahmen, die in China verkauft worden waren, westliche klassische Musik war. Das gleiche Verhältnis wurde aus Südkorea gemeldet.[382]

Noch ermutigender war die Wiederentdeckung dessen, was im 18. Jahrhundert für das Publikum in Kneipen und Kaffeehäusern selbstverständlich gewesen war. Der Cellist Matt Haimovitz brachte seine Kunst zu Schubas, einer beliebten Kneipe im Norden Chicagos, und Sam Bonds Garage, einem veganen Kaffeehaus in Eugene, Oregon.[383] Der Komponist und Geiger David Handler und der Cellist Justin Kantor spielten Neue Musik im Le Poisson Rouge, einem recycelten Jazzclub im New Yorker Greenwich Village.[384] Im Jahr 2005 entdeckte eine Abordnung von Spielern der Milwaukee Symphony den iPod und stellte die Aufnahmen aus nahezu drei Jahrzehnten auf Apples iTunes zur Verfügung. Im ersten Jahr gab es 5 000 Downloads. Obwohl 40 Prozent der Einnahmen an die Spieler gingen, lag der wahre Gewinn in der verbesserten Sichtbarkeit – und Hörbarkeit – eines guten lokalen Orchesters, das ein Jahrhundert nach dem Boston Symphony Orchestra in einer postindustriellen Stadt gegründet worden war, die einst behauptet hatte, sie ernähre und versorge die Welt.[385]

Andere Musiker verlegten ihre Aufführungen aus dem Konzertsaal hinaus, um ein breiteres Publikum zu erreichen. So erweiterte zum Beispiel das Cleveland Orchestra seine Spielorte, indem es außerhalb liegende Städte und einen städtischen Schulbezirk einschloss, in dem 70 Prozent Afroamerikaner eingeschrieben waren. Es schuf sich auch neue Heimstätten in New York, Luzern, Wien und Miami, wo ein Konsortium mit 14 Mitgliedern die Förderung von Konzerten für geschätzt 20 000 Erwachsene und 3 500 Fünftklässler garantierte.

Erinnerte die traditionelle Konzertkleidung zu sehr an den Berliner Kongress oder den Wiener Opernball? Nigel Kennedy, ein Schützling von Menuhin, motzte sich auf und spielte in der Berliner Philharmonie das Beethoven-Konzert in maßgeschneidertem Grunge-Stil, garniert mit einem Solosatz von Bach als Zugabe und improvisierten Witzen, die nur er selbst verstand.

Während des ersten Jahrzehnts des 21. Jahrhunderts nahmen überall in den USA die Anstrengungen Fahrt auf, die ethnische Vielfalt sowohl innerhalb der Protagonisten als auch innerhalb des Publikums der klassischen Musik zu erhöhen. Waren die traditionellen Ensembles auf peinliche Weise weiß und europäisch? Keine Sorge, so war dem Forschungsbericht zur Publikumsdemografie der League of American Orchestras im Jahr 2009 als Antwort auf düstere Zahlen des National Endowment for the Arts zu entnehmen. Man vermutete, dass der Anteil an Hispanics in der US-Bevölkerung, der bereits 15 Prozent betrug, bis 2020 um 17 Prozent steigen würde. Doch wurde ebenfalls angenommen, dass ihr Anteil am Konzertpublikum bis 2018 auf 20 Prozent anwachsen würde. Pionierfiguren waren schon gesichtet worden. In New Orleans löste der Mexikaner Carlos Miguel Prieto, der vor der Verwüstung der Stadt durch den Wirbelsturm Katrina zugesagt hatte, Musikdirektor des Louisiana Philharmonic Orchestra zu werden, sein Versprechen ein. 2009 wurde der Venezolaner Gustavo Dudamel, immer noch unter 30, der erste Latino, der Verantwortung für ein großes amerikanisches Orchester erhielt, als er die Philharmonic in Los Angeles, wo Hispanics schon ein Drittel der Bevölkerung stellten, übernahm.

Inzwischen arbeitete in Detroit, mit einer afroamerikanischen Bevölkerung von geschätzten 80 Prozent, die Sphinx Organization daran, die Präsenz von Afroamerikanern und Hispanics in amerikanischen Orchestern von derzeit höchstens 2 Prozent zu vergrößern. Das Programm stammte von Aaron Dworkin, einem Absolventen der Interlochen Arts Academy, einer kunstorientierten

Vorschule zur Universität, und der University of Michigan mit Abschlüssen in Musik und Violinspiel. Er war Afroamerikaner, aber in einer Familie von weißen Berufsmusikern aufgewachsen und schon in jungen Jahren von der Geige seiner Adoptivmutter verzaubert worden. Aber es fiel ihm bald auf, dass es wenig andere junge Geiger gab, die aussahen wie er – auch nicht in den Gastorchestern, die in Ann Arbor auftraten.

Im Jahr 1996, immer noch Mitte 20, machte Dworkin sich daran, dagegen etwas zu tun. Nach ein paar Jahren Tätigkeit in Verkauf, Marketing und administrativen Aufgaben im Non-Profit-Sektor schlug er dem damaligen Präsidenten der Weltbank James Wolfensohn ein Programm für junge afroamerikanische und Latino-Streicher vor. Wolfensohn antwortete mit einem persönlichen Scheck über 10.000 Dollar. Mit weiteren 70.000 Dollar, die er von Sponsoren einschließlich Texaco eingesammelt hatte, organisierte Sphinx den ersten Wettbewerb und bot den Gewinnern Stipendien, Coaching, Leihinstrumente und sogar Orchesterauftritte. Im Jahr 2005 benannte die MacArthur Foundation Dworkin als eines ihrer jährlichen »Genies«. 2010 näherte sich der Haushalt von Sphinx der 2,5-Millionen-Dollar-Grenze, 59 Prozent seiner Einnahmen stammten aus Unternehmens- und Stiftungszuschüssen und privaten Spenden. Die Organisation, geleitet von ihrer Vision einer Welt, in der »klassische Musik kulturelle Vielfalt widerspiegelt und eine Rolle im täglichen Leben von Jugendlichen hat«, unterstützte Praktika in Orchestern, Sommerstipendien, finanzielle Hilfe, Instrumentenkauf, Schulbesuche, eine Konzertreihe in den Borders-Buchhandlungen, ein Streichquartett zur Präsentation sowie ein Kammerorchester.[386]

Dieser unternehmerische Ansatz wurde von Marin Alsop geteilt, einer Absolventin der Juilliard School im Fach Violine, Musikdirektorin der Baltimore Symphony und 2005 selbst zum MacArthur-»Genie« benannt. 2007 äußerte sie in einem Interview: »Wir müssen damit aufhören, dem Bildungssystem die Schuld für das Fehlen von Musik in den öffentlichen Schulen zu geben. Hier müssen wir die Anführer sein.«[387] Sie sagte dies nicht nur als Dirigentin, eine der exotischsten Minderheiten in der Musik, sondern als Schülerin von Leonard Bernstein, dessen zwischen 1958 und 1972 aufgeführte, vom Radio ausgestrahlte und 2004 erneut auf DVD herausgegebene 53 Young People's Concerts immer noch Ehrfurcht weckten. Alex Ross vom New Yorker berichtete bewundernd, wie David Robertson, der neue Musikdirektor des St. Louis Symphony Orchestra, an einem Dienstagmorgen 1 800 Schulkinder an einem Young People's Concert hatte teilnehmen lassen. Von da aus ging Robertson in eine Grundschule der Innenstadt, um dort mit 14 Schülern zu lesen und zu singen, während viele seiner Spieler als Musiklehrer in öffentlichen Schulen auftraten – dies in einer Stadt, in der rund 35 Prozent aller Kinder unter der Armutsgrenze lebten.[388]

In New York gründeten Clive Gillinson, vom Cellisten zum Orchestermanager und Direktor der Carnegie Hall aufgestiegen, und Joseph Polisi, Fagottist und Präsident der Juilliard School, die Academy, ein zweijähriges Stipendienprogramm für bis zu 20 der besten Konservatoriums-Absolventen des letzten Jahres, um »gute musikalische Bürger« hervorzubringen, die in der Lage sind, sich mit Lehrern, Komponisten, Konzertveranstaltern, Medien, den New York City Public Schools und untereinander zu verbinden und zu interagieren.[389]

Die Spieler der Berliner Philharmoniker führten, wo auch immer sie hinreisten, neben Aufführungen auch Coachings durch.[390] Eine von der Naturkraft Midori Goto im Alter von 22 Jahren geschaffene gemeinsame Unternehmung, Midori & Friends, schickt seit 1992 Spieler als Lehrer in die Grundschulen von New York City. In ihrem vierten Lebensjahrzehnt fügte Midori ihrer aktiven Konzerttätigkeit eine Professur an der University of Southern California hinzu. Doch man kann sie ebenfalls zweimal im Jahr dabei antreffen, wie sie in lokalen Orchestern und deren zugehörigen Jugendorchestern in Anchorage, Alaska, Great Falls, Montana, Winston-Salem, North Carolina, Albuquerque, New Mexico, oder wo auch immer sie gewünscht oder gebraucht wird, Coachings, Darbietungen und Brainstormings durchführt.[391]

Zeigten die Wegweiser vorwärts in die Vergangenheit? 2010 bereiste das Moscow State Radio Symphony Orchestra die Kleinstädte Amerikas tapfer mit dem Bus, kaufte Lebensmittel bei Walmart ein, schlief zu zweit in Motel-Doppelzimmern zu 40 Dollar pro Nacht und hatte nur alle zwei Wochen einen freien Tag. »Ich bin starker Mann, und ich bin Russe,« sagte ein stoischer Kontrabassist. Ihre amerikanischen Kollegen sahen dies, wenig überraschend, mit Entsetzen. »Ich sehe nicht ein, wieso sich eine solche Band besser verkaufen sollte als ein anständiges amerikanisches Orchester«, sagte Rachel Goldstein, eine Veteranin der Chicago Symphony mit 20 Jahren Berufserfahrung. »Andererseits möchte ich keine Kleidung kaufen, die in Ausbeuterbetrieben hergestellt wurde – meine Güte, wie das meine Einkaufsmöglichkeiten einschränkt!«

Das YouTube Symphony Orchestra, das Google 2008 mit Hilfe von Michael Tilson Thomas, der es dirigierte, zusammengestellt hatte, war eine alternative Form von Interaktivität. Spieler der London Symphony und der Berliner Philharmoniker begutachteten rund 3000 Video-Vorspiele, der Geiger Gil Shaham trainierte die Streicher, und der Komponist Tan Dun schrieb für den Anlass ein Vier-Minuten-Stück. Die Einzelstimmen wurden über das Internet verteilt, eine Gruppe Londoner Musiker bot Übungsstunden online an, und es gab sogar Videos, in denen Tan vorspielende Instrumentengruppen einzeln dirigierte. 96 Musiker aus 30 Ländern schafften es nach New York zur Aufführung in die Carnegie Hall, ein anregendes Wochenende voller Medien-Aufmerksamkeit und – was mehrere Beobachter beeindruckte – Kaskaden von Eigenlob. Laut Michal Shein, einem jungen Cellisten vom New England Conservatory, hatten alle eine großartige Zeit. Während YouTube und Google zufrieden darüber waren, gezeigt zu haben, wie sie Talente ausfindig machen, Online-Gemeinschaften entwickeln und vielleicht sogar ein Online-Orchester sponsern konnten – so wie die NBC einst das von Toscanini –, waren die Kritikermeinungen geteilt.[392]

Eine dritte – digitale – Option weist in eine noch ganz andere Zukunft, die Musiker aus Fleisch und Blut mit verständlichem Schrecken betrachteten. Nicht nur können Computer, die ja schon verfügbar waren, alles, einschließlich Sinfonien von Beethoven, aus Millionen aufgenommener Töne auf allen möglichen Instrumenten zusammensetzen. Sie können diese digitalen Fragmente auch dazu bringen, auf einen elektronischen Taktstock zu reagieren. Angehende Komponisten können neue Werke ausprobieren, ohne lebende Künstler dafür bezahlen zu müssen. Kleine Städte ohne die finanziellen Mittel für eine lokale Philharmonie können diese durch ein philharmonisches Computerprogramm ersetzen. 2003 gingen New Yorker Musiker in einen Streik, als die Produzenten am Broadway damit drohten, sie durch virtuelle Orchester zu ersetzen. Der Ausstand hatte Erfolg, doch verloren einige Spieler ihren Arbeitsplatz, als Londoner Theater und amerikanische Tournee-Ensembles herausfanden, dass digitale Orchester erfreulich billig und praktisch waren.[393]

Das Foto von Hiroyuki Ito in der *New York Times* vom 23. Juli 2005 wies allerdings beruhigend menschlich auf eine umfassend nicht-digitale Zukunft hin, die bereits begonnen hatte. Die Violine war seit ihren Anfängen durchgehend männlich und europäisch geprägt. Seit dem Ende des 19. Jahrhunderts hatten osteuropäische jüdische Männer sie so gespielt, als ob sie ihnen gehörte. Als Erbe eines Jahrhunderts der jüdischen männlichen Virtuosität auf der Violine, deren Untergang nun bevorstand, hatte Pinchas Zukerman im Jahr 1980 das Dirigat des St. Paul Chamber Orchestra übernommen. Er saß aber immer noch gerne mit den Orchestern zusammen, mit denen er als Solist gespielt hatte. Itos Foto zeigte ihn in einer hinteren Reihe der Violinen der New York Philharmonic, umgeben von vier jungen asiatischen Frauen. Die Botschaft wäre kaum deutlicher gewesen, wenn er ihnen eine Fackel oder einen Taktstock überreicht hätte.

Was sich kaum ändern sollte, war der immaterielle Lohn eines Berufs, der bis zu Monteverdis *Orfeo* zurückreicht. Musiker ließen, wie New Yorker und Italiener, kaum eine Gelegenheit aus, sich selbst und sich gegenseitig zu bedauern, bevor ihnen klar wurde, dass sie sich überhaupt nicht vorstellen konnten, etwas anderes zu tun als zu musizieren. Simon James, ein Vorspieler der Seattle Symphony sowie Auftrittsvermittler seiner Kollegen, verwies auf die seltenen und nachklingenden Momente, in denen Spieler, Dirigent und Publikum sich in einem gemeinsamen »Verweile doch, du bist so schön« vereinen. Aber den Aha-Moment eines Schülers und das Hochgefühl, wenn er ein Engagement für einen TV-Werbespot, ein Videospiel oder einen Film erhalten hatte, genoss er ebenso sehr.[394] Danach gefragt, was sie tun würden, wenn sie nicht Musiker wären, mussten einige junge Mitglieder der New World Symphony erst einmal lange nachdenken. »In einer Bäckerei arbeiten«, antwortete ein junger Geiger; »Koch, Anwalt oder Winzer«, meinte ein zweiter, und ein dritter sagte: »Keine Ahnung.«

Für eine kleine Zahl von engagierten Spielern mit einer Leidenschaft für einige der größten Musikwerke, die jemals komponiert wurden, mit gepanzerten Seelen und einer Vorliebe für ein Leben ohne Dirigenten, konnte die Kammermusik nicht nur eine alternative Karriere darstellen, sondern ihr professionelles Gelobtes Land sein – verwirklicht mit kleinen Ensembles in kleinen Räumen. Zu der Zeit, als Bach starb und Mozart geboren wurde, hatte sie bereits eine lange und etablierte Geschichte. Aber keine bisherige Kombination von Instrumenten konnte es mit den schier unbegrenzten Möglichkeiten von zwei Violinen, einer Viola und einem Cello aufnehmen, die fast wie zufällig innerhalb von etwas mehr als einer Generation von Haydn, Mozart, Beethoven und Schubert entdeckt wurden.

Es ist wenig überraschend, dass sowohl Profis als auch Amateure Quartette spielen wollten – und dass das Publikum sie hören wollte. Paganini spielte in der Öffentlichkeit Paganini, doch privat spielte er mit Kollegen Quartett und kannte sogar die späten Beethoven-Quartette.[395] Mitte des 19. Jahrhunderts waren aus privaten Zirkeln professionelle Quartette hervorgegangen, die in Konzertsälen auftraten. Tourneelöwen wie Baillot, Ernst und Vieuxtemps taten sich mit Kollegen vor Ort zusammen, wo und wann immer sie sie finden konnten. Im Jahr 1844 spielte der 13-jährige Joseph Joachim während seines ersten Besuchs in London Mozart und Beethoven mit begabten Ortsansässigen. Sein eigenes Quartett, das er im selben Jahr 1869 ins Leben rief wie die Berliner Hochschule, überlebte bis zu seinem Tod im Jahr 1907. Dessen Saison von vier Programmen, die jeweils zweimal wiederholt wurden, begann im Oktober und endete im Dezember. Unterdessen behielten die Mitglieder des Quartetts, allesamt Professoren am Konservatorium, ihre Tagesjobs. 1891 bildeten vier Studenten in Prag, darunter Dvořáks zukünftiger Schwiegersohn Josef Suk, das erste Vollzeit-Berufsquartett. 1902 gab das Ensemble sein tausendstes Konzert. Es überlebte bis 1933.[396]

Der Weg zu Reichtum war dies natürlich nicht. »Wie kann man mit dem Quartettspielen Millionär werden? Fangen Sie als Milliardär an!« Dies war die Mutter aller Quartettwitze. Für einige war »Finden Sie einen Milliardär!« die nächstbeste Option. Zum Ende des 19. Jahrhunderts war diese Ensembleform ebenso etabliert und ebenso allgegenwärtig wie Opern- und Sinfonieorchester. Wer die Möglichkeit dazu hatte, besserte sein Einkommen mit Aufführungen, Unterrichten, freier Tätigkeit und Orchesterjobs auf.

»Reichtum ist nur für zwei Dinge nützlich: für eine Jacht und ein Streichquartett«, bemerkte der Schriftsteller Robert Louis Stevenson.[397] Glücklicherweise teilten ein paar bemerkenswerte Gönner diese Auffassung. In Boston sponserte Henry Higginson, der Vater des Boston Symphony Orchestra, sein Konzertmeisterquartett, das Kneisel Quartet. In New York unterhielt E.J. De Coppet das Flonzaley Quartet, das gelegentlich auf Benefizkonzerten spielte, sonst aber, so meldete die *New York Times*, »exklusiv für Herrn De Coppet [spielte], im Winter in seinem Haus in New York und im Sommer in seiner Villa, Le Flonzaley, in der Schweiz«.[398] Berichten zufolge mussten De Coppets Spieler während der ersten zehn Vertragsjahre ledig bleiben.[399]

In Philadelphia finanzierte Mary Louise Curtis Bok ein Curtis Quartet, das ihr Konservatorium repräsentieren und ihm dienen sollte. In Washington gründete Elizabeth Sprague Coolidge, die, während sie noch in Pittsfield, Massachusetts, lebte, bereits das Berkeley Quartet ins Leben gerufen hatte, das Coolidge Quartet, das in dem von ihr gestifteten Konzertsaal der Library of Congress spielen sollte, in dem die vier russischen Juden des Budapest-Quartetts, ausgerüstet mit den Strads von Mrs. Whittall, von 1939 bis 1962 als Hausensemble spielten.[400]

Im Jahr 1940, einer schlechten Zeit für Belgier, begann für Streichquartette eine neue Zeit, als die University of Wisconsin dem auf Tournee reisenden Pro-Arte-Quartett eine neue Heimat bot und sie als Amerikas erste Campuskünstler-in-Residence etablierte. Dann kamen der Wohlstand der Nachkriegszeit, eine Blüte des Hochschulwesens und ein Umbruch in der Kunstförderung, der bis in die berauschenden 1970er-Jahre hineinreichte. In den späten 1940er-Jahren gab es in den Vereinigten Staaten drei oder vier aktive Streichquartette. Eine Generation später zierten ansässige Quartette die Hochschulen im ganzen Land, und Serien von College- und Universitätskonzerten machten die Hälfte der mehr als 100 jährlichen Konzerte des Guarneri Quartet aus. Zum ersten Mal konnten Musiker davon leben, dass sie im Quartett spielten. Arnold Steinhardt, Primarius im Guarneri Quartet, gab einen festen Arbeitsplatz und eine gehobene Position im Cleveland Orchestra auf, um Quartette zu spielen. »Wenn du einen festen Arbeitsplatz verlassen kannst, um zu den Füßen eines Gurus in Indien zu meditieren, warum dann nicht eine Position im Orchester gegen die intime, persönliche Ausdrucksform eines Kammermusikensembles tauschen?«, begründete er später seine Entscheidung.[401] Eine halbe Generation später dachte Philip Setzer vom Emerson Quartet über seine Altersgenossen an der Hochschule nach, die Solokarrieren angestrebt, Tag und Nacht mit dem Tschaikowsky-Konzert gerungen hatten und jetzt Versicherungen verkauften. Auch Setzer bedauerte nicht, mit dem Quartettspiel angefangen zu haben.[402]

30 Jahre nach ihrem Debüt 1976 gaben die Emersons immer noch so viele Konzerte, wie sie nur wollten. Sie unterrichteten an der State University of New York in Stony Brook« und gehörten zu den letzten Quartetten mit einer festen Bindung an eine große Plattenfirma. Doch das Goldene Zeitalter war längst verblasst und das Publikum grau geworden. Streichquartett-Musik sei

eindeutig nichts für junge Leute, berichtete Sonia Simmenauer in ihren liebenswerten Lebenserinnerungen als Managerin von mindestens drei bedeutenden Ensembles, deren Mitglieder ausnahmslos ihre Onkel oder älteren Brüder hätten sein können. Ein Publikum im Durchschnittsalter von 50 Jahren könne man ruhig als jugendlich betrachten, fügte sie hinzu.[403] Doch scheint den Menschen, wie Anne Midgette in der *New York Times* schrieb, die Musik zu gefallen. Würde es helfen, ein anderes Wort für »Kammer« zu finden?[404]

Die Finanzmittel bleiben ein Dauerproblem. Das Budapest-Quartett, das 1938 noch relativ unbekannt war, legte die Abendeinnahmen von 300 Dollar untereinander um, während Efrem Zimbalist und sein Pianist sich 650 Dollar teilten. Als sie sieben Jahre später landesweit bekannt waren, betrug die Umlage 600 Dollar, während Nathan Milstein als Solist mindestens 1.000 Dollar verdiente.[405] Ein Potpourri der Gagen im frühen 21. Jahrhundert – 15.000 Dollar, 12.000 Euro, 8.000 Pfund – bestätigt nur das eherne Gesetz der Quartettwirtschaft: Im besten Fall bekommt man vier für den Preis von einem.[406]

Verschleiß, sowohl physisch als auch psychisch, ist eine weitere Herausforderung. Quartettspieler sind häufig Menschen von ungewöhnlicher Individualität, die mehrere Stunden am Tag in einer intensiven Interaktion und Wochen und Monate fernab von zu Hause verbringen und so abhängig voneinander sind wie Bergsteiger. Trotz häuslichem oder körperlichem Regen oder Sonnenschein wird von ihnen wie von allen Künstlern erwartet, fröhlich und munter zu erscheinen und wunderbare Musik zu machen. Wo immer sie hingehen, folgt ihnen früher oder später Goethes berühmtes Zitat aus einem Brief an den Berliner Komponisten, Dirigenten und Musiklehrer Carl Friedrich Zelter: »Man hört vier vernünftige Leute sich untereinander unterhalten, glaubt ihren Diskursen etwas abzugewinnen.«[407] Das ist sicher nicht ganz falsch. Aber jedem, der ein professionelles Streichquartett auf Tournee oder in Aktion hört, beobachtet oder trifft, ist bald klar, dass sich Quartette wie Familien unterhalten: auf vielerlei Weise, doch nicht in jedem Fall vernünftig.

Alle glücklichen Quartette sind einander ähnlich; jedes unglückliche Quartett aber ist auf seine eigene Weise unglücklich. Ein Foto des Budapest-Quartetts im Archiv von Sony Classical, Nachfolger von Columbia Masterworks, zeigt die vier Mitglieder mit aufgekrempelten Hemdsärmeln bei einer Aufnahme-Sitzung, mit leuchtenden Augen wie Schulkinder am ersten Ferientag. Jemand hat offensichtlich gerade etwas sehr Lustiges gesagt. Ein Foto von Gjon Mili im Archiv des *Life Magazine* zeigt die vier in Hut und Mantel auf dem Flughafen Seattle, zwei auf den entgegengesetzten Enden einer Bank, zwei hinter ihnen Rücken an Rücken, und alle vier starren geradeaus. Valentin Erben, Cellist des Alban Berg Quartetts, erinnerte sich daran, wie einmal eine Diskussion bei einer Probe in Toronto einen Punkt erreicht hatte, an dem ein Mitglied hinausstapfte. Da ihnen nichts Besseres mehr einfiel, entschieden sich die anderen drei für ein Mittagessen in ihrem Lieblingsrestaurant, in dem sie den Kollegen natürlich wiedertrafen.[408]

Nur etwas weniger allgegenwärtig als das Goethe-Zitat zeigt eine Karikatur von James Stevenson vier Spieler unter den Trümmern ihrer Notenständer und Instrumente. »Soweit es mich betrifft, meine Herren«, sagte der eine, »ist dies das Ende des Schwarzwälder Streichquartetts«.[409] Von Zeit zu Zeit imitierte das Leben tatsächlich die Kunst. Im Jahr 2000 warfen drei Mitglieder des Audubon Quartet, seit einigen Jahren das ansässige Ensemble an der Virginia Tech in Blacksburg, Virginia, ihren Ersten Geiger hinaus. Er klagte und erwirkte eine richterliche Entscheidung über 611.000 Dollar. Sechs Jahre später, der Fall war immer noch ungelöst, hatte der Geiger seine Ersparnisse von mehr als einer halben Million Dollar in Anwaltskosten verbrannt, und Konkursverwalter forderten von seinen ehemaligen Kollegen Vermögenswerte einschließlich ihrer Instrumente ein.[410] Die Klage wurde schließlich durch einen freiberuflichen Waldhornspieler beigelegt, der die umstrittenen Instrumente für 200.000 Dollar kaufte, und für die nächsten zehn Jahre an ihre ursprünglichen Besitzer verlieh.[411]

Einige Quartette gingen einfach in den Ruhestand. Das deutsche Cherubini-Quartett, das 19 Jahre lang zusammen gewesen war, gab 1997 auf, als seine Mitglieder, die unterdessen in vier verschiedenen Orten lebten, entschieden, dass es einfach zu kompliziert geworden war, zusammenzubleiben.[412] Das amerikanische Cleveland Quartet verabschiedete sich nach 26 Jahren und drei personellen Veränderungen im Jahr 1995, als sein Erster Geiger, William Preucil Jr., eine Stelle als Konzertmeister des Cleveland Orchestra annahm. Großbritanniens Amadeus Quartet, das 40 Jahre lang zusammen gewesen war, hörte auf, nachdem sein Bratschist gestorben war und die Kollegen es nicht über sich brachten, ihn zu ersetzen. Das Alban Berg Quartett aus Wien, das 25 gemeinsame Jahre gehabt hatte, hörte 2005 aus einem ähnlichen Grund auf.[413]

Andere Quartette erneuerten sich wie Laubbäume. Das New Yorker Juilliard- und das Moskauer Borodin-Quartett, nach dem Zweiten Weltkrieg nahezu zeitgleich gegründet, waren nach einer biblischen Lebenszeit immer noch aktiv. Ihr Personal hatte inzwischen auf allen Positionen mehrfach gewechselt. Das Pro-Arte-Quartett, das zahlreiche Nahtod-Erfahrungen überlebt hatte, bevor es sich am Vorabend des Zweiten Weltkrieges an der Universität von Wisconsin zur Ruhe setzte, ging bis mindestens zum Ersten Weltkrieg zurück, als ein belgischer Reitergeneral mit einer Leidenschaft für Musik qualifizierte Spieler abstellte und sie proben ließ, wenn sich das Regiment zu Ruhe und Erholung zurückgezogen hatte.[414]

Obwohl der Beruf weiterhin unsicher war, bemerkte Norman Lebrecht, geboren 1948, im Jahr 2011: »Noch nie in meinem Leben gab es so viele herausragende Quartette.«[415] 2011 zählte allein Chamber Music America rund 75 professionelle Streichquartette zu ihren Mitgliedern. Die Anzahl bezog sich zwar nur auf die Vereinigten Staaten, doch war die Liste bei Weitem nicht vollständig. Für eine große Gemeinde, die wahrscheinlich die meisten früheren, gegenwärtigen und zukünftigen Quartette einschloss, lag es auf der Hand: »Es gibt einfach nichts Schöneres, als Streichquartette zu spielen und öffentlich aufzuführen«, erklärte Steinhardt, als er auf das Quartett zurückblickte, das er 1964 mitbegründet und bis zu seiner Auflösung 45 Jahre später begleitet hatte.[416] »Ich hätte nie geglaubt, dass ihr vier es als Quartett schaffen würdet«, zitierte er Charles Avsharian, den Händler, Geigerkollegen und Absolventen des Curtis, der bei der Gründung anwesend war.[417] Von alten Ehepaaren wird häufig dasselbe gesagt.

Spieler im Besonderen

Auch Spieler, die in einsamem Glanz erstrahlen wollten, hatten ihre Möglichkeiten. Als Philibert Jambe de Fer 1556 in einem berühmt gewordenen Ausspruch berichtete, dass die Geige nur zum Tanz genutzt werden könne und ausschließlich für »diejenigen, die durch ihre Arbeit mit ihm ihren Lebensunterhalt bestreiten«, von Interesse sei,[418] waren noch keine Solisten in Sicht. Doch bereits ein halbes Jahrhundert später erschien es zumindest in Italien und Deutschland selbstverständlich, dass das Instrument nicht nur so gut gespielt werden konnte, dass die Menschen darauf aufmerksam wurden, sondern es wurde auch die Messlatte auf ein Niveau gehoben, das sogar an die schöne neue Welt der Sängervirtuosen heranreichte.[419]

Carlo Farina, um 1604 in Mantua geboren, war bereits Streicher der zweiten Generation, als er mit 20 Jahren als Konzertmeister an den sächsischen Hof gerufen wurde, wo sein *Capriccio stravagante*, ein gefälliges Buffet von Instrumentalmusik und Tierimitationen, ein Publikumserfolg war und bald zu den größten Schlagern der Zeit zählte.[420] Ab Mitte des 17. Jahrhunderts inspirierte eine Generation von Italienern eine Generation von Deutschen dazu, sich aufzumachen und es ihnen gleichzutun. Mit 22 Jahren wurde Thomas Baltzar am schwedischen Hof angestellt. Drei Jahre später wurde er in London wie ein Rockstar empfangen und nahm so zahllose Nachfolger des 20. Jahrhunderts vorweg, bevor er sich mit Anfang 30 zu Tode trank.

Junge Spieler auf der Suche nach einem Vorbild waren besser beraten, auf den in Böhmen geborenen Heinrich Ignaz Franz Biber zu setzen, der nach Hofanstellungen in Graz und Kremsier (heute Kroměříž) mit 26 Jahren in Salzburg landete, wo er seine Tätigkeit als Kammerdiener des Erzbischofs mit einem Gehalt von 10 Gulden im Monat begann. 20 Jahre später hatten ihn seine Virtuosität als Komponist und Spieler in den Ritterstand gebracht; als Heinrich Biber von Bibern verdiente er das Sechsfache seines Anfangsgehalts plus freie Verpflegung, Brot, Wein und Brennholz und wurde bis hin nach Frankreich bewundert.[421] Wenn man dem Tagebuchschreiber John Evelyn glauben darf, war der in Italien geborene Nicola Matteis, der nur ein paar Jahre später in London auftauchte, mindestens so bemerkenswert, denn der Chronist berichtete: »Ich habe den erstaunlichen Violinenmeister Nicolao gehört, den sicher nie ein Sterblicher auf diesem Instrument übertroffen hat«.[422]

»Die Italiäner pflegen die Künstler in der Malerey und Bildhauer-Kunst, ingleichen Gelehrte und Poeten, absonderlich aber die rechtschaffenen Musicos, Virtuosen das ist excellente, edle und berühmte Leute zu heissen«, berichtete Johann Kuhnau, Bachs Vorgänger als Kantor der Leipziger Thomaskirche, im Jahr 1700.[423] Mitte des Jahrhunderts war das Konzept auf dem besten Weg zu seiner modernen Bedeutung – nicht zuletzt dank Arcangelo Corelli, dem »Orpheus unserer Tage«, wie ein Zeitgenosse ihn nannte.[424]

Seit seiner Ankunft in Rom hatte Corelli bewiesen, dass er als Spieler, Komponist, Dirigent und Lehrer Bekanntheit erlangen konnte. Zuallererst knüpfte er eine Verbindung zu dem kunstsammelnden, musizierenden und Libretti schreibenden Kardinal Benedetto Pamphili, einem der führenden Mäzene der Stadt. Dann begann er für die für ihre Eigensinnigkeit berühmte ehemalige Königin Christina von Schweden zu arbeiten, die mit Unterbrechungen fast ein Vierteljahrhundert lang in Rom lebte und ebenfalls eine große Förderin der Künste war. Nach ihrem Tod wurde Corelli von einem dritten Super-Mäzen, Kardinal Pietro Ottoboni, dem 22-jährigen Neffen von Papst Alexander VIII., übernommen. Von da an bis ein paar Wochen vor seinem Tod 23 Jahre später lebte Corelli wie ein Freund der Familie im Kardinalspalast, wo er für die Montagabend-Konzerte verantwortlich war, Opernproduktionen leitete und für eine weitere gut aufgestellte Gönnerin, Sophie Charlotte, Kurfürstin von Brandenburg, erste Königin in Preußen und eine Freundin der Wissenschaften und Künste, zwölf Violinsonaten komponierte. Wie Ottoboni ein paar Jahre zuvor und Goethe etwas mehr als ein Jahrhundert später wurde er in die römische Accademia degli Arcadi, eine Schöpfung von Christina und die exklusivste literarische Gesellschaft der Stadt, aufgenommen. Er hinterließ eine bedeutende Sammlung an Kunstgegenständen und Grundbesitz und wurde im Pantheon neben dem Maler Raffael bestattet.

Über die nächsten drei Jahrhunderte erlebten Virtuosen, zu denen Paganini, Joachim, Vieuxtemps, Ysaÿe, ein Tross von Auer-Schützlingen und Oistrach gehörten, ihre eigenen Spielarten königlicher Gunst: von einer Prinzessin Bonaparte, einem preußischen König, einer Brigade russischer Großfürsten und Herzoginnen und von zwei belgischen Monarchen. Als Ysaÿe 1931 starb, war er nicht nur Grand Officier der Orden von Leopold, von Wasa, vom Nil und von Dannebrog und Befehlshaber der Orden Christ of Portugal, Isabellas der Katholischen und der Kronen von Italien und Rumänien, sondern auch Ritter der russischen Ehrenlegion und der Eichenkrone von Holland. Menuhin,

Vladimir Spivakov, Anne-Sophie Mutter und Isaac Stern wurden Ritter der französischen Ehrenlegion. Menuhin wurde als Baron Menuhin von Stoke d'Abernon zu einem Mitglied des Oberhauses auf Lebenszeit ernannt. James Ehnes wurde im Alter von nur 34 Jahren zum Mitglied des Ordens von Kanada gewählt, der 1967 geschaffen worden war, um Lebensleistungen zu ehren. Das amerikanische Gegenstück, der Kennedy Center Award, wurde an Stern und Milstein verliehen. Heifetz wäre ebenfalls geehrt worden, lehnte aber in einem Anfall von Gereiztheit mit der Begründung ab, die US-Regierung habe Jahre zuvor verweigert, seine Dienste im Zweiten Weltkrieg anzuerkennen.[425] Corellis gesellschaftliche und berufliche Errungenschaften sind noch drei Jahrhunderte nach seinem Tod beispielhaft. Derweil definierten sein Einfluss und seine Schützlinge die Standards der Virtuosität neu.

Gegen Mitte des 18. Jahrhunderts war es offenkundig, dass Talent für einen angehenden Virtuosen zwar notwendig war, als alleine Vorbedingung aber nicht hinreichte. Die deutsche Konkurrenz wurde immer spürbarer, und auch französische Rivalen zeigten sich am Horizont. Doch die größten Stars waren immer noch Italiener. Hin und wieder war einer davon sogar eine Frau wie Tartinis Schützling Maddalena Lombardini Sirmen oder Regina Strinasacchi, der Mozart seine wunderbare B-Dur-Sonate KV 454 widmete. Doch männlich zu sein war offensichtlich hilfreich. Auch eine gesunde Selbstachtung schadete nicht. »Es gibt nur einen Gott und einen Veracini«, sagte Francesco Maria Veracini, Geiger in dritter Generation, dessen Karriere sich über sieben Jahrzehnte erstreckte und der für Aufführungen den Weg von Florenz bis nach London, Düsseldorf und Prag fand. Gaetano Pugnani, der im Alter von zehn Jahren in die Hofkapelle in Turin eintrat, sagte von sich: »Mit der Geige in der Hand bin ich Caesar.«[426] Mit 23 Jahren regte er beim *Mercure de France* an, zu berichten, dass »Kenner darauf bestehen, dass sie noch nie einen diesem Virtuosen überlegenen Geiger gehört haben.« Mit 30 Jahren[427] wurde er von Johann Christian Bach als Konzertmeister im Londoner King's Theatre eingestellt. Mit 50 spielte er vor Katharina der Großen in St. Petersburg.

Wertschätzende und zuvorkommende Arbeitgeber konnten eine Karriere ebenfalls fördern. Im Jahr 1716 beendeten die Direktoren des Ospedale della Pietà Vivaldis Lehrtätigkeit, möglicherweise aus Gründen der Wirtschaftlichkeit oder Redundanz. Doch fast unmittelbar danach wurde er als Musikdirektor eingesetzt, und man gestattete ihm, einen großen Teil von Italien zu bereisen – vorausgesetzt, er komponierte jeden Monat zwei neue Konzerte (die nötigenfalls mit der Post zuzustellen waren) und erschien zu Proben, wenn er sich in Venedig aufhielt.[428]

Wie der Geiger und Musikwissenschaftler Simon McVeigh rekonstruiert hat, ist auch die Karriere von Felice Giardini in dem, was zu der Zeit einer Musikhauptstadt am nächsten kam, beispielhaft. Giardini, 1716 in Turin, der

410

aufstrebenden Hauptstadt des Königreichs Savoyen, geboren, studierte bei Giovanni Battista Somis, einem Schützling von Corelli und Musikdirektor der Hofoper. Seine erste Arbeit nahm er im Alter von zwölf Jahren als Spieler an der Oper in Rom an. Bald aber zog er nach Neapel, wo er sich schnell in die erste Reihe der Streichergruppe hocharbeitete und, wie er dem Musikhistoriker Burney später berichtete, von seiner Gewohnheit, sich als Angeber zu produzieren, geheilt wurde, als er von dem Komponisten Niccolò Jommelli eine schallende Ohrfeige erhielt.

Als er schließlich nach London kam, war Giardini 35 Jahre alt. Anlass war ein Wohltätigkeitskonzert für die alternde Sopranistin Francesca Cuzzoni, die einst in einer Saison von Händel-Aufführungen im Londoner King's Theatre 2.000 Pfund verdient hatte[429] – wesentlich mehr als die meisten Menschen im Leben je sahen. Für Cuzzoni war der Abend ein mäßiger Erfolg. Für Giardini jedoch wurde er zur Startbahn.

33 Jahre später kehrte Giardini nach Neapel zurück, möglicherweise in der Absicht, sich zur Ruhe zu setzen, und zog in das Haus von Sir William Hamilton ein, dem für das Königreich Sizilien neu benannten britischen Botschafter, Ehemann der berühmten und wunderschönen Lady Hamilton und sein ehemaliger Schüler. Damit war er an einem Ort, der sowohl für seinen Witz, seinen Charme und seinen unternehmerischen Elan empfänglich war und wurde – wiederum nach Burney – »auf den meisten der privaten Konzerte der wichtigsten Adelshäuser, der Oberschicht und der auswärtigen Minister beschäftigt und verwöhnt«.

Während eines Großteils seiner Karriere wurde Giardini für seine Darbietungen fürstlich entlohnt, so auf Wohltätigkeitsveranstaltungen für »zur Unterstützung verarmter Musiker und ihrer Familien gegründete Fonds« oder für »Leidtragende des kürzlichen fürchterlichen Wirbelsturms auf Jamaika und Barbados«. Um ihn zu hören, bezahlten die Menschen das, was ein Beamter in einem oder ein Bergmann in drei Monaten verdiente. Auch der Provinz und in London gab Giardini öffentliche Konzerte, und regelmäßig wurde er als Konzertmeister für Abonnementkonzerte und an der italienischen Oper engagiert, wo er 30 Jahre aktiv war. Wenn er nicht auftrat, unterrichtete er Damen in Gesang, Herren an der Geige und organisierte in seinem Haus eine morgendliche Accademia, in der seine Schüler auftreten konnten.

Wie jeder Virtuose des 17. bis 20. Jahrhunderts, der etwas auf sich hielt, komponierte Giardini, vor allem für seinen eigenen Gebrauch, doch auf Anfrage auch für andere, wie zum Beispiel für Selina Shirley, Gräfin von Huntingdon, eine führende Vertreterin der anglikanischen Kirche, die eine Melodie für die »Hymne an die Dreifaltigkeit« eines unbekannten Dichters wünschte.[430] Mit einem Cellisten als Partner betrieb er sogar für ein paar Jahre in Haymarket, damals wie heute eine erstklassige Geschäftsgegend, ein »Italian Musick Warehouse«, in dem die Kunden gedruckte Noten und Instrumente kaufen und Instrumente auch reparieren lassen konnten. Auf seinem Höhepunkt nahm er geschätzte 700 Pfund pro Jahr ein – genug, um ihn auf eine Stufe mit dem niedrigen Landadel zu stellen. Nach Ansicht von Samuel Johnson lag dies allerdings für einen Mann seiner Leistungen deutlich unter den üblichen Tarifen für Sänger und war ein überraschend niedriges Einkommen.

Mäzene wie Baroness Bingley und die Herzöge von Gloucester und Cumberland – beides Brüder von König George III. –, die ihn förmlich anbeteten, setzten ihm nicht nur Leibrenten aus, sondern behandelten ihn auch wie einen Gleichgestellten. Als ein guter Bekannter des Earl of Pembroke lebte Giardini wie ein Familienmitglied auf Blenheim Castle, dem Zuhause einer seiner Schülerinnen, Caroline Russell, der Herzogin von Marlborough. 1763 wurde er als eines der neun »privileg'd«, also nicht-aristokratischen Mitglieder zum Noblemen's and Gentlemen's Catch Club, einer Singvereinigung, zugelassen.

Doch nicht alles klappte so, wie er es geplant und erhofft hatte. Geldgeschäfte waren nicht seine Stärke. Seine Karriere als Opernimpresario endete mit beeindruckenden Defiziten. Aus seiner Partnerschaft mit Burney, mit deren Hilfe das Londoner Foundling Hospital zur englischen Version eines venezianischen Ospedale werden sollte, wurde nichts. Als er älter wurde, verwandelte sich der Wein zunehmend in Essig, und die Rosen welkten. Die Beziehung zu Blenheim endete, als ihm überteuerte Unterrichtspreise vorgeworfen wurden. Der Prince of Wales wandte sich nach einem anscheinend etwas heiklen Geigengeschäft von Giardini ab. Mit gut 70 Jahren versuchte er in England ein Comeback, das aber scheiterte. Einige Jahre danach starb er arm und vergessen in Moskau.[431] Bis weit in das nächste Jahrhundert blickten ausländische Geiger als letzte Hoffnung nach Russland, wo Italiener besser als irgendwo sonst bezahlt wurden.[432] Aber nur wenige waren wie Giardini bereit, mit 80 Jahren noch in der Kutsche auf Tournee zu gehen.

In seiner Wahlheimat, in der er so viele seiner besten Jahre verbracht hatte, hinterließ er zwei Spuren. Die erste erscheint in der zweiten Strophe einer vierteiligen »Ode to the Memory of Italian Virtuosi« von Henry Harrington, der sowohl als Arzt als auch als Komponist von Glees, einer vierstimmigen Liedform für Männer a cappella, in seiner Heimatstadt Bath sehr bewundert wurde. In einem Text, der ausschließlich aus Namen besteht, reimt sich Giardini auf Nicolini, den Kastraten-Alt, der bei der Premiere von Händels *Rinaldo* die Titelrolle sang. Die zweite Spur findet sich auf Seite 365 des anglikanischen Gesangbuchs in der Ausgabe von 1982: in einem populären Kirchenlied, das mit der Zeile »Come, thou almighty king« beginnt. Angesichts des düsteren Endes des Komponisten erscheint der Titel »Moskau« ironisch. Doch diese Ironie ist mit an Sicherheit grenzender Wahrscheinlichkeit unbeabsichtigt.[433]

Die Patriarchen

Die Zukunft begann mit einem Italiener in Paris. Giovanni Battista Viotti war der Sohn eines Arbeiters aus dem Piemont mit einer musikalischen Nebenbeschäftigung. Im Alter von acht Jahren wurde er mit Musik vertraut gemacht. Im Alter von elf Jahren beeindruckte er den örtlichen Bischof, der den jungen Viotti an die Marchesa di Voghera weiterempfahl, die einen Schulkameraden für ihren Sohn, den jungen Prinzen dal Pozzo della Cisterna, suchte. Viottis Auftreten und sein Talent überzeugten die Marchesa bald davon, dass er der Aufgabe gewachsen war. 60 Jahre später erklärte dal Pozzo dem belgischen Musikwissenschaftler Fétis: »Von einem solchen Talent bezaubert beschloss ich, alles zu tun, damit es Früchte tragen würde.« Selber erst 18 Jahre alt, brachte der junge Prinz den Knaben im Haus der Familie in Turin unter und stellte als seinen Geigenlehrer Pugnani ein, der kürzlich aus London zurückgekehrt und Musikdirektor am Hof der Savoyer war. Viottis Ausbildung sollte ihn am Ende 20.000 Francs kosten, sagte der Prinz zu Fétis, doch erachtete er das als jeden Pfennig wert, »denn ein solches Talent kann nie hoch genug bezahlt werden«.[434] Sieben Jahre später wurde Viotti auf Probe als Mitglied der Hofkapelle engagiert. Mit 21 Jahren erhielt er eine Festanstellung mit vermutlich reichlich Gelegenheit, auch Privatkonzerte zu spielen. Er hatte bereits begonnen zu komponieren.

1780 ging Viotti mit Pugnani auf eine Zwei-Jahres-Tournee, die sie nach Genf und Bern, an die preußischen und sächsischen Höfe, nach Polen und Russland führte. Pugnani kehrte dann nach Turin zurück, während Viotti sich in das hyperaktive Konzertleben von Paris stürzte. Im Einklang mit der Konvention gab er seine erste Vorstellung während eines exklusiven Privatkonzerts in einem exklusiven Privathaus. Gastgeber und vermutlich auch Mäzen war Carl Ernst von Bagge, ein baltischer Baron von erheblichem Reichtum und ebenso berühmter wie gefeierter Exzentrizität. Von Bagge, seit 1750 in Paris ansässig, war ein Komponist von bescheidenem Talent sowie ein Geiger, der eine solche Freude am Unterrichten hatte, dass er Schüler nach einem gestaffelten Tarif selber bezahlte, der je nach erzieltem Fortschritt anstieg. Zu seinen Schützlingen gehörten einige der bedeutendsten Spieler seiner Zeit, einschließlich Viotti und Kreutzer, denen es offenbar gelang, während des Unterrichts den Lachreiz zu unterdrücken, und die ein bisschen Extrageld schätzten.[435]

Bewaffnet mit einer Stradivari und dem, was einem modernen Bogen schon recht nahekam, gab Viotti am 17. März 1782 sein obligatorisches öffentliches Debüt im Concert spirituel. Jahrzehnte später erinnerte sich sein Schüler Baillot an »dieses ausgezeichnete Genie, dessen Akzentuierungen so richtig, natürlich und gleichzeitig so erhaben waren, dass sie all seinen Eingebungen einen höchst angenehmen und edlen Charakter verliehen.«[436] Die lokalen Zeitungen erklärten das Ereignis zu einem Höhepunkt, wie es ihn seit dem Debüt von Lully zur Mitte des 17. Jahrhunderts keinen mehr gegeben hatte. Bis zum Jahresende sollte es zwölf weitere solcher Konzerte geben, und ganz Paris wollte dabei sein.[437]

Doch, wie Fétis bemerkte, schätzte Viotti öffentlichen Beifall nur begrenzt, ein blinder Fleck, der schwerwiegende Folgen haben sollte.[438] Im September 1783 beendete er sein öffentliches Konzertleben zugunsten einer Anstellung bei Hofe als »Begleiter der Königin«. Diese neue Position mit ihrem sicheren Einkommen und minimalen Verpflichtungen erlaubte ihm, acht seiner am Ende 29 Violinkonzerte zu komponieren. Doch am interessantesten und folgenreichsten wurde ein Netzwerk von Beziehungen, das ihn an eine neue Karriere denken ließ, die mit der ersten nur entfernt etwas zu tun hatte.[439]

1788 kehrte Viotti als Theaterdirektor und Impresario in das öffentliche Leben zurück. Sein Partner war Léonard Autié, der Friseur der Königin und damit selbst ein eigenständiger Künstler. Das Theater, inoffiziell als Théâtre Italien bekannt, war als Théâtre de Monsieur registriert, ein Hinweis auf seinen Gönner, den jüngsten Bruder des Königs und späteren Louis XVIII.[440] Im Lauf der folgenden zehn Jahre sollte es seinen Namen fünfmal ändern, als die Marken »Monsieur« und sogar »Italien« ihre Attraktivität verloren.

Das Theater beabsichtigte, drei verschiedene Ensembles zu engagieren, um italienische ernste und komische Opern sowie französische Opern, Komödien und Vaudevilles zu produzieren. In Bezug auf Räumlichkeiten und Finanzen, auf die Temperamente von Künstlern und die Zuschauerplätze, die es zu füllen galt, sahen sich die Produzenten fortwährenden Herausforderungen gegenübergestellt. Dennoch wäre das Projekt möglicherweise erfolgreich gewesen, wenn es nicht zwei Probleme gegeben hätte, von denen das eine noch einschüchternder war als das andere. Das erste war die Französische Revolution. Das zweite bestand darin, dass nahezu jede Gewohnheit, die Viotti seit seinem achten Lebensjahr angenommen und jede Verbindung, die er seit seiner Ankunft in Paris geknüpft hatte, sehr schnell zu einer ernst zu nehmenden Belastung wurden.

Von Hause aus eher liberal eingestellt, begrüßte Viotti in ihren Anfängen die Revolution, trat in die Nationalgarde ein und gab ein gut besuchtes Privatkonzert in der im fünften Stock gelegenen Wohnung eines Parlamentsabgeordneten und Mitglied der ersten revolutionären Regierung. Kurz darauf wurde er von einem Pamphletisten anti-royalistischer Sympathien beschuldigt.[441] Am ersten Jahrestag des Sturmes auf die Bastille nahmen seine Sänger und sein Orchester am feierlichen Te Deum in Notre-Dame teil. Aber das Théâtre de Monsieur war klugerweise vor Jahresende diskret in Théâtre Français et Italien umbenannt worden, und im Jahr darauf reiste Autié überstürzt nach England ab.

Viotti blieb noch für ein weiteres Jahr, solange, bis gefährlich deutlich wurde, dass Paris für einen »Begleiter der Königin« kein sicherer Ort mehr war. Seit März 1792 hatte er wegen Konzerten in London mit Johann Salomon in Kontakt gestanden. Die Bekanntschaft mit einem Komödianten aus seinem französischen Ensemble, dem er einmal behilflich gewesen war, als dieser ein Mitglied seines italienischen Ensembles heiraten wollte, kam ihm jetzt zugute. Als Jakobiner war der Schauspieler nunmehr erster Kommissar für den Bezirk Saint-Germain. Ein von ihm ausgestelltes Ausreisevisum erlaubte Viotti, Autié nach England zu folgen.[442]

Im Jahr 1798 verdächtigte die britische Regierung, die eine französische Invasion derart fürchtete, dass sie die persönlichen Freiheitsrechte aussetzte, ausgerechnet Viotti jakobinischer Sympathien und zwang ihn, das Land zu verlassen. Er tat das unter Protest und blieb zwei Jahre in Deutschland. Erst 1811 verhalf ihm der Herzog von Cambridge zu einer Rückkehr nach England, wo er für den überwiegenden Teil der nächsten 25 Jahre leben sollte.

Genauso wie ein Jahrzehnt zuvor in Paris war Viottis Debüt in London ein solcher Erfolg, dass Salomon in gekauften Zeitungsanzeigen Nicht-Abonnenten höflich, aber bestimmt vorwarnte, dass der Saal mit 500 Plätzen seine Grenzen habe. Im nächsten Jahr kehrte Viotti zurück, um mit Salomon und Haydn zu spielen. Der bekannte Kastrat Venanzio Rauzzini, seit seinem Ruhestand in einer einträglichen zweiten Karriere als Impresario in Bath tätig, engagierte ihn für seine Winter-, Oster- und vor allem für die elegante Herbst-Saison. Im Jahr 1795 wurde Viotti gebeten, die Konzertreihe im King's Theatre, dem größten Saal der Hauptstadt, zu leiten.

Während dieser Zeit war Viotti ein Stammgast bei Privatkonzerten, die der leitende Angestellte im Finanzministerium und begeisterte Amateurcellist William Bassett Chinnery ausrichtete, dessen reiche, loyale und gut ausgebildete Gattin Margaret Tresilian eine begabte Amateurpianistin war. Mittwochabends gab es die »Brot-und-Butter-Konzerte«, bei denen wohl auch der französische und spanische Botschafter, der Prince of Wales – der spätere George IV. – und sein Bruder Prinz Adolphus, sowohl Herzog von Cambridge als auch ein angesehener Amateur-Geiger, auf der Gästeliste standen. Um Mitternacht wurde ein »reichhaltiges Abendessen« serviert.

So wie er im Alter von elf Jahren ein zusätzliches Familienmitglied in Turin geworden war, wurde er jetzt als zusätzliches Familienmitglied in London aufgenommen. In der Familie als »Amico« bekannt, wurde er nun selbst mit der musikalischen und moralischen Erziehung der Kinder, in diesem Fall Sohn und Tochter von Chinnery, betraut.[443] Mit Hilfe eines Darlehens von Margaret über 2.600 Pfund investierte er als Partner eines Freundes der Familie Chinnery auch stark in den Weinhandel. Unterdessen lehrte und komponierte er weiter. Aber ein Besuch in Paris im Jahr 1802, als der Vertrag von Amiens ihm erlaubte, zum ersten Mal seit zehn Jahren zurückzukehren, ließ keinen Zweifel daran, dass die Geschäfte seine neue Priorität waren. Sein alter Freund und Kollege Luigi Cherubini war vor Kurzem in Partnerschaft mit Rode, Kreutzer und den Komponisten Méhul, Boieldieu und Isouard in das Verlagswesen eingestiegen. Sie zahlten für Konzerte und Trios das Dreifache der früheren Tarife in bar. Das Geld floss direkt in Viottis neues Weinunternehmen.

Als William Chinnery, der langjährige Nutznießer eines bemerkenswert toleranten Steuerprüfungssystems, im Frühjahr 1812 beschuldigt wurde, bei der Staatskasse über zwölf Jahre hinweg 88.000 Pfund unterschlagen zu haben, war die Party schlagartig vorbei. Diese Zahl, die im Jahr 2013 gut 5 Millionen Pfund entsprochen hätte, ist umso verblüffender, wenn man sie mit seinem Jahresgehalt von 100 Pfund bei seiner Anstellung im Jahr 1783 vergleicht.[444] Chinnery ging zunächst nach Schweden, dann, als die Bourbonen 1814 zurückkehrten, wieder nach Calais und ein Jahr später nach Le Havre. Dort fungierte er als Vermittler für Viotti und seinen Partner. Sowohl seine Frau als auch Viotti besuchten ihn regelmäßig. William Chinnery, ein williger Gehilfe in diesem offenbar höchst einvernehmlichen und bestens funktionierenden Dreiecksverhältnis, kehrte nie wieder nach England zurück.

Viotti half Margaret, den Familienbesitz zu versteigern, den sie von ihrem Vater geerbt hatte, der aber nach englischem Recht Williams Eigentum war. Danach nahm sie ihre gesellschaftlichen Aktivitäten in einem großen Stadthaus am Portman Square wieder auf, wo sie die künftige Elite der französischen Restauration und einen ausgewählten Kader von Musikern empfing. Viotti, der wie gewohnt mit Amateuren geduldig war, erschien bei unzähligen musikalischen Soireen. Er reiste sogar von Margarets Sommerhaus in Fulham weit die Themse hinauf nach Richmond, um Albertine, die Tochter der legendären Madame de Staël, eine alte Freundin aus Paris und ebenfalls eine Verbannte, zu unterrichten. Gemeinsam mit mindestens 30 der früheren Gäste von Chinnery half er auch dabei, die Philharmonic Society zu gründen, wo er im Orchester spielte, ein paar Mal als Solist auftrat und gegen ein Entgelt von zwei Abonnementkarten im Vorstand saß.

Das Weingeschäft erlitt im Jahr 1818 Schiffbruch, als ein wichtiger Kunde so spektakulär zahlungsunfähig wurde, dass die Behörden die Vermögenswerte des Geschäfts einfroren. Da Viotti ein regelmäßiges Einkommen brauchte und entschlossen war, das Darlehen an Margaret zurückzuzahlen, bewarb er sich genauso wie am Vorabend der Revolution um die Leitung der Opéra und des Théâtre Italien in Paris. Diesmal wurde ihm ein Zweijahresvertrag mit 12.000 Francs plus 3.000 Francs Wohnzulage angeboten, dies in einer Zeit, in der selbst der Direktor des Konservatoriums nur 8.000 Francs verdiente und die Gehälter für den Lehrkörper sich zwischen 700 und 3.000 Franken bewegten.[445] Aber Viotti war nun nicht mehr 34, sondern 64 Jahre alt und ein nicht fest angestellter öffentlicher Amtsinhaber ohne finanzielles Sicherheitsnetz, der sich den üblichen Herausforderungen durch Claqueure, eine voreingenommene und häufig käufliche Presse und eine streitsüchtige Bürokratie gegenübersah.

Seine Tätigkeit wäre wohl weiterhin erfolgreich gewesen, hätte es in dieser Zeit nicht einen weiteren Zusammenprall des Lebens mit der Kunst gegeben. Im Februar 1820 wurde der Duc de Berry, ein Neffe des Königs und die letzte Hoffnung der königlichen Familie auf einen Erben, von einem Feind der Monarchie ermordet, als er seine Frau am Operneingang zu ihrer Kutsche begleitete. Die Regierung schloss alle Theater für zehn Tage, und das Operngebäude wurde auf Wunsch des Erzbischofs von Paris abgerissen. Bis zum Bau eines neuen Gebäudes waren Räumlichkeiten und Bühnenkapazitäten schwer zu finden. Unterdessen erforderten Budgeteinschnitte Entlassungen und Gehaltskürzungen, Moral und Disziplin sanken, und das Publikum fand die neuen Produktionen nicht gerade überwältigend.

Viotti wurde zur unvermeidlichen Zielscheibe. »Zu was ist die beste Armee nütze, wenn sie von einem unfähigen General befehligt wird?«, fragte ein anonymer Zeitungskritiker am 31. Oktober 1820. Am nächsten Tag wurde Viotti als Direktor der Opéra freigestellt; ob er entlassen wurde oder auf eigene Initiative ging, ist nicht bekannt.[446] Aber seine Rente, die die Hälfte seines Gehalts betrug, wurde erneut um 50 Prozent reduziert, und es gab Verwicklungen in Rechtsstreitigkeiten. Sein Nachfolger Habeneck teilte Viotti so taktvoll wie möglich mit, dass seine Loge neuerdings einem Erbprinzen von Dänemark zugeteilt worden war, es ihm jedoch wenigstens erlaubt sei, seine Freikarten zu behalten. Die Ernennung zum Ritter der Ehrenlegion war anscheinend ein Trostpflaster. Seine letzten Jahre verbrachte er damit, zu komponieren, sich Sorgen um Geld zu machen und mit Vorschüssen von William zu Margarets Gunsten auf dem französischen Aktienmarkt zu spielen. Er starb 1824 in London und wurde in Paddington Street Gardens begraben, die 1886 offiziell zu einem Erholungsgebiet umgewidmet wurden.[447]

Viotti hatte weniger als zehn seiner 69 Jahre als professioneller Konzertgeiger verbracht, doch er lebte noch, als das Konservatorium damit begann, sein Vermächtnis in einen Lehrplan umzusetzen. Seine Konzerte schufen eines der Standard-Genres des Jahrhunderts. Der Nachwelt galt er als der einflussreichste Spieler seiner Zeit. Auch sein Instrument, das Fétis 1856 »zu den fünf schönsten Strads« zählte und das Vuillaume 1862 »eine der vollkommensten Strads« nannte, war so ikonenhaft geworden wie die »Messiah«, als es im Jahr 2005 die Londoner Royal Academy erreichte.[448]

Auch Paganini könnte als ein Vermächtnis von Viotti gesehen werden, obwohl sie sich nie begegnet sind.[449] Bis weit in die 1820er-Jahre hinein spielte Paganini Konzerte von Viotti ebenso wie die von Rode und Kreutzer, und in seinen Kompositionen waren Anklänge an Viotti zu hören. Dessen Chordirektor

Ferdinand Herold berichtete im Frühjahr 1821 aus Neapel: »Ich habe Paganini gesehen, der nie aufgehört hat, mich auf allerlei Weise über den ersten und größten aller Geiger-Komponisten zu befragen. Außerdem möchte er nach Paris kommen, vor allem dann, wenn es ihm dort möglich sein wird, den Mann zu treffen, den er am meisten bewundert.«[450]

Als Paganini 1831 endlich nach Paris kam, war Viotti gestorben und er selbst nun der erste und größte aller Geiger-Komponisten. Innerhalb weniger Tage nach seiner Ankunft am 24. Februar hatte er die Malibran die Desdemona in Rossinis *Otello* singen gehört, Habeneck Beethovens Fünfte Sinfonie dirigieren gesehen, einen Vertrag über zehn Konzerte unterschrieben, Dutzende von alten Freunden und Bekannten besucht und sich mit einem psychosomatischen Krampfhusten in sein Hotelbett zurückgezogen, der ihn dazu zwang, einen Auftritt vor dem neuen König Louis-Philippe abzusagen, den sein Kompositionslehrer Ferdinando Paër ihm vermittelt hatte, und stattdessen den bahnbrechenden Kehlkopfspezialisten Francesco Bennati zu konsultieren. Am 6. März spielte er sein erstes Konzert. »Sein Bogen glänzt wie eine Stahlklinge, sein Antlitz ist so bleich wie das Verbrechen selbst, sein Lächeln so bezaubernd wie Dantes Hölle, seine Geige weint wie eine Frau«, berichtete die Zeitschrift *L'Entr'acte*. Seine Darbietung des »Campanella«-Satzes aus seinem zweiten Violinkonzert bewog einen Cellisten des Orchesters dazu, gereimte Verse in seine Stimme auf dem Notenpult vor ihm zu schreiben.

La nature voulut dans le siècle où nous sommes
montrer son pouvoir infini;
pour étonner le monde ella créa deux hommes:
Bonaparte et Paganini.

Dass wir ihre Macht spüren in unserem Jahrhundert,
Danach hat die Natur gehungert.
So hat sie uns zwei Männer gegeben,
Die wir als Bonaparte und Paganini erleben.[451]

Die Trennung des Menschen Paganini vom Mythos Paganini erfolgte erst ein Jahrhundert später durch den Historiker Arturo Codignola, der 1935 eine kommentierte Ausgabe der Briefe Paganinis aus den Jahren zwischen 1814 und 1840 veröffentlichte. Aber auch ohne die Entzauberung war die Geschichte bemerkenswert genug. Dieses Musikphänomen, dieser legendäre Publikumslöwe, Glücksspieler, Geizkragen und Emporkömmling, Prozesshansel und unermüdlicher, aber hin- und hergerissener Frauenheld, hingebungsvoller Vater und außerdem ein gesundheitliches Wrack, kam als drittes Kind einer Arbeiterfamilie in Genua zur Welt. Seine musikalische Ausbildung begann mit fünfeinhalb Jahren, als ihm sein Vater eine Mandoline in die Hand legte. Zwei Jahre später folgte eine Geige.

Während seines Lebens rankten sich viele Mythen um Paganini. Besonderer Favorit war dabei ein faustischer Pakt mit dem Teufel, dicht gefolgt von der Legende – wie sie der große deutsche Geiger Louis Spohr in seinem Tagebuch niederschrieb – vom einsamen Gefangenen, der hinter Gittern saß, weil er seine Frau stranguliert hatte.[452] Stendhal verwendete sie wieder in seinem *Rossinis Leben und Treiben*. Paganini war entrüstet.[453]

In der Tat hatte Paganini 1835 eine Zeit lang im Gefängnis gesessen, als er in der ersten von zahllosen romantischen Eskapaden mit der minderjährigen Angelina Cavanna nach Parma durchgebrannt war. Als sie schwanger und unverheiratet nach Genua zurückkehrte, erhob ihr Vater Schadensersatzklage. Paganini antwortete mit einer Gegenklage, in der er behauptete, sie sei volljährig, ihm freiwillig gefolgt und habe zuvor im ältesten Gewerbe der Welt gearbeitet. Er wurde mit einem Bußgeld belegt und zu einer Gefängnisstrafe verurteilt, aber bald wieder entlassen, ohne das Bußgeld entrichtet zu haben. Neun Jahre später begann er eine einzigartige Beziehung mit der Sängerin Antonia Bianchi. Das Verhältnis war von kurzer Dauer und sicherlich zerstörerisch, aber nicht mörderisch. Es gab keine Scheidung, vermutlich auch keine Ehe. Sie verließ die Beziehung mit einer Abfindung, und Paganini erhielt das Sorgerecht für den gemeinsamen Sohn. Viele weitere Affären folgten. 1830 ging Helene von Feuerbach, die Tochter des Reformers des Bayerischen Strafgesetzbuchs, so weit, seinetwegen ihre Ehe aufzugeben. Aber heiraten wollte er sie nicht.[454]

Wie es bei Wunderkindern häufig vorkommt, war er zwei Jahre älter, als ein weitverbreitetes Geburtsdatum behauptete. Doch in seinem Fall, so bestätigte er in einem Schreiben an seinen leidgeprüften Freund und Anwalt Luigi Guglielmo Germi, war das Datum seine eigene Erfindung. Auch die Behauptungen von einer Kindheit in Armut scheinen weitestgehend von ihm selbst erfunden worden zu sein. Und ebenso wie viele Wunderkinder war Paganini auch in Bezug auf seinen Mangel an Bildung empfindlich. Dennoch konnte er, ganz wie sein Vater und seine Geschwister, lesen und schreiben, was in einer Stadt, in der viele der ihnen gesellschaftlich Überlegenen es nicht konnten, keine unbedeutende Errungenschaft war.

Erstaunlicherweise ist seine musikalische Ausbildung im Vergleich zu der seiner Standesgenossen seit Corelli die am wenigsten dokumentierte.[455] Jacques Boucher, der als junger Zollbeamter nach Livorno versetzt worden war, spielte gelegentlich mit Paganini im Quartett. Als glaubwürdiger Zeuge berichtete er, Paganini habe ihm gegenüber behauptet, sich das Geigenspiel selber beigebracht zu haben. Aber auch dies war Legendenbildung, denn Paganinis Vater hatte ihn schon früh zu Giacomo Costa, einem örtlichen Orchesterspieler, geschickt, möglicherweise in der Hoffnung, dass der kleine Niccolò eines Tages im Orchester unterkommen könnte. Eine Lokalzeitung berichtete sogar, dass »ein außerordentlich befähigter Elfjähriger, Sig. Niccolò Paganini, mit allgemeiner Bewunderung empfangen wurde«. Zwei Jahre später brachte ihn sein Vater nach Parma, dem »Athen von Italien«, um bei Alessandro Rolla, dem Hofkonzertmeister und späteren Musikdirektor der Scala in Mailand, Violine und bei Ferdinando Paër, später Musikdirektor am sächsischen Hof in Dresden, Komposition zu lernen. Förmlich geblendet von dem ungeheuren Talent auf seiner Türschwelle, reichte ihn Paër an seinen eigenen Lehrer Gasparo Ghiretti weiter.[456]

Während der darauffolgenden Jahre könnte Paganini einige der 24 Capricen komponiert haben, die 1820 schließlich veröffentlicht wurden. Doch er hat sie nie in der Öffentlichkeit gespielt. Wiederum nach eigenen Angaben begann er mit der Gitarre und lernte auch, sie mit höchster Virtuosität zu spielen. Als Napoleon die alte oligarchische Republik Genua zu dem Satelliten einer ligurischen Republik machte und die dortige Nationalgarde begann, 17-Jährige einzuberufen, zog Paganini aufs Land. In einer Gegend, die die einfallenden Franzosen in ein Kriegsgebiet verwandelten, spielte er auf Gelegenheits-

Niccolò Paganini, Gemälde von Eugène Delacroix, 1832

konzerten von Livorno bis Modena seine Variationen über *La Carmagnole* – zur Zeit der Revolution die Entsprechung eines Schlachtenliedes von Fußballfans –, imitierte Vogelstimmen und wartete mit den üblichen Sätzen aus Konzerten von Rode, Viotti, Kreutzer und Pleyel auf.

Mit 18 Jahren entdeckte er, dass man nicht nur Instrumente, sondern auch Spiele spielen konnte. Diese konnten ihn allerdings an einem Abend mehr kosten, als er mit vielen Konzerten verdiente. Wo er sich mit Syphilis infizierte, ist Gegenstand von Spekulationen, die Diagnose aber wird schon 1822 in einem Brief an Germi erwähnt. Die verordnete Behandlung bestand seit Jahrhunderten aus hohen Dosen von Quecksilber, und wie so oft in Paganinis Leben waren seine Ärzte und die von ihnen verordneten Heilmittel so verheerend wie die Krankheiten, die sie behandelten.[457]

Im Jahr 1801 ließen die Franzosen »La Musica« wieder aufleben, ein berühmtes und traditionell gut zahlendes Musikfestival in Lucca, einem winzigen toskanischen Protektorat nahe der Mittelmeerküste. Paganini hatte ein erfolgreiches Vorspiel und wurde eingeladen, nach dem einleitenden Kyrie in einem feierlichen Pontifikalamt aufzutreten. Einem ortsansässigen Priester zufolge wurde seine Virtuosität allseits bewundert; seine Nachahmungen von Vogel, Flöte, Trompete und Horn aber brachte das Publikum dazu, unkirchlich zu kichern.[458]

Für den überwiegenden Teil der kommenden acht Jahre sollte er in Lucca bleiben. In den ersten vier war er Konzertmeister der Capella Nazionale der kleinen Republik. Diese Stelle erlaubte es ihm, zwischen 1802 und 1804 gelegentlich in das nahegelegene Livorno zu reisen, wo ihm ein französischer Geschäftsmann namens Livron eine Geige auslieh, damit er »ein Konzert von Viotti spielen« konnte,[459] und die er nicht zurückhaben wollte. Aller Wahrscheinlichkeit nach handelte es sich bei dem Instrument um die »Kanone«, jene del Gesù von 1742, die seitdem stets mit Paganini in Verbindung gebracht werden sollte.

In den folgenden vier Jahren war Paganini als Hofgeiger bei Napoleons ältester Schwester, der kunstliebenden und hyperaktiven Elisa Bonaparte Baciocchi beschäftigt, die von ihrem Bruder als Herzogin von Lucca und Prinzessin von Piombino eingesetzt worden war. Zu seinen Aufgaben gehörten drei wöchentliche Aufführungen, die Dirigate der Oper sowie Unterrichtsstunden und Quartettübungen mit Felix Baciocchi, dem geigenliebenden Herzog und Fürsten. Wiederum nach eigenen Angaben hatte Paganini auch eine kurze Affäre mit der Herzogin-Prinzessin. Er konnte sich jetzt des Ranges eines Hauptmanns in ihrer Ehrengarde erfreuen und erhielt als Entlohnung nahezu das Doppelte seines Anfangsgehalts. Dennoch lag er damit immer noch hinter dem Lateinprofessor, dem Hofmeister und dem Hofarzt und wurde bei einer Beförderung übergangen, als Elisa, die ein begehrliches Auge auf den größeren und schöneren Hof in Florenz geworfen hatte, das Orchester in Lucca zu einem Streichquartett verkleinerte.

Nach einem Streit mit seiner Arbeitgeberin nahm das Kapitel Lucca in Paganinis Leben 1809 ein unrühmliches Ende. Elisa, die endlich zur Großherzogin der Toskana ernannt wurde, war in Florenz und versuchte mit nur geringem Erfolg, Freunde zu gewinnen und den lokalen Adel mit der Verleihung glanzvoller Positionen in ihrer Ehrengarde zu beeinflussen. Paganini, der immer noch auf ihrer Gehaltsliste stand, traf im Gefolge des Fürsten ein, um bei einer für diesen Anlass ausgerichteten Gala aufzutreten. Von ihm als angestelltem Musiker mit dem Status eines professionellen Unterhaltungskünstlers wurde erwartet, dass er im höfischen Schwarz eines Bediensteten erschien. Stattdessen, so ein früher Biograf, bestand er auf seiner Uniform, auf die er als Mitglied der Ehrengarde ein Anrecht hatte.[460]

Inzwischen waren die Carmagnole-Tage längst vorbei. Paganini spielte nun im Prinzip für jeden, der reich und mächtig genug war, ihn zu bezahlen. Sein Publikum reichte von den Bonapartes bis zu ihrem unerbittlichen Gegner, dem österreichischen Kanzler Metternich. 1827 verlieh ihm Leo XII., ein Papst, der nach der *Catholic Encyclopedia* »wenig Einblick in die Hoffnungen und Visionen der damaligen Pioniere der größeren Freiheit, die unvermeidlich geworden war«[461] hatte, den Orden vom Goldenen Sporn – eine Ehrung, die zuvor Gluck und Mozart zuteilgeworden war. Im Dezember 1832 nahm er das Großkreuz des Ordens des heiligen Stanislaus von Prinz von Salm-Kyrburg entgegen, dessen kleines Fürstentum im Jahr 1810 seine Souveränität und damit das Anrecht auf Verleihung derartiger Ehrungen verloren hatte. Mittelsmann war der vom Dieb, Streithahn, Deserteur, Betrüger und Frauenheld zum Polizeispitzel und Chef der Sicherheitsbehörde avancierte Eugène François Vidocq, buchstäblich ein Charakter aus Hugo und Balzac, der für seine Dienste bis zu 8.000 Francs in Rechnung stellte. Ein paar Wochen später verkündete Frankreichs Amtsblatt *Moniteur universel*, dass Paganini jetzt der Baron Paganini war, ein Ehrentitel, der mit dem Orden einherging.

Paganinis politisches Manifest findet sich in einem Brief, den er 1829 von Warschau an einen Cellisten in Parma sandte und in dem er seinem Schützling riet: »Es ist unerlässlich, immer aktiv, objektiv und rechtzeitig mit Empfehlungen zu sein, Hindernisse zu überwinden, Rückschläge so würdevoll, wie dies im Einklang mit der Selbstachtung steht, hinzunehmen, Stolperdrähte zu vermeiden und auf der Hut vor Falltüren zu sein, die so viele sogenannte Gentlemen, mit denen man stets in Kontakt ist, bereitstellen.« Und am Schluss heißt es: »In zwei Worten, es ist nicht ausreichend zu wissen, wie man spielt. Sie müssen ebenfalls wissen, wie man sich in der Welt präsentiert, anders gesagt: wie man leben soll«. Oder – noch besser – überleben, ergänzte sein Biograf Pietro Berri.[462]

Ende 1834 setzte Paganini erneut auf die Bonaparte-Karte. Er war erpicht darauf, seinen Sohn, der offiziell von »unbekannten Eltern« stammte, zu legitimieren und spielte deshalb in Parma auf einer Wohltätigkeitsveranstaltung in

Gegenwart der Herzogin von Parma, Napoleons Witwe. Ein Jahr später nahm er zu Fétis' Ärger, der darüber entsetzt war, dass »der König der Künstler auf das Niveau der Höflinge herabstieg«,[463] ihre Einladung an, aus ihrem Hausorchester von 34 minderbegabten Musikern ein ernst zu nehmendes Ensemble zu machen. Mit einem direkten Zugang zur Herzogin hätte das erfolgreich sein können, doch ohne ihn kam sein Projekt, ebenso wie das von Viotti, in der Ministerialbürokratie ins Stocken. Knapp ein halbes Jahr nach seiner Ankunft trat er zurück.

Doch die Jahre mit den Bonapartes rahmen wie Buchstützen jene Jahre ein, die im Zusammenspiel mit einer glücklichen Konjunktur von Angebot und Nachfrage den Menschen Paganini zur Legende Paganini machten. Als sein einstiger Quartettpartner sich aufmachte, sein Glück zu suchen – und zu finden –, schrieb Boucher de Perthes: »Wenn er nur aufhören würde zu versuchen, der große Hanswurst der Violine zu sein, könnte er ihr Großherzog, sogar Kaiser sein und sich zu einem echten Virtuosen proklamieren – nach dem Motto: ›Lieber wäre ich der Kaiser der Geiger als der Geiger des Kaisers.‹« Die Nachfrage war kein Problem. Es war zwar richtig, dass sein Arbeitsplatz in einer Dystopie aus Banditentum, erbärmlichen Straßen und einer vorindustriellen Infrastruktur angesiedelt war, die sich erst kurz zuvor von einem Kriegsgebiet in ein Gewirr von restaurativen Minihoheiten mit erdrückenden Bürokratien verwandelt hatte, deren Innenministerien ihm reflexartig wegen seiner jakobinischen Vergangenheit misstrauten. Doch war es ebenfalls richtig, dass Sänger die Trumpfkarte und Instrumentalisten die bevorzugten Accessoires eines Opernoder Ballettabends waren.

Nichts davon war für Paganini ein Problem. Wenn die Menschen Unterhaltung wünschten und bereit waren, dafür zu zahlen, war er zu jeder Zeit glücklich, sie zu unterhalten. Dass Kunst kein Thema war, ließ sich schon bei einer Begegnung in Venedig erkennen, wo sich im Jahr 1816 die Wege von Paganini und Spohr kreuzten. Nördlich der Alpen, wo sich bereits die ersten Spuren einer modernen Konzertkultur zeigten, galt Spohr schon als Künstler.[464] Es sollte jedoch noch einige Jahrzehnte dauern, bevor der moderne Begriff auch Italien erreichte. Spohr bekundete verständlicherweise Interesse, Paganini zu hören, doch dieser sagte ab.[465] Es vergingen Jahre, bis Spohr ihn endlich im Konzert erlebte. Dass er Paganinis Technik bewunderte, war keine Überraschung. »Aber in seinen Kompositionen und in seinem Auftreten«, schrieb Spohr in seinen Memoiren, »gab es eine seltsame Mischung aus absoluter Brillanz und geschmackloser Kindlichkeit.«[466]

In der Regel bekamen die Leute das, dessentwegen sie gekommen waren. 1810 schrieb Boucher de Perthes an seinen Vater: »Ich habe gehört, wie er die Geräusche eines Esels, Hundes und Hahns als Orgelpunkt in einem Konzert von Viotti einbrachte.« Er erlebte ebenfalls, wie Paganini eine Saite riss, er auf drei Saiten weiterspielte und auf einer endete. Aber Italiener mochten so etwas; sie applaudierten wie verrückt, und wenn Paganini das Theater verließ, begleiteten ihn 300 Menschen nach Hause.[467]

Gelegentlich bekamen die Leute sogar mehr, als sie erwartet hatten. Manchmal, so wurde glaubwürdig berichtet, führte er ausländische Angeber vor, besonders wenn sie von nördlich der Alpen kamen. Bei einer solchen Gelegenheit machte ein französischer Besucher seine Sache bei einem schwierigen deutschen Stück recht gut, ruinierte dann aber diesen Eindruck, indem er erklärte: »So wird heute in Paris gespielt.« Paganini nahm wortlos die Partitur, die er zum ersten Mal sah, stellte sie auf den Kopf und spielte sie von hinten nach vorn mit einer derart unheimlichen Virtuosität, dass dem Franzosen die Kinnlade herunterfiel und das Publikum tobte. »So wird heute im Himmel gespielt«, erklärte Paganini.[468]

Im Jahr 1816 stimmte Paganini einem gemeinsamen Auftritt mit einem Kollegen an der Mailänder Scala zu. Aber diesmal war es keine Falle. Sein französischer Partner war Charles Philippe Lafont, ein Protegé von Kreutzer und Rode, des französischen Königs und des russischen Zaren. Beide spielten einige Solostücke und dann gemeinsam ein Doppelkonzert von Kreutzer. Obwohl viele den Auftritt zu einem Wettbewerb ausgerufen und ihn als einen Sieg Paganinis zum Mythos werden ließen, war er nichts von alledem. Paganini fand Lafont gut, aber überraschungsarm. Lafont stritt ab, dass einer von ihnen beiden gewonnen hatte, verteidigte aber die Vortrefflichkeit der französischen Schule.

Zwei Jahre später willigte Paganini ein, mit dem etwas jüngeren polnischen Virtuosen Karol Lipinski in Piacenza aufzutreten und abermals Kreutzer zu spielen. Dieses Mal verlief das Ereignis in aller Freundschaft, und Lipinski war beeindruckt. So hätte es bleiben können, wenn nicht ein Auftritt Paganinis in Warschau mit der Krönung des russischen Zaren Nikolaus I. zum König von Polen zusammengefallen wäre. Polnische Nationalisten waren erbost darüber, dass ein Ausländer vorgezogen wurde, während Lipinski, der heimische Held, als Konzertmeister des Orchesters auf den Status eines schmückendes Beiwerks reduziert worden war. Seine Freundschaft mit Paganini gehörte zu den Kollateralschäden.

Hin und wieder gab Paganini seinem Publikum auch das, was es seiner Meinung nach verdiente. Im Jahr 1812 sollte er einen Abend in Ferrara mit einem befreundeten Sänger und einer angeheuerten Primadonna teile; dieser aber sagte ab. So bot sich des Freundes Freundin, eine Ballerina, als Ersatz an, während Paganini, sie auf der Gitarre begleitete. Das Publikum aber pfiff sie von der Bühne. Daraufhin nahm Paganini seine Geige, und antwortete den Protestierern galant mit den Geräuschen eines Esels. Die örtliche Polizei legte ihm nahe, die Stadt so schnell wie möglich zu verlassen.[469]

Bis 1828 hatte er in allen wichtigen italienischen Städten gespielt, in den meisten von ihnen mehrfach. Er wurde gemalt, gezeichnet und modelliert, rezensiert und analysiert, und es wurde über ihn berichtet. Kritiker stellten ihn in eine Reihe mit Michelangelo, Raffael, Dante, Tasso und Vergil und feierten ihn als den Orpheus aus Genua, einen Apoll und Engel aus dem Paradies. Für sie konnte er Wunder vollbringen.

Niemand dachte bei ihm an das Ehlers-Danlos-Syndrom, eine erbliche Bindegewebserkrankung, die erst um 1900 entdeckt wurde. Aber in zumindest zwei zeitgenössischen Berichten wird angedeutet, dass seine erstaunliche Geschicklichkeit etwas damit zu tun gehabt haben könnte.[470] Matteo Ghetaldi, der letzte Doge der Republik Ragusa, dem heutigen Dubrovnik, berichtete nach einem Konzert in Venedig, dass Paganini die Finger seiner linken Hand seitwärts bewegen und seinen Daumen so zurückbiegen konnte, dass er seinen kleinen Finger berührte, als habe er weder Muskeln noch Knochen. Carl Guhr, der Paganini in Frankfurt beobachtete, stellte eine Hand mittlerer Größe fest. Sie war aber imstande, gleichzeitig über drei Oktaven zu greifen – ein Phänomen, von dem Joseph Gingold gelesen, das er aber nur einmal viele Jahre später bei dem 13-jährigen Itzhak Perlman tatsächlich gesehen hatte.[471]

Zeitgenossen stellten mit tiefstem Interesse fest, dass Paganini wie niemand vor ihm alles aus dem Gedächtnis spielte, dass seine linke Hand auf der G-Saite Dinge vollbrachte, die niemals zuvor gesehen oder gehört worden waren, ebenso einfache und doppelte Flageolette, Pizzicati mit der linken Hand, mit und ohne Bogen, sogar Doppeltriller in Oktaven.[472] Lokale Korrespondenten gaben dies über die Alpen an die Musikpresse in Leipzig, London und Paris weiter. Ehrenakademien wählten Paganini zum Mitglied.

Aber seine Apotheose lag noch vor ihm. Im März 1828 machte er sich mit Bianchi auf eine Reise nach Wien – das erste Mal in seinen 46 Jahren, dass er Italien verließ. Bis zu seiner Rückkehr sollten sechs ereignisreiche Jahre vergehen. Was folgte, war umso bemerkenswerter in einer Zeit, in der die sozialen Medien aus Empfehlungsschreiben an Bankiers, Theaterdirektoren und lokale Mäzene und die Massenmedien aus Handzetteln, Wandplakaten und Zeitungsauflagen von maximal ein paar Tausend bestanden. Dazu kamen ein örtlicher Manager, der der Landessprache mächtig war und bei Ankunft Verträge aushandelte, und Mitarbeiter, die vor Ort angeworben wurden. Dennoch war die Wirkung, selbst gemessen an den Rolling Stones, beachtlich. Von Wien aus führte der Weg dann nach Prag und Warschau, in einen Großteil Deutschlands, natürlich nach Paris und von dort nach London, eine Halbtagesfahrt mit dem Dampfschiff. Von dort aus tingelte er durch England, Irland und Schottland.

Das erste Konzert in Wien war nur mäßig besucht, doch befanden sich alle wichtigen Geiger der Stadt im Publikum. Seitdem war es kein Problem mehr, die Plätze zu füllen, selbst zu Preisen, die fünf Mal über den ortsüblichen lagen. Beim zweiten Konzert war eine Abordnung der königlichen Familie einschließlich der Kaiserin anwesend. Ende Juli, als Paganini Wien verließ, verließ Bianchi Paganini. Nicht nur hatte er 14 Konzerte gegeben – darunter eines für den kaiserlichen Hof in voller Uniform –, sondern die Abendkasse hatte geschätzt das Vierfache dessen eingenommen, was Schubert in zwölf Jahren verdiente.[473] Für den echten Fan gab es Lithografien, Miniaturen, Ringe, Anhänger, Ansteckbroschen, Halsketten, Hüte, Krawattennadeln, Halstücher, Knöpfe, Knaufe für Gehstöcke sowie Kekse, Marzipankonfekt und Zuckerwatte, alles à la Paganini. Es gab auch Geschichten um Paganini wie die, in der ein Kunde über einen Fiaker-Fahrer erbost ist, der einen »Paganinerl«, also fünf Gulden, für eine kurze Fahrt verlangt. »Aber Paganini spielt auf einer Saite«, erklärt der Fahrer, worauf der Kunde zurückfragt: »Werden Sie dann also auf einem Rad fahren?«[474]

In Paris, wo die Ticketpreise verdoppelt wurden und Paganini in sechs Wochen sieben Konzerte spielte, saßen im Publikum die Schriftsteller Gautier und de Musset sowie George Sand in Anzug und Krawatte gemeinsam mit den topaktuellen jungen Männer de Vigny, Heine und Börne, der Maler Delacroix, dessen Porträt von Paganini später in der Phillips Gallery in Washington hängen sollte, die Geiger Bériot und Baillot, die Sängerin Malibran und die Komponisten Rossini, Auber, Donizetti und der 20-jährige Liszt. Der Starkritiker der Stadt, Castil-Blaze, ermutigte Mütter von Neugeborenen, ihre Babys mitzubringen, damit sie später sagen könnten, dabei gewesen zu sein. In London, wo Paganini zwischen dem 3. und 25. Juli 14 Konzerte gab und sieben Mal auf Wohltätigkeitsveranstaltungen auftrat, schäumte der Schreiber eines Leitartikels empört über die verdoppelten Ticketpreise. Aber an einem einzigen Abend, so schrieb Paganini an Germi, mussten Hunderte abgewiesen werden. Dabei hatte er selbst dafür gesorgt, dass auf der Bühne zwischen den Orchestermusikern für weitere 200 Zuhörer Plätze geschaffen wurden, die für etwa einen Wochenlohn eines Zimmermanns oder Schneiders aus Manchester verkauft wurden.[475]

Zwischenzeitlich traf Paganini den österreichischen Kaiser, den russischen Zaren, die preußischen, sächsischen, französischen und englischen Könige und die zukünftige Königin Victoria.[476] Auch der künstlerische Adel war erpicht auf eine Begegnung. In Wien spielte Paganini Quartette mit Ignaz Schuppanzigh und wurde von einer Aufführung von Beethovens Siebter Sinfonie mit Schuppanzigh als Dirigenten zu Tränen gerührt. In Berlin wurde er von Mendelssohns Eltern zum Abendessen eingeladen und gebeten, bei der Hochzeit des Kronprinzen, des späteren Kaiser Wilhelm II., zu spielen. In Weimar machte er einen Höflichkeitsbesuch bei Goethe. In Kassel wurde er von Spohr zum Mittagessen eingeladen. In Leipzig ließ Friedrich Wieck seine hochbegabte Tochter Clara, damals zehn Jahre alt, für ihn spielen; Paganini fütterte sie mit englischem Pudding und entzückte sie mit einem Eintrag in ihr Poesiealbum. In Paris hörte er Baillot in einem Mozart-Quartett spielen. In London, wo er kurz zuvor seine berühmte Stradivari-Viola gekauft hatte, lud er den Cellisten Robert Lindley und den jungen Felix Mendelssohn ein, um ihnen ein selbst komponiertes Trio vorzustellen.[477]

Währenddessen gab es einen stetigen Kontrapunkt von Prozessen, gescheiterten Liebesbeziehungen, misslungener Öffentlichkeitsarbeit und Aufständen, denen er nur knapp entkam. Paganini nahm das meist mit müder Resignation hin, doch er hasste die Legende vom Mörder und dem Gefängnis. In Wien bat er Freunde, gegen die letzte Wiederholung dieses Mythos in der *Theaterzeitung* zu protestieren, und erhöhte sogar die Kartenpreise für seine Konzerte, um dem Publikum zu zeigen, was er davon hielt. In Prag stimmte er der bahnbrechenden Biografie von Schottky als einem Versuch zu, die Sache richtigzustellen, unterließ es aber, die Cavanna-Affäre zu erwähnen. Als die Legende in einer Pariser Lithografie erneut auftauchte, reagierte er mit einem wütenden Brief an die *Revue musicale*. Doch die Geschichte war so schwer loszuwerden wie eine Sommergrippe.

In Leipzig verließ er ein fest gebuchtes Engagement, als das Orchester einen Zuschlag verlangte. In Breslau (heute Wrocław), wo er seiner Meinung nach mit einem Studentenorchester spielen sollte, kam er eine Stunde zu spät, fand ein nicht-zahlendes Publikum von 1 500 Zuhörern vor und weigerte sich zu spielen, bis seine empörten Gastgeber drohten, ihn die Treppe hinunterzuwerfen. In Paris, wo er eine Anfrage ablehnte, auf einer Wohltätigkeitsveranstaltung der Nationalgarde zu spielen, zwang ihn die öffentliche Feindseligkeit, einen Rückzieher zu machen und einige der Einnahmen aus dem nächsten Konzert den Pariser Armen und einem lokalen Waisenhaus zu spenden. Auch in Cheltenham, wo zwei Konzerte ausverkauft waren, musste er klein beigeben, als er aus Sorge, dass das dritte Konzert nicht ausverkauft sein könnte, seine Gage im Voraus verlangte. Als Paganini in Schottland wegen Meinungsverschiedenheiten mit dem Management drohte, ein Konzert abzusagen, kündigten empörte Karteninhaber einen Aufstand an. Abermals Aufregung gab es in Boulogne, wo lokale Amateure nur für sich selber und die für den Anlass zugemieteten Berufsmusiker Freikarten erbaten und Paganini stattdessen anbot, die Spieler nach der gängigen Quote zu bezahlen, damit er die gewünschten Tickets mit dem üblichen Aufschlag verkaufen konnte. In London klagte er mit Erfolg gegen den Pianisten Moscheles und seinen Verleger, weil sie nicht autorisierte Klaviertranskriptionen seiner Musik verkauft hatten.

Am Ende wurde der erhoffte Siegeszug zu einer Seifenoper. Im Jahr 1832 stellte Paganini John Watson als seinen neuen Manager ein, ein Gesangslehrer, Pianisten, Arrangeur, Komponist und Vater von sechs Kindern, zu denen Charlotte, eine Sopranistin mit eigenen Karriereträumen, gehörte. In Begleitung von Watson, Charlotte und einer zweiten Sopranistin – einem Schützling von Watson – machte er sich dann auf, um in 13 Wochen rund 65 Konzerte zu geben, während ein früherer Manager erfolglos wegen unbezahlter Löhne klagte. Im März 1834 nahm er seine kleine Entourage auch nach Belgien mit, wo sie keineswegs herzlich empfangen wurden.

Zwei Monate später, als Watson wegen seiner Schulden verhaftet wurde, musste ein Konzert abgesagt werden. Paganini kaufte ihn aus, kehrte für ein als Wohltätigkeitsveranstaltung für Charlotte beworbenes Abschiedskonzert nach London zurück und überquerte dann den Ärmelkanal, um nach Boulogne zu fahren, wo Charlotte ihn erwartete. Aber ihr Vater war zuerst da, mobilisierte den britischen Konsul und lokale Behörden und schleppte sie unter den Augen der örtlichen britischen Gemeinde auf das nächste Boot und zurück nach England. Von dort zogen Vater und Tochter nach Amerika. Mit Hilfe seines ersten Medienberaters veröffentlichte Paganini in einer Lokalzeitung einen offenen Brief, in dem er erklärte, dass er nur Charlottes Talent entwickeln und sie von ihrem tyrannischen Vater hatte befreien wollen. Er bot an, sich ihr in New York anzuschließen und sie zu heiraten. Im selben Jahr kam P. T. Barnum nach New York. Dass ein Treffen zwischen den beiden nicht zustande kam ist eine der großen verpassten Gelegenheiten der Geschichte.

Paganini sprach auch von einer Musikschule, doch daraus wurde nichts. Investitionen in Seidenweberei und Entsaftermaschinen waren eine weitere Pleite. Krank, alternd und zunehmend menschenfeindlich, klagte er über Rheumatismus, Orchitis, Fieber, Blutungen, Tenesmus und Grippe. Nach Jahren einer syphilitischen und tuberkulösen Infektion in Verbindung mit einer Dysfunktion der Stimmbänder, möglicherweise ausgelöst durch das Marfan-Syndrom, eine Erkrankung des Bindegewebes, die zu einem Aortenaneurysma führt, das die Kehlkopfnerven zusammenpresst und beschädigt, war sein Gesundheitszustand nicht überraschend. Wohin immer er sich wandte, ließ er schreckliche medizinische Behandlungen sowohl von selbsternannten als auch von approbierten Ärzten über sich ergehen. Massive Gaben von LeRoys Vomito-Purgative-Elixier, einem patentierten und weit verbreiteten Brech- und Abführmittel, waren seine eigene Idee.[478]

Eine letzte Unternehmung, das Casino Paganini in Paris, war als eine Art Nachtclub mit einem Ball- und Konzertsaal, Billard, Spiel- und Leseräumen geplant und sah »für die Solisten ein mit Flanell ausgeschlagenes Ruhezimmer oder Boudoir und auf der Bühne einen speziellen Sessel« vor.[479] Aber zu diesem Zeitpunkt konnte oder wollte Paganini nicht mehr persönlich erscheinen, seine Partner meldeten Konkurs an, und die Polizei machte den Laden zu. In dem darauffolgenden Tsunami von Schadensersatzklagen entschied das Gericht zu Paganinis Ungunsten. Die Schadenssumme wurde auf 50.000 Francs festgesetzt, seine Anwaltskosten auf 100.000 geschätzt. Zur selben Zeit wechselte die »Rode«-Strad für 4.000 Francs ihren Besitzer.[480]

Selbst sein Tod mitsamt der Beerdigung schien wie eine Bestätigung von Murphys Gesetz, demzufolge alles schiefgeht, was schiefgehen kann. Der französische Konsul in Nizza verfolgte ihn im Auftrag der Anwälte des Casinos. Ein lokaler Priester behelligte ihn, weil er auf eine Totenbett-Beichte erpicht war. Kirchenvertreter verweigerten zunächst eine Beisetzung auf einem kirchlichen Friedhof, und es vergingen vier Jahre, bevor ein Freund sich bei den Behörden in Genua durchsetzte, sodass sein Leichnam dorthin gebracht werden konnte. In der Zwischenzeit waren seine sterblichen Überreste in einem Keller, einem Leprahaus und einem leeren Fass in einer Olivenölfabrik aufbewahrt worden. Es dauerte bis 1845, bevor der Erzbischof von Parma dem Ersuchen Achille Paganinis stattgab, den Leichnam seines Vaters auf dem Gelände seines Anwesens begraben zu dürfen. Weitere 30 Jahre vergingen, bevor er endlich auf einen katholischen Friedhof gebracht werden konnte, und noch einmal 20 Jahre dauerte es, bevor er schließlich in der monumentalen Grabstätte in Parma zur letzten Ruhe gebettet wurde. Sein Testament sah Achille als Universalerben vor und enthielt Treuhandfonds für zwei Schwestern und kleine Jahresrenten für seine ehemalige Freundin Antonia Bianchi sowie für einen Vetter mütterlicherseits. Seine Lieblingsgeige, die del Gesù – genannt die »Kanone« –, ging als immerwährende Hinterlassenschaft an seine Heimatstadt Genua. Zu seinem Gedenken sollten Kapuzinermönche 100 Messen lesen.

Sein geheimnisvoller Nimbus aber war schon jetzt unsterblich. Paganinis Vermächtnis war auf immer und ewig wirksam. Die Variationen, geschrieben, um Erstaunen und Ehrfurcht hervorzurufen, tun dies immer noch. Zumindest eine große Komposition, das Erste Violinkonzert, ist immer noch Teil des Standardrepertoires. Seine fünf Nachfolgewerke, die er wie Staatsgeheimnisse behandelte, wurden inzwischen aufgefunden. Die Capricen sind natürlich Klassiker. Gegen Ende des 20. Jahrhunderts schaffte es niemand in die zweite Runde eines großen Wettbewerbs, ohne mindestens zwei oder drei von ihnen gemeistert zu haben. Bis 2012 war allein die 24. Caprice mindestens 26 Mal von anderen Komponisten variiert oder in allen möglichen Fassungen bearbeitet worden – von solchen für Klavier mit der linken Hand bis zur Solobalalaika.[481]

Schon allein Paganinis technischer Erfindungsreichtum qualifizierte ihn für einen Platz im Geigenhimmel. 1829 gelang es dem Frankfurter Geiger, Dirigenten und Theaterdirektor Guhr nach wochenlanger intensiver Beobachtung und Analyse, Paganini bis zu einem gewissen Grad in einer Biografie, die anhand praktischer Beispiele erklärte, wie und was er gespielt hatte, zu entmystifizieren. Paganini hatte zu ihm gesagt: »Wenn Sie nicht pro Sekunde einhundert saubere Noten spielen können, haben Sie Pech, denn dann wird es Ihnen nicht gelingen, aus der Revolution, die ich auf dem Gebiet der Musik erreicht habe, Nutzen zu ziehen.« Dies war selbst für einen Mann, der eine Schwäche für die Worte »Magie« und »Geheimnis« hatte, eine Übertreibung.[482] Doch 1832 nahm ein Pariser Orchesterspieler mit einer nicht-digitalen Uhr die Zeit, als Paganini seine *Sonata a movimento perpetuo* mit 2 272 Noten auf Darmsaiten in 3 Minuten und 20 Sekunden spielte – also 11,36 Töne pro Sekunde. Es sollte 176 Jahre dauern, bis der Deutsch-Amerikaner David Garrett in der

BBC-Kindersendung *Blue Peter*, digital gemessen und auf modernen Saiten spielend, einen Guinness-Rekord aufstellte, als er mit etwas über 13 Tönen pro Sekunde durch Rimski-Korsakows *Hummelflug* raste.[483]

Mit Ausnahme des kleinen, 1815 in Genua geborenen Camillo Sivori hatte Paganini keine Schüler im üblichen Sinne – seine Aversion gegen das Unterrichten war unter den großen Spielern vor und nach ihm praktisch einzigartig. In einer Notiz an Germi zu einer Schrift über das Flageolettspiel, die später in der Library of Congress landete, schrieb er: »Zerreißen Sie dies, und lassen Sie das niemanden sehen, sonst werden sie das Geheimnis stehlen.«[484] Als der junge Heinrich Wilhelm Ernst Paganini in Frankfurt besuchte, während er komponierte, schob er sein Manuskript unter die Bettdecke. Andererseits unterrichtete er zeitlebens durch sein Beispiel. Ernst, dem es erlaubt worden war, Paganini vorzuspielen, stach diesen aus, weil er den Hinweis »flautato« in der 9. Caprice missverstand und die Doppelgriffe in Doppelflageoletten spielte. Paganini war beeindruckt und hatte keine Einwände, als Ernst das angrenzende Hotelzimmer buchte: So konnte er ihn üben hören.

Nach Paganinis Tod verbreitete eine neue Generation von Spielern von Spanien bis Polen die Möglichkeiten und das Repertoire des Instruments über die Alte und Neue Welt und schuf Kunstwerke, die Paganinis Erbe gleichkamen und es noch übertrafen. Noch 150 Jahre später gelten sie als violinistisches Gegenstück zur olympischen Hochleistung. Nur sind die Medaillenträger nun junge Asiaten. Technik war das eine, Persönlichkeit das andere. Zehn Jahre nach Paganinis Tod erzählte Sivori seiner Familie, dass das französische Kaiserpaar ihm erklärt habe, Paganini lebe in ihm weiter.[485] Es ist allerdings zu bezweifeln, dass Sivori oder irgendjemand anderes dies völlig ernst nahm. Dass ein Stück Paganini in ihm weiterlebe, hätte man auch von Ernst sagen können, dessen Technik selbst Paganini verblüfft hatte. Ernst galt aber allgemein als liebenswürdig, großzügig und lustig – Qualitäten, die man normalerweise mit Paganini nicht in Verbindung brachte. Außerdem bezeichnete er sich als Künstler, eine Idee, die Paganini vermutlich nie in den Sinn gekommen wäre.[486] Als Vieuxtemps von Bewunderern in New Orleans eine Medaille mit der Inschrift »Der führende Geiger der Epoche« überreicht wurde, war nicht Paganini gemeint, sondern er selbst.

Wenn es überhaupt einen Thronfolger Paganinis gab, kam der selbst nach den toleranten Maßstäben des 19. Jahrhunderts schillernde, gutaussehende, charismatische und sorglose Ole Bull dieser Rolle am nächsten. Ein gewaltiges Talent machte ihn schon bald zum internationalen Superstar und eine herausragende Persönlichkeit zum Nationalhelden. Er begann mit fünf Jahren in Bergen, der zweitgrößten Stadt Norwegens, wo er bei einheimischen Schülern von Viotti und Baillot lernte. Mit neun hatte er sein lokales Debüt, mit vierzehn entdeckte und meisterte er die Paganini Capricen. Danach stellte er ein Repertoire mit Stücken von Ernst und Lipinski sowie mit den größten Hits von Paganini zusammen und fügte dem ständig wachsenden Bestand von Opernfantasien und akrobatischen Genrestücken eigene Beiträge hinzu.

Mit 19 Jahren bewarb er sich als Schüler bei Spohr, der ihn ablehnte. Mit 21 Jahren zog er nach Paris, hörte dort Paganini, teilte sich mit Ernst eine Wohnung, überlebte die Cholera-Epidemie und gab sein Taschengeld derart alarmierend schnell aus, dass seine Eltern die Zahlungen einstellten. Sein Glück wendete sich, als er mit Ernst und Chopin zum Frühstück in das Haus des jungen Duc de Montebello eingeladen wurde, der in Diplomatie und Politik Karriere machen sollte. Das Frühstück führte zu einem gemeinsamen Konzert, das ein solcher Erfolg war, dass Bulls Anteil der Einnahmen ihn wieder flott machten. Ein zweiter Glücksfall führte ihn zur Tochter seiner Wirtin, die nach fünf Jahren Brautwerbung seine Frau wurde, und brachte ihm eine Tournee durch Frankreich und Italien ein. In Bologna schlug das Glück noch einmal zu, als Bull gebeten wurde, für den vorgesehenen Geiger Charles de Bériot einzuspringen. Der Auftritt führte dazu, dass Maria Malibran, die legendäre Sopranistin und Partnerin von de Bériot, ihn ins Schlepptau nahm und noch einflussreicheren Gönnern vorstellte.

Während der nächsten fünf Jahrzehnte reiste er mit der Ausdauer eines Triathlon-Sportlers kreuz und quer durch Europa. In Prag spielte er zwölf Konzerte in einem Monat. Im Laufe einer sechzehnmonatigen Tournee durch Großbritannien konzertierte er 280 Mal.[487] Außerdem entdeckte er Amerika und umgekehrt. Von seinem Manager in aller Bescheidenheit als »der größte Geiger der Welt« angekündigt, begann Bull die Tournee mit Triumphen in New York und Boston. 15 Konzerte zwischen New York und Richmond brachten ihm ein Honorar von 40.000 Francs ein; dann spielte er sich in den Süden nach Alabama, gab zehn Konzerte in Havanna und kehrte über Charleston nach Boston zurück, wo fünf Konzerte bis zu 2000 Zuhörer anlockten und eine Einladung des Dichters Henry Wadsworth Longfellow nach sich zogen. Nach zwei Jahren, 200 Konzerten, einer zurückgelegten Entfernung von 100000 Meilen und geschätzten Einnahmen von 100.000 Dollar (die an der Schwelle des 21. Jahrhunderts einem Wert von etwa 3 Millionen Dollar entsprochen hätten) kehrte Bull nach Europa zurück.[488]

Eine 1852 begonnene zweite Tournee durch Amerika dauerte fünf Jahre. Sie begann mit einer Anfrage von 37 Kongressabgeordneten einschließlich Henry Clay und zehn ausländischen Diplomaten nach einem Konzert in Washington. Bull trat daraufhin vor 3000 Zuhörern in New York auf und gab für Präsident Franklin Pierce ein weiteres Konzert in Washington, das zwar als Abschiedsvorstellung angekündigt worden war, tatsächlich aber nur einen weiteren Initialpunkt bildete. Es folgte eine siebenmonatige Tournee mit der zehnjährigen Adelina Patti unter anderem in die junge Metropole Chicago, wo sie vor

ausverkauftem Haus Donizetti und Bellini sang und er Paganini spielte.[489] Dann
reiste Bull nach San Francisco weiter, verbrachte zwei Monate in Kalifornien
und machte einen Abstecher nach Panama. Im Jahr 1854 spielte er in Milwaukee,
1856 in Janesville und Madison, knapp ein halbes Jahrzehnt, nachdem Wisconsin ein Bundesstaat geworden war. Am Ende musste sein 17-jähriger Sohn nach
Albany, New York, geschickt werden, um ihn nach Hause zu holen.

Bulls letzte Amerika-Tournee nach dem Tod seiner Frau war so schillernd wie die Konzertreisen zuvor. In Begleitung seines Sohnes machte er sich
erneut auf den Weg von New York nach Wisconsin. Als während seiner Schiffs-
reise auf dem Ohio River ein Feuer an Bord ausbrach und Crew und Passagiere
überstürzt ans Ufer schwammen, verlor Bull Geld und Wertsachen, aber seine
Geige konnte er retten. Im Sommer des Jahres 1869 fungierte er anlässlich des
Boston Peace Jubilee als Konzertmeister eines Orchesters mit 1 094 Musikern.
Schon ein Jahr nach der Fertigstellung der transkontinentalen Eisenbahn nahm
er den Zug nach San Francisco. Nach seiner Rückkehr stieg er wieder in Madison
aus, wo Joseph Thorp, ein Pionier und Senator im Staatsparlament, ein Haus
mit Blick auf den Lake Mendota gebaut hatte. Nach einer kurzen Reise nach
Norwegen wurden Bull, inzwischen 60 Jahre alt, und Thorps 19-jährige Tochter
Sarah von einem Ortspfarrer getraut. Der Partyservice brachte aus Chicago
Besteck aus massivem Silber und Geschirr im Wert von 30.000 Dollar. Es gab
zwei herrliche Kuchen in den norwegischen und amerikanischen Farben. Zum
Empfang waren mehr als 1 000 Gäste – über 10 Prozent der Einwohner der
Stadt – eingeladen. Sechs Monate später wurde dem Paar in West Lebanon,
Maine, das erste Kind geboren.[490]

Über Bulls Talent äußerten sich die Meinungsmacher zwiespältig. Der
französische Kritikerstar Jules Janin bezeichnete Bull als »ce jeune sauvage«
und meinte das als Kompliment. Das traf auf den Kritikerstar Mitteleuropas,
Eduard Hanslick, nicht zu, als er Bull »paganinisch« nannte.[491] Im Gegensatz
zu Paganini spielte Bull die Klassiker gelegentlich auf Anfrage, darunter Beethovens *Kreutzer-Sonate* mit Liszt in London und mit Mendelssohn in Leipzig,
Mozarts g-Moll-Quintett mit Mendelssohns Konzertmeister Ferdinand David
und Quartette mit Spohr. Aber dies waren weder seine persönlichen Favoriten
noch ein normaler Teil seines Repertoires. Seine Vorstellung von einem Quartett, so wurde bemerkt, war ein kleines Orchester mit Solisten. Eine Wiederholung der *Kreutzer-Sonate* mit Liszt um der alten Zeiten willen, als sie beide
in ihren Siebzigern waren, endete damit, dass Liszt aus Wut und Frustration
einen Stuhl zertrümmerte.[492] Joseph Joachim, der den Goldstandard der neuen
Konzertkultur verkörperte und sich über Bulls Beschränkungen keine Illusionen
machte, war dennoch voller Bewunderung für seine Virtuosität und Intonation,
zumal in einer Zeit, in der der junge Zeitgenosse Sarasate den noch jüngeren
Eugène Ysaÿe damit frappieren konnte, dass er sauber spielte.[493]

Das Publikum hingegen konnte von Bulls Musik nicht genug bekommen – auch nicht von seinem Drama. Sein Sinn für Theatralik war bis zum Schluss vorzüglich. Als junger Mann hatte er nachts alleine im Kolosseum improvisiert. Als alter Mann kletterte er, gefolgt von einem gemieteten Träger für seine Geige, auf die Cheops-Pyramide, wandte sich nach Norden und spielte seine norwegische Berghymne. Selbst seine Beerdigung im Jahr 1880 war ein Ereignis. Eine Flottille eskortierte seinen Leichnam in den Hafen von Bergen. Kanonen erschallten, Kirchenglocken läuteten, Chöre sangen und ein Orchester spielte Chopins Trauermarsch.[494]

Bulls Vermächtnis war paradoxerweise fast ausschließlich außermusikalisch. Es gab keine Schüler, kein aktuell bekanntes und außerhalb seiner Heimat Norwegen gespieltes Repertoire. Aber es gab ein ganzes Leben voller bürgerlicher, unternehmerischer, sogar Nationen stiftender Aktivitäten in einem Ausmaß, mit dem sich nur wenige seiner Kollegen oder Nachfolger vergleichen konnten. Allerdings war der Erfolg uneinheitlich. Seine Pläne für eine Kolonie von norwegischen Bauernhöfen in Pennsylvania begannen mit einem Paukenschlag, als er die erforderliche Beantragung einer Staatsbürgerschaft zu einem Medien-Event in der Independence Hall in Philadelphia machte. Das Projekt selbst, als Oleana bekannt, wurde bald zu einer Quelle internationaler Heiterkeit.[495] Pläne für ein norwegisches Nationaltheater verliefen ebenso im Sande wie Pläne für eine New Yorker Oper. Auch seine Investitionen in ein neues verbessertes Klavier mit Unterstützung seines Freundes John Ericsson, der im amerikanischen Bürgerkrieg das gepanzerte Kriegsschiff *Monitor* erfand, waren ein Verlustgeschäft.

Eines seiner amerikanischen Projekte, die Statue des Wikingers und Entdeckers Leif Ericson von Anne Whitney, steht immer noch auf der Commonwealth Avenue in Boston, während eine Kopie Milwaukees Juneau Park ziert, in beiden Fällen mit Blick nach Westen. Ein lebendiges Vermächtnis, sein Einsatz für die Verbreitung der Hardanger-Fiedel, trug ihren Teil dazu bei, dieses traditionelle acht- oder neunsaitige Instrument für die norwegische Identität so wesentlich werden zu lassen wie Stockfisch, und für viele Menschen ein gutes Stück verlockender. Als ein weiteres lebendiges Vermächtnis wurde seine Heimatinsel zur Stätte eines jährlichen internationalen Musikfestivals und zu einem beliebten Touristenziel. Aber Bull selbst war schon lange davor zum Botschafter aus einer anderen Zeit geworden.

Mehr als jeder andere Künstler verkörperte Joseph Joachim die neue Zeit, in der »Große Musik« als Religion mit anderen Mitteln, der Komponist als Prophet und der Interpret als Priester angesehen wurde. Ebenso wie Viotti und Paganini nahm er in seinen Zwanzigerjahren zu seinen eigenen Bedingungen eine Beschäftigung bei Hofe an, die ihm vertraglich erlaubte, fünf Monate im Jahr frei unternehmerisch tätig zu sein. Adlige Arbeitgeber, die bisher Künstler in jeder Weise von oben herab behandelt hatten, waren nun – zu einem großen Teil dank Joachim – erfreut, in ihrer Gesellschaft gesehen zu werden und zeigten sich von Amts wegen zur Einweihung der neuen Konservatorien, wo die Religion der »Großen Musik« unterrichtet und ausgeübt wurde.

Joachims Erscheinen in Wien im Jahr 1861 ließ erkennen, wie weit und wie schnell sich die Dinge bewegt hatten, seit Bull dort nur drei Jahre zuvor aufgetreten war. Es war kein Zufall, dass er das Beethoven-Konzert spielte, das 1806 auf einer Benefizveranstaltung für den Solisten Franz Clement seine Premiere hatte. Eine Generation später wurde es immer noch so selten gegeben, dass seine gelegentlichen Aufführungen dokumentiert sind.[496] Es dauerte bis 1844, bis der 35-jährige Felix Mendelssohn den frühreifen Joachim, gerade 13 Jahre alt, einlud, in London zu spielen, und das Konzert seinen Dornröschen-Moment erlebte. John Callcott Horsley, der im Jahr zuvor die Weihnachtskarte erfunden hatte, gedachte der Szene in einer berühmten Karikatur, die einen kleinen Jungen mit einer großen Geige zeigt, der hoch oben auf einer Weltkugel, aber mit beiden Beinen fest in Großbritannien steht. Allegorische Figuren, die Europa, Asien, Amerika und Afrika verkörpern, schauen wohlwollend auf das Wunderkind herunter. Etwa ein Jahrzehnt später zeigt ein Aquarell von Carl Johann Arnold Joachim, der mit dem Rücken zum Betrachter im Salon der verehrten Bettina von Arnim ein Beethoven-Quartett spielt, während die Gastgeberin nachdenklich von ihrem Sessel aus zuschaut und eine demonstrativ hervorgehobene Büste von Goethe von oben herabblickt.[497] Metaphorischer ging es kaum noch.

Seit Joachims Aufführung gehörten das Beethoven-Konzert und ebenso Bachs Solosonaten und -partiten zur Grundlage des Violinrepertoires. Es zu spielen war zu einem wesentlichen Teil der Berufsbestimmung eines Geigers geworden, und Joachims Identifikation mit dem Stück sollte bis zum Ende seines Lebens dauern, obwohl er sich mit 37 Jahren von der Konzertbühne zurückzog. Von nun an spielte er, was und wann er wollte, woraus fast 40 Kammerkonzert-Spielzeiten mit einem Quartett resultierten, das seinen Namen trug und das Charles Gounod, den französischen Komponisten, zu der Bemerkung veranlasste, dass Joachim die christliche Gottheit ausgestochen habe, indem er vier zu einer machte.[498] 60 Jahre nach seinem Debüt in London war es bei einem diamantenen Jubiläumskonzert vor 3000 Gästen in der Queen's Hall unvermeidlich, dass Joachim wieder das spielen würde, was als »sein« Konzert bekannt geworden war.

Joachims Leben fiel fast genau mit der Regentschaft von Königin Victoria zusammen – eine Epoche, die sich vom Niedergang Napoleons bis zum Vorabend des Ersten Weltkriegs erstreckte. Dank Mendelssohn war er Zeuge der Wiederentdeckung von Bach nach fast einem Jahrhundert der Vergessenheit.

Auch seine Beethoven-Erfahrungen waren nur indirekt, doch stammten diese Informationen von Menschen, die Beethoven persönlich gekannt hatten. Seine Erfahrungen mit Beethovens Nachfolgern hingegen – Mendelssohn, Robert und Clara Schumann und Brahms, der sein eigenes Violinkonzert Joachim widmen sollte – waren unmittelbar und persönlich. Nicht nur war seine Position als

Hohepriester hoher Kunst ausreichend, um ihn zu schützen, wenn Kritiker sowohl unerbittlich als auch glaubwürdig auf den Verfall seiner einst großartigen Technik hinwiesen, sie genügte auch, um ihm in einer der spektakulärsten häuslichen Kernschmelzen der Ära beizustehen, als er seine Frau, die Mutter seiner sechs Kinder, nach 20 Ehejahren einer Affäre mit dem Musikverleger Simrock beschuldigte. Der Rechtsstreit dauerte vier Jahre. Am Ende wurde das Sorgerecht geteilt, die drei Jungen blieben bei ihm, die drei Mädchen bei ihr. Aber seine Anklagepunkte wurden schnell fallen gelassen. Wie die Hamburger Musikwissenschaftlerin Beatrix Borchard in einer beispielhaften Biografie herausgestellt hat, lag das eigentliche Problem in der Unvereinbarkeit von Joachims patriarchalischem Ego und der Liedgesang-Karriere, die seine Frau mit beeindruckendem Erfolg wieder aufnahm, nachdem sie vorher als Bedingung für die Eheschließung eine vielversprechende voreheliche Opernkarriere geopfert hatte.[499]

Doch auch wenn Freundschaften an ihren Bruchlinien zerbrachen, wankte sein Bild in der Öffentlichkeit nicht. Noch immer begegneten die Menschen ihm mit Ehrfurcht. Aber sie mochten ihn auch, und Freunde wie Vertraute nannten ihn ohne Ironie Onkel Jo. Abonnements für Joachims Quartett wurden weiterhin wie Erbstücke behandelt. Von London bis St. Petersburg versammelte sich immer noch ein Publikum, das so andächtig wie eine Kirchengemeinde lauschte, wenn er Beethoven spielte. 1890 inspirierte eine Aufführung von Bach'schen Solostücken den jungen George Bernard Shaw zu einer der lustigsten Kritiken, die jemals verfasst wurde. Doch selbst Shaw räumte ein, dass alle einschließlich er selbst »wie verrückt applaudiert« hatten und sich vor Joachims »ehrwürdiger künstlerischer Karriere« verbeugten.[500]

Zu dieser Zeit standen britische Universitäten Schlange, um ihm die Ehrendoktorwürde zu verleihen. 1888, am 50. Jahrestag seines Debütkonzerts, überreichten ihm lokale Bewunderer 100.000 Mark als eine Geste der Wertschätzung und ein Berliner Chor übergab ihm einen kunstvoll geschnitzten, handgefertigten und üppig verzierten Gedenkstuhl, der schließlich seinen Weg in die Universität von Edinburgh fand. Im Jahr 1904 erhielten britische Bewunderer ihre Chance, als Joachim nach 60 Jahren der Besuche für ein Abschiedskonzert nach Großbritannien kam. Der damalige Premierminister Arthur James Balfour leitete das Festkomitee. Lokale Fans sammelten, um ihm eine Stradivari zu schenken. John Singer Sargent, der Joachim der Gesellschaftsmaler, wurde beauftragt, ein Porträt zu erstellen, das später nach Toronto gelangte.

Selbst nach den Maßstäben eines ereignisreichen Jahrhunderts war seine Karriere in mehrfacher Hinsicht bemerkenswert. Als junger Hinterwäldler, der aus dem österreichischen Kittsee – dem ungarischen Köpcsény, dem kroatischen Gijeca bzw. dem slowakischen Kopčany – kam und es in der Großstadt eines aufstrebenden Landes geschafft hatte, personifizierte er geradezu eine der beliebtesten Geschichten der Zeit. Als Künstler, Professor und preußischer Beamter war er ein wandelnder Hattrick der von der Gesellschaft am meisten geschätzten Werte.

Sogar sein Tod 1907 war ein Ereignis. Innerhalb von Stunden nach seinem Ableben erschien ein Nachruf in der *New York Times*, begleitet von einem nachdenklichen Leitartikel, in dem zugestanden wurde, dass er, obwohl er zwangsläufig etwas von seinem Schwung verloren und als Komponist keine Glanzleistungen vollbracht hatte, auch noch in seinem siebten Lebensjahrzehnt nicht nur weiterhin gern gehört wurde, sondern auch tatsächlich »hörenswert« gewesen war.[501] In Berlin wurde sein Leichnam in einem von sechs Pferden gezogenen Leichenwagen und eskortiert von Schülern im Frack auf den Friedhof der Kaiser-Wilhelm-Gedächtniskirche gebracht, gefolgt von fünf Wagen mit letzten Blumengrüßen. Soweit das Auge reichte, schlossen sich Kutschen den Wagen an. Die Trauerfeier in Anwesenheit des Kronprinzen, von Admiral Tirpitz, dem Physiker Max Planck und dem Direktor des Berliner Zoos kam einem Staatsbegräbnis gleich. Die gespielte Musik bestand aus Werken von Bach, Beethoven und Brahms.

Die Gebrüder Mendelssohn stellten ein Komitee zusammen, um bei Adolf von Hildebrand, einer Art John Singer Sargent der Bildhauer, ein Denkmal in Auftrag zu geben, das eine Gruppierung von Nymphen, Lauten und Harfen einschließen sollte. 1913 wurde es in Anwesenheit des vierten Sohnes des Kaisers in der Empfangshalle der Hochschule eingeweiht. 1931, als das Geld weniger und die Erinnerung blasser wurde, gedachte die Berliner Hochschule – die Institution, die Joachim ins Leben gerufen hatte –, pflichtbewusst des 100. Geburtstages ihres Gründers. Von da an ging es bergab, zum Teil – aber wirklich nur zum Teil – aus politischen Gründen. Ein winzig kleines Stück Grün am Joachimplatz im Berliner Stadtteil Wilmersdorf, in Fußnähe der Furtwängler-, der Richard-Strauss- und sogar der Bismarck-Straße, war nach dem Zweiten Weltkrieg vorwiegend ein Landeplatz für Tauben. Eine Büste von ihm stand wieder im Foyer des Konservatoriums. Allerdings wurde sie vermutlich mit Brahms verwechselt, wie Borchard bemerkte.[502]

Trotz alledem war Joachims Vermächtnis – ebenso wie dasjenige Paganinis – tiefgreifend und nachhaltig. Die Hochschule, das Quartett, die Berliner Philharmoniker und die Agentur Wolff, die Mutter des modernen Künstler-Managements, waren und sind alle vorbildliche Einrichtungen, die aus Berlin, einem Nebenschauplatz der Künste, den »Big Apple« der Zeit machten und ohne Joachim kaum vorstellbar wären. Von Mendelssohn, einem Freund in seiner frühesten Jugend, bis zu Brahms, mit dem ihn eine fast 40-jährige Freundschaft verband, hinterließen die Menschen, mit denen er sich umgab, ein Repertoire und eine Aufführungstradition, die auch ein Jahrhundert später noch intakt und erkennbar sind. Dank Joachim kamen Dutzende und Hunderte von jungen

Quartetten zusammen, um als Kollegen wie ein einziges Instrument mit 16 Saiten statt eines kleinen Orchesters von Violinsolisten miteinander zu musizieren. Niemand verweigert sich dem Brahms-Konzert, so wie Sarasate es tat, weil das Hauptthema des zweiten Satzes zuerst an die Oboe geht.[503] Joachims Transkriptionen von Brahms' *Ungarischen Tänzen* sind den Zuhörern so bekannt wie Rossinis Ouvertüre zu *Wilhelm Tell* und Strauß' *An der schönen blauen Donau*, selbst wenn sie nicht wissen, was sie da hören. Und auch wenn es zahllose alternative Kadenzen zum Beethoven-Konzert gibt, bleibt diejenige von Joachim so vertraut wie Gänsebraten zu Weihnachten.

Als im Jahr 2007 der 100. Todestag von Joachim nicht mehr weit war, konnte man sein Vermächtnis sogar im Weißen Haus besichtigen. Anlass war ein Besuch von Königin Elizabeth II. von England. Offizielle Fotos zeigen den großen israelisch-amerikanischen Geiger Itzhak Perlman, der auf ein Publikum blickt, zu dem Präsident George W. Bush und Mrs. Barbara Bush, Vizepräsident Dick Cheney und Mrs. Lynne Cheney und Chief Justice John Roberts und Mrs. Jane Roberts sowie die Königin und ihr Gemahl, der Herzog von Edinburgh gehörten. Dass keiner es wagte, sich während der Musik zu unterhalten, und Perlman auf der Gästeliste dieses Abendessens stand, war auch Joachim zu verdanken.

Wie man zur Carnegie Hall gelangt

Paganini und Joachim hatten jeder auf seine Weise die Zukunft nicht nur erkannt, sondern auch gestaltet. Zuhörer und Komponisten konnten jetzt einen Grad technischer Leistungen erwarten, der undenkbar gewesen war, bevor Paganini die Richtung aufzeigte. Doch war es Beethoven, der im Spiel die Wende brachte. »Jahrhunderte geübter handwerklicher Fertigkeit wurden mit einem Schlag zu Kunst«, bemerkte Alessandro Barrico im Jahr 1993.[504] Laut Alex Ross hatte nunmehr der Name Beethoven für Konzertsäle dieselbe Bedeutung wie ein Kruzifix für Kirchen,[505] und das war zum großen Teil Joachim zu verdanken. Sowohl er als auch Paganini bewiesen, dass es dabei auch Geld zu verdienen gab. Selbst in den vergleichsweise schlichten Tagen vor und nach dem Ersten Weltkrieg, in denen Paganini und Joachim längst Geschichte und Konzerte eine Wachstumsbranche geworden waren, wurden ihre Nachfolger als Berühmtheiten angesehen, und eine Karriere konnte sich über Jahrzehnte erstrecken. Doch das Gefälle wurde immer steiler, und der Anfang war zumeist ein Kampf. War für den aufstrebenden Spieler einst das Concert spirituel die Startrampe gewesen, so war es nun das Debüt in Berlin oder New York, zu dem die jungen Hoffnungsträger ihr eigenes Geld oder das ihrer Eltern, Gönner oder Manager mitbrachten und alles auf eine Karte setzten. Mit einem Preis vom Konservatorium, mit Empfehlungsschreiben und ein paar Kritiken aus der Provinz bewaffnet, mieteten sie einen Saal, engagierten ein Orchester oder zumindest einen Pianisten, platzierten Annoncen oder Plakate dort, wo sie gesehen werden würden, und taten in der Hoffnung, dass einige Impresarios oder Dirigenten zum Konzert kommen würden, alles Mögliche, um ein wenig Aufmerksamkeit der Medien zu gewinnen. Danach warteten sie auf die Frühausgaben der Zeitungen.

Für diejenigen, die es den steilen Hang hinauf geschafft hatten, war die Aussicht auf dem Gipfel sichtlich besser geworden. Der 13-jährige Fritz Kreisler, den der Manager der Metropolitan Opera Edmund C. Stanton 1888 entdeckt hatte, verpflichtete sich für seine erste Amerika-Tournee für 50 Konzerte zu jeweils 50 Dollar. In einer Zeit, in der ein amerikanischer Schmied, Maurer oder Zimmermann vielleicht 750 bis 1.000 Dollar pro Jahr und ihre europäischen Kollegen deutlich weniger verdienten, war das richtiges Geld. Doch wie so oft wurde ein Großteil davon für Unkosten ausgegeben. Im Jahr 1910 buchte die Boston Symphony Kreisler für eine Tournee zu 600 Dollar pro Konzert, plus 800 Dollar für zwei Soloauftritte. Kurz vor dem Ersten Weltkrieg, als die Kaufkraft des Dollars im Wesentlichen seit 1888 unverändert geblieben war, spielte er angeblich 1.000 Dollar pro Abend ein. Der um 16 Jahre jüngere Mischa Elman verdiente in der Zwischenzeit mit 100 Konzerten, Schallplattenverkäufen sowie Sammlungen und Übungsstücken, die er für die Musikverlage Schirmer und Fischer bearbeitet hatte, 100.000 Dollar pro Jahr.

Als 1930 das durchschnittliche Jahresgehalt eines Angestellten etwas unter 1.400 Dollar lag, betrug Kreislers Konzertgage angeblich im Durchschnitt 3.000 Dollar pro Abend.[506] Aber der schnelle Aufsteiger Jascha Heifetz bestimmte schon jetzt das Tempo. Im Jahr 1919, als ein Klempner in Chicago in einer 44-Stunden-Woche 33 Dollar verdiente, zahlte die New York Philharmonic Kreisler 2.000 und Heifetz 2.250 Dollar für je zwei Konzerte. Zwischen Dezember 1949 und März 1950 engagierte die New York Philharmonic sieben Geiger als Solisten. Für drei Aufführungen des Konzertes, das Heifetz 1936 bei William Walton gegen ein Honorar von 300 Pfund – zu dieser Zeit der Gegenwert von 1.500 Dollar – in Auftrag gegeben hatte, erhielt Heifetz 9.500 Dollar. Dem kam keiner der anderen nahe: Bei Nathan Milstein betrug die Gage 3.800, bei Zino Francescatti 3.600, bei Isaac Stern und Joseph Szigeti 2.800 für je drei Konzerte, bei Szymon Goldberg 1.350 Dollar für zwei Konzerte und bei Miriam Solovieff 250 Dollar für ein Konzert.[507] Da sich das durchschnittliche Jahreseinkommen eines Haushalts zu dieser Zeit in etwa auf 4.200 Dollar belief,[508] war dies eine sehr gut bezahlte Arbeit, sogar für Solovieff. Als ein paar Generationen später Fußballspieler und Junk-Bond-Impresarios zu Millionären wurden, erhielt Stern angeblich eine Konzertgage von 45.000 Dollar, in den USA etwa das Doppelte des jährlichen Pro-Kopf-Einkommens.[509]

Im Prinzip waren die notwendigen Voraussetzungen für eine Solokarriere – Talent, Temperament, Durchhaltevermögen, Geduld und emotionale Belastbarkeit – noch dieselben wie zu Corellis Zeit. »Der Künstler, der diese Qualitäten hat«, so zitiert der Biograf Ferenc von Vecseys einen bedeutenden Dirigenten, »kann sich in einem Dutzend anderer Gewerbe einschließlich dem Künstlermanagement hervortun, während ich noch nie einen Impresario getroffen habe, der eine anständige C-Dur-Tonleiter spielen oder mir eine Tournee zusammenstellen konnte, ohne dass er Zeitpläne durcheinander gebracht, Dinge falsch verstanden und für lange nächtliche Zwischenstopps in kalten, unwirtlichen Bahnhöfen gesorgt hätte.«[510]

Erlebnisse und Begegnungen mit großen und schillernden Persönlichkeiten sind seit dem 19. Jahrhundert ein Lieblingsthema von Biografien und der Memoirenliteratur. Doch der unverkennbare gemeinsame Nenner dieses Genres besteht aus Langeweile und gelegentlichen Wechselfällen des Lebens wie schlechten Straßen, elenden Ozeanüberquerungen, ungenießbarem Essen und zweifelhaften Hotels. Reisen war ein unvermeidlicher Teil eines solchen Lebens und forderte von Ehepartnern und Familien seinen Tribut. Stabile und sogar glückliche Ehen wie die von Joseph Szigeti, Albert Spalding, Nathan Milstein und Itzhak Perlman waren nicht gänzlich unbekannt, doch erinnern persönliche Schicksale wie die von Viotti, Paganini und Joachim daran, dass ein konventionelles Familienleben und häusliche Stabilität nicht immer leicht zu haben sind.

Gidon Kremer, einer der interessantesten Geiger seiner Generation und auch als Essayist ungewöhnlich begabt, beschreibt den typischen Tagesablauf, der beginnt, wenn er um 6.38 Uhr aus dem Bett stolpert, um seine Checkliste zu überprüfen und dann zum Flughafen zu fahren, wo die Hintergrundmusik »genau wie in der Hölle« nie eine endgültige Coda erreicht. Nach der Ankunft muss er sein Hotel finden und proben. Dann gibt er ein Interview, macht eine Mittagspause, wird dabei von einem Anruf unterbrochen und versucht mit mäßigem Erfolg ein Nickerchen.

»Es ist das blasierteste, herabwürdigendste Handwerk, und ich hab's schon von den paar Wochen wieder herzlich satt«, schrieb Joachim Mitte des 19. Jahrhunderts seinem Bruder. »Kein Hund würde unseren Lebensrhythmus akzeptieren, jeder würde weglaufen. Traurig, aber der Wahrheit nah«, sagte Christoph von Dohnányi, der langjährige Dirigent des Cleveland Orchestra, an der Schwelle zum 21. Jahrhundert nur halb scherzhaft zu Kremer.[511] Sarah Chang hatte einige Jahre später sicherlich ähnliche Gedanken, als sie – ein einstiges Wunderkind, das sich nun seinem dritten Lebensjahrzehnt näherte – in Detroit spielen sollte, einer Stadt, die noch angeschlagener war als Cleveland. Die Detroit Symphony hatte gerade gestreikt, um gegen vorgeschlagene Gehaltskürzungen von über 30 Prozent zu protestieren. Sie stimmte zu, mit einem vom Orchestermanagement initiierten Konzert einzuspringen, dessen Erlös an den Pensionsfonds der Musiker gehen sollte, wurde dann aber durch eine Protestwelle von nicht nur den lokalen Akteuren, sondern auch deren Kollegen in Los Angeles und San Francisco veranlasst, die Sache noch einmal zu überdenken. Mit den Worten »Ich bin gegen meinen Willen in einen internen Streit hineingezogen worden, in den ich nicht angemessen eingebunden bin«, floh sie aus Detroit an die Westküste.[512]

Eine Solokarriere durchzuhalten, war gewiss keine Aufgabe für Feiglinge; es war aber auch nicht nur eigenwillige Verschrobenheit, dass Heifetz eine Kopie von Kiplings Gedicht *If*, einem spätviktorianischen Katalog von Versuchungen und Herausforderungen, die man bestehen und bewältigen muss, wenn man als Mann anerkannt werden will, in seinem Geigenkasten aufbewahrte.[513] Mit 30 Jahren war Christian Ferras, der eine internationale Karriere, eine erstklassige Diskografie, zwei Strads und einen Ford Thunderbird sein Eigen nannte, ein etablierter Star. Mit 49 war er in einem Teufelskreis von Angst, Depression, Alkoholismus und Glücksspiel gefangen, der im Selbstmord endete.[514] Gerhard Taschner wurde im erstaunlichen Alter von 19 Jahren Konzertmeister der Berliner Philharmoniker unter Furtwängler und machte während der Kriegszeit in Europa eine erfolgreiche Karriere. Er war kein Nazi gewesen, doch sein frühzeitiger Erfolg bedeutete nach 1945 kein Gewinnerlos. Zwar war seine Nachkriegskarriere kein Misserfolg, doch wurde er weder nach Großbritannien noch in die Vereinigten Staaten eingeladen. Zu unterrichten – was er weder besonders gut noch besonders gerne tat – war kein Ersatz für ein Konzertleben. Zwei Ehen scheiterten. Als er Anfang 40 war, ging es mit seinen Aufführungen wegen Rückenproblemen zu Ende. Im verhältnismäßig frühen Alter von 54 Jahren starb er an einer Leberzirrhose.[515]

Die Anstrengungen einer Reise waren eine ständige Erinnerung daran, dass nicht jeder dafür gemacht war, 100 Konzerte im Jahr zu spielen (geschweige denn mehr als 200 wie Adolf Busch).[516] Allein schon das Ankommen war eine existenzielle Herausforderung. Ein englischer Reisender berichtete 1781, dass die Fahrt von St. Petersburg nach Moskau, 488 englische Meilen und eine bei italienischen Geigern äußerst beliebte Route, in einem guten Wagen 13 Tage dauerte, und er fügte hinzu, dass sie am besten im Winter gemacht werde, wenn der Schnee eine relativ glatte Oberfläche bot.[517] Paganini, der zwischen dem 1. September und 31. Oktober 1833 per Post- und Mietkutsche in England auf Tournee war, gab 32 Konzerte in 25 Städten. Als der belgische Virtuose Ovide Musin in den 1870er-Jahren Großbritannien bereiste, spielte er in zehn Wochen 60 Konzerte. Doch einige Jahre später verpasste er ein Konzert in Des Moines, weil sein Zug in einer Schneewehe stecken geblieben war.[518] Der 13-jährige Fritz Kreisler reiste 1888 zu seiner ersten Amerika-Tournee mit einem mit Kohlekraft betriebenen Ozeandampfer und war zwischen der deutschen Nordseeküste und New York drei Wochen lang seekrank.[519] Von Vecseys del Gesù ging beim Überqueren der Anden buchstäblich aus dem Leim.[520]

Jascha Heifetz reiste Ende 1917 mit 16 Jahren aufs Geratewohl und um nur irgendwie die Distanz zwischen seiner Familie und der Revolution in Russland zu vergrößern, über Sibirien, Japan, Hawaii und San Francisco und brachte es zu seinem maßstabsetzenden Debüt in der Carnegie Hall. Verglichen damit erscheint die dreimonatige Tournee mit 40 Konzerten von Puerto Rico nach Argentinien und zurück über Chile und Costa Rica, die Heifetz 1940 unternahm, als eine angenehme Pendlerstrecke. Andererseits waren aufeinanderfolgende Tourneen im Auftrag des Truppenunterstützungsvereins USO nach Nordafrika und Italien, während die großen Geschütze immer noch in Hörweite donnerten, und nach England, Frankreich und Deutschland in den letzten Kriegsmonaten wirklich gefährlich.[521] Ein Jahrzehnt später schaffte es Heifetz trotz des Niedergangs der amerikanischen Personenbeförderung auf der Schiene und einer Wettersituation, die die Hälfte des nationalen Luftverkehrs in Kansas City am Boden hielt, rechtzeitig von San Antonio nach Chicago für eine historische Aufnahme des Brahms-Konzerts. Er blieb, wie üblich, unerschütterlich, doch sein Tournee-Manager Schuyler Chapin war ein Nervenwrack.[522]

Eine Generation später erinnerte sich Takako Nishizaki an einen Terminplan für Schallplattenaufnahmen, in dem auf dem Rückweg von Taiwan seltsame Fluggesellschaften, bizarre Flughäfen und nigerianische Käufer von Auto-Ersatzteilen eine Rolle spielten. Filmporträts zeigen die gut 20-jährige Geigerin Hillary Hahn und die weit über 70-jährige Geigerin Ida Haendel, wie sie sich durch Flughäfen schleppen, weil niemand gekommen war, um sie zu empfangen.[523] Immerhin konnten sie sich damit trösten, dass sie von ihrer Dienstreise heil zurückkehrten – im Gegensatz zu Jacques Thibaud und Ginette Neveu, die bei Flugzeugabstürzen ums Leben kamen, Ossy Renardy (geboren als Oskar Reiss), der bei einem Autounfall starb, und vier Mitreisenden von Bronislaw Huberman, die bei einem Flugzeugabsturz getötet wurden, während Huberman knapp überlebte.

Talent und Ausdauer waren gewiss notwendige Voraussetzungen für Erfolg, doch das Glück, zur richtigen Zeit am richtigen Ort zu sein, rangierte dicht dahinter. Bei dem 12-jährigen Viotti war es der Dorfpfarrer, der ihn beim Turiner Adel einführte. Für den kleinen Pepi Joachim sorgte eine Reihe von Budapester Gönnern und bestens verheirateten Wiener Verwandten dafür, dass auf ihn in Wien gut aufgepasst und er an Mendelssohn in Leipzig weiterempfohlen wurde. 1872 übte der 14-jährige Eugène Ysaÿe in einem Keller in Lüttich zufällig Stücke von Vieuxtemps, als der Komponist selber vorbeiging und an die Tür klopfte.[524] Váša Příhoda, der mit 19 Jahren entdeckt wurde, als er am Weihnachtstag 1919 in einem Mailänder Café fiedelte, beeindruckte einen lokalen Journalisten derartig, dass er ihn gegenüber dem Dirigenten Arturo Toscanini erwähnte. Der große Pianist Artur Rubinstein fand den in Warschau geborenen und in Berlin und Paris ausgebildeten Henryk Szeryng in Mexiko wieder, wo der Virtuose, nachdem seine Familie, sein Land und seine vielversprechende Karriere vom Zweiten Weltkrieg hinweggefegt worden waren, in solcher Armut lebte, dass er Coca-Cola-Spots einspielen und sich mit Schwarzarbeit in Piano-Bars über Wasser halten musste.[525]

Christopher Hope verließ Südafrika, als er Mitte der 1970er-Jahre von der Apartheid genug hatte, und ging nach England, wo seine Frau eine Stellung als Sekretärin bei Yehudi Menuhin annahm. Ihr Sohn Daniel, der sie zur Arbeit begleitete, entschied sich mit vier Jahren, Geiger werden zu wollen. Mit elf spielte er mit Menuhin auf der Bühne Duette. Eine bedeutende Karriere als Solist und Kammermusiker folgte.

Midoris Moment kam mit 14 Jahren, während sie mit der Boston Symphony spielte. Als eine Saite riss, lieh sie sich sofort die Geige des Konzertmeisters und spielte weiter. Als eine weitere Saite riss, borgte sie sich das Instrument des zweiten Konzertmeisters und fuhr mit dem Konzert fort. Am nächsten Morgen, einem Sonntag, berichtete die *New York Times* die Geschichte in vier Spalten auf der Titelseite, am nächsten Tag folgte ein Interview mit 690 Wörtern Umfang.[526]

Für die Geiger Itzhak Perlman, Pinchas Zukerman, Jaime Laredo und Midori sowie für den Cellisten Yo-Yo Ma und den Dirigenten Zubin Mehta, eine Gruppe von Musikern der Nachkriegszeit, die umgangssprachlich als »Stern-Bande« – eine Anspielung auf eine zionistische Miliz, die am israelischen Unabhängigkeitskampf beteiligt war – und als »Kosher Nostra« – eine Anspielung auf die Cosa Nostra – bezeichnet wurden, waren die praktische Unterstützung und das Interesse des überzeugungskräftigen und gut vernetzten Isaac Stern ein Geschenk von nachhaltigem Wert.

Glück konnte sich aber natürlich auch ins Gegenteil verkehren. Mischa Elman, der seit seinem 13. Lebensjahr triumphal aufgestiegen und mit 70 Jahren immer noch aktiv war, verbrachte, so wie ein älteres Kind, das von einem jüngeren Bruder übertroffen wird, die letzten sechs Jahrzehnte seiner langen Karriere in dem Schatten, den Heifetz bei seiner Ankunft in Amerika im Jahr 1917 geworfen hatte. Bei dessen legendärem Debüt in der Carnegie Hall beschwerte sich Elman angeblich bei dem Pianisten Leopold Godowsky mit den Worten: »Sehr warm hier drin.« Godowsky soll geantwortet haben: »Nicht für Pianisten.«[527]

Die Geschichte ist aus gutem Grund ein Klassiker. Aber sie hätte nicht die gleiche Resonanz gefunden, hätte sie sich in Salt Lake City abgespielt. Das Wo war ein weiterer karrierefördernder Faktor. Es war zwar in Ordnung, in Fusignano, Genua, Fontanetto oder der österreich-ungarischen Grenzstadt Kittsee geboren zu sein, so wie es später in Ordnung war, in Talnyone in der

Ukraine, Wilna – im damals russischen Litauen –, in Osaka oder Seoul zur Welt gekommen zu sein. Doch wenn er es zu etwas bringen sollte, war der Durchbruch in Wien, St. Petersburg und später Moskau, in Paris, London, Berlin oder New York für den jungen Geiger unerlässlich.

Für eine ganze Gruppe von nach dem Ersten Weltkrieg geborenen Wunderkindern wurde es auch existenziell wichtig, ob sie das Licht der Welt auf der polnischen oder der sowjetischen Seite der Grenze erblickt hatten, die 1921 mit dem Vertrag von Riga gezogen worden war. Die auf der Westseite Geborenen wie Max Rostal oder Ida Haendel wollten bei Carl Flesch in Berlin studieren. Das unerwartete Ergebnis war für beide ein Kriegsasyl in Großbritannien, das ihnen zwar das Leben rettete, sie für die Dauer des Zweiten Weltkriegs aber auch vom weit größeren US-Markt fernhielt, wo die Schützlinge von Auer bereits seit einer Generation ihre Hegemonie gefestigt hatten. Wer wie Oistrach und Kogan auf der Ostseite geboren war, verbrachte seine Karriere wahrscheinlich im Ostblock, in einem Markt, der sich im Prinzip von Zentraleuropa bis zum Schwarzen Meer und dem Pazifik erstreckte. Dabei waren sie allerdings an den staatlichen Management-Monopolisten Gosconcert oder seine regionalen Entsprechungen gebunden, der auf Gedeih und Verderb ihre Karrieren in der Hand hatte.

Auch Gidon Kremer, dessen Heimatstadt Riga wahrlich kein Dorf war, wurde mit 15 Jahren klar, dass er in die große Stadt gehen musste. Zunächst neigte er zu Leningrad, dem ehemaligen und zukünftigen St. Petersburg, wo er bei Michail Waimann studieren konnte. In einem ernsthaften Dialog mit sich selbst notierte er:

Pro	Contra
1) Waimann spielt ausgezeichnet.	1) Waimann ist oft abwesend. Und die Assistenten?
2) Irgendwohin muss ich sowieso fahren – Waimann ist das beste. Tsyganow – nichts Besonderes. Oistrach – schablonenmäßig. Kogan – nervös.	2) Wahrscheinlich dürfen wir in keinen Konzerten spielen.
3) Das Leben in Leningrad ist ruhiger.	3) Die Handumstellung macht mir Sorgen.
4) Wechsel von zu Hause ins Internat (trotzdem ich davor am meisten Angst habe).	4) Das Internatsleben kann sehr schwer sein: Neue Kameraden, das Lernen schwieriger.

Am Ende entschied er sich für Moskau und studierte bei Oistrach.[528]

Um Erfolg zu haben, war es zwar nicht unbedingt nötig, ein Wunderkind zu sein, aber auch das war häufig hilfreich. Die Kosten, die sich vom Verlust von Schul- und Spielzeit bis hin zu schweren psychischen Schäden erstreckten, konnten allerdings beträchtlich sein. In der Morgendämmerung einer neuen Zeit erkannten neapolitanische und venezianische Ospedali, dass ihre Wunderkinder auch potenzielle Geldverdiener waren. Leopold Mozart legte die Messlatte für immer sehr hoch, als er mit seiner jungen Tochter Nannerl und dem noch jüngeren Sohn Wolfgang in den 1760er- und 1770er-Jahren auf Tournee durch Europa ging. In einer britischen Werbebroschüre war zu lesen: »Miss Mozart im Alter von elf und Master Mozart von sieben Jahren, natürliche Wunderkinder; [wir] ergreifen die Gelegenheit, um dem Publikum das größte Wunderkind, dessen Europa oder die menschliche Natur sich rühmen kann, zu präsentieren«.[529] Das war vielleicht ein wenig überschwänglich formuliert. Übertrieben aber war es nicht.

Die Entwicklung des modernen Konzertbetriebs trug dazu bei, aus dem Wunderkind ein Produkt zu machen. Zwischen 1805 und 1884 konnte man allein in Wien elf Solisten zwischen 7 und 13 Jahren hören. Ein halbes Jahrhundert später erinnerte sich Charles Dancla daran, wie Paris 1843 wegen der 14-jährigen Teresa Milanollo Kopf gestanden hatte. Selbst Berlioz war beeindruckt.[530]

Und es sollten noch viel mehr werden. 1903 erschien in Berlin ein kleiner Junge im weißen Matrosenanzug und mit einer großen Geige – der 10-jährige Franz von Vecsey. Joachim erklärte ihn zu einem Wunder und umarmte ihn in aller Öffentlichkeit, während das Publikum auf seinen Sitzen stand und applaudierte, mit Taschentüchern winkte und Blumen warf. Ein Jahr später hatte der in Amerika geborene Florizel von Reuter mit relativ reifen 14 Jahren – obwohl dem Publikum gesagt wurde, er sei 12 – sein Debüt in London in Spitzenkragen und einem Lord-Fauntleroy-Anzug. Die rumänische Königin Elisabeth redete ihn mit »mein goldhaariger Engel« an, Ysaÿe bezeichnete ihn als das »herrlichste Genie, das ich je gekannt habe«, und auf Empfehlung seines Gönners Lyman Gage, dem Finanzminister von Präsident McKinley, hatte er bereits im Weißen Haus gespielt. Einige Tage nach ihrem Londoner Debüt traten von Reuter und von Vecsey im Buckingham Palast vor der fast tauben Königin Alexandra auf, die es interessant fand, die beiden zusammen einzuladen.[531]

Wo immer es Hoffnungen und Sehnsüchte gab, steckten aus offensichtlichen Gründen Eltern dahinter. Saul Elman und Moshe Menuhin veröffentlichten sogar Memoiren über ihre Karrieren als Väter.[532] Mit den Worten »Schauen Sie sich ein Wunderkind an, was Sie sehen, sind frustrierte Eltern« erinnerte sich Ruggiero Ricci in einem Interview an die Entdeckung seines Vaters, dass Menuhin, Riccis Altersgenosse in San Francisco, ein Verkaufsschlager war.[533]

In anderen Fällen ergriff das Kind die Initiative. Nachdem ihn seine Eltern mit vier Jahren zu einem Konzert mitgenommen hatten, entschied Menuhin selber über seine Zukunft.[534] Sarah Chang erinnerte sich daran, dass sie im Alter von acht Jahren beschloss: »Ich wollte auf die Bühne gehen und mit Dirigenten arbeiten.«[535] Gil Shaham und seine Klavier spielende Schwester entsannen sich, dass sie ihre Instrumente von ihren Wissenschaftler-Eltern praktisch einfordern mussten.[536] Christiane Edinger, eine Tochter von

Musikern, die schon mit acht Jahren Geigerin werden wollte, denkt an ihre Kindheit als ausgesprochen glücklich zurück.[537]

Doch glücklich zu sein war kaum die übliche Ausgangsposition. Max Rostal, geboren 1905, hatte über einen Vater, der ihn wie ein Wunderkind kleidete und Taschen voller Zeitungsberichte mit sich herumtrug, zumindest seine Zweifel. Dieser Vater ließ sich seinen kleinen Sohn sogar vor Publikum über ein neues Steckenpferd freuen, bevor er es wieder zurückgab, weil er es sich nicht leisten konnte. Rostal und seine kleine Altersgenossin Erica Morini, die von ihren Vätern in unerwünschte Konkurrenz gedrängt worden waren, spielten gerne gemeinsam. Aber ihr Vater verbot es. In einem kurzen Bericht, der sich wie eine Therapiesitzung liest, berichtet Gidon Kremer, wie er dazu kam, die Violine als eine ebensolche Berufsoption anzusehen wie Feuerwehrmann, Schornsteinfeger oder Kellner. Seine bedrückten Eltern, die 35 Familienmitglieder im Völkermord der Nazis verloren hatten, erinnerten ihn ständig daran, dass er zehn Mal besser sein musste als alle anderen, um erfolgreich zu sein.[538]

Ruggiero Ricci, der als »Roger Rich« in einem Buster-Brown-Anzug und mit dazu passendem Haarschnitt auftrat, machte sein Debüt mit sieben Jahren und gewann in einem Wettbewerb des Columbia Park Boys' Club of San Francisco den ersten Preis vor einem 12- und einem 13-Jährigen. Vier Jahre später betrug seine Konzertgage 2.500 Dollar, das Vierfache des Jahreseinkommens der meisten Amerikaner. Mit zwölf Jahren wurde er zusammen mit Menuhin, Großbritanniens Prinzessin Elizabeth und Christopher Milne, besser bekannt als Christopher Robin, zu den weltweit »sechs berühmtesten Kindern« gezählt.[539]

Im gleichen Jahr gingen seine Eltern vor Gericht, um das Sorgerecht für ihn von Beth Lackey, der Assistentin seines Lehrers Louis Persinger, zurückzugewinnen. Mit Zustimmung seiner Eltern war sie fünf Jahre lang die Betreuerin von Ruggiero und seinem Bruder gewesen. Der Fall, vollgestopft mit kämpferischen Schriftsätzen über die persönlichen Freiheitsrechte, Spekulationen darüber, dass die Jungen die Eiscreme bei den Eltern dem Brotpudding bei ihrer Erziehungsberechtigten vorzogen, und sogar einer kurzen Intervention des New Yorker Bürgermeisters Jimmy Walker, erstreckte sich über 41 Anhörungen und dauerte ein halbes Jahr, bis ein staatlicher Richter des Obersten Gerichtshofs zugunsten der Eltern entschied, Lackey allerdings für »ihre selbstlose und unbestechliche Hingabe an diese Kinder« lobte.[540]

In der Vermarktung und Berichterstattung über Wunderkinder war es üblich, bei ihrem Alter zu untertreiben. In einem weiteren Kapitel seiner unveröffentlichten Memoiren berichtet Max Rostal, wie sich seit 1919 sein Geburtsdatum von 1905 auf 1908 verschoben hatte.[541] Menuhins Alter wurde bis zu seinem 20. Lebensjahr um neun Monate reduziert und sein Geburtstag entsprechend gefeiert.[542] Jahre später berichtete Joshua Bell: »Bis ich achtzehn war, wurde ich als vierzehn bezeichnet.«[543] Von Vecseys Vater zog es angeblich vor, das Alter seines Franzl geheim zu halten, und behauptete, vermutlich mit unbewegter Miene: »Wir wollen dem Publikum einen Künstler präsentieren und kein Wunderkind.«[544]

Wenn es nötig war, konnte das Spiel auch auf umgekehrte Weise gespielt werden. Im Jahr 1905 wurde Narciso Vert von Londons führendem Konzertmanagement vor Gericht gestellt und zu einer Geldstrafe von 25 Pfund plus 5 Pfund Gebühren verurteilt, weil er die neunjährige Vivien Chartres, ein Geigenwunderkind, unter Verletzung des Prevention of Cruelty to Children Act (Erlass zur Verhinderung von Grausamkeit an Kindern) bei einem Konzert in der Queen's Hall hatte auftreten lassen. Weil ein wichtiges Konzert auf dem Spiel stand, wurde 1936 das Alter von Ida Haendel erhöht, um einem Gesetz des London County Council Genüge zu tun, das Spielern unter 15 Jahren das Auftreten verbot.[545]

In der Verwandlung von Wunderkindern zu jungen Erwachsenen gab es immer einen Moment der Wahrheit. Doch waren persönliche Katastrophen nicht unvermeidlich. Viele, darunter Menuhin, führten produktive Leben, gründeten Familien, wechselten würdevoll in die Lehre, wurden mit der Zeit gleichsam zu Ikonen und erlebten ein relativ ruhiges Alter. Huberman, der mit 14 Jahren Wien in seinen Bann schlug, nahm eine vierjährige Auszeit, bevor er seine Karriere als Künstler und engagierter Bürger wieder aufnahm, die bis zu seinem Tod mit 65 Jahren dauerte. Von Vecsey schaffte es ohne negative Ereignisse ins Erwachsenenalter, machte mit seiner Heirat eine gute Partie, erwarb mit der Zeit eine beeindruckende Sammlung von Violinen und bereiste bis zu seinem frühen Tod im Alter von 42 Jahren die Welt. Von Reuter, ein engagierter und redegewandter Spiritualist, blieb bis in seine Neunzigerjahre aktiv.

Aber auch unter denjenigen, die im Umfeld dieser Künstler überleben mussten, gibt es warnende Beispiele. Hepzibah Menuhin, die mit den Kernschmelzen ihrer eigenen und der ersten Ehe ihres Bruders fertig werden musste, wies auf »den Mangel an Kontakt mit dem wahren Leben« hin, »wie es diejenigen leben, die nicht vollkommen davon abgeschirmt sind«.[546] Nach einem Leben voller Erfolge erkannte Menuhin kurz vor seinem vierten Lebensjahrzehnt, dass er seit seiner Kindheit Geige gespielt hatte, ohne wirklich zu verstehen, wie er das machte.[547] Nach dem Tod seines Vaters berichtete sein Sohn Jeremy dem Schriftsteller Norman Lebrecht: »Er hatte keine praktische Kenntnis von menschlichen Beziehungen.«[548]

»Heifetz' Kindheit als Ausnahmetalent und die Verantwortlichkeiten, die damit einhergingen, machten fast alles verständlich und verzeihlich«, sagte Ayke Agus, die seine Schülerin und Begleitpianistin in seinem Studio ebenso wie Chauffeurin, Köchin, Haushälterin, Privatsekretärin und in seinen letzten Jahren sein Faktotum gewesen war. »Ich wollte unbedingt sehen, wieviel mehr ich noch von ihm lernen konnte, ohne emotional zusammenzubrechen.« Als leidenschaftlich loyale, aber auch unbestechlich objektive Beobachterin behielt sie einen Mann im Gedächtnis, der »um sich herum eine undurchdringliche Barriere als Schutz für die innersten Unsicherheiten über seinen Wert als menschliches Wesen errichtet hatte«. Studenten, die ihn von Zeit zu Zeit als diskret großzügig und als einen Mann von ätzendem Humor erlebten, verehrten ihn, und waren von ihm fasziniert. Sie waren aber auch total eingeschüchtert.[549]

Einige wanderten auf ihrem Weg buchstäblich im finstern Tal. Miriam Solovieff, ein Wunderkind aus San Francisco und Schützling von Persinger, gab ihr lokales Debüt mit zehn Jahren und spielte bald darauf mit bedeutenden Orchestern. Mit 15 gab sie ihr Debüt in der New Yorker Town Hall. Noël Straus bezeichnete sie in der *New York Times* als »eine wirklich talentierte Musikerin, außergewöhnlich vielversprechend«. Nach der Trennung von ihrer Familie ließ sie sich mit 18 Jahren in New York nieder. Als ihr Vater, Kantor einer prominenten jüdischen Gemeinde in San Francisco, erneut auftauchte, um ein Treffen mit der Familie zu erbitten, floh sie zum Schutz vor ihm in eine Nachbarwohnung. Wegen ihrer Zurückweisung erschoss der Vater ihre Mutter, ihre Schwester und sich selbst.[550]

Die Geschichte von Midori, die in ihren unerklärlicherweise nur in deutscher Übersetzung vorliegenden Memoiren mit ungewöhnlicher Offenheit geschildert wird,[551] war eine fast unheimliche Wiederauflage derjenigen von Solovieff. Sie wurde 1971 in Osaka als Einzelkind geboren. Die Mutter war eine ungemein zielstrebige Geigerin. Der Vater war nach ihrer Schilderung so irrelevant wie eine männliche Biene. Sie spielte bereits im Vorschulalter und übte ohne Aufsicht, während ihre Mutter arbeitete. Durch einen zufälligen Familienkontakt erregte sie dann im Alter von zehn Jahren die Aufmerksamkeit von Dorothy DeLay und wurde nach New York gebracht, wo ihr Leben nur von einer Regel geleitet wurde: entweder untergehen oder schwimmen und üben, üben, üben. 1982 kam ihr Vater am Vorabend ihres ersten Auftritts mit dem New York Philharmonic Orchestra zu Besuch. Er war erkennbar entschlossen, seine Familie mit nach Hause zu nehmen, wurde aber kurzerhand zurückgewiesen. In derselben Nacht erwachte Midori und sah ihren Vater, der sich mit einem großen Küchenmesser über sie und ihre Mutter beugte. Glücklicherweise endete diese Episode dann doch ohne Gewalt. Neun Jahre danach erzählte sie dem Kritiker Tim Page bei Eiscreme und Kuchen: »Ich blicke mit großer Zärtlichkeit auf meine Kindheit zurück.«[552] Doch das war nicht die Botschaft, die in ihren Memoiren erscheinen würde.

»Midori geht schnell auf die Feuerprobe zu, der sich alle Wunderkinder stellen müssen: der Moment, wenn sie zu ehemaligen Wunderkindern werden«, sagte Page voraus. Was für diejenigen, die sie dabei beobachteten, wie sie mit 21 Jahren bis zu 95 Konzerte jährlich spielte, während sie »nur« vier oder fünf Stunden am Tag übte, nicht unmittelbar sichtbar wurde, war, dass sie immer tiefer in Rebellion, Anorexie und suizidale Depression fiel. Aus dieser

Abwärtsspirale konnte sie sich erst nach fünf Krankenhausaufenthalten mit beinahe 30 Jahren befreien. Sie erklärte ihre Unabhängigkeit von Juilliard und DeLay, schrieb sich an der New York University ein und machte Abschlüsse in Psychologie und Geschlechterforschung. Danach nahm sie ein geradezu übermenschliches Programm von Konzerten und Auftritten auf sich, das sie bis in die Mongolei führte. Sie begann damit, zeitgenössische Musik zu spielen, leitete Meisterklassen, trat mit regionalen Orchestern auf, nahm eine Professur an der University of Southern California an und gründete Midori & Friends, eine gemeinnützige Stiftung zur Förderung des Musikunterrichtes an öffentlichen Schulen in New York und Japan.[553]

Tatsache ist und bleibt, dass nicht jedes Wunderkind dauerhaft erfolgreich ist. Der in Polen geborene Joseph Hassid, ein berühmter Fall und ein außergewöhnliches Talent, wurde im Alter von 15 Jahren rechtzeitig vor der drohenden deutschen Verwüstung durch ein britisches Visum gerettet, das ihn 1938 nach London brachte, sodass er bei Flesch studieren konnte. Aber drei Jahre später wurde bei ihm Schizophrenie festgestellt und eine Behandlung mit einem Insulin-induzierten Koma, einer Elektrokrampftherapie und schließlich 1950 einer präfrontalen Leukotomie durchgeführt. Die Operation führte zu Meningitis. Der Gerichtsmediziner bescheinigte »Tod durch Unfall«.[554]

Zur selben Zeit legte Michael Rabin gerade los. Der Sohn eines Geigers der New Yorker Philharmoniker und einer bei Juilliard ausgebildeten Pianistin, die ein erstes begabtes Kind siebenjährig verloren hatten, begann im selben Alter bei seinem Vater mit Geigenunterricht. Ein Jahr später studierte er bei Galamian. Von da an übte er unter der unerbittlichen Aufsicht seiner Mutter täglich sechs bis acht Stunden. In Werbematerialien wurde das Loblied von »Mike«, dem Wunderkind von nebenan, und seiner alltäglichen Begeisterung für Autos, Fotografie, Briefmarkensammeln und sein Fahrrad gesungen. Doch sein Biograf, der Psychiater Anthony Feinstein, merkt an, dass »Spielen« für ihn Kammermusik mit den anderen Kindern in Meadowmount hieß. Mit seiner Mutter als Manager gab er mit elf Jahren sein erstes öffentliches Konzert und mit dreizehn sein Debüt in der Carnegie Hall; mit einem Talent vom Ausmaß eines Menuhin und einer grundsoliden, auf Galamian basierenden Technik war er – zumindest beruflich – erfolgreich. Er machte regelmäßig Einspielungen für EMI, eine der großen Plattenfirmen, reiste auf Tourneen durch die USA, Australien, Europa und Israel, wurde in Hollywood außerhalb der Leinwand zum Favoriten, zeigte sich im Goldenen Zeitalter der familienfreundlichen Programme konsequent auf den TV-Bildschirmen, kaufte sich einen Sportwagen und fand sogar eine Freundin.

Andererseits war der Umgang mit Stress und Einsamkeit auf seine Weise eine ebensolche Herausforderung wie der Umgang mit Dirigenten, Managern und Plattenfirmen. Rabin, nunmehr erwachsen, war nicht länger so außerordentlich niedlich, sondern zunehmend abhängig von Beruhigungsmitteln; er verlor Merkzettel, verpasste Konzerte und kam sogar zur Entgiftung ins Krankenhaus. Im Gegensatz zur postumen Legende hat er weder aufgehört zu spielen noch Selbstmord begangen, sondern starb mit 35 Jahren an einem Schädelbruch und Gehirnblutungen, nachdem er unter dem Einfluss von Medikamenten sein Gleichgewicht verloren hatte und auf einem frisch gebohnerten Fußboden ausgerutscht war. In gewisser Weise ist der Verlust des Gleichgewichts, der immer ein Berufsrisiko ist, eine Metapher für seine letzten Jahre.[555]

Der alternative Weg zum Erfolg, der offenbar selbst dann noch wuchs und blühte, als der Markt für Wunderkinder zurückging, war die Teilnahme an internationalen Wettbewerben. Im Jahr 1959 schickte Galamian Jaime Laredo mit 17 Jahren zur Teilnahme nach Brüssel. Das war, so erinnerte sich Laredo über 40 Jahre später, zumindest ein Grund dafür, wie nie zuvor oder danach zu üben. Er war völlig davon überzeugt, dass er gegen Spieler, die zehn Jahre älter waren als er, verlieren würde. Stattdessen kam er als Gewinner des belgischen Königin-Elisabeth-Wettbewerbs, der Olympiade der Musik, nach Hause zurück. Er hatte bereits mit Arthur Judson, dem emblematischen Manager der Zeit und eine einschüchternde Persönlichkeit, einen Vertrag unterzeichnet. Der Sieg in Brüssel brachte ihm einen Vertrag mit RCA Victor ein, der Firma, die einst Aufnahmen mit Elman und Kreisler und seit Jahrzehnten Einspielungen mit Heifetz gemacht hatte.[556]

Der Wettbewerb, der vor den 1930er-Jahren praktisch unbeachtet blieb, wurde in den Jahren nach dem Zweiten Weltkrieg denkbar aktuell. Aber seine Wurzeln reichten weit in das 19. Jahrhundert zurück. Die auf Leistung fixierte Zielstrebigkeit des postrevolutionären Frankreich, die lehrplanmäßigen Wettbewerbe des Pariser Konservatoriums und der Prix de Rome, das olympische Gold für angehende Komponisten, dienten als Modelle und Inspiration. Schon 1904 dachte Ysaÿe, ein Sprössling der französisch-belgischen Schule, für den ein Leben ohne Wettbewerbe kaum vorstellbar war, an eine Art olympischen Fünfkampf für die Besten der Besten, die Instrumentalisten und Sänger, die die Konservatorien preisgekrönt verließen, aber für den symbolträchtigen Prix de Rome nicht teilnahmeberechtigt waren. Die Kandidaten sollten acht bis zehn Tage eine Konzertpartitur studieren[557] und dann eine Interpretation vorlegen, die von ihren Lehrern noch nicht mit ihnen erarbeitet worden war. Außerdem wurde von ihnen erwartet, dass sie ein Repertoire von 20 Stücken bereithielten, um es vor der Jury zu spielen, eine Passage aus einer Sonate vom Blatt zu lesen, eine Transposition durchzuführen und sich einer kurzen Prüfung in Musikgeschichte und -ästhetik zu unterziehen.

Als im Jahr 1926 Walter Naumburg, ein pensionierter Bankkaufmann, begeisterter Hobby-Cellist und in zweiter Generation Musikmäzen, eine Stiftung ins Leben rief, die jungen und talentierten Amerikanern zum damals für die Konzertkarriere für unabdingbar gehaltenen Debüt in der New Yorker Town Hall verhelfen sollte, betrat auch Amerika die Bühne. Zum Beweis sowohl seiner Absichten als auch seiner Verbindungen engagierte er Persinger, der die Vorspiele planen, Juroren und Pianisten einstellen und die Aufführungen verwalten sollte. Von den 37 Bewerbern des ersten Jahres kamen 22 in das Finale. Drei Geiger, zwei von ihnen Frauen und die meisten von ihnen heute vergessen, schafften es ins gelobte Land der Town Hall. Vier Jahre später war der Bewerberpool auf maßstabsetzende 223 Kandidaten angewachsen, unter deren späteren Siegern allerdings keine Violinspieler waren. Aber es gab auch gute Jahre für Geiger, wie zum Beispiel 1941, als der Preis an Robert Mann ging, der für das nächste halbe Jahrhundert Anker und Erster Geiger des Juilliard Quartet wurde, und 1981, als alle sechs Teilnehmer im Fach Violine ins Halbfinale gelangten und später hervorragende Karrieren als Lehrer und Konzert- oder Kammermusiker machten.[558]

Mit Robert Mann im Vorstand und einem unerwarteten Geldsegen aus dem Vermächtnis des Gründers wurde der Topf für die Gewinner 1961 um einen Zwei-Jahres-Managementvertrag, eine Soloaufnahme und einen Auftritt mit den New Yorker Philharmonikern aufgestockt. Aber diese Großzügigkeit dauerte weniger als ein Jahrzehnt, wurden dann auf zwei Aufführungen in der Alice Tully Hall des Lincoln Centers zurückgefahren und später auf ein Gala- konzert und eine Einspielung bei einer kleinen Schallplattenfirma reduziert. Ab den 1980er-Jahren, als das mittlere US-Familieneinkommen bei etwas mehr als 22.000 Dollar im Jahr lag, waren die Barpreise für die ersten drei Plätze auf 5.000, 2.500 und 1.000 Dollar festgesetzt.[559] Als sich an der Schwelle zum neunten Jahrzehnt des Wettbewerbs für das traditionelle Konzert derselbe Niedergang abzeichnete wie bei der Schreibmaschine, gab es beim Preis noch einmal einen Kurswechsel. Nunmehr wurden die Gewinner für zwei Spiel- zeiten lang oder bis zur Übernahme durch eine professionelle Agentur vom Management begleitet.

Doch immerhin war Naumburg immer noch in Betrieb – anders als jener Wettbewerb, der 1939 zum Gedenken an Edgar Leventritt gegründet worden war. Leventritt war ein Rechtsanwalt mit Büro in der Broad Street und ein Amateurspieler mit besten Beziehungen, dessen Wohnung in der New Yorker Park Avenue der exklusivste private Veranstaltungsort für Kammermusik war. Dieser Wettbewerb, der im Wesentlichen von der Familie geleitet wurde, war der elitärste von allen, denn es gab weder ein offizielles Antragsformular noch einen regelmäßigen Zeitplan. Die Regeln legten nur fest, dass der Kandidat ein Konzert von Mozart, Beethoven oder Brahms spielen sollte. Die Kandidaten be- warben sich schriftlich. Von diesen schafften es etwas weniger als 100, die sich damit für ein 20-minütiges Vorspiel vor einer ehrenamtlichen Jury qualifizierten, zu der jedes Jahr Berühmtheiten wie George Szell, Leonard Bernstein, Rudolf Serkin oder Isaac Stern und ein paar geladene Gäste gehörten. Unter den Gewinnern waren Steinhardt, Perlman, Zukerman und Kyung-wah Chung. Geldpreise gab es aus Prinzip nicht, aber eine praktisch gesicherte Einreise in das gelobte Land der großen Orchesterauftritte, die Aufnahme in das Programm einer großen Agentur und den Zugang zu einer großen Plattenfirma. Der Wettbewerb war diskret, elitär und unbarmherzig, aber zumindest bis 1976 beeindruckend effizient, als er nach einem halbherzigen und wenig überzeugenden Versuch, die öffentliche Aufmerksamkeit auf sich zu ziehen, die er bisher stets verschmäht hatte, aufgegeben wurde.[560]

Auch wenn es in den Vereinigten Staaten kaum jemand bemerkte, fand – zumindest vor dem Zweiten Weltkrieg – das eigentliche Geschehen weit im Osten statt, wo einheimische Fiedelmanie, umfassende internationale Beteiligung und weltmeisterschaftliche Begeisterung in Warschau aufeinandertrafen. Im Jahr 1927 richtete das gerade wiederhergestellte Polen zur Erinnerung an seine erste musikalische Weltklasse-Ikone Frederic Chopin einen Klavierwettbewerb ein. Acht Jahre später trat zum 100. Geburtstag seiner zweiten Musik-Ikone, Henryk Wieniawski, ein Violinwettbewerb hinzu, zu dem 25 Teilnehmer aus 16 Ländern kamen, darunter zum ersten Mal seit der Revolution auch Russen. Der in Großbritannien geborene Henri Temianka, der außerordentlich talentiert für das Geigenspiel, erfuhr von dem Wettbewerb nur durch Zufall und dazu noch geraume Zeit nach dem offiziellen Anmeldetermin. Doch er wurde angenommen, und es blieben ihm nur drei Tage Zeit, um ein paar der teuflisch anspruchsvollen Wieniawski-Etüden zu lernen, die von allen Teilnehmern verlangt wurden. Nach seiner Ankunft fand er sich als verwirrter Beobachter einer teils Kriegs-, teils Karnevalsszenerie wieder, bei der die Einheimischen auf die Teilnehmer wetteten wie auf Pferde und ihn die Einwanderungsbehörden über seine polnisch-jüdischen Vorfahren befragten.

Wie schon bald in der Wettbewerbsszene üblich, gab es Spekulationen über die Unvoreingenommenheit und Glaubwürdigkeit der Jurymitglieder, die ein offensichtliches Interesse daran hatten, ihre eigenen Schüler in den Kreis der Gewinner zu bekommen oder zumindest die ihrer Kollegen draußen zu lassen. Doch durch das historische Fernrohr gesehen, ist das Ergebnis kaum zu bemängeln. David Oistrach, mit 27 Jahren der Gewinner des zweiten Platzes, war angeblich zeitlebens davon überzeugt, dass er Punkte verloren hatte, weil er sowohl Russe als auch Jude war. Doch selbst er gab zu, dass Ginette Neveu, 15 Jahre alt, französisch und eine Frau, den Sieg verdient hatte. Weitere Gewinner waren Temianka, bereits 28, Boris Goldstein, 13, Ida Haendel, die möglicherweise sieben, vielleicht aber auch zehn Jahre alt war und sich gerade von Scharlach erholte, sowie Bronislaw Gimpel, stattliche 24 Jahre alt. Ein polnischer Korrespondent berichtete: »Fünf Juden sind Preisträger«.[561]

Zwei Jahre später fand der große Wurf von Ysaÿe endlich seine Umsetzung in einem internationalen Wettbewerb, der ursprünglich nach ihm benannt wurde, aber später den Namen seiner guten Freundin, der bayerischen Prinzessin Elisabeth tragen sollte, die auch ein Schützling von ihm gewesen und jetzt Königin von Belgien war und den Wettbewerb zu ihrer Herzenssache gemacht hatte. Von 120 erfolgreichen Bewerbern erschienen 68 in Brüssel, darunter sechs aus der Sowjetunion. Dieses sowjetische Kontingent, das in einer darwinistischen Serie von heimischen Wettbewerben rekrutiert und trainiert und mit Strads und del Gesùs aus der Staatssammlung ausgestattet worden war, hatte erkennbar den Auftrag, das zu zeigen, was später als »soft power« bekannt wurde, obwohl nichts daran weich war.

Die lokalen Zeitungen schmückten die fantastischen Leistungen der »magischen Fünf« in der Veranstaltung aus, die sie als einen »mörderischen Wettbewerb« bezeichneten. Belgier platzierten Wettgebote wie die Polen zwei Jahre zuvor, und Programmdirektoren in den goldenen Anfängen des Rundfunks passten die Pläne für ihre besten Sendezeiten an, um das Geschehen unterbringen zu können. Oistrach lamentierte in Briefen nach Hause, dass er schlecht geschlafen habe und von Übelkeit geplagt sei, und klagte über Verspannungen, Atemnot und zitternde Hände. Aber es zahlte sich aus. In dem wohl größten Triumph der Sowjetunion zwischen der Oktoberrevolution im Jahr 1917 und dem Sieg im Zweiten Weltkrieg wurde Oistrach Erster und das Team UdSSR, mit Gilels auf dem dritten und Goldstein auf dem vierten Platz, gewann fünf der sechs Preise.[562]

Für die Dauer des Zweiten Weltkriegs verschwanden die Wettbewerbe, die in mehrjährigen Zyklen geplant waren, doch als Europa sich erholte, kamen sie mit Getöse zurück. Der Kalte Krieg erhöhte die Spannung noch. Da sich 1952 der erste Wieniawski-Wettbewerb der Nachkriegszeit fast ausschließlich auf den Ostblock beschränkte, war von vornherein klar, wo der Sieger wohl herkommen würde. Sein Name jedoch machte Eindruck. Es war fast ein Zugeständnis von Reue darüber, dass beim ersten Wettbewerb David Oistrach nur den zweiten Preis gewann und der erste Preis an seinen Sohn Igor ging. Erst dann kam Wanda Wilkomirska aus Polen, gleichauf mit Julian Sitkowetski aus der Sowjetunion. Jahrzehnte später erinnerte sich Wilkomirska, dass sie überaus zufrieden war. »Wenn ich nach Igor die Zweite bin, muss ich gut sein«, sagte sie sich, und das stimmte.[563] Als 1957 der zweite Platz an Sidney Harth, einen Amerikaner aus Cleveland, ging, hatten sich die Dinge schon geändert. 1962 gewann Charles Treger, ein Amerikaner aus Iowa, den ersten Platz.[564]

Im Jahr 1958 gab sich die Sowjetunion mit dem Internationalen Tschaikowsky-Wettbewerb ihre eigene Plattform. Vier Jahre später gewann Shmuel Ashkenasi, ein Israeli aus Zimbalists Klasse am Curtis, einen der ersten Plätze. Aber es sollte bis 1974 – einem Jahr ohne Sieger – dauern, bevor Eugene

Fodor der erste amerikanische Geiger wurde, der einen zweiten Platz erzielte, und bis 1978, der Ära der Entspannung, bevor Elmar Oliveira, der bereits Naumburg-Gewinner war, der erste und bisher einzige amerikanische Geiger wurde, der sich einen ersten Platz sicherte. Wie alle ausländischen Konkurrenten erinnerte sich Oliveira daran, dass es leichter war, das Tschaikowsky-Konzert zu spielen, als die Hotelangestellten dazu zu bewegen, den Speisesaal zu öffnen, dass es weder Wäscheservice noch zuverlässige Informationen über das gab, was wann und wo passieren sollte und dass er für die Dauer seines Aufenthaltes von kalten Eiern und Kartoffeln lebte. Auf der anderen Seite lohnten sich ein paar Wochen Elend, um, gerade wie er es sich erhofft hatte, eine Karriere auf eine Art voran zu bringen, die selbst der Naumburg-Preis nicht bot.[565]

Die Auflösung der Sowjetunion war zwangsläufig eine Herausforderung. 2002 retteten ein neues Beurteilungssystem und eine beträchtliche Transfusion von Barmitteln (unter anderem von einem japanischen TV-Sender) den Tschaikowsky-Wettbewerb von der Intensivstation. Aber die Tage, in denen Ergebnisse aus Moskau Anlass zum Feiern gaben, waren lange vorbei. Ein 17-jähriger chinesischer Geiger, der später die Silbermedaille gewann, wurde sogar von Moskauer Fußballfans zusammengeschlagen, die darüber wütend waren, dass Japan Russland aus der Weltmeisterschaft geworfen hatte.[566]

Auch der Königin-Elisabeth-Wettbewerb schrumpfte von einer Nachricht auf den Titelseiten zu einer Kurzmeldung der Nachrichtenagenturen. Die Standards des Geigenspiels, die mit Solostücken von Bach und Paganini, einem unveröffentlichten Konzert und einer Ysaÿe-Sonate getestet wurden, blieben im Wesentlichen so, wie Ysaÿe sie gewünscht hatte. Jurys waren zwar angesehen, aber weder unfehlbar noch Hellseher.[567] Die Herkunft der Gewinner – aus Japan, Taiwan, Armenien, Lettland, ein polnischer Israeli aus Dänemark und ein in Taiwan geborener Australier – wurde immer weltumspannender.

An der Schwelle zum 21. Jahrhundert waren Violinwettbewerbe wahrhaftig global geworden. Ein Weltverband der Internationalen Musikwettbewerbe mit Basis in Genf identifizierte 31 davon als wichtig. Ihre Standorte – unter anderem Genua, Prag, Hannover, Montreal, Indianapolis, Auckland, Sendai und Seoul – umspannten den gesamten Globus.

Es schien nur angemessen, dass es irgendwo einen Wettbewerb geben sollte, der, ebenso wie der in Genua an Paganini, an Joachim erinnerte. Die überraschenden Initiatoren waren ein seltsames polnisch-amerikanisches Paar in einer mittelgroßen norddeutschen Stadt. Krzysztof Wegrzyn, 1952 in Gdansk, dem früheren Danzig, geboren, studierte in Warschau und war einer von drei jungen Polen, die mit ihren eigenen bescheidenen Instrumenten und keinerlei offizieller Unterstützung zum Tschaikowsky-Wettbewerb zugelassen wurden. Er kam mit dem Trost eines zufälligen Händedrucks von Oistrach und Ideen für eine neue Art von Wettbewerb nach Hause, bei dem Teilnehmer bei Familien vor Ort einquartiert werden und zwei Chancen erhalten sollten, die ersten beiden Runden zu spielen; die Gewinner würden von einer Agentur professionelle Begleitung sowie einen Geldpreis erhalten, eine professionelle CD-Aufnahme machen und 30 bis 50 Konzerte spielen können. Seine Partnerin, Linda Anne Engelhardt, ehemals Cheerleader in Südkalifornien, hatte inzwischen eine Position als Managerin bei der Niedersachsen-Stiftung angenommen, einer 1986 in diesem Bundesland gegründeten Agentur, die private Mittel und staatliche Lotterieeinnahmen in Bildungs- und Kulturprojekte kanalisieren sollte. Mit Unterstützung von Wegrzyn und Engelhardt war Joachim noch einmal jener Stadt nützlich, in der er als königlicher Konzertmeister gedient hatte. Der Wettbewerb, der zu den finanziell am besten ausgestatteten der neuen Gründungen gehörte, wurde 1991 aus der Taufe gehoben.

Während mehr und mehr internationale Wettbewerbe an mehr und mehr unwahrscheinlichen Orten auftauchen, ist es heilsam, daran zu erinnern, dass sie eine relativ neue Erfindung sind und dass Generationen großer Geiger nie dort antraten. Heifetz verbot seinen Schülern, an ihnen teilzunehmen. »Bei Heifetz zu studieren, war, wie jede Woche auf einem internationalen Wettbewerb zu spielen«, sagte sein Schüler Pierre Amoyal.[568] »Wettbewerbe sind für Pferde, nicht für Musiker«, sagte Szigeti, der dennoch regelmäßig Juror war.[569] Ricci, pensioniert und pragmatisch, wog die Sekundärvorteile – ein Vorwand, um zu üben, ein Repertoire zu erlernen – gegen die Gefahr ab, in der ersten Runde »von einer Idiotentruppe von Juroren« rausgeworfen zu werden. Als Juror war er selber ein Veteran und riet seinen Schülern dazu, teilzunehmen, aber nicht zu erwarten, zu gewinnen.

Julian Sitkowetski starb tragisch früh, nachdem er 1955 beim Königin-Elisabeth-Wettbewerb Zweiter geworden war. Sein Sohn Dmitri, ein Produkt des sowjetischen Systems, verstand sehr gut, dass er einen Wettbewerbssieg brauchte, wenn er im Westen Erfolg haben wollte. 1979 gewann er den neu geschaffenen Kreisler-Wettbewerb, teilweise, so vermutete er, weil sich Menuhin als Vorsitzender der Jury wegen seiner Unterstützung des Amerikaners Berl Senofsky gegen Julian vor 25 Jahren schuldig fühlte. Doch nachdem er sich im Westen etabliert hatte, nahm Dmitri eine andere Sichtweise ein. 1997 äußerte er gegenüber einem Reporter, dass er sich nunmehr sogar weigere, als Juror an Wettbewerben teilzunehmen. Zehn Jahre später schloss er sich Ida Haendel und Tatiana Grindenko, auch sie eine Wieniawski-Gewinnerin, in der Jury des neuen, 2003 von Maxim Viktorov begründeten Wettbewerbs an,[570] der nach Paganini benannt ist und zu dessen Ko-Sponsoren Nestlé, Sotheby's und das russische Kulturministerium gehören.[571]

Organisatoren – wenig überraschend – haben Wettbewerbe gern. Engelhardt, um nur einen zu nennen, ist begeistert von einem Projekt, das die Welt mit Hannover verbindet, die Künste fördert und Konzerte generiert.[572] Viele Lehrer begrüßen Wettbewerbe als Werbemöglichkeiten.

War ein Sieg in einem Wettbewerb immer noch so gut wie zehn Jahre auf Tournee zu gehen? In den Zeiten, als Wettbewerbe noch Seltenheitswert hatten und es viele Zeitungen gab, waren bei Auftritten auch viele Rezensenten anwesend. In den Nachkriegsjahrzehnten, als sich der Kalte Krieg in Brüssel, Posen und Moskau austobte, zogen die herausragendsten Wettbewerbe Medien, Managements und Plattenfirmen an. Im späten 20. Jahrhundert waren Konzertvorträge, Zeitungen und Einspielungen verschwunden, vom Kalten Krieg ganz zu schweigen. Was übrig blieb, waren Wettbewerbe. Doch jetzt gab es davon so viele, dass ein erster Platz außer in den höchstrangigen nur geringe Auswirkungen hatte. »Wenn man in meiner Jugend einen Wettbewerb gewann, war das wenigstens für ein Jahr gut«, seufzte Wilkomirska, eine weitere Veteranin unter den Juroren.[573] Falls es dazu überhaupt eine einstimmige Meinung gab, dann die, dass Wettbewerbe unvermeidlich waren; aber auch, dass sie ebenso wie standardisierte Schulprüfungen tendenziell Individualität verhinderten; dass eine objektive Beurteilung sowohl wünschenswert als auch unerreichbar war; dass ein Sieg keine Garantie für künftige Erfolge bedeutete, aber auch nicht schadete; und dass selbst ein zweiter oder dritter Preis im Lebenslauf nützlich sein konnte.

Rasse, Klasse und Geschlecht

Andere Indikatoren – Rasse, Klassenzugehörigkeit, Nationalität, ethnische Herkunft und Geschlecht – liegen selbst für die Begabtesten außerhalb von Einfluss und Kontrolle, sind aber genauso ausschlaggebend. Rasse und Geschlecht sind in der Regel schwer zu verkennen. Über ihre Nationalität und, wo diese Differenzierung von Bedeutung ist, ihre ethnische Zugehörigkeit sind Menschen nur selten im Zweifel. Klassenzugehörigkeit, eine bewegliche Größe auf einer abgestuften Skala, ist am schwersten zu fassen.

In den Rangordnungen des Berufsstandes war es immer noch möglich, vereinzelt auf einen begüterten Jungen wie Joji Hattori zu stoßen, ein Gewinner des Menuhin-Wettbewerbs, dessen Familie die Seiko-Gruppe zur Weltgeltung gebracht hatte, oder auf Nicola Benedetti, den BBC Young Musician of the Year 2004, dessen eingewanderter italienischer Vater mit einer Reinigung ein Vermögen gemacht hatte und von der Königin zum Commander of the British Empire ernannt wurde. Es gab gelegentliche Spuren von Gentrifizierung, so bei von Vecsey, dem Sohn einer ungarischen Gräfin und eines Oberst in der Armee des österreichischen Kaisers, oder bei von Reuter, von dem niemand wusste, wo er das »von« erworben hatte, nachdem er ohne dieses Prädikat in einer Familie eingewanderter Musiker in Davenport, Iowa, geboren worden war. Albert Spalding, dessen Mutter Sängerin und Pianistin war und dessen Vater ein Vermögen mit Sportartikeln gemacht hatte, gehörte wenigstens zur amerikanischen Oberschicht. Das traf auch auf Maud Powell zu, deren Onkel John Wesley Powell den Grand Canyon erforschte, das U.S. Geological Survey leitete und außerdem den Cosmos-Club in Washington mitbegründete, zu deren Mitgliedern unter anderem drei Präsidenten, zwei Vizepräsidenten und ein Dutzend Richter vom Obersten Gerichtshof zählten.

Aber es wäre niemandem eingefallen, Geigenspielen für einen adligen Berufsstand zu halten. Bis weit in die Zeit von Ysaÿe und Sarasate hinein informierte das New Yorker Waldorf Hotel Martin Marsick, der für seine erste US-Tournee gerade aus Paris angekommen war, dass es keine Gäste aufnahm, die berufsmäßig Geige oder Klavier spielten.[574] Bis weit in die Zeit von Elman und Heifetz hinein durfte Catherine Drinker Bowen das Peabody-Konservatorium in Baltimore nur unter der Bedingung besuchen, dass sie nicht Berufsmusikerin würde.

Auf der anderen Seite des Atlantiks beschloss Ruth Railton, Tochter eines anglikanischen Pfarrers, Absolventin eines elitären Privatinternats und der Royal Academy, britischen Dilettantismus so zu bekämpfen wie kurz zuvor ihr Land die Achsenmächte. Ihrem nationalen Jugendorchester entsprang eine respektable Schar von professionellen Spielern, darunter der spätere Dirigent der Berliner Philharmoniker, Sir Simon Rattle. Es stellte auch einen Direktor für Kommunikation ein, der mit Stolz auf ein nicht-weißes, nicht-britisches Spielerkontingent von 13,1 Prozent hinwies, verglichen mit den 3,6 Prozent, deren Eltern es sich leisten konnten, ihre Kinder wie einst Railton ohne finanzielle Unterstützung an Privatschulen zu schicken. Doch das war lange nach 1947, als Railton sich aufmachte, unter 2000 Bewerbern aus fast ganz Großbritannien und dem, was der einstige Premierminister Benjamin Disraeli seine »Zwei Nationen« nannte, die musikalisch Begabtesten anzuwerben. Die Reaktion bestand aus eisernem Widerstand und buchstäblichen Todesdrohungen vom Musik-Establishment der staatlichen Schulen.[575] Ein Jahr später hatte Railton ihr Orchester dennoch zusammen, nicht zuletzt dank einer Disziplin, die einen Ausbilder bei der US-Marineinfanterie beeindruckt hätte, aber auch wegen ihrer Bereitschaft, Schüler von Elite-Anstalten wie Eton beiseitezunehmen und mit ihnen über die Notwendigkeit, mit Musikern zu reden, die nicht die gleichen Vorteile genossen hatten wie sie selbst, kollegial umzugehen.[576]

Reale Geigen und Bögen mit realen Hämmern und Sicheln miteinander in Einklang zu bringen war keineswegs einfacher, als Großbritanniens zwei Nationen davon zu überzeugen, gut miteinander auszukommen. Zwar stammte Corelli aus einem ländlichen Gebiet, das Vivaldi vermutlich im Sinn hatte, als er die im Jahr 1725 veröffentlichte und als *Vier Jahreszeiten* bekannte Folge von Konzerten komponierte, doch war sein Vater ein Grundbesitzer. Joachim,

Auer und Flesch kamen alle aus derselben bäuerlichen Ecke von Ungarn unweit der österreichischen Grenze; bäuerlich, geschweige denn adlig aber war keiner von ihnen. Der Vater von Elman, aus einem ukrainischen Dorf in der Nähe von Kiew, verkaufte Heu per Scheffel und besserte sein Einkommen mit Hebräisch-Unterricht auf.[577]

Zu Beginn des 21. Jahrhunderts unterhielt Edmund Savage, der gelegentlich auch in einem Imbiss und in einer Druckerei arbeitete, am Fuß der Rolltreppen von King's Cross St. Pancras, dem größten Umsteigebahnhof Londons, ein dankbares Publikum und erspielte sich so ein Einkommen, um das ihn manche Konservatoriumsabgänger beneidet hätten. Wigmore Hall, Londons wichtigster Veranstaltungsort, lag nur fünf Stationen oder einen kurzen Spaziergang entfernt; die kulturelle Distanz aber reichte mindestens von einem Erdteil zum anderen. Joshua Bell, ein Konzertgeiger der ersten Klasse, wurde allerdings kaum zur Kenntnis genommen, als er sich an einem Montagmorgen im Jahr 2007 aufmachte, um vor gleichgültigen Passanten in der L'Enfant Plaza Metro-Station in Washington die Strad zu spielen, die sowohl als Ex-Huberman wie auch als Ex-Gibson bekannt ist.[578]

Was blieb, war eine amorphe Mittelklasse, die sich über zwei Jahrhunderte erstreckte – beginnend mit Paganinis Vater, der aus dem Milieu der Genueser Hafenarbeiter stammte, bis hin zum Vater von Joshua Bell, einem Professor für Psychologie an der Indiana University mit einem Abschluss in Theologie und einer Spezialisierung in Sexualwissenschaften. Generationen von bemerkenswerten Geigern, von den Patriarchen des 17. bis zu den Vielfliegern des frühen 21. Jahrhunderts, stammten von professionellen Musikern ab. Kinder von Rechtsanwälten, Pastoren, Ärzten und Ingenieuren folgten dichtauf. Gelegentlich gab es auch einen Geschäftsmann wie den Vater von Christian Ferras, ein Hotelier, und dann und wann einen schillernden Ausreißer wie Tasmin Littles Vater, der Schauspieler war. In jüngerer Zeit gibt es auch einen wachsenden Anteil an Eltern, die Wissenschaftler oder Akademiker sind.

Im 18. Jahrhundert verbrachte der Virtuose – oder gelegentlich die Virtuosin – das Berufsleben damit, vor einem üblicherweise gesellschaftlich ranghöheren Publikum zu spielen und genauso bewundert und umschwärmt zu werden wie der englische Box-Champion Daniel Mendoza oder Harry Angelo, Fechtmeister der feinen Gesellschaft von London. In Russland, wo Auer regelmäßig seine jugendlichen Schützlinge den Betuchten und Betitelten der Hauptstadt präsentierte, hielt sich diese Situation bis ins 20. Jahrhundert hinein. Aber in West- und Mitteleuropa und sogar in amerikanischen Städten wie Boston oder Philadelphia, wo die Mittelklasse parallel mit der sozialen Wertschätzung von Künstlern wuchs, verringerte sich der Abstand zwischen Ausführendem und Publikum. Im amerikanischen Westen und Süden, wohin Vieuxtemps und Wieniawski gingen, um Geld zu verdienen, und Bull, um Geld zu heiraten, traf der fahrende Virtuose zum ersten Mal sogar auf ein Publikum, auf das er, wenn er wollte, hinunterblicken konnte.

Aber niemand in Berlin oder anderswo bevormundete Joachim oder seinen Schützling Waldemar Meyer, der mit 14 Jahren die Schule abgebrochen hatte, dank seines Geschäftssinns und des ihm von Joachim verliehenen Gütesiegels aber sehr annehmlich lebte. Als Liebling der Londoner Gesellschaft trat er an einem Abend bis zu fünf Mal auf und schätzte dabei seinen Marktwert hoch genug ein, um von Gastgeberinnen zu verlangen, dass ihre Gäste den Mund hielten, während er spielte. Im Laufe der Zeit wurde er sogar zum Abendessen hinzugebeten. »So unsympathisch es mir war, vor meiner künstlerischen Tätigkeit ein Essen mitzumachen, so tat ich es doch, weil es als eine hohe Einschätzung des künstlerischen Standes galt, der von vielen aus den ersten Gesellschaftskreisen noch zu den bezahlten Diensten gerechnet wurde.«[579]

Im ersten Viertel des 20. Jahrhunderts kursierte ein Witz, den S. J. Perelman für Groucho Marx und Margaret Dumont geschrieben haben könnte. Sagt der Virtuose zur Gastgeberin: »Das macht 1.000 Dollar«, und sie antwortet: »Sehr gut, aber bitte verstehen Sie, dass Sie sich nicht unter die Gäste mischen dürfen.« »In diesem Fall«, erwidert der Virtuose, »macht es 750 Dollar.«

Inzwischen war Efrem Zimbalist, Direktor des Curtis Institute von Mrs. Bok und jetzt ein Episkopaler, als angesehenes Mitglied in die Philadelphia Main Line Society aufgenommen worden. Andere neue Einwanderer, die gut und gerne Zimbalists Verwandte hätten sein können, sahen in Auers Schützlingen und ihren Nachkommen Vorbilder und Kulturhelden. Ihre Zuneigung zu Elman, Heifetz, Milstein, Stern und auch zum jungen Perlman und zu Zukerman reichten sie weiter wie ein Familienerbstück. Doch in der nächsten Generation hatte die Entwicklung schon ihren Höhepunkt erreicht. Ruhm, Beliebtheit und Faszination waren nun fast verschwunden, und der Virtuose des 21. Jahrhunderts ist mit hoher Wahrscheinlichkeit weiblich, das Produkt eines wichtigen Konservatoriums und sieht sich selber mehr als Profi denn als Künstlerin. Wahrscheinlich spielt sie vor einem Publikum, das zunehmend ihren Eltern, Großeltern und deren Freunden und Kollegen ähnelt.

Nationalität oder genauer gesagt: die geographische Herkunft war zumindest einfacher zu definieren und zu erkennen als Klassenzugehörigkeit. Im Barock war niemand im Zweifel darüber, wo man nach einem Kozertmeister oder Solisten suchen musste. Erst im 18. Jahrhundert begann Frankreich, dafür ein einheimisches Produkt zu entwickeln. Es sollte mindestens ein weiteres Jahrhundert dauern, bevor Russland das Gleiche tat. In Großbritannien dauerte es sogar noch länger.

Bis weit hinein ins 19. Jahrhundert war Paris nicht nur das Konservatorium von Frankreich, sondern das von ganz Europa. Dann kam Joachims Sieg über die Schwerfälligkeit Preußens und Preußens Sieg über Frankreich. Ab 1890 war die Berliner Hochschule für die Musik das, was die Berliner Universität für die Wissenschaft war, und Fleschs Klasse in Berlin in den Jahren zwischen den Weltkriegen für die Violine das, was Göttingen für die Physik bedeutete. Sieben Wochen nach dem Ausbruch des Zweiten Weltkriegs bestellte Hitler Listen der am besten qualifizierten Künstler, die um jeden Preis beschützt werden müssten.[580] Doch während der globalen Katastrophe und dem nationalen Selbstmordversuch, die darauf folgten, ging mindestens eine Generation verloren.

Nachdem das westdeutsche »Wirtschaftswunder« ab 1980 viel von seinem Schwung verloren hatte, blühte an der Schwelle zum 21. Jahrhundert ein westdeutsches »Geigenwunder« gerade voll auf. Selbst die im Zweiten Weltkrieg geborenen Senioren Ulf Hoelscher und Christine Edinger waren noch keine 60 Jahre alt, als die jüngsten, bereits eine dritte Generation, gerade einmal Teenager waren. Das Geschlechterverhältnis war in etwa ausgeglichen. Einige von ihnen hatten asiatische Mütter. Aber ihr gemeinsamer Ursprung lag in der akademischen Mittelklasse.

Der Schlüssel war nach Meinung von Christoph Poppen erstklassiger Unterricht.[581] Aber so wie bei den Natur- und Sozialwissenschaften und vielem mehr hatte der Unterricht schon lange eine neue Heimat in Amerika gefunden. »In Deutschland sind viele Studenten zu faul, und selbst anerkannte Lehrer haben keine Ahnung, was an amerikanischen Musikinstituten verlangt und geleistet wird«, bekannte Hoelscher in den 1960er-Jahren in einem Interview nach seiner Rückkehr aus Indiana und vom Curtis.[582] Eine Ausnahme war Anne-Sophie Mutter, die in der Heimat blieb und bei Lehrern lernte, die bei Flesch studiert hatten. Als eines der wenigen Wunderkinder ihrer Zeit wurde sie in früher Jugend von Karajan entdeckt und war bereits in ihrem vierten Lebensjahrzehnt eine wichtige Botschafterin ihrer Generation.[583] Von Augustin Hadelich abgesehen, ist die jüngste Generation – Kinder des Zeitalters der Wettbewerbe und Goldmedaillengewinner wie Isabelle Faust, Julia Fischer und Arabella Steinbacher – in Deutschland geboren, zur Schule gegangen und zum größten Teil dort ausgebildet. Aber anders als ihre Vorgänger sehen sie sich nicht als eine »deutsche Schule« und dachten auch nie daran, eine solche zu begründen. Sie sind einfach nur gute Geiger.

Großbritannien blieb wie üblich eine isolierte Insel, auf der ein Weltklasse-Geiger bis weit ins 20. Jahrhundert hinein nur schwer vorstellbar war. Marie Hall kam einer einzigartigen Ausnahme sehr nahe. Sie wurde 1884 geboren und hatte einen Vater, der in der Newcastle Empire Music Hall Harfe spielte. Sie schloss sich dem Familienensemble von Straßenmusikern an, wo sie in jungen Jahren von einer Reihe von Gönnern entdeckt wurde, die – ebenso wie sie selber – einem viktorianischen Roman hätten entstiegen sein können. Die Familie allerdings benötigte ihr Einkommen zu sehr, als dass sie mit 13 Jahren ein Stipendium an der Royal Academy hätte annehmen können. Nur dank der

Interventionen einer guten Fee und des tschechischen Virtuosen Jan Kubelik war es ihr schließlich möglich, kostenfrei zuerst bei John Kruse, einem Schützling von Joachim, und dann für drei Jahre in Prag bei dem gefürchteten Otakar Ševčík zu studieren. 1903 entfachte sie mit ihrem Debüt in London »eine Begeisterung, wie man sie selten in einem Konzertsaal beobachten konnte«, so ein Kritiker der *Times*. Zwei Jahre später ging sie für eine 60-Konzerte-Tournee in die Vereinigten Staaten, gefolgt von Konzertreisen nach Südafrika, Indien, Australien, Neuseeland und auf die Fidschi-Inseln, wo sie in einem Zelt vor einem Publikum von 1 000 Zuhörern spielte, während ein elektrischer Ventilator ihre Hände kühlte.[584]

Albert Sammons, fast ein unmittelbarer Zeitgenosse von Marie Hall und Großbritanniens anderer Anwärter auf eine internationale Karriere, war im Wesentlichen Autodidakt. Ebenso wie Hall spielte auch er mit 13 Jahren professionell, um seine Familie zu unterstützen. Er war immer noch in seinen Zwanzigerjahren, als ihn der Dirigent Sir Thomas Beecham entdeckte, während er das Orchester im Londoner Waldorf Hotel leitete. Beecham engagierte ihn praktisch vom Fleck weg. Ein oder zwei Jahre später schätzte man Sammons schon als lokalen Solisten. In den USA auf Tournee zu gehen aber lehnte er ab: »Sie würden mich mit Heifetz und Elman vergleichen.«[585]

Alfred Campoli konnte wenigstens einen ausländischen Namen ins Feld führen. Er war aber seit seinem sechsten Lebensjahr, als sein Vater aus Rom auswanderte, ein Londoner, und sein Londoner Akzent sowie sein Job als Geiger im Palmengarten des dortigen Dorchester Hotels während der Zeit der Depression benachteiligte ihn gegenüber neueren Zuwanderern wie Menuhin, Max Rostal und Ida Haendel, deren erstklassige Talente mit dem ausländischen Akzent einhergingen, den man von sehr ernst zu nehmenden Geigern erwartete – auch dann, wenn sie wie Menuhin aus Amerika kamen.[586]

In Russland und Japan führte eine weitere Dimension der sozialen, politischen und wirtschaftlichen Modernisierung zu einer musikalischen Aufholjagd. Bis weit in das 19. Jahrhundert hinein importierten Russen Italiener, dann Franzosen, dann Mitteleuropäer. Einige davon kamen im Rahmen einer Tournee, andere aber blieben für Jahre bei Hof. Im ausgehenden 18. Jahrhundert konnte sich der im Lande geborene Iwan Jewstafjewitsch Chandoschkin tatsächlich gegenüber durchreisenden Italienern behaupten, obwohl er weniger als die Hälfte von dem bekam, was diesen gezahlt wurde, und obwohl er nie ins Ausland ging.[587] Er hinterließ sogar eine kleine Sammlung von respektablen Kompositionen, darunter mehrere Sätze mit Variationen über russische Volkslieder. Aber es sollten zwei Jahrhunderte vergehen, bevor seine Werke geschätzt und seine Leistungen anerkannt wurden.

Mittlerweile hatte eine weitere Welle von Importen den Lauf der Violingeschichte verändert. Im Jahr 1862 – jenem Jahr, in dem Alexander II. die

Leibeigenen befreite – willigte Wieniawski, der junge Paris-Preisträger aus dem polnischen Lublin, ein, die nationale Mission von Anton Rubinstein voranzubringen und an dem funkelnden neuen Konservatorium von St. Petersburg eine Violinabteilung zu gründen. Sechs Jahre später wurde der noch jüngere Auer aus dem ungarischen Veszprém sein Nachfolger. Mit dem ersten Jahrzehnt des 20. Jahrhunderts war Russland ein Netto-Exporteur von Weltklasse-Geigern geworden, und Pjotr Solomonowitsch Stoljarski, ein unauffälliger Spieler im Orchester der Oper von Odessa, startete eine Karriere als Lehrer für musikalische Früherziehung und als Talentsucher, aus der 1937 vier der sechs Preisträger des maßgeblichen Königin-Elisabeth-Wettbewerbs hervorgingen. Menuhin, der immer ein genauer Beobachter des Publikums war, bewunderte bei Japanern und Deutschen ihre Disziplin und ihre guten Manieren, die Aufgeschlossenheit der Amerikaner, die Aufrichtigkeit der Briten und den »halsstarrigen Individualismus« der Israelis. Doch »erst in Odessa drängten sich lokale Fans hinter der Bühne und wollten wissen, wie ich diese oder jene Passage gegriffen hatte«.[588]

Die Idee, dass in Ostasien vielleicht weitere Odessas warteten, kam Westlern bis weit in das 20. Jahrhundert seltsam vor. Doch auch diese Zukunft hatte bereits im Jahr 1868 begonnen, als japanische Reformer dem Lehrplan eines universellen Schulsystems mit Modernisierungsprogrammen von Industrie, Landwirtschaft, Militär und Rechtswissenschaften auch die westliche Musik hinzufügten. Innerhalb einer Generation gab es erschwingliche inländische Violinen, eine ständig wachsende Sammlung von »Gebrauchsanweisungen« voller bearbeiteter einheimischer Stücke sowie Straßenmusikanten in Derbyhüten (Melonen) und westlichen Schuhen, die sich zu einem großen Repertoire satirischer und politischer Balladen auf der Geige selbst begleiteten. Innerhalb eines Jahrzehnts war aus einem Büro für Musikstudien mit dem Auftrag, Lehrer und Lehrmaterial zu produzieren, das Konservatorium von Tokio geworden.[589] 1890 fuhr Nobu Koda, eine Absolventin des Konservatoriums, zu weiterführenden Studien nach Boston und Wien. Fünf Jahre später unterrichtete sie nach ihrer Rückkehr ihre jüngere Schwester Ko, die danach ebenfalls in Berlin studierte und sich dann Nobu im Lehrkörper des Tokioer Konservatoriums anschloss. Letztendlich wurde es beiden Schwestern nicht nur gestattet, sondern sie wurden sogar dazu ermutigt, in der Versenkung zu verschwinden.[590]

Die bolschewistische Revolution brachte einen Kader von geflüchteten Künstlern hervor, die den Japanern gerne zeigten, wozu ernsthafte Berufsmusiker in der Lage waren. Ab den 1920er-Jahren gehörte Japan zur internationalen Konzertroute. 1926 wurde die Japan Symphony, seit dem Zweiten Weltkrieg als Orchester der Japan Broadcasting Corporation (NHK) bekannt, als das erste feste Ensemble des Landes gegründet. Im Oktober 1943, nur wenige Tage bevor Bomben der Alliierten die Berliner Philharmonie dem Erdboden gleichmachten, spielte dort die sehr junge Nejiko Suwa unter Hans Knappertsbusch das Brahms-Konzert.

Am 6. Juni 1944, anderswo der D-Day, überreichte ihr Hitlers Propagandaminister Joseph Goebbels in Wien eine Geige, die angeblich eine Strad war.[591]

Wer hätte gedacht, dass weibliche Wunderkinder aus Asien die Stelle von männlichen Wunderkindern aus Russland einnehmen würden? Das schien ungefähr so wahrscheinlich wie die Eröffnung eines Toyota-Werks in Huntsville, Alabama, oder wie ein Japaner im emblematischen Nadelstreifentrikot als Säule der New York Yankees. Doch als Japan aus der Asche aufstieg, wurde Musik zu einer ebenso dynamischen Wachstumsbranche wie Automobile, der Schiffsbau und die Unterhaltungselektronik. Die Anmeldungen in Musikschulen – 1952: 1402, 1965: 7139 und 1980: 18605 – stiegen so schwindelerregend wie das Bruttosozialprodukt. Dasselbe galt für Beschäftigungsmöglichkeiten. Im Jahr 1950 gab es in einer Bevölkerung von 83,2 Millionen pro 10000 Erwerbstätige 3,32 Musiker. 1980 waren es in einer Bevölkerung von 117 Millionen 16,88 Musiker pro 10000 Erwerbstätige.[592] Der 23-jährige Takako Nishizaki, der 1964 im Leventritt-Wettbewerb den zweiten Platz nach Perlman machte, war – nur knapp eine Generation nach dem Krieg – auf dem Wege zu einem Konzert in der Carnegie Hall und zu einer für fast unmöglich gehaltenen Karriere als Chinas Lieblingsgeiger. Bis 2007 hatte Nishizakis Einspielung von Vivaldis *Vier Jahreszeiten* weltweit mehr als eine Million Exemplare verkauft.[593] Midori, das einstige Wunderkind, hatte an der Thornton School of Music der University of Southern California ausgerechnet den Heifetz-Lehrstuhl inne. Daishin Kashimoto, immer noch in seinen Zwanzigern, war schon der zweite japanische Konzertmeister der Berliner Philharmoniker geworden.

Wenn Osaka, Tokio oder Matsumoto als Nachfolger von Odessa unwahrscheinlich erschienen, so war Seoul – nicht zu reden von Pjöngjang – noch unwahrscheinlicher. Korea, das im 17. und 18. Jahrhundert zu einem Spielfeld für die imperialistischen Spiele seiner Nachbarn verkümmert war, wurde in den letzten Jahrzehnten des 19. Jahrhunderts ebenfalls fast widerwillig in die moderne Welt gezogen. Die koreanischen Reformer blickten anfänglich nach Japan als Vorbild. Aber das endete im Jahr 1910, als Japan Korea annektierte. Westliche Musik war nur eine Dimension der japanischen Modernisierung, Verrohung und Ausbeutung waren weitere. Andererseits war die Ankunft junger protestantischer Missionare und eines deutschen Kapellmeisters in Korea ein voller Erfolg. Von den 1920er-Jahren an gingen Absolventen der Missionsschule für weiterführende Studien nach Japan, nach Europa und in die Vereinigten Staaten. Zwischen 1923 und 1937 liebte das Publikum ganz besonders Violinabende in einem eigens dafür vorgesehenen Konzertsaal, in dem Japaner und Koreaner gleichermaßen die Plätze besetzten.[594] In den Jahren vor dem Zweiten Weltkrieg fügten internationale Spieler Seoul ihren Reiserouten hinzu.

Doch sogar als internationale Konflikte und ein Bürgerkrieg das Land teilten, entschieden sich die sechsjährige Kyung-wha Chung und ihre ebenso musikalischen Geschwister für die Instrumente, die die Familie nach Amerika und Kyung-wha selbst, jetzt 13, zu Juilliard bringen sollten, wo ihre Schwester Myung-soh als Flötistin bereits eingeschrieben war. Eine Generation später wurde geschätzt, dass einer von vier Juilliard-Studenten asiatischer oder asiatisch-amerikanischer Herkunft war;[595] 1961 aber waren sie ein Novum. Chung, die nach fünf Jahren bei Galamian depressiv geworden war, dachte ernsthaft darüber nach aufzugeben, wurde dann aber von ihrer Familie überredet, sich ebenso wie Nishizaki drei Jahre zuvor für den Leventritt-Wettbewerb anzumelden.[596] Das Ergebnis war ein mit Zukerman geteilter erster Platz und ein symbolischer Sieg für Korea. 20 Jahre später, als Südkoreas Wirtschaft jährlich um 8 Prozent wuchs und es dort, wo vorher nur ein Orchester gewesen war, drei nationale und elf regionale Orchester gab, trat Sarah Chang, sechs Jahre alt und eine Rediviva von Menuhin in weißem Partykleidchen, mit weißen Strümpfen und ebensolchen Lackschuhen, in die Klasse von DeLay ein. Begleitet wurde sie von ihrem Vater, dem Geiger Min Soo, der selber Schüler von DeLay gewesen war.[597]

In vielerlei Hinsicht war die chinesische Erfahrung eine Wiederholung derjenigen von Japan und Korea. Aber die Entwicklung von kaiserlicher Unterhaltung über Modernisierungsstrategien bis hin zu einem Export vollendeter Spieler rekapitulierte auch die chinesische Geschichte. Eine erste Begegnung mit westlicher Musik kann bis zu dem italienischen Jesuiten und wegbereitenden Sinologen Matteo Ricci zurückverfolgt werden, der sein Clavichord der chinesischen Nachwelt hinterließ. Einem jesuitischen Nachfolger gefiel das Instrument angeblich so gut, dass er westliche Lehrer einstellte, die 18 Eunuchen dafür schulten, zeitgenössische italienische Musik, vielleicht sogar Opern, in westlicher Kleidung und mit Perücken aufzuführen.

Wenn das erste Auftauchen westlicher Musik in China auch von den Mauern der Verbotenen Stadt aufgehalten wurde, so reichte das zweite weit in die Zukunft hinein. Bis zum Ende des 19. Jahrhunderts hatten alle Großmächte außer Österreich in die chinesische Souveränität eingegriffen. Sogar Japan hatte sich aufgemacht, Taiwan in eine Modellkolonie zu verwandeln. Nun erschien die westliche Musik noch einmal, dieses Mal als kolonialer Import. Ebenso wie andernorts gehörten auch hier Kapellen zu Militärreformen, und Missionsschulen brachten ihre westlichen Instrumente mit. In Taiwan wurden Musikkurse in der Lehrerausbildung eingeführt, zahlreiche Spieler, die aus Russland und Mitteleuropa geflüchtet waren, traten auf den Plan, und Shanghai gründete ein ausschließlich westliches Orchester im westlichen Stil.[598]

Tan Shu-zhen personifizierte die chinesischen Erfahrungen mit der Geige und den Geigern. Er wurde 1907 geboren, besuchte eine Missionsschule und begann wie vor ihm sein Vater mit dem Geigenspiel. Mit 15 Jahren ging er auf der Suche nach einem Geigenlehrer nach Peking; drei Jahre später übersiedelte er nach Shanghai, wo er Orchesterkonzerte besuchte und Anfängerunterricht im Geigenspiel gab. Im Alter von 20 Jahren schließlich erkundigte er sich bei dem italienischen Dirigenten des Orchesters, ob er ihn dort als Geiger aufnehmen würde. Erfolg bei der ersten Probe und dem Konzert machten ihn zum ersten chinesischen Mitglied des Orchesters. Natürlich wurde er nicht bezahlt. Kurz vor Kriegsausbruch hielt er die Familie mit dem Orchesterspiel und mit Gelegenheitsjobs bei der Kirche und im Theater über Wasser. Aber eine 1940 erhaltene Einladung, in der besetzten Stadt für einen japanischen General zu spielen, war für Tan ein Kompromiss zu viel, und er verließ das Orchester.

Einen Weltkrieg und einen Bürgerkrieg später gab es zwei Chinas: eines auf dem Festland, und eines auf Taiwan, wo sich die Wirtschaft der Insel zum Vorreiter und »kleinen Tiger« der Region entwickelte und Lee Shu-te die dortige Dorothy DeLay wurde. Von dort reiste ihr 15-jähriger Musterschüler Lin Cho-Liang mit 300 Dollar, die er mit Klebeband in seiner Innentasche befestigt hatte, und einem Empfehlungsschreiben an John Oakes, der die Leitartikelseite der *New York Times* leitete, nach New York. Oakes nahm ihn alsdann für die Zeit seines Studiums bei DeLay bei sich auf. Mit 19 Jahren hatte Lin, inzwischen als Jimmy bekannt, sein New Yorker Debüt. Mit 21 gab er über 100 Konzerte im Jahr. Mit 23 kaufte er sich seine erste Strad.[599] 1985 gewann Hu Nai-Yuan, ein weiterer Schützling von Lee, der bei Gingold studiert hatte, den Königin-Elisabeth-Wettbewerb.

Währenddessen prägten die musikalischen Stachanowisten auf dem Festland in den Höhlen von Yan'an, in die sich Chinas Kommunisten vor den Japanern und den Nationalisten von Tschiang Kai-shek geflüchtet hatten, einen neuen Kanon revolutionärer Lieder, Kantaten und Opern, während ein Yan'an-Zentralorchester am Samstagabend in Anwesenheit einer begeisterten Parteiführung Walzer, Two Step und »Old Black Joe« spielte. Im Jahr 1947 hörte Tan mit vorsichtigem Optimismus Reden von Zhou En-lai, dem ersten Premierminister der Volksrepublik, und von General Chen Yi, dem ersten kommunistischen Bürgermeister der Stadt. 1949 wurde der Geiger Ma Si-Cong, der erste am Pariser Konservatorium angenommene chinesische Musiker, zum ersten Präsidenten des neu gegründeten Nationalen Konservatoriums berufen. Diese Berufung sah mit einem Chauffeur, zwei Köchen und einem Gehalt, das sich dem des Vorsitzenden Mao näherte, vielversprechend aus.[600] Noch vielversprechender war, dass Tan, wenn auch zögernd, zustimmte, Vizepräsident zu werden, wodurch er 16 Schüler unterrichten und eine Geigenwerkstatt eröffnen durfte. Bis 1961 war das Personal auf 500 Lehrer mit 3000 Schülern angewachsen, darunter 700 in der Oberstufe. Im Interesse der Kunst wurden rund 2000 chinesische Studenten in die Sowjetunion geschickt, um dort zu studieren. Andere wurden als Teil der Kampagne zur Ausrottung der vier Plagen – Fliegen, Mücken, Ratten und ganz besonders Sperlinge – unter Bäume gesetzt, wo sie zum »Großen Sprung nach vorn« beitrugen, indem sie auf ihren Instrumenten spielten, bis erschöpfte Spatzen aus Angst vor der Landung tot vom Himmel fielen.[601]

Dann kam die Kulturrevolution, und für Tan wurde der Himmel düster. »Es ist Nacht«, sagte er sich, »aber die Sonne wird irgendwann wieder herauskommen.« Das stimmte zwar, ließ aber noch eine Weile auf sich warten. 1963 wurde Tan von einem Geigenschüler und Freund seines Sohnes wegen seines westlichen Anzugs angezeigt und bald darauf mit Stöcken geschlagen, öffentlich angegriffen, eingesperrt und beauftragt, die 122 Toiletten des Konservatoriums zu warten und zu reparieren. Im Jahr 1966 wurden Geigen zu »verfluchten Symbolen des Imperialismus« erklärt.

Es sollten sechs Jahre vergehen, bis man erkannte, dass man für die Aufführungen von revolutionären Opern Geigen benötigte. Ein Jahr später waren sie in ganz Guangzhou praktisch nicht mehr verfügbar.[602] Im Jahr 1978 kehrte ein wiedereingesetzter Tan in ein Konservatorium zurück, das bald so durchstarten sollte wie die Wirtschaft unter der neuen Führung. Doch bevor die Sonne wieder herauskam, hatten 17 Mitglieder der Konservatoriumsfamilie – Professoren, Ehepartner und Studenten, darunter mindestens zwei Geigerkollegen von Tan – Selbstmord begangen. Drei seiner vier Kinder waren jetzt professionelle Musiker, aber zwei davon waren in die Vereinigten Staaten ausgewandert. Als Tan 2002 im Alter von 95 Jahren starb, spielte das Shanghai Symphony Orchestra zu seinem Gedächtnis ein Konzert mit Barbers *Adagio für Streicher* als letztem Gruß. Unterdessen war ein ehemaliger Schwiegersohn Geigenhändler in New York, und ein Urenkel studierte bei Sassmannshaus.

1987 errang Qian Zhou, eine Absolventin aus Shanghai, den ersten Platz im französischen Marguerite-Long-Jacques-Thibaud-Wettbewerb. Ab Mitte der 1990er-Jahre lehnte Zhang Shi-Xiang, ein Professor am Konservatorium von Shanghai, es ab, Schüler zu unterrichten, die nicht mit 16 Jahren Paganini und Wieniawski bewältigen konnten. Bereits vor dem Tod von Tan nahmen ausländische Besucher mit Interesse zur Kenntnis, dass man in taoistischen Tempeln Geigen für den Gegenwert von 30 Dollar über den Ladentisch kaufen konnte. Ein paar Jahre später wurde geschätzt, dass private Musiklehrer in Shanghai das Fünffache des lokalen durchschnittlichen Pro-Kopf-Monatseinkommens verdienten. Es gab etwa zehn Millionen chinesische Geigenschüler, von denen eine große Zahl begierig war, in westliche Konservatorien zu gelangen, die bei ihnen für sich warben und sie begeistert aufnahmen. Die jährlichen Bewerbungen für Konservatorien, die in den 1980er-Jahren einige Tausend betragen hatten, näherten sich jetzt der 200000-Grenze, und westliche Musik genoss einen Status zwischen Ikone und sozialer Rolltreppe. Damit erinnerte sie an ihre Position ein Jahrhundert vorher im Westen.[603]

Das Asien des 20. Jahrhunderts bestätigte, dass die internationale Datumsgrenze durchlässiger war, als sich die Koda-Schwestern oder Tan Shu-zhen je hätten träumen lassen. Im Westen hingegen und vor allem in Amerika zeigten die Erfahrungen eindeutig, dass man von der Grenze, die die Hautfarbe darstellte, nicht dasselbe behaupten konnte. Dennoch gab es Ausnahmen wie den bemerkenswerten George Bridgetower, der am 13. April 1789 sein Debüt im Concert spirituel im Alter von neun Jahren gab, und den noch bemerkenswerteren Chevalier de Saint-George.

Ob Bridgetower wirklich ein »Schwarzer« war, ist eine Frage der kulturellen Definition; als Kind einer möglicherweise mitteleuropäischen Mutter und eines Vaters von afrikanischer Abstammung aber war er zumindest nicht weiß. Noch vor Ende seines Debütjahres zahlte die »beste aller Gesellschaften« bis zu fünf Guineen, um »dieses wunderbare Kind [...], das, wie man hört, der Enkel eines afrikanischen Prinzen ist«, in seinem ausverkauften Konzert in Bath zu hören. Die fürstliche Verbindung kann auch ein Einfall von Bridgetower senior gewesen sein, einem polyglotten Charmeur, der türkische Kleidung bevorzugte.[604] Die wohl begründete Vermutung von Betty Matthews, dass sich der Familienname vom Ort Bridgetown auf Barbados ableitet und sein Vater ein ehemaliger Sklave war, der nach seiner Ankunft in England durch ein Gesetz von 1772 frei wurde, scheint eher zuzutreffen.[605] Prinz oder nicht: Bridgetower junior wurde vom Prince of Wales ins Schlepptau genommen. Er hatte freundschaftliche Beziehungen mit Viotti und spielte vor Haydn. Einem Jahrzehnte später kursierenden Bericht aus zweiter Hand zufolge hätte er Widmungsträger von Beethovens Sonate op. 47 werden können, doch seine Verwicklung in »einen dummen Streit um ein Mädchen« führte dazu, dass der Komponist das Werk nicht ihm, sondern Rodolphe Kreutzer widmete.

Joseph Bologne, eine Generation älter als Bridgetower, führte ein Leben, das von Alexandre Dumas hätte erfunden sein können. 1745 als Sohn eines französischen Zucker- und Kaffeepflanzers und dessen Sklavin geboren, wurde er in jungen Jahren nach einem heftigen Familienstreit und einem zweifelhaften Gerichtsverfahren, das seinen Vater veranlasste, schnellstens nach Paris abzureisen, wo ihm ein Kredit von 20.000 Livres an die zunehmend verschuldete Krone einen Titel einbrachte, von seiner Heimatinsel Guadeloupe fortgebracht. Der Titel ebnete dem jungen Bologne den Weg in die Königliche Fecht- und Reitschule von Nicolas de la Boëssière, wo der König von dessen spektakulärer Begabung für das Fechten derart beeindruckt war, dass er den jungen Mann in seine Leibgarde aufnahm. Diese militärische Anstellung qualifizierte ihn wiederum für den Titel Chevalier de Saint-George und öffnete ihm ein Netzwerk von erstklassigen Kontakten.

Inzwischen führte seine eindrucksvolle Begabung für die Violine zu einem zweiten Netzwerk und einem Anfängerplatz im Concert des amateurs, wo er eine Bilderbuchkarriere als Solist, Komponist und Dirigent begann, bevor er in der aufgewühlten See der Revolution Schiffbruch erlitt und im Alter von 54 Jahren nahezu vergessen starb.[606] Dennoch war er das Flaggschiff in einer Flotte von zweien. 1762 verzeichnete eine aus der Angst vor einer schwarzen Gefahr für das hellhäutige Frankreich entstandene Registrierungsliste 159 schwarze und gemischtrassige Bewohner von Paris, einer Stadt mit über einer halben Million Einwohnern. In ganz Frankreich gab es geschätzt 4000 Farbige, keine davon Sklaven.

1790, im Jahr nach Bridgetowers Debüts in Paris und London, wurde die schwarze Bevölkerung der Vereinigten Staaten auf 750.000 geschätzt, mehr als 90 Prozent von ihnen Sklaven. Bis 1860 war diese Zahl auf etwa viereinhalb Millionen angewachsen. Aber das Verhältnis von Freien zu Sklaven war nahezu unverändert. Tatsächlich spielten, wie die Jeffersons und Randolphs, viele von Afrikanern abstammende Amerikaner die Geige. Es war denkbar, dass es auch einen potenziellen Bridgetower oder Bologne unter ihnen gab. Was fehlte, war die Infrastruktur – beispielsweise der unternehmerische Vater, ein Netzwerk von gut aufgestellten Gönnern, die Akademie, Schulen und Tutoren, ganz zu schweigen von der königlichen Intervention –, die aus Potenzial hätte Wirklichkeit werden lassen können.

Während ihre Besitzer für sich und ihre Altersgenossen in Salons musizierten, spielten schwarze Geiger von Virginia bis zum Golf von Mexiko stattdessen sowohl für die Tanzabende der Weißen als auch die ausgelassenen eigenen der Schwarzen. Die sogenannten »Musicianer« waren in Tagebüchern, Aufzeichnungen der Plantagen und Zeitungen[607] allgegenwärtig und wurden vor 1865 wegen der Reisemöglichkeiten und Bareinnahmen, die mit dem Job einhergingen, beneidet und danach als Lehrer, Entertainer und Vorbilder respektiert. Im Laufe der Zeit wurden sie von Jazz, Blues und Gospel abgelöst. Aber die ländlichen Streicherensembles verkauften sich bis zum Zweiten Weltkrieg auf sogenannten Rassen-Plattenlabels weiterhin.

Die kleine schwarze Mittelschicht war wie jede andere aufstrebende Mittelklasse daran interessiert, es in der Mainstream-Kultur zu etwas zu bringen, und hatte auch ihre Liebelei mit der gutbürgerlichen Violine. Der ikonenhafte Frederick Douglass, Vorreiter bei der Abschaffung der Sklaverei, Schriftsteller, Dozent, Beamter im District of Columbia und in Haiti US-Minister, war ebenso wie sein Sohn ein Amateurgeiger. Sein Enkel Joseph, ein Berufsmusiker, ging sogar auf Tourneen in schwarze Kirchen und Colleges und lehrte vor seinem Tod im Jahr 1935 an der Howard University.

Louis Eugene Walcott, der 1933 als Sohn von aus der Karibik eingewanderten Eltern in der Bronx geboren wurde, begann als Schuljunge in Boston mit der Violine. Mit neun Jahren hörte er Heifetz mit dem Boston Symphony Orchestra. Das Erlebnis hinterließ bleibende Spuren. Mit 13 Jahren spielte er

Vittorio Montis unverwüstlichen Csárdás in der Original Amateur Hour, einem Publikumsmagneten im Goldenen Zeitalter des Rundfunks und im frühen Fernsehen. Er hätte an die Juilliard School gehen können, entschied sich aber stattdessen für ein historisch schwarzes College in North Carolina, das ihn als Leichtathleten anwarb.[608]

In einer Welt und einer Zeit, in der Orchester in Rassenfragen so wenig Entgegenkommen zeigten wie beim Geschlecht, war das keine unvernünftige Wahl. Anschießend versuchte Walcott sein Glück als Calypso-Sänger, dann erfand er sich neu: als Pfarrer Louis Farrakhan von der Nation of Islam, einer entfernt vom Islam abgeleiteten und exklusiv schwarzen Sozialbewegung.[609] Für die nächsten 40 Jahre legte er die Geige auf Eis. Da er aber entschlossen war, das Mendelssohn-Konzert zu spielen, ging er später für ein intensives Coaching zu Elaine Skorodin Fohrman, einer angesehenen Geigerin aus Chicago. Zwei Jahre später war bei seinem Debüt vor einem kleinen, sorgfältig ausgewählten Publikum in Winston-Salem, North Carolina, auch die *New York Times* anwesend. »Kann Louis Farrakhan Geige spielen?«, fragte deren Kritiker Bernard Holland vorsichtig. Die Antwort war eine nachdrückliche Bejahung: »Der Ton von Mr. Farrakhan ist der eines echten Musikers.«[610]

Aber selbst für Fohrman war Farrakhans Entscheidung, sich nun dem Beethoven-Konzert zuzuwenden, eine zu große Herausforderung. Dieses Mal kam ihm ein kleiner Glücksfall zu Hilfe. Farrakhans Assistentin hatte seine Gagliano für ihren jährlichen Check-up zu Bein & Fushi gebracht. Fushi überreichte ihr ein Exemplar von Ayke Agus' kürzlich herausgekommenen Memoiren über die Jahre, die sie als Schülerin, Klavierbegleiterin im Aufnahmestudio, Fahrerin, Privatsekretärin, Imbissköchin und Faktotum mit Heifetz verbracht hatte. Dann stellte er Farrakhan der Autorin selbst vor.[611] Agus sagte nicht nur zu, Farrakhan so zu unterrichten, wie Fohrman es getan hatte, sondern sie mietete auch das Cerritos Performing Arts Center im südlichen Los Angeles County und rekrutierte für die nächste Konferenz der Nation of Islam ein Orchester. Bei Sweet Strings, einem Stadtteilprojekt in South Central Los Angeles, ermutigte Farrakhan Kinder, das Geigenspiel zu lernen, um so das Vorurteil zu bekämpfen, dass die Violine nur etwas für Weiße sei.[612]

Im Jahr 1996 wurde für Gareth Johnson, einen Zehnjährigen im winzigen Ort Festus, Missouri, ein Auftritt von Perlman zu einem ähnlichen Erweckungserlebnis. Fest entschlossen, selber zu spielen, hortete er solange sein Essensgeld, bis ihm seine erstaunten Eltern für 80 Dollar eine Violine kauften und ihn zum Unterricht nach St. Louis schickten. Ein Jahr später brachte ihn sein Lehrer zu DeLay, um Mendelssohn vorzuspielen. Die Verbindung führte zunächst zu Sassmannshaus in Cincinnati und Elmar Oliveira, Amerikas erstem Gewinner des Tschaikowsky-Violinwettbewerbs am Lynn University Conservatory in Florida.[613] Anschließend ging er als Coach, Lehrer und

Identifikationsfigur zu Aaron Dworkins Sphinx Organization, einem Förderprojekt, das für jemanden wie ihn hätte entworfen sein können.

Obwohl dies häufig vernachlässigt oder vergessen wurde, konnte auch Jazz mit spektakulären Effekten auf Geigen gespielt werden, und Jazzmusiker brauchten keine Konservatorien. Einige der größten Spieler, darunter der ausdauernde Joe Venuti, der wahrscheinlich in Philadelphia geboren wurde, und der unverwüstliche Stéphane Grappelli, der sicherlich in Paris geboren wurde, waren weiß. Aber auch schwarze, vom herkömmlichen Konzertbetrieb Ausgeklammerte wie Eddie South, Stuff Smith, Ray Nance und Claude »Fiddler« Williams machten den Jazz zum Plan B und sich selber zu Vorreitern der afrikanisch-amerikanischen Geiger.

Eddie South, Mitte des 20. Jahrhunderts

South, dessen exzellente Technik wenig Zweifel an seiner klassischen Ausbildung ließ, ging direkt von der Schule ins Varieté und begann so eine 40-jährige Karriere im Jazz, zu der eine unvergessliche Serie von Studioaufnahmen im Paris der Vorkriegsjahre mit Grappelli und dem großartigen Gitarristen Django Reinhardt gehört. Nance, von Smith beeindruckt, aber hörbar von South inspiriert, war der einzige Geiger, der jemals gebeten wurde, ein Solo mit Duke Ellington, in der Welt des Jazz das Gegenstück zu Toscanini, zu spielen.

Es gab sogar ein wenig Platz für eine Frau. Ginger Smock, die einer Mischehe entstammte und ihr Leben als Emma begann, war ein Schützling von Smith. Mit zehn Jahren spielte sie in der Hollywood Bowl Kreisler. Umgeben von ausschließlich weißhäutigen Kollegen spielte sie auch in der Los Angeles Junior Philharmonic unter Otto Klemperer. Aber ihre Karriere führte sie ebenso wie ihre männlichen Kollegen unaufhaltsam zum Jazz und zu einer frühen Begegnung mit all den Demütigungen, denen zu dieser Zeit Frauen und Afroamerikaner ausgesetzt waren. Mit 13 Jahren hatte sie ihr erstes professionelles Engagement in einer Cocktail-Lounge in Glendale. Den Managern von RCA gefiel ihre Demo-Aufnahme, doch sie verloren abrupt das Interesse, als ein Talentsucher den Geiger als »ein farbiges Mädchen von da oben in San Francisco« identifizierte.[614] Dennoch brachte ihr Talent sie als »Liebling der Saiten« oder auch als »die bronzefarbene Zigeunerin und ihre Violine« vor ihrem Tod 1995 mit 75 Jahren von Las Vegas nach Hawaii.[615]

Mittlerweile war Jazz eine echte Option und keine letzte Zuflucht mehr. Regina Carters Mutter, eine Grundschullehrerin in der aufstrebenden Arbeiterstadt Detroit, schickte ihre Tochter zum Suzuki-Unterricht und träumte davon, dass aus ihr eine gut bezahlte Orchestermusikerin mit Krankenversicherung werden würde. Carter hingegen träumte von einer Karriere als Solistin und schrieb sich sogar beim New England Conservatory ein. Dann entdeckte sie Grappelli und erlebte ihren Augenblick der Wahrheit. 1987 kam sie nach Detroit zurück und schloss sich einer Band von ausschließlich Frauen an. 1991 zog sie nach New York, und ihre Karriere begann. 2002 wurde sie als erster Jazz-Spieler überhaupt eingeladen, auf Paganinis »Kanone« zu spielen. Im Jahr 2006 wurde ihr ein »Genie«-Stipendium der MacArthur Foundation gewährt.[616]

Zu dieser Zeit war ironischerweise die Nachfrage nach afroamerikanischen und lateinamerikanischen Musikern beiderlei Geschlechts, die die Musik verstorbener weißer europäischer Männer spielen sollten, tatsächlich vorhanden. Aber diese Nachfrage begann zwangsläufig nahe der Nulllinie. 2008 schätzte die League of American Orchestras, dass die Quote von Afroamerikanern und Latinos in professionellen Orchestern der USA bei nicht mehr als 1,8 Prozent lag. In einer post-imperialen Welt, in der die Menschen aus den Kolonien in die einst imperialen Vaterländer zogen und rund 12 Prozent der britischen Bevölkerung asiatisch oder schwarz war, beschäftigte das ehrwürdige Hallé

Orchestra in Manchester einen chinesischen Musiker und einen schwarzen aus der Karibik. Das Ulster Orchestra hatte bei 62 weißen einen asiatischen Spieler verpflichtet. Im BBC Scottish Orchestra gab es überhaupt keine schwarzen oder asiatischen Musiker. »Warum sind unsere Orchester so weiß?«, fragte man sich.[617] Die Antwort, so war man sich einig, hatte weniger mit Rassismus als mit einem Bewerber-Defizit zu tun.

Fünf Jahre nach der Verleihung eines MacArthur-Stipendiums schätzte Dworkin 2010, dass amerikanische Jugendorchester zu 75 Prozent weiß und zu 17 Prozent asiatisch waren und der Rest sich gleichmäßig zwischen Latinos und Afroamerikanern aufteilte.[618] Diese 4 oder sogar 8 Prozent waren immer noch eine winzige Zuwachsrate. Auf der anderen Seite war es mehr als das Doppelte des aktuellen Anteils in Berufsorchestern. Es gab auch Hinweise darauf, dass der Pool von afroamerikanischen Musikern wuchs. In Baltimore zeigten Fernsehkameras, wie ein Lastwagen voll mit Instrumenten vor der Grundschule in West Baltimore vorfuhr. Sie waren für Orchkids gedacht, ein privat finanziertes Projekt, das die Dirigentin der Baltimore Symphony, Marin Alsop, gegründet hatte, die als eine der wenigen Frauen in einem historisch männlichen Beruf selber eine Ausnahmeerscheinung war. An der Küste auf der anderen Seite Amerikas kämpfte die Los Angeles Philharmonic heftig dafür, in South – ehemals South Central –, der nicht so schönen und grünen Gegend von Los Angeles, mit dem Youth Orchestra Los Angeles (YOLA) eine lokale Version der venezolanischen Sistema zu schaffen. Eine Brigade von institutionellen Akteuren und Sponsoren aus der Wirtschaft versicherte ihre Unterstützung, und der junge und charismatische Dirigent des Orchesters, Gustavo Dudamel, war ein Garant für die Aufmerksamkeit der Medien.

Würde es funktionieren? Für Juden, Armenier und Asiaten, um nur einige der wunderbar vielfältigen Gruppen zu erwähnen, die im Umkreis von Los Angeles heimisch geworden waren, sowie für Frauen funktionierte es ganz sicher. Vor dem 20. Jahrhundert waren hier klassisch ausgebildete Geiger so verbreitet wie Elfenbeinspechte. Dann aber hatte der größte von allen, der russisch-jüdische Heifetz, von den 1930er-Jahren bis zu seinem Tod im Jahr 1987 in Los Angeles gelebt; der Armenier Movses Pogossian, ein seltener nicht-russischer Gewinner des Tschaikowsky-Wettbewerbs, war für die Violinabteilung an der Universität von Kalifornien in Los Angeles verantwortlich, und zwei Frauen, Eudice Shapiro, Jüdin und 1914 geboren und Midori Goto, Japanerin und 1971 geboren, waren einander respektierende Kolleginnen an der Thornton School of Music der University of Southern California.[619]

Weitgehend unbemerkt blieben in der Welt der Violine die vielen Armenier, die darüber selbst erstaunt waren und oft abwehrten, wenn man sie fragte, warum sich so viele von ihnen auf dieses Instrument verlegt hatten. Nach Gründen zu fragen half kaum. Armenien hatte es wie viele kleine Nationen mit großen Nachbarn nicht einfach gehabt. Im Ersten Weltkrieg fielen bis zu 1,5 Millionen Armenier den ottomanischen Massakern zum Opfer. Als Christen seit dem 4. Jahrhundert in einem Teil der Welt, in dem die meisten Nachbarn es nicht waren, hatten sich die Armenier zu Zeiten der Kreuzzüge mit Europa und dem Westen identifiziert. Saiteninstrumente, sowohl gezupft als auch gestrichen, waren schon immer ein Teil ihrer Musikkultur, und ein Gefallen an europäischer Musik, größtenteils in St. Petersburg erworben, ging auf die Mitte des 19. Jahrhunderts zurück.

Was auch immer die Gründe waren: Ihre Präsenz als Gruppe blieb seltsamerweise unbemerkt. Diejenige von hochbegabten Einzelnen freilich war weithin sichtbar. Charles Avsharian, ehemals Präsident der American String Players Association, spekulierte 1998, dass es vielleicht daran lag, dass ihr Management sie nicht angetrieben hatte,[620] dass es zwar viele jüdische, aber möglicherweise keine armenischen Manager gab, die ihre Karrieren förderten, dass es bis dahin noch keinen armenischen Heifetz gegeben hatte und vielleicht auch, dass bisher noch kein Armenier einen großen Preis gewonnen hatte. Das letzte Argument verlor im Jahr 2000 an Kurswert, als der 15-jährige Sergei Chatschatrjan, ein Armenier aus Armenien, der jüngste Gewinner aller Zeiten des Sibelius-Wettbewerbs wurde.[621] Fünf Jahre später wurde er Erster beim Königin-Elisabeth-Wettbewerb in Brüssel.

Unterdessen besuchte Michael Avsharian, ein Bruder Charles' und ebenfalls Schüler von Galamian, Meadowmount. Er machte seinen Juilliard-Abschluss, führte mit Charles das Familiengeschäft gleichsam vom Küchentisch aus und machte es als Anbieter von Saiten, Instrumenten, Etuis, Zubehör, Noten, Lernhilfen und Violin-Badetüchern zu einem Welthandel mit 75 Mitarbeitern. Außerdem gab es Galamian selbst, einen emblematischen Lehrer seiner Zeit, obwohl seine Schülerin Ani Kavafian daran erinnerte, dass er seiner Herkunft fast gleichgültig gegenüberstand und so gut wie kein Armenisch sprach. Natürlich gab es auch Kavafian und ihre Schwester Ida, leistungsstarke Solistinnen und Kammermusikerinnen, die, wie Ida erklärte, als Kleinkinder in Detroit mit dem Spielen begonnen hatten, weil ihre Eltern Musiker waren und sie sich etwas anderes überhaupt nicht vorstellen konnten.[622] Außerdem gab es noch Kim Kashkashian, die eine bemerkenswerte Karriere als Solobratschistin machte, und Manoug Parikian, der im Goldenen Zeitalter des elitären Londoner Philharmonia Orchestra nicht nur dessen Konzertmeister war, sondern auch ein Lehrer von Peter Oundjian, dem Primarius des Tokyo Quartet, und Parikians Neffen Levon Chilingirian, mit 23 Jahren Gründer des hochangesehenen Quartetts, das seinen Namen trug.

Ost- und mitteleuropäische jüdische Spieler waren Produkte eines Milieus, von historischen Erfahrungen und einer kulturellen Dynamik, in der sich die meisten Armenier zu Hause gefühlt hätten. Die Anziehungskraft, die die Geige auf sie ausübte, war ab Mitte des 19. Jahrhunderts augenfällig und schien bis weit ins 20. Jahrhundert hinein praktisch eine genetische Disposition zu sein. »Die Geige war schon immer ein jüdisches Instrument«, erklärte der russisch-israelisch-amerikanische Vadim Gluzman; »ich hoffe, dass ich nicht für chauvinistisch gehalten werde, aber es ist eine Tatsache des Lebens.«[623]

Dass die Geige immer ein jüdisches Instrument gewesen war, war eine gewagte Behauptung. Aber wenn man die Erfahrungen des 19. Jahrhunderts in Teilen von Europa sowie die der zweiten Hälfte des 20. Jahrhunderts in einer westlichen Welt, die sich von Israel bis nach Los Angeles erstreckte, zugrunde legte, gab es zumindest eine Affinität. »Mir war schon in jungen Jahren klar, dass ich von meinen Eltern oder ihren Freunden alles hätte haben können, wenn ich Jascha Heifetz oder Leo Trotzki gewesen wäre«, erinnerte sich Ronald Al Robboy, Cellist in der San Diego Symphony, und meinte das nur teilweise ironisch.[624]

Es war ebenfalls richtig, dass Musikausübung in Spanien und Portugal ein jüdischer Beruf gewesen war, dass sich jüdische Flüchtlinge, unter ihnen auch Musiker, nach den Vertreibungen von 1492 und 1496 in Italien ansiedelten und dass es einige von ihnen bis nach Cremona schafften.[625] Unter den italienischen Geigern, die Mitte des 16. Jahrhunderts nach Norden emigrierten, mögen auch Juden gewesen sein, die der Verfolgung durch Papst Paul IV., Erfinder des römischen Ghettos, und einen grausamen gegenreformatorischen Papst, den späteren Pius V., entgehen wollten.[626] In England, das seit 1290 nominell ohne Juden war und wo jüdische Ansiedlung bis 1655 verboten blieb, gibt es allerdings schon ab 1520 konkrete Hinweise auf spanische und italienische jüdische Streicher am Hof von Henry VIII.[627]

Die Nachfrage nach importierten Spielern blieb bestehen, und eine schemenhafte Nachfolgerin von Henrys Kapelle spielte im gesamten 17. Jahrhundert weiter. Währenddessen sangen, spielten und tanzten Juden sogar in den Ghettos von Mantua und dann in Venedig, bis die österreichische Besetzung von 1630 und die mächtige Hand der Gegenreformation ihre Musik beendete. Noch im 18. Jahrhundert reiste manch jüdischer Vater mit seinem Sohn aus Verona ab, um als Hofmusiker in England zu arbeiten.[628] Doch als sich das Gravitationszentrum in Europa immer weiter von Italien und der iberischen Halbinsel wegbewegte und sich damit das Jüdische aus dem sephardischen Süden in den aschkenasischen Norden verlagerte, wanderte das Angebot ebenfalls in Richtungen, die niemand, und schon gar kein englischer König, hatte voraussehen können.

Zumindest im liturgischen Gebrauch war die Orthodoxie in ihrer strengsten Auslegung seit der Zerstörung des Zweiten Tempels der Instrumentalmusik mit Missfallen begegnet. Dennoch war sie bei Hochzeiten und Purim, dem einzigen wirklich ausgelassenen Fest im jüdischen Kalender, nicht nur erlaubt, sondern wurde sogar erwartet. In die mittel- und osteuropäischen Gepflogenheiten zogen Klezmorim ein, Halbprofis, die ihren Lebensunterhalt damit bestritten, für und sogar mit Nichtjuden zu spielen.

Die Besetzung war flexibel. In den Pionierjahren der ethno-musikwissenschaftlichen Forschung konnte man als ein beliebtes Fotomotiv Klezmorim sehen, die Klarinetten, einen Bass oder ein Cello, gelegentlich auch eine Flöte oder ein Piccolo, eine Trommel, kleine Becken und ein Tamburin halten. Geigen aber sind immer dabei. Klezmorim spielten praktisch per definitionem, was die Leute hören wollten. Ihr Repertoire erstreckte sich von Walzern über Polkas und Polonaisen bis zu Jazz und den rumänischen Doinas, einem besonderen Liebling der Musiker, von denen viele nicht-jüdisch waren und Klezmer im Europa des späten 20. Jahrhunderts, dessen Juden zwischen 1939 und 1945 verschwunden waren, wiederbelebten.[629]

Woher Gluzmans Geige stammte und wo sie hinging, konnte über mehrere Zweige des Stammbaums der Familie Mendelssohn zurückverfolgt werden. Moses Mendelssohn war ein Prophet der Haskala, der jüdischen Version der Aufklärung, die die deutschen Juden zu einer säkularen Kultur führen sollte.

Durch das Leben seiner Kinder, Enkel und Urenkel, setzte sie in Osteuropa eine Kettenreaktion in Gang. Moses Mendelssohns Enkel Felix, kein Jude mehr, traf Goethe, verehrte Beethoven, entdeckte Bach wieder und komponierte eines der beliebtesten Violinkonzerte. Seine Urenkel Franz und Robert kauften Strads von Hill's, gaben das Denkmal für Joachim im Berliner Konservatorium in Auftrag und spielten in ihrer Freizeit Quartette mit Carl Flesch. Seine Ur-Ur-Enkelin Lili, eine weitere Geigerin in der Familie, heiratete den Bratschisten-Dirigenten-Komponisten Emil Bohnke, außerordentlicher Professor an der Berliner Hochschule.

Die Entwicklung der jüdischen Geige könnte auch den demografischen Daten einer Bevölkerung entnommen werden, die, zusammengesetzt aus einer prekären Handvoll von sehr Reichen und einer Masse von entrechteten Armen, geneigt war, dorthin zu gehen, wo Moses Mendelssohn sie hinführte. Seit 1848 wurden rund 30 Prozent und seit 1871 60 bis 80 Prozent der deutschen Juden als mittlere oder obere Mittelklasse besteuert. Während mehr als die Hälfte von ihnen ihren Lebensunterhalt und ihr Familieneinkommen als Kaufleute oder in der Herstellung, dem Handel oder mit Finanzgeschäften verdiente, neigten ihre Söhne (selten Töchter) zunehmend akademischen Berufen zu.[630]

In dieser Gleichung spielte ganz offensichtlich die Bildung eine entscheidende Rolle. In Wien, wo weltliche Bildung für Juden auf Kaiser Joseph II. zurückging, stellten Juden 8 Prozent der Bevölkerung, aber 30 Prozent der Einschreibungen an Gymnasien, in denen Schüler auf ein Universitätsstudium vorbereitet wurden. An der Schwelle des 20. Jahrhunderts lagen die Einschreibungszahlen von Juden in den deutschsprachigen Gymnasien von Prag bei 46 Prozent, in den deutschsprachigen Gymnasien des damals polnischen Lemberg bei 50 Prozent. Das gleiche Prinzip waltete in den polnischsprachigen Gymnasien von Lemberg (heute Lviv in der Ukraine) und Budapest, wo 21 bzw. 35,8 Prozent Juden eingeschrieben waren, und in den Realschulen von Budapest, die modernen Sprachen gegenüber Latein und Griechisch Priorität einräumten und in denen fast die Hälfte der Schüler Juden waren.

Die kleinen Wellen, die diese Entwicklung schlug, waren bis nach Czernowitz und Odessa spürbar, wo große jüdische Populationen, die Anschluss an die moderne Welt suchten, westliche Kultur als deutsche Kultur verstanden.[631] Sofern er (oder theoretisch sie) gut genug Geige spielte, konnte ein Jude Wien erobern, ohne ein Wort Deutsch zu sprechen. Bronislaw Huberman, 1882 im österreichischen Polen geboren, begann im Alter von sechs Jahren mit dem Violinspiel. Mit neun Jahren wurde er dem Kaiser vorgestellt. Während der folgenden zwei Jahre gab er ausverkaufte Konzerte.[632] Laut Leon Botstein, ein Jahrhundert später als Präsident des Bard College, Herausgeber des *Musical Quarterly* und Dirigent der Orchester in New York und Jerusalem ein lebendes Echo der jüdischen Vergangenheit Mitteleuropas, machten Juden ein Drittel des Wiener

Konzertpublikums aus. Bereits in den 1840er-Jahren ging es einem jüdischen Musiklehrer in Odessa recht gut. Seit den 1860er-Jahren füllten Juden das lokale Opernhaus einschließlich der wichtigsten Sitze im Parkett.[633] Im Jahr 1892 schlug Sophie Jaffe aus Odessa Carl Flesch aus der ungarischen Grenzstadt Moson beim ersten Preis im jährlichen Wettbewerb am Pariser Konservatorium.[634]

Die Einschreibungen an Konservatorien waren ein weiterer Indikator. Kurz vor Beginn des 20. Jahrhunderts kamen 80 Prozent der am Wiener Konservatorium immatrikulierten Studenten aus der habsburgischen Monarchie, 57 Prozent davon aus Wien mit seiner jüdischen Bevölkerung von 8 bis 10 Prozent. Von allen am Konservatorium Angemeldeten waren 27 Prozent Juden. Sie machten etwa ein Drittel der Hörer aus, die Violine, das beliebteste Hauptfach neben Klavier und Gesang, studieren wollten. Am Konservatorium von St. Petersburg, das in einem Meer von Antisemitismus eine fast für unmöglich gehaltene Insel des Philosemitismus darstellte, waren inzwischen die Einschreibungen von 584 Juden (12 Prozent) in den Jahren 1888/89 auf mehr als 1 000 Studenten (34 Prozent) im Jahr 1907 angewachsen. Am Vorabend des Ersten Weltkrieges lag der jüdische Anteil der insgesamt 2 000 Immatrikulationen bei 50 Prozent. Über die Hälfte der jüdischen Studenten waren Frauen, die ihre männlichen Kommilitonen in einem Verhältnis von 3 zu 1 in Klavier und Gesang übertrafen.[635] Das bedeutete gleichzeitig, dass ein wesentlicher Teil der Männer unter den jüdischen Studenten angehende Geiger waren.

Die Karrieren von Elman, Zimbalist, Heifetz und Milstein, Abgänger des Konservatoriums von St. Petersburg, die sich aufmachten, die Welt zu erobern, weckten bald das Interesse von Odessa bis New York. »Zu Hause wurde von nichts anderem als von Mischa Elman geredet, der vom Zar selbst vom Militärdienst befreit worden war«, berichtet Isaac Babels Erzähler in der Geschichte einer Kindheit in Odessa, die die des Autors hätte sein können. »Zimbalist, so ließ uns sein Vater wissen, war dem König von England vorgestellt worden«.[636] 1922 machten das die Gershwins zu einem Lied, das sie, wie Ira sich erinnerte, »bei der geringsten Provokation« sangen.[637]

> Ihr sollt ja wissen, liebe Leute,
> Wir kommen nicht von hier und heute,
> Sondern vom finsteren Russland.
> Im Alter schon von nicht mal vier
> Geigenstunden nahmen wir
> Im finsteren Russland.
> Der Anfang war ganz sauer,
> Dann kam Professor Auer
> Und zeigte uns allen
> Wie man kommt nach Carnegie Hallen.

Temperament vom Orient,
Herren nun sind wir,
Mischa, Jascha, Toscha, Sascha,
Fiedler alle vier ...[638]

Die matriarchalische Zippora, ein Double ihrer Autorin der Schriftstellerin Hortense Calisher, verortet jüdische Identität standardmäßig zwischen »solchen, die immer noch vereint sind, wenn auch nur durch einen Talmud, den sie nie gelesen haben«, und denjenigen, die vereint sind mit »Dutzenden von Kindern aus der Lower East Side in New York City, die mit jenen versippt sind, die gezwungen wurden, Geige zu spielen«.[639]

Während des überwiegenden Teils des 20. Jahrhunderts sollte Mittel- und Osteuropa einen immer größeren Teil der Welt mit jüdischen Geigern versorgen. Die Emigranten, die sich zumeist nach Westen wandten, trafen auf eine Welt von Multiplikatoren – Konzertagenturen, Plattenfirmen, Filmstudios, Rundfunkanstalten, Orchester und Konservatorien –, die alles überstieg, was Joachim oder gar Paganini sich hätten vorstellen können, und außerdem auf ein

Jascha Heifetz beim Spielen im Wasser mit Fritz Kreisler, Efrem Zimbalist und Alma Gluck, Connecticut, 1919

treues Publikum von Menschen, die ihre Verwandten hätten sein können. Wie ihre Vorgänger im Land der weißen Zaren kamen auch diejenigen, die im Land der roten Zaren geblieben waren, in den Genuss von Preisen, Mäzenatentum und der einheimischen Version einer Leistungsgesellschaft. Von Generation zu Generation zeugten jüdische Geiger jüdische Geiger – Auer und Heifetz, Stoljarski und Oistrach, Blinder und Menuhin, Flesch und Szeryng, Gingold und Bell –, bis ihre Enkel das Interesse verloren und die Fackel an junge Asiatinnen im Partykleidchen weitergaben, die bis vor Kurzem genauso unterrepräsentiert und exotisch gewesen waren, wie ein Jahrhundert früher die kleinen jüdischen Jungen in Matrosenanzügen.

Als sein Biograf James Boswell dem großen englischen Literaten Dr. Samuel Johnson von seinem jüngsten Erlebnis bei einer Quäkerversammlung berichtete, war dessen berühmte Antwort: »Mein Herr, das Predigen einer Frau ist wie das Laufen eines Hundes auf seinen Hinterbeinen. Es ist nicht gut gemacht; aber es überrascht, dass es überhaupt gemacht wird.« Nicht anders war die vorherrschende Meinung über geigende Frauen. Doch zu Beginn des 21. Jahrhunderts gab es sie auf einmal, und sie stammten nicht nur aus Asien, sondern auch aus England, Kanada, Deutschland, Georgien und Island. »Die Befürchtung, eine Frau könne sich nicht den genügenden Respect verschaffen, ist meiner Meinung nach, total hinfällig«, hatte der emblematische Wiener Kritiker Eduard Hanslick schon im Jahr 1897 bemerkt.[640] Ein Jahrhundert später bestätigten sowohl die Jurys als auch die Preisträger eines jeden Wettbewerbs von Moskau bis Indianapolis, dass die Welt endlich gelernt hatte, Geigerinnen zu fördern und zu schätzen.

Obwohl Frauen es weit vor den Juden geschafft hatten, sollten ein paar Jahrhunderte vergehen, bevor man sich ihrer Anwesenheit besann. Henry C. Lahees Buch *Famous Violinists of To-Day and Yesterday*, erstmals im Jahr 1899 veröffentlicht und 1916 immer noch neu aufgelegt, kann als Index der relativen Bedeutung von Frauen gesehen werden. Nur in einem der elf Kapitel, also auf etwa 12 Prozent seiner 384 Seiten starken Abhandlung, beschäftigt sich der Autor mit Frauen. Doch ein früher Kritiker bemerkte anerkennend: »Vielleicht der nützlichste Abschnitt des Buches ist der über Frauen als Geiger.«[641] So sehr er sich auch bemühte, konnte der Autor nicht mehr als 20 Frauen ausmachen, die zwischen 1610 und 1810 in der Öffentlichkeit aufgetreten waren, und drei von ihnen waren Gambistinnen. Doch ab Mitte des 19. Jahrhunderts, so fügte er ermutigend hinzu, »ist die Violine zu einem Modeinstrument für Damen geworden und wurde bei denen, die gezwungen waren, ihren Lebensunterhalt zu verdienen, entsprechend beliebt«.[642]

Auch im 18. Jahrhundert sah, hörte und schätzte man hervorragende Geigerinnen. 1767 entkam Maddalena Lombardini, Tartinis venezianischer

Schützling und die Adressatin seines berühmten Briefes, dem Ospedale dei Mendicanti, wo sie ihre Jugend verbracht und ihr Handwerk gelernt hatte, durch Heirat. Sie startete mit ihrem neuen Ehemann, einem Konzertmeister an der Basilika Santa Maria Maggiore in Bergamo, sowie mit einem kirchlichen Cavaliere serviente – einer Art gesellschaftlich sanktioniertem männlichen Begleiter – eine bewegte und unabhängige Karriere, die sie von London nach St. Petersburg führen sollte.[643] 1784 spielte Regina Strinasacchi, ein Sprössling der gleichen Schule und eine Freundin von Haydn, gemeinsam mit dem Komponisten in Gegenwart von Joseph II. die Premiere von Mozarts großer Sonate KV 454, die er für sie komponiert hatte.[644] Offenbar nach einer Art Winterschlaf kehrte das Geschlecht Mitte des 19. Jahrhunderts in Gestalt der Schwestern Milanollo zur dokumentierten Begeisterung des zeitgenössischen Publikums zurück.

Jascha Heifetz bei der Arbeit mit dem Meremblum Youth Orchestra, Hollywood, 1939

Von nun an bis zum letzten Viertel des 20. Jahrhunderts, als eine Verbindung von emanzipatorischem Feminismus und tiefen Dekolletés eine seltsame, aber durchaus vertretbare Version von Chancengleichheit brachte, blieben Frauen in kleiner Zahl, aber regelmäßig präsent und riefen wachsendes Interesse hervor.

Talente kamen aus mehreren Richtungen. Camilla Urso, 1842 in Frankreich als Tochter eines sizilianisch-portugiesischen Musikerpaars geboren, begann das Geigenspiel mit sechs Jahren. Mit sieben Jahren wurde sie als das allererste Mädchen am Pariser Konservatorium zugelassen. Sie verließ es mit zehn Jahren als die Beste in ihrer Klasse. Als ihre Familie drei Jahre später nach Amerika aufbrach, war ihr doppelter Reiz als Mädchen und Wunderkind schon unwiderstehlich. Die Tatsache, dass sie seit ihren Tagen im Konservatorium ihre Familie unterstützte, war nunmehr ebenfalls wohlbekannt. Ein Zeitgenosse beschrieb ihr Gesicht als »so feierlich und unveränderlich in seinem Ausdruck, dass es scheint, als ob ein Lächeln es noch nie besucht hätte«.[645] »Die meisten der Geigerinnen, sogar die besten, hassen ihre Instrumente«, erklärte die große Maud Powell dem Bostoner Kritiker Philip Hale.[646] Dass sie auch sich selbst damit meinte, war unwahrscheinlich. Angesichts der ungleichen Arbeit für ungleiche Bezahlung, die mit dem Job einherging, wollte sie nur klarstellen, dass es einen guten Grund hatte, wenn andere ihre Geigen hassten.

Nach drei Jahren, die sie bis nach St. Louis brachten, verschwand Urso aus der Öffentlichkeit. Mit 21 Jahren kehrte sie 1863 zurück, um mit den großen Orchestern jener Tage zu spielen, darunter auch die noch in ihren Kinderschuhen steckenden New York Philharmonic, die Philadelphia Philharmonic Society und das Pasdeloup Orchester in Paris. Sie spielte ein umfangreiches Repertoire. Ihre Darbietung des Beethoven-Konzertes 1869 mit der Harvard Musical Association war vielleicht nicht nur die Erstaufführung des Stückes in den Vereinigten Staaten, sondern das erste Mal, dass sie es selber hörte. Zwischen dem 16. Dezember 1873 und dem 1. Januar 1874 gab sie – auch an den Feiertagen – acht Konzerte. In der Saison 1878/79 soll sie von Massachusetts bis Denver auf einer Route, die 15 Bundesstaaten, zwei Territorien und Kanada einschloss, über 200 Konzerte gegeben haben. Dann eilte sie weiter zu einer ebenso anstrengenden Tournee durch Kalifornien, Australien und Neuseeland, bevor sie sich Mitte ihrer Vierzigerjahre auf eine Lehrtätigkeit in Boston und New York zurückzog, wo sie an Mrs. Thurbers National Conservatory eine Kollegin von Dvořák war. In Ermangelung einer ausreichenden Rente war das noch nicht genug, um ihr nach der Pensionierung gelegentliche Auftritte in einem Varieté zu ersparen. »Ich sollte jungen Mädchen, die Berufsgeigerinnen werden wollen, sagen: Tun Sie es nicht!«, war im Alter von 51 Jahren ihr düsterer Rat. Drei Jahre später unterbrach sie ihren Ruhestand für eine Tournee durch Südafrika und gab, wie Lahee notierte, Konzerte »in so abgelegenen Orten wie Bloemfontein«.[647] Sie starb mit 60 Jahren nach einer Blinddarmoperation.[648]

Als Mann wäre Teresina Tua wohl nur ein weiterer bemerkenswerter italienischer Geiger gewesen. Aber dass sie eine Frau war, machte den großen Unterschied. Geboren im Jahr 1872, trat sie mit sechs Jahren mit ihrer Mutter, einer Gitarristin, mit so beeindruckendem Erfolg in lokalen Cafés auf, dass ihr Vater, selbst ein Amateurgeiger, seine Arbeit als Maurer aufgab, um mit der Familie in die Schweiz und nach Frankreich zu gehen. Ihr Horatio-Alger-Moment kam vier Jahre später, als ein aristokratischer Schirmherr ein Vorspiel bei Lambert Massart, dem Lehrer von Wieniawski, Kreisler und Ysaÿe vermittelte. Ein paar Jahre später war Tua Gewinnerin der höchsten Auszeichnung des Pariser Konservatoriums.

Während ihrer 35 aktiven Jahre sollte sie ihr Weg in das republikanische Amerika und in das kaiserliche Russland führen, ihr eine stattliche Sammlung von Instrumenten und eine ebensolche von Juwelen einbringen, die ihr ihre Bewunderer, darunter der Prinz und die Prinzessin von Wales, die Königinnen von Spanien und Italien und die russische Kaiserin verehrt hatten,[649] und ihr zu zwei adeligen Ehemännern verhelfen. Sie erlebte mehr persönliche Tragödien, als sie verdiente, darunter der Selbstmord ihrer Mutter und der Verlust zweier Kinder. Wenn sie auch als Geigenspielerin vielleicht ihre Grenzen hatte, so bezeugten Zeitgenossen von Maud Powell und Carl Flesch bis zum jungen Sergei Rachmaninow, dass sie mit dem Publikum so virtuos umging wie nur wenige. Bei einem Abschiedskonzert im damals noch österreichischen Triest im Jahr 1915 musste sie nicht einmal den Bogen auf die Saiten legen, um dem Publikum zu gefallen. Ihre Erscheinung »in einem roten Kleid im Empire-Stil, mit grünen Ärmeln und Schärpe und dem in weiß verhüllten Dekolleté: den drei Farben der italienischen Flagge«, war an sich schon ein Triumph.[650] Die *New York Times* berichtete: »Sie hat ein Gesicht, das selbst für die Unmusikalischen zu Musik wird, und ein unfehlbares Wissen über den Wert ihres reizvollen Lächelns, das sie auf die vorderen Reihen in einer solchen Weise herniederregnen ließ, dass sie darauf abzielte, jedwede Urteilsfähigkeit, über die die jungen Männer in dieser Gegend bei Betreten des Saales verfügten, zu zerstreuen.«[651] Tua starb mit 90 Jahren in einem Kloster.

Zu den bemerkenswerten Geigerinnen des 19. Jahrhunderts gehörte auch die in Mähren geborene Wilma Neruda. Seit ihrer Geburt im Jahr 1840 war sie von einem Berufsmusiker als Vater und einem Haus voller musikalischer Geschwister umgeben und entdeckte die Geige schon als Kleinkind für sich. Von da an nahm ihr erstaunter Vater die Dinge in die Hand. Mit sechs Jahren hatte sie ihr Debüt in Wien, beeindruckte Hanslick mit acht und trat mit neun mit der Philharmonic Society in London auf.[652]

Bevor sie von der schwedischen Krone mit einem Titel geehrt und bei Joachim hoch angesehen nach London zurückkehrte, sollten 20 Jahre vergehen. Da sie aus Deutschland kam, wo Frauen als Geiger schon »recht häufig«

waren, wie sie einem britischen Reporter rund 40 Jahre später erzählte, war sie bestürzt darüber, sich selbst in einem Land wiederzufinden, wo weibliche Geiger als »fast anstößig, ganz sicher aber als wenig damenhaft« betrachtet wurde. Doch für sie sollte das nicht zum Problem werden. Alle zwei Jahre wurde sie zwischen 1869 und 1898 für den Herbst und das Frühjahr vom Herzog von Edinburgh eingeladen. 1876 drückten die Grafen von Dudley und Hardwicke ihre Wertschätzung aus, indem sie ihr eine Strad von 1709 überreichten. Zeugnis ihrer Rolle als Vorbild ist ein Artikel, der 1880 in *The Girl's Own Paper* erschien, in dem sie zu nichts weniger als einem »musikalischen St. George« erklärt wurde.[653] Powell gab ohne Weiteres zu, dass sie sich an Neruda als an ein »böses altes Ding« erinnerte, und räumte ein, »sie war kein Vieuxtemps«. Aber sie war gleichzeitig davon überzeugt, dass Neruda »besser spielte als jeder ortsansässige Mann in London, als ich dort lebte«.[654]

Das Empfehlungsschreiben von Johannes Brahms für die 22-jährige Marie Soldat legte die Messlatte noch höher. »Ist die kleine Soldat nicht ein ganzer Kerl? Nimmt sie es nicht mit zehn Männern auf?«, fragte dieser im Jahr 1885,[655] als sie sechs Jahre nach der Premiere durch Joachim als zweite Spielerin sein Violinkonzert aufführte. Als sie das Werk drei Jahre später anlässlich ihres Londoner Debüts erneut spielte, bestätigte ein Kritiker nicht nur ihre »großartige Technik«, sondern lenkte die Aufmerksamkeit auf ihren »überraschend kräftigen und männlichen« Bogenstrich und Ansatz.[656] Zwischen einer Aufführung in Leipzig im selben Jahr und einer Reprise im Jahr 1905 wurde das Stück nur sieben Mal von sechs Interpreten aufgeführt, unter anderem von Joachim.[657] Als der englische Cellist Felix Salmond Dorothy DeLay und ihren Klassenkameraden in den späten 1930er-Jahren bei Juilliard versicherte, dass die im Konzert geforderte Technik weibliche Griffmöglichkeiten überschreite, waren Marie Soldat und zwei weitere Interpretinnen des Brahms-Konzerts – Gabrielle Wietrowitz und Leonora Jackson – vergessen.

Soldat, ein Naturtalent aus der österreichischen Provinz deren Vater, ein Chorleiter und Organist, starb, als sie zwölf Jahre alt war, lernte früh, für sich selbst und ihre Mutter zu sorgen. Die Wende kam zwei Jahre später in einem Kurort, als Brahms von ihrem Spiel so gefesselt war, dass er eine Sängerin hinzurief, sich ihm in einer spontanen Aufführung zu ihrer Unterstützung anzuschließen; dann kaufte er ihr eine Fahrkarte, damit sie sich mit Joachim treffen konnte. Als die Saiten auf ihrer eigenen Geige rissen, so wurde später berichtet, bot ihr Joachim seine Strad an, was für sie eine doppelt neue Erfahrung war, da sie so zum ersten Mal auch auf einer ¼-Geige spielte. Das Vorspiel war so erfolgreich, dass er sie nach Berlin einlud, ihr kostenlos Unterricht erteilte und über Freunde dafür sorgte, dass die mittellose Soldat und ihre Mutter regelmäßige Mahlzeiten bekamen.

Während einer Karriere, die bis in ihr siebtes Lebensjahrzehnt andauerte, sollte Soldat zwei Frauen-Quartette gründen (in dieser Zeit ein Novum), heiraten,

Einspielungen machen und unterrichten. Ihre Verbindung zu Joachim blieb die ganze Zeit über ein Geschenk, das sich immer wieder erneuerte: Die Wittgensteins aus Wien liehen ihr als Dauerleihgabe eine del Gesù, und ein Netzwerk von englischen Anhängern, Freunden und Verehrern lud sie immer wieder nach England ein. In Oxford verbrachte sie einmal einen Abend damit, Mozart- und Haydn-Quartette mit etablierten Profis an Viola und Cello und einem begeisterten Amateur namens Albert Einstein als zweitem Geiger zu spielen. Als eine der letzten überlebenden Verbindungen zu einer Welt, die bis zu Mendelssohn zurückreichte, starb sie geehrt, aber vergessen 1955 mit 92 Jahren.

So unterschiedlich sie auch in Stil und Temperament waren, so entstammten die europäischen Gründermütter doch ein und derselben Landschaft. Für die Amerikanerinnen Leonora Jackson, Arma Senkrah, Leonore von Stosch und Maud Powell – der Mutter von allen – gab es keine einheimischen Rollenmodelle. Aber alle vier waren dem patrizischen Albert Spalding, Amerikas erstem bemerkenswerten Konzertgeiger, mindestens eine halbe Generation voraus. Die eine oder andere von ihnen konnte für europäisch gehalten werden, vor allem von Stosch, die Tochter eines Grafen und Ehefrau eines Barons, die 1907 John Singer Sargent für ein Porträt saß. Mindestens zwei von ihnen waren jedoch so uramerikanisch wie Tom Sawyer und das graue Eichhörnchen, und nur eine Amerikanerin wie Powell konnte sagen: »Unser wunderbares, aber äußerst praktisches Land wird die Künste nie weiterentwickeln, außer auf einer äußerst soliden Geschäftsbasis.«[658]

Die Älteste, 1864 im New Yorker Stadtteil Brooklyn als Anna Levretta Harkness geboren, wurde in jungen Jahren nach Europa gebracht, wo sie bei Superstars wie Massart, Wieniawski und möglicherweise Vieuxtemps studierte. Mit 17 Jahren beendete sie das Pariser Konservatorium als Beste ihrer Klasse. Ein Jahr später gab sie ihr Debüt im Londoner Crystal Palace. Danach machte sie als Arma Senkrah eine Tournee durch den Kontinent. Nach Auskünften der Bostoner Pianistin Amy Fay, die auf sie im Kreis des alternden Franz Liszt in Weimar traf, stammte die angeblich indisch anmutende Umkehrung ihres Familiennamens von ihrem Manager, Hermann Wolff, der der Meinung war, dass Harkness, vor allem in englischsprachigen Ländern, schwer zu verkaufen wäre. Seither hatten sich die Zeiten aber geändert, stellte Fay dankbar fest. Ein häufig reproduziertes Foto, das »der ausgezeichneten Geigenvirtuosin« von »ihrem treuesten Begleiter« gewidmet wurde, zeigt Senkrah mit Liszt am Klavier und beide in Beethovens *Frühlingssonate* vertieft. Fay erinnerte sich an »eine schöne und faszinierende junge Frau und eine Künstlerin ersten Ranges«. Leider, so setzte sie hinzu, hatte die Widmungsträgerin des Fotos »das Pech, sich in einen deutschen Rechtsanwalt zu verlieben«, ihn zu heiraten und sich aus der Öffentlichkeit zurückzuziehen.[659] Die Ehe funktionierte nicht. Im Jahr 1900 erschoss sich Senkrah mit 36 Jahren und hinterließ einen zehnjährigen Sohn.

Sie wurde auf dem Weimarer Stadtfriedhof unter einem schwarzen Marmor-grabstein mit der undatierten Inschrift »Arma Senkrah Hoffmann« begraben.[660]

Stosch, in Washington, D. C., geboren, stammte von einer amerikanischen Sängerin und dem ehemaligen Grafen Ferdinand von Stosch ab, einem deutschen Einwanderer, der in der Armee der Union gedient hatte. Wie Harkness/Senkrah verkehrte sie in entsprechend distinguierten Kreisen, doch in ihrem 83 Jahre dauernden Leben hatte sie mit zwei Ehen, Arbeit in zwei Ländern, zwei Karrieren und mindestens zwei Violinen mehr Glück und erlitt weniger Kollateralschäden als diese. Nach ihrer Rückkehr vom Studium in Brüssel und Leipzig gab sie mit 18 Jahren ihr Debüt mit der Boston Symphony und spielte später mit der New York Philharmonic. 1893 kaufte überraschend ein junger Verehrer für sie eine Strad von 1710, die einst Vieuxtemps gehört hatte. Der daraus resultierende Rechtsstreit lenkte die Aufmerksamkeit auf »die bekannte Geigerin« sowie auf den Händler, der den Verkauf vermittelt hatte und seine Kommission einklagen musste. Dass sie »jung und schön« war, hielt auch die *New York Times* für berichtenswert.[661]

»Der Hauptreiz ihres Spiels liegt in seiner Ausführung und seinem verfeinerten Ausdruck, und diese Attribute werden ihr wahrscheinlich umfassende Sympathien in diesem Land sichern«, berichtete die *Musical Times* 1901.[662] Sie sicherten in jedem Fall die Gunst von Sir Edgar Speyer, dem in New York geborenen Chef der britischen Zweigstelle einer deutsch-amerikanischen Investmentbank. Er war ein Großinvestor beim Bau der Londoner U-Bahn und auch ein Freund der Komponisten Sir Edward Elgar, Richard Strauss und Claude Debussy. Zu einem Interviewer des *Strad* sagte von Stosch 1901: »Ich liebe London und möchte mich gerne hier niederlassen.«[663] Als sie 1902 Speyer heiratete, tat sie das auch. Dann kam der Erste Weltkrieg. 1915 veranlasste anti-deutscher Eifer das Paar, von seinen US-Pässen Gebrauch zu machen und nach New York zurückzukehren, wo eine Neuritis von Stosch zwang, das berufsmäßige Spielen zugunsten des Schreibens aufzugeben. 1927 gewann sie dann als Leonora Speyer den Pulitzer-Preis für Lyrik.

Leonora Jackson, deren Ururgroßvater im Unabhängigkeitskrieg an den Schlachten von Lexington und Bunker Hill teilgenommen hatte, war die jüngste der Gründungsmütter. Geboren in Boston, hinterließ sie als Zehnjährige in Chicago einen bleibenden Eindruck auf Amy Fay. Im September 1893 berichtete die *New York Times*, dass »Miss Leonora Jackson, die phänomenale Geigerin, die erst 14 Jahre alt ist«, in Bar Harbor, Maine, bereits »stark für musicales [Hauskonzerte] gefragt ist«.[664] In ihrer Teenagerzeit beeindruckte sie George Pullman, den Erfinder des Schlafwagens, George Vanderbilt, den Enkel des Schifffahrts- und Eisenbahnkönigs Cornelius, und Frances Folsom Cleveland, die Frau des Präsidenten, derartig, dass sie gemeinsam einen Fonds auflegten, um sie nach Paris und dann nach Berlin zu schicken, wo sie bei

Maud Powell, ca. 1919

Joachim studierte. Im Jahr 1897 teilte die *New York Times* mit, dass Jackson als erste Amerikanerin den Mendelssohn-Preis, die Berliner Version eines ersten Preises in Paris, gewonnen hatte.[665]

Jackson war auch die erste Amerikanerin, die mit dem Gewandhausorchester auftrat und von der Philharmonic Society und den Concerts Colonne engagiert wurde. Ganz im Stil der Epoche spielte sie für Königin Victoria ebenso wie für die Könige von Schweden und Norwegen. Im Januar 1900 erschienen Jacksons Freunde und Gönner bei einer öffentlichen Probe der New York Philharmonic in voller Stärke. Sie hätte es sich leicht machen und Mendelssohn oder Bruch spielen können. Dass »sie die ernste und schwierige Musik von Brahms auswählte, spricht Bände für ihren Mut«, stellte die *New York Times* fest.[666] Ihre Entscheidung in jenem Sommer, eine Europa-Tournee abzusagen und stattdessen einen Vertrag für eine US-Tournee zu unterschreiben, wurde erneut als berichtenswert angesehen. Bevor die Saison zu Ende war, hatte Jackson 160 Konzerte gegeben.

Bis zur Mitte ihres dritten Lebensjahrzehnts trat sie weiterhin auf und schloss eine erste kurze Ehe. 1913 engagierten sie Robert Todd Lincoln, der Sohn des Präsidenten, und seine Frau, um bei einem Abendessen zu Ehren des ehemaligen Präsidenten Taft bei ihnen Zuhause in Manchester, Vermont, zu spielen.[667] Aber nach ihrer Heirat im Jahr 1915 mit Dr. William Duncan McKim verwandelte sich ihre Karriere als Künstlerin in die einer Mäzenin. McKim war 24 Jahre älter, Besitzer einer Orgel mit drei Manualen und 35 Registern, die größte in einem Washingtoner Privathaus,[668] und ein Befürworter der eugenischen Euthanasie. Nach ihrem Tod mit 90 Jahren hinterließ sie eine Kunstsammlung und 21 laufende Meter von Papieren und Memorabilien, die sich jetzt in der Library of Congress befinden.[669]

Von den vieren trat nur Maud Powell, die ihren Manager heiratete, aber kinderlos blieb, weiterhin bis zum Ende ihres Lebens auf. Sie sah in Urso von Anfang an ihr Vorbild. Als sie 1892, erst Mitte 20, einen dreitägigen Musikkongress für Frauen auf der Columbian Exposition in Chicago organisiert und dort vor 1 500 Zuhörern gespielt hatte, wurde ihr klar, dass auch sie zum Vorbild geworden war. Sie begann, wie üblich, ganz früh damit, ihre Rolle einzustudieren. Seit Beginn ihres Schulbesuchs übte sie täglich drei bis vier Stunden und spielte mit neun Jahren mit und für Erwachsene. Mit 14 Jahren ging sie nach Leipzig, wo sie nach Meinung ihres Chicagoer Lehrers Henry Lewis hingehörte. Mit 15 Jahren war sie eine der 84 Kandidaten für sechs Plätze am Pariser Konservatorium. Sechs Monate später rieten ihr ihre Lehrer Dancla und der Belgier Hubert Léonard, nach England zu gehen und dort Konzerte zu geben.

Powell knackte London wie eine Auster. Entsprechend der damaligen Mode tourte sie mit Sängern, wurde eine Favoritin der Kreise, die »musicales« mit dem Abendessen servierten, und spielte zweimal für den Prinzen und die Prinzessin von Wales. In Glasgow gab es ein Konzert vor 3 000 Zuhörern und einen Soloauftritt mit dem Hallé Orchestra. Mit der Empfehlung eines Gönners und einer Einladung von Joachim machte sie sich dann zu dessen obligatorischer Meisterklasse und einer von ihm dirigierten Aufführung des Beethoven-Konzerts mit den Philharmonikern auf.

Vier Jahre nachdem sie Aurora verlassen hatte, kehrte sie für eine Aufführung in ihre Heimatstadt zurück und spielte in New York Theodore Thomas, dem wegbereitenden Dirigenten und Gründer des Chicago Symphony Orchestra, vor. Er buchte sie auf der Stelle für ein Sommerkonzert in Chicago. »Ich möchte die Ehre haben, Ihnen Ihre erste Gage, die Sie als Künstlerin verdient haben, zu überreichen«, sagte er zu ihr, als er sie nach dem Konzert mit einem Bündel Bargeld begrüßte. Dann bot er ihr einen Vorschuss für zwei Jahre als Solistin mit seinem Orchester zu 150 Dollar pro Konzert an, in etwa das, was ein Tischler in Pennsylvania in 60 Tagen mit jeweils 10 Arbeitsstunden verdienen mochte und drei bis sechs Mal soviel, wie ein Cowboy in Texas oder Wyoming in einem Monat einnahm.

Von nun an bis zu ihrem Tod mit 52 Jahren, vermutlich aufgrund einer Herzerkrankung, führte Maud Powell ein Leben, das selbst ihr Zeitgenosse Theodore Roosevelt herausfordernd gefunden hätte. Im Laufe ihrer Karriere sollte sie 14 Konzerte erstaufführen. Sie war der erste Amerikaner, der das Tschaikowsky-Konzert zu Gehör brachte, das Leopold Auer abgelehnt hatte und der große Kritiker Hanslick laut eigener Aussage nicht riechen konnte. In Anwesenheit des Komponisten spielte sie das Dvořák-Konzert, das Joachim einst als zu schwierig für eine Frau empfunden hatte. Dann wurde sie der erste Amerikaner, der es öffentlich spielte. Sie war der erste Amerikaner, der das Sibelius-Konzert zu einem Zeitpunkt vortrug, als es noch als gewagt galt. 1891 spielte sie mit der Patrick Gilmore Band in zwei Monaten 75 Konzerte. 1893 gründete sie mit drei männlichen Kollegen ein Quartett, das fünf Wochen lang an jedem Abend auftrat. Während einer Europa-Tournee 1903 mit der John Philip Sousa Band gab sie täglich zwei Konzerte. Im Jahr 1904 war sie der erste Instrumentalist, der Aufnahmen für das Rote Label der Plattenfirma Victor einspielte – mit erfreulichen Ergebnissen sowohl für das Unternehmen als auch für sich selbst.

Ab 1907 bereiste Powell den amerikanischen Westen und spielte in Sälen wie dem Dreamland Rink in Seattle und in Gemeinden wie Ogden, Utah, wo niemand vorher jemanden wie sie gehört hatte. Während sie versuchte, ihre Auftritte auf drei Konzerte pro Woche zu begrenzen, schrieb sie ihre eigenen Programmnoten, transkribierte Werke von Geschwadern zeitgenössischer amerikanischer Komponisten und erduldete Anfänger-Orchester wie das in Bellingham, Washington, wo noch niemand bisher von der Bratsche gehört hatte. Zu einer Zeit geboren, in der amerikanische Konzerte wie Varieté-Shows konzipiert wurden, half sie dabei, den Soloabend voranzutreiben, brachte Plauderer in der ersten Reihe zum Schweigen, indem sie ihnen riet, an der Kasse um eine Erstattung des Eintrittsgeldes nachzusuchen, und unterbrach einmal ihren Vortrag in der Mitte eines Stückes, um an die Mutter eines schreienden Babys die Worte zu richten: »Der Konzertsaal ist kein Kinderzimmer.«[670]

Ihre Biografinnen schrieben über Powell: »Maud glaubte, dass es möglich sei, mit der Geige sein gutes Auskommen zu haben, vorausgesetzt, dass die Ambitionen mit dem Talent und den Umständen übereinstimmen.«[671] Sie erwarb eine bemerkenswerte Sammlung von Instrumenten, eine Wohnung auf der Upper West Side in New York, ein Auto zu einer Zeit, als das noch etwas Besonderes war, ein Sommerhaus auf Long Island, eine Segeljacht namens »Cremona« und ein Sommerhaus in New Hampshire, wo sie Golf spielte, gärtnerte und übte.

Ihre Schriftstücke bezeugen ihre unerschrockene Hartnäckigkeit. Wenn Männer es schwer hatten, so teilte sie ihren Lesern mit, hatten es Frauen noch viel schwerer. Zu den Kompromissen gehörten eine verlorene Kindheit und Schulzeit und ein ebensolches soziales Leben durch »stundenlanges Üben, strenge Diät, Aufrechterhalten körperlicher Fitness und ständiger Selbstverleugnung in Bezug auf Geselligkeiten, Abendgesellschaften und Einkaufsbummel«. »Das Konzertspiel ist einer der entmutigendsten Berufe, den ein Mädchen wählen kann«, erklärte sie und benannte die deprimierenden Erfolgschancen, die seelischen Strapazen und die praktischen Aufwendungen, die sich in einer Zeit, in der die Mode die Frauen gleichsam wie Möbel aufpolsterte, sogar auf »unsere unbequeme Kleidung, die Zeit und Mühe, die man braucht, um immer seriös auszusehen etc., etc., etc.« erstreckten, und schloss zügig: »Ich glaube, ich bin wahrlich die einzige Frau, die, obwohl sie entschlossen zu ihrer Geige gestanden hat, die Überreste eines gesunden Menschenverstandes bewahrte.«

Zu Maud Powells Vermächtnis gehörte ihre Lieblingsvioline, die sie 1907 als eine Guadagnini von 1775 gekauft hatte. Als Einbrecher vier Jahre später versuchten, sie zu stehlen – und damit scheiterten –, schätzte sie zu einer Zeit, in der Telefonisten weniger als 500 Dollar im Jahr verdienten, ihren Wert auf rund 10.000 Dollar.[672] Viele Jahrzehnte später erklärte der Chicagoer Händler James Warren das Instrument zu einer Kopie von dem in Deutschland geborenen George Gemunder, dem ersten bedeutenden amerikanischen Geigenbauer.[673]

Nach Powells Tod geriet die umstrittene Violine auf dubiose Wege. 1921 berichtete die *New York Times*, dass Powells Witwer und Manager, H. Godfrey Turner, auch bekannt als Sunny, beschlossen hatte, das Instrument nach Powells sensationellem Debüt in der Carnegie Hall an die junge Erica Morini weiterzugeben.[674] Die Quelle dieser Nachricht scheint Morinis Agent gewesen zu sein, der vermutlich ohne ihr Wissen handelte. Vier Jahre später berichtete die *Times*, dass die französische Geigerin Renée Chemet sie auf WEAF, einem der ersten New Yorker Radiosender, spielen werde, vermutlich von Turner ausgeliehen, der aber bestritt, sie jemals weggegeben oder verkauft zu haben.[675] Irgendwann danach wurde sie von einem New Yorker Sammler erworben, der sie im Jahr 1926 an Henry Ford veräußerte.[676]

Wie der Besitz von Powells mutmaßlicher Guadagnini war auch Morinis Geburtsdatum wie so häufig in einem Beruf, in dem es praktisch unmöglich war, zu jung zu sein, zweifelhaft. Aber im Gegensatz zu Chemet, die in den frühen 1930er-Jahren in Japan auftauchte und dann wieder von der Bildfläche verschwand, war Morini nicht wirklich geheimnisvoll. Sie war schon im Alter von drei (oder vier) Jahren ein Wunderkind, wurde mit acht (oder neun) Jahren als jüngste Kandidatin aller Zeiten am Wiener Konservatorium angenommen und gab als Teenager ihr Debüt mit dem Gewandhausorchester und den Berliner Philharmonikern. Sie sollte 56 Mal mit der New York Philharmonic spielen.

Von ihren Kollegen wurde sie respektiert und von ihren Fans verehrt. 1951 erhielt sie die Einladung, beim Festival des großen Cellisten Pablo Casals im französischen Perpignan zu spielen. 1962 wurde sie gebeten mit Stern, Zino Francescatti und Nathan Milstein auf einem Gedenkkonzert für ihren Wiener Kollegen Fritz Kreisler aufzutreten. Bei ihrem letzten Besuch in Israel, ein Jahr nach dem Sechs-Tage-Krieg, wurde sie mit einem solchen Beifall empfangen, dass das Management für zwei zusätzliche Konzerte sorgte und die 3 000 Plätze des Mann-Auditoriums in Tel Aviv innerhalb von zwei Stunden ausverkauft waren.

Noch in der Mitte ihres siebten Lebensjahrzehnts spielte sie so gut wie seit jeher. Harold C. Schonberg von der *New York Times* bezeichnete sie als »den wahrscheinlich größten weiblichen Geiger, der je gelebt hat«. Obwohl das als Kompliment gemeint war, wurde es nicht als ein solches angenommen, denn Morini antwortete: »Ein Geiger ist ein Geiger, und ich werde als ein solcher gesehen – nicht als ein weiblicher Musiker.«[677] Mehr als fünf Jahrzehnte lang, mehr als drei davon in den Vereinigten Staaten, wo sie sich 1938 dauerhaft niederließ, gehörte ihr die Nische, die, ob es einem gefällt oder nicht, für weibliche Spieler reserviert war, weitgehend allein.

Jelly d'Arányi und ihre Schwester Adila, in Budapest geboren und eine halbe Generation älter als Morini, gelangten nach England, wo ihr Mutterwitz und Charme, Familienverbindungen durch Joachim und echtes Talent sich gesellschaftlich und beruflich in Karrieren auszahlten, die sich über 30 Jahre vom Wochenendtreffen im Landhaus bis zu den Prom Concerts, lokalen Premieren der Bartók-Sonaten und der Zueignung von Ravels beliebter Rhapsodie *Tzigane* an Jelly erstreckte.[678]

Gioconda de Vito, geborene Martina Franca, die Morinis Zeitgenossin war und fast ebenso lange lebte wie diese, wurde in Europa gefeiert. Aber da sie durch ihr zurückhaltendes Temperament, ihre Lehrverpflichtung an Roms Accademia di Santa Cecilia sowie durch die Notstände des Krieges eingeschränkt war, reiste sie relativ wenig, trat trotz des Drängens großer Dirigenten nie in den Vereinigten Staaten auf und setzte sich frühzeitig zur Ruhe. Guila Bustabo, die 1916 in Manitowoc, Wisconsin, als Tochter einer tyrannischen Mutter geboren wurde, war mit fünf Jahren ein Ausnahmetalent und studierte an der Juilliard School bei Persinger, wo ihren Klassenkameraden manchmal auffiel, dass sie mit blauen Flecken erschien. Mitte der 1930er-Jahre reist sie dann mit ihrer Mutter durch Europa. Die katastrophale Entscheidung ihrer Mutter, sie im besetzten Europa weiterhin spielen zu lassen, zerstörte die Hoffnung auf eine glänzende Karriere, da ihre Tochter damit in den Nachkriegs-USA zum Kassengift wurde. »Menuhin hatte Glück, er kam fort von seinen Eltern«, so sagte sie später; »ich kam nie weg von meinen.« Sie heiratete einen amerikanischen Militärkapellmeister, machte eine kleine Karriere im Nachkriegseuropa und kehrte nach ihrem Rücktritt 1970 als Konzertmeisterin der Alabama Symphony nach Amerika zurück. Sie starb 2002 zehn Jahre nach ihrer Mutter im Alter von 86 Jahren.[679]

Ginette Neveu, 1935 vor David Oistrach Gewinnerin im denkwürdigen Wieniawski-Wettbewerb, starb mit 30 Jahren bei einem Flugzeugabsturz. Ihre jüngere Zeitgenossin und Klassenkameradin bei Flesch, Ida Haendel, die in demselben Wettbewerb als ein Kind von wie üblich unbestimmtem Alter einen Preis bekam, war in ihrem siebten Lebensjahrzehnt nach einer langen und bedeutenden, aber alles andere als leichten Karriere in Europa und darüber hinaus immer noch aktiv und eine beeindruckende Erscheinung. In einem Interview äußerte sie 1980, dass sie nie Probleme damit gehabt habe, Konzertengagements zu bekommen. Das Problem war allerdings: gleiches Geld für gleiche Arbeit. »Sie dachten, dass eine Frau nicht genauso viel wert ist, wie ein Mann«, sagte sie. »Und das hat mich wirklich wütend gemacht.«[680]

Yfrah Neaman, als Professor an der Guildhall School gleichsam der Galamian von Großbritannien, war davon überzeugt, dass Haendels Management sie bewusst scheitern ließ, als sie versuchte, sich nach dem Zweiten Weltkrieg den US-Markt zu erschließen. In Großbritannien, wo die Familie das Glück hatte, sich niederlassen zu können, bevor die Katastrophe ihre Heimat Polen heimsuchte, war Haendel eine Teenager-Berühmtheit. In Amerika buchte ihr Management für sie Auftritte in Marinette, Wisconsin, und Hannibal, Missouri, bevor es sie zu einem enttäuschenden Abend nach New York zurückbrachte. Ihr Manager Sol Hurok teilte ihr mit: »Ich muss Ihnen sagen, dass es nicht einfach ist, Konzerte für Frauen als Geiger zu beschaffen, auch wenn sie wie Göttinnen spielen.« Unterdessen machte Neveu ihr Debüt mit dem Boston Symphony Orchestra.[681] Es schien für Neaman eine ausgemachte Sache zu sein, dass der Zugang zur Frauennische ein Nullsummenspiel war, in dem es Haendel bestimmt war, zu verlieren, und Neveu, zu gewinnen.[682]

Zwischen 1952 und 1955 verzeichnete Community Concerts, eine Agentur, die einen großen Teil der amerikanischen Nachfrage mit erschwinglichen

Angeboten versorgte, vier Frauen unter ihren 15 Geigern. Unter ihnen waren Camilla Wicks, deren Einspielung des Sibelius-Konzerts ein Klassiker werden sollte, und Carroll Glenn, seit Maud Powell die erste Amerikanerin, die, wie ihre Agentur es nannte, »die weibliche Seite des Geigengebiets« dominierte. Aber alle vier stiegen noch in jungen Jahren wieder aus. Neaman erinnerte sich an eine Lektion des Mega-Managers Arthur Judson, der sagte: »Für mich taugst du nichts, wenn du nicht zu vermarkten bist.« Wie Haendel noch Jahrzehnte später bestätigte, waren die Zahlen allein schon aufschlussreich. Von den elf Männern, die zwischen 1945 und 1959 eingeladen wurden, mit der New York Philharmonic zu spielen, erhielten nur zwei weniger als 1.500 Dollar Gage. Nur eine der sechs Frauen – Morini – erhielt 1.500 Dollar. Sechs der Männer traten mindestens zweimal mit dem Orchester auf. Keine der Frauen erschien mehr als einmal.[683]

Aber es gab alternative Karrieren. Anfang 1933 stellte Alma Rosé, 27 Jahre alt, deren Vater Arnold seit den frühen 1880er-Jahren Konzertmeister der Wiener Philharmoniker war, einem lokalen Publikum ihre Wiener Walzermädeln vor, die ein Repertoire von Walzern, Polkas und großen Hits aus der noch blühenden Welt der mitteleuropäischen Operette spielten. Sie gingen bald auf Tournee, wo sie das Programm unter anderem mit der französischen Chanson-sängerin Yvette Guilbert, der kroatischen Sopranistin Vera Schwarz, dem rumä-nischen Tenor Joseph Schmidt und mit Trapezkünstlern, Stuntfahrrad-Artisten und Cowboys teilten. Hoffnungen auf eine Solokarriere verliefen ebenso erfolg-los wie ihre Ehe mit dem tschechischen Virtuosen Váša Příhoda, dessen eigene Karriere in voller Blüte stand. Aber abgesehen von München, wo die im Aufstieg begriffenen Nazis das Theater schlossen, waren die etwa zehn Walzermädeln mit ihren Rüschenkleidern, dekolletierten Oberteilen, koordinierten Lächeln und Repertoires zum Mitsummen bald in ganz Mitteleuropa sehr beliebt. Das hätten sie auch bleiben können, wenn die Flutwelle von Katastrophen, die über Europa und die Welt hereinbrach, nicht auch sie erfasst hätte. Während sie im besetzten Holland weiterhin beruflich aktiv war, versuchte Rosé, sich um ihren alten Vater in London zu kümmern, so gut es ging. Sie beendete ihre Karriere als Dirigentin des Frauenorchesters in Auschwitz, wo sie 1944, möglicherweise an Botulismus, starb.[684]

1934 stellte Phil Spitalny, auf der Klarinette ein ehemaliges Wunderkind aus Odessa, der in Cleveland und Boston Dirigent und Kapellmeister wurde, sein All-Girl-Orchester, auch bekannt als Hour of Charm, mit Evelyn Kaye Klein alias »Evelyn und ihre Zaubergeige« einem nationalen Radiopublikum vor. Es sollte über 20 Jahre, viele davon mit Sponsoring durch Unternehmen, bestehen, was selbst nach ausschließlich männlichen Standards eine Ewigkeit war. Klein, die am Institute of Musical Art, dem Vorgänger der Juilliard School, studiert hatte, gab 1937 sogar ein Konzert in der Carnegie Hall. Ein Werbefoto zeigt sie flankiert von 24 Musikerinnen, darunter sieben Geigerinnen, die wie die kleinen Mädchen in einem venezianischen Ospedale in akkuraten Reihen von links nach rechts gesetzt waren. In ihren 500-Dollar-Kleidern mit Taftröcken in sieben Schichten schauen sie alle geradeaus.

Die Show sollte so einfach aussehen und klingen wie ein Gesang rund um das Piano im familiären Wohnzimmer und so harmlos wie ein Schulorchester. Aber natürlich war sie das nicht. Für die ursprünglich 32 Plätze hatten sich Berichten zufolge bis zu 1 500 Kandidatinnen beworben.[685] Klein sollte später Spitalny heiraten. An diesen erinnerten sich viele der Musikerinnen als einen gewissenhaften Arbeitgeber, der aber auch Kandidatinnen in seiner Unterhose zum Vorspielen empfing, er zahlte 75 bis 100 Dollar pro Woche, mit einem Zuschlag von bis zu 350 Dollar für Solistinnen, und dies zu einer Zeit, als die meisten Musikerinnen dankbar dafür waren, überhaupt eingestellt zu werden, und 40 Dollar genügten, um ein Haus für einen Monat zu mieten.[686]

Eudice Shapiro fand eine dritte Möglichkeit: Sie entschloss sich, nach Kalifornien zu gehen. Sie stammte aus einer jüdischen Einwandererfamilie aus Buffalo, New York, war eine Curtis-Absolventin, wo sie als einzige Frau in ihrer Klasse zugelassen worden war und hatte bei Zimbalist studiert. Als Shapiro das Standard-Kompliment gemacht wurde, sie spiele wie ein Mann, entgegnete Mary Louise Curtis Bok, Gründungsmutter des Instituts: »Sie spielt wie eine Frau.« So oder so war das keine Hilfe, als Shapiro sich am Morgen nach ihrem Abschluss mit einem kleinen Preis und ein paar Ad-hoc-Konzerten wiederfand, die zu nichts führten.

Einige Manager versicherten ihr, dass für sie Frauenvereine die wahrscheinlichste Kundschaft wären, die jedoch Männer und vornehmlich Sänger bevorzugten. Ein Appell an den Pianisten Josef Hofmann, ehemaliger Direktor des Instituts, brachte eine sympathische, aber düstere Antwort von geradezu klassischer Eleganz: »Das einzige Heilmittel ist Erfolg. Aber Erfolg ist ohne Manager schwierig zu bewerkstelligen, und die Manager sind nicht interessiert, solange ein Künstler keinen Erfolg hat.« Wenn er keine Sensation werden würde, würde der angeratene Auftritt in New York außer Rechnungen vermutlich nichts einbringen.[687]

Shapiros Heirat mit Victor Gottlieb, einem ehemaligen Cellisten des Philadelphia Orchestra, führte sie in dessen Heimatstadt Los Angeles, wo Arbeit in den Filmstudios nach Vorschriften der Gewerkschaft erst nach einem Aufenthalt von mindestens einem Jahr zu bekommen war. Doch dann griff die Chancengleichheit, und Shapiro machte das Beste daraus. Ihre Ernennung zur Konzertmeisterin beim RKO und bei Paramount war ein Gewinn für alle: für die Studios, die sie weder filmen noch im Nachspann erwähnen mussten; für sie selbst, da sie im Goldenen Zeitalter der Hollywood-Studios nach Tarif bezahlt wurde; sogar für die Kohorte begabter Filmkomponisten, die in ihre Partituren große Soli für sie hineinschrieben.

Inzwischen hatte Shapiro im seit den 1920er-Jahren von Diaspora-Europäern bevölkerten Los Angeles genug freie Zeit, um Mozart mit dem Dirigenten Bruno Walter, zu Silvester im Hause Heifetz Quartette mit dem Cellisten Gregor Piatigorsky und dem Gastgeber zu spielen und sich mit dem Komponisten Igor Strawinsky anzufreunden.[688] Shapiro, die eine lebende Brücke zwischen dem Zeitalter von Heifetz und den kleinen Jungen aus Osteuropa und dem Zeitalter von Midori und den kleinen Mädchen aus Asien war, unterrichtete noch in ihrem neunten Lebensjahrzehnt an der Thornton School of Music der University of Southern California. Sie starb 2007 mit 93 Jahren.[689]

Obwohl sie von aktiven Suffragetten abstammte,[690] stand Powell dem Frauenwahlrecht, das kurz vor ihrem unfreiwilligen Abschied von der Welt eingeführt worden war, eher neutral gegenüber. Dennoch hätte sie wahrscheinlich mit Staunen Fortschritte wahrgenommen, die seit der Ratifizierung der 19. Änderung der US-Verfassung zustande gekommen waren. »Ihr Spiel ist männlich mit einer Männlichkeit, die maskulin ist und nicht feminin.« »Ihr Stil war voll männlicher Kraft.« »Es gibt nie auch nur einen Hauch von einem weiblichen Mangel an Kraft.« »Sie hat eine außergewöhnliche Männlichkeit im Ansatz«. »... für eine Frau eine erstaunliche Festigkeit im Ansatz.«[691] All diese Äußerungen waren zu ihrer Zeit als Komplimente gemeint und so geläufig wie Witze über Frauen am Steuer. Doch in einer Welt, in der Frauen nunmehr Bundeskanzlerin, Premierministerin ihrer britischen Majestät, US-Außenministerin und Präsidentin von Harvard werden, sind sie buchstäblich verschwunden.

Die aus Armenien stammende Amerikanerin Ani Kavafian konnte sich, als sie über ihre Jahre mit Galamian in der Juilliard School in den 1960er-Jahren nachdachte, nicht erinnern, dass der Gender-Subtext jemals aufgekommen war. Im Gegenteil, sie hatte sogar den Eindruck, dass zum ersten Mal, seit Geiger zum Gelderwerb Konzerte gaben, Frauen tatsächlich leichter zu vermitteln waren als Männer. Mit fast 50 Jahren lag ihre Solo-Gage am unteren Ende einer Skala zwischen 6.000 und 60.000 Dollar. Pro Jahr gab sie aber etwa 90 Konzerte. Wenn sie überhaupt benachteiligt war, so überlegte sie, dann nur, weil sie wie die meisten ihrer Kolleginnen gezwungen war, das zu spielen, was der Veranstalter wünschte, anstatt die Wahl selber zu treffen.

Ein dritter wichtiger Fortschritt, den Powell wohl kaum übersehen hätte, war eine Freiheit der Wahl, die der Welt, in der sie aufgewachsen war, so ferngelegen hatte wie das Frauenwahlrecht. Anis Schwester Ida Kavafian äußerte in einem Interview, dass sie sich mehr Soloauftritte gewünscht hätte. Aber das hätte ein aggressiveres Management erfordert, außerdem gefiel es ihr, die Hälfte des Jahres zu reisen, Kammermusik und auf Festivals zu spielen (darunter ihrem eigenen) und mit ihrem Ehepartner und Kollegen Schauhunde zu züchten. Vor die Wahl gestellt, entweder viel Geld zu verdienen oder sich ein schönes Leben zu machen, entschied sie sich für Letzteres. Christiane Edinger hielt es für ratsam, dass Künstler jedweden Alters in Kontakt mit Dirigenten und Managern bleiben. Aber sie war froh über ihre Professur am Konservatorium, die es ihr erlaubte, 40 bis 50 Konzerte pro Jahr zu geben und dennoch eine Bitte von der Kulturabteilung des Auswärtigen Amtes, in Kalkutta kurzfristig einzuspringen, abzulehnen.

Der letzte Gewinn – mehr Freiheit als je zuvor, sowohl zu spielen als auch Kinder zu haben, anstatt sich dazwischen entscheiden zu müssen – folgte aus dem dritten. Wie schon Morini Jahrzehnte vor ihr mokierte sich die Kanadierin Lara St. John in ihrem Blog darüber, wie unerwünscht, ja unmöglich es sei, ein Kind aufzuziehen, während man zehn Monate im Jahr auf Tournee ist. Sie wurde alsdann an Leila Josefowicz erinnert, ein Model bei Chanel und Stipendiatin von MacArthur, die genau das tat und dennoch beruflich aktiv blieb und sogar einen Kurs in Kickboxen besuchte.[692] »Was hat es für einen Sinn, Kinder zu haben, wenn man sie nie zu sehen bekommt?«, fragte Tasmin Little, die noch bis zwei Wochen vor der Entbindung fröhlich Konzerte gab und später ihre beiden Vorschulkinder mit auf Tournee nahm. »Die Erfahrung, Kinder zu haben, befähigt Sie, künstlerisch mehr zu sagen«, meinte sie in einem Interview mit dem *Daily Telegraph*.[693] »Die größte Tragödie für mich«, so antwortete die zweifache Mutter Anne-Sophie Mutter auf eine Frage von James Oestreich von der *New York Times*, wäre, »eine schlechte Mutter zu sein.«[694]

Während die Beschäftigung mit dem eigenen Aussehen für Powell so selbstverständlich war wie der Sonnenaufgang, könnte der neue Akzent auf »jung, cool und sexy« von dem Gibson-Girl ihrer eigenen Zeit kaum weiter entfernt sein. Ihre Nachfolgerinnen im 20. Jahrhundert betonen schnell – auch zu ihrer Verteidigung –, dass die Fixierung auf Aussehen beide Geschlechter betrifft. Damit haben sie nicht unrecht. Ein Blick auf Websites und CD-Cover bestätigt, dass die Managements auch darum bemüht sind, junge Männer wie Gil Shaham, Maxim Vengerov und Joshua Bell in Jeans, Lederjacken und mit jungenhaftem Lächeln zu präsentieren.

Aber es ist keine Frage, wer die meiste Aufmerksamkeit auf sich zieht. Die aufsehenerregenden Dekolletés von Anne-Sophie Mutter und Anne Akiko Meyers waren dafür gemacht, Beachtung zu finden – und sie fanden sie. Eine CD von 1996, auf deren Cover Lara St. John nur mit ihrer Violine bekleidet zu sehen ist, verkaufte sich über 30 000 Mal, was für eine Soloaufnahme von Bach eher unüblich ist.[695] »Gute Geiger ziehen eine Menge Zuhörer an«, erkannte Elmar Weingarten, der damalige Intendant der Berliner Philharmoniker. Die durchschnittliche Solistengage in den letzten Jahren der D-Mark betrug 10.000, bei Anfängern 3.000 bis 5.000. Gidon Kremer verlangte 40.000, Anne-Sophie Mutter 80.000 bis 100.000. Wie konnte es sein, dass Mutter das Acht- bis Zehnfache dessen verlangen konnte, was das ganze Orchester in der Regel verdiente? Es ging nicht nur um die Musik, sagte Weingarten.[696]

Es war allgemein festzustellen, dass sich nurmehr wenige Karrieren über den 50. Geburtstag hinaus fortsetzten. Eine Ausnahme bildete Ida Haendel, die in ihren Siebzigerjahren immer noch wie eine große Künstlerin spielte. Haendel, die einen Großteil ihrer Karriere stromaufwärts geschwommen war, war sowohl resigniert als auch verständlicherweise verbittert darüber, dass ihr frische, junge Gesichter und tiefe Ausschnitte die Schau gestohlen hatten. »Ich bin keine Entertainerin«, sagte sie dem Kritiker Norman Lebrecht.[697]

Ihre polnische Kollegin und Zeitgenossin Wanda Wilkomirska war flexibler. Sie erinnerte sich, dass ihr Sohn sie bat, von einer London-Reise in den 1980er-Jahren Nigel Kennedys überraschend erfolgreiche Einspielung von Vivaldis *Vier Jahreszeiten* sowie Aufnahmen der Rockband Steppenwolf mitzubringen. Sie tat, worum er sie gebeten hatte und erinnerte sich liebevoll daran, wie sie ihren grünhaarigen Teenager bald darauf »Ta ta-ta-ta tata TAH!« pfeifen hörte. Er wollte sogar wissen, ob es davon noch mehr gab? Ihr sei es egal, sagte Wilkomirska, ob Powells Urenkelinnen irgendetwas oder gar nichts tragen, wenn es Menschen dazu brachte, zu kommen und der Musik zuzuhören.[698] Die Siege des organisierten Feminismus, die Globalisierung des asiatischen Raumes, im deutschen Westen die Erholung von den selbst zugefügten Zerstörungen der NS-Zeit, die Eröffnung leistungsorientierter Möglichkeiten vor und nach dem Ende des sowjetischen Imperiums: All dies hatte die Angebotsseite der Welt der Violine mit Talenten bevölkert, die noch Mitte des 20. Jahrhunderts kaum vorstellbar waren. Die Herausforderung – nun auf der Nachfrageseite – lag und liegt darin, die Menschen dazu zu bringen, zu kommen, um sie zu hören, und das ist nicht geschlechtsspezifisch.

Geschäfte und Politik

Sol Hurok, auf seinem Gebiet ein autodidaktischer Virtuose, entdeckte Anfang des 20. Jahrhunderts sein Talent zum Konzertunternehmer eher zufällig, als es darum ging, seine New Yorker Einwanderergenossen für sozialistische Wahlveranstaltungen und politische Benefizkonzerte zu gewinnen. Er erkannte bald, dass weder Essen noch Trinken zu ihren Herzen führte, sondern die Musik. An Sonntagen verkaufte er an der Haustür Bestecke, um Konzerte besuchen zu können, auf denen er Künstler auskundschaftete, die er über das Wolfsohn Musical Bureau, die führende Agentur der Stadt, buchen konnte. Sein Moment kam, als er den jungen, neu angekommenen Efrem Zimbalist ansprach, der mit den ebenso jungen Elman, Kreisler und Ysaÿe in scharfer Konkurrenz stand. Zur Überraschung seines Managers sagte Zimbalist zu. Sie einigten sich, zumindest laut Hurok, auf Zimbalists normale Gage von 750 Dollar, vereinbarten aber, dass der Künstler davon ein Drittel nach dem Konzert für den

497

anschließenden Empfang zur Verfügung stellen würde. Das Konzert brachte 1.600 Dollar ein, und Hurok konnte loslegen. Ein oder zwei Jahre später ließ sich ein beeindruckter Zimbalist von Hurok in die Carnegie Hall vermitteln, wo so viele Kartenkäufer erschienen, dass 250 von ihnen auf der Bühne sitzen mussten. In einer Zeit, in der im Laufe einer Saison bis zu 39 Geiger in Manhattan auftraten, gehörten seit 1915 auch Elman und Ysaÿe zu seinen Kunden. Von dem Budget von 6.000 Dollar pro Konzert gingen 1.800 Dollar an die ethnische Presse für Anzeigen und detaillierte Beschreibungen, wie man nach Midtown Manhattan kam. Karten wurden für 50 Cent bis 2 Dollar in Drogerien, Musikläden und einem Juweliergeschäft verkauft. Für Blockverkäufe an Gewerkschaften gab es 50 Prozent Rabatt. »Ein Manager erschafft nicht einen Künstler, er erschafft ein Publikum«,[699] erklärte Hurok später mit der Autorität dessen, der schon alles gesehen und gemacht hatte.

Die Erkenntnis war so alt wie der öffentliche Konzertbetrieb. Schon in der Weihnachtszeit des Jahres 1672 hatte der Geiger und Komponist John Banister – »der alte Banister«, wie Roger Nordens ihn nannte – »eine Reihe von Herren, […] die meisten davon Geiger«, angeworben und »sprach in der ganzen Stadt von ihnen […], eröffnete ein Hinterzimmer in einer Gaststätte in White Fryars, bestückte es mit Tischen und Sitzgelegenheiten und erstellte an der Seite einen Kasten mit Vorhängen für die Musik«. Dann kaufte er in der *London Gazette* das, was durchaus die früheste Anzeige eines Konzertes gewesen sein könnte. Dort war zu lesen: »1s [ein Schilling] pro Stück. Buchen Sie so viele, wie sie brauchen, bezahlen Sie die Rechnung und Willkommen, meine Herren«.[700] Ende des 17. Jahrhunderts funktionierte das in London. Es funktionierte auch wieder Anfang des 21. Jahrhunderts in New York, wo die Erben von Old Banister, ein paar Absolventen der Manhattan School of Music Le Poisson Rouge eröffneten, ein Multimedia-Kabarett in Greenwich Village mit einer Bar, Happy Hour und Künstlern wie der niederländischen Geigerin Janine Jansen.

Zwischen Old Banister und Le Poisson Rouge lagen über drei Jahrhunderte Konzertleben, das sowohl privat als auch öffentlich, exklusiv und erschwinglich, mit und ohne Bar und Happy Hour gewesen war. Schirmherren, Förderer oder Veranstalter konnten ein Prinz, ein Bischof, ein Königshof, ein vornehmer Gastgeber oder eine ebensolche Gastgeberin, ein bürgerlicher Gentilhomme, Lehrer, Orchester- oder Solospieler oder sogar »Ladenbesitzer und jüdische Spekulanten« sein, um eine hochnäsige Einschätzung der Londoner *Musical Union* Mitte des 19. Jahrhunderts zu zitieren.[701] Der Veranstalter war vielleicht auch eine Wohltätigkeitsorganisation oder aber ein aus dem Nichts aufgetauchtes Genie wie P. T. Barnum, der für alles, was eine Menschenmenge anlocken konnte, eine Nase hatte. Das Publikum bestand unter Umständen aus einer höfischen Gesellschaft, einem Salon oder aus Tischgästen, Männern, Frauen, Wohlhabenden und der akademischen Mittelklasse, Abonnenten oder einer Gruppe von Freunden – im Prinzip jedem, der sehen oder gesehen werden wollte und sich eine Eintrittskarte leisten konnte.

Bis zum Anbruch des Zeitalters der Eisenbahn konnte Paganini noch für sich selbst werben und sich mit lokalen Förderern und Helfern zusammentun, um einen Platz zum Spielen zu finden, über die Preise von Eintrittskarten verhandeln, Plakate aufhängen, sich ins Gespräch bringen, alles tun, um Menschen anzulocken, sicherstellen, dass er bezahlt wurde, und in die nächste Stadt oder ins nächste Land kommen. Aber als 1841 der 20-jährige Franz Liszt den Musikkopisten Gaetano Belloni offiziell als seinen Diener und Freund, tatsächlich aber als seinen Mann für die Werbung anstellte, zeichnete sich schon ein neues Zeitalter ab. Vier Jahre später trommelte eine Gruppe von Unterstützern, darunter zwei Herzoginnen, vier Viscountesses, fünf Markgräfinnen und zehn Gräfinnen, mehrere Hundert nichtadlige Freunde zusammen, um Liszt auf einer Wohltätigkeitsveranstaltung zu präsentieren. Aber Belloni war der Erste gewesen. Auf seine Weise tat Barnum dasselbe, als er die schwedische Sopranistin Jenny Lind im Jahr 1850 nach Amerika einlud. Die Bedingungen – 150 Konzerte zu jeweils 1.000 Dollar (steuerfrei), was 2010 der Gegenwert von fast 22.000 Dollar pro Abend wäre – hätten vielleicht sogar Paganini strammstehen lassen. Aber selbst diese Konditionen brachten Barnum ein Vermögen ein.[702]

In London, wo soziale Verbindungen immer noch ausreichten, brauchte die Zukunft länger. Aber überall sonst entwickelte sich das professionelle Management sehr bald von einer topaktuellen Innovation zu einer praktischen Notwendigkeit.[703] Liszt konnte ohne Belloni für sich selbst sorgen, stellte der deutsche Kritiker Heinrich Ehrlich fest. Der alternde Sivori konnte es nicht, und was Belloni für ihn in Berlin und Norddeutschland auf die Beine stellte, war reine Magie.[704] Ein Jahrhundert später hatte sogar Heifetz einen Presseagenten.[705]

Das neue Management hatte viele Väter, unter denen die Eisenbahn und der Telegraf an erster Stelle standen. Ehrlich, der persönlich das Vorher und Nachher erlebt hatte, war tief beeindruckt davon, wie die Eisenbahn einschließlich Schlafwagen die Produktivität erhöhte. Er erinnerte sich, dass Liszt sich im Jahr 1838 im Alter von noch nicht einmal 20 Jahren darüber beklagt hatte, dass von ihm erwartet werde, an einem Abend drei bis vier Stücke zu spielen. Ein paar Jahrzehnte später wurde von Anton Rubinstein, dessen Karriere als Erwachsener Mitte der 1850er-Jahre begann, erwartet, acht bis zehn Stücke zu spielen. Liszt war inzwischen dazu übergegangen, ganze Konzerte selber zu bestreiten. Ehrlich befürchtete, dass immer mehr Konzerte und längere Tourneen eher die Athletik als die Kunst fördern könnten.[706]

Er sah auch mit Interesse zu, wie aus Dienern Herren wurden und wie sich ein Berufsstand, der als eine untergeordnete Arbeit als Mädchen für alles begonnen hatte, zu einem unabhängigen Konzertveranstalter und von dort zum Künstlermanagement mit globaler Reichweite entwickelte. An der Wende zum 20. Jahrhundert hatte jede Musikhauptstadt, die auf sich hielt, ihre Agentur. Ysaÿe nannte sie »meine Diebesbande«. Doch ihre Bemühungen brachten ihm bis zu 100 Konzerte pro Saison und damit ein Jahreseinkommen ein, das umgerechnet im frühen 21. Jahrhundert mehrere Millionen Dollar betragen würde.[707]

Hermann Wolff, als Patriarch eine ebenso emblematische Figur wie Werner von Siemens oder Henry Ford, schuf eine Branche und einen Beruf sehr effektiv nach seinem Bilde. Anders als die meisten seiner Kollegen hatte er tatsächlich Klavier und Musiktheorie studiert. Um sein Einkommen als Aktienhändler aufzubessern, schrieb er auch für die *Neue Berliner Musik-Zeitung*, deren Herausgeber, der Musikverleger Hugo Bock, ihm eine Stelle anbot. Als Rubinstein sich wegen eines Managers für seine Spanientournee an Bock wandte, wandte sich Bock an Wolff. Bei seiner Rückkehr hatte Wolff seine Berufung gefunden. Er war nicht nur charmant, konziliant und mochte Essen und Trinken genauso wie Musik, sondern verfügte auch über beste Verbindungen, war offenbar unerschütterlich, polyglott, erfinderisch und so hartnäckig wie einfallsreich. Flesch, der vermutlich 1896 mit 23 Jahren auf der Suche nach einem Management war, fand einen freundlich aussehenden Mann in mittleren Jahren vor, der ihn mit herzlicher Zurückhaltung empfing. Er erinnerte sich, dass »eine persönliche Empfehlung von seiner Seite nahezu in allen Fällen auch den Abschluss des gewünschten Engagements nach sich zog«. Er erinnerte sich auch an eine Fotografie auf Wolffs Schreibtisch von einem bestimmten Sopran in dem, was er feinsinnig ein Dekolleté nannte, versehen mit einer Mahnung, dass sie es versäumt hatte, Wolff für seine Dienste zu bezahlen.[708]

Strategisch in jener Stadt angesiedelt, die – wie es in der nun beginnenden Ära heißen sollte – niemals schläft, schien er für den neuen Berufsstand wie gemacht zu sein. Von 1880 bis zu seinem Tod im Jahr 1902 vermittelte und präsentierte er Künstler bis hin nach San Francisco. Er rettete die noch in ihren Kinderschuhen steckenden Berliner Philharmoniker vor drohendem Schiffbruch und machte aus ihnen einen funktionierenden Konzern. Er baute Berlins ersten richtigen Konzertsaal und half allgemein dabei, aus einer Kleinstadt die Musikhauptstadt der Welt zu machen. Im Jahr 1879 hatte seine frostige Besprechung des neuen Violinkonzertes von Brahms noch zu empörten Leserbriefen von Brahms, von dessen Verleger Simrock und von Joachim an Bock in seiner Eigenschaft als Herausgeber geführt. 14 Jahre später war Joachim längst zu einem treuen Kunden von Wolff geworden, und Brahms und Wolff waren die besten Freunde.[709] Der reife Kreisler wurde Künstler der Wolff-Agentur und der frühreife Menuhin ein weiterer. Als Wolff starb, ehrten ihn die Berliner Philharmoniker mit einem Konzert. Seine Frau, deren Instinkte und deren Zähigkeit sich mit seinen eigenen messen konnten, machte dort weiter, wo er aufgehört hatte. Mindestens zwei Generationen lang galten Einladungen zu ihren sonntäglichen Mittagessen für alle, die Verbindungen knüpfen oder einfach in ihrer

Gesellschaft gesehen werden wollten, zu den begehrtesten der Stadt. Der Aufstieg der Nazis machte dann all dem ein Ende. Sie starb wenige Wochen später.

Wenn Wolff die Ouvertüre zu einem heroischen Zeitalter darstellte, so war Hurok seine Coda. Als er 56 Jahre alt war, beschrieb ihn 1944 das *Life Magazine* in einem Profil als »den letzten einer Art, die von der amerikanischen Szene bald verschwinden wird«.[710] Wenn Wolff, dem nach seinem Tod ein Gedenkkonzert gewidmet wurde, nahezu einzigartig war, so war es auch Hurok, der, gesund und munter, zum Gegenstand eines Hollywoodfilms im großen Stil mit Isaac Stern als Ysaÿe wurde.[711] Stalins Tod im selben Jahr und das darauffolgende Tauwetter im Kalten Krieg machten für die russischen Künstler, die Hurok seit mindestens 1930 in die Vereinigten Staaten bringen wollte, den Weg frei. In der Mitte seiner Karriere waren Geiger praktisch aus seinem Blickfeld geraten. Die Besten und Begabtesten, darunter drei Generationen von russisch-jüdischen Geigern aus Russland, Amerika und Israel, kehrten aber für das Finale in Bataillonsstärke zurück. Noch mit über 70 Jahren war Hurok immer noch aktiv: 60 Künstler und Ensembles von Hurok traten in 2 000 Konzerten vor einem Gesamtpublikum von fünf Millionen Menschen auf. Sogar sein Tod mit 85 Jahren hatte etwas von der Inszenierung eines Showmasters, als er zwischen einem Mittagessen mit dem großen Gitarristen Andrés Segovia und einem Treffen mit David Rockefeller, dem Vorstandsvorsitzenden der Chase National Bank, einen Herzinfarkt erlitt. Die Carnegie Hall war während eines Gedenkgottesdienstes für ihn nahezu voll besetzt. Isaac Stern spielte Bach solo.[712]

In einer Welt, in der Impresarios längst zu Firmenchefs geworden waren, gab es keinen wirklichen Nachfolger. Wie Huroks Biograf bemerkte, verschwand auch sein Publikum. Die Einwanderergeneration, die aus seinen Altersgenossen bestand, verlangte nicht nur nach der Kunst und den Künstlern, die er ihr brachte; sie sahen in ihnen beliebte, sogar glanzvolle Unterhalter zu erschwinglichen Preisen. Doch dies traf immer weniger auf ihre amerikanisierten und zunehmend gut angekommenen Kinder zu, die ins Kino gehen, Broadway-Musicals sehen und fernsehen wollten. Elitäre und populäre Unterhaltung drifteten auseinander.

Eine Reihe von Faktoren senkte sehr bald die Gewinnmargen und veränderte das Konzertgeschäft: gewerkschaftlich ausgehandelte Orchestergehälter, Kosten für kontinentale und interkontinentale Reisen, die Mieteinnahmen, mit denen sich die glänzenden neuen Kulturzentren finanzierten und die zu einem Abend in der Stadt dazugehörenden Kosten – sie alle spielten eine Rolle. Während Huroks Publikum den Platz für gut betuchte und akademisch gebildete Kinder und Enkelkinder räumte, wurden die Zentren für darstellende Künste auf Universitätsgeländen zum Ersatz für den großen Konzertsaal, wo gewitzte Manager wie Wallace Chappell von der University of Iowa versuchten, den Bedürfnissen nach Orchestern, Ballettkompanien und Streichquartetten mit den Einnahmen von zuverlässigen Publikumsrennern wie Road-Show-Produktionen von *Grease* und *Cats* entgegenzukommen.[713]

Bedeutende Strukturveränderungen gingen zurück auf die Jahre der Großen Wirtschaftskrise, als Sparmaßnahmen, die synergetischen Möglichkeiten von Radio und Schallplatten und die möglichen Skaleneffekte eines landesweiten Netzwerks von lokalen Musikfreunden zwei Konzerngiganten gebaren. Das NBC Artists Bureau und die Columbia Concerts Corporation schienen sich für alle bis auf die, die für sie arbeiteten, wie ein Ei dem anderen zu gleichen. Doch von Wolff und Hurok unterschieden sie sich so sehr wie Alfred Sloans General Motors, eine Konföderation von einstigen Privatfirmen, von Henry Fords fest im Familienbesitz gebliebenen Ford Motors. Gemeinsam kontrollierten sie 80 Prozent der Konzertbranche. Hurok war eine echte Person mit einem eigenen Markennamen gewesen: »S. HUROK PRÄSENTIERT« – was Farbe, Spaß und Flair versprechen sollte. Columbias Arthur Judson oder seinen Nachfolger Ronald Wilford mit Flair oder Spaß in Verbindung zu bringen, wäre niemandem eingefallen.

Judson, gebürtig im südlichen Ohio, hatte in New York Violine studiert, *Musical America*, eine der führenden Fachzeitschriften, herausgegeben und war Intendant der Orchester von Philadelphia, New York und Cincinnati gewesen. Seine Erfahrungen hatte er in eine bedeutende Konzertagentur eingebracht, die mit einem großen Plattenproduzenten verbunden war. In die Gründung von Columbia Broadcasting System und den Kauf von Civic Concerts, dem musikalischen Äquivalent einer Restaurant-Kette, war er jeweils eingebunden. Auf seinem Höhepunkt teilte sich Civic Concerts einen Markt von bis zu 2 000 Städten mit seinem Konkurrenten NBC. Der Frust von Künstlern über restriktive Programme, der mit Bedenken im Justizministerium und in der Federal Communications Commission wegen ebenso restriktiver Geschäftspraktiken zusammenfiel, führte in den 1940er-Jahren zu einer Trennung der Rundfunkgesellschaft von ihren Konzertagenturen. Aber das Prinzip blieb bestehen. Judson-Dirigenten von Judson-Orchestern engagierten Judson-Solisten, um für Columbia Records Aufnahmen zu machen, und die beiden Konzertagenturen dominierten den Markt gemeinsam und praktisch unangefochten.

Sein designierter Nachfolger, der in Salt Lake City gebürtige Wilford, konnte weder Musik machen noch Noten lesen. Aber »er spielt das klassische Musikgeschäft wie eine Stradivari«, bemerkte ein Kommentator.[714] Zu Beginn des 21. Jahrhunderts beschäftigte er bis zu 800 Sängerinnen und Sänger, 300 Instrumentalisten, neun Regisseure, vier Choreografen und drei Komponisten in einem Imperium von Unternehmen, zu dem auch das Ballet Folklórico de Mexico, die Pipes, Drums and Band der Scots Guards, die nationalen Akrobaten der Volksrepublik China, The Sound of Christmas und 34 Orchester gehörten.[715] Aber es war seine Kollektion von mindestens 100 düsengetriebe-

nen Dirigenten, deren Vorrechte und mannigfaltige Gastauftritte ihm eine gott-
ähnliche Autorität über Solistenkarrieren verlieh, die weithin als Quelle seines
Wettbewerbsvorteils gesehen wurden.

Aus der Abteilung für klassische Musik des International Creative
Management (ICM), einer übermäßig diversifizierten Agentur mit Büros in Los
Angeles, London und New York, einer breiten Präsenz in Hollywood sowie einer
großen Beteiligung am Verlags-, Fernseh- und Popmusikgeschäft, erwuchs ihm
eine bedeutende Konkurrenz. Sheldon Gold, der Gründer der Abteilung und
noch am ehesten ein möglicher Erbe von Hurok, war der Manager und ein enger
Freund von Stern. Seine Nachfolgerin, Lee Lamont, ehemals Sterns Sekretärin,
erbte Perlman und bekam Midori. Auf die erste Herausforderung folgte durch
die International Management Group (IMG) eine zweite. Mark McCormack,
ein in Chicago geborener Jurist und versierter Amateurgolfer, schuf den Unter-
nehmensriesen, um Golfer, Tennisspieler, Skifahrer und Motorsportler zu vertreten. 1978 wurde McCormack dann bei einem Zusammentreffen beim Golf-
spiel von der Sopranistin Kiri Te Kanawa zur Musik geführt. »Ich stellte fest,
dass es erstaunliche Parallelen gibt«, sagte er zu dem britischen Musikschriftsteller Norman Lebrecht. Tatsächlich können sowohl Künstler als auch Sportler
auftreten, ohne sich um die Landessprache kümmern zu müssen. Außerdem
haben beide Gruppen Anlass, über Steuern und Geld nachzudenken, während
sie von Land zu Land ziehen.[716] McCormack räumte ein, dass die Musik selbst
ihn unberührt ließ, ihre Wirkung aber fand er unwiderstehlich interessant.
Zwei Jahre später nahm er Perlman unter Vertrag, und IMG Artists war in jeder
Hinsicht auf dem Weg zu einer globalen Präsenz, wenn man davon absah, dass
der Gewinn beharrlich ausblieb. Im Gegensatz zu McCormack, der 2003 starb,
mochte sein Nachfolger Barrett Wissmann Musik und verstand etwas davon. Er
war ein ernsthafter Amateurpianist, mit einer russischen Cellisten verheiratet,
Vorstandsmitglied der Dallas Symphony und Mitbegründer von Musikfestivals
in Kalifornien, Italien und Singapur. Als Manager eines Hedgefonds in Dallas
hatte er auch Geld. Einige Monate nach McCormacks Tod kaufte er IMG Artists.[717]
Drei Jahre später wurde berichtet, dass er vom Erwerb der Konzertabteilung
von ICM nur einen Handschlag weit entfernt war. Der Kauf scheiterte, aber
Wissmanns Firma florierte auch so – ebenso wie seine Kundschaft, deren
galoppierende Gagenhöhen alle anderen Kosten erhöhten.[718]

Ab 2008 produzierte Wissmann ein Kunstfestival in Abu Dhabi und zog
in Erwägung, dort und in Dubai Büros zu eröffnen. Zu einem Reporter sagte
er: »Warum sollten wir nicht Geld damit verdienen, wenn wir einen Sponsor
aus der Wirtschaft mit einem großen Kunstereignis zusammenbringen?«[719] Als
er sich ein Jahr später wegen eines Wertpapierbetrugs schuldig bekannte und
eine Strafe und Verluste von 12 Millionen Dollar akzeptieren musste, schien es
in der Tat so, dass er einen Sponsor aus der Wirtschaft mit einem Kunstereignis

zusammengebracht hatte. Aber dieser Sponsor war eine Wertpapierfirma, die er gemeinsam mit den sehr, sehr reichen Gebrüdern Hunt besaß, und das Kunstereignis war *Chooch*, ein Low-Budget-Comic-Film mit mexikanischen Prostituierten und einem neun Pfund schweren Dackel. Der Produzent war der Bruder des Chief Investment Officer im Rechnungsprüfungsbüro des Staates New York. Die International Arts Managers Association bekundete »Trauer und Sorge« um IMG, wies aber darauf hin, dass Wissmann als Investor und Geschäftsführer und nicht als Vermittler oder Manager der Künstler gehandelt hatte. Wissmann trat als Vorstandsvorsitzender zurück.[720] Perlman und 14 Geigerkollegen, darunter Joshua Bell, Hilary Hahn und Sarah Chang, blieben dennoch bei IMG.

Es liegt in der Natur der Sache, dass sowohl Künstler als auch Manager ihre eigenen Geschichten hatten. Norbert Dunkl kümmerte sich um Jan Kubelik, den Virtuosen aus dem frühen 20. Jahrhundert. Alexander Gross betreute den erstaunlichen von Vecsey. Joseph Szigeti erinnerte sich an deren beider Angewohnheit, sich mit ihren jungen Klienten mit einem sowohl ehrfürchtigen als auch besitzergreifenden Gesichtsausdruck fotografieren zu lassen. Es gab auch einen Manager, der in Kaffeehäusern Schmuck verkaufte, wenn er nicht gerade in Mitteleuropa Sommerkonzerte veranstaltete. Henri Temianka erinnerte sich an die Führungskraft des Columbia Artists Management, Inc. (CAMI), der die Firma verließ, um die Sprühdosen-Schlagsahne Reddi-Wip zu verkaufen.[721]

Gelegentlich konnte ein Manager Wunder bewirken oder es zumindest versuchen. Elmar Weingarten, Intendant der Berliner Philharmoniker, berichtete einem Besucher voller Bewunderung, dass Walter Homburger, ein deutschjüdischer Einwanderer in Kanada, so gut war, dass man fast schon Schuldgefühle hatte, wenn man Nein zu ihm sagte. Es gab auch Fälle, in denen ein junger Musiker schon dankbar war, wenn ein Manager überhaupt etwas für ihn tat. William Primrose, der in den 1920er-Jahren als Geiger begann, ehe er zum führenden Bratschisten der Zeit wurde, erinnerte sich, dass nur die wenigsten der britischen Agenten es als Teil ihrer Arbeit ansahen, für ihre Klienten Werbung zu machen.[722] Stattdessen gab der angehende Künstler selbst unter den Anzeigen für Konzerte der nächsten Woche eine Annonce in der Wochenendausgabe einer Zeitung auf und hoffte, dass da draußen ein Leser interessiert genug sei, um ihn oder seinen Agenten anzusprechen.

Im Vergleich dazu hatte es die junge Ida Haendel etwa ein Jahrzehnt später gut. Ein Jahr, nachdem sie einen Preis im ersten Wieniawski-Wettbewerb gewonnen hatte, und immer noch polnische Staatsbürgerin, gab sie für Harold Holt, damals Britanniens am besten vernetzter und einflussreichster Manager, ein fünfminütiges Vorspiel. Mehr brauchte sie nicht zu tun. Holt bot ihr einen Dreijahresvertrag an, der sie darauf festlegte, »alle Verpflichtungen zu erfüllen, die ich anbiete«, und der für ihr Debüt vor einem ziemlich großen Publikum sorgen sollte. Als Haendel mit ihrer Familie nach Großbritannien zog – ein Schritt, der ihr Leben retten sollte – und die polnische Regierung das Stipendium strich, von dem die Familie lebte, half Holt mit einem monatlichen Zuschuss von 50 Pfund aus. Aber getreu den Vertragsbedingungen buchte er für sein kleines Wunderkind alles, was es gab, darunter einen Konzertsaal, in dem sie sich das Programm mit »Zauberern, Schlagersängern, Akrobaten und Komikern« teilte. 30 Jahre später war Haendel darüber immer noch empört. Als ihr Vater protestierte, schrieb Holt den Vertrag um und legte darin für sich eine Provision von 15 statt der üblichen 10 Prozent fest, um seine bisherigen Vorschüsse zu decken. Aber er handelte auch den ersten Plattenvertrag aus und sorgte für drei Auftritte bei den Prom-Konzerten im Sommer.[723]

Obwohl vermutlich nur wenige der Konservatoriums-Absolventen die klassische Wirtschaftslehre von Paul Samuelson, geschweige denn den Urklassiker Adam Smith lasen, machten sie in ihrem wirklichen Leben ihren eigenen MBA-Praxiskurs. Sie lernten zwei grundsätzliche Lektionen. Die erste – dass es sich um einen Käufermarkt handelt, mit dem Manager als Käufer und ihnen selbst als Verkäufer – war eine Herausforderung, mit der sich fast alle von ihnen konfrontiert sahen. Natürlich konnten sie theoretisch selbst versuchen, sich zu managen; doch das war leichter gesagt als getan. »Ein Künstler ohne Manager hat den Status einer unverheirateten Mutter«, stellte Temianka zu einer Zeit fest, in der Vorurteile gegenüber Alleinerziehenden immer noch vorherrschten.[724] Die zweite Lektion beinhaltete, dass ein gewisses Etwas nötig war, um einen Solisten von der Menge ähnlich begabter Altersgenossen in einem Raubtiermarkt zu unterscheiden, den er oder zunehmend auch sie mit Schauspielern, Sportlern, Akademikern, Unterhaltungskünstlern, Führungskräften, Kolumnisten, Schriftstellern und Promi-Köchen teilte.

Artur Holde, ein deutsch-jüdischer Einwanderer, Musikschriftsteller und Musikkritiker, begann in der Mitte der 1950er-Jahre, einer Zeit, die ein halbes Jahrhundert später in Amerika als das Goldene Zeitalter des Konzertbesuchs bezeichnet werden sollte, einen Beitrag mit einer guten Nachricht: Da die Musikfakultäten wuchsen, eröffneten sich Arbeitsplätze. Während auf dem Campus Konzertreihen florierten, erlebte die Kammermusik einen Boom, und die Programmplanung wurde ernsthafter betrieben. Für den erfolgreichen Solisten zahlte sich ein anstrengendes Leben durch ein angemessenes Salär aus. Aber für Spieler auf der nächstunteren Stufe wogen Reisekosten und Management-Provisionen so schwer wie ein Amboss. Die Messlatte für Erfolg war ein Jahresbrutto von 12.000 bis 15.000 Dollar, was 30 Konzerte oder mehr zu 400 bis 500 Dollar erforderte. Das wiederum setzte ein erfolgreiches Konzert in New York voraus, wo allein der Saal 1.200 bis 2.400 Dollar kostete, dazu eine ganzseitige Anzeige in *Musical America* zu 600 Dollar und eine Kritik am nächsten Morgen in einer oder mehreren der sechs Zeitungen der Stadt, mit der der Erfolg stand oder fiel. Der junge Spieler konnte dann von einem der beiden nationalen Megamanager unter Vertrag genommen und in eine Konzertreihe gepackt werden, die jährlich an etwa 1 500 Abonnenten vermarktet wurde.[725]

Eine Serie von Konzerten, die sowohl dem Künstler als auch dem Agenten Arbeit für eine Saison sicherte, war auch für die Abonnenten, die ein potenzielles Weltklasseprodukt zu minimalem Aufwand genießen konnten, ein gutes Geschäft. Der Künstler jedoch war in der schwächsten Position, denn er bezahlte Vermittlungsgebühren an den Manager, eine zweite Provision an die Muttergesellschaft, die Gage für den Pianisten und ihrer beider Reisekosten. Was vor Steuern blieb, waren manchmal nur 30 Prozent der nominellen Konzertgage. Die Menge verfügbarer Talente bot dem Management wenig Anreize, auf die zweite Kommission zu verzichten und nach lokalen Talenten in Chicago oder New York zu suchen. Es überrascht nicht, dass viele sich für eine andere Karriere entschieden. Die sozialistische Alternative war kaum attraktiver. Im Kapitalismus, so ein Standardwitz in der DDR, beutet der Mensch den Menschen aus, im Sozialismus ist es genau umgekehrt. Im realexistierenden Konzertleben stimmte das ebenfalls. Der Pianist Peter Rösel, Gewinner des Tschaikowsky-Wettbewerbs und einer der wenigen ostdeutschen Stars, die in Westdeutschland auftreten durften, wurde in harter westdeutscher Währung bezahlt. Aber 12,5 Prozent seiner Einnahmen gingen direkt an die ostdeutsche Staatsagentur, und 50 Prozent wurden in der weichen DDR-Währung ausgezahlt, eine effektive Abwertung von 75 Prozent.[726]

Doch gleichzeitig mit dem Niedergang des Ostblocks war die seit 1927 bestehende Agentur Community Concerts ebenfalls auf dem Weg zu ihrem absoluten Tiefpunkt. Im Jahr 2003 reichten Künstler Klagen ein, schickten E-Mails und blickten wegen geschätzten 1,5 Millionen Dollar ausstehender Gagen voller Hoffnung auf das Büro des Staatsanwalts von Manhattan. Abonnenten kündigten. Wo einst ein Arthur Judson wie ein Kaiser auf sein kontinentales Reich geblickt hatte, gab nun eine ehemalige Innenarchitektin, Tochter eines Baulöwen aus Florida, ihr Bestes, um einen Stapel von geplatzten Schecks zu erklären. Wilford wies schnell darauf hin, dass sie sogar CAMI Geld schuldete.[727]

Die Schallplattenbranche ging denselben Weg wie Community Concerts. Durch Zufall war Edisons wegweisender Phonograph beinahe ein direkter Zeitgenosse der Agentur Wolff. Etwa eine Generation hindurch erfolgte der Fortschritt nach und nach. Aber an der Schwelle des 20. Jahrhunderts brachte eine schnelle Folge von Durchbrüchen den entscheidenden Unterschied zwischen einer Büromaschine und einem Gerät zur Heimunterhaltung. Die Victor Talking Machine Company, gegründet 1901, ersetzte Edisons Zylinder durch Platten, die zuerst Aufnahmen von drei, dann von fünf Minuten Länge ermöglichten. Fünf Jahre später machte Victrola aus der Maschine ein respektables Möbelstück, das bürgerliche Wohnzimmer zu einem kleinen Konzertsaal und ihren

Markennamen zu einem Synonym für den Phonographen.[728] Sarasate, Joachim und Ysaÿe, die man dazu überredete, im Alter von jeweils 60, 73 und relativ jungen 54 Jahren in ein konisches Horn zu spielen, waren jetzt für die Ewigkeit aufgenommen. Im Jahr 1904 tat sich Maud Powell mit Victor zusammen, wo ihre Verkäufe an zweiter Stelle nach denen des großen Tenors Enrico Caruso lagen. 1907 schlossen sich Kreisler und der 13-jährige Elman der Party an.[729]

Powells Manager-Ehemann berichtete glücklich, dass Anhänger sie regelmäßig um Live-Aufführungen der Stücke baten, die sie zuerst auf einer Schallplatte gehört hatten. 1917 ging sie so weit, 17 ihrer größten Hits in der Carnegie Hall zu spielen, nachdem sie ihre Fans gebeten hatte, sie aus einem Menü von 45 Stücken auszuwählen.[730] Kreisler räumte ein, besorgt darüber gewesen zu sein, dass sich die Besucherzahl seiner Konzerte durch die Schallplatte reduzieren könnte, fügte aber sogleich hinzu, dass seine Frau recht behalten habe. Und auch wenn gesicherte Zahlen nicht verfügbar sind, schätzte eine Quelle, dass mindestens eine der Kreisler-Einspielungen häufiger verkauft worden war als eine von Caruso.

Innerhalb von zwei Wochen nach seinem legendären New Yorker Debüt war auch Heifetz in Victors Studio, wo er für die überwiegende Zeit seiner Karriere blieb. Bis 1972, als er letztmalig öffentlich auftrat, hatte Heifetz genug Einspielungen gemacht, um theoretisch 65 CDs füllen zu können – der einzige technologische Fortschritt den er in einer Karriere, die sich von akustischen Aufnahmen bis zu Stereo-LPs erstreckte, verpasste. Ein 1953 unterzeichneter endgültiger Vertrag garantierte Tantiemen, die bei 22.500 Dollar begannen und in den nächsten zehn Jahren um jährlich 5.000 Dollar anstiegen. Am Ende des Jahrzehnts hatte er bei einem Unternehmen, das, um ihn unter Exklusivvertrag zu haben, auch willens war, Verluste hinzunehmen, eine garantierte Gesamtsumme von 495.000 Dollar gegenüber einem Umsatz von 308.694 Dollar eingenommen. Das Unternehmen kaufte ihn dann aus.[731] Eine Generation später verhalfen das Erscheinen der CD – der letzte in einer Reihe von technologischen Durchbrüchen, die bis zu Edison zurückreichte –, eine Welle von Unternehmergeist und eine Generation neuer Einspielungen dem Umsatz mit klassischen Titeln zu 10 Prozent Marktanteil. Aber die CD-Welle war bereits auf ihrem Höhepunkt, als die Heifetz-Sammlung 1994 auf den Markt kam. Für die Generation der Babyboomer lag das Zeitalter der LPs und erst recht das der Victrola schon eine halbe Ewigkeit zurück.

Ab 2002 war der branchenweite Verkauf von klassischen Tonträgern auf etwa 3 Prozent gesunken und blieb dort auch. Es gab unverhoffte Ausnahmen wie die Einspielung der *Vier Jahreszeiten* von Nigel Kennedy, von der mehr als zwei Millionen Exemplare verkauft wurden, und Takako Nishizakis *Vier Jahreszeiten*, die mindestens eineinhalb Million Mal über den Ladentisch gingen.[732] Nishizakis Einspielung des von Chen Gang und He Zhanhao gemeinsam komponierten

Butterfly Lovers Concerto, das sich über drei Millionen Mal verkaufte, war ein Phänomen für sich. Im Vergleich dazu war das Emerson Quartet hocherfreut, als seine Aufnahme von Bachs *Kunst der Fuge* 60 000 Käufer fand. Hilary Hahn, die nach ihrem jüngsten Auftritt in einer beliebten Late-Night-Show Rückenwind hatte, reichte der Verkauf von 1 000 CDs dazu, es an die Spitze der wöchentlichen Bestsellerliste für Klassik in der Zeitschrift *Billboard Magazine* zu schaffen; die üblichen Spitzenreiter dort hatten 200 bis 300 Exemplare verkauft.[733]

Der Markt für Crossover, der historisch bis zu Elmans Salonfavoriten und Paganinis Tiergeräuschen zurückging, hatte sich nun mit Alben etabliert, die der in Singapur geborenen Anglochinesin Vanessa-Mae Nicholson 2006 ein Vermögen von geschätzten 32 Millionen Pfund einbrachten.[734] Im selben Jahr trat Ruth Palmer, Absolventin des Londoner Royal College und der Royal Academy, die auf einen Nischenmarkt spekulierte, an eine Investmentbank, einen Hedgefonds und an private Förderer wegen 30.000 Pfund heran, die sie benötigte, um das Philharmonia Orchester zu engagieren, einen Klassenkameraden als Dirigenten zu rekrutieren, einen Saal zu mieten, Schostakowitschs Erstes Violinkonzert aufzunehmen und die Aufnahme über ein eigenes Plattenlabel zu vertreiben. Die Verkäufe über den Ladentisch von rund 600 in Großbritannien waren konventionell bescheiden. Aber in Bezug auf die Aufmerksamkeit der Medien schlug ihre Einspielung sieben Konkurrenten und brachte ihr eine Verpflichtung mit den Philharmonikern und eine Asien-Tournee ein.[735]

Klaus Heymann, in der Plattenindustrie nachgerade das Vorbild einer postmodernen Führungskraft, war ein ausgewanderter deutscher Studienabbrecher und in Hongkong und Neuseeland ansässig. Seine japanische Frau Nishizaki war Chinas beliebteste Geigerin. 1960 nahm er einen Job als Anzeigenverkäufer und Verfasser von Werbetexten beim Soldatenblatt *Overseas Weekly* an, die von einfachen amerikanischen Soldaten wegen ihrer Pin-ups und solcher Geschichten geliebt wurde, die in den halboffiziellen *Stars and Stripes* nicht veröffentlichbar waren. Später ging er nach Hongkong, wo er Uhren, Kameras und Audiogeräte lokal und über den Versandhandel an US-Truppen in Vietnam und Thailand verkaufte. Er versuchte sich auch im Konzert-Management und bereitete den Weg für das, was einmal zur Hong Kong Philharmonic werden sollte. Als Gastkünstler bei einem Besuch bedauerten, dass ihre Einspielungen vor Ort nicht verfügbar waren, nahm er sich auch dieser Sache an. Nishizakis Zusammenarbeit mit dem Hong Kong Orchestra führte zu einer Aufführung des Zweiten Violinkonzerts von Wieniawski und zu ihrer Ehe mit Heymann. Der Vorname ihres Sohnes, Henryk, setzte dem Treffen ein Denkmal.

Heymanns erstes Plattenlabel, Marco Polo, das lanciert wurde, um die Karriere seiner Frau von ihrem neuen Wohnort in einer abgelegenen britischen Kronkolonie aus voranzutreiben, machte sie bald zu einer der am häufigsten aufgenommenen Geigerinnen. Als danach große Unternehmen, bei denen das Geld locker saß, die CD-Blase aufblähten, gründete er ein zweites Unternehmen: Naxos. Als Plattenlabel für das kleine Budget, das auf den Ersthörer und den Sammler zielte, beschäftigte es Osteuropäer, die nach harter Währung hungerten, und minimierte die Fixkosten durch eine einmalige Zahlung an die Künstler ohne weitere Tantiemen. Außerdem erweiterte Naxos sein Repertoire und verkaufte weltweit.

20 Jahre später gab Heymann im Interview zu: »Ich glaubte nicht, dass es ein langfristiges Geschäft werden würde.«[736] Aber Naxos hatte Erfolg; es brachte einen Katalog von erfolgreichen Einspielungen in stetig verbesserter Qualität heraus, viele davon von jungen Spielern, die bereitwillig und gern auf Tantiemen verzichteten und Heymanns Gage akzeptierten, wenn sie dadurch die Gelegenheit bekamen, kommerzielle Aufnahmen zu machen und global bekannt zu werden. Es war wenig überraschend, dass das Violinrepertoire besonders bevorzugt wurde, das sich von den längst vergessenen Konzerten des Chevalier de Saint-George – gespielt von Nishizaki – und dem lange vernachlässigten Konzert von Samuel Barber bis zu Zirkusstücken des Spohr-Schützlings Leon de Saint-Lubin und dem russischen leibeigenen Virtuosen Iwan Chandoschkin erstreckte. Als die Urheberrechte abgelaufen waren, bot Naxos sogar eine historische Serie mit fachkundig überarbeiteten Auftritten von Powell, dem jungen Heifetz, dem jungen Menuhin, Kreisler und Huberman zu Preisen an, die die ursprünglichen Rechteinhaber nicht unterbieten konnten oder wollten. Das 20. Jahrhundert begann mit teuren Aufzeichnungen und billigen Konzertkarten, stellte Heymann mit verständlicher Zufriedenheit fest. Es endete mit dem Gegenteil.[737]

In den Jahren, die auf die CD-Revolution folgten, änderte sich im Musikgeschäft vieles. Die ganzseitige Anzeige in *Musical America* war jetzt eine Website mit Videos und sogar kostenlosen Downloads. Nipper, das Maskottchen von RCA Victor, konnte seinen Herrn nun auf YouTube sehen und hören. Von Jaime Laredo, der sich inzwischen auf Dirigate verlegt hatte, Kammermusik machte, unterrichtete und den Indianpolis-Wettbewerb managte, bis zu Sebastian Ruth, der Blues, Hip-Hop und Streichquartette spielte, während er sich um Nachbarschaftskinder in Providence, Rhode Island, kümmerte, gab es Rollenmodelle für vielfältige Karrieren.

Aber da das Angebot wuchs und die Nachfrage zurückging, war das Rennen wahrscheinlich wettkampforientierter als je zuvor. Es lohnte sich immer noch, Erster zu sein. Aber weder Spieler noch Manager wurden wahrscheinlich mit Soloauftritten zu 5.000 D-Mark reich, die auf die Zweit-, Dritt- und sicherlich Viertplatzierten usw. diverser Wettbewerbe in Deutschlands dezentralisierter Konzertlandschaft warteten, in der lokale Konzertveranstalter in der gleichen Weise überlebten wie lokale Brauereien und Zeitungen. Die unteren Ränge nahmen nun Kasachstan und Taiwan ein. Aber sie waren immer noch die unteren Ränge.

Für diejenigen, die auf der Suche nach einem Management waren, gab es ebenfalls eine neue Generation von Agenten, die Mehrheit von ihnen Frauen, sowie eine neue Gruppe von Boutique-Agenturen, die niemand mit CAMI verwechseln konnte. Für IMG bedeutete »Erweiterung« das Hinzufügen einer Auswahl an Musikern zu einer Liste von Athleten. Für Kirshbaum Demler, eine kleine Agentur auf der New Yorker Upper West Side, die 1980 quasi als Tante-Emma-Laden gestartet war, bedeutete es das Hinzufügen von Sängerinnen und Sängern zu einer Auswahl an Instrumentalisten. Die neuen Manager, die selber Musiker waren und ihre Energie sowohl aus ihrer Hingabe als auch dem verdienten Geld bezogen, lieferten ihren Kunden, zu denen Zukerman, das Emerson Quartet und eine Anhängerschaft von Veranstaltern bis hin nach Arizona gehörten und deren Anrufe sie stets beantworteten, einen maßgeschneiderten Service.[738]

Daniela Wiehen, eine am Konservatorium ausgebildete Klarinettistin, lernte das Management-Geschäft beim innovativen Schleswig-Holstein-Festival. Sie tat sich danach mit einem etwas älteren Kollegen zusammen und sah sich nach einer kleinen Kundschaft um, die sie persönlich kennenlernen und ein Jahr bis 18 Monate im Voraus buchen konnte. Eine halbe Generation später war sie immer noch mit einer Klientel im Geschäft, zu der ein Dirigent, zwei Geiger, ein Klarinettist und ein niederländisch-flämisches Tango-Ensemble gehörten. Als guten Ratgeber empfahl sie wärmstens das Buch *What They Don't Teach You at Harvard Business School* von Mark McCormack, dem Gründer der IMG.[739]

Cornelia Schmid, die in Harvard studiert hatte, beschränkte ihre Künstlerliste auf eine Fußballmannschaft von Dirigenten, ein Basketballteam von Pianisten, eine erlesene Auswahl von Kammermusik-Ensembles und eine Handvoll Instrumentalisten. Zu ihren sechs Geigern gehörte Christian Tetzlaff, einer der Großen seiner Generation, die lettische Gewinnerin des Königin-Elisabeth-Wettbewerbs Baiba Skride und der deutsch-italienische Sieger im Indianapolis-Wettbewerb Augustin Hadelich. Die Einnahmen im Sommer konnten ein Problem sein, aber das galt auch für an Supergagen gewöhnte alternde Superstars. Schmid sah es als einen Teil ihrer Aufgabe an, einen vielversprechenden Spieler aus dem langen Schatten eines übermächtigen Lehrers hervorzuholen. Sie war recht zuversichtlich, dass die über 40-Jährigen, in allen Ländern der Ersten Welt eine demografische Gruppe mit erheblichem Wachstumspotenzial, weiterhin Konzerte besuchen würden.[740]

Für diejenigen, die auf der Suche nach Konzertmöglichkeiten waren, gab es eine ebenfalls neue Art von Impresarios. Martijn Sanders, Leiter des Concertgebouw Amsterdam, und Clive Gillinson von der New Yorker Carnegie Hall konnte man kaum miteinander verwechseln. Aber für diese aufkommende Gruppe waren sie gleichermaßen repräsentativ. Sanders, ein Rotterdamer Diplomkaufmann mit einem MBA von der University of Michigan und einem

Faible für Jazz, hatte zunächst eine Kette von Kinos geleitet. Das Stellenangebot im Concertgebouw tauchte just in dem Moment auf, als er eine neue Stelle suchte. Als sich das Vorstellungsgespräch von der Musik der Kapitalverbesserung zuwandte, war für beide Seiten klar, dass das Gebäude, seit 1888 die Heimat von Amsterdams emblematischem Orchester, effektiver genutzt werden musste. Warum waren beispielsweise Künstler wie Isaac Stern dort nie aufgetreten? Die Antwort war entwaffnend einfach. Niemand hatte ihn jemals eingeladen.

Die Lösung war ebenso einfach. Ein Ad-hoc-Ausschuss lud Stern und andere für die Jubiläumssaison ein. Dann wurde eine gemeinnützige Stiftung gegründet, die zum Teil öffentlich, zum Teil privat war und weitere Konzerte fördern und managen sollte. Stern stellte sogar einen Teil seines Honorars als Unterstützung zur Verfügung, um das Projekt auf den Weg zu bringen. Ein Jahrzehnt später produzierte die Stiftung 250 Konzerte, über 40 Prozent der jährlichen Gesamtauslastung der Halle. Das Problem war, so erklärte Sanders, Sponsoren bei Laune zu halten, denn Konzerte mussten Jahre im Voraus gebucht werden, während Tickets nur Wochen vorher in den Verkauf kamen. Um das Defizit zu decken, wurde ein Zuschuss in Höhe von rund 33 Prozent benötigt. Er schätzte, dass etwa 10 Prozent seiner Tätigkeit in der Verwaltung des Konzertsaals und 90 Prozent in der Geschäftsführung der Stiftung und der Betreuung der Sponsoren bestand. Er stand ebenfalls in regelmäßigem Kontakt mit rund 15 anderen Konzertsälen – in Paris und Köln sowie mit der New Yorker Carnegie Hall –, die einen ähnlichen Kurs eingeschlagen hatten.[741]

Die Carnegie Hall, in einem Ballungsraum gelegen, dessen Einwohnerzahl die Gesamtbevölkerung der Niederlande um etwa 20 Prozent übersteigt, stand vor ähnlichen Herausforderungen. Sie war nur drei Jahre jünger als das Concertgebouw und hatte 1960 eine Nahtod-Erfahrung durchlebt, als ihr Hausorchester, die New York Philharmonic, in das glänzende neue Lincoln Center abwanderte. Isaac Stern, dessen Intervention zu einer der Legenden der Stadt wurde, bewahrte sie knapp davor, in einen Parkplatz verwandelt zu werden. Stattdessen vermietete sie ihre Räumlichkeiten, weshalb Sanders sie gerne eine Garage nannte. Im Jahr 1986 führte eine umfassende Renovierung dazu, dass die Stadt New York das Gebäude erwarb und die gemeinnützige Carnegie Hall Corporation gegründet wurde, die Konzerte anbieten sollte. Bis 2003 waren zu dem Gebäude zwei kleinere Säle mit 293 bzw. 599 Sitzplätzen hinzugekauft worden, um das ursprüngliche Angebot von 2.804 Plätzen aufzustocken. Bis 2005 hatte die Stiftung eine beeindruckende Kapitalausstattung aufgebaut, ein Drittel davon bestimmt für familienfreundliche und erschwingliche Konzerte.

Im Gegensatz zu Sanders war Gillinson wirklich ein Musiker. Als langjähriger Cellist in der von den Musikern selbstverwalteten London Symphony hatte er das Orchester durch eine einfallsreiche Kombination von Bewusstseinsbildung, Sparmaßnahmen, Fundraising, innovativer Programmplanung und

In-House Schallplattenaufnahmen gerettet. 2005 bat ihn die Carnegie Hall, das Wunder zu wiederholen. Von den im Jahr 2005 im großen Saal durchgeführten 250 Konzerten war ein Drittel über das Haus gebucht, eine Kennziffer, die der von Sanders nahekam. Vier Jahre später waren 200 der 800 Aufführungen in allen drei Sälen über das Haus gebucht.[742]

Für eine Miete von 15.600 Dollar pro Freitag- oder Samstagabend, weniger als das, was ein Starpianist für eine Darbietung nach Hause trug, konnten Orchester und Ensembles aus dem Land und der ganzen Welt in einem Saal auftreten, der nach dem politisch und bürgerschaftlich engagierten Stern benannt war. Nun kam ein jüngeres Publikum, um aufstrebende lokale Anfänger und neue hoffnungsfrohe Künstler in bezahlbaren Räumen mit einer historischen Adresse zu hören. In einer kontinuierlichen Serie von Festivals wurde alles von China bis Leonard Bernstein gefeiert. Ein Partnerschaftsabkommen mit Ariama, der Online-Tochtergesellschaft von Sony Music Entertainment, bot dem Publikum der Carnegie Hall Rabatte und Sonderangebote, Aufzeichnungen von Auftritten und Interviews mit Künstlern der Carnegie Hall.[743] Die Akademie, ein Gemeinschaftsprojekt von Juilliard und der Carnegie Hall, brachte eine erste Charge an Lehrer- und Künstlervorbildern wie Nathan Schram hervor, einen in Indiana ausgebildeten 23-jährigen Bratschisten, der entsandt worden war, in der Innenstadt von Brooklyn eine öffentliche Volksschule mit einem Violinprogramm zu unterstützen, während er an drei Tagen der Woche seine Aufführungstechnik an der Juilliard School aufpolierte.[744]

Auch wenn die Zukunft der Kunst eines Geigers mehr als je zuvor von Glauben, Philanthropie und einem wirksamen Geschäftsmodell abhing: Die Politik war ebenfalls von Bedeutung. Der deutsche Publizist Klaus Harpprecht, immer noch von Kindheitserinnerungen heimgesucht, rief sich eine Zeit ins Gedächtnis, in der auch Haydn und Beethoven mit Nazi-Braun ausgestattet waren. »Sage nur keiner, Musik und Politik seien um Welten voneinander entfernt«[745], warnte er für den Fall, dass irgendjemand immer noch (oder schon wieder) einer solchen Perspektive zuneigte.

In China wurde für einen Großteil der furchtbaren zehn Jahre zwischen 1966 und 1976 die gebildete Mittelklasse einschließlich der Geiger schikaniert, verfolgt und buchstäblich zu Tode gedemütigt. Aber für Musiker, die dem Land dabei helfen sollten, »den mit aller Kraft gewollten Weg zur Revolution singend und tanzend zu gehen«, gab es immer noch einen Markt. Xiao Tiquin, geboren 1949 und eine Art chinesischer Soldat Schwejk, kam von der Mittelschule des Guangzhou-Konservatorium zu den Roten Garden. Bereits 1968 hatte die Nachfrage nach Geigern einen Punkt erreicht, an dem Xiaos Talent ihm die Mitwirkung an einem 30-köpfigen Propaganda-Team einbrachte, das die Provinz Hainan vier Jahre lang bereiste und auf westlichen Instrumenten an chinesische Hörgewohnheiten angepasste Volksmusik spielte. Dann kehrte er illegal als Privatlehrer nach Guangzhou und zu einem Schülerkreis zurück, zu dem auch die Kinder von Intellektuellen und Parteifunktionären gehörten.[746] Im Jahr 2008, eine Generation nachdem Chinas Panzer vor den Augen der Welt den Tiananmen Platz geräumt hatten, besuchte Alex Ross vom New Yorker eine ganz andere Volksrepublik, in der die Konservatorien ebenso boomten wie die Wirtschaft. Während Opposition so wenig geduldet war wie seit jeher, so berichtete Ross, wurden Musiker jetzt ermutigt, Preise zu gewinnen, ihre Karrieren voranzutreiben und Geld zu verdienen. Aber wie Generationen vor ihnen wurden auch sie aufgefordert, Selbstzensur zu praktizieren und zu üben, üben, üben.[747]

Das Irakische Nationalorchester, 1939 in der historischen Hauptstadt eines zusammengebastelten post-osmanischen Kolonialprotektorats ursprünglich als Streichquartett konzipiert, stand exemplarisch für einen Großteil des Nahen Ostens. Seine Entstehung als großes Orchester im Jahr 1958 fiel mit einem nationalistischen Militärputsch zusammen, dessen Gewalttätigkeit selbst nach regionalen Maßstäben auffiel. Mit einer Besetzung, die sowohl aus den beiden großen islamischen Glaubensrichtungen als auch aus Christen und Kurden zusammengesetzt war, kam das Orchester einer spontanen nationalen Körperschaft nahe und brachte sowohl europäisches Repertoire als auch lokale Musik zu Gehör. Im Jahr 1966 wurde es von einer populistischen, antiwestlichen Regierung für zwei Jahre aufgelöst. Als im ersten halben Jahrhundert seines Bestehens internationale Sanktionen die Wirtschaft böse zurichteten und ein Gemisch aus Krieg, Bürgerkrieg, islamistischem Eifer und Anarchie seine Musiker dazu veranlasste, in Deckung oder außer Landes zu gehen, fluktuierten seine Löhne und Mitglieder wie die Börse. Als 2003 die amerikanische Invasion zu einem paternalistischen und geradezu ahnungslosen Besatzungsregime führte, brachte das US-Außenministerium das Orchester nach Washington, um im Kennedy Center in Anwesenheit von Präsident George W. Bush und Top-Regierungsvertretern aufzutreten. Fünf Jahre später, als der Irak wieder aus dem blutigen Chaos aufzutauchen schien, trat das Orchester im kurdischen Sulaimania und in den schiitischen Hochburgen Karbala und Najaf auf, und sein Dirigent erklärte voller Hoffnung: »Es gibt keine unanständige Musik.«[748]

Stimmte das? Robert Fisk, der in Beirut lebende Nahostexperte und Korrespondent des Londoner Independent, erinnerte sich daran, wie Ajatollah Chomeini, der Vater der Islamischen Republik Iran, Haydn und Mozart verboten hatte. Als ehemaliger Geiger fragte Fisk sich, wie das traditionelle Ensemble von einem Geiger und einem Schlagzeuger, das er 2009 mit ein paar Rial auf einer Straße in Teheran unterstützt hatte, von der Revolutionsgarde gesehen würde. In Saudi-Arabien, so berichtete er weiter, kannte man eifrige Studenten, die musikliebende Klassenkameraden verprügelten, und es gab angeblich

Scheichs, die ihre Anhänger aufforderten, ihre Instrumente zu verbrennen. Im Libanon war das Verteidigungsministerium der amtliche Musikwächter. Zwischen 2000 und 2005 betrafen 80 Prozent aller Anfragen der muslimischen Bruderschaft in der ägyptischen Parlamentsversammlung die Medien und die Kultur. Im Irak wurde geschätzt, dass bis 2006 nicht weniger als 80 Prozent der professionellen Sänger das Land verlassen hatten. Im gleichen Jahr sank die Mitgliederzahl im National Orchestra auf 43 Musiker, von denen nur 17 zu den Proben erschienen. Zunächst wichen die beiden jungen Männer Fisks Fragen aus. Sie antworteten ihm, dass sie so ihren Lebensunterhalt verdienten. Aber als sie sich trennten, gaben sie zu, dass die Revolutionsgarden sie manchmal anhielten und ihre Instrumente zertrümmerten.[749]

Nur wenig von all diesem war einzigartig. Jede Epoche hatte ihr Gepräge. Die Verbindung zwischen Geigern und Politik war – direkt oder indirekt, unterstützend oder unterdrückend – praktisch so alt wie das Instrument selbst. Kirche und Staat kauften Instrumente und engagierten Spieler; Karrieren hingen von ihrer Unterstützung ab. Was während der letzten Jahre des Ancien Régime sinnvolle Karriereschritte zu sein schienen, kostete Viotti ein paar Jahre später seinen Lebensunterhalt und fast das Leben. Das Konservatorium in Paris war die Antwort der Musik auf die neuen napoleonischen Militärakademien, Saint-Cyr und das Polytechnikum. Paganini entdeckte die Privatwirtschaft erst, nachdem er jahrzehntelang für adlige Würdenträger gespielt und gearbeitet hatte. Joachim verbrachte als Konzertmeister in Weimar und Hannover und als ordentlicher Professor in Berlin den überwiegenden Teil seines Arbeitslebens als Angestellter im öffentlichen Dienst. Zu seinem Todeszeitpunkt waren Konservatorien als Bauwerke ebenso Symbolorte einer Epoche, wie Bahnhöfe und Parlamentsgebäude; zu ihrer Einweihung erschienen Mitglieder des Königshauses. Auch privaten Stiftungen wie den Concerts Lamoureux und den Berliner Philharmonikern musste der Staat schließlich unter die Arme greifen.

Als eine nationale Identität die dynastische Loyalität verdrängte, zeigte die preußische Bürokratie eine in Deutschland unerwartete und in Frankreich undenkbare Großzügigkeit, als sie Henri Marteau, den 34-jährigen Sohn eines französischen Industriellen und einer Absolventin des Pariser Konservatoriums, als Nachfolger von Joachim einstellte.[750] Lokalzeitungen murrten zwar diskret über die Einstellung eines Franzosen, schenkten ihm aber wegen seiner deutschen Mutter einen Vertrauensvorschuss.

All das änderte sich 1914, als der Österreicher Kreisler und der Franzose Thibaud von ihren jeweiligen Armeen als Reserveoffiziere eingezogen wurden und der Belgier Ysaÿe sich nach London absetzte. »Musiker können mit Fug und Recht die geistige Gesundheit einer Welt anzweifeln, in der Kreisler gegen Ysaÿe und Thibaud unter Waffen steht«, schrieb der englische Kritiker

Ernest Newman betrübt in der *Musical Times*.[751] Marteau, der eine deutsche Frau und eine deutsche Arbeitsstelle aber auch einen französischen Pass und eine französische Bestellung als Reserveoffizier hatte, wurde umgehend als feindlicher Ausländer interniert. Dem Direktor des Konservatoriums Hermann Kretzschmar gelang es, ihn freizubekommen, sodass er wenigstens zu Hause Privatunterricht geben konnte. Aber seine Kollegen lehnten sich nicht nur gegen die Vorstellung einer fortgesetzten Kollegialität auf; es erzürnte sie auch, dass ein feindlicher Ausländer an seinem Arbeitsplatz in Berlin blieb, anstatt seinen Pflichten als französischer Reserveoffizier nachzukommen. Im März 1915 kam es zu einer Einigung: Marteaus Vertrag konnte ein halbes Jahr später auslaufen und er durfte in das neutrale Schweden gehen.[752]

Kreisler, der seinen Pflichten als österreichischer Reserveoffizier nachkam, wurde an der Ostfront verwundet, ins Krankenhaus gebracht, in Berichten für tot erklärt und aus dem Kriegsdienst entlassen – all dies zwischen August und Dezember 1914. Er kehrte dann in die Vereinigten Staaten zurück, schrieb mit der Widmung »an meine liebe Frau« – eine Amerikanerin – ein kleines Buch über seine Kriegserlebnisse[753] und nahm dank seiner Verwundetenzulagen sein normales Leben wieder auf, bis Amerika im April 1917 in den Krieg eintrat.

Im November kam er wieder unter Beschuss, diesmal aber in Pittsburgh, wo die Polizei meinte, Kreislers geplantes Konzert absagen zu müssen, nachdem Demonstranten, darunter der Ortsverein der Daughters of the American Revolution, ihn beschuldigt hatten, den österreichischen Feind, mit dem die Vereinigten Staaten noch gar nicht im Krieg lag, zu unterstützen. Die *New York Times* veröffentlichte Kreislers Antwort und setzte sich in einem Leitartikel für ihn ein. Zwei Tage später wurde Kreisler von einem Pfarrer aus Brooklyn in seiner Sonntagspredigt beschuldigt, er habe Einnahmen aus Konzerten in den USA gegen seine Entlassung aus dem aktiven Kriegsdienst eingetauscht und das Geld dann den österreichischen Kriegsanstrengungen zugutekommen lassen. Kreisler forderte vom Pfarrer einen Widerruf oder »die Möglichkeit [...], ihn von Mann zu Mann zu konfrontieren«. Den Rest seiner Tournee sagte er ab. Trotz einigem Gezeter der American Legion nahm Kreisler Ende 1919 seine Wohltätigkeitskonzerte wieder auf.[754]

Wenige Künstler verkörperten den Unterschied zwischen den Vor- und den Nachkriegsverhältnissen farbenreicher und umfassender als Eduard Soermus. Als estnischer Bolschewik, dessen Karriere um 1900 während seiner Studentenzeit begann, ging er schließlich unter Komintern und der lokalen Parteiführung in Europa auf Tournee und lebte einige Jahre in Deutschland und England, wo die Polizei zu seinem zuverlässigsten Publikum gehörte. Berichten zufolge gab er allein im Jahr 1928 schätzungsweise 200 Benefizkonzerte und sonstige mit Kommentaren gespickte Musikveranstaltungen. In Leningrad, wo er angeblich am Konservatorium spielte,[755] als die Stadt nahezu in revolutionärer Leidenschaft ertrank, registrierten lokale Musikliebhaber seine Leistung mit – wie sein Biograf es nannte – »feiner Zurückhaltung«. In den frühen 1930er-Jahren, als der revolutionäre Eifer abebbte und traditionelle Musikwerte wieder im Kommen waren, wurde er nicht eingeladen, am Konservatorium in Moskau zu spielen.

Auch sein Biograf schien nicht klären zu können, wo und wie Soermus das Geigenspiel erlernt hatte. Sein erster Lehrer war offenbar ein umherziehender Schneider. Es gab Hinweise, dass er als Student in St. Petersburg Auer zu ein paar kostenlosen Unterrichtsstunden überredet hatte. In seinen Dreißigerjahren starteten dem Vernehmen nach dankbare niederländische Arbeiter eine Sammlung, damit er bei Marteau und Capet in Paris Unterricht nehmen konnte. Aber sogar Anatoli Lunatscharski, der erste Kommissar für das Bildungswesen in der noch jungen Sowjetunion und ein gebildeter Mann, der seine Arbeit ernst nahm, stellte fest, dass Soermus wie ein Autodidakt spielte.

Soermus nahm sich angeblich ein schweres Repertoire vor und spielte das Mendelssohn-Konzert. Wahrscheinlich aber ist ein Polizeibericht über einen Auftritt 1926 in einer Arbeiterkneipe in Rudolstadt, einer kleinen Stadt in Mitteldeutschland, eine zuverlässigere Beschreibung von Soermus in Aktion. Das Programm umfasste Bach, Händel, Beethoven und Paganini. Aber zuerst gab es eine Einführung. Soermus erklärte, dass Bach ein Vorbild sei, das die Arbeiterklasse zum Sieg führen würde. Händels Largo stand für die Sehnsucht nach Frieden, auf die die Menschheit seit 2000 Jahren warte, der aber nur durch Arbeit zu erreichen sei. Beethoven, so behauptete er, sei ein Leitstern, der größte Mensch, der je gelebt habe und in bitterer Armut gestorben sei. Nach einem russischen Lied, das gefallenen Kameraden gewidmet war, gab es einen Spendenaufruf für einen gemeinnützigen Fonds für Kinder. Als Zugabe spielte er Schuberts Vertonung von Goethes *Heidenröslein*.

Auch wenn seine musikalische Ausbildung im Dunkeln lag: Seine politische Entwicklung war deutlich genug. Was als Nationalismus begann, verwandelte sich bald in Klassenbewusstsein. Noch in seiner Schulzeit entdeckte er den Marxismus, war bei der Russischen Revolution von 1905 auf jeden Fall ein Zuschauer und möglicherweise ein Mithelfer und traf dem Vernehmen nach Lenin in London. »Was soll ich tun, Genosse Lenin?«, zitiert ihn sein Biograf. »Ich bin ein Bolschewik, aber ich liebe die Violine.« Lenin antwortete, dass Geiger zu sein in Ordnung sei, vorausgesetzt, dass er ein bolschewistischer Geiger sei. Nach Jahren in Großbritannien kehrte Soermus rechtzeitig für die stalinistischen Säuberungen in die Sowjetunion zurück. Er wurde aus dem Metropol-Hotel vertrieben, das nun der unsichere Wohnsitz sowjetischer Parteifunktionäre und der Exil-Nomenklatura war, und starb an Leukämie, kurz nachdem die Sowjetunion seine Heimat Estland annektiert hatte. Seine estnischen Landsleute benannten eine Schule, ein Konservatorium und einen

Fischdampfer nach ihm. Ein halbes Jahrhundert später hatten in Ostdeutschland einige nach ihm benannte Straßen überlebt.[756]

Von Einträgen bei Google[757] und einer Menge belastender Unterlagen abgesehen gibt es von Gustav Havemann keine bekannten Denkmäler. Aber seine Karriere, die sich über fast 60 Jahre und drei deutsche Staatsformen erstreckte, war ebenfalls ein Sinnbild für Zeit und Ort. Havemann, 1882 geboren und ein Schützling von Joachim, war mit 19 Jahren Konzertmeister in Thomas Manns Heimatstadt Lübeck und, bevor er 30 wurde, in Hamburg. Als der Krieg kam, meldete er sich freiwillig, wurde aber auf Antrag des Königs von Sachsen als Unteroffizier entlassen, um als Konzertmeister in der Dresdener Staatsoper Dienst zu leisten. 20 Jahre nach dem Weggang von Joachim kehrte er nach Berlin, jetzt Hauptstadt einer ungeliebten Nachkriegsrepublik, zurück, um sich dem Lehrkörper der Hochschule mit ihrer großen jüdischen Klientel anzuschließen, deren Anziehungskraft bis nach Japan reichte, und fest entschlossen war, sich als die progressivste Musikakademie der Nachkriegszeit neu zu erfinden. Jahre später, so erinnerte man sich, war es für Havemann nicht von Vorteil, dass er mit der Novembergruppe, einer anti-nazistischen Künstlervereinigung, in Verbindung gebracht wurde. Als sich das Konservatorium einem Repertoire zuwandte, das die Nazis ein Jahrzehnt später als entartet brandmarkten, spielte Havemann Arnold Schönberg und Paul Hindemith. Beide gehörten zu den modernsten Komponisten und waren auch Kollegen. Er verpflichtete sich sogar für ein Experiment in Vierteltönen.

Als sich die Arbeitslosenquote den 25 Prozent näherte und kurz darauf die Machtergreifung der Nazis folgte, nahm Havemanns Karriere eine unerwartete Wendung. Im November 1931 schickte ihm sein Kollege Carl Flesch einige kürzlich veröffentlichte Gedanken über die technischen Herausforderungen beim Hervorbringen eines Geigentons. Flesch, der 20 Jahre Unterrichtserfahrung in Berlin, Bukarest und am Curtis hatte, vermutete, dass der charakteristisch große Ton, der mit jüdischen Geigern aus Osteuropa assoziiert wurde, aus kulturellen Erinnerungen an die Synagoge stammte. Havemann bestätigte den Eingang mit einem offenen Brief in der *Allgemeinen Musikzeitschrift*, in dem er erklärte, dass es hieße, den Wert des deutschen Violintons in Frage zu stellen, wenn die Feier des jüdischen Violintons seines Kollegen unbeantwortet bliebe.

Flesch bemühte sich redlich, sowohl rational als auch höflich einem Kollegen gegenüber zu sein, der, wie er sich später in seinen Memoiren erinnerte, das Zeug zu einem bedeutenden Geiger hatte.[758] Der Ton, so beharrte er, sei nur ein Mittel zum Zweck. Die Aufgabe des Lehrers sei es sicherzustellen, dass er den Absichten des Komponisten entspreche. Osteuropäer seien dafür bekannt, das Vibrato zu übertreiben, aber daran sei nichts besonders »jüdisch«. Flesch fügte hinzu, dass es, wie Havemann aus erster Hand wissen sollte, auch nichts gab, was an Joachims Ton »jüdisch« sei. Nach einigen Wochen endete dieses

Schattenboxen mit einer gemeinsamen Aussage, die dem Vorfall quasi als Feigenblatt diente und in der erklärt wurde, dass Flesch und Havemann über Kunst und Pädagogik gleicher Meinung seien, dass ihre persönliche Beziehung so herzlich wie stets sei und sie weiterhin ihre gesamten Energien in den Dienst der deutschen Kunst und der Jugend stellen würden.[759]

Kaum ein Jahr später wurde Hitler im Januar 1933 zum Reichskanzler ernannt. Im Februar wurden die Bürgerrechte ausgesetzt, im März wurden die Ergebnisse einer zweifelhaften Wahl zu einem Mandat erklärt. Im April trat das Gesetz zur Wiederherstellung des Berufsbeamtentums in Kraft, dass schätzungsweise 2 500 Juden ihre Arbeitsplätze im öffentlichen Dienst einschließlich Stellen in Orchestern und Konservatorien kostete.

Ein paar Monate später lud eine neue Richtlinie ausländische Künstler unabhängig von Rasse oder Nationalität ein, in Deutschland aufzutreten. Furtwängler, der dies ausnutzen wollte, schickte einen Zeitungsausschnitt an Huberman in Wien als »einen der wenigen Solisten, die die Philharmonie im Laufe einer Saison mehrmals mit einem Soloabend füllen konnte«[760], und bat ihn, so wie seit Jahrzehnten, mit den Philharmonikern aufzutreten. Huberman, der sich selbst als »Pole, Jude, unabhängiger Künstler und Gesamteuropäer« bezeichnete, lehnte ab, denn solange niemand wieder eingestellt sei und jüdische Künstler als Parias hingestellt würden, die unfähig seien, »reine deutschen Musik« zu verstehen, diene sein Auftritt nur als Beweis dafür, dass alles in Ordnung sei, was offensichtlich nicht der Fall war.[761]

Drei Jahre später hatte Huberman in Europa und Amerika genug Geld zusammenbekommen, um ein Palästina-Sinfonieorchester bestehend aus 71 geflüchteten Musikern vorspielen zu lassen und anzustellen, das später zur Israel Philharmonic werden sollte. Er überredete Arturo Toscanini, einen nicht-jüdischen Italiener und unverblümten Antifaschisten, die ersten Konzerte des Orchesters zu dirigieren, und Adolf Busch, einen nicht-jüdischen Deutschen und freimütigen Anti-Nazi, als erster Solist des neuen Orchesters das Brahms-Konzert zu spielen.[762]

Havemann hatte »schon 1929 behauptet, dass aufeinanderfolgende republikanische Regierungen Deutschland in den Abgrund führten und dass der jüdische Einfluss die deutsche Kultur ruinierte«. 1930 informierte er Georg Schünemann, den Stellvertreter und de facto Leiter des Konservatoriums, dass er für die Nazis stimmen würde. Bemerkenswerterweise übergab er nur wenige Monate nach seinem Scharmützel mit Flesch dem Konservatorium einen Porträtstich von Joachim mit der Bitte, ihn in seinem Zimmer aufzuhängen. Er bildete auch einen Mitläuferverein von Nazi-Musikern, brachte ihre Mitglieder in einem Orchester zusammen und bezahlte sie aus eigener Tasche. Als im Jahr 1933 die Nazis das Land führten, traf er auf keinen Widerstand, als er effektiv die Leitung der Hochschule übernahm und die Hochschule im

Sinne der Nazis zu säubern, nachdem der Komponist Franz Schreker und der findige und leidgeprüfte Schünemann entlassen worden waren.

Der neue Direktor äußerte sich diskret besorgt über die Zeit, die Havemann außerhalb seiner Arbeitsstätte auf Festlichkeiten verbrachte. Pikanterweise löste sich 1935 das Problem von selbst, als Havemanns Unterstützung für Hindemith ihn in Schwierigkeiten mit Goebbels brachte und ihn seine Parteiämter kostete. Aber abgesehen von verletzter Eitelkeit gab es keine weiteren Konsequenzen. Für den Rest des Krieges reiste er durch das besetzte Europa und trat vor den Truppen auf.

Nach dem Krieg gab es unweigerlich ein paar unbequeme Jahre, während derer Havemann offenbar von Privatunterricht lebte. Als er sich seinem siebten Lebensjahrzehnt näherte, lachte ihm aber wieder das Glück. Das gerade installierte kommunistische Regime, das einen Vorzeigeprofessor für sein neues Konservatorium in Ost-Berlin brauchte, engagierte ihn nicht nur, sondern gab noch ein komfortables Gehalt in harter Währung, ein großzügiges Paket an Versorgungsleistungen, viel freie Zeit, Zusatzzahlungen für Gastdozenten sowie ein Auto und einen Fahrer dazu.[763]

»Pausenschwatz mit Furtwängler«, notierte Goebbels im Juli 1937 in sein Tagebuch, noch schwindlig nach einer Aufführung von *Siegfried* in Bayreuth. Furtwängler wünschte sich mehr ernste Musik im Radio. Kein Problem, versicherte ihm Goebbels.[764] Ein paar Monate später wies er in Anwesenheit von Hitler, hochrangigen Parteifunktionären, Mitgliedern des diplomatischen Korps und ausgewählten Koryphäen aus Kunst und Wissenschaft mit Stolz auf das Verschwinden von fast 3 000 Juden von deutschen Bühnen und Konzertsälen seit 1933 hin.[765] Der Anlass, die vierte Jahrestagung der Reichskulturkammer, der Kunstabteilung des Propagandaministeriums, war ebenfalls wegen der Premiere des Violinkonzertes von Robert Schumann – 84 Jahre, nachdem es geschrieben wurde – bemerkenswert. Obwohl eine ergebene Presse seine »glorreiche Romantik« bejubelte, wurde das Stück sehr bald zu einem Schneewittchen, das auf Szeryng oder Gidon Kremer warten musste, um wachgeküsst zu werden.

Doch um Musik ging es bei der Geschichte nur am Rande. Die sogenannte Wiederentdeckung des Konzertes erregte bei den Medien eine Aufmerksamkeit, die an den WM-Kampf zwischen dem afroamerikanischen Schwergewicht Joe Louis und dem deutschen Max Schmeling erinnerte. Olin Downes von der *New York Times* war darum bemüht, seinen Lesern klarzumachen, dass die Existenz des Werkes eigentlich zu keiner Zeit ein Geheimnis gewesen war.[766] Schumann hatte es für den jungen Joachim komponiert und nahm in seinem Tagebuch Bezug darauf. Joachim erwähnte es in seiner Korrespondenz. Moser wies in seiner Biografie von Joachim darauf hin. Arthur Abell, langjähriger Berlin-Korrespondent für *Musical America*, erinnerte sich daran, mit Brahms und dem Komponisten Max Bruch darüber gesprochen zu haben. Wäre es nicht zu Schumanns Zusammenbruch gekommen, hätten er und Joachim es vermutlich gemeinsam überarbeitet. Doch da der Komponist außer Reichweite war, hielten es seine Witwe und Joachim für das Beste, es in der Schublade zu lassen. Nach Joachims Tod wurde es an die Preußische Staatsbibliothek mit der Auflage verkauft, dass es vor dem 100. Todestag des Komponisten im Jahr 1956 nicht veröffentlicht oder gespielt werden dürfe. Busch, der größte deutsche Geiger seiner Zeit, sah in den frühen 1920er-Jahren auf Wunsch von Schumanns Tochter Eugenie die Partitur noch einmal durch und stellte fest, dass Joachim mit seiner Einschätzung recht hatte.[767]

Das könnte das Ende der Geschichte gewesen sein, hätte es Berichten zufolge nicht eine Intervention des Komponisten aus dem Jenseits gegeben. 1933 behauptete Jelly d'Arányi nach einer Séance in London, der auch ihre Schwester beiwohnte, der Geist des Komponisten habe ihr – in merkwürdig schlechtem Deutsch, wie Olin Downes schnell hinzusetzte – aufgetragen, sein vergessenes Konzert zu finden und aufzuführen. Seitdem, so Baron Erik Palmstierna, der schwedische Minister in London und ein weiterer begeisterter Spiritualist,[768] jagte eine Geisternachricht die andere, bis die Suche in der Preußischen Staatsbibliothek endete, wo Schünemann, einst faktischer Geschäftsführer der Hochschule, quasi im Exil als Musikbibliothekar angestellt worden war.

Schünemann zeigte das Material Wilhelm Strecker, einem der Inhaber des Mainzer Musikverlages Schott, der eine Kopie an Menuhin mit der Bitte um seine Meinung schickte. Menuhin strahlte vor Begeisterung. Er erklärte es zu einem fehlenden Verbindungsstück zwischen dem Beethoven- und Brahms-Konzert und wollte es uraufführen.[769] Strecker überzeugte die Erben, das Testament außer Kraft zu setzen, und es wurde ein Datum festgelegt. Doch d'Arányi, die sich übergangen fühlte, appellierte an Premierminister Neville Chamberlain, der pflichtgemäß antwortete, dass das Foreign Office bei den Behörden in Berlin vorstellig werden würde.[770] In der Zwischenzeit konsultierte sie Schumanns Geist zur angemessenen Aufführungspraxis und spielte sich mit Sir Donald Tovey, einem Freund ihres Großonkels und der bekannteste Musikwissenschaftler der Zeit, durch die Partitur.[771]

Doch es gab kaum Zweifel daran, wer dieses Rennen gewinnen würde. Das Urheberrecht lag unverrückbar in deutschen Händen und der überwiegende Teil der Musikszene in denen von Goebbels. Die Hoffnungen der Nazis auf eine deutsche Alternative zu Mendelssohn standen in voller Blüte. Die Bewerber um die Uraufführung waren Menuhin, ein jüdischer Geiger, Pierre Monteux, ein jüdischer Dirigent und d'Arányi, eine Nachfahrin von Joachim. Die Berliner Philharmoniker waren das Orchester von Goebbels. Die Reichskulturkammer war seine Erfindung. Ihre Jahresversammlung war seine Show. Georg Kulenkampff, der letzte international bedeutende Spieler, der immer noch in Deutschland lebte und arbeitete, war bereits als Solist vorgesehen, Karl Böhm war als Dirigent designiert und die Berliner Philharmoniker als Orchester bestimmt. Was nicht öffentlich bekannt gegeben wurde, war Kulenkampffs Zusammenarbeit mit Hindemith bei Revisionen der Partitur und sein ständiger Kontakt mit Flesch, einem anderen Kollegen der Hochschule, der jetzt in London im Exil war. Kulenkampff schrieb an Flesch: »Wie glücklich würde Schumann mit den Änderungen sein, um die er Joachim mehrmals vergeblich gebeten hatte.«[772]

Glücklich oder nicht: Schumann bekam seine Premiere am 26. November. Sie wurde international auf Kurzwelle ausgestrahlt. Menuhin stand früh auf, um sie zu hören. Im Dezember spielte er dann mit Klavierbegleitung die unbearbeitete Partitur in der Carnegie Hall und im selben Monat mit Orchester in St. Louis. In der endgültigen Fassung von Menuhins Memoiren wird dies mit keinem Wort erwähnt. Es dauerte bis zum Februar 1938, bevor d'Arányi an die Reihe kam.

Havemann, Busch und Kulenkampff verkörperten gemeinsam die deutsche Szene. Havemann, ein unverblümter Nationalsozialist, war ein klarer Fall. Busch, ein offener Nazi-Gegner, der schon im März 1933 bereit war, eine der profiliertesten Karrieren der Zeit aufzugeben, es ablehnte, wieder in seinem Heimatland zu spielen, bevor die Nazis nicht verschwunden waren und sich sogar weigerte, Briefe entgegenzunehmen, die mit »Heil Hitler!« unterzeichnet waren, war ein ebenso klarer Fall. Dennoch gab er Havemann ein paar Pluspunkte, weil dieser sich in einer Zeit zu seinen Sympathien bekannt hatte, als das noch riskant war – ganz im Gegensatz zu den Armeen von Opportunisten, die ihren inneren Nazi erst nach 1933 entdeckten.[773]

Kulenkampff war weder ein Nazi noch ein Anti-Nazi. Dasselbe galt für Furtwänglers Konzertmeister Gerhard Taschner. Aber die Unterschiede waren ebenfalls wichtig. Taschners Karriere blühte, ganz so wie die von Kulenkampff, während der Kriegsjahre. Zusammen mit Furtwängler stand er auf der sogenannten Gottbegnadeten-Liste des Propagandaministeriums, die hochkarätige Künstler vor der Einberufung schützte. Er war außerdem ein durch und durch unpolitischer Ausländer, ein Sudetendeutscher, frisch von der Schule gekommen und erst 16 Jahre alt, als ihn seine Mutter 1938 aus Boston zurückrief, wohin sein Lehrer Adolf Bak in weiser Voraussicht von Wien wieder zurückgegangen war, um Konzertmeister zu werden. Als Deutschland Böhmen und Mähren annektierte, war er mit 17 Jahren Konzertmeister des Orchesters in Brünn (Brno); mit nur 19 Jahren wurde er zum Konzertmeister der Berliner Philharmoniker ernannt. Soweit bekannt, war er in keiner Parteiorganisation Mitglied geworden. Über seine jüdischen Lehrer, darunter Hubay, Huberman und Bak, verlor er nie ein schlechtes Wort. Er spielte zum Beethoven- und zum Brahms-Konzert weiterhin die Kreisler-Kadenzen, obwohl sie auf dem Index des Propagandaministeriums standen.[774]

Der 1898 geborene Kulenkampff hingegen war zur Zeit der Machtergreifung durch die Nazis schon ein etablierter Künstler. Als ihn die Hochschule 1923
als Assistenten einstellte, hatte sich ihre erfreute Verwaltung geradezu über-
schlagen, um sein Gehalt und seine Lehrverpflichtungen mit seinem Konzert-
plan abzustimmen. Sein Gehalt, das im Juli desselben Jahres mit 640.000 Mark
startete, war im Oktober auf 1.280.000 gestiegen und wurde im Dezember nach
Einführung der neuen Währung neu auf 192 Mark festgesetzt.[775]

Anfang 1932 erkundigte sich das Ministerium, warum er nur zwölf Unterrichtsstunden zu geben habe? Schünemann antwortete, dass die Verhandlungen schon hart genug gewesen seien. Kulenkampff gehörte zu den beliebtesten
Künstlern der aktuellen Szene im In- und Ausland. Als ein Jahr später Flesch,
Kreisler, Busch, Morini, Huberman und Goldberg nicht mehr da waren und
das Land selbst für Künstler wie Elman, Heifetz, Milstein, Menuhin, Szigeti
und Thibaud tabu wurde, konnte er quasi die Bedingungen diktieren. Er spielte
weiter Kadenzen von Joachim, trat im Jahr 1935 in Berlin mit dem Mendelssohn-Konzert auf und drohte mit Emigration, falls das Propagandaministerium
dies missbilligen sollte.[776] Wie alle anderen – auch Hindemith – unterzeichnete
er im Januar 1937 den obligatorischen Eid auf Hitler. Ein paar Monate später
saß er in Brüssel in der Jury des Königin-Elisabeth-Wettbewerbs, die fünf der
sechs Preise an sowjetische Geiger vergab, von denen vier Juden waren. Als
Ausdruck ihrer Wertschätzung verliehen ihm die Belgier das Offizierskreuz des
Königlichen Ordens von König Leopold. Dieses Mal äußerte sich das Außenministerium besorgt. 1935 war es dem Journalisten Carl von Ossietzky verwehrt
worden, zur Annahme des Friedensnobelpreises das Konzentrationslager zu
verlassen. Als sich das Ministerium bei der Hochschule erkundigte, ob die
Auszeichnung sich mit Kulenkampffs Status vertrug, dachte es ganz sicher
an Ossietzky und sehr wahrscheinlich auch an Brüssel. Die Hochschule wich
der Frage aus. In der Zwischenzeit war in einem empörten Leserbrief an den
Völkischen Beobachter auf Kulenkampff eingeschlagen worden, weil er ein Verehrer von Carl Flesch war, der auch in der Brüsseler Jury saß, und außerdem
auf die Frage, warum er das Triospiel aufgegeben habe, geantwortet hatte: weil
der große jüdische Cellist Emanuel Feuermann nicht mehr verfügbar sei.

Doch wenigstens eine Frage ließ sich beantworten. Sie kam ein Jahr
später in Verbindung mit Kulenkampffs Nominierung für eine Professur auf.
Das Bildungsministerium wollte wissen, ob er 1.250 Mark pro Monat wert
sei. Die Hochschule antwortete, dass er nur selten ein Engagement für unter
1.000 Mark pro Abend annahm. Die Nachfrage nach seinen Konzerten war in
der Tat an einem Punkt angekommen, an dem Kulenkampff seinen Rücktritt
einreichte. Doch letzten Endes erlaubte ihm Hitler die Annahme der belgischen
Medaille und bestätigte die Professur. Der neue Vertrag sah vor, dass er in den
kommenden zwei Jahren – die zum letzten Friedens- und ersten Kriegsjahr

wurden – jeweils eine Lehrverpflichtung von zehn Wochenstunden und sechs Monate unbezahlten Urlaub hatte. Bis zum März 1943, dem Monat nach Goebbels berühmter Erklärung des »totalen Krieges«, war Kulenkampff sowohl für zivile als auch militärische Zwecke so gefragt, dass er seinen Arbeitgeber informierte, es bleibe kaum noch Zeit zum Unterrichten, und hinzusetzte, dass angesichts der Länge des Krieges und der jüngsten Verschärfung der Kriegsanstrengungen auch niemand mehr da sei, den man unterrichten könne.

Das war allerdings nicht ganz richtig. Im April 1938 teilte das Ministerium für Bildung Kulenkampff mit, dass der 15-jährige Karl-Heinz Lappe, der aus einer Familie mit drei Kindern und mit einem monatlichen Einkommen, das ein Fünftel dessen betrug, was Kulenkampff an einem Abend verdiente, stammte, vom Propagandaministerium ein Stipendium von 150 Mark im Monat erhalten hatte. Im Mai informierte ihn die Verwaltung des Konservatoriums, dass sein Schützling kürzlich während einer Orchestertournee durch Italien in eine Geschichte mit einem älteren Mädchen verstrickt war und regelmäßig den Unterricht versäume. Kulenkampff erstattete offiziell Bericht. Im September wurde das Stipendium offenbar ausgesetzt und Kulenkampff gebeten, den besorgten Vater des jungen Mannes zu kontaktieren. Kulenkampff erklärte, der Abbruch des Stipendiums sei nicht sein Anliegen gewesen; er habe nur eine Warnung ausgesprochen, damit der junge Mann härter arbeiten würde.

Einen Monat später schloss sich Lapp einer Art Schüler-Quartett an, das entsendet wurde, um die Truppen im besetzten Frankreich und Norwegen zu unterhalten. Sein Vater erklärte, dass er das Geld brauche. Anfang Mai 1941 wurde die Hochschulkarriere seines Sohnes für beendet erklärt. Eine Woche später kündigte ein etwas geheimnisvoller Brief einer Majorsgattin aus Königsberg (jetzt: Kaliningrad) an, dass Lapp mit ihrer Tochter verlobt sei. Das Baby kam im Februar 1942. Als man zuletzt von ihr hörte, lebte die neue Familie von Vorschüssen des Propagandaministeriums. Erstaunlicherweise gelang es Lapp noch im Sommer 1944, vom Wehrdienst befreit zu werden. Obwohl seine Bitte, zwischen September und Januar 1945 von Konzerten beurlaubt zu werden, abgelehnt wurde, gewährte man ihm einen Bildungsurlaub von August bis Oktober. Zu diesem Zeitpunkt hatten Überarbeitung und ein sich verschlechternder Gesundheitszustand Kulenkampff in die Schweiz geführt, wo ihm das Konservatorium in Luzern die Stelle anbot, die durch Fleschs Tod frei geworden war. Von Lapp gibt es in Nachkriegs-Verzeichnissen keine Spur.

Fred Prieberg, eine anerkannte Autorität, weist auf die Familienähnlichkeit aller revolutionären Regime hin: Sie verfolgen das gemeinsame Ziel, Musik für die Politik einzusetzen. Aber nur das Sowjetregime hinterließ in dieser Hinsicht eine eindeutige und nachhaltige Wirkung, und seine politische Organisation war keineswegs so totalitär wie Goebbels' Musikkammer in Deutschland.[777] Dass das sowjetische Musikleben es geschafft hatte, furchteinflößend, ausbeuterisch, zutiefst ernsthaft und liberal zugleich zu sein, war – gemessen an den Standards der Nationalsozialisten – ein offensichtlicher Widerspruch. Doch dieses Paradoxon hatte seine Logik in einem Regime, das auf seine Künstler wie der Besitzer eines erfolgreichen Rennpferdes blickte und seine Bürger mit Angst, Misstrauen und Gefühllosigkeit betrachtete. Eine Gesellschaft, die bereits durch Jahrhunderte der Autokratie sozialisiert wurde, war daran gewöhnt, sehr unterschiedliche öffentliche und private Leben zu haben. Gidon Kremer schreibt in den Erinnerungen an seine Kindheit: »Schweigen gehörte überhaupt zum Leben. Ohne dass man es uns ausdrücklich gesagt hatte, ›wussten‹ ich und alle Kinder meiner Zeit sehr gut, was man nur in der Familie oder zu Freunden sagen durfte, was man für sich behalten musste und worüber man in keinem Fall in der Schule reden durfte.«[778] Ebenso wie Freundschaft konnte Musik in einer Weise Bedeutung haben, die im Westen praktisch unvorstellbar war. Sie war nicht nur leistungsorientiert wie Leichtathletik oder Schach, sondern auf ihre Weise befreiend. Sogar im Land der Unfehlbarkeit der Partei und der stalinistischen Allwissenheit gab es keine politisch korrekte Art, Beethoven zu spielen.

Im Jahr 1977 gelang Dmitri Sitkowetski mit Hilfe von Freunden durch das überzeugende Vortäuschen einer psychischen Erkrankung eine so ganz andere Art von künstlerischem Erfolg, dass die sowjetischen Behörden ihm erlaubten, das Land zu verlassen.[779] Doch auch er war einem Konservatorium dankbar, in dem Giganten wie der Cellist Mstislaw Rostropowitsch und der Pianist Swjatoslaw Richter quasi in benachbarten Räumen unterrichteten, in dem einem nichts geschenkt und es keinem leicht gemacht wurde und wo die Menschen lernten, ihren Beitrag zu leisten, sich an den Erwachsenen zu orientieren, ihren Platz zu kennen und hart zu arbeiten. Sitkowetskis eigener Lehrer Juri Jankelewitsch, der Preisträger am Fließband produzierte, war zwar ein Autokrat. Er hatte aber auch, so erinnerte sich Sitkowetski, die Qualitäten eines großen Mafia-Don, der die Sorte von Gefallen tat, die die Leute ihm vergalten, der bedürftigen Menschen Obdach gewährte und sich bei den Ämtern einschaltete, wenn Jungen Mädchen in Schwierigkeiten brachten. Für Sitkowetski war auch Moskau aufregend, ein Ort, an dem jeder, den er kannte, ins Theater und zu Premieren von Schostakowitsch ging und sich anschließend darüber austauschte. In New York, wo alles – einschließlich Freiheit – in Reichweite war, beeindruckte ihn, dass die meisten seiner Klassenkameraden von Juilliard so weitermachten, als sei die Stadt gar nicht da.[780]

»Für uns war die Musik das einzige Fenster zur Sonne«, sagte Rostropowitsch in einem Interview.[781] Seine Frau, die Sängerin Galina Wischnewskaja, fügte in ihren gemeinsamen Memoiren hinzu, dass in der Sowjetunion alles umgekehrt war: »Im Leben waren wir Schauspieler und auf der Bühne Menschen.«[782] Rostislav Dubinsky erinnerte sich später in seinem neuen Zuhause in Bloomington, Indiana, dass das Regime alles kontrollieren konnte, aber nicht den Aufführungsstil seines Borodin-Quartetts, das Tschaikowsky und vor allem Schostakowitsch mit einer Intensität spielte, die ihm eine Anklage wegen anti-sowjetischer Propaganda hätten einbringen können, wären Musiker so streng überwacht worden wie andere Künstler.[783]

Der Widerspruch ging auf die Revolution selbst mit ihrem Gewirr aus Hoffnung und Angst zurück. Konservatorien und Theater wurden zwar verstaatlicht, blieben aber geöffnet. Es kam zu einem ernst zu nehmenden Exodus von Talenten, doch blieben immer noch mehr Talente übrig als in den meisten Ländern. Unordnung, Gewalt und Chaos nahmen kein Ende. Aber nur von einem einzigen Geiger, Karol (Carl, Charles) Gregorowicz (Grigorowitsch, Gregorowitsch), einem Superstar, der mit Wieniawski studiert, Huberman unterrichtet und die Erste Geige im Hofquartett von St. Petersburg gespielt hatte, war bekannt, dass er unter obskuren Umständen tatsächlich zu Schaden gekommen war.[784]

Die Moderne in ihren unterschiedlichen Spielarten als Futurismus, Atonalität und all den anderen Innovationen einer experimentierfreudigen Zeit, focht Kämpfe mit dem »Proletariertum« aus, worunter man »Laborbrigaden« verstand, die kollektiv geprüft und benotet wurden. Bach und Beethoven galten als »dem Proletariat fremd«. Solisten, die schon definitionsgemäß Individualisten sind, wurden abgeschafft. Eine weitere Herausforderung war die bolschewistische Förderungspolitik zugunsten bisher Benachteiligter. Von den 1751 Studenten, die in den Jahren 1922/23 am Konservatorium von Petrograd eingeschrieben waren, stammten 33 aus Arbeiterfamilien, 333 aus bäuerlichen und 1114 aus bürgerlichen Familien. Von den 836 Studenten des Jahres 1925 waren 172 aus der Arbeiterklasse und 128 bäuerlicher Herkunft. Fünf Jahre später befanden sich an der Fakultät Moral und traditionelle Standards in freiem Fall, und ein Protest war ein Freifahrtschein zur Entlassung. 1932 schafften es die drei sowjetischen Teilnehmer beim Warschauer Klavierwettbewerb nicht einmal in die Auswahlrunde.[785] Danach kamen neue Richtlinien – und es kam Stalin. Doch selbst dann, so schrieb Juri Jelagin in seinen Nachkriegsmemoiren, konnte er sich nicht an einen einzigen Moskauer Professor des Konservatoriums erinnern, der entlassen oder verhaftet worden war.

Jelagin, ein Geiger und nach dem Krieg Überläufer in die Vereinigten Staaten, fand später die Professionalität der Institution, bei der er sich 1934 eingeschrieben hatte, ebenso beeindruckend wie die Veränderungen im kulturellen Klima. Der Aufstieg Stalins brachte den Beginn der Technokratie. Der Aufstieg der Nazis war eine Mahnung, dass traditionelle Formen der internationalen Akzeptanz für das Vaterland der Arbeiter vielleicht immer noch von Nutzen sein könnten. Im Jahr 1933 führte die Sowjetunion nationale Wettbewerbe ein. Sowjetische Triumphe beim Wieniawski- und Königin-Elisabeth-Wettbewerb drei und fünf Jahre später waren unbestreitbare Beweise dafür, dass die Mühe sich international gelohnt hatte. Der Erfolg in Warschau, wo Oistrach Zweiter und Boris Goldstein Vierter wurde, zahlte sich zu Hause mit einem Orden, einer Wohnung und einem Auto aus. Der kleine Goldstein, der noch nicht 14 war, wurde sogar mit Stalin fotografiert. Rosa Fain, wie Oistrach aus Odessa stammend und später seine Assistentin, erinnerte sich, wie das Nachleuchten des Sieges in Brüssel bis in ihre Heimatstadt reichte, wo der legendäre Stoljarski, der vier der Preisträger und auch Fain unterrichtet hatte, ebenfalls ein Auto, eine Professur und einen Orden bekam.[786] Oistrachs erster Preis in Brüssel scheint ihm zusätzlich eine Datscha eingebracht zu haben.

Seine Nachbarn, die der Filmemacher Bruno Monsaingeon nach Oistrachs Tod befragte, stritten munter darüber, ob er die Datscha Königin Elisabeth oder Stalin verdankte. Aber man war sich darüber einig, dass sie direkt um die Ecke von einer anderen lag, die einst Karl Radek gehört hatte, dem prominentesten der 17 Bolschewiken, die im Jahr 1937 für Verbrechen verurteilt wurden, die sie nie begangen hatten.[787] Acht Jahre und der Zweite Weltkrieg gingen dahin, bevor Oistrach in den Westen bis nach Wien geschickt und ihm im Kielwasser der siegreichen Roten Armee erlaubt wurde, wieder im Ausland zu spielen. Doch sollten noch einige der dunkelsten Jahre des Kalten Krieges verstreichen, bevor er erneut im Westen spielen durfte.

In den späten 1930er-Jahren, so erinnerte sich Jelagin, waren Prüfungsstandards streng, objektiv und einschüchternd. Im Orwell'schen Sinne gehörten nun Musiker, die inzwischen Lehrer, Ärzte und sogar Ingenieure überholt hatten, zu den »gleicheren« Gattungen, auch wenn ihnen noch immer von der Geheimpolizei, ranghohen Parteifunktionären und Generälen der Roten Armee der Rang abgelaufen wurde. Eine Putzfrau verdiente etwa 100 Rubel im Monat, ein Arbeiter oder Lehrer 300 Rubel, ein guter Ingenieur 700 Rubel, ein Musiker eines A-Orchesters 700 bis 1.200 Rubel und ein Professor im Konservatorium 1.500 Rubel im Monat.

20 Jahre nach der Oktoberrevolution wurden im Jahr 1937 Hunderttausende, darunter 17 Alte Bolschewiken und Marschall Tuchatschewski, verhaftet und erschossen. Im selben Jahr waren sowjetische Flieger die ersten, die über den Nordpol nach Nordamerika flogen, und sowjetische Geiger kehrten aus Brüssel mit sämtlichen Preisen – bis auf einen – zurück. In jenem November wurde ihre Leistung bei der jährlichen Parade auf dem Roten Platz gewürdigt, als eine erste Kolonne Moskauer Schulkinder mit einem riesigen blauen Banner mit der Aufschrift »Wir wollen Flieger sein« vorbeimarschierte, gefolgt von einer zweiten mit einem ebensolchen gelben Banner mit der Aufschrift »Wir wollen Geiger sein«.[788]

Selbst in Kriegszeiten sah man in Geigern eine nationale Ressource. 1940 machten die Sowjets Russlands Niederlage im Jahr 1878 rückgängig und lösten ihren 1939 mit den Deutschen geschlossenen Pakt durch die Annexion des östlichen Rumänien ein. Dort wurden nicht nur Stoljarskis kleine Schützlinge aus Odessa eingesetzt, sondern Oistrach selbst wurde entsandt, um die Sonnenseite der Sowjetmacht zu zeigen.[789] Als ein Jahr später der Krieg kam, so erinnerte sich Lev Schinder, Professor am noch einmal umbenannten St. Petersburger Konservatorium, wurden er und seine Klassenkameraden in Güterwaggons verfrachtet und nach Taschkent gebracht, wo sogar Übungsräume rationiert waren: von 5 Uhr morgens bis 9 Uhr für die Jüngsten, von Mitternacht bis 5 Uhr morgens für die Größeren. Fain, die per Schiff evakuiert wurde, fand sich in Usbekistan wieder, wo sie täglichen Geigenunterricht und eine Schüssel Suppe bekam und häufig einschlief, wenn sie im Orchestergraben eines evakuierten jüdischen Theaters über ihre Schlafenszeit hinaus spielen musste.[790]

Für Juden waren die Rückkehr nach Moskau und der erste Wettbewerb der Nachkriegszeit keine Ehrenrunde. Etwa 20 von ihnen wurden nach der ersten Runde ausgeschlossen, unter ihnen Dubinsky, ein Gründungsmitglied des Borodin-Quartetts. Ein unerwarteter Protest des Moskauer Konservatoriums führte zu seiner Wiedereinsetzung, aber es war klar, dass er trotz dieser Gnadenfrist und des Protestes eine zweite Runde nicht überleben würde, und einige Jahre später, so berichtete Dubinsky in seinen Memoiren, verschwand ein Mädchen, das sich dem Protest angeschlossen hatte, im Gulag.[791] Auch Leonid Kogan, sechs Jahre später der Gewinner des ersten Preises in Brüssel, wurde ein Opfer der zweiten Runde. Nur Julian Sitkowetski schaffte es in die Endausscheidung.

Als der Kalte Krieg begann und Tausende von russischen Juden der ersten israelischen Botschafterin Golda Meir zujubelten, sah es so aus, als würde Stalin wieder aufnehmen, womit er im Jahr 1939 aufgehört hatte. Damals hatte Dubinsky festgestellt, dass das Mendelssohn-Porträt aus der Haupthalle des Konservatoriums verschwunden war. Als bald darauf die Auswahl für ein Studentenorchester stattfand, das auf den alle zwei Jahre durchgeführten und von den Kommunisten gesponserten Weltfestspielen der Jugend und der Studenten auftreten sollte, wurden jüdische Geiger gebeten, zu Hause zu bleiben. Zwei jüdische Quartette, darunter das von Dubinsky, wurden übergangen und ein Quartett von jungen russischen Frauen sowie ein Quartett aus Georgien zur Teilnahme an einem internationalen Wettbewerb in Prag ausgewählt. Der Sieg der russischen Mädchen war keine Überraschung. Die Georgier hatten nicht einmal vorgespielt. »Das Problem mit uns ist, dass wir uns selbst verloren haben«, protestierte Dubinskys Zweiter Geiger: »Wir sind nicht länger Juden, aber sie erlauben uns nicht, Russen zu werden und werden das auch nie tun.«[792]

Im Jahr 1953 wurde Dubinskys Quartett – nun mit einem Juden weniger – aufgefordert, in Frack und schwarzer Krawatte zu erscheinen und Tschaikowsky zu spielen, während Stalins Leichnam öffentlich aufgebahrt war und Menschenmassen an ihm vorbeidefilierten. Das Quartett wurde als

Lückenbüßer zwischen dem einen oder anderen von mindestens drei Orchestern gesehen. Oistrach, dessen Klaviertrio auch zu diesem Anlass zitiert wurde, hatte in weiser Voraussicht ein Taschenschachspiel mitgebracht, das er unauffällig in einer Partitur versteckte, die er vermeintlich las, während ihm Dubinsky seine Züge im Flüsterton ansagte. Die Künstler, die nicht wussten, wann sie gebraucht werden würden und die sich anscheinend auf einen längeren Aufenthalt einrichten sollten, suchten sich, so gut es ging, Übernachtungsmöglichkeiten. Ein Buffet war offenbar schon früh aufgegessen und wurde nicht wieder aufgefüllt. Am Abend des zweiten Tages erschien ein Kollege mit einer Flasche Wein und Pappbechern. Am Abend des dritten Tages durften sie endlich nach Hause gehen.

Das Quartett, nunmehr wiederhergestellt, sollte zu einem der emblematischen Ensembles der Zeit und wegen seiner engen Beziehungen zu Schostakowitsch berühmt werden. Es durfte sogar reisen: zuerst Mitte der 1950er-Jahre in die DDR, dann 1964 nach Skandinavien und in die USA, wo es von antisowjetischen Demonstranten empfangen wurde, und nach Westdeutschland, das es einlud zu bleiben, was es aber nicht tat. Das Quartett, das vorbildlich darin war, sich selbst immer wieder neu zu erfinden, war 65 Jahre nach seiner Gründung noch immer aktiv. Zu diesem Zeitpunkt hatten sich ihm insgesamt 13 Spieler angeschlossen bzw. es durchlaufen, von Rostropowitsch, der bei der Gründung anwesend war, es aber einige Wochen danach verlassen hatte, bis zu seinem Nachfolger Valentin Berlinski, der mit dem Quartett bis 2007 zusammenblieb. Nach 30 Jahren bürokratischer Schikanen, offener Ausbeutung und dem Elend der heimischen Konzertszene entschied sein Gründungsvater Dubinsky, dass er genug hatte. 1976 emigrierte er ebenso wie Rudolf Barschai, der ursprüngliche Bratscher des Quartetts. Rostropowitsch hatte die Sowjetunion bereits zwei Jahre zuvor verlassen.

Oistrach wurde oft gefragt, warum der geblieben war. In Gegenwart von Fremden, Reportern und dem Einsatzkommando des KGB, das ihm in der Regel im Ausland folgte, war die Antwort normalerweise ein Textbaustein.[793] Aber mit Freunden konnte er offen sein. »Was auch immer seine Fehler sind, ich verdanke diesem Regime mein Leben«, zitierte Menuhin ihn, »sie gaben mir meine musikalische Ausbildung, und da bin ich nun.«[794] Wohl oder übel stimmte das. Es erklärte auch, wie eine beispielhafte Karriere gleichzeitig ein Vorbild, eine Warnung und eine Tragödie sein konnte. Es war ebenfalls richtig, dass er mit seinem erstaunlichen Talent auch in einem Geburtsland wie Tasmanien oder Feuerland zu Großem berufen gewesen wäre. Aber die Chancen sowohl für Erfolg als auch für Kooptierung waren in Odessa bedeutend besser. Dort war der charismatische Stoljarski verfügbar, bezahlbar und hilfreich, und ein neues Regime auf dem Weg, das Leben des Künstlers als eine Form der öffentlichen Arbeit neu zu definieren.

Die Anfänge waren mühsam: lokale Veranstaltungen; Einladungen nach Kiew und Leningrad, wo das Orchester ihn kaum willkommen hieß; Widerstand des Moskauer Geigenestablishments gegen einen Hereingeschneiten aus der Provinz; Tourneen mit den herumreisenden Konzertbrigaden, die die sowjetische Version der Civic Concerts darstellten; eine Nebenrolle in *Petersburger Nacht*, der Adaption des Filmregisseurs Grigori Roschal einer Geschichte von Dostojewski mit der Musik von Dmitri Kabalewski. Aber Oistrachs Sieg 1930 im lokalen Wettbewerb der Ukraine und ein nationaler Sieg in Leningrad im Jahr 1935 hatten die gewünschte Resonanz, und der Sieg in Leningrad führte zum Durchbruch in Warschau.

Von nun an bis zu seinem Tod im Jahr 1974, so sagte sein Freund und Kollege Rostropowitsch zu Monsaingeon, war es keine Frage, wer der König der Geiger war. Hätte das Politbüro eine Kommission damit beauftragt, einen idealen sowjetischen Geiger genauso wie ein ideales sowjetisches Flugzeug zu entwerfen, dann hätte diese Schwierigkeiten gehabt, das real existierende Modell Oistrach zu überbieten. Sitkowetski sagte über ihn, er sei nicht nur ein brillanter Spieler gewesen, sondern auch ein Mensch, den man gerne zum Onkel gehabt hätte.[795] Für die Verantwortlichen war er ein Paradebeispiel dafür, wie die Sowjetunion ihre Künstler verwöhnte. Sogar sein Judentum, ein Beweis dafür, dass die Sowjetunion den Antisemitismus besiegt habe, galt als Plus.[796] In einer Volkswirtschaft, deren einziger wettbewerbsfähiger Export in Künstlern, Athleten und High-Tech-Waffen bestand, war er wohl der bemerkenswerteste Verdiener von harter Währung mit Weltklasse.

Wenn es eine Auszeichnung zu vergeben gab – Volkskünstler, Verdienter Künstler, Stalinorden, Lenin-Preis, Ehrenzeichen –: Oistrach bekam sie. Filme oder Fotos von ihm, wie er im Frack und mit Orden bedeckt wie ein Marschall der Roten Armee auftrat, waren für die Gesellschaft, in der er lebte, so repräsentativ wie die Schlange von Besuchern am Lenin-Mausoleum. Ab 1953 wurde ihm auch erlaubt, in den Westen zu reisen, um in London und Paris zu spielen, eines der seltensten sowjetischen Privilegien. 1955 machte er den ersten von acht Besuchen in den Vereinigten Staaten, gab innerhalb von drei Tagen zwei Konzerte in der Carnegie Hall und nahm an einer Aufnahmesitzung mit dem Philadelphia Orchestra teil. Im gleichen Jahr besuchte er Japan und schrieb über dieses Erlebnis. Als er 1959 der erste sowjetische Künstler seit dem Bürgerkrieg war, der Spanien besuchte, schrieb er auch darüber und vergaß nicht, die Dankbarkeit von Bürgerkriegswaisen zu erwähnen, die in der Sowjetunion Asyl bekommen hatten und seither nach Spanien zurückgekehrt waren. 1966 wurde ihm sogar gestattet, Israel zu bereisen. Aber das erwähnte er nicht weiter.

Dass es nichts davon umsonst gab, war eine Lebenstatsache, die ihm immer bewusst war – und bewusst sein sollte. 1942 trat er in die Partei ein. Im gleichen Jahr wurde er mit einigen der prominentesten Künstler und

Intellektuellen in der Sowjetunion als Mitglied des Jüdischen Antifaschistischen Komitees, einer Art bolschewistischer Assimilations-Jubelabteilung und PR-Agentur, kooptiert.

Ein Jahrzehnt danach lud der Philosoph Isaiah Berlin die Oistrachs, Vater und Sohn, zum Abendessen in Oxford ein, wo ein Aufpasser hinter ihnen stand, während sie speisten. »Wer ist Ihr Freund?«, erkundigte sich Berlin. Es sei sein Sekretär und Tourneemanager, antwortete Oistrach. »Sollten wir ihn nicht bitten, sich zu setzen?«, fragte Berlin. »Oh nein«, antwortete Oistrach, »er steht lieber.« Elman, der einen bürokratischen Hindernislauf vollbringen musste, um Oistrach zum Abendessen in New York einzuladen, sah zu, wie sein Gast mit einem KGB-Agenten eintraf, der hinter den Vorhängen nach versteckten Mikrofonen suchte. Milstein, ein Klassenkamerad aus ihren Tagen bei Stoljarski, erinnerte sich an ein Tischgespräch in Wien, bei dem Oistrach, vermutlich mit einer Prise Selbstironie erklärte, dass sein Appetit besser sei als der von Milstein, weil er keine Entscheidungen darüber treffen müsse, wo er als nächstes hingehen solle.[797]

An der politischen Reiseroute war nichts besonders neu oder einzigartig. Schon im Ersten Weltkrieg waren die Berliner Philharmoniker der Flagge von verbündeten und neutralen Ländern gefolgt. Amerika, Großbritannien und Deutschland, aber auch die Sowjetunion mobilisierten im Zweiten Weltkrieg Künstler und Ensembles. Das Amerika des Kalten Krieges, historisch einer öffentlichen Unterstützung der Künste zu Hause eher abgeneigt, setzte Louis Armstrong in Afrika, das Juilliard Quartet in Frankfurt am Main und Isaac Stern nacheinander in Island, der Sowjetunion und in China ein. Debüt-Auftritte der Boston Symphony in Moskau, des Philadelphia Orchestra in Peking und der New York Philharmonic in Pjöngjang wurden ebenso wie Oistrachs Debüt in New York als Elemente der Außenpolitik angesehen und von den Künstlern auch so verstanden. Aber es handelte sich um Einladungen, nicht um Befehle.

Oistrach ging, wann immer und wohin immer ihm gesagt wurde. Sogar ein Sowjetologe im ersten Semester konnte einen Einsatz wie den von 1961 in Wien entschlüsseln, der mit dem Kennedy-Chruschtschow-Gipfel zusammenfiel. Ein Auftritt auf der Leipziger Messe 1965 war eine feierliche Begehung der sowjetisch-ostdeutschen Freundschaft. Die Rahmenbedingungen für das, was erlaubt war und was nicht, waren durchweg willkürlich, konfliktbeladen und häufig unaufrichtig. Als der bekannte Anti-Zionist Menuhin Oistrach zu seinem Festival in die Schweiz einlud, fragte ihn die unverwüstliche Kulturministerin Jekaterina Furzewa: »Haben Sie nicht gewusst, David Fjodorowitsch, dass er ein bekannter Zionist ist?«[798]

Wie qualifizierte man sich für eine Tournee im Westen? Berühmt zu sein war hilfreich, erklärte Oistrachs Schüler Gidon Kremer einem *Spiegel*-Reporter. Der Kalender musste mit den offiziellen Prioritäten Moskaus kompatibel sein.

Wenn möglich, sollte man viel russische Musik spielen, nur nicht von lebenden Komponisten, die zu Hause unerwünscht waren. Und natürlich musste man Bedingungen zustimmen, die einen Raubritter hätten erröten lassen. In den Verträgen war festgelegt, dass die Hälfte bis 90 Prozent der Deviseneinnahmen an Gosconcert ging, das staatliche – und einzige – Künstlermanagement. Bei der Rückkehr nach maximal 90 Tagen im Ausland zu einem minimalen Tagessatz wurde der Künstler dann in Rubel zum gängigen sowjetischen Wechselkurs pro Konzert ausgezahlt. Je bedeutender der Musiker war, desto schlechter waren die Bedingungen. Während ein Anfänger bei einer Gage von 1.000 Mark den Gegenwert von 500 Mark verdienen konnte, erhielt ein Künstler in der Kategorie eines Oistrach dasselbe für eine Gage von 10.000 Mark.[799]

Der wirklich anständige und sympathische Oistrach versuchte das, so gut es ging, zu verdrängen. Als die Partei im Schreckensjahr 1948 Schostakowitsch und Prokofjew in die musikalische Finsternis stürzte, wich er der obligatorischen Unterschrift unter den Anklagebrief durch eine Strategie aus, die Hašeks braven Soldat Schwejk beeindruckt hätte. Er argumentierte, dass er beide Komponisten so oft mit solcher Überzeugung gespielt habe, dass er sich frage, was die Menschen außerhalb Russlands, wo beide Komponisten derart beliebt waren, von ihm denken würden?[800] 1950 trat er an Rudolf Barschai, den Bratscher des Borodin-Quartetts und einen weiteren zukünftigen Star, heran, weil er schon vor Dubinsky ahnte, dass die Apparatschiks für die Borodins die Daumen nach unten gedreht hatten, und schlug ihm vor, dass sie das Konzert von Ernest Chausson für Quartett und Solisten mit ihm selbst und dem Pianisten Lev Oborin aufführen sollten. »Gerade jetzt möchte ich, dass eure Namen auf meinen Plakaten erscheinen«, erklärte er.[801]

Im Jahr 1951 gab es im Konservatorium Gerüchte, dass die Einladung zum ersten Königin-Elisabeth-Wettbewerb nach dem Krieg direkt bei Stalin gelandet war, der angeblich forderte: »Der erste Preis muss gewährleistet sein.« Das Problem wurde selbstverständlich an Oistrach weitergegeben. Er schlug den jüdischen Leonid Kogan als die einzige sichere Lösung vor. Es funktionierte. Kogan, unsicher und weithin wegen seiner Unterwürfigkeit und Ehrerbietung der Macht gegenüber unbeliebt,[802] aber ein ebenso hervorragender Geiger wie Oistrach selbst, kam mit dem ersten Preis zurück.[803] Michail Vaiman, ein weiterer sowjetischer Jude, wurde Zweiter.

1967 sorgte Oistrach für eine kleine Sensation, als er sich weigerte, eine Anti-Israel-Resolution zu unterschreiben, wenn sie nicht auch Nicht-Juden wie Schostakowitsch, Chatschaturjan und Chrennikow, der langjährige Sekretär des Komponistenverbandes, unterzeichnen würden. Ein Einbruch am helllichten Tage, der in den sowjetischen Medien unerwähnt blieb, über den aber Voice of America berichtete, war eine für sowjetische Standards taktvolle Erinnerung daran, was es kostet, ein Dissident zu sein. Die Einbrecher ließen seine

Instrumente unberührt, nahmen aber seine Schallplatten, Tonbänder, Kunst-bücher, einen symbolischen Schlüssel zur Stadt Jerusalem, Briefe von Einstein, und einen Druck von *City Lights*, der ein Geschenk von Charlie Chaplin war, mit. Einige Wochen später war alles auf geheimnisvolle Weise wieder da. Nach der sowjetischen Invasion in der Tschechoslowakei erschien Oistrach Monate spä-ter in Prag und spielte Prokofjew, der als Toter eine sichere Bank war, anstelle des immer wieder bedrängten Schostakowitsch.[804]

Die 1960er-Jahre waren nicht die furchtbaren 1930er- oder die entsetz-lichen frühen 1950er-Jahre, als jüdische Intellektuelle, Künstler und Akade-miker jeglicher Prominenz gezwungen wurden, in einem Brief, der zur Ver-öffentlichung in der offiziellen Parteizeitung *Prawda* bestimmt war, um Depor-tation nach Sibirien zu bitten, um sie vor dem gerechten Zorn des Sowjetvolkes zu schützen.[805] Aber es war immer noch die Sowjetunion. Fain, deren Trauer über Oistrachs Tod nur von ihrer Trauer über den Tod ihrer Mutter übertroffen wurde, erinnerte sich an ihn als einen Mann, der sich stets bewusst war, eine Puppe in einem sowjetischen Schaufenster zu sein, dem die Bedrohung durch eine mögliche Verfolgung tagtäglich vor Augen stand und der permanent von der Angst gequält wurde, arm zu sterben. Zumindest theoretisch war das mög-lich. Neben seinen Instrumenten besaß er nur eine Datscha. Seine Rente war klein. Er hatte keine Versicherung. Der größte Teil seiner Gagen und sämtliche Lizenzgebühren gingen an Gosconcert.[806]

1970 wurde Rostropowitsch zur Unperson, als er sich öffentlich für Ale-xander Solschenizyn, den Literatur-Nobelpreisträger des Jahres und ein un-nachgiebiger Kritiker des Sowjetregimes, einsetzte. Als Oistrach kurz vor seinem Tod zufällig zur gleichen Zeit wie Rostropowitsch in Paris war, schlug er ihm einen gemeinsamen Spaziergang vor. Oistrach betonte, dass er zwar voller Bewunde-rung für den Mut und den Charakter seines Freundes sei, warnte Rostropowitsch jedoch, dass er am nächsten Tag die Unterschrift von Oistrach unter seiner De-nunziation in der *Prawda* finden werde. Im Jahr 1936 oder 1937, so erinnerte sich Oistrach, waren bis auf ihn und einen Nachbarn auf der anderen Flurseite alle Männer in seinem Wohnhaus verhaftet worden. Seine Frau hatte sogar für den Notfall einen kleinen Beutel mit dem Notwendigsten gepackt. Als die Polizei wie üblich um 4 Uhr morgens endlich kam, lauschten Oistrach und seine Frau den Schritten auf der Treppe, bis diese – nach einer langen Pause – zur anderen Tür weitergingen. Seitdem hatte er im Schatten dieser Erfahrung gelebt.[807]

In einem fast eine Generation später veröffentlichten Essay erinnerte Kremer sich an ein Gespräch mit Isaac Stern, der wissen wollte, warum Oistrach einverstanden war, auf seiner ersten Amerika-Tournee 39 Konzerte in zwei Mo-naten zu geben. Oistrach soll geantwortet haben: »Wenn ich aufhören würde zu spielen, würde ich anfangen zu denken, und wenn ich anfange zu denken, werde ich sterben.«[808]

1974, in Oistrachs Todesjahr, wies die Sowjetunion Rostropowitsch aus. Fünf Jahre später verließ auch Kremer das Land, wenn auch unter ganz anderen Umständen. Die Behörden, die immer größere Angst vor Abtrünnigen hatten, erlaubten ihm zwei volle Jahre im Ausland und setzten stillschweigend voraus, dass er danach zurückkehren würde. Als die zwei Jahre endeten, machte Kremer deutlich, dass er durchaus bereit war, seine Verpflichtungen zu erfüllen, aber sich in Westdeutschland in der Nähe seiner alternden Eltern niederlassen wollte. Auf seltsame und indirekte Weise brachte der sowjetische Einmarsch in Afghanistan Ende 1979 die Sache in Ordnung. Die Vereinigten Staaten zeigten ihre Missbilligung durch den Boykott der Olympischen Spiele 1980 in Moskau. Die sowjetischen Behörden konterten, indem sie sowjetische Künstler zwangen, ihre amerikanischen Engagements abzusagen. Eine auffällige Ausnahme war Kremer, der wie geplant in Amerika auftreten durfte. Aber er wurde von seinen Engagements in der Sowjetunion ausgeschlossen, wo mit gutem Grund davon ausgegangen wurde, dass vielleicht auch andere gerne das tun würden, was er tat. Diese Annahme wurde zu einer selbsterfüllenden Prophezeiung. Obwohl er abstritt, ein Dissident zu sein, entschied sich Kremer, im Westen zu bleiben. Er sagte: »Ich hatte einfach das Gefühl, meine Pflicht tun zu wollen und Komponisten und Kompositionen, an die ich glaubte, verteidigen zu müssen.«[809]

Im September 1981 forderte Solidarność, die erste unabhängige Gewerkschaft im kommunistischen Europa, den Status quo in Polen heraus. Als die Armee das Kriegsrecht ausrief und Tausende verhaftet wurden, kehrte Polens Spitzengeigerin Wanda Wilkomirska im Dezember aus Paris zurück. Zwei Monate später erschien sie in Westdeutschland und erklärte, bleiben zu wollen. Sie schätzte, dass sie in ihrer 32-jährigen Karriere für ein festes Monatsgehalt zuzüglich Tagesspesen mehr als 2.500 Konzerte gegeben hatte. Bei 80 bis 163 Konzerten im Jahr war das wie das Erfüllen eines Plansolls, sagte sie. Zur Mitte der 1970er-Jahre hatte sie sich KOR, einer unabhängigen Unterstützergruppe für politische Gefangene, angeschlossen. Ihr damaliger Ehemann Mieczysław Rakowski, die Nummer zwei in der polnischen Nomenklatur, warnte sie davor, was »sie« tun könnten. Sie fragte ihn: »Warum sagst Du ›sie‹?« Sie erinnerte sich daran als an die schwerste Entscheidung ihres Lebens. Aber diesmal, so sagte sie der *FAZ*, hatte sie genug und meldete einen endgültigen Protest an, indem sie sich umdrehte und ging.[810]

Ein Jahr später wurde Viktoria Mullova vermisst. Kremer, der Tschaikowsky-Wettbewerb-Gewinner von 1970, setzte sich ab, weil er nicht nach Hause zurückkehren durfte. Mullova, die Tschaikowsky-Wettbewerb-Gewinnerin von 1982, wurde abtrünnig, weil sie ihr Zuhause nicht verlassen durfte. Es gab nur eine einzige seltsame Ausnahme. Dank einer Einladung von Imelda, der Schuhe liebenden Ehefrau des damaligen Präsidenten Ferdinand Marcos, war ihr gestattet worden, in den Philippinen aufzutreten.

Der Gedanke an Flucht lag seit mindestens zwei Jahren in der Luft. Einladungen zu Auftritten in Helsinki und Kuusamo, einer kleinen Stadt im Norden Finnlands, öffneten dann ein Fenster und die Möglichkeit, andere internationale Preisträger, ihren Dirigenten und Vakhtang Jordania als Pianisten mitzubringen. Seit Jahren hatte Jordania die Werke von Chrennikow, dem langjährigen Chef der Komponistengewerkschaft, bearbeitet. Diese Pflege der Beziehung zahlte sich in dessen hilfreicher Intervention beim KGB aus, durch die Jordania erlaubt wurde, das Land zu verlassen. Selbst zurückhaltende Kritiken wirkten sich zu ihrem Vorteil aus, da sie zu erklären schienen, warum Mullova im Hotel blieb und schmollte. Als ihre Wächter von Gosconcert ein bisschen Sightseeing vorschlugen, überredeten sie sie, allein zu gehen. Als sie zurückkam, lag Mullovas Strad, eine Leihgabe der Staatssammlung, immer noch auf dem Hotelbett, was KGB-Ermittler angeblich mehrere Stunden kostete, weil sie bezweifelten, dass Mullova fort war. Inzwischen brachte sie Jyrki Koulumies, ein Freund und langjähriger Moskau-Korrespondent für finnische Medien, der mit einem Fotografen angekommen war, in Windeseile in einem Mietwagen über die Grenze nach Schweden. Sie kamen am Wochenende in Stockholm an. Wegen des Nationalfeiertags am 4. Juli war die amerikanische Botschaft geschlossen. Am nächsten Tag beantragten sie Asyl, die Geschichte erschien in einer finnischen Boulevardzeitung ohne Bezug auf ihre Helfer, und eine weitere Absolventin der russischen Violinschule war im Westen.[811]

Ein paar Jahre später war Gosconcert den Weg des Warschauer Paktes gegangen, hatte die russische Schule neue Studios in Lübeck und Baltimore eröffnet, eine weitere Generation von großen russischen Geigern ließ sich in New York und London nieder, und geldhungrige Orchester von St. Petersburg bis Leipzig waren beim Klang von Mark, Pfund oder Dollar nach Westen abgewandert. Russische Konservatorien, die ohne die Schirmherrschaft eines Zaren oder Kommissars nunmehr auf sich selbst gestellt waren, rollten mit den Augen, schluckten ihren Stolz hinunter, wandten sich voller Hoffnung dem privaten Sektor zu und nahmen ausländische Studenten auf, deren Eltern zahlungskräftig waren.[812]

Am 11. September 2001 warf die Politik des neuen Jahrhunderts ihre Schatten aus einem buchstäblich klaren blauen Himmel. 19 junge Araber, die Al-Qaida, einer sunnitischen, radikal antiwestlichen, in Afghanistan basierten paramilitärischen Organisation angeschlossen waren, stürzten mit entführten Flugzeugen in die Zwillingstürme des New Yorker World Trade Center und das Pentagon in Washington. Am folgenden Sonntag schloss sich William Harvey, ein neu eingeschriebener Violinstudent an der Juilliard School, ein paar Klassenkameraden im Gebäude der 69th Regiment Armory an, wo die Nationalgarde kam und ging und Familien der Vermissten saßen und immer noch auf Nachricht warteten. Sie spielten bis um 7 Uhr abends Quartette vom Blatt, dann gingen die anderen nach Hause. Fast bis Mitternacht machte Harvey alleine weiter und spielte alles, was er kannte, von Bachs h-Moll-Solopartita über die Paganini-Capricen bis zu *Amazing Grace* und zum Abschied die Nationalhymne. Später schrieb er: »Ich habe niemals vorher so umfassend verstanden, was es bedeutet, anderen Menschen Musik zu vermitteln. Worte erreichen die Menschen nur bis zu einem gewissen Punkt, und auch Musik reicht nur ein ganz klein wenig weiter.« 2005 gründete er Cultures in Harmony, eine bescheidene Nichtregierungsorganisation die Projekte in Papua Neuguinea, den Philippinen, Kamerun, Ägypten und Tunesien auf den Weg brachte, wo seine Ankunft mit Terroranschlägen in London zusammenfiel, bei denen 52 Menschen getötet wurden. 2010 nahm er am afghanischen National Institute of Music in Kabul eine Stelle als Violin- und Violalehrer für 13 junge Menschen an, darunter auch Mädchen.[813]

BUCH IV
Geigen, die die Welt bedeuten

»Musik, mit Dir gehört, war mehr als nur Musik«, schrieb der Amerikaner Conrad Aiken in einem 1917 erstmals veröffentlichten Gedicht.[1] Den Künstlern, Romanschriftstellern, Dichtern, Dramatikern, Regisseuren, Filme- und Liedermachern, Fotografen, Karikaturisten und sogar Werbetextern, deren gesammelte Bilder, Eindrücke und Reflexionen so weit zurückgehen wie die Geschichte des Instruments selbst, war zweifellos klar, dass die Geigen, die sie gehört, gesehen oder gespielt hatten, mehr waren als nur Geigen. Für Gottfried Keller verkörperte der abtrünnige »schwarze Geiger« in seiner klassischen Novelle *Romeo und Julia auf dem Dorfe* die Gesamtheit einer verlogenen Gesellschaft.[2] Für Proust war die wiederkehrende »kleine Phrase« in einer Violinsonate des fiktiven Komponisten Vinteuil, die in seinem siebenbändigen Werk *Auf der Suche nach der verlorenen Zeit* ebenso unverzichtbar ist wie die berühmte in Tee getauchte Madeleine, eine Darstellung des »überirdischen, außerzeitlichen, ewigen Wesens der Dinge«.[3]

Die »Méditation«, ein vierminütiges Zwischenspiel in Massenets *Thaïs*, das zwischen dem zweiten und dritten Akt erklingt, wenn sich die Titelfigur als Alexandrias Lieblings-Callgirl zur Nachtruhe begibt und als Kandidatin für eine Heiligsprechung erwacht, ist Tausenden, ja Millionen von Menschen vertraut, selbst wenn sie noch nie von Keller oder Proust, geschweige denn die Oper selbst gehört haben. Aber die metaphorische Rede von der Geige als dem vom Himmel selbst ausgewählten Instrument ist seit Monteverdi ein fester Bestandteil unseres Kulturguts.

Der letzte Satz von Gustav Mahlers Vierter Sinfonie, lose verbunden mit einem ganz andersartigen Motiv aus dem Scherzo des zweiten Satzes, ist ein weiteres Glied in dieser ikonischen Kette. Wie so oft bei Mahler liegt der Ursprung in Arnims und Brentanos Volksliedsammlung *Des Knaben Wunderhorn*. Die Einfachheit des Arnim-Gedichtes *Der Himmel hängt voll Geigen* sagt über die Verbindung zwischen dem Instrument und dem Kosmos alles Nötige aus. Dabei wird die Geige selbst gar nicht erwähnt. Der Text schwelgt vielmehr vier Strophen lang in einer volkstümlichen Vision vom Paradies, wo Lämmer freiwillig ihre Koteletts anbieten, Engel Brot backen und der Wein nichts kostet. Dann, in der fünften Strophe, wird die Musik stärker, und eine Hymne über ein himmlisches Menü wird unerwartet zur Hymne auf die Musik. »Kein Musik ist ja nicht auf Erden, die unsrer verglichen kann werden«, heißt es dort, und für einen Augenblick stimmt es sogar.

Doch der himmlische Vergleich ist nur die halbe Geschichte. Gleichermaßen unwiderstehlich war die dunkle Seite der mythisch-dichterischen Lehre von der Entstehung der Welt, und so wurde die Violine zwangsläufig zu einer Begleiterin von Tod, Verdammnis und den Kreaturen der Unterwelt. In seiner Totentanz-Serie von 1538 zeigt Hans Holbein der Jüngere, ein Zeitgenosse von Andrea Amati, eine am Fuße des Bettes fiedelnde Leiche, während ein Skelett – vermutlich der Tod – damit beschäftigt ist, eine verschreckte Prinzessin fortzuschleppen.[4] 1817 vertonte Franz Schubert Matthias Claudius' Gedicht *Der Tod und das Mädchen*. 1828, vier Jahre vor seinem eigenen vorzeitigen Ableben, verarbeitete er das Lied in einem Variationssatz für Streichquartett – eine der furchterregendsten Musiken, die jemals komponiert wurden.

Im Jahr 1858 hellte sich die Szene kurzzeitig auf, als Offenbachs zweiaktige Oper *Orpheus in der Unterwelt* in Paris im Théâtre des Bouffes-Parisiens uraufgeführt wurde. Sie präsentierte einen Orpheus, der wirklich Geige spielte, eine Eurydike, die die Geige nicht ausstehen konnte, und eine Unterwelt, in der das traditionelle Menuett zum Cancan geriet. Saint-Saëns' Version der mittelalterlichen *Danse macabre* hatte ihre Premiere 1874 vor einem Publikum, das einige Grade nüchterner war als das von Offenbach. Die Solovioline, deren E-Saite auf Es heruntergestimmt war, ist offensichtlich als Tod besetzt.

Wo der Tod hinging, folgte mit Sicherheit der Teufel. Aber es bedurfte einer jener einmaligen Chancen, die nur ein Historiker lieben kann, um die Abdrücke des gespaltenen Hufes für die Ewigkeit zu bewahren. Joseph Jérôme de Lalande nahm sich 1765 für die obligatorische Kavalierstour durch Italien eine zweijährige Auszeit von seiner Anstellung als Professor für Astronomie am Collège de France. Zu seiner Reiseplanung gehörte ein kurzer Halt in Padua, wo er sich mit Giuseppe Tartini traf, der seit vielen Jahren Musikdirektor an der Basilika des heiligen Antonius war[5] und von keinem Geringeren als Leopold Mozart als »einer der berühmtesten Geiger unserer Zeit« bezeichnet wurde. Das Ergebnis war ein zufälliges Stückchen Geigengeschichte, das vermutlich für immer verschwunden wäre, hätte Lalande es nicht in seinen achtbändigen Reisememoiren festgehalten, die er nach seiner Rückkehr veröffentlichte.

Entschlossen, nichts wegzulassen, erwähnt Lalande buchstäblich alles – Tartinis hohes Ansehen als Künstler, seine Bescheidenheit und Frömmigkeit, sein gutes Benehmen, den internationalen Ruf als Lehrer, Rousseaus Bewunderung für ihn – und macht auch eine Handvoll biografischer Angaben. »Niemand hat seine Kompositionen mit mehr Geist und Feuer ausgestattet«, schrieb Lalande und zitierte als Bekräftigung die berühmte Geschichte, »die Tartini mir erzählte«. Die als *Teufelstriller* bekannte Sonate, die erst 30 Jahre nach Tartinis Tod veröffentlicht wurde, sollte seinen Ruhm festigen und wegen ihrer technischen Herausforderungen auf ewig von Geigern geschätzt, aber auch gefürchtet sein. Lalande ist die einzige bekannte Quelle über ihre Entstehung.[6]

Gemäß seinem Bericht träumte Tartini im Jahr 1713 eines Nachts, dass er einen Pakt mit dem Teufel geschlossen hatte, der alle seine Wünsche vorausahnte und all seine Sehnsüchte überbot. Dann gab er dem Teufel seine Geige, um zu hören, was dieser damit anstellen konnte. Der Teufel antwortete darauf mit einer Sonate von solch einzigartiger Schönheit, dass Tartini, der nie zuvor Gleiches gehört hatte, erwachte, nach seiner Geige griff und versuchte wiederzugeben, was er gerade gehört hatte. Das Ergebnis sah er als das beste Stück an, das er je schrieb. Dennoch, so fügte er hinzu, fiel es so weit hinter dem zurück, was der Teufel gespielt hatte, dass er sein Instrument zertrümmert und die Musik aufgegeben hätte, wäre sie ihm nicht ein solcher Trost gewesen.[7]

Für eine Generation, die mit *Faust* entwöhnt worden war und ihre Zähne mit Byron und E. T. A. Hoffmann bekommen hatte, war das Bild vom Teufel pure Katzenminze. Der Hamburger Karikaturist Johann Peter Lyser zeichnete einen tanzenden Paganini, der für ein Sextett von ebenfalls tanzenden Skeletten fiedelt. Ignace-Isidore Grandville, ein weiterer Zeitgenosse, zeigt ihn, wie er über eine Art riesiges Gummiband einen Besenstiel zieht, während hinter ihm ein grinsender Dämon einen Blasebalg tritt.[8] Eine ganze Kohorte von Geige spielenden Komponisten – Ernst mit seiner Transkription von Schuberts *Erlkönig* für Solovioline, Bazzini mit seinem *Tanz der Kobolde*, Wieniawski mit seinen *Variationen über »God Save the King«* – machte da weiter, wo der geigende Komponist der Variationen über *Die Hexen* aufgehört hatte. Abhängig von Stimmung und Umständen haben sie sich vielleicht – vielleicht aber auch nicht – zur Inspiration

Arnold Böcklin, *Selbstbildnis mit fiedelndem Tod*, 1872

an Dämonen gewandt. Doch außer für die respekteinflößendsten Geiger war das, was sie geschrieben hatten, um es selbst zu spielen, teuflisch genug.

Als im Jahr 1849 napoleonisches Recht und napoleonische Ordnung wiederhergestellt waren und die Pariser Opéra aufs Neue erblühte, tauchte auch der Teufel wieder auf – dieses Mal in sechs Szenen einschließlich eines höchst unterhaltsamen Finales. Die Rede ist von einem Ballett mit dem Namen *Le Violon du diable*, das auf einer hoffmannesken Geschichte über einen Geiger basiert, der schließlich mit Hilfe von zwei Zaubergeigen, von denen die eine dem Teufel gehört, das Mädchen mit den Flügeln und im weißen Tutu bekommt. Das Stück war zuvor als *Tartini il violinista* bekannt. Ein Jahr später wurde es an der Pariser Opéra erneut aufgeführt, und während der 1850er-Jahre blieb es im Repertoire verschiedener europäischer Kompanien.[9]

Während der höllischen Nachwirkungen des Ersten Weltkriegs nahmen sich Igor Strawinsky und der Schweizer Schriftsteller C.R. Ramuz ein russisches Märchen über einen Soldaten vor, der seine Geige (mit dem üblichen Ergebnis) an den Teufel verkaufte, und machten aus ihrer *Geschichte vom Soldaten* ein Meisterwerk der Ironie, einen Klassiker des 20. Jahrhunderts und eine spektakuläre Trainingseinheit für Sologeiger. Ein halbes Jahrhundert später wurden auch die von dem amerikanischen Komponisten George Crumb für elektrisch verstärktes Streichquartett geschriebenen *Black Angels* über Nacht zum Klassiker. »Am Freitag, dem 13. März 1970, beendet (in tempore belli)«, war es voll von Verweisen auf *Der Tod und das Mädchen*, auf den *Teufelstriller* und die *Danse macabre* und basierte auf Tonabständen, die die mystischen Zahlen 3, 7 und 13 repräsentieren sollten. »Gut gegen Böse war Teil meines Denkens«, erklärte der Komponist.[10] Mitte der 1980er-Jahre kam der bildliche Ausdruck – zumindest für den Moment – in dem Country-Klassiker *The Devil Went Down to Georgia* zur Ruhe, in dem die Titelfigur Johnny den lokalen Champion in mehreren Strophen und instrumentalen Überleitungen zu einem Geigen-Wettbewerb herausfordert, ohne einen Satz zu gewinnen. Dank der freundlichen Mitarbeit von Mark O'Connor und Johnny Cash verkaufte sich die Version von Charlie Daniels bestens als Schallplatte und sogar in Buchform, nachdem Daniels daraus eine Kurzgeschichte gemacht hatte.[11]

Wertvoller als tausend Worte: Gerahmte Bilder

Seit den Anfängen des Instruments gab es auch Bilder von ihm. Die frühesten wie Gaudenzio Ferraris unerschütterlicher Engel, der zur größeren Ehre Gottes in der Kuppel der Kathedrale von Saronno fiedelt, oder der Holzschnitt von Champier,[12] auf dem Platon, Hippokrates, Galen und Aristoteles als das erste Amateur-Streichquartett versammelt sind, datieren die Geige sogar zurück.

Aber von da an sollten Darstellungen von ihr die Wände von Kirchen, Palästen und Museen zieren, Seiten in Prospekten, Broschüren, Zeitschriften, Büchern und Zeitungen schmücken und dabei helfen, so unterschiedliche Produkte wie Computersoftware und Spezialstahl zu verkaufen.[13] Mindestens ein Geiger – Eugène Ysaÿe – schaffte es auf eine Briefmarke. Die Wände der britischen National Portrait Gallery zeigten im Jahr 2006 nicht weniger als 23 Darstellungen von Geigern auf Gemälden, Aquarellen und Bleistiftporträts.

Schon am Vorabend des 16. Jahrhunderts konnten sich italienische Künstler den Himmel ohne Saiteninstrumente, die im Idealfall auf den Schultern oder Schlüsselbeinen von Engeln ruhten, nur schwer vorstellen.[14] Ein Jahrhundert später hatte das eine oder andere Mitglied der Geigenfamilie als das Lieblingsinstrument von Anonymus bis Zampieri die Laute überholt.[15]

Heilige, Kirchenväter sowie die Götter und Helden der klassischen Antike sprachen alle gleichermaßen auf ihren Zauber an. Bereits 1511 hatte Raffaels Apollo, der im Vatikanpalast an der Wand der Stanza della Segnatura abgebildet ist, seine Leier gegen eine Lira da braccio getauscht.[16] Rund 65 Jahre später galt dasselbe für Tizians Apollo auf dem Bild *Die Häutung des Marsyas*, in der nach dem Künstler benannten Galerie im Palast des Erzbischofs von Kroměříž, jetzt in der tschechischen Republik. Die Botschaft war schlicht: Satyrn spielen Flöten und verlieren; Götter spielen Saiteninstrumente und gewinnen.[17]

Roelant Saverys Orpheus, nicht einmal ein Gott, spielt seine Geige in der Londoner National Gallery vor einem aufmerksamen Publikum von Löwen, Flamingos, Elefanten, verschiedenen Wiederkäuern, verschiedenen Wasservögeln, einem Hahn und einem Papagei.[18] Caravaggios Amor, der im Berliner Museum Dahlem selbstzufrieden dreinblickt, posiert mit einer Handvoll Pfeile in seiner rechten Hand. Mit dem etwas unaufrichtigen Blick eines Knaben, der glauben machen will, dass der Hund seine Hausaufgaben gefressen hat, ergreift der Amor von Astolfo Petrazzi in Roms Galleria di Palazzo Barberini einen Bogen. Manettis Amor in der National Gallery of Ireland sieht geradezu engelsgleich aus, wie er seine Augen vom gespannten Bogen abwendet. Aber hinter allen dreien liegt auf dem Boden eine Geige oder Bratsche in Reichweite.[19] Bartolomeo Cavarozzis heilige Cäcilia von ca. 1620 blickt mit einer Violine und einer vor ihr auf dem Tisch liegenden Partitur, die ihr vermutlich beide gehören, himmelwärts. Eine Guido Reni zugeschriebene heilige Cäcilia ist dargestellt, wie auch sie gen Himmel schaut und das Instrument tatsächlich spielt.[20] Auch Mattia Pretis in der Galleria dell'Academia in Venedig ausgestellter blinder Homer von 1613 ist ein Geiger. Wer hätte das gedacht?

Die Bildsprache der Engel wird – wenig überraschend – auf der Erde so nachgebildet, wie sie im Himmel ist. Wenn der niederländische Maler Pieter Lastmann (1583–1633) einen mehr oder weniger konventionellen König David bei der Aufführung eines Harfenkonzert zeigt, gehören zu dem Orchester hinter ihm Tamburin, Posaune, Gambe, Bombarde und Violine.[21] Der stürmische Barock-Meister Caravaggio, der »das Dunkel ins Hell-Dunkel setzte«,[22] zeigt inmitten einer unverkennbar italienischen Landschaft einen hochgewachsenen weiblichen Engel, der aus einer von Josef gehaltenen Partitur auf einer Geige spielt, während eine nach der Flucht nach Ägypten offensichtlich erschöpfte Maria mit dem Jesuskind auf dem Arm ausruht.

1553 bezog Veronese in eine Hochzeit von Kana ein komplettes Ensemble von Streichinstrumenten ein; das Bild hängt heute im Louvre. Im Jahr 1575 erscheinen bei der Darstellung einer weiteren mystischen Vermählung, diesmal der der heiligen Katharina, erneut die Gamben, das Werk hängt jetzt in der Gallerie dell'Accademia in Venedig. Ganz und gar irdisch ist das Ensemble, das in Veroneses *Gleichnis vom reichen Mann* (ca. 1530–1540) zur Schau gestellt wird. Indem der Hauptspieler dem Bettler Lazarus den Rücken zuwendet, erinnert die Szene den Betrachter daran, dass Konsum auf Kosten der Armen im Diesseits den Gastgeber beträchtlichen Transaktionskosten im Jenseits aussetzen wird.

Das Gleichnis vom verlorenen Sohn (1621/22), wie von Jean Le Clerc dargestellt, ist naturgemäß ein Kandidat für eine ähnlich vorsichtige Behandlung. Acht Menschen, selektiv beleuchtet, sitzen in einem abgedunkelten Raum an einem Tisch. Auf der linken Seite schaut eine ältere Frau ins Leere. Auf der rechten Seite blickt ein Geiger auf etwas in der Hand eines am Tisch sitzenden älteren Mannes, das ein Taschentuch, vielleicht aber auch ein zerknittertes Notenblatt sein könnte. Hinter dem Tisch umgarnt ein gut gekleideter junger Mann eine willfährige Partnerin. Der Mann zu ihrer Rechten möchte das Gleiche tun, trifft aber auf den ernsthaften Widerstand einer jüngeren Frau, die ebenfalls ein Notenblatt in der Hand hält. Am Kopfende des Tisches liest ein anderer junger Mann aufmerksam eine Partitur, während im Vordergrund, mit dem Rücken zum Betrachter, ein Lautenspieler aus einem Notenblatt in der Hand eines jüngeren Mannes mit leidendem oder gar gequältem Gesichtsausdruck spielt.[23]

Die Nähe des Berufsgeigers zur Sündhaftigkeit war nördlich der Alpen und vor allem im calvinistischen Holland ein unerschöpfliches Lieblingsthema. Variationen über das Thema »Wein, Weib und Gesang« wie das auf 1684 datierte Gemälde *Dorffest* von Cornelis Dusart zeigten meistens ein Potpourri von Schnaps, Fiedeln und Vergnügungen, und der von Adriaen van Ostade 1672 dargestellte verwitterte Dorfgeiger in der Sammlung des Mauritshuis in Den Haag tut das, wofür er entlohnt zu werden hofft, vor einem nicht übermäßig aufmerksamen, aber im Grunde freundlichen Publikum von Kindern, Erwachsenen und einem Hund.

Die streitenden Straßenmusikanten von Georges de La Tour (ca. 1620–1625), sind dem Abgleiten in die Tugendlosigkeit schon näher, wenn sie jeweils mit einem Messer und anscheinend gut gezielten Spritzern von Zitronensaft bewaffnet aufeinander losgehen. Hinter den Kämpfenden blicken eine verunsicherte

Ehefrau und ein anzüglich grinsender Geiger den Betrachter an. Im Bild von Benjamin Cuyps aus der Mitte des 17. Jahrhunderts zankt, spielt, raucht und vor allem trinkt eine grölende und sturzbetrunkene Schar von Bauern in einer Kneipe, während ein triefäugiger Dudelsackpfeifer vor sich hin dudelt und ein nicht weniger triefäugiger Geiger mit Bierbauch zum Betrachter schaut.[24]

Jan Steens Gemälde *Die auf den Kopf gestellte Welt* von 1663 ist das Meisterwerk des Genres. Inmitten eines malerischen Potpourris niederländischer Sprichworte wie »Wie die Alten sungen, so zwitschern auch die Jungen«, »Gelegenheit macht Diebe« und »Perlen vor die Säue« zeigt der Künstler die dösende Hausherrin, einen Hund, der sich auf dem Tisch seinen Weg durch die Essensreste bahnt, einen Affen, der mit dem Gegengewicht der Wanduhr spielt, ein Schwein, das eine auf dem Boden liegende Rose beschnüffelt, die Magd, die das Silber stiehlt und einen kleinen Jungen, der Pfeife raucht. Eine Hure in gelber Seide, mit einem Krug in der einen und einem Glas in der anderen Hand, schaut auf den Betrachter. Auf ihrem Knie ruht das Bein eines zwanglos gekleideten Kunden, der gerade für Hogarths *Rake's Progress* vorsprechen könnte.

Jan Steens Gemälde *Die auf den Kopf gestellte Welt*, 1663

Ein Mann unbestimmten Alters in altniederländischer Kleidung und mit einer Ente auf der Schulter scheint ein Buch zu lesen oder aus ihm zu singen. Eine vergleichbar gekleidete Frau von ebenfalls unklarem Alter beugt sich mit ausgestrecktem Zeigefinger vor, als ob sie ihn korrigiert oder ihm den Takt angibt. Zur Darstellung des wollüstigen Müßiggangs steht in der Mitte ein jugendlicher Geiger, der mit der Magd einen bedeutungsvollen Blick tauscht.[25]

Von dort war es nur noch ein kleiner Schritt bis zu der düsteren Welt der Allegorien und Stillleben, die sich der unausweichlichen Eitelkeit der Dinge annahm. In Leonaert Bramers *Allegorie der Vergänglichkeit* (ca. 1640) starrt ein schwarz gekleideter Lautenspieler auf den Betrachter, während sich eine schattenhafte Frau unbestimmten Alters im Spiegel betrachtet. Ein Tisch ist mit hingeworfenem Gold und Silber übersät. Von einem benachbarten Tisch ergießen sich Instrumente, darunter Geigen, bis auf den Boden.

Eine Reihe von Stillleben von Evaristo Baschenis, die heute in Wien, Brüssel, Mailand, Venedig, Brera und Bergamo, dem Heimatort des Künstlers hängen, bieten pflichtgemäß Gelegenheiten für konventionelle Darstellungen der Vanitas durch Globen, Astrolabien, gebundene Bücher und Notenblätter. Im Gegensatz zu dem Bericht in Prediger 1,9 war jedes von ihnen tatsächlich etwas ganz Neues unter der Sonne und bereits dabei, die Welt zu verändern. Im Geist des Genres fügt Baschenis gelegentlich ein Stück Obst oder eine gerissene Saite hinzu. Aber die Hauptattraktion in einer Serie, die sich von seinen beruflichen Anfängen im Jahr 1645 bis zu seinem Tod 1677 im Alter von 60 Jahren erstreckt, ist ein von Instrumenten bedeckter Tisch, auf dem immer wieder eine liebevoll wiedergegebene Violine, eine weitere relative Neuheit, hervorsticht. Baschenis, ein Priester und Überlebender der Pest, musste sicherlich nicht dazu ermutigt werden, Hinweise auf die Sterblichkeit zu malen. In einer Zeit der bescheidenen wirtschaftlichen Erholung war er auch ein Amateurmusiker, der zweifellos Instrumente mochte und die Herausforderungen, sie perspektivisch darzustellen, ebenso genoss, wie Küchen zu malen.[26]

Auch in Hendrick ter Brugghens Gemälde *Konzert* von 1629, das in der Nationalgalerie im Palazzo Barberini in Rom hängt, gibt es Hinweise auf die Sinnlichkeit, aber keine offensichtliche Tadelsucht. Eine kunstvoll halbbekleidete junge Frau mit einem rätselhaften Lächeln ruht auf einer Laute, ihre Augen dem Licht zugewandt. Ein kunstvoll vollständig bekleideter junger Mann mit einem rätselhaften Lächeln beugt sich zu ihr herab und spielt auf seiner Geige. Aber sein Blick wendet sich in die andere Richtung. Die offensichtlichste Botschaft ist die, dass der Maler einige Jahre in Italien verbracht und eine Menge italienische Malerei gesehen hat.

Abgesehen von der malerischen Virtuosität ebenso neutral ist die Botschaft des einige Jahre früher entstandenen Gemäldes von Gerrit van Honthorsts *Glücklicher Geiger mit Glas*, heute im Amsterdamer Rijksmuseum. Die dargestellte

Person, in Blickkontakt mit dem Betrachter, wird in aufwendiger Renaissance-Kleidung dargestellt. Mit Geige und Bogen in der linken, einem Glas Wein in der rechten Hand und einem Funkeln in den Augen könnte sie dem Betrachter zuprosten. »Was sie sagen möchte, ist unklar«, räumt die Kunsthistorikerin Stefania Macioce im Hinblick auf eine Handvoll Schlussfolgerungen und gewichtige Spekulationen ein.[27] Jedenfalls wird der Zuschauer nicht dazu aufgefordert, Buße zu tun.

Ein Vergleich dreier Werke von Jan Miense Molenaers (ca. 1610–1658) bietet eine Einführung in die Einbürgerung der Violine in der bürgerlichen Gesellschaft. Das erste hängt in der Londoner National Gallery und ist die Arbeit eines erstaunlich talentierten 19-Jährigen mit den Genen eines Alten Meisters der Illustrationskunst. Es zeigt zwei Jungen von zehn oder elf und ein kleines Mädchen von sechs oder sieben Jahren. Der Junge auf der rechten Seite, barfuß wie Huckleberry Finn, rührt in einem Krug. Das kleine Mädchen in der Mitte, mit einem gepanzerten Rückenschild geschmückt, der bei Erwachsenen Nacken und Schultern schützt, aber in ihrem Fall bis zu ihrer Körpermitte reicht, schlägt mit zwei Löffeln und einem schüchternen Lächeln auf einen Helm ein. Der Junge auf der linken Seite, im verbeulten Hut eines Erwachsenen, durch den eine Tonpfeife gesteckt ist, gibt vor, auf einer Geige zu spielen. Es sieht so aus, als ob sie musizieren. Noch Jahrhunderte danach ist unverkennbar, dass sie Spaß daran haben.

Das zweite Gemälde, eine im Privatbesitz befindliche, um 1662 entstandene Darstellung einer ländlichen Hochzeit, zeigt eine Scheune voller bescheiden gekleideter, aber deutlich wohlgenährter Menschen, die um Tische versammelt sind.[28] Im Vordergrund sieht man vier Paare, die Gesichter wie für ein Urlaubsfoto oder ein Abiturbuch machen. Auch sie haben Spaß. Im Hintergrund sieht man ein ausgelassenes Paar auf dem Tanzboden. Eine Gestalt im Schatten hat ein wenig zu viel getrunken. Braut und Bräutigam sind unter den Feiernden nicht auszumachen, aber das spielt kaum eine Rolle. Der Geiger im Hintergrund tut das, wofür er angeheuert wurde.

Das dritte Bild von 1668 befindet sich im Frans-Hals-Museum in Haarlem. Es ist ein Kontrapunkt zum zweiten und so wohlanständig nüchtern, wie es die rustikale Hochzeit nicht ist. Der Künstler und einige seiner Familienangehörigen, im Stil des 17. Jahrhunderts ganz in Schwarz und mit Halskrausen und Spitzenkragen gekleidet, sind von links nach rechts angeordnet, als posierten sie für ein Klassenfoto. Die meisten von ihnen halten ein gezupftes oder gestrichenes Saiteninstrument in Händen, darunter eine Violine und ein Cello, während eine jüngere Schwester aus den Notenblättern in ihrer Hand singt. Der Meister, vermutlich der Künstler selbst, steht leicht seitwärts und schaut so auf den Betrachter, als stelle er seine Familie vor. Neben ihm steht ein jüngerer Sohn und schwingt eine Handglocke. Der Boden besteht aus schwarz-weiß karierten Fliesen. Die Schränke hinter ihnen sind professionell gefertigt und sehen teuer aus. Die Wände sind mit Familienporträts behängt. Der Familienhund schläft zu Füßen seiner Herrin.

Die Szene ist voll von herkömmlicher Symbolik, doch Verachtung für alles Irdische befindet sich eindeutig auf dem Rückzug. In der Bildersprache der Zeit steht der kleine Junge mit der Glocke für die Zerbrechlichkeit der menschlichen Existenz. Andererseits steht der Familienhund für Treue, und die Musik – weit entfernt davon, Metapher für Verschwendung und Hemmungslosigkeit zu sein – stellt die häusliche Harmonie dar. Es ist einschließlich der Violine die Szene eines Miteinanderseins. Musik – jedenfalls diese Musik – ist respektabel geworden, und mit ihr die Violine.[29]

Noch in den 1750er-Jahren erscheinen wieder gewöhnliche Bauern auf einem Gemälde von Januarius Zick, einem angesehenen bayerischen Maler. Es befindet sich heute in der Münchner Alten Pinakothek und zeigt vor einer Dorftaverne ein eifriges Kontrabass-Geige-Duo, hinter dem ein Mann sein Glas erhebt und ein anderer seine Pfeife raucht. Ein Paar unterhält sich gerade, ein anderes tanzt zur Musik, der Mann vielleicht etwas begeisterter als seine Partnerin. Aber die Szene ist neutral.[30] Auch eine 20 Jahre später gemalte und jetzt im Germanischen Nationalmuseum in Nürnberg befindliche Darstellung einer Familienszene enthält kaum eine moralische Bewertung. Hier werden Geschwister oder Cousins gezeigt, die miteinander musizieren – unter anderem auf drei Violinen. Während die Sängerin auf ihren Auftritt wartet, richtet sie ihren Blick nachdenklich auf den Betrachter,[31] und denkt vielleicht über alles Mögliche, einschließlich des Abendessens, nach. Aber es ist unwahrscheinlich, dass sie sich über die Ewigkeit Gedanken macht.

Carl Spitzweg (1808–1885), Adolph Menzel (1815–1905) und Adolphe-William Bouguereau (1825–1905) machten, jeder auf seine Art, dort weiter, wo Zick aufgehört hatte. Ihre Porträts und Dorfszenen wurden an die sehr unterschiedlichen Empfindsamkeiten und Märkte einer ganz neuen Zeit angepasst, die gleichzeitig nach der klassischen Antike, gotischen Bögen, demonstrativer Frömmigkeit und romantischen Gefühlen süchtig war. Auch Charme und Humor tauchen jetzt auf. Doch im Gegensatz zu herkömmlichen Erwartungen erscheinen diese Arbeiten östlich des Rheins.

Charme, geschweige denn Humor waren weder Bouguereaus Priorität noch seine Stärke. Aber niemand konnte ihm die außergewöhnliche Technik absprechen, die nahtlos mit dem Zeitgeist verschweißt war und derer er sich mit unerschöpflicher Energie und spektakulärem Erfolg während eines langen und glücklichen Lebens bediente. Amerikanische Millionäre wollten davon alles haben, was sie nur kriegen konnten. Reproduktionen von *Allein auf der Welt* (1867) und der *Lied der Engel* (1881) zierten die Wohnzimmer des Bürgertums und Möchtegern-Bürgertums auf der ganzen Welt. In einer Stadt, Kultur und Zeit, in der die Violine uneingeschränkt herrschte, passten Violinen natürlich

Adolph-William Bouguereau, *Lied der Engel*, 1881

in sein Repertoire. Auch das Bauernmädchen, das, ganz allein auf der Welt, vor Notre-Dame mit einem präraffaelitischen Blick steht, hält eine Geige und einen Bogen umklammert. Zwei der drei lebensgroßen Engel, die im Getty Museum in Los Angeles über Maria und das Kind wachen, halten eine Mandoline und eine Violine in Händen. Es ist keine Frage, wer hier die himmlische Melodie spielt.[32]

In Menzels 1861 entstandener Rekonstruktion des täglichen Lebens auf Schloss Rheinsberg ein Jahrhundert zuvor spielt der Hofkomponist und -geiger Franz Benda die Melodie im Vordergrund rechts. Auf einem Gerüst links im Hintergrund flirtet der Künstler Antoine Pesne fröhlich mit seinem vollbusigen Modell. Links im Vordergrund liegt eine Gliederpuppe mit dem Kopf voran ausgestreckt. Ein Assistent, der eine Palette reinigt, schaut nach vorne. Kronprinz Friedrich, zu dieser Zeit noch nicht »der Große«, schaut herein, blickt hinauf und tritt diskret amüsiert hinter sie, gefolgt von einer Dienerschaft mit bedenklichen Mienen.[33]

Der Charme, der für Menzel eine künstlerische Möglichkeit war, war für Spitzweg das, wovon er lebte – ebenso wie diese Eigenschaft eine Stärke seiner Heimatstadt München war, wo er den größten Teil seines Lebens als Autodidakt, beispielhafter Selbstdarsteller und überzeugter Junggeselle verbrachte. Wie Bouguereau erlebte er noch die Popularität seiner Arbeiten, die an häuslichen Wänden rund um den Erdball hingen.[34] Aber seine Wahllandschaft war so unfranzösisch, wie es nur das vorindustrielle Deutschland sein konnte. Seine Geiger, die unter dem Einfluss von Blut und Eisen immer weniger wurden und ausnahmslos Amateure waren, versammeln sich unter dem Fenster von Rosina wie in einer Szene von Rossini. Sie spielen für sich selbst in Einsiedlerklausen auf und klettern im Mondlicht über Leitern, Dächer und Gartenmauern, um ihren Herzdamen ein Ständchen zu bringen. Sie sind weder engelsgleich noch dämonisch und blieben Generationen von Mitteleuropäern so vertraut wie ihre Tante Elsa und ihr Onkel Emil.

Bis weit in das 19. Jahrhundert hinein hatte auch Amerika seine Meister der Nostalgie, unter ihnen William Sidney Mount, der Genremaler aus Long Island, der die Geige nicht nur spielte, sondern (ebenso wie der französische Marineoffizier Chanot) versuchte, sie neu zu erfinden. Eine rustikale Szene von etwa 1830, die sich jetzt im Museum of Fine Arts in Boston befindet, zeigt einen Raum voller weißer Feiernden aus der Mittelklasse, die nach einer Schlittenfahrt zu der von einem fröhlichen schwarzen Jungen gespielten Geigenmusik tanzen, während sich ein ebenso fröhlicher schwarzer Junge um den Kamin kümmert. Das Ambiente, das in etwa so ausschweifend ist wie eine Gravierung in *Die Gartenlaube*, stellt einen harmonischen Mikrokosmos dar, in dem Weiße und Schwarze ihren jeweiligen Platz kennen und akzeptieren.

In seinem unvergleichlich elaborierteren Gemälde *Power of Music* (1847), das jetzt im Cleveland Museum of Art hängt, zeigt Mount einen Mann mit

Kappe und in Hemdsärmeln, der in einer Scheune für ein paar anständig gekleidete Freunde fiedelt. Ein schwarzer Mann in Arbeitskleidung, nur für den
Betrachter sichtbar, lehnt am Scheunentor und hört gebannt zu. Der Mann –
und das ist für diese Zeit bemerkenswert – ist nicht als Karikatur, sondern
realistisch dargestellt. Der Titel spielt auf ein Gedicht von Wordsworth auf einen
blinden Straßengeiger an, der ein Publikum von Bäckerjungen und Straßenhändlermädchen bezaubert. Das Leinwandgemälde, das sofort eine Sensation
war, wurde bald öffentlich in New York und London ausgestellt und noch
Jahrzehnte später als Lithografie und Postkarte vermarktet.

Ein Plakat zur Abschaffung der Sklaverei war es allerdings keineswegs.
Im Gegenteil: Mount war ein leidenschaftlicher Konservativer mit einem Hang
zum Paternalismus, der buchstäblich in der New Yorker Tammany Hall, dem
Hauptquartier der korrupten und in den Südstaaten verbreiteten Demokratischen
Partei, gelebt hatte. Seine Leidenschaft für die Violine ging auf einen Sklaven
zurück, den die Familie seiner Mutter in einer Zeit besaß, in der auf jeder
Plantage der Südstaaten ein schwarzer Geiger zum Inventar gehörte. *Die Macht
der Musik* war nur die Summe der Teile: Ein junger weißer Mann, der sein

Publikum wie Wordsworths blinder Geiger das seine fesselt, und ein älterer schwarzer Mann als Untergebener, der wohlwollend zuhört, wie sein weißer Schüler sein Können zeigt.[35]

Auch George Caleb Binghams Flussschiffer auf dem Missouri in Landschaften, die an Düsseldorf denken lassen und auf italienische Vorbilder aus dem 16. und 17. Jahrhundert zurückgehen, sind von Nostalgie beseelt. In einer Version von 1846, die jetzt in der Manoogian Collection in Taylor, Michigan, hängt, bildet eine Gruppe von Schiffern eine Pyramide, an deren Spitze ein dionysischer Archetyp mitten im Fluss für seine Freunde auf der Kabine eines Plattbodenschiffs tanzt. In der Version von 1857, die sich nunmehr im St. Louis Art Museum befindet, tanzt für den Betrachter der Archetyp auf der Spitze einer größeren Pyramide, während sein Plattbodenschiff in einer Stadt anlegt, die St. Louis oder Kansas City sein könnte.[36] Wieder einmal gibt es keinerlei puritanische Missbilligung, aber das gilt für jede Feier des singenden Amerika à la Whitman. Tatsächlich sind seine Bootsmänner-Fiedler wie Bingham selbst in einer Zeit auf einer Nostalgiefahrt, in der Plattbodenschiffe, die bereits durch Dampfschiffe ersetzt worden waren, auch von Eisenbahnen überholt werden.

Ebenso wie die Düsseldorf-italienische Landschaft erfreute sich das Stillleben im virtuosen Trompe d'œil von William Michael Harnett als Memento mori einer unwahrscheinlichen Wiederauflage. Harnett, ein Ire, der in die Vereinigten Staaten eingewandert war und 1892 mit 44 Jahren starb, hinterließ eine Spur von Gefolgsleuten und ein Minimum an Dokumentation. Von seinen 170 bekannten Werken befassen sich 48 mit musikalischen Themen. Das früheste Werk ist *Sterblichkeit und Unsterblichkeit* von 1876, das jetzt im Wichita Art Museum hängt. Der Titel an sich überlässt wenig der Fantasie. Die verschiedenen Elemente der Komposition – Bücher, ein Totenkopf, eine zartfarbige Rose und eine auf ihrem Bogen ruhende Geige – sind wie einer Checkliste für eine niederländische Vanitas-Darstellung des 17. Jahrhunderts entnommen.

Die Nachfolger könnten unterschiedlicher nicht sein. Sie wurden zehn und zwölf Jahre später geschaffen und zeugen teilweise von der früheren Karriere des Künstlers als Kupferstecher, teilweise von seinem vierjährigen Studium in Philadelphia und New York und seinem fünfjährigen Studium in Europa. Das erste *The Old Violin*, jetzt in der National Gallery in Washington, war bei seiner ersten Ausstellung auf der Cincinnati Industrial Exposition von 1886 eine derartige Sensation, dass zusätzliche Sicherheitskräfte benötigt wurden, um die Zuschauer davon abzuhalten, auf die Leinwand zu greifen, um zu sehen, ob die Objekte im Rahmen echt waren. Das zweite *Music and Good Luck* von 1888 befindet sich jetzt im New Yorker Metropolitan Museum. Nach Jahrzehnten in privater Dunkelheit tauchte es erst am Vorabend des Zweiten Weltkriegs auf, als ein kluger New Yorker Händler den Künstler als eine Art surrealistischen Vorreiter entdeckte.

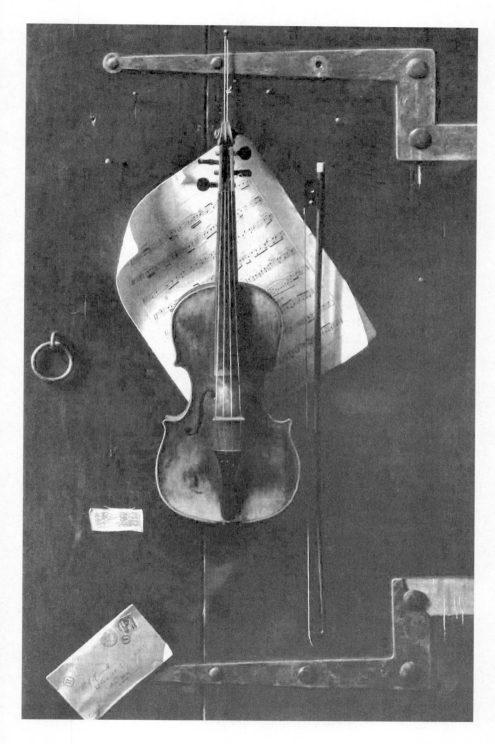

William Michael Harnett, *The Old Violin*, 1886

Beiden Gemälden gemeinsam ist ein Potpourri von Kleinkram: ein oder zwei leicht lesbare, aber etwas lädierte Notenblätter aus den frühen Jahren des Jahrhunderts, die Visitenkarte des Künstlers, ein Briefumschlag mit einem Pariser Poststempel, den er an sich selbst in New York adressiert hatte, eine Haspe und ein Hufeisen – alles aufgehängt an der Außenseite einer Tür. Vor allem ist auf beiden Gemälden eine Geige zu sehen, die, authentisch oder nicht, der Künstler als Guarneri del Gesù in Paris gekauft hatte. In *Music and Good Luck* sieht man auch einen geraden sogenannten Übergangsbogen. Wollte der Künstler damit, wie einige Jahrhunderte vorher seine niederländischen Vorfahren, auf die Vergänglichkeit irdischer Dinge hinweisen? Oder wollte er die Betrachter einfach nur prüfen – wie der Amateurgeiger, Geigenbauer und Mitbegründer der Cincinnati Symphony Frank Tuchfarber, der *The Old Violin* sofort nach der ersten öffentlichen Ausstellung kaufte und es nur ein Jahr später als mehrfarbigen Steindruck komplett mit »elegantem 7,5-Zentimeter-Hartholzrahmen« auf den Markt brachte?

Auf die Ära von Vuillaume und Laurie zurückblickend, war ein amerikanischer Kommentator von Harnetts Gespür für ein Objekt, das Amerikaner einschließlich Harnett gerade erst zu sammeln begonnen hatten, ebenso beeindruckt wie von einer Art von Malerei, die für sie wahrscheinlich zu einem Sammlerobjekt werden würde. Ein britischer Kommentator war dagegen verwirrt von seinen zweideutigen Perspektiven, einem Bogen, der seit fast einem Jahrhundert nicht mehr benutzt worden war, und einer Geige, die, auch wenn es keine del Gesù war, an die Außenseite einer Tür gehängt worden war.[37]

Was also war die Botschaft? Dass die Violine als Symbol für Sterblichkeit noch immer so wunderbar funktionierte? Oder dass sie sogar in einer zunehmend säkularen Welt von so großem Interesse war, dass sie die Aufmerksamkeit eines Künstlers erregen konnte? Angesichts des Fehlens jeglichen Hinweises des Künstlers sind beide Erklärungen möglich, und es gibt keinen Grund, warum sie nicht nebeneinander bestehen sollen.

Francesco Guardi (1712–1793), arriviert, produktiv und langlebig, war das Vorbild eines Künstlers, dem es auf Erden so gut ging wie im Himmel. Seine Arbeiten sollten beizeiten die venezianischen Kirchen des 18. Jahrhunderts mit Heiligen und Wundern und die Museen des 20. Jahrhunderts mit Postkartenansichten von Venedig in den letzten Jahrzehnten der Republik schmücken. Aber als im Januar 1782 der russische Großfürst Paul Petrowitsch und seine Frau zum Besuch bei den Mädchen der Ospedali geführt wurden, war er auch die richtige Adresse.

Guardis *Damen-Konzert in der Philharmonie*, jetzt in der Münchner Alten Pinakothek, ist sowohl als Kunstwerk als auch als Dokument bedeutend. Entlang des linken Leinwandrandes sind die Spielerinnen in drei Stufen wie Vögel auf einer Telefonleitung angeordnet. Der Boden unter ihnen ist voll mit winzigen Figuren, darunter zwei Reihen Tänzerinnen, umgeben von elegant gekleideten Zuschauern, ebenfalls überwiegend Frauen. Nur eine Figur steht klar und dem Betrachter zugewandt wie unter einem Scheinwerferlicht im Vordergrund. Es ist ein livrierter Kellner mit einem Tablett.

James Jacques-Joseph Tissots Gemälde *Hush!* von 1875, jetzt in der Manchester Art Gallery, ist die viktorianische Reprise eines Beaux-Arts-Zeitgenossen von Bouguereau, der nach dem Krieg von 1870 aus seinem Heimatland Frankreich nach London geflohen war. Wie Guardi besaß er einen geschäftstüchtigen Sinn für den Markt und hatte das, was er suchte, offenbar in einem prächtig beleuchteten englischen Salon mit hohen Decken gefunden. Die gut betuchten Menschen im Raum sind eindeutig hier zu Hause. In der ersten Reihe gibt es sogar ein paar indische Herren, die sich etwas verunsichert vorbeugen. Obwohl Wilma Neruda, eine gefeierte Berufsgeigerin und die künftige Lady Hallé, hinten in der Mitte im Begriff ist zu spielen, kommt eine Schar von Gästen immer noch die Treppe herunter. Die Figuren links im Vordergrund sind weiterhin in lebhafte Gespräche vertieft.[38]

Doch zu diesem Zeitpunkt hatte eine ganze Anzahl von Revolutionen schon die venezianische Republik, eine alte französische Monarchie und ihre Nachfolger, zwei französische Kaiserreiche, den größten Teil eines Paris, wie es seit dem Mittelalter bestanden hatte, und zahllose künstlerische Konventionen, die mindestens ebenso weit zurückreichten, hinweggefegt. Ihre kollektive Wirkung kann man in der Washingtoner National Gallery an dem Gemälde *Der alte Musikant* des 30-jährigen Edouard Manet von 1862 ablesen. Die Darstellung ist von Bouguereaus süßlicher Sentimentalität und von Spitzwegs Vorwegnahme des amerikanischen Illustrators Norman Rockwell ebenso weit entfernt wie von dem Manchester Tissots und dem Venedig von Guardi und zeigt ein sehr junges Mädchen mit einem Baby, zwei kleine Jungen und einen jungen und einen älteren Mann, die wie in einem generationenübergreifenden Fries Seite an Seite auf einem offenen Feld stehen. Alle sind Flüchtlinge, heimatlos geworden durch die kolossale Stadterneuerung des Barons Haussmann. Soweit der Betrachter erkennt, sehen sie weder auf einander noch auf irgendetwas anderes. Der Himmel über ihnen schillert unentschlossen in hellen bis zu drohenden schwarzen Farbtönen. Zwischen den Flüchtlingen sitzt ein graubärtiger Mann in einem abgetragenen Mantel mit einer Geige unter dem Arm und einem Bogen in der Hand – ein Verlierer, der dennoch seine Würde bewahrt hat. Es wird angenommen, dass es sich um Jean Lagrène handelt, zuzeiten Leierkastenmann, Künstlermodell und Kapellmeister einer Gruppe von Zigeunermusikern, der ausdruckslos auf den Betrachter blickt.[39]

Der alte Musikant bezeugt als reale Person mit einer glaubwürdigen Identität einen anderen, relativ neuen Aufbruch in der bildlichen Darstellung der

Violine. Fünf Generationen von Amatis, drei der Guarneris und der meisterhafte Stradivari hinterließen Immobilien, Papierdokumente, ikonische Instrumente und Namen von globalem Widerhall, aber nicht ein einziges Bild von sich selbst. Biber, Veracini, Nardini, Tartini, Geminiani und Leopold Mozart hingegen kamen alle für Porträts in Frage, wenn auch nur, weil ihre Verleger sie wünschten.[40]

John Smiths Kopie des häufig reproduzierten Corelli-Bildnisses von Hugh Howard stammt aus dem Jahr 1704 und hängt in der britischen Nationalgalerie.[41] Abgesehen von ihrem Dokumentarwert ist sie eher uninteressant. Aber in einer Welt, in der Jonathan Swift Virtuosen gleichsetzte mit »Spöttern, Zensoren, Verleumdern, Taschendieben, Straßenräubern, Einbrechern, Anwälten, Kupplerinnen, Possenreißern, Spielern, Politikern, Witzbolden, nervtötenden Rednern, Disputanten, Frauenschändern, Mördern [und] Dieben« und Fiedler mit »Herren […], Richtern und Tanzlehrern«[42], ist das Porträt als solches bemerkenswert. Die Violine, die im Ungarischen Nationalmuseum in János Donáts Porträt von 1820 hinter einem János Bihari in prächtiger Uniform und mit ebensolchem Schnurrbart zu sehen ist, ähnelt dem Fell einer Bisamratte. Aber zum ersten Mal wird die Zigeunermusik in Gestalt des Autodidakten Bihari als nationale Institution anerkannt.[43]

Auch Jean-Baptiste Chardins Porträt des jungen Charles Godefroy, jetzt im Louvre, hat seine Botschaft. Der Künstler, der ein halbes Jahrhundert vor der Revolution eine Vorliebe für das aufstrebende Bürgertum hatte, zeigte den Sohn eines bekannten Juweliers als jemanden, der sich mit seiner Geige weiterbildet. So wollte er eine Position beziehen und gleichzeitig Kunst produzieren.[44] Das unsignierte Porträt eines Leopold Mozart, mit kaltem Blick und ganz ein Geschäftsmann in Salzburg, das Mitte der 1760er-Jahre entstand und Pietro Antonio Lorenzoni zugeschrieben wird, ist ähnlich wirkungsvoll. Gainsboroughs elegantes Porträt des Komponisten und Oboenvirtuosen Johann Christian Fischer, jetzt in der Royal Collection im Windsor Castle, zeigt sein Modell am Klavier stehend, schlank und hübsch gekleidet und mit einem Stift in der Hand. Eine Oboe, sein auserwähltes Instrument, befindet sich in Reichweite. Sein erstes Instrument aber, eine Geige, so schön wie ihr Besitzer, steht auf einem Stuhl hinter ihm.[45]

Das Erscheinen von Paganini wurde zu einer Goldgrube wie keine davor oder danach. Die Fotografie war noch nicht entdeckt worden, und Maler, Bildhauer, Zeichner, Karikaturisten und sogar Porzellanmaler[46] konnten kaum genug von ihm bekommen. Doch die vielen Porträts und zahllosen Karikaturen bestätigten nur, dass die unnachahmliche Cuvée aus Talent, Charisma, Eigenwerbung und zunehmender Hinfälligkeit, die ihn unwiderstehlich machte, für Künstler so schwer zu fassen und eine solche Herausforderung waren wie für alle anderen auch.

Jean-Auguste-Dominique Ingres' (1780–1867) berühmtes Bleistiftporträt von 1819, das sich jetzt im Louvre befindet, ist die Hommage eines versierten

Amateurspielers an den Besten der Besten. Aber es ehrt auch die klassischen künstlerischen Tugenden, die Ingres als Student erworben hatte und bis zum Ende seines 87-jährigen Lebens bewahren sollte. Die Zeichnung wurde in Rom angefertigt, wo der Künstler seinen Unterhalt mit Bleistiftporträts verdiente und sich sein Modell zwischen Konzerten aufhielt.[47] Sie zeigt Ingres' meisterlichen Paganini als einen angenehm selbstbewussten und immer noch jungen Mann mit scharfen Zügen, bestens und im Stil der Zeit gekleidet,[48] mit einer Geige unter dem rechten Arm. Aber der wirkliche Paganini, der einzige Lebendige, der seine 24 Capricen spielen konnte, schon jetzt Frauen und Zuhörer von Bergamo bis Lucca verrückt gemacht hatte und Gleiches sehr bald von Rom bis Palermo tun sollte, ist nicht zu sehen.

Es sollten 14 Jahre vergehen, bevor jener Paganini in einem Porträt von Eugène Delacroix (1798–1863) auftauchte, das so sehr eine Inkarnation der Romantik war wie das von Ingres eine Inkarnation der Klassik. Delacroix war erst kurz zuvor vom exotischen Algerien nach Paris zurückgekehrt. Paganini, der Superstar, die lebende Legende und eine sich anbahnende medizinische Katastrophe, war ebenfalls erst vor Kurzem von anstrengenden, aber einträglichen Aufenthalten in England, Irland und Schottland nach Paris zurückgekommen. Paris, für Epidemien ebenso anfällig wie alle Städte des 19. Jahrhunderts, befand sich mittlerweile im festen Griff einer Cholera-Epidemie. Ingres' Paganini ist im Wesentlichen seinem ein Jahrzehnt später gemalten friedfertigen Baillot ähnlich. Der Paganini von Delacroix hingegen ist sowohl ein Porträt des Künstlers als auch der Zeit.

Im Gegensatz zu seinem dramatisch hervorgehoben Chopin von 1838 mit dem blassen und schmerzhaft ausdrucksstarken Antlitz zeigt Delacroix Paganini in ganzer Figur, im Wesentlichen schwarz auf schwarz und nur indirekt vom unsichtbaren Rampenlicht einer Konzertbühne beleuchtet. Es ist klar, dass alles an ihm Gewicht hat. Das Gesicht, dem Instrument zugewandt, ist schmerzlich hager, der Ausdruck nach innen gerichtet; die Welt um ihn herum scheint ihm gleichgültig zu sein. Die Geige verschmilzt praktisch mit dem Körper. Der Gesamteindruck von einem leidenden Künstler inmitten des Todes ist anders als alle Geigerporträts davor oder danach.[49]

Menzels häufig reproduzierte Zeichnung von Joseph Joachim gibt die Auffassung eines anderen großen Malers von der Weiterentwicklung der Kunst wieder und könnte andersartiger kaum sein. Joachim, sehr jung, sehr gut aussehend, sehr ernst und mit einem überraschenden hohen rechten Handgelenk, ist bei einem Auftritt mit einer ebenso ernsten, aber nicht mehr ganz so jungen Clara Wieck-Schumann zu sehen. Weder der Geiger als Faust noch der Geiger als Mephisto sind in Sicht.

Joseph Kriehubers vielfach nachgedruckte Lithografie *Matinée bei Liszt* von 1846 ist der Kitsch eines Genies und zeigt den Komponisten Hector Berlioz, den Pianisten Carl Czerny und Kriehuber selbst ehrfürchtig um Liszts Klavier gruppiert. Der Meister selbst ist in Samtjacke und mit Prinz-Eisenherz-Haarschnitt mit seinem präraffaelitischen Profil dem Betrachter zugewandt. Der Geiger Heinrich Wilhelm Ernst, so makellos wie von Ingres gezeichnet, sitzt rechts, hat seine Augen auf Liszts Finger gerichtet und hält seine Geige verkehrt herum. Aber Kriehubers Ernst, das bekannteste Porträt des Geigers, den Joachim für den besten hielt, den er jemals hörte,[50] ist bei dieser Feier von Liszt nur ein Nebendarsteller.

Während sowohl das Instrument als auch eine bestimmte Art von Spielertypen weiterhin das Interesse von Malern auf sich zogen, entwickelten sich ihre Darstellungen in neue Richtungen, als Fotograf und Fotografie die Führung übernahmen. Joachim, der regelmäßig einzeln, bei der Arbeit und en famille fotografiert und gelegentlich als Gegenstand einer Karikatur geehrt wurde,[51] ließ sich weiterhin auch malen. Zu seinen Porträtisten zählen Menzel, ebenfalls ein nationales Monument und ein lebenslanger Abonnent des Joachim-Quartetts, Philip de László, ein ungarischer Einwanderer, der zu einem ungemein beliebten und modischen britischen Gesellschaftsmaler wurde, und der Amerikaner John Singer Sargent, der Lieblingsporträtist des angloamerikanischen Establishments. Im Jahr 1903 zeigte sich der junge und blendend aussehende Jan Kubelik, ein Gärtnersohn, der dabei war, sich ein eigenes Anwesen in Schlesien zu erspielen, eines von de László gemalten Porträts würdig. Dasselbe gilt ein Vierteljahrhundert später für die ungarische Landsmännin des Künstlers, die gut vernetzte Jelly d'Arányi. Selbst amerikanische Amateure, die es sich leisten konnten, banden sich weiße Krawatten um, nahmen ihre Geigen und posierten für gleichwertige lokale Talente wie William J. McCloskey aus Südkalifornien.[52]

Am Vorabend des Ersten Weltkrieges dekonstruierten andere Künstler wie Juan Gris und Pablo Picasso das Instrument, indem sie aus seinen barocken Rundungen kubistische Ecken machten. Wieder andere wie Henri Matisse und Raoul Dufy, Mitglieder einer Schule, die als »Fauves« (die »Wilden«) bekannt waren, machten es zu einem häuslichen Objekt, das sofort so vertraut dekorativ war, dass die französische Post im Jahr 1965 Dufys gefeierte *Rote Violine* auf einer Briefmarke abbildete.

Marc Chagall (1887–1985), der von beiden Schulen beeinflusst wurde, aber keiner von ihnen zuzurechnen ist, mischte das ständig verarmte und meistens wehrlose osteuropäische Schtetl mit dem Stoff der Träume, der sein Hauptexport war. Dann verklärte er es als eine Welt von Menschen, Tieren und einem Fiedler auf dem Dach, der sich der Herausforderung stellt, zu spielen, ohne herunterzufallen. In einem anrührenden Gedicht beschreibt der Beat-Poet Lawrence Ferlinghetti, Gründer von San Franciscos kultigem City Lights Bookstore, das so: »›Lass nicht zu, dass das Pferd die Violine frisst‹, rief die Mutter von Chagall, doch er machte einfach weiter und malte und wurde berühmt.«[53]

1964 übernahmen der Komponist Jerry Bock und der Librettist Joseph Stein ein Szenario des großen jiddischen Schriftstellers Scholem Alejchem und verhalfen Chagalls Fiedler zu nahezu weltweiter Anerkennung, einschließlich einer Version für Grund- und Mittelschulen. 1999 nahm der britische Drehbuchautor Richard Curtis einen weiteren Chagall, *La Mariée* von 1950, und brachte ihn in einer Szene von *Notting Hill* unter, einer romantischen Komödie mit Julia Roberts und Hugh Grant. Auf dem Bild wird eine von den Armen eines im Raum schwebenden Liebhabers umschlungene rotgekleidete Braut unter einem tiefblauen Himmel von einer Geige spielenden Ziege eskortiert. Grant, der davon einen Druck besitzt, fragt Roberts, ob sie Chagall mag. »Glück ist kein Glück ohne eine Geige spielende Ziege«, antwortet sie. Zwischen 1999 und 2004 war *La Mariée* das über die Website Artcyclopedia drittmeistverkaufte Kunstplakat, nur überholt von Klimts *Kuss* und van Goghs *Sternennacht*.[54]

Unterdessen oblag die Initiative für Künstlerporträts zunehmend den Spielern, ihren Eltern, Managern und Impresarios, während die Kunst und das Handwerk selbst von Malern auf Fotografen, Bildredakteure, Art-Direktoren und Werbeagenturen übergingen. Von Beginn des 20. Jahrhunderts an bestätigte das kollektive Familienalbum solch großer Künstler wie André Kertész und Ben Shahn[55] mit seinen Folk-Geigern, Mariachis, Maibaum-Prozessionen, Holzfällerlagern, guatemaltekischen Indianern, Schulorchestern, Zigeunerbeerdigungen, Ensembleszenen aus Hollywood, Militärkapellen an Grenzaußenposten und Brigaden kleiner Suzuki-Geiger das, was Rousseau schon 1768 klar war. Die Violine, immer schon tragbar, nunmehr preiswert und zugänglich wie nie zuvor, war tatsächlich das Instrument der Wahl geworden: abwechslungsreich und universell.

Ein Foto von 1880 des Pfarrers Charles Dodgson, alias Lewis Carroll, zeigt die 16-jährige Xie Kitchin, die etwas zaghaft auf einer Violine spielt.[56] Auf einem undatierten Foto von Marconi Gaudenzi (1841–1885) sieht man ein Modell mit einem gequälten Gesichtsausdruck, das ausschließlich mit einer Geige bekleidet ist.[57] Auf dem Porträt von Arthur Hughes von 1882/83 sieht man die engelsgleiche Mrs. Vernon Lushington am Familienpiano, flankiert von ihren gleichermaßen engelhaften Töchtern an der Geige und am Cello, umspielt vom durch die bleiverglasten Fenster des Salons hereinströmenden Licht.[58] Wenigstens verstanden die Lushingtons, wozu ihre Instrumente dienten.

Eine Fotoserie über fünf Jahrzehnte zeigt, wie Joachim an Gewicht zulegt, sich einen Bart wachsen lässt und zum Monument wird, so wie er es auch auf der gemalten Leinwand tat. Gegen Ende seines Lebens erlaubte es ihm eine etwas tolerantere Technologie, mit einer studentischen Schirmmütze versehen das Steuer eines nachgebildeten Autos zu halten, während seine Kollegen Moser und Riedel mit ihren Filzhüten im Fond sitzen. Während sie sich dort porträtieren ließen, posierte eine neue Generation schon vor anderen Kameras: in Matrosenanzügen, Spitzenkragen und ohne zu lächeln. Max Rostal, der in seinem Ruhestand an das ihm aufgezwungene Kostüm des kleinen Lord Fauntleroy und die entsprechende Haartracht zurückdachte, erinnerte sich dankbar daran, wie Carl Flesch bei ihrem ersten Treffen im Jahr 1919 für immer sein Herz gewonnen hatte, als er dem 14-Jährigen befahl, vor der ersten Unterrichtsstunde einen Friseur aufzusuchen.[59]

Menuhin, der sowohl als Wunderkind als auch als Patriarch, öffentliche Figur und Familienvater keine Angst vor der Kamera hatte, wurde über den gesamten Verlauf eines Lebens im 20. Jahrhundert in Fotos porträtiert, zunächst in Shorts, später in Kniehosen und Norfolk-Jacke, dann Schulter an Schulter mit Elgar, Bartók, Britten und Einstein, wie er Solidarität mit den erst kurz zuvor befreiten Holocaust-Überlebenden und dem noch nicht entnazifizierten Wilhelm Furtwängler zeigt, und in gleicher Vertrautheit mit dem Sitar-Virtuosen Ravi Shankar wie mit dem Jazz-Virtuosen Stéphane Grappelli und dem Virtuosen der Virtuosen David Oistrach. Seine Tochter Zamira erzählte dem Journalisten Norman Lebrecht: »Das Peinlichste, was er mir je angetan hat – ich war gerade mal zehn Jahre alt –, war, als er auf der Vorderseite der Zeitschrift *Life* mit einer bis zu seinem Bauchnabel heraushängenden Zunge abgebildet war. Danach bin ich drei Tage lang nicht zur Schule gegangen.«[60] Während derselben Jahrzehnte konnte man Heifetz im klassischen Profil, in Tenniskleidung und auf einer Motorbarkasse, mit Charlie Chaplin, Irving Berlin, Jack Benny, seinem kleinen Sohn, einem Schnurrbart, einem Akkordeon und einem batteriebetriebenen Renault abgebildet sehen. Auf dem einen oder anderen Foto lächelt er sogar.

558   Das Joachim-Quartett, von links nach rechts: Joseph Joachim, Robert Hausmann, Emanuel Wirth, Carl Halir, spätes 19. Jahrhundert

Während das Publikum alterte, wurden die Spieler jünger und die Kameras an der Schwelle zu einem neuen Jahrhundert digital; Engel und Dämonen zogen sich immer mehr zurück, während Blogs und Homepages sich ausbreiteten. Zumindest auf den Covers von CDs erschienen jetzt die brillantesten Spieler des Brahms-Konzerts und der Solostücke von Bach professionell in Jeans und mit immer tieferen Dekolletés. Nigel Kennedy, der rund 30 Jahre zuvor als ein niedlicher kleiner englischer Junge in kurzen Hosen und mit Schulkrawatte fotografiert worden war, zeigte sich nun vor der Kamera als verspäteter Halbwüchsiger im Jimi-Hendrix-Look, der mit einer Geige in der Hand auf einem Pariser Hotelbett herumhüpft. Im Jahr 2007 machte Vanessa-Mae Nicholson, die in Singapur geborene thailändisch-chinesische Londonerin und ein globaler Crossover-Star, in einer ganzseitigen Werbung für die Mandarin Oriental Group mit dem Hotelmotiv aus Spaß Gewinn. Appetitlich mit Jeans und einem karierten Hemd bekleidet, ohne einen Bogen in Sicht, aber mit einer Geige unter dem Arm und einem Gesichtsausdruck, der zu sagen scheint: »Ich hab's geschafft, und was ist mit Ihnen?«, sieht die Künstlerin den Betrachter direkt an. Der Werbetext lautet: »Sie ist ein Fan.«[61]

Streichquartettspieler waren eine besondere Herausforderung für Fotografen. Wo sie früher bärtig, beleibt und stets nüchtern im Profil dargestellt wurden, waren sie nun jung, schlank und oft genug gemischtgeschlechtlich. Pressemappen und Websites zeigten sie so munter wie Hündchen, mit strahlenden Augen und niedlich, bei der Arbeit und in der Freizeit und ohne irgendeine Krawatte in Sicht. Im Jahr 2001 saß das anglo-australische Crossover-Quartett Bond für den Fotografen buchstäblich mit nur ein paar elektrischen Instrumenten als Bekleidung. Die vier jungen Frauen, alle mit Diplom vom Konservatorium, waren von Mel Bush, der auch Vanessa-Mae vertrat, zusammengebracht

worden. Ihre Plattenfirma Decca lehnte das Foto unwillig ab.[62] Aber über das Internet verbreitete es sich innerhalb von Stunden über die ganze Welt. Inzwischen hatte das Quartett über eine Million Exemplare seines ersten Albums verkauft,[63] lag in zehn Ländern an der Spitze der Klassik-Charts und spielte bei seinem ersten Auftritt in New York für Börsenhändler an der Wall Street.

Einige Jahre später beauftragte die Deutsche Grammophon den britischen Fotografen Mitch Jenkins, das Emerson Quartet zu porträtieren, ein ausschließlich männliches amerikanisches Ensemble, das mit Crossover noch nie etwas zu tun hatte. Sie waren seit 1976/77 zusammen und hatten bereits sämtliche Quartette von Bartók und Beethoven aufgenommen. Eine Aufnahme des kompletten Mendelssohn war in der Fertigung und ein Haydn-Sampler auf dem Weg.[64] Aber nicht einmal die geniale Präzision von Jenkins' Coverfoto vermochte den Absatz ihrer Mendelssohn- und Haydn-Einspielungen auf das Niveau von Bond zu bringen. Es zeigt allerdings, wie und warum diese vier sehr intelligenten, oft lustigen, manchmal verspielten und nicht mehr ganz jungen Männer mit den Händen in den Taschen und ganz verschiedenen, aber durchweg lebendigen Gesichtsausdrücken das interessanteste Quartett ihrer Zeit waren. Aufrecht, vollständig bekleidet, und ohne ihre – unnötig zu sagen: akustischen – Instrumente sind sie so weit von Joachim entfernt wie von Bond. Wenn die Debüt-CD von Bond eine Viertelmillion Exemplare wert war, so waren Jenkins' Fotos von den Emersons mindestens tausend Worte darüber wert, wie Kunst zu einem Bild, aber auch ein Bild zu Kunst werden kann.

Poesie

Es gebe nur zwei Möglichkeiten, ein Argument vorzutragen, erklärt der Philo-sophielehrer Molières' Titelfigur Jourdain in *Le Bourgeois gentilhomme*.[65] Die eine sei die Poesie, die andere die Prosa. Die Geige hinterließ ihre Spuren sowohl hier als auch dort.

Bereits 1530 taucht in dem *Gammer Gurton's Needle*,[66] einem der frühesten Erfolgsstücke auf englischen Bühnen, ein Couplet auf: »In der Zwischenzeit, Kameraden, stimmt Eure Fiedeln, nehmt sie zur Hand, und lasst eure Freunde soviel Fröhlichkeit hören, wie ihr machen könnt«.[67] Dass die angesprochenen Fiedeln Violinen sind, ist zugegebenermaßen nur eine musikwissenschaftliche Vermutung. In jedem Fall wurde die Frage um das Jahr 1708 beantwortet, als nach einer puritanischen Eiszeit die Fröhlichkeit wieder die Oberhand gewann:

> Horch nur, wie die fröhliche Violine
> Ihren Silberklang verströmt,
> Dessen lebhafte Noten unsere Herzen
> Hin zu Musik und Heiterkeit führen.[68]

Ein Jahrhundert später erscheinen Heiterkeit und Geigen in ähnlichen Gedichten von William Wordsworth erneut. Im ersten lässt sich Benjamin, die leid-geprüfte Titelfigur von Wordsworths *The Waggoner*, von einem pensionierten Seemann zu ein paar Stunden in »The Cherry Tree« überreden, wo er nicht nur »einen Willkommensgruß hören kann, der von einer Geige in ihrer Freude« angestimmt wird, sondern auch »das Gequietsche einer Geige – auf diesen Ausruf der Glückseligkeit folgt stets ein Kuss.«[69] Zwei Stunden und einen Toast auf Lord Nelson später ist die Geige wieder da, doch die Heiterkeit eher knapp. Dieses Mal ist die Szene die Londoner Oxford Street, wo »Jack mit den düsteren Brauen«, »Baker mit dem blassen Gesicht«, »Prentice, die Besorgungen macht«, »der Nachrichtenmann«, »der nahezu atemlose Lampenanstecker«, »der Gepäck-träger«, »das Straßenhändlermädchen«, »der Junge mit dem einen Pfennig«, »der große Mann«, »der Krüppel, der sich auf seine Krücke lehnt« und »jene

Mutter, deren Geist in Fesseln gebunden ist«, um einen blinden Geiger geschart sind und von »der Macht der Musik« Zeugnis ablegen, während »Kutschen und Wagen« gleichgültig vorbeirollen.[70]

Der Straßengeiger, ein volkstümlicher Orpheus, der die Tröstungen der Kunst für jeweils einen Penny feilbot, war nunmehr ein Liebling ganz anderer Dichter geworden, die ihn bis ins neue Jahrhundert hinein in ganz unterschiedlichen Gedichten auftreten ließen. Adelbert von Chamissos »Spielmann«, übersetzt aus einem Gedicht von Hans Christian Andersen, verteidigt sich schon im Voraus gegen die Geringschätzung der Gäste, während er bei der Hochzeit einer von ihm sitzengelassenen Geliebten seiner beruflichen Tätigkeit nachgeht. Joseph von Eichendorffs »wandernder Musikant« umarmt die Violine, die trotz heulender Katzen, bellender Hunde und zorniger Nachbarn seine Freundin bleibt. Anton Wilhelm Florentin Zuccalmaglios »bucklicher Fiedler« spielt in der Walpurgisnacht so gut für feiernde Hexen, dass sie ihn ohne seinen Buckel nach Hause entlassen und damit einen Kumpel von ihm dazu inspirieren, das Gleiche zu versuchen. Aber dieser spielt so schlecht, dass sie ihn mit seinem alten Buckel auf dem Rücken und einem neuen vor der Brust fortschicken. Thomas Hardys junger Geiger tröstet einen Mann in Handschellen, der von einem Polizisten zu einem Zug geführt wird. William Butler Yeats' »Fiddler of Dooney« freut sich darauf, vor seinen beiden priesterlichen Brüdern in den Himmel zu kommen:

> Denn die Guten sind stets froh,
> Außer böses Pech geschieht.
> Und der Frohe liebt die Geige,
> Und der Frohe liebt den Tanz.[71]

Früher oder später sollten Robert Schumann, Reinhard Schwarz-Schilling, Johannes Brahms, Benjamin Britten und Ivor Gurney die jeweiligen Geiger in Kunstliedern verewigen.

An der Schwelle des 20. Jahrhunderts nahm sich auch Archibald Lampman, der von der Nachwelt als der beste englisch-kanadische Dichter des 19. Jahrhunderts angesehen wurde, das Motiv des Geigers in 18 Strophen vor, die an Tennyson erinnern:

> Auf einem Platz in Dresden saß des Tags ein alter blinder Geiger,
> Sein Antlitz wie von Pergament, gefalzt und grau,
> Gebeugt und keuchend und den Hut in Bitte ausgestreckt.

Und so geht es still und ohne eine milde Gabe weiter, bis ein unbekannter Geiger des Weges kommt und sich der Sache annimmt:

Durch all die große stumme Menge
Fiel die Musik hinein ins menschlich' Ohr,
Und viele Köpfe neigten sich in Freude,
Und viele Augen weinten warme Tränen.

Das Publikum reagiert, indem es den Hut des alten Geigers füllt, während sich der Fremde heimlich davonmacht. Wie die letzte Zeile offenbart, handelt es sich bei dem fremden Geiger um Louis Spohr.[72]

Zu Beginn der 1920er-Jahre machte das Aufkommen des Radios und der Plattenindustrie aus erfolgreichen Fiedlern nationale und sogar internationale Persönlichkeiten und das Fiedeln selbst zu einem Geschäft, das widerstandsfähig genug war, um auch ohne Spohrs zu überleben und dem Beginn des Rock 'n' Roll standzuhalten.[73] Im Jahr 1974 wurde mit Unterstützung von Henry John Deutschendorf jr., auch bekannt als John Denver, John Martin Sommers' *Thank God I'm a Country Boy*, das die Aufforderung seines Vaters enthält, »ein gutes Leben zu leben und meine Fiedel mit Stolz zu spielen«, sofort zum Klassiker.

Der berufliche Werdegang von Robert C. Byrd, dem Jungen vom Lande aus Stotesbury, West Virginia, der ein gutes Leben lebte und auf seinem Weg zur bisher längsten Karriere im US-Senat seine Fiedel mit beachtlicher Begabung und auch mit Stolz spielte, macht deutlich, dass diese Aufforderung auch im wirklichen Leben Wirkung zeigen konnte. Alles begann mit dem Musiklehrer in der Schule, der ihn nicht nur von der siebten bis zur zwölften Klasse unterrichtete, sondern ihn auch zum Konzertmeister des Schulorchesters machte, erzählte Byrd einem Reporter des National Public Radio 30 Jahre, nachdem es Denvers Bluegrass-Dithyrambos an die Spitze der Hitliste geschafft hatte. Aber sein zukünftiger Schwiegervater sowie ein linkshändiger Zeitgenosse, der einen urwüchsigen *Old Joe Clark* zu Gehör brachte, spielten ebenfalls eine entscheidende Rolle. Das galt auch für Byrds Pflegevater Titus, der 20 bis 30 Dollar für eine Geige mit Bogen und Kasten ausgab – mehr, als die meisten Bergleute in einer Woche verdienten – und den jungen Robert damit in die Gartenclubs, in die Logen und in den amerikanischen Kongress brachte, wo er von 1952 bis zu seinem Tod 2010 blieb.[74]

Andere Dichter ließen in Bildern und in Sprachen, die so global waren wie das Instrument, das sie inspirierte, tausend Metaphern und Paradigmen blühen.

Violine Seepferdchen und Sirene ...
Violine Stolz leichter Hände ...
Violine Frau zur linken Hand ...
Violine Alkohol der schmerzenden Seele ...
Violine Ritter des Schweigens ...

Dies schrieb die Dichterin und Romanautorin Louise de Vilmorin, Erbin eines Vermögens aus dem Samenhandel, Brieffreundin von Jean Cocteau und Gefährtin von André Malraux in Versen, die von Francis Poulenc vertont wurden.

»Jauchzende Geigen«, deren »Ströme von Schreien, Schluchzern und Küssen unablässig und hemmungslos sind« und deren Bögen »wie rot glühende Eisen in Fetzen lebendiges Fleisch aus unserem Körper reißen.«[75] Diese Zeilen stammen von Anne de Noailles, die in ihrem Salon Gäste wie Claudel, Colette und Valéry empfing, von Laszlo porträtiert, von Rodin zur Skulptur geformt wurde und zum Kommandeur der Ehrenlegion ernannt wurde. Die Verse wurden von Saint-Saëns vertont.

»Eine Geige ist die Stimme eines Brunnens / von groben, süßen Windstößen herausgeblasen«, sagte die in Kolumbien geborene Carmen Conde, die erste Frau, die in die Königlich Spanische Akademie gewählt wurde.

> Fremde Geige, gehst du mir nach?
> In wieviel fernen Städten schon sprach
> Deine einsame Nacht zu meiner?
> Spielen dich hunderte? Spielt dich einer?[76]

So fragte Rainer Maria Rilke, einer der größten deutschsprachigen Dichter des 20. Jahrhunderts.

> Geige wurde bettelnd in Stücke gerissen
> Und brach dann in Tränen aus,
> So kindisch,
> Die Trommel konnte es nicht länger ertragen ...
> Das Orchester schaute sonderbar, als
> Die Geige sich ausweinte –
> Wortlos –
> Und ohne Tempo –
> Nur irgendwo
> Dumme Becken knallten herum:
> »Was ist das?«
> »Wie geht das?«
> Ich stand auf,
> Zitternd, kroch über die Noten,
> Tief unter dem Schrecken des Notenständers gebeugt,
> Rief aus irgendeinem Grund
> »Oh Gott!«
> Warf mich über ihren hölzernen Hals,
> »Weißt du, Violine?

Wir sind uns so ähnlich:
Auch ich
Schreie,
Aber kann auch immer noch nichts beweisen!«
Die Musiker lachen:
»Ertappt!
Er verabredet sich mit einer Freundin aus Holz!
Oberschlau, ha!«
Mir ist das völlig egal!
Ich habe auch einen Wert!
»Weißt du was, Geige?
Warum ziehen wir –
nicht zusammen!
Ha?«[77]

Dies erklärte Wladimir Majakowski, mit 15 Jahren ein Schulabbrecher, mit 16 politischer Gefangener, mit 18 in der Kunstschule eingeschrieben, mit 19 veröffentlichter Dichter, mit 25 bolschewistischer Agitator und mit nur 37 Jahren ein tief enttäuschter Selbstmörder.

Nach meinem Tod sollt ihr mich so betrauern
Da war ein Mann – und seht, er ist nicht mehr!
Vor seiner Zeit starb dieser gute Mann
Und seine Lebensmelodie inmitten schwieg
Noch eine Weise trug er in sich tief
Und leider ist sie nun für immer fort
Für immer fort!
Und groß ist unser aller Mitgefühl!
Denn eine Geige ward für ihn
Zur singend lebensvollen Seele.
Wann immer er sie als Poet zum Sprechen brachte
verlieh sie den Geheimnissen Gestalt
Die tief in seinem Herzen wohnten
Und seine Hand ließ alle Saiten singen.
Doch ein verborgener Akkord ist nun mit ihm verloren
Um den die Finger immer wieder tanzten
Die eine Saite tief in seinem Herzen
Blieb stumm und stumm bis heute!
Und unser Mitleid ist so groß, so groß!
Ihr Leben lang musst' diese Saite zittern
Stumm flehen und stumm zittern nach der Melodie

Die sie befreien würde,
Sie sehnte sich, sie dürstete, besorgt, begehrend
Wie nur das Herz um Schicksals Urteil sorgen kann.
Obwohl die Melodie verspätet kam – sie wartete am Tag und auch
bei Nacht
Und flehte stumm und bettelt um ihr Kommen
Zeit kam und ging, doch niemals kam die Weise
Sie kam niemals!
Und groß, so groß ist nun der Schmerz.
Da war ein Mann – und seht, er ist nicht mehr!
Vor seiner Zeit starb dieser gute Mann
Und seine Lebensmelodie inmitten schwieg
Noch eine Weise trug er in sich tief
Und leider ist sie nun für immer fort
Für immer fort!

So schrieb Chaim Nachman Bialik (1873–1934), ein Vater der modernen hebräischen Poesie, über sich selbst.

Charles Valentine Le Grice, Klassenkamerad von Charles Lamb und Coleridge und Pfarrer an St. Mary in Penzance, dichtete ein Sonett *To a Gentleman, Who Presented the Author with a Violin* (An einen Gentleman, der den Autor mit einer Geige beschenkte):

Oft in betrübter sorgenvollster Stunde
Soll doch der sanfte Zauber Deiner Macht
Der viel geplagten Brust zum Frieden helfen,
Bis dann der leise Sturm verschwinden mag.[78]

Auch das weibliche Element spielt in Geigen-Gedichten eine Rolle. In einem 1877 veröffentlichten Bündel von Vierzeilern kontrastiert ein anonymer Barde die ungelernten Tugenden von Mary, dem Kinde des Volkes, die »nur wenig Wissen hat«, mit der gutbürgerlichen Mirabel, die als Absolventin der Royal Academy »ungeheuer klug« ist und Geige spielt.[79] Während »Mirabel in Musik vernarrt«, ihre Kunst aber schon akademisch angehaucht ist, ist »Marys Stimme selbst Musik …, die Seele mit Seele verbindet«, weshalb der Dichter Mary eine größere Zuneigung entgegenbringt.

15 Jahre später wartete Marion Scott, eine wirkliche Maribel, mit eigenen Versen auf, in diesem Fall mit einem Sonett an ihre Geige. Als Kind eines Anwalts, dessen Klavierlehrer bei Liszt studiert hatte, spielte sie Hausmusik mit den Nachbarn, die ihrerseits Freunde von Joachim waren, und trat dem Damen-Streichorchester von Pfarrer E. H. Moberly bei, ehe sie das Royal College

of Music besuchte, wo sie 1905 den Abschluss machte. Im selben Jahr veröffentlichte sie einen schmalen Band *Violin Verses*, dessen Inhalte sich von einem Geburtstagssonett für die »Betts«-Strad bis zu einer Sammlung von solch praktischen Tipps erstrecken wie diesem:

> Wollen Sie ein brillantes Stakkato,
> Beginnen Sie zart, fast wie Legato,
> Gespielt im Tempo, das Moderato,
> Mit härterem Strich wird dann alles Marcato ...[80]

1896 – in jenem Jahr, in dem Marion Scott in das Royal College eintrat – zeigte James B. Kenyon (1858–1924), ein heute vergessener, damals aber weithin bekannter amerikanischer Dichter, unbeabsichtigterweise, wie weit die Dinge seit der in die Musik vernarrten Maribel gekommen waren:

> Ich wünschte ich wär' ihre Geige,
> Ruht' unter ihres Kinnes Neige,
> Und küsste sanft die weiße Kehle,
> Mit jeder Note Lieb zur Seele.[81]

Mittlerweile hatten sich interessantere Gedichte und interessantere Dichter dem Thema in einer Weise gewidmet, die für Jahrzehnte kein Amerikaner überbieten konnte. Hineingesetzt in Bilder von Sonne, Himmel und Kirche, von Blumen und melancholischen Walzern und, wie ein Kommentator feststellte, »ohne einen Hauch von Laster oder Perversität, ohne Gotteslästerung oder Sympathie für Dunkelheit und Tod«, nahm die Geige schon 1857 ihren Platz ein, als Charles Baudelaire sich für sein Gedicht *Harmonie du soir*, einem aus seiner berühmt skandalösen Sammlung der *Fleurs du mal* (Blumen des Bösen),[82] einer sechzehnzeiligen malaysischen Versform namens Pantoum bediente. Deutschsprachige Übersetzer hatten mit dem Bild einer Geige zu kämpfen, die im französischen Original als »frémit comme un cœur qu'on afflige« bezeichnet wurde, was sie etwa mit »wie ein betrübtes Herz erbebt der Geige Singen« oder »wie ein Herz, das gekränkt ward, erzittern die Geigen« übersetzten.[83] Unabhängig von der Übersetzung sollte *Harmonie du soir* zu »einem der gepriesensten und am meisten in Anthologien aufgenommenen französischen Gedichten« werden.[84]

Verlaines *Chanson d'automne*,[85] ein weiterer Klassiker nicht nur der französischen Literatur, sondern der modernen Dichtkunst insgesamt, geht auf das Jahr 1866 zurück. Damals war der Dichter 22 Jahre alt. Die häufig zitierten »sanglots longs des violons de l'automne« in den ersten Zeilen stellten ebenfalls eine Herausforderung für Übersetzer dar. Verschiedene Versionen, die C. John

Holcombe, selbst ein Dichter mit Erfahrungen in der Bergbauforschung, Finanzwelt und Numismatik, liebevoll zusammengestellt hat,[86] rangieren von »Wenn in den Violinen das Seufzen des Herbstliedes beginnt« bis zu »Lange Seufzer auf den Saxophonen des Herbstes«.

Michel Esnault, ein pensionierter Postbeamter aus Marseille mit einer Leidenschaft für lokale Geschichte, Archäologie und Literatur, lenkt die Aufmerksamkeit in seinem Gedicht auf die Verbindungen zwischen Melancholie, Fatalismus und der Jahreszeit,[87] ohne darauf hinzuweisen bzw. selbst zur Kenntnis zu nehmen, dass nie zuvor eines, geschweige denn alle drei dieser Themen in eine poetische Verbindung mit der Violine gebracht worden waren.

Dem Instrument wurde, wenig überraschend in einer Zeit der Geigenanbetung, mit einer kleinen Hymne an Ole Bulls Stradivari im Prolog zu Henry Wadsworth Longfellows *Tales of a Wayside Inn* die gebührende literarische Aufmerksamkeit zuteil.

> Entworfen war sie exquisit,
> Perfekt bis in den kleinsten Teil.
> Ein Wunderwerk des Geigenbaus;
> Und in ihre Hohlkammer hatte der,
> Aus dessen Händen sie kam,
> Seinen unvergleichlichen Namen geschrieben –
> »Antonius Stradivarius«.[88]

Zwei Jahre nach der berühmten South-Kensington-Ausstellung von 1872 widmete Mary Anne Evans, auch bekannt als George Eliot, »jenem einfachen Mann mit der weißen Schürze, der geduldig und volle vier Jahre bei der Arbeit stand«, 151 Zeilen von jambischen Pentametern. Dank Joachim, dem »Meister der Violine« und dem »großen Sebastian, der diese feine Chaconne schrieb«, wurde ihre »Seele heute bei den Flügeln gehoben«, berichtete sie. Doch weder Bach noch Joachim »hatten uns heute zur Freude verholfen«.

> Eine andere Seele lebte in der Luft
> Und schwenkte sie zu wahrer Rettung,
> Einer hohen Erfindung und ebensolchem Können.

Diese Betrachtung leitet über in einen Dialog zwischen Stradivari, der bereits fast 70 Jahre alt ist, und Naldo,

> Einem Maler der eklektischen Schule …,
> Der mit einunddreißig Jahren alle Tricks des Stils kennt
> Und ihrer müde ist.

Er fordert den alten Mann auf, seine Kunst zu rechtfertigen.

> Stradivari ist unbeeindruckt:
> … wenn irgendein Meister
> Eine meiner Violinen zwischen Kinn und Hand hält,
> Wird er froh sein, dass Stradivari gelebt hat.

Doch ganz so sah es nicht jeder. In Amy Lowells *Cremona Violin*, zuerst erschienen in *Men, Women and Ghosts*, einer bunten Mischung von Gedichten, die die Autorin etwas kokett als »Geschichtenbuch« vorstellt,[89] wird »ein feines Modell aus Cremona« unbeabsichtigt zu einem Teil einer häuslichen Dreiecksgeschichte. Dann wird es zu ihrem Opfer. Lowell, dem Bostoner Bildungsadel entstammend, war gewiss keine Bilderstürmerin. Selbst hochmusikalisch und eine passionierte Abonnentin der Boston Symphony, lud sie regelmäßig Freunde zu Hauskonzerten ein. Carl Engel, der in Paris geborene und in Deutschland ausgebildete Musikwissenschaftler und Komponist, der später der Leiter der Musikabteilung der Library of Congress wurde, führte sie in die Musik von Strawinsky und Bartók ein, lange bevor die meisten Amerikaner überhaupt von ihnen gehört hatten, und machte sie auch mit den französischen symbolistischen Dichtern bekannt.[90] Das zweite von Strawinskys *Drei Stücken für Streichquartett* sollte auch in *Men, Women and Ghosts* seinen Platz finden.

> Fahle Musik einer Geige zieht über den Mond,
> Ein blasser Rauch von Violinmusik weht über den Mond,
> Kirschblätter fallen und flattern,
> Und der weiße Pierrot,
> Umkränzt vom Rauch der Geigen,
> Bespritzt mit fallenden, fallenden Kirschblättern,
> Kratzt sich in der frischen Erde sein eigenes Grab
> Mit seinen Fingernägeln.

Aber anders als die Musik, die immer noch gespielt wird, ist das Gedicht längst zu einem Erbstück der Avantgarde des frühen 20. Jahrhunderts geworden.

Die *Cremona Violin* hingegen hat immer noch Drehbuchpotenzial. Die junge Lotta ist mit dem etwas älteren Theodore Altgelt, Konzertmeister der Bayerischen Hofkapelle, verheiratet, der so spielt, »wie es nur wenige Männer können«. Doch der »sanfte und anspruchslose« Theodore ist mit seiner Strad verheiratet, sodass seiner Frau nichts anderes übrigbleibt als »leise, tap-tap-tap,« die Treppe hinaufzusteigen, »und in ihrem kleinen Zimmer / Trost von einem in voller Schönheit erstrahlenden Mond / herbeizuseufzen«, wenn er nach der Nachmittagsprobe zum Tee und für ein Nickerchen nach Hause kommt.

Lotta verlässt den Raum, um ihren Garten zu betrachten, und beginnt ein Gespräch mit Heinrich, einem gutaussehenden Passanten. Theodore, ebenso arg- wie ahnungslos, berichtet am nächsten Tag während des Mittagessens, dass sich die große Sopranistin Gebnitz, die derzeit mit dem Orchester singe, einen Liebhaber genommen habe, denn

> Gebnitz … ist ein Stein,
> Brütet den ganzen Tag über Büchern, und hat kein Ohr
> Für den Gesang seiner Frau.

An diesem Nachmittag läuft Lotta während eines Schaufensterbummels in der Stadt Heinrich vor einem Juweliergeschäft in die Arme. Er besteht darauf, ihr ein Medaillon zu kaufen. Wohin das führen wird, ist unterdessen klar. Und dann kommt der junge Mozart, noch nicht ganz 25 Jahre alt, zur Premiere seiner neuen Oper.

> »Idomeneo« war der Name der Oper,
> Ein Name, den die arme Charlotta hassen lernte.
> Herr Altgelt arbeitete so hart, dass er selten
> Zum Tee nach Hause kam, und es war immer spät,
> Manchmal Mitternacht …
> Er übte jeden Morgen, und ihr Herz
> Folgte seinem Bogen. Aber während er spielte,
> Saß sie oft zurückgezogen seitwärts,
> Und ihre Finger griffen geistesabwesend nach ihm und berührten es,
> Das Medaillon.

Zerrissen zwischen Heinrichs Liebe und Theodores Strad, denkt Lotta während des Abwasches an Selbstmord.

> Was hielt sie hier, warum sollte sie warten?
> Sie hatte begonnen, die Geige zu hassen,
> Die im Kasten vor ihr lag. Hier warf sie
> Den Deckel hoch. Schwang die Geige
> Über ihren Kopf, das laute Ticken der Wanduhr
> Traf auf ihr Ohr. Es war langsam, und als sie anhielt,
> Öffnete sich die kleine Tür und warf
> Einen Holzkuckuck aus … »Kuckuck!«
> Die Violine, auf dem Rost zerschlagen, brach entzwei.
> »Kuckuck! Kuckuck!«, rief die Uhr weiter;
> Aber niemand hörte zu. Frau Altgelt war gegangen.

Lowells Zeitgenosse, der Dichter und Lincoln-Biograf Carl Sandburg schrieb innerhalb von zwei Jahren nicht weniger als drei Liebesbriefe in einer Sammlung, für die er seinen ersten Pulitzerpreis bekam. Der erste, *Bath*, ist an den Virtuosen Mischa Elman gerichtet:

> Ein Mann sah die ganze Welt als einen grinsenden Totenschädel und gekreuzte Knochen. Das rosige Fleisch des Lebens schrumpfte von allen Gesichtern. Nichts zählt. Alles ist eine Fälschung. Staub zu Staub und Asche zu Asche und dann eine alte Dunkelheit und eine nutzlose Stille. So sah er alles. Dann ging er zu einem Konzert von Mischa Elman. Zwei Stunden lang trafen Schallwellen auf sein Trommelfell. Die Musik wusch irgendetwas in ihm. In seinem Kopf und Herzen zerbrach die Musik etwas und baute es wieder auf. Für den jungen russischen Juden mit der Fiedel blieb er für fünf Zugaben. Als er nach draußen kam, trafen seine Fersen auf eine neue Weise auf den Bürgersteig. Er war der gleiche Mann in der gleichen Welt wie vorher. Nur gab es jetzt für immer ein singendes Feuer und kletternde Rosen über der Welt, die er sah.[91]

Der zweite ist dem Virtuosen Jan Kubelik gewidmet:

> Dein Bogen fegte über eine Saite und eine lange tiefe Note zitterte in die Luft.
> (Eine Mutter aus Böhmen schluchzt über einem neuen Kind, das perfekt lernt, Milch zu saugen.)
> Dein Bogen lief schnell über alle hohen Saiten flatternd und wild.
> (Alle Mädchen in Böhmen lachen an einem Sonntagnachmittag in den Bergen mit ihren Liebhabern.)[92]

Der dritte ist dem Virtuosen Fritz Kreisler zugeeignet:

> Verkaufen Sie mir eine Geige, Herr, aus altem geheimnisvollem Holz.
> Verkaufen Sie mir eine Geige, die dunkle Nächte auf die Stirn geküsst hat, dort, wo Männer Schwestern küssen, die sie lieben.
> Verkaufen Sie mir getrocknetes Holz, das vor Leidenschaft geschmerzt hat, während es die Knie und Arme eines Sturmes umklammerte.
> Verkaufen Sie mir Rosshaar und Kolophonium, das an den Brüsten der Morgensonne um Milch gesogen hat.
> Verkaufen Sie mir etwas, das im Herzblut des Schmerzes zerstoßen wurde, bereiter denn je für noch ein Lied.[93]

In den geschäftigen Jahrzehnten, die folgten, gab es für ein stetig wachsendes Publikum viel an großem Geigen. Aber nicht einmal Heifetz, der Größte von allen, scheint etwas Vergleichbares inspiriert zu haben – weder von Sandburg noch von sonst jemandem. Heifetz erfüllte mit Ehrfurcht. Anfang der 1950er-Jahre suchte Leo Durocher, eine der sowohl beredtsten als auch barocksten Figuren der Baseball-Welt, nach Namen, mit denen sein genialer Center Fielder Willy Mays angemessen zu beschreiben war. Er kam auf Joe Louis, den Boxweltmeister im Schwergewicht, das große Rennpferd Nashua, den unvergleichlichen Entertainer Sammy Davis jr. und Heifetz.[94] Doch selbst Heifetz inspirierte nicht zu Poesie wie Elman, Kubelik, Kreisler und Paganini. Der Herausgeber, Dichter und talentierte Musikliebhaber Leigh Hunt berichtete, nachdem er 1834 Paganini gehört hatte:

> Seine Hand … geklammert an ernste Akkorde
> Mit gottgleicher Freude holt er tief Atem
> So tief, so stark, so feurig, voll Liebe –
> Beglückt, doch so beladen wie mit zwanzig Bitten –
> Dass Juno mit kaum göttlicherer Seele
> Sich sehnt nach Jupiters Lippen erster Last.[95]

Auch wohlwollende Kritiker waren sich einig, dass das Gedicht nicht zu Hunts besten gehörte.[96] Allerdings ließ es keinen Zweifel daran, dass es keine alltägliche Erfahrung war, Paganini zuzuhören. Der Wiener Dramatiker Franz Grillparzer, der sich persönlich in Paganinis Poesiealbum eingeschrieben hatte, musste ebenfalls nicht dazu überredet werden, des Meisters Zauber zu bezeugen – in zwölf Zeilen jambischer Pentameter, die 1872 veröffentlicht wurden.[97]

> Dann aber höhnst du sie und dich,
> Brichst spottend aus in gellendes Gelächter?
> Du warst kein Mörder? Frevler du am Ich,
> Des eignen Leibs, der eignen Seele Mörder!
> Und auch der meine – doch ich weich' dir aus![98]

Nahezu eineinhalb Jahrhunderte später inspirierte Paganinis Zauber Scott Emmons, dessen Online-Sammlung *The Daily Rhyme* (www.thedailyrhyme.com) seinen Brotberuf als Texter für Grußkarten der Firma Hallmark ergänzte.[99]

> Paganini, Paganini,
> Sterblich, Dämon, Hexer oder Genie,
> Mephistophelischer Maestro
> Der mystischen Geige!

Mit dem Stich deines Staccato
Und dem stachligen Pizzicato,
Wenn du auf deiner Fiedel spieltest,
War es kurz vor einer Sünde!

Paganini, Paganini,
Schlank und schlaksig wie Linguine,
Mit einer Art, die manisch war
Und satanisch, wenn du spieltest,
Und wie dein gehetzter Hauch von Hades
Die einheimischen Damen entflammte!
Du warst feurig, du warst drahtig,
Nicht selten gut gebettet![100]

Prosa

»Romane zu musikalischen Themen sind nicht unbedingt neu, aber sie sind immer noch zu selten, um abgedroschen zu sein«, schrieb ein anonymer Rezensent
der New York Times noch 1878, und es dauerte noch einige weitere Jahrzehnte,
bis aus dem Flirt zwischen Geige, Geigern und Erzählliteratur eine stabile
Beziehung wurde. Aber von da an sollte sie sowohl flexibel als auch dauerhaft
sein, während große und kleine, gute und schlechte Romanautoren ihr Potenzial
pflegten, hegten und ausschöpften. »Wir haben unzählige Romanstücke, die mit
Geigen zu tun haben«, berichtete ein anderer anonymer Kritiker im Jahr 1896.[101]

Wie ein paar Romane beweisen, fanden auch Kammermusik-Ensembles
ihren Platz in dieser literarischen Gattung. Nathan Shahams Rosendorf Quartet,[102]
das ein wenig von Rashomon und ein wenig von der Kunst der Fuge hat, kontra-
punktiert die vielschichtigen Kulturschocks ihrer deutsch-jüdischen Haupt-
personen im Kampf mit ihren Identitäten, mit ihrer Geschichte und miteinander
im Mandatsgebiet Palästina während des Arabischen Aufstands von 1936 bis
1939. In Vikram Seths An Equal Music[103] müssen sich die jungen Musiker in
einem London, das vom Goldenen Zeitalter der Gebrüder Hill ebenso weit
entfernt ist wie von Königin Victorias diamantenem Thronjubiläum, mit den
Herausforderungen ihrer Kunst, dem Verdienen ihres Lebensunterhalts und
mit ihrem Gefühlsleben auseinandersetzen – mit Themen also, die jedem Spieler eines Quartetts vertraut sind.

Selbst Orchester fanden in der Romanliteratur Berücksichtigung. Die
miteinander Schach spielenden Pultnachbarn in Wolfgang Camphausens Eine
kleine Schachmusik – glaubwürdig, wortgewandt, gelegentlich urkomisch – sind
die Schöpfungen eines Profigeigers, zu dessen jahrzehntelanger Berufserfahrung

17 Sommer in Bayreuth gehören. Ihr Spiel, zum Zeitvertreib während einer Probenpause gedacht, basiert auf einem sorgfältigen Studium der Zusammenstellung von 100 großen Partien des ungarischen Großmeisters Géza Maróczy.[104] Unerbittlich wie Stierkämpfer denken sie in der Zwischenzeit über das Leben, die Kunst und die Geschichte, über Mozart und Wagner, über Sex und Geld, ihre Ehefrauen, Kinder, Kollegen, Dirigenten, das Publikum und ihre erheblichen Vorbehalte sich selbst und dem anderen gegenüber nach. »Unnötig, aber nötig, ist es sicherlich zu erwähnen, dass die in diesem Buch erscheinenden Musiker, Dirigenten, Ratsmitglieder, Frauen, Kinder und sogar Regisseure in der Wirklichkeit nicht vorkommen«, fügt der Autor augenzwinkernd hinzu. »Ähnlichkeiten sollten billigend in Kauf genommen werden.«

Wie dem auch sei: In Bild, Poesie und Prosa übte die Sologeige eine Anziehungskraft aus, die kein anderes Instrument oder eine Kombination von Instrumenten überbieten konnte. Motive, die für die Leihbücherei, Frauenzeitschriften und das jiddische Theater erdacht wurden, eigneten sich ein Jahrhundert später auch für Film und Fernsehen, Computer-Bildschirme, Flughafen-Buchhandlungen und eBook-Reader. Professor Moriarty kam und ging. Sherlock Holmes, ein »exzentrischer«, aber »sehr fähiger Geigenspieler mit keinerlei außergewöhnlichen Verdiensten«, stolzer Besitzer einer Strad »im Wert von mindestens 500 Guineen«, die er »für 55 Schilling bei einem Juden-Trödler in der Tottenham Court Road« erworben hatte, und ein Fan von Sarasate und Neruda, gab es immer noch.[105] Aber einige Motive waren zwangsläufig beliebter als andere.

Es überrascht nicht, dass die verlorene oder gestohlene Geige eines Alten Meisters, die in der Regel wiedergefunden wurde, ein Dauerbrenner war und das Ganze üblicherweise in Großbritannien spielte. Edward Heron-Allens Novelle *A Fatal Fiddle*, Walter Maysons *The Stolen Fiddle* und Charles Allens *Papier Mâché*, alle während des Goldenen Zeitalters der Hills herausgegeben, sind frühe Vorbilder.[106] Alle drei Autoren sind so englisch wie der Fünf-Uhr-Tee. Jeder ist in einer Welt zu Hause, in der Klasse für die Gesellschaft so viel bedeutet wie der Norden für den Kompass. Alle drei sind selber Insider und schreiben für Leser, die bei den Hills einkaufen oder dort einkaufen möchten.

Obwohl *The Fatal Fiddle* in den Vereinigten Staaten entworfen und veröffentlicht wurde, wo Heron-Allen auf einer dreijährigen Reise als Experte im Handlesen unterwegs war, könnte das Milieu kaum weniger amerikanisch sein. Harold, ein fähiger Amateurgeiger und junger Beamter in Ihrer Majestät Abteilung für Altpapier und Siegellack, strebt dort an die Spitze der Karriereleiter. Die Gelegenheit kommt, als sein Vorgesetzter, ein leidenschaftlicher Geigensammler und -händler, ihn zu einem Empfang ins Außenministerium einlädt. Harold, erpicht darauf zu brillieren, entdeckt im Durcheinander eine del Gesù. Er leiht sie sich für den Abend aus, hinterlässt einen blendenden Eindruck und bekommt seine Beförderung. Von seinem Erfolg beschwipst, vergisst er die Geige dann im Zug.

Als ein schmieriger französischer Händler eine andere del Gesù für haarsträubende 900 Pfund für ihn findet, leiht sich der verzweifelte Harold die Summe von »den Juden« und tritt dann in das Kurzwarengeschäft seines Schwagers ein, um das Darlehen zurückzahlen zu können. Jahrzehnte später trifft er zum ersten Mal seit seiner Kündigung seinen ehemaligen Vorgesetzten, der, als er begreift, was passiert war, ausruft: »Was für eine Tragödie!« Es stellt sich heraus, dass er zwar wirklich eine del Gesù besessen, aber an Harold eine billige Kopie verliehen hatte. Danach verkaufte er unwissentlich das Original zweimal, einmal für 700 Pfund an Harolds Händler, und als er dann annahm, dass Harold die Kopie zurückgegeben hatte, noch einmal für 7 Pfund.

Auch Maysons Geschichte spielt im Milieu der feinen Leute. Aber seine im Wesentlichen harmlose Geschichte ist in eine patriotische Aussage verpackt. Schauplatz ist ein Landhaus im Lake District. Ein Amateur-Quartett besteht aus einem Grafen als Cellist, seiner Schwester, die eine Strad besitzt und spielt, dem Erben eines Barons, der vorbeikommt, um seine neue englische Violine zu präsentieren, und einem Nachbarn, der Bratschist ist und auch Instrumente sammelt. Die Würmer in ihrem gemeinsamen Apfel sind der Assistent eines betrügerischen Dieners, sein Bruder sowie ein fremder und »einzigartig schlauer« Händler – »ob Deutscher, Italiener oder Franzose, werde ich Ihnen nicht verraten«. Der Privatdetektiv Jones, der die Diebe in malerischer Verkleidung durch eine malerische Landschaft jagt, ist das Bindeglied zwischen den Geschichten.

Die dazwischenliegenden Seiten umfassten Wordsworths Grab, mundartliche Witze, eine Weihnachtsfeier, während der »alle für die Zeit sozial und einander aufrichtig wohlgesinnt« sind, und ein Fest zu einem Diamant-Jubiläum von Königin Victoria, bei dem »verdienstvolle Arme und Mittelklässler stolz darauf waren, hinzugebeten worden zu sein«. Der Höhepunkt ist die Gerichtsszene, in der sich herausstellt, dass es sich bei der »Strad«, die der einzigartig schlaue Händler dem benachbarten Bratschisten für 450 Pfund verkauft hat, um die gestohlene englische Geige handelt, die der Neffe des Barons für 25 Pfund gekauft hatte. Am Ende des Romans ist »die Königin so sehr von der Tatsache beeindruckt, dass ein moderner Engländer in der Lage ist, ein Instrument zu bauen, das zu einer Arbeit von Stradivarius erklärt wird«, dass sie seinem Erbauer die Ehre eines Ritterschlages verleiht.

Die Geschichte von Charles Allen, die in einem Katalog Anfang des 21. Jahrhunderts als »Kriminalroman eines Autors, der bei Henry James zu viel falsch verstanden hat«[107], beschrieben wurde, ist schwer zu verwechseln mit The Golden Bowl (Die goldene Schale) oder Portrait of a Lady (Bildnis einer Dame). Aber die narrativen Elemente – eine verlorene Strad, ein Einbrecher, ein betrügerischer Geigenbauer und ein Sohn, der den Verlust von Anwesen und Familientitel riskiert, falls das Instrument gestohlen wird – sind vertraut. Die Handlung führt den Leser bis nach Australien, wo diese narrativen Elemente vom langen Arm des Zufalls an die Hand genommen werden. Am Ende siegen sowohl die Tugend als auch die wahre Liebe, da der Sohn des Einbrechers die Strad und der junge Mann mit dem Titel das Instrument und die Tochter des Geigenbauers behalten können. »Eine gute und feste Moral«, sagte der Rezensent in der *New York Times*.[108]

Ein Jahrhundert später ist das Genre so frisch wie seit jeher. Seine Weiterentwicklung dokumentieren vier internationale Titel: Paul Adams *Sleeper*, in den Vereinigten Staaten als *The Rainaldi Quartet* erschienen, Douglas Prestons und Lincoln Childs' *Brimstone*, Joseph Roccasalvos *Portrait of a Woman*, Jô Soares' *A Samba for Sherlock* und Gerald Elias' *Devil's Trill*.

Zunächst einmal war die Gattung, wie so vieles, über das Meer gekommen. Die Amerikaner Preston und Childs, die sich im New Yorker American Museum of Natural History kennengelernt hatten, waren überaus produktive Autoren. Pro Jahr brachten sie einen reißerischen Roman heraus, der an jedem Flughafenkiosk erhältlich war und in einem Zug konsumiert werden konnte »wie eine Tüte Kekse«, wie ein bewundernder Leser schrieb. Roccasalvo, ebenfalls Amerikaner, hatte einen Doktortitel von Harvard und war sowohl Professor für vergleichende Religionswissenschaften als auch römisch-katholischer Priester. Seine vier Romane und zwei Novellen, die zwischen 1995 und 2007 herauskamen, scheinen mehr des Spaßes als des Verdienstes wegen geschrieben worden zu sein. Adam, ein ehemaliger Journalist und Autor von neun Romanen in zwölf Jahren, hatte in Rom und in seiner Heimat Nordengland gearbeitet.[109] Der Brasilianer Soares, der schon Ende 50 war, als er mit dem Schreiben von Romanen begann, hatte zuvor Karriere als Entertainer und Gastgeber einer Fernseh-Talkshow gemacht.[110] Elias, ein weiterer Amerikaner, wollte während seiner Kindheit in Long Island Spieler bei den New York Yankees werden, entschied sich aber für die Geige, nahm bei Galamian Unterricht und spielte 13 Jahre lang bei der Boston Symphony, bevor er eine Anstellung als zweiter Konzertmeister des Utah Symphony Orchestra annahm. Diese Position erlaubte es ihm, zu unterrichten, aufzutreten und von Australien bis Peru zu dirigieren, mit seiner Familie für ein Jahr nach Italien zu gehen und einige nützliche Dinge über Japan zu lernen.[111]

Ebenso wie Mayson und Heron-Allen beherrschte Elias die Sprache der Violine wie ein Muttersprachler; er schrieb auch in ihr mit der dedizierten Freude eines Mannes, der die Chance wahrnimmt, die kleinen Affronts und Herabsetzungen eines Lebens zu begleichen. Die anderen beherrschten viele Sprachen fließend – darunter diejenigen von Mord, Sex, Wein, Edelrestaurants und sogar Kunstgeschichte –, hatten die Sprache der Violine aber eindeutig als Fremdsprache gelernt.

Für Soares war Stradivari, ebenso wie für Allen und Conan Doyle, ein Markenname. Die verschwundene Strad, die zu Beginn des ersten Kapitels der Freundin des Kaisers gestohlen wird und in Brasilien nur eines von zwei Exemplaren sein soll, wird sofort fantasievoll bei der Ermordung der ersten von vier Prostituierten eingesetzt. Aber die Geige hat weder eine Geschichte noch eine Herkunft. Die bei Preston und Childs verschwundene Strad hingegen, die angeblich »von Franz Clement bei der Premiere von Beethovens Violinkonzert [...], von Brahms selbst bei der Uraufführung seines zweiten Violinkonzerts und von Paganini bei der ersten italienischen Aufführung seiner 24 Capricen gespielt wurde«[112], hat beides. Die Erzählungen sind allerdings so ahnungslos erfunden, dass Mayson und Heron-Allen mit den Augen gerollt hätten.

Doch Hinweise auf aktuelle Ereignisse lassen vermuten, dass die Autoren zumindest ab und an in die Zeitung schauten. Der Protagonist Tomaso, Adams Geigenbauer-Opfer, ist offenbar auf Kollisionskurs mit einem hochkarätigen britischen Händler, der hinter einem Klon der »Messiah« her ist. Der entscheidende Unterschied zwischen den beiden liegt darin, dass von dem Geigenbauer angenommen wird, dass er auf der ganzen Welt keinen Feind hat, während der Händler vor nichts halt macht. Die Suche führt zu einem verschlüsselten Porträt des Grafen Cozio und seines Stellvertreters Anselmi di Briata, zu einer Londoner Auktion, zu der verrückten Erbin eines toten Sammlers, der allein in einem Haus voller Katzen lebt und zum Museum in Cremona. Am Ende wird eine verlorene Maggini wieder mit ihrem Besitzer vereint, und eine Sammlung von Meistergeigen des Goldenen Zeitalters, die durch den Mord an ihrem venezianischen Besitzer verwaist war, wird zu einer gemeinnützigen Stiftung für junge Spieler. Der überlebende Geigenbauer Gianni ist erleichtert und zerknirscht und verbrennt die Kopie einer del Gesù, die er dem ermordeten Venezianer einst als das spurlos verlorengegangene Original von Louis Spohr verkauft hatte.

Von ihrem Erfolg beflügelt, kehren Gianni und sein Kumpel Antonio, der Cello spielende Polizist, fünf Jahre später in *The Ghost of Paganini* nochmals zurück.[113] Das gilt ebenso für das beliebte Motiv der verschwundenen Strad, ein fiktives Geschenk von Katharina der Großen an Viotti, das Paganini angeblich als eine Gabe von Napoleons ungemein selbstbewusster Schwester Elisa überreicht worden war, bevor das Instrument nach dem Tod von Rossinis erster Frau, der Sopranistin Isabella Colbran, wieder verschwand. Auf dem Weg hin zu der letztendlichen Wiederentdeckung und einem anständigen italienischen Mittagessen, bei dem die losen Enden schließlich miteinander verbunden werden, gibt es wenig Überraschendes. Aber zwei Szenen erhöhen zumindest die Glaubwürdigkeit des Autors. In der ersten staunt ein umwerfend begabter russischer Preisträger darüber, auf Menschen zu treffen, die nur zu ihrer persönlichen Zufriedenheit spielen. In der zweiten schließt er sich den überlebenden Mitgliedern des Rainaldi-Quartetts an, um mit ihnen den fünften Satz von Beethovens Streichquartett op. 130, die Cavatine, zur Erinnerung an ihren Freund zu spielen.

Soares, der nichts weiter als Spaß im Sinn hatte, lässt Sherlock Holmes von Sarah Bernhardt ein Jahr vor seinem eigentlichen Eintritt in die Literatur nach Rio de Janeiro bringen. In schneller Folge beeindruckt er die Eingeborenen mit seinem in Guinea erworbenen Portugiesisch, begeistert eine Soubrette, während er sie nebenbei davor bewahrt, ermordet zu werden, und nimmt an einer Yoruba-Séance teil, wo Watson sein Bestes gibt, um den Geist des gesuchten Mörders herbeizurufen. Sherlock beginnt, Haschisch zu rauchen, kapituliert fast vor der explosiven Küche des Gastlandes und spielt hinreißend auf Brasiliens einziger anderer Strad. Wie zu erwarten, führt er auch erstaunliche Kunststücke seiner Kombinationsgabe vor, die alle hoffnungslos danebenliegen. Bevor er nach England zurückkehrt, übersieht er jeden möglichen Anhaltspunkt und ignoriert heiter und gelassen die Tatsache, dass der Serienmörder, den er in Brasilien verpasst hatte, an Bord des gleichen Schiffs auf dem Weg nach London ist, um seine Karriere als Jack the Ripper fortzusetzen.

Dank der Unterstützung von Preston und Childs wird sogar Stradivaris Lack noch vor den Vorhang gerufen. Bei ihnen wurde die »Brimstone«-Strad seit dem Vorabend des Ersten Weltkriegs nicht mehr gesehen, als den libidinösen italienischen Virtuosen, der deren letzter öffentlich sichtbarer Besitzer gewesen war, eine tertiäre Syphilis erfasste. Die Violine taucht in der manichäischen Welt von Präsident Ronald Reagan und dem Physiker Edward Teller wieder auf. Ihr Besitzer hat die starke Vermutung, dass Stradivaris legendäres Konservierungsmittel gerade das richtige sei, um die sogenannte Star-Wars-Verteidigung zu überwinden. Am Ende wird er zum Opfer einer recht genialen Teufelei eines Erben des ursprünglichen Besitzers.

Roccasalvo folgt auf Preston und Childs so wie der freundliche Polizist auf den bösen. Wieder steht der Lack im Mittelpunkt der Geschichte. Aber dieses Mal erscheint er mit Harfe und Flügel. Philip, ein agnostischer Doktorand in Harvard, hat bereits einen Bestsellerroman auf seinem Konto. Nun verbringt er seine Wochenenden in der wärmstens empfohlenen Ruhe eines Benediktinerklosters, um an seinem nächsten Werk zu arbeiten. Dort verfällt er dem Zauber von Mutter Ambrose, geborene Beatrice Stradivari, und nimmt allen Mut zusammen, um sie nach der legendären Rezeptur zu fragen. »Das ist wichtig für ein Buch, das ich gerade schreibe«, erklärt er ihr. Sie bestätigt, dass die Rezeptur stimmt, »doch es fehlt etwas Unerlässliches: wie der Lack auf die Teile der Geige aufgetragen wird.« Dann erklärt sie, dass der Lack wie die Gnade Gottes »für alle gleich ist, er unterscheidet sich nur in seiner Auftragung.« Sie kommen überein, die Rezeptur versteigern zu lassen und den Erlös einer geeigneten gemeinnützigen Stiftung zukommen zu lassen.

Nach jedwedem Standard und sicherlich nach dem von Roccasalvo ist die Geschichte von Elias konventionell erdig und trotz eines sympathischen Pfarrers, der für den Holmes des Autors den Watson spielt, und eines mürrischen jüdischen Geigenlehrers, der durch eine seltene genetische Erkrankung erblindet ist, unerbittlich irdisch. Wie die Generationen seiner Vorgänger spielt Elias die

Strad-Karte. Aber diesmal ist es eine Dreiviertel-Strad, gebaut für einen erfundenen Zwergenvirtuosen namens Piccolino, der am 29. Februar in einem Schaltjahr des 17. Jahrhunderts geboren wurde. Nach einer zeitgenössischen Quelle war er auch stolzer Besitzer eines anderen Instruments in voller Größe, mit dem er bei den Damen besonderer Erfolge verzeichnete. Unter ihnen war die Spenderin der Strad, eine Herzogin, die ihren winzigen Liebhaber an dessen 13., also 52. Geburtstag mit diesem Instrument beschenkt hatte. Zu ihrem eigenen und Piccolinos Unglück ist kein Instrument auf der Welt eine Hilfe, wenn der Herzog unerwartet mit dem Schwert in der Hand zurückkehrt. Benannt nach ihrem Widmungsträger, brachte die »Piccolino«-Strad seither nichts als Unglück.

Etwa 200 Jahre später wurde das Instrument von einem umherreisenden amerikanischen Millionär wiederentdeckt und ist mittlerweile das Herzstück eines Wettbewerbs, der alle 13 Jahre für Wunderkinder durchgeführt wird, die jünger sind als 13 Jahre. Es folgt der Auftritt eines misslichen Helden, ein ehemaliger Wettbewerbsteilnehmer, der vermutet, dass der aktuelle Vorstand des Wettbewerbs sowohl einen Steuerbetrug begeht als auch eine verfeinerte Version von Kinderpornografie betreibt. Die Violine verschwindet, und die Geigenlehrerin, die im Mittelpunkt der Handlung steht, wird mit einer G-Saite stranguliert. Elias' Held, der der Hauptverdächtige des Diebstahls und Mordes ist, setzt sich in Begleitung eines neidischen Schützlings und seines treuen Kameraden, einem afroamerikanischen Cellisten, der inzwischen Schadensregulierer bei einer Versicherung ist, nach Japans südwestlicher Hauptinsel Kyushu ab. Sie kehren dann mit der Geige zurück, um den Mord aufzuklären, und warten auf den zweiten Roman des Autors.

Einige Erzeugnisse aus dem späten 20. Jahrhundert zeigen, wie das Instrument zum Träger einer Geschichte werden kann. John Herseys *Antonietta*[114] stellt eine weitere fiktive Strad in den Mittelpunkt, deren Namen von der bevorstehenden Heirat des 55 Jahre alten Geigenbauers mit seiner zweiten Frau, Antonia Maria Zambelli, inspiriert wurde. In dem Roman, dem Werk eines versierten Profis im sechsten Jahrzehnt einer bemerkenswerten Karriere, wird das Instrument in fünf »Akten« von Kapitellänge und vier sogenannten Intermezzi vom Cremona des Barock in das barocke Martha's Vineyard am Vorabend des 21. Jahrhunderts mit Zwischenstopps in Paris und Lausanne gebracht, wo Mozart, Berlioz und Strawinsky ebenfalls seine Möglichkeiten schätzen lernen.

Hersey war in China von einem weißrussischen Einwanderer unterrichtet worden.[115] Vorauseilend verkündete er, das Buch »aus purem Vergnügen geschrieben« zu haben. Aber es gibt keinerlei Zweifel daran, dass der Autor, der Häuser in Key West und Martha's Vineyard besaß, wusste, wovon er sprach. Zu den Beweisen gehört das Menü für ein Cremoneser Mittagessen und ein Brotrezept, die für die Stärke von »Antoniettas« Ahornboden benötigten Werkzeuge, eine respektable englische Annäherung an die berühmten Zoten, die der

22-jährige Mozart sich für seine Cousine in Augsburg vorbehielt, und Berlioz' Bewunderung von Gluck und seine Verzweiflung über die Akademiker, die ihn bei der Verleihung des Prix de Rome wiederholt übergingen. Auch ein Wegweiser für die russische Emigrantenszene in Lausanne im Ersten Weltkrieg mit Reminiszenzen an die legendäre Pariser Premiere von *Le Sacre du printemps* gehört dazu.

Aber der letzte »Akt« mit seinem absoluten Gehör für Dialog, seinem konturenscharfen Auge für Kultur und Couture und seiner virtuosen Darstellung von feiner Ironie, beseitigt jeden Rest von Skepsis daran, dass das Buch Spaß machen soll. Mittels eines virtuos konzipierten Drehbuchs folgt es Spenser Ham, der »Unternehmen kauft und verkauft – wissen Sie, so was eben –«, während er zwischen seinem von Saarinen gebauten Sommerhaus auf Martha's Vineyard und seiner Geldwaschanlage auf den Bahamas hin und her mauschelt. Als ein Designer, der bei ihm zu Gast ist, zu ihm sagt, dass er keine Musik in seiner Seele habe, besteigt er die nächste Concorde nach London und kauft »Antonietta«. Daran erinnert, dass eine Strad »wie ein großer Araberhengst […] bespielt werden muss«, stellt er zwei knusprige junge Frauen, eine Geigerin und eine Pianistin mit einer Leidenschaft für Schönberg, Hindemith und Bartók an, um den Sommergästen zu zeigen, was »Antonietta« kann. Die Bestechung für Gäste mit eher konservativem Geschmack ist eine Tombola nach der Aufführung mit 25.000 Dollar als erstem Preis. Als Reaktion auf einen Aufruf an Freiwillige, die das Gewinnlos ziehen sollen, marschieren ein Bundesstaatsanwalt und ein Ermittler von der Börsenaufsicht zur Stirnseite des Raumes, zeigen ihre Papiere und führen den Gastgeber in Handschellen ab. Während »der Raum von frustrierter Habgier vibriert«, endet der Roman, und die Spieler stellen die Ruhe mit dem Vortrag des Schönberg-Konzerts zur Klavierbegleitung wieder her.

Kees van Hages *Verstreken Jaren*,[116] die Biografie einer fiktiven Violine etwas anderer Provenienz, erschien ein Jahr später in Amsterdam. Wie bei Hersey erstreckt sich van Hages Handlung über mehrere Generationen. Aber im Gegensatz zu Hersey liegt von diesem Buch keine Übersetzungen vor, was diesem technisch vollkommenen, historisch sachkundigen und prächtig ausgedachten historischen Roman sehr zum Nachteil gereicht, denn seine glaubwürdigen, mehrdimensionalen und häufig lustigen Charaktere verdienten es, über Holland, die Hälfte von Belgien und Surinam hinaus wahrgenommen zu werden.

Van Hages Roman, der in der gesamten Weltliteratur einzig bekannte, in dem eine Geige aus Markneukirchen gefeiert wird, beginnt mit ihrem Bau durch einen hingebungsvollen Buckligen, der über die widerstandslose Kapitulation seiner Nachbarn und Kollegen und der ganzen Stadt vor der Massenproduktion als Heimarbeit entsetzt ist. Mit der brennenden Stadt hinter ihm[117] bringt er das Instrument nach Leipzig, wo Mendelssohn, Schumann und Ferdinand David in der Geschichte erscheinen. Von dort gelangt es über Mendelssohns Schützling Johannes Verhulst zum Konzertmeister des Diligentia-Orchesters in Den Haag, der fasziniert zusieht, wie sich der konservative Verhulst auf politischem Wege eine Ernennung als Dirigent des Orchesters verschafft. Der nächste Besitzer, ein Geigenbauer und -händler aus Amsterdam, ist von dem selbstgerechten Sozialismus seines Bruders derart abgestoßen, dass er ihm eine Kopie unterschiebt und sich mit dem Original davonmacht. Als sich sein nächster Besitzer im Jahr 1916 beim Einberufungsbüro zum Himmelfahrtskommando an die Front meldet, lässt er die Geige in Berlin. Am Vorabend des Zweiten Weltkriegs kehrt sie mit einem deutsch-jüdischen Geigenlehrer in die Niederlande zurück, doch auch er fährt weg und kommt nicht wieder. Eine Generation später wird die Geige im lebenslustigen Amsterdam der Nachkriegszeit von Straßenräubern gestohlen, während sein neuester Besitzer und seine Verlobte, eine Pianistin, nach einem triumphalen Erfolg beim Abschlusskonzert am Konservatorium auf dem Heimweg sind. Die Geschichte endet – wo sonst? – in Markneukirchen nach der Wiedervereinigung, wo ein westdeutscher Bruder, als die D-Mark die DDR-Mark ersetzt, einem kleinen Währungsbetrug gegenüber nicht abgeneigt ist. So bringt er die Geige zur Restaurierung zu seinem ostdeutschen Bruder zurück.

Hin und wieder lassen Autoren das Instrument für sich selbst sprechen. Maud des Champs de la Tours obskur verfertigte *History of a Violin*[118] von 1878 – ein starker Anwärter für den schlechtesten Roman, der jemals in englischer Sprache veröffentlicht wurde – beginnt mit der Ankunft eines Ahorns in Stradivaris Werkstatt, wo »Madame Stradivari Schokolade und Liköre für die Gäste einschenkt, während ihre schöne Tochter Zerlina süße Kuchen und Konfekt herumreicht, wobei ihr der junge Joseph Guarnerius hilft – Antonios Schüler.« Von da an geht es bergab. Auf den nächsten 274 Seiten wird das aus dem Ahorn geborene Instrument in einem Schrank eingemauert, geht im Schnee verloren, wird in Paris wiederentdeckt und auf einer Treppe fallengelassen. Aber wie die Wechselfälle auch sein mögen, die Herausforderung ist immer dieselbe: sie fernzuhalten oder aus den Fängen zu befreien von dem »alten Abramo, dem jüdischen Händler«, von »Signor Isacco«, der Trödel als Strads und Amatis feilbietet«, von »dem Judenjungen, den wir alle um das Dorf herumstreichen gesehen haben«, von dem »kleinen Judenmädchen«, den »zwei schurkisch aussehenden Judenmännern«, der »listigen Jüdin«, der »unfreundlichen, verhärmt aussehenden Jüdin« und ganz generell von »meinen gehassten und unverwüstlichen Feinden, den Juden«.

Es sollte ein ganzes Jahrhundert vergehen, bevor Thomas Marrocco, ein kalifornischer Musikwissenschaftler und Quartettspieler, aufzeigte, was ein kenntnisreicher Musiker als Altersprojekt und im Selbstverlag zustande bringen kann. Seine sprechende Strad[119] mag nur eine Erfindung sein und vielleicht sogar androgyn, wie sie präventiv auf der ersten Seite bemerkt. Aber wie wenige Geigen in der Romanliteratur hat sie ein Ohr für Sprache, ein Auge für das Lächerliche, ein Gefühl für Geschichte und ist eine Kennerin des Geigenhandels.

Charme, Tugenden und vor allem die Glaubwürdigkeit der Geschichte liegen schon innerhalb der ersten drei Seiten auf der Hand. »Ich wurde gestreichelt, liebkost, geschätzt und verehrt«, beginnt die Geige zu erzählen. »Ich wurde auch gekauft, verkauft, missbraucht, verpfändet, gestohlen, nachgemacht, vernachlässigt, gehandelt und sogar in einem Banktresor in Einzelhaft gesetzt.« Und dann kommt der Clou: »Ich wurde zerkratzt und während der Premiere von Schönbergs Violinkonzert grün und blau geschlagen.«

Der Rest ist eine Vergnügungsreise: Verkäufe an Vivaldi, Tartini und beinahe an Viotti; eine holprige Reise mit einem Erben zum Herzog von Northumberland, der, nachdem er in der Schlacht von Trafalgar einen Arm verloren hat, gezwungen ist, sie zu verkaufen; der Ankauf durch Henry Lockey Hill, und 1830 die entsetzte Entdeckung: »Ich war ein Sammlerstück.« Diese Ereignisse führen wiederum zu Begegnungen mit Vuillaume und Paganini, ein Beinahe-Zusammenstoß mit einem Dieb, der sie durch eine Kopie ersetzt, Weiterverkauf durch Achille an Teresina Tua, auf einer Konzertreise in Kairo fast eine Kernschmelze, Diebstahl durch einen lokalen Müllsammler, der einen Tipp von seiner Kammerzofen-Ehefrau bekommen hat, gefolgt von Wiederentdeckung und Restaurierung durch Vincenzo Gagliano in Neapel. Dieser, der Letzte in einer Familie von fünf Generationen von Geigenbauern, erkennt natürlich seine Chance und fertigt eine Kopie mit einem Strad-Zettel.

Der wirkliche Spaß beginnt an der Schwelle zum 20. Jahrhundert, als das Instrument rechtzeitig genug auf Eugène Ysaÿe übergeht und das Erdbeben von San Francisco überlebt. Bald darauf versucht ein unschuldiger Bauer aus Iowa, der auf irgendeine Weise die Gagliano-Kopie erworben hat, sie als eine Strad zu verkaufen. Der Rechtsstreit, dargelegt in liebevollen Details, endet damit, dass Ysaÿes Original als authentisch anerkannt und die Gagliano-Kopie zuverlässig als eine Arbeit des Turiners Giovanni Francesco Pressenda identifiziert wird.

Die Erzählerin, einmal mehr in die Irre geführt, läuft durch ein Pfandhaus in Marseille, wird unbeabsichtigt eine Komplizin im Heroinhandel und schließt sich einem Strad-Quartett im von den Deutschen besetzten Rom an. Die Violine wird vor einer marodierenden Waffen-SS in einer Toilette versteckt, für harte Währung in Zürich verkauft und taucht – des Autors Wahlheimat zuliebe – in der Werkstatt von Hans Weisshaar in Los Angeles während der heldenhaften Restaurierung der »Red-Diamond«-Strad auf. Wie zu erwarten, kommt sie dann zu Hill's und schließlich zu Sotheby's, wo sie sich zu Recht sorgt, dass sie zu einer Absicherung gegen die Inflation, zum Spielzeug eines Amateurs oder zu einer steuerlich abzugsfähigen Spende werden könnte, bevor sie sich in einem Glaskasten in Paganinis Villa Gaione zur Ruhe setzt. Zumindest, so tröstet sie sich, wird sie dort vor einer weiteren Runde Schönberg sicher sein.

Verglichen mit Marroccos fiktiver Strad, hat Jean Diwos ganz reale »Milanollo«-Strad[120] allen Grund dazu, eine glückliche Fiedel zu sein. Zu den zertifizierten Vorbesitzern gehören der große Viotti, der Kontrabass-Virtuose Domenico Dragonetti, die Meister des 20. Jahrhunderts Christian Ferras und Pierre Amoyal sowie Milanollo selbst, das Wunderkind, nach dem das Instrument benannt wurde.[121] Sein neuester Besitzer war zur Entstehungszeit des Romans Abteilungsleiter in einem großen Schweizer Krankenhaus mit reichlich Auszeichnungen und Publikationen auf dem Kaminsims. Er behandelte sie äußerst pfleglich, wollte aber auch, dass sie gespielt wurde.[122]

Ihr derzeitiger Spieler, noch sehr jung und mit einer respektablen Karriere vor sich, mochte Mozart, Fauré und Wieniawski.[123] Diwos Verleger, in Frankreich der viertgrößte, gab pro Jahr 700 Titel heraus.[124] Der Autor selbst, mittlerweile ein 90-Jähriger, war vor seiner Pensionierung im Jahr 1982 leitender Redakteur bei *Paris Match* und Gründungsredakteur von *Télé 7 Jours*, Frankreichs *Hörzu*, gewesen. Danach brachte er einen Bestseller nach dem anderen heraus, darunter ein Buch über die Pariser Wohngegend seiner Familie, von dem eine Million Exemplare verkauft wurden.[125]

Wie zu erwarten, hatte er ein gutes Gefühl für die Menschen, die die »Milanollo« tatsächlich kannten: Étienne Vatelot, der Doyen der Pariser Händler, das herausragende Talent Christian Ferras, der im Alter von 49 Jahren seinen Depressionen und seiner Alkoholkrankheit erlag, und Amoyal, der Schützling von Heifetz, der hin- und hergerissen war zwischen seiner Ehrfurcht vor der Erinnerung an seinen Freund Ferras, seiner Bewunderung für die »Milanollo« und seinem Verlangen nach einem ernst zu nehmenden Instrument, während er versuchte, seine »Kochanski«-Strad von 1717, die ihm gestohlen wurde, wiederzubekommen.

Seine Behauptungen von einer Begegnung zwischen »Milanollo«, der Geige, und Bach, dem Menschen, am Hof von Anhalt-Köthen, von einem Treffen zwischen Haydn und Viotti in London und einer Begegnung von Ferras und Menuhin in einem Aufnahmestudio kamen allerdings eher hemdsärmelig daher. Weder seinen Herausgeber noch seine Leser schienen es zu stören, dass Bach Anhalt-Köthen schon fünf Jahre vor dem Bau der »Milanollo« und Haydn London einen Monat vor Viottis Ankunft verlassen hatte und dass der Geiger Ferras und der Geiger Menuhin als Paar für eine Einspielung des Brahms-Doppelkonzerts für Violine und Cello wenig wahrscheinlich ist. Diwos »Milanollo« schließt am Ende philosophisch: »Bekannt und geschätzt und deswegen über das Morgen unbekümmert und unbesorgt über die Zukunft bin ich, und damit fühle ich mich wohl, eine Philosophenvioline.«[126]

Gelegentlich nähert sich das Medium tatsächlich der Philosophie an, so in Balzacs *Gambara*,[127] in Grillparzers *Der arme Spielmann*[128] und Melvilles *Der Fiedler*.[129] Balzac hatte als Kind selbst gefiedelt, und auch Grillparzer hätte es gerne getan, bevor die Ängste seiner Familie vor Skoliose diesem Wunsch ein Ende setzten.[130] Obwohl Gambara ein Instrumentenbauer und Komponist und Grillparzers armer Spielmann ein Geiger ist, liegt das gemeinsame Motiv in einem Interesse daran, wie und warum Musiker das tun, was sie tun. Aber die wesentliche Botschaft bei beiden ist die Macht der Kunst und die Grenzen menschlichen Strebens.

Gambara, geboren in Cremona, folgt dem Weg seines Vaters, der musizierte, komponierte und Instrumente baute. Das führt ihn zu einem venezianischen Arbeitgeber und einer venezianischen Ehefrau. Aber nichts klappt, und das Paar siedelt sich arm und elend in der italienischen Diaspora in Paris an, wo Gambaras Frau ihn als Schneiderin der lokalen Prostituierten unterstützt. Ein junger Mailänder Graf, der eigentlich hinter Gambaras Frau her ist, scheint ein interessierter Zuhörer zu sein, als Gambara vor ihm Theorie und Zuschnitt seines geplanten musikalischen Meisterwerkes ausbreitet: eine Trilogie über das Leben und den schlussendlichen Triumph des Propheten Mohammed. Der Graf, überzeugt davon, dass er es mit einem Verrückten zu tun hat, kommt vorbei, nachdem Gambara für Gäste die Partitur auf dem Panharmonikum, dem außergewöhnlichen Tongenerator, von dem er hofft, dass er mit ihm sein Glück machen wird, aufführt. Ein paar Drinks bringen Gambara zu ungewohnter Mäßigung. Aber als er am Morgen ausgenüchtert ist, bedauert er das nur. Er schreibt die Weintherapie als Fehlschlag ab, und der Graf bricht mit Gambaras Frau nach Italien auf, die nach 15 Ehejahren mit Gambara auch ihre Zweifel an ihm hat.

Sechs Jahre später kehrt sie ausgemergelt und gealtert zurück. Gambara hat sein Panharmonikum inzwischen versteigert und seine außergewöhnliche Partitur an die Händler in der Nachbarschaft zum Einwickeln von Obst und Fisch verkauft. Da der Instrumentenbau zu wenig einbringt, nehmen sie abends eine Nebenbeschäftigung auf den Champs Élysées auf, bei der sie, unter Begleitung von Gambaras Gitarre, Teile von seinen Opern zum Besten geben. »Es ist mein Unglück, die Engel singen gehört und geglaubt zu haben, dass Menschen die Klänge verstehen können«, erklärt Gambara einer Prinzessin, die Mitleid mit ihnen hat. Von ihrer Geste zu Tränen gerührt und um seine Verzweiflung und Scham zu verdecken, nimmt er Zuflucht zu einem Aphorismus und sagt, während er sich die Augen wischt: »L'eau est un corps brûlé« – »Wasser ist ein brennender Körper«.

Grillparzers Geschichte ist ebenso trostlos und sein Jakob in vielerlei Hinsicht ein Wiener Gambara. Aber die Unterschiede sind ebenfalls wichtig. Gambara ist mittleren Alters, denkt in großen Dimensionen, ist ein selbstgewählter und ausgebildeter Musiker in zweiter Generation und hat eine Frau. Jakob ist etwa 70 Jahre alt, denkt wenig, wurde gezwungenermaßen zum Musiker und bereut das.

Dennoch gibt es viele Gemeinsamkeiten. Jakob hört die Engel ebenso deutlich singen wie Gambara. Seine Zeitgenossen sind demgegenüber genauso unempfindlich. »Sie spielen den Wolfgang Amadeus Mozart und den Sebastian

Bach, aber den lieben Gott spielt keiner«, sagt er traurig zum Erzähler. Entschlossen, die Zuhörer, die er für unaufmerksam und töricht hält, so gut er kann, zu bilden, teilt er seinen Tag in eine Routine ein, die so regelmäßig ist wie die Jahreszeiten. Morgens übt er. Am Nachmittag verdient er sich den Unterhalt für sein elendes Leben. Am Abend spielt er für sich selbst und Gott. Erfolgreich ist er allerdings nur damit, es sich mit einer Handvoll Kinder zu verderben, die sich einen Walzer von einem Spieler wünschen, der keine Ahnung hat, wie man einen spielt. Er geht einem Nachbarn auf die Nerven, der von der Straße her fragt, ob das Fiedeln aus dem Fenster oben jemals aufhören wird. Die Aufmerksamkeit des Erzählers, eines seltsam leidenschaftslosen »leidenschaftlichen Liebhabers der Menschen«, der von einer »anthropologischen« Neugier angetrieben wird, Jakobs Geschichte aufzuschreiben und bekannt zu machen, ist seine größte Annäherung an Erfolg.

Jakobs Herangehensweise an die Musik ist in jeder Hinsicht eigentümlich. Harmonie ist alles. Durch seine Verehrung für die Naturtonreihe steht er der temperierten Tonleiter gleichgültig gegenüber. Seine Geige mit ihren vielen Rissen ist für jeden in Hörweite eine Heimsuchung. Seine Besessenheit von reinen Intervallen verlangt eigentlich, dass er sauber spielen sollte. Andererseits bedeutet ihm Rhythmus nichts. Mit der vielsagenden Ausnahme des Liedes, das ihn zu der einen Frau in seinem Leben lockt, scheint er abgeneigt, wenn nicht sogar außerstande zu sein, eine Melodie halten zu können.

Dennoch verbindet die Musik Jakob ebenso wie Gambara mit der Welt. Aber ebenso wie Gambara trennt sie ihn auch von ihr. Jakob, der mittlere Sohn eines hohen Beamten, scheitert in der Schule, aber sein Vater sagt Nein zu einem Gewerbe. Als er wie Melvilles Bartleby eine unbezahlte Arbeit als menschliches Kopiergerät annimmt, sorgt sein Vater dafür, dass er bei der Beförderung übergangen wird. Als sein Vater schließlich stirbt, ist er ratlos und macht es dadurch dem Sekretär seines Vaters möglich, ihn um sein Erbe zu bringen, sodass er mittellos zurückbleibt.

Als er eines Tages allein am Fenster sitzt, hört Jakob Barbara, das Mädchen von nebenan, im Innenhof singen. Ihr Lied bewegt ihn so sehr, dass er es auf Papier transkribiert. Zum ersten Mal in seinem Leben erlernt er sogar eine Melodie. Er überwindet seine Schüchternheit, verfolgt Barbara so lange, bis sie ihm eine kräftige Ohrfeige verpasst, ihn reumütig küsst und sich in den nächsten Raum zurückzieht. Als sie die Tür versperrt, küsst er das Glas, das sie trennt. Obwohl Barbara von seiner Unschuld angerührt ist, willigt sie in eine liebelose, aber praktische Heirat mit einem Metzger ein, gibt jedoch ihrem ersten Kind den Namen Jakob und bittet Jakob sogar, ihm Geigenunterricht zu erteilen. Obwohl der Junge nur am Sonntag übt, gelingt es ihm, die Melodie zu meistern, die Jakob zu seiner Mutter führte. Unterdessen geht Jakob, der keine andere Möglichkeit in Aussicht hat, mit seiner Violine auf die Straße.

Der Erzähler erfährt ein paar Monate später im Zuge eines Donau-hochwassers von Jakobs Wirtin, dass dieser nunmehr mit den Engeln Musik macht. Nachdem er zuerst aus den steigenden Wassern ein paar Kinder gerettet hatte, ging er noch einmal zurück, um die Geschäftspapiere seines Vermieters zu bergen. Danach erkrankte er und starb. Der Erzähler trifft Barbara allein am Sarg. Einige Tage später bittet er als Erklärung für einen erneuten Besuch um Jakobs ramponierte Violine. Während Tränen über ihre Wangen rinnen, sagt sie ihm, dass diese jetzt ihrem Sohn gehöre.

Die Geschichte von Melville, von dessen drei Jahre zuvor erschienenem Meisterwerk *Moby-Dick* sich noch nicht einmal die bescheidene erste Auflage verkauft hatte, basiert auf denselben Elementen – ein verkanntes Genie, öffent-liche Verachtung, ein gescheiterter Geiger – und fügt zwei weitere – Demut und Hoffnung – hinzu, die die Dinge in eine andere und unerwartete Richtung lenken.

Helmstone, ein Schriftsteller dessen Gedicht gerade eine schlechte Kritik bekommen hat, läuft seinem Freund Standard in die Arme, der voller Begeiste-rung für einen Clown ist, den er kürzlich im Zirkus sah. Standards Freund Hautboy, ein fröhlich jungenhafter Mittvierziger, schlägt vor, dass sie zur Nach-mittagsvorstellung mit anschließendem Abendessen gehen. Helmstone ist von Hautboys ungekünstelter Freude ebenso berührt wie von dessen »hervorragen-der Urteilsfähigkeit« und der »scharfen Grenze zwischen Begeisterung und Apathie«, die er während des Abendessens zeigt. Doch ist kein wirklicher Glanz in Sicht, bis Hautboy sie in seine Wohnung einlädt und Standard unter der Bedingung einwilligt, dass Hautboy für sie auf seiner Geige spielt. Helmstone merkt sehr bald, dass sein Gastgeber kein gewöhnlicher Spieler ist. Auf ihrem Heimweg stellt Standard den Zusammenhang her. Hautboy war einst ein berühm-tes Wunderkind. Aber der Ruhm ist längst vergangen. Doch »*mit* Genie und *ohne* Ruhm«, so betont Standard, ist der erwachsene Hautboy »glücklicher als ein König.« Dann kehrt er zurück zu dem schmerzlichen Gegenstand von Helm-stones schlechter Kritik. »Am nächsten Tag«, so berichtet Helmstone, der im Gegensatz zu Gambara und Jakob die Botschaft verstanden hat, »zerriss ich all meine Manuskripte, kaufte mir eine Geige und ging zu Hautboy, um bei ihm regelmäßig Unterricht zu nehmen«.[131]

Bis zum Ende des 19. Jahrhunderts waren Geigenbauer und Komponis-ten, vor allem aber Spieler in den Mietskasernen der Literatur ebenso bekannt wie in deren Villenvierteln. In Horatio Algers schöner neuer Welt zahlen sich Charakterstärke, Mut und Rücksicht auf andere stets aus – sie werden vergolten durch die Aufmerksamkeit eines Wohltäters aus der Gruppe der weißen angel-sächsischen Protestanten, durch eine vom Himmel gelenkte Schicksalswende und die Aufnahme in die Mittelklasse. Das gilt für den Gepäckträger Ben, den Detektiv Dan und den jungen Schiffer Grit ebenso wie für Phil, den Fiedler und kleinen italienischen Einwanderer, der der Knechtschaft seines Vaters entflieht.[132] Kate Douglas Wiggin, die für ihr Buch *Rebecca of Sunnybrook Farm* am bekanntesten ist, versuchte sich in einer Geschichte, die 1895 in *Atlantic* herauskam, am Geigen-Genre. Mit Hilfe von *The Practical Violinist* von »Jacobus Augustus Friedheim, Instrumentenbauer am Hofe des Erzherzogs von Weimar«, baut der arme, aber freundliche »Dorf-Stradivari«[133] eine Geige und bringt sich das Spielen selber bei, bevor er als junger Erwachsener sein Augenlicht verliert. In mittleren Jahren tut er sich mit einer warmherzigen und musikliebenden Nachbarin zusammen, die bis dahin wegen eines Unfalls im Kindesalter, der sie mit Narben im Gesicht zurückließ, zur Ehelosigkeit verdammt war. Der überschäumende Optimismus gepaart mit süßlicher Tugendhaftigkeit, die die Titelfigur in Eleanor H. Porters *Pollyanna* zu einem Verkaufsschlager machte, machte auch *Just David* im Jahr 1916 zum Bestseller. Ein geheimnisvoller Waisenjunge ohne Namen, der Französisch spricht, kämpft mit den örtlichen Raufbolden, verleiht seine geerbte Amati an einen blinden Jungen, bietet einem glücklosen Nachbarn Ratschläge an, wie das Brahms-Konzert zu spielen sei und rettet seine strengen, aber liebevollen Adoptiveltern vor der Zwangsvollstreckung. Danach kehrt er für eine vermutlich brillante Zukunft in die Konzertwelt zurück, die sein verzweifelter Vater nach dem Tod seiner Ehefrau verlassen hatte.[134]

Sogar John Philip Sousa, in frühen Jahren selbst ein Geiger, mischte in der Literatur mit. *The Fifth String*, eine kleine Novelle von nur 120 Seiten, erschien im Jahr 1902. Es wurden angeblich 50 000 Exemplare davon zu 1,25 Dollar verkauft, und ein Jahrhundert später ist sie immer noch online verfügbar.[135] Diotti, ein junger, schneidiger Italiener und der größte Geiger der Welt, ist bei seiner Ankunft in New York von der wunderbaren Mildred bezaubert. Aber Mildred ist ein Eisberg. Darüber verzweifelt, flieht Diotti vor seinem nächsten Konzert auf die Bahamas, wo Satan persönlich ihm eine Geige präsentiert, mit deren Hilfe Mildred auftauen wird. Doch die Geige hat eine zusätzliche fünfte Saite, die Diotti auf jeden Fall meiden soll, weil er sonst unverzüglich dem Tod anheimfallen würde. Diotti kehrt zurück nach New York, wo die Geige die Erwartungen erfüllt und Mildred in Unkenntnis der Folgen verlangt, dass er auf der fünften Saite spiele. Das führt zum erwarteten Ergebnis. »Ein Liebhaber von heutigen Detektivgeschichten wünschte fast, dass Diotti die verhängnisvolle Saite schon auf Seite fünfzig gespielt hätte«, schrieb später ein Kritiker.[136]

Bekanntermaßen war der musikbegeisterte E. T. A. (der letzte Anfangsbuchstabe steht für »Amadeus«) Hoffmann ein Schrittmacher des Okkulten und Unheimlichen. Dort, wo nur wenige nichtdeutsche Zeitgenossen danach gesucht hätten, fiel umso mehr auf, dass er als preußischer Beamter in einer Provinz begonnen hatte, die sich bis nach Warschau erstreckte. Die tägliche Routine eines provinziellen Beamten ließ ihm viel Zeit für Musikkritiken, für Klavierunterricht und sogar zum Komponieren von Musik, die tatsächlich aufgeführt wurde. Dann kam das Jahr 1807 und Preußens Einverleibung als französischer Satellitenstaat. Hoffmann, der nicht bereit war, für die Franzosen zu arbeiten, nahm den Posten eines Theaterdirektors in Bamberg an und begann mit dem Schreiben, um seine Familie zu ernähren. Es dauerte nur wenige Jahre, bis Geschichten wie *Rat Krespel*[137] dem Adjektiv »hoffmannesk« zu einer ähnlichen Stellung wie später »kafkaesk« verhalfen.

Die Titelfigur, ein Anwalt und Diplomat, im Wechsel seltsam und wunderlich, hat einen Prinzen in einem Kleinstaat mit seiner Arbeit so sehr beeindruckt, dass dieser ihn mit einem Haus belohnt. Dieses Haus, das nach Krespels Angaben entworfen wird, entsteht innerhalb eines Tages in seinem Garten. Aber seine Leidenschaft sind die Violinen. Wenn er sie selber gebaut hat, spielt er sie einmal – und nur einmal. Sind sie alt und italienisch, sammelt und seziert er sie. Seine Leidenschaft bringt ihn nach Italien, wo seine Virtuosität zu einer schwierigen Ehe mit Venedigs regierender Sopranistin führt. Als seine schwangere Frau in einem Anfall von künstlerischem Temperament seine Cremoneser Geige zerschlägt, wirft er sie aus dem Fenster, reist nach Deutschland zurück, nimmt sein einsames Leben wieder auf und findet seine der Ehe entstammende Tochter wieder, die nunmehr im heiratsfähigen Alter ist.

Anfänglich ist Krespel mit dem Verlobten des Mädchens, einem Komponisten, sehr zufrieden. Dann allerdings bemerkt er bei seiner Tochter ein besorgniserregendes Symptom: eine fieberhafte Rötung, wenn sie, von ihm auf der Violine und ihrem Verlobten am Klavier begleitet, singt. Er erkennt, dass das Singen buchstäblich der Tod seiner Tochter sein wird, und jagt den jungen Mann aus ihrem Leben. Vor die Wahl gestellt, singend mit ihrem Verlobten zu sterben oder still mit ihrem Vater zu leben, entscheidet sie sich für das Letztere und hilft ihm beim Sezieren von Violinen, wobei sie sich in ein besonders schönes Instrument verliebt, das sie ihn bittet zu verschonen.

Eines Nachts träumt Krespel, dass er sie wieder singen hört. Als er in ihr Zimmer eilt und sie dort tot vorfindet, bricht der Stimmstock ihrer Lieblingsvioline als Ausdruck von Sympathie entzwei. Krespel begräbt die Geige mit seiner Tochter. Dann kehrt er in unerklärlich guter Stimmung vom Friedhof zurück, zerschlägt den Bogen und verkündet, dass er frei sei. Aber frei wovon? Von dem kaum verhohlenen Drang danach, Dinge und Menschen zu beherrschen? Dem Streben nach unerreichbarer künstlerischer Perfektion? Der Eitelkeit menschlichen Ehrgeizes? Der Vergeblichkeit menschlichen Strebens? Im Prinzip gibt es darauf so viele Antworten, wie es Doktoranden gibt, die Erzählung auseinanderzunehmen.[138]

The Lost Stradivarius,[139] der erste Roman von John Meade Falkner, ist die Antwort des viktorianischen Englands auf Krespel. Wie Hoffmann war auch Falkner ein Universalgelehrter mit zusätzlichen Interessen für Lokalgeschichte, Paläografie, Dämonologie und frühe anglikanische Kirchenmusik. Nachdem er Oxford verlassen hatte, baute er eine Anstellung als Hauslehrer der Söhne eines leitenden Angestellten zu einer lebenslangen Beschäftigung und Mitgliedschaft im Vorstand bei Armstrong-Whitworth einem der größten Waffenhersteller aus.[140] Seine drei Romane, die er zwischen 1895 und 1903 nach der Arbeit schrieb, sind ein Jahrhundert später immer noch gedruckt und online erhältlich.

In einer Anleitung für die Leser der kurz vor Falkners Tod veröffentlichten Geistergeschichte verdeutlichte der Mediävist M. R. James, ein Meister des Genres, ihre wesentlichen Punkte: den »Schein der Wahrheit«, der es dem Leser erlaubt, seine Zweifel zurückzuhalten; »ein angenehmer Schrecken«; kaum Sex und Gewalt; so wenig Details wie möglich über die Frage, wie die gespenstischen Teile der Geschichte wirklich funktionieren, und ausreichend Nähe zu Zeit und Ort des Lesers, sodass er sich mit der Szene und den Charakteren zu Hause fühlen kann.[141] Falkners Szenario, das moralische Einblicke in das unaussprechlich Böse gewährt und das von alten Etonians und Oxford Studenten bevölkert ist, die Urlaub in Rom machen und Weihnachten in alten und kalten Landhäusern mit Familienporträts verbringen, »die Holbein zugeschrieben werden«, erfüllt all diese Kriterien.

Die Geschichte ist eine ausgedehnte Rückblickserzählung für den Oxford-Studenten Sir Edward Maltravers, mit dem ihn dessen Tante Sophia als zuverlässige Quelle über »bestimmte Ereignisse« im Leben seines Vaters aufklären möchte. Die einleitenden Fakten erscheinen harmlos. Sir John, ein alter Absolvent der Elitebrutstätte Eton und leidenschaftlicher Amateurgeiger, hat das Glück, auf einen sympathischen Klassenkameraden zu treffen, ein Pianist, der gerade mit einer Sammlung barocker neapolitanischer Manuskripte aus Rom zurückgekehrt ist. Während John nach seiner Pressenda greift, beginnt er eines davon zu lesen und spürt unmittelbar eine geisterhafte Präsenz im Raum, wenn er eine bestimmte Gagliarde spielt. Als sie es wiederholen, geht es seinem Freund ebenso.

Der Zufall lässt John in einem Wandschrank eine unveränderte Strad von 1704 und die Tagebücher des jungen Mannes finden, der den Raum ein Jahrhundert zuvor bewohnt hatte. Londons führender Experte, George Smart – eine offensichtliche Anspielung auf George Hart – bestätigt, dass die Strad echt ist. Er bemerkt auch einen rätselhaften zweiten Zettel in Stradivaris Handschrift, »Porphyrius Philosophus«, möglicherweise eine Widmung an den neuplatonischen Autor des antichristlichen *Adversus Christianos*. John beschließt, die Strad zu behalten.

Bei einem Besuch im Hause seiner Verlobten ist er erschrocken, die Erscheinung, die er zuerst in Oxford sah, in einem grellen Blitz zu erblicken. Danach sieht er das Porträt derselben Erscheinung in der Ahnengalerie der Familie und erfährt, dass der junge Mann schön, begabt, ein wunderbarer Geiger und irgendwie von Grund auf verdorben gewesen sei.

John, der unterdessen geheiratet hat und Vater geworden ist, verlässt Frau und Kind und begibt sich auf die Spur der Erscheinung, bis ihn schließlich seine Schwester und ein alter Studienfreund zurück nach Hause bringen – kalkweiß und kaum ansprechbar. Seine Frau ist während seiner Abwesenheit gestorben. Am Weihnachtstag stirbt auch John nach einer somnambulen Reprise der verhängnisvollen Gagliarde. Die verhängnisvolle Strad, die durch moderne Saiten und den Wunsch des Sterbenden, in die Kirche zu gehen, unter Druck geraten ist, zerbricht.

In einer Nachschrift zu dem Rückblick berichtet Johns Freund, dass der schemenhafte junge Mann eine Villa in Neapel errichtet hatte, die vor Neuplatonismus strotzte, dass er in zahllose heidnische Ausschweifungen verwickelt war, bei denen die verhängnisvolle Gagliarde eine Rolle spielte, und schlussendlich erstochen wurde. Er starb, bevor er die Herkunft der wichtigen Tagebuchseiten aufdecken konnte. Seine Tante Sophia und sein Freund verbrennen zur Schadensbegrenzung die Tagebücher und die Überreste der Strad. Ihre brennende Schnecke zeigt ein grinsendes Profil des Porphyrius.

Der *Canone inverso*[142] von Paolo Maurensig ist Ende des 20. Jahrhunderts in Europa eine Antwort auf Hoffmann und Falkner, wie es zur selben Zeit Anne Rices *Violin*[143] für Amerika ist. Beide Romane wurden Bestseller, bei Maurensig mit einem sechsstelligen Umsatz und einem neunstelligen bei Rice.

Die Cecchi-Gori-Gruppe, eine große italienische Gesellschaft, stellte Ricky Tognazzi, einen Schauspieler und Regisseur von enormer Energie und beträchtlichem künstlerischem Ehrgeiz, ein, um aus *Canone inverso* einen Film mit dem Titel *Making Love* zu machen. Sie engagierten sogar den unerschöpflich einfallsreichen Ennio Morricone, den Paten der italienischen Filmmusik, um im Geiste des Romantitels einen echten Spiegelkanon zu komponieren, eine zweistimmige Komposition, bei der die zweite Stimme aus einer exakten Umkehrung der ersten besteht.[144] Mit ähnlichen Hoffnungen auf eine Ablegerserie berief Philips Leila Josefowicz, eine sehr gute Geigerin und MacArthur-Stipendiatin sowie ein Liebling des Autors, eine Sammlung der größten Hits einzuspielen, die als *Violin for Anne Rice* auf den Markt gebracht wurde. Die CD, die sich lose an den Roman anlehnt, enthält auch Tracks von Ysaÿe und dem britischen Rock-Gitarristen Sting, sowie das Tschaikowsky-Konzert, Sarasates *Carmen*-Fantasie, und die »Méditation« aus *Thaïs*.[145]

Doch die Gemeinsamkeiten enden ziemlich abrupt. Maurensig, lange Zeit Büroangestellter, spielte selber Geige und restaurierte auch Barockinstrumente. Er stammte aus Gorizia in der nordöstlichsten Ecke von Italien, wo der lange Schatten Wiens auf den langen Schatten Venedigs trifft. Bis er endlich einen Verleger fand, war er bereits in seinem fünften Lebensjahrzehnt. Rice, die in New Orleans geboren wurde, die katholische Kirche verließ und dann wieder eintrat, war in Hollywood äußerst beliebt und ein Vollzeit-Profi. Ihren ersten

Roman veröffentlichte sie mit 35 Jahren und machte danach einfach weiter. Wenn Maurensig ein Charakter in einer Geschichte von Hoffmann sein könnte, könnte Rice mit ihren 27 Titeln in 32 Jahren, darunter vier Erotikromane unter Pseudonym, ebenso gut ein Charakter in einem ihrer eigenen Romane sein.[146]

Während die Autoren altersmäßig nur zwei Jahre auseinanderliegen, sind ihre Geschichten so weit voneinander entfernt wie jeder von ihnen von Falkner und Hoffmann. Falkners Herangehensweise an James' »gefälligen Schrecken« ist im Wesentlichen eine Belustigung am Lagerfeuer, eine spät-viktorianische Version von gutem gruftigem Spaß. Maurensigs Schrecken hingegen ist echt. Sogar in italienischer Sprache stammt die Stimme des Erzählers aus Mitteleuropa und ist altklug, vernünftig, nüchtern und im Grunde illusionslos. Rice trägt ihr biografisches Herz auf ihrer literarischen Zunge. Ihre Standardposition ist der Narzissmus der TV-Talkshows, ein Genre, das Maurensig ebenso fremd ist, wie es Hoffmann gewesen wäre. Wenn Maurensig sich vom »gefälligen Schrecken« abgewandt hat, so hat sich Rice von James' Zurückhaltung gegenüber Sex und Gewalt verabschiedet, obwohl die traditionellen Themen von Schuld und Erlösung, sogar Tod und Verklärung immer noch in ihren verworrenen Erzählungen zu finden sind.

Mit knapp 200 Seiten ist Maurensigs Erzählung so sparsam und kontrapunktisch, wie die von Rice rhapsodisch und zügellos ist. Die Inspiration zu seinem Roman geht zurück auf Stainer, den großen Geigenbauer aus Tirol, der sein ganzes Leben lang von der gegenreformatorischen Gedankenpolizei gejagt und wegen einer psychischen Erkrankung schließlich weggesperrt wurde. Der Spiegelkanon seines Titels ist mehr als nur eine Redensart.

Die Geschichte beginnt mit der Stimme eines nicht näher identifizierten ersten Erzählers, der 1980 bei einer Christie's-Auktion der Höchstbietende auf eine Stainer-Geige mit einer unverwechselbaren und unheilvoll diabolischen Schnecke ist. Er wird von der zweiten Erzählerstimme bis in sein Hotelzimmer verfolgt, die einem Schriftsteller gehört, der ungeduldig erklären möchte, warum auch er das Instrument hatte haben wollen. Seine Erklärung führt zu der dritten Erzählerstimme, der des heruntergekommenen Geigers, der der Vorbesitzer der Stainer war. Im dafür geeigneten Schutzgebiet eines Nacht-Cafés legt dieser dem zunehmend faszinierten Schriftsteller dar, warum er, ein Künstler von Rang mit einer Geige von Konzertqualität, davon leben muss, in Wiener Weinlokalen den Hut herumgehen zu lassen.

Seine Geschichte, die der Schwerpunkt des Romans ist, mündet in drei weitere kontrapunktische Episoden, bevor der geheimnisvolle Geiger weiterwandert, ohne eine erkennbare Spur zu hinterlassen. Die erste Episode, die so diskret erzählt wird, dass sie kaum wahrnehmbar ist, ist die Geschichte des Abgleitens von Mitteleuropa in den Wahnsinn zwischen 1914 und 1945. Die zweite beschreibt den Aufstieg und Fall einer Freundschaft, die dritte den

Aufstieg und Fall einer Familie. Während die dritte Erzählerstimme langsam ausgeblendet wird, macht sie Platz für die zweite, die dann ebenfalls leiser wird, nachdem die Suche des Schriftstellers nach dem verschwundenen Geiger ergebnislos auf einem ungarischen Dorffriedhof endet. Dann kehrt die erste Stimme lehrbuchgerecht mit der Schlusskadenz zurück, die auf den letzten Seiten alle erzählerischen Dissonanzen auflöst.

Im Gegensatz zu Maurensig erhebt Rice keinerlei Anspruch auf eine »Vortäuschung der Wahrheit«. Ihre Ich-Erzählerin ist altmodisch, übergewichtig und mittleren Alters. Sie trauert um ihren Ehemann, einen Kunsthistoriker, der vor Kurzem an AIDS gestorben ist und ihr einen Haufen Geld und sein Haus in New Orleans vermacht hat. Sie ist so verzweifelt, dass Tage vergehen, bevor sie es über sich bringen kann, ihren Mann zu begraben; danach widmet sie sich pflichtbewusst der Veröffentlichung seines Meisterwerkes über den heiligen Sebastian. Die ganze Zeit vermischen sich schuldbewusste Erinnerungen an verstorbene Schwestern, an die alkoholkranke Mutter, die sie unbeaufsichtigt sterben ließ, und an die Tochter, durch deren Krebstod eine vorangegangene Ehe zerbrach, mit Fantasien über das Geigenspiel, Erinnerungen an Isaac Sterns Aufführung des Beethoven-Konzerts und einer Leidenschaft für den zweiten Satz der Neunten Sinfonie, an den sie sich seltsamerweise als an einen Marsch erinnert, obwohl er keiner ist.

Erlösung naht in der Person eines Geistergeigers, russisch und aristokratisch wie eine Figur von Byron. Zuerst tritt er bei einem öffentlichen Konzert auf, dann spielt er für sie allein, bis sie nach seiner Strad greift und sich weigert, sie ihm zurückzugeben. Er antwortet mit einer All-inclusive-Zeitreise-Tour in sein Erdenleben als ein in Wien ansässiger Schützling von Beethoven, der bei Paganini studieren wollte und es fast geschafft hatte. Leider regte die Idee seinen Vater so auf, dass er beschloss, mit der Strad seines Sohnes nach St. Petersburg zurückzukehren und sie mit dem Rest der Familiensammlung zu verkaufen. In der folgenden Keilerei zerschmettert der Vater die Finger des Sohnes. Der Sohn kontert, indem er den Vater umbringt, worauf er selbst erschossen wird, als er wie erwartet zurückkommt, um die Strad zu holen.

An dieser Stelle ergreift die Erzählerin die Initiative und kehrt als Performance-Künstlerin in das Wien der Jetztzeit zurück. Ihre neue Karriere bringt sie nicht nur nach Rio de Janeiro, sondern auch nach Manaus, dem Drehort von *Fitzcarraldo*, Werner Herzogs Film von 1982 über einen opernliebenden Gummibaron, der entschlossen ist, ein 320-Tonnen-Dampfschiff über die schmale Landenge zwischen parallelen Nebenflüssen des Amazonas zu schleppen, um jenes Stück Land zu erreichen, an dem er sein Glück zu machen hofft. Nachdem sie die Strad an ihren geisterhaften Besitzer zurückgegeben hat, setzt sie ihre Tournee mit einer Guarneri fort, die sie irgendwie auf dem Weg erworben hatte.

Und es gibt natürlich die Romane über Sex – oder jedenfalls über Frauen. Wieder einmal war es Britannien, das den literarischen Weg freimachte. 1888 veröffentlichte Mrs. Humphry Ward *Robert Elsmere*, einen Roman in drei Bänden über einen anglikanischen Pfarrer, der seinen Glauben an das orthodoxe Christentum verliert. Innerhalb von fünf Monaten kam es zu sieben Auflagen, zu Raubdrucken in den Vereinigten Staaten und in Kanada und zu Übersetzungen in mehrere Sprachen. William Ewart Gladstone, der große reformfreudige Premierminister und prominentester Rezensent, war so erschüttert, dass er um zwei lange Gespräche mit der Autorin bat.[147]

Obwohl sich die Geschichte über 561 Seiten entfaltet, ist von Anfang an klar, wohin sie führt. Im fünften Absatz der ersten Seite kündigt die Autorin an: »Bei einem Fremden, der zum ersten Mal auf das Haus stieß, verstärkte sich das Gefühl von einer sich verändernden sozialen Ordnung und dem Verschwinden der Vergangenheit sehr schnell durch gewisse Töne, die in die Abendluft hinausströmten.« Die Quelle der Klänge, so stellt sich ein paar Sätze später heraus, ist die Tochter des Rektors, die Violine spielt. Als ambitionierte Amateurgeigerin hat sie den Nachmittag damit verbracht, Spohr zu üben.

Eine halbe Generation später sollte sich die gleiche unheilvolle Dreiecksgeschichte zwischen Frau, Violine und dem Wandel der Zeit in *Buddenbrooks* wiederholen, der Chronik des Generationenabstiegs, die Thomas Mann mit 26 Jahren zum Star machte.[148] Thomas Buddenbrook, Enkel des Gründers und Kopf des Familienunternehmens hat Gerda Arnoldsen geheiratet, der nicht nur eine Strad gehört, sondern die sie auch spielt. Gerda heuert den Kirchenorganisten an, ihrem kränkelnden Sohn Klavierunterricht zu geben. Sie bringt den Organisten sogar dazu, den »Liebestod« aus Wagners Oper *Tristan*, die erst kurz zuvor uraufgeführt worden ist, für Klavier und Violine zu transkribieren. Ab diesem Moment konnte jeder zeitgenössische Leser den nur wenige Schritte entfernten Abgrund bereits erkennen.

Mittlerweile füllte die spezielle Beziehung zwischen »der Frau« (besonders der »Neuen Frau«) und »der Violine« die Seiten populärer Zeitschriften und Regale englischer Leihbüchereien – allerdings ohne die Kunst und schon gar nicht mit der Ironie von Thomas Mann. Das Thema schien für feministische Vorreiterinnen an der Schwelle des 20. Jahrhunderts besonders attraktiv. Von den neun repräsentativen Titeln, die die Kalifornierin Paula Gillett im Zuge ihrer Erforschung von Themen der viktorianischen Gesellschaft ein Jahrhundert später vom Dachboden rettete, sind die meisten wehmütig, traurig oder unheilvoll. Bei fast allen aber war Vorsicht geboten.

In dreien von ihnen geschieht Geigerinnen Schlechtes. In einer begibt sich die Tochter in eine lieblose Ehe, nachdem ihre rachsüchtige Mutter ihre Strad ins Feuer geworfen hat. In einer anderen wirft eine aufstrebende Virtuosin ihre Strad selbst ins Feuer, nachdem ihr Lehrer ihr empfohlen hat, mit dem Spielen aufzuhören, läuft zur Tür hinaus und ertrinkt. In einer dritten begeht die Absolventin eines Violastudiums an der Royal Academy, deren Quartett für die Eltern der Mitglieder in deren Heim spielt, mit einer Überdosis Drogen Selbstmord.

Zwei der Romane enden in Resignation, nachdem der Tod eines Ehepartners bei der einen Geigerin dazu führt, dass sie ihre Karriere wieder aufnimmt, und bei der anderen, dass sie sie beendet. In zwei weiteren ist der gemeinsame Nenner das Geschlecht. Im frühesten von Gilletts Titeln, veröffentlicht im Jahr 1880, nimmt ein deutscher Professor ein vielversprechendes Mädchen als Schülerin unter der Bedingung an, dass sie sich als Junge ausgibt. In einem der späteren, herausgebracht im Jahr 1910, opfert eine brillante und schöne Mutter ihre eigene Geigenkarriere dem gewaltigen Talent ihres erstaunlichen Sohns, weil, so Gillett, »große Musik von Männern gemacht werden« muss. Die einzige Ausnahme stammt von Mrs. Francis Blundell, einer englischen Katholikin der Oberklasse, die als M.E. Francis bis zu ihrem Tod im Jahr 1930 nicht weniger als 50 Romane herausbrachte, und ist die Geschichte einer deutsch-ungarischen Geigenvirtuosin, die einen ungarischen Klaviervirtuosen in Wiesbaden mit solchem Erfolg in einen musikalischen Hinterhalt im Freien lockt, dass die beiden heiraten und glücklich und zufrieden leben. Keiner der Autoren, so bemerkt Gillett, gibt auch nur einen Hinweis auf Wilma Neruda, deren Vereinigung von Beruf, Ehe und Mutterschaft ein Modell aus dem wirklichen Leben hätte sein können.[149]

Um die Mitte des 20. Jahrhunderts hatte sich auf beiden Seiten des Atlantiks der berufliche Status sowohl der aktiven als auch der fiktiven Frauen wie die meisten anderen Dinge dramatisch geändert. Florence Ponting von Ian McEwan, ein Kind aus dem gehobenen North Oxford, ist attraktiv, begabt und steht in einem akribisch beschriebenen Royal College of Music der Macmillan-Ära in Großbritannien an der Schwelle zum Erwachsensein.[150] Ein fürsorglicher Vater und eine akademische Mutter sorgen für eine erstklassige musikalische Ausbildung, für Skistunden, Flugstunden und Auslandsreisen.

Andererseits war die Sexualerziehung von Florence in der Theorie schwach und in der Praxis nicht existent. Wo unzählige Vorgängerinnen bekanntermaßen angewiesen wurden, ihre Augen zu schließen und an England zu denken, schließt Florence die Augen und denkt an die ersten Takte von Mozarts herrlichem D-Dur-Streichquintett. Es hilft nicht. Eine kritische Masse wechselseitiger Unerfahrenheit macht aus ihrer Hochzeitsnacht, dem Schwerpunkt der Erzählung, eine Katastrophe für beide Beteiligten. Der entsetzte junge Mann, Edward, verbringt sein weiteres Leben mit dem Schreiben von Rockmusik-Kritiken, kommt zu bescheidenem wirtschaftlichem Erfolg und zu einer zweiten gescheiterten Ehe. Florences Quartett spielt Schubert und Beethoven auf CDs ein und ist rund 40 Jahre nach dem Scheitern ihrer ersten und einzigen Ehe immer noch ein Stützpfeiler der Musikszene, aktiv und berühmt.

Inez in San Francisco, eine Schöpfung von Bart Schneider, dem Sohn eines Geigers der San Francisco Symphony, ist attraktiv und begabt, kämpft aber genau wie Florence in London gleichzeitig mit Musik und Sex.[151] Wie unzählige reale Vorgängerinnen wurde auch sie in ihrer Studienzeit von ihrem Lehrer, in diesem Fall der Konzertmeister der San Francisco Symphony, belästigt, der jetzt ihr Schwiegervater ist. Inzwischen ist sie erwachsen und zu einer Spielerin am ersten Pult und gelegentlichen Solistin in dem Orchester geworden, das einst das ihres Lehrers war.

Mit ihrer Landolfi von 1770 und einer Anstellung, um die sie die meisten ihrer Altersgenossen beneiden würden, ist sie beruflich im gelobten Land angekommen, das ihren viktorianischen Vorgängerinnen so fern erschienen wäre wie das Frauenwahlrecht. Auf der anderen Seite gibt es in ihrer schwedisch-amerikanischen Familie eine Geschichte von Selbstmorden; ihre Schwester, jetzt in einer psychiatrischen Anstalt, hat aus Liebe zu Jesus ihre Finger zusammengenäht, und ihre Ehe funktioniert nicht. Nachdem sie von einer lesbischen Verehrerin, die in einem Ausstellungsraum eines Musikgeschäftes Klaviere vorführt, angemacht wird, findet sie zu einem Moment des Glücks und bringt sich dann um.

Im Gegensatz zu Inez ist Augie Boyer – der Erzähler und die Hauptfigur von Schneiders nachfolgendem Roman – männlich, heterosexuell und physisch, wenn nicht sogar kulturell, weit vom Golden Gate entfernt. Wenn er nicht arbeitet, spricht er kenntnisreich über Kunst und spielt Quartette mit einem Kumpel, einem ungewöhnlich adretten Polizeidetektiv in St. Paul mit einer Leidenschaft für zeitgenössische Poesie. Obwohl seine Karriere als Privatdetektiv und sein Privatleben als verlassener Ehepartner ihm Herzeleid gebracht und tausend Stöße versetzt haben, ist er keineswegs ein Selbstmordkandidat. Seine Kundin hingegen, ein fernes Echo von Inez, ist ein schwerer Fall. Wie Augie war sie in die Twin Cities von Minnesota gezogen und ist ebenfalls eine professionelle Geigerin, anscheinend sogar eine sehr gute. Auch sie hat eine zerbrechliche Persönlichkeit, einen unheimlichen Ehemann, der mit Violinen handelt, die einst Nazi-Beutegut waren und die ein unheimlicher Onkel sammelt, und einen unheimlichen Therapeuten.

In der Schlüsselszene des Buches treffen auf dem Gelände des Minnesota State Capitol im Schatten der Republican National Convention Gegner und Befürworter der legalen Abtreibung in zwei Kundgebungen aufeinander. Dank eines Hinweises von seiner Kundin, der Geigerin, gelangt Augie gerade noch rechtzeitig zu der Szenerie, um ein paar Schüsse auf seine Tochter, eine hochkarätige Rock-Sängerin, abzufangen. Er überlebt. Seine Frau hat in der Zwischenzeit ein Kind von dem Freund, mit dem sie durchgebrannt war, zur Welt gebracht, doch ist eine zukünftige eheliche Versöhnung denkbar. Die Geigerin verschwindet.[152]

Claire Kilroys Daniel, ein unerwartet arbeitslos gewordener peruanischer Investmentbanker mit einem Geigenkasten in der Hand, ist am Ende ihres Romans ebenfalls verschwunden[153] und hat vermutlich Interpol auf den Fersen. Das gilt auch für Alexander, einen riesenhaften Gauner und freiberuflichen Mafioso, dem der Leser zuerst in einer Single-Bar in Lower Manhattan begegnet und der, wie der Autor anmerkt, ausgestattet ist, wie der Besitzer sich ein KGB-Büro vorstellt. Alexander besteht darauf, Tschetschene und nicht Russe zu sein, und ist nun wieder irgendwo zwischen der Brooklyn Bridge und der Republik Inguschetien verschwunden, nachdem er eine nirgends dokumentierte, aber verblüffend kraftvolle Geige für einen unwahrscheinlichen Preis bei der etwa 20-järhigen Eva zurücklässt, die wie der Autor und der Ich-Erzähler des Romans aus Irland stammt.

Eva ist ein singulärer Beweis für die These, dass sogar Paranoiker Feinde haben und dass Wahrheit ein so kostbares Gut ist, dass sie sparsam verwendet werden muss. Begabt, egozentrisch, unfallanfällig, aber zuverlässig belastbar, hat sie trotz einer Fehlgeburt gerade ihr Solodebüt in New York gegeben. Aus offensichtlichen Gründen bezahlte sie Alexander mit Bargeld. Vieles davon kommt aus dem Nachlass ihres verschollenen Vaters, mehr jedoch aus dem Verkauf ihrer Vuillaume an einen ehrgeizigen Schüler. Ein Viertel der Summe stammt von Daniel, ihrem Gelegenheitsliebhaber, der ein Stück von dem möchte, was ein zweifelhafter Händler aus Brooklyn für eine mögliche del Gesù hält, aber als Strad verkauft. Indessen ist Alexander immer noch ernsthaft erbost über die 70.000 Dollar, die Eva irgendwie vergaß, ihm zurückzuzahlen.

Inzwischen hat Eva die Krise wegen eines in der ursprünglichen Transaktion übersehenen Risses im Stimmstock bewältigt, eine spitze Anfrage von einer Art hypertrophen Version der Entente internationale des luthiers et archetiers zur angeblichen Strad abgewehrt, sowohl eine drohende Klage des Erben einer polnisch-jüdischen Virtuosin auf Rückgabe dessen, was sie für das Instrument ihres Vaters hält, als auch Daniels geplanten Diebstahl abgewendet und ihren monegassischen Freund und Kollegen, der ihr ihren früheren tschechischen Freund ausgespannt hat, öffentlich geohrfeigt. Doch im Gegensatz zu den anderen Charakteren überlebt Eva nicht nur das Jo-Jo-Szenario und eine Anzahl von holprigen Fahrten über den Atlantik und den East River, sondern scheint immer noch im sicheren Besitz ihrer nicht versicherten und nicht authentifizierten Geige zu sein. Sie kommt wieder mit ihrer treuen Siamkatze sowie ihrem Lieblingsdirigenten zusammen und sieht freudig einer interessanten Karriere entgegen.

Natasha Darsky, die Heldin von Yael Goldstein im frühen 21. Jahrhundert, kommt in der Gruppe noch am besten weg, allerdings nicht allzu sehr. Als ein durch und durch säkularisiertes Kind der soignierten New Yorker Upper East Side weiß sie schon als 15-Jährige im Ferienlager, wo Babys herkommen –

und woher nicht. Sie zeigt auch eine frühreife Begabung für die Violine und tut sich in ihrer Kompositionsklasse in Harvard mit einem charismatischen Mitschüler zusammen. Obwohl ihr Interesse am Komponieren der patriarchalischen Überzeugung ihres Partners zum Opfer fällt, dass nur Männer komponieren, zahlen sich ein zweiter Platz in einem wichtigen Wettbewerb, eine gut entwickelte Figur und ein Titelblatt in *Vanity Fair* in einer respektablen Konzertkarriere, einer Affäre mit einem ikonischen polnisch-jüdischen Filmregisseur und einer Mutterschaft als Alleinerziehende aus.

Ihre Tochter Alex ist ebenfalls frühreif und eine kleine Pianistin, die ihrer Mutter auf Tourneen folgt und mit 14 Jahren einen Beethoven-Zyklus spielt. Aber wie so viele Jugendliche wird sie rebellisch. Entfremdet von ihrer Mutter und von einem Freund zurückgewiesen, schreibt sie sich an der prominenten Musikschule der Indiana University ein, wo – kaum überraschend – die alte Flamme ihrer Mutter, nunmehr halb Sonderling, halb Kultfigur, Professor für Komposition geworden ist. Alex, die von der Verbindung zu ihrer Mutter Natasha nichts weiß, meldet sich für seine Klasse an. Diese Beziehung scheitert ebenfalls und führt zu einer zweifelhaften Versöhnung anlässlich des Abschiedsauftritts ihrer Mutter in der Carnegie Hall, die dort das Brahms-Konzert mit ihrer gewohnten Virtuosität spielt. Als das Publikum eine Zugabe verlangt, spielt sie das improvisatorische Stück ihrer Tochter,[154] während diese dabei ist.

Mayra Monteros *Deep Purple*,[155] ein Satyrspiel zu den postfeministischen Sturm- und Drangstücken der anderen, ist kunstvoll und bewusst lustig. Der Spaß beginnt mit der Autorin selbst, einer 48-jährigen, in Kuba geborenen Puerto-Ricanerin, literarisch verkleidet als Augustín Cabán, ein testosterongesteuerter Musikkritiker, der fest entschlossen ist, seine Liebschaften mit jeder durchgereisten Virtuosin in Memoiren und einem Handlungsleitfaden zu sammeln. »Es gibt«, so stellt er fest, »keinen edleren Dienst an guter Musik, keine unvergänglichere Unterstützung, die man einer Solistin anbieten kann, als sie mit dem Gesicht nach unten auf ein Bett zu werfen.«

Seine Suche, die unmittelbar an die Pionierforschungen von Alfred Kinsey und *Die raffinierten Sexpraktiken der Tiere* von Olivia Judson erinnert, führt ihn unter anderem zu einer Celesta-Spielerin, einer Klarinettistin, einer Hornistin mit einer Fledermaus als Haustier und einem männlichen Pianisten. Vor allem aber führt sie zu zwei Geigerinnen, von denen die eine aus Antigua stammt und die andere eine Deutsch-Portugiesin ist. Zum Bedauern des Erzählers ist die Erstere mit ihrer lesbischen Managerin liiert, und er ist höchst alarmiert darüber, dass die Letztere eine vulkanisch emanzipierte Donna Elvira ist, die nach 150 Jahren der Verleugnung, Verachtung und Demütigung begierig darauf ist, Don Giovanni mit dem Gesicht nach unten auf ein Bett zu werfen. Ihre rasende Leidenschaft erinnert ihn an eine Saite, die im Stil von Bartók gegen ein Griffbrett prallt. Endlich ist auch eine Geigerin mal oben angekommen.

Ihr weiblicher Triumph wird im Vergleich mit dem 70 Jahre früher spielenden Bestseller *The First Violin*[156] deutlich, dessen Autorin Jessie Fothergill erst 26 Jahre alt war. Bei seiner Veröffentlichung 1877 wurde das Buch von der American Library Association als »unmoralisch und reißerisch« bezeichnet, doch es folgten mindestens 35 weitere Auflagen.[157] Protagonistin der skandalösen Handlung ist die 17-jährige Engländerin Mary, die erpicht darauf ist, in Deutschland, einem Land, wo die Menschen ihre Musik ernst nehmen, ihr Glück als Sängerin zu versuchen. Wie von einer »Neuen Frau« zu erwarten, entflieht sie der Ehe mit einem sadistischen Landbesitzer, indem sie sich als Begleiterin einer älteren Dame anstellen lässt, die für eine medizinische Behandlung auf dem Weg zu einer Stadt am Niederrhein ist.

Buchstäblich bei ihrer Ankunft kreuzen sich ihre Wege mit denen von Eugen, dem Konzertmeister des örtlichen Orchesters. Eugen ist galant und spricht Englisch. Er ist auch alleinerziehender Vater eines frühreifen kleinen Jungen und passenderweise nicht nur zur Stelle, als May das Bargeld ausgeht, sondern auch, als sie beim Schlittschuhlaufen durch das dünne Eis bricht und als sie beinahe den Rhein hinuntergeschwemmt wird, als im Sturm eine Pontonbrücke einbricht. Ein Kapitel nach dem anderen geht vorüber, bevor klar wird, dass Eugen zwar ein Gentleman ist, aber gleichwohl für seinen Lebensunterhalt arbeiten muss, nachdem er freiwillig die Begleichung eines gefälschten Schecks übernommen hat, den seine italienische Ex-Frau auf das Konto seines Vaters ausgestellt hatte.

Die Geschichte endet wie erwartet: May und Eugen sind verheiratet, das Kind lebt wieder in einer Familie mit zwei Eltern, und die Ordnung ist wiederhergestellt. Aber May ist nichts weniger als ein passives Accessoire. Wenn Eugens Augen »mit einer Art entfesselter Freiheit schockieren«, leuchten die von May manchmal ebenfalls mit einem »gedämpften Feuer [...], das sie aus dem Kreis der geistlosen Schönheiten entfernte.«

Die Verknüpfung von Mann und Geige, die May und Eugen so anregt, sollte innerhalb der nächsten sechs Jahre auch drei große Schriftsteller anregen. Der erste, Scholem Aleichem, brachte seine Novelle *Stempenyu* 1888 heraus. Die Titelfigur, nach ihrem Heimatdorf benannt, ist jemand mit dem Talent, aber auch der Libido eines Paganini. Er wirft zwangsläufig ein Auge auf die hinreißende Rochalle. Diese, wie alle von seinem Spiel berauscht, ist ebenfalls an ihm interessiert. Ihre Ehe ist langweilig. Die Besorgtheit ihrer Schwiegermutter treibt sie fast in den Wahnsinn. Ebenso wenig zum Vorbild taugt die einheimische Szene von Stempenyu. Seine Frau Freidel hatte es geschafft, ihre zahlreichen Schwärmereien in eine einzige Bindung zu überführen und diese dann in eine lieblose Ehe zu verwandeln. Was Freidel liebt, ist das Geld. Zudem ist sie von einer unerwarteten Begabung für sowie einer Lust am Geschäft besessen.

Bis zu diesem Punkt sieht es ganz danach aus, als würde die Geschichte eine jiddische *Madame Bovary*. Weil er auf den Geschmack der Theaterbesucher auf der Lower East Side von New York spekulierte, schrieb Scholem Aleichem sie einige Jahre später auf dem Weg nach Amerika noch einmal um: als eine Saga mit einem Stelldichein, einem Kuss und einem Selbstmord. Aber die wahre Geschichte endet ganz anders. Rochalle, die sich von Stempenyus Aufmerksamkeiten abgestoßen fühlt, sagt Nein, kehrt zu ihrem Ehemann zurück und zieht in eine andere Stadt, wo ihre Ehe wieder auflebt. Stempenyu kehrt zu Freidel zurück. Die Tugend siegt. Das Glück wird allerdings ein weit abgeschlagener Zweiter.[158]

Das verhängnisvolle Zweigespann von Mann und Violine treibt auch Leo Tolstois berühmte Novelle *Die Kreutzersonate* an,[159] die ein Jahr später erschien. Doch sie treibt die Geschichte in ein ganz anderes Ergebnis. Das Buch, das inzwischen als eine der bekanntesten Schimpfkanonaden der Weltliteratur anerkannt wird, wurde 1889 in Russland veröffentlicht und zensiert. Ein Jahr später erschien es in Großbritannien und den Vereinigten Staaten.

Die Geschichte beginnt in einem Eisenbahnzug mit einem Gespräch unter Fremden über Liebe und Ehe. Als sich die Unterhaltung dem jüngsten Fall eines gewissen Posdnyschew zuwendet, der von der Anklage freigesprochen wurde, seine Frau in einem Anfall von Eifersucht getötet zu haben, schaltet sich ein Mitreisender ein, stellt sich als Posdnyschew vor und erklärt, was er tat und warum.

In einer scharfsinnigen Besprechung für amerikanische Leser erklärte Robert G. Ingersoll die Probleme des Schriftstellers. Sowohl prominenter Anwalt als auch aktives Mitglied der Republikanischen Partei, bekennender Agnostiker und Star des beliebten Erwachsenenbildungsprogramms, der sich Chautauqua nannte, hielt er Tolstoi für »einen genialen Menschen«, der aber auch Christ war und glaubte, »dass unter jeder Blüte eine zusammengerollte Schlange liegt.«[160] So ließ er Posdnyschew einen guten Geiger als ahnungslose Schlange in Dienst nehmen, um seine Überzeugung zu prüfen, dass sowohl Männer als auch Frauen von ihren kreatürlichen Instinkten korrumpiert werden können.

Wie erwartet, verstehen sich der Geiger und die Dame des Hauses musikalisch – aber nur musikalisch – bei Beethovens *Kreutzersonate* sehr gut, einem anspruchsvollen Meisterwerk, von dem aber nicht bekannt ist, dass es nebenbei ein Aphrodisiakum sei. Doch für Posdnyschew könnte schon der erste Satz der zweite Akt von Wagners *Tristan* sein. Er, der in Musik nichts anderes sieht als Vorspiel zur Unzucht, kehrt unerwartet früh von einer Verabredung zurück, bewaffnet sich mit einem Dolch aus seinem Arbeitszimmer und stürmt ohne Schuhe in den Speiseraum, wo er das verdächtige Paar in aller Unschuld sitzen sieht. Verrückt vor Wut, tötet er zunächst seine Frau. Dem Geiger erlaubt er zu fliehen, weil er ohne Schuhe nicht riskieren will, einen lächerlichen Eindruck zu machen. Doch sogar der Freispruch bringt ihm keine Genugtuung. Es ist bemerkenswert, dass Amerikas Postminister den Versand der *Kreutzersonate* verbot, auch wenn das Verbot schnell aufgehoben wurde.[161]

Thomas Hardys Geschichte *The Fiddler of the Reels* folgt Tolstois Novelle drei Jahre später. Sie erschien zuerst in dem gutbürgerlichen Monatsmagazin *Scribner's* und wurde dann in eine Sammlung mit dem Titel *Life's Little Ironies* aufgenommen.[162] Der Titel der Anthologie wird der Geschichte gerecht. Im Gegensatz zu Tolstois ehrbaren Russen sind Hardys Briten im Wesentlichen rustikal wie Shakespeare-Figuren. Doch auch bei ihnen wirkt die Paarung von Violine und Männlichkeit auf jeden in Hörweite, und dieses Mal ist die schwere Atmung echt.

Die Geschichte ist trügerisch schlicht. Car'lines Kopf sagt ihr ebenso wie ihre Familie, dass sie Ned, »einen achtbaren Mechaniker« mit ordentlichem Einkommen, heiraten sollte. Aber ihr Herz gehört Mop, dem Fiedler des Dorfes. Dieser ist – ebenso wie Don Giovanni – hinter jeder Rockschürze her. Aber er spielt auch, »als wenn er dir deine Seele wie einen Spinnenfaden aus dem Leib zöge, bis du so schwach wirst wie eine Ackerwinde und nach etwas verlangst, an das du dich klammern kannst«. Ned reist nach London, wo er beim Aufbau des berühmten aus Eisen und Glas erbauten Crystal Palace für die Ausstellung von 1851 hilft. Car'line schlägt vor, sich ihm anzuschließen, versäumt aber, den Dreijährigen, Mops Kind, zu erwähnen, den sie an der Hand führt.

Ganz und gar einverstanden, schafft Ned ein liebevolles Zuhause für Weib und Kind, bis sie wegen der schlechten Wirtschaftslage wieder in ihr Dorf zurückkehren. Während Ned sich um Arbeit bemüht, stapfen Car'line und das Kind nach Hause und kehren auf dem Weg in der Dorfkneipe ein, wo die Stammgäste nach Mops Geigenmusik tanzen. Ein paar Drinks später kann Car'line abermals nicht widerstehen. Sie schließt sich den Feiernden an, bis sie und das Kind die letzten auf dem Tanzboden sind und sie vor Müdigkeit ohnmächtig wird. Ned kommt rechtzeitig, um sie wiederzubeleben. Aber Mop und das Kind sind fort – »nach Amerika, wie es hieß«. Dort, so wird angenommen, wird das Kind ausgebildet, um ihn als Tänzer zu unterstützen.

Als Folge des Zweiten Weltkriegs erscheint der unwiderstehliche Geiger in einem dritten literarischen Denkmal: in Thomas Manns *Doktor Faustus*.[163] Dabei spielt die Geschichte eigentlich in den 1920er-Jahren. Rudi Schwerdtfeger, der schöne, begabte, einnehmende Konzertmeister eines örtlichen Orchesters, ist der umschwärmte Mittelpunkt eines Münchner Salons. Ines, die ältere Tochter der Gastgeberin, versucht verzweifelt, ihn zu ihrem Geliebten zu machen. Rudi aber verliebt sich in die Schweizer Kostümbildnerin Marie, die ihn ebenfalls unwiderstehlich findet. Das Paar bereitet sich auf ein neues Leben in Paris vor, aber noch einmal hat die kritische Verbindung von Mann und Violine katastrophale Folgen. Nach seinem letzten Auftritt in München steigt

Rudi in eine Straßenbahn voller heimkehrender Konzertbesucher, darunter Ines, berauscht von Morphium, verrückt vor Eifersucht und mit einem Revolver bewaffnet, die ihn niederschießt.

Harold C. Schonberg, Chefmusikkritiker der *New York Times*, erinnerte sich 1977 an Fothergills Eugen und sein grüblerisches Geheimnis, seine »unbeschreibliche Anmut, Leichtigkeit und fahrlässige Schönheit, [an] jemand, der es gewohnt war, Befehle zu erteilen und sie ohne weitere Fragen ausgeführt zu sehen«. Warum, fragte Schonberg nicht ganz im Ernst, konnten sich die aktuellen Konzertmeister der großen amerikanischen Orchester nicht mehr mit solchen Standards messen?[164] Die Antwort ließ eine weitere Generation auf sich warten, doch das Warten lohnte sich. Um Frauen anzuziehen, so schrieb Frank Almond 1999 in einem Leserbrief mit Verweis auf seine »umfassenden und akribischen Forschungsarbeiten« als Konzertmeister der Milwaukee Symphony, konnte eine Strad mit einer E-Gitarre nicht mithalten. Die Gitarre war auch billiger.[165]

Berichte über den Tod eines literarischen Genres aber waren wohl verfrüht. Geschichte und Musikgeschichte schienen sich seit Mitte des 19. Jahrhunderts mehr und mehr in Deutschland und Russland abzuspielen, wo mindestens 70 Prozent der Juden der Welt zunehmend gefährlicher lebten und die Violine für die Erben und Wahlverwandten von Joseph Joachim so natürlich war wie für den Badchan, den Unterhaltungskünstler im Dorf. Es war wohl kein Zufall, dass Juden mit Violinen zunehmend sowohl in jüdischer als auch nichtjüdischer Erzählliteratur auftauchten und ihre Geschichte immer mehr zu einem Sinnbild für ein Musikerlebnis wurde, das weit über die Musik hinausreichte.

»So lange ich zurückdenken kann, gehört mein Herz der Violine«, äußert ein späterer Erzähler bei Scholem Alejchem mit der nur scheinbar arglosen Stimme eines Mannes, der sein Publikum bis in die DNA kennt. Er erinnert sich, wie ihn der Rabbi für das Spielen der Luftgeige in der Religionsschule schlug, wie wütend sein Vater war, als er das schäbige Sofa nach Zedernholz durchstöbert hatte, um ein Instrument zu bauen, wie er sich einen Rubel für den Unterricht beim Patriarchen eines weitläufigen Familienorchesters zusammensparte, der erklärte, dass die ersten Geiger – Methusalem, König David und Paganini – »auch Juden« waren, und wie seine Verlobung fast platzte, als sein künftiger Schwiegervater ihn dabei erwischte, wie er mit dem lokalen Kapellmeister zusammensaß, obwohl er in der Synagoge sein sollte.[166]

Ganz andere Erinnerungen eines Schriftstellers, dessen Beherrschung der Traurigkeit nur mit der Beherrschung der kunstvollen Unschuld bei Scholem Alejchem vergleichbar ist, finden sich in Tschechows *Rothschilds Geige*, der Geschichte eines Juden, einer Geige und einer Geste.[167] Jakow, ein Russe, lebt in einer Stadt im Nirgendwo und ist im Hauptberuf Sargtischler. Doch da alte Menschen »so selten starben, dass es wirklich weh tat«, hat er eine Nebenbeschäftigung als ein in der Gegend angesehener Festgeiger in einem jüdischen Orchester angenommen. Aber der geballte Einfluss einer erschöpften Frau, einer Ein-Zimmer-Hütte, bedrückender Armut und des Flötisten Rothschild, der alles in klagendem Ton spielt, haben ihn zu einem Antisemiten und Menschenfeind gemacht.

Seine Frau erkrankt und stirbt, ohne aufzubegehren und sogar dankbar, nachdem sie ihn daran erinnert hat, dass sie einmal ein Kind hatten und kurzzeitig auch glücklich waren. Jakow, der seinen eigenen Tod nahen fühlt, bedauert, dass er sie ein halbes Jahrhundert vernachlässigt hat. Als ihn der Pfarrer fragt, ob er irgendetwas zu beichten habe, erinnert er sich seiner unglücklichen Frau und des armen Rothschild und sagt: »Gib die Geige an Rothschild.« Dieser gibt die Flöte auf und versucht, die Geige so wie Jakow zu spielen, mit solchem Erfolg, dass alle weinen und »wohlhabende Kaufleute und Beamte nie versäumten, Rothschild für ihre gesellschaftlichen Veranstaltungen zu engagieren.«

Anders lagen die Dinge in der Neuen Welt, wo 1889 in einer deutschjüdischen Familie, die sich 1860 in Ohio niedergelassen hatte, Fannie Hurst geboren wurde. Hurst, eine Art eingewanderte deutsch-jüdische Fothergill, ging mit 21 Jahren nach New York, wo sie als Kellnerin arbeitete und winzige Rollen im Theater annahm. Tatsächlich wollte sie Schriftstellerin werden, und sogar Redakteure, die sie für eine »im Grunde ziemlich kitschige Künstlerin« hielten, schätzten die Mischung aus sozialem Gewissen, sympathischen Charakteren und überdrehter Prosa in Geschichten, die wie die erstmals 1919 veröffentlichte *Humoresque*[168] für die Leser der äußerst beliebten *Saturday Evening Post* beste Unterhaltung boten und ihre Schöpferin zur »Königin der Schnulzen«, Bestsellerautorin und Freundin von Eleanor Roosevelt machten.[169]

Humoresque deckt in drei Episoden nahezu alle Tonarten des Genres ab. In der ersten widmet sich Mama Sarah Kantor ihrer zusammenkauernden Brut und dem Laden auf der Lower East Side, während Papa Abrahm Kantor versucht, im Ein-Dollar-Bereich ein Geburtstagsgeschenk für den kleinen Leon zu finden. Aber Leon besteht auf einer Vier-Dollar-Geige. Abrahm ist verzweifelt, aber Sarah ist entzückt. Mit drei Dollar, die sie irgendwie beiseitegeschafft hat, marschiert sie los und kehrt »zerzaust und mit einem Rußfleck im Gesicht, aber triumphierend mit einer Violine mit einer Saite und einem zerbrochenen Boden unter ihrem Arm« zurück.

In der zweiten Episode ist Leon, jetzt 21 Jahre alt, ein Star und seit seinem 18. Lebensjahr Besitzer einer Strad. Er ist gerade im Begriff, für ein Haus voll mit »seinen Leuten« zu spielen. Der Impresario des Superstars hämmert an seine Tür und brennt darauf, ihn für 50 Konzerte zu je 2.000 Dollar zu buchen, das Zwei- bis Vierfache dessen, was der weltweit bestbezahlte Industriearbeiter zu der Zeit in einem Jahr verdient.[170] Gina Berg, geb. Ginsberg, ein aufgehender Stern an der Met, deren Vater einst Abrahms Kunde war, kommt vorbei, um ihm alles Gute zu wünschen. Leon gibt das Mendelssohn-Konzert und die unvermeidliche Transkription von *Kol Nidrei*, mit Dvořáks *Humoreske* als Zugabe. Plötzlich ist es August 1914.

Die dritte Episode könnte vom wirklichen Leben inspiriert sein. Leutnant David Hochstein, ein Immigrantenkind aus Rochester, New York, studierte bei Ševčík und Auer und hatte einen erfolgreichen Auftritt in New York, bevor er mit 25 Jahren im Oktober 1917 in die Armee eintrat. Ein paar Wochen vor dem Waffenstillstand ist er im Kampf gefallen. Ein letzter Brief erreichte seine Familie erst nach seinem Tod.[171] Auch Hursts Leon ist dem Ruf von Präsident Wilson gefolgt. Es ist jetzt November 1917, und die Familie hat sich versammelt, um ihn nach Frankreich zu verabschieden. Gina ist ebenfalls anwesend und tief beeindruckt von Leons Vertonung von *Ich habe ein Rendezvous mit dem Tod*, einem Gedicht von Alan Seeger, einem gebürtigen New Yorker, der im Jahr zuvor im Kampf gefallen war. Als Leon abfährt, klammert sich Sarah an die einsaitige Geige mit dem zerbrochenen Boden. Abblende.

Eine halbe Generation später findet sich Ernst, eine Figur in Eugene Druckers *The Savior*,[172] von heranpreschenden Nazi-Scheinwerfern genau in dem Moment erfasst, als er das Konservatorium verlassen soll, um in Deutschland seine Karriere zu starten. Mehr empört als ängstlich fährt er nach Großbritannien ab und verlässt so seinen Freund und Klassenkameraden Gottfried, der gerne das Gleiche tun würde, aber kalte Füße bekommt. Als der Krieg schon fortgeschritten ist, wählt ein KZ-Kommandant mit intellektuellen Neigungen Gottfried dafür aus, herauszufinden, ob Musik ein Publikum von widerstandslos apathischen Insassen, die normalerweise innerhalb weniger Wochen nach der Ankunft sterben, wieder zu sich bringen kann. Das Experiment gelingt so gut, dass Gottfried es wagt, das bekannteste Stück im Repertoire, die Chaconne aus Bachs Solopartita in d-Moll zu spielen. Nachdem seine Neugier befriedigt ist und die Alliierten auf dem Vormarsch sind, beendet der Kommandant das Experiment, indem er die Gefangenen umbringt.

Demgegenüber scheint Dovidl, der im Mittelpunkt von Norman Lebrechts *The Song of Names*[173] steht, Glück gehabt zu haben. Dank eines vorausschauenden Vaters und eines Londoner Konzertagenten, der bereit ist, ihn anzunehmen, konnte Dovidl physischer Zerstörung ausweichen. Aber damit muss er sich, der einzige Überlebende seiner Familie, den Herausforderungen des Überlebens als Wunderkind stellen. Ganz wie ein kleiner Schützling von Flesch ist er zu frühreifer Virtuosität ausgebildet, lässt sein stark beworbenes, ausverkauftes Debüt am Tag des Konzerts platzen und lässt seinen Pflegevater ohne Versicherung im Stich.

Jahrzehnte später sitzt Dovidls brüderlicher Freund Martin, der Sohn des Agenten, in der Jury eines zutiefst provinziellen Schulwettbewerbs, wo das unwahrscheinliche und unverwechselbare Rubato einer mäßig talentierten

Geigerin seine Aufmerksamkeit erregt. Die Suche nach ihrem Lehrer führt natürlich zu Dovidl, der in einer chassidischen Gemeinde aufgefunden wird, die ihn an dem Tag seiner Flucht vor dem Debüt-Konzert aufnahm. Martin, rasend vor Wut, rechnet die aufgelaufenen Zinsen einer jahrzehntelangen moralischen Schuld auf und drängt Dovidl, nach London zurückzukehren und seinen ruinierten Auftritt wiedergutzumachen. Dieses Mal täuscht dieser seinen Selbstmord vor. Aber zumindest gibt er die geliehene und nie bezahlte Guadagnini zusammen mit einem Brief zurück, in dem er erklärt, warum er fortlief und sich versteckte. Unterdessen springt ein polnischer Senkrechtstarter in die Bresche und rettet Martins Unternehmen.

Gordon Pape und Tony Asplers Roman *The Music Wars*[174] wird dadurch nicht besser, dass seine Autoren Medienkenntnisse in Kanada als Investment- und Weinguru erworben hatten. Aber Asplers Erfahrung als Berichterstatter beim Tschaikowsky-Wettbewerb 1978 für den kanadischen Rundfunk sowie der Einbezug von Ereignissen aus dem wirklichen Leben des Geigers und Heifetz-Protegés Erick Friedman aus dem Jahr 1966 sind ein bedeutender Vorzug des Buches.[175]

Wie bei Friedman ist der David Solomon der Autoren brillant, jung, natürlich jüdisch und so ahnungslos wie eine Labormaus von dem, was ihn auf dem weltweit am stärksten politisierten Wettbewerb erwartet. Wie zahllose andere Besucher wurde auch er KGB-Lauschangriffen, Belästigungen, Manipulationen und Verführungen durch Spezialisten jeder Art ausgesetzt, vom Hotelportier bis zur unvermeidlichen Gespielin von Intourist.

Aber es ist auch die Zeit des Helsinki-Abkommens, der Refuseniks und des Jackson-Vanik-Amendments, das die Liberalisierung des Handels mit dem Recht auf Auswanderung verknüpft. Davids Großvater floh nach der bolschewistischen Revolution aus der Ukraine. Sein Vater arbeitet für eine jiddische Zeitung in New York. David selbst wird von einem KGB-Fotografen gefilmt, wie er inmitten einer antisowjetischen Demonstration die Juilliard School verlässt. Sein Manager bittet ihn dann in Moskau, für seinen Neffen eine Guarneri nach New York zu schmuggeln. David, der sich für den Auftrag erwärmt, gelingt es dann mit dem Einfallsreichtum eines Pfadfinders und der Hilfe von vertrauten sowie unverhofften Helfern, einen Menschenrechtsdissidenten sowie die Guarneri an Bord des Rückflugs nach New York zu lotsen. Von hier bis zum obligatorischen Überraschungsfinale ist das klischeebeladene Idiom vom Kalten Krieg selbst die Botschaft.

Daniel Silvas Arbeit bei United Press International und CNN ermöglichte ihm einen frühen Ruhestand und zwischen 1997 und 2008 das Schreiben von elf Romanen. Eine unerwartete Verknüpfung von Kunst und Leben ließ ihn mit dem dritten von ihnen – *The English Assassin* mit einer Erstauflage von 100 000 und einem Werbebudget von 100 000 Dollar – das große Los ziehen.[176] Die Kunst, verkörpert durch Gabriel Allon, einen Schweizer Restaurator, Mossad-Agenten und Killer mit einem Gewissen, war Silvas Beitrag. Was die Schweizer während der NS-Zeit getan und nicht getan hatten und die zähen Verhandlungen über Ansprüche gegen mit dem Holocaust in Verbindung gebrachte Schweizer Banken, die 1999 zu einer Vereinbarung über 1,25 Milliarden Dollar führten, war für einen Schriftsteller auf der Suche nach Material ein reiner Glücksfall.

Das Buch beginnt mit zwei Schüssen. Die Frau eines Schweizer Kunstsammlers erschießt sich im Garten, während ihre äußerst begabte 13-jährige Tochter im Obergeschoss auf ihrer Strad übt. Als die Tochter begreift, was passiert ist, fällt die Geige auf den Boden. Allon, den ihr schuldbeladener Vater engagiert hat, um Beutekunst zu lokalisieren, findet seinen Kunden ermordet vor und wird selbst verdächtigt. Die Tochter, inzwischen eine Geigerin von Weltklasse, hilft Allon, einem englischen Auftragsmörder zu entkommen, und spielt in Venedig Tartinis *Teufelstrillersonate*, während Allon die Beutekunst findet und die dazugehörigen Verschwörer schnappt.

Jonathan Levis *The Scrimshaw Violin*[177] ist leicht mit magischem Realismus gewürzt, ebenso grotesk, doch um einiges kunstvoller.[178] Ebenso wie der Protagonist von Silvas Roman ist auch seine Hauptfigur, Alexander Abba Lincoln, jüdisch. Aber er ist auch Amerikaner, Geiger, weltlich orientierter Rabbiner und Gerichtsmediziner mit großen forensischen Fähigkeiten. Gelegentlich erscheint er auch auf der Meinungsseite der *New York Times*, und sein Artikel über ein sogenanntes jüdisches Gen überzeugt die jüdischen Sommergäste in Nantucket so sehr, dass sie ihn zum Schabbes-Abendessen bitten.

Bei der Ankunft ist er von der Insel, aber besonders von seiner Gastgeberin und ihrem Haus eingenommen. Sie stammt von Generationen von »Walfängern, Piraten und nicht so vornehmen Judenfeinden« ab, zeigt ihm einen Raum voller Arbeiten aus Elfenbein, darunter eine Violine mit einem liebevoll geformten Griffbrett, die ihre Mutter mitgebracht hatte, als sie vor Jahrzehnten als französische Kriegsbraut ankam.

Das Abendessen verläuft so erfolgreich, dass die Mutter Lincoln bittet, die Geige zu spielen. Als dieser der Bitte mit dem letzten Satz der g-Moll-Solosonate von Bach nachkommt, sagen ihm seine erfahrenen Finger, dass das Griffbrett nicht aus Walfischbein ist, sondern der Oberarmknochen einer »jungen Mutter, ein Meter fünfzig groß, [...] die an ihrem Ende schreckliche Qualen erdulden musste«. Die Musik von Bach wird nun andeutungsweise zu »El male rachamim«, dem Gebet für die Toten. Er endet ohne ein Lächeln, geht hinunter zum Hafen, gibt der Geige ein ordentliches Begräbnis und fährt zurück zum Festland.

Humoristische Verarbeitungen des Themas sind ebenfalls nicht unbekannt, und Juden haben daran durchaus Anteil. Thomas Manns Felix Krull lernt schon früh mit zwei Stöcken, einem kräftigen Vibrato, gespielten Lagenwechseln und einem nach innen gerichteten Ausdruck Geiger nachzuahmen. Sein Auftritt ist ein solcher Erfolg, dass ihn sein Vater in einen in dieser Zeit obligatorischen Matrosenanzug und Lackschuhe steckt, ihm eine billige Geige kauft und den Bogen prophylaktisch mit Vaseline einreibt, damit er nur ja keinen Ton hervorbringt. Dann überredet er den Kapellmeister, sein kleines Wunderkind einen ungarischen Tanz simuliert mitspielen zu lassen. Das Publikum, sowohl elegant als auch schlicht, gerät außer sich. Felix, der im Triumph durch die Hotelgäste getragen wird, taucht mit einer Diamantbrosche in Form einer Lyra wieder auf, die ihm eine ältere russische Prinzessin in einer Kaskade von unverständlichem Französisch überreicht hat, wird an drei verschiedenen Tischen mit Schokolade-Sahne-Torte belohnt und sogar eingeladen, mit den reichen Kindern Krocket zu spielen. Sein Vater lehnt die Bitte um eine Zugabe vorsorglich ab.[179]

Clyde Small, Namensgeber und nicht ganz Held, nicht ganz Anti-Held in Deane Narayns Roman *The Small Stradivari*,[180] ist so amerikanisch, wie Felix europäisch ist. Felix lebt durch seinen Scharfsinn. Clyde lebt nach den Regeln, zumindest soweit er sie versteht. Er ist Lehrer in einer Kleinstadt, an der Schwelle zum mittleren Alter und zu Hause ein Pantoffelheld. Außerdem besitzt er als Erbstück eine Violine zweifelhafter Bauart mit einem Strad-Zettel. Aber da es weder einen Erben noch einen Geiger in seiner Familie gibt, will seine Frau, die mit einer Mitgliedschaft im Country Club liebäugelt, sie verkaufen. Wie üblich tut Clyde, wie geheißen.

Die Aufgabe führt erwartungsgemäß nach New York – und dabei heraus kommt der bisher witzigste Roman über den Geigenhandel, geschrieben von einem anglo-indischen Autor mit einem Insiderwissen, das er vermutlich seiner Frau, der Tochter eines armenisch-amerikanischen Sammlers in Flint, Michigan, verdankt.[181] Clyde jagt ein Zertifikat. Händler jagen einander. Jeder, einschließlich des heiratsfähigen Mündels eines Händlers und der heiratsfähigen Tochter eines anderen, jagt Clyde. Natürlich findet jeder Händler einen Kunden und bietet ihm eine Strad an. Aber es ist immer derselbe Kunde und in jedem Fall Clydes Strad – sofern es eine ist. Am Ende ist Clyde selbst der Käufer. Er kehrt nach Hause zurück und nutzt seine Erfahrungen, um sich um einen Erben zu kümmern.

An Edge of Pride, der zweite und letzte Roman von Narayn,[182] lässt keinen Betrug unversucht, da er dasselbe Terrain von der anderen Seite der Medaille zeigt. Guy, Besitzer eines Juraabschlusses, kämpft mit seinem bösen Bruder Maurice um die Kontrolle über das Geschäft, um die Seele des Berufsstandes und um etwas Befriedigung durch Maurices Sekretärin, dem bösen Mädchen Kay, die alles Nötige tut, um einen Verkauf abzuschließen. Guy gleicht die verlorene Zeit mit dem braven Mädchen Nina wieder aus, deren Bruder, ein Virtuose, argwöhnt, dass Maurice ihm eine gefälschte Guadagnini verkauft hat. Der brave Junge Guy rettet die Lage, bekommt das Mädchen und übernimmt die Firma.

Während Guy als ein ahnungsloser Gewinner endet, geht Harry Belten, die Titelfigur einer preisgekrönten Kurzgeschichte von Barry Targan, seinen Weg als gewinnender Ahnungsloser.[183] Harry, ein geigenverrückter Eisenwarenhändler aus Upstate New York, will nach 18 Jahren heimlichen Übens das Mendelssohn-Konzert öffentlich spielen. Während seine Frau die Hände ringt und Freunde bestürzt zusehen, nimmt Harry nicht nur eine zweite Hypothek auf, sondern überredet den besten Lehrer in der Gegend dazu, ihm Unterricht zu geben. Dann bucht er einen Konzertsaal, verkauft Tickets und engagiert die Oswego Symphony für zwei Proben und ein Konzert. Zu allgemeiner Erleichterung und zu großem Erstaunen schafft er es ohne Katastrophe bis zum Ende. Aber eine Fortsetzung, zum Beispiel mit dem Beethoven-Konzert, plant er offenbar nicht.

Wertvoller als tausend Worte: Bewegte Bilder

Schon 1607, als Monteverdi ihr eine Rolle in seinem *Orfeo* gab, war das theatralische Potenzial der Geige offensichtlich. Und vollends unverkennbar war es, als der belgische Uhrmacher und Instrumentenbauer John Joseph Merlin irgendwann zwischen 1761 und 1772 angeblich in einen Spiegel stürzte, als er auf Rollschuhen, die er selbst entworfen hatte, auf einer Violine spielte.[184]

Im Februar 1848 legte Arthur Saint-Léon, ein versierter Geiger und führender Tänzer seiner Zeit, die Messlatte mit seinem *Violon du diable*, auch bekannt als *Tartini, il violinista*, noch höher. Nach heutigen Maßstäben ist es denkwürdig genug, dass er *Le Violon du diable* sowohl choreografiert hatte als auch die Hauptrolle tanzte.[185] Aber ein Tänzer, der auch Violine spielte, war noch viel bemerkenswerter, und nichts reichte daran auch nur annähernd heran, bis der britische Geiger Anthony Marwood 1991 mit einer choreografierten Version von Ysaÿes a-Moll-Solosonate, die er *Obsessus* nannte, eine Art Wiederholung versuchte. Er stellte fest, dass das gleichzeitige Tanzen und Fiedeln »berauschend« sei.[186]

Dass die Geige als Medium der Wahl ein halbes Jahrhundert später im jüdischen Theater bestens ankam, überrascht nicht. 1897 eröffnete an der New Yorker Lower Eastside Joseph Lateiners *Davids Violin* mit Musik von Sigmund Modelescu. Dank seiner Partitur und seines Librettos, die sich an nahezu jede Bühne, jedes Budget und Ensemble und jeden Veranstaltungsort von Odessa bis Lateinamerika anpassen konnten, war das Stück bald auf dem Weg rund um die jüdische Welt. 20 Jahre nach der Premiere machte die Schallplattenfirma Columbia eine Aufnahme von »A generation goes, a generation comes«, dem Hit aus dem letzten Akt. Noch 30 Jahre nach der Premiere wurde das Stück in Detroit produziert.[187]

Mit seinen schablonenhaften Charakteren und simplen Lachern, seinem glatt-koscherem Schmalz, den Erinnerungen an das Buch Hiob und sogar mit einer Vater-Tochter-Szene à la Verdi war die Geschichte so vorhersehbar wie der Reim von »Herz« auf »Schmerz«. Aber deshalb würde es niemand auch nur für einen Moment weniger geschätzt haben. Solomon hat es auf Evie abgesehen. Evie auf Tevye. Itsele auf Jankele. Tevye, Jankele und Keyla Beyla auf Tabele. Und alle haben Tevyes Vermögen im Visier. David, Tevyes Bruder und der Onkel von Jankele, steht auf der schwarzen Liste der Familie, seit er vor 15 Jahren davonlief, um Geige zu spielen. Was war daran nicht zu mögen?

Für ein oder zwei Akte sehen die Dinge düster aus. Tevye heiratet fast die Goldgräberin Evie. Solomon macht sich mit Tevyes Geld aus dem Staub und ruiniert ihn damit. Itsele und Keyla Beyla weigern sich, zu helfen. Aber alles wendet sich zum Besten. David, der in der Verkleidung eines Straßengeigers zurückkehrt, bietet an, das von ihm gemachte Vermögen zu teilen. Er und Tevye singen den großen Schlager der Show mit obligater Geigenkadenz. Tevye ist verwandelt. Jankele und Tabele, jetzt verheiratet, sind hinter einer Stoffkulisse mit einem Kind zu sehen. Solomon erhält Vergebung und wird zur Musikschule geschickt. Die verschiedenen Goldgräber werden zur Tür hinausgefegt. Tevye erklärt, dass es Davids Geige war, die sie wieder zusammengeführt hat. Alle singen.

Drei Jahre später machte Jacob Gordins *God, Man and Devil* da weiter, wo Lateiner und Mogelescu aufgehört hatten. In deutscher und polnischer Sprache aufgeführt, im Jahr 1950 verfilmt und 1975 noch einmal wiederbelebt, wurde es zu einem Klassiker. Das Stück ist anspruchsvoll und ernst und enthält das traditionelle Repertoire von vertrauten Typen einschließlich des unvermeidlichen Badchan. Aber für Gordin, den Schöpfer des »Yiddish King Lear«, war Unterhaltung ebenso wenig die eigentliche Priorität wie für Shakespeare. Im Gegenteil: Er strebte nichts weniger als einen jiddischen *Faust* an, mit einem Hauch von Hiob, verlegt nach Dubrovne, einer kleinen Stadt in Weißrussland, wo der Satan, hier als Mazik bekannt, sich den frommen, hart arbeitenden und tugendhaften Thoragelehrten Herschel aussucht, um seine Wette mit G-tt über die unendlichen Möglichkeiten der menschlichen Bestechlichkeit zu gewinnen.

Selbstverständlich ist der unverdorbene Herschele ein Geiger, der im ersten Akt die fünfte Nacht von Chanukka feiert, indem er seine Familie zum 23. Psalm begleitet. Die Geige wird auch Opfer seiner zunehmenden Bestechlichkeit und Rücksichtslosigkeit, als er mit einem Lotterieschein ein Vermögen, aus dem Vermögen eine Fabrik für Gebetsschals, aus der Fabrik einen Ausbeuterbetrieb und aus seiner Ehe eine Katastrophe macht. Im dritten Akt bittet ihn seine Nichte, nur noch ein einziges Mal für sie zu spielen. »Ich glaube nicht, dass ich jemals wieder spielen werde«, antwortet er. Aber er tut es doch. Am Ende des vierten Akts spielt er, überwältigt von Reue, noch einmal den 23. Psalm und erhängt sich dann mit einem blutigen Gebetsschal.[188]

2001 wurde eine Kammeroper-Version von Levis *The Scrimshaw Violin* (Libretto von Levi, Musik von Bruce Saylor) in der 92nd Street Y in New York uraufgeführt.[189] Eine Kunstform, die im Jahr 1897 einfach, billig und zu Herzen gehend und 1900 ungeniert didaktisch gewesen war, wurde nun gefiltert durch die globalen Erfahrungen vieler Immigrantengenerationen, durch die Erlebnisse von Schoa und Gulag, aber auch durch Einflüsse von Juilliard, wo Saylor studiert, und von Yale und Cambridge, wo Levi studiert hatte.

Gil Morgenstern, zusammen mit Levi Gründer des Nine Circles Chamber Theater, das Opern in Auftrag gab und produzierte, hatte bei Galamian gelernt. Seine Eltern waren Flüchtlinge aus Wien aus dem Jahr 1938.[190] Saylors Musik verband einen Hauch von Jazz und Klezmer mit Solostücken von Bach in einer Weise, die Lateiner und Mogelescu sich nie hätten vorstellen können. Doch die Geige spielte immer noch die Hauptrolle, New York war immer noch New York, *The Scrimshaw Violin* war so authentisches jüdisch-amerikanisches Musical-theater wie *David's Violin*, und »Generations come, generations go« mit obligater Geigenkadenz wurde immer noch im richtigen Leben ausgespielt.

Drei Jahre später stand die Violine in *The Guest from the Future* erneut im Mittelpunkt. Mit der Musik von Mel Marvin, der *The Scrimshaw Violin* inszeniert hatte, spielte das Szenario dieses Mal während des berühmten Treffens nach dem Krieg zwischen Isaiah Berlin, dem Philosophen-Historiker aus Oxford, und der russischen Dichterin Anna Achmatowa. »Wir wollten interdisziplinär arbeiten und die theatralischen und dramatischen Möglichkeiten eines Konzerterlebnisses erforschen«, sagte Morgenstern in einem Interview. »Dabei haben wir insbesondere geprüft, wie die Geige ohne Text kommunizieren kann.«[191]

In Edgardo Cozarinsky, einem gebürtigen Argentinier, bot sich ihnen ein Vorbild an. Cozarinskys Gravitationsfeld erstreckte sich über Urgroßeltern, die aus Kiew und Odessa kamen, bis hin zum Dirty War, dem Staatsterror in Argentinien, dessentwegen er Buenos Aires 1974 verlassen hatte und nach Paris gegangen war. 1997 kam sein Film *Rothschild's Violin* heraus, traf auf allgemeine Anerkennung und wurde auf einer Reihe internationaler Filmfestivals gezeigt. »Musik sagt, was Worte nicht wagen«, murmelt die erkennbar bewegte Film-Figur Benjamin Fleischman, als seine Kompositionsklasse mit ihrem Professor, Dmitri Schostakowitsch, in eine Diskussion über den Jurodiwy, den heiligen Narren in Mussorgskys *Boris Godunow* eintritt.

Ebenso wie bei Morgenstern sind auch in Cozarinskys Projekt eine kunstvoll ausgedachte Erzählung, eine ganze Kammeroper, mehrere Ebenen der historischen Erinnerung und die ikonische Violine miteinander verbunden. Es fasst sie ebenfalls in einem Film im Film zusammen, ist mit französischem Geld finanziert und mit russischen, ungarischen und baltischen Schauspielern besetzt. Der Film, an Originalschauplätzen in Budapest und St. Petersburg gedreht, ist mit außergewöhnlichem Archivmaterial gewürzt und zeigt Menschen, die vorgeben, Panzerketten und Kugellager zu sein, Stunt-Flieger, die S-T-A-L-I-N in den Himmel schreiben und westliche Mitläufer wie Paul Robeson und Lion Feuchtwanger, die von den Herrlichkeiten des sowjetischen Humanismus gerührt Zeugnis ablegen.

Das Hauptverdienst um den Film in künstlerischer und unternehmerischer Hinsicht kommt dem Regisseur zu, einem Menschen von geradezu einschüchternder Vielseitigkeit. Aber die Danksagungen, ob ausgesprochen oder nicht, reichen zurück bis zu Tschechow, dessen Geschichte 1894 erschienen war, zu dem Kompositionsschüler Fleischmann, der ihr Potenzial in den späten 1930er-Jahren erkannte, zu Schostakowitsch, der die kraftvolle Musik seines Studenten bewahrte und 1943/44 vervollständigte, nachdem Fleischmann als Mitglied einer Zivilschutzeinheit im Kampf gefallen war, und zu dem Geigenschüler und späteren Musikwissenschaftler Solomon Wolkow, der 1968 die erste Inszenierung der Oper für die Bühne in Leningrad leitete und 1979 eine nicht autorisierte und heiß diskutierte Biografie über Schostakowitsch in den Vereinigten Staaten herausbrachte.[192]

Mindestens ein Kommentator fühlte sich an die russischen Matrjoschka-Puppen erinnert.[193] Die innerste von ihnen ist offensichtlich Tschechows bewegende Geschichte. Die äußerste ist Schostakowitsch, weder Märtyrer noch Held und immer mehr und immer wieder zu jüdischen Themen hingezogen.[194] Aber untrennbar mit ihnen allen verbunden ist die Geige selbst. Sie wird zunächst triumphierend von Rothschild davongetragen – die Titelfigur einer Oper, die einen Tag nach der Premiere von einem Regime verboten wurde, das Israel und alles Jüdische zu Non-grata-Themen erklärte. Dann, in der Schlussszene, taucht sie in einem Blau, das an Chagall erinnert, in den Händen eines jungen Spielers unter einem Petersburger Laternenpfahl wieder auf. »Cozarinskys Violine ist ein zeitloses Symbol der Unbesiegbarkeit des künstlerischen Geistes, ein mächtiges Bild der Freiheit«, urteilte ein britischer Kritiker. Ein solcher Satz, in Filmkritiken keineswegs alltäglich, ist weder eine Übertreibung noch Understatement.[195]

Einige »Goldene Oldies« aus den frühen Tagen des Fernsehens sind glücklicherweise in Vergessenheit geraten. In der Saison 1959/60 hatten die BBC, die National Telefilm Associates of America (ein entfernter Vorfahre des amerikanischen Public Broadcasting System)[196] und die British Lion Film Corporation die glänzende Idee, Harry Lime, den berühmten Charakter von Orson Welles aus Carol Reeds Klassiker *Third Man*, für zwei Spielzeiten mit jeweils 39 Episoden und mit zeitgleicher Ausstrahlung in internationalen Sendern wieder von den Toten auferstehen zu lassen.

In *Broken Strings*, am 1. Juli 1960 ausgestrahlt,[197] zieht ein sowjetischer Virtuose mit seinem Tschaikowsky und seiner staatlichen del Gesù ganz Paris in seinen Bann. Nebenbei aber arbeitet er auch als westlicher Agent, und der Geigenhals wird schlauerweise zu einem Geheimfach umgerüstet. Mit Hilfe seines Managers stehlen böse Buben die Geige aus seiner Garderobe. Lime, im Smoking gekleidet, findet sie wieder, wird mit einer Pistole auf den Kopf geschlagen und blickt tief – sehr tief – in die Augen der wunderschönen französischen Geheimagentin mit amerikanischem Akzent, die ihm 100.000 Dollar angeboten hat, um die Geige zu finden.

Hollywoods Beitrag bestand aus *Shotgun Slade*, einer Serie von halbstündigen Episoden über einen Cowboy-Privatdetektiv. Seine Waffe ist ein hybrides Langgewehr, das aus seinen jeweiligen Läufen eine 12-kalibrige Schrotpatrone und eine Gewehrkugel Kaliber 35 abfeuern kann. In Episode 26, ausgestrahlt am 15. Mai 1960, wird Slade von einer Versicherungsgesellschaft aus Denver engagiert, um auf eine mit 40.000 Dollar bewertete Strad aufzupassen, deren Besitzer, ein Wiener Meister, mit seinen beiden hübschen Nichten auf einer Vaudeville-Tournee ist. In den verbleibenden 22 Minuten wird Slade zwischen mehreren Werbepausen sowohl mit einem fallenden Sandsack als auch mit ein paar Takten des Brahms-Konzertes fertig, liefert sich mit dem Scharfschützen des Unternehmens und seinem starken Mann den üblichen Schlagabtausch und vereitelt schließlich den geplanten Versicherungsbetrug der Nichten, von denen er zwischenzeitlich fast, aber nicht ganz abgelenkt worden war.[198]

Doch längst waren die Filme mit ihrer globalen Reichweite und ihren Ressourcen das Hauptmedium geworden und sollten es bleiben. Dazu brauchte man nichts weiter als den Ton. Im August 1926 stellten die Western Electric Bell Laboratories in Anwesenheit aller zwölf New Yorker Tageszeitungen Vitaphone vor, einen Prozess, der einen Filmprojektor mit einer 16-Zoll-Platte und einem Drehteller koordinierte. Das Debüt war ein rauschender Erfolg[199], und die *New York Times* meldete: »Die Zukunft dieser neuen Erfindung ist grenzenlos.«[200]

Als Vitaphone zwischen 1926 und 1930 nach und nach durch die moderne Tonspur ersetzt wurde, begann Warner, mehrere Spielfilme und rund 2 000 Kurzfilme zu produzieren, darunter kleine Auftritte von Mischa Elman, der Dvořáks *Humoreske* und Gossecs *Minuet* spielte, und Efrem Zimbalist, der den zweiten Satz von Beethovens *Kreutzersonate* zu Gehör brachte. Beide wurden mit Begeisterung aufgenommen. Der Berichterstatter der *New York Times* schrieb dazu: »Ob es eine Note vom Klavier oder das Zupfen der Geigensaiten war, es war im ganzen Theater gut zu hören und ebenso inspirierend, als wenn Mr. Zimbalist oder Mr. Bauer selbst vor dem Publikum gewesen wären.«

Im Jahr 2007, 40 Jahre nach Elmans und 22 Jahre nach Zimbalists Tod, fand ein 22-jähriger Vietnamese an einem aeronautischen Institut in Moskau die alten Filme und lud sie bei YouTube hoch. Damit waren Elmans *Humoreske* und Zimbalists Beethoven, die einst für lokale Theater produziert worden waren, die für ein Orchester zu klein, für Vitaphone aber groß genug waren, jederzeit, überall und für jeden zugänglich, der sie ansehen wollte.[201]

Nach dem Zweiten Weltkrieg sollte der gefilmte Auftritt für eine kurze Reprise wieder aus den Tiefen der Erinnerung auftauchen. 1947 gründete der Hollywood-Produzent Paul Gordon die Concert Film Corporation und präsentierte dem Publikum die Serie »Concert Magic«. Angekündigt als »das erste Film-Konzert« wurde Yehudi Menuhin gezeigt, der bereit war, für einen geringen Vorschuss zu spielen, weil er davon ausging, dass die Tantiemen folgen würden, sobald die Filme Anklang gefunden hatten. Aber das taten sie nicht. Ein halbes Jahrhundert später wurden sie wiederentdeckt und als DVD vermarktet.[202] Im Jahr 1948 schafften sie es nur knapp, überhaupt herauszukommen.

Ein Jahr später buchten Rudolph Polk, ein weiterer Produzent, und der Schauspieler Sam Jaffe zu jeweils 5.000 Dollar Polks langjährigen Freund und Partner Jascha Heifetz sowie den Cellisten Gregor Piatigorsky, den Pianisten Artur Rubinstein, den Tenor Jan Peerce und die Altistin Marian Anderson für eine Serie von sechs kurzen Filmporträts, zwei Produktionen pro Jahr. Mit der Unterstützung von vier Autoren, zwei Regisseuren und einem Koproduzenten, produzierte Polk auch *Of Men and Music*, vier Features über Künstler, die von dem Millionen von Radiohörern als Pausenstimme der New York Philharmonic bekannten Komponisten, Musikkritiker und begabten Essayisten Deems Taylor moderiert wurden. Sie erschienen 1950 bei der 20th-Century-Fox, einem der fünf großen Hollywood-Studios.[203] Wie üblich war der unnahbare Heifetz die größte Herausforderung. Interviewer und Befragter einigten sich auf einen Werbefilm, der Heifetz beim Segeln, Tennis, Tischtennis und bei der Gartenarbeit sowie das Familienauto, seine Frau und sein Kind zeigt. Aber die unmissverständliche Botschaft war, dass der einzige Heifetz, der zählt, der mit der Geige war.

Heifetz war ebenso zuversichtlich wie Menuhin, dass das Medium eine Zukunft hatte, und kaufte mit 350 Vorzugsaktien mehr als 10 Prozent des Unternehmens von Polk. 1977 wurden die Dokumentationen aus dem Lager geholt und auf Musikkassetten veröffentlicht, verwandelten sich dann in DVDs und wurden schließlich über Amazon vertrieben. Aber wie das Produkt von Gordon waren auch sie ein Flop. Das Unternehmen wurde für insolvent erklärt, der rachsüchtige Heifetz erhob tatsächlich Klage, und Polk starb kurz danach an einem Herzinfarkt.[204]

Der Spielfilm, eine Gattung prädestiniert für Fantasie und Wunder, war vielversprechender – und natürlich war Paganini ein unwiderstehlicher Kandidat für filmische Bearbeitung. Schon 1922/23 hatte Conrad Veidt auf dem Weg von einer Hauptrolle als Cesare, dem schlafwandlerischen Medium in *Das Kabinett des Dr. Caligari*, zu der des Major Strasser in *Casablanca* einen Zwischenstopp eingelegt, um die Figur des Paganini in Heinz Goldbergs gleichnamigem Stummfilm zu spielen. Offenbar ist hiervon nur eine einzige Szene erhalten geblieben, die bei Gosfilmofond in Moskau archiviert ist. Aber ihre 6 Minuten und 38 Sekunden sind gespickt mit langen Schatten, angedeuteten Drohungen, kunstvoll bearbeitetem venezianischem Ambiente und mit Armeen aufwendig kostümierter Statisten. In Anbetracht von Veidts statueskem Paganini mit dem dazugehörigen Augen-Make-up der Zeit, von Hinweisen darauf, dass auch Liszt und Berlioz in der Geschichte vorkommen werden, und angesichts eines gewinnenden Kinder-schauspielers, der wohl den kleinen Achille darstellen soll,[205] kann der Zuschauer nur bedauern, dass nicht mehr Material davon erhalten geblieben ist.

In der Mitte der 1920er-Jahre zeigte der Wiener Verleger Paul Knepler Franz Lehár ein Romanmanuskript, das *sehr* lose auf dem Leben Paganinis basierte, mit dem Titel *Hexenmeister*. Der Komponist, selbst ein guter Geiger, war von dem Szenario so begeistert, dass er es unverzüglich zu der Operette machte, die sein 28. Bühnenwerk werden sollte. Es wurde in *Paganini* umbe-nannt, im Oktober 1925 in Wien uraufgeführt und stieß auf ein geteiltes Echo. Aber ein paar Monate später war es in Berlin ein großer Erfolg, da nun der 32-jährige Richard Tauber, Mitteleuropas Lieblingstenor, verfügbar war, um die etwa 22-jährige Titelfigur zu spielen.

Das Werk, ohnehin bemerkenswert wegen der prägnanten Melodien und der charakteristischen hohen Töne des Hauptdarstellers, wies auch zwei mar-kante Violinsoli auf. Die Ufa, Alfred Hugenbergs Hollywood am Wannsee, stand in den westlichen Vororten Berlins in voller Blüte. Tauber, auf der Höhe seiner Schaffenskraft, war ein Kassenmagnet. Der Tonfilm kam immer näher. Es gab keinen Mangel an Fiedlern, die sich Lehárs Kadenzen annehmen konnten. Dennoch wurde daraus nichts Filmisches.

Es sollten 20 Jahre vergehen, bevor Paganini wieder auftauchte, dieses Mal in den Gainsborough Studios, J. Arthur Ranks[206] Möchtegern-Hollywood am Südufer der Themse. *The Magic Bow* nach einem Roman des ebenso pro-duktiven wie erfolgreichen Pop-Romanciers Manuel Komroff,[207] war offenbar genau das, was seine Produzenten für ein neues Nachkriegspublikum bestellt hatten. Für Großbritanniens führenden Produzenten von kinematografischen Nackenbeißern war Stewart Granger, Sohn eines Armeeoffiziers und Ur-Ur-Enkel einer neapolitanischen Opernsängerin, wie geschaffen für die Hauptrolle.

Grangers Paganini ist herrisch selbstbewusst, verachtet die da oben, sieht in offenem Kragen à la Schiller wahnsinnig gut aus und ist unverkennbar 33 Jahre alt, obwohl die spärlichen Hinweise im Skript andeuten, dass sein tatsächliches Alter irgendwo zwischen 13 und 20 Jahren liegt. Wie so viele Schauspieler vor und nach ihm nahm er Geigenunterricht, um sich auf die Rolle vorzubereiten. Das wirkliche Spiel wurde allerdings Menuhin überlassen. Während Granger seine Arme hinter dem Rücken hielt, schob ihm ein Regie-assistent eine Geige unter das Kinn, und zwei professionelle Spieler setzten für die Kamera die Finger und führten den Bogen. Menuhin sollte das Skript spä-ter ohne Übertreibung als »vulgärer und unsinniger« als alles, was er je gelesen hatte, bezeichnen.[208] Aber er begrüßte die Chance, mit Diana Gould, die ein Jahr später seine zweite Frau wurde, zusammenzukommen. Sein Vertrag legte fest, dass er sich in die Musik des Films nicht einmischen durfte, in dem die 24. Caprice von Paganini als Violinkonzert vorgetäuscht wird, das zweite Thema aus dem ersten Satz des D-Dur-Violinkonzerts wie ein Arrangement von Rachmaninow für Tanzkapelle klingt und der Schlusssatz des Beethoven-Konzerts – ein Stück von dem nicht bekannt ist, ob Paganini es je gespielt hat – wie eine Readers-Digest-Reduktion aufgeführt wird. »Unterbrechungen über ein Thema von Paganini«, lautet eine zeitgenössische Überschrift.[209]

Klaus Kinskis *Paganini*, 40 Jahre später entstanden, lässt sich als formlos, handlungslos, narzisstisch, pornografisch, überraschend, aber auch als teilweise kenntnisreich und gelegentlich sogar brillant bezeichnen. Langweilig ist er jedenfalls nicht. Kinski, ein Spezialist für Grenzfiguren, der nie ein Ziel sah, über das er nicht hinausschießen wollte, hatte bereits die Dichter François Villon und Arthur Rimbaud, den Konquistador Aguirre, den leise verzweifelten Jedermann Woyzeck und Graf Dracula gespielt. Jetzt machte er sich daran, Paganini zu spielen. Er engagierte sogar seinen Sohn Nikolai für die Rolle von Paganinis Sohn Achille.

Als sein langjähriger Regisseur Werner Herzog sein Skript als unverfilmbar bezeichnete, übernahm Kinski selbst die Regie, in rund 120 Filmen seine einzige Arbeit als Regisseur. Es ist typisch für ihn, dass er sich selbst auch bei dieser nicht jugendfreien und überschwänglich polyglotten Arbeit filmen ließ. Überdies schnitt er den Film auch selbst; allerdings wurde die Fassung, die schließlich ein einziges Mal in Paris gezeigt wurde, von den Produzenten nochmals bearbeitet. Warum, war nicht schwer zu erraten. Zu den Kollateralschäden gehörte aber der Verlust einer brillanten Parodie auf die Titelfigur durch den altgedienten Pantomimen Marcel Marceau. Kommerziell herausgebracht wurde der Film in Japan, wo er diskret als »rosa« klassifiziert war[210] – jener Kategorie, die gehobener Pornografie vorbehalten ist.

In einem zweiten Ablegerfilm erinnerte sich Kinskis Freund, der Parfümeur Andreas Freytag von Loringhoven, voller Freude an die Pariser Uraufführung. Das gesamte französische Kabinett war erschienen und dann kleinlaut wieder verschwunden, sodass nur Kulturminister Jack Lang und Danielle Gouze, die Ehefrau von Präsident Mitterand, bis zum Ende blieben. Die erneut bearbeitete Version, die in Cannes gezeigt wurde, löste bei Kinski einen der berühmten Wutanfälle aus, der auch gefilmt wurde. Als der Film ein Jahrzehnt später dann endlich in Deutschland zu sehen war und gemischte Kritiken erntete, war Kinski schon gestorben. Die vollständige Sammlung – Kinskis Fassung, die Version der Produzenten, Kinski als Regisseur, das Interview mit dem Parfümeur und der Wutanfall in Cannes, zusammen 341 Minuten – wurde dann als DVD vermarktet. Es gibt auch Erinnerungen, genauer gesagt: einen Wortschwall, in Buchform.[211]

Der Film rollt in seiner reduktionistischen Obsession mit Sex, Musik, Geld, Menschenverachtung und der anstrengenden Hingabe des Künstlers an seinen Sohn über den historischen Paganini hinweg und an ihm vorbei. Doch

selbst wenn drei Viertel davon falsch sind, so bemerkte Gerhard Koch in der *FAZ*, ist noch ein Viertel richtig.[212] Offensichtlich hatte sich jemand ernsthaft mit dem Stoff beschäftigt. Kinskis ruheloser Paganini kommt Galaxien näher an Delacroix' Porträt des Mannes in Schwarz heran als der berühmte hübsche Granger. Der kleine Nikolai Kinski, in der Darstellung von Trauer und Verzweiflung beim Tod seines Vaters gewiss kein schlechter Schauspieler, ist sorgfältig wie der wirkliche Achille kostümiert. Die Musik, spektakulär dargeboten von Salvatore Accardo, ist echter Paganini. Die Schwellenhysterie während Paganinis Auftritt in einem Theater in Parma, der unsägliche Watson, der einen ausgebrannten Paganini hinter sich herschleppt, die mäandernden Fantasien des Sterbenden von »Russland und Amerika« und erst recht die Tragikomödie seiner Beerdigung – all das kann man ansehen, ohne die Fiktion für wahr zu halten. Am bemerkenswertesten ist die Szene, in der Paganini, allein auf einem Spaziergang, die Geige aus der Hand eines Kindes am Straßenrand nimmt, ein paar blendende Variationen über die österreichische Nationalhymne darauf spielt, seinen Hut herumgehen lässt, dem Jungen die Geige und den Inhalt des Hutes überreicht, die erstaunten Zuhörer grüßt, sich auf dem Absatz umdreht und die Szene verlässt. Berichte über einen großzügigen Paganini gibt es tatsächlich. Schilderungen eines sich derart bescheidenden Kinski sind allerdings selten.

André Anisimov, *Beethoven Violin Concerto*, 1999

In verständigen Händen konnten sowohl der Geigenbauer als auch das Instrument selbst Eindruck machen. Mit Hilfe des Choreografen Busby Berkeley, dessen aufwendige Tanzszenen geradezu ein Wahrzeichen der Epoche waren, leuchtet in Warner Bros.' *Gold Diggers* von 1933 das Instrument buchstäblich im Dunklen. Zuerst erscheint eine weiße Violine in den Händen von Dick Powell im weißen Frack. Der Chor hat ebenfalls weiße Geigen und nimmt, während er in weißen Seerosenblatt-Kostümen, die viel Bein zeigen, auf einer Wendeltreppe posiert, Powells Melodie sofort auf. Dann formiert er sich zu einer riesigen Blume, bevor er sich zu den Umrissen einer Geige umgruppiert, die aufleuchtet, während die Bühne dunkel wird, und die körperlos scheinenden Instrumente in Neon illuminiert.

King Vidor, ein Regisseur, der sich nicht einmal von *Krieg und Frieden* einschüchtern ließ, hob die Geige hervor, indem er den Spieler zum Gehilfen machte. In *Our Daily Bread*, seiner Saga von einer von arbeitslosen Kaliforniern improvisierten landwirtschaftlichen Genossenschaft in der Zeit der großen Wirtschaftskrise, erscheint ein Geiger nicht weniger als drei Mal: als Lehrer, der den Sohn des italienischen Schusters unterrichtet, in Partylaune von einem Akkordeon- und Mundharmonikaspieler begleitet und – vielleicht am interessantesten – als Arbeiter in einer Reihe mit einem Klempner, einem Schreiner und einem Steinmetz stehend, die sich alle um die Mitgliedschaft in der Kooperative bewerben. Dass Heifetz zu dieser Zeit Vidors Schwiegersohn war, spielte möglicherweise eine Rolle. Aber es war für Vidor zweifellos wichtig, dass der Geiger als jemand verstanden wird, der ebenso wie die anderen mit den Händen arbeitet.

Der Geiger als Handlungszubehör – tatsächlich eine ganze Abteilung von ihnen – tritt abermals in *Here Come the Co-eds* in Erscheinung, einer Low-Budget-Produktion des Komikerduos Bud Abbott und Lou Costello aus dem Kriegsjahr 1944, erneut veröffentlicht 1950 in Friedenszeiten. Dieses Mal spielt die Handlung in einem von der Schließung bedrohten Frauen-College, wo Phil Spitalnys Mädchenorchester, Radiohörern als das Hour of Charm Orchestra bekannt, offenbar das Musikprogramm durchführt und die Musikklasse von Spitalnys Ehefrau Evelyn Klein, einer Juilliard-Absolventin und Radiohörern aus der Sendung »Evelyn and Her Magic Violin« bekannt, Sarasates *Zigeunerweisen* darbietet. In Carol Reeds Nachkriegsklassiker *Der Dritte Mann* taucht ein Geiger in der Person von Ernst Deutsch auf, der sich als liebenswürdig schlüpfriger »Baron« Kurtz kleinlaut bei Joseph Cotten entschuldigt, als er in einem Wiener Café in einem ausgefransten Smoking als herumziehender Geiger entdeckt wird.

Gelegentlich ist allerdings auch die Geige selbst der Star. In *Stradivari*, einem von drei Filmen, die der in Ungarn geborenen Géza von Bolváry 1935 in Deutschland produzierte, bezieht sich der Titel auf das Instrument – eine fiktive

Strad, die der schneidige junge ungarische Offizier und Geigenvirtuose Sándor von seinem Onkel erhalten hat. Unterdessen verliebt sich Sándor in Maria, eine italienische Musikstudentin, deren Lehrer die Geige als eine Strad aus dem Jahr 1672 identifiziert. Angeblich wurde das Instrument von Stradivari selbst mit einem Fluch belegt, als ihn die Tochter von Niccolò Amati abwies. Maria, die der Herkunft des Fluchs nachspürt, entdeckt, dass dieser seither Generationen von Besitzern das Leben schwer gemacht hat, von Cosimo de' Medici bis zu einem französischen General, der die Geige 1812 mit nach Russland nahm. Sie galt lange als verloren, bis sie eine russische Prinzessin 1895 wiederentdeckte und an einen Zigeuner verkaufte.

Das Paar steht unbeirrt vor der Hochzeit und vor einer Tournee durch die Vereinigten Staaten, als der Weltkrieg ausbricht und Sándor sich bei seinem Regiment melden muss. Natürlich nimmt er die Geige mit. Nachdem Jahre ohne Nachricht von ihm vergangen sind, wirbt Dr. Pietro Rossi in Mailand um Maria. Dann tauchen sowohl Sándor als auch die Strad wieder auf. Sándor wurde schwer verletzt von den Italienern gefangen genommen und für eine lebensrettende Operation zu Rossi gebracht. Die Strad, offenbar unversehrt, wurde ebenfalls gefunden und Rossi von einem Soldaten verkauft, der behauptet, sie neben einem toten Husaren gefunden zu haben. Rossi präsentiert sie Maria, die sie natürlich erkennt, und, nunmehr von Sándors Tod überzeugt, bereit ist, Rossi zu heiraten. Aber Rossi weiß es besser. Er erlaubt es der Strad großmütig, sich wieder mit Maria und Sándor zu vereinen, obwohl das Glück, das sie bringen soll, in den nächsten zehn Jahren für Deutsche, Ungarn und Italiener auf spektakuläre Weise zum Unglück wird. Nach einer dreijährigen Pause kehrte von Bolváry für eine halbwegs erfolgreiche Nachkriegskarriere nach Italien und in die Bundesrepublik Deutschland zurück. Der Film *Stradivari*, der ohne ersichtlichen Grund auf der Liste der unter alliierter Militärzensur nach 1945 verbotenen deutschen Filme stand, gelangte irgendwann in das Berliner Bundesfilmarchiv.[213]

Ein halbes Jahrhundert später widmete sich auch François Girards *Rote Violine* einem Produkt des Goldenen Zeitalters von Cremona. Aber dieses Mal umfassen die Fiktionen auch den Geigenbauer selbst sowie das Instrument und die Abenteuer, die sich mit ihm verknüpfen. Sie beginnen, als die Frau des Geigenbauers jung bei einer Geburt stirbt, was ihr von einer Tarot-Kartenleserin vorhergesagt worden war. Gramerfüllt mischt der Meister ein paar Tropfen ihres Blutes in den Lack, damit sein Meisterwerk dadurch dauerhaft und unverwechselbar rot wird, und trägt ihn mit einem aus ihrem Haar gefertigten Pinsel auf. Die rote Violine sollte seine letzte Arbeit werden. Sie wird einem Tiroler Kloster gestiftet und ist bald auf dem Weg rund um den Globus und durch die Jahrhunderte.

Auf dem Weg von Cremona zu einem Auktionshaus, das unwahrscheinlicherweise in Montreal ist, prallt die Geige buchstäblich gegen ein paar Wände und Fußböden, wird mit einem ehemaligen Spieler begraben und um Streichholzbreite in China vorm Scheiterhaufen gerettet. Am Ende zieht sie die Aufmerksamkeit eines afroamerikanischen Experten auf sich, nachdem sie von einer Hand in eine immer unwahrscheinlichere andere gereicht wird: Sie gelangt zu einem österreichischen Waisenjungen, der musikalisch gedrillt wird, bis er vor einem ausgewählten Publikum vor lauter Stress tot umfällt, zu ein oder zwei Generationen von Zigeunern, zu einem viktorianischen Granden, halb Byron, halb Paganini, der sie als viersaitiges Aphrodisiakum verwendet, und zu von der Kulturrevolution berauschten Rotgardisten. Kein Wunder, dass die kanadischen Auktionatoren sie wegen einer dringend nötigen Restaurierung auf direktem Wege in eine Werkstatt schicken, die wie ein Akustiklabor ausgestattet ist.

Für Zuschauer mit einem Sensus für musikalische Form ist die Geschichte ein klassisches Rondo, dessen wiederkehrende Themen – die Wahrsagerin in Cremona und die Auktion in Montreal – mit den weiteren Szenen alternieren. John Coriglianos Werk, eine Chaconne, folgt dem gleichen Prinzip. Am Ende vereint der Film zwei der klassischen Topoi des Mediums, die Violine als schelmischer Held und der allseits beliebte Betrug mit einem Lockvogel, bei dem ein vertauschtes Objekt das Original ersetzt.[214]

Wie der mexikanische Regisseur Francisco Vargas 2005 mit *The Violin* bewies, konnte das Medium nicht nur einen Film nach einer namenlosen Geige benennen, sondern auch eine Hauptrolle für ihren ramponierten Kasten finden. Der unpassend benannte Plutarco, denkwürdig vom 80-jährigen Angel Tavira gespielt, ist ein bitterarmer Kleinbauer, der in Begleitung seines Sohnes und seines Enkels seine Heimat im Süden von Mexiko als Straßengeiger durchstreift. Alle drei Generationen sind parallel in den ewigen Krieg zwischen Eroberern und Eroberten verwickelt, der bis Cortés zurückreicht. Die Aufständischen haben in Plutarcos Maisfeld Munition vergraben.

Indem er auf sein Alter, sein Instrument und seine Glaubwürdigkeit setzt, nimmt Plutarco bei seinem Grundherrn ein Darlehen auf die Ernte des nächsten Jahres auf, ersteht damit einen Esel, um an den Soldaten vorbeizukommen, die zwischen ihm und der Munition stehen, und tauscht mit dem musikliebenden Hauptmann der Soldaten persönliche Geschichten aus, um dessen Vertrauen zu gewinnen. Dann birgt er die Munition, packt sie in seinen Geigenkasten und lässt die Geige zurück. Aber als er mit dem leeren Kasten zurückkommt, ist die Geige verschwunden. Der Hauptmann fordert ihn zum Geigenspiel auf, was offensichtlich unmöglich ist, da er sie selber an sich genommen hat. Unterdessen haben seine Truppen die Aufständischen, darunter Plutarcos Sohn, festgenommen. Die Abblende zeigt den Enkel und seine kleine Schwester auf der Straße mit einer Gitarre, vermutlich die seines Vaters.[215]

Der Geigenbauer-Händler scheint ein noch unwahrscheinlicherer Kandidat für Starruhm zu sein. Dennoch fanden ein paar europäische Regisseure des späten 20. Jahrhunderts auch dafür Möglichkeiten. In einer 1989 für das Fernsehen gedrehten dreistündigen Filmbiografie schafft es Giacomo Battiato sogar, ein bisschen Drama im Leben von Antonio Stradivari zu finden – oder es hineinzuprojizieren.

Die großen schwarzen Löcher und ausgedehnten Leerstellen im Leben eines Mannes, der kaum schreiben konnte, nicht kämpfte und – soweit bekannt – auch nicht gereist ist, sind unweigerlich eine Herausforderung. Aber sie sind auch eine Chance für italienische Autoren, sich mögliche Szenen eines langen Lebens in einer unordentlichen und bunten Zeit und an einem ebensolchen Ort vorzustellen. Geld war eindeutig kein Thema für das aus vier Firmen bestehende Konsortium deutsch-italienischer Produzenten des Films.[216] Die Produktionswerte sind guter Geschmack, ein schlitzäugiger Sinn für Humor und ein ungewöhnliches Ausmaß an historischer Bildung. Es gibt ein wunderbares Geigenspiel von Salvatore Accardo. Cremona war und bleibt ein lohnender Drehort.

Natürlich ist auch ein vertrauter, überzeugender und überaus charismatischer Hauptdarsteller ein Plus. Der 72-jährige Anthony Quinn, der in rund 70 Filmen Rollen von Quasimodo bis zu dem Griechen Sorbas ausgefüllt hatte, spielt Stradivari als zielstrebigen Perfektionisten, zeitweise narzisstisch, stets autoritär, aber doch im Wesentlichen liebenswert. In einer Reihe von Rückblenden überzeugt er Nicolò Amati davon, dass er wirklich Geigen bauen will, indem er sich nachts aus seinem Waisenhaus hinausschleicht, eine Schablone stiehlt und eine für sein erstes Instrument gedachte Zarge in das einzige schnell verfügbare Dampfbad steckt: in den Suppentopf im Waisenhaus. An der Schwelle zum Erwachsenenalter landet er in einer urkomischen Opernaufführung, in der ein Kastratentrio, das über der Bühne an Drähten aufgehängt ist, einen Wutanfall hat, während sein künftiger Schwiegervater erfolglos versucht, in seiner Loge in Kontakt mit einer jungen Frau zu kommen. Er nimmt es mit den örtlichen Behörden auf, die gerne zuerst zuschlagen und dann Fragen stellen, und auch mit temperamentvollen Kunden und den Formalitäten der spanischen und österreichischen Besatzer. Als Folge der unheilverkündenden lateinisch-quacksalbernden Rezepturen des Doktors muss er die Krankheit und den Tod seiner ersten Frau erleben, gefolgt von einer ungeheuerlichen Arztrechnung und den bizarren und nutzlosen Fürsorglichkeiten einer weisen Frau aus der Nachbarschaft. Er schikaniert seine älteren Söhne. Er macht mit seiner zweiten Frau eine Flussfahrt auf dem Po, zu der ein rothaariger Priester, der verdächtig wie Antonio Vivaldi aussieht, die Wassermusik beisteuert. Vor allem aber betont das Drehbuch seinen Arbeitseifer: »Ich mache Geigen, nicht Musik«,[217] lässt Battiato ihn sagen.

Streng genommen macht Stéphane, der grimmig unromantische Geigenbauer in Claude Sautets düsterem und sehr französischen *Un Cœur en hiver* (Ein Herz im Winter) drei Jahre später weder Violinen noch Musik. Aber er ist dicht genug daran, um die Aufmerksamkeit von Camille zu erregen, einer sehr guten Geigerin am Anfang einer vielversprechenden Karriere und regelmäßige Kundin in der glaubwürdigsten Geigenwerkstatt, die bisher in einem Film zu sehen war. Camille ist die Lebensgefährtin von Stéphanes Partner Maxime geworden, der vorne im Verkaufsraum so gut ist wie Stéphane im Hinterzimmer.

Camille, die an Stéphanes feinem Gehör ebenso interessiert ist wie an seinen Fähigkeiten an der Werkbank, bittet ihn, für sie ihre Vuillaume zu richten. Aber sie möchte auch, dass er bei ihrer Probe für die Aufnahme des Klaviertrios von Ravel dabei ist, ein Stück, das deutlich wärmer ist als jeder der drei Hauptfiguren. Natürlich führt ihr Interesse zu einer Beziehung. Aber die Beziehung ist elliptisch. Stéphane ist höflich, rücksichtsvoll zu Auszubildenden und kann Freundschaft mit Frauen und Männern schließen. Im Gegensatz zu seinen anderen Freunden ist er sogar bereit, seinem todkranken Mentor und engsten Freund dabei zu helfen, Selbstmord zu begehen. Liebe ist jedoch nicht seine Sache. Seine Ablehnung zerstört nicht nur seine Beziehung zu Camille, sondern auch ihre und seine Beziehung zu Maxime, und die Werkstatt ist ein Kollateralschaden. Ravels strahlendes Werk und Jean-Jacques Kantorows reizendes Violinspiel ragen aus der Verwüstung heraus wie Orchideen in einem Eissturm.[218]

Auch die Beziehung zwischen Lehrer und Schüler mit ihrem stets ungewissen Ausgang und ihrem Wohlfühl-Potenzial war stets ein dankbarer Stoff für eine Bearbeitung durch den Film. *They Shall Have Music* war eine erste, vorläufige Umrundung ihrer Möglichkeiten. Das Projekt begann im Jahr 1938 mit einer Vereinbarung mit dem Produzenten Samuel Goldwyn, 40.000 Dollar Vorschuss zu zahlen, Heifetz' Beharren auf der Umsetzung eines Bildungsauftrags zuzustimmen und später einen noch nicht näher ausgearbeiteten Film mit Heifetz als Heifetz zu machen. Zuerst kam die Tonspur mit einem Repertoire nach Wahl des Künstlers und unterstützt von der Los Angeles Philharmonic. Dann kam die Kamera mit Hunderten von Aufnahmen von Heifetz, der synchron zu seiner eigenen Aufnahme spielte. Vier Wochen später war Heifetz der am umfassendsten gefilmte Geiger der Geschichte. Am Ende wurden etwa 450 der rund 15 000 Meter Filmmaterial verwendet.[219]

Das Material war ursprünglich für das Warner-Bros.-Projekt *The Confessions of a Nazi Spy* vorgesehen, das tatsächlich produziert wurde und 1939 herauskam. Eine weit bessere Option tauchte jedoch in einer Erzählung der Drehbuchautorin Irmgard von Cube auf, die erst vor Kurzem aus Europa angekommen war. Die Geschichte um eine Musikschule in der Nachbarschaft, die wegen Mietzahlungen unter Druck stand, wurde an den Drehbuchautor John Howard Lawson, Hollywoods führenden Kommunisten, und den Regisseur Archie Mayo weitergegeben, der schon mit Mae West, Bette Davis, Humphrey Bogart und Gary Cooper gedreht hatte und später bei den Marx Brothers Regie führte. Wie das Leben manchmal die Kunst imitiert, befand sich eine Nachbarschaftsschule in Los Angeles in genau derselben misslichen Lage wie die New Yorker Schule in Cubes Geschichte. Besser noch: Eine große Zahl der Absolventen ging zum California Junior Symphony Orchestra, einem bekannten Brutkasten für professionelle Talente, die 1936 von Peter Meremblum, einem ehemaligen Schüler von Auer, gegründet worden war. Rund 70 Jahre später existierte die Schule immer noch. Goldwyn stellte unverzüglich 40 von Meremblums Kindern ein, und die Kameras begannen nun wirklich zu drehen.

Die Handlung war erfreulich konventionell. Frankie, eine Figur am Rande der Kriminalität, gerät durch einen glücklichen Zufall in ein Konzert von Heifetz in der Carnegie Hall. Fasziniert von ihm, beginnt er, wieder auf der Geige zu üben, die ihm sein verstorbener Vater hinterlassen hat, doch nachdem ihn sein Stiefvater schlägt, läuft er mit seinem Hund von zu Hause fort. Der freundliche Direktor der Musikschule im Gemeindezentrum hat Mitleid mit ihm. Aber die erbarmungslosen Eigentümer des Musikgeschäfts, denen die Immobilie gehört, sind entschlossen, am Vorabend des großen Konzerts die Zwangsvollstreckung einzuleiten, falls sie die Miete bis dahin nicht bekommen. Frankie schlägt eine Ad-hoc-Spendenaktion vor der Carnegie Hall vor. Heifetz, der zufällig gerade ankommt, zeigt Interesse und gibt Frankie seine Karte. Als der künftige Schwiegersohn des Direktors, hektisch bemüht, die Zwangsvollstreckung abzuwenden, behauptet, Heifetz sei ein Mäzen der Schule, schickt Frankie seine Freunde, um Heifetz zu suchen. Sie finden ihn nicht, entdecken aber seine Geige und stehlen sie. Während eine Phalanx von Müttern aus der Nachbarschaft die Polizei fernhält, gelingt es dem verzweifelten Frankie, Heifetz' Manager aufzuspüren. Die Möbelpacker sind bereits vor Ort und transportieren die Instrumente ab, als unter schmetternden Polizeisirenen ein Wagen mit Heifetz hält. Er identifiziert seine Geige, tut sich mit dem Schulorchester für einen triumphalen letzten Satz des Mendelssohn-Konzerts zusammen und rettet nebenbei den Tag. Heifetz, der eigentlich nicht dafür bekannt war, seine Gefühle zur Schau zu stellen, schenkte jedem Spieler ein Foto mit Widmung.[220]

Zwei Jahre später veröffentlichte RKO *Melody for Three*, ein 67-minütiges Zwischenspiel mit einem spezifischen Gewicht von nahezu Null und einem ganz normalen amerikanischen Kleinstadt-Wunderkind in der Hauptrolle, einem amerikanischen Superstardirigenten, einem Live-Radio-Orchester in Chicago und einer unglücklichen Familie. Unerwartet interessant ist die fast unmögliche Verbindung von Fay Wray, die einst King Kongs Angebetete gespielt hatte, und Jean Hersholt, einem dänischen Einwanderer, den zeitgenössische Radiohörer als den gütigen, erfinderischen Dr. Christian kannten. Toscha Seidel, ein Schützling Auers, der Hollywood als sein gelobtes Land entdeckt hatte, serviert einen gemischten Salat aus den *Ungarischen Tänzen* von Brahms. Schuyler Standish, der als das Wunderkind besetzt ist, scheint tatsächlich die Geige gespielt zu haben.[221] Dr. Christian ist natürlich genau der richtige Mann, um eine zerbrochene Familie wieder zusammenzuschmieden. Auf dem Weg zum unvermeidlichen Happy End werden den staunenden Studiotouristen Toneffekte und der vielleicht erste gefilmte Blick auf das nächste Sendewunder, das Fernsehen, vorgestellt.

Carnegie Hall, eine Art Heifetz-Reprise, folgte nach dem Krieg im Jahr 1947. Für diejenigen, die davon wussten, enthielt der Film genug Dramatisches, das meiste davon jedoch im Vorspann, wo die Mitwirkenden aufgelistet wurden. Boris Morros, einst das Cello-Wunderkind aus St. Petersburg und nun Koproduzent des Films, war 1922 nach Amerika gekommen, hatte das Orchester im Rivoli Theater in New York dirigiert und sich zum Musikdirektor und Talentsucher für Paramount Pictures hochgearbeitet. Seit 1934 war er auch ein Agent der Sowjets und arbeitete seit 1947, dem Jahr in dem *Carnegie Hall* herauskam, als Doppelagent ebenfalls für das FBI.[222] Der Regisseur des Films, Edgar Ulmer, war ein mitteleuropäischer Veteran des Weimarer und des jiddischen Films mit einem langen Lebenslauf in Hollywood. Durch einen glücklichen Zufall war der Cellist Gregor Piatigorsky ein Freund aus Kindertagen und der Dirigent Fritz Reiner Pate seiner Tochter.[223] Beide hatten in *Carnegie Hall* Gastauftritte.

Für den normalen Kinogänger ist der Film eine Mischung aus Schnulze und Frauenzeitschrift, mit einer gelegentlichen Reminiszenz an den Weimarer Meister F. W. Murnau, der Ulmer nach Hollywood gebracht hatte, und mit einer wunderbaren Einstellung von dem Pianisten Artur Rubinstein, aufgenommen von hoch über der Bühne. So wie Tarzan von Baum zu Baum schwingt sich die Handlung auf und ab und stürzt von Gastauftritt zu Gastauftritt, wenn die Großen ihrer Zeit – Jan Peerce, Ezio Pinza, Lily Pons und Risë Stevens, Bruno Walter, Leopold Stokowski und Artur Rodziński sowie Reiner, Rubinstein, Piatigorsky und vor allem Heifetz – singen, spielen, dirigieren und gelegentlich schauspielern. Das Bindeglied zwischen ihren Auftritten ist Nora, die mit neun Jahren Tschaikowsky das Eröffnungskonzert dirigieren hörte. Sie wurde früh Witwe, nachdem ihr Mann, ein begnadeter, aber jähzorniger Pianist, in einem Anfall von Selbstmitleid zu viel getrunken hatte und die Treppe hinunterfiel. Im Laufe des Films arbeitet Nora sich von einer Reinigungskraft in der Carnegie Hall zur Managerin hoch. Unterdessen erzieht sie ihren Sohn Tony dazu, ein noch besserer Pianist als sein Vater zu werden, indem sie ihn von ihrem Apartment in der 57. Straße mit hinüber in das Konzerthaus schleppt und ihn dort einem Vorbild nach dem anderen vorstellt. Tony, der in all den Jahren die Großen der Zeit getroffen, gehört und gelegentlich sogar mit ihnen musiziert hat, rebelliert am Ende und nimmt einen Job bei der Vaughan Monroe Big Band an, wo er »moderne Musik« spielen kann. Zur Überraschung seiner Mutter erscheint er auf der Bühne der Carnegie Hall als Komponist-Dirigent-Pianist eines Cross-Over »57th Street Concerto« mit Harry James, einer weiteren Säule der Bigband-Zeit, als Solotrompeter.[224]

Eigentlich ist Tony jedoch der Angeschmierte. Innerhalb weniger Jahre nach der Veröffentlichung des Films hatte die Bigband gegenüber der Rockband den Kürzeren gezogen, und Vaughan Monroe war verschwunden und vergessen. Die Carnegie Hall andererseits wurde, nachdem sie der Abrissbirne nur knapp entging, 1960 zu einem Nationalen Historischen Denkmal erklärt – ein Titel, für den auch Heifetz' dem Film entnommene, zwar gekürzte, aber grandiose Aufführung des ersten Satzes des Tschaikowsky-Konzertes qualifiziert gewesen wäre. Im Dezember 2006 wurde sie auf YouTube eingestellt und bis September 2008 bereits fast eine halbe Million Mal aufgerufen.[225]

Es vergingen Jahrzehnte, bevor das Schüler-Lehrer-Szenario wieder auftauchte. Der Anlass war Präsident Nixons Wiederentdeckung von China im Jahr 1972. Sieben Jahre danach entdeckten es auch Isaac Stern und der Pianist David Golub. Der tiefempfundene und klug geschnittene Film von Murray Lerner *From Mao to Mozart* erzählt so überzeugend, wie es einem Film nur möglich ist, von einer interkulturellen Begegnung, in der Lernen und Unterrichten wechselseitige und fortdauernde Prozesse sind. Die Besucher sind neugierig und beeindruckt, aber auch entnervt, tief bewegt und gelegentlich erschüttert von der Wärme, dem Talent, der Begeisterung und dem Einfallsreichtum, aber auch von der Sturheit und Unfähigkeit und von den Erinnerungen, denen sie begegnen. Und ganz im Sinn der Gastgeber hinterlassen sie auch ihre eigenen Spuren.

Es gibt mindestens ein Dutzend unvergesslicher Szenen, doch drei von ihnen stechen als die Besten der Besten hervor. In der einen reagiert Tan Shu-zhen, der als stellvertretender Direktor des Shanghai Conservatory während der Kulturrevolution die Hölle aus nächster Nähe gesehen hat, auf Sterns Frage nach dem Unterschied zwischen der jüngsten und der mittleren Generation chinesischer Geiger. In seiner Antwort, vorgetragen in langsamem, gut verständlichem Englisch und beeindruckend dezent formuliert, verweist Tan auf das schreckliche Jahrzehnt, in dem er selbst eingesperrt war und Toiletten säubern musste. Selbst der normalerweise unerschütterliche Stern ist hier für einen Moment still.

Die zweite Szene ist eine Konfrontation wegen eines Klaviers, das angeblich zu den besten in Shanghai gehört. Golub findet es unbrauchbar. Dieses Mal ergreift Stern das Wort und verkündet, dass er, wenn es nichts Besseres gebe, wohl in Peking anrufen und verlangen müsse, dass ein anderes mit einem Militärflugzeug nach Shanghai geflogen werde. In kürzester Zeit steht ein spielbares Klavier zur Verfügung.

Die dritte Szene findet in einer Meisterklasse vor einem großen Publikum statt. Die Spielerin, ein Mädchen im Teenageralter, ist angespannt wie eine E-Saite, präsent wie nie zuvor und vermutlich niemals wieder und bis an den Rand der Verzweiflung entschlossen, alles richtig zu machen. Stern, der sie entschieden, aber freundlich unterbricht, ist gleichzeitig neckisch, onkelhaft und verführerisch. Er überredet sie, das Stück zu singen und dann erneut so zu spielen, wie sie es gerade gesungen hat. Sie tut wie geheißen – und bringt auf einmal Musik hervor. Stern strahlt. Das Mädchen strahlt. Das Publikum applaudiert.

In der Zwischenzeit hatte die Suzuki-Methode, deren Punkt-Punkt-Punkt-Punkt-Strich-Strich (.... – –) zuweilen sogar auf amerikanischen Autoaufklebern erschien, es selbst bis nach Ost-Harlem geschafft. Allan Millers charmante Dokumentation *Small Wonders* besorgte den Rest, indem sie die magische Roberta Guaspari für die Nachwelt und für jeden, der wissen wollte, was sie wie getan hatte, konservierte, verpackte und vermarktete. Ganz nebenbei lieferte die Dokumentation damit auch eine sowohl aktualisierte als auch lebensnahe Version von *They Shall Have Music*.

Momente, die ein schlechtes Gefühl hinterlassen könnten, werden angedeutet, ohne die Wohlfühl-Themen je zu gefährden. Die Erbsenzähler der Schulbehörde, die Guaspari die Fördermittel für einen »Firlefanz in einer nüchternen Welt« gestrichen hatten, wie Sam Donaldson 1991 in einem Fernsehbeitrag von ABC News berichtete, erhalten keine Möglichkeit zu einer Entschuldigung oder Gegendarstellung. Der Zuschauer kann nur raten, wie viel – oder wie wenig – Geld tatsächlich eine Rolle spielte. Obwohl ein kleiner Junge unter Tränen ausscheidet, als Guaspari ihn darauf aufmerksam macht, dass sie harte Arbeit erwartet, gibt es wenig Anzeichen für Abbrecher. Es ist bemerkenswert, dass Suzuki nie erwähnt wird.

Andererseits werden die Wohlfühl-Elemente mit Respekt und echter Zuneigung behandelt. Millers Kameraführung vermittelt einen starken Eindruck von der Vielfalt und Energie der Stadt, von Guasparis Art der Anwerbung, von der jährlichen Lotterie für die Zulassung zum Programm und von der jauchzenden Freude der kleinen Gewinner. Zu sehen ist auch ein kleiner Junge namens José, der in Vorbereitung auf das große Konzert ernsthaft in seinem Zimmer und dann in der Badewanne übt, bevor er von seinen stolzen Eltern und der ganzen Familie in sein weißes Konzerthemd gesteckt wird. Da gibt es das Spiel der Knicks im Madison Square Garden, wo Guaspari ihre Schützlinge für das eröffnende *Star-Spangled Banner* aufstellt wie ein NBA-Trainer sein Team für die Play-offs. Vor allem sieht man Guaspari selbst, die vorführt, ermahnt, ermutigt, gut zuredet oder sichtlich erschöpft kleine Geigen schleppt. »Ich mag die Art und Weise, in der Sie mit ihnen reden«, versichert ihr eine Mutter bei Kaffee und Keksen. »Es ist gerade wie zu Hause.«

Es ist bemerkenswert, dass die Fortsetzung, der Studiofilm *Music of the Heart*, nicht nur ebenso gut wie sein Dokumentarfilm-Vorgänger war, sondern sogar Kasse machte: 79 Millionen Dollar Bruttoeinnahmen bei Produktionskosten von 7 Millionen.[226] Erst recht erstaunlich waren Qualität und Erfolg des Films angesichts derjenigen, die ihn gemacht hatten. Der Regisseur Wes

Craven, ein Meister des Horrorfilms, war vor allem als Schöpfer der Figur des Freddy Krueger bekannt, ein Serienmörder, der seine Opfer aus dem Inneren ihrer Träume angreift. Ursprünglich sollte Guaspari von der Pop-Ikone Madonna dargestellt werden, doch diese sagte ab und wurde durch die brillante Meryl Streep ersetzt, deren unerschöpfliches Talent sogar die Wartenden am Popkornstand dazu hätte bringen können, Suzuki-Geiger zu werden. Beide Schauspielerinnen, wird berichtet, bemühten sich ernsthaft, eine Geige glaubwürdig zu halten und sogar auf ihr zu spielen. Doch es war offensichtlich, dass Streep auch Guaspari studiert hatte. Der zusätzliche Aufwand zahlte sich in Dimensionen aus, die Millers Film nur andeutet. »Es gab eine Zeit, in der ein Film wie dieser mit einem Preis oder einem großen Sieg enden musste, einem Gefühl, dass jemand um eine Goldmedaille gekämpft hatte«, stellte die Kritikerin Janet Maslin in ihrer Besprechung fest. »Hier ist die Belohnung einfacher: nichts weiter als eine Bestätigung der Macht der Musik, Schönheit, Freude und ein Gefühl der Erfüllung zu bringen.«[227] Wie oft hatte jemand das über einen Hollywood-Film gesagt?

On the QT, der im selben Jahr herauskam, wird da, wo *Music of the Heart* anrührend und einleuchtend ist, auf peinliche Weise edelmütig und unfreiwillig komisch. Andererseits ist die Beziehung eines jungen weißen Mannes zu einem schwarzen Mentor als Vaterfigur wenigstens teilweise originell, und es handelt sich um einen der wenigen Studiofilme, der sich Straßenmusikanten widmet. Sam Ball spielt den 25-jährigen Schüler Jari aus Michigans Upper Peninsula, der sich an einer fiktiven New York Academy of Music einschreiben möchte. Unterdessen strampelt er sich damit ab, seinen Lebensunterhalt in der U-Bahn zu verdienen. James Earl Jones, bereits ein Veteran von rund 80 Filmen, spielt den Lehrer Leo, einen Straßenmusikanten, der nahezu alles überall und zu jeder Zeit spielt.

Leo sagt Jari, er müsse seine eigene Stimme finden. Er soll das Sibelius-Konzert mit Seele spielen. Er führt Jari in einen unbenutzten U-Bahn-Tunnel, zieht ein Englischhorn hervor, spielt ihm das Solo aus Sibelius' *Schwan von Tuonela* vor und zitiert ein paar übersetzte Zeilen von Rilke. Erst nach dem Tod seines Mentors erfährt Jari, dass Leo in der U-Bahn gelandet war, weil er Jahre zuvor ein Juilliard-Stipendium in dem Glauben abgelehnt hatte, dass es nichts für schwarze Menschen sei. Bei seinem Vorspiel ehrt er Leo, indem er Sibelius mit Gefühl spielt, einschließlich einer Kadenz, die gar nicht vorgesehen ist und von der er sagt, sie sei von Rilke inspiriert worden.

Chen Kaiges Film *Together*, der drei Jahre später herauskam, trägt den Schüler-Lehrer-Topos in eine neue Welt und ein neues Jahrhundert. Einmal mehr ziehen ehrgeizige Eltern mit einem begabten Kind von der tiefsten Provinz in die große Stadt. Doch der Schauplatz ist ein China, das kaum als das Land, in dem nur eine Generation zuvor Stern und Golub zu Gast waren, wiederzuerkennen ist und wo der Regisseur, ein Überlebender der Kulturrevolution, immer noch vom Verrat an seinem Vater im Teenageralter heimgesucht wird.[228]

Cheng, der Vater im Film, ist ein Imbisskoch, etwas schmierig und geschwätzig, aber im Wesentlichen gutherzig und zäh wie Sohlenleder. Er will das Beste für seinen Sohn Xiaochun, einen äußerst vielversprechenden Teenager-Geiger. Ein Wettbewerb in Peking endet für Xiaochun mit einem fragwürdigen fünften Platz. Dies führt ihn zu Professor Jiang, einem begabten, aber depressiven Lehrer, der mit Lili, einer Goldgräberin mit einem Herz aus Gold, in einem etwas abseits gelegenen Haus voller Katzen lebt.

Obwohl Jiang in Selbstmitleid badet und offenbar unfähig ist, seine Socken selbst zu wechseln, bringt er Xiaochun als Musiker auf den rechten Weg. Lili, eine Naturgewalt, wie sie ihm in seinem jungen Leben noch nie begegnet ist, wird für den Jungen fast unbewusst zu einer Ersatzschwester, während sein Vater sich in einer Restaurantküche, auf einer Baustelle und als Fahrradkurier abrackert, um seine Rechnungen bezahlen zu können.

Nun werden die Dinge kompliziert. Cheng überredet den jungen und dynamischen Professor Yu Shifeng dazu, seinen Sohn zu unterrichten. Yu ist nicht nur einverstanden, sondern lädt Xiaochun und Lin Yu, eine Schülerin, ein, bei ihm einzuziehen, um letztendlich entscheiden zu können, wer von den beiden an einem großen internationalen Wettbewerb teilnehmen wird. Xiaochun erhält den Vorzug. Als er sich aber anschickt zu gehen, erfährt er, dass er als Findelkind aufgenommen wurde, nachdem Cheng ihn an der Bahnstation mit einer Geige und einer beigefügten Notiz von seiner Mutter entdeckt hatte.

Zwischen Kunst und Leben, Liebe und Ehrgeiz, altem und neuem China hin- und hergerissen, läuft Xiaochun weinend zum Bahnhof und fährt nach Hause, während seine Unterstützer verzweifelt nach ihm suchen. Am Ende des Films hört man, wie Lin beim Wettbewerb das Tschaikowsky-Konzert spielt, während Xiaochun dasselbe als eine Art Stellsignal mitten in der überfüllten Bahnhofshalle tut. Das Finale ist so wenig einleuchtend wie manches andere seit der Goldwyn-Ära;[229] bedenkenswert aber bleibt die Szene wegen des Spiels von Lin Chuan Yun, einem Schützling von Sassmannshaus, der selber mit fünf Jahren in Peking debütierte.[230]

Und dann – wie sollte es anders sein – kommt die Liebe ins Spiel: Junge trifft Mädchen, Liebe trifft Geige – und umgekehrt. Der erste hier einschlägige Tonfilm war die Fox-Produktion *Caravan* von 1934. Europa folgte Hollywood zwei Jahre später mit *Die Liebe des Maharadscha*, einer österreichisch-italienischen Koproduktion mit zwei Regisseuren, wechselnder Besetzung und dem alternativen Titel *Una donna fra due mondi* (Eine Frau zwischen zwei Welten). Von keinem der beiden Filme lässt sich behaupten, dass es sich um Kunst handelt. Ein zeitgenössischer Rezensent nannte *Caravan* nach der Premiere »eine der verrücktesten Erzählungen des Kinos […] in den letzten Monaten.« Die italienische

Hauptdarstellerin Isa Miranda erinnerte sich an zwei wechselnde Regisseure, die von Szene zu Szene wechselnde Versionen drehten: »Die Tragödie einer ›Frau zwischen zwei Welten‹ schien nichts zu sein im Vergleich zu einer Frau zwischen zwei Regisseuren.«[231] Doch so wie ein VW oder Opel war auch der Film in jener Zeit ein erschwingliches, familienfreundliches Produkt – und ausgestattet mit mindestens einer obligaten Rolle für die Violine.

Caravan, mit einem Drehbuch von Samson Raphaelson, einem Favoriten des großen Ernst Lubitsch, und Robert Liebmann, dem Ko-Autor des Weimarer Klassikers Der blaue Engel, wurde erstmals 1934 in New Yorks nagelneuer Radio City Music Hall gezeigt. Der Regisseur Erik Charell, geboren als Erich Karl Löwenberg, war wie seine Kollegen ein Veteran von Deutschlands Superstudio Ufa und auf der Flucht vor Hitler.

Charles Boyer, der im Begriff war, Amerikas beliebtester französischer Schauspieler zu werden, durfte sogar singen.[232] Boyer spielt einen ungarischen Zigeuner namens Latzi, den Gegenspieler einer sehr jungen Loretta Young. Er wird übereilt von der jungen Gräfin Wilma angeheuert, um sie um Mitternacht zu heiraten, damit sie die Bedingungen ihres Erbes erfüllen kann. Sie verliebt sich dann in den schneidigen jungen Leutnant von Tokay, der seinerseits in Latzis Zigeunerliebchen Tinka verliebt ist. Ein erhaltenes Szenenfoto zeigt den abenteuerlich kostümierten Boyer, der in die Augen der kätzchenhaften Young blickt, während er seine Geige umklammert.[233]

Der österreichische Regisseur Arthur Maria Rabenalt und der deutsche Komponist Franz Grothe hatten ihre eigenen Vereinbarungen mit dem Dritten Reich getroffen,[234] doch niemand hätte dies aus Die Liebe des Maharadscha geschlossen. Ganz im Stil der Zeit bewegt sich der Film auf Zehenspitzen zwischen dem Glamour eines grüblerischen Maharadschas und der Überempfindlichkeit der Epoche einer Mischehe mit einer Europäerin gegenüber. Für ein Publikum in Zeiten der Wirtschaftskrise, das vom Massentourismus noch Jahrzehnte entfernt war, lag schon allein in der Exotik ein eigener Reiz. Mischehen waren in Hollywood ein ebensolches Tabu wie in Babelsberg. Man konnte jedoch gut damit umgehen. Gustav Diessl, ein mitteleuropäischer Frauenschwarm, wurde engagiert, um in einem Anzug von der Savile Row den liebeskranken Inder zu spielen, und die Autoren achteten sehr darauf, dass der Kitzel beim Vorspiel aufhörte. Die Regisseure konzentrierten sich auf so zähe Klischees wie komische Engländer, Spaß in der Sonne und das Leben der Reichen und Schönen. Es gibt sogar ein paar Andeutungen von Swing.

Das Szenario ähnelt einem Film mit Fred Astaire und Ginger Rogers – nur ohne Tanzen. Ein umherziehendes Klavierquartett erscheint in einem Hotel an der italienischen Riviera, wo sich der verbannte Maharadscha einer extravaganten englischen Goldgräberin erwehren muss, während er über seine Rückkehr nach Indien verhandelt. Obwohl er Musik nicht einmal mag, ist er wie gebannt von der Pianistin, dem genauen Ebenbild seiner auf mysteriöse Weise verschwundenen Ehefrau. Als der Geiger, der seit dem Konservatorium ihre große Liebe ist, sie in einem Anfall von Eifersucht feuert, bandelt die Pianistin halbherzig mit dem Maharadscha an und gestattet sich sogar die Anprobe der Version eines Saris aus der Kostümabteilung. Aber schon bald kehrt sie zum Geiger zurück, der nunmehr freudlos in einem Nachtclub arbeitet. Während die Kapelle ein Willkommen à la Glenn Miller schmettert, tauscht das wiedervereinte Paar ein strahlendes Lächeln aus und fällt sich in die Arme.

Im Grunde ist die Story typisch, aber der Geiger, der hier zum einzigen Mal in einem Spielfilm auftritt, ist der tschechische Virtuose Váša Příhoda, der in seiner Studentenzeit tatsächlich in Cafés gespielt hatte. Das Skript erlaubt ihm sogar ein bisschen Dialog und ein paar Nahaufnahmen. Vor allem aber bietet es ihm die Möglichkeit, Léon de Saint-Lubins Transkription des Sextetts aus Donizettis *Lucia* zu spielen, eines der klassischen Paradestücke des Repertoires, während der Maharadscha mit der Pianistin Blicke tauscht.

Im selben Jahr gab die Gattung Berufssolist ihr Filmdebüt in Gustav Molanders *Intermezzo* mit Gösta Ekman, dem Liebling des schwedischen Films und eine Stütze des schwedischen Theater als der große Geiger, neben einer Besetzung, zu der auch die junge Ingrid Bergman gehörte. Der Produzent David O. Selznick erwarb dann mit Hilfe von Kay Brown, als Talentscout nicht weniger begabt als er selber, sowohl Bergman als auch die Rechte für eine Bearbeitung des Films im Hollywood-Stil.[235] Aber dieses Mal, gerade am Rande des Zweiten Weltkriegs, ging die Geigerrolle an Leslie Howard, den gertenschlanken britischen Frauenschwarm, der fast zeitgleich den zum Scheitern verurteilten Ashley Wilkes in Selznicks *Vom Winde verweht* spielte.

Howard stellt einen Geiger dar, der sich nach seiner Rückkehr von einer Bilderbuch-Konzertreise in ein Bilderbuch-Haus mit Frau, Kindern und Hund, bald in einer Dreieckskonstellation in einem frostigen Klima wiederfindet. Da sein Pianist kurz davor ist, in den Ruhestand zu gehen, musiziert er mit Bergman, dem Schützling seines Pianisten und Klavierlehrerin seiner Tochter, vor den Partygästen das Grieg-Klavierkonzert. Dann gehen sie zur Erkennungsmelodie des Films über, Heinz Provosts *Intermezzo*, ein schmalziges Stück, das Heifetz später einspielte, das hier aber anonym von Seidel dargeboten wird. Nachdem eine Konzertreise zu einer Filmmontage mit brechendem Eis, blühenden Bäumen, Sindings *Frühlingsrauschen* und einem Urlaub am Mittelmeer Anlass gibt, taucht Howards alter Freund und Pianist mit den Scheidungspapieren für ihn und einem Stipendium in Paris für seinen Schützling auf.

Kann das Glück des einen auf dem Unglück eines anderen aufbauen? Ein sich selbst verleugnender Howard holt tief Luft, fährt nach Paris, kehrt zu einem vorwurfsvollen Sohn nach Hause zurück und steht schuldbewusst und beklommen am Krankenbett seiner Tochter, die von einem Auto angefahren wurde, als sie ihm zur Begrüßung entgegenlief. Aber auch Strafe hat ihre Grenzen. Mit der Sonne als Hintergrundbeleuchtung wird er schließlich wieder zu Hause von seinem treuen Hund und seiner treuen Frau willkommen geheißen, während die Musik von Max Steiner einen ausgiebigen Sampler von Grieg, einschließlich *Der letzte Frühling*, abspult.

Kann Griegs Musik in *Intermezzo* als Hollywoods Ausdruck von starken Emotionen und wehmütiger Resignation gelten, so sind die Proben zu Beethovens Neunter Sinfonie, die Ingmar Bergmans *Till Glädje* (An die Freude) einrahmen, die Darstellung des 31-jährigen Regisseurs von Ironie. Sein Film ist ebenso wie *Intermezzo* ein Album mit Szenen einer musikalischen Ehe. Doch anders als Howard ist Stig, Bergmans zorniger junger Mann, ein Spieler in einem Provinzorchester, dessen Ambitionen sein bescheidenes Talent übersteigen, während seine Frau Marta eine Kollegin ist, die ihm das erste Mal auffiel, als sie der mürrische, aber gutherzige Dirigent als neues Mitglied der Zweiten Geigen vorstellte. »Eine Frau im Orchester«, so meinte er, sei zwar »auf eine gewisse Art albern und gegen die Natur, aber sie ist ziemlich talentiert.«[236]

Bergmans Film, der sich um den sogenannten Hays-Code Hollywoods, eine puritanische Richtlinie zur Herstellung von amerikanischen Spiel- und Tonfilmen, nicht scheren musste, aber nie offiziell in den Vereinigten Staaten gezeigt wurde, nähert sich dem wirklichen Leben auf Wegen, die Hollywood nicht gehen konnte oder wollte. Zu Beginn wird Stig in einem Anruf mitgeteilt, dass Marta durch einen explodierenden Paraffinkocher getötet wurde, was ihn mit ihren gemeinsamen Zwillingen zurücklässt. In den folgenden Rückblenden treffen sie sich und heiraten trotz seiner Grobheit, Unsicherheit und seines napoleonischen Selbstgefühls. Stigs verheerendes Debüt als Solist endet mit dem Trost des Dirigenten, dass die Welt auch Zweitklassige braucht. Als das Geld knapp wird, beginnt Stig, zu viel zu trinken, lässt sich von der Ablenkung suchenden Frau eines Kollegen verführen, ballt frustriert seine Hände zu Fäusten und schlägt Marta. Dann verspürt er Reue und schickt sie mit den Kindern und einem Paraffinkocher in einen Landurlaub. Der Film endet, nun wieder in der Gegenwart, als eines der Kinder während der Generalprobe hereinschlüpft und hört, wie der Dirigent eine kleine Rede über die Neunte Sinfonie als Ausdruck einer Freude jenseits des Verstandes hält.

Womit Hollywood umgehen konnte, waren Melodramen. Zwischen 1939 und 1954 gab es allein drei davon mit einem Geiger, einem weiblichen Superstar, einer Schießerei als Höhepunkt und Kunst und Versuchung als gemeinsamem Nenner. Der früheste, *Golden Boy*, eine Filmversion von Clifford Odets triumphal erfolgreichem Broadway-Stück von 1937, ist die Geschichte von Joe Bonaparte, der beschließt, dass der Boxring im Madison Square Garden eine vielversprechendere Startrampe ist als die Vortragsbühne der Town Hall. *Humoresque*, die Filmversion von Fanny Hursts Geschichte, folgte 1946 und war, ebenso wie schon eine Generation zuvor, das Produkt einer Nachkriegszeit. In dem letzten Film der Trilogie, *Rhapsody*, macht das Noir der Nachkriegszeit buchstäblich Platz für Technicolor, und die Liebe darf sogar zur bescheidenen Geltung kommen.

Odets Joe, gespielt von dem jungen William Holden, ist gerührt von der Ruggieri, die ihm sein liebender Vater, gespielt von Lee J. Cobb, zu seinem 21. Geburtstag für 1.500 Dollar besorgt hat. Dennoch überredet er Tom, einen von Adolphe Menjou gespielten zweitklassigen Manager, ihm eine Chance als Boxer zu geben. Tom, der das Geld braucht, um sich von seiner Frau scheiden zu lassen und Lorna, einen selbsternannten »Tramp aus Newark«, gespielt von Barbara Stanwyck, zu heiraten, willigt ein.

Trotz Toms Bitten vermeidet Joe einen K.O.-Sieg und gewinnt lieber nach Punkten, bis Eddie Fuseli, ein erstklassiger Gangster, sowohl seine Karriere als auch die von Tom übernimmt. Lorna verliert nach und nach ihr Herz an Joe, während Joe, der zunehmend ein Faible für Seidenhemden und schnittige Duesenbergs entwickelt, Gefahr läuft, seine Seele an Fuseli zu verlieren. Als er endlich im Madison Square Garden ankommt und nur einen Schritt weit von der Meisterschaft im Mittelgewicht entfernt ist, schlägt er in der zweiten Runde »Chocolate Drop«, den Stolz von Harlem, K.O. Dabei tötet er ihn und bricht sich im Übrigen die Hand. »Sie haben aus mir einen Mörder gemacht«, sagt der entsetzte Golden Boy zu Fuseli. »Ich wünschte, ich hätte eine Kanalratte wie Dich getötet.«

In der Bühnenfassung endet eine unziemliche Zankerei zwischen dem streitbaren Fuseli, den jeweiligen Managern und Trainern mit einem Telefonanruf, aus dem hervorgeht, dass Joe und Lorna bei einem Autounfall in Babylon auf Long Island gestorben sind. Auf der Leinwand hingegen kehrt Joe zu einem weinenden Vater, der Ruggieri und einem neuen Leben an Lornas Seite nach Hause zurück. »Ein großer Geiger mit einer gebrochenen Hand?«, fragt Joe. »Sie wird heilen«, antwortet Lorna.[237]

Zu dieser Zeit machte es nichts aus, dass jüdische Schauspieler mit einem aus voller Kehle gesungenen *Funiculì, funiculà* die warmherzigen Familienwerte italienischer Einwanderer bestätigten. Als Joe die Geburtstags-Ruggieri ausprobiert, gibt es auch Anspielungen auf das Brahms-Konzert, auf die unvermeidliche »Méditation« aus *Thaïs* und bei einem Konzert im Park Echos aus Beethovens Siebter Sinfonie, während gerade etwas Großes in der Beziehung von Joe und Lorna geschieht.

Hollywoods *Humoresque*, die nur ganz vage mit Hursts Geschichte zu tun hat, ist von der *Saturday Evening Post* ebenso weit entfernt, wie es die Nachkriegswelt 1946 von der Nachkriegswelt von 1921 war. Selbst die Autorin, obwohl im Vorspann erwähnt, findet sich in der »sprühendsten Liebesgeschichte, die jemals erzählt wurde«, auf einem entfernten dritten Platz hinter Joan Crawford und John Garfield wieder. Dieses Mal entstand der Film im Studio der Warner

Bros., und der wirkliche Goldjunge war der 26-jährige Isaac Stern, der angeblich für 25.000 Dollar angeworben wurde, auf der Geige zu spielen – mehr, als eine Strad damals kostete. Der Durchschnittsamerikaner verdiente im Jahr etwa ein Zehntel davon.

Warner Bros., vor dem Hays-Code berühmt für seine realistische Darstellung von Sex und Gewalt, investierte jetzt stark in Melodramen. Auch Crawford musste sich nach einem weithin bekannt gemachten Eklat mit MGM beruflich verändern. Odets, Autor des Stücks *Golden Boy*, aber bei dem Film *Golden Boy* auffällig abwesend, wurde nun als Ko-Autor zu *Humoresque* hinzugebeten. John Garfield, Odets ursprüngliche Wahl für Joe Bonaparte auf der Bühne, erscheint nun in *Humoresque* als charismatischer Geiger.

Obwohl die Hollywood-Fassung ebenso wie die von Hurst an der New Yorker Lower East Side spielt, ist der kleine Leon nun ein etwas assimilierter Paul, und aus den Kaplans sind die ethnisch unbestimmten Borays geworden. Sogar der Preis von billigen Geigen hat sich seit Hurst auf 8 Dollar verdoppelt. Aber Papa ist immer noch bestürzt und Mama begeistert davon, dass sich der kleine Paul eine Fiedel zum Geburtstag wünscht, übt, »weil er es möchte«, und sich seinen Weg durch das Konservatorium bahnt, wo Gina, immer noch das Mädchen von nebenan, aber jetzt Cellistin im Orchester, weiterhin ein Auge auf ihn geworfen hat.

So wie im Jahr 1917 ist der Held immer noch in seiner Entwicklung begriffen. Aber jetzt gibt es die Wirtschaftskrise. Mit der Hilfe seines Freundes Sid, gespielt vom Pianisten und Komponisten Oscar Levant, bekommt Paul bei einem lokalen Radiosender eine Aufnahmesitzung mit dem Studioorchester. Aber es gelingt ihm nicht, sich mit dem Dirigenten einig zu werden. Sid nimmt ihn dann mit zu einer Gesellschaftsparty, auf der ein sehr betrunkener Gast von ihm den Beweis verlangt, dass er kein Boxer ist. Paul greift nach seiner Geige und feuert die unvermeidlichen *Zigeunerweisen* mit einer solchen Bravour ab, dass er die Aufmerksamkeit von Joan Crawford als Helen erregt, der trinkfesten Gastgeberin, die bissige Beleidigungen für den besten Weg hält, um einander kennenzulernen.

Am nächsten Morgen erscheint Helen ausgenüchtert und zerknirscht im Lebensmittelgeschäft der Familie und hinterlässt ein teures Zigarettenetui für Paul. Die nächsten Stationen sind ein Paarungstanz in einer Cocktail-Lounge, ein eleganter Schneider, ein Manager mit einem Büro im Rockefeller Center, ein zahmer Dirigent und eine neue Wohnung. Als das Paar im Meer herumbalgt und auf Pferden herumgaloppiert, beginnt auch Paul, die Sorge seiner Mutter zu teilen. Bei seinem Orchesterdebüt richtet er dennoch Édouard Lalos *Symphonie espagnole* an die allein auf dem Balkon sitzende Helen, während sein ahnungsloser Vater in der ersten Reihe applaudiert und Gina, der endlich klar wird, dass ihre langjährige Anhänglichkeit nur in eine Sackgasse führt, fort geht. Hinterher versäumt Paul dann die Familienfeier wegen einer Party bei seiner Gönnerin. Die Kritiken sind sensationell.

Als Helen von ihrem leidgeprüften Ehemann galant die Scheidung angeboten wird, eilt sie zu Paul, der auf einer Probe von Franz Waxmans virtuoser *Carmen Fantasy* ist, um ihm die frohe Botschaft zu überbringen. Flehend gesteht sie, zum ersten Mal wirklich verliebt zu sein. Aber dieses Mal ist es nicht Carmen, sondern Don José, der sich zurückzieht.

Zurück in ihrem Strandhaus auf Long Island nimmt Helen das für die Zeit emblematische weiße Telefon, um Paul mitzuteilen, dass sie es nicht zum Konzert schaffen wird, es aber im Radio hören will. Während er in einem seltsamen Arrangement des »Liebestods« aus *Tristan* für Orchester und Solovioline seine Seele verströmt, überantwortet sie selbst sich den tosenden Wellen.

Wenn *Rhapsody* voller bekannter Motive ist, so ist sein Szenario wieder einmal ein Palimpsest. Der unter dem Drehbuch nur ganz schwach erkennbare Urtext ist der sehr lange und ambitionierte Roman *Maurice Guest*, der 1908 in London erschien.[238] Sein Autor Henry Handel Richardson, im wirklichen Leben Ethel Florence Lindesay Richardson, war eine ausgewanderte Australierin, die in Deutschland gelebt und an der Leipziger Musikhochschule Klavier studiert hatte, bevor sie sich in England niederließ.

Ihre enigmatische Heldin Louise lebt in Leipzig, um – zumindest im Prinzip – Klavier zu studieren. Aber nach zeitgenössischen Maßstäben geht es in dem Roman in bemerkenswert zahlreichen Permutationen mindestens genauso um Sex wie um Musik. Die australische Louise, eine Zeitgenossin von Hedda Gabler mit einer Leidenschaft für *Die Walküre* und *Tristan*, ist verrückt nach dem Deutschen Schilsky, einem Geiger und Komponisten von umwerfendem Talent und mit einem Faible für Nietzsche. Doch Schilskys Priorität ist es, die Amerikanerin Ephie zu verführen, während der Brite Maurice, ein bescheidenes Talent, verrückt nach Louise ist. Innerhalb von drei Monaten nach seiner Veröffentlichung in England wurde das Buch mindestens 58 Mal rezensiert und nach seiner Herausgabe in Amerika innerhalb eines Jahres weitere 41 Mal. Mehrere Auflagen und Übersetzungen folgten. Im Jahr 1919 proklamierte es James Gibbons Huneker, der führende Musik- und Kunstkritiker der Zeit, zu nichts weniger als der »zufriedenstellendsten musikalischen Dichtung in englischer Sprache«. Die spätere Nobelpreisträgerin Doris Lessing verkündete 73 Jahre später: »Dieser Roman wurde von vielen für die Galerie der Großen vorgeschlagen, und dahin gehört er auch.« Bereits 1935 war eine Verfilmung im Gespräch. Es gab sogar Gerüchte, dass Greta Garbo Louise spielen würde.[239] Aber es dauerte bis 1954, bevor der Roman seinen Weg nach Hollywood fand.

Zu der Zeit lag ein in jeder Hinsicht langer Weg von Leipzig hinter ihm, mit dem erstaunlichen 18-jährigen Michael Rabin und dem überaus erwachsenen Pianisten Claudio Arrau als entscheidendem Beiwerk. Als Louise fährt

Elizabeth Taylor, 21 Jahre alt und wunderbar, in einem Cadillac-Cabrio durch das, was angeblich eine Alpenlandschaft ist. Weniger als ein Jahrzehnt nach dem Zweiten Weltkrieg – Leipzig lag nun unerreichbar hinter dem Eisernen Vorhang – hat sich die Handlung in das wohlhabende, wohlgenährte und neutrale Zürich verlegt. Es gibt sogar einen Auftritt von Vittorio Gassman als unwiderstehlichem Geiger, der wieder Paul heißt. Er ist gerade zurück von einem Sommerjob in einem französischen Casino und trifft sich mit seinen Klassenkameraden in der vor Hollywood-Gemütlichkeit strotzenden MGM-Version einer mitteleuropäischen Gaststätte. »Gibt es eine Fiedel im Haus?«, fragt er, greift sich das erste Instrument in Reichweite, schaut Taylor seelenvoll in die Augen und schießt mit den obligaten *Zigeunerweisen* los, während seine Klassenkameraden zu ihren Instrumenten greifen und mit Klavier, Kontrabass, Harfe und möglicherweise einem Cimbalom einstimmen.

Die interessanteste Verjüngungskur aber erfährt die Geschichte selbst. Richardsons Louise, als Maßstab für australische Literatur und postkoloniale Kritik etwa ein Jahrhundert nach ihrer Erschaffung wiederentdeckt,[240] ist eine »Neue Frau«, ein Bündel von »Liebe, Leid und sinnlichem Verzicht«, die in der »abgeschotteten Welt eines Künstlers der Liebe lebt«.[241] Die Louise von Elizabeth Taylor ist ein verzogenes Kind aus privilegierten Verhältnissen, das es gewohnt ist, von seinem nachsichtigen Vater, dem charmanten Louis Calhern, zu bekommen, was es möchte. Fest entschlossen, Paul ihrer Sammlung hinzuzufügen, folgt sie ihm nach der Sommerpause und schreibt sich pro forma als Klavierschülerin in seinem Konservatorium ein. Aber Paul interessiert sich nur für den jährlichen Wettbewerb und für seine Karriere. Es stört ihn, wenn an seinem Ohr geknabbert wird, während er sich mit Brocken von Paganini einspielt. Die naheliegendste Lösung ist es, alleine zu üben. Er hinterlässt mit dem unvermeidlichen Tschaikowsky einen umwerfenden Eindruck und geht danach mit einer weniger anspruchsvollen Mitschülerin nach Rom, während Louise ungläubig zusieht.

Zunächst versucht Louise, sich umzubringen. Aus Rache an Paul wendet sie sich dann James Guest, dem mittellosen Ex-GI und ehrgeizigen Pianisten von nebenan, zu, heiratet ihn und macht aus ihm in kurzer Zeit den elegant gekleideten und sich selbst verabscheuenden Trunkenbold, den Paul in der Bar des Ritz in Paris wiederentdeckt. Als sich Paul diskret zum Ausgang begibt, kauft James eine Überfahrt nach New York auf einem langsamen Boot von Marseille aus, während Louise zu ihrem Vater zurückkehrt. Dieser rät ihr, auf einen am Boden liegenden Mann nicht auch noch einzutreten, sondern James zurück nach Zürich zu holen und ihm seine Unabhängigkeit wiederzugeben. Das tut sie und sitzt wie eine Suzuki-Mutter dabei, wenn er übt. Mit dem üblichen Zweiten Konzert von Rachmaninow hinterlässt James einen überwältigenden Eindruck. Louise und Paul treffen kurz wieder aufeinander, aber die Magie ist verflogen. Da Betty Friedans feministischer Meilenstein *Der Weiblichkeitswahn* noch neun Jahre hinter dem Horizont lag, kann man darüber streiten, ob die Erkenntnisse in *Rhapsody* mitten aus dem Herzen eines Amerika des 20. Jahrhunderts sprechen. Aber es ist keine Frage, dass sie aus dem Herzen der MGM sprechen. Echte Männer machen Karriere. Echte Frauen machen Männer.

Wenn das erste Mal eine Schnulze war, war das zweite eine Farce. Es dauerte bis 1959, bis Ernest Pintoffs Sieben-Minuten-Juwel *The Violinist* die amerikanischen Leinwände erreichte. Aber es war das Warten wert. Pintoff, ein 28-jähriger ehemaliger Jazz-Trompeter, findet eine neue Aufgabe bei der wunderbar innovativen United Productions of America. Er gründet dann mit einem anderen Abtrünnigen, dem 26-jährigen Jimmy T. Murakami, eine eigene Firma. In Murakamis inspirierter Animation hat Geiger Harry die Gestalt eines kleinen Hydranten, gekleidet in einem grünen Anzug und mit einem Hut, der aussieht wie eine zerquetschte Pastete. Er sei kein Genie, sondern ganz normal, erklärt die Stimme von Carl Reiner aus dem Off, und spiele weder Tschaikowsky noch die *Zigeunerweisen*. Harry jagt nur Vögel, spricht mit Menschen und spielt an Bushaltestellen, wo Felix, ein Hund, sein einziger Fan ist. Aber Felix spricht auch die Wahrheit über Harrys bescheidene Fähigkeiten aus. »Sie haben Recht, Harry«, sagt er zu ihm, als sogar ein Kanalarbeiter mit Helm aus einem Gullyloch auftaucht und findet, dass es Harrys Spiel an Wärme fehlt. Harry überantwortet sich Professor Fühllinger, einem Spezialisten, der erklärt, dass ein Künstler leiden muss. Daraufhin hört Harry nicht nur auf, Vögel zu jagen und mit Menschen zu reden, sondern auch, sich zu rasieren und zu essen. Selbst der Kanalarbeiter ist beeindruckt. Aber die Leute finden den jetzt zotteligen und abgemagerten Harry hässlich bis zur Lächerlichkeit. Harry erkennt, dass nur er selbst sich glücklich machen kann. Er kehrt dazu zurück, Vögel zu jagen, in der U-Bahn Bärenfleisch zu essen, mit Menschen zu sprechen und Geige zu spielen. *The Violinist*, Pintoffs erste unabhängige Produktion, wurde für den Oscar nominiert.

Auch nach Anbruch eines weiteren neuen Jahrhunderts fanden einfallsreiche Regisseure ausdrucksvolles Material in gedruckter Form. Charles Dukes Film *Der Duft von Lavendel* spielt in Cornwall und basiert auf einer leichten, aber anmutigen Geschichte von William J. Locke.[242] Janet und Ursula, die vornehm unverwüstlich, unverheiratet und 48 bzw. 45 Jahre alt sind, leben ihr ereignisloses Leben in dem Häuschen, das sie von ihrem Vater, einem Marinekapitän, geerbt haben, bis ein Atlantiksturm ihnen einen jungen Polen an den Strand spült. Der Dorfarzt richtet den gebrochenen Knöchel des jungen Mannes. Die Schwestern sorgen für seine Genesung. Der Fremde ist nicht nur jung und schön, sondern gibt sogar Handküsse. Da er kein Englisch spricht, verständigt sich Janet mit ihm in Schuldeutsch.

Als der junge Mann wieder gesund ist, werden die Schwestern immer besitzergreifender und konkurrieren sogar miteinander. Mit Janet am Klavier im Salon kommt nun die Musik ins Spiel. Der junge Mann ist von ihren guten Absichten zwar gerührt, von ihrer Kunst aber entsetzt, führt eine Pantomime als Geiger auf und offenbart sich als professioneller Musiker. Mit einer vom Arzt ausgeliehenen Geige bringt er Paganinis Variationen über *Der Karneval von Venedig* zu Gehör. Ein am Fenster vorbeigehender Sommergast nimmt Kontakt auf und bringt ihn nach London, um seine Karriere voranzutreiben. Der junge Mann hinterlässt nicht einmal einen Abschiedsbrief. Um seinem Sendedebüt zuzuhören, drängeln sich Dorfbewohner in Sonntagsanzügen um ein Radio. Die Schwestern, die auch persönlich dort sind, werden dankbar, wenn auch verspätet, gewürdigt, bevor sie nach Hause gehen. Auch wenn sie nicht in das gelobte Land der Liebe gekommen sind, durften sie doch einen Blick hineinwerfen. Joshua Bell, der wieder einmal für eine Filmmusik gewonnen werden konnte, fiedelt mit der ihm eigenen Kompetenz.

Im Gegensatz zu Dukes Szenario, das Lockes wehmütig herbstliche Geschichte bereichert, setzt Tognazzis Version von *Canone inverso* mit ihrer Verknüpfung von Nazis in Wien und Russen in Prag, der vorhersehbaren Nacktszene in einem türkischen Bad und einer bizarren Familiengeschichte in Treblinka die dunkle und geistreiche Version von Maurensig nur herab. Dagegen zeigen die beiden sehr unterschiedlichen Regisseure Joe Wright, ein in London geborener Legastheniker, der mit Verfilmungen von Jane Austen und Ian McEwan Karriere machte, und Dai Sijie, ein chinesischer Auswanderer mittleren Alters mit Wohnsitz in Paris, wie Regisseure, wenn sie es nur wollen, sogar nicht-fiktionale Stoffe aufwerten können. Wrights Ableger aus einem Buch von Steve Lopez ist seinerseits seinen Kolumnen der *Los Angeles Times* entnommen.[243] Dai, ein Überlebender von Maos Kulturrevolution, entscheidet sich für ein eigenes semi-autobiografisches Szenario. Aber beide entdecken Violinen an unerwarteten Orten, wissen ihre Bedeutung zu schätzen, zeigen sowohl Verständnis für als auch Ehrfurcht vor Beethoven auf eine Weise, die in der Geschichte des Films einzigartig ist, und beleuchten die Welt von unten her.

Der Solist, Ergebnis der immerwährenden Suche eines Zeitungskolumnisten nach Material, beginnt im Schatten der Beethoven-Statue am Pershing Square in Los Angeles, wo sich Lopez mit dem heruntergekommenen Geiger Nathaniel Ayres unterhält. Dieser ist schon deswegen bemerkenswert, weil er mit nur zwei Saiten auskommt. Anfänglich weckt das Gespräch nur Lopez' Neugier und Interesse, führt dann aber zu Fürsorge, Freundschaft und Sendungsbewusstsein.

Ayres ist kein Anfänger, sondern ein ehemaliger Kontrabassist, der sich an der Juilliard School auf das Cello verlegte. Er ist eindeutig schizophren und verliebt in seine Kunst. Da er nun auf der Straße lebt, wo in seinem übervollen Einkaufswagen kein Platz für ein Cello, geschweige denn für einen Bass ist, hat er sich beigebracht, Geige zu spielen. An der Kreuzung von Obdachlosigkeit,

Elend und Wahnsinn stellt er Lopez nur wenige Häuserblocks vom Büro der *Los Angeles Times* entfernt ein Curriculum vor – klassisches Repertoire, psychoaktive Drogen, Strategien zum Überleben in der Stadt –, von dem an Journalistenschulen selten die Rede ist.

Mit Hilfe von Jamie Foxx und Robert Downey Jr., zwei hochqualifizierten Schauspielern mit eigenen komplizierten Geschichten, macht Wright aus Lopez' Kakophonie von Nervenzusammenbrüchen, dysfunktionalen Familien und Rassenproblemen in Amerika, von Vernachlässigung des Bürgersinns, heldenhaften Freiwilligen und spontaner Großzügigkeit, von Berufsethos und sogar der gleichzeitigen Implosion des Zeitungsjournalismus eine filmische Polyphonie. Aber auch echte Menschen wie der Bürgermeister von Los Angeles Antonio Villaraigosa, ein Aufgebot von Musikern der Los Angeles Philharmonic mit ihrem Dirigenten Esa-Pekka Salonen und ein Kontingent von Obdachlosen als Komparsen tun ihre Schuldigkeit. Das Medium selbst ermöglicht es Wright, einen nachdenklichen Downey und einen seligen Foxx in einer langen Einstellung mit dem vom langsamen Satz der Neunten Sinfonie von Beethoven gefesselten Publikum zu überblenden und ein Fragment des »Heiligen Dankgesangs eines Genesenen an die Gottheit« aus Beethovens Streichquartett op. 132 über eine Armada von weißen Tauben zu legen, die in einen strahlend blauen Himmel abfliegen. Downey ließ Lopez wissen, dass er sich sehr glücklich schätze, an dem Film mitgearbeitet zu haben.[244]

Dai, der auf seinem autobiografischen Roman aufbaut,[245] verortet *Balzac und die kleine chinesische Schneiderin* am Zusammenfluss von Liebe, Musik und Zeitgeschichte. In seinem Drehbuch, in dem die namenlose Näherin für die beiden jungen Männer aus der Stadt eine Art Eliza Doolittle vom Dorf ist, kommt die Liebe ziemlich mühelos daher, nachdem die Männer nicht nur zu einem zweiköpfigen Henry Higgins geworden sind, sondern sie auch durch eine illegale Abtreibung begleitet haben. Das gilt auch für die Musik, zumindest für Wa, einen 17 Jahre alten engagierten Geiger – ein Talent an einem merkwürdigen Ort zu einer merkwürdigen Zeit.

Luo, 18 Jahre alt, und Wa, die aus einer Zahnarzt- bzw. einer Arztfamilie stammen, kommen gerade rechtzeitig, um sich an der Weggabelung zu einer weiteren großen Erschütterung des 20. Jahrhunderts wiederzufinden. Sie wurden zur Umerziehung in ein Bergdorf verbannt und von einem Kommissar empfangen, der von Was altertümlichem Aufziehwecker beeindruckt, von seinem bürgerlichen Kochbuch empört und über seine Violine entsetzt ist. Ebenso wie das Kochbuch scheint die Geige für das Feuer bestimmt zu sein, bis der gewitzte Luo gerade noch rechtzeitig erklärt, dass sie kein Spielzeug, sondern ein Musikinstrument sei. Er schlägt vor, dass Wa dies demonstriert. Der Kommissar, noch immer nicht überzeugt, will wissen, was er da gerade gehört hat. »Mozart«, stammelt Wa. »Mozart was?«, fragt der Aufseher misstrauisch.

»Mozart denkt an den Vorsitzenden Mao«, antwortet Luo mit genialer Spontaneität. *Schwanensee*, angeblich als Hommage an Lenin komponiert, erfährt die gleiche Behandlung.

Am Ende entdeckt die Partei den Kapitalismus und verwandelt China. Die Schneiderin, die durch die von den Jungs in einem Geheimfach versteckten und ihr vorgelesenen Romane von Balzac von einer dörflichen Eliza Doolittle zu einer bäuerlichen Rastignac geworden ist, geht demonstrativ allein fort, um es mit der Stadt aufzunehmen. Luo geht zurück ans College und wird wie sein Vater ein guter Zahnarzt. Wa zieht ebenso wie Dai nach Paris, wo er sich einem Streichquartett anschließt.

Hier sind alle Arten von kulturellen Revolutionen enthalten, doch keine ist von der Art, die Mao im Sinn hatte. »Der Mensch ist frei geboren, aber überall in Ketten«, so erklärte Rousseau das menschliche Dasein. Und er äußerte über die Violine: »Es gibt kein Instrument, von dem man einen abwechslungsreicheren und universelleren Ausdruck erhält.« Man fragt sich, was er wohl zu Wa, der nunmehr in Paris den späten Beethoven spielt, oder zu einem neuen Regime in Peking gesagt hätte, das Dai erlaubt, seinen Film in China zu drehen, aber dort nicht zu zeigen.[246]

CODA

Auch nach fünf Jahrhunderten lässt sich die Geschichte der Violine in wenigen Sätzen zusammenfassen. Das Instrument erschien aus dem Nichts. Wie keines zuvor oder danach erwies es sich als anpassungsfähig an fast alles, bis auf die Trommel einer Militärkapelle. Es war für jedes Budget erschwinglich. Ein paar Tausend Exemplare, die als Kunstwerke identifiziert worden waren, wurden begehrt, vertrieben, kopiert und gelegentlich ebenso wie Kunstwerke gestohlen. Seit dem 16. Jahrhundert wurden die besten unfehlbar von Geld und Macht angezogen. In guten wie in schlechten Tagen konnte fast jeder einen Bogen über die Saiten bewegen. Einige wenige, die sehr, sehr gut spielten, wurden wie Sänger, Pianisten und Dirigenten, wenn auch nicht genauso wie Athleten, Rockstars und Hedge-Fonds-Manager gefeiert und entlohnt.

In ihrem ersten Jahrhundert entdeckten Komponisten und Spieler die Violine, und Königshäuser begannen, sie zu sammeln. In ihrem zweiten begannen Komponisten und Spieler, ihr Potenzial als Soloinstrument zu entwickeln. Ab ihrem dritten Jahrhundert baute ein Großteil der westlichen Musik schon auf sie oder um sie herum. In ihrem vierten wuchsen Repertoire, Virtuosität, Orchester, Publikum, Konservatorien und Konzertsäle in dem Maße, wie auch Europa selbst wuchs. In ihrem fünften war sie auf mindestens fünf Kontinenten bekannt.

Der Rest – so sagt es der Rabbiner Hillel in einem viel zitierten Traktat des babylonischen Talmud – ist Auslegung. Aber an der Schwelle zum sechsten

Jahrhundert ist Byambasuren Davaas und Luigi Falornis charmante *Geschichte vom weinenden* Kamel aus dem Jahr 2003 eine so unwiderstehliche Metapher wie der Mythos von Orpheus. Der Film, eine Hommage an die Kraft der gestrichenen Saite, zeigt eine Mehr-Generationen-Familie von mongolischen Hirten, die vergeblich versucht, eine Kamelmutter wieder mit dem weißen Kalb zusammenzuführen, das sie bei der Geburt verstoßen hatte. Schließlich holen sie einen örtlichen Musiker, dessen zweisaitige »morin khuur« dort erfolgreich ist, wo alles andere versagt hatte. Auch dem Publikum treten Tränen in die Augen, wenn die Kamelmutter und ihr Kalb wieder vereint sind.

Bei dem durch und durch viktorianischen Austausch zwischen William Ewart Gladstone, dem einzigen Briten, der viermal zum Premierminister gewählt wurde, und Edward Seymour, Herzog von Somerset, flossen zwar keine Tränen, doch er war ein Zeugnis für die Zeit und das Instrument. Ein paar Tage vor Weihnachten 1872 wurde Gladstone in seine Heimatstadt Liverpool eingeladen, um bei einem Festakt am Liverpool College eine Rede zu halten. Das College, 1840 gegründet, um »die unlösbare Verbindung zwischen richtiger Religion und nützlichem Lernen zu bewahren«,[1] war für eine berühmte und hochgesinnte öffentliche Person mit dezidierten Ansichten über praktisch alles sowie einer Botschaft für die Preisträger des Jahres als Plattform wie geschaffen.

In majestätischen Sätzen, wie sie das damalige Publikum liebte, erklärte der Premierminister, was zu Stolz veranlasste und was zu Befürchtungen, sprach sich für die richtige Religion und nützliches Lernen aus, lobte das erstaunliche Industriewachstum seines Landes und seiner Heimatstadt, beklagte Materialismus und Skepsis und warnte sein Publikum davor, sich selbst zu überschätzen und die Vergangenheit zu unterschätzen. Dann kam er zum Schlusswort. »Dieses Reisewunder, die Lokomotive, zu vervollkommnen«, so ermahnte Gladstone sein Publikum, »hat vielleicht nicht mehr geistige Stärke und Einsatz erfordert als die Perfektionierung des Wunders in der Musik: die Violine.«[2]

Der Herzog von Somerset, der einige Tage später vor einem lokalen Publikum in seiner Heimat Devon sprach, war davon nur wenig beeindruckt. »Männer haben auf diesen quietschenden Saiten seit den letzten 300 Jahren herumgeschabt, doch was hat die Welt dadurch gewonnen?«, fragte er. The Musical World, eine Fachzeitschrift, die ihrerseits unbeeindruckt vom Herzog war, brauchte nur eine Woche nach der Rede des Premierministers, um mit einer Mischung aus Sorge und argloser Erheiterung auf sein »reinstes Geschwätz« vor einem Publikum von »grinsenden Bauern« hinzuweisen. Die *Musical World* wusste es besser, behauptete ihr Herausgeber. Aber der Herzog war der Vertreter »einer mächtigen Klasse«, und seine Unwissenheit »reichte sehr weit, um für die Vernachlässigung der Kunst durch unsere Regierenden verantwortlich zu sein«.

»Eisenbahn und Lokomotive fahren nicht nur durch Europa, sondern sie sind auch bis nach Japan gekommen«, fuhr der Herzog fort, »ich wüsste gerne, welche Fiedel jemals dasselbe getan hat?«[3] Wenig mehr als ein Jahrhundert später, als Tausende von Eltern in der ganzen westlichen Welt kleine Violinen made in China für Kinder kauften, die das Spielen nach einer Methode aus Japan erlernten, konnte man die Anmerkungen des Herzogs kaum ohne eine gewisse Ironie und die Antwort des Herausgebers nicht ohne ein Déjà-vu lesen.

Inzwischen war mit viermonatiger Verzögerung eine Antwort auf die Frage des Herzogs aus einem Land von der anderen Seite der Welt eingetroffen. Das Land bestand erst seit 20 Jahren als selbstverwaltete Kolonie. Nach Meinung der *Waikato Times* von Neuseelands nördlicher Insel, war die eigentliche Frage, wozu Wohlstand gut sei. Der Autor fand es interessant, dass es nicht der Herzog, sondern Gladstone aus der Mittelklasse war, der die richtige Antwort gab und seine Leser daran erinnerte, dass niemand eine Lokomotive um ihrer selbst willen haben wollte. »Aber Hunderttausende zahlen gerne […] nur für das exquisite Vergnügen, das jene Saiten gewähren.«

Wie vorherzusehen war, führte die Beliebtheit von Geigen und Geigern zum Nachdenken über dieses öffentliche Interesse. Auch die Antwort, die zu Hochzeiten der viktorianischen Ernsthaftigkeit kam, überraschte wenig. Auf der einen Seite war da »der Scherer, der seinen Scheck im nächstgelegenen Wirtshaus auf den Kopf haut«, auf der anderen »der Arbeiter, der den gleichen Teil seines Verdienstes für einen Theater- oder Konzertbesuch ausgibt«. Die Lokomotive stand für »die Mittel zum schnellen und leichten Erwerb von Reichtum« und die Geige für »die Ausgaben dieses Reichtums in einer Weise, deren sich ein intelligenter, kultivierter Mann nicht zu schämen braucht«.

Ganz im Geist der Zeit setzte der Leitartikler hinzu, dass es für einen schwarzen Mann in Ordnung war, »hart zu arbeiten, um sich einen bunten Schal oder eine weiße Weste zu verdienen«. Aber er wollte seine Äußerung in dem Sinne verstanden wissen, dass es »nicht weniger eine gute Sache ist, wenn ein weißer Mann genauso hart arbeiten muss, um eine Bildergalerie zu besuchen oder eine Oper zu hören«. Ein Jahrhundert später, in der Zeit nach Gandhi, Martin Luther King und Nelson Mandela, lässt sich das schwer lesen, ohne zu erschauern. Er fügte noch hinzu, dass die schönen Künste es »nicht zulassen, dass Menschen auf das Niveau von Tieren sinken«.[4] Weniger als ein Jahrhundert nach Auschwitz und dem Gulag ist auch das kaum ohne Schauder zu lesen.

Nach Auschwitz sei es unmöglich, Gedichte zu schreiben, behauptete der Philosoph Theodor W. Adorno in einem viel zitierten, wenn auch etwas problematischen Satz. Doch auch nach Auschwitz und dem Gulag gibt es Geigen immer noch genauso wie die Poesie. Wenn die Violine auch nicht länger eine Inkarnation der Tugend ist, so ist sie wenigstens für unzählige junge Asiaten ebenso eine Inkarnation von Strebsamkeit, wie sie es schon für unzählige junge Juden gewesen war. Und auch für unzählige Menschen aller Altersgruppen im Westen bleibt das Instrument ein Sinnbild der Hoffnung und des Trostes, das nach wie vor von keinem anderen erreicht oder angefochten werden kann.

Ein halbes Jahrhundert nach dem Ende des Zweiten Weltkriegs erinnerte sich Aldo Zargani auf drei der beredtsten Seiten, die je der Violine gewidmet wurden, daran, wie sein Vater, ein Berufsmusiker, der von Krieg und Verfolgung zum Schweigen gebracht wurde, im April 1945 wieder mit dem Üben begann. In der alpinen Gegend, in der die Familie vor den Deutschen und den Paramilitärs von Mussolinis bösartiger kleiner Satellitenrepublik Zuflucht fand, verbreitete sich die Nachricht von einem »echten« Geiger schnell. Ein paar Tage später erschienen die Nachbarn – Partisanen, Bauern und Hirten – auf dem Hof und baten, dass ihnen »der Professor etwas Schönes« spiele. Zarganis Vater ging ins Haus, kam mit seiner Violine zurück und spielte – umringt von Zuhörern, die sich im Hinblick auf ihr wohlverdientes Konzert niedergesetzt oder hingehockt hatten – das, was er »die Arie von Bach« nannte, die ersten Sätze, das Adagio und die Fuge, aus der g-Moll-Sonate für Solovioline. »Danach verbeugte er sich schweigend, um diesem merkwürdigen Publikum, das seine einsame Hymne aus Triumph und Schmerz sehr wohl verstanden hatte, für Applaus und Lob zu danken. Dann ging er wieder ins Haus zurück, schweißtriefend von der Anstrengung des Violinspiels, die der Arbeit eines Galeerensklaven gleichkommt.«[5] In demselben Geist spielte der große russische Cellist Mstislaw Rostropowitsch eine Solosuite von Bach an der Berliner Mauer, als diese 1989 geöffnet wurde.

1941 verlor Mieczysław Weinberg (Moishei Vainberg), ein junger und verheißungsvoller Komponist, seine Familie durch die Nazis. 1948 verlor er seinen Schwiegervater, den großen jüdischen Schauspieler Solomon Michoels, unter Stalin. Anfang 1953 wurde er selber als angeblicher Komplize der vermeintlichen jüdischen Ärzteverschwörung festgenommen. Sein Überleben verdankte er sicher Stalins Tod ein paar Wochen später.[6] Erst 1963 wurde ihm endlich erlaubt zu trauern – in einer beeindruckenden Sechsten Sinfonie für großes Orchester und Knabenchor. Drei ihrer fünf Sätze enthalten Texte. Zwei davon stammen von den jiddischen Dichtern Leib Kwitko und Samuil Galkin, beides weitere Opfer von Stalin, der dritte von dem russischen Dichter Michail Lukonin. Galkins Verse handeln von dem Mord an Kindern, diejenigen von Kwitko,[7] herum komponiert um ihr eigenes kleines Konzert, drehen sich um einen Jungen, seine selbstgemachte Geige und die Vögel und Tiere, für die er spielt. »Schlaft, Menschen, ruht, Violinen werden vom Frieden auf Erden singen«, heißt es in Lukonins Text, und eine Solovioline nimmt das ursprünglich von zwei Trompeten vorgestellte Fanfarenthema auf.

Jennifer Koh, die bereits unter Vertrag war, im September 2001 mit der Washingtoner National Symphony zu spielen, stimmte ohne Zögern zu, das Konzert nach dem Angriff auf das Pentagon und das World Trade Center stattfinden zu lassen. Ein Programm ausschließlich mit Werken Beethovens machte die Wahl einfach. Bombendrohungen an oder in der Nähe des Kennedy Center erschwerten zwar die Proben, hatten für das Konzert aber keine abschreckende Wirkung. »Es war komplett ausverkauft, und nachdem ich gespielt hatte, weinten die Leute einfach nur«, erinnert sich Koh. Die New Yorker reagierten eine Woche später bei einer Aufführung von Brahms' *Ein deutsches Requiem* der New Yorker Philharmonic unter Kurt Masur ähnlich, und genauso noch einmal fünf Jahre später, wie der Psychiater Oliver Sacks berichtet, der auf seiner morgendlichen Radtour zum Battery Park fuhr, »eine schweigende Menge sah und sich ihr anschloss, die mit Blick auf das Meer dasaß und einem jungen Mann zuhörte, der Bachs Chaconne in d-Moll auf seiner Geige spielte«.[8]

Als im Januar 2010 ein Erdbeben in Haiti Port-au-Prince verwüstete, hielt sich Romel Joseph, ein in Juilliard ausgebildeter Geiger, unter den Trümmern der fünfstöckigen Schule, in denen seine Frau bereits gestorben war, für 18 Stunden am Leben, indem er ein Mozart-Konzert, das Brahms-Konzert und César Francks große Violinsonate in seinem Kopf spielte.[9] Im Oktober 2010 vertrat der in Boston geborene Lynn Chang, ein Schützling von Galamian und Paganini-Preisträger, den inhaftierten Preisträger des Friedensnobelpreises des Jahres, Liu Xiaobo, bei der Preisverleihung in Oslo. Der Journalistin des National Public Radio, Melissa Block, sagte er: »Ein Künstler spielt, um zu bilden, zu unterhalten, zu erleuchten, aber hier geht es um einen noch tieferen Zweck, wir versuchen das, was Worte nicht mehr sagen können, mit Musik zu vollenden.«[10]

Bei einem der regelmäßigen Konzerte am Donnerstagabend in der New Yorker Avery Fisher Hall rahmten zwei Meisterwerke der Klassischen Moderne eine Ahnung auf das kommende Jahrhundert ein. Debussys Prélude à l'après-midi d'un faune, im Jahr 1892 ein schockierendes Stück, war nunmehr so beruhigend vertraut wie Rossinis Ouvertüre zu *Wilhelm Tell*. Das Violinkonzert von Sibelius, von dem man noch 1930 glaubte, dass es den großen Aufwand nicht lohne, gehörte längst zum Standardrepertoire. Die Neuerscheinung Kraft des finnischen Komponisten Magnus Lindberg verlangte ein Ensemble, zu dem Gongs, Trommeln, Heliumtanks, Kunststoffrohre, Schüsseln mit Wasser und verschiedene Autoteile gehörten, die mindestens einmal in einem Akkord von 72 Noten zusammentrafen. »Der Applaus war lang und begeistert«, berichtete Anthony Tommasini im Musikteil der New York Times. Von seinen 897 Worten gingen 33 an Debussy, 87 an Sibelius und 10 an Joshua Bells »strahlenden Ton, sein Temperament und seine Meisterschaft«.[11]

Ein paar Monate später gab der 22-jährige Koreaner Hahn-Bin, ein Schützling von Itzhak Perlman, ein Konzert in der New Yorker Morgan Library. Aber dieses Mal erschien die Rezension in der Fashion & Style. Gekleidet in einen schwarzen ärmellosen Kimono, mit schwerem Augen-Make-up und einem Irokesenschnitt, fiel er, was eindeutig beabsichtigt war, in einer Menschenmenge auf, deren Erwartungen an Konzertbekleidung sich seit dem Berliner

Kongress von 1878 nicht nennenswert weiterentwickelt hatten. Bevor der Abend vorüber war, kam es zu drei weiteren Kostümwechseln. Seine Managerin Vickie Margulies von Young Concert Artists, Inc., sagte dazu: »Die klassische Musikwelt musste ein bisschen erschüttert werden.« Und Itzhak Perlman fügte hinzu: »Es ist nicht so, dass er im Moment einem Trend folgt – er setzt den Trend.«[12]

Der Geiger, Lehrer und Dirigent Christoph Poppen, in der Musik des Barock ebenso zu Hause wie in der seiner Zeitgenossen, sah in einem Interview im Jahr 1997 wie die meisten seiner Kollegen die Zukunft in Asien, doch hielt er das nicht für das Ende des westlichen Marktes: Die Tradition des Westens hatte zwar ihre Wurzeln im Tanz und in der Kirche, und sicherlich war keines von beiden mehr das, was es einmal gewesen war, doch er sah immer noch einen Platz für den Bankdirektor, der kam, um bewegt und unterhalten zu werden, und der gelegentlich sogar zu Tränen gerührt war. Einstmals war der Geiger als Handwerker ein Kollege von Bäckern, Metzgern und Kerzenmachern. Der Geiger als Künstler war aber eine Kombination aus Sozialarbeiter, Arzt und Priester, der die Menschen vielleicht nicht besser machte, aber es zumindest schaffte, dass sie sich besser fühlten.[13]

Wird das in zehn oder hundert Jahren immer noch stimmen? Wer könnte das sagen? Aber die Frage wird nicht zum ersten Mal gestellt. Rudolf Kolisch, geboren 1896 und in einem Wien aufgewachsen, das förmlich verrückt nach Musik war, war Erbe der Ersten Wiener Schule und war dabei, als die Zweite entstand. Als ein Vertrauter von Bartók und Schönberg hatte er unzählige Klassiker des 20. Jahrhunderts uraufgeführt, und als er mit 82 Jahren starb, viele Dinge kommen und gehen sehen, von ganzen Ländern bis zur einst für selbstverständlich gehaltenen Vorstellung von Tonalität. An einem Tag gegen Ende seines Lebens wurde er auf dem Weg zum Mittagessen in der Nähe des Harvard Square gefragt, wohin die Musik seiner Meinung nach gehe. »Ich weiß es nicht«, antwortete er, während um ihn herum der Verkehr toste. Nach einer gedankenvollen Pause fügte er hinzu: »Aber hätten Sie mich das zu Schumanns Zeiten gefragt, hätte ich auch keine Antwort gehabt.«

DANKSAGUNG

Als das St. Louis Symphony Orchestra vor einigen Jahren den jungen und begabten chinesischen Geiger Yang Liu einlud, das Violinkonzert von Carl Nielsen zu spielen, war mir das ein willkommener Anlass, meine Freunde John und Fay Scandrett zu besuchen. Ich kannte John und Fay seit unseren Studienjahren in Madison, wo John, ein leidenschaftlicher Amateurcellist, an seiner Doktorarbeit in Physik arbeitete – wenn er nicht gerade Quartett spielte. Wir hockten regelmäßig in ihrer winzigen Wohnung unterhalb des presbyterianischen Studentenzentrums zusammen und spielten bis Mitternacht Haydn vom Blatt, während Baby Claire, die als erwachsene Berufsmusikerin die Piccoloflöte spielen würde, vom Lärm ungestört schlummerte. Hin und wieder trafen wir uns sogar über die Mittagszeit in Johns Labor.

Aus Anlass meines bevorstehenden Besuchs erwähnte Fay einer Nachbarin gegenüber, dass ich an einer Sozial- und Kulturgeschichte der Violine arbeitete. »Was soll das sein?«, fragte diese. Fay tat ihr Bestes, es zu erklären. »Und wer will so was lesen?«, gab die Nachbarin zurück. Das war eine berechtigte Frage. Doch zumindest für mich war die Antwort klar: Ich selbst! Die Violine gab es nun schon seit fast fünf Jahrhunderten, und ebenso wie die westliche Musik, die um sie herum entstand, war sie zu einem weltweiten Exportschlager geworden. Menschen hatten Mittel und Wege gefunden, sie auf alle möglichen Arten zu spielen. Nunmehr nahezu 500 Jahre alt, taugt sie für Indie-Rock ebenso gut wie für *Alle meine Entchen* oder die monumentale Chaconne, die Bach seiner d-Moll-Partita für Solovioline anfügte. Aber wie und warum – und was sagte uns das über die Welt?

Meine Neugier führte mich zurück in die vierte Schulklasse, als Raymond P. Wiegers, ein großer Mann mit dröhnender Stimme, meine Klasse von Amts wegen besuchte. Wie viele amerikanische Städte jener Zeit nahm Milwaukee seine öffentlichen Schulen sehr ernst. Mr. Wiegers gehörte einem Kader von Privatlehrern an, dem nebenbei der Schulunterricht oblag, für den sogar Instrumente zur Verfügung gestellt wurden. Als er nach Freiwilligen fragte, hob ich meine Hand – ich weiß bis heute nicht, warum. Aber meine Eltern hatten nichts dagegen, ließen mich sogar privat bei Mr. Wiegers weitermachen, und ich habe zu keinem Zeitpunkt daran gedacht, vorzeitig auszuscheiden. Später sollte sich zeigen, dass dies eine der folgenreichsten Entscheidungen meines Lebens war.

Ab meinem 15. Lebensjahr, nach dem Tod von Mr. Wiegers, wurde der Unterricht bei seinen Nachfolgern Hans Muenzer und Florizel von Reuter fortgesetzt. Muenzer hatte bei Hans Sitt studiert, der im Goldenen Zeitalter des Leipziger Konservatoriums dort eine tragende Säule war; Reuter, ein in Davenport, Iowa, geborenes Wunderkind, der im Weißen Haus vor Präsident William McKinley spielte, machte Karriere in Europa, mit einem vermeintlichen Faible für Paganini, das dazu führte, dass er begeisterter Anhänger des Spiritualismus wurde.[1] Als Student in Madison geriet ich dann in das Gravitationsfeld von Rudolf Kolisch, dessen Quartett zwischen den Weltkriegen zu den ganz großen Ensembles zählte, und der im Jahr 1944 eine Anstellung an der Universität von Wisconsin annahm. Wenn John und ich zum Spaß musizierten, spielten wir mit unseren Freunden, wenn Kolisch zum Spaß musizierte – was er in jungen Jahren durchaus tat –, spielte er mit seinem Schwager Arnold Schönberg und Anton Webern, beide Ikonen der Musik des 20. Jahrhunderts.[2]

Was Geschmack, Stil und Temperament betraf, kamen Muenzer, Reuter und Kolisch aus verschiedenen Welten, doch alle drei waren sie Mitteleuropäer und ernsthafte Berufsmusiker, Erben einer großen Tradition, in jeder Beziehung weit fort von zu Hause und direkt oder indirekt darauf reduziert, mich zu unterrichten. Ich war professioneller Historiker und näherte mich schon der Lebensmitte, als mir die größeren Auswirkungen dieses Unterrichts klar wurden und ich den Auftrag zur Rezension eines Buches erhielt: Joseph Wechsberg, ein wunderbarer Schriftsteller mit einer bewegten mitteleuropäischen Vergangenheit und einer besonderen Beziehung zur Violine, hatte eine umfangreiche Serie von Beiträgen in der Zeitschrift *New Yorker* veröffentlicht, die in Buchform neu herausgegeben worden war.[3] Es war bald offensichtlich, dass hier eine Geschichte vorlag, die mindestens bis in das 16. Jahrhundert zurückreichte, doch ich musste feststellen, dass trotz all der Titel über Geigen und Geiger, die sich kilometerweit über die Regale der Bibliotheken erstrecken, niemand – auch Wechsberg nicht – diese Geschichte bisher erfasst hatte.

Ein Familienfest im Jahr 1993 war mir ein willkommener Anlass, um diese Idee Don Lamm, damals Präsident des Verlagshauses W. W. Norton, der mich freundlicherweise zum Mittagessen eingeladen hatte, vorzuschlagen. Zu meiner Freude gefiel ihm nicht nur die Idee. Ich war kaum in meinem Motel in Westchester angekommen, als das Telefon klingelte und mir er einen Vertrag anbot.

Keinem von uns beiden war klar, dass aus einem Buch mit vier Kapiteln vier Bücher werden sollten, die mich in düsteren Momenten fragen ließen, ob ich vielleicht an einem riesigen Nachruf arbeitete. Das Ausmaß meiner Unwissenheit über Geigenbau und -handel war mir von Anfang an klar. Überraschend war jedoch, wie wenig ich über Spieler und das Spielen wusste. Der Wunsch nach Aufklärung führte mich an Orte, von denen ich nie gedacht hätte, sie zu sehen, und zu Menschen, von denen ich nie gedacht hätte, sie zu treffen, zu Sprachen, von denen ich nie erwartet hätte, sie lesen, geschweige denn sprechen zu können, und zu Dingen, von denen ich als Doktorand keinen Schimmer hatte. Das Ganze dauerte auch einige Jahre länger, als mein Verlag, meine Frau oder ich uns vorstellen konnten. »Aber er sitzt daran, solange ich lebe«, konstatierte eine achtjährige Enkelin, kaum weniger verblüfft als mein Verleger, als sie erfuhr, dass ich endlich den Text eingereicht hatte.

Nach fünf vorangegangenen Büchern, deren historische Themen sich überwiegend über einen großen Teil des 20. Jahrhunderts erstrecken, war ich kaum überrascht von der großen Gemeinde von Geigenbauern, Händlern, Spielern, Lehrern und dazugehörigem Personal, die nötig waren, um mich mit so vielen miteinander vernetzten Welten zu verbinden. Doch nie in meinem Leben war ich so vielen Menschen auf so viele Weisen dankbar. Meine Frau, die in diesem Geschäft ein alter Hase ist, führt die Liste an. Don Lamm, der zugegen war, als dies alles begann, und Drake McFeely, der mit der Geduld einer Penelope das Ende abwartete, folgen dichtauf. Wie alle guten Lektoren haben Jeff Shreve und Janet Byrne getan, was sie konnten, um mich vor mir selbst zu bewahren. Wenn es einen Nobelpreis für Sach- und Namensverzeichnisse gäbe, wurde ich Nancy Wolff auf der Stelle dafür nominieren.

Ich bin der deutsch-amerikanischen Fulbright-Kommission und dem niederländischen Institute for Advanced Study für Zuschüsse und der University of Iowa für Zeit dankbar. Ich stehe tief in der Schuld des Landesarchivs Berlin, von Thomas Ertelt vom Staatlichen Institut für Musikforschung in Berlin, von Dietmar Schenk und Karen Krukowski von der Universität der Künste in Berlin und – für Hilfsquellen, Archivdokumente und Geduld – von Ed Shreeves, Jody Falconer, Ruthann McTyre und Amy McBeth von den Bibliotheken der University of Iowa.

Für Quellenmaterial, das anderweitig nicht verfügbar oder dessen ich mir nicht einmal bewusst war, bin ich zu Dank verpflichtet: Chip Averwater, Bernice Singer Baron, Robert Bein, Charles Beare, Willem Bouman, Paul Childs, James Christensen, Paul Cohen, John Dilworth, Rachel Donadio, Rosa Fain, Dave Fulton, Helmut Gabel, Claire Givens, Peter Greiner, Roger Hargrave, Peter

Harstad, Brian Harvey, Ben Hebbert, Rachel Baron Heimovics Braun, Ron Humphrey, Sergei Kapterev, Judith Kirsch, John Koster, Udo Kretzschmann, Leopold La Fosse, Angelika Legde-Jaskolla, Erin Lehman, Philip Margolis, Ruthann McTyre, John Milnes, Don Mowatt, Richard E. Myers, Mark Mueller, David Nadler, Elena Ostleitner, Annette Otterstedt, Mark Peterson, Gabriella Poggi, Christopher Reuning, Greg Riley, Josef Schwarz, Lynn Sargeant, Margaret Shipman, John Sidgwick, Gary Sturm, Henry Turner, Peter van Dam, William Weber, Rüdiger Wittke, Pater Zazofsky, Mrs. Sandra de Laszlo und Caroline Corbeau vom De Laszlo Archive Trust und Jennifer Ring vom Bowers Museum of Cultural Art.

Für Gespräche, Informationen und generell für ihre Kollegialität danke ich denen, die mir mit Geduld, guter Laune und beispiellosem Fachwissen zur Verfügung standen: Alexander Abramowitsch, Ayke Agus, Gregg T. Alf, Lynn Armour, Chip Averwater, Charles Avsharian, Dmitri Badjarow, Joan Balter, Eric Booth, Margaret Downie Banks, Bernice Singer Baron, James Beament, Charles Beare, Ingeborg Behncke, Robert Bein, Constance Hoffman Berman, Matthieu Besseling, Sean Bishop, Willem Blokbergen, Dieter Boden, Beatrix Borchard, Leon Botstein, Willem Bouman, Kerry Boylan, Rachel Baron Heimovics Braun, Henry Breitrose, Peter Brem, Zakhar Bron, Nigel Brown, Bonny Buckley, Richard Caplan, Tina Carrière, Susan Demler Catalano, Choon-Jin Chang, Roger Chase, James Christensen, Mark Churchill, Floriana Colabattista, Anne Cole, Michael Cope, Jeffrey Cox, Joseph Curtin, Michael Darnton, Dorothy DeLay, Andrew Dipper, John Dilworth, Eugene Drucker, Christiane Edinger, Cyril Ehrlich, Heidrun Eichler, Martin Eifler, Linda Anne Engelhardt, Toby Faber, Rosa Fain, Isabelle Faust, David Finckel, Michael Fleming, Guust François, Robert Freeman, Todd French, David Fulton, Geoffrey Fushi, Diana Gannett, David Garrett, Madurai Ginanasundaram, Bernd Gellermann, Frances Gillham, Ivry Gitlis, Claire Givens, Raymond F. Glover, Rachel Goldstein, Peter Greiner, Ilan Gronich, Andreas Grütter, Bruno Guastalla, Ida Haendel, Don Haines, Gisela Hammig, Roger Hargrave, Brian Harvey, Joji Hattori, Jay Heifetz, David Hempel, Peter Herrmann, Julian Hersh, Stefan Hersh, Klaus Heymann, Ulf Hoelscher, Wolfgang Höritsch, Andrew Hooker, Peter Jaffe, Peter Horner, Regina Imatdinova, Tim Ingles, Anne Inglis, D. Martin Jenni, V. N. Jog, Maya Jouravel, David Juritz, Joachim Kaiser, Serge Karpovich, Philip J. Kass, Ani Kavafian, Ida Kavafian, Anastasia Khitruk, Benny Kim, Wonmi Kim, Dai-Sil Kim Gibson, Alix Kirsta, Peter Klein, Jürgen Kocka, Renate Köckert, Jennifer Koh, John Koster, Allan Kozinn, Udo Kretzschmann, Jerome Kuehl, Laura LaCombe, Jaime Laredo, André Larson, Harold Laster, Joel Lazar, Claude Lebet, Norman Lebrecht, Carol Lee, Erin Lehman, Florian Leonhardt, Walter Levin, S. B. Lewis, Li Dan, Joseph Lin, Liu Yang, Margot Lurie, Dietmar Machold, Hans Maile, John Malyon, Andrew Manze, Mike Margolin, Philip Margolis, Humphrey Maud, Margaret Mehl, Eduard Melkus, John Menninger, Henry Meyer, Amanda Mitchell-Boyask, Geraldo

Modern, John Monroe, Kenneth Morris, Mark Mueller, James Murphy, Yfrah Neaman, Miguel Negri, Jack Neihausen, Christine Nelson, Amy Ng, Takako Nishizaki, Franz Xaver Ohnesorg, Elmar Oliveira, Annette Otterstedt, Helena Percas de Ponseti, Mark Peterson, Stewart Pollens, Larissa Popkova, Christoph Poppen, Tully Potter, David Powell, Doris Bogen Preucil, William Preucil, Jason Price, Peter Pulzer, Guy Rabut, David Rattray, Jim Reck, Matthew Reichert, Ruggiero Ricci, Marcel Richters, David Rivinus, Ronald Robboy, Patrick Robin, Duane Rosengard, Linda Roth, Michel Roy, Naomi Sadler, Michel Samson, Martijn Sanders, Nahma Sandrow, Steve Sanford, Keith Sarver, Kurt Sassmannshaus, Edmund Savage, Claire Scandrett, John Scandrett, Cornelia Schmid, Wendie Schneider, Michael Schoenbaum, Robert Schwartz, Josef Schwarz, Bijan Sepanji, Philip Setzer, Karen Shaffer, Eudice Shapiro, Carla Shapreau, Thomas Shires, John Sidgwick, Marc Silverstein, Dmitri Sitkowetski, Robert Sklar, Paul Smith, Alvin Snider, Eileen Soskin, Arnold Steinhardt, Hellmut Stern, Ethan Stone, Helen Strilec, Gary Sturm, Thomas A. Suits, Christian Tetzlaff, John Topham, Gayane Torosyan, Sherrie Tucker, Henry Turner, Brigitte Unger, Russell Valentino, Josef Vedral, Maxim Viktorov, Bart Visser, John Vornle, Melvin Wachowiak, Jutta Walcher, Mark Warner, William Weber, Krzysztof Wegrzyn, Donald Weilerstein, Elmar Weingarten, Michael Weisshaar, Eduard Weissmann, Graham Wells, Daniela Wiehen, Jon Whiteley, Mark Wilhelm, Wanda Wilkomirska, Stephen Wright, Neil Whitehead, Reiko Miyasaka Yabushita, Vera Negri Zamagni, Peter Zazofsky, Robert Zimansky, Samuel Zygmuntowicz.

Für ihren Beitrag zur deutschen Ausgabe verdienen Jutta Schmoll-Barthel, ihre Mitarbeiter beim Bärenreiter-Verlag und erst recht meine findige, geduldige und unermüdliche Übersetzerin Angelika Legde meine zusätzliche Dankbarkeit.

ANMERKUNGEN

EINLEITUNG
Das weltumspannende Instrument

1 Oxford English Dictionary ²1989, OED Online.

2 Ben S. Bernanke, Global Economic Integration: What's New and What's Not, Jackson Hole, Wyoming, 25. August 2006, http://www.federalreserve.gov/boarddocs/speeches/2006/20060825/default.htm (Abruf: 27. August 2006).

3 Zitiert nach David Boyden, The History of Violin Playing from Its Origins to 1761, London 1974, S. 494.

4 Peter Cooke, The Violin – Instrument of Four Continents, in: The Cambridge Companion to the Violin, hrsg. von Robin Stowell, Cambridge 1992, S. 239 f.

5 The Violin, Extra-European and Folk Usage, in: Grove Music Online, hrsg. von Laura Macy, www.grovemusic.com.

6 Johannes Wilbert, Mystic Endowment, Cambridge 1993, S. 247 ff.

7 Zitiert nach Karl Moens, Vuillaume et les premiers Luthiers, in: Violons, Vuillaume: Un maître luthier français du XIXᵉ siècle, 1798–187, Ausstellungskatalog, Cité de la Musique / Musée de la musique, Paris, 23. Oktober 1998 bis 31. Januar 1999, S. 130 bis 138 und 160–162.

8 Some Famous Old Violins, in: New York Times, 15. März 1880.

9 Sir James Beament, The Violin Explained, Oxford 1997, S. 238 f.

10 Edward Dent, Historical Introduction, in: William Henry Hill, Arthur F. Hill & Alfred Ebsworth Hill, The Violin-Makers of the Guarneri Family, New York 1989, S. xxvii.

11 Anne Midgette, A Swing and a Hit for Violinist, in: Washington Post, 4. Juli 2009, http://www.youtube.com/watch?v=n9LXHrzOVYA (Abruf: 13. August 2009).

12 Dan Ephron, The Stradivari of Ramadi, in: Newsweek, 16. Juli 2007; John Gerome, He's Not Fiddling Around, in: Washington Post, 31. August 2007.

13 Clair Cline, The Prison Camp Violin, in: Guidepost, Januar 1997.

14 Thomas Marrocco, Memoirs of a Strad, New York u. a. 1988, S. 138 ff.

15 Vgl. www.hweisshaar.com/2007_FallNewsletter.pdf (Abruf: 8. März 2008); http://www.cozio.com/Instrument.aspx?id=1039 (Abruf: 8. März 2008); http://news.bbc.co.uk/go/pr/fr/-/1/hi/magazine/7244441.stm (Abruf: 8. März 2008); Virtuoso's Trip Destroys Priceless Stradivari, in: Independent, 13. Februar 2008.

16 Beament, The Violin Explained, S. 61.

17 Judith Thurman, Wilder Women, in: The New Yorker, 10. August 2009.

18 Violin, Sing the Blues for Me, CD, Old Hat Enterprises, Raleigh/NC. 1999. Vgl. Paul A. Cimbala, Black Musicians from Slavery to Freedom, in: Journal of Negro History 1995, S. 15–29.

19 William Shakespeare, Much Ado about Nothing, II. Akt, 3. Szene.

20 The Beggar's Opera, II. Akt, 3. Szene, in: John Gay, The Beggar's Opera and Other Works, Halle 1959, S. 120.

21 Peter Holman, Four and Twenty Fiddlers, Oxford 1993, Kap. 4.

22 Lawrence Libin u. a., Instruments, Collections of, in: Grove Music Online (Abruf: 10. September 2004), http://www.grovemusic.com.

23 Nicholas Kenyon, The Baroque Violin, in Dominic Gill, The Book of the Violin, Oxford 1984, S. 60.

24 Helen Cripe, Thomas Jefferson and Music, Charlottesville 1974, S. 12 f. und 43–47, Anhang III.

25 Brian W. Harvey, The Violin Family and Its Makers in the British Isles, Oxford 1995, S. 122.

26 Fleet-Fingered Crowe, in: The Strad, Januar 2004.

27 Richard McGrady, Music and Musicians in Early Nineteenth Century Cornwall, Exeter 1991.

28 Gordon Swift, Exploring Carnatic Violin, in: Strings, Februar 2005; Ken Hunt, The Perfect Ingredient, in: The Strad, August 2006.

29 V. N. Jog, Interview mit dem Autor, Iowa City, 28. März 1998.

30 Contests: Cookie and Pinky Come Through, in: Time, 26. Mai 1967.

31 Max Weber, Die rationalen und soziologischen Grundlagen der Musik, Tübingen 1972, The Rational and Social Foundations of Music, Carbondale 1958.

32 The Strad Directory 2001, Harrow 2000.

33 David Templeton, Soul Song, in: Strings, Oktober 2008, http://www.arvelbird.com (Abruf: 30. September 2009).

34 Vgl. www.buskaid.org/za/Sponsors.htm.

35 Theodore Levin, The Hundred Thousand Fools of God, Bloomington und Indianapolis 1996, S. 184.

36 Yoshimasa Kurabayashi und Yoshiru Matsuda, Economic and Social Aspects of the Performing Arts in Japan, Tokio 1988, S. 4.

37 Global Strings, in: The Economist, 16. August 1997.

38 Interview mit dem Autor, Commonwealth Secretariat, London, 7. Juli 1997.

39 Sheila Melvin und Jingdong Cai, The Shanghai Symphony: An Orchestra with a Political Accompaniment, in: New York Times, 5. März 2000.

BUCH I

Geigenbau

1 Boyden, The History, London 1974, S. vii.

2 Lloyd Moss, Zin! Zin! Zin! A Violin, New York 1995.

3 Vgl. http://www.vor.ru/culture/cultarch293_eng.html (Abruf: 19. November 2004); http://www.mmoma.ru/en/exhibitions/gogolevsky/iskusstvo_russkih_masterov (Abruf: 17. November 2011).

4 Vgl. http://www.musolife.com/musical-instruments-collection-at-the-victoria-and-albert-museum-set-to-close. html (Abruf: 21. Januar 2010).

5 Vgl. http://www.vam.ac.uk/collections/furniture/musical_instruments/history/carl_engel/index.html (Abruf: 21. Januar 2010); Katalog der Sonderausstellung in South Kensington, S. 13, in: George Dissmore, Violin Gallery, Des Moines 1890.

6 Carl Engel, Researches into the Early History of the Violin Family, London 1883.

7 Interview mit dem Autor, London, 17. Juni 1999.

8 Carl Peters, Lebenserinnerungen, München und Berlin 1943, S. 58.

9 L'Abbé Odon Jean Marie Delarc, L'Eglise de Paris pendant la révolution, Paris 1895–1897, Bd. 1, S. 4284 f. und 443, Bd. 2, S. 370; Sébastien-André Sibire, L'Aristocratie négrière ou Réflexions philosophiques et historiques sur l'esclavage et l'affranchissement des Noirs, Paris 1789; Discours civique et chrétien au sujet de la paix générale de l'Europe, Paris 1802; Le Portrait de Buonaparte, suivie d'un discours sur le nature et les effets des conquêtes, Paris 1814.

10 Sébastien-André Sibire, La Chélonomie ou Le Parfait Luthier, Paris 1806.

11 François-Joseph Fétis, Notice biographique sur Nicolò Paganini, Paris 1851; Antoine Stradivari, Luthier célèbre, Paris 1856.

12 George Hart, The Violin: Its Famous Makers and Their Imitators, London 1885, S. 341.

13 Federico Sacchi, Il Conte Cozio di Salabue, London 1898, S. 18 ff.

14 Zitiert nach Stewart Pollens und Henryk Kaston, François-Xavier Tourte, Bow Maker, New York 2001, S. 21.

15 Dominic Gill, The Book of the Violin, Oxford 1984, S. 14 f.

16 Vgl. http://atdpweb.soe.berkeley.edu/2030/jmoriuchi/violin-pictures.html.

17 Vgl. http://library.thinkquest.org/27110/instruments/violin.html (Abruf: 29. Juni 2012).

18 Moens, Vuillaume et les premiers luthiers, in: Violons, Vuillaume.

19 Henry Saint-George, The Bow, Its History, Manufacture and Use, New York und London 1922, S. 32.

20 James Beament, The Violin Explained, S. 58

21 Brian W. Harvey, The Violin Family and It Makers in the British Isles, Oxford 1995 Brian Harvey und Carla J. Shapreau, Violin Fraud, Oxford 1997.

22 Duane Rosengard, Giovanni Battista Guadagnini, Haddonfield (New Jersey) 2000.

23 Carlo Bonetti u. a., Antonio Stradivari, Notizie e documenti, Cremona 1937.

24 Bernhard Zoebisch, Vogtländischer Geigenbau, Markneukirchen 2000.

25 W. Henry, Alfred F. und Arthur E. Hill, Antonio Stradivari, Mineola, New York 1963; The Violin-Makers of the Guarneri Family, Mineola, New York 1989.

26 Margaret L. Huggins, Gio. Paolo Maggini: His Life and Work, Compiled and Edited from Material Collected and Contributed by William Ebsworth Hill and His Sons William, Arthur and Alfred Hill, London 1892, Wiederauflage 1976.

27 Roger Hargrave, The Failure of Brotherly Love?, in: The Strad, Mai 1995, S. 475.

28 Flavio Dasseno, Per una identificazione della scuola bresciana, in: Flavio Dasseno und Ugo Ravasio, Gasparo da Salò e la liuteria bresciana tra rinascimento e barocco, Brescia 1990, S. 11.

29 Sylvette Milliot, La Famille Chanot-Chardon, Bd. 1: Les Luthiers parisiens aux XIXᵉ et XXᵉ siècles, Spa, 1994.

30 Interview mit dem Autor, Richmond, England, 17. Juni 1999.

31 Interview mit dem Autor, London, 18. Juni, 1999; E-Mail vom 10. Juli 2002.

32 Smithsonian Institution Research Reports, Nr. 92, Frühjahr 1998; Mark Levine, Medici of the Meadowlands, in: New York Times Magazine, 3. August 2003.

33 W. Henry Hill u. a., Antonio Stradivari, New York 1963, S. 226.

34 Stewart Pollens, Ornamental Ornithology, in: The Strad, Oktober 2007.

35 Harry Haskell, The Early Music Revival, New York und London 1988, passim; James Gollin, Pied Piper: The Many Lives of Noah Greenberg, Hillsdale (New York) 2001, passim.

36 Joanna Pieters, History Man, in: The Strad, Februar 2002.

37 Samuel Zygmuntowicz, A Copyist's Credo, in: The Strad, April 1995; Interview mit dem Autor, Bremen, 9. Dezember 1997. Vgl. John Marchese, The Violin Maker, New York 2007, S. 77–80.

38 Christopher Hogwood, The Academy of Ancient Music, Haydn, The Creation, L'Oiseau-Lyre, 1990.

39 John Dilworth, Origins of the Species, in: The Strad, Januar 2001.

40 Annette Otterstedt, E-Mail an den Autor, 1. Juli 2002.

41 Boyden, The History, S. 8.

42 Olga Adelmann und Annette Otterstedt, Die Alemannische Schule, Berlin 1997, S. 36.

43 Vgl. Klaus Osse, Die Wurzeln des professionellen Streichinstrumentenbaus im mittleren Europa, in: Zum Streichinstrumentenbau des 18. Jahrhunderts. Bericht über das 11. Symposium zu Fragen des Musikinstrumentenbaus, Michaelstein 1990. Vgl. A. L. Kroeber, Anthropology, New York 1948, S. 445–451.

44 Thomas Drescher, Der Nürnberger Geigenbau als Exempel, in: Klaus Martius, Leopold Widhalm und der Nürnberger Lauten- und Geigenbau im 18. Jahrhundert, Frankfurt 1996, S. 12 ff. Vgl. Richard Goldthwaite, The Building of Renaissance Florence, Baltimore und London 1980, S. 106 und 401 f.

45 Sandro Pasqual, Roberto Regazzi, Le radici del successo della liuteria a Bologna, Bologna 1998, S. 41.

46 Osse, Die Wurzeln, in: Zum Streichinstrumentenbau, S. 17.

47 Martius, Leopold Widhalm, S. 14. Vgl. Thomas Riedmiller, Lehrzeit – Wanderjahre – Meisterwerkstatt, in: Alte Geigen und Bogen, Köln 1997, S. 57–59.

48 Theodore Levin, The Hundred Thousand Fools of God, Bloomington und Indianapolis 1996, passim. Vgl. James Keough, Kamancheh Meister, in: Strings, April 2004.

49 Annette Otterstedt, Die Gambe, Kassel 1994, S. 17.

50 Karl Moens, Geiger in der Münchner Hofkapelle zur Zeit Lassos, in: Orlandus Lassus and His Time, Jahrbuch der Alamire Foundation, hrsg. von Ignace Bossuyt u. a., Leuwen 1995.

51 Holman, Four and Twenty Fiddlers, S. 14 f.

52 Moens, Violes ou violins?, in: Musique – Images – Instruments II, 1996.

53 Moens, Geiger in der Münchner Hofkapelle, in: Musique – Images – Instruments II, 1996.

54 Moens, Die Frühgeschichte der Violine im Lichte neuer Forschungen, in: Lauten, Harfen, Violinen, Ausstellungskatalog, Herne 1984; De Viool in de 16ᵈᵉ eeuw, Deel II, in: Musica Antiqua XI/1, 1994.

55 Andrew Dipper, By Royal Appointment, in: The Strad, Juni 2005.

56 Andrew Dipper, Historical Background to the Instruments of the Amati Family at the French Court, 1500–1600, in: E furono

liutai in Cremona dal rinascimento al romanticismo, Cremona 2000.

57 Moens, Les Instruments attribués à Andrea Amati, in: Musique – Images – Instruments, unveröffentlicht.

58 Dipper, Historical Background, S. 31; Carlo Chiesa, Un introduzione alla vita e all'opera di Andrea Amati, in: Andrea Amati, hrsg. von Fausto Cacciatori, Cremona 2007, S. 17; Renzo Meucci, Gli strumenti di Andrea Amati, ebenda, S. 33.

59 Roger Hargrave, Artistic Alliance, in: The Strad, August 2000, S. 835.

60 Moens, Les Instruments attribués à Andrea Amati, De viool in de 16de eeuw, Deel I: De vroegste bronnen, S. 3.

61 Boyden, The History, S. 20, 22 und 91; Osse, Die Wurzeln; Moens, Geiger in der Münchner Hofkapelle, De Viool in de 16de Eeuw, Deel II, Der frühe Geigenbau in Süddeutschland, S. 360.

62 Zitiert nach Boyden, The History, S. 31 ff.

63 Jean-Frédéric Schmitt, Venise, lutherie et histoire, in: Les Violons. Lutherie vénitienne, peintures et dessins, Paris 1995, S. 20.

64 Vgl. Henry Raynor, A Social History of Music, New York 1978, S. 75 ff.

65 Holman, Four and Twenty Fiddlers, S. 13.

66 Ebenda.

67 Lewis Lockwood, Music in Renaissance Ferrara, 1400–1505, Cambridge 1984, S. 121–151.

68 Holman, Four and Twenty Fiddlers, S. 19.

69 Moens, Geiger in der Münchner Hofkapelle.

70 Boyden, The History, S. 59 ff.

71 Annette Otterstedt, What Old Fiddles Can Teach Us, in: Galpin Society Journal, April 1999, S. 226 f.

72 Moens, Violes ou Violons?

73 Moens, Geiger in der Münchner Hofkapelle.

74 Moens, Der frühe Geigenbau in Süddeutschland, S. 378.

75 Pasqual und Regazzi, La Radici, S. 44 ff.; Gerhard Stradner, Beziehungen zwischen dem norditalienischen und dem süddeutsch-österreichischen Geigenbau, in: Zum Streichinstrumentenbau des 18. Jahrhunderts, S. 22 ff.

76 Elia Santoro, Violini e violinari: Gli Amati e i Guarneri a Cremona tra rinascimento e barocco, Cremona 1989, S. 7 und 12 f.

77 Pasqual und Regazzi, La radici, S. 70 f.

78 Felix Gilbert, Machiavelli, in: Makers of Modern Strategy, hrsg. von Peter Paret, Princeton 1986; Geoffrey Parker, The Military Revolution, Cambridge 1988; Garrett Mattingly, Renaissance Diplomacy, Boston 1955.

79 Luigi Barzini, The Italians, New York 1977, S. 14–41.

80 Ebenda, S. 210 ff.

81 Niccolò Machiavelli, Il Principe, Mailand 1991, Kap. 12–13.

82 Michael Howard, War in European History, London, Oxford und New York 1976; Richard Goldthwaite, Wealth and the Demand for Art in Italy, 1300–1600, Baltimore und London 1993, S. 29 ff.

83 W. Henry Hill u. a., Antonio Stradivari, S. 160 f.; Ravasio, La liuteria bresciana tra rinascimento e barocco, in: Dassenno und Ravasio, S. 25.

84 Carlo M. Cipolla, Money, Prices and Civilization in the Mediterranean World, New York 1967, S. 55.

85 Ravasio, La liuteria bresciana, S. 24. Vgl. Martha Feldman, City Culture and the Madrigal at Venice, Berkeley 1995, S. xi ff. und 3 ff.

86 Dassenno, Per una identificazione, S. 12.

87 Brescia, Encyclopædia Britannica, http://80-www.search.eb.com.proxy.lib.uiowa.edu/eb/article?eu=16601.

88 Huggins, Paolo Maggini, S. 11.

89 Dassenno, Per una identificazione, S. 12.

90 Richard Goldthwaite, The Building, S. 33; Pasqual und Regazzi, S. 22.

91 Huggins, Paolo Maggini, S. 15 ff. Marco Bizzarini und Giocamo Fornari, Liuteria e composizione musicale, in: Dassenno und Ravasio, Gasparo di Salò, S. 81 f.

92 Ravasio, La liuteria bresciana, in: Dassenno und Ravasio, Gasparo di Salò, S. 19 f.

93 Huggins, S. 52 ff.

94 Luigi Faccini, La Lombardia fra '600 e '700, Mailand 1988, S. 21.

95 Charles Beare, Guarneri del Gesù's Place in Cremonese Violin Making, in: Charles Beare, Bruce Carlson und Andrea Mosconi, Joseph Guarnerius de Gesù, Cremona 1995, S. 19; W. Henry Hill u. a., Antonio Stradivari, S. 241–243, zitiert nach Dassenno, Per una identificazione, in: Dassenno und Ravisio, Gasparo di Salò, S. 16.

96 Emanuel Jaeger, Lutherie et tradition musicale à Venise au xviiie siècle, in Les Violons. Lutherie vénitienne, peintures et dessins, S. 8 f.

97 Carlo Chiesa und Duane Rosengard, Guarneri del Gesù, A Biographical History, in: Peter Biddulph u. a., Giuseppe Guarneri del Gesù, London 1998, Bd. 2, S. 15 f.; Dennis Stevens, Music of the Amati Age, in: The Strad, April 1995, S. 471. Vgl. Cremona, Enciclopedia italiana XI, Mailand und Rom 1931–1939, S. 829; Cremona, Dizionario enciclopedico italiano III, Rom 1956, S. 625.

98 Domenico Sella, Italy in the Seventeenth Century, Harlow 1997, S. 60 ff.

99 Antonio Leone, La città della musica in: Cremona, Liuteria e musica in una città d'arte, Cremona 1994, S. 37; Santoro, Violinari e violini, S. 36–41; Santoro, Collezione civica del Commune di Cremona, in Leone, op. cit.

100 Simone F. Sacconi, I »segreti« di Stradivari, Cremona 1972, S. 186.

101 Santoro, Collezione civica del Comune di Cremona, in Leone, op. cit.

102 Carlo Bonetti, Gli Ebrei a Cremona, Cremona 1917, S. 5–15.

103 Carlo Bonetti, La genealogia degli Amati liutai e il primato della scuola liutistica Cremonese, Cremona 1938, S. 15 f.

104 Ebenda, S. 36.

105 Roger Hargrave, unveröffentlichtes Manuskript.

106 Chiesa in Cacciatori, Andrea Amati, S. 22–24.

107 Stevens, Music.

108 Carlo Cipolla, The Economic Decline of Empires, London 1970, S. 204 f. Vgl. Domenico Sella, Italy in the Seventeenth Century, S. 36 ff.

109 Sella, Seventeenth Century Italy, S. 2 f.

110 Stevens, Music. Howard Mayer Brown und Naomi Joy Barker, Agostino Licino, in: Grove Music Online, http://80-www.grovemusic.com.proxy.lib.uiowa.edu (Abruf: 7. Dezember 2002); Santoro, Violinari e violini, S. 93; Bonetti u. a., Antonio Stradivari, S. 36.

111 Zitiert nach Thomas Drescher, Nürnberger Geigenbau als Exempel in: Martius, Leopold Widhalm, S. 13.

112 William Henry Hill, Arthur F. Hill und Alfred Ebsworth Hill, The Violin-Makers of the Guarneri Family, 1626–1762, New York 1998, S. 6; Santoro, Violinari e violini, S. 17 ff. und 59 ff.

113 Für eine schematische Darstellung vgl. Bonetti u. a., Antonio Stradivari, S. 33.

114 Roger Graham Hargrave, The Working Methods of Guarneri del Gesú, in: Biddulph u. a., Giuseppe Guarneri del Gesú, Bd. 2, S. 137.

115 William Henry Hill u. a., The Violin-Makers of the Guarneri Family, S. 9 ff.; Santoro, Violinari e violini, S. 116 ff.

116 Carlo Chiesa und Philip J. Kass, Survival of the Fittest, in: The Strad, Dezember 1996; Philip J. Kass, The Stati d'Anime of S. Faustino in Cremona: Tracing the Amati Family, 1641–1686, Violin Society of America 1999.

117 W. Henry Hill u. a., Antonio Stradivari, S. 25 bis 31. Vgl. Bonetti u. a., Antonio Stradivari, S. 31 f.

118 Bonetti u. a., Antonio Stradivari, S. 25.

119 W. Henry Hill u. a., Antonio Stradivari, S. 286.

120 Renzo Bachetta, Stradivari non è nato nel 1644, Cremona 1937, S. 32–34.

121 W. Henry Hill u. a., Antonio Stradivari, S. 8.

122 Charles Beare und Bruce Carlson, Antonio Stradivari, The Cremona Exhibition of 1987, London 1993, S. 26.

123 William Henry Hill u. a. The Violin-Makers of the Guarneri Family, S. 26; Carlo Chiesa und Duane Rosengard, Guarneri del Gesù: A Biographical History, in: Biddulph u. a., Giuseppe Guarneri. Bd. 2, S. 12 f.

124 Kass, The Stati d'Anime, Eintrag für 1659.

125 Bonetti u. a., Antonio Stradivari, S. 51–54.

126 W. Henry Hill u. a., Antonio Stradivari, S. 10 f.; Chiesa und Rosengard, Giuseppe Guarneri, S. 11.

127 W. Henry Hill u. a., Antonio Stradivari, S. 15 bis 21; Bonetti u. a., Antonio Stradivari, S. 57–64.

128 Carlo Chiesa und Duane Rosengard, The Stradivari Legacy, London 1998.

129 W. Henry Hill u. a., Antonio Stradivari, S. 221 bis 226.

130 Aldo De Maddalena, Dalla città al borgo, Mailand 1982, S. 216 ff.; Domenico Sella, Crisis and Continuity, Cambridge und London 1979, S. 176 ff.; Faccini, La Lombardia, S. 65 und 262 ff.

131 Sacconi, I »segreti«.

132 Berend C. Stoel und Terry M. Borman, A Comparison of Wood Densities Between Classical Cremonese and Modern Violins, in: PLoS ONE, Juli 2008.

133 Lloyd Burckle und Henri D. Grissino-Mayer, Stradivari, Violins, Tree Rings, and the Maunder Minimum, in: Dendrochronologia 21/1, 2003, S. 41–45.

134 Michael D. Lemonick, Stradivari's Secret, in: Discover, Juli 2000.

135 Joseph Alper, The Stradivari Formula, in: Science 84, März 1984; Wm C. Honeyman, The Violin: How to Choose One, Dundee 1893; Henri D. Grissino-Mayer u. a., Mastering the Rings, in: The Strad, April 2002; Thierry Maniguet, Savart et Vuillaume, in: Violons, Vuillaume, S. 60–65.

136 Beament, The Violin Explained, passim; J. Meyer, Zum Klangphänomen der altitalienischen Geigen, in: Acustica 1989; Martin Schleske, Wired for Sound, in: The Strad, Oktober 2002; Martin Schleske, High Fidelity, in: The Strad, November 2002; Jeremy S. Loen und A. Thomas King, Thick and Thin, in: The Strad, Dezember 2002; Kevin Coates, Geometry, Proportion and the Art of Lutherie, Oxford 1985, S. 167 ff.

137 Martin Schleske, On the Acoustical Properties of Violin Varnish, in: CAS Journal, November 1998.

138 Roger Millant, J. B. Vuillaume, sa vie et son œuvre, London 1972, S. 20 und 88 f.; W. Henry Hill u. a., Antonio Stradivari, Kap. 7 und 12.

139 Harvey, The Violin Family and Its Makers, S. 37 ff.

140 Joseph Curtin, Stradivari's Varnish: a Memoir, in: Brick Magazine, Winter 2004. Vgl. Roger Graham Hargrave, The Working Methods of Guarneri del Gesù, in: Biddulph u. a., Giuseppe Guarneri, Bd. 2, S. 155.

141 Henry Fountain, What Exalts Stradivarius? Not Varnish, Study Says, in: New York Times, 4. Dezember 2009; Nathaniel Herzberg, Un des secrets de Stradivarius dévoilé, in: Le Monde, 5. Dezember 2009; Jean-Philippe Echard u. a., The Nature of the Extraordinary Finish of Stradivari's Instruments, in: Angewandte Chemie, International Edition, 2009, Nr. 48, S. 1–6.

142 Sacconi, I »segreti«, S. 1.

143 Bruno Caizzi, Industria, commercia e banca in Lombardia nel XVIII secolo, Mailand 1968, S. 7 ff.; Cipolla, The Economic Decline of Italy, S. 202 ff.

144 Bonetti u. a., Antonio Stradivari, S. 60–63; Chiesa und Rosengard, The Stradivari Legacy, S. 19.

145 Chiesa und Rosengard, The Stradivari Legacy, S. 79.

146 William Henry Hill u. a., The Violin-Makers of the Guarneri Family, S. 32–43.

147 Vgl. Eleanor Selfridge-Field, Venetian Instrumental Music, New York 1994, passim. Vgl. Jaeger, Lutherie et tradition musicale, S. 8–14.

148 William Henry Hill u. a., The Violin-Makers of the Guarneri Family, S. 147.

149 Roger Graham Hargrave, The Working Methods, in: Biddulph u. a., Giuseppe Guarneri, Bd. II, S. 142.

150 Chiesa und Rosengard, Guarneri del Gesú, in: Biddulph u. a., Giuseppe Guarneri, S. 20 f. Vgl. Hargrave, The Working Methods, S. 151 f.

151 Chiesa und Rosengard, Guarneri del Gesú, in: Biddulph u. a., Giuseppe Guarneri, S. 17.

152 William Henry Hill u. a., The Violin-Makers of the Guarneri Family, S. 99; Interview mit dem Autor, Chicago, 3. April 1998.

153 Brian Yule, Del Gesù at the Met, in: The Strad, April 1995; Roger Hargrave, Interview mit dem Autor, 9. Dezember 1997.

154 Chiesa und Rosengard, Guarneri del Gesù – a Brief History, in: Joseph Guarnerius del Gesù, Cremona 1995, S. 37.

155 William Henry Hill u. a., The Violin-Makers of the Guarneri Family, S. 89–92.

156 Chiesa und Rosengard, Guarneri del Gesú: A Biographical History, S. 8–20.

157 Dmitri Gindin mit Duane Rosengard, The Late Cremonese Violin Makers, Cremona 2002.

158 Zitiert nach Stevens, Music, S. 470.

159 Elia Santoro, Traffici e falsificazioni, dei violini di Antonio Stradivari, Cremona 1973, S. 76.

160 Vgl. Paolo Lombardini, Cenni sulla celebre Scuola Cremonese degli strumenti ad arco non che sui lavori e sulla famiglia del sommo Antonio Stradivari, Cremona 1872, S. 27; Bonetti u. a., Antonio Stradivari, S. 83–85. Vgl. Victoria Finlay, Color, New York 2002, S. 197.

161 Bacchetta, Stradivari non e nato, S. 116.

162 Finlay, Color, S. 172.

163 Das Foto findet sich in William Henry Hill u. a., The Violin Makers of the Guarneri Family, S. 126.

164 Kass, The Stati d'Anime of S. Faustino in Cremona; The Parish of S. Faustino.

165 Le celebrazioni, hrsg. von Elia Santoro, S. 29 ff.

166 Stradivariane a Cremona 1937–1949, hrsg. von Elia Santoro, Cremona 1996, S. 27–29; vgl. Alfredo Puerari, Einleitung, in: Sacconi, I »segreti«, S. xiv; Herbert K. Goodkind, Violin Iconography of Antonio Stradivari, Larchmont 1972, S. 723 ff.; Ariana Todes, City of Hope, in: The Strad, Cremona-Beilage 2008, S. 7.

167 Stefano Pio, Giorgio Serafin and His Bottega »alla Cremona«, zitiert nach: Liuteri & sonadori: Venezia 1750–1880, Venedig 2002, www.maestronet.com/m_library/maestro_mag/Giorgio%20Serafin.cfm.

168 Venise ou la filiation, in: Les Violins, S. 23 ff.

169 Pio, Giorgio Serafin.

170 Santoro, Traffici e falsificazione, S. 23 ff.

171 Alberto Conforti, Il violino, Mailand 1987, S. 66.

172 Vannes, Dictionnaire universel des luthiers, 2 Bde., Brüssel 1951–1959.

173 Walter Kolneder, Das Buch der Violine, Zürich 1972, S. 146 ff.

174 Rosengard, Giovanni Battista Guadagnini, passim.

175 Ebenda, S. 62. Vgl. Mariangela Dona, Milan, in: Grove Music Online, http://80-www.grovemusic.com.proxy.lib.uiowa.edu (Abruf: 10. Februar 2003).

176 Charles Beare u. a., Guadagnini, in: Grove Music Online, http://80-www.grovemusic.com.proxy.lib.uiowa.edu (Abruf: 7. Februar 2003).

177 Rosengard, Giovanni Battista Guadagnini, S. 93 ff.

178 Philip J. Kass, Italy's Import, in: The Strad, Mai 1998, S. 482–484.

179 Rosengard, Giovanni Battista Guadagnini, S. 128.

180 Arnold Gingrich, A Thousand Mornings of Music, New York 1970, S. 173.

181 Philip J. Kass, Guadagnini Re-evaluated, in: The Strad, Oktober 1997.

182 Charles Beare u. a., Guadagnini.

183 Fred Lindeman, De Viool in de Nordelijke Nederlanden, in: 400 Jahr Vioolbouwkunst in Nederland, Amsterdam 1999, S. 122; Johan Giskes, Vier Eeuwen Nederlandse Vioolbouw, ebenda, S. 56. Vgl. Société Comptoir de l'Industrie Cottonière Etablissments Boussac v. Alexander's Department Stores,

Inc., Nr. 125, Docket 26881, United States Court of Appeals Second Circuit.

184 Giskes, Vier Eeuwen Nederlandse Vioolbouw, in: ebenda, S. 55; Lindeman, De Viool in de Noordelijke Nederlanden, S. 121.

185 Holman, Four and Twenty Fiddlers, S. 48, 97–99 und 121; vgl. Holman, The Violin in Tudor und Stuart England, in: The British Violin, Oxford 1999, S. 4.

186 Giskes, Vier Eeuwen Nederlandse Vioolbouw, in: ebenda, S. 57; Lindeman, De Viool in de Noordelijke Nederlanden, S. 118.

187 Ebenda, S. 55.

188 Ebenda, S. 60 ff.

189 Ebenda, S. 63 ff.

190 Charles Beare: Johannes Theodorus Cuypers, in: Grove Music Online, http://80-www.grovemusic.com.proxy.lib.uiowa.edu (Abruf: 28. Februar 2003).

191 Suzanne Wijsman u. a., Violoncello, in: Grove Music Online, http://80-www.grovemusic.com.proxy.lib.uiowa.edu (Abruf: 1. Juni 2003).

192 Pearce, Violins and Violin Makers, London 1866, S. 33.

193 Arthur Hill, Tagebuch (unveröffentlicht), Eintrag vom 8. Februar 1911.

194 Nathan Milstein, From Russia to the West, New York 1990, S. 207.

195 Charles Beare, Einleitung, in: The British Violin, S. 2.

196 Mace zitiert nach J. L. Boston, Musicians and Scrapers, in: The Galpin Society Journal, Juni 1956, S. 51–57; John Milton, The Passion, ca. 1645, http://www.slpatech.com/scrap%20book/Christmas/on_the_morning_of_christs_nativi.htm (Abruf: 5. Juli 2005).

197 Roger North on Music, hrsg. von J. Wilson, London 1959, S. 233.

198 Ebenda, S. 235.

199 Charles Beare, Einleitung, in: The British Violin, S. 2.

200 Andrew Fairfax, The British Violin, in: Dartington Violin Conference 2000, British Violin Association 2001, S. 41; John Walter Hill, Gasparo Visconti und William C. Smith u. a., Hare, in: Grove Music Online http://80-www.grovemusic.com.proxy.lib.uiowa.edu (Abruf: 2. Mai 2003).

201 Kenneth Skeaping, Some Speculations on a Crisis in the History of the Violin, in: The Galpin Society Journal, März 1955.

202 Harvey, The Violin Family, S. 18.

203 Charles Beare, John Dilworth und Philip J. Kass, Vincenzo Panormo, in: Grove Music Online, http://80-www.grovemusic.com. proxy.lib.uiowa.edu (Abruf: 2. Mai 2003).

204 Otterstedt, Die Gambe, S. 42 ff.

205 Roger North on Music, hrsg. von J. Wilson, S. 300.

206 Pearce, Violins and Violin Makers, S. 95.

207 Roger North on Music, hrsg. von J. Wilson, S. 294.

208 Fairfax, The British Violin, S. 38 und 41; Henry Fielding, Joseph Andrews, London 1947, S. vii und 7.

209 Zitiert nach Fairfax, The British Violin, S. 46, von Charles Reade, Jack of All Trades, in Cream, London 1858.

210 Harvey, The Violin Family, S. 222 ff. Vgl. Charles Beare und Philip J. Kass, Lott, in: Grove Music Online, http://80-www.grove music.com.proxy.lib.uiowa.edu (Abruf: 21. Juni 2003); Ida Haendel, Woman with Violin, London 1970, S. 159 ff.; Humphrey Burton, Menuhin, London 2000, S. 207–208; E-Mail an den Autor von Charles Beare, 20. und 24. Mai 2002, und von Robert Bein, 21. Mai 2002. Peter Zazofsky, Interview mit dem Autor, Iowa City, 15. Mai 2000.

211 Meredith Morris, British Violin Makers, London 1926.

212 John Milnes, Entwurf einer Biografie, unveröffentlicht.

213 Albert Cooper, A Tale of Copies and Collusion, in: The Strad, Januar 1993; Harvey und Carla J. Shapreau, Violin Fraud, Oxford 1997, S. 17.

214 John Milnes, E-Mail an den Autor, 22. Mai 2002.

215 Meredith Morris, Walter Mayson, Maesteg 1906, passim; Harvey, The Violin Family, S. 242 ff.

216 Edward Heron-Allen, Violin-Making as It Was and Is, London 1884.

217 Interview mit dem Autor, Richmond, 17. Juni 1999; E-Mail an den Autor, 28. Dezember 2003.

218 George Orwell, Charles Reade in: The Collected Essays, Journalism and Letters of George Orwell, Bd. 2, S. 50–54.

219 Edward Heron-Allen's Journal of the Great War, hrsg. von Brian W. Harvey und Carol Fitzgerald, Chichester 2002.

220 Harvey, The Violin Family, S. 270 ff.; Eminent Victorian, in: The Strad, Februar 2003.

221 In Gegenwart des Autors, Aspen, 29. Juli 1998.

222 Edward Ball, Mass Markies, in: The Strad, März 2003.

223 J. H. Clapham, Economic Development of France & Germany, Cambridge 1961, 166 f. und 200 f.

224 Phyllis Deane, The First Industrial Revolution, Cambridge 1965, S. 197 und 255; Clapham, Economic Development, S. 159–163.

225 Julie Bunn und Lydia Rose Seiber, Music, Makers and Markets, in: The Strad, August 1997, S. 840. Die Charta der Gilde findet sich in: The Strad, August 1997, S. 845.

226 Milliot, La Famille Chanot-Chardon, S. 13 ff.

227 Benoît Rolland, Bow Heirs, in: The Strad, April 2003; Evelyne Bonétat in: Paul Childs, The Bow Makers of the Peccatte Family, Montrose 1996, S. 9 ff.

228 Kolneder, Das Buch der Violine, S. 171; Bonétat in Childs, The Bow Makers, S. 9 ff.

229 Die Diskussion basiert überwiegend auf Milliot, Histoire de la lutherie parisienne du XVIIIᵉ siècle à 1960, Bd. 1, S. 13 ff.

230 Milliot, Violinistes et luthiers parisiens au XVIIIᵉ siècle in: Florence Gétreau, Instrumentistes et luthiers parisiens, Paris 1988, S. 99 ff.

231 Milliot, Histoire, Bd. 1, S. 20 f.

232 Ebenda, S. 111.

233 Ebenda, S. 117–125.

234 Charles Beare und Sylvette Milliot, Nicolas Lupot, in: Grove Music Online, http://80-www.grovemusic.com.proxy.lib.uiowa.edu (Abruf: 28. Juli 2003).

235 Malou Haine, Les Facteurs d'instrument de musique à Paris au XIXᵉ siècle, Brüssel 1985, S. 317.

236 Milliot, Jean-Baptiste Vuillaume, L'Histoire d'une reussité, in: Violons, Vuillaume, S. 49.

237 Milliot, Les Luthiers au XIXᵉ siècle in: Gétreau, Instrumentistes, S. 201.

238 Haine, Les Facteurs, S. 71 und 137.

239 Ebenda, S. 134 ff.; Kolneder, Das Buch der Violine, S. 171; Edward H. Tarr, Thibouville, in: Grove Music Online, http://80-www grovemusic.com.proxy.lib.uiowa.edu (Abruf: 2. August 2003).

240 Emanuel Jaeger, La Baleine de la lutherie in: Violons, Vuillaume, S. 18 ff.

241 Alberto Conforti, Il violino, Mailand 1987, S. 67.

242 Violin Acquired to Honor Usher Abell, in: National Music Museum Newsletter, Vermillion, Mai 2003, S. 7.

243 Alain Giraud, A Thwarted Revolution?, in: The Strad, September 2004.

244 Millant, J. B. Vuillaume, S. 103.

245 Philippe Thiébaut, Copies et pastiches dans les arts du décor, in: Violons, Vuillaume, S. 126.

246 Milliot, Les Luthiers au XIXᵉ siècle in: Gétreau, Instrumentistes, S. 197 ff.

247 Milliot, Jean-Baptiste Vuillaume, in: Violons, Vuillaume, S. 52 ff.

248 Millant, J. B. Vuillaume, S. 83.

249 Brief vom 26. August 1857, Violons, Vuillaume, S. 21–25.

250 David Laurie, The Reminiscences of a Fiddle Dealer, New York und Boston 1925, S. 45 ff.

251 Haine, Les Facteurs, S. 156.

252 Edward Neill, Storia del violino di Nicolò Paganini, in: Il violino di Paganini, Genua 1995, S. 16 f.; vgl. Milliot, Jean-Baptiste Vuillaume in: Violons, Vuillaume, S. 51.

253 Amnon Weinstein, Great Minds, in: The Strad, Januar 2002.

254 Charles Beare, Jaak Liivoja-Lorius, Sylvette Milliot, Vuillaume, Grove Music Online, hrsg. von L. Macy, http://80-www.grovemusic.com. proxy.lib.uiowa.edu (Abruf: 8. August 2003).

255 Violons, Vuillaume, S. 36 f.

256 Millant, J. B. Vuillaume, S. 23.

257 Milliot, Jean-Baptiste Vuillaume, in: Violons, Vuillaume, S. 52 ff.

258 Ebenda, S. 132; Louis P. Lochner, Fritz Kreisler, London 1951, S. 346 ff.

259 Carlo Marcello Rietman, Il violino e Genova, Genua 1975, S. 75; Morel zitiert nach: Violons, Vuillaume, S. 37–39.

260 Schreiben an Fétis vom 26. September 1834, zitiert nach Pietro Berri, Paganini, Mailand 1982, S. 54.

261 Malou Haine, Jean-Baptiste Vuillaume, Innovateur ou conservateur, in: Violons, Vuillaume, S. 68–77.

262 Beare u. a., Vuillaume und Millant, J. B. Vuillaume, S. 112.

263 Milliot, Jean-Baptiste Vuillaume, in: Violons, Vuillaume, S. 57.

264 Milliot, La Famille Chanot-Chardon, S. 97 ff.

265 Ebenda, S. 162–164, passim.

266 Ebenda, S. 55.

267 Ebenda, S. 100 ff.

268 Ebenda, S. 58.

269 Zitiert nach Milliot, La Famille Chanot-Chardon, S. 136.

270 Interview mit Ingeborg Behnke, Berlin, Dezember 2000.

271 Interview mit Martin Eifler, Berlin, Dezember 2000.

272 Walter Senn und Karl Roy, Jakob Stainer, Frankfurt 1986, S. 52.

273 Ebenda, S. 22 und 472 f.

274 Senn und Roy, Jakob Stainer, in: Grove Music Online, http://www.grovemusic.com (Abruf: 22. September 2003).

275 Senn und Roy, Jakob Stainer, S. 47 ff.

276 Skeaping, Some Speculations.

277 Riedmiller, in: Alte Geigen, S. 9–14 und 57–59.

278 Drescher, Nürnberger Geigenbau, in: Martius, Leopold Widhalm, S. 12 ff.; Klaus Martius, Abermals vermehrte Nachrichten von Nürnberger Geigenbauern, in: Martius, Leopold Widhalm, S. 17.

279 Martius, Abermals vermehrte Nachrichten, in: Martius, Leopold Widhalm, S. 26.

280 Dieter Krickeberg, Bemerkungen zur gesellschaftlichen Stellung der Geigen- und Lautenmacher im Nürnberg des 18. Jahrhunderts, in: Martius, Leopold Widhalm, S. 43 ff.

281 Walter Senn, Klotz (Familie), in: Die Musik in Geschichte und Gegenwart, Kassel u. a. 1958, Bd. 7, Sp. 1250–1257. Vgl. Charles Beare und Karl Roy, Klotz (Kloz), in: Grove Music Online, http://www.grovemusic.com (Abruf: 4. Oktober 2003).

282 Julius Maçon, Die Entwicklung der Geigenindustrie in Mittenwald, Erlangen 1913, S. 60–69.

283 Maçon, Die Entwicklung, S. 71 ff.

284 Vgl. www.geigenbauschule-mittenwald.de/ wir-über-uns/wir-über-uns.html (Abruf: 11. Oktober 2003); www.matthias-klotz.de/ framesdt/framesetdt.html.

285 Festschrift, 325 Jahre Geigenmacherinnung Markneukirchen, Markneukirchen 2002, S. 20.

286 Peter Schubert, Zur Entwicklungsgeschichte des Vogtländischen Streichinstrumentenbaus, in: Zum Streichinstrumentenbau, S. 37 ff.

287 Interview mit Heidrun Eichler, Markneukirchen, 8. Mai 2003; Zoebisch, Vogtländischer Geigenbau, S. 1.

288 Ebenda, S. 9–11.

289 Zoebisch, Vogtländischer Geigenbau, Bd. 1, S. 15.

290 Festschrift, 325 Jahre, S. 14 f.; Peter Schubert, Zur Entwicklungsgeschichte des Vogtländischen Streichinstrumentenbaus in: Zum Streichinstrumentenbau, S. 26 ff.

291 Kolneder, Das Buch der Violine, S. 172.

292 Zoebisch, Vogtländischer Geigenbau, Bd. 1, S. 14.

293 Ebenda, S. 4 ff.

294 What She Plays, in: Strings, Februar/März 2002, http://www.macfound.org/site/c.lk LXJ8MQKrH/b.2066197/k.3F6D/2006_Over view.htm (Abruf: 19. September 2006).

295 Schubert, Zur Entwicklungsgeschichte, S. 38 ff.

296 Margaret Mehl, Made in Japan, in: The Strad, Mai 2008.

297 Akten Betreffend: Stiftung der Fa Suzuki, Staatliche Akademische Hochschule für Musik in Berlin, Archiv der Hochschule der Künste, Berlin.

298 Ian de Stains, Making masters, in: The Strad, August 1997.

299 Rezension in: The Strad, Dezember 2006, S. 42.

300 Vgl. http://www.matsudaviolin.com (Abruf: 22. April 2011).

301 Sheila Melvin und Jindong Cai, An Orchestra with a Political Accompaniment, in: New York Times, 5. März 2000.

302 Mia Turner, The Odyssey of a Master Chinese Violin Maker, in: International Herald Tribune, 21. April 2000.

303 Kevin McKeough, Made in China, in: Strings, Oktober 2003; Nancy Pellegrini, The Rise and Rise of Chinese Lutherie, in: The Strad, März 2010.

304 Annette Otterstedt, Brave New World, in: The Strad, September 2000.

305 Adelmann und Otterstedt, Die Alemannische Schule, S. 11.

306 Ebenda, S. 32.

307 Ebenda, S. 42.

308 John Dilworth, Mr Baker the Fiddell Maker, in: The Strad, Mai 1995.

309 Zitiert nach Adelmann und Otterstedt, Die Alemannische Schule, S. 32.

310 Interview mit dem Autor, Oxford, 6. Juli 1997.

311 Import and Export Guide; Every Species of Authentic Information Relative to the Shipping, Navigation and Commerce of the East Indians, China and All Other Parts of the Globe, London 1834, S. 57.

312 Ebenda.

313 John Koster, Inventive Violin Making, in: America's Shrine to Music Museum Newsletter, August 2001, und Recent Acquisitions, in: National Music Museum Newsletter, August 2003.

314 Patrick Sullivan, Metal Mania Has Rocked String World for Decades, in: Strings, November 2010.

315 Hugh Davies, Stroh Violin, in: Grove Music Online, http://www.grovemusic.com (Abruf: 23. November 2002).

316 Übersetzt als On the Sensations of Tone as a Physiological Basis for the Theory of Music, London 1885.

317 James Christensen, Dr. Stelzner's Original Instruments, in: The Strad, Oktober 2001. Vgl. Margaret Downie Banks, A Physicist's Unfulfilled Prophecy, in: America's Shrine to Music Museum Newsletter 26, Nr. 2, Mai 1999.

318 Paul R. Laird, The Life and Work of Carleen Maley Hutchins, in: Ars Musica Denver, Bd. 6, Nr. 1, Herbst 1993.

319 Margaret Downey Banks, Graphite, Gruyère, and a Pig Named Susie, in: National Music Museum Newsletter, Februar 2003; Emily Langer, Violin Maker's Instruments Rivaled the Storied Stradivarius, in: Washington Post, 16. August 2009.

320 The Strads of Montclair, in: Time, 15. Juni 1962; The Physics of Violins, in: Scientific American, November 1962.

321 Kyle Gann (mit Kurt Stone), Henry Brant, in: Grove Music Online, http://www.grove music.com (Abruf: 27. November 2003).

322 Marcia Manna, A Variety of Violins, in: San Diego Union-Tribune, 17. März 2002.

323 Howard Klein, Unusual Violins in Recital Debut, in: New York Times, 21. Mai 1965.

324 The New York Album, Sony CD 57961.

325 Richard Lipkin, To Build a Better Violin, in: ASAP, 3. September 1994; Manna, A Variety.

326 John Schelleng, The Violin as Circuit, in: Journal of the Acoustical Society of America 35, 1963, S. 326–338.

327 Zitiert nach Laird, Carleen Maley Hutchins.

328 Darol Anger, Shattering the Mold, in: Strings, Juli/August 1996.

329 Joseph Curtin, Chip Off the Old Block, in: The Strad, November 2000.

330 Margalit Fox, Pain Relief, Strings Attached, in: The New York Times, 4. August 1997.

331 Anger, Shattering the Mold.

332 Eric Chapman, Rivinus and the Pellegrina, in: Journal of the American Viola Society 2004.

333 Steven L. Shepherd, A New Golden Age, in: Strings, Juli/August 1998.

334 Anger, Shattering the Mold.

335 E-Mail an den Autor, 12. Dezember 2003.

336 James C. McKinley, Jr., Famed Guitar Maker Raided by Federal Agents, in: New York Times, 31. August 2011; Kathryn Marie Dudley, Luthiers: The Latest Endangered Species, in: New York Times, 25. Oktober 2011: Raffi Khatchadourian, The Stolen Forests, in: The New Yorker, 6. Oktober 2008; Nation Marks Lacey Act Centennial, http://www.fws.gov/pacific/news/2000/2000-98.htm; Hintergrund-Information: The Lacey Act Amendments in the Farm Bill, http://www.ncbfaa.org/Scripts/4Disapi.dll/4DCGI/cms/review.html?Action=CMS_Document&DocID=11480&MenuKey=pubs (Abruf: 25. November 2011).

337 Erin Shrader, Future Shock, in: Strings, April 2007, S. 68.

338 Interview mit dem Autor, Bonn, 1. Dezember 2000.

339 Interview mit dem Autor, Ann Arbor, 9. Juni 1998; Joseph Curtin, Weinreich and Directional Tone Colour, in: The Strad, April 2000.

340 John Dilworth, Nocturnal Activities, in: The Strad, November 2003, Journal of the Violin Society of America, 1976; British Violin Making Association, Transkriptionen der Jahreskonferenz 1995.

341 Laird, Carleen Maley Hutchings.

342 Walter Sullivan, Confession of a Musical Shelf-Robber, in: New York Times, 2. Februar 1975.

343 David Nicholson, The Science of Music, Newport News, Virginia, in: Daily Press, 28. Februar 1999.

344 Patrick Sullivan, Open Studio, in: Strings, April 2003, John Dilworth, Meeting of the Makers, in: The Strad, November 2003.

345 Vgl. http://www.violin-maker.co.uk (Abruf: 27. Mai 2005).

346 Gabriel Gottlieb, Making It Together, in: The Strad, März 2001.

347 Ethan Winter, From Sawdust to Sine Waves, in: The Strad, Juli 1994.

348 Stewart Pollens, Curtains for Cremona, in: The Strad, November 1995.

349 Strad Directory 2004, London 2003.

350 Helen Wallace, The Violin Making School Boom – 20 Years On, in: The Strad, Februar 1992; Juliette Barber, Reluctant Hero, in: The Strad, April 1999.

351 Pollens, Curtains for Cremona.

352 Timothy Pfaff, Man with a Mission, in: Strings, Dezember 1998; Interview mit dem Autor, Des Moines, 30. September 1999.

353 Beispiele liefern John Milnes u. a., The British Violin, Oxford 2000; Giovanni Accornero, Annibale Fagnola, Turin 1999; Ramon C. Pinto, Los luthiers españoles, Barcelona 1988; Eric Blot und Alberto Giordano, Liuteria italiana 1860–1960, Cremona 1994; Peter Bedenek, Violin Makers of Hungary, München 1997.

354 E-Mail an den Autor, 18. Dezember 2003.

355 Interview mit dem Autor, 17. Dezember 2003. Vgl. Margalit Fox, René A. Morel, Master Restorer of Rare Violins, Dies at 79, in: New York Times, 19. November 2011.

356 Natasha Randall, Double Acts, in: The Strad, Januar 2004.

357 E-Mail an den Autor, 10. Januar 2004.

358 Interview mit Robert Bein, Chicago, 3. April 1998.

359 Alberto Bachmann, Encyclopedia of the Violin, New York 1966, S. 49.

360 Thomas Wenberg, The Violin Makers of the United States, Mt. Hood 1986, passim; Steven L. Shepherd, Thomas Wenberg and the Making of an American Classic, in: Strings, Dezember 1998.

361 Paul Berman, A Tale of Two Utopias, New York 1996, S. 9.

362 E-Mail an den Autor, 5. Januar 2004.

363 E-Mail an den Autor, 28. Dezember 2003.

364 E-Mail an den Autor, 10. Juli 2001.

365 Interview mit dem Autor, Ann Arbor, 9. Juni 1998.

366 Interview mit Samuel Zygmuntowicz, PBS Online News Hour, 19. Februar 2001.

367 Telefon-Interview mit dem Autor, 14. Dezember 2003.

368 Interview mit Autor, Ann Arbor, 9. Juni 1998.

369 Interview mit dem Autor, Minneapolis, 16. Mai 1998; E-Mail vom 15. Dezember 2003.

370 Herman van der Wee, Prosperity & Upheaval, Berkeley und Los Angeles, 1987, Kap. 4–6.

371 Janet Banks, News of Newark, in: The Strad, Februar 1992.

372 Ebenda.

373 E-Mail an den Autor, 10. Dezember 2003.

374 If This Wood Could Talk, in: Los Angeles Times Magazine, 31. August 1997.

375 E-Mail an den Autor von Charles Beare, 14. Januar 2004.

376 Der Rückzug, in: Wirtschaftswoche, 12. März 1992: Karl Pröglhöf, Kremser enttarnte »Millionengeige«, in: Niederösterreichische Nachrichten, 16. März 1992.

377 Andrew C. Revkin, String Theory, in: New York Times, 28. November 2006; Sam Zygmuntowicz, A Scanner in the Works, in: The Strad, Januar 2009.

378 Martin Schleske, Wired for Sound, in: The Strad, Oktober 2002; High Fidelity, in: The Strad, November 2002. Vgl. Jeanne Rubner, Geigenbau mit Kopf und Bauch, in: Süddeutsche Zeitung, 4. April 1996.

379 Joanna Pieters, Masters of the Bel canto, in: The Strad, März 2002.

380 Steven L. Shepherd, The Mysterious Technology of the Violin, in: American Heritage of Invention and Technology, Frühjahr 2000.

381 Vgl. http://www.josephcurtinstudios.com/news/tech/www/reciprocal_bow.htm.

382 Joseph Curtin, Space-age Stradivari, in: The Strad, April 1999. Vgl. Paul Kotapish, New Chips Off the Old Block, in: Strings, April 2002, http://www.macfound.org/programs/fel/fellows/curtin_joseph.htm (Abruf: 28. Oktober 2005).

383 Import and Export Guide, S. 57.

384 James Reel, Same Old Song, in: Strings, April 2003.

385 Interview mit dem Autor, Ann Arbor, 9. Juni 1998.

386 Telefon-Interview mit dem Autor, 14. Dezember 2003.

387 South Korean College Students Learn Economics the Hard Way, in: Baltimore City Paper, 4.–10. März 1998.

388 Vgl. http://www.philharmonia.org/musicians.html (Abruf: 5. Juli 2005).

389 News and Events, in: The Strad, März 2005, S. 8.

390 Haskell, The Early Music Revival; James Gollin, Pied Piper: The Many Lives of Noah Greenberg, Hillsdale 2001.

391 Interview mit dem Autor, St. Petersburg, 22. November 1997.

392 E-Mail an den Autor, 6. Januar 2004.

393 E-Mail-Ankündigung, 24. Juni 2006.

394 E-Mail an den Autor, 4. Januar 2004.

395 Mirka Zemanová, Like Father Like Son, in: The Strad, September 1991.

396 Mark Landler, Germany's East Is Able to Prevent Industrial Flight to Third World, in: New York Times, 21. November, 2003.

397 Zoebisch, Vogtländischer Geigenbau, Vorwort.

398 David Schoenbaum, Mark Two, in: The Strad, April 2004.

399 Henry Saint-George, The Bow, Vorwort.

400 Philip Kass, Industry Meets Art, in: Strings, November 2010.

401 Mary Ann Alburger, The Violin Makers, London 1978, S. 189 ff.

402 Richard E. Sadler, W. E. Hill & Sons, London 1996, S. 108.

403 Jeremy Eichler, The Bow of Bach's Dreams? Not Quite, in: New York Times, 10. August, 2003. Vgl. David Boyden, Bow, Grove Music Online, http://www.grovemusic.com (Abruf: 6. Juni 2004); Haskell, The Early Music Revival, S. 88.

404 Manuel Komroff, The Magic Bow, New York und London 1940; The Magic Bow, Gainsborough Pictures 1946.

405 Childs, The Bow Makers, S. xix.

406 Robin Stowell, Violin Technique and Performance Practice in the Late 18th and Early 19th Century, Cambridge 1985, S. 19; Boyden, The History, S. 328, Anm. 23.

407 Alburger, The Violin Makers, S. 194.

408 Andrew Bellis, Of Wood and Whiskers: A Guide to Bow-making, University of Oxford Faculty of Music, S. 6.

409 Nonagenarian Still Going Strong, in: Strings, Oktober 2000; Stewart Pollens, An Eye for Detail, in: The Strad, Juli 2005.

410 Boyden, The History, S. 328; Henry Hill u. a., Antonio Stradivari, S. 209.

411 Boyden, The History, S. vi.

412 Boyden, The History, S.45

413 Vgl. Julian Clark, L'Évolution de l'archet à la fin du XVIIIᵉ siècle, in: Florence Gétreau, Instrumentistes, S.111 ff.

414 Peter Walls, Bow, in: Grove Music Online, http://www.grovemusic.com (Abruf: 7. Juni 2004).

415 Boyden, Bow.

416 Vgl. Boyden, The History, S.328; Stowell, Violin Technique, S.1; Stewart Pollens und Henryk Kaston, François-Xavier Tourte, Bow Maker, New York 2001, S.31 ff.

417 Pollens und Kaston, François-Xavier Tourte, S.81 f.

418 Ebenda, S.27.

419 Stowell, Violin Technique, S.11 ff.

420 Saint-George, The Bow, S.40; Robert Pierce, The Big Issue, in: The Strad, August 2002.

421 Boyden, The History; Stowell, Violin Technique, S.14; Saint-George, The Bow, S.31 f.

422 Pollens und Kaston, François-Xavier Tourte, S.27–30 und 76.

423 Stowell, Violin Technique, S.19–23.

424 Pollens und Kaston, François-Xavier Tourte, S.46 ff.

425 Bachmann, Encyclopedia of the Violin, S.122; Saint-George, The Bow, S.36 ff.; Charles Beare und Philip J. Kass, John (Kew) Dodd, in: Grove Music Online, http://www.grovemusic.com (Abruf: 20. Juni 2004).

426 Pollens und Kaston, François-Xavier Tourte, S.55 ff.

427 Zitiert nach Etienne Vatelot in Paris, Capital de l'archèterie au XIXᵉ siècle, in: Gétreau, Instrumentistes, S.209 ff.

428 Saint-George, The Bow, S.40 f.; Vgl. Pollens und Kaston, François-Xavier Tourte, S.31 ff.

429 Vatelot, Paris, Capital de l'archerie, in: Gétreau, Instrumentistes, S.209 ff.

430 Alfred Hill an Harrison Bowne Smith, 21. Dezember 1933, unveröffentlicht.

431 Pollens und Kaston, François-Xavier Tourte, S.31–55.

432 Ebenda, S.46.

433 St. George, The Bow, S.35; Harvey, The Violin Family, S.124–131; Philip J. Kass, The Tubbs Bow, in: World of Strings, Herbst 1980.

434 Bunn und Seiber, Music, Makers and Markets.

435 Vgl. http://www.arcobrasil.com/Pernambu coWood/pernambuccowood.html (Abruf: 26. Februar 2000).

436 Childs, The Bow Makers, S.48.

437 Bunn und Seiber, Music, Makers and Markets.

438 Kass, The Tubbs Bow; Finlay, Color, S.179.

439 Harvey und Georgeanna Whistler, Nikolaus Ferder Kittel, in: Music Journal, Mai/Juni 1966.

440 Ayke Agus, Heifetz as I Knew Him, Portland 2001, S.68.

441 http://www.filimonovfineviolins.tk (Abruf: 13. Februar 2009).

442 Alfred Hill an Harrison Bowne Smith, 4. Oktober 1933, unveröffentlicht.

443 Sadler, W.E. Hill & Sons, S.60 f., 69 und 110.

444 Bunn und Seiber, Music, Makers and Markets.

445 Benoît Rolland, Bow Heirs, in: The Strad, April 2003.

446 Tully Potter, David Oistrakh, in: The Strad, Oktober 1984, S.413.

447 Russ Rymer, Frogs Among Whales, in: The Strad, November 2003, http://www.violinist. com/blog/caeli/20067/5458 (Abruf: 15. Mai 2007).

448 Rolland, Bow Heirs; Russ Rymer, Back to the Future, in: The Strad, Mai 2004; Russ Rymer, Saving the Music Tree, in: Smithsonian, April 2004.

449 Rymer, Saving the Music Tree.

450 Hélène Pourquié, Les Archetiers s'engagent pour le bois, in: Bois-Fôret.info, 20. Dezember 2002.

451 Robert Pierce, The Big Issue, in: The Strad, August 2002; News and Events, in: The Strad, Februar 2003.

452 Zitiert nach Russ Rymer, Saving the Music Tree.

453 Arian Sheets, An American Company's Exploration of Flexible Steel Tubing, in: National Music Museum Newsletter, Mai 2004.

454 Heather Kurzbauer, Science Friction, in: Strings, Oktober 2002; Ellen Pfeifer, Violin Bows Go High-Tech, in: Wall Street Journal, 13. November 2002.

455 Catherine Nelson, Sticks and Tones, in: The Strad, Januar 2009.

BUCH II
Der Geigenhandel

1   Albert Berr, Geigengeschichten, Konstanz 1984, S.143 f..

2   H.R. Haweis, Old Violins and Violin Lore, London 1923, S.136.

3   Charles Beare, Hart, in: Grove Music Online (Abruf: 3. September 2004), http://www. grovemusic.com.proxy.lib.uiowa.edu.

4   David Laurie, The Reminiscences of a Fiddle Dealer, Boston und New York 1925, S.xiii f.

5   W. Henry Hill u.a., Antonio Stradivari, S.265.

6   James M. Fleming, The »Court« Stradivari, in: Goodkind, Violin Iconography, S.88 ff.

7   Carlo Ginzburg, Spie. Radici di un paradigma indizario, in: Miti, emblemi, spie, Tirom 1992, S.158 ff.

8   Ebenda.

9   Interview mit Charles Beare, London, 2. Juni 1998.

10 Finley Peter Dunne, Mr. Dooley in Peace and War, Boston 1898, S.xiii.

11 Haweis, Old Violins, S.134 f.

12 The Late Rev. H.R. Haweis, in: Westminster Review, Mai 1901.

13 Haweis, Old Violins, S.214.

14 Richard Sadler, W.E. Hill & Sons, S.101.

15 Interview mit dem Autor, Chicago, 4. April 1998.

16 David Schoenbaum, Nearing Endgame in the Violin Trade, in: New York Times, 11. Februar 2001.

17 Arnold Ehrlich, Die Geige in Wahrheit und Fabel, Leipzig 1899, S.12.

18 Ebenda, S.1–6.

19 Alfred Hill an Harrison Smith, 13. April 1932.

20 Henri Temianka, Facing the Music, New York 1973, S.137.

21 Sears, Roebuck Catalogue, New York 1969, S.192.

22 Vgl. http://www.usd.edu/smm/FAQ.html# Strad (Abruf: 8. September 2004).

23 Interview mit Dietmar Machold, Wien, 5. Oktober 2000.

24 Margarete Heise-Sapper, Mit Stradivaris ein neues Image erworben, in: Handelsblatt, 16. und 17. September 1994.

25 Interviews mit Dietmar Machold, Wien, 5. Oktober, und Roger Hargrave, Bremen, 22. Dezember 2000.

26 Laurie Niles, The Milstein Strad Moves to Pasadena, http://www.violinist.com/blog/lau rie/20067/5475/ (Abruf: 12. Oktober 2008); http://company.monster.com/brighton (Abruf: 13. Oktober 2008); Jerry Kohl, E-Mail an den Autor, 12. Oktober 2008; Dave Fulton, E-Mail an den Autor, 13. Oktober 2008.

27 Interview mit dem Autor, London, 2. Juni 1998.

28 Joseph Wechsberg, Trustee in Fiddledale-I, in: The New Yorker, 17. Oktober 1953.

29 Interview mit dem Autor, Bremen, 12. September 1997.

30 Frances Gillham, Telefon-Interview mit dem Autor, 28. Februar 2001.

31 Joe Drape und Howard W. French, Flamboyant Owner Finds a Horse, in: New York Times, 19. Mai 2000.

32 Edvard Munch's »The Scream« fetches $120M at Auction, http://www.cbsnews.com/8301-201_162-57426665/edvard-munchs-the-scream-fetches-$120m-at-auction (Abruf: 2. Juli 2012); Carol Vogel, A Rubens Brings $76.7 Million, in: New York Times, 11. Juli 2002; Carol Vogel, Long Suspect, a Vermeer is Vindicated, in: New York Times, 8. Juli, 2004; Carol Vogel, Price for a Klimt Soars to $29 Million, in: New York Times, 6. November 2003; Carol Vogel, Mantegna Mystery, in: New York Times, 24. Januar 2003.

33 Chiesa und Rosengard, The Stradivari Legacy, S.37–39.

34 Etienne Vatelot, Le Stadivarius français, in: Violons, Vuillaume, S.52 ff.; Philippe Blay, Pages d'un album, in: Violons, Vuillaume.

35 Derek Jeter's Mansion Completed with Price Tag of 7.7 Million in Tampa's Davis Islands, http://www.nesn.com/2011/02/derek-jeters-77-million-tampa-mansion-completed-after-year-of-construction.html (Abruf: 26. April 2011).

36 Jennifer Gould Kiel, It's a 'Hugue' Place, http://www.nypost.com/p/news/business/realestate/residential/it_hugue_place_b9IXuvEDnuVkv3a4SRKEfK#ixzz1ok5BFiYt; Eamon Murphy, Reclusive Heiress Leaves Behind 5 Homes Worth 180 Million, http://realestate.aol.com/blog/2012/03/09/huguette-clark-reclusive-heiress-leaves-behind-55-million-apa (Abruf: 2. März 2012).

37 Interviews mit dem Autor 1993 und 1997.

38 Marie-France Calas, Au-delà d'une première exposition temporaire, in: Violons, Vuillaume, S. 15.

39 Frederic C. Howe, Socialized Germany, New York 1916, S. 75.

40 Elena Ferrari Barassi, Antonio Stradivari's Musical Environment, in: Beare und Carlson, Antonio Stradivari, S. 29–37.

41 Barassi, Stradivari's Musical Environment, in: Beare und Carlson, Antonio Stradivari, S. 33.

42 W. Henry Hill u. a., Antonio Stradivari, S. 75–79; Santoro, Traffici e falsificazioni, S. 23 ff.

43 Chiesa und Rosengard, The Stradivari Legacy, S. 57.

44 Claire Wilson, New Baby Boomers Are Digging Guitars as Pricey Collectibles, in: New York Times, 24. September 2004.

45 Paganini and the Stradivarius, in: The Strad, Oktober 1982.

46 Herbert K. Goodkind, Violin Iconography, S. 752.

47 Eine Auflistung findet sich unter http://www.cozio.com/Owner.aspx?id=841 (Abruf: 13. Oktober 2004), http://www.vor.ru/culture/cultarch293_eng.html (Abruf: 19. November 2004).

48 Greg King, The Man Who Killed Rasputin, Secaucus (New Jersey) 1995, S. 203.

49 Ebenda, S. 236 ff.

50 Tully Potter, David Oistrakh, in: The Strad, Oktober 1984, S. 412.

51 Denise Yim, Viotti and the Chinnerys, Aldershot und Burlington 2004, S. 143.

52 Jann Pasler, Countess Greffulhe as Entrepreneur, in: The Musician as Entrepreneur, 1700–1914, hrsg. von William Weber, Bloomington und Indianapolis 2004, S. 221 ff.; http://www.cozio.com/Owner.aspx?id=170 (Abruf: 13. März 2005); W. Henry Hill u. a., Antonio Stradivari, S. 124.

53 The Times (London), 29. Dezember 1917.

54 Vgl. http://www.sankt-magnus.de/KnooS.html (Abruf: 22. September 2004).

55 Stuart Jeffries, Kindness of Strangers, in: Guardian, 21. November 2002.

56 Asa Briggs, Victorian Things, Chicago und London 1989, S. 184 f.

57 Peter Gay, Pleasure Wars, New York und London 1998, S. 172; vgl. http://icbirmingham.icnetwork.co.uk/expats/pastpres/con

tent_objectid=13706966_method=full_site id=50002_headline=-Pen-maker-who-Turner-couldn-t-brush-off-name_page.html (Abruf: 22. September 2004).

58 W. Henry Hill u. a., Antonio Stradivari, S. 264.

59 Jeannie Chapel, The Papers of Joseph Gillott, in: Journal of the History of Collections, 2007, S. 1–48.

60 Hart, The Violin, S. 354 ff.; George Hart, The Emperor Stradivari, London 1893.

61 Harvey, The Violin Family, S. 219–222; Milliot, Les Luthiers parisiens; Milliot, La Famille Chanot-Chardon, S. 74; http://www.cozio.com/Owner.aspx?id=320 (Abruf: 22. Oktober 2004); W. Henry Hill u. a., Antonio Stradivari, S. 264; Chapel, The Papers of Joseph Gillott.

62 G. D. H. Cole und Raymond Postgate, The Common People, London 1966, S. 354.

63 Robert Bein, E-Mail an den Autor, 19. September 2002.

64 W. Henry Hill u. a., Antonio Stradivari, S. 273–278.

65 Albert H. Pitkin in: The Hawley Collection of Violins, Chicago 1904, S. 15.

66 Ernest N. Doring, How Many Strads?, Chicago 1945, S. 53–55.

67 Ebenda, S. 75–78. Vgl. Musical Courier, 26. Mai und 2. Juni 1909 und 6. Januar 1916.

68 John Conway, Celebrating the Birth of Texas Oil, http://www.texas-ec.org/tcp/101oil.html (Abruf: 7. Februar 2005).

69 Young Buys His Daughter Million Dollar Collection, Beaumont Enterprise, undatiert, mit freundlicher Genehmigung von Greg Riley.

70 Programm vom 7. März 1931, mit freundlicher Genehmigung von Greg Riley.

71 Doring, Collecting Violins, The Yount Collection, in: Violins and Violinists, April 1938.

72 Gisela Hammig ließ den Autor freundlicherweise das Auftragsbuch ihres Großvaters einsehen, Berlin, 5. Dezember 1997.

73 E. Millicent Sowerby, Rare People and Rare Books, London 1967, S. 36.

74 Zitiert nach im Bundesarchiv in Potsdam eingesehenen Dokumenten des Propagandaministeriums. E-Mail an den Autor von Martin Eifler, Referatsleiter beim Beauftragten der Bundesregierung für Angelegenheiten der Kultur und der Medien, 16. Januar 2001. E-Mail an den Autor von Charles Beare,

29. Dezember 2008. Vgl. Charles Beare, Walter Hamma, in: The Strad, Oktober 1988.

75 Joanna Pieters, Stranger than Fiction, in: The Strad, August 2001.

76 Cyrilla Barr, Elizabeth Sprague Coolidge, New York 1998, S. 158–165.

77 Nat Brandt, Con Brio, New York und Oxford 1993, S. 19 f.

78 Carol June Bradley, Edward N. Waters: Notes on a Career, in: Notes, Dezember 1993, S. 487 f.

79 Vgl. http://www.loc.gov/rr/perform/guide/instru.html, http://www.whittalllodge.org/biography.html (Abruf: 14. Oktober 2004); Paul Hume, Gertrude Clarke Whittall Dies, in: Washington Post, 30. Juni 1965; Lochner, Fritz Kreisler, London 1951, S. 312 ff.; Barr, Elizabeth Sprague Coolidge, S. 245–247; Bradley, Edward N. Waters.

80 William D. Mangam, The Clarks, An American Phenomenon, New York 1941, S. 55–80, http://www.senate.gov/artandhistory/history/common/contested_elections/089William_Clark.htm (Abruf: 30. November 2011).

81 Claude Lebet, Le Quatuor Stradivarius Nicolò Paganini, Spa 1994, S. 15 ff.

82 Corcoran to Receive Famous Instruments, in: Washington Post, 27. Januar 1964.

83 Ebenda, S. 19.

84 Vgl. http://www.koanart.com/judy.html (Abruf: 6. November 2004).

85 Howard R. Bowen an David Lloyd Kreeger, 25. Januar 1967, Korrespondenz des Präsidenten, Box 61c, University of Iowa Archives.

86 Vineeta Anand, Stradivarius Quartet Plays Endowment's Kind of Music, in: Pensions & Investments, 19. September 1994, http://www.nmf.or.jp/english/instrument/instruments.html; Margarete Heise-Sapper, Mit Stradivaris ein neues Image erworben, in: Handelsblatt, 16. und 17. September 1995.

87 Vgl. http://www.cozio.com/Owner.aspx?id=1886, http://www.stradivarisociety.com/InvestInInstrument.htm (Abruf: 9. November 2004); Robert Bein, E-Mail an den Autor, 19. September 2002; Interview mit Geoffrey Fushi, Chicago, Illinois, 4. April 1998; Interview mit Charles Beare, London, 9. Juli 1997; Goodkind, Violin Iconography, Anhang.

88 Melinda Bargreen, Exquisite Strings, in: Seattle Times, 14. Juli 2002.

89 Bill Dedman, Who is Watching Heiress Huguette Clark's Millions?, http://www.msnbc.msn.com/id/38733524/ns/business-huguette_clark_mystery (Abruf: 8. September 2010).

90 Honeyman, The Violin: How to Choose One, Dundee 1951, S. 9–11.

91 E-Mail an den Autor, 29. August 2004.

92 Santoro, Traffici e falsificazioni, S. 8.

93 Ebenda, S. 9.

94 Ebenda, S. 60 f.

95 Ebenda, S. 14 und 73; Bacchetta, Stradivari, S. 41 ff.

96 Cristina Bordas Ibañez, The Stradivari of the Royal Palace in Madrid, in: Shin'ichi Yokoyama, The Decorated Instruments of Antonio Stradivari, Tokyo 2002.

97 Giovanni Iviglia, Il Carteggio di Cozio di Salabue, in: Le celebrazioni, hrsg. von Santoro, S. 267 ff.

98 Bacchetta, Stradivari non è nato, S. 77 f.; Rosengard, Giovanni Battista Guadagnini, S. 107 ff.

99 Santoro, Traffici e falsificazioni, S. 73.

100 Ebenda, S. 55. Vgl. Rosengard, Giovanni Battista Guadagnini; S. 112; Charles Beare und Carlo Chiesa, Cozio di Salabue, in: Grove Music Online (Abruf: 5. September 2002), http://www.grovemusic.com.

101 Vgl. Carlo Chiesa, Cozio's Carteggio: The Confusion, in: The Strad, August 2001.

102 Zitiert in: Emmanuel August Dieudonné Las Cases, Mémorial de Sainte-Hélène, Vorwort von Jean Tulard, Paris 1968, S. 155.

103 L'epistolario di Cozio di Salabue, hrsg. von Elia Santoro, Cremona 1993; Cozio di Salabue, Carteggio, Mailand 1950.

104 Sacchi, Il Conte Cozio, S. 14 ff.

105 Bachetta, Stradivari non è nato, S. 102; Vgl. Sacchi, Il Conte Cozio, S. 18 ff.

106 Santoro, Traffici e falsificazioni, S. 73; Pietro Berri, Paganini, Mailand 1982, S. 141 f. und 462.

107 Charles Beare, Luigi Tarisio, in: Grove Music Online (Abruf: 5. September 2002), http://www.grovemusic.com, Santoro, Traffici e falsificazioni, S. 74 ff.

108 Zitiert nach Beare, Luigi Tarisio.

109 Etienne Vatelot, Le Stradivarius français, in: Violons Vuillaume, S. 30–32; Milliot, Jean-Baptiste Vuillaume, in: Violons Vuillaume, S. 50.

110 Hart, The Violin, S. 335 ff.

111 Millant, J. B. Vuillaume, S. 123 ff.

112 Zitiert in: Violons Vuillaume, S. 32 ff.; Milliot, Jean-Baptiste Vuillaume, ebenda, S. 50.

113 W. Henry Hill u. a., Antonio Stradivari, S. 263.

114 Milliot, La Famille Chanot-Chardon, S. 57–59.

115 Milliot, Jean Baptiste Vuillaume in: Violons Vuillaume, S. 55. Vgl. Lebet, Le Quatuor Stradivari, S. 15; Sadler, W. E. Hill & Sons, S. 21 f.

116 Milliot, La Famille Chanot, S. 51.

117 Etienne Vatelot, Le Stradivarius français, in: Violons, Vuillaume, S. 22.

118 Lebet, Le Quatuor Stradivarius, passim.

119 Vatelot, Le Stradivarius français, in: Violons, Vuillaume, S. 35; Milliot, La Famille Chanot, S. 52.

120 Milliot, La Famille Chanot-Chardon, S. 52.

121 Ebenda, S. 55.

122 Tagebuch von Arthur Hill, 23. März 1891, 2. Februar 1892, 29. März 1893, 13. Juni 1894.

123 W. Henry Hill u. a., Antonio Stradivari, S. 225.

124 Frank Howe und Christina Bashford, Walter Willson Cobbett, Grove Music Online, http://www.grovemusic.com.proxy.lib.uiowa.edu (Abruf: 17. Januar 2005); The Chamber Music Life, Cobbett's Cyclopedic Survey of Chamber Music, Oxford und Toronto 1929, S. 254 ff., http://www.scandura.net/profile/history/ (Abruf: 17. Januar 2005).

125 Zitiert nach: Cyril Ehrlich, The Music Profession in Britain, S. 156.

126 Charles Wilson, Economic Conditions, in: The New Cambridge Modern History, Bd. 11, Cambridge 1970, S. 62.

127 Vgl. Ehrlich, The Music Profession, S. 100 ff.

128 Alberto Bachmann, Violin Makers in America, in: An Encyclopedia of the Violin, New York und London 1925, New York 1966, S. 49–54.

129 Harvey, The Violin Family, S. 124.

130 Nicholas Faith, Sold, London 1985, S. 21 ff.

131 Alle werden in Arthur Hills Tagebuch erwähnt: am 6. und 7. Januar, 13. Oktober und 10. Dezember 1891; am 25. Januar 1892; am 26. Januar und 2. März, 25. Juni und 14. September 1894; am 10. Mai und 13. November 1895 und am 28. Februar und 6. Mai 1896.

132 Alan Kidd, Manchester, A History, Lancaster 2006, S. 12, 15–24 und 224; Robina McNeil und Michael Nevell, The Industrial Archaeology of Greater Manchester, Coalbrookdale 2000.

133 Wilson, Economic Conditions, S. 49 ff.

134 Ehrlich, The Music Profession, S. 104 ff.

135 Edmund Fellowes, Memoirs of an Amateur Musician, London 1946, S. 8 f.

136 Hills Tagebuch, 20. Dezember 1890.

137 Ehrlich, The Music Profession, S. 156 ff.

138 A. Victor Murray, Education, in: New Cambridge Modern History, Bd. 11, S. 197 f.

139 27. Februar und 22. Juli 1890 und 1. April 1892.

140 Hills Tagebuch, Einträge vom 3., 5. und 14. Januar, 3. Februar und 8. Mai 1894; Henry Holmes in: The New Grove Dictionary, Bd. 8, S. 657. Vgl. Ehrlich, The Music Profession, S. 112.

141 Hills Tagebuch, Einträge vom 13. Dezember 1894, 18. Mai und 18. September 1896.

142 Zitiert in: Harvey, The Violin Family, S. 199.

143 Pepys Tagebuch, 17. Februar und 5. März 1660; R. C. Lathym und W. Matthews, The Diary of Samuel Pepys, Bd. 1, London 1995, S. 58 und 76. Vgl. Harvey, The Violin Family, S. 189 ff.

144 Sadler, W. E. Hill & Sons, S. 122.

145 Für Auktionspreise vgl. www.maestronet.com.

146 Hills Tagebuch, Einträge vom 11. Januar und 26. Oktober 1894 und 31. März 1897.

147 Ebenda, 1. November 1890, 2. Juni und 26. Oktober 1891, 9. Mai und 16. Dezember 1892, 17. Juli 1894 und 29. März, 1. Juli und 18. September 1895.

148 Ebenda, 27. Februar und 28. Mai 1894.

149 H. R. Haweis, Old Violins and Violin Lore, London, circa 1898, S. 133–142.

150 Jane Horner, Double Trouble, in: The Strad, Februar 1995, S. 162.

151 Haweis, Old Violins, S. 142.

152 Hills Tagebucheintrag vom 25. Februar 1892. Hill berichtet, die Betts Strad gegen alle Eventualitäten zu einer Jahresprämie von 7 Pfund, 10 Schilling für 1.500 Pfund versichert zu haben.

153 W. Henry Hill u. a., Antonio Stradivari; William Henry Hill u. a., The Violin-Makers of the Guarneri Family.

154 W. Henry Hill u. a., Antonio Stradivari, S. 277.

155 Hills Tagebuch, Einträge vom 29. September 1890, 12. Mai 1891, 29. Januar 1894 und 5. November 1894.

156 Ebenda, 27. Januar 1890.

157 Ehrlich, The Music Profession, S. 51.

665

158 Ebenda, S. 142 ff.

159 Harvey, The Violin Family, S. 154 f.

160 Hills Tagebuch, Einträge vom 29. Oktober 1890, 20. Januar 1892 und 13. September 1890.

161 Jane Horner, Double Trouble, in: The Strad, Februar 1995; Alburger, The Violin Makers, S. 189 ff.

162 Hills Tagebuch, 11. November 1892.

163 Ebenda, 18. Februar 1892.

164 Zitiert nach: Harvey, The Violin Family, S. 216.

165 Hills Tagebuch, 31. März 1894.

166 Sadler, W. E. Hill, S. 23.

167 Hills Tagebuch, Einträge vom 19. August bis 4. September 1890, 22. Juli bis 3. September 1892.

168 Interview mit dem Autor, Chicago, 4. April 1998.

169 Hills Tagebuch, Einträge vom 24. März, 24. Mai, 16. Juli, 7. August und 1. Oktober 1894.

170 Ebenda, 5. Mai 1891.

171 Fridolin Hamma, Meisterwerke alter italienischer Geigenbau-Kunst, Stuttgart 1933, S. 1 und 19 ff. Vgl. Albert Berr, Geigengeschichten, Konstanz 1948.

172 Hills Tagebuch, 3. März 1891.

173 Ebenda, 12. März und 1. Mai 1891.

174 Hills Tagebuch, Einträge vom 8. Juni und 30. Dezember 1890, 1. Januar und 8. Mai 1891, 3. März und 24. Juni 1892, 2. November 1895 und 1. Februar 1898.

175 Sadler, W. E. Hill & Sons, S. 23.

176 Charles Loch Mowat, Britain Between the Wars, London 1955, S. 203 ff.; Frank Herrmann, Sotheby's, Portrait of an Auction House, New York und London 1981, S. 205 ff.

177 Alfred Hill an Harrison Bowne Smith, 22. Juli 1926, unveröffentlichter Brief.

178 Charles Reade, Readiana: Comments on Current Events, London 1883.

179 Alfred Hill an Harrison Bowne Smith, 20. Juni und 5. Oktober 1934, unveröffentlichte Briefe.

180 Ebenda, 22. Januar 1924.

181 Ebenda, 30. August 1927.

182 Vgl. http://www.vadimgluzman.com/violin. html, http://www.cozio.com/Instrument. aspx?id=77 (Abruf: 5. Februar 2005).

183 Alfred Hill an Harrison Bowne Smith, 5. Oktober 1934, unveröffentlichter Brief.

184 Ebenda, 25. August 1927.

185 Ebenda, 20. Juni 1934.

186 Ebenda, 27. Oktober 1933 und 18. Dezember 1934.

187 Kenway Lee, Jascha Heifetz's Carlo Tononi Violin, 1736, in: The Strad, Januar 1995.

188 Wechselkurse von: http://www.sammler. com/coins/inflation.htm (Abruf: 11. September 2005).

189 Wechsberg, Trustee in Fiddledale-I, Humphrey Burton, Menuhin, S. 86 ff.

190 Peter Herrmann, Interview mit dem Autor, Berlin, 7. November 1997.

191 Wechsberg, Trustee in Fiddledale-I, S. 38.

192 Wechsberg, Trustee in Fiddledale-II, S. 48; Doring, How Many Strads?, S. 121 und 149; http://www.cozio.com/Owner.aspx?id=200 und http://www.hfmgv.org/exhibits/pic/ 1999/99.feb.html (Abruf: 23. Februar 2005).

193 Stuart Pollens, Travelling Apprenticeship, in: The Strad, Dezember 1986.

194 Kenneth Warren, Rembert Wurlitzer. An Appreciation, in: The Strad, Dezember 1963; Charles Beare, Wurlitzer, Rembert, in: Grove Music Online (Abruf: 21. Februar 2005), http://www.grovemusic.com.proxy. lib.uiowa.edu.

195 Pollens, Travelling Apprenticeship.

196 Beare, Wurlitzer, Rembert.

197 New York Times, 22. Oktober 1963, S. 37; Time, Milestones, 1. November 1963.

198 Stuart Pollens, Morel Responsibility, in: The Strad, Juni 1986.

199 E-Mails an den Autor, 23. und 24. Februar 2005.

200 Douglas Martin, Jacques Francais, 80, Dealer in String Instruments, Dies, in: New York Times, 8. Februar 2004.

201 Interview mit dem Autor, London, 9. Juli 1997.

202 Interview mit dem Autor, London, 21. September 2000.

203 Tony Faber, Stradivari's Genius, New York 2004, S. 197.

204 Harold C. Schonberg, Record $ 200,000 Bid for a Strad, in: New York Times, 4. Juni 1971; Geraldine Keen Record £ 84.000 paid for a Stradivari Violin, in: Times (London), 4. Juni 1971.

205 Herman Van der Wee, Prosperity and Upheaval, Berkeley und Los Angeles 1987, S. 260.

206 Paul Kennedy, The Rise and Fall of the Great Powers, New York 1987, S. 432 und 436.

207 Daten aus den Jahrbüchern der Society of Motor Manufacturers and Traders 1950, http://imvS.mit.edu/papers/93/Graves/graves-1.pdf (Abruf: 1. März 2005).

208 Van der Wee, Prosperity, S. 128 f.

209 Ebenda, S. 133 und 85–87.

210 Lacey, Sotheby's: Bidding for Class, Boston 1998, S. 105–107.

211 Peter Horner, Interview mit dem Autor, London, 17. Juni 1999.

212 Graham Wells, Interview mit dem Autor, London, 7. Juli 1997.

213 Deborah Brewster, Violins Can Add Value to a Finely Tuned Portfolio, in: Financial Times (US-Ausgabe), 11. April 2003.

214 Mason, The Art of the Steal, New York 2004, S. 251.

215 Interview mit dem Autor, London, 17. Juni 1999.

216 E-Mail an den Autor, 18. März 2005.

217 Neil Grauer, Heavenly Strings, in: Cigar Aficionado, http://www.cigaraficionado.com/Cigar/Aficionado/goodlife/fm1295.html (Abruf: 18. März 2005).

218 Interview mit dem Autor, London, 18. Juni 1999.

219 The Highly Strung Market for Violins, in: The Economist, 27. Juni 1998.

220 Interview mit dem Autor, London, 1. Juni 1998.

221 Art Records Tumble at Christie's HK Auction, Reuters, 25. Mai 2008.

222 Vgl. http://www.violin-fund.ru/eng/partners (Abruf: 25. November 2005); E-Mail an den Autor von Regina Imatdinova, Violin-Fund, Moskau, 5. Dezember 2005.

223 Sophia Kishkovsky, Rare Violin in the Spotlight, in: New York Times, 21. November 2005; Maria Levitov, $ 1 M. Violin Bought by Russian, in: St. Petersburg Times, 4. November 2005.

224 Vgl. http://www.legalintel.ru/eng (Abruf: 25. November 2005).

225 Vgl. http://www.rfu.ru/english/index.asp (Abruf: 25. November 2005).

226 Levitov, $ 1 M. Violin.

227 Dalya Alberge, Richest Sounding Violin Sells for a Record-Breaking Price, in: Times (London), 14. Februar 2008; Helen Womack, Prized Violin Again Plays for Moscow's Elite, in: Guardian, 24. März 2008; Sophia Kishkovsky, A Treasure is Restored, in: New York Times, 8. Mai 2008.

228 Goodkind, Violin Iconography, S. 27.

229 Toby Faber, Stradivari's Genius, New York 2004, S. 196 ff.

230 Charles Beare und Margaret Campbell, Beare, in: Grove Music Online (Abruf: 9. April 2005), http://www.grovemusic.com.proxy.lib.uiowa.edu; Beare Move, in: The Strad, Februar 2000, S. 117.

231 John Willman, The Big, the Small and the Extra-Nifty, in: Financial Times, 21. April 2008.

232 Naomi Sadler, The Wow Factor, in: The Strad, April 2005, S. 39.

233 Interview mit dem Autor, London, 9. Juli 1997.

234 Charles Beare, Capolavori di Antonio Stradivari, Mailand 1987.

235 Interview mit dem Autor, London, 2. Juni 1998.

236 Warum André Rieu die Stradivari kaufte, in: Welt am Sonntag, 25. November 1998.

237 Michael van Eekeren, Kartel Houdt Macht over Stradivarius-Onderzoek, in: Volkskrant, 29. Januar 1999.

238 Anne-Catherine Hutton, Christoph Landon, Luthier: un artisan en quête du Graal, in: La scena musicale, Mai 1999.

239 Meister-Geiger Rieu gibt Stradivari zurück, in: Welt am Sonntag, 20. Dezember 1998.

240 Interview mit Willem Bouman, Den Haag, 23. Juni 1999.

241 Journal of the Violin Society of America 17, Nr. 3, 2001, S. 203 f.

242 E-Mail an den Autor, 3. Mai 2005.

243 The Strad, Dezember 1994, S. 1193.

244 Rieu hat wieder eine Stradivari, Associated Press Worldstream, 30. September 2001.

245 James M. Fleming, The »Court« Stradivari, erneut abgedruckt in: Goodkind, The Violin Iconography, S. 88 ff.

246 Hills Tagebuch, Eintrag vom 22. Januar 1897.

247 Anne Inglis, The Flying Fiddle, in: The Strad, Oktober 1991.

248 Ebenda.

249 Alix Kirsta, Fiddles, in: Guardian, 30. August 2002.

250 John Dilworth, E-Mail an den Autor, 8. November 2004.

251 Inglis, The Flying Fiddle.

252 Andrew Hooker, Mr. Black's Violins, Boston 2009, passim.

253 Kirsta, Fiddles.

254 Inglis, The Flying Fiddle.

255 Michael Peppiatt, The Art of the Deal, in: New York Times Book Review, 19. September 2004.

256 E-Mail an den Autor, 26. April 2005.

257 Vgl. http://www.oursites.org/robertbein/myself.htm (Abruf: 13. Mai 2005).

258 Sex and Music, in: Playboy, April 1998.

259 Kirsta, Fiddles; Howard Reich und William Gaines, Dealers Gain Collector's Trust, in: Chicago Tribune, 17. Juni 2001.

260 Reich und Gaines, Dealers Gain.

261 Interview mit dem Autor, Chicago, Illinois, 3. April 1998.

262 Christopher Reuning, Expert's Report Served on Behalf of the Defendant in the Case Between the Claimants Timothy Douglas White and Wilson Peter Cotton, and Defendant Peter Biddulph, 5. Januar 2001, S. 18, unveröffentlicht.

263 Robert Bein, Interview mit dem Autor, Chicago, 9. September 2000.

264 Charles Beare, Robert Bein 1950–2007, in: The Strad, Juli 2007.

265 Ted C. Fishman, The Chinese Century, in: New York Times Magazine, 4. Juli 2004.

266 Bein & Fushi Inc., Special China Edition, Nr. 16, S. 8.

267 Roger Hargrave, Machold Remembered, in: The Strad, April 1995.

268 Interview mit dem Autor, Bremen, 9. Dezember 1997.

269 Ebenda.

270 Carsten Holm, Vergeigt in: Der Spiegel, 10. Mai 2012.

271 David Schoenbaum und Elizabeth Pond, The German Question and Other German Questions, Basingstoke u. a. 1996, S. 113–119.

272 Vgl. http://www.scctv.net/Entrepreneur.asp (Abruf: 24. Mai 2005).

273 The Foresight Saga, Continued, in: Economist, 4. Januar 2003.

274 Kristin Suess, Violins as Investment, College-Conservatory of Music and College of Business Administration, University of Cincinnati, 13. März 1999, unveröffentlicht.

275 Philip E. Margolis, Investing in Old Italian String Instruments, Cozio Publishing, Juni 2006.

276 Tagebuch, 13. September 1892, unveröffentlicht.

277 Vgl. http://www.thebullionexchange.com/austrian_philharmonic_gold_coins.htm (Abruf: 2. Mai, 2005).

278 Wolfgang Höritsch, Österreichische Nationalbank, Interview mit dem Autor, Wien, 5. Oktober 2000. Vgl. Katalog: Der klingende Schatz der Österreichischen Nationalbank, Wien, 20. und 21. Dezember 1996, S. 9.

279 Vgl. www.energytech.at/(de)/sanierung/results/id2513.html (Abruf: 24. Mai 2005).

280 Carsten Holm, Der tiefe Fall des Stradivari-Dealers, in: Der Spiegel, 15. April 2011.

281 Interview mit dem Autor, Cambridge, 10. Juli 1997.

282 Antony Thorncroft, Bank on a Strad, in: Financial Times, 13. August 1995.

283 Interview mit dem Autor, Cambridge, 19. September 2000.

284 E-Mail an den Autor von Martin Eifler, Referatsleiter beim Beauftragten der Bundesregierung für Angelegenheiten der Kultur und der Medien, Berlin, 17. Januar 2001.

285 Vgl. http://www.soundpostonline.com/archive/spring2002/page4.htm (Abruf: 25. Mai 2005).

286 Vgl. http://www.cozio.com/Instrument.aspx?id=121 (Abruf: 25. Mai 2005).

287 Koh Huiting, Pulling Strings, in: Business Times (Singapore), 15. April 2000.

288 Susan Elliott, Musician and 15 Partners Join Forces to Aquire a Multimillion-Dollar Violin, in: New York Times, 6. Februar 2001.

289 Presseerklärung, Long-Term Capital Company, Westport, Connecticut, 8. Dezember 2004.

290 Telefon-Interview mit dem Autor, 6. Juni 2005.

291 Protecting Capital with an Austrian Twist, in: Chamber News, United States-Austrian Chamber of Commerce, Oktober 2003.

292 David Schoenbaum, Washington, Stradivarius Capital, in: Washington Post, 21. Oktober 2011.

293 Auktionsvorschau, Winter 2004, http://www actecfoundation.org/newsletter/Foundation pdf (Abruf: 25. Mai 2005).

294 Interview mit dem Autor, Minneapolis, 15. Mai 1998.

295 Kay Miller, Working Like a Dog, in: Minneapolis Star-Tribune, 18. Juni 2003.

296 Mary VanClay, Mysteries of the Market, in Strings, November 1996, S. 18–20.

297 Vgl. http://www.givensviolins.com/about/
privacy.asp (Abruf: 30. Mai 2005); La Voce,
Newsletter of Claire Givens, Inc., Herbst
1998. Vgl. Susan M. Barbieri, An Elegy for
Ethics, in: Strings, Mai/Juni 2002.

298 Interview mit dem Autor, Ann Arbor, 6. Juni
1998.

299 Vgl. http://www.wheaton.edu/learnres/
ARCSC/collects/sc32/bio.htm (Abruf: 31. Mai
2005).

300 Vgl. http://www.ups.com/content/us/en/
about/history/1980.html (Abruf: 1. Juni 2005).

301 Vgl. http://www.alalm.org/Articles/Article3.
htm (Abruf: 1. Juni 2005).

302 At the Auctions: Are Major Changes Under-
way?, in: The Soundpost, Herbst 2000, http://
www.soundpostonline.com/archive/fall
2000/page11.html (Abruf: 12. Juni 2005).

303 Lauren Foster, Art Buyers Urged to Be Aware
as Internet Auction Fraud Soars, in: Financial Times (US-Ausgabe), 25. April 2003.

304 Erin White, When a Strange Pursuit Be-
comes a Career Path, in: Wall Street Journal, 19. Juli 2005.

305 Prospekt für den Verkauf der »Lady Blunt«,
Mai 2011.

306 Laurinel Owen, Virtually Yours, in: The
Strad, November 2003.

307 http://www.tarisio.com/auction_results/
auction_results_sort.php?q_type=6&kws=
Oddone,%20Carlo%20Giuseppe&TPS=10
(Abruf: 12. Juni 2005).

308 Deborah Brewster, Violins Can Add Value,
in: Financial Times, 11. April 2003.

309 Norman Lebrecht, On the Fiddle, 5. Januar
2005, http://www.scena.org/columns/le
brecht/050105-NL-fiddle.html.

310 Stewart Pollens, Eye for Detail, in: The
Strad, Juli 2005.

311 Stern Lawsuit Settled, in: Strings, August/
September 2005; Noreen Gillespie, Children
of the Late Violinist Isaac Stern Challenge
Handling of Father's Estate, Associated
Press Worldstream, 8. Dezember 2004; Dan
Glaister, Children in Court Battle over Isaac
Stern's Estate, in: Guardian 9. Dezember
2004; Lawrence Gelder, Arts Briefly, in: New
York Times, 6. Mai 2005.

312 Vgl. http://www.violinist.com/discussion/
response.cfm?ID=3952 (Abruf: 21./22. April
2004).

313 EU Fines Sotheby's for Price-Fixing, in:
Guardian Newspapers, 30. Oktober 2002;
Jennifer Dixon, Taubman convicted, in: De-
troit Free Press, 5. Dezember 2001.

314 OED Online (Abruf: 13. Juli 2005).

315 Pasqual und Regazzi, Le radici, S. 74.

316 Carlo Chiesa, Violin Making and Making
on the Contrada Larga in Milan, in: Violin
Society of America 14, Nr. 3, 1996.

317 Duane Rosengard, Rugeri, in: The Strad,
November 2006, S. 96.

318 Rosengard und Chiesa, Giuseppe Guarneri,
in: Biddulph u. a., Giuseppe Guarneri, Bd. 2,
S. 37 ff.

319 Twalf Jaar Geëist Wegen Roofmord op Vioolbouwer in Huizen, in: NRC-Handelsblad,
9. Februar 1990; Straffen Tot Tien Jaar na
Doden van Vioolbouwer, in: NRC Handels-
blad, 14. September 1990.

320 Der süße Ton der Stradivari, in: Der Spiegel
47/1996.

321 Der Fall »Stradivari«, Beobachtungen bei der
Bremer Mordkommission, Radio Bremen
TV, 28. Mai 1997, http://www.radiobremen.
de/tv/daecher/archiv/105.html (Abruf:
18. Juli 2005). Vgl. Blick auf den Bild-
schirm: Fernsehkrimis sind anders, in: Neue
Zürcher Zeitung, 31. Juli 1997.

322 Drei von vier Entflohenen geschnappt, Asso-
ciated Press Worldstream, 10. Februar 1997,
Kerstin Schneider, Lebenslänglich trotz
Freispruchs, in: taz, 7. November 1998.

323 Jakob und Wilhelm Grimm, Die Bremer
Stadtmusikanten, in: Kinder- und Haus-
Märchen, Darmstadt 1955, Bd. I, S. 151.

324 Straßenmusiker in Europa, Interview mit
Vasile Darnea, Radio Bremen, 2. Juni 2003;
http//:www.radiobremen.de/online/gesell
schaft/strassenmusik.html (Abruf: 19. Juli
2005).

325 Sonia Simmenauer, Muss es sein?, Berlin
2008, S. 23.

326 Johannes Willms, Die Räuber, in: Süddeutsche Zeitung, 16. April 1999; Willem de
Vries, Sonderstab Musik, Köln 1998, S. 76;
Shirli Gilbert, Music in the Holocaust, Oxford 2005, S. 130.

327 US National Archives and Records Administration, Record Group 242, Roll, M1949,
Roll 20.

328 Interview mit Martin Eifler, Referatsleiter
beim Beauftragten der Bundesregierung

für Angelegenheiten der Kultur und der Medien, Berlin, 15. Dezember 2000.

329 Alan Riding, Your Stolen Art? I Threw It Away, Dear, in: New York Times, 17. Mai 2002; Todd Sechser, Financing Nuclear Security, Proliferation Brief, Carnegie Endowment for International Peace, 7. Dezember 1999.

330 Mirka Zemanová, Like Father Like Son, in: The Strad, September 1991.

331 Pasqual und Regazzi, Le radici, S. 110 ff.

332 William K. Rashbaum, An Upper West Side Mystery: The Vanished Stradivarius, in: The New York Times, 13. April 2002; William Hoffman, Case of the Missing Strad, in: Dallas Business Journal, 27. September 2002; Michael Markowitz, Owner of the Missing Strad Sues Dealer That Lost It, Andante. com, 26. September 2002; Roy Appleton, Stolen Fiddle Has Yielded a Fiddle Battle, in: Dallas Morning News, 17. November 2002; Michael Collins, Bickel & Brewer, Dallas, Texas, Telefon-Interview mit dem Autor, 30. August 2005.

333 Pasqual und Regazzi, Le radici, S. 110 ff.

334 Daniel Pearl, Stradivarius Violin, Lost Years Ago, Resurfaces but New Owner Plays Coy, in: Wall Street Journal, 17. Oktober 1994.

335 Carla Shapreau, The Adventures of the Duke of Alcantara, in: The Strad, Mai 1996. Vgl. Harvey und Shapreau, Violin Fraud, Oxford 1997, S. 107 ff.; University of California, Los Angeles, Presseerklärung, http://www.cozio.com/Instrument.aspx?id=1405 (Abruf: 24. Juli 2005).

336 Vgl. http://www.amromusic.com/violin_adventure.htm (Abruf: 22. Juli 2005); Chip Averwater, E-Mail an den Autor, 27. Juli 2005.

337 Louis Spohr, Selbstbiographie, Cassel und Göttingen 1860, Bd. 1, S. 55 f. und 69–71.

338 Maurice Solway, Recollections of a Violinist, Oakville und London 1984, S. 47.

339 Arthur Train, The lost Stradivarius, in: True Stories of Crime von the District Attorney's Office, New York 1908; http://www.cozio.com/Instrument.aspx?id=528 (Abruf: 12. Juni 2008).

340 Huberman Violin Stolen at Carnegie, in: New York Times, 29. Februar 1936.

341 Henry Roth, Bronislaw Huberman, in: The Strad, Dezember 1982; Nadine Brozan, Chronicle, in: The New York Times, 11. Juni 1993.

342 Charles Beare, Lost and Found, in: The Strad, Dezember 1987.

343 Carla Shapreau, Did He or Didn't He?, in: The Strad, Januar 1998; James Pegolotti, The Gibson Stradivarius: From Huberman to Bell, http://www.joshuabell.com (Abruf: 25. Juli 2005).

344 Mark Wrolstad, A Famed Violin's Fantastic Journey, in: Dallas Morning News, 28. Oktober 2001.

345 Pierre Amoyal, Pour l'Amour d'un Stradivarius, Paris 2004, passim.

346 W. Henry Hill u. a., Antonio Stradivari, S. 211 und 243 f.

347 Edward Heron-Allen, Old Violin Frauds, in: The Strad, Oktober 1890.

348 Arthur Hill, Tagebucheintrag vom 4. Februar 1890; Frederic C. Howe, Socialized Germany, New York 1916, S. 77; Gordon Johnson, University Politics, Cambridge 1994, S. 13.

349 Milliot, La Famille Chanot-Chardon, S. 95 ff.

350 Dispute Regarding a Violin, in: The Strad, Juni/September 1890.

351 Hills Tagebuch, Einträge vom 24. September und 5. Dezember 1890, 11. Juni und 4. Juli 1891 und 18. Februar 1892.

352 Ebenda, Einträge vom 15. und 16. Januar 1890.

353 Ebenda, Eintrag vom 12. März 1895.

354 Ebenda, Einträge vom 29. Juni, 7. und 16. Juli 1891.

355 Ebenda, Eintrag vom 27. Oktober 1891.

356 Le celebrazioni Stradivariane a Cremona, 1937–49, hrsg. von Santoro, Cremona 1996, S. 19 ff.

357 Neue Zürcher Zeitung, 28. November 1958.

358 Giovanni Iviglia, Cremona wie es nicht sein soll, Bellinzona-Lugano 1957, S. 70 und 78 f.

359 Neue Zürcher Zeitung, 21. Dezember 1958.

360 Ebenda, 27. November 1958.

361 Ebenda, 7. Dezember 1958.

362 Ebenda, 5. Dezember 1958.

363 Ebenda, 26. November 1958.

364 Ebenda, 7. Dezember 1958.

365 Ebenda, 12. Dezember 1958. Vgl. Frank Arnau, Kunst der Fälscher, Fälscher der Kunst, München und Zürich 1964, S. 364.

366 Memorandum of Decision, Raymond A. Russell v. Kristina Lee Anderson, Superior

Court of California, County of Santa Cruz, Nr. CV 139974.

367 Jonathan Lopez, The Man Who Made Vermeers, Boston und New York 2009; Kunstfälscher muss sechs Jahre in Haft, in: Der Spiegel, 27. Oktober 2011.

368 Martin Bailey, Rembrandt Research Project Ended, in: The Art Newspaper, 24. Februar 2011.

369 Streit um Stradivari, in: Süddeutsche Zeitung, 7. Februar 1997; Matthias Oloew, Alte Geigen – ein Schönes DDR-Erbe, in: Der Tagesspiegel, 8. Oktober 1997; Hans-Jörg Heims, Stradivari-Klänge beim Stabswechsel, in: Süddeutsche Zeitung, 29. Oktober 1998.

370 Interview mit Martin Eifler, Berlin, 15. Dezember 2000, und mit Ingeborg Behnke, Berlin, 28. November 2000.

371 Carol Vogel, The Case of the Servant with the Fur Collar, in: New York Times, 22. September 2005.

372 I. Bernard Cohen, Faraday and Franklin's »Newborn Baby«, Proceedings of the American Philosophical Society, Juni 1987.

373 R. Bruce Weber, Seeking Violin's Secrets with CAT Scan, in: New York Times, 8. Dezember 1997; Erica R. Hendy, Scanning a Stradivarius, in: Smithsonian, Mai 2010; http://www.bbc.co.uk/news/technology-15926864 (Abruf: 20. November 2011); http://www.npr.org/2011/11/30/142949546/ct-scans-re-create-307-year-old-violin (Abruf: 30. November 2011); Brian Vastag, Smithsonian's Scan Man in High Demand, in: Washington Post, 12. Dezember 2011; E-Mails von Gary Sturm 22. August 2011, Joseph Curtin 24. August 2011 und Roger Hargrave 19. November 2011.

374 Dieter Schorr, Ein Himmel voller falscher Geigen, in: Stuttgarter Nachrichten, 11. Januar 1973.

375 Alain le Garsmeur, Tuned for Battle, in: New York Times Magazine, 10. September 1972.

376 Schorr, Ein Himmel; Charles Beare, Besprechung von: Alte Meistergeigen: Beschreibungen, Expertisen: Venezianische Schule, Verband Schweizer Geigenbaumeister, Frankfurt 1978, Early Music, Januar 1978.

377 Alte Meistergeigen I–VIII, Frankfurt 1978 bis 1996.

378 Charles Beare an den Autor, März 2005, mit beigefügtem Schreiben des japanischen Korrespondenten vom Juli 1999.

379 Douglas Heingartner, A Computer That Has an Eye for Van Gogh, in: New York Times, 13. Juni 2004.

380 Roger Hargrave, Identity Crisis, in: The Strad, Januar 1981.

381 Vgl. http://www.talkorigins.org/faqs/pilt down.html (Abruf: 7. August 2005).

382 Leslie Sheppard, The »Balfour« Strad, in: The Strad, Januar 1981.

383 Harvey und Shapreau, Violin Fraud, S. 17 ff.; E-Mail von Charles Beare, und Telefoninterview mit Robert Bein, 1. September 2005.

384 Hargrave, Identity Crisis.

385 Vgl. http://www.abcviolins.com/fidfad.html (Abruf: 8. Dezember 2011).

386 Claudia Fritz u.a., Player Preferences Among New and Old Violins, in: Proceedings of the National Academy of Sciences, www.pnas.org/cni/doi/10.173/pnas.1114999109; http://www.spiegel.de/wissenschaft/technik/0,1518,806748,00.html, http://www.npr.org/blogs/deceptivecadence/2012/01/02/144482863/double-blind-violin-test-can-you-pick-the-strad (Abruf: 3. Januar 2012); Joseph Curtin, The Indianapolis Experiment, in: The Strad, Februar 2012.

387 Laurinel Owen, Leading Light, in: The Strad, November 2004; Presentation on How the Bow Produces Sound from the String, Bulletin of the Southern California Association of Violin Makers, Juli 1994.

388 Henry Grissino-Mayer, A Familiar Ring, Journal of the Violin Society of America 17, Nr. 3, 2001, S. 93 ff.

389 Lesley Bannatyne, Trees and Logs Have Tales to Tell, in: Christian Science Monitor, 8. März 2005, http://users.ox.ac.uk/~arch 0050; Aegean Dendrochronology Project, http://users.ox.ac.uk/~arch0050 (Abruf: 20. August 2005); http://en.wikipedia.org/wiki/Andrew_E._Douglass; Micha Beuting und Peter Klein, The Technique of Dendrochronology as Applied to Stringed Instruments of the Orpheon Foundation, http://www.mdw.ac.at/I105/orpheon/Seiten/education/DendroBeutingText.htm (Abruf: 22. August 2005).

390 W. Henry Hill u.a., Antonio Stradivari, S. 61.

391 Ebenda, S. 64.

392 Philip J. Kass, Violin Making in Turin, in: Journal of the Violin Society of America 17, Nr. 3, 2001, B, S. 174; Holes in History, in: The Strad, August 2001.

393 Roger Starr, The Hidden Rooms Behind Museum Displays, in: City Journal, Frühjahr 1995.

394 Stewart Pollens, The Violin Forms of Antonio Stradivari, London 1992.

395 Podiumsdiskussion zur Messiah-Stradivari, in: Journal of the Violin Society of America 17, Nr. 3, 2001, S. 208 f.; Jim McKean und Colin Macfarlane, Strad Keeper Bows to Fake Claims, in: Scotland on Sunday, 17. Mai 1998.

396 Stewart Pollens, Le Messie, in: Journal of the Violin Society of America, Bd. XVI, Nr. 1, 1999.

397 Stewart Pollens, »Messiah« on Trial, in: The Strad, August 2001; E-Mail an den Autor, 22. August 2005.

398 W. Henry Hill u. a., Antonio Stradivari, S. 64 f.

399 Faber, Stradivari's Genius, S. 32, S. 52–57 und 210 ff.

400 Bacchetta, Stradivari, S. 77 ff.

401 Pollens, »Messiah« on Trial.

402 Giles Whittell, A Stradivarius Riddle, in: Times (London), 27. Oktober 2000.

403 John Topham und Derek McCormick, A Dendrochronological Investigation of Stringed Instruments of the Cremonese School (1666–1757), including The »Messiah« Violin Attributed to Antonio Stradivari, in: Journal of Archaeological Science 27, 2000, S. 183–192.

404 Podiumsdiskussion über die Messiah Strad, S. 192 f.; vgl. http://www.soundpostonline.com/archive/fall2000/page17.html; http://soundpostonline.com/archive/winter2001/page7.html (Abruf: 28. August 2005); Kristen Thorner, Into the Woods, in: The Strad, August 2001.

405 Oxford »Messiah« Branded a Fake, in: Times (London), 15. März 1999; Famous Violin Comes Under Fresh Scrutiny, in: Wall Street Journal, 11. März 1999; Stradivari's Masterpiece May Be Fake, in: Independent, 20. März 1999.

406 Podiumsdiskussion über die Messiah Strad, S. 182.

407 Ebenda, S. 191.

408 Ebenda, S. 154.

409 Ebenda, S. 210.

410 Henri D. Grissino-Mayer u. a., Mastering the Rings, in: The Strad, April 2002; Henri D. Grissino-Mayer, Paul R. Sheppard und Michael K. Cleaveland, Dendrochronological Dating of Stringed Instruments, in: Journal of the Violin Society of America 18, Nr. 2, 2003; Henri D. Grissino-Mayer, Paul R. Sheppard, Malcolm K. Cleaveland, A Dendrochronological Re-examination of the »Messiah« Violin and Other Instruments Attributed to Antonio Stradivari, in: Journal of Archaeological Science 31, 2004.

411 Interview mit dem Autor, Oxford, 16. Dezember 2009.

412 Grissino-Mayer, Mastering the Rings, in: The Strad, S. 415.

413 John Dilworth, Pure thrill, in: The Strad, August 2001, S. 843.

414 Philip J. Kass, E-Mail an den Autor, 19. August 2005.

415 Samuel Applebaum und Henry Roth, The Way They Play, Bd. 8, Neptune, New Jersey 1980, S. 185.

416 Interview mit dem Autor, Chicago, 3. April 1998.

417 Vgl. http://www.fritz-reuter.com/reports (Abruf: 10. September 2005).

418 Giacomo Leopardi, Pensieri, New York und Oxford 1981, S. 28.

419 Geoffrey Fushi, Interview mit dem Autor, Chicago, 4. April 1998; Be Careful What You Say About a Competitor, in: Music Trades, September 1992; The Battle Rages, in: Strings, Januar/Februar 1993, S. 9.

420 Die unreinen Töne des Violinisten Yoshio Unno, in: Neue Zürcher Zeitung, 12. und 13. Dezember, 1981; Geraldine Norman, Many a New Fiddle, in: Times (London), 27. Mai 1982.

421 Ebenda; Dick Cooper, Dealer Accused of Blocking Probe, in: Philadelphia Inquirer, 11. März 1982; Violin Maker Sentenced, in: Philadelphia Inquirer, 23. September 1982.

422 Decision of Interest, in: New York Law Journal 231, S. 19, 3. Februar 2004.

423 Ebenda.

424 Ebenda.

425 Michael D. Sorkin und Philip Kennicott, Indicted Dealer Must Face the Music, in: St. Louis Post-Dispatch, 14. Juni 1997.

426 Telefon-Interview mit Kurt Sassmannshaus, 5. Februar 2002.

427 Michael D. Sorkin und Philip Kennicott, Violin Dealer Leaves Trail of Angry Victims, in: St. Louis Post-Dispatch, 3. März 1997.

428 Michael D. Sorkin und Philip Kennicott, Violin Dealer Is Sentenced to Two Years for Fraud, in: St. Louis Post-Dispatch, 12. Dezember 1997.

429 Michael D. Sorkin, Lawyers Ask Judge to Force Violin Thief to Repay, in: St. Louis Post-Dispatch, 13. Februar 1998.

430 Ebenda.

431 Michael D. Sorkin, I'm Sorry: Violin Thief Vows to Repay Victims, in: St. Louis Post-Dispatch, 27. Februar 1998.

432 Vgl. zum Beispiel Discovery Rules Override Policy to Protect Settlement Disclosure, in: Federal Discovery News, 14. Januar 2002.

433 Gwendolyn Freed, Lawsuit Frays Strings of Trust in High-Priced, Secretive World, in: Minneapolis Star-Tribune, 20. Februar 2000.

434 Erklärung von Timothy Douglas White, Nr. 99 C 1740, United States District Court, Northern District of Illinois, Eastern Division, 7. Juli 1999.

435 Ebenda.

436 Reich und Gaines, Dealers Gain.

437 Robert Bein, Interview mit dem Autor, Chicago, Illinois, 9. September 2000.

438 Ebenda.

439 Zitiert in der Erklärung von Timothy White.

440 Zitiert im Interim-Bericht, In the High Court of Justice, Ch 1997, W Nr. 1651, 22. Mai, 1998, http://hrothgar.co.uk/YAWS/ch_g/pt 26.htm#case-02 (Abruf: 8. Oktober 2005).

441 Ebenda.

442 Ebenda.

443 Zitiert im Memorandum Opinion and Order, Nr. 99 C 1740, United States District Court, Northern District of Illinois, Eastern Division, 14. Januar 2000.

444 Vgl. http://www.mgrewal.com/anton.htm, http://en.wikipedia.org/wiki/Anton_Piller_order (Abruf: 6. Oktober 2005).

445 Zitiert im Memorandum Opinion and Order, Nr. 99 C 1740, United States District Court, Northern District of Illinois, Eastern Division, 14. Januar 2000.

446 Ebenda.

447 Zitiert im Zwischenbericht, In the High Court of Justice, Ch. 1997, W, Nr. 1651, 22. Mai 1998.

448 Kirsta, Fiddles.

449 Zwischenbericht, In the High Court of Justice, Ch. 1997, W. Nr. 1651, 22. Mai 1998

450 Kirsta, Fiddles.

451 Vgl. http://www.naxos.com/scripts/Artists_gallery/artist_pro_new.asp?Artist_Name=Anthony,%20Adele (Abruf: 2. Dezember 2005).

452 Kevin McKeough, Power Play, in: Strings, April 2002.

453 Kirsta, Fiddles.

454 HC 1997 01651, In the High Court of Justice, Chancery Division, Mr. Justice Evans-Lombe, 15. Februar 2001.

455 Biddulph on the Move, in: The Strad, November 2005.

456 Reich und Gaines, Dealers Gain.

457 Judge Wayne R. Andersen, United States District Court, Northern District of Illinois, Case Nr. 99 C 1740, 13. Januar 2005.

458 The Strad, Juni 2002.

459 Mark Mueller, US Senate Checking NJSO Violin Deal, in: Newark Star-Ledger, 24. Juni 2004; Lynnley Brown, Senate Committee Questions Actions by Smithsonian, in: New York Times, 24. Juni 2004; Jacqueline Trescott, Smithsonian Benefactor Arrested in Germany, in: Washington Post, 17. Juni 2004.

460 Mark Levine, Medici of the Meadowlands, in: New York Times Magazine, 3. August 2003.

461 Mark Mueller, False Notes, in: Newark Star-Ledger, 1. August 2004.

462 Alix Kirsta, Orchestra Manoeuvres in the Dark, in: Guardian, 11. Juni 2005; Levine, Medici of the Meadowlands; One of Our Vice Presidents Is in Trouble, Federation of British Aquatic Societies, April 2003, http://www.fbas.co.uk/herbert.html, https://www.njsymphony.org/GoldenAge/goldenageframe.htm (Abruf: 23. Februar 2003).

463 Levine, Medici of the Meadowlands.

464 Heifetz, hrsg. von Herbert R. Axelrod, Neptune City 1990, S. 9.

465 Stefan Hersh, Problem Children, http://www.soundpostonline.com/archive/summer 2004/page4.htm (Abruf: 26. Oktober 2005).

466 Mueller, False Notes.

467 New Jersey Symphony Orchestra Datenblatt, https://www.njsymphony.org/GoldenAge/goldenageframe.htm (Abruf: 14. Februar 2003).

468 Jennifer Fried, Financing in D Major, in: American Lawyer, September 2003.

469 Kirsta, Orchestral Manoeuvres.

470 Mark Mueller, False Notes.

471 Ebenda.

472 Fried, Financing.

473 Gwendolyn Freed, A Violin Bargain, Strings Attached, in: Wall Street Journal, 4. März 2003; Jennifer Fried, Financing; Mark Mueller, False Notes; Mark Levine, Medici of the Meadowlands.

474 Vgl. www.investor.prudential.com/MediaRe gister.cfm?MediaID=7294 (Abruf: 23. Februar 2003); New Jersey Symphony to Purchase Stradivarius Violins, in: Bloomberg News, 19. Februar 2003.

475 The 60 Largest American Charitable Contributions of the Year, in: Chronicle of Philanthropy, www.slate.com/id/2094847 (Abruf: 29. Oktober 2005).

476 Report: US Fugitive Relaxing in Cuba, Associated Press, 25. April 2004; Ronald Smothers, Fraud Charges Greet Charitable Collector, in: New York Times, 17. Juni 2004.

477 Originaltext-Service, Wien, 20. Juni, 2004, http://www.presseportal.at/meldung.php? schluessel=OTS_20040620_OTS0003&ch= medien (Abruf: 30. Oktober 2005).

478 Mueller, False Notes.

479 Levine, Medici of the Meadowlands.

480 Ronald Smothers, Violin Collector Known for Sale to Orchestra is Sentenced to 18 Months in Tax Fraud, in: New York Times, 22. März 2005.

481 Vgl. http://www.legal-dictionary.org/legal-dictionary-u/Unjust-Enrichment.asp (Abruf: 5. November 2005).

482 Mark Mueller, Axelrod Admits Guilt to Tax Fraud Charge, in: Newark Star-Ledger, 9. Dezember 2004.

483 Daniel Wakin, Report Faults Orchestra Officials, in: New York Times, 18. Dezember 2004.

484 Telefon-Interview mit dem Autor, 7. Januar 2010.

485 Paul Cox, NJ Symphony Sells Its Ill – Fated Strings to Twin Investment Bankers, in: Newark Star-Ledger, 23. November 2007; Daniel Wakin, Orchestra Will Sell a Collection in Dispute, in: New York Times, 24. November 2007.

486 Alle Zahlen von www.tarisio.com (Abruf: 8. Januar 2010).

487 Roger Altman, The Great Crash, 2008, in: Foreign Affairs, Januar/Februar 2009; Tami Lubhi, Americans' Wealth Drops $1.3 Trillion, CNNMoney.com, 11. Juni 2009.

488 Philip J. Kass, A Famed Fiddler Parts with the Fabled »Kochanski«, in: Strings, Februar 2010, S. 56; Caroline Gill, A Bargain at $18m, in: The Strad, Dezember 2009, S. 20.

489 Richard Osley und Kate Salter, Fall of the Russian Billionaires, in: Independent, 15. Februar 2009; Number of Russian Billionaires Halves, in: Telegraph, 14. Februar 2009; The Russian Billionaire's Guide to London, 2. Juli 2008, http://www.youtube.com/watch?v=Sn6B45Ukexo (Abruf: 10. Januar 2010).

490 Gill, A Bargain.

491 Ebenda.

492 Vgl. http://www.violinist.com/blog/SMSH CT/20101/10827 (Abruf: 12. Januar 2010).

493 Machold Quites New York to Go West, in: The Strad, April 2006, S. 10.

494 Carsten Holm, Der Stradivari-Wahn, in: Der Spiegel, 10. Dezember 2007.

495 Daniela Filz, Schlossherr in Geldnöten, in: Niederösterreichische Nachrichten, 2. November 2010; Eröffnete Insolvenzen, in: Wirtschaftsblatt, 3. November 2010; Carsten Holm, Ein reicher Mann vergeigt sein Schloss, in: Der Spiegel, 28. November 2010, David Schoenbaum, Das Griechenland der Musikwelt, in: Frankfurter Allgemeine Zeitung, 22. Dezember 2010.

496 Josef Kleinrath und Daniela Filz, Schlossbesitzer in Haft, in: Niederösterreichische Nachrichten, 28. März 2011; Renate Graber, Millionen mit Stradivaris vergeigt, in: Der Standard, 31. März 2011; Mark Mueller, Violin Broker Probed in New Jersey Symphony Orchestra Deal Now Faces Fraud Charges in Austria, in: Newark Star-Ledger, 3. April 2011.

497 Interviews mit dem Autor, 15. Oktober 2009 in New York und 14. Dezember 2009 in Chicago.

BUCH III
Das Geigenspiel

1 William Henry Hill u. a., The Violin-Makers of the Guarneri Family, London 1931, S. xxx–xxxiii; Chiesa und Rosengard, Guarneri del Gesù, in: Peter Biddulph u. a., in: Giuseppe Guarneri, Bd. 2, S. 17.

2 Joseph Baretti, An Account of the Manners and Customs of Italy: with Observations on the Mistakes of Some Travellers, with Regard to That Country, London 1768, Bd. 1, S. 150.

3 Zitiert nach M. Alexandra Eddy, American Violin Method-Books and European Teachers, in: American Music, Sommer 1990, S. 188.

4 William B. Boulton, Thomas Gainsborough, His Life, Work, Friends and Sitters, Chicago und London 1907, S. 121 f. Vgl. Mary Cyr, Carl Friedrich Abel's Solos, A Musical Offering to Gainsborough?, in: Musical Times, Juni 1987, S. 317–321.

5 Helen Cripe, Thomas Jefferson and Music, Charlottesville, Virginia, 1974, S. 12 ff.

6 Richard Metternich, Memoirs of Prince Metternich, London 1880, Bd. 1, S. 363; Geraldine de Courcy, Paganini, The Genoese, Norman, Oklahoma, 1957, Bd. 1, S. 193 f.

7 Vgl. http://www.paulkleezentrum.ch/ww/en/pub/web_root/act/musik/paul_klee_und_die_musik.cfm (Abruf: 15. Dezember 2008).

8 Michele Leight, http://www.thecityreview.com/matpic.html (Abruf: 15. Dezember 2008). Vgl. Martin Boyd, Pleasure Seekers, in: The Strad, April 1998, S. 356–361.

9 Lochner, Fritz Kreisler, S. 1 ff.; Amy Biancolli, Fritz Kreisler, Portland/Or. 1998, S. 26; Oliver Sacks, Musicophilia, New York 2007, S. 320–323.

10 Vgl. http://www.surgical-tutor.org.uk/default-home.htm?surgeons/billroth.htm~right (Abruf: 17. Dezember 2008); F. William Sunderman, Theodore Billroth as Musician, in: Bulletin of the Medical Library Association, Mai 1937; Benjamin Simkin, Leserbrief in: The Strad, Oktober 2001.

11 Douglas Martin, F. William Sunderman, Doctor and Scientist, Dies at 104, in: New York Times, 17. März 2003.

12 Henri Temianka, Facing the Music, New York 1973, S. 83–85 und 110.

13 Kenneth Chang, Martin D. Kamen, 89, a Discoverer of Radioactive Carbon-14, in: New York Times, 5. September 2002; Pearce Wright, Martin Kamen, Guardian.co.uk, 9. September 2002.

14 Arthur Hill, Brief an Harrison Bowne Smith, unveröffentlicht, 7. Februar 1935; Arthur I. Miller, A Genius Finds Consolation in the Music of Another, in: New York Times, 31. Januar 2006; Roy Malan, Efrem Zimbalist, Pompton Plains 2004, S. 155.

15 Dave Wilbur, Robert Byrd, Mountain Fiddler, Mountains of Music, hrsg. von John Lilly, Urbana 1999.

16 Vgl. http://www.thehenryford.org/exhibits/pic/1999/99.feb.html (Abruf: 22. Februar 2005).

17 Vgl. http://www.archives.gov/global-pages/larger-image.html?i=/publications/prologue/2007/Frühjahr/images/schoolhouse-rn-violin-l.jpg&c=/publications/prologue/2007/Frühjahr/images/schoolhouse-rn-violin.ca (Abruf: 31. Dezember 2008).

18 Vgl. http://en.wikipedia.org/wiki/Nicholas_Longworth (Abruf: 19. Dezember 2008); Clara Longworth De Chambrun, The Making of Nicholas Longworth, New York 1933, S. 210 ff.; Carol Felsenthal, The Life and Times of Alice Roosevelt Longworth, New York 1988, S. 151; Longworth to Fiddle, in: New York Times, 15. Juni 1912; Malan, Efrem Zimbalist, S. 155.

19 Laura Kalman, Abe Fortas, New Haven 1990, S. 9 f. und 193 f.; Chief Confidant to Chief Justice, in: Time, 5. Juli 1968.

20 Helen Rappoport, Joseph Stalin: a Biographical Companion, Santa Barbara, California, 1999, S. 298–300; Shimon Naveh, Tukhachevsky, Stalin's Generals, hrsg. von Harold Shukman, London 1993, S. 257–258; Laurel E. Fay, Shostakovich, New York 2000, S. 27.

21 Christer Jorgensen, Hitler's Espionage Machine, Guilford, Connecticut, 2004, S. 46; David Kahn, Hitler's Spies, New York 1978, S. 61 und 232; http://www.youtube.com/watch?v=rV25qUZcZt8 (Abruf: 21. Dezember 2008).

22 E. Millicent Sowerby, Rare People and Rare Books, London 1967, S. 36. Vgl. Anthony Read, The Devil's Disciples, New York 2004, S. 396.

23 Jonathan Petropoulos, Art as Politics in the Third Reich, Chapel Hill, North Carolina 1996, S. 203 und 260, S. 363, Anm. 130.

24 Harvey Sachs, Music in Fascist Italy, London 1987, S. 11 ff.

25 Beverly Smith, Kreisler, Einstein, Mussolini, in: Musical Observer, Mai 1931.

26 Ariane Todes, Charlie Chaplin, in: The Strad, Dezember 2008.

27 Frank Cullen, Florence Hackman und Donald McNeilly, Vaudeville, Old and New, New York 2007, S. 88.

28 Mervyn Rothstein, Henny Youngman, King of the One-Liners, Is Dead at 91 after 6 Decades of Laughter, in: New York Times, 25. Februar 1998.

29 Vgl. https://www.cia.gov/news-information/featured-story-archive/marlene-dietrich.html, http://home.snafu.de/fright.night/musicalsaw1.htm. Vgl. http://www.musician guide.com/biographies/1608002307/Marlene-Dietrich.html (Abruf: 27. Dezember 2008).

30 Graham Robb, Balzac, New York 1994, S. 10.

31 Wilborn Hampton, Alfred Kazin, the Author Who Wrote of Literature and Himself, Is Dead at 83, in: New York Times, 6. Juni 1998.

32 Frank Kermode, Not Entitled, New York 1995, S. 96 ff.

33 Elna Sherman, Music in Thomas Hardy's Life and Work, in: Musical Quarterly, Oktober 1940.

34 Barbara Reynolds, Dorothy L. Sayers: Her Life and Soul, New York 1993, passim.

35 Juliet Barker, Laurence Edward Alan Lee, Oxford Dictionary of National Biography, Oxford 2004, Bd. 33, S. 89 ff.

36 Anthony Trollope, The Tireless Traveler, Berkeley und London 1978, S. 164.

37 Fellowes, Memoirs, London 1946, passim.

38 Catherine Drinker Bowen, Friends and Fiddlers, Boston 1937, S. 47 ff.

39 Ebenda, S. 87.

40 Ebenda, S. 112 f.

41 Wayne Booth, For the Love of It, Chicago 2000, S. 209.

42 ACMP Newsletter, Dezember 2002.

43 For the Joy of It, in: Time, 24. Dezember 1965; Karen Campbell, Playing for the Fun of It, in: Christian Science Monitor, 21. März 1997; Daniel J. Wakin, Devoted to Playing the Small Classics, in: New York Times, 1. August 2000, http://www.acmS.net/about (Abruf: 29. Dezember 2008).

44 Bruno Aulich und Ernst Heimeran, Das stillvergnügte Streichquartett, München 1936.

45 Lester Chafetz, The Ill-Tempered String Quartet, Jefferson und London 1989.

46 Vgl. http://www.scandura.net/profile/history (Abruf: 17. Januar 2005); http://www.bbaaviation.com/about/grphistory26.htm (Abruf: 31. Dezember 2008).

47 Cobbett's Cyclopedic Survey of Chamber Music, 2 Bände, Oxford und Toronto 1929/30.

48 Ebenda, Bd. 1, S. 539 ff.

49 Carl Flesch, Die Kunst des Violinspiels, Berlin 1928, Bd. 2, S. 73.

50 Bowen, Friends and Fiddlers, S. 249.

51 Holman, Four and Twenty Fiddlers, S. 124 bis 127; Annette Otterstedt, E-Mail vom 17. Juni 2014.

52 Heinrich W. Schwab, The Social Status of the Town Musician, und Dieter Krickeberg, The Folk Musician in the 17th and 18th Centuries, in: The Social Status of the Professional Musician from the Middle Age to the 19th Century, hrsg. von Walter Salmen, New York 1983, S. 34 f., 106 und 119.

53 Christoph-Hellmut Mahling, The Origin and Social Status of the Court Orchestral Musician in the 18th and early 19th Century in Germany in: The Social Status, hrsg. von Walter Salmen, passim.

54 Holman, Four and Twenty Fiddlers, S. 39.

55 Christoph Wolff u. a., Johann Sebastian Bach, Grove Music Online (Abruf: 11. Januar 2009), http://www.grovemusic.com; Michael Talbot, Vivaldi, Antonio, ebenda (Abruf: 10. Februar 2009).

56 Boris Schwarz, Great Masters of the Violin, New York 1983, S. 49; Michael Talbot, Arcangelo Corelli, Grove Music Online (Abruf: 12. Januar 2009), http://www.grove music.com; Mainard Solomon, Mozart, New York 1995, S. 22.

57 Martha Feldman, City Culture and the Madrigal at Venice, Berkeley und London 1995.

58 Francesco Geminiani, The Art of Playing on the Violin, hrsg. von David Boyden, London 1952, S. xi.

59 Eddy, American Violin-Method Books, S. 170.

60 Boris Schwarz, Great Masters, S. 83–86; C. M. Sunday, Francesco Geminiani – The Art of Playing the Violin, Connexions Mod-

ule 13325, 19. Februar 2006, http://cnx.org/content/m13325/latest (Abruf: 16. Januar 2009).

61 Leopold Mozart, Versuch einer gründlichen Violinschule, hrsg. von Hans Joachim Moser, Leipzig 1956, Faksimile der Augsburger Ausgabe von 1787, S. 92.

62 Aristide Wirsta, Introduction, in L'Abbé Le Fils, Principes du Violon, Ausgabe 1761, Paris 1961, S. viii.

63 Neil Zaslaw, L'Abbé le fils, in Grove Music Online (Abruf: 17. Januar 2009), http://www.grovemusic.com; http://fr.wikipedia.org/wiki/Joseph-Barnab%C3%A9_Saint-Sevin_dit_L%27Abb%C3%A9_le_Fils (Abruf: 1. Februar 2009).

64 Wirsta, Introduction, in: L'Abbé le fils, Principes du violon, S. viii ff.

65 Boyden, The History, S. vi.

66 Ebenda, S. 361.

67 Ebenda.

68 Leopold Mozart, Versuch, S. 221; David Boyden, The Missing Italian Manuscript, in: Music Quarterly, S. 316.

69 A Letter from the Late Signor Tartini to Signora Maddalena Lombardini (Now Signora Sirmen), Published as an Important Lesson to Performers on the Violin, Translated by Dr. Burney, London 1779, Nachdruck London 1913.

70 Robin Kay Deverich, How Did They Learn?, http://www.violintutor.com/historyofviolinpedagogy.pdf (Abruf: 13. Mai 2009), S. 12 f.

71 Eddy, American Violin-Method Books, S. 191 ff.

72 Enrico Fubini, Gli enciclopedisti e la musica, Turin 1991, passim.

73 Ebenda, S. 95.

74 Cynthia M. Geselle, The Conservatoire de Musique and National Music Education in France, 1795–1801, in: Music and the French Revolution, hrsg. von Malcolm Boyd, Cambridge u. a. 1992.

75 Robin K. Deverich, The Maidstone Movement, in: Journal of Research in Music Education, Frühjahr 1987, S. 39–55.

76 Deverich, How Did They Learn?, S. 17–22.

77 Vgl. http://www.uvm.edu/~mhopkins/string/?Page=history.html (Abruf: 25. Oktober 2005).

78 Interview mit dem Autor, Aspen, Colorado, 28. Juli 1998.

79 Boris Schwarz, Music and Musical Life in Soviet Russia, Bloomington 1983, S. 397 f.

80 Miriam Morton, The Arts and the Soviet Child, New York 1972, S. 139–144; John Dunstan, Paths to Excellence and the Soviet School, Windsor 1998, S. 59–80; Joseph Horowitz, The Sound of Russian Music in the West, in: New York Times, 11. Juni 1978.

81 Yehudi Menuhin, Unfinished Journey, New York 1997, S. 373–394.

82 Deverich, How Did They Learn?, S. 24.

83 Evelyn Hermann, Shinichi Suzuki, Athens 1981, passim.

84 Shinichi Suzuki, Nurtured by Love, Smithtown 1969, S. 78 f.

85 Margaret Mehl, Land of the Rising Sisters, in: The Strad, Mai 2007.

86 Vgl. http://wapedia.mobi/de/Karl_Klingler (Abruf: 22. Mai 2009).

87 Staatl. Akademische Hochschule der Musik, Aufnahmeprotokoll, Violine und Bratsche, Sommerhalbjahr 1923.

88 Every Child Can Become Rich in Musical Sense, Nachdruck in Hermann, Shinichi Suzuki, S. 140.

89 Fiddling Legions, in: Newsweek, 25. März 1964.

90 Henri Temianka, Facing the Music, New York 1973, S. 69.

91 Interview mit dem Autor, Tokio, 24. September 1992.

92 Sheryl WuDunn, Shinichi Suzuki Dies at 99, in: New York Times, 27. Januar 1998; Anne Turner, Obituary Shinichi Suzuki: Master of the Musical Method, in: Guardian, 27. Januar 1998; James Kirkup, Shinichi Suzuki, in: Independent, 27. Januar 1998, Shinichi Suzuki, in: Economist, 7. Februar 1998.

93 Interview mit dem Autor, Hongkong, 22. Oktober 2001.

94 E-Mail an den Autor, 18. Mai 2009.

95 The Law of Ability and the »Mother Tongue Method« of Education, in Hermann, Shinichi Suzuki, S. 181.

96 Efrain Hernandez Jr., The Violin as Bridge, in: Boston Globe, 16. Juli 1990; Joe McGonegal, Violin Students Show Their Musical Stuff, in: Wicked Local, 2. Mai 2007.

97 E-Mail an den Autor, 18. Mai 2009.

98 Evelyn Nieves, Fiscal Cuts May Still Harm Harlem Pupils, in: New York Times, 3. April 1991; Allan Kozinn, Musical Notes; Violin-

ists to Play so Youngsters Can String Along, in: New York Times, 6. Juli 1993.

99 Richard Harrington, A Violin Teacher's Unstrung Heroes, in: Washington Post, 26. Oktober 1996; Meredith Kolodner, Inauguration Thrill for Young Violinists, in: New York Daily News, 3. Dezember 2008; http://www.petrafoundation.org/fellows/Roberta_Guaspari/index.html (Abruf: 25. Mai 2009).

100 Alex Ross, Learning the Score, in: Listen to This, New York 2010.

101 Geoff Edgers, High Honors for Letting Music Go Free, http://www.boston.com/news/local/rhode_island/articles/2010/10/20/high_honors_for_letting_music_go_free (Abruf: 25. Oktober 2010).

102 Megan Hall, MacArthur »Genius« Uses Music to Bring Social Justice, in: All Things Considered, National Public Radio, 11. Oktober 2010; Ross, Learning the Score.

103 Otto Pohl, Helping Soweto Youth Make the Music of Their Lives, in: New York Times, 22. November 2003.

104 South Africa 5th Sept 2010 Prt 2, http://www.youtube.com/watch?v=nO9nq5I9s9I&NR=1 (Abruf: 26. Oktober 2010).

105 Bob Simon, The Strings of Soweto, in: 60 Minutes, Teil 2, http://www.cbsnews.com/stories/2004/05/07/60II/main616247.shtml (Abruf: 26. Oktober 2010); Tristan Jacob-Hoff, The joie de vivre of Soweto's Young Musicians, http://www.guardian.co.uk/music/musicblog/2008/jan/31/soweto stringsnalden (Abruf: 26. Oktober 2010).

106 Elaine Dutka, Sound Out of Soweto, in: Los Angeles Times, 4. April 2001.

107 Chris Hawley, Venezuela Drug Trade Booms, in: USA Today, 21. Juli 2010.

108 Jonathan Govias, Inside El Sistema, in: The Strad, September 2010; Se Está Borrando la Frontera Entre Música Clásica y Popular, in: El Mundo, 25. Juni 2008.

109 Richard Morrison, True Class, in: Times (London), 15. Februar 2007.

110 Andreas Obst, Allmacht Musik, in: Frankfurter Allgemeine Zeitung, 9. August 2006; The Abreu Fellows Program, http://www.youtube.com/watch?v=Nwlj6YtaGk4, 14. Juli 2009 (Abruf: 4. November 2010); Geoff Edgers, Sour Note for Music Program, in: Boston Globe, 3. Januar 2011; Jeremy Eichler, At NEC, a Missed Opportunity, in: Boston Globe, 9. Januar 2011; Daniel J. Wakin, Conservatory Is to Cut Ties to Children's Music Project, in: New York Times, 21. Januar 2011.

111 Mark Churchill, Dekan Emeritus des New England Conservatory, Direktor von El Sistema USA, Telefon-Interview mit dem Autor, 29. Oktober 2010; Eric Booth, Thoughts on Seeing El Sistema, unveröffentlicht, 26. Mai 2008; Arthur Lubow, Conductor of the People, in: New York Times Magazine, 28. Oktober 2007.

112 Interview mit Elena Dolenko, Caracas, 31. Januar 2008; http://encontrarte.aporrea.org/creadores/musica/82/a14496.html (Abruf: 3. November 2010).

113 Rory Carroll, Chávez Pours Millions More into Pioneering Music Scheme, in: Guardian, 4. September 2007; Lubow, Conductor of the People.

114 Jane Baldauf-Berdes, Women Musicians of Venice, Oxford 1993, S. 107.

115 Helen Geyer, Die venezianischen Konservatorien im 18. Jahrhundert, in: Musical Education, hrsg. von Fend und Noiray, S. 40 f.

116 Talbot, Vivaldi, Antonio; Baldauf, Women Musicians, S. 236.

117 Elsie Arnold und Jane Baldauf-Berdes, Maddalena Lombardini Sirmen, Lanham und London 2002, S. 7–34.

118 Schwarz, Great Masters, S. 70 f.; Pierluigi Petrobelli, Tartini, Giuseppe, Oxford Music Online (Abruf: 23. August 2012).

119 Emanuel Hondré, La Conservatoire de Musique de Paris, in: Musical Education, hrsg. von Fend und Noiray, S. 81 ff.

120 Lynne Heller, Das Konservatorium für Musik in Wien, in: Musical Education, hrsg. von Fend und Noiray, S. 205 ff.; Richard Evidon, Joseph Hellmesberger; Boris Schwarz, Joseph Boehm; Gesellschaft der Musikfreunde, in: Grove Music Online, http://www.grovemusic.com (Abruf: 24. Februar 2009); Joseph Sonnleithner, Allgemeine deutsche Biographie, Bd. 34, Leipzig 1892, S. 640 f.

121 W. W. Cazalet, The History of the Royal Academy of Music, London 1854, S. x f.

122 Cyril Ehrlich, The Music Profession, S. 79 ff.; Bernarr Rainbow und Anthony Kemp, London (i), VIII, in: Grove Music Online, http://www.grovemusic.com (Abruf: 25. Februar 2009).

123 Hills Tagebuch, 3. März 1894.

124 Royal College of Music, in: New York Times, 3. Mai 1894.

125 Rebecca Grotjahn, Musik als Wissenschaft und Kunst, in: Musik, Wissenschaft und ihre Vermittlung, hrsg. von Arnfried Edler und Sabine Meins, Augsburg 2002, S. 353 f.; Die höhere Ausbildung in der Musik, in: Musical Education, hrsg. von Fend und Noiray, S. 301 ff.; Dietmar Schenk, Die Hochschule für Musik zu Berlin, Stuttgart 2004, S. 25 f.

126 Boris Schwarz, Interaction between Russian und Jewish Musicians, in: Proceedings of the World Congress on Jewish Music, 1978, hrsg. von Judith Cohen, Tel Aviv 1982.

127 Lyudmila Kovnatskaya, St. Petersburg; Vincent Duckles und Eleanor F. McCrickard, Domenico Dall'Oglio, in: Grove Music Online (Abruf: 21. März 2009); Schwarz, Great Masters, S. 408–413.

128 I.M. Yampolsky und Rosamund Bartlett, Moscow, in Grove Music Online (Abruf: 21. März 2009).

129 Lynn Sargeant, A New Class of People, in: Music and Letters, Bd. 85, Nr. 1, 2004.

130 Lynn M. Sargeant, Ambivalence and Desire, in: Musical Education, hrsg. von Fend und Noiray, S. 257 ff.

131 Andreas Moser, Joseph Joachim, Berlin 1910, Bd. 2, S. 144 ff.

132 Bruno Walter, Thema und Variationen, Frankfurt 1960, S. 34 ff.

133 Dietmar Schenk, Das Stern'sche Konservatorium der Musik, in: Musical Education, hrsg. von Fend und Noiray, S. 275 ff.

134 Schenk, Die Hochschule, S. 31.

135 Joseph Joachim, Brief an seine Frau, 15. Juli 1870, zitiert in Beatrix Borchard, Stimme und Geige, Wien u. a. 2005, S. 346.

136 Schenk, Die Hochschule, S. 31 ff., Borchard, Stimme und Geige, S. 294 ff.

137 Brief vom 17. April 1869, Acta betreffend den Director Professor Dr. Joseph Joachim, Archiv, Hochschule der Künste, Berlin.

138 Joseph Joachim, Brief an seine Frau, 21. Juni 1869; zitiert nach Borchard, Stimme und Geige.

139 Siegfried Borris, Hochschule für Musik, Berlin 1964, S. 10.

140 Schenk, Die Hochschule, S. 309–131; Borris, Hochschule, S. 12.

141 Laura Carter Holloway Langford, Francis B. Thurber, in: Famous American Fortunes and the Men Who Have Made Them, Philadelphia 1884, S. 407 ff.

142 Clarence D. Long, Wages and Earnings in the United States, 1860–1890, Princeton 1960, Kap. 3.

143 National Conservatory Concert, in: New York Evening Post, 22. Februar 1899.

144 Emanuel Rubin, Jeannette Meyers Thurber and the National Conservatory of Music, in: American Music, Herbst 1990, S. 294–325.

145 Gregor Benko und Terry McNeill, Josef Hofmann, http://www.maarstonrecords.com/ hofmannv6/hoffmannv6_liner.htm (Abruf: 17. April 2009); In Philadelphia, in: Time, Juni 13, 1927; Carl Flesch, Erinnerungen eines Geigers, Freiburg und Zürich 1960, S. 178 f.

146 Vgl. http://historicaltextarchive.com/sections.php?op=viewarticle&artid=419 (Abruf: 18. April 2009).

147 James Oestreich, Innovative New Baton Keeps a School's Faculty Aquiver, in: New York Times, 16. April 1998.

148 Gives $ 5,000,000 to Advance Music, in: New York Times, 27. Juni 1919.

149 Andrea Olmstead, Juilliard, A History, Urbana und Chicago 1999, passim.

150 Ebenda, S. 137.

151 Lisa B. Robinson, A Living Legacy: Historic Stringed Instruments at the Juilliard School, Pompton Plains 2006.

152 George M. Logan, The Indiana University School of Music, Bloomington und Indianapolis 2000, S. 25 f.

153 Ebenda, S. 109; Thomas D. Clark, Indiana University, Bd. 3, Bloomington und London 1977, S. 487.

154 Logan, The Indiana University School of Music, S. 154.

155 Ebenda, S. 223.

156 Arthur Pougin, Notice sur Rode, Paris 1874, S. 10.

157 Ebenda, S. 32 f.

158 P. Baillot, L'Art du Violon, Nouvelle Méthode, Dédiée à ses Elèves, Mainz und Antwerpen [ca. 1834], S. 1–10.

159 Charles Dancla, Notes et Souvenirs, Paris 1893, S. 7.

160 Albert Mell und Cormac Newark, Charles Dancla, Grove Music Online (Abruf: 5. Juni 2009).

161 Dancla, Notes, S. 10 ff., S. 30–32 und 125.

162 Carl Flesch, Erinnerungen eines Geigers, Freiburg und Zürich 1960, S. 56.

163 Henri Temianka, Facing the Music, New York 1973, S. 3.

164 Interview mit dem Autor, London, 9. Juli 1997.

165 Heinrich Ehrlich, Modernes Musikleben, Berlin 1895, S. 172–174.

166 Richard Stern, Was muß der Musikstudierende von Berlin wissen?, Berlin 1914.

167 Flesch, Erinnerungen, S. 33.

168 Waldemar Meyer, Aus einem Künstlerleben, Berlin 1925, S. 21 und 58, Mein Lieber Spiering, hrsg. von Brigitte Höft, Mannheim 1996, S. 9, http://www.csporter.com/spiering.shtml (Abruf: 19. März, 2006).

169 Andreas Moser, Joseph Joachim: Ein Lebensbild, Bd. 2, Berlin 1910, S. 184.

170 Leopold Auer, Violin Playing as I Teach It, New York 1921, S. 23.

171 Flesch, Erinnerungen, S. 35 ff.; Ovide Musin, My Memories: A Half-Century of Adventures and Experiences and Global Travel, Written by Himself, New York 1920, S. 61.

172 Enzo Porta, Il violino nella storia, Turin 2000.

173 Joseph Joachim, Andreas Moser, Violinschule, Berlin 1902–1905.

174 Zitiert nach Paolo Peterlongo, Il violino di Vecsey, Mailand 1977, S. 152–154.

175 Flesch, Erinnerungen, S. 37 und 108.

176 E. James, Camillo Sivori, London 1845, S. 10 f.

177 Schwarz, Great Masters, S. 442. Vgl. Ayke Agus, Heifetz as I Knew Him, Portland 2001.

178 Schwarz, Great Masters, S. 415 f.

179 Leopold Auer, My Long Life in Music, New York 1923, S. 356.

180 Interview mit Elman, in: Frederick Martens, Violin Mastery, Talks with Master Violinists and Teachers, New York 1919.

181 Arthur Weschler-Vered, Jascha Heifetz, London 1986, S. 47; Heifetz, hrsg. von Herbert Axelrod, S. 126.

182 Nathan Milstein, From Russia to the West, New York 1990, S. 26.

183 Malan, Efrem Zimbalist, S. 23.

184 Auer, Violin Playing as I Teach It, S. 58–63.

185 Schwarz, Great Masters, S. 414 ff.; Porta, Il violino, S. 169–174.

186 Flesch, Erinnerungen, S. 148.

187 Auer, My Long Life, S. 320 ff.; Allan Kozinn, Mischa Elman and the Romantic Style, Chur, Schweiz, 1990, S. 36 ff.

188 Malan, Efrem Zimbalist, S. 141 ff.

189 Ebenda, S. 178 ff.; Henri Temianka, Flesch Start, in: The Strad, Juli 1986.

190 Carl F. Flesch, Biografische Aufzeichnungen für ein Aufnahme-Projekt, undatiert, Papiere von Rostal, in: Ordner I. Fassung und Verschiedenes, Universität der Künste, Berlin.

191 Flesch, Erinnerungen, S. 199 ff.

192 Ebenda, S. 73.

193 Rosa Fain, Interview mit dem Autor, Düsseldorf, 1. Dezember 2000.

194 Cry Now, Pay Later, in: Time, 6. Dezember 1968.

195 Arnold Steinhardt, Indivisible by Four, New York 1998, S. 28.

196 Interview mit dem Autor, 26. März 2003.

197 Elizabeth A. H. Green, Miraculous Teacher, Ann Arbor 1993, S. 37.

198 Telefon Interview mit Henry Meyer, 26. März, 2002.

199 Green, Miraculous Teacher, S. 75 ff.; Porta, Il violino, S. 2003 f.

200 Vgl. http://www.brainyquote.com/quotes/Authors/v/vince_lombardi.html (Abruf: 5. Juli 2009); Schwarz, Great Masters, S. 550.

201 David Blum, A Gold Coin, in: The New Yorker, 4. Februar 1991.

202 Ebenda.

203 Katie Robbins, 2010 Indianapolis Violin Competition Gets Under Way, in: Strings, September 2010.

204 Green, Miraculous Teacher, S. 93.

205 Mary Budd Horozaniecki, Gingold, Virtuoso Teacher, in: String Notes, Herbst 2007.

206 E-Mail an den Autor, 28. Mai 2009.

207 Interviews mit dem Autor, Aspen, Collorado, 28. und 29. Juli 1998, und Hannover, 17. November 2000.

208 Vgl. Zakhar Bron, Thoughts on This Master Teacher, http://www.violinist.com/discussion/response.cfm?ID=8561 (Abruf: 21. Juli 2009).

209 Carlos Maria Solare, Quest for Artistry, in: The Strad, September 1996.

210 Vgl. http://www.violinist.com/blog/laurie/200911/10686 (Abruf: 12. November 2010).

211 Interview mit dem Autor, Aspen, 29. Juli 1998.

212 Vgl. David Schoenbaum, Striking a Chord, in: Washington Post, 6. Mai 2000; Building a New Conservatory the American Way, in: New York Times, 4. Juni 2000.

213 David Barboza, Isaac Stern's Great Leap Forward Reverberates, in: New York Times, 1. Juli 2009.

214 Heinrich Ehrlich, in Neue Deutsche Biographie, Bd. 4, Berlin 1959, S. 363.

215 Heinrich Ehrlich, Das Musikproletariat und die Konservatorien, in: Modernes Musikleben, Berlin 1895.

216 Norman Lebrecht, End of the Road for Opera's Lovers, http://www.scena.org/columns/lebrecht/070207-NL-road.html (Abruf: 27. Februar 2010).

217 Daniel Wakin, The Juilliard Effect, in: The New York Times, 12. Dezember 2004.

218 Kristina Singer, Masterarbeit, Universität Wien, Februar 2007, http://www.joseph wechsberg.com/html/joseph-wechsberg-biography.html (Abruf: 22. August 2009); William Shawn, Nachruf in: The New Yorker, 25. April 1983; Joseph Wechsberg, The First Time Around, New York 1970, S. 86–92.

219 Catherine S. Manegold, At Home With: Yeou-Cheng Ma, in: New York Times, 10. März 1994.

220 Molly O'Neill, George Lang Tells His Story, Bottom to Top, in: New York Times, 22. April 1998; Matt DeLucia, George Lang – His Amazing Journey to Café des Artistes, in: New York Restaurant Insider, März 2007; George Lang, Nobody Knows the Truffles I've Seen, New York 1998, S. 278–280.

221 Charles Loch Mowat, Britain Between the Wars, London 1959, S. 491; Ehrlich, The Music Profession in Britain, London 1985, Tafel S. 237.

222 Ernst Rudorff an Joseph Joachim, 18. Dezember 1881, zitiert nach Barbara Kühnen, Ist die kleine Soldat nicht ein ganzer Kerl?, in: Ich fahre in mein liebes Wien, hrsg. von Elena Ostleitner und Ursula Simek, Wien 1996, S. 144 ff.

223 Ehrlich, The Music Profession, S. 156 ff.

224 John H. Mueller, The American Symphony Orchestra, Westwood 1951, S. 308; Ehrlich, The Music Profession, S. 161 und 186 ff.

225 Matthew A. Killmeier, Race Music, in: St. James Encyclopedia of Popular Culture, Detroit 1999.

226 Bálint Sárosi, Gypsy Music, Budapest 1971, S. 238 ff.

227 Moser, Joseph Joachim, Berlin 1910, Bd. 2, S. 124 ff.

228 Yoshimasa Kurabayashi und Yoshiro Matsuda, Economic and Social Aspects of the Performing Arts in Japan, Tokio 1988, S. 9.

229 Sheila Melvin und Jindong Cai, An Orchestra with a Political Accompaniment, in: New York Times, 5. März 2000.

230 Eugene Goossens, Overture and Beginners, London 1951, S. 110.

231 Ehrlich, The Music Profession, S. 201.

232 Robert D. Leiter, The Musicians and Petrillo, New York 1953, S. 56 f. http://eh.net/encyclopedia/article/Smiley.1920s.final (Abruf: 1. Dezember 2009).

233 Edwin Evans, Music and the Cinema, in: Music and Letters, Januar 1929; Ehrlich, The Music Profession, S. 205.

234 Anne Mischakoff Heiles, Golden Fiddlers of the Silver Screen, in: The Strad, November 2009; Leiter, The Musicians and Petrillo, S. 57.

235 Louis Kaufman, A Fiddler's Tale, Madison und London 2003, S. 112 ff.; S. Stevenson Smith, The Economic Situation of the Performer, in: Juilliard Review, Herbst 1955.

236 Anne Midgette, Can the iPod Kill These Radio Stars?, in: New York Times, 29. Oktober 2006.

237 Norman Lebrecht, When the Music Stopped, London 1997, S. 380–388.

238 Vgl. http://www.bach-cantatas.com/Bio/Philadelphia-Orchestra.htm (Abruf: 16. November 2009).

239 Norman Lebrecht, Look Who's Been Dumped, in: La Scena Musicale, http://www.scena.org/columns/lebrecht/031231-NL-recording.html (Abruf: 31. Dezember 2003).

240 Anne Midgette, Critic's Notebook: Urge.com und Online Classical, in: New York Times, 19. Mai 2006.

241 Joseph Szigeti, Szigeti on the Violin, New York und London 1969, S. 21 ff.

242 Ebenda, S. 22 f.

243 Vgl. www.miraclesofmodernscience.com (Abruf: 23. Dezember 2011); Miracles of Modern Science, in: Weekend Edition Sunday, National Public Radio, 11. Dezember 2011.

244 Allan Kozinn, A Man of Many Talents, in: New York Times, 5. Oktober 2008.

245 Greg Cahill, Making Your Living as a String Player, San Rafael 2004; Angela Myles Beeching, Beyond Talent: Creating a Successful Career, New York 2005.

246 Walter Salmen, The Musician in the Middle Ages, in: The Social Status of the Professional Musician from the Middle Ages to the 19th Century, hrsg. von Walter Salmen, New York 1983.

247 Richard Stites, Serfdom, Society and the Arts in Imperial Russia, New Haven und London 2005, S. 71 ff.

248 Faubion Bowers, Scriabin, Mineola 1996, S. 52.

249 Paul A. Cimbala, Musicians, in: Dictionary of Afro-American Slavery, hrsg. von Randall M. Miller und John David Smith, Santa Barbara 1997, S. 508 ff.; Fortunate Bondsmen, in: Southern Studies 1979, S. 291–303; Black Musicians from Slavery to Freedom, in: Journal of Negro History 1995, S. 15–29.

250 Zitiert nach Heinrich W. Schwab, The Social Status of the Town Musician, in: Salmen, The Social Status , S. 33.

251 John Spitzer und Neal Zaslaw, The Origins of the Orchestra, New York 2004, S. 428 f.

252 Tanya Kevorkian, Baroque Piety, Farnham 2007, S. 195 ff.

253 Spitzer und Zaslaw, The Birth, S. 72 ff. Vgl. Robert L. Weaver, The Consolidation of the Main Elements of the Orchestra, in: The Orchestra, hrsg. von Joan Peyser, New York 1986, S. 11–16.

254 Spitzer und Zaslaw, The Birth, S. 75; Sylvette Milliot, Violonistes et luthiers parisiens au XVIIIe siècle, in: Françoise Gétreau, Instrumentistes, S. 83 ff.

255 Boyden, The History, S. 227.

256 Zitiert nach Spitzer und Zaslaw, The Birth, S. 180.

257 Jerôme de la Gorce, Lully, Jean-Baptiste, in: Grove Music Online (Abruf: 31. August 2009); Spitzer und Zaslaw, The Birth, S. 88–104.

258 Arnold Schering, Musikgeschichte Leipzigs von 1650 bis 1723, Leipzig 1926, S. 257 ff., 342 und 405; Pippa Drummond, Pisendel, Johann Georg, in: Grove Music Online (Abruf: 7. September, 2009).

259 Spitzer und Zaslaw, The Birth, S. 130.

260 Milliot, Violonistes et luthiers, in: Gétreau, Instrumentistes , S. 87; Spitzer und Zaslaw, The Birth, S. 201 f.

261 Zitiert nach Peter Holman, Four and Twenty Fiddlers, S. 78 f.

262 Ebenda, S. 39–51.

263 Spitzer und Zaslaw, The Birth, S. 270 f.

264 Holman, Four and Twenty Fiddlers, S. 299.

265 Ebenda, S. 418; Spitzer und Zaslaw, The Birth, S. 272.

266 Holman, Four and Twenty Fiddlers, S. 291 bis 296.

267 John Timbs, Curiosities of London, London 1867, S. 136.

268 Roger North on Music, hrsg. von J. Wilson, London 1959, S. 309 und 355 ff. Vgl. Brian Harvey, The Violin Family and Its Makers in the British Isles, Oxford 1995, S. 26 ff.

269 Roger North, hrsg. von Wilson, London 1959, S. 300 und 355 ff.

270 Baretti, An Account of the Manners and Customs of Italy, London 1768, Bd. 1, S. 150.

271 Roger North, hrsg. von J. Wilson, S. 309; Vgl. Jamie C. Kassler, North, Roger, in: Grove Music Online (Abruf: 30. September, 2009).

272 Zitiert nach Michael Broyles, Ensemble Music Moves Out of the Private House, in: Peyser, The Orchestra, S. 124.

273 Karl Geiringer, Haydn, Berkeley und Los Angeles 1968, S. 115 f.

274 Rebecca Harris-Warrick und Julian Rushton, Philidor 3: Anne Danican Philidor, in: Grove Music Online (Abruf: 3. Oktober, 2009).

275 http://www.musicologie.org/sites/c/concert_spirituel.html (Abruf: 3. Oktober 2009); The Orchestra, hrsg. von Peyser, S. 52–54; Spitzer und Zaslaw, The Birth, S. 197–201.

276 Milliot, Violonistes et luthiers, in: Gétreau, Instrumentistes, S. 89.

277 Gabriel Banat, The Chevalier de Saint-Georges, Hillsdale 2006, S. 116–119 und 262 bis 265; http://musicmac.ifrance.com/docs/societes.html (Abruf: 4. Oktober 2009).

278 Geiringer, Haydn, S. 45.

279 Mahling, The Origin and Social Status, in: The Social Status, hrsg. von Salmen, passim.

280 Spitzer und Zaslaw, The Birth, S. 250–256.

281 Maynard Solomon, Mozart, New York 1995, S. 139; Floyd K. Grave, Holzbauer, Ignaz, in: Grove Music Online (Abruf: 8. Oktober 2009).

282 Solomon, Mozart, S. 139 f.

283 Spitzer und Zaslaw, The Birth, S. 432 f.; Margaret Menninger, Art and Civic Patronage in Leipzig, Dissertation Harvard 1998,

S. 216 ff.; Anna Amalie Albert und Thomas Bauman, Hiller, Johann Adam und George B. Stauffer, Leipzig, in Grove Music Online (Abruf: 12. Oktober, 2009); Hans-Joachim Nösselt, Das Gewandhausorchester, Leipzig 1943, passim.

284 Cyril Ehrlich, First Philharmonic, Oxford 1995, S. 25.

285 Nicholas Kenyon, The BBC Symphony Orchestra, London 1981.

286 Ehrlich, First Philharmonic, S. 52.

287 Ebenda, S. 200.

288 Ebenda, S. 120.

289 Flesch, Erinnerungen, S. 61.

290 Clemens Hellsberg, Demokratie der Könige, Wien 1992, passim.

291 Herta und Kurt Blaukopf, Die Wiener Philharmoniker, Wien 1992, S. 57 ff.

292 Herbert Haffner, Die Berliner Philharmoniker, Mainz 2007, S. 11 f.

293 Einhundert Jahre Berliner Philharmonisches Orchester, hrsg. von Peter Muck, Tutzing 1982, S. 393 ff.

294 Edith Stargardt-Wolff, Wegbereiter großer Musik, Berlin und Wiesbaden 1954, Bd. 2, S. 30.

295 Berta Geissmar, Musik im Schatten der Politik, Zürich 1945, passim.

296 Haffner, Die Berliner, S. 94–136.

297 Norman Lebrecht, The Monster and His Myth, 30. Januar 2008, http://www.scena.org/columns/lebrecht/080130-NL-Monster.html (Abruf: 9. November 2009).

298 Joseph Horowitz, Classical Music in America, New York 2005, S. 73–75.

299 Leiter, The Musicians and Petrillo, S. 130.

300 Jessica Gienow-Hecht, Sound Diplomacy, Chicago und London 2009, S. 190.

301 Christine Ammer, Unsung, Portland 2001, S. 39.

302 Bliss Perry, Life and Letters of Henry Higginson, Boston 1921, S. 308.

303 Janet Baker-Carr, Evening at Symphony, S. 126.

304 Barbara Nielsen, Musician Involvement in the Governance of Symphony Orchestras, in: Polyphonic.org, 7. April 2008.

305 Spitzer und Zaslaw, The Birth, S. 398 ff.

306 Julia Moore, Beethoven and Musical Economics, Dissertation, University of Illinois 1987.

307 Spitzer und Zaslaw, The Birth, S. 412.

308 Simon McVeigh, Felice Giardini, in: Music and Letters, Oktober 1983; Simon McVeigh, The Violinist in London's Concert Life, 1750–1784, London und New York 1989; Spitzer und Zaslaw, The Birth, S. 413.

309 John Rosselli, Music and Musicians in 19th Century Italy, Portland, S. 72 ff.

310 Henry William Byerly Thomson, The Choice of a Profession, London 1857, S. 3.

311 Andrew King, Army, Navy, Medicine, Law, in: Nineteenth Century Gender Studies, Sommer 2009.

312 William Martin, Les Conditions de vie et de travail des musiciens, Genf 1923, Bd. 1, S. 5.

313 Hellsberg, Demokratie, S. 136.

314 Ebenda, S. 313–315.

315 Baker-Carr, Evening, S. 138.

316 Vgl. http://www.victorianweb.org/history/work/nelson1.html (Abruf: 29. November 2009); Goossens, Overture, S. 91.

317 Ehrlich, The Music Profession, S. 51, S. 104 und 120.

318 Martin, Les Conditions de vie, Bd. 1, S. 42 ff.

319 Ebenda, Bd. 2, S. 3 ff.

320 Ebenda, Bd. 2, S. 18 ff.

321 Edward Arian, Bach, Beethoven and Bureaucracy, Alabama 1971, S. 14; Mueller, The American Symphony Orchestra, S. 156.

322 Harry Ellis Dickson, Beating Time, Boston 1995, S. 49–58.

323 NARA Aufzeichnungen des Reichsministeriums für Propaganda 1936–1944, T70 87, Vertragsentwurf, 24. August 1937; Rüdiger Hachtmann, Beschäftigungslage und Lohnentwicklung in der deutschen Metallindustrie, 1933–1949, S. 54; http://hsr-trans.zhsf.uni-koeln.de/hsrretro/docs/artikel/hsr/hsr1981_33.pdf (Abruf: 3. Dezember 2009).

324 Leiter, The Musicians and Petrillo, S. 113 bis 119. Vgl. Yehudi Menuhin, Unfinished Journey, New York 1996, S. 162–165.

325 Dickson, Beating Time, S. 69–71; Leiter, The Musicians and Petrillo, S. 119–131.

326 Leader Praises Petrillo, in: New York Times, 15. Dezember 1942.

327 S. Stephenson Smith, The Economic Situation of the Performer, in: Juilliard Review, Herbst 1955.

328 RCA v. Whiteman u. a., 114 Fed (2nd) 86; 311 US 712 (1940); Erik Barnouw, The Golden Web, New York 1968, S. 217.

329 Current Population Reports, Bureau of the Census, Series P–60, Nr. 24, Washington, April 1957.

330 Horowitz, Classical Music, S. 483.

331 Julie Ayer, More Than Meets the Ear, Minneapolis 2005, S. 33.

332 Julie Ayer, The Birth of ICSOM, in: Polyphonic, 17. September 2007, http://www.polyphonic.org/article.php?id=128 (Abruf: 18. Januar 2010).

333 Harold C. Schonberg, The Sound of Money, in: New York Times, 22. Oktober 1965.

334 Comparative Growth in Orchestra Annual Salaries, in: Senza Sordino, März 2001.

335 Charles Michener, Onward and Upward with the Arts, in: The New Yorker, 7. Februar 2005; Horowitz, Classical Music, S. 483 f.; Blair Tindall, The Plight of the White-Collar Worker, in: New York Times, 4. Juli 2004, http://www.census.gov/Press-Release/www/releases/archives/income_wealth/002484.html (Abruf: 10. Dezember 2009).

336 Jutta Allmendinger und J. Richard Hackman, The Survival of Art or The Art of Survival, unveröffentlicht, März 1991; Organizations in Changing Environments, in: Journal of Administrative Science, September 1996; Günther G. Schulze und Anselm Rose, Public Orchestra Funding in Germany, in: Journal of Cultural Economics 1998, Bd. 22, S. 227 ff.; Ayer, More Than, S. 149.

337 Lawrence Van Gelder, Arts Briefing, in: New York Times, 13. September 2004; E-Mail an den Autor, 14. September 2004.

338 Interview mit dem Autor, London, 11. Juli 1997.

339 Interview mit dem Autor, Berlin, 29. Januar 1997.

340 Jutta Allmendinger und J. Richard Hackman, The More, the Better? in: Social Forces, Dezember 1995, S. 428 f.

341 J. Richard Hackman, Leading Teams, Cambridge 2002.

342 Allmendinger und J. Richard Hackman, The Survival of Art or The Art of Survival, unveröffentlicht, März 1991, S. 7.

343 Jutta Allmendinger, J. Richard Hackman und Erin V. Lehman, Life and Work in Symphony Orchestras, in: Musical Quarterly 80, 1996, S. 6 ff.

344 Haffner, Die Berliner, S. 259.

345 Seymour und Robert Levine, Why they're Not Smiling, in: Harmony, April 1996.

346 Charlotte Higgins, Orchestras Throw a Lifeline to Musicians, in: The Guardian, 28. Januar 2006; Blair Tindall, Better Playing Through Chemistry, in: New York Times, 17. Oktober 2004; James R. Oestreich, The Shushing of the Symphony, in: New York Times, 11. Januar 2004; Eleanor Blau, Taking Arms Against Stage Fright, in: The New York Times, 20. September 1998.

347 Bonn Violinists Drop »More Pay for More Notes« Lawsuit, in: Agence France Presse, 27. Mai 2004; »Paid by the Note? Don't Be Ridiculous«, in: Guardian, 25. März 2004.

348 Ayer, More Than, S 76.

349 Vgl. http://prescriptions.blogs.nytimes.com/2010/01/17/an-economist-who-sees-no-way-to-slow-rising-costs (Abruf: 25. Januar 2010); Allan Kozinn, Strike in Philadelphia, in: New York Times, 17. September 1996.

350 Sarah Bryan Miller, Symphony Strike Echoes Across US, in: Christian Science Monitor, 20. Januar 2005; Ben Mattison, St. Louis Symphony Musicians Approve New Contract, http://www.playbillarts.com/news/article/1510-St-Louis-Symphony-Musicians-Approve-New-Contract-Ending-Two-Month-Work-Stoppage.html (Abruf: 28. Januar 2010).

351 John von Rhein, Orchestra, Lyric Opera in Tune, in: Chicago Tribune, 5. Dezember 2009; Daniel Wakin, Cleveland Settles Orchestra Strike, in: New York Times, 19. Januar 2010; Andrew Manshel, Too Big to Succeed?, in: Wall Street Journal, 23. Januar 2010; Janet I. Tu, Seattle Symphony, Management Reach Tentative Agreement, in: Seattle Times, 10. Januar 2010; E-Mail an den Autor, 30. Januar 2010.

352 Philip Boroff, Bankruptcy Alert, http://www.bloomberg.com/news/2011-05-02/bankruptcy-alert-the-philadelphia-orchestra-declared-it-so-who-s-next-.html (Abruf 28. Juni 2011).

353 Global Strings, in: Economist, 16. August 1997.

354 The World's Greatest Orchestras, in: Gramophone, Dezember 2008.

355 Deems Taylor, Music to My Ears, New York 1949, S. 106.

356 Gespräch mit dem Autor, Bologna 1993.

357 Manshel, Too Big to Succeed?, in: Wall Street Journal, 23. Januar 2010; http://espn.go.com/mlb/teams/salaries?team=cle (Abruf: 15. Februar 2010); Not Over till Overtime's Due? Met Labor Strife Bares Secrets, New York Times, 8. Juli 2014, S. 1, http://neomusic.wordpress.com/2011/04.28/the-coolest-band-in-the-world, http://www.expatistan.com/cost-of-living/comparison/new-york-city/berlin (Abruf: 16. August 2014).

358 Robert Frank, Higher Education: the Ultimate Winner-Take-All Market, Forum for the Future of Higher Education, Aspen, 27. September 1999 (Abruf: 6. Februar 2010), http://inequality.cornell.edu/publications/working_papers/RobertFrank1.pdf;http://www.philly.com/philly/blogs/artswatch/Philadelphia_Orchestra-Musician_Minimum_Base-Salary_Deceptive.html; http://sports.espn.go.com/espn/news/story?id=6354899; http://www.footballspeak.com/post/2012/05/05/Top-20-Highest-Paid-Players.aspx; http://www.nytimes.com/2014/06/25/arts/music/glenn-dicterow-discusses-leaving-new-york-philharmonic.html; http://www.forbes.com/sites/kathryndill/2014/04/15/report-ceos-earn-331-times-as-much-as-average-workers-774-times-as-much-as-minimum-wage-earners (Abruf: 16. August 2014).

359 Don Olesen, Are Women Sour Notes in Orchestras? in: Milwaukee Journal, 19. April 1970.

360 Ayer, More Than, S. 123; Mueller, The American Symphony Orchestra, Westwood, S. 258 ff.

361 Haffner, Die Berliner, S. 245–248.

362 Evelyn Chadwick, Of Music and Men, in: The Strad, Dezember 1997.

363 James R. Oestreich, An Agent of Change Keeps Stretching, in: New York Times, 24. Februar 2009; Rory Williams, Women Still Fight for Seat in Major Orchestras Worldwide, in: Strings, Oktober 2010.

364 Ayer, More Than, S. 113–122.

365 Nikolai Biro-Hubert, Dirigierdschungel, Berlin 1997, S. 163 f.

366 Claudia Goldin und Cecilia Rouse, Orchestrating Impartiality, in: American Economic Review, September 2000, S. 715 ff.

367 Allmendinger u. a., Life and Work, S. 208.

368 Daniel J. Wakin, The Philharmonic Denies Bias, in: New York Times, 26. Juli 2005; Dareh Gregorian, Philharmonious End to Lawsuit, in: New York Post, 4. September 2007.

369 Lowell Noteboom, A Champion for Orchestras, in: Symphony, Juli/August 2006, S. 55 ff.

370 George Booth, Saddened Woman, with Violin Resting on Floor, Sits Quietly on Stool, in: New Yorker, 24. September 2001, http://www.cartoonbank.com/2001/Saddened-woman-with-violin-resting-on-floor-sits-quietly-on-stool/invt/121064 (Abruf: 5. März 2010).

371 Charles Michener, Onward and Upward with the Arts: the Clevelanders: Can an Orchestra Survive Its City?, in: The New Yorker, 7. Februar 2005.

372 Lawrence B. Johnson, Stalled Talks and Money Woes Major Threat to DSO, in: Detroit News, 19. August 2010.

373 Patricia M. Fergus, Factors Affecting the Development of the Orchestra and String Program, in: Journal of Research in Music Education, Herbst 1964; Michael Hopkins, Elevation of the School Band and Decline of the School Orchestra, http://www.uvm.edu/~mhopkins/string/history/stringed/01.html, http://www.childrensmusicworkshoS.com/advocacy/musicedinca.html (Abruf: 28. Februar 2010).

374 Helen Pellegrini, The Rise and Rise of Chinese Lutherie, in: The Strad, März 2009.

375 Daniel Wakin, The Face-the-Music Academy, in: New York Times, 18. Februar 2007.

376 Anne Midgette, Classical Artists Such as Hilary Hahn Chart Big on Billboard with Little Sales, in: The Washington Post, 30. Januar 2010.

377 National Endowment for the Arts 2008 Survey of Public Participation in the Arts, S. 79, http://www.artsjournal.com/sandow/2006/05/new_book_episode_and_allan_koz.html.

378 Forty Years After Woodstock, Pew Research Center, August 2009, S. 14 f.

379 Greg Sandow, Age of the French classical audience, http://www.artsjournal.com/Sandow/2009/12/age_of_the_french_classical_au.html, https://www.cia.gov/library/publications/the-world-factbook/geos/fr.html (Abruf: 19. März 2010).

380 Greg Sandow, New Book Episode, http://www.artsjournal.com/sandow/2006/05/new_book_episode_and_allan_koz.html (Abruf: 30. Mai 2006).

381 Allan Kozinn, Check the Numbers, in: New York Times, 28. Mai 2006; Norman Lebrecht, Will Music Be Safe in Their Hands, http://www.scena.org/columns/lebrecht/051221-NL-theirhands.html (Abruf: 21. Dezember 2005); End This Downloads Ban, http://www.scena.org/columns/lebrecht/090225-NL-downloads.html (Abruf: 25. Februar 2009).

382 Norman Lebrecht, When Times Are Tough, Classical Music Blooms, http://www.bloomberg.com/apps/news?pid=20670001&sid=a_kEJSPKJ5ao, 7. Juni 2009 (Abruf: 12. März 2010).

383 Paul Gleason, The Maximalist Matt Haimovitz Takes the Cello to New Places, in: Harvard Magazine, 31. Oktober 2008; John von Rhein, Matt Haimovitz Turns Classical Cello into a Switched-On Lounge Act, in: Chicago Tribune, 29. Oktober 2009.

384 Anthony Tommasini, Feeding Those Young and Curious Listeners, in: New York Times, 17. Juni 2009.

385 Orchestra Spotlight: Milwaukee Symphony Orchestra, Februar 2007, http://www.polyphonic.org/spotlight.php?id=58 (Abruf: 18. März 2010); http://www.siahq.org/conference/sia2005/images/MilwPoster800.gif (Abruf: 18. März 2010).

386 Vgl. http://www.macfound.org/programs/fel/fellows/dworkin_aaron.htm, http://www.answers.com/topic/aaron-p-dworkin, http://www.sphinxmusic.org/programs/competition.html (Abruf: 16. März 2010); John Von Rhein, Sphinx Looks to Change Makeup of US Orchestras, in: Chicago Tribune, 3. Oktober 2008; Sphinx Organization, Year in Review 2008/09, Detroit, Michigan und New York, S. 20 f.

387 Anthony Tommasini, Ten Years of Opening the Tent, in: New York Times, 3. Januar 2010.

388 Alex Ross, The Evangelist, in: The New Yorker, 5. Dezember 2005.

389 Vgl. http://www.acjw.org (Abruf: 18. März 2010).

390 Trip to Asia, Boomtown Media International 2008; Tommasini, Ten Years.

391 Andrew L. Pincus, Musicians with a Mission, Boston 2002, S. 230 ff.; Chester Lane, Joining Hands, in: Symphony, Mai/Juni 2006; Andrew Rooney, Opening Doors, in: The Strad, April 1997; Henry Fogel, Midori and the Orchestra Residency, http://www.artsjournal.com/ontherecord/2008/10/midori_and_the_orchestra_resid.htm (Abruf: 18. März 2010).

392 Daniel Wakin, Getting to Carnegie Via YouTube, in: New York Times, 2. Dezember 2008; Michal Shein, My Experience Performing with the YouTube Symphony, in: Polyphonic, 23. April 2009; Anne Midgette, YouTube's Un-Harmonic Convergence, in: The Washington Post, 16. April 2009; Anthony Tommasini, To Get to Carnegie Hall? Try Out on YouTube, in: New York Times, 17. April 2009; Greg Sandow, YouTube (Sigh) Symphony, in: Wall Street Arts Journal, http://www.artsjournal.com/sandow/2009/04/youtube_sigh_symphony.html (Abruf: 19. März 2010).

393 Jacob Hale Russell und John Jurgensen, Fugue for Man & Machine, in: Wall Street Journal, 5. Mai 2007.

394 Interview mit dem Autor und E-Mail an den Autor, 10. Februar/3. März 2010.

395 Geraldine de Courcy, Paganini, Bd. 1, S. 272, Bd. 2, S. 46 und 294.

396 Czech Quartet, in: The Oxford Dictionary of Music, hrsg. von Michael Kennedy, 2. überarbeitete Auflage; Oxford Music Online http://www.oxfordmusiconline.com.proxylib.uiowa.edu/subscriber/article/opr/t237e2661 (Abruf: 18. Februar 2011).

397 Zitiert nach John Gibbens, Shelf Life, in Telegraph, 24. September 2006.

398 De Coppet Musicians to Play, in: New York Times, 13. Februar 1905.

399 Steinhardt, Indivisible by Four, S. 166.

400 Vgl. http://www.loc.gov/pictures/item/99405878 (Abruf: 21. Juli 2012).

401 Steinhardt, Indivisible by Four, S. 185.

402 Interview mit dem Autor, Berlin, 27. September 1997.

403 Sonia Simmenauer, Muss es sein?, Berlin 2008, S. 16.

404 Anne Midgette, Music That Thinks Outside the Chamber, in: New York Times, 24. Juni 2007.

405 Brandt, Con Brio, S. 163.

406 Norman Lebrecht, Comment, in: The Strad, November 2010.

407 Briefwechsel zwischen Goethe und Zelter, hrsg. von Friedrich Wilhelm Riemer, Berlin 1834, Brief vom 9. November 1829, S. 305.

408 Emma Pomfret, The Stormy, Intimate Life of the String Quartet, in: Times (London), 8. Februar 2008.

409 In: The New Yorker, 4. April 1963.

410 Martin Kettle, Broken Strings, in: Guardian, 6. Oktober 2000; Chris Kahn, Lawsuit Rocks Virginia String Quartet, Associated Press, 8. Juni 2001; Daniel Wakin, The Broken Chord, in: New York Times, 11. Dezember 2005; 2 Musicians in a Legal Dispute Will Keep Their Instruments, in: New York Times, 11. Januar 2006.

411 Vgl. http://www.rmahome.com/c/faculty/ 35-faculty/3-david-ehrlich (Abruf: 19. Februar 2011).

412 Christoph Poppen, Interview mit dem Autor, 14. Juli 1997.

413 Pomfret, The Stormy, Intimate Life.

414 Martin, Les Conditions de vie, Bd. 2, S. 4 ff.

415 Lebrecht, Comment.

416 Steinhardt, Indivisible by Four, S. 7.

417 Ebenda.

418 Zitiert nach Boyden, The History, S. 32.

419 Robin Stowell, The Sonata, in: The Cambridge Companion to the Violin, hrsg. von Robin Stowell, Cambridge und New York 1992, S. 168 ff.

420 Nona Pyron und Aurelio Bianco, Farina, Carlo, in: Grove Music Online (Abruf: 13. April 2010).

421 Elias Dann und Jiří Sehnal, Biber, Heinrich Ignaz Franz von, in: Grove Music Online (Abruf: 15. April 2010).

422 Vgl. http://www.hoasm.org/VIIA/Matteis1. html (Abruf: 14. Juni 2010).

423 Johann Kuhnau, Der musikalische Quack-Salber, hrsg. von K. Benndorf, Berlin 1900, S. 242.

424 Michael Talbot, Corelli, Arcangelo, in: Grove Music Online (Abruf: 16. April 2010).

425 E-Mail an den Autor von Cho-liang Lin, 3. Oktober 2003.

426 Zitiert nach Simon McVeigh, The Violinists of the Baroque and Classical Periods, in: The Cambridge Companion, hrsg. von Stowell, S. 51.

427 Zitiert nach Schwarz, Great Masters, S. 102.

428 Michael Talbot, Vivaldi, in: Grove Music Online, Abruf: 21. Juli 2012.

429 Winton Dean und Carlo Vitali, Cuzzoni, Francesca, in: Grove Music Online (Abruf: 23. April 2010); http://pierre-marteau.com/ wiki/index.php?title=Prices_and_Wages_ %28Great_Britain%29#Wages (Abruf: 24. April 2010).

430 The Hymnal 1982, Companion Volume Three A, hrsg. von Raymond F. Glover, New York 1994, S. 678.

431 Simon McVeigh, Felice Giardini, in: Music and Letters, Oktober 1983; McVeigh, The Violinist, passim; Christopher Hogwood und Simon McVeigh, Giardini, Felice, in: Grove Music Online (Abruf: 23. April 2010); David Golby, Giardini [Degiardino], Felice, in: Oxford Dictionary of National Biography Online (Abruf: 23. April 2010).

432 Remo Giazotto, Giovan Battista Viotti, Mailand 1956, S. 42.

433 http://www.hymnary.org/tune/italian_ hymn_giardini.

434 François-Joseph Fétis, Viotti, in: Biographie universelle des musiciens, Faksimile des Originals von 1878, Paris 2006, S. 360.

435 Warwick Lister, Amico, New York 2009, S. 69; Georges Cucuel, Le Baron de Bagge et son temps, in: L'Année musicale, Bd. 1, 1911; C. Stanford Perry, Baron Bach, in: Music & Letters, April 1931.

436 Zitiert in Robin Stowell, Violin Technique and Performance Practice in the Late Eighteenth and Early Nineteenth Centuries, Cambridge 1985, S. 270, Nr. 14.

437 Arthur Pougin, Viotti et l'école modern de violon, Paris 1888, S. 24 f.; Mara, Mme. Giovanni Battista, in: A Biographical Dictionary of Actors, Actresses, Musicians, Dancers, Managers, and Other Stage Personnel in London 1660–1800, hrsg. von Highfill u. a., Bd. 10, S. 77–87.

438 Fétis, Viotti, S. 362.

439 Giazotto, Giovan Battista Viotti, S. 99–101.

440 Ebenda, S. 71 ff.

441 Yim, Viotti, S. 29 f.

442 Giazotto, Giovan Battista Viotti, S. 121.

443 Yim, Viotti, S. 120 ff. und 137.

444 Michael E. Scorgie, The Rise and Fall of William Bassett Chinnery, in: The Abacus, Bd. 43, Nr. 1, 2007; Lister, Amico, S. 264.

445 Yim, Viotti, S. 218 f.; Michael Fend, Cherubini, Luigi, in: Grove Music Online (Abruf: 19. Mai 2010).

446 Lister, Amico, S. 317 ff.

447 Yim, Viotti, S. 249 ff.; Lister, Amico, S. 348 ff., http://westminster.gov.uk/services/envi ronment/landandpremises/parksandopen spaces/paddington-street-gardens (Abruf: 21. Mai 2010).

448 Lister, Amico, S. 395; W. Henry Hill u. a., Antonio Stradivari, New York 1963, S. 54.

449 Giazaotto, Giovan Battista Viotti, S. 13.

450 Lister, Amico, S. 334 f.

451 Berri, Paganini, Mailand 1982, S. 295 ff. und 491, Violons, Vuillaume, S. 99; Pietro Berri, Paganini, Mailand 1982, S. 300. Übersetzung der Verse von Angelika Legde.

452 Zitiert nach G. I. C. de Courcy, Paganini, Bd. 1, S. 157; Berri, Paganini, Mailand 1982, S. 132 f.

453 Stendhal, Vie de Rossini, Paris 1922, Bd. 2, S. 116; Berri, Paganini, S. 226.

454 Berri, Paganini, S. 287 ff., de Courcy, Paganini, S. 416 ff.

455 Albert Mell, Rezension von: de Courcy, Paganini, in: Musical Quarterly, Oktober 1958, S. 524–527.

456 Ebenda; Carlo Marcello Rietmann, Il violino e Genova, Genua 1975, S. 23; De Courcy, Paganini, Bd. 1, S. 38–43.

457 P. Berri, Fasti e nefasti genovesi dell' »Elixir Le Roy«, in: Minerva Medica, 17. November 1956, S. 808–811.

458 Berri, Paganini, S. 57.

459 Ebenda, S. 49.

460 Ebenda, S. 77 ff. und 131; de Courcy, Paganini, Bd. 1, S. 109 f.

461 Vgl. http://oce.catholic.com/index.php?title =Pope_Leo_XII (Abruf: 10. Juni 2010).

462 Berri, Paganini, S. 405 f.

463 Ebenda, S. 405.

464 P. de Wailly, Boucher de Perthes et Paganini, in: Revue de musicologie, August 1928, S. 167 f.

465 Ebenda, S. 127 ff.

466 De Courcy, Paganini, S. 392.

467 Ebenda, S. 168 f.

468 Rietmann, Il violino, S. 32.

469 De Courcy, Paganini, S. 115 f.

470 H. Reich, Paganini, Napoléon des violonistes, in: Therapiewoche 30, 1980, S. 1731–1735.

471 Carl Guhr, Ueber Paganini's Kunst die Violine zu Spielen, Mainz, Antwerpen und Brüssel 1829, S. 42; Elizabeth A. H. Green, Miraculous Teacher, Ann Arbor und Bryn Mawr 1993, S. 69.

472 Heinrich W. Schwab, Konzert, Leipzig 1971, Bd. 4, S. 53; Pierre Baillot, L'Art du violon, Mainz und Antwerpen 1834, S. 5.

473 Charles Chadwick, The Minor Star and the Comet, in: The Strad, Juli 1997.

474 De Courcy, Paganini, S. 762 ff.

475 Berri, Paganini, S. 338 ff.; de Courcy, Paganini, Bd. 2, S. 35 ff.

476 Berri, Paganini, S. 369.

477 De Courcy, Paganini, Bd. 2, S. 46.

478 Berri, Fasti e nefasti.

479 Hugh McGinnis Ferguson, No Gambling at the Casino Paganini, in: American Scholar, Winter 1994.

480 De Courcy, Paganini, S. 304–306; W. Henry Hill u. a., Antonio Stradivari, S. 271.

481 http://en.wikipedia.org/wiki/Caprice_No._ 24_%28Paganini%29#Variations_on_the-theme (Abruf: 1. Juli 2012).

482 Berri, Paganini, S. 354.

483 http://www.youtube.com/watch?v=NHkX 0URELfQ.

484 Warren Kirkendale, Segreto communicato da Paganini, in: American Musicological Society Journal, Herbst 1965, S. 394.

485 Vgl. Rietman, Il violino, S. 53–79.

486 Vgl. M. W. Rowe, Heinrich Wilhelm Ernst, Farnham 2008, passim.

487 Meir A. Goldschmidt, A Norwegian Musician, in: Cornhill Magazine 6, Oktober 1862, S. 514 ff.

488 Schwarz, Great Masters, S. 232; http://veri fiable.com/app#/data_sets/925 (Abruf: 4. Juli 2010).

489 A. T. Andreas, History of Chicago, Chicago 1884, Bd. 1, S. 499.

490 Ebenda, S. 171 ff.

491 Eduard Hanslick, Music Criticisms, Harmondsworth 1963, S. 69.

492 Adrian Williams, Portrait of Liszt, Oxford 1990, S. 554–556.

493 Flesch, Erinnerungen, S. 39.

494 Camilla Cay, Myth-Making Fiddler, in: The Strad, Januar 1996.

495 Haugen und Cay, Ole Bull, S. 115 ff., auf Folksongs of Four Continents, Folkways Records FW 6911.

496 Michael Talbot, Vivaldi, Antonio, in: Grove Music Online (Abruf: 9. Juli 2010); Robin Stowell, Beethoven, S. 30 ff.

497 Dagmar Hoffmann-Axthelm, Bilderbetrachtung, in: Basler Jahrbuch für historische Musikpraxis 30, 2006, S. vii–xxiv.

498 Moser, Joseph Joachim, Bd. 1, S. 223.

499 Borchard, Stimme und Geige, S. 368 ff.

500 George Bernard Shaw, Shaw's Music, London 1981, Bd. 1, S. 993.

501 Joseph Joachim is Dead, Age 76, in: New York Times, 16. August 1907.

502 Borchard, Stimme und Geige, S. 18.

503 Moser, Joseph Joachim, Bd. 2, S. 351 f.

504 Alessandro Barrico, L'anima di Hegel e le Mucche del Wisconsin, Mailand 1993, S. 19.

505 Alex Ross, The Rest is Noise, New York 2007, S. 129.

506 George Francis Dawson, The Republican Campaign Text-Book for 1888, New York, Chicago und Washington, S. 114 ff.; http://oregonstate.edu/cla/polisci/faculty-research/sahr/sahr.htm, http://wiki.answers.com/Q/Average_salary_in_1930 (Abruf: 30. Juli 2010).

507 Vgl. http://www.bls.gov/opub/cwc/cm20030124ar03p1.htm (Abruf: 31. Juli 2010); Axelrod, Heifetz, S. 10 f.; http://www.williamwalton.net/articles/concertos.html (Abruf: 1. August 2010).

508 http://www.bls.gov/opub/uscs/1950.pdf (Abruf: 1. August 2010).

509 Harlow Robinson, The Last Impresario, New York 1994, S. 287–290; http://bber.unm.edu/econ/us-pci.htm (Abruf: 1. August 2010).

510 Vgl. Paolo Peterlongo, Il violino di Vecsey, Mailand 1977, S. 200 ff.

511 Borchard, Stimme und Geige, S. 115; Gidon Kremer, Obertöne, Salzburg und Wien 1997, S. 80 f.

512 Daniel Wakin, Violinist Cancels Recital Over Detroit Strike Tension, in: New York Times, 12. Oktober 2010.

513 E-Mail von Zina Schiff, 13. Dezember 2003.

514 Vgl. http://perso.club-internet.fr/jszulman/Christian_Ferras; http://perso.club-internet.fr/jszulman/Christian_Ferras/Interviews.html (Abruf: 23. August 2010); Thierry de Choudens, Christian Ferras, Genf 2004, S. 189 ff.

515 Klaus Weiler, Gerhard Taschner, das vergessene Genie, Augsburg 2004, passim.

516 Menuhin, Unfinished Journey, S. 105.

517 John Richard, A Tour from London to Petersburgh, and from Thence to Moscow, Dublin 1781, S. 47.

518 Musin, My Memories, S. 105 ff.

519 Lochner, Fritz Kreisler, S. 23 ff.

520 Peterlongo, Il violino, S. 200.

521 John und John Anthony Maltese, The Heifetz War Years, in: The Strad, Dezember 2005.

522 Axelrod, Heifetz, S. 520–538.

523 Paul Cohen, I Am the Violin, IDTV Amsterdam 2004; Benedict Mirow, Hilary Hahn, a Portrait, Deutsche Grammophon 2007.

524 Antoine Ysaÿe und Bertram Ratcliffe, Ysaÿe, London und Toronto 1947, S. 17.

525 Vgl. http://www.henrykszeryng.net/en/main.php?page=timeline_part_3 (Abruf: 2. August 2010).

526 John Rockwell, Girl, 14, Conquers Tanglewood with 3 Violins, in: New York Times, 28. Juli 1986; Tim Page, Unpretentious Prodigy Puzzled by All the Fuss, in: New York Times, 29. Juli 1986; Barbara Lourie Sand, Teaching Genius, S. 151.

527 Vgl. http://www.godowsky.com/Biography/humor.html (Abruf: 6. August 2010).

528 Kremer, Kindheitssplitter, München 1993, S. 173.

529 Solomon, Mozart, S. 47.

530 Dancla, Notes et souvenirs, S. 65.

531 Tully Potter, Paganini's Spirited Pupil, in: The Strad, Dezember 1993.

532 Saul Elman, Memoirs of Mischa Elman's Father, New York 1933; Moshe Menuhin, The Menuhin Saga, London 1984.

533 Interview mit dem Autor, Berlin, 1. Februar 1997.

534 Menuhin, Unfinished Journey, S. 20 f.

535 Louise Lee, Prodigies, in: Wall Street Journal, 23. Juli 1996.

536 Sand, Teaching Genius, S. 150 f.

537 Interview mit dem Autor, Berlin, 23. Dezember 1997

538 Kremer, Kindheitssplitter, S. 22 und 67.

539 Vgl. http://www.ruggieroricci.com/images/achieve.jpg, http://www.ruggieroricci.com/images/sixfamous.jpg (Abruf: 9. August 2010).

540 Ricci Custody Decree Lauds Two Teachers, in: New York Times, 31. Dezember 2010.

541 Ordner I. Fassung und Verschiedenes, Entwurf des Vorworts I, Photoalbum, Papiere von Rostal, Universität der Künste, Berlin.

542 Burton, Menuhin, London 2000, S. 3.

543 Lee, Prodigies.

544 Peterlongo, Il violino, S. 180.

545 Christopher Fifield, Ibbs and Tillett, Aldershot 2005, S. 19; Ida Haendel, Woman with Violin, London 1970, S. 79 ff.

546 Menuhin, Unfinished Journey, S. 166.

547 Winthrop Sargeant, Prodigy's Progress, in: The New Yorker, 8. und 15. Oktober 1955.

548 Norman Lebrecht, Yehudi Menuhin – So Much Love for Man, So Little for Us, in: La Scena Musicale, Bd. 5, Nr. 7, April 2000.

549 Pierre Amoyal, Pour l'Amour d'un Stradivarius, Paris 2004, S. 38–41; Agus, Heifetz, S. 35.

550 Music in Review, in: New York Times, 4. Januar 1937; Shoots Wife, Child and Kills Himself, in: New York Times, 29. Dezember 193; Noel Straus, Miriam Solovieff in Violin Recital, in: New York Times, 24. Februar 1940; Noel Straus, Miss Miriam Solovieff, Violinist, at Best in Tartini Work at Carnegie Hall Recital, in: New York Times, 12. Januar 1948, http://www.musimem.com/obi-0703-1203.htm (Abruf: 20. August 2010).

551 Midori, Einfach Midori, Berlin 2004.

552 Tim Page, Midori at 21, in: Tim Page on Music, Portland/Or. 2002, S. 153 ff.

553 Dennis Rooney, Opening Doors, in: The Strad, April 1997.

554 Anthony Feinstein, The Psychiatrist's Chair, in: The Strad, Dezember 1997.

555 Anthony Feinstein, Michael Rabin, Milwaukee 2005, passim.

556 Interview mit dem Autor, Iowa City, 13. April 2000.

557 Marie Brunfaut, Jules LaForgue, les Ysaye et leur temps, Brüssel 1961, S. 111.

558 Ellen Freilich, The »Naumburg« – Still a Force, in: New York Times, 14. Juni 1981 (Abruf: 26. August 2010).

559 Vgl. http://www2.census.gov/prod2/pops can/p60-137.pdf (Abruf: 26. August 2010).

560 Contests: Cookie and Pinky Come Through, in: Time, 26. Mai 1967; Joseph Horowitz, The Ivory Trade, New York 1990, S. 70–77.

561 Temianka, Facing the Music, S. 27–29; Yakov Soroker, David Oistrakh, Jerusalem 1982, S. 22–24; Haendel, Woman with Violin, S. 50 f.; Electrofonic Violin, in: Oxford Dictionary of Music, New York 2004, S. 223.

562 Michel Stockhem, The Queen Elisabeth Competition, http://www.concours-reine-elisabeth.be/en/historique/estouest.php (Abruf: 29. August 2010); Soroker, David Oistrakh, S. 26 ff.

563 Telefon-Interview mit dem Autor, 23. November, 1997.

564 Violinist from Iowa, 27, Wins Wieniawski Contest in Poznan, in: New York Times, 19. November 1962.

565 Interview mit dem Autor, Des Moines, 30. September 1999.

566 Maia Pritsker, The Tchaikovsky Competition Takes Some Halting Steps Back to Respectability, Andante.com, 27. Juni 2002.

567 Stockhem, The Queen Elisabeth Competition; Eugene Drucker, E-Mail an den Autor, 24. August 2010.

568 Agus, Heifetz, S. 69; Jessica Duchen, Staying on top, in: The Strad, Januar 1995.

569 Szigeti, Szigeti on the Violin, New York 1979, S. 14.

570 Thelma Shifrin, Worlds Apart, in: The Strad, Mai 1986; Interview mit dem Autor, Köln, 25. September 1997.

571 Axel Brüggemann, Hammer und Sichel auf dem goldenen Vorhang, in: Welt am Sonntag, 12. Dezember 2004; http://www.violin-fund.ru/eng/competition/comp5/juri (Abruf: 31. August 2010); http://www.legalin-tel.ru/history.php?lang=eng (Abruf: 5. Februar 2011).

572 Interview mit dem Autor, Hannover, 30. November 2000.

573 Telefon-Interview mit dem Autor, 30. Juni 2004.

574 Violinist Marsick Arrives, in: New York Times, 21. Oktober 1895; Bowen, Friends and Fiddlers, S. 49 ff.; Ruth Railton, Dare to Excel, London 1992, S. 63 ff.

575 E-Mail an den Autor von James Murphy, Director of Communications, National Youth Orchestra, 13. Oktober 2010.

576 Bowen, Friends and Fiddlers, S. 49 ff.; Ruth Railton, Dare to Excel, London 1992, S. 63 ff.; Humphrey Maud, E-Mail an den Autor, 23. September 2010.

577 Kozinn, Mischa Elman, S. 7 ff.

578 Interview mit dem Autor, London, 17. Juni 1999; Gene Weingarten, Pearls Before Breakfast, in: Washington Post, 8. April 2007.

579 Meyer, Aus einem Künstlerleben, S. 76 ff.

580 Anordnung vom 25. Oktober 1939, gerichtet an den Propagandaminister Goebbels, NARA Aufzeichnungen des Reichsministeriums für Propaganda, 1936–1944, T70 58.

581 Interview mit dem Autor, Berlin, 10. Oktober 1997.

582 Zitiert in Albrecht Roeseler, Große Geiger unseres Jahrhunderts, München 1996, S. 314.

583 Joachim Kaiser, Erlebte Musik, Hamburg 1977, S. 619 ff.; Mein Image interessiert mich nicht, in: Frankfurter Rundschau, 13. Dezember 2002.

584 Fellowes, Memoirs, S. 79 ff.; Tony Faber, Stradivari's Genius, London 2004, S. 155 ff.

585 Thomas Beecham, A Mingled Chime, New York 1976, S. 132 f.; William Primrose, Walk on the North Side, Provo 1978, S. 36–39; Albert Edward Sammons, in: The Strad, August 1986.

586 David Tunley, The Bel Canto Violin, Aldershot 1999, S. 67 ff.

587 Anne Mischakoff, Khundoshkin and the Beginning of Russian String Music, Ann Arbor 1983, S. 1–15.

588 Menuhin, Unfinished Journey, S. 284 f.

589 Margaret Mehl, Japan's Early Twentieth-Century Violin Boom, in: Nineteenth-Century Music Review 7, Nr. 1, 2010; Yoshimasa Kurabayashi und Yoshiro Matsuda, Economic and Social Aspects of the Performing Arts in Japan, Tokio 1988, S. 4 f.

590 Margaret Mehl, Land of the Rising Sisters, in: The Strad, Mai 2007.

591 Vgl. http://www.kna-club.com/kna/kna-archiv/q_kna-concert06.html, http://www.psywar.org/page.php?detail=1944NFDTT051 (Abruf: 28. September 2010); Margaret Mehl, Not by Love Alone, Kopenhagen 2014, S. 213–215.

592 Kurabayashi und Matsuda, Economic and Social Aspects, S. 121 f.

593 Anne Midgette, Music: A No-Frills Label Sings to the Rafters, in: New York Times, 7. Oktober 2007.

594 Choong-sik Ahn, The Story of Western Music in Korea, eBookstand Books 2005, S. 57–62.

595 David Brand, Education: The New Whiz Kids, in: Time, 31. August 1987.

596 Vgl. http://app1.chinadaily.com.cn/star/history/00-04-11/w01-chung.html (Abruf: 4. Oktober 2010); Barbara Rowes, Tiny Kyung-wha Chung Is No Dragon Lady, in: People, 8. November 1982.

597 Sand, Dorothy DeLay, S. 161 ff.

598 Wen-Hsin Yeh, The Alienated Academy, Cambridge 1990, S. 56; Barbara Mittler, Dangerous Tunes, Wiesbaden 1997, S. 26.

599 Ken Smith, From East to West and Back, in: The Strad, September 1995; Benjamin Ivry, In a Galaxy of Violinists, Cho-liang Lin Shines Bright, in: Strings, November/Dezember 2001.

600 Sheila Melvin und Jindong Cai, Rhapsody in Red, S. 189 f.

601 Sheila Melvin, An Orchestra with Political Accompaniment, in: New York Times, 5. März 2000.

602 Richard Kurt Kraus, Pianos & Politics in China, New York und Oxford 1989, S. 153.

603 Barbara Koh, With Strings Attached, in: Financial Times, 20. Januar 2007; Joseph Kahn und Daniel Wakin, in: New York Times, 3. April 2007; Elisabetta Povoledo, Chinese Orchestra Performs for the Pope, in: New York Times, 8. Mai 2008; Daniela Petroff, Chinese Orchestra Performs for Pope Benedict at Vatican, http://aS.google.com/article/ALeqM5h4low64OvnoS4hKG-Cq9_Joi0BtAD90GV8C01 (Abruf: 7. Mai 2008).

604 Josephine R. B. Wright, George Polgreen Bridgetower, in: Musical Quarterly, Januar 1980.

605 Betty Matthews, George Polgreen Bridgetower, in: Musical Review, Februar 1968.

606 Banat, The Chevalier de Saint-Georges, S. 12 f.

607 Douglas Fulmer, String Band Traditions, in: American Visions, April/Mai 1995; Paul A. Cimbala, The Fortunate Bondsmen, in: Southern Studies, Bd. 18, 1979; Black Musicians from Slavery to Freedom, in: Journal of Negro History, Bd. 80, 1995.

608 John B. Judis, Maximum Leader, in: New York Times Book Review, 18. August 1996.

609 Farrakhan, in Libya, to Get Rights Award, in: New York Times, 30. August 1996.

610 Michael Daly, Speaks Like a Devil, Plays Like an Angel, in: New York Daily News, 15. Oktober 1995; Bernard Holland, Sending a Message, Louis Farrakhan Plays Mendelssohn, in: New York Times, 19. April 1993.

611 Geoffrey Fushi, E-Mail an den Autor, 20. Oktober 2010.

612 All Things Considered, National Public Radio, 16. Februar 2002.

613 Interview mit Linda Johnson, Cincinnati, Ohio, Dezember 2009; Interview mit Gareth Johnson, Dubuque, Iowa, November 2008.

614 Sherrie Tucker, West Coast Women: a Jazz Genealogy, Pacific Review of Ethnomusicology, Winter 1996/97.

615 Anthony Barnett, The Gingervating Ginger, in: The Strad, November 2010.

616 A.G. Basoli, Paganini's Violin Encounters Jazz, in: New York Times, 2. Januar 2002; Susan M. Barbieri, Motown Maverick, in: Strings, Februar/März 2002; http://www.macfound.org/site/c.lkLXJ8MQKrH/b.2070789/apps/nl/content2.asp (Abruf: 24. Oktober 2010).

617 Katie Toms und Hermione Hoby, Why Are Our Orchestras So White?, in: Guardian, 14. September 2008.

618 John von Rhein, Sphinx Looks to Change Makeup of U.S. Orchestras, in: Chicago Tribune, 3. Oktober 2008; Linda S. Mah, Diversity Needed in American Orchestras, in: Kalamazoo Gazette, 18. Februar 2010.

619 Ljiljiana Grubisic und Jill Blackledge, In Memoriam: Eudice Shapiro, in: USC News, 12. September 2007.

620 Interview mit dem Autor, Ann Arbor, 9. Juni 1998.

621 Inge Kjemtrup, A World of Musical Wonder, in: Strings, Juni 2001.

622 Interviews mit dem Autor, Lübeck, 12. August 1997; Iowa City, 17. April 2001.

623 Vgl. http://soysionista.blogspot.com/2010/04/el-violin-un-invento-sefardi.html (Abruf: 12. November 2010); Elana Estrin, Did Jews Invent the Violin? in: Jerusalem Post, 20. August 2010.

624 Roland Al Robboy, Reifying the Heifetz-Trotsky Axis, Los Angeles Institute of Contemporary Art Journal, Juni/Juli 1978.

625 Isidor Loeb, Le Nombre des juifs de Castille et d'Espagne, in: Revue des Études juives 14, 1887, S. 161–183; Henry Kamen, The Mediterranean and the Expulsion of Spanish Jews in 1492, in: Past & Present, Mai 1988; Elia Santoro, Violinari e violini, Cremona 1989, S. 34 f.

626 Meucci, Gli strumenti, in: Andrea Amati, hrsg. von Fausto Cacciatori, Cremona 2007, S. 33 f.

627 Peter Holman, Four and Twenty Fiddlers, S. 15 und 82 ff.; Roger Prior, Jewish Musicians at the Tudor Court, in: Musical Quarterly, Frühjahr 1983.

628 Alfred Sendrey, The Music of Jews in the Diaspora, Cranberry und London 1970, S. 319 ff.

629 Sendrey, The Music, S. 345 ff.; Moshe Beregovski, Jewish Instrumental Folk Music (1937), in: Old Jewish Folk Music, Philadelphia 1982, S. 530 ff.; Mark Slobin, Fiddler on the Move, New York 2000, passim.

630 David Sorkin, The Transformation of German Jewry, New York und Oxford 1987, S. 107 ff.

631 Marsha L. Rozenblit, The Jews of Vienna, Albany 1983, S. 99 ff. Vgl. Steven Beller, Vienna and the Jews, Cambridge, S. 148 ff.

632 Barbara von der Lühe, Ich bin Pole, Jude, freier Künstler und Paneuropäer, in: Das Orchester 10, 1997; Botstein, Judentum und Modernität, Wien und Köln 1991, S. 143.

633 Botstein, Judentum, S. 133 f.; Steven J. Zipperstein, The Jews of Odessa, Stanford 1985, S. 65 f.

634 Flesch, Erinnerungen, S. 60.

635 James Loeffler, The Most Musical Nation, New Haven und London 2010, S. 46, 97 und 120 f.

636 Isaac Babel, Awakening, in: The Collected Stories, New York 1955, S. 305 ff.

637 Jonathan Karp, Of Maestros and Minstrels, in: The Art of Being Jewish in Modern Times, hrsg. von Barbara Kirshenblatt-Gimblett und Jonathan Karp, Philadelphia 2008, S. 68.

638 Vgl. http://www.thepeaches.com/music/composers/gershwin/MischaJaschaToscha Sascha.htm (Abruf: 27. Dezember 2008).

639 Emily Barton, 6 Rms, Riv vu, in: New York Times Book Review, 2. Juni 2002.

640 Eduard Hanslick, Wiener Tagblatt, 27. Februar 1897, zitiert nach Kühnen, Ist die kleine Soldat nicht ein ganzer Kerl?, S. 149.

641 The Nation, 7. Dezember 1899.

642 Henry C. Lahee, Famous Violinists of Today and Yesterday, Boston 1899, S. 300.

643 Elsie Arnold und Jane Baldauf-Berdes, Maddalena Lombardini Sirmen, Lanham, Maryland und London 2002, passim.

644 Solomon, Mozart, S. 294 und 314.

645 Susan Kagan, Camilla Urso, in: Signs, Frühjahr 1977, S. 728.

646 Zitiert nach Shaffer und Greenwood, Maud Powell, S. 277.

647 Lahee, Famous Violinists, S. 322.

648 Shaffer und Greenwood, Maud Powell, S. 140; Ammer, Unsung, Portland 2001, S. 33 ff.; Camilla Urso Collection, Claremont College, http://www.oac.cdlib.org/data/13030/9d/

kt4w10339d/files/kt4w10339d.pdf (Abruf: 5. Dezember 2010).

649 Lahee, Famous Violinists, S. 324.

650 Francesca Oding, Violins, Bows and Various Objects from the Teresina Tua Collection, in Gallery of Musical Instruments: Notes for a Guided Visit, Turin o. J., http://www.assamco.it/guidainglese.pdf (Abruf: 5. Dezember 2010).

651 Karen Shaffer und Neva Greenwood, Maud Powell, Arlington und Ames 1988, S. 277; Sergei Bertensson u. a., Sergei Rachmaninov, Bloomington 2001, S. 67; Flesch, Erinnerungen, S. 49; Signorina Teresina Tua, in: New York Times, 18. Oktober 1887.

652 John Clapham, Wilma Neruda, in: Grove Music Online (Abruf: 7. Dezember 2010).

653 Paula Gillett, Musical Women in England 1870–1914, New York 2000, S. 82.

654 Zitiert nach Shaffer und Greenwood, Maud Powell, S. 277.

655 Barbara Kühnen, Ist die kleine Soldat nicht ein ganzer Kerl?, in: Ich fahre in mein liebes Wien, hrsg. von Ostleitner und Simek, Wien 1996, S. 137.

656 Hermann Klein, An Annual Critical Report of Important Musical Events, Musical Notes 1889, S. 26.

657 Tully Potter, Brahms's Understudy, in: The Strad, Dezember 1996.

658 Zitiert nach Shaffer und Greenwood, Maud Powell, S. 318.

659 Amy Fay, Music in New York, in: Music, Dezember 1900.

660 Alan Walker, Franz Liszt, Cornell University Press, Ithaca 1996, S. 472.

661 Her $ 5000 Stradivarius, in: The New York Times, 28. Januar 1893; Misc Rep 210, Gemunder et al. T. Hauser, City Court of New York, General Term, 8. Dezember 1993.

662 Promenade Concerts, Queen's Hall, in: The Musical Times, 1. Oktober 1900.

663 Leonora von Stosch in Her Own Words, in: The Strad, Juni 1998.

664 Society in the Berkshires, in: New York Times, 10. September 1893.

665 American Girl Wins a Prize, in: New York Times, 2. Oktober 1897; http://lcweb2.loc.gov/service/music/eadxmlmusic/eadpdfmusic/mu2005.wS.0053.pdf (Abruf: 10. Dezember 2010).

666 The Philharmonic Society, in: New York Times, 6. Januar 1900.

667 Lincolns Entertain the Tafts, in: New York Times, 8. September 1913.

668 Wayne Warren, District of Columbia's Largest Residence Pipe Organ Saved from Demolition, in: Tracker, 1. Juli 2004; Peter Quinn, Race Cleansing in America, in: American Heritage Magazine, Februar / März 2003.

669 Vgl. http://lcweb2.loc.gov/service/music/eadxmlmusic/eadpdfmusic/mu2005.wS.0053.pdf (Abruf: 11. Dezember 2010).

670 Shaffer und Greenwood, Maud Powell, S. 300 f.

671 Ebenda, S. 319.

672 Fail to Steal Rare Violin, in: New York Times, 14. Juli 1911; Scott Nearing, Wages and Salaries Organized Industry, in: Popular Science Monthly, Mai 1915, S. 487.

673 Vgl. http://www.cozio.com/Instrument.aspx?id=2699 (Abruf: 16. Dezember 2010); George Gemunder Dead, in: New York Times, 17. Januar 1899.

674 Gets Maud Powell Violin, New York Times, 23. Februar 1921.

675 Noted Baritone and Violinist to Broadcast on Thursday, in: New York Times, 8. Februar 1925.

676 Karen Shaffer, E-Mail an den Autor, 19. Dezember 2010.

677 Erica Morini, 91, in: New York Times, 3. November 1995; Margaret Campbell, Obituary: Erica Morini, in: Independent, 10. November 1995; Tully Potter, Connoisseur's Choice, in: The Strad, März 1996.

678 Joseph McLeod, The Sisters d'Aranyi, London 1969, passim.

679 Peter Quantrill, Guila Bustabo, in: Guardian, 12. Juni 2002.

680 Jessica Duchen, Handled with Care, in: The Strad, Dezember 1986.

681 Haendel, Woman with Violin, S. 159.

682 Interview mit dem Autor, London, 20. September 2000.

683 Heifetz, hrsg. von Axelrod, S. 10–12.

684 Richard Newman mit Karen Kirtley, Alma Rosé, Portland 2000, passim.

685 Phil Spitalny, Leader of All-Girl Orchestra, Dies at 80, in: New York Times, 12. Oktober 1970.

686 Sherrie Tucker, Swing Shift, Durham und London 2000, S. 70 ff.

687 Josef Hofmann an Eudice Shapiro, 5. Dezember 1939.

688 Interview mit dem Autor, Los Angeles, 10. März 2000.

689 Chris Pasles, Eudice Shapiro, 93, Violinist Who Made History in Hollywood, in: Los Angeles Times, 25. September 2007.

690 Shaffer und Greenwood, Maud Powell, S. 134 ff. und 282 ff.

691 Zitiert nach Ammer, Unsung, S. 140 ff., in: La Vie musicale, 1. Februar 1912.

692 Lara St. John, An Interview That Pissed Me Off, http://www.larastjohn.com/essays/pissedInterview.html, April 2002; Lynne Walker, The Allure of the Violin, in: The Independent, 19. April 2005.

693 Michael White, Tasmin Little: The Violin Star from Next Door, in: New York Times, 9. November 2003.

694 James R. Oestreich, As Complex as the Music She Plays, in: New York Times, 11. November 2010.

695 Anne Midgette, The Curse of Beauty for Serious Musicians, in: The New York Times, 27. Mai 2004.

696 Interview mit dem Autor, Berlin, 19. Dezember 1997.

697 Norman Lebrecht, Ida Haendel – The One They Don't Want You to Hear, 22. Juni 2000, http://www.scena.org/columns/lebrecht/000621-NL-IdaHaendel.html.

698 Telefon-Interview mit dem Autor, 3. November 2005.

699 Robinson, The Last Impresario, S. 29 ff. und 103.

700 Zitiert nach William Weber, The Rise of Musical Classics in Eighteenth Century England, New York 1992, S. 5.

701 Zitiert nach William Weber, Music and the Middle Class, London 1975, S. 18 ff.

702 Alessandra Comini, The Changing Image of Beethoven, Santa Fe, New Mexico, 2008, S. 144; Weber, Music and the Middle Class, S. 45; Lebrecht, When The Music Stopped, S. 43 ff.

703 Lebrecht, When the Music Stopped, S. 98 f.

704 Heinrich Ehrlich, Konzertgeber und Konzertagenten, in: Modernes Musikleben, Berlin 1895, S. 9.

705 Constance Hope, Dr. Jekyll und Mr. Heifetz, zitiert nach Heifetz, hrsg. von Axelrod, S. 145 ff.; vgl. Mary R. Bowling, Such Interesting People, in: Columbia Library Columns, November 1976.

706 Heinrich Ehrlich, Die Modernen Konzertreisen, in: Modernes Musikleben, S. 5.

707 Lebrecht, When the Music Stopped, S. 84.

708 Flesch, Erinnerungen eines Geigers, S. 93.

709 Heinrich Ehrlich, Dreißig Jahre Künstlerleben, Berlin 1893, S. 311 f.

710 John Bainbridge, S. Hurok, in: Life, 28. August 1944.

711 Bosley Crowther, Tonight We Sing, in: New York Times, 13. Februar 1953.

712 Music: S. Hurok, in: Time, 18. März 1974.

713 Interview mit dem Autor, Iowa City, 10. April 2000.

714 William Berlind, Ronald Wilford, Steel-Fisted Manager of Virtuosos, Trashes his Board, in: New York Observer, 22. März 1998.

715 Norman Lebrecht, Could Silver Fox, the Manager of Maestros, Be Losing His Grip?, http://www.scena.org/columns/lebrecht/010124-NL-silverfox.html, 24. Januar 2001; www.cami.com (Abruf: 2. Januar 2011).

716 Lebrecht, When the Music Stops, S. 444.

717 Tim Rogers, How a Dallas Hedge Fund Manager Got Caught Up in a World of Fraud, in: D Magazine, Juni 2009.

718 Vgl. Drew McManus, IMG Artists Chairman Guilty of Securities Fraud, in: Adaptistration, 16. April 2009; Additional Fallout from the IMG Artists Scandal, in: Adaptistration, 5. Mai 2009.

719 Keith J. Fernandez, Part of the Manager's Job Is to Bring Money into the Arts, in: Emirates 24/7, 27. März 2008.

720 Nicholas Confessore, For a Low-Budget Comedy, an Unexpected Second Act, in: New York Times, 22. März 2009; Brendan Case, Dallas Hedge Fund Exec Barrett Wissman Pleads Guilty to Securities Fraud, in: Dallas Morning News, 16. April 2009; Norman Lebrecht, IMG Artists Adrift After Wissman Plea, in: Bloomberg News, 1. Mai 2009; Tomoeh Murakami Tse, Ex-official David Logisci's Plea Advances N. Y. State Pension Probe, in: Washington Post, 11. März 2010.

721 Temianka, Facing the Music, S. 205 ff.

722 William Primrose, Walk on the North Side, Provo 1978, S. 41 f.

723 Haendel, Woman with Violin, S. 84 ff. und 108 ff.

724 Temianka, Facing the Music, S. 217.

725 Artur Holde, Glanz und Elend der Solisten in den USA, in: Neue Zeitschrift für Musik, Februar 1957.

726 Lebrecht, When the Music Stops, S. 138–140; Wolfgang Sandner, Fast ein Staatskünstler, in: Frankfurter Allgemeine Zeitung, 30. September 2000.

727 Ralph Blumenthal, Discord over Concerts in the Heartland, in: New York Times, 10. März 2003.

728 Evan Eisenberg, The Recording Angel, New York 1988, S. 16.

729 Erik Østergaard, The History of Nipper and His Master's Voice, http://www.erikoest.dk/nipper.htm (Abruf: 9. Januar 2011).

730 Shaffer und Greenwood, Maud Powell, S. 214 ff., 263 und 380.

731 Heifetz, hrsg. von Axelrod, S. 650 ff.

732 Vivaldi für das Volk, in: Frankfurter Allgemeine Zeitung, 16. Juni 2007.

733 Anne Midgette, Classical Artists Such as Hilary Hahn Chart Big on Billboard with Little Sales, in: Washington Post, 30. Januar 2010.

734 Vanessa-Mae Tops Young-Rich List, 21. April 2006, http://news.bbc.co.uk/2/hi/business/4927490.stm; Crossover Is Key, Says Pop Violinist David Garrett, 12. August 2009, http://www.dw-world.de/dw/article/0,,4557458,00.html (Abruf: 11. Januar 2011).

735 Norman Lebrecht, Young, Gifted and Left to Go it Alone, 14. Februar 2007, http://www.scena.org/columns/lebrecht/070214-NL-gift Hrsg.html; Malcolm Hayes, Seriously Thrilling, http://www.ruthpalmer.com/photos/classic-fm-review.jpg (Abruf: 11. Januar 2011).

736 Anne Midgette, A No-Frills Label Sings to the Rafters, in: New York Times, 7. Oktober 2007.

737 Interview mit dem Autor, Hongkong, 22. Oktober 2001.

738 Telefon-Interview mit dem Autor, 15. Februar 2011.

739 Interview mit dem Autor, Hamburg, 10. Dezember 1997.

740 Interview mit dem Autor, Hannover, 30. November 2000.

741 Interview mit dem Autor, Amsterdam, 26. März 1999.

742 Arthur Lubow, Movement, in: New York Times Magazine, 19. Juni 2005; John Hiscock, Carnegie Hall: Knight Who Conquered New York, in: Telegraph, 5. August 2009.

743 Ariama.com Announces Partnership Agreements with Key Classical Institutions, PR Newswire, 14. Dezember 2010.

744 Jeff Lunden, Juilliard, Carnegie Join Together to Teach More than Music, http://m.npr.org/news/NPR+Music+Mobile/132491657?singlePage=true, 2. Januar 2011.

745 Klaus Harpprecht, Musik ist menschlich, in jeder Hinsicht, in: Neue Gesellschaft / Frankfurter Hefte 11, 1997.

746 Richard Kurt Kraus, Pianos & Politics in China, New York und Oxford 1989, S. 154–157.

747 Ross, Listen to This, S. 164.

748 Orchestra Important in Rebuilding Iraq, in: Associated Press, 14. November 2003; Barbara Jepson, The Battle of the Bands is Peaceable, in: New York Times, 7. Dezember 2003; Lynn Neary, Iraqi Orchestra Visits Washington, All Things Considered, National Public Radio, 9. Dezember 2003; Edward Wong, And the Orchestra Plays On, in: New York Times, 28. September 2006; Sam Enriquez, Iraqi Orchestra Finds Harmony Amid War, in: Los Angeles Times, 23. September 2007; Steven Lee Myers, National Symphony Orchestra, http://baghdadbureau.blogs.nytimes.com/2009/07/22/national-symphony-orchestra.

749 Robert Fisk, These Iranian Troubadours Show How Music Can Corrupt the Soul, in: Independent, 5. Dezember 2009.

750 Schenk, Die Hochschule, S. 62.

751 Ernest Newman, The War and the Future of Music, in: Musical Times, 1. September 1914.

752 Acta betreffend den Lehrer Professor Henri Marteau, Königliche akademische Hochschule für Musik zu Berlin, Universität der Künste, Berlin.

753 Fritz Kreisler, Four Weeks in the Trenches, Boston und New York 1915.

754 Biancolli, Fritz Kreisler, S. 97 ff.; Lochner, Fritz Kreisler, S. 138 ff.; Fritz Kreisler in a Statement of Great Frankness Tells of his Conduct in the War, in: New York Times, 25. November 1917; Kreisler Calls on Hillis to Retract, in: New York Times, 27. November 1917.

755 Juri Jelagin, The Taming of the Arts, New York 1951, S. 179 ff.

756 Harri Körvits, Eduard Soermus, Leipzig 1978, passim.

757 Vgl. http://holocaustmusic.ort.org/politics-and-propaganda/third-reich/havemann-gustav/, http://www.havemann.com/havemann_gustav.html (Abruf: 23. Januar 2011).

758 Flesch, Erinnerungen, S. 173.

759 Albrecht Dümling und Peter Girth, Entartete Musik, Düsseldorf 1993, S. 84–86.

760 Zitiert nach Barbara von der Lühe, Ich bin Pole, Jude, freier Künstler und Paneuropäer, in: Das Orchester, Oktober 1997.

761 Frederick T. Birchall, Huberman Bars German Concerts, in: New York Times, 14. September 1933.

762 Temianka, Facing the Music, S. 61 f.; Potter, Adolf Busch, Bd. 1, S. 637–643.

763 Rep 80, Acc. 3223, Nr. 163/1, Landesarchiv Berlin, Personalakte, Hochschule der Musik Hanns Eisler.

764 Zitiert nach Dümling und Girth, Entartete Musik, S. 223.

765 Hidden 84 Years, Concerto is Heard, in: New York Times, 27. November 1937.

766 Olin Downes, Schumann Concerto, in: New York Times, 5. Dezember 1937.

767 Potter, Adolf Busch, S. 656.

768 Erik Palmstierna, Horizons of Immortality, London 1937; Sir Oliver Lodge, Baron Palmstierna's Book, in: The Observer, 26. September 1937.

769 Olin Downes, Music of the Times: A Schumann Concerto Found, in: New York Times, 22. August 1937.

770 McCleod, The Sisters D'Aranyi, S. 186 ff.

771 Zitiert nach Downes, Music of the Times.

772 Potter, Adolf Busch, S. 656.

773 Ebenda, S. 483 ff.

774 Weiler, Gerhard Taschner, S. 33 f.

775 Prof. Georg Kulenkampff, Personalakte, Universität der Künste Berlin.

776 Joachim Hartnack, Große Geiger unserer Zeit, Zürich 1993, S. 145.

777 Fred K. Prieberg, Musik in der Sowjetunion, Köln 1965, S. 15 und 461.

778 Kremer, Kindheitssplitter, S. 95.

779 Inspired Minds, Interview mit der Deutschen Welle 2003, http://inspiredminds.de/detail.php?id=35 (Abruf: 19. Februar 2011).

780 Interview mit dem Autor, Köln, 25. September 1997.

781 Bruno Monsaingeon, Oistrakh: Artist of the People? Warner Music Vision 1994.

782 Mstislav Rostropovich und Galina Vishnevskaya, Russia, Music and Liberty, Portland 1983, S. 102.

783 David Rounds, Quartet-tradition, Russian Style, in: The Strad, Juni 1995.

784 Tully Potter, Eclipsed Genius, in: The Strad, April 1997.

785 Schwarz, Music and Musical Life, S. 95 ff.

786 Interview mit dem Autor, Düsseldorf, 1. Dezember 2000.

787 Monsaingeon, Oistrakh.

788 Jelagin, Taming of the Arts, S. 226.

789 Rosa Fain, Interview mit dem Autor, Düsseldorf, 1. Dezember 2000; Yakov Saroker, David Oistrakh, Jerusalem 1982.

790 Interview mit dem Autor, St. Petersburg, 21. November 1997; Interview mit dem Autor, Düsseldorf, 1. Dezember 2000.

791 Dubinsky, Stormy Applause, New York 1989, S. 5.

792 Ebenda, S. 27.

793 Soroker, David Oistrakh, S. 128.

794 Monsaingeon, Oistrakh: Artist of the People?

795 Interview mit dem Autor, Köln, 25. September 1997.

796 Monsaingeon, Oistrakh: Artist of the People?

797 Zitiert nach Peter Pulzer, E-Mail an den Autor, 26. Mai 2002; Kozinn, Mischa Elman, S. 251; Milstein, From Russia, S. 218 ff.

798 Dmitrii Paperno, Notes of a Moscow Pianist, Portland 1998, S. 153.

799 Man muss als Künstler ein Risiko tragen, in: Der Spiegel, 17. Dezember 1979.

800 Soroker, David Oistrakh, S. 124.

801 Dubinsky, Stormy Applause, S. 22.

802 Milstein, From Russia, S. 223; Interviews mit Dmitri Sitkowetski, Köln, 25. September 1997 und Rosa Fain, Düsseldorf, 1. Dezember 2000.

803 Soroker, David Oistrakh, S. 111.

804 Dubinsky, Stormy Applause, S. 262 ff.

805 Louis Rapoport, Stalin's War Against the Jews, New York 1990, S. 176 ff.

806 Interview mit dem Autor, Düsseldorf, 1. Dezember 2000.

807 Monsaingeon, Oistrakh: Artist of the People?

808 Gidon Kremer, Obertöne, Salzburg und Wien 1997, S. 220.

809 Man muss als Künstler ein Risiko tragen; Carla Hall, Defection Reported, in: Washington Post, 20. August 1980; Eleanor Blau, Soviet Puzzle, in: New York Times, 27. August 1980.

810 Sich umdrehen und weggehen – Das war der letzte mögliche Protest, in: Frankfurter Allgemeine Zeitung, 6. Mai 1982.

811 Faber, Stradivari's Genius, New York 2004,
S. xvi f.; Veli-Pekka Lappalainen, Finnish
Journalist Reveals Role in Mullova Defection 25 Years Ago, in: Helsingen Sanomat,
14. September 2008; Joe Klein, From Russia
with Talent, in: New York, 6. August 1984.

812 Brüggemann, Hammer und Sichel; Russian
Violinists, Asian Strings, in: Economist,
21. Februar 1998.

813 William Harvey, Playing for the Fighting 69th,
in: Juilliard Journal, Oktober 2001, http://
www.aolnews.com/2010/08/09/wielding-a-
violin-for-change-in-afghanistan; Interview
mit Scott Simon, An American Musician,
an Influence in Afghanistan, Weekend Edition Saturday, National Public Radio, 3. Dezember 2010.

BUCH IV
Geigen, die die Welt bedeuten

1 Conrad Aiken, Music I Heard, in: The New
Poetry: An Anthology, hrsg. von Harriet
Monroe, New York 1917.

2 Harold D. Dickerson, Jr., The Music of This
Sphere in Keller's Romeo und Julia auf dem
Dorfe, in: German Quarterly, Januar 1978.

3 Dorothy Adelson, The Vinteuil Sonata, in:
Music and Letters 23, 1942, S. 228 ff. Vgl.
André Coeuroy, Music in the Work of Mar-
cel Proust, in: Musical Quarterly 12, 1926,
S. 132–151; Walter A. Strauss, Rezension,
in: SubStance, Sonderheft 1993, S. 361–364.

4 Malcolm Boyd, Dance of Death, in: Grove
Music Online (Abruf: 23. Oktober 2006),
dort auch ein Hyperlink zu Illustrationen.

5 Pierluigi Petrobelli, Tartini, le sue idee e il
suo tempo, Lucca 1992, S. 996.

6 Ebenda, S. 6 und 33 f.

7 Joseph Jérome Lalande, Voyage d'un François en Italie, Paris 1770, Bd. 8, S. 188–190.

8 Claudio Casini, Paganini, Mailand 1982,
S. 109 f.

9 Ivor Guest, Fanny Cerrito, London 1974,
S. 55 f., 128 f. und 136; Biddulph u. a., Giuseppe Guarneri, S. 35.

10 Peter Burwasser, Symphony of Destruction,
in: Philadelphia Citypaper, 18.–24. März 2004.

11 Vgl. http://www.gospelmusic.org.uk/other_
music/devil_went_to_georgia.htm (Abruf:

28. Oktober 2006); Charlie Daniels, The
Devil Went Down to Georgia, Atlanta 1985,
http://en.wikipedia.org/wiki/The_Devil_
Went_Down_to_Georgia#Parodies (Abruf:
6. November 2006).

12 Boyden, The History, S. 7–12.

13 Vgl. http://www.appliedmicrowave.com/
PrintAds.htm und http://www.rareads.com/
scans/9615.jpg (Abruf: 14. Oktober 2006).

14 Vgl. Jeremy Montagu, Musical Instruments
in Hans Memling's Paintings, in: Early
Music, 2007, S. 505–524.

15 Max Sauerlandt, Die Musik in fünf Jahrhunderten der europäischen Malerei, König-
stein und Leipzig 1922, S. iii.

16 Ildikó Ember, Music in Painting, Budapest
1989, Tafel 20.

17 Marc Le Bot, L'Âme du violon, in: Les Violons, Lutherie vénitienne, peintures et dessins, Paris 1995, S. 216 ff.

18 Ebenda, Tafel 35.

19 Ebenda, Tafel 32; Annalisa Bini, Claudio Stri-
nati und Rossella Vodret, Colori della musica, Genf und Mailand 2000, S. 153 und 157.

20 Bini u. a., Colori della musica, S. 231 und 233.

21 Sauerlandt, Die Musik in fünf Jahrhunderten der europäischen Malerei, S. 93.

22 Gilles Lambert, Caravaggio, Köln 2000, S. 8.

23 Sylvia Ferino-Pagden, Dipingere la musica,
Mailand 2000, S. 202.

24 Budapest Museum of Fine Arts. Vgl. http://
commons.wikimedia.org/wiki/Image:Benja
min_Gerritsz._Cuyp_001.jpg (Abruf: 11. November 2006).

25 Ferino-Pagden, Dipingere, S. 230.

26 Ebenda, S. 260 f. Vgl. http://www.itc-belotti.
org/basch4a/bascheni.htm (Abruf: 3. November 2006).

27 Bini u. a., Colori della musica, S. 212.

28 Vgl. http://www.art.nl/journal/article.aspx
?ID=3 (Abruf: 9. November 2006).

29 Vgl. http://www.franshalsmuseum.collec
tionconnection.nl/FHM/franshals_fs_e.
aspx?i=e-os%2075-332.JPG&m=e-os%2075-
332.JPG

30 Vgl. http://commons.wikimedia.org/wiki/
Image:Januarius_Zick_005.jpg (Abruf:
7. Dezember 2006).

31 Vgl. http://commons.wikimedia.org/wiki/
Image:Januarius_Zick_001.jpg (Abruf: 7. Dezember 2006).

32 Vgl. http://www.getty.edu/museum/con servation/partnerships/bouguereau, http://www.metafilter.com/mefi/32533, http://en.wikipedia.org/wiki/Image:Bouguereau_Seule-au-monde.jpg (Abruf: 19. November 2006).

33 Vgl. John Rockwell, A German Who Cast a Sharp Eye on His Countrymen, in: New York Times, 16. Juni 1996; http://www.berlinon line.de/berliner-zeitung/archiv/.bin/dumS.fcgi/1998/0729/feuilleton/0019/index.html.

34 Vgl. http://www.carlspitzweg.de (Abruf: 22. November 2006).

35 Frederick C. Moffatt, Barnburning and Hunkerism, in: Winterthur Portfolio, Frühjahr 1994.

36 Vgl. http://en.wikipedia.org/wiki/George_Caleb_Bingham (Abruf: 13. November 2006).

37 Vgl. Albert TenEyck Gardner, Harnett's »Music and Good Luck«, in: Metropolitan Museum of Art Bulletin, Januar 1964; Carol J. Oja, The Still-Life Paintings of William Michael Harnett, in: Musical Quarterly, Oktober 1977; Laurence Libin, Still Life with Violin and Music, in: BBC Music Magazine, 1. August 2002; http://www.sheldonartgal lery.org/collection/index.html?topic=ex tension&clct_artist_full_name=Frank+ Tuchfarber&clct_id=6365 (Abruf: 17. November, 2006); http://www.nga.gov/cgi-bin/pinfo?Object=78129+0+note (Abruf: 23. November 2006).

38 Paul Ripley, http://www.victorianartin britain.co.uk/tissot_hush.htm, http://www.victorianartinbritain.co.uk/biog/tissot.htm (Abruf: 26. November 2006).

39 M. Therese Southgate, The Cover, in: Journal of the American Medical Association, 10. Januar 2001, S. 137; http://www.nga.gov/collection/gallery/gg90/gg90-46354.0.html (Abruf: 23. November 2006).

40 Boyden, The History, Tafeln 37 und 39.

41 Vgl. http://www.npg.org.uk/live/search/portrait.asp?search=sp&sText=D11509&r No=0 (Abruf: 26. November 2006), Stewart Deas, Arcangelo Corelli, in: Music & Letters, Januar 1953, S. 3.

42 Jonathan Swift, Gulliver's Travels, Teil 4, Kapitel 10, in: Selected Prose Works of Jonathan Swift, London 1949, S. 367.

43 Vgl. http://www.hung-art.hu/kep/d/donat/muvek/bihari.jpg (Abruf: 26. November 2006); Bence Szabolcsi, A Concise History of Hungarian Music, Budapest 1974, Kap. 6.

44 James D. Herbert, A Picture of Chardin's Making, in: Eighteenth-Century Studies 34, Nr. 2, S. 260.

45 Vgl. http://www.royalcollection.org.uk/e Gallery/object.asp?theme=ARTS&object= 407298&row=3.

46 Schwab, Konzert, Bd. 4, S. 82, Tafel 52.

47 Berri, Paganini, S. 159.

48 Aileen Ribiero, Ingres in Fashion, New Haven und London 1999, passim.

49 Nina Athanassaglou-Kallmyer, Blemished Physiologies, in: Art Bulletin, Dezember 2001.

50 Boris Schwarz, Heinrich Wilhelm Ernst, in: Grove Music Online (Abruf: 2. Dezember 2006), http://www.grovemusic.com.

51 Vanity Fair, 5. Januar 1905.

52 William J. McCloskey, Man with Violin, 1920, Bowers Museum of Cultural Art, Santa Ana, Kalifornien.

53 Lawrence Ferlinghetti, Don't Let That Horse, A Coney Island of the Mind, New York 1958.

54 John Russell, Farewell to Chagall, in: New York Times, 7. April 1985; http://www.suite 101.com/article.cfm/graphic_artists_retired, http://mahalanobis.twoday.net/topics/art/ (Abruf: 3. Dezember 2006); E-Mail an den Autor von John Malyon, www.artcyclope dia.com (Abruf: 5. Dezember 2006).

55 André Kertesz, Hungarian Memories, Boston 1982; Ben Shahn, http://lcweb2.loc.gov/cgi-bin/query/D?fsaall:7:./temp/~pp_xdii (Abruf: 23. Mai 2007).

56 Vgl. http://www.wakeling.demon.co.uk/page 5-photo-essay.htm (Abruf: 17. Juni 2008).

57 Vgl. http://commons.wikimedia.org/wiki/Image:Marconi_Gaudenzio_-_Nudo_acca demico_femminile_con_violino.jpg (Abruf: 17. Juni 2008).

58 Vgl. http://cgfa.sunsite.dk/hughes/p-hughes 42.htm (Abruf: 17. Juni 2008). Vgl. Gillett, Musical Women in England, S. 101–104.

59 Entwurf einer Einleitung, S. 4, in Rostals Papieren, 1905–1991, in: Ordner I. Fassung und Verschiedenes, Hochschule der Künste, Berlin.

60 Norman Lebrecht, Yehudi Menuhin – So Much Love.

61 Economist, 23. Juni 2007, S. 73.

62 Bond Quartet Hits US High Note, BBC News, 18. April 2001, http://news.bbc.co.uk/2/hi/

entertainment/1284270.stm (Abruf: 8. Dezember 2006).

63 Vgl. http://www.answers.com/topic/bondstring-quartet (Abruf: 9. Februar 2010).

64 Vgl. http://www.emersonquartet.com/artist.php?view=dpk (Abruf: 8. Dezember 2006).

65 Molière, Le Bourgeois gentilhomme, II. Akt, 3. Szene, in Théatre choisi, hrsg. von Maurice Rat, Paris 1954.

66 Vgl. http://drama.eserver.org/plays/medieval/gammer-gurton.txt, Akt II, 3. Szene (Abruf: 14. April 2007).

67 Holman, Four and Twenty Fiddlers, S. 58 ff.

68 Vgl. J. L. Boston, Musicians and Scrapers: an Eighteenth Century Opinion, in: Galpin Society Journal, Juni 1956. Übersetzungen dieses und aller folgenden englischsprachigen Gedichte: Angelika Legde.

69 William Wordsworth, The Waggoner, London 1819, Canto Second, V. 297 f. und 374 f.

70 William Wordsworth, The Power of Music, in: The Poetical Works of William Wordsworth, Bd. 2, Oxford 1952, S. 217–219.

71 Joseph von Eichendorffs Werke, Leipzig 1924, S. 6; Anton Wilhelm Florentin von Zuccalmaglio u. a., Der bucklichte Fiedler, in: Deutsche Volkslieder, Berlin 1840; Thomas Hardy, At the Railway Station, Upways, in: Late Lyrics and Earlier, London 1922; William Butler Yeats, The Fiddler of Dooney, in: The Wind Among the Reeds, New York und London 1899.

72 Archibald Lampman, The Violinist, in: Poems of Archibald Lampman, Toronto 1900.

73 Joyce H. Cauthen, With Fiddle and Well-Rosined Bow, Tuscaloosa und London 1989, S. 19–40.

74 Vgl. http://www.npr.org/templates/story/story.php?storyId=128172325 und http://www.wvculture.org/goldenseal/Fall10/byrd.html (Abruf: 28. September 2012).

75 Anne de Noailles, Les Violins dans le soir, in: Les Éblouissements, Paris 1907.

76 Rainer Maria Rilke, Der Nachbar, in: Das Buch der Bilder, München 1902.

77 M. Jouravel, Violin and a Little Nervous, in: The First Rendezvous: Translation of Select Collection of Russian Poetry, St. Petersburg 2003, S. 228. Vgl. http://www.chernomore.net/Poetry/Vladimir_Mayakovsky.htm.

78 Charles Valentine Le Grice, To a Gentleman, Who Presented the Author with a Violin,

http://www.radix.net/~dalila/violinpoems.html (Abruf: 10. Juni 2007).

79 True Music, in: Fun, 18. April 1877.

80 Marion Scott, Violin Verses, London 1905.

81 James B. Kenyon, Her Violin, in: Magazine of Music, Mai 1896.

82 Charles Baudelaire, Les Fleurs du mal, Paris 1857.

83 Einzelne Übersetzungen von Walter Aggeler, Roy Campbell, Lewis Piaget Shanks, Geoffrey Wagner, http://fleursdumal.org/poem/142 (Abruf: 19. April 2007). Deutsche Übersetzungen: Angelika Legde.

84 Ignace Feuerlicht, Baudelaire's »Harmonie du Soir«, in: French Review, Oktober 1959, S. 17.

85 Paul Verlaine, Chanson d'automne, in: Poèmes saturniens, Œuvres poétiques complètes, Paris 1957, S. 56.

86 Vgl. http://textetc.com/workshop/wt-verlaine-1.html (Abruf: 16. April 2007).

87 Vgl. http://verlaineexplique.free.fr/poemesat/chanson.html (Abruf: 16. April 2007).

88 Henry Wadsworth Longfellow, Tales of a Wayside Inn, Boston 1863.

89 Amy Lowell, Vorwort, Men, Women and Ghosts, New York 1916.

90 William C. Bedford, A Musical Apprentice: Amy Lowell to Carl Engel, in: Musical Quarterly, Oktober 1972.

91 Carl Sandburg, Bath, in: Chicago Poems, New York 1916.

92 Sandburg, Jan Kubelik, ebenda.

93 Carl Sandburg, Kreisler, in: Cornhuskers, New York 1918.

94 George Plimpton, Out of My League, Guilford 2003, S. 44.

95 Paganini, Poetical Works 1822–1859, in: Selected Writings of Leigh Hunt, hrsg. von Robert Morrison und Michael Eberle-Sinatra, Bd. 6, London und Brookfield 2003.

96 Percy M. Young, Leigh Hunt – Music Critic, in: Music and Letters, April 1944, S. 94.

97 Johannes Brockt, Grillparzer and Music, in: Music and Letters, Juli 1947, S. 242.

98 Franz Grillparzer, Paganini, Grillparzers sämtliche Werke, hrsg. von Rudolf von Marschall, Bd. 2, o. J., S. 130.

99 Vgl. http://www.writersblock.ca/winter1999/feature2.htm (Abruf: 15. Juni 2007).

100 Scott Emmons, Paganini! http://www.wordchowder.com/Geniuses.html (Abruf: 14. Juni 2007).

101 New Publications, in: New York Times, 17. November 1878; Rests on a Strad, in: New York Times, 4. März 1896.

102 Nathan Shaham, The Rosendorf Quartet, übersetzt von Dalya Bilu, New York 1987.

103 Vikram Seth, An Equal Music, London 1999.

104 Wolfgang Camphausen, Eine kleine Schachmusik, Köln 1999, S. 33.

105 Ted Friedman, Music of Sherlock Holmes, in: Topical Time, November/Dezember 1998, S. 32 f.; http://www.trussel.com/detfic/fried mus.htm (Abruf: 12. Januar 2008). Vgl. Carl Heifetz, The Case of the Jewish Pawnbroker, in: Plugs and Dottles, Januar 1996, http://www.sherlock-holmes.com/featur5. htm (Abruf: 13. Juli 2008).

106 Edward Heron-Allen, A Fatal Fiddle, Chicago u.a. 1886; Charles Allen, Papier Mâché, New York und London 1896; Walter Mayson, The Stolen Fiddle, London und New York 1897.

107 Vgl. http://www.telinco.co.uk/RobertTemple/ Dmstr1.htm (Abruf: 12. Februar 2008).

108 Paul Adam, Sleeper, London 2004; Douglas Preston und Lincoln Childs, Brimstone u.a. 2004; Joseph Roccasalvo, Portrait of a Woman, San Francisco 1995; Jô Soares, O Xangô de Baker Street, Saõ Paulo 1995, Übersetzung: A Samba for Sherlock, New York 1997; Gerald Elias, Devil's Trill, New York 2009.

109 Vgl. http://en.wikipedia.org/wiki/Paul_ Adam_(English_novelist); http://tubious. com/paul-adam-novelist, http://www. prestonchild.com/bios/index.html (Abruf: 20. Januar 2008); Joann Laviglio, Preston, Child Collaboration Continues with New Novel, Associated Press, 28. Juni, 2006; http://en.wikipedia.org/wiki/J%C3%B4_ Soares (Abruf: 3. Februar 2008).

110 Vgl. http://madstopreading.wordpress.com/ 2007/12/14/digging-into-the-preston-child-mystique (Abruf: 24. Januar 2008).

111 Vgl. http://www.geraldelias.com/bio.html (Abruf: 7. Februar 2010).

112 Preston and Childs, Brimstone, S. 335.

113 Paul Adam, Paganini's Ghost, New York 2009.

114 John Hersey, Antonietta, New York 1991.

115 John Hersey, The Art of Fiction, in: Paris Review, Sommer/Herbst 1986.

116 Kees van Hage, Verstreken Jaren, Amsterdam 1992.

117 Consular Reports, Commerce, Manufactures, Etc., Mai, Juni, Juli und August 1895, Washington, S. 277.

118 Maud des Champs de la Tour, The History of a Violin, Lymington 1878.

119 W. Thomas Marrocco, Memoirs of a Stradivarius, New York u.a. 1988.

120 Jean Diwo, Moi, Milanollo, Paris 2007.

121 Vgl. http://www.cozio.com/forum/Topic 125-3-1.aspx (Abruf: 20. Mai 2008).

122 Vgl. http://www.xigenpharma.com/manage ment_governance.htm (Abruf: 20. Mai 2008).

123 Patricia Boccadoro, Interview: Corey Cerovsek, 5. November 2006, http://www. culturekiosque.com/klassik/intervie/corey_ cerovsek.html (Abruf: 20. Mai 2008).

124 Vgl. http://editions.flammarion.com/edi teurs/?flam; http://www.rcsmediagrouS.it/ wps/portal/mg/business/books/flammarion ?language=en (Abruf: 20. Mai 2008).

125 Vgl. http://www.actualitedulivre.com/inter view.php?sur=Jean%20Diwo, http://www. lire.fr/critique.asp?idC=50710&idTC=3& idR=218&idG=3 (Abruf: 21. Mai 2008).

126 Diwo, Moi, Milanollo, S. 387.

127 Honoré de Balzac, Gambara, übersetzt von Clara Bell und James Waring, Penn State Electronic Series, 2002, http://artfl.uchicago. edu/cgi-bin/philologic31/getobject.pl?c.74: 1.balzac (Abruf: 26. Mai 2008).

128 Franz Grillparzer, Der arme Spielmann, in: Grillparzers sämtliche Werke, hrsg. von Rudolf von Gottschall, Bd. 2, S. 177 ff.

129 Herman Melville, The Fiddler, in: Harper's New Monthly Magazine, September 1854.

130 Franz Grillparzer, Biographisches, in: Grillparzers sämtliche Werke, S. 377 und 388 f.

131 R. K. Gupta, Hautboy and Plinlimmon, in: American Literature, November 1971.

132 Horatio Alger, Phil the Fiddler, Philadelphia und Boston 1872.

133 Kate Douglas Wiggin, A Village Stradivarius, in: Atlantic Monthly, Januar/Februar 1895.

134 Eleanor H. Porter, Just David, New York und Boston 1916.

135 John Philip Sousa, The Fifth String, Indianapolis 1902.

136 Vgl. http://www.wgpark.com/page.asp?pid =10 (Abruf: 21. Dezember 2010).

137 In: E. T. A. Hoffman, Rat Krespel, Die Fermate, Don Juan, Stuttgart 1966.

138 Vgl. James M. McGlathery, Der Himmel hängt ihm voller Geigen, in: The German Quarterly, März 1978; Birgit Röder, »Sie ist dahin und das Geheimnis gelöst«, in: German Life and Letters, Januar 2000; Christof M. Stotko, Die Adaption der weiblichen Gesangstimme als Mittel der Dominanz musikalischer Produktion in E. T. A. Hoffmanns Rat Krespel, Seminarbeitrag, Universität München, 15. Juli 2002.

139 John Meade Falkner, The Lost Stradivarius, Edinburg und London 1895.

140 Sir William Haley, John Meade Falkner, in: Essays by Divers Hands, Bd. 30, 1960; J. Meade Falkner, http://www.hertford.ox.ac.uk/main (Abruf: 16. März 2007).

141 Auszüge aus »Some Remarks on Ghost Stories«, http://ednet.rvc.cc.il.us/~fcoffman/103/Horror103/MRJamesRemarks.html (Abruf: 8. Juni 2008).

142 Paolo Maurensig, Canone inverso, Mailand 1996.

143 Anne Rice, Violin, New York 1997.

144 Vgl. http://it.movies.yahoo.com/c/canone-inverso-making-love/index-368854.html (Abruf: 8. November 2008).

145 Philip Anson, Leila Josefowicz, Portrait of a Woman with a Violin, in: La Scena Musicale 4, Nr. 5, 1. Februar 2000; http://www.amazon.ca/Vln-Anne-Rice-Sting/dp/B000004103 (Abruf: 9. Juni 2008).

146 Vgl. http://home.nikocity.de/contrasto/Mauren.htm; http://en.wikipedia.org/wiki/Anne_Rice, http://en.wikipedia.org/wiki/Paolo_Maurensig (Abruf: 9. Juni 2008).

147 Mrs. Humphry Ward, Robert Elsmere, London 1888; http://www.1911encyclopedia.org/Mary_Augusta_Ward, http://www25-temS.uua.org/uuhs/duub/articles/maryaugustaward.html (Abruf: 18. Juni 2008).

148 Thomas Mann, Buddenbrooks, Frankfurt am Main 1960, Teil 8, Kap. 6–7.

149 Gillett, Musical Women in England, S. 115 bis 135.

150 Ian McEwan, On Chesil Beach, New York 2007.

151 Bart Schneider, Beautiful Inez, New York 2005.

152 Bart Schneider, The Man in the Blizzard, New York 2008.

153 Claire Kilroy, Tenderwire, Orlando 2006.

154 Yael Goldstein, Overture, New York 2007.

155 Maira Montero, Deep Purple, New York 2003, ursprünglich herausgegeben als Púrpura profundo, Barcelona 2000.

156 Jessie Fothergill, The First Violin, London 1877.

157 Helen Debenham, Almost Always Two Sides to a Question, in: Popular Victorian Women Writers, hrsg. von Kay Boardman und Shirley Jones, Manchester und New York 2004.

158 Sholem Aleichem, Stempenyu: A Jewish Romance, New York 2007; Joshua Walden, The »Yiddish Paganini«: Sholem Aleichems Stempenyu and the Music of Yiddish Theatre, unveröffentlicht, 2012.

159 Graf Leo Tolstoi, The Kreutzer Sonata, übersetzt von Benjamin R. Tucker, in: The Kreutzer Sonata and Other Stories, http://ebooks.adelaide.edu.au/t/tolstoy/leo/t65k; Epilogue to the Kreutzer Sonata, übersetzt von Leo Wiener, http://www.geocities.com/cmcarpenter28/Works/epilogue.txt (Abruf: 26. Juni 2008).

160 Robert G. Ingersoll, Tolstoi and »The Kreutzer Sonata«, in: North American Review, September 1890.

161 Count Tolstoy Not Obscene, in: New York Times, 25. September 1890.

162 Thomas Hardy, The Fiddler of the Reels, in: Scribner's, Mai 1893; Life's Little Ironies, London 1894.

163 Thomas Mann, Doktor Faustus, Frankfurt am Main 1967.

164 Harold C. Schonberg, Miss Fothergill's »First Violin«, in: New York Times, 14. August 1977.

165 Frank Almond, Brief, Arts & Entertainment, in: New York Times, 5. September 1999.

166 Sholem Aleichem, The Fiddle, in: The Old Country, hrsg. von Robert N. Linscott, New York 1946.

167 Rothschild's Fiddle, in: The Stories of Anton Tchekov, New York 1932.

168 Fanny Hurst, Humoresque, in: Humoresque, A Laugh on Life with a Tear Behind It, New York und London 1919.

169 Vgl. http://www.ohioana-authors.org/hurst/index.php (Abruf: 2. Juli 2008).

170 Albert Rees, Real Wages in Manufacturing, 1890–1914, Princeton 1961, Kap. 3.

171 David Hochstein's Recital, in: New York Times, 20. November 1915; Camp Life Makes Men Over, in: New York Times, 10. März

1918; David Hochstein Killed, in: New York Times, 28. Januar 1919; Gdal Saleski, Famous Musicians of a Wandering Race, New York 1927, S. 197; David Hochstein, in: The Violinist, Februar 1919.

172 Eugene Drucker, The Savior, New York 2007.

173 Norman Lebrecht, The Song of Names, London 2002.

174 Gordon Pape und Tony Aspler, The Music Wars, New York 1982.

175 Dennis Rooney, Peaks and Pitfalls, in: The Strad, Januar 1990. Vgl. Dennis Rooney, His Master's Pupil, in: The Strad, November 2004.

176 Daniel Silva, The English Assassin, New York 2002; http://en.wikipedia.org/wiki/Daniel_Silva (Abruf: 13. Juli 2008); Cahner's Business Information 2002; http://www.amazon.com/English-Assassin-Daniel-Silva/dp/0451208188 (Abruf: 13. Juli 2008).

177 Jonathan Levi, The Scrimshaw Violin, in: Granta, Winter 1997.

178 Vgl. http://www.jonathanlevi.com/home.php?pgsel=Biography&clk=1 (Abruf: 4. Juli 2008).

179 Thomas Mann, Bekenntnisse des Hochstaplers Felix Krull, Berlin 1956, S. 20–22.

180 Deane Narayn, The Small Stradivari, New York und London 1961.

181 Vgl. http://www.cozio.com/Owner.aspx?id=1072 (Abruf: 13. April 2009).

182 Deane Narayn, An Edge of Pride, London 1964.

183 Barry Targan, Harry Belten and the Mendelssohn Violin Concerto, in: Esquire, Juli 1966. Vgl. Michael Kardos, Mr. Lost Classic, in: Missouri Review, 2004, Bd. 1, S. 186–188.

184 Harvey, The Violin Family, S. 93, http://www.uh.edu/engines/epi630.htm (Abruf: 28. August 2008).

185 Maiko Kawabata, »Virtuosity, the Violin, the Devil«, in: Current Musicology, Frühjahr 2007, Anm. 32; http://www.balletmet.org/Notes/SaintLeon.html, http://en.wikipedia.org/wiki/Cesare_Pugni (Abruf: 30. August 2008).

186 The Strad, Juni 2001, S. 601.

187 Yiddish Theater in America, »David's Fiddle« and »Shloyme Gorgl«, hrsg. von Mark Slobin, New York 1994; Nina Warnke, Going East, in: American Jewish History,

März 2004, S. 1 ff.; Irving Howe, World of Our Fathers, New York 1976, S. 463–467.

188 Jacob Gordin, God, Man and Devil, in: God, Man and Devil, hrsg. und übersetzt von Nahma Sandrow, Syracuse 1999. Vgl. Irving Howe, World of Our Fathers, S. 467–471.

189 Allan Kozinn, An Old Violin Whose Music Is Peculiarly Haunting, in: New York Times, 7. Dezember 2001.

190 Jeremy Eichler, Discovering the Soul in a Mystical Setting, in: Newsday, 2. Dezember 2001; Allan Kozinn, An Old Violin Whose Music Is Particularly Haunting, in: New York Times, 7. Dezember 2001.

191 Johanna Keller, Violin as Player, in: The Strad, November 2004.

192 Vgl. Alex Ross, Unauthorized, in: The New Yorker, 6. September 2004.

193 Boris Vladimsky, Rothschild's Violin Matryoshka, San Francisco Jewish Film Festival 1998, http://www.sfjff.org/public_html/sfjff18/filmmakers/d0718b-a-i.html (Abruf: 15. November 2008).

194 Vgl. James Loeffler, Hidden Sympathies, http://www.nextbook.org/features/feature_shostakovich.html (Abruf: 29. November 2008).

195 Paul Cutts, Rothschild's Violin, in: The Strad, März 1998, S. 305.

196 Vgl. http://en.wikipedia.org/wiki/WNET (Abruf: 2. September 2008).

197 Ronald Waldman, The Third Man, in: Radio Times, 25. September 1959.

198 Vgl. http://www.scott-brady.com/slade/shogunslade.htm, http://en.wikipedia.org/wiki/Shotgun_Slade (Abruf: 2. September 2008).

199 Donald Crafton, The Talkies, Berkeley 1999, S. 76–81, http://en.wikipedia.org/wiki/Vitaphone (Abruf: 7. September 2008).

200 Mordaunt Hall, Vitaphone Stirs as Talking Movie, in: New York Times, 7. August 1926.

201 Vgl. http://www.youtube.com/watch?v=NSNfkX9Qmp4; http://www.youtube.com/watch?v=PKAM5acK4D8 (Abruf: 8. September 2008).

202 Tully Potter, Informationen im Begleitheft, Yehudi Menuhin Plays Mendelssohn Violin Concerto, Euroarts DVD, 2005.

203 Bosley Crowther, »Of Men and Music«, in Which Leading Artists Display Their Talents, in: New York Times, 15. Februar 1951.

204 Heifetz, hrsg. von Axelrod, Neptune City 1990, S. 629 ff. Vgl. Teva Man, http://www.amazon.com/Heifetz-Piatigorsky-Historic-Performance-Footage/dp/B000A4T8MC (Abruf: 9. September 2008); Louis Kaufman, A Fiddler's Tale, Madison und London 2003, S. 141.

205 Vgl. http://www.film-zeit.de/Film/2449/PAGANINI/Crew (Abruf: 20. Februar 2011).

206 Vgl. http://en.wikipedia.org/wiki/J._Arthur_Rank (Abruf: 5. Oktober 2008).

207 Komroff, The Magic Bow; Manuel Komroff Is Dead at 84, in: New York Times, 11. Dezember 1974.

208 Menuhin, Unfinished Journey, New York 1976, S. 183–185.

209 Vgl. http://www.screenonline.org.uk/film/id/441045/index.html (Abruf: 6. Oktober 2008).

210 Vgl. http://en.wikipedia.org/wiki/Pink_film (Abruf: 7. Oktober 2008).

211 Klaus Kinski, Paganini, München 1992.

212 Gerhard R. Koch, Vampir mit Violine, in: Frankfurter Allgemeine Zeitung, 8. Oktober 1999.

213 Vgl. http://www.films.pierre-marteau.com/hist_filme/1935_d_stradivari.html; http://www.deutscher-tonfilm.de/s2.html (Abruf: 6. August 2008); http://www.filmportal.de/film/stradivari_39566cb231cd4dcd8c218eb33928fa76 (Abruf: 14. August 2008), http://de.wikipedia.org/wiki/G%C3%A9za_von_Bolv%C3%A1ry (Abruf: 11. September 2001), http://de.wikipedia.org/wiki/Liste_der_unter_alliierter_Milit%C3%A4rzensur_verbotenen_deutschen_Filme (Abruf: 11. September 2008).

214 Vgl. David Schoenbaum, Trauma and Tragedy Follow Many a Fine Fiddle, in: New York Times, 22. August 1999.

215 Justin Chang, The Violin, in: Variety, 24. Mai, 2006; Manohla Dargis, Songs in the Street, Revolution in the Air, in: New York Times, 5. Dezember 2007; http://moviessansfrontiers.blogspot.com/2006/12/29-mexican-film-el-violin-2005-by.html, http://www.twitchfilm.com/interviews/2007/12/the-violininterview-with-francisco-vargas.php (Abruf: 22. Juli 2012); http://www.film-forward.com/theviolin.html (Abruf: 1. August 2008).

216 Vgl. http://www.hollywood.com/movie/Stradivari/162357 (Abruf: 17. September 2008).

217 Henry Mitkiewicz, Stradivari Biography Plays Down Violins, in: Toronto Star, 4. März 1999. Vgl. Robert Suro, Maestros in the Movies, in: New York Times, 25. Oktober 1987.

218 Jorn K. Bramann, Socrates: the Good Life, in: Educating Rita and Other Philosophical Movies, http://faculty.frostburg.edu/phil/forum/Winter1.htm (Abruf: 30. Juli 2008); Janet Maslin, Good with Violins, Not People, in: New York Times, 4. Juni 1993; http://worldfilm.about.com/library/films/blcoeur.htm (Abruf: 30. Juli 2008).

219 Arthur Weschler-Vered, Jascha Heifetz, London 1986, S. 96 ff.

220 Deems Taylor, Jascha, That's My Baby, in: Heifetz, hrsg. von Axelrod, S. 354.

221 Vgl. http://www.tahgallery.com/Standish.htm (Abruf: 2. Oktober 2008).

222 Nachruf auf Boris Morros, in: New York Times, 10. Januar 1963, http://en.wikipedia.org/wiki/Boris_Morros (Abruf: 24. September 2008); Boris Morros, My Ten Years as a Counterspy, New York 1959.

223 Vgl. http://en.wikipedia.org/wiki/Edgar_G._Ulmer (Abruf: 13. Juli 2008); Geoffrey McNab, Magic on a Shoestring, in: Guardian, 5. August 2004.

224 Bosley Crowther, »Carnegie Hall«, in Which an Array of Musical Talent is Seen, in: New York Times, 3. Mai 1947.

225 Vgl. http://www.youtube.com/watch?v=kFaq9kTlcaY (Abruf: 25. September 2008).

226 Vgl. http://en.wikipedia.org/wiki/Music_of_the_heart (Abruf: 4. Oktober 2008).

227 Janet Maslin, A Director Trades in the Hatchets for Violins, in: New York Times, 29. Oktober 1999.

228 Kimberly Chun, »Together« in Harmony, in: Asianweek, 4. Juni 2003.

229 Roger Ebert, Together, in: Chicago Sun-Times, 6. Juni 2003.

230 Vgl. http://www.violinmasterclass.com/bio_content.php?bio=chuan (Abruf: 5. Oktober 2008).

231 André Sennwald, Caravan, in: New York Times, 28. September 1934; Orio Caldiron und Matilde Hochkofler, Isa Miranda, Rom 1978, S. 61 f.

232 Vgl. http://movies.msn.com/movies/movie-synopsis/caravan.4 (Abruf: 15. Oktober 2008).

233 André Sennwald, »Caravan«, Erik Charell's Musical Romance of the Tokay Country, in: New York Times, 28. September 1934.

234 Vgl. http://derstandard.at/3052193/Regie verbot-und-Erotik?_lexikaGroup=11 (Abruf: 3. Januar 2010); Ernst Klee, Das Kulturlexikon zum Dritten Reich, Frankfurt 2007, S. 202.

235 Nachruf Derek Granger, in: Independent, 31. Januar 1995.

236 Vgl. http://www.darkskymagazine.com/2008/04/21/to-joy-till-gladje.

237 Frank S. Nugent, Columbia Presents Clifford Odets »Golden Boy«, in: New York Times, 8. September 1939.

238 Henry Handel Richardson, Maurice Guest, St. Lucia 1998, S. xxvi.

239 Ebenda, S. LVI–LXV.

240 Vgl. http://www.adb.online.anu.edu.au/biogs/A110392b.htm (Abruf: 31. Oktober 2008); Margaret K. Butcher, From Maurice Guest to Martha Quest, in: Journal of Postcolonial Writing, Sommer 1982.

241 Carmen Callil, Agony by Agony, in: The Guardian, 23. August 2008.

242 William J. Locke, Ladies in Lavender, in: Far-Away Stories, London u. a. 1919.

243 Steve Lopez, The Soloist, New York 2008.

244 Robert Downey Jr. Talks with Steve Lopez, in: Los Angeles Times, 11. Januar 2009.

245 Dai Sijie, Balzac et la petite tailleuse chinoise, Paris 2000, Balzac and the Little Chinese Seamstress, New York 2001.

246 A. O. Scott, Is Mozart Thinking of Chairman Mao?, in: New York Times, 29. Juli 2005.

CODA

1 Vgl. http://www.charitycommission.gov.uk/SHOWCHARITY/RegisterOfCharities/RegisterHomePage.aspx (Abruf: 22. Februar 2011).

2 W. E. Gladstone, Address Delivered at the Distribution of Prizes in the Liverpool College, London 1872, S. 27.

3 The Musical World, 28. Dezember 1872.

4 The Locomotive and the Violin, in: Waikat Times, 3. Mai 1873.

5 Aldo Zargani, Per violino solo, Bologn 1995, S. 17–20.

6 Robert R. Reilly, Light in the Dark, http: www.music-weinberg.net/biography1.htm (Abruf: 26. Februar 2011).

7 Leib Kvitko, Dos Fidele, National Yiddisl Book Center, Amherst o. J.

8 Interview mit Bruce Duffie, http://www bruceduffie.com/koh2.html (Abruf: 26. Fe bruar 2011); Anthony Tommasini, Brahm und Masur Touch the Heart of the Matte in: New York Times, 22. September 200 Oliver Sacks, Musicophilia, New York 2008 S. 329.

9 Michael Salla, Out of »a Grave«, Haitia Violinist Keeps Music in His Heart, in: Mi ami Herald, 20. Januar 2010; All Thing Considered, National Public Radio, 15. Ja nuar 2011.

10 All Things Considered, National Public Ra dio, 23. November 2010.

11 Anthony Tommasini, A Night for a Rhap sodic Violin and an Old Brake Drum, in New York Times, 8. Oktober 2010.

12 Alex Hawgood, Hahn-bin Straddles Classi cal Music and Fashion, in: New York Times 24. Februar 2011.

13 Interview mit dem Autor, Berlin, 14. Jul 1997.

DANKSAGUNG

1 Tully Potter, Paganini's Spirited Pupil, in The Strad, Dezember 1993.

2 David Schoenbaum, Rudolf Kolisch at 82 A Link to Old Vienna, in: High Fidelity Musical America, August 1978.

3 David Schoenbaum, The Glory of the Violin in: New York Times Book Review, 28. Ja nuar 1973.

REGISTER

Die fetten Seitenzahlen verweisen auf Abbildungen.

ABBILDUNGSNACHWEIS

André Anisimov 615

Constance Hope Papers, Rare Book and Manuscript Library, Columbia University 479, 481

Andrew Eccles/DG 560

Frank Eickmeyer (www.dallaquercia.it) 118, 121, 123

Andy Fein/Fein Violins, Ltd. 141

William P. Gottlieb/Ira and Leonore S. Gershwin Fund Collection, Music Division, Library of Congress 471

Linda Goode Heath 289

Billy Hathorn 13

Charles Haynes 9

Ayano Hisa 473

Library of Congress, Prints & Photographs Division 18, 300

Margaret Mehl 17

Jan Mehlich 10

Moulin Workshop 175

Smithsonian Institution Collections, National Museum of American History, Behring Center 104, 105, 107

Suzuki Association of the Americas Archives (Foto: Arthur Montzka) 307

Uli Weber/Bond 559

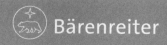

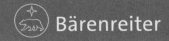